浪潮之巅

第四版·上册

On Top of Tides

吴军 著

人民邮电出版社

北京

图书在版编目（CIP）数据

浪潮之巅：全2册 / 吴军著. -- 4版. -- 北京：人民邮电出版社，2019.7
ISBN 978-7-115-51422-6

Ⅰ. ①浪… Ⅱ. ①吴… Ⅲ. ①IT产业－企业管理－经验－美国 Ⅳ. ①F497.12

中国版本图书馆CIP数据核字(2019)第100877号

内 容 提 要

这不只是一部科技产业发展历史集……更是在这个智能时代，一部IT人非读不可，而非IT人也应该阅读的作品。

一个企业的发展与崛起，绝非只是空有领导强人即可达成。任何的决策、同期的商业环境、各种能量的此消彼长，也在影响着企业的兴衰。《浪潮之巅》不只是一部历史书，除了讲述科技顶尖企业的发展规律，对于华尔街如何左右科技公司，以及金融风暴对科技产业的冲击，也多有着墨。

《浪潮之巅 第四版》新增了6章内容，探讨硅谷不竭的创新精神究竟源自何处，进一步从工业革命的范式、生产关系的革命等角度深入全面阐述信息产业的规律性。从而，借助对信息时代公司管理特点进行的系统分析，对下一代科技产业浪潮给出判断和预测。

◆ 著　　吴　军
责任编辑　俞　彬
策划编辑　周　筠
审稿编辑　李琳骁
版式编辑　胡文佳
责任印制　焦志炜

◆ 人民邮电出版社出版发行　北京市丰台区成寿寺路11号
邮编　100164　电子邮件　315@ptpress.com.cn
网址　http://www.ptpress.com.cn
固安县铭成印刷有限公司印刷

◆ 开本：720×960　1/16
印张：59.75
字数：870千字　　　　　　　　2019年7月第4版
印数：575 001 – 579 000 册　　2025年1月河北第28次印刷

定价：139.00元（上、下册）

读者服务热线：(010)81055410　印装质量热线：(010)81055316
反盗版热线：(010)81055315
广告经营许可证：京东市监广登字20170147号

谨以此书献给我的母亲,并以此纪念我的父亲。

希望本书能够帮助和鼓励中国年轻的一代在世界科技大潮中有所作为。

第四版序言

1994年，我和清华、北大的一些同事向教育部和国务院提出建设中国第一个互联网主干网——教育科研网（CERNET），主要是为了方便大学的学者和学生从事科研与国际交流，当时完全无法想象有一天互联网会像现在这样，渗透到社会生活的每一个角落，不仅改变了人们的生活方式，并且极大地提高了全民生活水平。今天，离开互联网，很难想象我们的生活、学习和工作将会如何进行。而这巨大的变化，是在短短的20多年时间里完成的。可以说，我们所处的这个时代，是人类历史上最振奋人心的一个时代。

1965年，摩尔博士提出了著名的摩尔定律，即半导体集成电路的性能每18个月翻一番。虽然最初连摩尔自己都觉得这种指数增长的时间大概只能持续10年左右，但是至今它已经维系了半个多世纪。半个多世纪以来，世界经济的发展都是靠摩尔定律驱动的，哪个国家和地区只要赶上了这一波技术革命的浪潮，它就会成为世界的领导者。中国有幸赶上了这次浪潮，而世界上很多国家和地区则因为错过这次机会而落伍了，包括欧洲、日本、俄罗斯，等等。这再次说明我们国家科技兴国这项国策的重要性。

吴军的《浪潮之巅》这套书，较为全面而详尽地向读者展现了波澜壮阔的信息革命（也被称为以信息技术为核心的第三次工业革命）的全过程和发展脉络，可以称得上是信息技术产业发展的一部传记。但是，作者在书中并没有完全按照时间顺序来记录信息科技产业的发展，也没有像通常的传记回忆录那样以企业家为中心来论述技术发展和商业的成败，而是客观地讲述了 IT 行业中 20 多个具有代表性的知名企业从诞生、发展到成功至失败的过程，尽可能系统而理性地分析了这中间成败的原因，从一些独特的角度揭示整个信息产业发展的规律性。难能可贵的是，吴军作为近几十年技术革命的亲历者，在讲述这段历史时，并没有夹杂过多的个人情感，而是用大量翔实的数据和鲜活的实例，抽丝剥茧，将产业发展的规律梳理出来。他对事件的点评也颇为克制，为读者提供了思考的空间。

信息产业的快速发展，是大学、工业界和投资界相互博弈与合作的结果，《浪潮之巅》对此有着丰富而生动的描述。上个世纪 50 年代，斯坦福大学在旧金山湾区创办了工业园，这便是硅谷的前身，后来随着晶体管之父肖克利等人的到来，那里形成了以半导体为核心的科技产业，硅谷渐渐成型。而大学不断涌现的科研成果、风险投资的资本注入，让硅谷不仅产业得以繁荣，而且在随后的数次技术变革中有能力引领世界科技产业的发展。从上个世纪 70 年代到 90 年代，硅谷完成了从半导体硬件到计算机软件，再到互联网的转型；进入新世纪之后，硅谷又在大数据、移动互联网、人工智能和新能源汽车等领域走在世界的前列。硅谷长盛不衰的原因，我分析有如下三点：

首先是对人才的重视和激励。硅谷制定了一整套能够有效激励从业者，包括大学师生、IT 公司的创始人和员工、风险投资人等在内的利益分配制度。书中有很多这样的案例，比如大学里的教授或学生，利用自己的发明创造，直接改变了世界，最终也让自己获得了财务自由。

其次是适度的竞争淘汰机制。随着硅谷地区的发展，当地的生活和办公成本不断提高，这促使当地不断进行产业调整和人员的筛选，让更有发展前景的产业和更有能力的个人留下来。由于信息产业发展极为迅速，无论是企业还是个人，都无法躺在过去的功劳簿上享受成果，必须不断地努力创新。

最后是世界的情怀。硅谷稍具规模的企业，国际化程度都很高，它们所做的创新大都是技术驱动的，而那些企业家的目标则是力争将产品卖到全世界。

这让小小的硅谷能同时拥有全球五家市值最大的企业中的三家：苹果、谷歌和Facebook。

上述这些经验，对我国正在倡导的双创和一带一路，都有很好的借鉴意义。

《浪潮之巅》虽以介绍硅谷企业为主，但也用大量篇幅介绍了中国信息产业的成就，从大家熟知的华为、小米等公司，到在世界上领先的在线支付和移动互联网等技术，都有详细的描述。作者还用宏观历史（Macro History）的眼光预测中国将在未来进一步引领世界经济的发展和科技产业的进步。

对于处在信息革命时代的每一个人，作者给出了这样几点建议：

首先要赶上技术发展的浪潮。吴军认为，一个人最大的幸运，莫过于站在了浪潮之巅，这样他可以顺势而为，在大时代里成就一番事业。回顾我自己和我身边的同事所走过的历程，我们正是因为赶上了互联网发展的大趋势，才有幸成为中国互联网事业的先行者，我们的科研也随之逐渐在世界上处于领先地位。

其次是具有创新精神。在信息时代，不仅工业界是按照摩尔定律指定的速度快速发展的，在研究领域也是如此。一项技术很快就会过时，新的技术会迅速涌现。这个时代从来不吝惜对创新的奖励。

最后是具有合作精神。整个信息产业有着很清晰的产业链和产业规律，计算机和通信设备，从芯片设计、系统制造、软件开发到IT服务，都是环环相扣的整体，没有人能够脱离相关产业独立存在。在这个产业中，各个环节之间，通过固有的产业规律有机地衔接起来。《浪潮之巅》里介绍的安迪-比尔定律，说的就是软件和服务开发商需要通过提供新的服务，消耗掉摩尔定律带来的硬件性能的提升，从而促使整个计算机和通信产业不断进步。在这样的环境中，任何一个试图脱离他人单独进步的想法都是不可行的。在当今的大学教育中，我们一直强调要培养学生的合作精神，与时代的要求不谋而合。

要将半个多世纪以来的信息产业发展历史写清楚，不是一件容易的事情。所幸的是，作者吴军在这方面做得很出色，这一方面是因为他拥有丰富的个人从业经历，另一方面也得益于他在清华读书时注重文理兼修。吴军毕业于清华大学计算机系，算是我的学弟。此后他从事过语音识别和自然语言理解方面的科研工作，长期在谷歌和腾讯等知名企业任职，后来又活跃于投资领域，因此对技术、管理和金融都有着深刻的认识。作为一名工科毕业生，他在写作中体现出了极强的逻辑性，能够看到现象背后的本质规律。

今天，我们的国家正在经历着从过去那种科技含量较低的发展模式向着以科技为生产力的高级发展模式的转变。处在这样的转型时期，主动积极的学习尤为重要。《浪潮之巅》一书不仅是科技产业的从业者和研究人员很好的参考书，也能够让其他行业的读者看懂信息产业发展的规律。相信这本书一定会让广大的读者朋友受益。

吴建平

中国工程院院士，清华大学计算机系系主任
2019 年 6 月于北京

第一版序言

最早看到吴军博士的《浪潮之巅》，是在 Google 黑板报上。2007 年，任 Google 资深研究员的吴军，应邀为 Google 黑板报撰写文章，介绍他对互联网和 IT 业界兴衰变化的观察和思考。由于文章篇幅较长，被单列为"浪潮之巅"栏目分次刊出。设立该栏目的直接收获就是，Google 黑板报随后人气大增，增加了大批的追随者。作为《浪潮之巅》的最早一批读者，我当时就感觉，这个系列完全应该编纂成书，如今，这个感觉变成了现实。

对于吴军，我比较熟悉，因为在语音识别领域，我们都有着共同的研究兴趣，并曾作为同事有过很多交流。吴军在清华大学获得学士和硕士学位，在美国约翰·霍普金斯大学获得计算机博士学位，致力于语音识别、自然语言处理等领域的研究。我在 2005 年加入 Google 时，吴军已经在那里工作多年。他在 Google 期间参与主持了许多研发项目，并在国内外发表过数十篇论文、申请并获得了近二十项美国和国际专利。

我认识很多顶尖的工程师，但具备强大叙事能力的优秀工程师，我认识的可以说是凤毛麟角，而吴军是其中之一。从 AT&T、微软、Google、思科等引领整个时代浪潮的公司历史叙述，到硅谷之所以成为科技中心所依靠的天时、地利、人和因素，再到科技公司发展壮大过程中风险投资、银行、产业规律各自扮演的角色，以及新时代背景下金融危机和云计算（Cloud Computing）给科技产业带来的冲击和革命……虽然每个人的观点不尽相同，但是通过这本书中看似波澜不惊的行文，你会读出一个从事互联网行业十多年的"老行家"个人独到的见解，以及一个身处"浪潮"中的"弄潮儿"的切身体会。

作为"兼才",《浪潮之巅》恰恰因此具备了两方面的优势。首先,作为一位曾每天与程序、算法、科研打交道的 Google 最优秀的研究员,势必能更客观地描述那些科技公司的兴衰得失,不会人云亦云,更不至于离题万里;第二,作为一位拥有写作天赋的工程师,吴军能够确保文章的有趣与可读,不会容忍自己的作品成为一本呆板的教科书式读物。

《浪潮之巅》又不仅是一部提供"快乐阅读"的大公司商业史,它融汇了作者多年来的所见所闻,更包含了大量的独立思考与独特见解。这份心血,不仅是他个人的天赋使然,也是他始终在研究领域孜孜不倦的成果。

值得一提的是,吴军的文章,没有将目光局限在大洋彼岸,内容上也不仅是停留在对若干巨头企业的探查。作者试图从整个产业链上向读者揭示科技公司的运作规律,并通过大量的调研与观察,客观分析中国本土企业在这次科技浪潮中的地位与影响。实际上,作者吴军本人也已离开了 Google,目前正在一家中国著名互联网公司担任其核心业务的领军人物。

《浪潮之巅》不是一本历史书,因为书中着力描述的,很多尚在普及或将要发生,比如微博与云计算,又比如对下一代互联网科技产业浪潮的判断和预测。从文字中可以看出,作者对科技、对创新、对互联网都充满"虔诚"信仰,并为之激情四射。

我想,对所有身处并热爱高科技行业的人来说,对所有渴望创新、欣赏创新的中国创业者来说,《浪潮之巅》都是一本可读性很强的作品,足以做到"开卷有益"!

李开复

2011 年 4 月于北京

前言　有幸见证历史

近一百多年来，总有一些公司很幸运地、有意无意地站在技术革命的浪尖之上。一旦处在了那个位置，即使不做任何事，也可以随着波浪顺顺当当地向前漂十年，甚至更长时间。在这十几年到几十年间，它们代表着科技的浪潮，直到下一波浪潮的来临。

从一百多年前算起，AT&T 公司、IBM 公司、苹果公司、英特尔公司、微软公司、思科公司、雅虎公司和 Google 公司，也许还有接下来的特斯拉公司，都先后被幸运地推到了浪尖。虽然，它们来自不同的领域，中间有些已经衰落或正在衰落，但是它们都极度辉煌过。它们都曾经是全球性的帝国，统治过自己所在的产业。

这些公司里的人不论职务高低，在外人看来都是时代的幸运儿。因为，虽然对于一个公司来讲，赶上一次浪潮不能保证它长盛不衰；但是，对于一个人来讲，一生赶上这样的一次浪潮就足够了。对于一个弄潮的年轻人来讲，最幸运的，莫过于赶上一波大潮。

加拿大作家格拉德威尔在《异类》(Outliers) 一书中介绍了这样一个事实：在人类历史上最富有的 75 人中，有 1/5 出生在 1830—1840 年的美国，其中包括大家熟知的钢铁大王卡内基和石油大王洛克菲勒。这一不符合统计规律的现象的背后有着必然性，他们都在自己年富力强（30—40 岁）时，赶上了美国内战后的工业革命浪潮。这是人类历史上产生实业巨子的高峰年代。而第二个高峰年代就是从上世纪 50 年代末到 70 年代初的 20 年间，出现了苹果公司创始人史蒂夫·乔布斯、微软公司的创始人比尔·盖茨、太阳公司的创始人安迪·贝托谢姆和比尔·乔伊、戴尔公司的创始人迈克尔·戴尔、Google 的创始人拉里·佩奇和谢尔盖·布林等,因为他们都在自己年富力强时幸运地赶上了信息革命的大潮。

出生在上个世纪下半叶的人,都有幸亲历了全部或部分信息革命的历史,这是人类历史上科技进步最快,财富增长最多的年代。而尚未投入到技术革命大潮中的年轻人也不必担心错过了一个历史机遇,因为新的一场更深刻的智能革命已经拉开了序幕,那将是人类历史上又一个伟大的时刻。2016 年年初,Google 的 AlphaGo 围棋软件在五番棋的比赛中战胜了围棋世界冠军李世石九段,这标志着机器智能的水平达到了一个新的高度。可以毫不夸张地讲,接下来的 20 年信息技术产业将更加精彩。

很多人希望我能够预测未来,这其实是做不到的,而且我一直在强调适应比预测更重要。我们所能做的,就是了解过去和现在,熟悉科技产业的发展规律,培养正确的做事方法,适应未来的变化与挑战。我写这本书的目的,是希望将这些年来看到的和听到的人和事分享给大家,帮助读者,对当今世界科技产业的发展有系统的了解。通过每一次浪潮中的那些细节,大家能看到科技产业发展的大势。在极度商业化的今天,科技的进步和商机是分不开的。因此,本书不仅介绍科技企业和这个产业的规律,还详细介绍了对这个产业影响巨大的风险投资公司、投资银行以及大学。当然,科技产业的兴衰成败,和全球大的经济政治环境也是分不开的,因此,我特意分析了未来的世界经济格局,特别是中、美两国的情况,大家可以体会为什么我一直对中国的未来有信心。

本书最初以博客的形式在 Google 黑板报上连载,后来在 JUSTPUB 的创始人周筠女士的帮助下改写为纸质书,并且在 2011 年由电子工业出版社出版了第一版。由于信息科技产业发展变化很快,因此,在 2013 年和 2016 年我们对本书做了适当的修订,由人民邮电出版社出版了第二版和第三版。三版加起来已经销售了 40 多万套。在此之后，我又将自己在几所大学商学院里讲述硅谷的历史和管理特点，结合我对产业规律的认识，写成《硅谷之谜》一书，作为《浪潮之巅》的续集。在最近一年里，我根据科技产业出现的新的巨大变化，对本书进行彻底的升级更新，并且将《硅谷之谜》一书合并进来，升级为第四版。这一版既讲述了信息产业历史和各大公司发展和兴衰的历程，又兼顾了对 IT 产业规律的论述，以及对信息时代公司管理特点的系统分析，具体讲增加了六章全新的内容，包括：

- "八叛徒与硅谷"（关于罗伊斯、摩尔等"八叛徒"创办仙童公司，开创全世界半导体产业的事迹）；
- "社交网络和 Facebook"（以 Facebook 为核心，介绍社交网络的起源、发展和商业规律）；
- "生产关系的革命"（介绍硅谷企业独到的管理特点，特别是企业中新型的人与人的关系，以及较为合理的分配制度）；
- "汽车革命"（以特斯拉和字母表（Alphabet）旗下的 Waymo 为核心，介绍电动汽车和无人驾驶汽车产业）；
- "工业革命和颠覆式创新的范式"（介绍从第一次工业革命开始，历次工业革命的规律性）；
- "信息时代的科学基础"（介绍信息时代企业做事方法背后的科学基础和方法论，控制论、系统论和信息论在管理中的应用）。

此外，第三版原先的章节有一半是重写的，其他的章节也进行了更新。这次的升级如此之大，不仅在于 2016 年之后科技产业有了很大的变化，而且也因为我这几年对技术和信息产业有了更多的研究和更深刻的理解，这得益于我在过去的几年里在上海交通大学安泰管理学院和其他商学院的教学工作，以及我所从事的风险投资工作。它们促使我们对商业的本质和现代管理理论做专职的研究，大家从新版的内容可以看到我的研究和教学成果。

写作是一个漫长的过程，在这个过程中需要很多人的帮助和鼓励。从我开始写黑板报算起，李开复博士、崔瑾女士、吴根清、单久龙和宿华先生、周筠女士、Google 和腾讯的数百名年轻人，以及成千上万的博客读者，就一直扮演着"陪跑人"的角色，鼓励我完成这个系列博客，并且参与了部分内容的编辑校对。在后来博客成书出版以及每一版更新的过程中，JUSTPUB 的周筠女士、胡文佳女士和李琳骁先生付出了很多心血，承担了每一版的校验、编辑和排版工作。屹珂设计的陈航峰先生为本书设计了封面。清华大学的吴建平院士为本书写了推荐序。在此对他们表示衷心的感谢。

在《浪潮之巅》的出版和传播过程中，中国工信出版集团前董事长季仲华先生、人民邮电出版社社长顾翀先生、分社社长俞彬先生、刘涛先生，同事陈冀康、蔡思雨、孙英、贾璐帆等，电子工业出版社前社长敖然先生、编辑李影女士，先后付出了很多心血，非常感谢他们扎实积极的工作。此外，很多大学将本书作为教科书或者参考书，为它的传播做出了贡献。特别要感谢王延峰教授、俞敏洪先生、邹欣老师、史元春教授、冯大辉先生和王建硕先生等业界朋友，一直在不同场合向 IT 界的年轻人积极推荐本书。国内各大媒体，为我提供了传播的平台，在此我要对这些媒体和相应的工作人员表示真诚的感谢。

最后我要感谢我的家人，在本书的创作、改版和传播过程中，给予我的鼓励和帮助，没有她们的支持，我很难有时间和精力完成做研究、讲课和写作的任务。特别要感谢我的夫人张彦女士多次通读书稿，更正了很多细节错误。

由于当今信息产业发展迅速，新的技术和商业发展在不断更新我们的认知，加上本人学识有限，书中难免会有这样或者那样的疏漏之处，希望广大读者批评指正，帮助我将这本书不断完善。

2019 年 4 月于硅谷

目 录

i   **第四版序言**

v   **第一版序言**

vii   **前言** —— 有幸见证历史

1   **第 1 章 帝国的余晖** —— AT&T 公司

    AT&T 100 年来发展得非常健康。虽然它一直受反垄断法的约束，但是美国政府司法部并没有真正要过它的命，每一次反垄断其实是帮助 AT&T 修枝剪叶，然后让它发展得更好。

    1   百年帝国
    2   几度繁荣
    3   利令智昏
    4   外来冲击

16   **第 2 章 蓝色巨人** —— IBM 公司

    郭士纳在到 IBM 以前也是做（芯）片的，但是，是薯片（He also made chips, but potato chips.）。

    1   赶上机械革命的最后一次浪潮
    2   领导电子技术革命的浪潮
    3   错过全球信息化的大潮
    4   他也是做（芯）片的
    5   保守的创新者

6　内部的优胜劣汰

7　回归服务业

41　第 3 章　"八叛徒"与硅谷

在很多人看来，发明晶体管的肖克利以及发明集成电路的诺伊斯、基尔比是 20 世纪最伟大的美国人，因为他们缔造了人类有史以来发展最快的产业。

1　怪杰肖克利

2　"八叛徒"

3　集成电路

4　硅谷的出现

61　第 4 章　科技产业的时尚品牌——苹果公司

在每一次技术革命中，新技术必须比老的技术有数量级的进步才能站住脚。

1　传奇小子

2　迷失方向

3　再创辉煌

4　大难不死

5　i 十年

6　乔布斯和盛田昭夫

87　第 5 章　信息产业的生态链

一个 IT 公司如果今天和 18 个月前卖掉同样多的、同样的产品，它的营业额就要降一半。

1　摩尔定律

2　安迪 – 比尔定律

3　反摩尔定律

103　第 6 章　奔腾的芯 —— 英特尔公司

英特尔的 CEO 格鲁夫虽然是学者出身，但他同时也是微机时代最优秀的领导者和管理者，数次被评为世界上最好的 CEO。

1　时势造英雄

2　英特尔与摩托罗拉之战

3　指令集之争

4　英特尔和 AMD 的关系

5　错失移动时代

121　第 7 章　IT 领域的罗马帝国 —— 微软公司

当乔布斯给盖茨看了新设计的麦金托什个人电脑，以及漂亮的基于图形界面的操作系统时，盖茨惊呆了。那一年，乔布斯和盖茨都是 26 岁。

1　双雄会

2　亡羊补牢

3　人民战争

4　帝国的诞生

5　当世拿破仑

6　尾大不掉

7　条顿堡之战

8　智能家庭争夺战

9　拒狼驱虎

10　来自印度的救星

159 **第 8 章 纯软件公司的先驱** —— 甲骨文公司

甲骨文公司和微软公司一起，证明了在 IT 领域，软件公司不仅可以独立于硬件公司存在，而且靠卖软件的使用费可以获得比硬件公司更好的发展。甲骨文的成功，也再次说明了创始人和领袖的重要性，可以说没有埃里森，就没有甲骨文今天的辉煌。

1　老兵新传
2　钻了 IBM 的空子
3　天堂下的帝国

182 **第 9 章 互联网的金门大桥** —— 思科公司

据说斯坦福两个系的计算中心主任莱昂纳多·波萨卡和桑迪·勒纳要在计算机上写情书，由于各自管理的网络不同，设备又是乱七八糟，什么厂家的、什么协议的都有，互不兼容，情书传递起来很不方便，于是两人干脆发明了一种能支持各种网络服务器、各种网络协议的路由器。于是，思科公司赖以生存的"多协议路由器"便诞生了。

1　好风凭借力
2　CEO 的作用
3　持续发展的绝招
4　竞争者
5　诺威格定律的宿命

201 **第 10 章 英名不朽** —— 杨致远、费罗和雅虎公司

100 年后，如果人们只记得两个对互联网贡献最大的人，那么这两个人很可能就是杨致远和费罗。

1　当世福特
2　流量、流量、流量
3　其兴也勃，其亡也忽

- 4　既生瑜，何生亮
- 5　红巨星
- 6　自废武功
- 7　淘尽风流人物

232　**第 11 章　硅谷的见证人 —— 惠普公司**

作为硅谷最早的公司，惠普见证了硅谷发展的全过程，从无到有，从硬件到软件，惠普的历史从某种程度上讲就是硅谷历史的缩影。

- 1　硅谷之星
- 2　生死抉择
- 3　是非 CEO
- 4　亚洲的冲击
- 5　中兴与衰落

250　**第 12 章　没落的贵族 —— 摩托罗拉公司**

如果我们认为公司之中也有所谓的贵族，摩托罗拉无疑可以算一个。曾几何时，摩托罗拉就是无线通信的代名词，同时它还是技术和品质的结晶。

- 1　二战名牌
- 2　黄金时代
- 3　基因决定定律
- 4　铱星计划
- 5　全线溃败
- 6　回天乏力

第 13 章 硅谷奇迹探秘

美国的硅谷只占美国国土面积的万分之五,却创造了无数的商业神话。在这里,大约每 10 天便有一家公司上市。美国前 100 强的公司中,硅谷占了四成。

1 宛若似真的理由

2 成王败寇

3 嗜血的地方

4 机会均等

5 硅含量降低

6 真正的奥秘

7 亘古而常青

第 14 章 短暂的春秋 —— 与机会失之交臂的公司

在人类命运降临的伟大瞬间,市民的一切美德 —— 小心、顺从、勤勉、谨慎,都无济于事。它始终只要求天才人物,并且将他造就成不朽的形象。命运鄙视地把畏首畏尾的人拒之门外。命运 —— 这世上的另一位神,只愿意用热烈的双臂把勇敢者高高举起。

1 太阳公司

2 Novell 公司

3 网景公司

4 RealNetworks

第 15 章 幕后的英雄 —— 风险投资

对于想找投资的新创业公司,红杉资本有一些基本要求 —— 公司的业务要能几句话就讲清楚。红杉资本的投资人会给你一张名片,看你能不能在名片背面的一点点地方把你想做的事情写清楚。

1 风投的起源

2　风投的结构

3　风投的过程

4　决策和估价

5　风险投资就是投人

6　风投的角色

7　著名的风投

第 16 章　信息产业的规律性

385

人类的文明和技术是不断进步的，旧的不去，新的不来，只有清除掉阻碍我们进步的那些庞大的"恐龙"，才能为人类提供新的发展空间。从这个角度讲，一个昔日跨国公司的衰亡，也许是它为这个社会做的最后一次贡献。

1　70-20-10 律

2　诺威格定律

3　基因决定定律

第 17 章　硅谷的摇篮——斯坦福大学

409

二战后，帮助斯坦福大学解决财政危机的是它的一位教授弗里德里克·特曼，他后来被称为"硅谷之父"。他仔细研究了斯坦福夫妇的遗嘱，发现里面没有限制大学出租土地，于是他兴奋地声称找到了解决问题的秘密武器——建立斯坦福科技园。

1　传奇大学

2　硅谷支柱

3　纽曼加洪堡

4　硅谷孵化器

第 1 章 帝国的余晖
AT&T 公司

1 百年帝国

图 1.1 位于弗洛勒姆帕克的 AT&T 实验室总部

图 1.1 是在上世纪 90 年代拍摄的美国新泽西州弗洛勒姆帕克日落时的景色。弗洛勒姆帕克占地十几平方公里，大多是芳草地和森林，在森林中央，是一片中等规模临湖的工业园——这是笔者见过的最美丽的工业园。在那里，每天都能看到天鹅在湖中悠闲地游荡，有时还能见到野鹿出没。这里原是石油巨头埃克森美孚（Exxon-Mobil）的地产，1997 年，这里来了一个

新主人——AT&T 实验室。1996 年，如日中天的 AT&T 公司重组，分离成 AT&T、朗讯（Lucent Technologies）和 NCR 三家公司。AT&T 旗下举世闻名的科研机构贝尔实验室也被一分为二。朗讯公司获得了一半的科研机构和贝尔实验室的名称。划归 AT&T 的一半研究室组成了 AT&T 实验室（后来更名为香农实验室，Shannon Labs），从原来的默里山（Murray Hill）搬到了弗洛勒姆帕克。在那里，出过 11 位诺贝尔奖获得者的 AT&T 实验室，像一颗进入晚年的恒星，爆发出极强的、但也是最后的光辉，然后就迅速地暗淡下来。2005 年，AT&T 被 SBC 公司并购，而朗讯则于 2006 年被法国阿尔卡特（Alcatel）公司并购。2016 年，阿尔卡特-朗讯又被诺基亚收购。

1997 年，我在 AT&T 实验室实习，当时大家的情绪都很高，实验室的气氛很像 10 年后的 Google 和今天的 Facebook。不少人的座位旁都放着前面那张美丽的夕阳照。现在想起来，它似乎预示着一个帝国的黄昏。

说起美国电话电报公司，即 AT&T 公司，在美国乃至在世界上几乎无人不知、无人不晓。该公司由电话之父亚历山大·贝尔（Alexander Bell）创立于 1877 年，最初叫做贝尔电话公司，1885 年因为长途电话业务又设立了子公司 AT&T，1984 年反垄断拆分之后，公司的主体采用了 AT&T 的名称。在历史上贝尔电话公司和 AT&T 常常混用，为了避免以后混淆，我们这里统一采用 AT&T 的称呼。电话的发明和 AT&T 公司的建立，第一次实现了人类远程实时的交互通信（虽然电报比电话出现得早，但它不是实时交互通信），并且促进了社会的进步。

AT&T 自创立第一天起，就是龙头老大，直到它被收购的那一天。但是，AT&T 起初的扩张速度远比我们想象的要慢。它用了 15 年（到 1892 年）才将生意从纽约地区扩展到美国中部的芝加哥地区（当时从纽约到芝加哥一分钟的通话费是 2 美元，而当时 1 美元的购买力相当于今天的 50 美元。今天在美国打国际长途，也不过 10 美分一分钟）。38 年后（1915 年），它的生意扩展到全国（但是从纽约到旧金山的电话费高达 7 美元一分钟）。50 年后的

1927年，AT&T的长途电话业务扩展到欧洲[1]。

1925年，AT&T公司成立了研发机构——贝尔实验室（Bell Laboratories，简称Bell Labs）。贝尔实验室是历史上最大、最成功的私有实验室。AT&T公司从电信业获得了巨额的垄断利润，将销售额的3%用于贝尔实验室的研发工作。在很长一段时间里，贝尔实验室总是用"无须为经费发愁"这一条理由来吸引优秀的科学家到该实验室工作，这使得贝尔实验室不仅在通信领域长期执牛耳，而且在射电天文学、晶体管和半导体、计算机科学等领域也都领先于世界，其闻名于世的发明包括射电天文望远镜、晶体管、数字交换机、计算机的UNIX操作系统和C语言等。此外，贝尔实验室还发现了电子的波动性，提出了信息论，组织发射了第一颗商用通信卫星，铺设了第一条商用光纤。在相当长的时间内，贝尔实验室不仅仅是信息领域科学家最向往的地方，也是基础研究领域学者梦寐以求的地方。那个时代，能进入贝尔实验室的人是很幸运的。如果确有才华，他可以成为业界的领袖，甚至得到诺贝尔奖、香农奖或图灵奖。即使是一般的研究员和工程师，也会有很好的收入、可靠的退休保障及受人尊重的社会地位。

AT&T在很长时间内垄断美国并且（通过北方电信）控制加拿大的电话业务。1984年，根据联邦反垄断法的要求，AT&T的市话业务被剥离，根据地区划分成8家小贝尔公司。这时贝尔电话公司才正式更名为AT&T公司。

根据当年的划分原则，8家小贝尔（Baby Bells）公司从事市话业务，而AT&T公司（被称为老祖母）从事长途电话业务和通信设备的制造。贝尔实验室划给了AT&T，并从贝尔实验室分出一部分，称为贝尔核心（Bell Core），划给8家小贝尔公司。不久，贝尔核心因为"8个和尚没水喝"，很快就退出了历史舞台，这当然是后话了。

---

[1] AT&T历史，参见：http://www.corp.att.com/history/。

现在，大多数人认为，这是AT&T走向衰落的开始。但我认为，AT&T并没有因此而伤筋动骨。事实上，在接下来的10年里，AT&T的业务得到了长足的发展。虽然丢掉了市话服务，但是，它作为一家通信设备供应商，依然是市话通信设备几乎唯一的供货商，在海外市场也仍是龙头老大。在长途电话业务中，虽然有MCI和Sprint两个竞争者，AT&T仍然控制着美国大部分市场，利润十分可观，足以维持贝尔实验室高额的研发费用，使得AT&T在通信和半导体技术上仍然全球领先。到1994年，它的营业额达到近700亿美元，大致等同于2008年金融危机前它和SBC合并后的总营业额。

这一年，贝尔实验室的总裁梅毅强（John Mayo）博士率庞大的代表团访华，当时的中国国家主席江泽民亲自接见了他，国家主席接见一家公司下属机构的总裁，这可能是空前绝后的，足以说明对AT&T的重视。AT&T当时可以说风光到了极点。

既然1984年那次分家并没有让AT&T公司伤筋动骨，那么AT&T的衰落又是什么原因造成的呢？

2 几度繁荣

1995年可以说是AT&T公司的顶峰，接下来短短的10年里，它便分崩离析，不复存在了。AT&T不紧不慢地向上走过了百年，才爬到顶点，走下坡路却只是短短的10年。今天我们看到的AT&T实际上是由当年小贝尔公司之一的西南贝尔公司（SBC）几次以小吃大合并出的类似于水电公司的设施服务公司，这类公司在美国统称为资源服务公司，毫无技术可言，这在后面细讲。

其实，从1995年起的这10来年间，AT&T本来有两次绝佳的发展机遇：2000年前后的网络革命和从20世纪90年代中期延续至今的无线通信的飞跃。可是，AT&T不仅没有利用好机会，反而在这两场变革中丢了性命。

100多年来AT&T发展得非常健康。虽然它一直受反垄断法的约束，但是美国政府的司法部门并没有真正要过它的命，每一次反垄断其实都是帮助AT&T修枝剪叶，让它发展得更好。AT&T是美国仅有的两家被反垄断法拆分的公司之一（另一家是美孚石油公司），在介绍AT&T之前，我们先来看看它的垄断地位是怎样形成的。

在AT&T成立时，它的电话技术受专利保护，因此，它前十几年的发展一帆风顺。但是，早在1895年，它的技术专利就无效了。一夜之间，美国冒出了6000多家电话公司。我们以后还会提到，上个世纪初，美国还曾经有过无数的汽车公司。10年内，美国的电话装机数量从200万户增加到3000万户。这时，AT&T凭借领先的技术和成功的商业收购，很快扫平了所有的竞争对手。到20世纪初，AT&T几乎垄断了美国的电信业，并且在海外有很多的业务。1916年，AT&T成为道琼斯20种工业指数[2]中的一家公司。

但是AT&T的麻烦也伴随着公司的发展而来，美国政府的司法部盯上了它。1913年，根据司法部的金斯堡（Kingsburg）协议[3]，AT&T不得不收敛一下它的扩张。1925年，它甚至将加拿大的电信业务分离，专注于美国市场。分离出的公司就是后来加拿大最大的公司北方电信（Northern Telecom，简称北电）。这次收缩歪打正着，使它成功地在1929—1933年的大萧条中存活下来。可以想象，如果当初AT&T的摊子铺得太大，则躲过经济危机的可能性会小得多。事实上，很多当时道琼斯工业指数中的公司都没有逃过那次经济危机。

大萧条后，AT&T公司恢复得很快，第二次世界大战后，美国的电话普及率达到50%，AT&T成为美国最挣钱的公司之一。它的贝尔实验室也是成果累

2　道琼斯工业指数在20世纪初包括20家上市公司，后来扩大到30家。这30家公司是美国支柱产业的大公司。因此道琼斯又称为蓝筹股（blue chips），因为蓝色的筹码是赌局中面值最大的筹码。

3　金斯堡协议是美国司法部和AT&T公司就后者可能垄断市场一案达成的和解协议。AT&T作出的主要让步是允许任何地方性电话公司无条件地接入AT&T的长途电话网络。

累。最值得一提的是，在第二次世界大战期间，贝尔实验室的天才青年科学家香农提出了信息论。信息论是整个现代通信的基础，并与控制论、系统论一道，成为信息时代的科学基础。到了上个世纪 50 年代，AT&T 又发展到美国司法部都不得不管一管的地步了。1956 年，AT&T 和司法部达成协议，协议再次限制了它的活动范围。反垄断法逼着 AT&T 靠科技进步来提升自己的实力。我在 Google 总部曾接待了很多中国政府的领导干部，他们都关心为什么美国小公司能很快成为跨国公司，我认为其中一个原因是反垄断法逼着公司追求技术进步。当一家公司开始垄断一个行业时，它会更多地倾向于利用自己的垄断资源，而不是靠技术进步获得更多的利润，毕竟前者比后者容易得多。因此，AT&T 巩固了自己在技术上的领先地位。1948 年，AT&T 实现了商用的微波通信；1962 年，它发射了第一颗商用通信卫星。尽管存在着一些小的竞争者，但它们无法撼动 AT&T 的根基。

在整个 20 世纪直到 90 年代末的很长时间里，美国国际长途电话的价钱不是由市场决定的，而是由 AT&T 和美国联邦通信委员会（FCC）谈判决定的，定价是 3 美元一分钟。AT&T 计算价钱的方法听起来很合理——铺设光缆和电缆需要多少钱，购买设备需要多少钱，研发需要多少钱，雇接线员需要多少钱等，所以只有一分钟 3 美元才能不亏损。但是事实上，到 2002 年，当国际长途电话费降到平均一分钟只有 30 美分时，AT&T 仍然有 1/3 的毛利润。

到了 20 世纪 80 年代，美国司法部再次对 AT&T 公司提起反垄断诉讼。这次，美国政府终于打赢了旷日持久的官司，这才导致了 1984 年 AT&T 的第一次分家。这次反垄断的官司，不过是替 AT&T 这棵大树剪剪枝。剪完枝后，AT&T 公司反而发展得更健康。10 年后，AT&T 又如日中天了。当时，AT&T 不仅在传统的电话业务上，而且在新兴的网络和移动通信方面，都处于世界领先地位。

3 利令智昏

排除了反垄断导致 AT&T 衰落的原因,我们就得从其他地方找原因。

1995 年,AT&T 走到了一个分水岭。从 1994 年起,美国经济全面复苏,从图 1.2 标准普尔 500 指数(Standard & Poor's 500 Index)的走势可以看出,美国股市从 1995 年起一路暴涨,直到 2000 年底开始下跌。

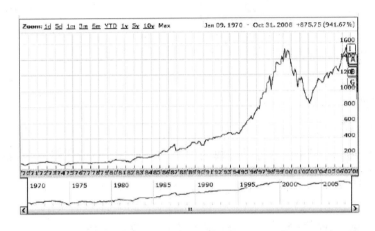

图 1.2　标准普尔 500 指数走势图(数据来源:Google Finance)

这时,AT&T 设备制造部门的执行官们短视地提出分家的建议。他们的理由似乎有道理,因为 AT&T 与另外两家长途电话公司 MCI 和 Sprint 是竞争关系,后者拒绝购买 AT&T 的电信设备,如果成立一家独立的设备公司,就可以做 MCI 和 Sprint 的生意了。但是这种卖设备的一次性销售增长显然对公司的长期增长意义不大。这一点 AT&T 的很多管理者和员工都看到了。我亲身经历了 AT&T 的那次分家。1996 年夏天,贝尔实验室一分为二,大家从默里山搬到弗洛勒姆帕克,天天谈的就是分家的事。很多人觉得,设备部门为了 MCI 和 Sprint 的市场,离开收入和利润都很稳定的 AT&T 可能得不偿失。几年后他们的预言不幸言中。但是在当时,即使 AT&T 的高管意识到了这一点,他们对公司也没有绝对的控制权。

美国几乎所有的老公司，发展到后来，创始人及其家族的股权早已所剩无几，大部分股权都散落在民间（主要掌握在基金手里），AT&T也不例外。因此，为了管理这些公司，董事会会请职业经理人担任各种管理人员，包括首席执行官。而董事会里除了大投资基金和银行的代表，剩下的是独立董事，他们的任务是监督执行官们的工作，保证投资人的利益，而不是考虑公司的长远发展。AT&T几个执行官的股票远不如华尔街投资银行控制的多。事实上，AT&T的总裁们非但不真正拥有公司，而且一些人的个人利益还和公司的利益有冲突。即使他们之中不乏有远见者，但是根本左右不了董事会。而且公司的长期利益和这些高管们没有太大关系，如果能在任期内狠狠捞一把，何乐而不为呢？至于华尔街的投资公司，关心的是手中的股票何时能翻番，关注的是时机，而1995年正是一个机会。整个股市形势很好，在这时将设备制造部门和电信服务部门分开，那么前者的股票一定会飞涨，毕竟短期内将获得Sprint和MCI的订单。华尔街看到了这一点，公司的老总们懂得这一点，公司大量拥有股权的员工也明白这一点。于是利令智昏，一场杀鸡取卵的分家开始了。

AT&T首先将自己分为三个部分：从事电信服务业务的AT&T，从事设备制造业务的朗讯和从事计算机业务的NCR。NCR较小，我们姑且不必提它。朗讯从AT&T中分离，绝对是当年世界电信史上的第一件大事。1996年2月，朗讯公司由华尔街最有名的投资银行摩根士丹利（Morgan Stanley）主承销上市，募集现金30亿美元，成为当时历史上最大的上市行动。朗讯上市时，市值达180亿美元。

和预期的一样，MCI和Sprint果然来买朗讯的设备了。朗讯的销售额比原来作为AT&T的一部分时有了明显的增长。不久，股价就暴涨翻番。而同期收益较稳，但是发展相对缓慢的AT&T公司的股票仍按原来的速度慢慢地爬，这正应了华尔街和大家的预想。华尔街的人大发了一笔财，朗讯的高管和中层也都不同程度地发财了，就连很多有股权的普通员工也小发了一笔财。1999年，我在一个会议上见到不少贝尔实验室的科学家，谈到股票时，他们一个个意气风发,人人脸上都洋溢着笑容。在 2000 年股市泡沫破灭以前,朗讯的股票 4 年涨了 10 多倍,市值达 2440 亿美元。

但是,这些科学家也隐隐地感到了危机。原来的贝尔实验室因为有 AT&T 这座大靠山,从来不为经费发愁。后来,朗讯的利润已不足以养活有两万人的巨型实验室,于是开始要求那里的科学家和工程师将重心转移到能尽快赚钱的研究上来(我在以后会谈到 AT&T 这种大实验室的弊端)。贝尔实验室此时已不是过去以研究为主的地方了,它的创新能力不复存在,从 1995 年起,贝尔实验室没有再搞出轰动世界的发明。本来,AT&T 的电信服务和设备制造相辅相成,是个双赢的组合。分家对双方长远的发展都没有好处。AT&T 和朗讯的衰落都从这时开始。

从 MCI 和 Sprint 带来的销售额增长几乎是一次性的。华尔街在预测朗讯盈利时,已经把这笔收入计算进去了。朗讯的股票要继续上涨,它的销售额和利润就必须不断超过华尔街的预期[4]。可是,朗讯其实根本做不到这一点。为了能支撑高股价,朗讯走了一步后来被证明是败笔的险棋。在互联网泡沫时代,有无数的中小公司在兴起,大公司在膨胀,朗讯决定"促销"自家电信设备。具体做法是由朗讯借钱给各公司来买朗讯的设备。只要设备运离公司,朗讯就在每季度的财务报表中,计入销售额。仔细读朗讯的财报,人们可以发现朗讯总有一笔很大的"应收款项",这笔钱其实从未进到朗讯公司。2000 年互联网泡沫破裂后,借钱购买设备的公司纷纷倒闭,朗讯的这笔"应收款项"一下子变成了净亏损。在 2000 年初互联网泡沫尚未破灭时,朗讯就第一次没有达到盈利预期。当时整个互联网经济正处在第一次高潮,虽然朗讯的股价有所下跌,但是没有人注意到它可能遭受灭顶之灾。

随着移动通信业务的兴起,已经日渐衰落的朗讯居然再一次杀鸡取卵,将公司由那个后来在惠普做得很糟糕的女总裁卡莉·菲奥莉娜(Carly Fiorina)

---

[4] AT&T 一直在道琼斯指数中,直到 1999 年被 SBC 代替。2005 年 SBC 并购 AT&T 公司后,继承了 AT&T 的名称。但是这个 AT&T 已不是以前的 AT&T 了。

经手再次拆分，主要是将它的无线设备部门 Avaya 分出去单独上市。当然，华尔街的投资银行和朗讯的一些高管，尤其是菲奥莉娜又在已经鼓鼓的钱包中赚到了一大笔钱。但是这以后朗讯公司就更是一天不如一天。等到互联网泡沫破裂，朗讯的股票从每股近百美元一度跌到每股 0.55 美元。到了 2001 年，朗讯公司不得不关闭贝尔实验室的几乎全部研究部门，只是象征性地留下了一两个实验室，以保住贝尔实验室这块招牌。这次裁员，使得世界上很多一流的科学家失业。从 2001 年起朗讯一次次裁员和变卖资产，人数从巅峰时的 16.5 万人减少到 3 万人，最终，苟延残喘的朗讯被法国的阿尔卡特并购，并购时的市值还不到 1996 年上市时的水平，只有其峰值的 1/20。今天，贝尔实验室的牌子还在，只是联系地址已经改到法国。

AT&T 的境况比朗讯略好些。它有相对稳定、利润很高的长途电话收入，以及发展得很快的移动通信业务，因此在分家的前几年继续支撑并且扩大了实验室规模。因为没有抢到贝尔实验室这块牌子，AT&T 以信息论发明人香农的名字命名了它的实验室。这时互联网的崛起和无线通信的普及对 AT&T 的核心业务开始形成威胁。但是，AT&T 在这两方面及快速发展的宽带电视业务上优势都很大。本来，AT&T 最有资格成为这些新领域的老大，就像它成功地从有线通信扩展到微波通信一样，但是短视彻底毁了它！

在 2000 年前后，短线投资者发现最快的挣钱方法不是把一家企业搞好，而是炒作和包装上市。将公司的一部分拆了卖无疑挣钱最快。于是在朗讯进行第二次拆分的同时，AT&T 也决定分拆成 AT&T（含企业服务和个人业务）、AT&T 移动和 AT&T 宽带等公司。其中最大的手笔是将移动部门单独上市。2000 年 4 月，AT&T 移动（AT&T Wireless）在华尔街最好的投资公司高盛[5]的帮助下挂牌上市，募集到现金 100 亿美元。这是人类历史上迄今最大的上市行动之一。当时 AT&T 的董事和执行官们给出了一些冠冕堂皇的理由，讲述拆分后对公司发展如何有利，但其实，正如 AT&T 实验室的一位主管所言，原因只有一个——贪婪。AT&T 在一次性发了一笔横财时，也

5　在介绍投资银行的一章中会作详细介绍。

失去了立足于电信业的竞争能力，因为它只剩下一项收入不断下滑的传统长途电话业务。

2000年前后，正是全球从传统电话到移动电话普及的关键时期，随着互联网崛起的是移动电话业务。本来拥有充足的资金保证和领先的无线技术的AT&T完全有机会走在世界移动通信前列，与当今的通信业竞争对手一拼高低。但是，分家以后，长途电话公司和移动电话公司都残缺不全，前者没有发展的潜力，后者没有资金可以支持迅速扩张。这个双输的结果，在分家的第一天就已经注定了。这个失败不仅将AT&T推向死亡，而且使得美国在第二代移动通信上彻底输给了欧洲。如果看看大洋彼岸的中国在那个时代电信发展的状况，也会发现惊人的相似之处：拥有庞大固定资产、一度不可撼动的老大中国电信一下子停滞下来，而只有无线业务的中国移动迅速后来居上。

同时，香农实验室萎缩到1996年成立时的规模。2001年发生的"9·11"恐怖袭击，导致AT&T在纽约的很多设备被毁，而它几乎拿不出修复设备的钱。半年后，AT&T香农实验室也开始关闭大部分研究部门，整个实验室几乎解散了[6]。在这之前，其主管拉里·拉宾纳（Larry Rabinar）博士已经预感到情况不妙了，他很有人情味地为他的老部下们安排了出路，然后自己退离了香农实验室第一把手的岗位。身为美国工程院院士的拉宾纳，无论是学术水平还是管理水平，在世界上都是首屈一指的，但是他根本无力扭转AT&T实验室的困境。这也许就是命运。

4 外来冲击

如果说终结AT&T帝国的内因是华尔街和AT&T自身的贪婪和短视，那么互联网的兴起则从外部彻底击垮了这个帝国。在互联网兴起以前，固定电话几乎是人类唯一的交互通信手段，因此，只要在这个产业中占据一席之地，

6　2005年，SBC收购AT&T后，将其剩余的研究部门并入SBC的研发部门，但是保留了香农实验室的名称。

即使不做任何事，也可以被它的波浪推着前进。100多年来AT&T就是这样。它不紧不慢地发展着，虽有过很多失败的投资，但这些丝毫没有伤害到它，也不能阻止它一次又一次地形成垄断。

互联网兴起后，情况就不同了。当人们有了一种不要钱的实时通信方式后，就没人为一分钟3美元的国际长途电话买单了。以前，人们查找任何商业信息都离不开电话本，那时的黄页，就相当于今天的Google。现在有了互联网，人们更多地从网上查找信息。为了促销，所有的长途电话公司都不得不通过降价来维持生计。上世纪90年代我到美国时，从美国到中国的长途电话费是1美元一分钟，现在用电话卡打国际长途只要2美分一分钟。到了2004年，由于AT&T公司的影响力越来越小，终于被道琼斯工业指数除名。具有讽刺意味的是，取代它的SBC公司正是1984年从AT&T分出去的8家小贝尔公司中最小的西南贝尔公司，经过几轮小吃大，接连兼并兄弟贝尔公司，SBC成为美国第二大电信公司。一年后，SBC再次上演蛇吞象的一幕，不过这一次它吞下了老祖母AT&T，只不过SBC考虑到AT&T的名气更大，新公司采用了AT&T的名称。因此，今天的这个AT&T已经不是当年的那个AT&T了。图1.3是旧AT&T和新AT&T的标识。

图1.3　旧AT&T和新AT&T的公司标识

随着AT&T的没落，很多优秀的科学家和工程师，包括UNIX操作系统和C语言的发明人之一肯·汤普森（Ken Thompson），都来到了新兴的Google公司，他们成为了Google技术的中坚。花旗银行一位有30年资本管理经验的副总裁对我讲，评价一家上市公司的好坏，其实只要看那些最优秀的人是流进这家公司，还是流出这家公司即可。

互联网对朗讯的冲击也是同样的。在互联网时代，全球对数据交换设备的需求渐渐超过对语音交换设备的需求。前者是新兴公司思科的长项，而后者才是朗讯的强项。后来，像思科、华为这样的新一代电信设备公司战胜朗讯，又成为一股不可阻挡的潮流。2006 年，两家苦苦挣扎的电信公司阿尔卡特和朗讯宣布合并，成立了新的阿尔卡特－朗讯公司，但是新公司依然免不了走下坡路的宿命。2014 年，贝尔实验室推倒了它的第一栋实验大楼，虽然目的是不再想维护那栋没有太多人使用的老楼，但是外界把这解读成一个时代的终结。有媒体评论道："非常遗憾它被推倒了，但是更遗憾的是居然没有人觉得这算是一回事。"2016 年，诺基亚收购了阿尔卡特－朗讯。

互联网的崛起，对原贝尔实验室研究的影响也是巨大的。比如，语音的自动识别曾经被认为是人类最伟大的梦想之一，现在随着电话时代的过去也变得不重要了。今天，世界上主要的语音识别公司只剩下 Nuance 一家。2012 年美国整个语音识别市场的规模一年只有 15 亿美元，不及 Google 半个月的收入。而同时，对文字处理、图像处理技术的需求则随着互联网的普及不断增加。

在工业史上，新技术代替旧的技术是不以人的意志为转移的。人生最幸运之事就是发现和顺应这个潮流。投资大师沃伦·巴菲特（Warren Buffet）在谈到上个世纪初他父亲失败的投资时讲，那时有很多很多汽车公司，大家不知道投哪个好，但是有一点投资者应该看到，马车工业要完蛋了。巴菲特为他的父亲没有注意到这一点而感到遗憾。互联网对传统电话业务的冲击，就如同数码相机对胶卷制造业的冲击一样，是从根本上断绝了它的生存基础。今天，互联网虽然还不能完全代替固定电话，但是前者已经大大挤压了后者的发展空间，因为它可以提供更灵活、更丰富，而且更便宜的通信手段。

回顾 AT&T 百年历史，几乎每个人都为这个百年老店的衰落而遗憾。它曾经是电话业的代名词，而它的贝尔实验室曾经是创新的代名词，现在这一切已成为历史。我和很多 AT&T 的主管及科学家聊过此事，大家普遍认为，

AT&T 的每一个大的决定，在当时的情况下都很难避免，即使知道那是错的。20 世纪 90 年代，AT&T 已经不属于一个人、一个机构，没有人为它十年百年后的发展着想（我们以后还会多次看到，当一家公司没有人对它有控制权时，它的长期发展就会有问题）。要知道，我们今天最通用的高速上网方式 DSL 最初诞生于贝尔实验室，但是 AT&T 并没有把它作为可持续发展的利器，而是扔到了某个无人注意的角落。而曾经在贝尔实验室工作过的美国通信领域著名科学家约翰·查菲（John Cioffi）教授后来在斯坦福大学将它实用化，成为"DSL 之父"。在科技发展最快的 20 世纪 90 年代，AT&T 浪费掉的技术和机会远不止这些。因为那时，从华尔街到 AT&T 的高管和员工，大都希望从它身上快快地捞一笔。以前，美国司法部曾多次要求拆散 AT&T 而做不到，但是在美国经济最好、科技发展最快的 10 年中，它却把自己拆了卖掉。这样，它不但没有把握住 21 世纪初前后信息革命带来的机会，反而将自己葬送在互联网的浪潮中。

结束语

从某种意义上讲，现代通信始于亚历山大·贝尔发明的电话和他创立的 AT&T 公司。在 AT&T 公司盛年时期，贝尔实验室的杰出科学家香农博士第一次量化地描述了信息，并把人类带入用信息论指导的时代。数字通信随之诞生，并且让我们今天的每一个人受益。但是，AT&T 这个靠信息起家的帝国却倒在了从 20 世纪末开始的全球信息大爆炸的时代。许多人为此遗憾，他们假设"如果 AT&T 不拆分""如果 AT&T 及时进入互联网领域""如果 AT&T 不犯那么多致命的错误"，等等，结果是否会好些。我的观点是，如果让 AT&T 重来一次，它犯的那些错误可能一样都不会少，因为它到年纪了。没有人能活两百岁，也没有公司能辉煌两百年，这就是规律，很难超越。今天，我们依然传扬着贝尔实验室昔日的辉煌，就如同我们传颂着古老中国强汉盛唐时期的文治武功、西方罗马帝国的传奇一样。毕竟，AT&T 是在历史上为人类做出了卓越贡献的公司。

AT&T 大事记

1875　贝尔和沃森发明电话。

1877　美国贝尔电话公司成立。

1880　贝尔长途电话业务开通。

1892　长途电话业务进入美国中部芝加哥地区。

1913　和美国政府达成第一次反垄断协议。

1915　电话业务进入美国西部旧金山地区。

1925　贝尔实验室成立。

1972　UNIX 操作系统和 C 语言诞生于贝尔实验室。

1982　美国司法部打赢了长达 8 年的针对贝尔电话公司的反垄断官司。

1984　美国贝尔电话公司被拆成 AT&T 和 8 家地区性贝尔公司。

1996　AT&T 主动地一分为三，包括新 AT&T、朗讯和 NCR。

2000　朗讯的移动部门 Avaya 单独上市。

2001　AT&T 再次主动拆分，变为独立的 AT&T（含企业服务和个人业务）、AT&T 移动和 AT&T 宽带等公司。

2004　AT&T 被道琼斯指数除名，从地区性贝尔公司发展起来的 SBC 替代了它在该指数中的位置。

2005　AT&T 被 SBC 并购，成为新 AT&T。此前，从 AT&T 分出的几家独立公司均被竞争对手或业界同行收购。

2006　朗讯被法国的阿尔卡特并购，原来的美国贝尔电话公司（AT&T）从此消亡。

第 2 章　蓝色巨人

IBM 公司

国际商用机器公司（International Business Machines Corporation），即 IBM 公司，和蓝色有着不解之缘。IBM 的徽标是蓝色的，人们常常把这个计算机界的领导者称为"蓝色巨人"。1996 年，IBM 的超级计算机深蓝（Deep Blue）和有史以来最神奇的国际象棋世界冠军卡斯帕罗夫（Garry Kasparov）展开了 6 盘人机大战，深蓝侥幸地赢了卡斯帕罗夫一盘，但是随后卡斯帕罗夫连扳了 3 盘，最终 4∶2 打败深蓝。一年多后，IBM 的深蓝计算机各方面性能都提高了一个数量级，"棋艺"也大大提高，而卡斯帕罗夫的棋艺不可能在一年多里有明显提高。第二次人机大战，深蓝最终以 3.5 比 2.5 胜出，这是计算机第一次在国际象棋 6 番棋中战胜人类的世界冠军。几百万名棋迷通过互联网观看了比赛的实况，十几亿人收看了关于它的电视新闻。IBM 在全世界掀起了一阵蓝色旋风。

IBM 公司可能是世界上为数不多的成功逃过历次经济危机，并且在历次技术革命中实现成功转型的公司之一。在很多人的印象中，IBM 仅仅是一个大型计算机制造商，并且在个人电脑和互联网越来越普及的今天，它已经过气了。其实，IBM 并没有这么简单，它至今仍然是世界上最大的服务公司、第二大软件和 IT 服务公司[1]、第三大数据库公司[2]。IBM 拥有当今工业界最大的

1　由于今天 IBM 和甲骨文都将过去卖服务器和卖软件的业务合并成基于云计算的 IT 服务了，因此今天软件和 IT 服务已经不可分了。

2　2016 年甲骨文占 45.6%，遥遥领先于其他对手，微软、IBM 和 SAP 分别占 19.1%、15.7% 和 9.6%。（数据来源：Gartner 2016）

实验室 IBM Research（虽然规模只有贝尔实验室全盛时期的 1/10），是世界第一的专利申请大户（文中我们还要讲 IBM 对专利的态度），另外，它还是全球最大的 RISC 服务器制造商。

IBM 能成为科技界的常青树，要归功于它的二字秘诀——保守。毫无疑问，保守让 IBM 失去了无数次发展机会，但是也让它能专注于做最重要的事，并因此立于不败之地。

1 赶上机械革命的最后一次浪潮

机械革命从 200 多年前开始到第二次世界大战结束，一般认为其高峰是 19 世纪末期。当时很多人认为机械可以代替一切，就如同今天不少人认为计算机可以代替一切一样。IBM 就是在那个背景下成立的。IBM 的前身 CTR 公司创立于 1911 年。1914 年，老托马斯·沃森（Thomas J. Watson, Sr.）加入 CTR，1924 年，他将公司更名为 IBM。但是，IBM 和外界一般都把它的历史向前推进 30 年，即推到 19 世纪末。在那时，还没有任何电子计算设备，但是经济生活中对报表处理和科学计算存在大量需求。于是，美国有位叫霍勒里斯（Herman Hollerith）的统计学家发明了机械的自动制表机，这是一种大小和形状类似立式钢琴的机器（图 2.1）。霍勒里斯成立了一个生产自动制表机的公司，并为美国国家统计局服务，大大提高了统计工作的效率。1911 年，美国华尔街金融投资家弗林特（Charles R. Flint）筹划了国际时间记录公司、计算尺公司和霍勒里斯的制表机器公司这三家公司的合并，成立了计算－制表－记录公司（Computing-Tabulating-Recording Company），即 CTR 公司。

沃森父子对 IBM 的影响是巨大的。早期领导人的灵魂常常会永久地留在这家公司，即使他们已经离去。后续介绍苹果公司和其他公司时，我们还会看到这一点。早期的 IBM，产品主要是一些办公管理用的机械，诸如打孔机、制表机（图 2.1）等，服务对象是政府部门和企业。IBM 从那时起，就锁定

图 2.1 机械的自动制表机（硅谷山景城计算机博物馆）

了政府部门和企事业单位为它的主要客户，直到今天。很多人奇怪为什么最早推出主流 PC（即以英特尔处理器和微软操作系统为核心的 PC）的 IBM 没有成为 PC 之王。实际上，IBM 的基因决定了它不可能领导以个人用户为核心的 PC 产业。以后我们还会仔细地分析这一点。

IBM 成立后不久就遇到了资本主义历史上最大的经济危机——1929—1933 年的大萧条。在很多公司关门、客户大量减少的情况下，IBM 能存活下来，可以说是个奇迹。沃森的经营和管理才能在这段时间里起到了关键的作用。在 IBM 逃过一劫后，它接下来的路在长时间内都很平坦。任何经济危机都是这样，会淘汰掉经营不善和泡沫成分大的公司，为生存下来的公司提供更好的发展空间。随着经济的恢复，办公机械的市场开始复苏。尤其是罗斯福推行新政，雇用了大量政府工作人员。政府对制表机的需求大大增加。除了正常的生意，IBM 还将大量打孔机、制表机等设备卖给了德国纳粹政府。不过，IBM 从未回避这段不光彩的历史。

但是，二战前后毕竟剩下的只是机械时代的余晖。光靠卖办公机械很难有持续的发展，IBM 未雨绸缪，也一直在找出路。正巧赶上了第二次世界大战，以制造精密机械见长的 IBM 马上将其生产线民用转军用，参与制造著名的勃朗宁自动步枪和 M1 冲锋枪（图 2.2）。这些都是美军二战时的主力武器。包括日本在内的美国的敌人常常低估美国的军事工业潜力，但是，连 IBM 这样的公司都可以改造武器，说明美国的军工潜力深不可测。随着战争的发展，有大量的军事数据需要处理。IBM 向美国军方出售了大量制表机，也从此和美国军方建立了良好的关系。IBM 为军方研制了世界上第一台继电器式计算机，当然这跟真正的电子计算机有着很大的不同。此外，IBM 还间接地参与了研制原子弹的曼哈顿计划。

图 2.2　勃朗宁自动步枪和 M1 冲锋枪

二战后，整个世界都在重建之中，对各种工业品的需求都在增加。尤其是杜鲁门总统完成了美国的社会保障制度后，有大量的统计工作需要用到制表机等机械。这一切都对 IBM 的核心业务给予了强有力的支持。IBM 很轻易地再将生产线军用转民用。但是，如果 IBM 仅仅满足于卖机械，我们今天可能就听不到它的名字了。

第二次世界大战可以看作是机械时代和电子时代的分水岭。英国在二战后很长时间里试图恢复它的机械工业，虽然它做到了，但是也已经落伍了。而一片焦土的日本，已经没有剩下什么工业基础了，因此另起炉灶，发展电子工业，结果成为世界第二经济大国，直到近几年才被中国超越。二战后，IBM 的情况也类似，它显然面临着两种选择，是继续发展它的电动机械制表机，还是发展新兴的电子工业。这两派争执不下，而代表人物恰恰是沃森父子。老沃森认为电子的东西不可靠，世界上至今还有不少人持老沃森的观点。而小沃森则坚持认为电子工业是今后的发展趋势。这场争论以小沃森的胜利而告终。1952 年，小沃森成为 IBM 的新总裁。IBM 从此开始领导电子技术革命的浪潮。

2　领导电子技术革命的浪潮

如果说 IBM 在上一次的机械革命中不过是一个幸运的追随者，那么它在从二战后开始的电子技术革命中则完全是一位领导者。电子计算机和 IBM 的名字是分不开的，就如同电话和 AT&T 分不开一样。一方面，IBM 因为有了计算机，得以持续发展了半个多世纪；另一方面，计算机因为有 IBM 的推广，才从科学计算领域转而应用到商业领域和人们的日常生活中。

在谈论 IBM 和计算机的关系之前，让我们先来回顾一下电子计算机发明的背景和过程。

恩格斯说过，社会的需求对科技进步的作用要超过 10 所大学。计算机就是在这种背景下发明出来的。美国研制计算机的直接目的是在第二次世界大战中为军方计算弹道。在流体力学中，计算量常常大到手工的计算尺无法计算的地步，因此，对通用计算机的需求就产生了。在计算机的研制过程中，有无数的科学家和工程师做出了卓越的贡献，但是最主要的三个人应当是冯·诺伊曼（John von Neumann，看过美国电影《美丽心灵》和中国电视剧《暗算》的读者应该对他有印象）、约翰·莫奇利（John Mauchly）和约翰·埃克特（John Presper Eckert）。应该说，冯·诺伊曼是今天运行程序的电子计算机系统结构的主要提出者，这个被称为冯·诺伊曼的系统结构影响至今。莫奇利和埃克特是世界上第一台通用电子计算机 ENIAC 研制的总负责人（很遗憾，它其实并不是今天计算机的祖先，因为它不能加载程序，指令要重复地输入进去）。他们三人都参与了 ENIAC 设计方案的研制，最后由冯·诺伊曼起草并交给了军方，军方的负责人拿到方案后随手在上面写上了冯·诺伊曼的名字，从此莫奇利和埃克特的贡献就被淡忘了。后来，莫奇利和埃克特认为计算机的发明权应该属于他们自己而不是他们所在的宾夕法尼亚大学。两个人和大学闹翻了，出来成立了世界上第一家计算机公司——埃克特－莫奇利公司（Eckert-Mauchly Computer Corporation）。该公司研制出一种叫UNIVAC的计算机，提供给美国统计局和军方使用。但是，因为埃克特和莫奇利都是不善经营的学者，很快他们的公司就因赔钱关门了。

IBM的小沃森认为计算机在今后的社会生活中将会扮演一个非常重要的角色，便决定投资发展计算机，并请来冯·诺伊曼做顾问。IBM还请来了很多工程师，并且把麻省理工学院作为它强大的技术支撑。小沃森将IBM的研发经费从他父亲时代公司营业额的3%增加到9%。到20世纪60年代，IBM生产出著名的IBM System/360（S/360，下文简称IBM 360）为止，IBM在计算机研制和生产上的总投入高达50亿美元，相当于整个马歇尔计划[3]的1/3。小沃森上台后短短5年，就将IBM的营业额提高了3倍。在小沃森执掌IBM的20年里，IBM的平均年增长率高达30%，这在世界上可能是绝无仅有的，他的父亲也没有做到这一点。

在我个人看来，小沃森对世界最大的贡献不是将IBM变成一家非常成功的公司，而是将计算机从政府部门和军方推广到民间，将它的功能由科学计算变成商用。这两点使计算机得以在公司、学校和各种组织机构中普及起来。上个世纪80年代，当计算机在中国还不是很普及时，如果做一次民意调查，问计算机是干什么的，我估计被调查者十有八九都会认为计算机是用于科学计算的。而实际上，世界上并没有那么多的题目需要计算。如果将计算机局限于科学计算，它就不会像现在这样普及。当然，今天我们知道计算机可以用来存储信息、处理表格、编辑和打印文章。但是，在半个多世纪前就能够

3　马歇尔计划，又称为欧洲复兴计划，是二战结束后美国对被战争破坏的西欧各国进行经济援助、协助重建的计划，对欧洲国家的发展和世界政治格局产生了深远的影响。该计划于1948年4月正式启动，并整整持续了4个财政年度之久。在这段时期内，西欧各国通过参加当时的欧洲经济合作组织（OECD），总共接受了美国包括金融、技术、设备等各种形式的援助合计131.5亿美元（相当于2016年的1000亿美元）。

看到这一点是非常了不起的。小沃森看到了这一点，这一方面是他的天分，另一方面则源自 IBM 长期制造表格处理机械，了解这方面的需求。

从开始做计算机起，IBM 基本上遵循性能优先于价格和集中式服务的原则。高性能、支持多用户的主机一直是 IBM 硬件制造的重点，直到 20 世纪 90 年代才略有转变。IBM 的许多大型机，成为计算机系统结构设计的经典之作，而且生命期特别长，有点像波音公司的客机。其中最著名的有上世纪 60 年代的 IBM 360/370 系列（图 2.3）和七八十年代的 IBM 4300 系列。当时的售价都在百万美元以上，而性能还不如现在的一台个人电脑。但是，这些计算机的设计思想，仍然是计算机设计中的精髓。

图 2.3　上个世纪 70 年代 IBM 的核心产品 System/370

上个世纪中叶，计算机的造价高得惊人，除了政府部门和军方，只有大型银行和跨国公司才用得起。银行里有大量的简单计算，主要是账目上的加加减减，不需要复杂的函数功能，比如三角函数、指数函数、对数函数等，而是需要有一种专门处理大量数据且运算简单的程序语言。上个世纪六七十年代的主流高级程序语言 COBOL 就在这个背景下诞生了。COBOL 的全名为"面向商业的通用语言"（Common Business Oriented Language）。顾名思义，它是专门处理商业数据的程序语言。COBOL 并不是 IBM 制定的，但是，IBM 对它影响巨大，因为制定 COBOL 的 6 人委员会中，有两人来自

IBM。20世纪六七十年代，COBOL是世界上最流行的程序语言，但是会写COBOL程序的人很少，因此他们的收入远比今天的软件工程师要高得多。这在某种程度上鼓励了年轻人进入计算机软件领域。IBM的研究水平很高，还参与制定了很多标准，因此，它在商业竞争中，同时扮演着运动员和裁判员的双重角色。从20世纪50年代到80年代初，IBM在计算机领域基本上是独孤求败。

在现代计算机发展史的前30年里，IBM在商业上只有一个轻量级的竞争对手——数字设备公司（Digital Equipment Corporation，DEC）。由于IBM的大型机实在太贵，中小企业和学校根本用不起，市场上就有了对相对廉价、低性能小型计算机的需求，DEC应运而生。在很长时间里，虽然两家公司在竞争，但是基本上井水不犯河水，因为计算机市场远没有饱和，完全可以容纳两个竞争者。在这30年里，两家公司发展得如鱼得水。基本上可以说是IBM领导着浪潮，DEC随浪前行。

要说IBM还有什么对手的话，那就是美国司法部。在美国从来没有过国王，美国人也不允许在一个商业领域出现国王。在垄断产生以后，美国司法部会出面以反垄断的名义起诉那家垄断公司。从20世纪70年代初到80年代初，美国司法部和IBM打了10年的反垄断官司，最终于1982年和解。一般认为，这是IBM的胜利。但是，IBM也为此付出了很大的代价。我认为主要有两方面：第一，IBM分出了一部分服务部门，让它们成为独立的公司；第二，IBM必须公开一些技术，从而导致了后来无数IBM PC兼容机公司的出现。

应该讲，在第二次世界大战后，IBM成功地领导了计算机技术的革命，使得计算机从政府走向社会，从单纯的科学计算走向商业。它顺应计算机革命的大潮一漂就是30年。由于有高额的垄断利润，IBM给员工的薪水、福利和退休金都很丰厚。在二战后很长时间里，IBM是许多求职者最向往的公司之一。它甚至有从不裁员的神话，直到上世纪八九十年代它陷入困境时才不得不第一次裁员。

3 错过全球信息化的大潮

如果要对计算机工业的历史划分阶段，那么，1976 年可以作为一个分水岭。这一年，没有读完大学的史蒂夫·乔布斯（Steve Jobs）和沃兹尼亚克（Steve Wozniak）在车库里整出了世界上第一台可以商业化的个人电脑 Apple I。在硅谷，很多公司创业时因为资金有限，常常租用租金低廉的民房甚至车库来办公，这几乎是硅谷特有的现象，被称为车库文化，苹果起家时也不例外。不过从后来的统计结果看，硅谷诞生于车库的伟大公司并不多，更多的则是从原有公司和科研机构中直接分离出来的。这样，诞生于车库的苹果几乎成了诠释车库文化唯一的例证。说回到蓝色巨人，它在这次信息革命的浪潮中，开始的步子并不慢。1971 年小沃森从 CEO 的位置上退下来，中间经过了两年短暂的拉尔森（T. V. Learson）时代，最后在 1973 年将接力棒交给了新总裁弗兰克·卡里（Frank Cary）。为了应付美国司法部提出的反垄断诉讼，卡里耗费了大量时间，但一直在密切注视着新技术的发展。对于个人电脑，IBM 观望了几年。这对 IBM 这样一家大公司来讲是非常有必要的。我们前面讲过，IBM 成功的秘诀是保守，它基本上是不见兔子不撒鹰。如果苹果公司失败了，IBM 无需做任何事情。要是苹果公司成功了，IBM 依靠它强大的技术储备完全可以后发制人。我们在前面已经提到，IBM 其实并不是最早做计算机的公司。我们以后还会看到很多大公司用这种办法对付小公司的例子。4 年后，卡里决定开发个人电脑。

也许是不想惹人注意，也许是没有太重视这件事，IBM 没有让它力量最强的沃森实验室（T. J. Watson Labs）来做这件事，而是将它交给了 IBM 在佛罗里达的一个十几人的小组。为了最快地研制出一台 PC，这个只有十几人的小组不得不打破以前 IBM 包办计算机全部软硬件的习惯，而是采用了英特尔公司的 8088 芯片作为该电脑的处理器，同时委托独立软件公司为它配置各种软件。这样，仅一年之后，1981 年，IBM PC 就问世了。虽然第一批 IBM PC 的性能只有现在个人电脑的万分之一，但是，它比苹果公司的 Apple 系列已经好很多了，足以应付当时的字处理、编程等应用。IBM PC

一上市就大受欢迎，当年就卖掉 10 万台，占领了 3/4 的个人电脑市场。IBM 在和苹果的竞争中真可谓是后发制人。直到今天，IBM PC 还是个人电脑的代名词。

如果当时问大家，以后谁会是个人电脑时代的领导者，十有八九的人会回答是 IBM。事实上，当时《时代周刊》就评选 IBM PC 为 20 世纪最伟大的产品。《华尔街日报》也高度评价了 IBM 的这一贡献。但是，现在我们知道，个人电脑时代的最终领导者是微软和英特尔，而不是 IBM。随着 2005 年 IBM 将个人电脑业务卖给了中国的联想公司，IBM 彻底退出了个人电脑的舞台。

是什么原因导致了 IBM 的这个结局呢？虽然原因很多，但最主要的有三个：IBM 的基因、反垄断的后遗症及微软的崛起。

先谈谈 IBM 的基因。无论是在老沃森执掌的机械时代，还是在小沃森接管的电子时代，IBM 的客户群基本上是政府部门、军方、银行、大企业和科研院所，它从来没有过经营终端消费型产品的经验，也看不上这类产品。以往，IBM 卖计算机的方式是和大客户签大合同。20 世纪 80 年代的计算机，只有专业人员才玩得转。因此，IBM 都是将计算机和服务绑在一起卖，至今也是如此。IBM 一旦签下一个大型机销售的合同，不但可以直接进账上百万美元，而且每年还可以收取销售价 10% 左右的服务费。等客户需要更新计算机时，十有八九还得向 IBM 购买。这样，IBM 每谈下一笔合同，就可以坐地收钱了。因此，虽然 IBM PC 在市场上反响很好，在公司内部反应却很冷淡。IBM PC 第一年的营业额大约是两亿美元，只相当于 IBM 当时营业额的 1% 左右，而利润还不如谈下一个大合同。要知道，卖掉十万台 PC 可比谈一个大型机合同费劲儿多了。因此，IBM 不可能把 PC 事业上升到公司的战略高度来考虑。

1982 年，IBM 和美国司法部在反垄断官司中达成和解。和解的一个条件是，IBM 得允许竞争对手发展。如果不是 PC 的出现，这个条件对 IBM 没有什么实质作用，因为过去一个公司要想开发计算机，必须是硬件、软件和服务一起做，这个门槛是很高的。但是，有了 PC 以后，情况就不同了。因为 IBM PC 的主要部件，如处理器芯片、磁盘驱动器、显示器和键盘等，或者本身是第三方公司提供的，或者很容易制造，而它的操作系统 DOS 又是微软的。因此，IBM PC 很容易仿制。IBM PC 唯一的核心软件 BIOS 是自己的，但是很容易就被破解了。在短短的几年间，IBM PC 的兼容机如雨后春笋般冒了出来。如果不是反垄断的限制，IBM 可以阻止这些公司使用自己的技术进入市场，或者直接收购其中的佼佼者。但是，有了反垄断的限制后，它对此也只能睁一只眼，闭一只眼。一方面，自己不愿意下功夫做 PC，另一方面无法阻止别人做 PC，IBM 只好看着康柏（Compaq）[4]、戴尔（Dell）等公司做大了。

第三个原因也不能忽视，如果说在二战后的 30 年里，IBM 是独孤求败，笑傲江湖，现在它真正的对手——微软的比尔·盖茨出现了。我总是对人讲，盖茨是我们这个时代的拿破仑。在我们生活的这个和平年代，不可能出现汉尼拔或凯撒那样攻城略池的军事统帅，但是会在商业这个没有硝烟的战场上出现纵横捭阖的巨人，而比尔·盖茨就是科技界的第一巨人。

当时为了以最快速度推出 PC，IBM 连操作系统都来不及自己开发，而是向其他公司招标。IBM 先找到了 DR（Digital Research）公司，因为价钱没谈好，只好作罢。盖茨看到了机会，他空手套白狼，用 7.5 万美元买来磁盘操作系统（DOS），转手卖给了 IBM。盖茨的聪明之处在于，他没有让 IBM 买断 DOS，而是从每台 IBM PC 中收一笔不太起眼的版权费。而且，IBM 和微软签的协议有个很小的漏洞，没有指明微软是否可以将 DOS 再卖给别人。盖茨后来抓住了这个漏洞，到处兜售 DOS，IBM 很不高兴，告了微软好几次。因为在大家看来这是以大欺小，IBM 得不到别人的同情，从来没有赢过（在美国，以大欺小的官司常常很难赢，而且即使赢了，也不可能得到太多的赔

---

4 现在是惠普公司的一部分。

偿，因为小公司没有什么油水可榨）。IBM 原来认为 PC 赚钱的部分是几千块钱的硬件，而不是几十块钱的软件，后来发现根本不是这么回事。随着兼容机的出现，IBM 沦为了众多 PC 制造商之一，利润受到竞争的限制。而所有 PC 的操作系统只有一种，虽然每份操作系统当时还挣不了多少钱，但将来的前途不可限量。显然，微软已经占据了有利的位置。于是，IBM 决定和微软合作开发新的操作系统 OS/2，共同来开发个人电脑的软件市场。换作别人，也许就乐于当 IBM 的一个合作伙伴了。但是，盖茨可不是一般的人，他志存高远，不会允许别人动个人电脑软件这块大"蛋糕"，尽管此时微软的规模远没法和 IBM 相比。盖茨明修栈道，暗渡陈仓，一方面和 IBM 合作开发 OS/2，挣了一点短期的钱；另一方面下大力气开发视窗操作系统（Windows）。当视窗 3.1 推出时，微软帝国也就形成了。十几年后，硅谷一位最成功的 CEO 讲，凡是和微软合作的公司，最后都没有好结果。IBM 也许是其中第一个吃亏的。

应该讲，虽然 IBM 最先研制出今天通用的个人电脑，但是在 20 世纪 80 年代开始的信息革命中，IBM 不情愿地成为了落伍者。同时，一个新的霸主微软公司横空出世。到 20 世纪 80 年代末，由于性能每 18 个月就翻一番，个人电脑慢慢开始胜任一些以前只有大型机才能做的工作。这样，个人电脑开始蚕食大型机的市场。1993 年，IBM 出现了严重的亏损，有史以来第一次开始大规模裁员。这段时期，是 IBM 历史上最艰难的时期。当时有人质疑 IBM 是否会倒闭。

4　他也是做（芯）片的

如果在 IBM 做一个民意调查，谁对 IBM 的贡献最大，那么除了沃森父子外，一定是路易斯·郭士纳（Louis Gerstner）。1993 年，从未在 IBM 工作过的郭士纳临危受命，出任 IBM 的首席执行官。他领导 IBM 从一个计算机硬件制造公司成功转变为一家以服务和软件为核心的服务型公司，复兴了这个百年老店，并开创了 IBM 的 10 年持续发展局面。郭士纳原来是一家食品公司的总裁，更早则任职于美国运通信用卡公司，根本不懂计算机。在英语中，计算机的芯片和薯片是一个词——chip，因此，大家就开他的玩笑说，他也是做（芯）片的，但做的是薯片（He also made chips, but potato chips.）。这句原先是嘲笑他的话，以后成为他传奇的象征。没有高科技公司背景的郭士纳在世界最大的高科技公司里创造了一个奇迹。

郭士纳上台后的第一件事就是对 IBM 进行大规模改组。IBM 长期处于计算机产业的垄断地位，从上到下都习惯了高福利的舒适环境。机构庞大，人浮于事的官僚主义滋生，内耗严重，总之，繁荣的背后危机四伏。因此，一旦进入群雄逐鹿的信息革命时代，IBM 这个被郭士纳比喻成大象的公司就开始跟不上竞争对手的步伐了。

IBM 内部曾流传过这么一个故事：要把一个纸箱从二楼搬到三楼，需要多长时间？这件本来几分钟就能办成的事，在 IBM 却往往需要几个月。原因是，要搬动一个箱子，你要先打报告，然后经过层层审批；审批后，审批报告再层层向下转达，最后交给 IBM 签约的搬运公司。在搬运公司的任务单上，上个月的任务可能还没有完成呢，现在提交的任务单一个月以后能完成就不错了。这样，搬动一个纸箱花几个月时间一点也不奇怪。

郭士纳像个高明的医生，开始医治千疮百孔的 IBM，他的第一招用他自己的话讲是将 IBM 溶解掉，通俗地讲，就是开源节流。他首先裁掉了一些冗余的部门和一些毫无前途的项目，包括前面提到的操作系统 OS/2。这样，人员相应减少了，费用自然降低了。但是，短期内增加收入并不容易。郭士纳的做法是卖掉一些资产。去过 IBM Almaden 实验室的人都会发现，那座非常豪华的大楼非常不对称，似乎只盖了一半。事实上的确如此，IBM 当时盖了一半没钱了，就留下了这座烂尾楼（图 2.4）。郭士纳甚至想把盖好的这一半卖掉，只是这座楼实在太贵，在上个世纪 90 年代初美国经济不景气时，没有公司买得起，它才得以留在 IBM。郭士纳事后讲，这些裁撤部门和变卖资产的决定，不仅是他在 IBM，也是他一生中最艰难的决定。

图 2.4　IBM Almaden 实验室

接下来，他对公司的一些机构和制度进行改革。首先，他不声不响地将分出去的一些服务公司买回来（那时 IBM 快破产了，美国政府不反对它将服务公司买回来），然后将 IBM 的硬件制造、软件开发和服务合成一体。对比同时代 AT&T 将公司拆分的做法，郭士纳完全是反其道而行之。他的目的是打造一艘 IT 服务的航空母舰。在公司内部，他引入竞争机制，一个项目可能有多个组背靠背地开发。为了防止互相拆台，加强合作，郭士纳将每个人的退休金与全公司的而不是之前各部门的效益挂钩。

在研究方面，郭士纳将研发经费从营业额的 9% 降到 6%。以前的 IBM 实验室很像贝尔实验室，有不少理论研究，郭士纳砍掉了一些偏重于理论而没有效益的研究，并且将研究和开发结合起来。一旦一个研究项目进入实用阶段，他就将整个研究组从实验室挪到产品部门。到后期，他甚至要求 IBM 所有的研究员必须从产品项目中挣一定的工资。这种做法无疑会很快地将研究成果转化成产品，但是也会影响 IBM 的长线研究和基础研究，为了弥补这方面的损失，IBM 加强了和大学的合作，在几十所大学开展科研合作，或者设立奖学金。

在郭士纳的领导下，IBM 很快走出了困境。IBM 将自身确立为一个服务型的技术公司，并将用户群定位在企业级，而放弃了自己并不在行的终端消费者市场。以往，在争夺低端企业用户的竞争中，IBM 并没有优势，因为它的产品太贵。在郭士纳任期的最后几年里，IBM 开始大力推广采用开源 Linux 的低价服务器。IBM 的产品头一次比竞争对手便宜了。经过 10 年的努力，郭士纳完成了对 IBM 的改造，确立了 IBM 在针对各种规模企业的计算机产品和服务上的优势地位。直到今天，IBM 依然是全球高端服务器和大型机系统最大的生产商。上个世纪 90 年代，IBM 和 AT&T 走了两条截然相反的路。AT&T 是将一家好端端的公司拆散卖掉，IBM 则是将分出去的公司整合回来，打造了一艘从硬件到软件到服务一条龙的航空母舰。今天看来，无疑是 IBM 的路走对了。从图 2.5 所示的 IBM 股票价格走势图中可以看出，从 1993 年下半年起，IBM 的业绩突飞猛进。在郭士纳担任 CEO 的 10 年间，IBM 的股票价格最高涨过 10 倍。今天，郭士纳虽然已经不再担任 IBM 的 CEO，但 IBM 依然沿着他确立的方向发展。从 IBM 和 AT&T 的不同结果可以看出，一个有远见的经营者和一群贪婪的短期投机者在管理方针和水平上的巨大差别。

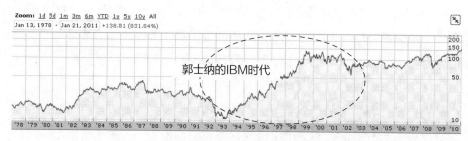

图 2.5　IBM 股票走势图（数据来源：Google Finance）

5　保守的创新者

IBM 在经营上相当的保守，它一直固守自己的核心领域，很谨慎地开拓新的领域。从机械的制表机到大型计算机，到今天的 Linux 开源服务器，IBM 始终牢牢地控制着美国政府部门、军队、大公司和银行的业务。在卖掉个人电脑业务之前，即使它生产的 PC，也是针对企业用户而不是个人用户的。在同档次的笔记本电脑中，IBM 的价格比其他厂家的要贵很多，个人很少自掏腰包购买 IBM 笔记本。IBM 在自己的一些非核心领域也常常处于领先地位，但是并不轻易在那些领域快速扩展。比如，很长时间里 IBM 在存储技术、数字通信技术、半导体芯片设计和制造技术上都是世界领先的，但是我们很少看到 IBM 花大力气开拓这些市场。保守的好处是不容易出错，因为像 IBM 这样服务于美国乃至世界各国核心部门的公司，产品上出一点错就会造成不可弥补的损失，要知道美国主要银行对计算机系统的要求是一年宕机时间不能超过 5 分钟。IBM 这种保守的做法让大客户们很放心，因此，即使它的产品和服务比别人贵，政府和企业还是很愿意，或者说不得不用 IBM 的产品和服务。

从技术上讲，IBM 又是一家极富创新精神的公司。几十年来，如果说在工业界哪个实验室有资格和贝尔实验室相提并论，恐怕就只有 IBM 实验室了。1945 年，IBM 在纽约开设了第一个实验室，这就是后来的沃森实验室，几年后，IBM 在硅谷开设了第二个实验室。今天，它在全球有 10 个实验室。上个世纪 50 年代，IBM 发明了计算机的硬盘和 FORTRAN 编程语言。上个世纪 60 年代，IBM 发明了现在通用的计算机内存（DRAM），提出了现在广泛使用的关系型数据库（Relational Database）。上个世纪 70 年代以来，IBM 的重大发明和发现包括今天通信中使用最广泛的 BCJR 算法、精简指令集（RISC）的工作站、硬币大小的微型硬盘（用于照相机等设备），以及后来获得诺贝尔奖、看得见原子的扫描隧道显微镜。至今，IBM 在计算机技术的很多领域都是非常领先的。比如，它为索尼游戏机设计的 8 核处理器，是同期英特尔双核处理器性能的 10 倍。不过，IBM 的主要发明都和计算机有关，在这一点上，它有别于研究范围很广的贝尔实验室。

IBM 一直是美国专利大户，每年都有几千个专利。尤其是贝尔实验室分家以后，IBM 更是成了专利申请的老大。IBM 大力鼓励员工申请专利，每申请一个专利，员工不仅能得到一笔不错的奖金，还可以计点，计够一定的点数，对员工涨工资乃至升职都有好处。我曾经问过 IBM Almaden 实验室 DB2 的实验室主任，IBM 如何衡量一个研究员的工作。他告诉我有三条衡量标准：发表论文、申请专利和产品化。专利申请在 IBM 的重要性可见一斑。

在美国，申请专利的目的一般有两种，第一种是保证自己不被别人告侵权，即防御性的。一个公司发明一种东西后，为了防止其他公司和个人将来提出什么不合理的要求，便通过申请专利来保护自己。第二种是进攻性的，一个公司申请一些将来可能有用但自己未必使用的专利，专门来告别人侵权。IBM 的专利很多是后一种。IBM 每年花上亿美元，养了一支庞大的知识产权方面的律师队伍，专门去告那些可能侵犯 IBM 专利的公司，IBM 每年从专利上获利 10 亿美元左右。这显然是一个非常赚钱的买卖。IBM 沃森实验室的一位主任很骄傲地告诉我，不要看 IBM 在个人电脑市场上远远落后于戴尔和惠普等公司，但它们每年要向我们交很多专利费 [5]！

迄今为止 IBM 实验室有两次大的变动。一次是在 1993 年郭士纳上台后大量削减研究经费，很多人离开 IBM 去了华尔街。其中很多人，主要是一些数学很强的科学家，去了后来最成功的对冲基金（Hedge Fund）文艺复兴技术公司（Renaissance Technologies），并撑起了半个公司。可见科学和金融也是相通的。文艺复兴技术公司 1987—2007 年 20 年间的平均投资回报率为每年 37%，而 2008 年金融危机那一年全球股市暴跌时，它的回报却高达 80%。这在世界上是独一无二的，而且远远超过股神巴菲特的旗舰公司伯克希尔－哈撒韦（Berkshire-Hathaway）。在 1987—2007 年的 20 年间，这两家公司的总回报率分别是 200 倍和 20 倍，而标普 500 指数是 6 倍。IBM 实验室第二次大的变动是在最近几年。现在，IBM 的很多研究员只能从研究项目中拿到一大半而不是全部的工资，另一小半必须通过参加产品项目而获得，有些单纯搞研究的科学家便不得不离开。对 IBM 的这种政策，仁者见仁，智者见智。IBM 的目的非常清楚：科研必须和产品相结合。

---

[5] 至于每年 IBM 从知识产权中挣了多少钱，在它的财报中有记载。

6　内部的优胜劣汰

如果看一看 IBM 从 2002 年到 2013 年来的业绩，你会发现 IBM 的年收入 11 年来只涨了 22%（从 810 亿美元到 983 亿美元），而利润却涨了 7 倍（从 23 亿美元到 165 亿美元）。原因是，IBM 不断淘汰不挣钱或挣钱少的业务，扩充利润高的业务。2002

图 2.6　被联想收购前 IBM ThinkPad 的商标

年，IBM 将效益不好的硬盘业务以 30 亿美元的价格卖给了日本的日立公司。2004 年底，IBM 将 PC 业务以 17.5 亿美元的价格卖给了中国的联想公司（图 2.6），交易于次年完成。其中，12.5 亿美元为现金，其余 5 亿美元是联想以 19% 的股权交换。在此之前，IBM 也出售过一些部门。2014 年初，IBM 又将 x86 服务器业务卖给了联想，交易金额是 23 亿美元。

我们且不去管 IBM 和日立的交易，单来看看 IBM 和联想的两次交易，第一次交易是中国公司首次收购美国著名公司的业务，而第二次则是 IBM 把它在人们眼中起家的核心业务 x86 服务器部门给卖掉了。在两次收购中，不少人觉得联想能收购 IBM 的 PC 业务和 x86 服务器业务，说明中国国力增强了，扬眉吐气了；一些人担心联想是否能消化得了 IBM 这两块业务，因为这些业务都在亏损。显然，这两笔生意能做成是因为 IBM 卖有卖的道理，而联想买有买的道理，我们以第一次 PC 业务的交易为例来说明其中的奥妙。

由于从公开信息来源看到的联想历年来经营的数据并不完备，我们以 IBM 历年的财报为准。让我们先来看一看 IBM 的情况，表 2.1 摘自 IBM 提交给美国证监会的年度财报表。其中很多小项目，比如一次性收入和支出等，我都省略了。

表 2.1　IBM 历年财报表（单位：美元）

	2004 年	2006 年	2009 年	2013 年	2018 年
总收入	963 亿	914 亿	987 亿	984 亿	796 亿
毛利润	360 亿	383 亿	417 亿	487 亿	367 亿
毛利率	37.3%	41.9%	42.2%	49.5%	46.1%
成本	607 亿	531 亿	570 亿	497 亿	429 亿
管理、市场	201 亿	203 亿	220 亿	236 亿	194 亿
研发	59 亿	61 亿	62 亿	57 亿	54 亿
税后纯利	75 亿	95 亿	104 亿	165 亿	87 亿
每股利润	4.47	6.20	7.15	15.06	13.81

从表 2.1 中我们可以看出，在 2004 年底出售 PC 业务后，IBM 的总收入有小幅下降，但是利润有明显提高，因为成本大幅下降。管理、市场开拓、研发等费用基本持平。从 2004 年到 2006 年，税后利润增加了 1/4 以上，到 2009 年金融危机之后，居然又有了进一步的提高。此后经过 4 年不断剥离低利润的产品和服务，到了 2013 年 IBM 的毛利率已经从 2004 年的 37.3%，上升到 49.5%，税后利润则从 75 亿美元飙升至 165 亿美元。此外，在卖掉 PC 业务后，IBM 用所得现金多次回购公司股票，因此公司总股票数量减少，每股利润的提升要明显快于税后利润的增长。此后，IBM 一直采取这个策略回购股票，使得在 9 年时间里，每股利润增加到原来的三倍多。显然，IBM 卖掉亏损的 PC 业务后，甩掉了一个包袱，同时得以将精力集中在核心业务上，使利润大幅提高，也回报了投资者。

那么，联想并购 IBM 的 PC 业务是否亏了呢？虽然我没有看过联想这几年的营收情况数据，但是我认为联想当年的决定是非常正确的。有两条原因当时所有的人都已经看到。第一，IBM 的 ThinkPad 是笔记本电脑的第一品牌，联想买下这个品牌（包括 Think 品牌的台式机）就可以直接在世界各地销售自己品牌的电脑，而不是为美日公司组装机器。有时，即使花很多时间和金钱，也不一定能创出一个世界级的品牌。联想这次一步到位。第二，当时联想个人电脑的全球市场份额不过2%，可以说无足轻重，根本无法和戴尔、惠普等公司竞争。当时IBM有5%的市场份额，两家加起来大约有7%，这个份额在世界上可以进前5名，和美国、日本的公司就有一拼了。当然，几乎所有人都有一个疑问，联想能否将IBM亏损的PC业务扭亏为盈。

对PC行业进行一些分析和研究，可以看出这种可能性是很大的。我想，联想之所以愿意收购，必然是三思而行的。事实上，IBM的PC业务毛利润大约是25%，远高于戴尔的19%，也高于惠普的23%。但是，IBM的PC业务在亏损，而惠普还有7%左右的税后利润，主要原因是IBM的非生产性成本，即管理、市场和研发的费用太高，占了总收入的27%。IBM在财务上，是将全公司的这些费用平摊到各个部门，IBM除PC业务以外的其他部门，毛利润均在40%以上，扣除非生产性成本，还充分盈利。但是，PC业务就变成亏损的了。IBM很难扭转PC业务的亏损局面，是因为整个公司盈利太好，从上到下都没有精打细算的习惯。但是，联想则应该很容易扭亏为盈，因为中国的人工便宜，很容易将管理和研发的费用降下来。再不济，联想的非生产性成本也不会比惠普高。总的来讲，IBM和联想的这次交易应该是双赢的。

2014年，IBM出售x86服务器业务的交易背景也大致相同，不过稍微有点差异之处在于，IBM之所以卖掉它相对核心的x86服务器业务，是因为从长远来讲，云计算的兴起将冲击服务器的销售。因此，这一次不仅仅是为了剥离低利润的业务，也是为自身转型做准备。

IBM就是这样，时不时地调整内部结构，出售一些非核心的、长期效益不好或者在未来可能要走下坡路的部门，同时扩大利润高、未来更有潜力的核心业务。

7　回归服务业

从 2000 年到 2010 年，IBM 的业绩没有多少值得圈点的地方。它的利润很高，但是发展并不是很快，甚至在有了很多现金收入时不知道如何进行再投资，最后只好以回购股票的形式发还给股东们。在过去的 10 年里，它的股价几乎是一条直线，因此，它的股票期权对新老员工已经没有了吸引力。从 2007 年起，IBM 干脆直接对员工发放限制性股票。但是，它在 2001—2003 年和 2007—2009 年两次经济危机中再次显示出超乎寻常的生存能力，依然让业界叹为观止。

2000—2003 年互联网泡沫破碎，给世界经济带来了短期的局部动荡，IBM 本来就没有赶上互联网的快车，当然受泡沫的负面影响也较小，这些就不再赘述了。但是 2007—2009 年的全球金融危机对社会的冲击却是无所不在。在这次金融危机中，很多"巨无霸"的跨国公司或者倒闭（如通用汽车[6]公司、雷曼兄弟公司等），或者被并购（如太阳公司、贝尔斯登公司），或者一蹶不振（如雅虎公司、花旗银行），即使是很健康的公司，包括微软公司、eBay 公司等，也没有回到危机以前的情况。而 IBM 不但在危机中没有受到太多的影响，而且在危机过后业绩迅速提升。从图 2.5 中可以看出，即使是金融危机最严重的年底，IBM 的股价也没有跌破经济很健康的 2005 年末的水平。而在美国股市触底的 2009 年 3 月，IBM 的股价已经走出了谷底，几天后它的股价比 2005 年上涨了 70% 左右，而同期美国股市的三大指数收益均是负值。

为什么 IBM 能在金融危机中岿然不倒？为什么投资人对它这么有信心呢？这要从它的业务、商业模式、管理方式及全球化等几个角度来看。

IBM 几乎所有客户都是商业客户，本来这样的生意最容易受宏观经济的波动

---

[6] 通用汽车 2009 年进入破产保护，政府注资，原有的普通股价值清零。2010 年重新上市后股东已经是另一拨人了。现在只是名字未改而已，但是所有权已经完全不同。

而变得很不稳定。但是，它的核心业务主要是 IT 服务，和金融本身相关性不大。我们在前面提到，IBM 不是一个单纯的设备公司或软件公司，而是一个服务公司。无论世界如何发展，对 IT 服务的需求总是存在的，而且是上升的。因此，虽然有金融危机，使得各个公司和企业会迅速减少、甚至终止对 IT 产品的采购，但是，只要这些企业还存在一天，就需要 IT 服务。有了这个稳定的收入来源，IBM 在金融危机最严重的季度，营收也没有受到多少影响。相反，那些以销售设备、器件和软件为主的 IT 公司，比如太阳公司和英特尔公司，营收就会锐减。英特尔公司家大业大，虽然营业额与金融危机前一年相比少了 1/4，但是尚可维持；而本来就风雨飘摇的太阳公司，在连续亏损几个季度后，就不得不被兼并掉了。这显示出 IBM 的业务和商业模式的平稳性。

作为 IT 领域罕见的百年老店，IBM 的中层管理虽然机构臃肿，但是它的高层管理还是很有经验的。IBM 在过去不断淘汰毛利率非常低的业务，使得全公司的毛利率一直维持在非常高的水平。2014 年，IBM 全球有近 38 万名员工，工资和其他人工成本占它成本的主要部分。在宏观经济良好的时期，它不太在意人工的成本，这给 IBM 的中层领导一个胡乱扩张的机会。但是，IBM 的高层很清楚，即使裁员 20%，他们的业务也不会有什么根本的影响。从郭士纳掌权以后，每到经济危机时期，IBM 就开始变相裁员。他们首先裁掉的是在美国的合同工（而非正式员工）。这一次，他们比郭士纳时代更进一步，把很多工作永久性地迁移至印度，因为那里的成本能比美国少一半。作为一个业务遍布全球的跨国公司，IBM 的服务也是全球化的，从美国或印度给全球服务没有本质的区别。为了彰显人性化，IBM 减掉一个美国工作岗位时，会给相应的员工一个"搬到印度"（relocate to India）的机会，但是要求到了印度后拿当地的工资。显然，除了原本来自印度的员工，其他人根本不会考虑这个"善意的选择"。

IBM 业绩稳定的第三个，也是很关键的一个原因来自于全球化。关于全球化我们以后还会再介绍。实际上，不仅仅是 IBM，美国在这次金融危机中实体经济并没有受到太大的打击，原因就是美国各个行业主要的龙头公司都是跨国公司，它们的收入有一半甚至更多来自海外。我们不妨看看美国最大的 9 家 IT 公司，其海外营收占其总收入的比例。

表 2.2　美国 9 大 IT 公司海外营收占比

公司	2007 年	2009 年	2013 年	2017 年
IBM*	58%	58%	56%	53%
惠普	67%	64%	64%	61%*
微软	41%	42%	41%	41%
英特尔*	80%	80%	83%	83%
思科*	46%	46%	42%	41%
苹果	51%	56%	62%	59%
Google	48%	53%	56%	53%
甲骨文	50%	49%	47%	47%
高通	88%	94%	97%	97%

上面标记 * 的公司在地理市场上的划分是以美洲为一个整体，那么其"海外"收入实际上是非美洲的收入。具体到 IBM，它在美国的收入 2009 年较 2007 年少了 4%，但是在拉美国家有较大的提升，因此整个美洲的营收比例得以维持。此后，它的海外收入比例看似有所下降，但这主要是强劲的美元汇率所致（2017 年的美元汇率比 2009 年提高了 10%）。如果以当地货币结算，IBM 在海外的表现并不比在美国差。从表 2.2 中我们不难看出，美国大科技公司的收入主要来自于海外，金融危机后这个比例还在上升。因此，虽然 2008 年金融危机的中心是美国，但是美国真正优秀的企业抗击本土经济衰退的能力非常强。具体到 IBM，金融危机开始时，美元迅速贬值，导致它的出口变得强劲。同时，它在海外的业务是以当地货币进行的，而它在财报中的营收是按美元结算的，所以其他国家货币相对升值时，IBM 的财报就显得很漂亮。而随着美国经济的恢复，美元对世界其他货币相对升值，各大公司的海外收入看似减少，但是比例依然非常高。

金融危机之后，IBM 不断优化自身业务，逐步实现了从传统 IT 服务方式转向基于云计算的服务方式。过去它的软件和服务通常是随着大型机、服务器一同出售的，但是 2014 年它向联想公司出售了 x86 服务器部门，不显山不露水地实现了转型。虽然随后几年里它的收入一直没有达到 2011 年的峰值，但是到了 2017 年，它的云计算服务已经占到了收入的 1/4，利润水平也一直维持在高点，在未来几年内不会因产业变迁而遭遇大的风险。此外，在 2016 年人工智能开始热门之时，IBM 的沃森医疗机器人（Watson Health）也出尽了风头。沃森的核心技术源于 IBM 过去几十年在人工智能领域的技术积累，通过它，大家能看到 IBM 保守而稳健的做事风格带来的长期竞争力。

基于上述原因，无论是在 2008 年金融危机最危险的时候，还是在经济平稳发展阶段，华尔街对 IBM 都保持着信心。保守和谨慎对于这家百年老店至关重要。

结束语

IBM 百年来在历次技术革命中得以生存和发展，自有其生存之道。它在技术上不断开拓和发展，以领导和跟随技术潮流；在经营上，死死守住自己核心的政府、军队、企事业部门的市场，对进入新的市场非常谨慎。迄今为止，它成功地完成了两次重大的转型，从机械制造到计算机制造，再从计算机制造到服务。它错过了以个人电脑和互联网为核心的技术浪潮，这很大程度上是由它的基因决定的，但是它平稳地渡过了历次经济危机。今天，它仍然是世界上员工人数最多、营业额和利润最高的技术公司之一。2011 年，IBM 的市值终于在 20 多年后，超过了老对手微软公司，可见保守和稳妥的好处。今天，IBM 依然在随着科技发展的浪潮顺顺当当地发展着，虽然不像过去那么光鲜，但是在智能化大潮到来时，它依然没有落伍。

IBM 大事记

1924	老沃森控股原制表机公司，改名 IBM。
1925	进入日本市场，此前制表机公司已经开始逐渐进入欧洲市场。
1933	IBM 工程实验室成立。
1936	在罗斯福新政时，IBM 获得美国政府大订单。
1940	20 世纪 40 年代进入亚洲市场。
1943	IBM 研制出真空管放大器。
1945	沃森实验室成立。
1952	小沃森成为 IBM 总裁，开始了快速发展的 20 年计算机时代。
1953	研制出使用磁鼓的计算器。
1962	IBM 开始最早期的语音识别研究，是识别 10 个数字和加、减、乘、除等六个单词。
1964	IBM S/360 大型计算机问世。
1969	开始从事语音识别的研究。
	司法部对 IBM 展开反垄断调查。
1971	小沃森退休。
1973	江崎玲于奈（Leo Esaki）博士因在电子隧道效应上的研究为 IBM 获得第一个诺贝尔奖。
1981	IBM PC 诞生。
1993	郭士纳执掌 IBM，开创 IBM 的黄金十年。
1997	计算机深蓝战胜国际象棋世界冠军卡斯帕罗夫。
2005	IBM 将 PC 业务卖给联想，从此退出 PC 市场。
2006	IBM 和 Google、亚马逊一道，成为最早提出今天云计算概念的公司。
2014	IBM 将 x86 服务器业务卖给联想，表明它进军云计算市场的决心。
2016	IBM 宣布它的 Watson 医疗服务机器人在癌症诊断方面达到了和人类医生 99% 的一致性。

参考文献

1. IBM 历史参见：www.ibm.com/ibm/history.
2. IBM 历年财报参见：www.sec.gov.
3. Thomas J. Watson; Peter Petre (1991). Father, Son & Co: My Life at IBM and Beyond. Bantam Books. ISBN 9780553290233. 参见：http://books.Google.com/books?id=p55F1nV1MigC.
4. 郭士纳. 谁说大象不能跳舞？—— IBM 董事长郭士纳自传. 中信出版社，2015.

第 3 章 "八叛徒"与硅谷

"叛徒"这个词不仅是贬义词,而且是形容人的行为和品德的诸多贬义词中极为糟糕的一个,被戴上"叛徒"帽子的人会让人憎恨。然而,"叛徒"这个词在硅谷居然会有些褒义,因为硅谷的诞生就与八个被戴上"叛徒"帽子的人有关。这八个人中,包括发明集成电路的诺伊斯,提出了摩尔定律的摩尔,以及当今世界著名的风险投资基金凯鹏华盈的创始人克莱纳,而另外五个人也都不是等闲之辈。这八个人创立的仙童半导体公司被称为全世界半导体产业之母。可以毫不夸张地讲,全世界半导体产业的诞生、半导体集成电路在全世界各行各业中的广泛使用,甚至世界上很多创新公司的出现,都要感谢这八个带有传奇色彩的"叛徒"。那么,这八个为人类作出了重大贡献的杰出人士,为什么会被冠以了"叛徒"这一颇不光彩的头衔呢?这就得从他们最初的老板肖克利说起。

1 怪杰肖克利

1999 年,新世纪即将来临之际,《洛杉矶时报》在全美国进行了一次关于 20 世纪最伟大的美国人的评选活动。结果,发明晶体管的肖克利(William Shockley,1910—1989)和发明集成电路的诺伊斯、基尔比三个人并列第一,亨利·福特排第二,而二战时的总统罗斯福只排到第三位。从这个排名可以看出,美国人其实对政治家不是很感冒,他们更敬重发明家。不过,为什么在20世纪美国多如群星的发明家中，众人会将肖克利等三人排在第一呢？因为象征着半导体时代到来的晶体管和后来的集成电路实在太重要了。事实上，这两项发明也常常在美国人评选的各种发明中排名并列第一。

今天，我们这个世界几乎找不到不与半导体相关的领域，每天每时每刻的生活都离不开它。从个人生活来看，早上闹钟或智能手表把我们从睡梦中唤醒，它们的核心部件是一个半导体集成电路芯片；我们用微波炉热早餐，微波炉也是由集成电路控制的；我们开车去公司，汽车的控制系统和大大小小上百个传感器和控制元件，核心部件也是半导体传感器和芯片；到了公司里刷门禁、坐电梯，它们的工作依然离不开集成电路；在办公室里办公更是少不了电脑，而电脑里面有很多集成电路的芯片……可以说，一个普通得不能再普通的人的生活，其实已经被半导体集成电路绑定了。再从国家和全社会宏观经济来看，在过去的半个多世纪里，全世界产业的发展从本质上讲，就是集成电路化的过程，我把这种经济模式概括为下面这样一个公式：

原有产业 + 集成电路 = 新产业

今天世界上大部分产业都用到了集成电路。如果我们把这部分产业从世界经济中扣除，世界经济不仅会大倒退，而且不成体系。据英特尔公司估计，从1995—2015年，半导体对世界GDP增幅的影响大约是11万亿美元，占了同期GDP增长（按1990年不变价折算）的近一半[1]。

从反面例子中也可以看出集成电路的重要性，俄罗斯和东欧，以及中东地区今天相对落后的根本原因，就是错过了这半个世纪以来围绕着半导体集成电路的信息革命。苏联解体和东欧巨变之前，根本就没有半导体产业，甚至很少使用集成电路。今天，我们找不出信息时代的哪一项重要的IT发明来自于俄罗斯或者其他原苏联加盟共和国，这样的地区怎么可能不落后。

---

[1] https://newsroom.intel.com/wp-content/uploads/sites/11/2016/01/ML50_Backgrounder.pdf。

今天，当人们享受集成电路带来的好处时，不会忘记将它带到我们这个世界上的"助产士们"，即肖克利等人。

肖克利1936年从麻省理工学院获得博士之后，就来到当时美国的科研中心贝尔实验室（二战期间离开贝尔实验室参与军事研究项目。1945年，肖克利再次加入贝尔实验室），研究如何用半导体材料制作晶体管取代耗电的电子管，并且成为了该实验室固态物理组的组长。固态物理是美国对半导体的另一个称呼。同年，巴丁和布拉顿等人加入了他的实验室。1947年，肖克利发现了半导体P-N结的单向导电等诸多特性，并利用这一原理发明了晶体管。同时巴丁和布拉顿也发现了一种三极管。从此，人类进入半导体时代。这三名科学家后来获得了诺贝尔物理学奖，那也是贝尔实验室所获得的众多诺贝尔奖中的第一个。

1955年，肖克利因母亲年事已高，决定辞去贝尔实验室的工作。1956年，肖克利搬到加州的山景城，以便照顾住在帕洛阿尔托乡下的母亲。当时肖克利只有45岁，自然不可能退休，需要有合适的工作做。遗憾的是，当时的帕洛阿尔托可不是后来孕育出太阳、苹果、Google和Facebook这些翘楚的科技重镇，还只是一片大果园。旁边的斯坦福大学在美国也没有太大的名气。因此，肖克利只好自己办公司，好在他有一位非常富有的科学家朋友——贝克曼（Arnold Orville Beckman，1900—2004），贝克曼是化学中pH值测定法的发明人，在商业上也非常成功。贝克曼出资，让肖克利在加州办起了自己的实验室——肖克利半导体实验室（Shockley Semiconductor Laboratory），专门研制和生产肖克利所发明的半导体。

有了老板，有了资金，还需要有人干活。当时虽然在实验室里能够用半导体材料制造晶体管，但是还没有办法量产，光靠肖克利一个人是无法采用工业化方式制造晶体管的，他需要有一批人来帮他解决从提高性能到生产高质量晶体管等一系列问题。但是，那时候半导体还是新鲜事物，没有多少人懂这个技术，大学里只是教授相关的原理。如果按照今天很多用人单位严格的专业对口要求，肖克利是招不到人的。不过肖克利有他自己的办法。

具体说来，肖克利的办法有两个。首先，他去参加各种学术会议，听博士生们作学术报告，通过他们做学术报告的水平来判定他们的智商和研究能力，然后他主动联系那些他看得上的人。第二个方法则有点匪夷所思，那就是测智商。肖克利的招聘广告是以代码的形式刊登在学术期刊上的，除了绝顶聪明的人，其他人根本读不懂他的广告。事实证明肖克利的这两个方法很管用，而像高盛、微软和 Google 这样的公司将它们变通以后还在使用。比如，Google 曾经在加州的 101 高速公路上用大广告牌登了这样的广告：

{无理数 e 中前十位连续的素数}.com[2]

> 你如果知道这个答案（7427466391.com），就可以通过上述网址进入到 Google 的招聘网站。而能够计算出这道题，要很聪明。

就这样，肖克利利用自己奇葩的招聘方式，很快就网罗了一大批英才。当然，像诺伊斯和摩尔等人则是他主动打电话联系的，而大家愿意追随他，完全是出于对这位大发明家的崇拜，对这一点，后来发明集成电路的诺伊斯讲得很清楚。

罗伯特·诺伊斯出生在美国中西部爱荷华州的一个小镇上，从小就对大自然抱有极大的好奇心，并喜欢把大量时间花在自家地下室工作间里做实验。1940 年，年仅 12 岁的诺伊斯就和 14 岁的哥哥盖洛德（Gaylord Brewster Noyce）制作了一架滑翔机。当地人看到这架滑翔机从格林纳尔学院（Grinnell College）的楼顶平稳滑下，继而从学院体育场的看台上飞下去。

诺伊斯年轻时属于绝顶聪明但是非常调皮的孩子，有点像后来的乔布斯。他在大学里做过的最出格的一件事，就是从当地市长的农场里偷了一头猪，在

---

[2] （{first 10-digit prime found in consecutive digits of e}.com）

同学们的聚餐会上烤着吃了。这要是放在 50 年前是会被处以绞刑的[3]，当时他的导师盖尔（Grand Gale）教授和他就读的学校格林纳尔学院出面把他保了下来，并向市长赔了钱，而诺伊斯只需停学一学期。这期间他在纽约的一家保险公司工作，并很快精通保险业务。大学毕业后，他本想去当飞行员，因视力不佳未能成行，只好去麻省理工读物理博士了。

从麻省理工获得物理博士学位后，喜欢动手的诺伊斯决定选择在工业界发展。当时他拿到了美国所有顶级研究所，包括 IBM、贝尔实验室和 RCA 实验室（GE 旗下的实验室，当时和贝尔实验室齐名）的聘用书，不过他却去了一家不大的飞歌公司（Philco），因为他是一个宁为鸡首不为牛后的人，他到了飞歌公司，就开始筹办半导体研究部门。飞歌公司在上个世纪五六十年代接到过一些政府部门（比如 NSA）和大公司（比如克莱斯勒汽车公司）的大合同，但是一直经营不善。就在进退两难之际，诺伊斯接到了一生中最重要的那个电话——他后来回忆到："接到那个电话的感觉，就像是接到上帝打来的电话一样。"电话是晶体管之父肖克利打来的，邀请诺伊斯到加州加盟他刚成立的晶体管公司。诺伊斯毫不犹豫地答应了肖克利，并成为公司的第一位员工，这不仅因为晶体管之父肖克利的声望，还因为诺伊斯的哥哥当时在伯克利任教。

戈登·摩尔加盟的过程和诺伊斯相似。当时他正在约翰·霍普金斯大学做博士后，虽然研究成果显著，但是他对自己研究的课题是否有用也吃不准。他是这么说的：政府给了钱搞研究，我出论文，算下来成本是每个字 5 美元（当时 5 美元很值钱），这么高的投入搞出的研究对政府是否有用，我也不知道。而就在他感到苦恼之际，肖克利的电话打来了。摩尔之所以接受肖克利的邀请，理由几乎和诺伊斯的相同——肖克利的声望加上能够回到加州（摩尔出生在加州）。

1956 年，当肖克利招来了一批非常优秀的年轻人后，就顺利地在旧金山湾

---

[3] 爱荷华州是农业州，对于偷盗牲畜的行为处罚非常重。

区创立了他的公司，这一年年底他和巴丁、布莱顿一起荣获诺贝尔物理奖，这也使得新成立的小公司名声大振，一切显得十分美好。但是，获得诺贝尔奖也让原本就傲慢专横的肖克利变得更加唯我独尊。

诺伊斯和摩尔等人在加入肖克利半导体公司时，其实忽略了一个不难注意到的细节，即肖克利招来的员工里并没有他原来贝尔实验室的同事。肖克利是个非常有个性的科学家，很难共事，贝尔实验室的同事都知道他的这一不足之处，以至于大家不愿意跟随他创业。后来，事实证明，肖克利既不是好的领导，也没有商业远见。肖克利将努力的方向放在降低晶体管成本，而不是研制新技术上。按照他的设想，如果晶体管的价格能降低 5 美分，就将形成一个巨大的市场，事实上直到 20 世纪 80 年代以后才能做到这一点，而此时的世界半导体市场早已被集成电路主导了。

公司办到第二年，摩尔等七人实在忍受不了肖克利的独裁作风，打算集体"叛逃"，在"叛逃"之前他们去劝说公司的二号人物诺伊斯和他们一起走。出乎他们的意料，诺伊斯马上爽快地答应了，因为他也在肖克利手底下受够了。早在 1956 年，诺伊斯就发现了半导体的隧道效应，但是因为和肖克利不和而导致研究成果未能发表。第二年，日本科学家江琦发表了类似的研究成果并因此获得 1973 年的诺贝尔奖。诺伊斯以后一直拿这件事情作为"上级不能鼓励下级"的经典案例。

2 "八叛徒"

诺伊斯和摩尔等人准备离开肖克利的公司另起炉灶单干，但是却没有资金。如果放在今天，以他们八个人的水平，很容易找到风险投资。但是在 1957 年，今天意义上的风险投资并不存在，融资并不容易。当时这八人中的克莱纳，写信给他父亲的投资管理人，希望获得投资。正巧那位投资人已经辞职，这封信转来转去，最终转到一位名叫阿瑟·洛克（Arthur Rock）的年轻投资人手里。洛克当时只是一个传统的财产管理人，不过他对新兴的半导体很有兴趣，于是说服了自己的老板科伊尔（Alfred Coyle），两人一起来到旧金山和诺伊斯等人会面。在听了这八个人对未来将要开始的一场电子工业革命的描述后，洛克和科伊尔动了心。不过，由于来得匆忙，洛克和科伊尔根本没有准备合同，甚至没有带办公用纸，所幸的是科伊尔脑子转得很快，当即掏出 10 张一美元的钞票，放在桌子上说："我没有准备合同，但是大伙在这上面签个名，算是我们的协议！"接下来，信息行业伟大的时刻来到了，诺伊斯、摩尔、洛克和科伊尔等 10 人分别在这 10 张钞票上签了名。这 10 张钞票后来很多已经丢失，但其中的一张保存在斯坦福大学图书馆里，成为硅谷诞生的历史见证（图 3.1）。

图 3.1　有着"八叛徒"和洛克、科伊尔签名的一美元钞票

根据诺伊斯和洛克等 10 人商量的结果，诺伊斯等人将要创办的一家新的制造晶体管的公司需要融资 150 万美元，这在当时并不是一个小数目。洛克承担了找资金的任务，他联系了自己的 30 多个大客户，但均没有找到投资，这让洛克和科伊尔都感到意外，因为那些有钱人对这样一个好项目居然会没有兴趣。不过，这件事今天看起来一点也不奇怪，因为洛克根本就没有找对人。那份 30 位客户的名单至今一直保存在他的档案柜里，在这份名单上，洛克所列的对象看起来有些滑稽——联合鞋业公司、通用磨坊公司（一家食品厂）、北美长途运输公司，等等。用今天的标准来衡量，这些公司即使被洛克说服投了资，给的钱也只能算是"傻钱"。在一连串的碰壁之后，洛克终于找对了方向——IBM 当时最大的股东菲尔柴尔德家族。

菲尔柴尔德家族的上一辈是资助老沃森重组 IBM 的，因此这个家族是 IBM

最大的股东。在二战期间,菲尔柴尔德家族的第二代老板谢尔曼·菲尔柴尔德(Sherman Fairchild)靠做航空照相器材发了财,他自己也算是一名科技行业的老兵,因此愿意投资半导体技术。当然,在说服菲尔柴尔德的过程中,诺伊斯一番简短的话也起了作用,他是这样形容未来的半导体产业的——诺伊斯讲,这些本质上是沙子和金属导线的基本物质将使未来晶体管材料的成本趋近于零,于是竞争将转向制造工艺,如果菲尔柴尔德投资,他将赢得这场竞争。届时,廉价的晶体管将使得消费电子产品的成本急剧下降,以至于制造它们比修理它们更便宜。菲尔柴尔德显然是听懂了诺伊斯在1957年对即将到来的信息时代特征的描述,后来他回忆自己愿意在62岁的"高龄"冒险投资给诺伊斯等人时讲,是诺伊斯所描述的晶体管的前景打动了他。在随后的十几年里,诺伊斯的个人魅力和对问题本质的洞察力让他的公司,也让整个半导体产业得以高速发展。

诺伊斯等人都是技术出身,对股权没什么概念,当时也没有风险投资的股权结构可供参考,因此这八个人就委托洛克设计了未来公司的股权结构:公司分为1325股,诺伊斯等人每人100股,洛克和科伊尔所在的海登-斯通投资公司(Hayden, Stone & Co.)占225股,剩下300股留给公司日后的管理层和员工。那么菲尔柴尔德将提供并获得什么呢?他给即将成立的公司一笔138万美元的18个月贷款,作为回报条件,他虽然不占股,但是拥有对公司的决策权(投票权),并且有权在8年内的任何时间以300万美元的价格收购所有股份。诺伊斯等人和菲尔柴尔德都接受了这个条件,在一切都谈妥之后,诺伊斯等人就开始干了。

1957年9月18日,他们八人向肖克利提交了辞职报告,这一天后来被《纽约时报》称为人类历史上10个最重要的日子之一,因为他们将创办一个伟大的公司,开创一个巨大的产业(图3.2)。但是,这对肖克利来讲却是无法忍受的。肖克利当时大怒,称他们为"八叛徒"(Traitorous Eight)[4],因为

---

[4] 他们是摩尔、罗伯茨(Sheldon Roberts, 1926—)、克莱纳、诺伊斯、格里尼奇(Victor Grinich, 1924—2000)、布兰克(Julius Blank, 1925—2011)、霍尔尼(Jean Hoerni, 1924—1997)和拉斯特(Jay Last, 1929—)。

图 3.2　仙童公司的八个创始人（背后的 F 是仙童公司的标志，最前面的是诺伊斯）

在肖克利这位旧式科学家看来，他们的行为不同于一般的辞职，而是学生背叛老师。在加入公司之前，这八个人除了诺伊斯有一些晶体管的研究经验外，其他人都是在他的指导下才掌握了晶体管技术，因此在他看来这如同欺师灭祖。

肖克利以及诺伊斯等八个人一起创造了"八叛徒"这个词。此后，"叛徒"这个词在硅谷的文化中成了褒义词，它代表着一种叛逆传统的创业精神。这种精神不仅缔造了硅谷的传奇，而且激励着硅谷的几代人不断挑战传统，勇于开拓未来。

"八叛徒"新成立的公司以菲尔柴尔德的名字 Fairchild 命名，按照意思翻译成中文，叫作仙童公司。诺伊斯是这八个年轻人的头领，大家都希望诺伊斯担任总经理，但是他只想负责技术。于是八叛徒决定找一个职业经理人来做管理工作，在找到这个人之前，克莱纳因为联系过融资，是沟通投资人和八个创始人的桥梁，因此就临时当了几天总经理，在找来爱德华·鲍德温担任总经理之后，便辞去了这个职务。

接下来的一切,比他们所有人预想的都顺利得多。由于诺伊斯等人掌握的技术先进,仙童公司很快就拿下了美国当时正在研制的女武神超音速轰炸机(XB–70)的晶体管合同。这是军工产品,当时合同中给出的定价是每个晶体管 150 美元。一炮打响之后,仙童公司便拿下了很多军工晶体管合同。随后,仙童公司通过菲尔柴尔德的关系,拿下了 IBM 正在研制的晶体管计算机的晶体管合同,这确立了它在世界半导体行业的领先地位,订单也纷沓而至。到了 1958 年底,公司一派兴旺,已经发展为 100 多名员工,成为当时第二大的半导体公司。当时,虽然美国已经有不少小公司开始在新兴的半导体产业竞争,但是能称得上是仙童对手的只有老牌的电子设备公司德州仪器公司,后者在贝尔实验室获得了晶体管生产许可证,然后推出了全世界第一台晶体管收音机,并由此获得了巨额利润。而仙童公司是通过和 IBM 的合作,以及为军方提供晶体管实现了盈利。仙童公司从创办到盈利,花了不到一年的时间。

1959 年,菲尔柴尔德根据协议回购了全部的股份。诺伊斯等每人大约获得了 25 万美元,这在当时是相当大的一笔钱,抵得上他们半辈子的工资。诺伊斯回想起自己小时候的梦想不过是有两双新鞋(他是家里的老二,总是穿哥哥的旧鞋),如今得到这么大一笔钱,不知道说什么好了。不过,塞翁得马,焉知非祸,没有了公司股权,诺伊斯等人最终是要和菲尔柴尔德分手的,只不过当时公司快速发展,业绩掩盖了一切潜在的矛盾。

和蒸蒸日上的仙童公司形成鲜明对比的是,没有了"八叛徒"的肖克利半导体公司举步维艰,并很快陷入困境。最后肖克利干脆将公司卖给了投资人和老友贝克曼,自己到斯坦福大学当教授去了。在斯坦福大学,肖克利我行我素的行为给大学惹来很多麻烦。特别是在上个世纪 60 年代美国民权运动发展得如火如荼的时候,肖克利抛出了一个白人比非洲裔人种聪明的观点,并且声称自己有足够的证据证明这个结论。他甚至建议政府给低智商的人 1000 美元的补偿金,鼓励他们节育,这件事在当时引起轩然大波,让肖克利再次站到了舆论的中心地带,可这次不再是荣耀。与肖克利共过事的人都说他绝顶聪明，但是由于 60 年代之后他的注意力走偏了，他没有再做出任何科研成果。相反，被他从贝尔实验室排挤到伊利诺伊大学的巴丁，后来因为在超导领域的贡献再次获得诺贝尔奖。

就在肖克利专注于研究人种和智商时，被他逼走的诺伊斯等人正在从事一项人类历史上最伟大的发明。

3 集成电路

世界上的很多新技术最初都是军事部门在使用，一来武器的先进性对国家而言非常重要，二来军方有钱。仙童公司早期的一大批顾客就来自军方。当它把晶体管交给客户后，客户们很快反馈，武器的使用场景非常恶劣，当时用来制造晶体管的半导体锗容易破碎，而且热稳定性较差。为了解决这个问题，诺伊斯等人就尝试用非常结实的硅来取代锗。相比锗，硅太硬，不好加工，于是诺伊斯就把人员分成两组进行攻关，他们分别由摩尔和另一位创始人霍尔尼带领。最后霍尔尼的小组发明了一

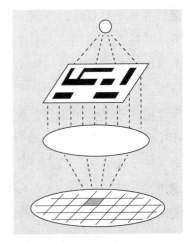

图 3.3 将硅加工成晶体管的几个步骤

种平面工艺，可以将硅加工成晶体管。具体方法其实很简单，有点像用底片印照片，大约有四个步骤（图 3.3）。首先，将设计好的晶体管内部的电路拍照，然后复制很多份，铺在一个平面上，你可以想象把一寸头像 10×10 复制一百份，放到一张大底版上。第三步就是把硅片放到底版（阻光膜）下面，用光照在上面进行光刻。这样就在硅片上一次刻出 100 个三极管。最后把刻好的一个个三极管切割下来进行封装。使用这种工艺，仙童公司制造出很可靠的硅三极管，而且成本下降很多。

接下来（1958年），诺伊斯从霍尔尼的平面工艺中受到启发。他在想，与其把一个个晶体管的硅片切割下来，让生产线上的女工们用细小的镊子在放大镜下装上导线，封装成一个个晶体管成品，最后等到制造电子设备时再将一个个晶体管焊到电路板上，还不如将电子设备的所有电路和一个个元件都制成底版，然后刻在一个硅片上。就这样，诺伊斯发明了集成电路。

就在诺伊斯发明集成电路的时候，德州仪器公司的基尔比也在独自做类似的事情。当时刚从一家小公司跳槽到德州仪器当经理的张忠谋和这位尚未出名的科学家成为了好友，并且经常一起喝咖啡。有一天，基尔比告诉张忠谋，自己在做一件伟大的事情——将晶体管一个个排在半导体晶片上。张忠谋看不出这有什么用，也不觉得他能做出来，但是很快基尔比就真做出来了，并且取得了世界上第一个有关集成电路的专利。

集成电路的发明改变了世界。和过去的分立元件电路相比，集成电路不仅体积小，重量轻，可靠性高，而且它的性能可以呈指数提升（即我们后面要讲到的摩尔定律）。与肖克利一同获得诺贝尔奖的巴丁称集成电路为轮子之后最重要的发明。当初见证了基尔比发明集成电路过程的张忠谋说，从基尔比的工作中他体会了前瞻技术的力量，以至于从此之后，即便是那些看似和自己当下事业无关但有可能改变产业的新技术，张忠谋都一律关心。后来，张忠谋创办了全世界最大的半导体制造公司台积电，他一直感谢基尔比早年对他的启发。

对于诺伊斯和基尔比谁先发明集成电路这件事，德州仪器和仙童开始了旷日持久的专利诉讼官司。简单地讲，基尔比申请的基于锗半导体材料的专利在时间上更早，而诺伊斯基于硅和铝膜连线的集成电路（当时叫微型电路）专利更有用，因为采用基尔比的技术是无法批量制造集成电路的。1966年，法庭裁定将集成电路发明权授予了基尔比，将集成电路内部连接和制造技术的发明权授予了诺伊斯，仙童和德州仪器达成协议，共享集成电路的专利。上个世纪60年代，是全球电子工业起步的年代，仙童和德州仪器生产的集成电路开始应用于各种工业产品,仅阿波罗计划就订购了上百万片集成电路。不仅如此,当时其他生产集成电路的厂商都需要付给仙童和德州仪器专利使用费,这让仙童在 20 世纪 60 年代赚足了钱。今天,所有的半导体集成电路都在使用诺伊斯所发明的生产工艺,而这项发明的地点也被加州政府列为历史遗产(图 3.4)。

图 3.4 集成电路诞生地的纪念铭牌

2000 年,瑞典皇家科学院将诺贝尔物理学奖颁发给集成电路发明人。遗憾的是,诺伊斯已在 10 年前罹患癌症去世了,基尔比独得这一物理学最高奖,他在获奖感言中提到:"要是诺伊斯还在世,他应该与我分享这一荣誉……我的工作引入了处理电路元件的新角度,此后集成电路的绝大多数成果和我的工作没有直接联系。"

从工业时代到信息时代,很多公司都是靠一个改变世界的产品成为全球性巨无霸公司,并且长期主导着产业的发展,AT&T 和 IBM 无不如此。仙童公司其实也有机会,但是它最终错过了。事实上,仙童公司在研究和产品上的成功,非但没有巩固它在刚刚兴起的 IT 产业中的垄断地位,还给自己制造了很多竞争对手。

早在 1959 年，当仙童公司的投资人菲尔柴尔德收回公司股权之后，总经理（当时还不习惯于使用 CEO 一词）爱德华·鲍德温（Edward Baldwin）[5]就带领八名员工创办了自己的半导体公司 Rheem[6]，Rheem 也成为仙童公司下出的第一枚"金蛋"。当时，鲍德温等人的"叛逃"并未对仙童的业务产生太大影响，因为仙童公司在新的总经理诺伊斯的带领下依然在迅速发展。但随后证明该举动影响深远，因为紧接着不断有人离开仙童公司，在仙童的边上创办新的半导体公司。

Rheem 等小公司最初几年对仙童公司业务的影响还不是很明显。诺伊斯在正式成为仙童公司的总经理之后，吸取了肖克利的教训，努力营造一种轻松的工作氛围和没有等级差异的公司文化。在这样的氛围里，上下级之间只是分工不同而已，没有传统公司里那种发号施令和服从的关系，而是可以自由争论的合作关系。员工之间可以充分信任，对现有的员工来讲可以激励他们工作的主动性，对于外部的人才则可以将他们吸引进公司。在 20 世纪 60 年代初期，诺伊斯的这种管理方式帮助仙童公司引来了大量人才，包括后来设计了集成电路中的触发器的法里纳（Don Farina）、奈尔（James Nall）和诺曼（Robert Norman），包括销售主管唐·瓦伦丁以及生产线主管斯波克（Charles Sporck）等人，他们的到来弥补了仙童公司因人才流失所造成的损失。

但是，诺伊斯在战术上挽救仙童的努力，改变不了仙童公司本身在基因上的缺陷，那就是股权结构上的问题。上个世纪 50 年代末仙童公司成立时，尚无后来规范化的风险投资产业，也没有后来创始人和投资人双赢的股权结构。菲尔柴尔德给"八叛徒"的投资虽然不需要财产抵押，如果公司创办失败也不需要赔偿，但是确实是以贷款的形式给予的。既然是贷款，就有收回的一天，当菲尔柴尔德在 1959 年收回全部股份后，从创始人"八叛徒"到总经理鲍德温，其实只获得了截止到被回购为止这段时间的收益，而失去

---

5 由于诺伊斯不想担任公司的总经理，因此最早的总经理是从休斯公司挖来的鲍德温。
6 1961 年被雷神公司收购。

了今后公司发展可能得到的收益。因此，这直接导致了鲍德温等人的离职创业。而在鲍德温创立新的 Rheem 公司时，他作为创始人拥有一部分股权，因此从公司基因上讲这更适应后来信息时代企业的发展。

当创始团队和管理团队不拥有公司的股份时，他们除了在经济利益上与公司老板会有冲突外，在管理上出现矛盾时，前者也缺乏话语权，这是工业时代公司所存在的一个大问题。当鲍德温等人离开仙童后，不断有人也离开仙童出去创业，而诺伊斯也不断吸引新的人才加入，这种进出的平衡维持了一段时间，终于随着一位重量级创始人的离开而打破，这个人就是"八叛徒"之一的拉斯特。不过，拉斯特等人的离开虽然让仙童公司损失巨大，却也促成了该公司所在的旧金山湾区整个地区半导体产业的发展。后来这个地区便成长为今天人们熟知的硅谷。

4　硅谷的出现

硅谷为什么出现在旧金山湾区，这里面有很多巧合的因素，而那些巧合的背后，又有着必然的联系。在诸多因素中，有三个因素具有决定性。

1. 1951 年，斯坦福大学的特曼教授为了帮助大学解决财政问题，提议大学拿出 2.7 平方公里（600 多英亩）土地创立了斯坦福工业园（今天叫做斯坦福研究园），吸引来很多高科技公司。关于这个故事的细节和它的影响力，我们在后面第 17 章介绍斯坦福大学时会详细介绍。

2. 1952 年，IBM 在旧金山南部 100 公里的圣荷西市建立了西海岸研究实验室，即今天的 IBM 爱曼登研究中心（Almanden Research Center，见本书图 2.4），这让远离东部科技中心的北加州地区有机会站在了科技产业前沿。在此之前，加州地区的科技发展要大大落后于美国东北部从北大西洋到新英格兰的各州。以计算机的发展为例，当 1946 年世界第一台计算机埃尼亚克（ENIAC）在费城的宾夕法尼亚大学诞生之后，

IBM 就把它未来的产品重点从传统的制表机等办公设备转到了计算机产业，并且通过和麻省理工学院的合作，使得计算机的技术快速取得进步。当时的加州计算机技术发展十分落后，虽然伯克利在 1951 年也研制出一台电子计算机 CALDIC[7]，但是这台计算机在整个计算机发展史上影响甚微，可以忽略不计。事实上，在上个世纪 50 年代初，整个加州与计算机相关的产业也几乎为零，更不用说拥有多少计算机领域的人才了。IBM 的到来，则给北加州带来了计算机行业的正规军，让那里得以迅速赶上了随后而至的技术革命浪潮。

3. 有能够不断生出"金蛋"的仙童公司，在当地孕育出完整的半导体产业，当然这同时也伴随着仙童公司最终的解体。在这个过程中，拉斯特等创始人的离开使得半导体技术的扩散和仙童公司的解体变得无法逆转。

在诺伊斯等人发明了集成电路之后的头两年里，集成电路的制造成本比较高，以至于放弃掉原有的晶体管业务单独发展集成电路是无法挣钱的。如此一来，仙童的老板菲尔柴尔德和公司内的高管在公司的业务上就发生了严重的分歧。以"八叛徒"之一的拉斯特为代表的一部分经理认为应该优先发展集成电路，并且在做新的一年的预算时，提出应该优先建一个制造集成电路的工厂。而菲尔柴尔德则认为应该优先制造当时技术成熟市场需求更大的晶体管，并且首先将钱用于扩大晶体管的产能。当然，菲尔柴尔德并不管理公司，而是通过不断向公司指派职业管理者控制着仙童公司。任何公司在发展到一定阶段后，这样的发展路线的争执总是少不了，甚至很难讲激进的和保守的路线哪一个更好，因为每一种情况都有很多成功的案例，也有很多失败的教训。但是，在仙童公司，这件事说明没有了股权的经理们其实很难拥有决策权。拉斯特希望当时的总经理诺伊斯能站到他这一边，而作为集成电路的发明人诺伊斯当然支持发展集成电路，但是他的性格略有一些优柔寡断，而且是一个两头都不愿得罪别人的好人，因此他希望拉斯特能再等一等，让

---

[7] 加州数字计算机这几个单词的首字母。

他和管理层其他成员商量一下。拉斯特可不愿意等，因为失去集成电路的机遇太可惜，他直接给投资人洛克打了电话。

洛克和"八叛徒"中的每一个人都一直保持着非常好的关系，并且总是乐于帮助他们每一个人开创事业。当他得知拉斯特的宏大计划在仙童施展不了时，便为拉斯特找了他所投资的 Teledyne 公司的老板，由 Teledyne 出资创办一家全资半导体公司，为军方提供半导体元件。这一年年底，拉斯特拉上"八叛徒"中的另一位霍尔尼，决定"叛逃"到 Teledyne，创办他们的新公司。最后到真的离开仙童公司的时候，他们俩还拉上了"八叛徒"中的罗伯茨。他们三人在洛克和 Teledyne 公司的支持下创办了 Amelco 半导体公司。Amelco 和它的母公司 Teledyne 很快成为了美国军方（包括航天工业）重要的半导体器件提供商，并且直接和仙童公司竞争。

就在拉斯特等人离开的第二年（1962 年初），仙童的另一名基层技术主管戴维·艾力森 (David Allison) 带着几名工程师得到华尔街的雷曼兄弟公司 (Lehman Brothers) 的投资，创立了另一家和仙童面对面竞争的 Signetics 公司。三年后，Signetics 的集成电路产品让包括仙童在内的所有半导体公司都相形见拙。又过了几个月，诺伊斯亲自招进来的奈尔和摩尔的助手豪斯（Spittle House）离开仙童，创办了 Molectro 公司，并且当年就被仙童最重要的竞争对手国家半导体公司收购了。从此，原本在美国东部的国家半导体公司也就进入了硅谷，并且能够研制自己的集成电路了。

也就是在这一年，克莱纳也离开了仙童，去做天使投资了。十年后他创办了硅谷著名的风险投资基金公司凯鹏华盈。克莱纳是第四位离开仙童的创始人，这距离仙童公司的成立仅仅过去了 3 年的时间。

不仅技术人员在不断离职，其他部门的一些主管，包括负责销售的副总经理唐·瓦伦丁等人也纷纷离开仙童公司。瓦伦丁在国家半导体公司度过了短暂的几年职业生涯后，创办了著名的风险投资公司红杉资本。

仙童对创始人和高管的出走、员工的跳槽开始变得习以为常，听之任之了。这创造了硅谷的另一种文化——从现有的著名公司中离职，直接创业。

不过，在上个世纪 60 年代，仙童公司依然是全世界半导体行业的领导者，诺伊斯和摩尔还在利用他们个人的魅力和宽松的管理方式不断吸引新的人才加入。但是最终，管理层和技术人员与菲尔柴尔德以及他所指派的职业经理人，在管理上的分歧越来越大。到了 1968 年，诺伊斯也觉得如果自己在仙童公司再待下去，将会什么事情也做不成。当时，诺伊斯和摩尔希望发展超大规模集成电路，即将过去很多小规模的集成电路集成到一个芯片中，这样对顾客有很大的好处，而作为公司老板的菲尔柴尔德则希望多卖芯片。如果将十个芯片减少为一个芯片，仙童公司短期内的收入必然会减少。最终，诺伊斯和摩尔发现在这家他们创办的公司中，两人已经没有发言权了，就干脆离开仙童，创办了一家新的半导体公司，这就是后来改变世界的英特尔公司。关于这一段历史，我们会在后面第 6 章介绍英特尔公司时详述。

就在诺伊斯和摩尔离开仙童之后，"八叛徒"中的另外两个人格里尼克和布兰克也陆续离开了，至此，仙童公司的传奇画上了句号。虽然它在后来还独立存在了很多年，但是它对世界半导体产业的影响力就此结束了，一个时代终结了。

仙童公司对世界的贡献不仅在于发明了集成电路，更在于将半导体促成为一个全球性的行业。根据阿伦·拉奥在《硅谷百年史》中的介绍，上个世纪 60 年代末全世界的 IT 公司巨头们在开会时发现，九成以上的人都曾在仙童公司工作过。因此，可以毫不夸张地讲，仙童公司是全世界半导体公司之母。如果没有仙童公司，我们今天或许依然能广泛使用半导体集成电路，但是绝不可能像今天这样普及。

仙童公司成就半导体产业的做法听起来匪夷所思，它并非靠自身发明了多少产品，创造了多大的市场，而是靠不断地分离出子公司和孙公司，让半导体公司在旧金山湾区遍地开花。截止到 2017 年，从仙童公司直接和间接分离出去[8]的大中型公司多达近百家，它们包括英特尔、AMD 等知名公司。另外，今天苹果公司第三位创始人、公司第一任董事长马库拉也来自于仙童公司。这些公司的市值加起来接近 30000 亿美元。可以说，旧金山湾区之所以能成为硅谷，很大程度上是因为有了仙童公司。

和仙童公司同时期发明集成电路的德州仪器公司，由于地处相对保守的得克萨斯州，因此并没有出现大规模的员工离职创业的现象，这使得该公司不仅一度成为了世界上最大的半导体公司和最有竞争力的仪器设备公司，而且直到今天，它依然是全世界最重要的半导体公司之一。德州仪器公司和仙童显然代表了两种不同的公司发展方向，前者利用一种核心技术将公司做大做强，成就百年老店；后者通过不断的叛逆行为，将技术迅速扩展到整个地区乃至全世界，创造出一个地区的繁荣。我们在前面讲过的 AT&T 和 IBM 公司，后面会讲到的微软公司都具有前者的特点——它们的崛起通常也能带来一个地区的繁荣，但是这种繁荣有很大的依赖性和危险性，因为这些巨无霸公司一方面抑制了新公司，特别是竞争对手的出现，另一方面也使得当地在产业转型时迅速落伍。而仙童公司以及后来的思科公司、雅虎公司、PayPal 公司则属于后者，它们不断派生出新的公司，甚至扶持自己潜在的竞争对手。这些公司都有希望成为垄断企业，但是它们选择了另一条道路，通过技术的传播，创造了一个地区持续的繁荣。正是靠叛逆和对叛逆的宽容，在上个世纪 60 年代末，旧金山湾区变成了今天人们所熟知的硅谷。

1971 年，旧金山地区的新闻记者唐·霍夫勒（Don Hoefler）在一份很小的报纸上首次使用了"硅谷"一词（图 3.5），从此，旧金山湾区就有了一个具有现代气息的新名称。

硅谷对于世界工业的意义不仅仅是一个半导体企业集中的地区，更在于发展出一种新的经济活动组织形式和地区可持续发展的模式。关于硅谷的奇迹以

8　直接分离的公司指创始人来自仙童公司，间接分离的指创始人来自前一类的公司。

图3.5 最早使用"硅谷"一词的新闻报道

及它长盛不衰的原因,我们会在第 13 章"硅谷奇迹探秘"中作仔细分析。

结束语

硅谷的兴起在很大程度上要感谢肖克利和他带来的"八叛徒"。我们常说做成一件事情需要人和,但是硅谷的兴起却说明一个地区的繁荣需要有叛逆精神。"八叛徒"离开肖克利这件事可以解释为是一个个案,是老板糟糕的管理方式所导致的,但接下来仙童公司的不断分崩离析,就诠释了信息时代企业的一个重要特征——一家公司很难也没有必要像工业时代那样通过拥有生产资料来把大家组织到一起了,另立门户的成本非常低。要想把员工们组织起来长期发展,必须拥有一种全新的生产关系。而硅谷经过探索,找到了这种生产关系。

通常一种革命性新技术的出现,会导致一家巨无霸企业的诞生,这对一个地区来讲既是好事也是潜在的风险,因为一棵参天大树可以带来荫凉,但同时也会让它阴影之下的植物无法生长。然而,"八叛徒"的行为使得新技术出现时没有出现这样的参天大树型企业,相反却催生出一片森林,把旧金山湾区这个蛮荒之地变成了繁荣的硅谷。

(本书将在第 22 章"生产关系的革命"中,介绍诺伊斯等人和菲尔柴尔德等人之间矛盾的本质。)

第4章 科技产业的时尚品牌

苹果公司

看过汤姆·汉克斯主演的电影《阿甘正传》的读者，也许还记得那么一个镜头。傻人有傻福的阿甘最后捧着一张印有苹果公司标志的纸说："我买了一张水果公司的股票，有人说我这一辈子不用再为钱发愁了。"那是20世纪90年代初的电影，导演挑中了苹果公司，因为它的股票确实在几年间涨了10倍。当然，如果阿甘继续持有到今天（2018年底），又会比1994年《阿甘正传》上映时上涨了100倍左右。

2003年，我在硅谷的库帕蒂诺市（Cupertino）找房子，有一次来到一个办公楼和公寓混杂的社区，那里到处是各种颜色的、被咬了一口的苹果标志，那就是今天大名鼎鼎的iPhone的制造者苹果公司的总部了（图4.1）。那时苹果公司还不太景气，想把办公楼租给刚刚开始腾飞的Google公司。幸好这笔生意没有谈成，否则，那片狭小的社区无论如何是容不下当今两个发展最快的公司的。

生于上个世纪六七十年代的人，可能对世界上最早的个人电脑苹果机还有印象。而在上个世纪八九十年代之后出生的人，可能对很酷的iPod、iPhone和iPad印象更深。苹果最初是便宜的低端品牌，现在成了高端的时尚品牌，这看似矛盾的两方面，通过苹果的创始人史蒂夫·乔布斯很好地结合了起来。

图 4.1　苹果公司总部（1993—2017 年）的一号楼，前面有一个绿色的大大的"I"

1　传奇小子

在硅谷，可能没有人比史蒂夫·乔布斯更具有传奇色彩了。乔布斯可能是唯一一个还没在大学读完一年书的美国工程院院士。比尔·盖茨虽然没有大学毕业，毕竟正儿八经地上了两年哈佛。而乔布斯只读了半年大学，又旁听了一段时间，然后就彻底离开了学校。他入选院士的原因是"开创和发展个人电脑工业"。（For contributions to creation and development of the personal computer industry.）

乔布斯的生母是一名年轻的未婚在校研究生，因为自己无法在读书的同时带孩子，她决定将乔布斯送给别人收养。她非常希望为乔布斯找一户有大学学历的人家。最开始，她先找了一对律师夫妇，但是那对夫妇想要个女孩。就这样，乔布斯被送到了他后来的养父母家。但是，乔布斯的生母后来发现女方没上过大学，男方甚至连中学都没有毕业，于是她拒绝在最后的收养文件上签字。后来，乔布斯的养父母许诺日后一定送他上大学，乔布斯的生母才答应了。

乔布斯高中毕业后进了一所学费昂贵的私立大学，为此他收入不丰的养父母倾尽所有的积蓄。读了半年，乔布斯一方面觉得学非所用，另一方面不忍心花掉养父母一辈子的积蓄，就退了学。但是，他并没有离开学校，而是开始在学校里旁听他感兴趣的、将来可能对他有用的课。乔布斯没有收入，就睡在同学宿舍地板上，同时靠捡玻璃瓶、可乐罐挣点小钱糊口。每个星期天，为了吃一顿施舍的饭，他要走十公里到一个印度庙去。当时，乔布斯只做自己想做的事。他所在的大学书法课程很有名，他去旁听，并且迷上了书法。虽然当时他还不知道书法以后有什么用，但是后来事实证明，乔布斯的艺术修养使得苹果公司所有的产品都设计得非常漂亮。比如，以前的计算机字体很单调，乔布斯在设计苹果的麦金托什（Macintosh）计算机时，一下子想到了当年在大学里旁听时看到的漂亮书法，于是为这种个人电脑设计了很漂亮的界面和字体。

1976 年，乔布斯 21 岁时，和史蒂夫·沃兹尼亚克（Steve Wozniak）及罗恩·韦恩（Ron Wayne）三人在车库里办起了苹果公司，研制个人电脑。不过韦恩当年就退出了，将自己的股份卖给了乔布斯和沃兹尼亚克。当时一台计算机少说要上万美元，即使价钱降得再多也不可能进入普通百姓家。在每一次技术革命中，新技术必须比老的技术有数量级的进步才能站住脚。乔布斯很清楚这一点，他必须让计算机的价钱降至原来的几十分之一才会有人买得起。同年，两人研制出了世界上第一台通用的个人电脑 Apple I（图 4.2），老百姓花上几百美元就能买一台。为了降低成本，Apple I 只是一块组装好的电路板，其他什么外设都没有，图 4.2 中的外壳和键盘是用户自己捣鼓的。不过，它有一个可以接家用电视机的视频接口，和一个接盒式录音机的音频接口，以便将数据和程序存在常见的录音带上，而电视机和录音机在美国几乎家家都有。10 年后，由中国原电子工业部计算机与信息局组织，清华大学主持联合设计，原电子工业部六所、国营 734 厂、陕西省计算机厂以及华明计算机有限公司一起攻关，研制出了被称为中华学习机的 Apple II 兼容机，当时售价也只有 400 元人民币，而当时一台 IBM-PC 要两万元人民币，所以中华学习机不到两年就卖掉了 10 万台，超过其他微机同期在中国的销售总和。

图 4.2　Apple I 个人电脑

此后,原电子工业部专门成立了一家国有公司来生产和销售这种微机。很遗憾,这家公司,也就是我工作过的公司,非常不善经营,作风上很像机关而不是商业公司,并没有借这个契机发展壮大起来。当然这是题外话了。

最早的苹果机实际上做不了什么事,只能让学计算机的孩子练习一下简单的编程和玩一点诸如"警察抓小偷"的简单游戏。苹果机的操作也很不方便,一般老百姓是不会喜欢用它的。因此,它的象征意义远比它的实际意义要大得多,那就是计算机可以进入家庭。1977 年,DEC 创始人之一肯·奥尔森(Ken Olsen)曾大肆嘲笑当时市面上用处不大的个人电脑,认为"普通家庭根本没必要拥有个人电脑"。(There is no reason for any individual to have a computer in his home.)不过,随着个人电脑的不断发展,后来强有力地冲击了 DEC 的小型机市场。1998 年,长期亏损的 DEC 终于支撑不下去了,被个人电脑公司康柏收购。乔布斯很清楚,像早期苹果机这样的玩具是无法让广大消费者长期喜欢的。事实上,当 IBM 推出了一款真正能用的 PC 后,很快就抢掉了苹果机 3/4 的市场。因此,乔布斯开始致力于研制一种真正能用的个人电脑。虽然 1983 年推出的 Lisa 电脑并不成功,但是很快(1984 年)新一代苹果电脑麦金托什(Macintosh,图 4.3)就诞生了,并获得了成功。今天我们把苹果电脑称为 Mac 机,便源于麦金托什一词的前三个字母。

图 4.3　采用图形界面操作系统的麦金托什个人电脑

麦金托什是世界上第一款普通老百姓买得起、拥有交互式图形界面并且使用鼠标的个人电脑。它的硬件部分性能略优于同期的 IBM PC，而它的操作系统领先当时 IBM PC 的操作系统 DOS 整整一代。后者是命令行式的操作系统，用户必须记住所有的操作命令才能使用计算机。今天，当我们已经习惯了使用交互式图形界面的 Windows 时，如果要退回到 DOS，会觉得很别扭。麦金托什和 IBM PC 当年的差别就有 Windows 和 DOS 那么大。除了界面上的差别，麦金托什操作系统还在内存管理上有 DOS 不可比拟的优势，因为后者实际可用的内存始终局限在 640KB，而前者没有任何限制。麦金托什一上市就卖得很好，因此从技术上讲这款个人电脑都是一个巨大的成功。但是在商业上，由于它的生态链不完整，最终没有能够打败 IBM PC 系列的个人电脑。

谈到麦金托什，必须提两点。第一，它的交互式图形窗口界面最早是由施乐（Xerox）公司帕洛阿尔托（Palo Alto，斯坦福大学所在地）实验室（Parc）研制出来的。帕洛阿尔托实验室可能是世界上最善于创新，同时也是最不善于将发明创造变成商品的地方。它的另一个改变了世界却未给施乐带来任何好处的发明，是今天每个网民都在使用的以太网。虽然苹果公司在将图形界面用于操作系统上做出了卓越的贡献，但由于交互式图形窗口界面毕竟最先由施乐发明,因此苹果在后来对微软的官司上并没有占到便宜。第二,苹果走了一条封闭的道路,不允许别人制造兼容机,意欲独吞个人电脑市场。如果苹果开放了麦金托什的硬件技术,允许其他硬件厂商进入市场,我们今天可能使用的就不是 IBM PC 系列,而是苹果系列了。但是,因为苹果可能在硬件上竞争不过兼容机厂商,因此它只能扮演一个像微软一样以操作系统为核心的软件公司角色。这时,两种系列个人电脑,胜负的关键就要看苹果和微软在操作系统上的决斗了。没有兼容机的帮忙,苹果无法挑战微软,虽然它努力试过,但最终败下阵来。

到 1985 年为止,苹果发展顺利,拥有 4000 名员工,股票市值高达 20 亿美元。乔布斯个人也顺风顺水,名利双收。但接下来,乔布斯遇到了别人一辈子可能都不会遇到的两件事 —— 被别人赶出了自己创办的公司,然后又去鬼门关走了一遭。而苹果公司,也开始进入长达 15 年的低谷。

2　迷失方向

1983 年,乔布斯说服了百事可乐公司的总裁约翰·斯卡利(John Sculley)到苹果出任 CEO。斯卡利之前在百事可乐公司工作了十几年,并成功地推广了百事可乐公司的品牌。以前,人们普遍认为可口可乐就是比其他的可乐好喝。斯卡利发现大家有先入之见,于是他采用了双盲对比评测 —— 发给大量测试者两瓶没有标签的可乐。结果更多测试者认为百事可乐好喝,斯卡利打赢了市场之战。乔布斯请他来为苹果开拓市场,并负责苹果的日常工作,自己则退出第一线,专注于麦金托什的技术。如果说斯卡利是统筹全局的宰相,乔布斯则是运筹帷幄的元帅。

斯卡利一到苹果公司就试图让苹果电脑成为 PC 市场的主流。为了迎合市场的需要,斯卡利在苹果做了各种努力和尝试,同时提高了销售价格,后来又将利润用来发展他看好的新的成长点 —— Newton PDA,最早的掌上机。乔布斯和斯卡利头一年合作得很好(图 4.4);第二年,将相就开始失和了。乔

图 4.4　乔布斯和斯卡利在一起宣传苹果电脑

布斯和斯卡利之争持续了一年多，董事会最后站在了斯卡利这一边。1985 年，斯卡利胜利了，同时乔布斯被踢出他自己创办的苹果公司。那一年，乔布斯刚满 30 岁。一般的创业者 30 岁时还未必能创建自己的公司，乔布斯这一年却已经被自己创办的公司开除了。乔布斯一气之下，卖掉了他持有的苹果公司全部股票[1]。关于乔布斯和斯卡利的恩恩怨怨，《乔布斯传》和斯卡利的《奥德赛》一书说法不一，甚至有很多矛盾之处，我们这里就不去评断是非曲直了。

上个世纪八九十年代，工作站很红火，乔布斯创立了一家设计制造工作站的公司 NeXT，不是很成功。1986 年，乔布斯用 500 万美元买下了电影《星球大战》导演卢卡斯创办的一个极不成功的动画制作室，将它重构成一个用图形工作站做动画的工作室 Pixar 公司，这是今天世界上最好的动画工作室，后来被迪士尼公司以 74 亿美元的高价收购，很多优秀动画片都是 Pixar 制作的。事实上，乔布斯从 Pixar 挣到的钱比他从苹果挣到的还多。

斯卡利在赶走乔布斯以后，让麦金托什顺着个人电脑的技术潮流向前漂了七八年。斯卡利很清楚，以苹果领先的技术，即使不做任何事，也可以挣 10

1　乔布斯最后还保留了 1 股，以便可以收到公司的财报。

年钱。他一直致力于开发新产品，努力为公司寻找新的成长点，但始终不得要领。到后来，规模不算太大的苹果公司居然有上千个项目在做，大大小小的各级经理，为了提高自己的地位，到处招兵买马，上新项目。这些项目中，90% 以上都是没用的。事实证明，所有的项目中最后只有苹果新的操作系统是成功的，就连斯卡利寄予厚望的 Newton PDA 也没有形成什么气候。在斯卡利当政后期，麦金托什的市场占有率渐渐被微软挤得越来越小，而摊子却越铺越大，苹果公司开始亏损，斯卡利不得不下台。斯卡利的两个继任者也是回天无力。苹果被微软打得一塌糊涂，差点被卖给 IBM 和太阳公司，但这两家公司谁也看不上苹果这个市场不断萎缩的个人电脑制造商。如果卖成了，今天就没有 iPhone 和 iPad 了。

上个世纪 90 年代，苹果和微软还为 Windows 侵权苹果的操作系统一事打那好几年的官司。1990 年，微软推出 Windows 3.0，半年卖出了 200 万份拷贝，IBM PC 用户也可以享受不错的图形界面了，苹果的市场迅速萎缩。苹果公司将微软告上了法庭，因为 Windows 的很多创意实实在在是复制苹果的操作系统。在法庭上，微软的盖茨指出苹果的窗口式图形界面也是抄施乐的。盖茨说，凭什么你能破窗而入去施乐拿东西，我却不可以从门里走到你那里拿东西呢？最后，法庭还是以 Windows 和苹果的操作系统虽长得像但并非同一东西为由，驳回了苹果的要求。那时硅谷的公司不但在商业竞争中被微软压着一头，连官司也打不赢微软，十几年来硅谷一直梦想着有一个可以和微软抗衡并且占到上风的公司。

1996 年，苹果公司时任 CEO 吉尔·阿梅里奥（Gil Amelio）决定收购 NeXT 及其 NeXTSTEP 操作系统，也将乔布斯请回了苹果，该收购于 1997 年初完成。一开始乔布斯以顾问的方式介入公司的决策，半年后（1997 年 9 月）他便开始实际执掌"底下有个大洞的船"（乔布斯语）的苹果公司了。在美国，董事会赶走一个公司创始人的情况虽然不常见，但还是发生过的。然而，再把那个被赶走的创始人请回来执掌公司，不仅以前没听说过，以后也很难再有。

3 再创辉煌

苹果董事会起先对乔布斯的能力也没有把握，1997年给了他一个临时CEO的头衔。乔布斯也不在乎这个，他甚至答应一年只拿一美元的工资。毕竟苹果公司是他的亲儿子，只要让他回苹果就什么都好说。但是，乔布斯嘴上却说自己无意回苹果，以增加自己的职权范围以及将来和董事会谈条件的筹码。事实上乔布斯最后提出的要求是非常苛刻的，除了授予他管理的全权，而且需要撤换掉大部分董事会成员，以方便他的工作。另外，他坚持调低内部人士股票期权的价格[2]，以便聘用新人和收买人心。从他回到苹果公司后非常系统而有章法的做法来看，他对重塑苹果公司是有着充分准备的——他可能早就在等待这一天了。我和硅谷很多创业者聊过，发现他们对自己创办的公司，哪怕再小的公司，在感情上也像对自己的孩子一样亲。乔布斯上台后推出了一些造型很酷的电脑，那时苹果电脑已经比IBM兼容机贵了很多，成了高端产品，用户主要是很多搞艺术的人——他们很喜欢苹果优于其他个人电脑的图形功能，其次是一些赶时髦的学生和专业人士。乔布斯自己也更像一个才华横溢的艺术家，而不是一个严谨的工程师。既然苹果在个人电脑领域已经不可能替代兼容机和微软的地位了，他就干脆往高端发展，讲究性能、品味和时尚。慢慢地，苹果的产品成了时尚的象征。

乔布斯的运气很好，一上台就赶上了网络泡沫时代，那时几乎所有公司的业绩都上涨，苹果也跟着上涨。由于苹果已经将自己定位于很窄的高端市场，这就避免了与微软、戴尔和惠普的正面竞争。苹果在乔布斯接手的两年里恢复得不错，董事会也在一年后将乔布斯扶正，任命他为正式的CEO。

好景不长，随着网络泡沫的破碎，苹果公司的发展再次面临受到阻碍的可能。当然只要它老老实实地固守自己的高端市场，随着经济的复苏，苹果还会慢慢好起来。但只是这样的话，苹果就不值得我们在此大写特写，而乔布

---

[2] 当时美国证监会对期权的管理不是非常规范，因此上市公司在指定期权价格时有漏洞可以钻。后来，这个漏洞基本被补上了，之后苹果公司因为变相调低期权价格被调查，导致CFO辞职。

斯也就不是乔布斯了。乔布斯的超人之处在于他善于学习，并能把准时代的脉搏。经过十几年磨炼的乔布斯已经不是当年那个毛头小伙子了。他已经认识到了苹果封闭式的软硬件，从成本上讲无法跟微软加兼容机竞争，也无法为用户提供丰富的应用软件。于是，乔布斯做了两件事，他在苹果电脑中逐渐采用了英特尔的通用处理器，同时采用 FreeBSD 作为新的苹果操作系统内核。这样相对开放的体系使得全社会大量有兴趣的开源工程师能很容易地为苹果开发软件。但是，至关重要的是如何为苹果找到个人电脑以外的成长点，实际上，他已经接受了当年斯卡利的观点。

斯卡利明白新成长点的重要，但是他没有找到，苹果历任 CEO 都想做这件事，也都没有做到。斯卡利搞的掌上个人助理想法不错，但是他的运气不太好，时机不成熟，因为在他执掌苹果的年代，无论是移动通信还是互联网都没有发展起来，很少有人愿意花几百美元买一个无法联网的高级记事本。因此，这个产品的市场即使存在，规模也有限，不可能掀起一个潮流。虽然苹果本来有可能成为个人电脑领域的领导者，但它封闭的做法，使得它战胜微软的可能性几乎是零。乔布斯比较幸运，他再次接掌苹果时，已经进入到了网络泡沫时代。雅虎似乎代表了一种潮流，很多公司都在跟随着雅虎，但事实证明，它们都在面对网络泡沫，而且会因此面临严重的危机。乔布斯在网络泡沫时代，能高屋建瓴，不去趟互联网这滩浑水，而是看到了网络大潮下面真正的金沙。

上个世纪最后 10 年，以互联网和多媒体技术为核心的一场技术革命开始了。互联网是信息传播的渠道，多媒体技术则提供了数字化的信息源。原来的录音带和录像带很快被激光唱盘和 DVD 代替，随着声音和图像压缩技术的出现，这些数字化了的音乐和录像很容易在互联网上传播。到上世纪 90 年代末，互联网上充斥了各种盗版的音乐和电影。以前，音乐唱片属于一个垄断的暴利行业，这个行业的一位朋友告诉我，音乐 CD 平均一张卖 10 美元左右，而扣除版税后的制作成本总共只有十几美分到几十美分，视批量而定。现在网上有了不要钱的音乐，音乐下载很快占整个互联网流量的 1/4，广大网民一下子学会了听下载的音乐、看下载的录像。同时，市场上出现了一些小型音乐播放器，但做得都不是很理想。虽然唱片公司集体告赢了帮助提供盗版音乐的 Napster 公司，但互联网上的盗版音乐和录像并未就此消失，而且用户用一个小播放器听音乐和歌曲的习惯已经养成了。

乔布斯看到了两点最重要的事实：第一，虽然已经有了不少音乐播放器，但是做得都不好，尤其是在音乐数量多了以后，查找和管理都很难。要知道，从一千首歌里面顺序找到自己想听的可能要花几分钟时间。另外，要将几十张 CD 上的歌曲导到播放器上更是麻烦。第二，广大用户已经习惯戴着耳机从播放器中听歌而不是随身带着便携的 CD 唱机和几十张光盘。因此，它不需要花钱和时间培养出一个市场。基于这两点考虑，乔布斯决定开发被称为 iPod 的音乐和录像播放器。

苹果公司很好地解决了上面提到的两个技术问题。2000 年 3 月，苹果公司收购 SoundJam，在此基础上开发了 iTunes 软件，并于 2001 年 1 月发布。iTunes 可以自动将 CD 上的音乐转录到苹果电脑上。2001 年 10 月，苹果公司又推出了 iPod 音乐播放器，并在次年发布的第二代 iPod 上采用了手转圈划动查找音乐的方法，用户很快就能找到自己要听的歌曲。同时，iTunes 可与 iPod 无缝对接，自动将电脑和光盘上的音乐传到 iPod 中。另外，iPod 充电一次，播放时长可达 10 小时，比以往的各种播放器都要长得多。苹果 iPod 的外观设计非常漂亮，一经推出，就俘获了大批爱听音乐的年轻人。仅一年，iPod 的销售额就突破 1 亿美元。又过了一年多，iPod 的销售额接近 10 亿美元，占公司营业额的 15%。2008 年，iPod 的销售额近 80 亿美元，占整个公司收入的 4 成。苹果公司的股票从 2003 年的最低点开始，到 2012 年 6 月已上涨了 60 多倍。在顶峰时期，iPod 已经不仅仅是一个简单的播放器，而是一个不小的产业。不同的厂家，从音箱生产厂到汽车公司，都在主动为 iPod 设计和制造各种配套产品，比如音箱、耳机、汽车音响，甚至是皮套，等等。这有点像有无数软件公司在微软的操作系统上主动开发应用程序。神奇小子乔布斯再创辉煌。

4　大难不死

从 2004 年到 2006 年，乔布斯和苹果都经历了两场大的劫难，但都奇迹般地生存下来。

2003 年 10 月，乔布斯患上癌症，由于是在胰腺上，非常难治，医生估计他最多还能活 3—6 个月。医生建议他回去把一切都安排好，其实就是在暗示他"准备后事"。隔天传来消息，乔布斯非常幸运，他患的是一种非常少见的能够通过手术治愈的胰腺癌，乔布斯如释重负。第二年夏天，乔布斯接受了手术，切除了肿瘤，并且在 2005 年斯坦福大学毕业典礼的讲话中表示，自己完全好了。（遗憾的是，在手术中，医生又在乔布斯的肝脏上发现了部分初期癌症转移的迹象。现在来看，乔布斯是真的认为他完全好了，还是当时出于稳定苹果公司的考虑隐瞒了病情，我们不得而知。）这次经历，使乔布斯对死亡有了真正的认识。他认为，死亡推动着生命进化和变迁，旧的不去，新的不来。现在，新的人和新的技术，在不久的将来，也会逐渐成为旧的，也会被淘汰。苹果没有沉浸在 iPod 的成功中，而是加紧了新品的开发。

苹果公司 2005—2006 年也不太顺，经历了产品受阻和期权风波。

华尔街总是期望上市公司不断创造营收的奇迹。为了获得进一步增长，在垄断了播放器市场后，2003 年苹果开始寻求在高额利润的音乐市场上分一杯羹。当时，世界上整个音乐市场被五家大的唱片公司——百代、环球（包括其下属的宝丽金）、华纳兄弟、索尼和 BMG 垄断（后两家现已合并）。这五家基本上各自签约不同的艺术家，各卖各的音乐，共同维持着一个高利润的市场。大部分听众可能都有一个体验，那就是一张唱片可能只喜欢其中一两首而非全部曲子，但是，购买 CD 时却必须整张 CD 一起买。苹果建议唱片公司和自己一起开发音乐付费下载市场，把一个专辑拆成一首首的曲子售卖，这样听众可以只选择自己喜欢的来下载。这个主意当然很好，问题是唱片公司和苹果如何分成，当然谁都想多得一些。乔布斯是个非常优秀的谈判高手，他把在价格上态度最强硬的索尼放在最后，先跟其他四家公司达成了协议，索尼只好就范，否则就永远被隔离在广大 iPod 用户群之外。苹果推出音乐付费下载之后，下载量远比想象的要增长得慢。整个 2006 年，苹果公司在股市上的表现都不好，这时，苹果又爆出了期权风波，更是雪上加霜。关于这次风波，媒体上报道很多，大致情况如下。

想了解美国的高科技公司，必须了解股票期权制度。在传统的公司里，一个员工的薪酬福利包括奖金和退休金等现金。一般员工并不拥有公司的一部分。很多高科技公司为了将员工的利益和公司的前途绑在一起，发给员工一些股票的期权。所谓期权（Option）就是在一定时间，比如十年内，按一定价格，比如当前市场价购买股票的权利。获得期权的员工，会对公司有主人翁般的责任感。如果公司股价上涨，那么拥有股票期权的人可以以过去较低的价格买进股票，即所谓的行权（Exercise），然后以现在较高的价格卖出，从中赚到差价。当然，期权只有在公司股价不断上涨时才有意义。遗憾的是，没有一家公司的股票只涨不跌，因此期权有时会变得毫无意义。一些公司为了让期权变得有意义，在中间做手脚，修改期权授予时间，用最低的价钱将股票授予管理层和员工。苹果公司就是在这件事上栽了跟头。2006 年，美国证监会开始调查苹果公司的这一行为。经过长期调查，证监会掌握了确凿的证据，苹果公司终于低头了，并交了罚款。最后，苹果公司首席财务官弗雷德·安德森（Fred Anderson）为此受罚。

从后来的情况发展看，这位被解雇的财务官觉得委屈，跑到《华尔街日报》去鸣冤。乔布斯一手对付证监会的调查，一手开发新品。2006 年底，苹果公司推出了 Apple TV。Apple TV 不是任何意义上的电视机，而是一台豆腐块大小的计算机，这个盒子可以存储几千小时的音乐或几十小时的电影。它一头可以和互联网连接，下载音乐和电影，另一头与家里的电视机和音响连接，播放出 5.1[3] 声道电影院效果的环绕立体声、高清晰度的音像。别小看了这个价格和 iPod 差不多的豆腐块，当时有人猜测它很有可能会成为未来每

3　美国电影院的基本音响要求有五个声道加上一个超低音声道，简称 5.1。

一个家庭客厅的娱乐中心。直到今天，很多人依然认为，在个人电脑之后，家庭的娱乐中心将成为一个新的产业。事实上，在 Apple TV 出来的 10 多年前，盖茨就在他的《未来之路》一书中预言音像制品将数字化，可以根据用户特殊需求下载并存在一个服务器中，这个服务器可以管理和控制所有的家电。2006 年，盖茨的这个梦想似乎快实现了，却让苹果抢先了一步，不过微软和索尼马上跟进。那一年，在这个领域有三个候选者，苹果、微软和索尼，后两者依靠各自的游戏机作为家庭娱乐中心。苹果拥有最大的付费下载 iTunes 用户群，微软有很强的技术储备，索尼有领先的蓝光（Blu-Ray）DVD 技术。照理讲，这三家巨头应该有一家能占领家庭的客厅，但事实是最终三家都没有笑到最后。关于这一点，我们在后面会有更多介绍。

另外两家的原因暂且不去说，第一代 Apple TV 的失败原因颇为明显：这个产品设计上有问题。虽然第一代的 Apple TV 从外形到功能都很酷，从外形上看，它和其他苹果产品一样是漂亮的乳白色，是一个只有一张光盘盒大小，一英寸厚的白盒子。从功能上看，它能输出 1080 线的图像和 5.1 环绕立体声，并且有一定的存储容量可以存一些音乐和节目，似乎很不错，但是这些性能根本无法发挥作用。

首先，1080 线的视频分辨率是为高清晰电视和蓝光 DVD 使用的，而苹果的 Apple TV 本身不带蓝光 DVD 的播放器，事实上它什么光驱都没有。也就是说，它可以输出 1080 线的视频节目，却没有相应的输入；对于 5.1 声道的音响也是如此。Apple TV 的信号输入，只能通过互联网，或者通过 Wi-Fi 和联网的计算机，在当时而言非常不方便。另外，在 2006 年，美国大部分家庭的电视机根本达不到 1080 线的分辨率，而当时，大部分音响功放也根本无法解析 Apple TV 输出的 HDMI 信号。因此，这些看上去很好的功能都是摆设。其次，由于版权的问题，Apple TV 不能备份用户已有的 DVD（因为分不清是用户自己的还是借的），而一定要从 iTunes 在线商店购买，而下载一部平均 9GB 左右的电影（普通 DVD 还不是高清晰的）当时几乎需要一天的时间，还要付 10 美元左右的版权费，既不方便，也不便宜。而实际上购买了 Apple TV 的人最多的是用来看当时只有 320 线、清晰度很低的 YouTube 免费视频，和苹果的初衷完全不相符。最后，市场给出的结论是：该产品没用，因为主要的功能超前，或者不配套，或者应用环境根本不存在。后来 Apple TV 又经历了很多升级改进，网速的提升也让它 1080 线高清晰的影像功能得到了发挥，但是最终仍未能占领家庭的客厅，这当然是后话了。

那一段时间乔布斯在各方面都比较背运，如果乔布斯的创新到此为止，苹果今天也不过是个二流公司。但是乔布斯运气很好，他居然挺过了最艰难的时候，他的第二个新的拳头产品——iPhone 获得了巨大的成功，使乔布斯和苹果公司都得以大难不死。

5 i 十年

2000—2010 年，是美国经济多灾多难的十年。美国经历了两次经济危机，先是 2001—2002 年互联网泡沫破灭引起的危机，后一次是 2007—2009 年房地产次贷危机引起的历史上第二大的金融危机。加上阿富汗战争和伊拉克战争的拖累，这十年美国经济的发展是二战后最缓慢的十年。但是，这十年却是苹果公司的黄金十年。它的风头甚至盖过了另一家明星公司 Google。虽然这十年 Google 也很出色，并且在收入的增长上超过苹果，但是从资本的回报来看，苹果更胜一筹。从 2004 年 Google 上市到 2010 年底，股票的回报是 7 倍，从每股 85 美元上涨到 600 美元。而同期苹果股票的回报是 21 倍，从每股 15 美元上涨到 320 美元（图 4.5）。

由于苹果新一代产品都是以字母 i 开头的，我们不妨把这个年代称为 i 十年。最早是 iMac——苹果新的电脑，但是它的光环远比不上 i 家族的其他后来者。iPod（及相应的 iTunes 软件和 iTunes 在线商店）是苹果第一个非电脑的成功产品。iPod 上市的第一年 2001 年，只有 13 万用户，而 8 年后的 2009 年底，这款产品的用户数增加到 2.5 亿。iPod 在给苹果带来巨额利润的同时，颠覆了整个音乐唱片行业。1999 年，全球音乐唱片 CD 的销售额是 400 亿美

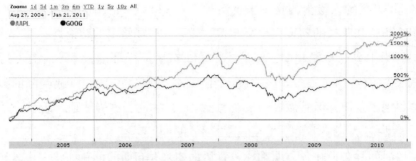

图 4.5　苹果公司和 Google 的股价比较

元，10 年后的 2009 年，CD 几乎消失，而整个音乐市场（包括 iTunes）也由于 iPod 的效应萎缩至不足 200 亿美元，因为 iPod 让音乐变得很便宜。

iPod 彻底改变了音乐市场，而 iPhone 继而颠覆了通信行业。制造手机本来是摩托罗拉和诺基亚这些公司的事情，和计算机公司似乎无关。但是随着手机中信号处理的重要性逐渐下降，或者说这些技术难点已经不存在了，打电话的功能在逐渐淡化；性能的要求、上网的需求在上升，智能手机制造商开始崛起。最早的智能手机代表是黑莓手机（Blackberry），制造该手机的 RIM 公司一度垄断了智能手机市场，接下来是诺基亚。它们的智能手机基本上还没有摆脱传统手机的框框，手机加上 E-mail 的功能，只是比传统的手机好用些。

但是，智能手机到了乔布斯的手里，就完全不同了。当时，我有幸在第一时间目睹和试用了这款革命性的产品。说实话，这是我见到过的最好的手机。它已经超出一个普通手机加 iPod 播放器，它还具有一个完整的、联网的计算机和一般电视机的主要功能。下面是我 2007 年在"Google 黑板报"上第一次介绍 iPhone 时写的一段文字。

> 用它上网查邮件和冲浪的体验与用一般手机是不同的。至于其他很酷的功能，各种新闻已经有了很多报道，我就不再赘述了。虽然它 600 美元的价格实在贵了点，但是根据电子产品 18 个月降一半价钱的规律，iPhone 很有可能成为今后普及的手机，成为苹果继 iPod 以后新的成长点，它甚至会冲击

传统的手机行业。

到了 2009 年，我的预言完全得到了证实，那时 iPhone 在美国本土的售价只有 200 美元[4]，而且不加锁，因此很快被大众接受了。它确确实实是苹果 2007—2009 年主要的增长点。更重要的是，它彻底颠覆了手机行业。诺基亚在中国以外的市场已日薄西山，摩托罗拉、索尼爱立信[5]已经投降，三星则重新开始探索手机发展道路，不过它们完全抛弃了传统的手机，切换到智能手机上了。到 2009 年，iPhone 及其姊妹产品 iPod Touch 的用户一共下载了 25 亿次各种应用软件。此后，下载量以每年 30%—40% 的速度增长。在随后的几年里，2G 时代的手机生产厂商要么被收购，要么干脆关门了，只有三星公司在学习苹果，将自己上百种手机产品线合并成个位数。因此，可以毫不夸张地讲，苹果带动了一次移动通信的革命。

2010 年，苹果公司又推出了极具人气的 iPad 触摸型平板电脑。它有一个 9.7 英寸的显示屏，没有键盘，重量与一本 200 页书相当。在随后的几年里，苹果根据用户的喜好，提供了各种尺寸的 iPad。这种平板电脑可以通过触摸输入文字和指令来上网或使用各种应用软件，因此有人说它是一个放大版 iPhone。但是它对 PC 产业同样具有颠覆性，是颠覆整个 PC 工业生态链（WinTel 体系）的重要一环。从功能上讲，iPad 可以替代 90%，甚至更多我们对个人电脑的需求。而且，iPad 方便易用，在大多数场合，我们更倾向于使用 iPad，而不是台式计算机甚至笔记本电脑。事实上，PC 的销量在 2011 年达到峰值后，就在逐年下降（图 4.6）。虽然不少电脑制造商甚至微软这样的软件公司也学习苹果，推出了各种触摸型平板电脑，但是其销量都比苹果小一个数量级以上。随着大家对个人电脑依赖的减弱，微软公司在 IT 行业的主导地位也逐渐丧失了。

---

[4] 从 2011 年起，苹果手机必须绑定服务合约才能拿到 200 多美元的价格，解锁手机的价格则逐渐从 400 美元涨到了后来的 600 美元左右。

[5] 索尼 2011 年已收购爱立信持有的股份。

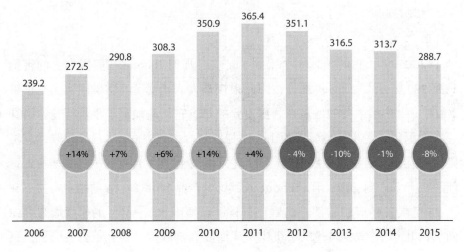

图 4.6　从 2006 年到 2015 年全球 PC 出货量

到了 2010 年，苹果公司已经不再是一个单纯的个人电脑生产厂商了，它有大量类似家电的产品，比如 iPod、iPhone 和 iPad。因此，一些专家认为，苹果正在从计算机公司向家电公司过渡。其实早在 2007 年苹果的正式名称就已经由原来的"苹果计算机公司"改为"苹果公司"。但是，苹果的产品和传统的家电又不一样，每样东西都给人耳目一新的感觉，让人看了后，不由得顿生感慨——原来这东西还可以这么玩儿。公平地讲，现在苹果的每一款产品都非它的原创：在 iPod 出现以前，MP3 播放器已经"烂大街"了，iPhone 也不是第一款智能手机，类似 iPad 的平板电脑微软以前也做过，虽然不成功。但是，苹果把每一款产品做到了极致，这很大程度上是因为乔布斯达到了一个将技术和艺术结合得炉火纯青的境界，而至今世界上没有第二个人能够做到这一点。如果要问什么是创新，这就是创新！今天，苹果已经成为一种时尚品牌。而在 2018 年来到苹果担任主管销售的高级副总裁的安吉拉·阿伦茨（Angela Ahrendts），恰好来自奢侈品行业，她之前是巴宝莉（Burberry）公司的 CEO，被外界认为是库克的接班人。这也确认了苹果走时尚道路的战略。但是到了 2019 年，阿伦茨在事先没有任何征兆的情况下宣布将辞去在苹果的职务，这被认为是 IT 公司依然很难完全和时尚公司融合。

6 乔布斯和盛田昭夫

2011年10月5日,56岁的传奇人物乔布斯走完了他极富戏剧性的人生历程。他一生战胜了无数的对手,但是和所有人一样,他最终输给了死神。乔布斯去世的消息传出,世界上很多国家都对他的逝世表示了哀悼。伴随着他的传记《史蒂夫·乔布斯传》[6]的出版以及苹果新一款手机iPhone 4S的问世,已经离世的乔布斯再次成为新闻人物,并且上了《时代周刊》《经济学人》等有影响力的杂志封面。两个星期后,乔布斯渐渐从美国人的话题中淡去、消失,但依然是中国人的热点话题。不过,对他已经可以盖棺定论了。虽然在中国乔布斯已经被神化,但是在个体自我意识很强的美国,人们对他的评价远没有中国人高。那么他是一个什么样的人呢?

当年明月在他的畅销历史读物《明朝那些事儿》中将皇帝分为"好皇帝、好人""好皇帝、坏人""坏皇帝、好人"和"坏皇帝、坏人"四种。乔布斯虽然不是皇帝,考虑到他在很多人心中的地位比皇帝高多了,我们也不妨这么划分。他是一个能干的传奇人物,但算不上好人。

作为凡人的乔布斯实在说不上是好人。在他看来,朋友的友谊还抵不上几千美元。乔布斯一生没有什么挚友,憨厚老实的苹果共同创始人史蒂夫·沃兹尼亚克知道乔布斯对他的欺骗以后,伤心落泪。乔布斯一生挣了80亿美元的巨额财富,他生前除了为养父养母付清了几十万美元的房贷,没有给过什么人钱,除了为治疗他的疾病给癌症研究进行过捐助,没有任何其他捐助。这在美国的富豪中是无法想象的。在美国,真正的富豪不是看挣多少钱,更不是看花多少钱,而是看捐多少钱。历史上的范德比尔特(Cornelius Vanderbilt)、卡内基、洛克菲勒、福特,以及现在的巴菲特、盖茨和布隆伯格都是这方面的典范。从这个角度讲,乔布斯不是典型美国意义上的有钱人。另外,乔布斯早年拒绝承认他的女儿,虽然是非婚生的,这在强调家庭

---

[6] 市面上充斥着各种乔布斯的传记,但是真正权威的,只有他本人授权沃尔特·艾萨克森(Walter Isaacson)写的这一本。

价值的美国[7]是无法让大众接受的。加上他暴君式的性格，有时粗暴的言语，包括在面试候选人时问及别人的性事这样不体面的做法，都不讨人喜欢。因此，美国人对他的为人评价并不高。

但是，作为发明家和魔术师的乔布斯，却是一个伟大的人物。他对个人电脑工业的贡献、对产品品质的追求以及在艺术和技术结合方面令他人无法望其项背的境界，在他的传记和各种报道中已经讲得太多了，不再赘述。这里我们通过一个真实采访的内容，看看真实的魔术师乔布斯。

2011年10月初，乔布斯过世后两天，我在美国接到一个意料之外的电话。电话是腾讯网的总编陈菊红女士打来的，她讲自己刚好在美国，想采访一下苹果内部熟知乔布斯的人。那些尚在苹果公司的人给出的都是千篇一律的官方说辞，毫无新闻价值，因此我介绍她去采访了乔布斯的老朋友、上个世纪80年代苹果的副总裁迈克尔·穆勒（Michael Muller，1938—2018）先生。陈菊红回来后说，收获颇丰。

穆勒和乔布斯是20世纪70年代认识的，当时他们都还年轻，会一起骑着意大利产的自行车，穿行在伍德赛德（Woodside，加州的一个小镇）的山路上。当时，穆勒的公司TKC（The Keyboard Company）为苹果供应键盘。1976年，苹果的生意很好，他们向穆勒提出这年需要大量的键盘。为了备足这么多键盘的配件，穆勒的公司资金不够。这时乔布斯动员穆勒把公司卖给苹果，当然条件是以后不能再帮别人生产东西了。穆勒考虑了一下，还是同意了。从此，他就成为苹果的副总裁，一干就是7年，直到乔布斯离开苹果。

上个世纪80年代初，苹果公司已经很大了，可是乔布斯等人工作起来还是没日没夜的。当时的键盘在技术上和今天不可同日而语，敲快了，连字母切换都很有难度，一不小心按一次A就跳出来两三个，这不光需要技术，还涉

---

[7] 美国是清教徒的国家，对家庭的看重实际上远远超出中国人的想象。

及成本。但乔布斯基本不去讨论可能性，只是很清楚地表达自己非常具体的愿望。而且乔布斯的主意变得很快，半小时前，他同意说这些机器上的配件都标准化了吧，当团队快速行动已经开始讨论执行的时候，半小时不到，他却突然出现在门口，对大家说，我有了新点子，咱们得做点不一样的。据穆勒回忆，"当键盘越变越好用的时候，乔布斯想要的却是另一个东西：只有屏幕，没有键盘的电脑"。这些想法导致了后来的麦金托什和iPad。可见乔布斯这些改变世界的发明绝非一时的灵感所致，而是数十年的深思熟虑和经验的积累。

当第一次看到CD的时候，乔布斯拿起一张，里面也就只存5首歌。他把CD插进硕大的播放器，回来后穿过董事会的桌子，对大家说，看，这个东西会成为未来！那个年代，他已经在琢磨里面的内容（音乐）意味着什么。他的远见，经常穿透时间，直接看到他想象中的结果。从现在看，也是乔布斯，通过他的产品iPod，一手把CD送往终点。从见到CD到iPod问世，又是20年的时间，看似是灵机一动，岂不知已经孕育了两个十年。大多数产品经理之所以做不出改变世界的产品，是因为他们只看见了成功者最后的临门一脚，而忽视了别人的长期思考。

一天乔布斯跟穆勒说，走，我听到一个有趣的东西，咱们去看看。他们来到一个动画实险室，离金门大桥不远，屋子很小，里面只有三个人。乔布斯和穆勒坐在三个显示器前，看到电脑上出现海面，然后海风吹过，浪花飞溅在屏幕上栩栩如生。他们俩都很兴奋。三个做动画的在一个小实验室里，很开心地给他们演示。乔布斯看到的可不只是什么动画。1986年他买下了实验室，也就成了后来的皮克斯（Pixar），也就有了《玩具总动员》。在乔布斯做的大多数"改变世界"的事情中，原创并非他自己，但是拿着魔术棒"点石成金"的人却是他。如果我们承认乔布斯的创作力，那么创新就远不止是原创，而更多的是发现价值，点石成金。

1981年，穆勒住在纽波特比奇（Newport Beach，位于南加州）。乔布斯想说服穆勒搬到洛斯加托斯（Los Gatos，加州湾区）附近去住。穆勒跟着乔布斯去到他安在洛斯加托斯的家，一座很大的西班牙式建筑。院子里停着一辆黑色的宝马自行车（他极少碰那辆车，只是喜欢它的设计），偌大的房间里，只有餐桌和旁边的两把椅子，加上客厅里的一架白色的Bösendorfer[8]三角钢琴。房间里面空空荡荡，因为对产品品质格外偏执的乔布斯几乎看不上任何家具。而另一方面，他对真正堪称精品的产品则有着非同寻常的喜爱，比如穆勒提到的宝马自行车、Bösendorfer钢琴以及他自己经常挂在嘴边的保时捷汽车。后来，乔布斯先后搬到了伍德赛德的穆勒家附近，以及帕洛阿尔托（Palo Alto），同样是很少的家具，一架钢琴。这就是他生活的样子，简单，少量，专注。

穆勒说，乔布斯总是知道自己要什么，然后就专注去完成。从苹果一开始就是这样。1996年，乔布斯回到苹果，他走进会议室，看到白板上14条产品线，拿着笔画了好多个叉叉，转过身，只剩下四个。穆勒说，乔布斯的这些叉叉，从死亡线上救回了苹果。

如果用一个词概括作为IT行业领袖的乔布斯，那应该就是魔术师，他有化平凡（如果不是腐朽）为神奇的本领。但在这个本领的背后，是几十年的专注和努力，以及对品质的追求。

有人将他和爱迪生相提并论，这确实有些太夸张了，毕竟爱迪生开创了整个电的时代，影响至今。而随着乔布斯的离世，他的影响力已开始式微。我想，准确定位乔布斯最好的参照系应该是被称为索尼先生的盛田昭夫了。作为盛田昭夫曾经的崇拜者，乔布斯如果知道别人把他比作盛田昭夫（图4.7），应该很满意了。

随着经济和国力的发展，中国似乎已经不满足于借鉴一衣带水的邻邦日本，

---

8 奥地利高端钢琴，和德国的斯坦威（Steinway & Sons）钢琴齐名。

而是直接一切向大洋彼岸的美国看齐，在学习管理经验上更是如此。其实，从某种程度上讲，日本是更适合中国的老师。而在带领日本全面走向国际化的过程中，出了一批世界级、面向国际的经营管理和产品设计大师，索尼公司的共同创始人盛田昭夫是其中最杰出的一员。可以毫不夸张地讲，在全世界范围来看，盛田昭夫就是上个世纪70年代的乔布斯。或者说乔布斯是21世纪初期的盛田昭夫。遗憾的是，21世纪的中国对盛田昭夫的了解远不如对乔布斯的认识。

图 4.7　日本索尼公司的创始人盛田昭夫发布随身听

在苹果进入 i 十年以前，索尼公司在电子产品上的地位和今天的苹果相当，这在很大程度上是盛田昭夫的功劳。作为优秀的产品设计者，盛田昭夫直接领导了 Walkman 随声听的设计和开发，这款听音乐的产品当时在世界上的轰动效应完全抵得上后来的 iPod。而在此不久前，盛田昭夫利用他的谈判技巧，迫使飞利浦公司开放了卡式录音带的格式标准，并在与美国 RCA 的标准竞争中获胜，成为我们使用了 40 年的盒式磁带的世界标准。同时，盛田昭夫还引进了另一名音乐产业的奇才大贺典雄，后者设计了我们今天的音乐 CD 标准。就如同乔布斯开创了个人电脑工业一样，盛田昭夫开创了数字化的音乐市场[9]。作为领导者的盛田昭夫，他是少有的能够和西方人无隔阂沟通的东方人，兼具东方式的文雅谦和与西方式的坦诚直白，打动了许多西方的企业家和政治家。在盛田昭夫的努力下，索尼不仅成为日本第一个被全球认可，同时在美国上市的公司，而且把索尼从一个简单的日本制造的公司变成引领全球电子产品时尚的跨国公司。

9　与早期的音乐靠大碟唱片和录音磁带保存、传播不同，今天的音乐都是靠数码存储和传播。

乔布斯虽然为人傲慢，对盛田昭夫却恭敬有加，这可能是因为乔布斯受东方神秘主义影响较大，同时盛田昭夫也是业界了不起的人物，另外他们俩也有很多相似之处。上个世纪90年代，乔布斯亲自到索尼公司向盛田昭夫请教管理之道。当他看到索尼公司让员工穿制服上班，也在美国照猫画虎地学起来，但是并不受欢迎，毕竟美国人强调独特的性格，和将公司利益放在个人利益之上的日本人大不相同。乔布斯和盛田昭夫有很多相似之处。首先，两个人都有着通过产品改变人们生活的远大抱负。两个人又都有着无穷的好奇心和与凡人不同的新思维，导致两家公司不断推出出众而广为人知的新产品。两个人都将品牌视为生命，乔布斯对产品品质的执著和苛刻自不必说，而盛田昭夫一生为"让索尼享誉全球"而工作。有意思的是，两个人都在生前钦定了合适的接班人，乔布斯选择了供应链负责人蒂姆·库克（Tim Cook），而盛田昭夫选择的是上面提到的音乐产业奇才大贺典雄。大贺保证了索尼在盛田昭夫之后10年的兴旺，库克担任CEO一职已经8年了，在产品上基本上是在吃乔布斯留下的红利，没有推出像样的新产品。从2018年开始苹果的发展遇到了瓶颈，手机在美国以外的市场占有率下滑严重。华尔街已经开始讨论苹果换接班人的问题了。盛田昭夫和乔布斯另一个有趣的相似之处是都不看重学历。乔布斯自己辍学不必说了，盛田昭夫虽然是大阪大学的毕业生，但是在用人上一直强调注重个人能力而非学业背景。他还为此写了一本《学历无用论》的书，从上个世纪60年代起多次再版，成为畅销书。

另一方面，乔布斯和盛田昭夫的经历和为人又有很大的不同。盛田昭夫作为家族企业盛田酒业原本的继承人，虽然经历了二战后的贫困，但作为社会上层人士，给人留下的总是积极向上的活力和可亲品行。乔布斯是个被遗弃的孤儿，从小品行乖张，同时对别人缺乏信任。盛田昭夫和他的合作伙伴、索尼的另一位创始人井深大一辈子兄弟般的友谊一直被业界誉为美谈。而这方面乔布斯的表现就不必说了。作为一个日本人，盛田昭夫毕生不得不花费大量精力让西方世界接受索尼，而乔布斯则完全没有这种麻烦，但是他不得不花了一生中的很多时间跟自己公司的合作伙伴和董事会展开权力斗争。

乔布斯和盛田昭夫都给我们留下了丰富的遗产。但是缺了盛田昭夫（和大贺典雄）的索尼却没有了灵魂，而缺了乔布斯的苹果则走上了一条以追逐利润为主的道路。事实上，乔布斯去世后苹果真正自主发布的第一款产品新 iPad（即 iPad 3）的销路并不是很好，2012 年，苹果公司在美国以半价回购 iPad 2，希望对新版 iPad 销售有所提振。iPad 3 的优点不如大家想象的明显，但是使用起来明显烫手，这个产品缺陷，乔布斯还在世的话是一定不会允许出现的。从 2010 年开始，外界就在期待苹果公司能推出可穿戴式设备——智能手表，但是一年又一年过去了，竞争对手都先后推出了各种各样的智能手表，但是苹果却迟迟没能推出。直到 2015 年，苹果才推出市场反应并不算良好的 Apple Watch，但至今它都没有能够成为该公司主要的收入增长点。此后，苹果一直在靠每年翻新一次苹果手机挣老用户的钱，但是从 2016 年开始，它在高端手机领域受到了来自华为和三星的挑战。虽然苹果公司的市值在 2018 年一度突破了 1 万亿美元，让华尔街和全世界 IT 行业兴奋了一番，但是由于 iPhone 销量不佳，其市值很快下跌了 30%。

今天，苹果依然是全球市值最高的公司之一，但是它不断推出新产品的黄金期已经过去了。

结束语

40 多年来，苹果公司经历了从波峰到低谷再回到浪潮之巅的过程。2010 年，苹果公司的市值终于再次超过微软，成为全球最值钱的公司。苹果公司的兴衰与其创始人的沉浮完全重合。从苹果公司诞生到它开发出麦金托什，可以认为是它的第一个发展期，麦金托什的出现，使得它领先于微软而站在了浪尖上。中间的近 20 年，苹果公司到了几乎被人遗忘的地步。好在它艺术家般的创新灵魂未死，在它的创始人再次归来之后，得到再生和升华，并在乔布斯生命的最后达到了辉煌的顶点。乔布斯送给年轻人两句话：永远渴望，大智若愚（Stay Hungry, Stay Foolish.），愿与诸君共勉。

苹果公司大事记

1976	苹果计算机公司成立，推出 Apple I 个人电脑。
1977	推出第一款系列个人电脑 Apple II。
1984	推出采用图像视窗界面操作系统的麦金托什电脑。
1985	乔布斯和新 CEO 斯卡利开始权力斗争，前者失败离开苹果公司。
1994	苹果告微软的视窗操作系统抄袭麦金托什操作系统，官司最终和解。
1997	乔布斯以顾问的身份回到苹果公司，经过权力斗争，1997 年 9 月接管了多年亏损的公司；同年，与微软的官司以微软注资苹果而得到和解。
1998	iMac 诞生，苹果重新盈利。
2001	iPod 诞生，颠覆了音乐产业。
2007	iPhone 诞生，颠覆了整个手机行业。
2010	iPad 诞生，同年苹果公司的市值再次超过微软，成为全球最值钱的 IT 公司。
2011	苹果创始人乔布斯去世，此前，他将 CEO 一职交给了蒂姆·库克，同年苹果超过埃克森美孚石油公司，成为全球市值最高的公司。
2015	苹果公司推出智能手表 Apple Watch。
2018	苹果公司的市值一度突破 1 万亿美元，成为有史以来第一个达到这个市值规模的西方公司。

参考文献

1. 苹果公司历年财报参见：http://www.sec.gov。
2. 乔布斯在 2005 年斯坦福大学毕业典礼上的讲演：http://news.stanford.edu/news/2005/june15/jobs-061505.html。
3. John Sculley，John A. Byrne. 奥德赛：从百事可乐到苹果（*Odyssey: Pepsi to Apple: A Journey of Adventure, Ideas, and the Future*）. Harpercollins，1987.
4. 沃尔特·艾萨克森. 史蒂夫·乔布斯传. 管延圻，魏群，余倩，赵萌萌，汤崧. 中信出版社，2011.
5. Doug Menuez. Fearless Genius: The Digital Revolution in Silicon Valley 1985—2000. Altria Book，2014.

第 5 章　信息产业的生态链

整个信息技术（Information Technologies，IT）产业包括很多领域，很多环节，这些环节之间都是相互关联的。与任何事物一样，IT 产业也是不断变化和发展，并且有其自身发展规律的。这些规律被 IT 领域的人总结成了一些定律，称为 IT 定律（IT Laws）。我们结合一些具体的例子，分几章介绍这些定律。本章将介绍摩尔定律（Moore's Law）、安迪－比尔定律（Andy and Bill's Law）和反摩尔定律（Reverse Moore's Law）。这三个定律合在一起，描述了 IT 产业中最重要的组成部分——计算机行业的发展规律。

1　摩尔定律

科技行业流传着很多关于比尔·盖茨的都市传说，其中一个是他和通用汽车公司老板之间的对话。盖茨说，如果汽车工业能够像计算机领域一样发展，那么今天，买一辆汽车只需要 25 美元，一升汽油能跑 400 公里。这个故事至少说明计算机和整个 IT 行业的发展比传统工业要快得多。

最早看到这个现象的是英特尔公司的创始人戈登·摩尔（Gordon Moore）博士。早在 1965 年，他就提出，至多在 10 年内，集成电路的集成度会每两年翻一番。后来，大家把这个周期缩短到 18 个月。图 5.1 显示的是自英特尔公司推出第一款处理器 4004 以来，各款具有代表性的集成电路芯片内集成的晶体管的数量（集成度）。注意，代表集成度的纵坐标是对数坐标，因此虽然在图中这条随时间增长的曲线看似是线性的，其实它是指数的。现在，每 18 个月，计算机等 IT 产品的性能会翻一番；或者说相同性能的计算机等 IT 产品，每 18 个月价钱会降一半。乍一看，这个发展速度令人难以置信，但几十年来 IT 行业始终遵循着摩尔定律预测的速度发展。

1945 年，世界上第一台电子计算机 ENIAC 的速度是能在一秒钟内完成 5000 次定点的加减法运算。这个 30 米长、2 米多高的庞然大物，重 27 吨，耗电 15 万瓦。到 2007 年我第一次在 Google 黑板报上发表这篇博客时，当时采用英特尔酷睿芯片的个人电脑计算速度是每秒 500 亿次浮点运算，已经是 ENIAC 的 1000 万倍[1]，体积和耗电量却小了很多。那一年（2007 年），世界上最快的计算机——IBM 的蓝色基因（BlueGene/L），速度高达每秒 367 万亿次浮点运算，是 ENIAC 的 734 亿倍，正好是每 20 个月翻一番，和摩尔定律的预测大致相同。2010 年 11 月本书第一版开始编辑时，世界上最快的计算机是中国的天河 1A，计算速度高达 2570 万亿次，仅隔 3 年，就把 2007 年 IBM 蓝色基因的记录提高了 7 倍。2012 年 6 月，IBM 的红杉（Sequoia）成为最快的计算机，速度是 1.6 亿亿次，比 19 个月前竟提高了将近 6 倍[2]，而今天（截止到 2018 年 6 月）美国橡树岭国家实验室（ORNL）的新一代超级计算机"顶点"（Summit）每秒能进行多达 20 亿亿次（200PFLOPS) 的运算。当然计算机系统速度的提升背后的原因是每一个处理器性能的提升。图 5.1 显示出处理器性能在数量级上的提升速度。

计算机速度的提高如此快，存储容量的增长更快，大约每 15 个月就翻一番。1976 年，苹果计算机的软盘驱动器容量为 160KB，大约能存下 80 页的中文书。30 多年后，普通的个人电脑硬盘容量可以达到 500GB，是当时苹果机的 300 多万倍，可以存下北京大学图书馆藏书的全部文字资料。不仅如此，这十几年来，网络的传输速率也几乎是按摩尔定律的规律在增长。1994 年，

---

[1] 这里只是简单地比较运算次数，实际上浮点运算本身比加减法运算更复杂。
[2] http://online.wsj.com/article/SB10001424052702303379204577472773983130902.html.

我有幸成为中国第一批上网的用户,那时还是通过高能物理所到斯坦福大学线性加速实验室的一根专用线路和互联网相联,当时电话调制解调器的速度是 2.4kbit/s,如果下载 Google 拼音输入法,需要 8 小时。2007 年,商用的 ADSL 通过同样一根电话线可以达到 10Mbit/s 的传输率,是 13 年前的 4000 倍,几乎每年翻一番,下载 Google 拼音输入法只需要 10 秒左右,下载微软的 Office 软件也不过几分钟时间。2011 年,一些地区实现光纤入户,网络的传输率又可以提升一两个数量级。当今世界经济的前五大行业,即金融、IT(包括电信)、医疗和制药、能源及日用消费品,只有 IT 一个行业能够以持续翻番的速度进步。

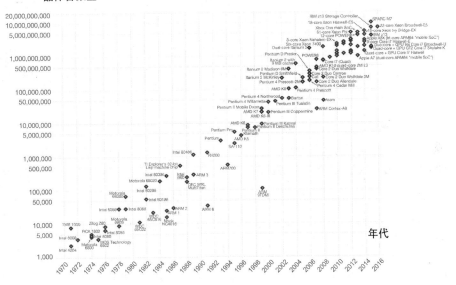

图 5.1　过去近半个世纪处理器中晶体管数量增长的趋势(纵坐标是指数增长,因此整个趋势虽然画出来是直线的,但是确实呈指数增长)

人们多次怀疑摩尔定律还能适用多少年,就连摩尔本人一开始也只认为 IT 领域可以按这么高的速度发展 10 年,至于以后会怎样,当时他也说不清。而事实上,从二战结束至今,IT 领域的技术进步一直是每一到两年翻一番,至今看不到停下来的迹象。至少,在我第一次刊登本章文字的 2007 年到今天，摩尔定律居然依然适用，不过从那时起它主要体现在手机的处理器上。从苹果第一代 iPhone 手机到 2017 年底上市的 iPhone X，性能基本上提升了 100 倍，赶上了摩尔定律的速度。在人类文明史上，还没有任何其他行业能够做到这一点。因此，IT 行业必然有它的特殊性。

和任何其他商品相比，制造 IT 产品所需的原材料非常少，成本几乎是零。以半导体行业为例，2007 年 1 月[3] 上市的英特尔的酷睿双核处理器集成了 2.9 亿个晶体管，而 1978 年推出的英特尔 8086 处理器仅有 30000 个晶体管。虽然二者的集成度相差近 10000 倍，但是所消耗的原材料差不太多。IT 行业硬件的成本主要是制造设备的成本和研发成本。据半导体设备制造商应用材料公司（Applied Materials）介绍，在 2008 年前后建一套能生产 45 纳米工艺酷睿四核芯片的生产线，总投资在 30 亿—40 亿美元，而一条 14 纳米半导体生产线价格可以超过百亿美元，这决不是一笔小钱。在研发上，从 2006 年到 2010 年这 5 年里，英特尔公司的研发费用为每年六七十亿美元。当然，英特尔在研制酷睿的同时还研发了很多不成功的芯片，直接投到酷睿上的资金并没有那么多，但是英特尔平均一年也未必能研制出一个酷睿这样的产品，如果把英特尔的研发成本摊到所有成功的芯片上，像酷睿这么重量级的芯片研发费用和英特尔一年的研发总预算是在同一个数量级的。假如我们将这两项成本平摊到前一亿片酷睿处理器中，平均每片要摊上近 100 美元。因此，英特尔公司的最新处理器上市之初，价格总是很贵；但是，在收回生产线和研发两项主要成本后，酷睿处理器的制造成本就变得非常低，英特尔就有了大幅度降价的空间。在从 2007 年到 2011 年的 5 年里英特尔 PC 处理器销量在两亿片左右，因此，一款新的处理器收回成本的时间不会超过一年半。通常，用户可以看到，一般新的处理器发布一年半以后，价格会开始大幅下调。当然，英特尔的新品此时也已经在研发中，这样才能保证它可以持续地挣钱。

---

3 双核处理器是我 2007 年在 Google 中国黑板报上写这篇博客时最通用的服务器芯片，现在将近 10 年过去了，服务器最常用的芯片已经增加到 8 核，主频从早期双核的 1G 左右到 2012 年初的 2.4G，正好是每 18 个月翻一番。

摩尔定律主导着 IT 行业的发展。**首先，为了不断提升芯片性能，IT 公司必须在比较短的时间内完成下一代产品的开发**。这就要求 IT 公司在研发上必须投入大量的资金，这使得每个产品的市场都不会有太多的竞争者。在美国，主要 IT 市场大都只有一大一小两个主要竞争者。比如，在计算机处理器芯片方面，只有英特尔和 AMD 两家；在高性能图形处理器（GPU）方面，只有英伟达一家；在手机处理器方面，只有高通（Qualcomm）、三星、苹果和华为旗下的海思这几家（后两家只自用，不外卖），而它们使用的都还是 ARM 公司设计好的系统结构。

其次，由于有了强有力的硬件支持，以前想都不敢想的应用会不断涌现。比如，20 多年前，将高清晰度电影（1920×1080 分辨率）数字化的计算量连 IBM 的大型机也无法胜任；现在，一台笔记本大小的索尼游戏机就可以做到，而新的一代电视机则能播放 4K（即 4000 线的分辨率）的视频节目了。这就为一些新兴公司的诞生创造了条件。比如，在 2000 年以前，不会有人想办一家 YouTube 这样的公司，因为那时候网络的速度无法满足在网上看录像的要求，而现在 YouTube 已经融入了许多人的生活。

第三，摩尔定律使得各个公司现在的研发必须针对多年后的市场。在 Google 内部，每一次基础架构（Infrastructure）的升级，都要按照目前计算能力和存储量的 10 倍来设计，因为达到那个水平，不过是三四年的时间，这在传统行业是无法想象的。

2008 年我曾经讲过，10 年之后家庭上网的速度可能会提高 100 倍，当时有人会觉得我是疯了。事实上，今天这个目标已经达到了。至于这么高的网速用来做什么，当时大家能够想到的是每个家庭可以同时点播三部环绕立体声的高清电影，在三台电视机上收看，并可以随时快进和跳转。这件事当时思科和微软公司正在实施（它们的 IP-TV 计划），但是最后实现这一目标的是奈飞（Netflix）公司。除了下载视频，随着家庭监控系统的普及，还有大量的监控视频需要上传。今天在美国市场上出售的家用联网监控设备标配是

3—8 个高清摄像头，对上行网速的要求也比过去高了很多。

从 1965 年到 2019 年，摩尔定律历经了半个多世纪的时光。在未来的 20 年里，工程师们考虑的将是在单位能耗的基础上争取让处理器的性能和容量翻番，而不是简单地追求每一颗芯片本身性能的翻番。英伟达和 Google 的人工智能芯片就是很好的例子，它们在机器学习等领域可以将单位能耗的计算能力提高近千倍。与 50 年前不同的是，今天各种处理器无所不在，它们消耗了大量的能源，而在 50 年前，半导体芯片耗能总量在全球能源消耗中的占比非常低。因此，在未来我们依然能看到摩尔定律给我们带来的惊喜。

当然，任何事情都有两面。摩尔定律的存在，让现有的 IT 公司必须有办法消除摩尔定律带来的不利因素，即每 18 个月价格降一半。这一点，我们在接下来的两节中再讨论。

2　安迪 – 比尔定律

摩尔定律给所有的计算机消费者带来一个希望，即如果我今天嫌计算机太贵买不起，那么我等 18 个月就可以用一半的价钱来买。要真是这么简单的话，计算机的销售量就上不去了。想要买计算机的人会多等几个月，已经有计算机的人也没有动力更新计算机。其他的 IT 产品也将是如此。IT 行业也就成了传统行业，没有什么发展了。

而事实上，在 2011 年之前的 20 年里，世界上的个人电脑销量在持续增长。2012 年之后，虽然平板电脑等移动智能设备的迅速普及使得个人电脑的销量开始下降，但是据英特尔的财报显示，使用英特尔 x86 处理器的服务器销量依然保持稳定增长，而微软也在扩大它在企业级软件市场的占有率。那么，是什么动力促使人们不断地主动更新自己的硬件呢？IT 界把它总结成安迪 – 比尔定律，它的原话是"比尔要拿走安迪所给的（What Andy gives, Bill takes away.）。"

图 5.2　安迪·格鲁夫和比尔·盖茨

这里面的安迪是英特尔公司已故的带有传奇色彩的 CEO 安迪·格鲁夫（Andy Grove），而比尔就是大家熟知的微软公司创始人比尔·盖茨（图 5.2）。在过去的 40 多年里，英特尔处理器的处理速度每 18 个月翻一番，计算机内存和硬盘的容量则以更快的速度增长。但是，微软的操作系统和应用软件却越来越慢，也越做越大。所以，现在的计算机虽然比 10 年前快了 100 倍，软件的运行速度感觉上还是和以前差不多。而且，过去整个视窗操作系统的大小不过十几兆字节，现在则要几千兆字节，应用软件也是如此。虽然新的软件功能比以前的版本强了一些，但是，增加的功能绝对不是与其大小成比例的。

今天大家可能用电脑比过去少了，使用手机的时候比较多。其实作为一种特殊的电脑，智能手机这个产业的发展也符合安迪－比尔定律。2017 年 iPhone X（即第十版的 iPhone）比 2007 年最早的 iPhone 速度提升了 100 倍左右，容量也按照同样的比例增加。但是你绝不会感觉 iPhone X 比第一版的 iPhone 更快，甚至 10 年前手机里装多少应用程序，现在也不过装这么多。更糟糕的是，大家发现，如果不更新计算机或智能手机的硬件，现在很多新的软件就用不了，连上网也会成问题。如果你有幸保留了十多年前的 iPhone，你会发现它根本运行不了今天的微信。很多使用老手机的人都有这样一个经验，千万不能更新系统，否则那个手机就慢的得扔掉了。和计算机产品所不同的是，10 年前买的汽车却照样可以跑。

这种现象，乍一看像是微软等软件公司在和大家作对。实际上，盖茨本人和其他厂商也不想把操作系统和应用程序搞得这么大。据李开复介绍，从本意上盖茨等人也希望把软件做快做小。盖茨自己就多次说，他过去搞的 BASIC 只有几十 KB，你们（微软工程师们）搞一个 .NET 就要几百兆，一定可以优化。当然，我们知道微软现在的 .NET 比 20 年多前的 BASIC 功能要强得多，但是否强了一万倍，恐怕没有人会这么认为。这说明，现在的软件开发人员不再像二三十年前那样精打细算了。我们知道，当年的 BASIC 解释器是用汇编语言写成的，精炼得不能再精炼了，否则在早期的 IBM PC 上根本运行不了。但是，要求软件工程师使用汇编语言编程，工作效率是极低的，而且写出来的程序可读性很差，不符合软件工程的要求，也无法完成越来越复杂的功能。今天，有了足够的硬件资源，软件工程师做事情更讲究开发效率、程序的规范化和可读性，等等。另外，由于人工成本的提高，为了节省软件工程师编写和调试程序的时间，编程语言越来越好用，同时执行效率却越来越低。比如，今天的那些脚本语言比十年前用的 Java 效率低得多，Java 则比 C++ 效率低得多，C++ 又比 30 多年前的 C 效率低。因此，即使是同样功能的软件，今天的比昨天的占用硬件资源多就在所难免。

虽然用户很是反感新的软件把硬件提升所带来的好处几乎全部用光了，但是在 IT 领域，各个硬件厂商恰恰是靠软件开发商用光自己提供的硬件资源得以生存的。举个例子，2005 年上半年，因为微软新的操作系统 Vista 迟迟不能面市，从英特尔到惠普、联想、戴尔等整机厂商，再到美满电子（Marvell）和希捷（Seagate）等外设厂商，全部销售都受到很大的影响，因为用户没有更新计算机的需求。这些公司的股票不同程度地下跌了 20% 到 40%。到了 2005 年底，微软千呼万唤始出来的 Windows Vista 终于上市了，当然微软自己的业绩和股票马上得到提升，萧条了一年多的英特尔也在 2006 年年初扭转了颓势，惠普、联想和戴尔也同时得到增长。2006 年，这

3 家公司的股票都有大幅度上涨。接下来，不出大家意外，又轮到硬盘、内存和其他计算机芯片的厂商开始复苏了。Vista 相比之前的 Windows XP，也许是多提供了 20% 的功能，但它的内存使用几乎要翻两番，CPU 使用要翻一番，这样，除非是新机器，否则无法运行 Vista。由于 Vista 实在太慢，加上没有给用户带来实际的好处，很多用户选择了使用原来的 Windows XP。但是很快地，微软和其他软件开发商逐渐减少对 XP 系统的支持，这样就逼着用户更新机器。2009 年，微软又发布了 Windows 7。而在中国以外的国家，Windows XP 几乎见不到了，2009 年底，全世界又开始了新的一轮更新 PC 的周期。这一年，又是微软、惠普、几家外设公司，以及美满电子（Marvell）、博通（Broadcom）等外设芯片厂商业绩靓丽的一年。

综上可以看出，个人电脑工业的整个生态链是这样的：以微软为首的软件开发商吃掉硬件提升带来的全部好处，迫使用户更新机器，让惠普和戴尔等公司受益，而这些 PC 厂商再向英特尔等半导体公司订购新的芯片，同时向希捷等外设厂商购买新的外设。在这中间，各家的利润先后得到相应的提升，股价也随着增长。各个硬件半导体和外设公司再将利润投入研发，按照摩尔定律预定的速度，提升硬件性能，为微软下一步更新软件、吃掉硬件性能做准备。华尔街的投资者都知道，如果微软的开发速度比预期的慢，软件的业绩不好，那么就一定不能买英特尔等公司的股票了。

对用户来讲，今天买一台能用的计算机和 10 年前买一台当时能用的计算机，花出去的钱是差不多的，而智能手机甚至更贵一些。当然，微软和其他软件开发商在吃掉大部分硬件提升好处的同时，或多或少地会给用户带来一些新东西。因此，人们把 PC 时代的产业格局描述成 WinTel，即 Windows 加上 Intel。

中国的 IT 产业在个人电脑时代一直受制于微软和英特尔这两家公司。2010 年，当全世界都看懂了云计算将颠覆电脑行业，使得人们会减少对微软操作系统的依赖时，中国从政府到大企业就在考虑摆脱了安迪－比尔定律之后的

IT 产业新格局。不少人认为中国或许能有一个机会占据世界 IT 行业的主导地位。然而，在 2008 年开始的另一个趋势，让整个 IT 行业依然维持了和过去类似的格局。

2007 年，Google 成立了安卓（Android）联盟，它包括世界上一大半处理器芯片制造商、手机厂商和移动运营商，其核心是围绕开源的安卓手机操作系统，打造一个开放而兼容的移动通信产业。2008 年，和 Google 深度合作的几家手机厂商开始推出采用 Google 安卓操作系统的手机。虽然一开始，安卓手机的销量少于提前一年面世的苹果手机，同时它们还面临着来自微软、诺基亚和黑莓的竞争，但是很快一个类似于当年 WinTel 的格局就形成了。只不过起到当年微软 Windows 作用的是 Google 的安卓，而高通、博通和美满电子这一大两小的基于 ARM 的手机芯片公司起到了当年英特尔和 AMD 的作用。这个格局可以描述成 Android-ARM，甚至可以简单地把它看成是 2.0 版的安迪－比尔定律。虽然随后三星和海思（华为的半导体子公司）取代了博通和美满电子，小米、华为和 OPPO／vivo 在手机市场分到了一杯羹，但是这并没有改变 Android-ARM 主导操作系统和芯片的格局。更关键的是，对用户和产业来讲，安迪－比尔定律所描绘的那种通过增加软件功能吃掉硬件性能提升的规律依然适用。

2008 年底上市的 HTC 第一代 Android 手机 G1，处理器为双核，主频只有 528MHz，2010 年初 HTC 为 Google 制造的 Nexus One 超薄手机主频达到了 1GHz，即 1000MHz，不到 18 个月速度基本上翻了一番，但是同时，G1 已经慢得很不好用了。到 2018 年底，华为的麒麟 980 处理器（也是基于 ARM 系统结构）把主频提高到了 3GHz，内核增加到 16 个，浮点运算能力特别是图像处理能力比早期的 ARM 手机处理器有了成百上千倍的提升。该处理器一秒钟可以处理千张的大幅图片，而十年前的 ARM 处理器一秒钟连一张也处理不了。那么这么强大的计算能力用到了哪里呢？主要就是增强了摄影功能。华为通过和著名的相机厂商徕卡合作，开发了摄影效果可以媲美微单相机的高端手机。那些高端手机拍摄的每一张照片其实是很多张照片经过软件算法"合成处理"出来的。这个软件的功能便"吃掉"了硬件性能的提升，也迫使喜欢华为高端手机的用户从原本性能已经很高的 P9 升级到 P20，或者从 Mate 10，升级到 Mate 20。

在安迪－比尔定律中，"安迪"像是个天使，他总在不断给用户更多的东西，而"比尔"则像是个魔鬼，总和大家做对。但是，如果比尔这个魔鬼消失了，安迪就不复存在了。从 2011 年开始，由于个人电脑产业受到移动智能设备的冲击而不再景气，软件厂商在 PC 上更新旧软件和开发新软件的动力就不足。在人们通常的想象中，如果软件不再占用更多的资源，硬件还在进步，我们应该感到计算机越来越快，越来越好用才对，但这件事情并没有发生。对比今天（2019 年）和 2011 年所销售的电脑中处理器的指标，就会发现其性能只提高了四倍左右，大约四年才翻了一番，远远没有达到摩尔定律规定的速度。因此，很多人以为摩尔定律不再适用了。

其实这并非是摩尔定律不再适用，也不是英特尔做不到，因为它在服务器处理器上的进步速度基本上符合摩尔定律的要求，更何况 ARM 的手机处理器和英伟达的 GPU 也达到了摩尔定律的要求。个人电脑进步慢，是因为它性能的提升压力减小了。在 Windows 7 之后，微软在 PC 上也没有做出什么新产品，用了几十年的 Office 功能和过去还是差不多。这样一来，英特尔就不再重视个人电脑处理器性能的提升了，它在这方面主要是做改进工作，然后将科研的重点转到了服务器的处理器以及其他产品上了。因此，没有了看似魔鬼的"比尔"，"安迪"这个天使也就不复存在了。有趣的是，在手机领域，魔鬼比尔还存在，天使安迪不得不努力工作，于是十多年下来此消彼长，今天手机的很多功能，特别是图像处理功能，已经超过了 PC。

安迪－比尔定律把原本属于耐用消费品的电脑、手机等商品变成了消耗性商品，刺激着整个 IT 行业的发展。因此，今天智能手机的产业格局依然符合升级到了 ARM + Android 的安迪－比尔定律。整个产业的结构和过去 PC 产业形式相似，只是硬件和软件两头分别都换了公司而已。

3 反摩尔定律

Google 前 CEO 埃里克·施密特（Eric Schmidt）在一次采访中指出，如果你反过来看摩尔定律，一个 IT 公司如果今天和 18 个月前卖掉同样多的、同样的产品，它的营业额就要降一半。IT 界把它称为反摩尔定律。对于 IT 公司而言，反摩尔定律是非常可怕的，因为一个 IT 公司付出同样的劳动，却只得到以前一半的收入。反摩尔定律逼着所有的硬件设备公司都必须赶上摩尔定律规定的更新速度。事实上，所有的硬件和设备生产商活得都非常辛苦。下面列举了各个领域最大的公司在 2014 年年底的股价占其 2000 年之前股价最高值的比例：

IBM：125%　　　　　　惠普：66%　　　　　　英特尔：32%

AMD：5%　　　　　　 思科：34%　　　　　　美满电子：42%

太阳[4]：10%　　　　　 戴尔[5]：15%　　　　　摩托罗拉[6]：33%

我之所以在这个版本中保留这些历史数据，是因为它们非常好地验证了我的观点。下面是 2007 年我发表在 Google 黑板报上的原文——

> 这里面，除了 IBM 不单纯是硬件厂商，而有很强的服务和软件收入得以将股票维持在较高的水平外，其余的公司和它们的最好水平相去甚远。而今天，美国股市几乎是在历史最高点。这说明以硬件为主的公司因为反摩尔定律的影响生计之艰难。如果有兴趣读一读这些公司的财报，你就会发现，这些公司的发展波动性很大，一旦不能做到摩尔定律规定的发展速度，它们的盈利情况就会一落千丈。有的公司甚至会有灭顶之灾，比如 10 年前很红火的 SGI 公司。即使今天它们发展得不错，却不能保证 10 年以后仍然能拥有翻番的进步，因此，投资大师巴菲特从来不投这些 IT 公司。

4　以 2009 年甲骨文收购太阳公司的价格为准。

5　以戴尔 2013 年私有化之前的股价为准。

6　摩托罗拉移动于 2012 年被 Google 收购。

从 2007 年到现在，又过去了十多年，上述公司如何了？

IBM 由于集中在服务业，利润比当年做硬件时有了大幅提升，股价在 2017 年达到峰值，可以说它的业务已经不受反摩尔定律的影响了。

惠普在前 CEO 马克·赫德（Mark Hurd）的领导下，业绩一度有大幅提升，同时向服务业转型，营业额一度超过了 IBM，同时股价也在赫德 2010 年离职前达到了历史的最高点。但是，此后惠普的发展就一年不如一年，最后在 2015 年年底它被拆分成了惠普和惠普企业两家公司。

美满电子成功搭上了 3G 芯片的快车，成为半导体公司的新贵，在智能手机开始腾飞的前几年，它在硬件公司里的表现算是很不错的，但是股价离 2000 年的高点相去甚远。随后它就陷入了反摩尔定律的陷阱，业绩不断下滑，最后导致整个创始团队离开了公司。

其余公司受反摩尔定律的影响，基本上可以用"好一天没一天"来形容，其中太阳公司已经因为无法跟上整个行业的速度，而被 IT 生态链上游的软件公司甲骨文并购了。AMD 要不是因为政府对英特尔的反垄断限制，恐怕也已经不存在了。戴尔因为利润和市场份额不断下滑，在 2013 年被私有化。一度被看成是科技产业贵族的摩托罗拉移动，先是被 Google 收购，被 Google 拿走了核心专利后，再次被出售给联想。

事实上，反摩尔定律积极的一面更为重要，它促成了科技领域质的进步，并为新兴公司提供生存和发展的可能。和所有事物的发展一样，IT 领域的技术进步也有量变和质变两种。比如说，同一种处理器在系统结构上没有太大变化，而只是主频提高了，这种进步就是量变的进步。当处理器由 16 位上升到 32 位，再到 64 位时，就有了小的质变。如果哪一天能用到纳米技术或生物技术，那么就做到了质的飞跃，半导体的集成度会有上百倍的提高。为了赶上摩尔定律预测的发展速度，光靠量变是不够的。每一种技术，过不了多少年，量变的潜力就会被挖掘光，这时就必须要有革命性的创造发明诞生。

在科技进步量变的过程中，新的小公司是无法和老的大公司竞争的，因为后者在老的技术方面拥有无与伦比的优势。比如，木工厂出身的诺基亚在老式模拟手机上是无法和传统的通信设备老大摩托罗拉竞争的。但是，在抓住质变的机遇上，有些小公司会做得比大公司更好而后来居上，因为它们没有包袱，也比大公司灵活。2015 年后，当 3G 手机逐步取代 2G 手机时，PC 时代不起眼的三星公司一跃成为全球最大的智能手机厂商，而过去没有做过手机的华为，以前默默无闻的小米和 OPPO／vivo 也及时踏上安卓的快船。苹果和众多安卓手机厂商把诺基亚这个 2G 时代的龙头老大逼上了当年摩托罗拉的老路。这也是硅谷等新兴地区出现了众多新技术公司的原因。

1994 年，我作为中国第一批互联网网民上网时使用的是一个 2.4kbit/s 的调制解调器。两年后，我的一个同学，中国最早的互联网公司东方网景的创始人龚海峰送了我一个当时最新的 14.4kbit/s 的调制解调器，我马上感觉速度快多了。由于数字电话传输率本身限制在 64kbit/s，因此调制解调器的传输率最大到 56kbit/s 就到顶了，所以到了 1995 年，我的几个同事就断言用电话线上网速度超不过这个极限。如果停留在用传统的方法对调制解调器进行提速，确实要不了几年摩尔定律就不适用了。但是，到了上个世纪 90 年代后期，出现了 DSL 技术，可以将电话线上的数据传输速度提高近 200 倍，虽然早期大众对此并不知晓。DSL 技术虽然最早由贝尔实验室发明，但真正把它变为实用技术的是斯坦福大学的约翰·查菲教授。查菲教授三十几岁就成为 IEEE 的资深会员（Fellow），刚 40 岁就成为美国工程院院士。1991 年，他带着自己的几个学生，办起了一家做 DSL 的小公司 Amati。1997 年，他以 4 亿美元的高价把 Amati 公司卖给了德州仪器。这是硅谷新技术公司典型的成功案例。在调制解调器发展的量变阶段，不会出现 Amati 这样的小公司，即使出现了，也无法和德州仪器竞争。但是，一旦调制解调器速度接近原有的极限，能够突破这个极限的新兴公司就有机会登上历史的舞台。当上个世纪末美国克林顿总统第一次提出光纤入户时，大家觉得还是遥远的憧憬，到 2010 年 Google 再次提出这个概念时，许多地方都已实现光纤入户。

反摩尔定律使得 IT 行业不可能像石油工业或飞机制造业那样只追求量变，而必须不断寻找革命性的创造发明。因为任何一家公司，一旦技术发展赶不上摩尔定律的要求，用不了几年就会被淘汰。因此，大公司除了要保持很高的研发投入，还要时刻注意周边相关新技术的发展，经常收购有革命性新技术的小公司。它们甚至会出钱投资一些有前景的小公司。在这方面，最典型的代表是思科公司，它在过去的 30 年里，投资并收购了很多自己投资的小公司。今天，成立投资基金，在早期投资新技术，已经成为了 IT 公司保持自己竞争力的通行做法。

反摩尔定律同时使得新兴的小公司有可能在发展新技术方面和大公司处在同一起跑线上。如果小公司办得成功，可以像 Amati 那样被大公司并购（这对创始人、投资者及所有员工都是件好事）。甚至它们也有可能取代原有大公司在各自领域中的地位。例如，在通信芯片设计上，博通[7]、美满电子和华为的海思在很大程度上已经取代了原来朗讯的半导体部门，甚至是英特尔公司在相应领域的业务。

当然，办公司是需要钱的，而且谁也不能保证对一家新兴公司的投资一定能够得到收益。有些愿意冒风险而追求高回报的投资家将钱凑在一起，交给既懂理财又懂技术的专业人士打理，投给有希望的公司和个人，这就渐渐形成了美国的风险投资机制。办好一家高科技公司还需要有志同道合又愿意承担风险的专业人才，他们对部分拥有一家公司比拿较高的工资更感兴趣，因此就有了高科技公司员工的期权制度。

IT 行业发展至今，自有其生存发展之道。它没有因为硬件价格的不断下降而萎缩，而是越来越兴旺。在 2000 年前后，全球半导体市场的规模与胶带

---

7 博通于 2015 年被安华高科技（Avago）收购。

（Tapes）市场的规模相当，但是到了 2011 年，半导体市场的规模已经比 10 年前扩大了 5 倍左右，今天（2018 年）这个市场的规模又翻了一番，远远高于全球经济的增长。

结束语

总体来说，IT 行业是一个高速发展的行业；身处其中，犹如逆水行舟，不进则退。由于安迪－比尔定律的作用，在 IT 工业的产业链中，处于上游的是"看不见摸不着"的软件和 IT 服务业，而下游才是"看得见摸得着"的硬件和半导体。因此，从事 IT 业，要想获得高额利润，就得从上游入手。从微软，到 Google，再到 Facebook，无不如此。唯一的例外是苹果公司，它是通过硬件实现软件的价值，因为在过去 10 多年里它的产品已经成为了一种时尚和潮流。

参考文献

1. 全球超级计算机 TOP500 榜单，参见：www.top500.org。
2. 英特尔产品线参见：http://www.intel.cn/content/www/cn/zh/homepage.html（将鼠标挪到菜单处）。
3. 约翰·查菲生平，参见：www.tracked.com/person/john-cioffi。

第 6 章 奔腾的芯

英特尔公司

全世界一大半的计算机都在使用英特尔的中央处理器（CPU），它对我们日常生活的影响是很少有公司可比的。我们在上一章介绍了摩尔定律和安迪－比尔定律，其中摩尔是英特尔公司的创始人，而安迪·格鲁夫是第三个加入英特尔的人，并且后来成为其 CEO，将英特尔公司真正发展成世界上最大的半导体公司。2017 年，英特尔的员工人数超过 10 万人，年产值高达 630 亿美元，公司市值高达 2150 亿美元。50 多年来，英特尔公司成功的关键首先是赶上了个人电脑革命的浪潮，尤其是有微软这个强势的伙伴，IT 业者甚至将整个 PC 时代称为 WinTel 时代，即微软的 Windows 操作系统加上 Intel 的处理器；其次，英特尔公司 50 多年来严格按照其创始人预言的惊人速度在为全世界 PC 提高着处理器的性能，用英特尔的宣传语来说，它给了每台 PC 一颗奔腾的芯。

1　时势造英雄

1968 年，戈登·摩尔和罗伯特·诺伊斯（Robert Noyce）在硅谷创办了英特尔公司。不过，与 IBM、DEC 和惠普等公司相比，英特尔在很长时间内只能算是个婴儿。说它是婴儿有两方面含义，第一，它是一家小公司，人数少，生意小；第二，产品低端。在上个世纪 80 年代以前，几乎所有的计算机公司如 IBM、DEC 都是自己设计中央处理器，这些计算机公司代表了处理器设计和制造的最高水平，而英特尔生产的是低性能的微处理器，用来补充大的计算机公司看不上的低端市场。单从性能上讲，英特尔上个世纪80年代的处理器还比不上 IBM 上个世纪70年代的产品，但是，它的处理器大家用得起，不是阳春白雪的产品。即使在上个世纪70年代末，英特尔公司生产出了著名的16位8086处理器，大家仍然将它看成小弟弟。在很长时间里，英特尔的处理器被认为是低性能、低价格的产品。虽然英特尔的芯片性价比很高，但并不是尖端产品。

虽然8086是我们今天所有 IBM PC 处理器的祖宗，但是，当时连英特尔自己也没有预想到它的重要性，用格鲁夫的话讲，就连他也没有想到计算机能进入家庭。当时英特尔公司对8086并没有明确的市场定位，只是想尽可能多地促销。IBM 只不过是英特尔当时众多大大小小的客户之一。1981年，IBM 为了短平快地搞出 PC，也懒得自己设计处理器，拿来英特尔的8086就直接用上了。结果，英特尔一举成名。1982年，英特尔搞出了和8086完全兼容的第二代 PC 处理器80286，用在了 IBM PC/AT 上。由于 IBM 无法阻止别人制造兼容机，随着1985年康柏造出了世界上第一台 IBM PC 兼容机，兼容机厂商就像雨后春笋般在世界各地冒了出来。这些兼容机硬件不尽相同，但是为了兼容 IBM PC，都选用了英特尔公司的处理器。图6.1展示了整个个人电脑工业的生态链。

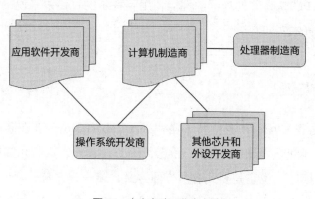

图6.1　个人电脑工业生态链

可以看出，在这个生态链中，只有作为操作系统开发商的微软和作为处理器制造商的英特尔处于不可替代的地位。因此，英特尔的崛起就成为历史的必然，正所谓时势造英雄。

当然，虽然信息革命的浪潮将英特尔推上了前沿，英特尔还必须有能力来领导计算机处理器的技术革命。英特尔的CEO安迪·格鲁夫在机会和挑战面前，最终证明了英特尔是王者。英特尔起步的上个世纪80年代，恰恰是日本经济达到巅峰的黄金10年，当时日本股市的总市值占了全世界的一半，日本东京附近的房地产总值相当于半个美国的房市总值。世界上最大的三家半导体公司都在日本，一台PC里日本芯片一度占到数量的60%（不是价钱的60%）。以至于日本有些政治家盲目自大，认为日本到了全面挑战美国的时候，全世界都在怀疑美国在半导体技术上是否会落后于日本。但是，冷静地分析一下全世界的半导体市场就会发现，日本的半导体工业集中在技术含量低的芯片上，如存储器（即内存）等芯片，而全世界高端的芯片工业，如计算机处理器和通信的数字信号处理器的设计都在美国。20世纪80年代，英特尔果断停掉传统的内存业务，将这个市场拱手让给了日本人，从此专心做处理器。当时日本半导体公司在全世界挣了很多钱，日本朝野一片欢呼，认为他们打败了美国人。其实，这不过是英特尔等美国公司弃子求势的一招棋。1985年，英特尔公司继摩托罗拉之后，第二个研制出32位微处理器80386，开始扩大它在整个半导体工业的市场份额。这款芯片的研制费用超过3亿美元，虽然远远低于现在英特尔新款处理器芯片的研制成本，但在当时确实是一场豪赌，这笔研制费用超过中国当时在五年计划中对半导体科研全部投入的好几倍。英特尔靠80386完成了对IBM PC兼容机市场一统江湖的伟业。

到了1989年，英特尔推出了从80386到奔腾处理器的过渡产品80486，简单来说，这款CPU就是80386加一个浮点处理器80387及缓存[1]。依靠80486的销售，英特尔一举超过所有的日本半导体公司，坐上了半导体行业的头把

---

1 另外，还采用了紧耦合的流水线，MMU性能也有改进。

交椅。顺便说句题外话，2015年日本的股市总市值只有1989年高点的40%[2]多，可是美国股市总市值2015年却比1989年涨了5倍。1993年，英特尔公司推出奔腾处理器，从此之后，英特尔不再以数字命名自家的处理器了[3]，但是在工业界和学术界，大家仍然习惯性地把英特尔的处理器称为x86系列。

奔腾处理器的诞生，使英特尔甩掉了只会做低性能处理器的帽子。由于奔腾处理器的速度已经达到工作站处理器的水平，因此从那时起，高端的个人电脑开始取代低性能的图形工作站。到今天，即使是最早生产工作站的太阳公司（已被甲骨文公司收购）和世界上最大的计算机公司IBM，以及以前从不使用英特尔处理器的苹果公司，都开始在产品中使用英特尔的或与之兼容的处理器了。现在，英特尔已经垄断了个人电脑和服务器处理器市场。

2 英特尔与摩托罗拉之战

资金密集型的日本半导体公司终究敌不过技术密集型的英特尔公司。在个人电脑时代，英特尔公司遇到的唯一重量级对手只有上个世纪80年代的摩托罗拉。正如罗马帝国的崛起是通过在部落战争中打败原有的霸主迦太基而完成的，英特尔的崛起是靠击败老牌半导体公司摩托罗拉而实现的。摩托罗拉成立于1928年，早在二战期间，它就是美军无线通信的供应商。从上个世纪60年代起，它在通信和集成电路方面领先于世界。摩托罗拉比英特尔早两年推出在浮点数运算性能上比8086高5倍的32位微处理器68000。68000这个名字源自芯片集成的68000个晶体管（实际有70000多个）。而8086只有不到30 000个晶体管。当时，不少工作站包括惠普、太阳和已经不存在的阿波罗等都采用摩托罗拉的处理器。在英特尔推出80286的同一年（1982年），摩托罗拉推出了在性能上明显优于80286的68010，继续作为当时主要工作站的处理器。据说英特尔为了和摩托罗拉竞争，在型号上耍了个小花

2　1989年12月29日，日经指数创造了历史的高点38916点。其后的20多年里，日本很少有新公司上市，2015年9月，日经指数只有17000点左右。

3　因为法律上的原因，单纯的数字很难注册为商标。

招,英特尔公司第二代处理器本来应该是 80186,但是这个产品主要用于对输入输出要求较高的工业控制,并未成为通用处理器,于是 x86 系列通用处理器的编号一下子跳到 80286,不懂技术的人还以为英特尔的处理器比摩托罗拉高一代。在 32 位微处理器的较量中,摩托罗拉在技术和推出的时间上完全占了上风,它接下来的 68020 在多进程处理上明显好于英特尔的 80386(图 6.2),除了用在主要工作站上,68020 还被苹果选为麦金托什的处理器。

图 6.2　英特尔 80386 和摩托罗拉 68020

这时,英特尔公司从外部得到了强援。由于 IBM PC 兼容机的逐步普及,技术上相对落后的英特尔反而占了更多的市场份额。虽然摩托罗拉后来又推出了对应于英特尔 80486 的 68030,但是,这时众多工作站厂商都开始开发自己的精简指令(RISC)处理器,摩托罗拉只剩下苹果一家用户,便很难和英特尔竞争了。几年后,摩托罗拉干脆自己也加入 RISC 的行列,做起 PowerPC。2005 年,随着苹果也开始使用英特尔的处理器,摩托罗拉彻底退出了个人电脑处理器市场。

摩托罗拉并没有败在技术和资金上,20 世纪 80 年代以前,摩托罗拉在资金、技术等各方面都明显强于英特尔。在很长时间里,摩托罗拉处理器的性能要优于英特尔的同类产品。摩托罗拉之败,首先是微软的因素,即英特尔有了微软这个没有签约的同盟军。此外,摩托罗拉自身在商业、管理和市场诸方面也有很多失误。假如经营得当,摩托罗拉今天应该能通过 RISC 处理器守住工作站和苹果的市场。

要分析摩托罗拉之败，我们不妨来比较一下英特尔和摩托罗拉这两家公司。首先，这是两家不同时代的公司。总部在美国中部伊利诺伊州的摩托罗拉虽然也是一家高科技公司，也经历了 20 世纪 80 年代的信息革命，但是它完全还是 20 世纪五六十年代的传统公司。摩托罗拉的员工在工资和福利待遇上不错，但是公司和员工，基本上还是传统的雇佣关系，公司内部管理层级较多，大部分员工没有多少股票期权。因此，公司的业绩和员工的利益关系不大。英特尔公司则是一家典型的硅谷公司，每个员工的工作强度比摩托罗拉要大很多，但是每个人平均的股票期权也多很多。硅谷几个比较好的学区，不少房子都被英特尔公司的早期员工买走了，而这些房子只靠工资一辈子也买不起。几年前，美国历史频道（History Channel）在节目中评论了中日甲午战争。美国的历史学家认为，这是两个不同时代军队之间的战争，虽然双方武器相差不多，战争的结果不会有任何悬念，因为处在专制的农业时代后期的军队很难打赢一支新兴的工业化国家的军队。英特尔和摩托罗拉之间的竞争也是如此。

其次，两家公司的统帅水平相去甚远。英特尔公司上个世纪八九十年代的 CEO 格鲁夫虽然是工程师出身，但他同时也是个人电脑时代最优秀的领导者和管理者，几次被评为世界上最好的 CEO。上个世纪 70 年代初，英特尔公司发展遇到瓶颈，当时的 CEO 诺伊斯甚至一度想出售公司。这时格鲁夫临危受命，和摩尔一道将英特尔公司扭亏为盈，并且将该公司打造成连续三十年发展速度超过半导体行业平均水平的明星公司。摩托罗拉公司由高尔文（Galvin）兄弟创办，上个世纪 60 年代传到了儿子手里，上个世纪八九十年代传到了孙子手里，是个典型的家族公司。俗话说"富不过三代"，这话果然应验在高尔文家族上，三代人可以说是一代不如一代。孙子辈的克里斯托弗·高尔文虽然是被"选成"CEO 的，但是如果他不姓高尔文，他可能永远都当不了摩托罗拉的 CEO，甚至进不了工业界的高层。

最后，也是非常重要的，英特尔比摩托罗拉更专注。在业务上，半导体只是摩托罗拉的一个部门，而处理器又只是其半导体部门的一项业务，对于英特尔来讲处理器芯片却是全部。因此，摩托罗拉即使完全退出计算机处理器市场也不过是损失一些地盘，而英特尔一旦失败，则会面临灭顶之灾。一般来讲，华尔街总是希望上市公司有尽可能多的而不是单一的收入来源，摩托罗拉确实是这么做的，它曾经在计算机的处理器、通信的数字信号处理器、对讲机、BP 机、手机和电视接收器等很多领域发展。结果每个领域都很难做大。英特尔公司从一开始就非常专注。虽然它早期的主要产品是计算机的动态存储器，但是后来为了专注于个人电脑的处理器，主动放弃了动态存储器的业务。英特尔在每一代处理器的研发过程中，都集中了大量的人力和资金，每一次都是只能成功不能失败。这就像一把散线和一股绳，散线很容易被绳扯断。因此，专注的英特尔最终把计算机处理器的业务做大做强，而业务多元化的摩托罗拉最后除了在计算机处理器上败给了英特尔，在手机上碰到了诺基亚，在信号处理器（DSP）上又败给了德州仪器。多年前，很多人问我雅虎有没有可能在搜索领域赶上 Google，我明确地回答：没有，因为雅虎不可能专注在这一个领域。有时候，一家好的公司不能完全按华尔街的意愿办事。

如果时光可以倒流，让摩托罗拉和英特尔当时换个个儿，即 IBM PC 采用摩托罗拉的处理器，而将服务器厂家和苹果交给英特尔。那么 20 年发展下来，摩托罗拉也很难成为半导体领域的老大，因为它内部的问题没法解决。

3 指令集之争

英特尔在微软的帮助下，在商业上打赢了对摩托罗拉的一仗。在接下来的 10 年里，它在技术上又和全世界打了一仗。

当今的计算机系统结构可以根据指令集分成复杂指令集（CISC）和精简指令集（RISC）两种。一个计算机程序最终要变成一系列指令才能在处理器上运行。每种处理器的指令集不一定相同。有些处理器在设计的时候，尽可能地实现各种各样、功能齐全的指令，这包括早期 IBM 和 DEC 的全部处理器，今天的英特尔和 AMD 的处理器等。CISC 处理器的优势是可以实现很复杂的指令，但也存在两个主要问题：第一，设计复杂，实现同样的性能需要很高的集成度；第二，每个指令执行时间不一样长，处理器内部各个部分很难流水作业，处理器会出现不必要的等待。除此之外，还有一个过去不是问题现在却成为问题的缺陷，就是 CISC 处理器芯片高集成度带来的高功耗。

针对 CISC 处理器的上述两个不足，上个世纪 80 年代，计算机科学家们提出了 RISC 处理器设计思想，其代表人物是斯坦福大学校长、美国科学院、工程学院和文理学院三院院士约翰·亨尼西（John Hennessy）教授和加州大学伯克利分校著名的计算机教授戴维·帕特森（David Patterson）院士。精简指令集只保留很少的常用指令，一条复杂的指令会用几条简单的指令代替。精简指令集的设计思想是计算机发展史上的一次革命，大幅简化了计算机处理器的设计。同时，RISC 处理器每条指令的执行时间相同，处理器内各部分可以很好地流水作业，处理器速度比同时期的 CISC 处理器要来得快。使用精简指令集设计的处理器，过去主要是很多工作站的处理器。现在低端的主要是手机中的处理器，高端的则是专门处理图形和图像的 GPU（Graphics Processing Unit）。

虽然复杂指令集和精简指令集的处理器各有千秋，但是在学术界几乎一边倒地认为复杂指令集的设计过时了，精简指令集是先进的。尤其是美国所有大学计算机原理和计算机系统结构两门课用的都是亨尼西和帕特森合著的教科书。在很长时间里，书中以介绍亨尼西自己设计的 MIPS 精简指令芯片为主。同时，IEEE 和 ACM 系统结构的论文也以精简指令为主。英特尔设计 8086 时还没有精简指令集芯片，否则，英特尔很可能会采用这种技术，而不是复杂指令集。而一旦走上了复杂指令集这条不归路，英特尔为了和 8086 完全兼容，在以后的 80286 和 80386 中必须继续使用复杂指令系统。在上世纪 80 年代中后期，不少精简指令集处理器做出来了，包括亨尼西设计的 MIPS，后来用于 SGI 工作站；以及帕特森设计的 RISC，后来用于 IBM 的工作站。精简指令集芯片的速度当时比复杂指令集芯片的要快得多。

到了上个世纪 80 年代末，英特尔面临一个选择，是继续设计和以前 x86 兼容的芯片还是转到精简指令的道路上去。如果转到精简指令的道路上，英特尔的市场优势会荡然无存；如果坚持走复杂指令的道路，它就必须逆着全世界处理器发展潮流前进。在这个问题上，英特尔处理得很明智。首先，英特尔必须维护它通过 x86 系列芯片在微处理器市场上确立的领先地位。但是，万一复杂指令的处理器发展到头了，而精简指令代表了未来的发展方向，它也不能坐以待毙。于是英特尔在推出过渡型复杂指令集的处理器 80486 的同时，推出了基于精简指令集的 80860。事实证明这个产品不是很成功，显然，市场的倾向说明了用户对兼容性的要求比性能更重要。因此，英特尔在精简指令上推出 80960 后，就停止了这方面的工作，而专心做"技术落后"的复杂指令集系列。在整个 20 世纪 90 年代，只有英特尔一家坚持开发复杂指令集的处理器，对抗着整个处理器工业界。

应该讲英特尔在精简指令处理器的工作没有白做，它在奔腾及以后的处理器设计上吸取了 RISC 的长处，使得处理器内部流水线的效率提高很多。由于英特尔每一种 PC 处理器的销量都超过同时代所有工作站处理器销量的总和，它可以在每款处理器的开发上投入比任何一种精简指令处理器多得多的研发经费和人力，这样，英特尔通过高强度的投入，保证了它的处理器性能提升得比精简指令处理器还要快。而在精简指令阵营，上个世纪 90 年代 5 大工作站制造商太阳、SGI、IBM、DEC 和惠普各自为战，每家都生产自己的精简指令处理器，加上摩托罗拉为苹果生产的 PowerPC，6 家瓜分一个市场，最后谁也做不大、做不好。到了 2000 年前后，各家的处理器都做不下去了，或全部或部分地开始采用英特尔的产品了。而最早的精简指令集处理器 MIPS 现在几乎没有人用了。作为负责任的科学家，亨尼西和帕特森在他们编写的教科书中增加了英特尔处理器相关内容，以免大学生们学习计算机系统结构时过于偏向 MIPS 处理器的技术，而不能全面了解今天处理器的发展。

英特尔经过 10 年努力，终于打赢了对摩托罗拉 RISC 处理器之战。需要强调的是，英特尔不是靠技术，而是靠市场打赢此战的。英特尔的表现在很多地方都可圈可点。首先，英特尔坚持自己系列产品的兼容性，即保证以往的软件程序能在新款处理器上运行。这样时间一长，用户便积累了很多在英特尔处理器上运行的软件。每次处理器升级，用户原来的软件都能使用，非常方便。因此大家就不愿意轻易换用其他厂商的处理器，即使那些处理器更快。而其他处理器厂商这点做得都没有英特尔好，它们常常每过几年就重起炉灶，害得用户以前很多软件都不能用了，必须花钱买新的。时间一长，用户就换烦了。第二，英特尔利用规模经济的优势，大力投入研发，让业界普遍看衰的 CISC 处理器一代代更新。在上个世纪 90 年代初，英特尔的 x86 系列和 RISC 处理器相比在实数运算上要略逊一筹。但是，英特尔十几年来坚持不懈地努力，后来居上，而其他厂商因为各自市场不够大，每一款单独的处理器芯片的投入远远不如英特尔，因此反倒落在了后面。与其说英特尔战胜其他厂商，不如说它把竞争对手熬死了。第三，英特尔并没有拒绝新技术，它也曾经研制出两款不错的 RISC 处理器，只是看到它们前途不好时，立即停掉了。第四，英特尔运气很好，在 RISC 处理器阵营中，群龙无首。这一战，看似英特尔单挑诸多处理器领域的老大。但是，这几家做 RISC 处理器的公司因为彼此在工作站方面是竞争对手，自然不会用对手的产品，而且各自为战，互相拆台打价格战。最后，太阳公司和 IBM 倒是把其他几家工作站公司全收拾了，但也无力再和英特尔竞争了，现在这两家自己也用上了英特尔的芯片。本来，摩托罗拉最有可能一统 RISC 处理器的天下，和英特尔分庭抗礼，因为它本身不做工作站，而各个工作站厂商原本都使用它的 68000 系列处理器，但是摩托罗拉自己不争气。原因我们前面已经分析过了。

摩托罗拉虽然失败了，但是 RISC 体系并没有从此消失，它后来给英特尔带来了巨大的麻烦，这是后话了。

4　英特尔和 AMD 的关系

我们在前面提到摩托罗拉公司时用了"英特尔-摩托罗拉之战"的说法，因为，那对于英特尔来讲确实是一场十分凶险的战争，当时摩托罗拉无论在技术还是财力上都略胜一筹。如果英特尔走错一步，它今天就不会存在了。英特尔和诸多精简指令处理器公司之战，可以说有惊无险，因为英特尔已经是内有实力，外有强援。而今天，英特尔和 AMD 之间争夺市场的竞争在我看来不是同一重量级对手之间的比赛，因此算不上是战争。我想，如果不是反垄断法的约束，英特尔很可能早就打垮或收购 AMD 了。另外，英特尔和 AMD 的关系基本上是既联合又斗争。

AMD 不同于英特尔以往的对手，它从来没有另起炉灶做一种和英特尔不同的芯片，而是不断推出和英特尔兼容的、更便宜的替代品。AMD 的这种做法和它的基因有很大关系。从血缘上讲，AMD 算是英特尔的族弟，也是从仙童半导体公司分出来的，也在硅谷，只比英特尔晚几年，而且也和英特尔一样，从半导体存储器做起。和其他处理器公司不同，AMD 的创始人是搞销售出身的，而一般技术公司创始人都是技术出身。AMD 的这种基因决定了它不是自己会做什么就做什么，而是市场导向的，市场需要什么就做什么。在 AMD 创建不久，它就成功地解剖了英特尔的一款 8 位处理器芯片。上个世纪 80 年代，IBM 的采购原则是必须有两家以上的公司参加竞标，所以在很长时间里，英特尔主动让 AMD 将它生产的芯片卖给 IBM 等公司。

到了 1986 年，英特尔不想让 AMD 生产刚刚问世的 80386，可能是想独占 80386 的利润吧，于是开始毁约。AMD 拿出过去的合同请求仲裁，仲裁的结果是 AMD 可以生产 80386。这下子英特尔不干了，上诉到加州高等法院，这个官司打了好几年，但是法院基本上维持了仲裁的结果。AMD 于是便名正言顺地克隆起英特尔的处理器芯片了。当时 PC 制造商，例如康柏，为了向英特尔压价，开始少量采购 AMD 的芯片。几年后，英特尔再次控告 AMD 公司盗用它花几亿美元买来的 MMX 多媒体处理技术，AMD 做了让步，达成和解。在整个 20 世纪 90 年代，英特尔和 AMD 虽然总是打打闹闹，但是它们在开拓 x86 市场，对抗精简指令集的工作站芯片方面利益是一致的。因此，它们在市场上的依存要多于竞争。

2000年后美国经济进入低谷，采用 RISC 芯片的工作站市场一落千丈，太阳公司的股票大跌百分之九十几。放眼处理器市场，已是英特尔和 AMD 的天下了。AMD 这次主动出击，利用自己提早开发出 64 位处理器的优势，率先在高端市场挑战英特尔，并一举拿下了服务器市场的不少份额。前几年，微软迟迟不能推出新版操作系统 Windows Vista，因此个人用户没有动力去更新 PC；而同时，因为互联网的发展，网络服务器市场增长很快，对 64 位高端处理器芯片需求大增。这样在几年里，AMD 的业绩不断上涨，一度占有 40% 左右的处理器市场，并且挑起和英特尔的价格战。AMD 同时在世界各地状告英特尔的垄断行为。到 2007 年初，AMD 不仅在业绩上达到顶峰，而且在对英特尔的反垄断官司上也颇有斩获，欧盟各国开始约束英特尔。这样一来，英特尔就不能太小觑 AMD 这个小兄弟了。它决定给 AMD 一些颜色看看。在接下来的一年里，英特尔千呼万唤始出来的酷睿双核处理器终于面世了，性能高于 AMD 同类产品，英特尔重新夺回领先地位。同时，英特尔用几年时间将生产线移到费用比硅谷低得多的俄勒冈州和亚利桑那州，以降低成本，然后，英特尔开始回应价格战。价格战的结果是，英特尔的利润率受到了一些影响，但是 AMD 则从盈利转为大幅亏损。英特尔重新夺回了处理器市场的主动权。2006 年，两家的主要产品都采用 65 纳米的半导体技术。但是，英特尔因为在最新的 45 纳米技术上明显领先于 AMD，并且已经开始研发集成度更高的 32 纳米的芯片。从那时起直到今天，英特尔对 AMD 一直保持着绝对的优势，可以非常自如地把控住这个小的竞争对手了。从英特尔和 AMD 的关系可以看出，一个公司只是一味仿制，靠更低的利润率来竞争，从长远来看，命运还是掌握在别人手里。

总的来讲，英特尔并不想把 AMD 彻底打死，因为留着 AMD 对它利大于弊。首先，它避免了反垄断的很多麻烦。2012 年 6 月，AMD 的市值只有英特尔的 3% 左右[4]，后者靠手中的现金[5]就足以买下前者。但是，英特尔不能这么做，否则会有反垄断的大麻烦。其次，留着 AMD 这个对手对英特尔自身的

4　40 亿美元 vs. 1300 亿美元。2011 年，本书第一版出版前的 2011 年，AMD 的市值尚有英特尔的 5% 左右。

5　2012 年 6 月，英特尔现金储备的净值为 62 亿美元，超过 AMD 的市值许多。

技术进步有好处。柳宗元在他的"敌戒"一文中指出,"秦有六国,兢兢以强;六国既除,訑訑乃亡"。这条规律对于英特尔也适用。英特尔从 1979 年至今,将处理器速度(如果以浮点数运算速度来衡量)提高了 25 万倍。如果没有诸多竞争对手,它是做不到这一点的。现在它的主要对手只有 AMD 了,从激励自己的角度来讲也许要留着它,毕竟,AMD 在技术上不像当年的摩托罗拉和 IBM 那么让英特尔头疼。业界流传着这么一个玩笑,英特尔的人一天遇到了 AMD 的同行,便说,你们新的处理器什么时候才能做出来,等你们做出来了,我们才会有新的活儿要干。

5　错失移动时代

Google 研究院院长、美国经典教科书《人工智能》的作者彼得·诺威格(Peter Norvig)博士有一句话非常经典,在业界广为流传:一家公司的市场份额超过 50% 以后,就不用再想去将市场份额翻番了[6]。言下之意,这家公司就必须去挖掘新的成长点了。在 2000 年后,英特尔公司就是处于这样一个地位。现在,它已经基本上垄断了计算机通用处理器的市场,今后如何发展是它必须考虑的问题。

虽然英特尔在整个半导体工业中仍然只占了一小块,但是,很多市场,尤其是低端市场,比如存储器市场英特尔是进不去的,也没有必要进去,因为它的成长空间并没有想象的那么大。英特尔的优势在于处理器和 PC 相关的芯片上,也很容易往这两个市场发展。但是,迄今为止,它在计算机处理器之外的芯片开发上不是很成功。比如,前几年,英特尔花了好几个亿开发 PC 的外围芯片,最后以失败告终,现在不得不采用美满(Marvell)公司的芯片组。除了计算机,现在许多电器和机械产品都需要用到处理器,比如,一辆中高档的奔驰轿车包含上百颗各种有计算功能的芯片,而手机对处理器芯片的需求就更不用说了。英特尔一度进入了高端手机处理器的市场,著名的黑

6　在后面的章节有详细介绍。

莓手机就曾采用它的芯片。但是，英特尔公司的开发费用太高，这块业务一直亏损，最终于 2006 年卖给了 Marvell 公司。至此，英特尔公司在计算机处理器以外的努力全部失败。而 Marvell 从此挤进了 3G 手机芯片制造商的前三甲。当年，智能手机一年的出货量不过几百万台，英特尔恐怕没有想到如今智能手机一周的出货量就能达到当年一年的水平，否则，即使再亏损，也不至于卖掉通信及应用处理器业务。

英特尔公司的商业模式历来是靠大投入、大批量来挣钱的，同一代的芯片，英特尔的销量可能是太阳公司的 10 倍，甚至更多，因此，它可以比其他公司多花几倍的经费来开发一种芯片。但是，当一种芯片市场较小时，英特尔公司便很难做到盈利，而很多新的市场一开始规模总是很小的，这是英特尔面临的一个根本问题。倘若这个问题不解决，它就很难培养起新的成长点。

英特尔公司要做的第二件事就是防止开发精简指令集处理器的公司（如 IBM）死灰复燃。在个人电脑市场上，有微软在操作系统上为之保驾，英特尔的 x86 处理器在很长时间内是不可替代的。但是在服务器市场却不一定，毕竟现在服务器主要的操作系统是开源的 Linux，在各种处理器上都可以运行。只要有一种处理器各方面性能明显优于英特尔，购买服务器的客户就会考虑采用非英特尔的处理器。事实上很多超级计算机，包括中国的天河一号，都是用 RISC 处理器搭建的。在能源紧缺的今天，服务器厂商对处理器最关心的已经不单单是速度，而是单位能耗下的速度。现在，一颗酷睿处理器昼夜不停地运行，一年的电费已经等同于它的价格。因此，今后设计处理器必须考虑功耗。为了防止 RISC 处理器在服务器市场上死灰复燃，英特尔比较早就开始重视这个问题，虽然总的来讲，英特尔的处理器不如 RISC 处理器设计简单，较难做到低能耗，但是英特尔在降低处理器能耗上做得还是不错的，直到 2009 年，RISC 处理器在服务器市场上挑战英特尔的情况并不严重。

但是，人算不如天算，当英特尔在服务器市场上对 RISC 处理器严阵以待的时候，用户使用终端计算机的趋势在悄悄改变，随着苹果手机 iPhone 和各种安卓（Android）手机的出现，大家发现很多原来需要在 PC 上做的事情，通过较轻的终端计算机加上强大的服务器端的服务就能完成，以苹果 iPad 为代表的各种平板电脑渐渐开始风行。从 2010 年开始，它们不断地压缩 PC 的市场。大部分平板电脑使用的可不是英特尔的芯片，而是基于 RISC 的芯片，更具体地讲是用的 ARM[7] 控股公司（ARM Holdings）的产品。ARM 控股公司的商业模式是将 CPU 设计授权给各个半导体公司，由后者集成到它们的芯片中。这些芯片都称为基于 ARM 的（ARM Based）。到 2005 年，全球 98% 以上的智能手机处理器芯片都是基于 ARM 设计的。目前，英特尔和基于 ARM 的 RISC 芯片在市场上还没有太多的直接冲突，但是基于 ARM 的处理器在手机、平板电脑等领域近乎垄断的占有率，实际上大大缩减了英特尔的发展空间（图 6.3）。

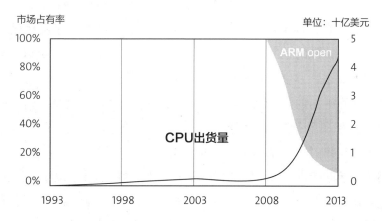

图 6.3 1993—2013 年，全球 CPU 的增长和英特尔（空白部分）、ARM 系列（阴影部分）的占比

虽然英特尔公司宣布 2012 年与摩托罗拉及 Google 一道，力图把它为上网本设计的 Atom 处理器用在手机上，但是业界人士都怀疑它的性能和功耗比能否跟诸多 ARM 处理器竞争，后来事实也证明高功耗低性能的 Atom 处理器在移动终端上无法和高性能的 ARM 处理器竞争。今天英特尔基本上已经退

---

7 ARM 是 Advanced RISC Machines 的缩写。

出了移动设备市场。

另外，在个人电脑以外，今后另一个重要的市场是云计算服务器市场。虽然现在的服务器大多采用英特尔的 x86 处理器，但是在很多应用中，浮点运算速度更快的图形处理器 GPU，或者针对大量并发处理（比如社交网络的运算）的低功耗定点处理器，其单位能耗的计算能力要远比英特尔的通用处理器来得有效。因此，在云计算加移动互联网时代，英特尔即使是在服务器端的优势，也不如个人电脑时代来得明显了。

英特尔雄霸个人电脑处理器市场二十多年，至今仍是这个市场上唯一的巨无霸企业。但是随着个人电脑市场的饱和甚至逐步萎缩，其远景不容乐观。在 2008—2009 年金融危机时，英特尔是主要 IT 公司中业绩下滑最大的公司。从某种程度上讲，它是反摩尔定律最大的受害者，因为处理器的价格在不断下降。同时，它在新市场的开拓上举步艰难，很难摆脱"诺威格效应"的阴影。好在英特尔同时也是安迪－比尔定律的直接受益者，在可以预见的将来，它的发展很大程度上必须依赖于诸如微软等软件公司软件产品的更新，这样用户就不得不购买更快的电脑。另一方面，随着云计算的兴起，基于服务器端的软件和服务对新处理器的需求弥补了个人电脑销售的疲软，因此安迪－比尔定律对英特尔的正面影响还会持续较长的时间。我在 2012 年修订本书第二版时指出，最可能的情况是，在服务器端英特尔处理器依然占统治地位，但是，在平板电脑、低端笔记本和智能手机等终端，则是各种基于 ARM 的处理器的天下。这个猜测今天已经成为了现实。

2017 年，英特尔公司以 153 亿美元的高价收购了开发图像识别和无人驾驶技术的 Mobileye 公司，并与欧美的一些汽车厂商成立了合资企业，开发无人驾驶技术。但是，做芯片出身的英特尔公司是否具有人工智能技术和系统集成技术的基因，大家对此依然颇有疑问。

结束语

在个人电脑时代，组装甚至制造 PC 并非难事，连我本人都攒 PC 卖过。二十几年来，出现了无数的 PC 品牌，小到中关村小商家攒出来的兼容机，大到占世界绝大部分市场的所谓品牌机，如戴尔、惠普和联想。虽然这些计算机配置和性能大相径庭，但是它们都使用微软的操作系统和英特尔的 x86 处理器。从这个角度来讲，PC 时代的领导者只有两个，软件方面的微软和硬件方面的英特尔。有人甚至把 PC 行业称为英特尔–微软体系，即 WinTel。

英特尔对世界最大的贡献在于，它证明了集成电路芯片的性能可以按照摩尔定律规定的速度指数增长，而这件事和英特尔工程师们几十年如一日的努力是分不开的。英特尔的贡献还在于它证明了处理器公司可以独立于计算机整机公司而存在。在英特尔以前，所有计算机公司都必须自己设计处理器，使得计算机制造成本高企，而且无法普及。英特尔不断地为全世界的各种用户提供廉价的、越来越好的处理器，直接推动了个人电脑的普及。它大投入、大批量的做法成为当今半导体工业的典范。英特尔无疑是过去几十年信息革命大潮中最成功的公司之一。但是由于长期找不到新成长点，业界普遍认为它随着个人电脑时代的过去而进入了中老年期。

英特尔大事记

1968	英特尔成立。
1971	开发出英特尔第一个商用处理器 Intel 4004。
197x	英特尔遭遇前所未有的发展困境，摩尔接替诺伊斯担任英特尔 CEO，但是实际负责运营该公司的是他的学生格鲁夫，从此英特尔开始快速发展。
1978	英特尔开发出 8086 微处理器，后被用作 IBM PC 的 CPU。
1982	80286 处理器问世。
1985	32 位 80386 处理器问世。
1986	英特尔公司上市。
1987	安迪·格鲁夫正式担任英特尔 CEO，英特尔开始了快速发展的 10 年，并且成为全球最大的半导体公司。

1989	定点和浮点处理合一的 80486 处理器问世。
1993	奔腾系列处理器问世，在随后的十年里，英特尔推出了很多代的奔腾处理器。
2000	英特尔的手机处理器 XScale 问世。
2001	英特尔的 64 位服务器处理器 Itanium 问世，英特尔在服务器市场彻底超越 RISC 处理器的代表太阳公司。
2005	基于 ARM 的处理器占到了智能手机处理器市场的 98%，英特尔在这个市场明显落后于高通公司和德州仪器公司。
2006	双核处理器问世。同年，英特尔将通信及移动处理器业务卖给了 Marvell 公司，从此退出手机处理器市场。
2009	四核处理器问世，英特尔继续在服务器处理器市场上占优势。
2012	英特尔宣布重返移动终端市场，但是效果不佳。
2017	英特尔公司以 153 亿美元的高价收购了开发图像识别和无人驾驶技术的 Mobileye 公司。

第 7 章　IT 领域的罗马帝国

微软公司

2000 年夏天，我和同事正在横跨欧亚的伊斯坦布尔参加大型学术会议 ICASSP，回到旅馆，听到电视里传出的居然是英语而不是当地的土耳其语。仔细一看，微软董事会主席威廉·盖茨三世，也就是我们常说的比尔·盖茨，穿着便装，表情严肃，正在发表演说。原来，旷日持久的美国司法部诉微软一案终于有了初审结果。司法部经过多年调查取证，找到了关于微软垄断和不正当竞争的充足证据，厚达 200 多页[1]。法庭裁定，微软的垄断行为违反了反垄断法，并对苹果、太阳、网景、莲花（Lotus）、RealNetworks 和那些推广 Linux 的公司构成威胁，作为补救，将强制把微软拆成两个公司，一个做操作系统的公司和一个经营其他软件的公司。当天，微软的股票暴跌一半，市值从 5000 亿美元缩水至不到 3000 亿美元，直到 2015 年才回到 4000 亿美元以上。在第二天晚上的千人酒会上，微软以外的所有人对这个结果都感到很高兴。这说明微软的垄断行为确实犯了众怒。

在整个 IT 领域，微软一直是所有公司最可怕的敌人。微软凭借在操作系统上的垄断地位和无比雄厚的财力，在计算机领域几乎是无往不胜。在整个个人电脑时代，微软作为计算机领域生态链最上层的一环，一方面刺激着整个计算机领域的发展，另一方面扼杀了无数大大小小有创新的公司。如今，微软仍然是世界上最挣钱、现金最多的公司之一，并且几度成为全球市值最高

---

[1] 详见美国政府司法部网站：https://www.justice.gov/atr/us-v-microsoft-courts-findings-fact。

的公司（最近的一次是在 2019 年初）。微软里面有无数传奇人物，而它的创始人盖茨自己就是一个传奇。他们的故事早已在各地流传，我就不在这里赘述了。我只想介绍一下盖茨和微软是如何抓住和利用信息革命带来的机遇，建成一个 IT 帝国的。

1　双雄会

1981 年，在硅谷的库帕蒂诺市苹果公司总部，举行了一次个人电脑领域的世纪双雄会。事业正蒸蒸日上的苹果公司创始人史蒂夫·乔布斯邀请了刚刚拿下 IBM PC 操作系统合同的微软公司创始人比尔·盖茨洽谈合作事宜。乔布斯给盖茨看了为 Lisa 个人电脑和后来的麦金托什所设计的非常漂亮的图形界面（GUI）操作系统。当时，还沉浸于拿下 IBM 大合同的喜悦中的盖茨一下子给惊呆了。这种基于图形界面加上一个小小鼠标的操作系统比微软的 DOS 不知道要强多少倍，让计算机的操作比以前方便了许多。盖茨马上意识到，眼前这种虽然还不完善的操作系统代表了今后的趋势，而微软当时产品线上所有的东西都显得寒酸而落后。那一年，乔布斯和盖茨都是 26 岁。虽然两个人都是科技工业界的新星，但是没有人意识到未来年产值万亿美元的个人电脑工业，将由这两个人来争天下。正春风得意的乔布斯当时并不了解盖茨这个人，他只是知道微软做事又快又好，请盖茨来的目的是让微软为苹果开发应用软件。假如时光能倒流，乔布斯一定不会举行这次双雄会，因为后来大家知道盖茨和微软都不会甘居人下，一旦瞄上哪个领域，那个领域原有的公司离灾难就不远了。乔布斯在这次会晤中显得很傲慢，因为他有麦金托什这个宝贝在手。而在合作的谈判上，出了名的谈判高手乔布斯又斤斤计较。这两点都让盖茨很不喜欢乔布斯，但他还是促成了交易，答应为苹果开发三种应用软件，因为他对这种图形界面的操作系统本身很感兴趣。

在计算机领域双雄的第一次交手中，乔布斯在合同上得到了一些小便宜，但是，盖茨才是真正的胜利者。26 岁的乔布斯虽然是科技奇才，但是当时毕竟阅历和经验都不足。他太大意了，无论如何不会想到在他面前这个衣着随便、戴着永远擦不干净的厚厚眼镜的计算机虫（Nerd），日后几乎要了苹果的命。当时，在乔布斯眼里，微软不过是一个靠卖 BASIC 起家、阴错阳差拿到 IBM 合同的小软件公司（连它的名字都是微软件），无论如何不能与自己那个开创了个人电脑工业的苹果相比。微软 1986 年上市时只公布了 1984 年之后的营收情况，1981 年的收入不得而知，但是可以肯定，微软当时的收入是微乎其微的，因为即使是在高速发展了几年后的 1984 年，微软已经为世界上 80% 的个人电脑提供操作系统时，它的营业额也不过区区一亿美元。直到 1990 年微软发布 Windows 3.0 并成为软件霸主时，它的营业额才达到苹果同时期的 1/5。乔布斯不是神仙，很难料到当时比苹果小得多的微软以后会威胁到自己。

毫无疑问，乔布斯不经意的错误等于告诉了盖茨今后个人电脑操作系统的发展方向。我想，如果乔布斯年龄大上 20 岁，他不会犯这个简单的错误。我在学校的导师弗雷德·贾里尼克（Fred Jelinek）院士在到约翰·霍普金斯大学之前曾经在 IBM 担任要职，因此我们经常去 IBM 作报告，但是每次去以前贾里尼克都要确认我们报告的每一页内容是公开发表过的。原因很简单，IBM 有世界上最好的科学家和工程师，他们可以用比你还快的速度实现你尚未公开发表的想法，并申请专利。在这次双雄会上，乔布斯犯下了两个大错误。首先，他没有意识到操作系统在今后个人电脑工业中的重要性，即个人电脑工业的统治者可能不需要制造计算机而只需要控制操作系统，否则他不会过早地给别人展示苹果还没上市的产品；第二，也是更重要的，他低估了盖茨：他给谁看都可以，就是不该给盖茨看。

乔布斯和盖茨都意识到了个人电脑及其相关工业将是一个大产业，事实证明这确实是一个上万亿美元的大产业。我们在前面已经分析过，计算机工业比任何行业都容易出现垄断公司。乔布斯和盖茨都想做垄断者，但是他们的方式不同。前者是想做原来 IBM 那样的垄断者，从硬件到软件全部垄断，这在后来证明是行不通的。而盖茨的天才之处在于，他在个人电脑工业刚刚开始的时候，就意识到只要垄断了操作系统，就间接垄断了整个行业，因为操作系统和别的软件不同，是在出售计算机时预装的，一般用户没有选择权，而其他软件则有选择权。所有的应用软件又必须在操作系统下开发。因此，操作系统必然会在自由竞争后，率先出现赢者通吃的垄断局面。上个世纪 80 年代，IBM、微软和苹果 3 家公司都有垄断个人电脑操作系统的可能性。另外 3 家公司 Novell、太阳和甲骨文也有可能从中分到一杯羹。十多年后的结果却是微软一家独大，不仅后 3 家公司设想的网络操作系统没有成功，IBM 和苹果这两个曾经"雇用"了微软的公司，也都被当年的"店小二"打得落花流水。虽然说条条道路通罗马，但是成为罗马帝国的路只有一条，就看谁能找对了。

让盖茨和乔布斯生于同一时代是一件很遗憾的事，因为在 PC 行业里，他们两个人注定要有一人成为失败者。在技术嗅觉和产品设计上，乔布斯好于盖茨，但是，在商业眼光和经营上，盖茨要强于乔布斯。

2 亡羊补牢

盖茨回到微软后，在公司内部展示了苹果的产品，大家一下子被麦金托什的图形界面迷住了，而且接受苹果开发任务的工程师们很高兴地在麦金托什的操作系统下工作。此时，盖茨的心情更加沉重了。一方面，在他面前是随着计算机进入家庭而带来的无限的商机、美好的未来，另一方面，是在这次技术革命中被淘汰的巨大危险。盖茨一向看重连接用户和计算机的操作系统，知道它比其他任何一种应用软件都更重要，也更容易形成垄断。但是现在，乔布斯的苹果在新的操作系统方面抢到了先机，而施舍给微软的是三个无足轻重的应用软件。

盖茨采取了亡羊补牢的措施，他知道短时间内要在操作系统上赶上苹果已经不可能了，微软只能先减小苹果麦金托什对个人电脑市场尤其是操作系统市场的冲击，赢得时间，然后再迎头赶上。盖茨从来是个能置之死地而后生的人，早在哈佛大学读书时，他就是这样。那一年他刚上大二，从一本杂志上看到一篇介绍 Altair 公司微处理器（图 7.1）的文章，于是就给该公司老板写了封信，说他们为公司的微处理器写了个 BASIC 语言的解释器，这样用户就可以在 Altair 的处理器上使用 BASIC 编程了。其实，当时这个解释器完全是盖茨杜撰出来的。Altair 公司倒很认真，要来看看盖茨的东西。盖茨和艾伦等人居然在几星期内就赶制出了一个。后来的《时代周刊》觉得这件小事在 IT 历史上影响重大，并且说盖茨将成为宇宙的主人（图 7.2）。Altair 公司对盖茨等人的工作很满意，干脆雇了艾伦。几个月后，艾伦说服盖茨退学，全职创办了微软公司。6 年后，盖茨被苹果公司逼入了绝境，他不甘心在这次千载难逢的计算机革命中当一个配角，而必须绝地反击去夺取操作系统的控制权。盖茨做了非常周全的战略布局，事实表明，如果他当时走错一步，微软都难以成为日后的霸主。盖茨的战略简单讲是三管齐下。

图 7.1 用 Altair 配件拼出的微处理机（Micro-Processor），虽然能够计算，但缺乏软件，难以操作

图 7.2 盖茨在开发出 Altair 上的 BASIC 之后，被《时代周刊》誉为未来 IT 时代的主人

首先，他兑现了对苹果的承诺，为麦金托什开发应用软件。整个开发工作进展缓慢，盖茨暗暗高兴，这说明在麦金托什上开发应用程序比在 DOS 上难。这些工作对微软了解苹果的技术，以及今后自己开发图形操作系统都很有用。第二，跟 IBM 合作，一起开发新的操作系统 OS/2。显然，IBM 的目的是想从微软手里夺回个人电脑操作系统的控制权，但是微软还是答应了，因

为这样一来可以借助 IBM 的力量锻炼队伍，二来可以制约苹果，但是，微软在推广 OS/2 上并不卖力，这在后来让两家公司结了怨。最关键的是第三步棋，微软暗地里非常低调地学习苹果，悄悄开发 Windows，并且在 1985 和 1987 年抛出了两个"玩具版"（1.0 和 2.0）的 Windows，这两个版本必须依赖 DOS 操作系统，很不成功，因此当时也没有人在意。可是，盖茨暗地里却请了很多高手来助阵，包括施乐公司最早做图形界面的一些人，比如当时最好的操作系统 VMS（DEC 公司 VAX 小型计算机的操作系统）的主持人戴维·尼尔·卡特勒（David Neil Cutler）及著名的操作系统专家吉姆·阿尔钦（Jim Allchin）等。阿尔钦当时根本瞧不上微软的技术，他说，你们微软的东西是世界上最烂的。盖茨倒很大度，回答说，正因为它们很烂，才要请你来把它们做好。最后，盖茨的诚意和微软的股票期权打动了阿尔钦。

完成了研发上的布局后，盖茨要在市场上尽可能用它落后的 DOS 操作系统争取时间，坚持到微软新一代操作系统开发出来。为了保证公司在此期间的业绩，盖茨请来的哈佛老同学史蒂夫·鲍尔默便被委以了重任。鲍尔默于 1980 年入职微软，他擅长营销和公司的日常管理，于是不久便帮助盖茨管理起公司日常业务，并最终在 2000 年接任了微软的 CEO。在上个世纪最后的十多年时间里，在微软这条巨轮上，盖茨是船长，负责把握方向，鲍尔默则是大副，掌舵开船。应该讲，是鲍尔默将微软从当年的初创企业变成了正规化的大公司。在经营上，鲍尔默通过薄利多销、来者不拒近乎野蛮增长的方式迅速扩大了微软的市场份额。微软将 BASIC 免费提供给 IBM，同时以近乎免费的价格，即每个拷贝 5 美元，将 DOS 预装在 IBM PC 和后来各种兼容机上，这个价钱便宜得大家连盗版都懒得盗（也正是这些原因，微软早期软件销量大，但是不怎么挣钱）。但是，微软用这些条件换回了 DOS 的销售权。我们在"蓝色巨人"一章中讲过，IBM 的心思根本不在个人电脑上，也没有意识到这个合同最终让 IBM 失去了对个人电脑操作系统的控制权。免费的 BASIC 和 5 美元预装的 DOS 其实是微软的一个钓饵，意在吸引软件公司和计算机爱好者在上面开发出各种各样的软件，使用户产生对微软的依赖。在众多应用软件公司中，莲花公司的制表软件 Lotus 1-2-3 最为成功，几乎在每台 IBM PC 上都装了一份，这使得在很长的时间里，开发应用软件的莲花公司居然比开发操作系统的微软还大。

但是，DOS 的缺陷是任何搞计算机的人一眼都能看穿的。DOS 非常小，非常简单，甚至算不上严格意义上的操作系统，因为它没有操作系统的一些基本功能，比如进程管理。最早的 IBM PC 因为硬件速度较慢，内存较少，使用 DOS 尚能应付。但是，随着硬件速度的提高，DOS 的问题马上就显现出来了。首先，DOS 不能直接访问 640KB 以上的内存，因为它当时就只是为支持内存特别小的微处理器设计的。第二，它在任务管理上完全是串行的，像现在一边听歌一边上网这种事在 DOS 上永远做不到。尤其是等到 32 位的处理器 80386 出来，DOS 就大大限制了硬件性能的发挥。技术出身的盖茨很明白这一点，但是他别无选择。在很长一段时间内，微软必须全力推广技术上已经非常落后的 DOS，而且还大张旗鼓地对根本没有前途的 DOS 做了几次非实质性升级，以便争取时间。微软的这种做法其实风险很大，因为它是在用大刀长矛死死抵抗着苹果和后来的 IBM OS/2 等洋枪洋炮。但是这一次，微软居然打赢了。微软是怎样创造奇迹的呢？

3 人民战争

一位日本围棋国手讲过，高手过招取胜之道，就在于抓住对手的失误。乔布斯在双雄会上的失误虽然严重，但还不是致命的，因为微软最终花了 9 年时间才做好一个可用的图形界面加鼠标的操作系统，即 Windows 3.0[2]，在此期间苹果本来还很有机会，但是一步致命的昏招使它断送了原来的好局。乔布斯和盖茨一样，都是卧榻之旁不容他人安睡的垄断者，但是乔布斯及其继任者功利心太重，试图独占整个个人电脑市场。结果在个人电脑工业这盘大棋中，率先起步的苹果抢到了不少实地，而后来居上的微软则是先造势再破实空。结果是，苹果好处捞得快，微软大局布得好。

---

2 之前的 1.0 和 2.0 版本不可用，没有市场。

苹果在开局中抢到了先机，对苹果系列电脑软硬件都能控制，而微软和 IBM 在 PC 上的合作是貌合神离。即使在软件方面，苹果也在操作系统上领先微软整整一代。但是，领先的苹果犯了一个致命的错误——走封闭式道路和纯技术路线。当 IBM 因为反垄断的限制，不得不容忍兼容机厂家克隆自家产品并抢走越来越多的市场时，苹果正在为自己没有遇到同样的麻烦而高兴。在微软之前，软件是不能直接挣钱的，因为软件都是在卖硬件时送给用户的。这样，软件的价值必须通过硬件销售才能体现出来，也许是出于这种考虑，苹果始终坚持软件硬件一起卖。苹果拒绝开放麦金托什计算机技术的结果，客观上把所有想从个人电脑市场分一杯羹的兼容机厂商推给了 IBM 和微软。从上个世纪 80 年代中期起，世界硬件市场的格局从苹果对 IBM，一下子变成了苹果对 IBM 加上所有的兼容机厂商。一开始，苹果的这种劣势还不明显，因为它的系列产品市场占有率还很高。但是，由于 IBM PC 的开放性和信息工业全球化的效应，使得 IBM PC 兼容机越做越便宜，市场占有率越来越高，DOS 在操作系统占有率上便领先于苹果。如果苹果从一开始就开放了兼容机市场，那么微软能否在操作系统中胜出就很难说了，因为后者比前者整整落后了近 10 年。不过，苹果公司并不具备开放的基因，不仅在个人电脑时代如此，在后来的智能手机时代亦如此，因此，微软一统操作系统市场似乎是历史的必然。

如果说苹果抢到了天时，那么，微软通过开放、兼容和廉价则夺回了地利。一方面，微软将操作系统以近乎免费的价格提供给 PC 制造商（虽然盖茨从来对盗版深恶痛绝，并且早在 1976 年就写了"给玩家的公开信"指责那些盗版软件的使用者，但是盖茨在成为操作系统领域霸主之前，对盗版居然睁一只眼闭一只眼）。另一方面，微软在建成它的软件帝国前，对应用软件厂家以支持和合作为主。一种操作系统成功与否，最终要看上面有多少既有用又廉价的应用软件。微软在很长时间里，都是靠第三方开发应用软件。因此，一度出现了做得很大的 PC 应用软件公司，如莲花（Lotus）公司、做字处理的 WordPerfect 和做编程工具的 Borland 公司等。而苹果则一切要靠自己，虽然莲花公司也试图帮助苹果在麦金托什上开发一款字处理和制表软件 Jazz，但是由于麦金托什的兼容性问题，这个软件很难使用。莲花公司甚至自嘲说，第一个月，我们卖出去几百万份 Jazz，但是第二个月，用户退回来的拷贝比卖出去的还多，因为它太令人失望，以至于用户把盗版的也退回来了。苹果另外一个不容忽视的失误就是兼容性。苹果的产品和其他 PC 不兼容就不用说了，就是它自己内部也不兼容。苹果的麦金托什和早期的苹果机在硬件和操作系统上不兼容，当然可以认为早期的苹果机比麦金托什落后很多而后者不必考虑兼容问题。但是不同时期的麦金托什之间（比如采用 PowerPC 处理器的和早年采用摩托罗拉 68030 处理器的）也不互相兼容。这样就不仅使软件开发商无所适从，而且用户也得一遍遍花钱购买新的软件（至今苹果电脑的软件都比 IBM PC 的软件贵得多）。而微软在很长时间里能打的牌就是 DOS 兼容性这一张，但它更能赢得用户的心。这样，有了兼容机厂商和应用软件开发商的支持，更重要的是有了用户的支持，微软就等于在和苹果打一场人民战争，虽然它在长达 9 年的时间里只有 DOS 这把大刀长矛，但却靠广大的用户基础站住了脚。

苹果失去地利的一个更深层的原因，是它在某种程度上违反了信息领域的摩尔定律和安迪－比尔定律。整个计算机工业的规模达上万亿美元，绝不是一家公司能吃下的。诚然在这个领域生态链的不同环节需要垄断，但是各个环节之间需要互相扶持。尤其是在上个世纪 90 年代以后，整个计算机工业形成了这样一种默契，由软件更新带动硬件更新。在更新软件时，软件公司先得到发展，但是，旧的硬件很快会显得性能不够。这时，用户不是抱怨软件做得不好，而是去更新硬件。诸多硬件公司这才得以快速发展，众人拾柴火焰才能高。苹果既做硬件又做软件，很难平衡两者的速度。软件做得太快了硬件就跟不上，硬件做得太快了又没有合适的软件可用。历史上，苹果有几款计算机一推出速度就已经落后了；还有几款，比如早期 PowerPC 推出时速度奇快，但没有什么应用软件可用。另外，要用户每隔几年更新一次的计算机价格不能太贵，而苹果电脑的价钱大部分时候是 IBM PC 兼容机的两倍以上，一般个人用户用不起。简而言之，一家公司再强，也拗不过客观规律。

微软夺得了地利，抵消了苹果天时的优势，接下来双方就看人和了。我们在前面介绍苹果时提到，20世纪80年代中期在苹果内部，创始人乔布斯和CEO斯卡利打得一塌糊涂，各个部门的经理各自为战，搞出成千个大大小小的项目。反观微软，盖茨自从把鲍尔默请来，就将日常事务全权交给后者处理。虽然鲍尔默脾气暴躁，但确实是一位精明的商业奇才，他和盖茨合作得一直很好，使得盖茨有精力考虑战略问题。在上个世纪80年代末到2000年这段日子里，微软基本上是人才净流入，而苹果从上到下都不稳定。虽然大家都知道人才的重要性，但是至少从表面上看，盖茨比较礼贤下士，而苹果比较傲士。

到1990年，微软经过Windows 1.0和2.0的失败，终于迎来了成功的Windows 3.0和接下来持续使用了很长时间的Windows 3.1（在中国相应的版本是Windows 3.2中文版），在短短几个月里，它的销量就超过了IBM OS/2多年来的累计销量。Windows 3.1对苹果的打击是致命的。而苹果当时正处在历史上最混乱的时期，竟然组织不起一次有效的反击便一溃千里。微软终于依靠10年的战争夺得了个人电脑操作系统的统治地位。

4 帝国的诞生

Windows 3.0（更确切地说，应该是其后生命更长、更新的版本Windows 3.1）的出现具有划时代的意义。首先，广大PC用户在使用计算机时，再也不用记住并且敲入几十条很难记住的命令，而是简单地点击图标就能操作计算机，这对于计算机的普及起到了至关重要的作用。其次，它突破了DOS在使用计算机资源上的限制，使得所有的软件开发商可以最大程度地利用硬件资源，开发出各种各样的软件，同时，大大刺激了硬件开发商提高硬件性能的动力。最后一点非常重要，它使得整个计算机工业的生态链从此定型，而这个生态链的上游是微软。苹果的麦金托什虽然早就有了图形界面，但是它的用户群太少，没有形成气候。至此，微软在软件业的垄断地位便形成了，一个新的帝国从此诞生。到了1997年，微软公司的市值首度超过IBM，虽然当时微软一年的营业额还不到 IBM 一个季度的营业额，但是华尔街很看好微软，认为它代表着未来。

垄断操作系统只是盖茨营建 IT 帝国的第一步。微软在一统操作系统的天下后，已经没有后顾之忧了，便接连打出三记重拳，干净利落地消灭了莲花公司、WordPerfect 公司和网络界新星网景（Netscape）公司，夺得了利润最大的几个应用软件市场。这三记重拳和它给苹果的打击一样，都是转市场优势为技术优势。微软依靠它拥有操作系统的便利条件，率先推出办公软件 Excel 和 Word。而莲花公司和 WordPerfect 公司得等到微软操作系统做得差不多的时候才能起步开发新品，因此战争还没有开始就注定要失败了。

微软对网景一战则是网络浏览器领域的生死战，在这场没有硝烟的战争中，盖茨作为微软的统帅，表现出了超人的胆识、魄力和指挥艺术。这场战争，对以后的互联网格局产生了深远的影响。这是一场经典之战，因为打这以后所有不可避免要和微软起冲突的公司，都研究了网景公司的教训。现在，让我们来回顾一下这场战争的过程。

上个世纪 90 年代，互联网开始兴起，急需一个通用的网络浏览器。1994 年，马克·安德森（Marc Andreessen）和吉姆·克拉克（Jim Clark）成立了网景公司，并于同年推出了图形界面的网络浏览器"网景浏览器"软件。"网景浏览器"一推出就大受欢迎，不到一年便卖出几百万份。盖茨一开始没有注意到它的重要性，把它当成了普通的应用软件。但是，当同事将网景浏览器展示给盖茨看时，盖茨马上意识到它的重要性。微软之所以得以控制整个个人电脑行业，在于它控制了人们使用计算机时无法绕过的接口——操作系统。现在，网景控制了人们通向互联网的接口，这意味着如果微软不能将它夺回来，将来在互联网上就会受制于人。盖茨意识到微软已经在这个领域落后了，他先是想收购网景，但是被网景拒绝。微软于是立即派人跟网景公司谈判合作事宜，而盖茨一直在遥控谈判。微软的条件苛刻，包括注资网景并进入董事会。网景现在进退两难，答应微软，从此就将受制于人，而且以前和微软合作的 IBM 和苹果都没有好结果，反之，不答应微软则可能像莲花公司和 WordPerfect 一样面临灭顶之灾。

最后，网景选择了和微软一拼，因为它觉得至少当时还有技术和市场上的优势。后来证明这种技术上的优势根本不可靠，这也是我将技术排在形成垄断的三个条件之外的原因。1995 年，仅成立一年的网景公司就挂牌上市了，在华尔街的追捧下，网景的股票当天从 28 美元涨到 75 美元，之后一直上涨。相反，华尔街对微软能否在互联网上占领一席之地表示怀疑。同年 11 月，高盛公司将微软的股票从买入下调到持有，微软的股价应声而下。12 月 7 日，是历史上日本偷袭珍珠港的日子，盖茨在微软宣布向互联网进军。盖茨把微软当时的处境比成被日本打败的美国舰队。盖茨让很多工程师立即停掉手里的工作，不管做到哪个阶段，然后全力投入到微软 IE 浏览器的开发中。盖茨的这种魄力我后来只在佩奇和布林身上又看到过一次，而在世界上目前还找不到第三次。很快，微软的 IE 浏览器就问世了，但是功能上远不如网景。盖茨动用了他的"杀招"——和 Windows 捆绑，免费提供给用户。很快，网景就被垄断了操作系统的微软用这种非技术、非正常竞争的手段打败。微软终于取得了用户到网络的控制权，从此，微软帝国形成，再也没有一家公司可以在客户端软件上挑战微软了。盖茨剩下的唯一一件事就是去向美国司法部解释清楚其行为的合法性。

虽然对微软的反垄断调查早在 1991 年就开始了，但是这一次美国司法部动了真格。1991 年的那一次，联邦贸易委员会发现微软开始通过它在操作系统上的垄断地位进行不正当竞争，但是该委员会最后在对微软是否有滥用垄断的不正当竞争一事表决时，以二比二的投票没得出结论，案子也就不了了之。这一次，微软违反反垄断法的证据确凿，因为根据 1994 年微软和美国司法部达成的和解协议，微软同意不在 Windows 上捆绑销售其他的微软软件。现在，微软在 Windows 中捆绑了 IE 浏览器，网景公司当然不依不饶。但是，盖茨狡辩说 IE 浏览器不是一个单独的软件，而是 Windows 的一项功能。虽然对于用户来讲，是单独的软件还是一项功能在使用上没有区别，但是在法庭上，这就决定了一场世纪官司的胜败。

美国司法部状告微软垄断行为的反垄断诉讼正式拉开序幕。1997年，美国参议院举行了听证会，盖茨和网景公司的CEO吉姆·巴克斯代尔（Jim Barksdale）、太阳公司CEO斯科特·麦克尼利（Scott McNealy）、戴尔公司的创始人戴尔等IT领域的巨头出席作证。会上，当盖茨反复强调微软没有在软件行业形成垄断时，巴克斯代尔说，在座各位没有使用微软产品的请举手。整个会场没人举手。巴克斯代尔再次强调，请按我说的做，结果还是没人举手。巴克斯代尔说，先生们，看见了吧，百分之百，这就是垄断，这足以说明问题了。

很遗憾，网景公司虽然得到了大家普遍的同情，但是，它没有等到法院对微软的裁决结果就支撑不下去了。几乎所有人都认为，网景的失败是不可避免的。

不久之后，微软又故伎重演，以捆绑播放器软件的方法打败了做媒体浏览器RealPlayer的RealNetworks公司。而微软的反垄断官司也在一直打着。2000年，司法部对微软的反垄断官司终于有了初审结果，这就是我们在本章开头介绍的那一幕。后来，微软向最高法院提出上诉。最高法院拒绝听证，将案子转移到联邦上诉法院。2000年底，共和党候选人布什以微弱的优势击败和硅谷关系良好的民主党候选人戈尔（Gore）当选总统，与共和党关系密切的微软得以翻案。当然，以布什为首的共和党政府不会找微软的麻烦。虽然微软在欧盟、韩国和美国的十几个州输掉了反垄断官司，但是除了对微软予以罚款，它们无法拆分该公司。至今，没有任何公司可以撼动微软在软件领域的垄断地位。

5　当世拿破仑

拿破仑说过，"一头狮子带领的一群羊，能打败一只羊带领的一群狮子。"事实上，拿破仑手下名将如云，像拉纳、苏尔特、达武、缪纳和圣西尔等人是一群狮子而不是绵羊，而他自己则是一只领头狮。微软人才济济，盖茨则是领头狮，他对内统领群雄，对外无往不利，对微软帝国的建立起了至关重要的作用。世界上对他的褒贬同样地多，那么他是一个什么样的人呢？用最简练的语言概括，就是两个字——平衡。

首先，盖茨做到了保守和冒险的平衡。盖茨和苹果争霸操作系统时，采用了最保守的做法，凭借落后的 DOS，靠 10 年的持久战取胜。如果盖茨冒失地、大张旗鼓地开始宣传图形操作系统，那么，不但事倍功半，就连应用软件开发商和用户都会对微软失去信心。我们后面会看到，当年雅虎 CEO 塞缪尔是如何大张旗鼓地吹嘘雅虎的新项目 Panama，从而断送雅虎的。

另一方面，盖茨在起家时，包括微软成立后的十几年里，一直惯用冒险的空手套白狼手法抢得先机。1980 年，盖茨到 IBM 推广自己开发的 BASIC 解释器，进而了解到 IBM 需要一种个人电脑的操作系统。盖茨给 IBM 推荐了 DR 公司（Digital Research，数位研究公司），但是 DR 公司和 IBM 在价钱上谈不拢。IBM 又回过头来问盖茨是否可以做类似 DR-DOS 的东西，盖茨非常聪明地从西雅图计算机产品公司 SCP 手上买下了 DOS，但并未透露实际上是 IBM 要，所以只用了区区 7.5 万美元（也有说是 5 万美元）。而盖茨再卖给 IBM 时，只收版权费，不卖源代码。这样盖茨就控制了个人电脑的操作系统。盖茨以后干脆多次打擦边球，仿制甚至抄袭别人的东西，这种做法使得微软避免了很多漫无目的的研究和不必要的失败，因为别的公司已经把成功的经验和失败的教训告诉了他。显而易见，微软的 Windows 像苹果麦金托什操作系统，Media Player 和 RealPlayer 相似，Office 和 Lotus 的 1-2-3 及 WordPerfect 的字处理软件也十分相像。在硅谷，微软一直背负着抄袭者的骂名，但是这不妨碍微软继续前行。不过，盖茨这种我行我素的做法带来的负面影响也是很大的。微软在业界的声誉很差，很多公司还一次又一次地告微软的侵权行为，微软为此赔了不少钱。表 7.1 列出了微软在知识产权上超过一亿美元的历次赔偿金额[3]。

3　此处详见文后"扩展阅读"。

表 7.1　微软历次赔偿金额

获赔偿公司	金额（美元）
太阳	19.5 亿
IBM	8.5 亿
美国在线	7.5 亿
苹果	2.5 亿
DR	5 亿
Novell	5.3 亿
Gateway	1.5 亿
Eolas	5.3 亿
InterTrust	4.4 亿
AT&T	未透露

这里面还没有算上很多索赔超过一亿美元、后又庭外和解的大官司，那些官司的赔偿金额未公布，但是也不会少。此外，微软为自己的侵权和垄断赔偿了超过一百亿美元的巨款。对大部分人来说，甚至对于一个国家而言，这么大的金额可谓天文数字，但对微软来说不过是九牛一毛，它一年的纯利就比这个数目多得多。不过，随着年龄的增长，盖茨在退居二线的前几年，做事风格已经平和了许多。不仅空手套白狼的事情早已不做，而且对知识产权也重视得多。到了智能手机时代，微软自己做不出好的手机操作系统，居然靠收购加拿大北电公司的专利，再对各个安卓手机厂商提起诉讼来挣钱。难怪有人说微软越来越像 IBM 了，这并不是夸微软具有 IBM 稳健的优点，而是讲它在创新上乏力，做新产品时行动迟缓。不过在盖茨主政时，微软的效率还是让业界惊叹不已的。

盖茨心比天高但又脚踏实地。绝大多数人办公司是为了将公司卖掉，很少有人想把公司办成一个百年老店。但是盖茨不同，他志向远大，即使在微软规模还很小时，他就努力将它按百年老店来办。我们已经看到他通过控制操作系统来垄断个人电脑行业的雄心和远见。但是，办起事来，他又非常脚踏实地。在管理上，微软比硅谷的公司严格得多，在人事关系基本上是严格的自顶向下的树状结构，和硅谷公司松散的扁平结构完全不同。在经营上，微软很少花钱做没用的东西。虽然微软的很多产品并不成功，但是，即使在开发这些产品时，其商业前景也是经过严格论证的。微软从不会像苹果早期那样，搞出一大堆有用没用的项目。在这一点上，华尔街很喜欢微软，因为它能保证高利润。另外，盖茨和华尔街合作很默契，每次报业绩时，微软每股的利润总是略高于华尔街预期一两美分，然后让华尔街替它把股价抬上去。因此，微软的股票价格从上市到 2000 年几乎年年翻番。

从生意经上讲，盖茨深知赚大钱和赚小钱的关系。盖茨和他的忘年交投资大师巴菲特做法相同，他们都是要从每一个人身上或多或少挣一笔钱，而不是从富人身上狠宰一刀了事。要知道，世界上最挣钱的汽车公司是生产大众型汽车的丰田公司，而不是生产跑车的法拉利和生产豪车的劳斯莱斯，事实上后者因为亏损已被宝马收购。巴菲特投资的公司，都是像吉列、宝洁（P&G）和强生（Johnson & Johnson）这样生产每个人日常要用的东西的企业。盖茨读过巴菲特给伯克希尔-哈撒韦股东写的每一封信，我无法判断盖茨是和巴菲特不谋而合还是在学习后者。总之，盖茨做的每一件事，都是针对全世界所有人的，这样才能达到聚沙成塔的效果。

盖茨超出大部分有钱人的一个本领是能将公益慈善、自身理想和家族利益平衡得很好。盖茨不满足于仅仅当一名 IT 工业的领袖，他的雄心是改变世界，以前他改变世界的工具是他的微软公司。现在，他完全退出了微软的管理，而实现他改变世界的理想工具则是盖茨基金会（全称为比尔与美琳达·盖茨基金会，Bill & Melinda Gates Foundation）。有不少人认为盖茨是世界上最大的慈善家，单纯只是为了把多余的钱捐出去而已，这其实忽视了盖茨捐钱的目的。如果从每年捐赠的数额讲，盖茨基金会在这几年确实经常排在世界第一。但是，盖茨的做法有他的目的，即通过自己的财富改变世界。事实上，美国绝大多数慈善家，尤其是理念上倾向于共和党、提倡小政府的慈善家，都抱着这个想法，并且通过自己的基金会运作慈善项目。要说清楚这个非常复杂的问题和原因，我们必须先了解一下美国的遗产法、税法和慈善基金会的相关法律。

美国不鼓励从父辈继承巨额遗产不劳而获的做法，因此美国的遗产税高得吓人。虽然遗产税率时高时低，但大致在 45%，而在华盛顿州，因为没有州一级的收入税，为了保证州政府税收，它额外征收高达 20% 的州遗产税。也就是说，如果盖茨将财富直接传给孩子，交完遗产税后，几乎只剩下 40%。美国对投资收入也征收很高的资产增值税，税率从 15% 到 35% 不等。如果卖掉长期持有的微软股票，盖茨将缴纳 15% 的资产增值税[4]，如果他兑现短期的投资所得，则要交高达 35% 的联邦税，而在克林顿时代更是高达 38%。我们不妨算一笔账，如果某个有钱人将自己的股票卖掉转给孩子，那么，每一亿美元的资产只剩下 $1 \times (1-45\%) \times (1-20\%) \times (1-15\%) = 37\%$，即 3 700 万美元。假如我们将这 3700 万美元拿去投资，按每年 10% 的投资回报率计算（这在美国是一个合理的数），每年投资收入按平均 30% 的税率缴税，那么，到 30 年后这个富人的孩子将获得 2.8 亿美元。

要想少缴税，而将财产尽可能多地留给孩子，唯一的办法是将财产捐给自己的慈善基金会。这样做可以免除三种税，第一次卖股票的资产增值税、遗产税和每年的投资增值税。在向自己的基金会捐赠财产时，还能再抵消 40% 的工资等所得税。考虑到这个富人的工资奖金收入和捐到他自己的基金会的股票相比是九牛一毛，暂且不考虑他抵税的部分。美国法律同时规定所有的慈善基金会每年必须捐出 5% 的财产，这就是每年盖茨基金会和其他慈善基金会都要捐出一些钱的原因之一：根据法律它们必须捐。现在我们再来看看这个富人把钱捐给了他自己的基金会后，每一亿美元财产能为孩子留多少钱。我们仍然假定，该基金会的投资回报是每年 10%，扣除捐出的 5% 还剩下 5%。现在该基金会自始至终就不用交任何税了，30 年下来，这一个亿美元的本金增值到 4.3 亿美元，同时还向社会捐出了 3.3 亿美元。因此，如果经营得好，这个富人不但多留给孩子 1.5 亿美元，还通过这 3.3 亿美元的捐赠博得慈善家的美名，而且更重要的是，美国大多数富豪都喜欢通过自己而不是通过政

---

[4] 奥巴马总统和民主党甚至想把它恢复到克林顿时代的 20%。

图7.3 在非洲从事慈善事业的盖茨

府来改造社会，真可谓名利三收。一百年前有洛克菲勒、福特，现在有盖茨和巴菲特（图7.3）。当然，这里面一定有吃亏者，那就是山姆大叔，因为它没有从这个富豪转到基金会的这笔巨额财富中收到一个铜板的税。在美国税收问题上，通常有两种观点，一种认为很多公益事业，比如公立学校，必须由政府出面才能办成，因此应该把税收上来交给政府，民主党人大多持这种观点。另一种观点认为，政府办事效率低下，浪费纳税人的钱，甚至会把钱用于不必要的战争，因此应该少缴税，而每个公民各尽所能靠捐助来完成公益事业，共和党人很多持这种观点。这种观点不能说是错误，因为政府在很多地方确实不如私人企业做得有效率。

盖茨在政治上倾向于介于保守的民主党和温和的共和党之间，他通常在大选时同时向两边下注，这一点他比硅谷（向民主党）一边倒的企业家要精明得多。2001年共和党的布什政府免除了微软的灭顶之灾，而此后民主党的奥巴马政府也没有找他的麻烦。盖茨很少表露他的政治观点，但是他和美国那些富有的前辈在试图改造社会的理念上应该是一脉相承的。根据法律，他可以利用基金会最大限度地发挥财富的作用，而不是交给山姆大叔去打仗。同时盖茨家族的后代或遗嘱受益人，也可以世世代代地控制盖茨基金会。汽车大王福特和一个世纪前的世界首富洛克菲勒的财富，都是通过基金会的形式传承给了后代。

公平地讲，相比那些只是为了传承财富的基金会，盖茨基金会为世界卫生和教育事业还是做了不少贡献的，从它公开的财务报表显示，它每年捐出的现金和实物超过所规定的基金总量5%的要求，而且盖茨家族的人从没有浪费基金会的钱。随着基金规模逐年增长，它每年的捐赠也在相应增加。2017年，该基金的资产达到429亿美元，它捐出了58亿美元。从这点来讲，盖茨是可敬的，他在用自己的财富改变世界。

如果说乔布斯是锋芒毕露，聪明写在脸上，盖茨则是一个平衡木冠军，看似木讷，其实聪明藏在肚子里。乔布斯用他的产品改变人们的生活，盖茨则是用他的财富改变世界。几十年后，当盖茨也去另一个世界见乔布斯的时候，乔布斯个人和家族的影响力可能已荡然无存，而盖茨通过他的基金会，将会薪尽火传。以福特基金会和洛克菲勒基金会为例，它们的影响力至今还在。

6 尾大不掉

打败网景公司后，IE部门的人在公司里一下子从不起眼的外围兵团上升为公司的功臣。接下来在微软内部展开了一场大的争论，或者说内斗，公司今后的发展到底是应该以Windows操作系统为中心进入企业级市场，还是以IE浏览器为中心进入互联网市场。这两个产品，一个是把握人们进入计算机的入口，一个是把握人们通过计算机进入互联网的入口，两者似乎并不矛盾，微软应该可以兼顾，但是在当时做到这一点其实是很困难的。微软的人分成了两派，操作系统派和浏览器派，或者说企业级市场派和消费者市场派。

这两派的争论公开化之前的几年，面向企业级市场的 Windows NT 和面向消费者市场的 Windows 3.1 实际上属于不同的部门，后者拥有 IE。两派的代表人物分别是主管各自部门的公司副总裁阿尔钦和布莱德·斯沃尔伯格（Brad Silverberg）。当时微软发现其办公软件 Office 在企业级市场的利润十分丰厚，并且和操作系统的结合对内支撑着微软帝国，对外不断地在操作系统领域扩展地盘。最终 Windows 加 Office 轻易地统治了个人电脑时代。但是，当时 Windows 的发展并非没有遇到阻力，操作系统派认为需要加大力度研发和推广。

首先苹果的麦金托什市场还很大，计算机专业人员和不少行业的专业人士，包括医生、律师和艺术家等依然认为麦金托什无论在工程上，还是在艺术上都比微软的 Windows 做得好。大中小学的机房里还大量使用麦金托什计算机。微软虽然在市场份额上超得过苹果，但是在工程和设计上依然处于追赶的阶段。被微软打败的应用产品，包括字处理和表格处理软件，在 IBM 的庇护下依然不断地反抗着微软。

而在服务器端，当时各种 UNIX 系列的操作系统，包括开源的 Linux、太阳公司的 Solaris 以及 IBM、惠普、AT&T 和 Novell 等推出的各种 UNIX 版本依然占据着绝对的统治地位。在企业级市场上，微软依然是小弟弟。在这种前提下似乎非常有必要巩固 PC 市场的现有地盘。毕竟一家公司的核心业务如果不稳定，那么它的长期发展一定会有问题。这些是操作系统派一直持有的理由。

而浏览器派的理由今天看起来似乎更合理。在 1996 年已经可以看出互联网"可能"代表今后十年，甚至几十年 IT 发展的方向。当计算机由单机使用到上网，浏览器将不再是众多应用软件中的一个，它作为进入互联网的入口，作用将变大，并且浏览器及其插件从某种程度上会淡化操作系统的影响力。今天，微软最大的竞争对手 Google 不仅通过互联网创造了微软一半的利润，而且通过将很多服务搬到网上，大大削弱了用户对微软的依赖。只是这件事当时并没有发生，互联网的潜力还仅仅停留在"可能"这两个不确定的字上。

这场争论最终以操作系统派获胜而告终，理由是如果遇到经济危机，或者互联网是一堆泡沫，那么以 Windows 为核心的战略可以确保微软平稳地度过危机，而以浏览器和互联网为核心的策略可能会让微软遭受灭顶之灾。微软的预测在几年后的 2000—2001 年就变成了现实，90% 以上的互联网公司都关门了，微软当年的策略似乎无懈可击。但是，在互联网泡沫中生存下来的雅虎和进化出来的 Google 则彻底剥夺了微软在互联网领域的机会。

这次内斗的胜利者阿尔钦则上升为微软的共同总裁（Co-President）。IE 从原来斯沃尔伯格的部门划给了阿尔钦。阿尔钦最终将 Windows NT 和 Windows 3.1（后来是 Windows ME）的代码库合二为一，把 IE 降级为 Windows 的一个应用软件。从此，IE 对微软的重要性从战略层面下降到战术层面。昔日打败网景公司的功臣，现在成了尾大不掉的累赘。失去权力的斯沃尔伯格给微软的 CEO 鲍尔默做了两年顾问，然后悄然离开了微软。在微软内部，获胜者对失败者进行了体面而残酷的清洗，导致浏览器部门从主管副总裁到下面的核心员工大量离职。IE 浏览器从此以后进步缓慢，最终导致 10 年后全球市场份额的锐减。我们在以后介绍浏览器时还会单独介绍。

7 条顿堡之战

我时常把苹果公司比作希腊，把微软比作罗马。众所周知，希腊是欧洲文明的摇篮，孕育着繁荣的文化、科学和艺术。苹果是个人电脑的首创者，是个人电脑工业文化的发源地。罗马从希腊学到了很多东西，然后打败了老师，它建设强大的帝国和美丽的城市，但是创新并不多。微软很像罗马，它从苹果学会了很多东西，并打败了苹果。罗马帝国的崛起和微软帝国的形成正好差了 2000 年。而微软和罗马帝国还有一个惊人相似之处是，它们的扩张止于它们的缔造者。

让我们沿着时空隧道，回到 2000 多年前。公元 9 年，罗马帝国的缔造者奥古斯都大帝已经统治罗马 40 多年了。罗马帝国疆土辽阔，国内繁荣富庶，歌舞升平，万邦来朝。罗马帝国已经占尽了地中海之滨的领土，再要扩张就要向北夺取日耳曼人的地盘了。而当时的日耳曼人不过是一个落后的蛮族。这一年，日耳曼人开始发难，罗马帝国派大军出征，但是在条顿堡（Teutoburg）森林被日耳曼人全歼，至此，罗马帝国的扩张结束。罗马帝国以后还不断地打胜仗，但是其疆域再也没有超过奥古斯都时代。条顿堡森林之战后，虽然罗马举国上下要求复仇的呼声很高，但是，年迈的奥古斯都已经没有当年打败安东尼（埃及艳后的情人）的雄心了，居然忍下了这口气。更要命的是，数年后，奥古斯都在罗马征兵，原先勇武的罗马人竟无人应征。

现在让我们再回到现实。整个 20 世纪 90 年代可以说是微软的十年，在这十年里，整个硅谷大大小小数不清的公司被微软打倒。盖茨更是驰骋商场，鲜有敌手。但是，为了保证公司持续发展，在垄断了整个个人电脑软件行业后，微软也必须找到新的成长点，否则华尔街不会再追捧它的股票。很明显，全球下一个金矿就是互联网。当微软打败网景时，杨致远和戴维·费罗（David Filo）已经把雅虎建成全球最热门的网站。到上个世纪 90 年代末，盖茨腾出手来，成立了 MSN，大举进军互联网市场。

和强大的微软比，雅虎很像日耳曼这个小小的蛮族。但恰恰是年轻的雅虎成功地阻击了微软，使得后者难以进入互联网领域。雅虎的兴衰我们以后还会专门提到，现在，让我们看看它是如何成功地阻击微软的扩张的。

雅虎在微软和网景争斗时，抢到了门户网站的先机，并率先为大家提供免费的电子邮件服务。微软打败网景和 RealNetworks 等公司的绝招是免费提供和对手竞争的产品。但是这一招对雅虎不灵，因为雅虎的服务本身就是免费的。像网景和 RealNetworks 这种开发客户端软件的公司，不向用户收费是活不下去的，而雅虎找到了一个新的商业模式，即让内容的提供商出钱（早期要把新闻放到雅虎上是要向雅虎交钱的），并且为大公司做品牌广告。在广告业中，讲究门当户对，即名牌的东西一定要在最好的媒体上做广告。雅虎作为最早的、影响力最大的门户网站，无疑是大公司最愿意投放广告的地方。有了广告收入，雅虎不断推出各种免费服务，除电子邮件外，还有找工作的、看股票的、天气预报、买飞机票的，等等。在雅虎的带领下，依靠风险投资公司的支持和华尔街的追捧，所有的互联网公司都采用雅虎的免费模式。而微软的思路还停留在个人电脑时代，开始还试图从每个家庭收一笔联网费，结果使得 MSN 的用户数远远落在了雅虎的后面。为了和雅虎竞争，MSN 买下了 Hotmail，试图直接买一些用户，但是，微软犯了个错误，它花了很大精力将 Hotmail 的服务器从原来的 FreeBSD 和 Solaris 改成不适合管理千百万用户的 Windows 2000，后来又不得不将部分服务改为原有系统，白白浪费了时间。总的来讲，微软的思维还停留在一份份卖软件的个人电脑时代，在开拓网络服务方面亦步亦趋。这再次印证了微软的基因决定了它不容易适应互联网时代。

从人员来讲，微软的很多员工，尤其是老员工享国之日渐久，动力大不如从前，正好比奥古斯都大帝后期罗马的公民们。在雷德蒙德（Redmond）微软总部，下午 6 点以后停车场就空空荡荡。而在雅虎，几乎每个人都通宵达旦地工作。华尔街在雅虎和微软之争中帮了雅虎很大的忙。由于雅虎的各种服务是免费的，收入并不高，利润更少得可怜。但是，华尔街认定雅虎代表未来，将雅虎的股票追捧得很高，市盈率一度高达 1000/1，也就是说它的股价是每股盈利的 1000 倍。而当时，公司增发期权不计入成本。因此，雅虎不断增发期权给员工，而仅需付给员工很少的现金工资。员工手中的股票期权，在华尔街的炒作下，以火箭般的速度往上涨。在互联网泡沫破裂前进入雅虎的员工，在 2000 年时，绝大多数在纸面上都是百万富翁。因此，雅虎士气高涨。可以说没有华尔街的帮助，小小的雅虎根本抵挡不住微软 MSN 的攻击。

等到互联网泡沫崩溃，雅虎的营业额和股价一落千丈，自然无力阻击微软了，但它已完成了自己的历史使命。而微软因为美国经济不景气也暂时没有扩张。现在回过头看，微软那时恰恰错过了进军互联网最好的时机。那时没有一家公司在财力上可以和微软相比。微软坐拥数百亿美元的现金，而且每个季度还产生数十亿美元的利润，完全有能力打造一个网络帝国。另一方面，很多公司开始整部门整部门地裁员，本来正是收购人才和技术的好机会，但是微软按兵不动。其中原因很多，主要的有四条。第一，微软已经不是当年那个礼贤下士的公司了，变得对人才和技术都很傲慢，微软的人才开始流失。第二，它毕竟因为反垄断官司在身，在公司收购上多少有些限制，以至于在收购搜索公司 Inktomi 和在线广告公司 Overture 上被雅虎抢了先。第三，长期以来，鲍尔默和华尔街合作很好，为了迎合华尔街，微软总是把财报搞得漂漂亮亮的，因此，它不愿意大量长线投资新技术项目，这会使得利润和现金流入下降。这一点，巴菲特做得比很多公司老板要高明得多、有远见得多。他从不管华尔街说什么，只要是看准的事就只争朝夕地做起来。虽然有时他的公司伯克希尔-哈撒韦业绩在短时间里会受很大影响，但是长期来看，伯克希尔-哈撒韦的业绩是没有公司可比的。第四，互联网泡沫之后，谁也吃不准互联网是否能挣钱，微软也不例外。根据接近盖茨的人讲，盖茨甚至到了 Google 上市前，还认为开源的 Linux 是微软的主要对手，而不觉得 Google 能成多大气候。他的下属问他对 Google 的看法，他觉得一两个部门就能搞定 Google。

我非常喜欢黑格尔的一句话：凡是现实的都是合理的，凡是合理的都是现实的。（All that is real is rational; and all that is rational is real.）虽然这句话常常被误解成它在为当今不合理的现实开脱。其实，如果我们动态地看待现实性和合理性，可以把这句话理解成，现在存在的现象，当初产生它的时候必然有产生它的原因和理由。如果这个理由将来不存在了，终究有一天它也会消亡。微软称雄于个人电脑时代，自有它的合理性。但是，到了网络时代，现实改变了，微软再次称雄的合理性也就没有了。2008 年，在线业务一直不好的微软试图收购雅虎公司，但是因雅虎创始人和一些大股东不同意而没有成功，这个以后我们会详细分析。微软后来挖到了雅虎主要的工程负责人陆奇统筹管理整个在线部门，在短期内由于新搜索引擎 Bing 的上线，面貌有所改观，但是这很大程度上是通过 Office 和 Windows 的使用帮助连到 Bing 上硬拉来的流量，并非主动搜索的增加。总的来讲，微软在互联网业务上至今发展得非常缓慢，甚至比整个行业的发展速度要慢。

2011 年初，Google 发现微软的 Bing 实际上在抄它的搜索结果，虽然这种做法是合法的，但是微软已经把自己放在一个失败者的位置上了。同年 3 月，微软做了件耐人寻味的事情——它向欧盟提出对 Google 反垄断的诉求，理由是 Google 占据了欧洲主要市场的 90%。微软在历史上一向被其他公司作为反垄断目标，因为其他公司无法在商业上打败微软，只好向各国政府"抱怨"。如今抱怨者成了微软，看来它通过技术和商业进入在线市场的招数已经出尽了。

8 智能家庭争夺战

如果说微软至今在互联网上举步迟缓，而它在另一个新的领域来势却非常凶猛，那就是游戏机领域。游戏机原本是比个人电脑简单得多，而且功能有限的计算机，和个人电脑工业没有什么交集。上个世纪 90 年代以前，它基本上是日本厂家任天堂（低端）和索尼（高端）的天下。本来，微软虽然也做一些 PC 游戏，却不涉足游戏机市场。但是，从 1997 年起，微软大举进军小小的游戏机市场。这回微软无法免费提供游戏机，但是它使用了类似的倾销策略，逼得对手打价格战而无利可图。由于任天堂和索尼在游戏数量上有长期积累，微软没有能像它击败软件对手那样只用一个回合就胜出，但是微软的倾销策略还是见到了成效，它在游戏上的营业额从 2002 年开始的 20 亿美元，上升到 2007 年财政年度的 60 亿美元，再上升到 2018 年的 100 亿美元。但是，迄今为止，微软在游戏机方面一直在赔钱，它的每一个游戏机都是在赔钱卖，这种商业作派很不符合微软务实的特点。微软之所以在这个领域坚持了这么多年，其实是醉翁之意不在酒。

盖茨早在他的 1995 年所写的《未来之路》一书中，就描绘了一个通过计算机控制家庭里主要的家电，并且帮助主人完成很多家务事的愿景。这个愿景如果实现，那么微软公司给每一个家庭带去的就不仅仅是一台电脑，而是一个智能家庭。当然，在那个年代，智能家居和万物互联的概念还没有。因此，盖茨先从家庭的客厅做起，希望通过占领每一个家庭的客厅，实现他很早就有的智慧家庭的梦想。而根据巴菲特的投资原则，要想赚大钱，就要开拓每一个贴近日常生活场景的市场。

在美国，一家人在客厅做的最多的事情是什么呢？在上个世纪 90 年代就是看电视和玩电子游戏，或者更泛泛地讲是娱乐。当时宽带业务、电视娱乐节目都是由电信公司和电视公司控制，这和微软当时的业务还相去甚远。于是，在 1997 年，微软进入了 PC 的电子游戏市场，并且在 2001 年当微软在 PC 领域已经不可能再提高市场占有率之后，开始制作游戏机硬件。从此，便有了很多人使用到今天的 Xbox 游戏机和在上面开发出来的上千款游戏。

随着互联网的普及，尤其是 VoIP 技术的兴起，互联网公司有可能取代传统的电信和有线电视公司，成为视频节目和其他家庭娱乐的提供者。通过互联网提供视频节目，成本要比有线电视高[5]，但是却有自己的优势。直到本世纪第一个十年，大家看电视的模式依然是电视台放什么，观众看什么。虽然观众可以选择频道，但是不能把昨天电视台播放的电影挪到今天看（除非定时录下来）。如果错过了一条新闻，也很难再补看一遍。到了 2007 年，美国的有线电视公司提供按每次收看付费的服务，但仍然是电视台播什么观众看什么，无法针对不同用户（按 IP 区分）传送不同节目。另外，电视台也无法和用户进行交互，比如观众要去喝杯水，电视台是无法专门对他暂停的。比较理想的场景是，观众在电视机前可以通过遥控装置选择任何他们想看的内容，无论是一部新电影（这可能需要单独付费）、一场球赛、今天的新闻，还是过去某一段漏掉的内容。播放的进度则完全由观众自己控制——如果一场电影今天没有看完，明天回来可以自动从中断的地方继续播放，而不需要录下来，然后重播和快进。

---

5 电视的播放是一对多的信息传输，一次传输可以惠及很多受众，而互联网视频是一对一的信息传输。这造成了后者的带宽成本较高。

当时有好几家公司都看到了利用互联网改造家庭娱乐产业的机会，不过由于它们各自的基因不同，对市场的理解和设计的商业模式完全不同。

思科公司当时在 VoIP 技术上是领先的，它把重点放在了企业级 VoIP 设备上，希望原来的有线电视公司购买它的设备后，自行变为互联网娱乐公司。

微软、Google、苹果和索尼，则看重每个家庭客厅的娱乐中心，它们将自己的产品往这个方向挂靠。它们首先需要将每个家庭的客厅用自己的硬件产品控制起来，取代过去的机顶盒，然后还要和内容提供商协调，提供各种有价值的娱乐内容。

2006 年微软推出了新一代的游戏机 Xbox 360，它强大的游戏功能和超低的价格让不少玩家感到满意。但是，当时互联网的速度还远远没有达到代替有线电视的水平，因此微软以及同时代在这方面提前布局的索尼公司，都不得不在自己的游戏机中提供最先进的高清晰度 DVD 播放器。于是，这一场家庭娱乐中心的竞争成为了新一代 DVD 标准的竞争。一方面是微软和东芝的联盟，它们提出了 HD-DVD 的标准，另一方是索尼主导的蓝光 DVD（Blu-Ray）联盟，它包括了除微软和东芝以外的所有公司。蓝光 DVD 的容量几乎是 HD-DVD 的两倍，再加上全世界 IT 行业的助阵，微软很快败下阵来。不过，由于当时网速的限制，索尼虽然赢得了高清 DVD 的标准，也没有赢下美国家庭的客厅。

4 年后，也就是 2010 年，客厅争夺战再次展开，这时互联网的带宽已经不再是它取代有线电视的障碍了。但这回除了微软，还来了两个重量级选手——苹果和 Google。苹果公司吸取了第一代 Apple TV 失败的教训，把新的 Apple TV 做成连接电脑和电视的桥梁，同时它也是一个方便使用的机顶盒，Google 则联合了索尼等硬件厂商，以及全球最大的卫星电视网 Dish Network（默多克旗下的公司）。在这样的战场上，微软很快又败了下来，但是苹果和 Google 也没有成功——这倒不是这两家公司技术不行，而是它们没有控制足够的娱乐内容。

让这三家IT巨头都没有想到的是，完成家庭娱乐革命的居然是体量比它们小很多，而且几乎不挣钱的奈飞公司。奈飞公司（Netflix）成立于1997年互联网泡沫时期，它在线上提供电影的DVD租赁业务，并很快把美国所有的线下租赁业务挤垮了。但是，在随后的很多年里，没有哪一家IT巨头把它放在眼里，因为它不过是一个在线小商店。2008—2009年的金融危机给奈飞公司带来了机会。和历次经济危机时娱乐业都非常发达一样，最近这一次也不例外，奈飞公司的生意一下子火爆起来，而它利用了正在蓬勃发展的云计算技术以及日益提高的网速，将商业模式从DVD光盘租赁变为在线付费收看。我们前面讲到的利用VoIP技术改造娱乐业的事情，它反而基本上都做到了。今天，它已经成为全球一家知名的IT公司。近年来，奈飞更是投资自己拍影视作品，其中《纸牌屋》在全世界热播。

在奈飞崛起之后，微软和苹果在控制家庭客厅方面机会已经很渺茫了。Google得益于拥有世界最大视频网站YouTube，以及全球市场占有率最大的浏览器Chrome，制造了极为廉价的Chromecast硬件产品，将互联网节目转换到电视上，这才得以和奈飞分庭抗礼。今天YouTube和奈飞两个网站居然占掉了全球50%的互联网带宽。

进入到21世纪第二个十年之后，随着大数据和人工智能技术的成熟，各大公司在智能家庭上的竞争正式拉开帷幕。

2013年，Google以31亿美元的天价收购了做家庭智能空调控制的公司Nest，不仅试图控制家庭的娱乐系统，而且试图控制所有家电。2014年[6]，亚马逊公司研制出智能音箱Echo，并且随后增加了便于使用的自然语言对话功能。这个不大的音箱通过背后的Alexa对话机器人，不仅可以管理家庭的各种智能电器和万物互联（IoT）设备，而且可以为家庭提供娱乐节目和

6　真正上市的时间是2015年。

各种线下的服务，比如叫网约车、订外卖和购物。很快，数千家电器厂家，包括三星、飞利浦和 LG 等知名企业，以及线下服务提供商，包括优步约车、必胜客、棒约翰等，都连入了亚马逊的 Echo 智能系统。到了 2018 年，Google 公司的类似产品 Google 家庭（Google Home）取代亚马逊成为全球第一，而排在这两家跨国企业之后的智能家居公司则是中国的阿里巴巴和小米。而在这个市场上，居然没有微软的影子。当初盖茨提出智能家庭概念时，亚马逊、Google、阿里巴巴和小米还不存在呢，但是微软起了个大早，却赶了个晚集。

9 拒狼驱虎

微软在互联网上起步迟缓，虽然后来在和网景的竞争中胜出，可是在同真正的互联网公司雅虎和 Google 的竞争中一直占不到上风。但是，当看到 Google 能创造出一个如此之大的搜索市场和在线广告市场时，微软投入全力奋起直追，却因为基因的缺陷而不很成功。2008 年，微软在收购雅虎失败后，直接从雅虎引进了高管陆奇掌管它的在线部门。同时一方面加大研发的投入，另一方面开展"金圆外交"，与业绩摇摆的雅虎达成搜索业务的合作。雅虎终止了自主搜索引擎的研发，转为由微软的 Bing 搜索引擎提供服务。这样微软便整合了在中国以外第二、第三名的两个搜索引擎，拿到了近 30% 的搜索流量。在中国市场上，它通过和百度在搜索广告上的合作，试图打开一些局面。

虽然市场可以买来，但是收入却要靠真本事才能挣到。由于微软搜索的流量自主成分相对较低，比如使用 Office 软件的帮助，也算成一次搜索，因此商业价值远没有 Google 搜索甚至百度搜索值钱（即使以绝对的美元价格计算），广告收入远远无法支持巨大的研发投入、运营成本和付给雅虎的收入保证金[7]。这样，微软的在线部门以每年亏损 20 亿美元的速度不断烧钱，从 Bing

---

7 根据微软和雅虎的协议，雅虎将搜索流量转给微软后，微软必须保证雅虎固定的搜索收入，即使微软实际上没有获得这么高的收入。

搜索引擎 2009 年上线到 2011 年，它累计亏损 55 亿美元，"烧钱"最多时一个季度亏损近 10 亿美元。在这之后，微软的在线部门的亏损趋势并没有缩小，到 2013 年 6 月，它的累计亏损金额翻了一番，达 110 亿美元（图 7.4）。

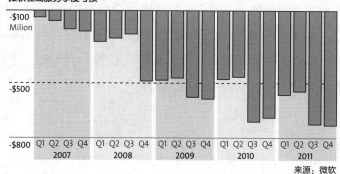

图 7.4　微软在线部门亏损情况[8]

当然，这个烧钱速度相对微软公司 200 亿—250 亿美元的年利润还是可以支撑的。但问题在于烧钱是否起到了作用？虽然一些第三方流量监控公司给出的数据表明微软的市场份额略有上升，但是这里面"硬拉来"的流量比例很高，不完全能说明问题。关键是，微软的搜索并不比 Google 的更好，很难激发大家主动使用它的欲望。

如果说微软在其在线布局上有什么可以改进的地方，那么首先应该将和"上网"有关的各种业务划给在线部门，尤其是 IE 浏览器的业务。几乎所有的互联网公司都是把浏览器和在线业务紧紧地绑定在一起的。现在 IE 浏览器隶属于操作系统部门，首先得不到足够的重视，最近 10 年的发展非常缓慢，而其对手 Mozilla 的 Firefox、苹果的 Safari 和 Google 的 Chrome 都在快速进步。其次，微软这样的布局使得其他公司很难和它的在线部门展开全面合作，因为一旦涉及浏览器的合作，在线部门就不能完全做主，必须去找操作系统部门。这说明微软原有的基因如果不改造，很难适应互联网业务的发展。

8　http://money.cnn.com/2011/09/20/technology/microsoft_bing/index.htm。

微软擅长的是客户端，而非服务端的软件，与 Google 的竞争多少有点以短处对别人长处，总是事倍功半。当微软全力追赶 Google，在互联网领域采取攻势时，它却没有很好地防御好自家后院。或许是在搜索上投入了太多的精力，微软在 2000 年以后，在其他领域节节后退。在互联网的入口浏览器方面，微软 IE 浏览器的市场份额不断下滑，到 2012 年年中，IE 的市场份额首次低于 Google 的 Chrome，降到了全球第二位，这以后它和 Chrome 的差距越来越大，见图 7.5。到了 2017 年，Chrome 获得了全球 70% 的市场份额，而 IE 只剩下 5% 左右。

微软和 Google 的竞争如果获胜（也不可能是全胜），固然会找到一个新的成长点，但是如果失败也不至于动摇它在个人电脑软件上的地位，因此 Google 对微软的威胁其实还是肘腋之痛，但是苹果对微软的威胁可是心腹大患，因为苹果实际上正在动摇微软在客户端软件的基础，可惜微软只顾着追赶 Google，完全没有防范苹果。

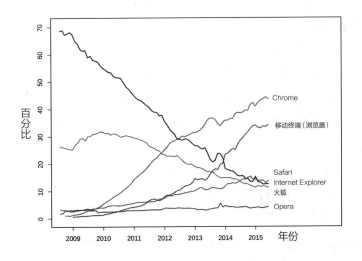

图 7.5　浏览器的市场份额（数据来源：StatCounter）
曲线自上而下代表的浏览器：IE、火狐（Firefox）、Chrome、Safari、Opera 和移动终端

在微软和苹果这对冤家的前几个回合争斗中微软占尽了上风，到乔布斯回到苹果时，这家公司已经只剩下一口气了，甚至等不到打赢和微软的官司的那一天。乔布斯几乎是哀求般地给盖茨打了一天的电话，希望和平解决争端，请微软能为苹果继续开发软件，同时进行投资。或许是不想继续惹官司的麻烦，或许根本没有觉得已经奄奄一息的苹果会对微软构成什么威胁，盖茨答应了乔布斯的请求，对苹果进行了投资，却没有拿投票权。这个消息传出，苹果当天的股价飙升了 33%，把苹果从死亡线上拉了回来。

在接下来的几年里，微软依然没有把苹果当回事。2001 年，苹果推出了 iPod 音乐播放器，并且在当年实现了一亿美元的销售，这和一年几百亿美元收入的微软相比实在算不上什么，因此微软也没有在意，只是按照以前别人做什么它也做什么的习惯，搞了个类似的 Zune。但是，由于粗制滥造，加上也没有和提供音乐的传媒公司搞好合作，基本上没有什么市场反响。当然，微软当时并没有觉得苹果开发新品的行动对自己的核心业务会有什么影响，它正在忙一件事——裁员和重组（说得不好听点是窝里斗）。毕竟，2001 年由于互联网泡沫破碎带来的经济危机让各家 IT 公司的日子都不太好过，大家考虑的是如何生存，而不是如何发展。微软在个人电脑操作系统上拥有无人能挑战的统治地位，因此盈利依然不错，虽然没有前两年好。但是，坐拥大量现金的微软不是考虑利用竞争对手艰难的时期布局新的业务，而是将一部分现金派了股息，来赢得投资者的满意。今天来看这是彻头彻尾的昏招，让苹果毫无阻力地壮大了。2001 年苹果的盈利不过是每股区区的 0.1 美元，而 10 年后的 2011 年，它的盈利达到每股 41 美元，涨了 400 多倍。而这些利润全部来自微软以往挣钱的领域：终端消费者。

随着苹果电脑、iPhone 手机和 iPad 平板电脑的用户越来越多，大家发现其实微软的操作系统开始变得可有可无了。以前大家大部分时间是单机操作，即使上网也不过是看看新闻，收发邮件，Windows 确实必不可少。但是，当用户大部分上机时间花在互联网上时，Windows 的作用就不是那么大了，因此不可能完全只靠 Windows 来锁定终端用户。事实上，使用微软产品的用户占比在过去的 10 年里处于慢慢下降的趋势。而此时苹果的 i 系列消费电子产品全都受到用户的追捧，市场占有率不断攀升。最终，在 2010 年苹果的市值超过了微软，成为全球市值最高的 IT 公司。虽然今天微软依然可以用"苹果和我们不在同一个市场"来安慰自己，这从近期狭义的市场划分来讲是对的，苹果的产品还替代不了微软 Windows 和 Office 的作用，但是从长远来看，一旦大多数用户都养成了没有 Windows 照样活的习惯，微软的根基就被苹果、Google 和 Facebook 这些公司洞穿了。目前，我们依然看不到微软在平板电脑、智能手机等个人用户上网的终端上有任何反败为胜的可能。微软虽然收购了诺基亚的手机业务，但是采用微软 Windows Phone 操作系统的智能手机的市场份额仍小得可怜，2017 年之后，Windows Phone 已基本上不再更新。

那么为什么以个人用户操作系统和软件起家的微软反而做不好个人用户的产品了呢？在 2000 年以前，虽然微软的产品做得不如苹果的酷，但是从易用性来讲和苹果是各有千秋，有些地方还强于苹果，这才使得微软能后来居上打赢操作系统之战。但是在 2001 年后，微软在和苹果的竞争中不但没有讨到任何便宜，而且时常显得毫无还手之力。这里面固然有乔布斯的修行比复出前高出了一个境界的原因，还有盖茨忙于慈善无心打理公司，鲍尔默又不懂产品的原因。但是，还有更深层的原因。

微软自从通过 Windows 和 Office 进入企业级市场后，大部分收入来自企业而不是个人用户。虽然正版 Office 平均 200—300 美元的价格并不便宜，而在欧美各国基本上也没有盗版，但是从个人用户身上微软收到的毕竟还是小头。相比对个人用户，微软对企业级用户收费要狠得多，按照每个工位每年收取 200—300 美元的费用。而全世界范围里，企业盗版的情况远没有个人严重。因此微软的收入大头来自于企业，而且非常稳定。由于微软在过去的十多年里，几乎不花什么力气就可以每年从企业级用户那儿收到足够的利润，因此十几年后，微软已经失去了开发优秀个人用户产品的能力。这就如同在动物园里养尊处优时间长了的猛虎，回到大自然中，早已失去了捕猎的能力。

在 21 世纪的头十年，微软在前面追赶 Google，却放松了对苹果的警惕，可谓是前门拒狼，后门进虎。

10　来自印度的救星

微软在盖茨过问各项业务时，可以说是无往不利，战无不胜。此后交由鲍尔默管理公司，则败给了几乎所有的主要公司。不过，他总算为微软找到了一个合适的接班人，并最终扭转了微软在竞争中的颓势。

2014 年 2 月 4 日，微软董事会宣布由萨提亚·纳德拉担任公司的董事和首席执行官，喧嚣已久的微软新 CEO 的选择至此尘埃落定。如何带领错过了互联网、智能手机等机会的微软走出困境，是纳德拉被赋予的使命。

纳德拉出生于印度，通过留学来到美国，获得过两个硕士学位。纳德拉并不是一位技术专家，但却是一位比较有耐心的沟通者。他早先任职于太阳公司，很快跳槽到了微软，经历了盖茨和鲍尔默两个时代，对微软内部的管理和极为复杂的人事关系有着深刻的理解。从 2012 年开始，华尔街给微软不断施加压力，希望业绩平平脾气却很大的鲍尔默退休让贤。微软花了很长时间在全世界寻找鲍尔默的继任者，最终董事会觉得，如果从外面"空降"一位 CEO，在短时间内将难以熟悉微软内部极为复杂的环境，不如从内部提拔一个人，或许可以更快地推动新业务。于是，在过去三年里被不断提拔的纳德拉出人意料地成为了 CEO。当时微软内外其实对此都没有把握，华尔街还在估计他在这个位子上能坐多长，但事实证明纳德拉做得不错。

纳德拉成功的秘诀源于印度人文化中的"没有选择的幸福"。纳德拉虽然出生在印度，但是他的职业生涯没有选择，只能在美国发展，因为印度不可能有美国的发展机会。相比之下，来自中国在美国做到大公司高管的人有太多的选择，这正是在美国大公司里，中国人最终做不过印度人的主要原因之一。关于这一点我在《见识》一书中已经详细分析过了，这里不再赘述。纳德拉在微软基本上就是一根筋做一件事，一条道走到黑，然后坚持了 20 年，一步步上升。他担任了 CEO 后，手上也没有太多牌可以打。虽然鲍尔默比盖茨时期开创出了很多新的业务，但绝大部分都是烂摊子。纳德拉手上唯一有的还是当年的 Office 办公套件，这占了微软八成左右的利润。此外，靠着操作系统，微软在鲍尔默担任 CEO 的最后两年在数据库市场上有所起色，虽然竞争不过甲骨文，但是开始蚕食 IBM 的市场了，这也是纳德拉还拿得出的一张牌。在这种没有选择的情况下，心思比较专一的纳德拉反而能发挥他的特长了。

纳德拉扭转微软竞争颓势的战略有两个，它们密切相关。

第一个战略调整是做减法。

过去，微软的业务和 Google 几乎是 100% 的重合，此外它还多出许多业务。相比苹果，它除了自己不做 PC，剩下的业务也是重合的。然后，微软还有这两家企业都没有的数据库业务和游戏业务，分别与 IBM 和甲骨文以及任天堂和索尼这四个行业里竞争力很强的企业在竞争。由于能人太多，各大部门里面的人彼此也不服气，可能还相互歧视。当然微软内部很多人不承认这种情况的存在，但是他们一旦离开微软，都把它作为鲍尔默时代公司无作为的原因之一。

纳德拉调整微软的策略和当年乔布斯重构苹果的做法相似，他只强化了和企业级软件相关的业务，对于那些永远不可能挣钱的或没有竞争力的，通过让它们自生自灭的方式砍掉。因此，鲍尔默一直扶持的互联网业务，定位非常尴尬的微软亚洲研究院，各种移动业务，以及 Skype 等即时通讯业务，都在纳德拉做减法之列。在很多人看来，这些业务才代表未来的趋势，但纳德拉的态度是，这些领域看似光鲜，可既然微软在那里永远看不到希望，光鲜和我们又有什么关系呢？不如一门心思回过头来强化微软最擅长、挣钱最多的业务，即以 Office 和数据库为核心的企业级软件服务，为了这个中心，纳德拉甚至收购了很难盈利的领英（LinkedIn）公司，因为后者有巨大的企业级数据。

当然，仅仅回归基本盘是无法让资本市场看好的，最终也难以保证利润不被新起的企业侵蚀，因此纳德拉祭出他的第二招：新瓶装旧酒。纳德拉上台后，大力发展当时在行业中处于非常落后位置的云计算业务 Azure，因为这是他能够装旧酒的新瓶子，而他装的旧酒，就是大家离不开的 Office。通过将 Office 从过去的软件销售，变成在线软件订购服务，微软让人感觉是从软件公司开始向云计算服务公司转型了。而它的 Azure 平台，在云计算的市场占有率从过去近乎为零，增长到 20%，超过了 Google 的 12%。虽然这两家加起来还不到亚马逊的一半，但毕竟算是转型成为了云计算公司，而不再是过去单纯的软件公司。

靠着新瓶装旧酒，微软在利润上并无大幅提升，股价居然在两年时间里翻了一番，因为华尔街已经将它从传统的软件公司划归为互联网和云计算公司了，因此给它的市盈率从过去的 20 左右提升到 40 左右。股价的提升大大鼓舞了整个公司的士气，让人们重新对微软这个昔日的霸主刮目相看。今天很多人提到纳德拉时觉得他不过是一个会来事的高级经理人，但他毕竟办到了企业家们很难办到的事情——把一头不断走下坡路的大象推上坡。

结束语

微软只用了短短的十几年就建成了一个 IT 帝国，而以前的 AT&T 和 IBM 则用了半个世纪才办成同样的事。不仅如此，微软还促成了整个个人电脑工业的生态链，并且作为龙头引导着计算机工业快速发展。同时，它又通过垄断扼杀了无数富有创新精神的公司。如果不是反垄断法的约束和雅虎及后来的 Google 在互联网领域对微软成功的阻击，我们很难想象有什么力量能阻止它的扩张。它的缔造者盖茨是我们迄今看到的在 IT 领域最有野心、最有执行力的统帅。

进入 21 世纪以来，微软的行动明显放慢，它的扩张一再受阻。从 2006 年起，将近知天命年龄的盖茨不再过问微软的日常事务，完全交给了 CEO 鲍尔默。鲍尔默最强劲的对手已经不是 PC 时代的那一批英豪了，而是三个年轻人：Google 的创始人布林和佩奇，Facebook 的创始人马克·扎克伯格（Mark Zuckerberg）。在此后 8 年里，鲍尔默可以说为了微软的事业做到了鞠躬尽瘁，但是昔日的罗马帝国荣光的日子再也回不来了，他也因此黯然离职。至于微软和 Google 的世纪之争，我们放到有关 Google 的章节中介绍。在随后几年里，纳德拉通过做减法和新瓶装旧酒的方式扭转了微软不断下滑的颓势，但是如果你关注微软的业绩，就会发现它没有多少进步。

微软的兴衰可以用两句话来概括。第一，它兴起于个人电脑的浪潮，同时随着这次浪潮已接近尾声，而进入发展的中年期。第二，它过强的桌面软件的基因，使得它无法站到互联网时代的浪潮之巅，也错过了以智能手机为核心的移动互联网时代。今天的微软仍然是世界上最赚钱的公司之一，这仅仅是因为个人电脑的浪潮还没有完全过去，处在这一波浪潮之巅的微软即使不做任何事，每年也能从 Windows 和 Office 上收取大量的软件授权费。但是，这些辉煌已经成为过去。它今后能否真正第二次起飞，在很大程度上取决于它能否利用云计算实现从软件企业到互联网企业真正的转型。从目前微软缓慢的前进步伐来看，这种可能性并不大。

微软公司大事记

1975	微软公司成立。
1980	微软为 IBM PC 提供 DOS 操作系统。
1981	微软和苹果开始合作。
1990	微软推出基于图形界面的 Windows 3.0 操作系统，微软帝国开始形成。
1993	微软推出视窗版制表软件 Excel，并最终挤垮了这个领域的莲花公司。
1995	Word 95 问世，微软最终挤垮了这个领域的 WordPerfect 公司；同年，IE 浏览器问世，微软最终以此挤垮了网景公司；但是，微软在进入互联网上行动迟缓，最终落后于雅虎公司。
2000	微软成为全球市值最高的公司，市值超过 5 000 亿美元；同年，美国华盛顿地方法院裁定微

	软的垄断行为，要求微软拆分成两家独立公司，后来在共和党当政期间微软上诉至高等法院，高等法院推翻了原判；同年，鲍尔默接替盖茨成为微软新 CEO。
2004	微软进入搜索领域，开始与 Google 展开重量级竞争。
2007	微软推出 Windows Vista 操作系统，该操作系统是如此糟糕，以致用户宁愿选择早期的 Windows XP，Vista 成为微软历史上最失败的操作系统。
2008	微软试图收购雅虎未果，之后微软聘请雅虎的陆奇掌管整个在线部门。
2011	微软和诺基亚达成协议，为后者提供手机操作系统，2013 年微软收购了诺基亚的手机部门。
2014	掌管微软 10 多年的鲍尔默无力再造微软的辉煌，黯然离职。同时，纳德拉成为微软第三任 CEO。
2018	微软股价一度再次超过苹果，成为全球市值最高的公司。

扩展阅读

1. http://en.wikipedia.org/wiki/Microsoft_litigation.
2. http://forum.armkb.com/sell-purchase/19706-ibm-wins-850m-settlement-vs-microsoft.html.
3. http://news.bbc.co.uk/2/hi/business/2949778.stm.
4. http://en.wikipedia.org/wiki/Apple_Computer,_Inc._v._Microsoft_Corporation.
5. http://news.bbc.co.uk/2/hi/business/600488.stm.
6. http://www.novell.com/news/press/archive/2004/11/pr04076.html.
7. http://news.cnet.com/Microsoft,-Gateway-reach-antitrust-settlement/2100-1014_3-5662409.html.
8. https://www.infoworld.com/d/security-central/update-microsoft-settle-intertrust-440m-541.

第 8 章 纯软件公司的先驱

甲骨文公司

读者见到这个题目可能会觉得有点滑稽。"软件难道不是随着计算机一起出现的吗？为什么软件公司还有先驱的说法？IBM 不早就有软件了吗？"是的，软件的历史和计算机的历史一样长，但是，纯软件公司的历史只有 40 多年。40 多年前整个计算机工业的模式都是制造硬件、搭配软件和服务，无论是当时行业的老大、白雪公主IBM，还是七个小矮人[1]，以及DEC、惠普等小型机公司都是如此。在当时，很难想象一个计算机公司不生产硬件，而只开发软件，然后靠软件的使用费（License Fee）过活。树立起这个商业模式的是两个公司，在个人计算机领域是我们前面讲到的微软公司（1975 年成立），而在企业级市场就是本章将要介绍的甲骨文公司（1977 年成立）。

1 老兵新传

到目前为止，我们在书中介绍的 IT 创业的例子，比如微软和苹果，以及后面讲到的更多创业的例子，从思科、Google 到 Facebook，都是 20 多岁年轻人的传奇故事，而且是一次成功。如果屡败屡战，创业创到 30 多岁还没有成功，那么之后成功的可能性就不大了。不过凡事都有例外，这个例外就出现在拉里·埃里森（Larry Ellison）身上。甲骨文的成功，很大程度上是靠

---

[1] 和IBM同时代计算机领域的七个矮人分别是巴勒斯（Burroughs）、UNIVAC、NCR、CDC、霍尼韦尔（Honeywell）、RCA 和通用电气（GE）。

埃里森这个人,因此要了解甲骨文,就必须深入了解埃里森的个性。

拉里·埃里森和史蒂夫·乔布斯是硅谷最有个性的两个人,而且这两个人一生的敌人比朋友多很多。不过,这两人相差十几岁、天性孤傲,都将对方看成自己最好的朋友。在乔布斯处于事业最低谷时,埃里森就在硅谷到处为他呼吁和活动,希望他能重掌苹果。两人友谊的基础,大概源自他们身上惊人的相似性和巨大的差异性。

从基因上看,有着犹太血统的埃里森和有着阿拉伯血统的乔布斯都属于中东闪米特人的后代。和乔布斯一样,埃里森也是非婚生子,由养父母养大。1944年,埃里森出生在纽约一个并不富裕的市区,他的生母当年只有19岁,而他的生父是一位飞行员。或许是继承了生父的体魄和运动基因,埃里森后来成为"美洲杯"帆船赛的参赛者。埃里森出生不久,他的生母意识到无法独自养活这个孩子,就把他送给了自己在芝加哥的姨夫和姨妈抚养。而埃里森直到48岁才再次见到自己的生母。和乔布斯一样,埃里森从养父母那里得到了很好的关爱。中学时的埃里森是个聪明但表现并不突出的孩子,这一点也和乔布斯类似。高中毕业后他先后在伊利诺伊大学(University of Illinois, Urbana Champaign)和芝加哥大学读书,和乔布斯一样,他也没有完成学业,大学没读几年,22岁就到了硅谷工作。在掌管甲骨文后,埃里森也和掌管苹果的乔布斯一样,不断(通过董事会)给自己大量地发股票。另外,他们对竞争对手都非常"狠"。

埃里森离开大学后并没像乔布斯那样自己创业,因为当时信息革命还没有开始,他选择了进入Amdahl公司工作,Amdahl公司由世界著名的计算机专家、IBM 360的设计师基尼·艾曼达尔(Gene Amdahl)创立,制造和IBM几乎一样的大型机。之后埃里森转到一家不大的军工企业Ampex,参与为美国中央情报局开发数据库的项目,从此他和数据库结下了不解之缘。当时这个数据库项目的代号为Oracle,意思是预言家,后来Oracle公司起中文名字时,为了贴近中国文化的渊源,采用了中国古代预言的记录文字——甲骨文。

如果没有信息革命，埃里森可能再换一两家公司，然后就这样退休了。但是到了上个世纪70年代，信息革命改变了埃里森的命运，同时也让埃里森改变了世界。1970年发生的一件并不太引人注意的小事对埃里森后来触动很大。IBM一个名叫埃德加·科德（Edgar F. Codd）的英裔美籍计算机科学家提出了关系型数据库的理论。这是数据库历史上的一次重大革命。为美国中央情报局开发数据库的埃里森深受这套理论所鼓舞，他觉得机会来了！1977年，埃里森的同事鲍勃·迈纳尔（Bob Miner）与爱德华·欧特斯（Edward Oates）一起创办了一家数据库公司，埃里森也在几个月后加入该公司，成为联合创始人。此时埃里森已经在硅谷打拼了十来年，可以算是一位硅谷的老兵了。他们给公司取名为"软件开发实验室"（Software Development Laboratories，SDL），继续做他们的Oracle数据库项目。第二年，即1978年，埃里森的公司在DEC的小型机PDP-11上开发出一个基于关系型数据库的系统，项目代号为Oracle 1，但是这个软件从未正式发布，原因不明。有人讲是因为缺陷太多，但是现已无法考证。埃里森自己的说法是没人会买v1.0版本。一年后，即1979年，公司推出了Oracle 2，这是计算机软件史上第一个由纯软件公司开发的商用关系型数据库管理系统。很快，埃里森利用他过去为军方开发项目的关系，将这个数据库软件卖给了美国空军。为了强调公司的数据库系统是最先进的关系型数据库，埃里森干脆把公司改名为"关系软件公司"（Relational Software Inc，RSI）。

但是，直到1981年，RSI多少带有些当年接政府和军方项目，为别人开发软件的咨询公司或者软件承包商的性质，埃里森对公司的发展方向还没有把握准。如果一直这么发展下去，可能就没有今天的甲骨文公司了。这一年，IBM的古普塔（Umang Gupta）加入RSI，拥有MBA学位的他为RSI写了第一份商业计划书，开始明确公司的发展方向，即开发通用的关系型数据库管理系统（RDBMS）和开发工具。1982年，鉴于RSI的数据库软件Oracle的名气已经比公司还大了，公司干脆改名为Oracle公司，在进入中国后，选择了"甲骨文"作为公司的中文名称。这一年，硅谷的老兵埃里森已经38岁了，而盖茨和乔布斯比他正好小一轮左右。但就是从这一年开始，埃里森这个老兵开始谱写他的新传。

1984 年，甲骨文从著名的风险投资公司红杉资本拿到投资。又过了两年（1986年），甲骨文上市，当时年营业额是 5500 万美元，不到如今一天的营业额。

在甲骨文成立以后的 40 多年里，信息革命的浪潮一波接着一波，甲骨文公司的发展也是起伏跌宕，但是埃里森在这一波一波的浪潮中，将甲骨文这个当年只有几十个人的小数据库公司，发展成当今全球第二大软件公司。2018年，甲骨文的营业额高达 398 亿美元。而在 20 世纪 90 年代，埃里森也成为仅次于盖茨，在 IT 领域拥有巨大影响力的领袖，同时也是紧随盖茨之后、第二富有的人。在这些商业巨子的较量中，埃里森也是少数没有让盖茨占到便宜的人之一。（而苹果的乔布斯和 Google 的施密特一度都被盖茨在商业上搞得很惨。）

和盖茨的低调不同，埃里森非常高调。他的出行永远都要有规模宏大的"仪仗"，永远要住最豪华的酒店，他永远要享用最好的东西。和乔布斯一样，埃里森对日本文化有着特别的喜爱。他在美国地价最贵的阿瑟顿市（Atherton）买下一块地，盖了一幢面积巨大、不用一根铁钉的日式房屋。后来，埃里森看了邻居的海景房后，提出购买意向，邻居居奇，坚决不肯，最后埃里森用五倍的价格（从 800 万美元涨到 4000 万美元）买了下来。此外，埃里森对美色的喜爱也是出了名的，他至今结婚离婚 4 次，这在 IT 领域非常少见。在甲骨文公司办公楼里，他有一部专用电梯，据说原因是以前有过一些女性在他可能乘坐的电梯里等着试图勾引他。总之，这是一个非常张扬、极具个性的人。

另一件事情可以说明埃里森为了获得成功不计成本，不达目的誓不罢休，那就是 2010 年的"美洲杯"帆船赛（America's Cup）。这项赛事有一百多年的历史，在 1987 年以前，这项赛事的冠军全由美国人获得。1987 年澳大利亚人首次获得这项赛事的冠军，从此赛事格局就混乱起来，竞争也激烈起来。在接下来的几年里，世界上许多亿万富翁开始进来赞助各自的船队，将

图 8.1 甲骨文队美国 17 号卫冕美洲杯

这项赛事从驾驶帆船本身的竞争，变成了法庭上辩论水平和支票本厚度的竞争。在法庭上，各个俱乐部为比赛的规则而争吵，等规则定下来后，就比哪个船队有最多的钱造出一条科技含量最高的帆船。从 1995 年到 2007 年的 12 年间，美国的帆船俱乐部不仅没有获得过冠军，连决赛也没有进入过。这时，不服输的埃里森出场了，他加入并且投资赞助硅谷附近的"金门俱乐部"（Golden Gate Yacht Club）。该俱乐部先是通过打官司，打掉了原本的挑战者西班牙俱乐部的挑战资格，自己成为了挑战者。然后通过大投入得到的一项关键技术，确立了该俱乐部的"美国 17 号"（USA 17）帆船（图 8.1）在技术上的绝对优势。同时，挖角得到了世界帆船赛最好的船长、美国人昔日的对手，新西兰人罗素·寇茨（Russell Coutts）[2] 出任船长。因此，金门俱乐部的"美国 17 号"在 2010 年毫无悬念地一举为美国夺回美洲杯。埃里森自己作为船员参加了比赛。2013 年，又到了举行美洲杯帆船赛的时候，这次埃里森的甲骨文队美国 17 号（Oracle Team USA 17）作为卫冕冠军接受来自新西兰的奥特安罗阿号（Aotearoa）的挑战。奥特安罗阿号无论是技术还是队员水平都不在甲骨文队美国 17 号之下，并且在 17 盘 9 胜的比赛中很快

---

2 他是奥运会冠军，在"美洲杯"帆船赛中的战绩是 20 胜 0 负。

以 8∶1 遥遥领先，并拿到了冠军点。这时几乎所有人都认为甲骨文队大势已去，而永不言败的埃里森并没有放弃，他和船队合理利用规则[3]，居然连扳 8 盘，以 9∶8 反败为胜卫冕成功。

正是因为埃里森有这种为了办成事情不计成本、志在必得的决心，商业眼光敏锐，执行力非常强，达成了很多在他人看来根本做不到的奇迹。跟盖茨和乔布斯一样，埃里森对竞争对手毫不留情。如果埃里森处在盖茨的位置，他对整个 PC 行业的垄断会更强。事实上，在过去的 30 多年里，埃里森领导的甲骨文扫荡了几乎所有独立的数据库系统公司和应用服务公司，除了 IBM 和微软。而埃里森的手段也非常简单直接：恶性竞争和强行收购。可以肯定地讲，没有埃里森，今天的甲骨文最多是一家规模不大的二流软件公司。接下来，就让我们看看埃里森是如何创造奇迹的。

2　钻了 IBM 的空子

甲骨文从起家到后来的初步成功，在很大程度上是埃里森等人钻了 IBM 的三个空子。

第一个空子是上个世纪 60 年代末 IBM 给软件业松绑，当然这个机会是给所有人的，并非仅仅针对埃里森和甲骨文。那时 IBM 占了全世界计算机市场的三分之二左右，营业额比七个矮人再加上 DEC 和惠普的总和还要多。到了 60 年代末，IBM 公司的市值达到了美国 GDP 的 3%，非常扎眼。IBM 知道这样下去一定会被美国司法部以垄断为由起诉，于是主动开放一些应用软件市场，以便改变大家对它垄断市场的印象。IBM 原来的如意算盘是开放零碎的应用软件市场，自己依然控制着通用性好的系统软件市场，当然它对外不能这么说，它只能说开放了整个软件市场。而埃里森恰恰要动 IBM 利润最丰厚的数据库管理软件市场，这是 IBM 始料未及的。

3　比赛的一方可以在风速过大或者过小时要求暂停比赛，甲骨文队因此在后半程的比赛中以风速超标为由，严格寻找风速最利于自己帆船设计的日期比赛。

当然，埃里森光有进军数据库市场的想法还是远远不够的，恰巧 IBM 的一个疏忽又让埃里森钻了第二个空子，那就是 IBM 忽视了关系型数据库的革命性作用。埃里森自认为他最初的灵感[4]来自 IBM 计算机科学家科德的论文"大规模共享数据库的数据关系模型"（A Relational Model of Data for Large Shared Data Banks）。这篇论文发表于 1970 年，而在此之前在数据库领域占统治地位的是层次模型（Hierarchical model）和网络模型（Network model）。这两种早期的模型，更强调数据库实现的效率（访问时间），但缺点是逻辑实现和物理实现混淆，因此不方便直接访问数据库中的内容，也不方便实现复杂的查询逻辑，这样的数据库也不可能做得很大。早期数据库系统还有一个致命的弱点，就是开发十分复杂，开发和维护人员需要经过长时间的专业训练。与层次模型及网络模型相比，关系型数据库将数据库的物理层和逻辑层完全分离。这么做的好处很多，首先能够实现非常复杂的查询逻辑，能够实现很大、很复杂的数据库。其次，关系型数据库的逻辑层与物理层无关，很容易理解，因此开发难度相对较低，可以在短期内培养大量的开发人员。而较为复杂的物理层，则可以由少数专业人员来实现。这样很容易培育一个产业。

但令人遗憾的是，IBM 并不是很重视这项革命性的发明。虽然科德也在 IBM 内不断说服公司开发关系型数据库产品，但是 IBM 还是只把它放到了当时 IBM 的主打数据库"系统 R"（System R）下面的一个小项目里，而系统 R 的查询语言 SEQUEL 并不完全是关系型的。由于 IBM 的工程力量很强，因此，虽然系统 R 的查询语言不是完全关系型的，但是性能却很好，这让 IBM 更加不理会科德的工作。

但是埃里森对这项技术的态度完全不同。当甲骨文公司的另一位创始人欧特斯将这项技术介绍给埃里森后，埃里森决定离开 Ampex，专心开发关系型数据库的管理系统。鉴于 IBM 的系统 R 数据库在当时居统治地位，埃里森等人决定让自己的产品兼容 IBM 的系统 R。如果当时 IBM 让埃里森等人兼

4　http://www.jewis-hvirtuallibrary.org/jsource/biography/Larry_Ellison.html.

容它的系统 R，甲骨文今天可能很大程度上要兼容 IBM 的产品。但是 IBM 却不愿意，他们不肯开放错误码，这就逼着埃里森等人只好自己单干，两年后终于成功开发出第一款商用的关系型数据库管理系统 Oracle 2，并且获得了第一个订单——来自俄亥俄州的莱特-帕特森空军基地（Wright-Patterson Air Force Base）。而同年（1979 年），科德实在受不了系统 R 部门对他的冷落，自己在 IBM 内部拉出一个团队，开发关系型数据库的管理系统，也就是做埃里森等人已经完成的工作。

当然，光靠提早这一点点时间还远不足以和 IBM 竞争。上个世纪七八十年代，IBM 公司在全球数据库市场占统治地位，系统 R 的用户非常多，只要它稍微往关系型数据库方面转一转，甲骨文就没有存在的必要了，更不用说竞争。而 IBM 的第三个空子又被埃里森抓到了，即开放软件市场后，商业模式需要及时更新，而 IBM 没有这样做，这就让甲骨文赢在了商业模式上。要讲清楚双方商业模式的差异，先要看看在甲骨文出现以前，整个计算机行业企业级市场的商业模式。首先需要指出的是，上个世纪 70 年代的个人计算机市场几乎是零，苹果还很小，IBM PC 还未问世，可以说全球计算机市场就是企业级的市场。在当时，所有计算机公司，从大的 IBM 到中小的 DEC 和惠普，商业模式都是"合同制"。比如，IBM 卖一台大型机系统给花旗银行，不是简单地把硬件（大型机主机、终端、打印机等）和软件（数据库）卖出去就算完事了，而是必须连同服务一起销售，IBM 会把技术人员（通常是合同工）派到花旗银行全时为银行服务。当然，IBM 每年的服务费要占到软硬件售价的 10% 甚至更多。而在 IBM 公司内部，从处理器研制，到硬件制造，到软件开发，都需要它自己做，因此每个系统的成本都非常高。（这也给了个人电脑起飞的机会。）不仅是 IBM，连规模小得多的 DEC 和 CDC [5] 等都需要自己开发处理器、硬盘、操作系统、应用软件等。可以讲，整个计算机行业都没有明确的分工。在这种模式下，软件的价值必须通过硬件的销售和服务的提供来体现。没有一家计算机公司把软件部分单独拿出来卖，因此购买 DEC 硬件的用户用不了 IBM 的软件。在上个世纪 70 年

5　Control Data，美国上个世纪 70—90 年代的小型计算机公司。

代以前，没有独立的软件公司。而在 70 年代起家的苹果公司，在商业模式上依然带有软硬件捆绑销售的痕迹。

甲骨文的商业模式很简单，它只卖软件，而不是靠收服务费生存。企业用户一旦购买了甲骨文的软件，就不需要额外支付服务费了，除非用户不会用需要向甲骨文咨询，才得付一些咨询费。这么简单的商业模式，显然可以给用户带来很大的好处，但是 IBM 不喜欢，因为这样一来它就很难一劳永逸地收服务费了。甲骨文没有自己的硬件，这种商业模式要成立得有一些先决条件，那就是有硬件厂家愿意捆绑它的软件，而放弃开发自己的数据库软件。甲骨文最早的数据库系统就是为 IBM 当时的竞争对手 DEC 开发的。而 DEC 这些在行业里位居第二档[6]的公司也乐意接受这样的分工，因为如果有一家软件公司同时为四五家硬件厂商开发软件，那么每家实际摊到的开发成本只有原来的五分之一到四分之一。

甲骨文的这种商业模式说起来非常简单，但是很有效。加上上个世纪 80 年代以后，关系型数据库被认为是今后数据库的发展方向。渐渐地，甲骨文的数据库系统被一些中小企业接受。甲骨文只卖软件，不强行搭售服务，为便于用户在它的数据库管理系统上进行二次开发，又推出了一套开发工具——交互式应用工具（Interactive Application Facility，IAF）。这样就又在社会上培养了一大批基于甲骨文数据库系统进行二次开发的程序员，逐渐培育起一个行业，并且形成了一个以甲骨文为核心的利益群体。到了上个世纪 90 年代，甲骨文的营业额从上市前的每年 5500 万美元，5 年增长了 15 倍，1990 年达到 9 亿美元。那个时期，甲骨文在数据库上的收入依然比不上 IBM，但是为甲骨文进行二次开发的程序员人数却远远超过了 IBM。

和甲骨文同期崛起的软件公司还有微软公司，二者的商业模式类似，都是只卖软件，一个在企业级市场，一个在个人用户端。继这两家公司之后，独立的软件公司如雨后春笋般大量涌现出来。到上个世纪 80 年代中期，计算机

6　第一档的只有 IBM 一家。

产业终于出现了软硬件分离的格局。在这次计算机工业分工的发展浪潮中，甲骨文功不可没。

甲骨文依靠在关系型数据库方面的突破抢了 IBM 的先机，通过运用与 IBM 不同的商业模式，获得了长期快速的发展。在它上市后的 10 年里，它的年复合增长率高达 50% 左右。到 1995 年，甲骨文的营业额高达 30 亿美元，大约是微软同期（59 亿美元）的一半，成为世界上第二大独立软件公司。甲骨文的数据库产品也从早期为小型机开发扩展到服务于大型机和各种服务器，与 IBM 展开全方位地竞争，并且不断获得更多的市场份额。

3 天堂下的帝国

到了上个世纪 80 年代初，关系型数据库在学术界和工业界都成为数据库的主流。此时，"卖软件"这种模式越来越被计算机行业认可，这在客观上造就了甲骨文的成功。但是同时，也造就出许多大大小小的数据库公司，其中规模较大，与甲骨文直接竞争的是 Informix 和 Sybase 公司。1980 年之前出生的读者可能对这两个名字还有印象。

Informix 公司成立于 1980 年，最早叫关系型数据库系统（Relational Database System）。它的起步和早期发展几乎与甲骨文完全相同，立足于关系型数据库管理系统，并且制定自己的查询语句（SQL）。不同的是，Informix 走的是比甲骨文更低端的路线，它从个人电脑入手，并且在小型机软件市场占有一定份额。这或许是为了刻意避开 IBM 和甲骨文，但更直接的原因是 Informix 从一开始就没有试图成为数据库市场的统治者，而是小富即安。但幸运的是，随着数据库革命的浪潮，Informix 顺顺当当地发展起来，并且与甲骨文在同一年（1986 年）上市。

Sybase 公司创办最晚，成立于 1984 年，当时关系型数据库已经大红大紫。从技术上来讲，相比甲骨文，Sybase 也毫无优势可言，尽管在一些具体的

图 8.2 甲骨文总部大楼，形似数据库的图标，那栋最高大楼的顶层是埃里森的办公室

功能方面和甲骨文还各有千秋。作为几乎是最后一家进入这个市场的公司，Sybase 本来不会有什么希望可言，但是它走了两步好棋，所以还是在数据库市场抢得一席之地。第一步好棋就是看准了即将快速发展的局域网市场。以往的数据库公司，包括 IBM 和甲骨文大多是为使用大型机或者小型机（其实也不小）的用户，比如银行和大公司，提供软件和服务。到了上个世纪 80 年代中期，局域网快速兴起，3Com 和 Novell 先后推出了网络操作系统，这样用相对便宜的网络服务器将一些个人电脑通过局域网连接，就能取代原先较贵的小型机系统，甚至一些中型机系统。但是局域网上的数据库市场是个空白，Sybase 就是看准这个机会打入数据库市场的。

Sybase 的第二步好棋——至少当时看上去是步好棋，就是和当时逐渐垄断操作系统的微软结成联盟。早期 Sybase 甚至和微软共享代码，Sybase 的数据库和微软的 SQL Server 数据库完全兼容，这一定程度上帮助 Sybase 在使用微软操作系统的企业用户中打开了市场。这种代码的共享，直到两家公司因为利益发生争执才停止。借助微软在操作系统上的快速发展，Sybase 也实现了甲骨文早期的成长速度，到 7 年后的 1991 年 8 月上市时，年营业额达到了 5600 万美元，比甲骨文成立 9 年上市前的年营业额 5500 万美元略多些。但是这一步好棋之后看起来也有些问题，因为它最终帮助微软的数据库管理系统 SQL Server 在市场上抢到了很大的份额，Sybase 自己却生存不下去了。

Informix 和 Sybase 这两家公司在技术上和甲骨文基本处于同一水平，商业模式也一样。在上个世纪 90 年代，全球数据库市场还远远没有饱和，这两家公司上市后的发展速度依旧很快。其中 Sybase 凭借较低的价格和与微软的关系，一度还抢占了甲骨文一些市场份额。但是这并不意味着这两家公司有什么过人之处，只能说明它们有幸顺应浪潮，顺顺当当地发展了十几年。但是，在甲骨文和 IBM 的不断打压和限制下，它们一直没机会进入高端数据库市场。在 2000 年以前，由于互联网泡沫造成了企业级软件公司市值的虚高，Informix 和 Sybase 看上去发展还较快，却掩盖了它们在战略和管理上的问题。比如，1997 年，Sybase 虚报利润；同年，Informix 高管跳槽到甲骨文，等等。等到 2000 年互联网泡沫破碎，这两家公司又苦苦支撑了几年，便到了破产边缘。最后 Informix 在 2001 年被 IBM 收购，Sybase 在 2010 年被德国的 SAP 公司收购。

应该讲这两家独立的数据库公司并没有给甲骨文带来太多的麻烦。因为这两家公司的创始人和后来的 CEO 既没有埃里森要与 IBM 争高下的志向，也没有他面对竞争对手时的狠劲。这样的公司是走不远的。甲骨文过去几十年里真正可怕的对手，是郭士纳领导的"大象"IBM（郭士纳 1993—2002 年任 CEO）和盖茨领导的微软（1975—2000 年任 CEO）。郭士纳和盖茨，前面我们已经介绍过，他们是整个 IT 时代最伟大的统帅，在他们自己主攻的领域，几乎没有败绩。在和这两个 IT 行业奇才长达十多年的较量中，埃里森居然不仅没有落下风，而且愈战愈勇，并且熬到了这两位巨人的退休，最终主导了全球数据库市场，可以说是一个奇迹。这段历史虽然已经过去，现在回想起来也没有悬念，当时的竞争却是惊心动魄。

在关系型数据库上起步略晚的 IBM，于 1983 年将系统 R 等数据库产品整合，变成今天 IBM 的旗舰数据库产品 DB2。一开始 DB2 只能在 IBM 的大型机上运行，但是到了上个世纪 90 年代，DB2 也开始支持各种计算机和操作系统，它的应用接口（API）支持几乎所有程序语言。至此，DB2 完全和甲骨文处在同一水平。在郭士纳领导的黄金十年里，DB2 的市场份额稳步增长，到 2002 年，随着 IBM 完成对 Informix 的收购，它在全球数据库的市场份额一度达到 34.6%（按照 2002 年公布的 2001 年的数据），超越甲骨文（32%）成为世界第一。但是这一年也是郭士纳领导 IBM 的最后一年。同年，微软的企业级操作系统 Windows NT 大获成功，数据库系统 SQL Server 的销量比前一年猛增 20%，一度占到全球 18% 的市场份额[7]。要知道，微软的商业模式和甲骨文一样，都是卖软件，何况微软还控制着操作系统，从 Windows 3.0 上市以来，微软逐渐拉大了和甲骨文在营业额上的差距。2001—2002 年恰巧又赶上互联网泡沫的崩溃，甲骨文公司诸事不利，股价从 2000 年的最高点（每股 45 美元左右）跌去六分之五，到 2002 年低点时只有每股 7.45 美元。2002 年甲骨文的营业额从前一年的 110 亿美元跌至 97 亿美元，2003 年继续下滑至 95 亿美元。这段时间里，甲骨文到了公司历史上最危险的时刻，很多人都预计甲骨文最终会在 IBM 和微软的双重打击下成为一家二流公司。

应该说，埃里森的确没有从郭士纳和盖茨身上占到便宜。这两个人在 20 世纪的最后十年里，光芒是如此的闪亮，以至于璀璨的群星都黯然失色。但是，埃里森领导的甲骨文最终还是赢了，因为他熬到了这两个人离开 CEO 的岗位。这就如同中国晋代的司马懿和日本战国时代的德川家康，当其他巨人（三国时的曹操、刘备和孙权；日本战国时代的丰臣秀吉和武田信玄）都从历史舞台上消失的时候，他们便开始唱主角了。郭士纳的继任者彭明盛（Samuel J. Palmisano）和盖茨的继任者鲍尔默在境界上显然都比埃里森低一个档次。此刻，便到了甲骨文开始追赶 IBM 和微软的时候了。2005 年，甲骨文获得了 46.8% 的数据库系统市场份额，超过 IBM 和微软的总和（分别是 22.1% 和 15.6%）。2006 年，甲骨文的市场份额继续增加到 47.1%，而

---

7 Gartner: IBM, Microsoft Gain Against Oracle in Database Market, By Barbara Darrow, CRN, May 07, 2002.

它的老对手 IBM 继续下滑到 21.1%[8]。2007 年，甲骨文继续将市场份额扩大到 48.6%。在此之后，虽然受到开源数据库的挑战，甲骨文基本上维持住了 48% 左右的市场份额，并且一直超过 IBM、微软和 SAP 三家的总和。甲骨文最终的胜出有多种因素，尤其是埃里森个人的能力不容忽视，这一点是其他公司学不来的，但是还有其他很多经验值得借鉴。

首先，甲骨文胜在定位和产品的推广上。对外一向高调的埃里森不断强调甲骨文是数据库公司，而 IBM 是一个系统服务公司。也许埃里森说的没有错，IBM 可能因为 DB2 太依赖于自己的主机和服务器，而渐渐丧失了数据库的市场份额。我们在这本书中已经看到，而且还会经常看到，一个产品线较长的公司，在某个产品上往往竞争不过专门从事这项产品的专一公司。比如摩托罗拉在处理器上竞争不过英特尔、在手机上竞争不过诺基亚，苹果和太阳在操作系统上竞争不过微软，微软在在线业务上竞争不过早期的雅虎，更竞争不过后起之秀 Google 和 Facebook，雅虎在搜索上竞争不过 Google，而 Google 在社交网络上竞争不过 Facebook。在中国也是类似，百度和腾讯在电子商务上竞争不过阿里巴巴。这里面不仅仅是产品线较长的公司容易"分心"，更重要的是市场和用户对专一的公司更容易认可。大部分专一的公司未必会专门强调竞争对手是个"综合"而非专一的公司。比如，微软从来没有攻击苹果不是专门的"操作系统"公司，Google 也没有攻击雅虎和微软不是搜索公司。但是，埃里森却永远把这一点挂在嘴边。在产品推广上，埃里森经常拿自家苹果跟竞争对手的橘子作对比，宣传自家产品的长处，贬低竞争对手的产品。大部分公司在广告中一般只宣传自己的产品好，而不会专门找一个主要竞争对手来贬低，甲骨文却总是反其道而行之。据一位甲骨文的老员工讲，与竞争对手做性能对比测试时，甲骨文往往是在不平等的条件下进行的，并不具有太强的指导意义，但测试结果却会给用户很好的印象。如图 8.3 所示，是甲骨文比较他们和 IBM 产品的广告。2010 年初，埃里森和 IBM 一位战略主管伯尼·斯庞（Bernie Spang）在 ComputerWorld 的主持下进行了一次对话，埃里森一上来就攻击 IBM——说 IBM 比甲骨文落后

8　Gartner: www.gartner.com/it/page.jsp?id=507466.

十年，不能管理大数据，没有云功能，不能在集群服务器上运行，等等[9]。IBM 这位看来不是很聪明的主管面对埃里森咄咄逼人的不实攻击，不断被动地解释和防守，完全落了下风。

2010 年以前，甲骨文最大的硬件合作伙伴是惠普公司，后者为甲骨文提供数据库的服务器。但是，在收购太阳公司，有了自己的服务器（SPARC）之后，甲骨文便通过广告打击惠普公司，除了宣传惠普的服务器性能差外，还打出这样一套非常有攻击性的广告——"把你的惠普服务器扔到

图 8.3　甲骨文和 IBM 对比产品的广告

垃圾堆，我们给你 SPARC 服务器打对折！"微软前 CEO 鲍尔默虽然不喜欢苹果的产品，但是也只能在微软公司内部鼓励员工将苹果的 iPod 换成微软的 Zune，而不敢赤裸裸地做这样的广告，但是埃里森却敢。虽然业界对这种言行颇有微词，但是对甲骨文来说效果居然不错。

其次，甲骨文历来重视利润，很少做吃力不讨好的花样文章。商人挣钱本是天经地义，但是近 20 年来，经常可以看到一个怪现象，就是谁烧钱越多，本事越大。2006 年，Google 为了推广它不成功的支付系统 Checkout，给 Checkout 用户一次消费满 50 美元补贴 20 美元，这已经很荒唐了。2011 年，中国还有一家公司为了做电子商务，给一次消费满 200 元人民币的顾客 300 元的返券，这就让大家不知所云了。事实证明这些钱都是白烧了。埃里森从来不做这种傻事，他给销售人员定的指标历来是以利润为先，而不仅仅是销售额，因为不赚钱的事埃里森从来不做。据甲骨文的员工讲，埃里森非常抠门，平时给员工的工资、奖金和福利就远远不如 IBM，遇到宏观经济不好的年代，裁员自不必说，还要削减各种福利。硅谷很多公司先后被评为全美最

9　http://www.computerworld.com/s/article/9149883/Database_wars_IBM_Oracle_s_Ellison_trade_zingers.

佳雇主,但这个荣誉与甲骨文公司绝缘。但是正因为注重成本控制,即使在2001年和2008年两次经济危机中,甲骨文都不仅还能盈利,而且利润率几乎没怎么下降,见表8.1。虽然笔者并不很赞同埃里森这些"抠门"的做法,但是他不重花架子、重视利润的做法值得那些不负责任、胡乱烧钱的公司学习。毕竟,公司长期稳定发展是靠自身的利润支持,不是靠政府的政策和投资人的输血。另外,甲骨文长期稳定的盈利事实上保证了广大员工的饭碗。2008—2009年金融危机时,以前那些对员工非常友善的公司,如太阳、思科和雅虎等,因为冗员太多导致利润大幅下滑,就不免大规模裁员,但是甲骨文公司因为利润有保障,员工的饭碗就稳得多。

表 8.1 甲骨文公司在 2001—2002 年,2008—2009 年两次经济危机时的利润和利润率

财政年度	纯利润 (百万美元)	纯利润率
2001	2561	23.3%
2002	2224	23.0%
2008	5521	24.6%
2009	5593	24.1%

最后,甲骨文的成功也离不开很多次成功的并购,同时它具有很好的消化和整合新公司的能力。从产业链的角度看,全球数据库市场可以分为两部分:上游的数据库管理系统,也即甲骨文、微软和 IBM 的产品,以及在此基础上为特定用户二次开发的应用系统。在甲骨文以前,IBM 等公司同时从事两部分系统的开发。甲骨文和微软发明了卖软件的模式后,数据库公司只关注第一部分(即数据库管理系统),第二部分(即应用系统)基本上由第三方小公司,或者用户自己开发。和所有行业一样,这些针对企业用户做二次开发的公司经过若干年的竞争,逐渐形成了一些比较大的龙头公司,它们控制着部分企业级市场。甲骨文就是通过收购这些公司不断获得数据库市场的份额。其中最著名的是 2005 年并购企业级应用软件巨头仁科股份有限公司(Peoplesoft)。

仁科由大卫·杜菲尔德（David Duffield）于1987年创立。杜菲尔德长期和IBM合作，企业级软件的研发和市场经验非常丰富。自成立起，经过十几年的发展，仁科成为全球第二大（独立的）企业级应用软件公司[10]，并且主导着企业人力资源管理软件的市场。杜菲尔德和埃里森个人是老对头，他对甲骨文的产品也不感冒。因此，两家公司的合作看上去是完全不可能的。为了抢占这块市场，埃里森决定强行收购这家公司。从2003年起甲骨文多次提出要收购仁科。杜菲尔德本人根本不想卖公司，他的公司经营得很好，没有必要和甲骨文合并，但是他不能完全控制董事会。2004年因为价格的分歧，仁科的董事会拒绝了埃里森的并购提议。同时，美国和欧盟司法部以可能造成垄断为由，也驳回了甲骨文的请求。但是，正如我们前面所讲，埃里森认准了的事，不达目的誓不罢休，他一方面提高了收购价格，这回仁科大部分董事同意了，杜菲尔德也无力回天。同时，埃里森承诺保留仁科90%以上的员工，美国和欧盟也不必为失业担心了[11]。经过长达两年的努力，这桩价值103亿美元的并购终于达成。甲骨文从此垄断了人力资源管理软件市场。

接下来几年，甲骨文每年都有一次大的并购。2006年，它花了58.5亿美元收购了Siebel公司；2007年，用33亿美元收购了Hyperion公司；2008年，以85亿美元收购BEA公司。这些公司都是在企业级市场上占有较大份额的软件和服务公司。在收购这些公司后，甲骨文将它们原来的用户转换成自己数据库的用户，一度获得了全球超过一半的数据库系统市场份额，一个企业级软件帝国就此形成了。埃里森虽然给员工的待遇一般，却从不亏待自己。他的办公室在甲骨文红木滩（Redwood Shores）总部几栋数据库形状（圆柱形）大楼中最高一栋的最高几层——这是甲骨文公司离"天堂"最近的办公室。甲骨文公司的员工说，公司的层级比较分明，而埃里森在天堂级。他每天从"天堂"上俯视自己的帝国。

如果只满足于做世界上最大的企业级软件公司，那么埃里森就不是埃里森

10　第一大为德国的SAP公司。

11　完成收购后一个多月，甲骨文便裁掉了仁科近一半员工。

了。长久以来，埃里森一直梦想能全面挑战 IBM，成为全球企业级公司的龙头。但是，这件事在过去非常困难，因为甲骨文自己没有服务器和操作系统，很难同步优化硬件系统和数据库。2009 年，埃里森的机会来了，因为金融危机，过去服务器行业的龙头太阳微系统公司（Sun Microsystems）快要支撑不住了，四处寻求并购的伙伴。IBM 因为业务和太阳公司有较多重叠，很难通过反垄断的审核，失去了收购太阳公司的机会，甲骨文成了唯一可能的收购者。虽然美国政府和欧盟对这桩收购案都有所保留，并且不断阻止这次并购，欧盟还为此和甲骨文打官司，以至于太阳公司的不少人都怀疑并购最终能否被通过。但是，了解埃里森的人都知道埃里森从来不怕打官司。果然，埃里森再次使出他不达目的决不罢休的劲头，和欧盟死磕。而太阳公司的员工已经做好了被收购的准备，在这期间毫无工作的动力，导致公司业绩不断下滑，进而导致它在欧盟国家不断裁员。最终，迫于失业的压力，欧盟不得不向甲骨文低头了。2010 年，这桩价值 74 亿美元的收购得以达成。

花钱收购公司非常容易，几乎每一个有现金的公司都能做到，但是能将收购来的公司整合好却是一多半公司做不到的。微软从 2000 年以后，也收购了不少公司，但是我们看不到这些公司对微软的业务有什么帮助。IBM 收购了很多被微软打败的公司，比如莲花公司和 Informix 公司等，但是也没有看到它们对 IBM 的长期业绩有太多帮助。而埃里森对收购来的公司的负责人，通常是毫不留情地要求他们走人，并送上一番冷嘲热讽。对下面的员工，则要求迅速融入甲骨文的文化。在这么多的并购中，我们可以通过甲骨文对太阳公司的整合一睹埃里森和他的公司在这方面的艺术。

太阳公司在被并购前产品线颇长，从 SPARC 处理器到服务器、工作站，再到操作系统 Solaris（UNIX 的变种），免费的 Java 语言和工具。后来因为硬件利润率低，Solaris 的市场份额下滑，太阳公司在最后几年里又收购了一家做存储的公司，试图进入云计算领域。另外还收购了开源数据库 MySQL，试图进入 IT 服务业与 IBM、惠普和甲骨文竞争。简而言之，太阳公司产品多但竞争力差，业务方向不明确，常年亏损。在被甲骨文收购前，太阳公司还有三万多员工，但是人员相对老化。外界对甲骨文能否整合好太阳公司深表怀疑，如果整合不好，甲骨文也会被拖垮。但是埃里森却信心十足，他认为自己捡到了大便宜。他提出了以前太阳公司董事会想都不敢想的目标，一年时间让太阳公司盈利 10 亿美元。

整合主要集中在产品和人员两方面。在产品方面，太阳公司的产品线很长，而几乎每个产品都存在难以解决的问题。

1. SPARC 处理器。该处理器速度曾比英特尔 x86 系列处理器更快，但是现在速度更慢，价格却更高。后来正是因为如此，太阳公司自己都没有信心继续做下去，而是开始同时制造英特尔 x86 的服务器。
2. SPARC 的工作站和服务器，价格比同性能的 Linux 服务器贵一倍，不过优点是可靠性高。世界上各个公司的硬件子公司或者部门基本上是不挣钱的，尤其是 2000 年后，基于英特尔 x86 处理器和 Linux 操作系统的廉价服务器将这个行业的利润率压得极低。
3. 操作系统 Solaris，比 Linux 安全可靠，但是 Linux 借着开源和免费，抢占了 Solaris 的大量市场份额。最后逼得太阳公司也搞开源 Solaris。
4. Java，在业界使用广泛，但它是免费的，耗掉了大量人力，太阳公司却一直没有找到挣钱的办法。
5. 收购的开源数据库 MySQL，虽然对太阳公司有用，但对甲骨文是鸡肋。
6. 收购的存储设备公司，太阳公司没有整合好，也成了鸡肋。

外界猜测埃里森的融入计划应该是：剥离 SPARC 处理器和服务器等硬件业务，将它们卖给富士通公司（Fujitsu），因为后者一直在为太阳公司做 OEM 的产品。Solaris 和 Java 要保留，但是大家猜测埃里森如何收费。至于 MySQL，对甲骨文而言没什么价值。

2010 年的一天，并购完成后，太阳公司的高管们按照埃里森的要求做好了产品策略报告,第一次向埃里森汇报。那天不知什么原因,埃里森到得稍微晚些,太阳公司的高管们在会议室里等待。过了一会儿,一个秘书来通知"埃里森已经离开了办公室往这边过来,请大家做好准备"。几分钟后,秘书又来通知"埃里森已经接近电梯,请大家做好准备"。又过了几分钟,秘书再次来通知"埃里森已经出了电梯,正朝办公室走来,请大家做好准备"。这时,埃里森已经到了会议室。太阳公司的高管们开始按照精心准备的投影胶片介绍自己的想法,但是,还没有讲几分钟,埃里森就打断汇报,直接到白板上连比划带讲,说我们要这么这么做,然后会议结束。至于埃里森讲的是怎么做,我没有参加会议,自然编不出来,但是从埃里森后来的做法能看出他的思路。

首先,埃里森要突出太阳公司 SPARC 服务器和廉价 Linux 服务器的差别,就如同奔驰车和丰田车作为代步工具虽然差别不大,但是毕竟不属同一档次,要在不同市场出售。埃里森将 SPARC 服务器和甲骨文的数据库捆绑,去和 IBM 的设备竞争(较贵)。甲骨文将数据库和太阳公司的硬件系统结合再优化,整体性能比 IBM 同类产品提高了几倍(至少广告上是这么宣传的),然后甲骨文抛弃了原先的硬件合作商惠普公司,和惠普全面开战,争夺服务器市场的份额。仗着全面优化的性能,甲骨文在 2010 年、2011 年两年继续蚕食 IBM 数据库的市场,并且最终把后者变成了远远落后的行业第二名。于是,原本看似鸡肋的产品,到了埃里森手上就玩活了。

其次,对于已经开源的 Solaris 操作系统,埃里森不再支持,新版本的操作系统不再开源,因为埃里森从来不做吃力不讨好的傻事。对于大家认为毫无用处的 MySQL,埃里森倒是找到了一个死马当作活马卖的办法,用来和 Google 打官司,因为 Google 不仅是 MySQL 最大的用户,而且旗下 Android 应用平台(Application Framework)用的是 Java,却没有付过钱。甲骨文和 Google 的官司涉及很多知识产权(包括版权、技术和专利等)的侵权问题,是一场旷日持久的官司,虽然法官一度认定是 Google 侵犯了甲骨文的版权,但是甲骨文的专利中很多是公众知识(Public Domain Knowledge)而非特有的技术，因此最终法庭判定 Google 无须支付专利赔偿金，只需支付少得可怜（且远远低于甲骨文的律师费）版权费。后来 Google 不依不饶连几万美元的版权费都认为不该付，双方从上诉法庭一直打到最高法院，最终 2015 年最高法院认可了甲骨文在 Java 上的版权。虽然这个结果从经济上看是两败俱伤，因为双方付出了高昂的律师费，但是甲骨文至少赢了面子。这件事充分反映了埃里森的做事风格，能打的官司一定要打。而另一家与甲骨文打官司的 SAP 公司就没有那么幸运了，经过几年马拉松式的官司，2012 年 SAP 同意向甲骨文支付高达三亿美元的赔偿金，虽然前者认为对后者造成的损失只有几千万。

整合太阳公司业务最后的一步，也是最艰难的一步，就是人员的整合。甲骨文首先一次性地裁掉了一批人，但也是最后一次裁员，留下的人都安心了。太阳公司里有很多工作了几十年的老兵，职级都不低，但是在太阳公司已经懒散惯了，被收购后，都得按时定量地完成工作，虽然心里不痛快，时间长了居然也就习惯了。用一个字来形容埃里森，就是一个"狠"字。就这样，甲骨文成功地消化了太阳公司的业务和近三万名员工。

甲骨文这种务实而严格的管理方式也有它的弊端，就是很难造就有创新的人才。在富于创新的硅谷，从甲骨文出来创业成功的人并不多，这多少说明一些问题。再有，甲骨文这样的管理风格在 IT 领域能够执行下去，多少靠埃里森个人的能力，一旦埃里森退休，这种管理风格是否可行，也令人怀疑。

甲骨文公司的发展可以用平淡无奇来形容，它更多是靠着很好的管理和经验一步步做起来的。它的第四条成功经验就是很少犯错误。我们在这本书中不断总结各个公司所犯的错误，甚至微软和苹果也不例外，犯了很多错误，但是，我们很难找到甲骨文明显的错误。正如巴菲特在讲解投资的秘诀时强调，成功的关键不在于做对了多少件事，而在于少犯多少错误。自上个世纪 70 年代创立开始，几十年间甲骨文几乎没有犯什么大的错误，这在 IT 领域非常少见。

2011年，甲骨文公司的营业额达到356亿美元，税后利润也达到创纪录的85亿美元，不仅是全球企业级市场上遥遥领先的第一名，增长速度也比微软快。2007—2011年，甲骨文的营业额增长了98%，而微软只增长了36%。在纯利润方面，前者正好翻了一番，而后者只提高了64%（虽然也很好了）。甲骨文业务增长的主要动力来自于并购。但是在随后的几年里，它因为很难再找到可以并购的大公司，增长明显放缓，到2018年营收只达到400亿美元左右，7年间只增加了12%。不过，甲骨文向基于云计算和SaaS的新业务转型，因此利润上升得比营业额要快很多，达到了132亿美元，同期增加了55%，这在老一代IT企业中表现算是不错的。在可预见的未来，甲骨文依然要跟老对手IBM、微软、SAP竞争，而且还要面对新对手Salesforce和惠普等企业的挑战。

2014年，埃里森在IT行业打拼了近半个世纪后，终于退出了IT的第一线，而与他同时代的郭士纳、盖茨等人则更早就离开了IT行业。接替埃里森的是曾将惠普扭亏为盈的前CEO赫德[12]和甲骨文过去的COO卡茨（Safra Catz），两人被任命为共同CEO。在新的时代，赫德和卡茨或将有新的作为，但是甲骨文作为一个并购机器的基因已由埃里森塑造完成，在未来并购恐怕依然是甲骨文拓展新业务和向云计算转型的主要手段。

结束语

甲骨文的兴起，很大程度上靠的是它最早看到关系型数据库的市场前景，并且在商业模式上优于IBM。甲骨文没有什么波澜壮阔的传奇，而是靠相对平稳但可持续的发展，它的故事也许是这本书中最枯燥的。甲骨文公司幸运地处在了计算机行业软硬件分工的年代，并把握潮流，真正促成软硬件产业的分工。甲骨文提供了全球使用率最高的数据库管理系统，而更大的贡献在于它证明了软件公司不仅可以靠卖软件的使用权而独立于硬件公司存在，并且

---

12 2010年赫德因和性骚扰相关的丑闻被惠普公司的董事会从CEO的位置上赶走，同年加入了甲骨文公司，担任总裁（President），关于这一段故事的细节，请参阅本书第11章"硅谷的见证人——惠普公司"。

可以比硬件公司活得更好。甲骨文的成功，也再次说明了创始人和领袖的重要性，可以说没有埃里森，就没有甲骨文今天的辉煌。

甲骨文公司大事记

1977	埃里森等人创立了甲骨文公司的前身软件开发实验室。
1978	基于关系型数据库的系统 Oracle 1 诞生。
1979	Oracle 2 诞生，公司改名为关系软件公司。
1981	古普塔加盟该公司，并且为公司写了第一份商业计划书，明确了公司今后开发通用关系型数据库管理系统和开发工具的发展方向。
1982	关系软件公司正式改名为甲骨文公司。
1984	红杉资本注资甲骨文公司。
1986	甲骨文公司上市，当年营收为 5500 万美元。
1989	甲骨文公司将总部搬到加州硅谷地区的红木滩市。
1994	甲骨文收购 DEC 数据库部门 RDB，并且开始了它长期大规模并购的历史。
1995—1996	埃里森提出网络 PC 的概念，甲骨文发布自己的浏览器，虽然这些产品不很成功，但是被认为是云计算概念的前身。
2000	甲骨文和 IBM，微软在数据库市场上基本上三足鼎立。但此后，甲骨文发展速度远高于对手。
2004	甲骨文以 103 亿美元的高价强行收购了仁科股份有限公司。
2005	甲骨文在数据库市场的份额首次超过 IBM 和微软的总和。同年，甲骨文以 58 亿美元的高价收购 Siebel 系统公司。
2008	甲骨文以 72 亿美元的高价收购 BEA 系统公司。
2010	甲骨文在数据库系统市场的份额首次超过 50%，同年完成对太阳公司的并购，并以太阳公司的专利开始状告 Google 专利侵权，诉求高达 61 亿美元的损失补偿。但是此案最后被判不成立，除了律师费外，甲骨文还掏了一百多万美元的诉讼费。
2011	甲骨文开始大量收购基于云计算的企业级软件和服务公司，并高调进入云计算领域。
2014	埃里森辞去 CEO 一职，将甲骨文交给了赫德和卡茨。

第9章 互联网的金门大桥

思科公司

1994年初，我的同事清华大学的李星教授告诉我，当时的教育部副部长韦钰提出要由教育科研机构建立互联网，这便是中国互联网的发轫。很快中国派了一个包括吴建平、李星等中国最早研究互联网的学者在内的代表团到美国考察互联网，并且考察生产互联网设备特别是路由器（Router）的公司。当时很快就定下了美国思科公司的设备，并且很快到了货。在很短的时间里，中国自己最早的互联网就在大学里诞生了（虽然中科院高能所更早连到了互联网上，但其实那只是美国斯坦福大学线性加速器实验室的一个子网）。虽然思科对中国早期互联网的贡献功不可没，但是当时在中国几乎没有人知道这个公司。即使在今天，由于思科公司的产品不直接面向用户，它在国内的知名度也不高，而且一半曝光都源于它和中国竞争对手之间没完没了的恩怨。不过，如果告诉大家，倘若没有思科等公司生产的路由器，就没有今天的互联网，大家或许会对这家曾经的世界最大网络设备公司产生一丝敬意。

思科是一个标准的网络时代的弄潮儿，思科随着互联网的出现而兴起，随着其泡沫的破碎而一度衰落。2000年，思科曾经在一瞬间超过微软，成为世界上市值最高的公司（5400亿美元），那时思科股票一天的交易额超过当时整个中国股市的交易额。2001年，"9·11"以后，思科的市值一度缩水85%。那一年，思科的CEO约翰·钱伯斯（John Chambers）非常不情愿地宣布了思科历史上的第一次大裁员，并将自己的年薪降到一美元，成为世界上工资最低的 CEO。这种做法一度被传为佳话，而那些愿意和公司同甘共苦的老板则纷纷效仿。几年后，思科终于走出低谷，并且成为世界最大的通信设备制造公司，后来被华为超越。

1 好风凭借力

和惠普、太阳、雅虎、Google 等公司一样，思科是一个标准的斯坦福公司。斯坦福各个系都有自己联网的计算中心，网络之间通过一种叫路由器的设备连接。上个世纪 80 年代初，斯坦福两个不同系的计算中心主管莱昂纳多·波萨卡（Leonard Bosack）和桑迪·勒纳（Sandy Lerner）好上了。上面是事实，下面则是坊间流传的八卦。两个人要在计算机上写情书，由于各自管理的网络不同，设备又是乱七八糟，什么厂家的、什么协议的都有，互不兼容，情书传递起来很不方便，于是两人干脆发明了一种能支持各种网络服务器、各种网络协议的路由器。思科公司赖以生存的"多协议路由器"便诞生了。

听到这个传闻的人绝大多数都信以为真，因为它不仅夹杂着很多事实，而且合情合理。虽然网络早就有了，美国很多大学、公司和政府部门从上个世纪 70 年代起就开始使用局域网了，连接网络的路由器也早就有了。但是，由于不同网络设备厂家采用的网络协议不同，每家公司都要推广自己采用的协议，没有哪个公司愿意为其他公司做路由器。在互联网还没有普及时，这个问题不明显，因为一个单位内部的网络基本上会采用相同的协议。1984 年，互联网还没有兴起，各大计算机和网络设备公司如 IBM 并未注意到这种多协议路由器的重要性。

波萨卡和勒纳后来结为了夫妇。两人非常聪明和勤奋，也很幸运。在他们创办思科公司的前一年，即 1983 年，美国自然科学基金会（National Science Foundation，NSF）刚刚投资建设了连接各个大学和美国几个超级计算机中心的广域网 NSFNet，即今天互联网的雏形。当时建设 NSFNet 的目的是想让科研人员无需出差到超级计算机中心，通过远程登录就能使用那些超级计算机。而思科创建一年后，即1985年，NSFNet就开始和商业网络对接。由于各大学、各公司的网络采用的协议不同，使用的设备也不同，因此对多协议路由器的需求一下子产生了。正在这时，1986年思科推出第一款产品，连市场都不用开拓，就用在了刚刚起步的互联网上。Cisco是旧金山英文名字San Francisco的最后5个字母，思科公司的标志正是旧金山的金门大桥（图9.1），本意是要架起连接不同网络的桥梁。这对夫妇恐怕一开始也没有想到日后思科会变成全球最大的通信设备制造商，倒是硅谷著名的风险投资公司红杉资本（Sequoia Capital）看中了这个市场的潜力，给这对年轻夫妇投了资。红杉资本喜欢投给年轻的穷人，因为越是穷人越有成功的欲望和拼搏精神。红杉果然没有看错，到了1990年，思科成功上市。

图9.1　思科的标志源于金门大桥

和我们前面介绍过的从AT&T到微软等各公司相比，思科的发展最为一帆风顺。它早期成功的关键在于两个创始人在最合适的时机创办了一个世界上最需要的公司。假如思科早创立两年，它可能会在市场还没有起来时就烧光投资而关门了，要是迟了两年，就可能被别的公司占了先机。在思科还是一个小公司时，各大计算机公司各有自己很大的市场，它们首先想的是在网络市场上打败对手而不是研制兼容其他公司网络产品的路由器，因此，没有公司和思科争夺多协议路由器的市场。而等到互联网兴起时，思科已经占据了路由器市场的领先地位。

思科的幸运正好和以朗讯为代表的传统电信公司的不幸互补，互联网的兴起，使得全球数据传输量急剧增加，而语音通话量下降。图9.2所示的是

1996—2002年全球数据通信量和语音通信量的对比,单位是Gbit/s。自2002年后,数据传输量依然呈指数上升的态势(大约3—4年翻一番),而语音通话量基本上没有什么变化,如果把二者画在一张图上,语音通话量将小得看不见。

在中国,固定电话本地通话量从2005年起甚至出现了下降。据原中国信息产业部(现在的工业和信息化部)发布的统计数据,2005年1—11月,固定电话本地通话时长比2004年同期增长0.1%。信息产业部同时表示,在固定电话本地通话量的增长中,小灵通通话量比上年同期增长22.0%,所占比例从上年同期的20.5%上升到25.0%。这意味着传统的固定电话本地通话量实际上为负增长。2006年市话的通话量同比进一步下降。这一方面当然是因为手机的快速普及,另一方面是因为数据传输抢了语音传输的市场。自2006年以后,只有语音通信和传真服务的全球固定电话市场愈发显示出江河日下的态势。从2008年触屏式智能手机开始普及之后,手机也从语音通话工具变成了移动互联网的终端,传统的程控交换机早已没有了市场。

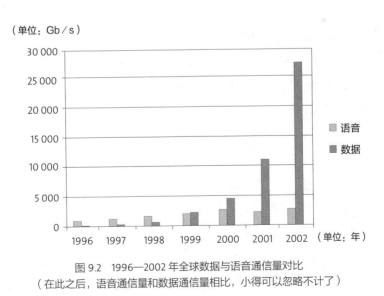

图9.2 1996—2002年全球数据与语音通信量对比
(在此之后,语音通信量和数据通信量相比,小得可以忽略不计了)

思科人很愿意将他们公司曾经的辉煌理解成源于在技术上比传统的电信设备

企业有更多的优势，但实际上它们首先应该感谢自己所处的时代。思科非常幸运地站到了互联网革命的浪潮之巅，在互联网革命大潮的推动下，二十多年来一直保持着强劲的增长势头。其次，他们应该感谢钱伯斯培育的非常健康的公司文化。最后才是技术的因素。接下来我们就来看看多次被评为世界最佳 CEO 的钱伯斯是一个什么样的人，他塑造了什么样的企业文化。

2　CEO 的作用

在思科的发展过程中，钱伯斯的作用要远远大于两个创始人波萨卡和勒纳。在互联网开始腾飞、数据通信呈指数增长的年代，如果没有波萨卡和勒纳发明路由器，也会有别人发明，因为社会需要这样一种通信设备。但是，如果没有钱伯斯，全世界数据通信设备产业的格局就可能有所不同，而且可以肯定思科不会成为今天这样一家全球性的跨国公司。早年给思科投资的红杉资本创始人瓦伦丁看到了这一点，因此在思科公司上市后果断换将，支持钱伯斯接替两位创始人，当上了思科的第一把手。在 1995 年初钱伯斯接手思科时，它还只是一个拥有 4000 名员工，营业额不到 20 亿美元的中型企业，而在 2015 年钱伯斯离任时，思科已经成为了在全球拥有 7 万多名员工，年收入近 500 亿美元的超大型跨国公司。因此，谈到思科就不能不说说钱伯斯，这就如同谈 GE 必须讲韦尔奇，谈 IBM 必要讲郭士纳一样。透过钱伯斯在思科发展过程中的贡献，我们也能看出一个好的 CEO 对于一家公司是多么的重要。

钱伯斯 1944 年出生于美国东部的一个中产阶级家庭，不过他从来没有获得过名校的学位，这可能和他在年轻时有阅读障碍症有关。直到今天，钱伯斯依然喜欢口头交流而不是读长篇汇报。钱伯斯并不是学计算机出身的，但是他先后在 IBM 和王安电脑公司工作过。在这两家公司，钱伯斯学会了如何尊重客户，并且业绩越做越好，一直做到王安电脑的北美区总裁。1991 年，由于钱伯斯不愿意裁撤北美总部的 4000 名雇员，干脆辞去王安电脑的工作，这时思科公司看中了他，聘请他为主管全球销售和运营的高级副总裁。4 年后，钱伯斯升任思科公司的 CEO[1]。

钱伯斯虽然不是技术出身，但是在商业上目光敏锐。不过即便如此，钱伯斯也很少我行我素，强制推行他的想法，他总是倾听各方面的意见，既有来自下属的，也有来自客户的。接触过钱伯斯的人讲，他从来不训斥下属，而且从来不是一个顶层设计者。钱伯斯总结 IBM 的失误之处和王安电脑失败的教训后认为，这两家公司的问题都不是出在技术上，而是出在企业文化上。IBM 从 20 世纪 80 年代开始，连续十几年走下坡路是因为远离了客户，而王安电脑公司的问题在于内部糟糕的家族式管理。因此，钱伯斯在接管思科后，首先着眼于建设一种健康的企业文化，而这种企业文化的核心就是善待员工。

思科公司把 40% 的雇员期权分给了普通员工，这么高的比例在美国的公司里是绝无仅有的。今天，Google 等以善待员工著称的公司都做不到将这么多的期权分给普通员工。钱伯斯对待员工并不仅仅局限于物质刺激，而是出于真正以人为本办企业的原则。思科的一位老员工曾经这样回忆钱伯斯对她工作的支持：1998 年，钱伯斯要提拔她升任主管人事的副总裁，但是她感觉无力胜任，因为家里有三个孩子要照顾。钱伯斯表示，如果思科不能帮助她解决后顾之忧，那么也就算不得是一个明星公司了。钱伯斯曾经这样谈论他对一个成功企业的看法："最有影响力的公司不仅实力最强大，而且也最为慷慨大度，富于人情味和诚意。成功的企业不仅能够吸引而且也能够留住天才员工。"在钱伯斯人性化的管理下，即使是在 2000 年大公司员工跑到小公司创业成为风尚时，思科的员工流失率依然非常低，很多员工甚至懒得接猎头们的电话。讲到这里，大家可能就明白为什么钱伯斯在 2000 年裁员时是那么的不情愿，他并非演戏，而是打心眼里觉得对不起那些被裁掉的员工。

钱伯斯在管理上的第二个秘诀就是无条件地满足客户的需求。钱伯斯本人不是技术出身，对技术的把控来自于两个方面：下属的建议和客户的需求。和

---

1 在正式成为 CEO 之前，钱伯斯短暂地担任过一段时间执行副总裁，成为当时思科公司的实际主管人。

钱伯斯打过交道的人都认为他是一位难得的沟通大师，并且非常有耐心听取客户的意见。在钱伯斯手上，思科由一个主营路由器的公司，变成了有几十条产品线的网络通信设备公司，以满足很多客户对一站式解决方案的需求。钱伯斯对各个产品的要求是要做到全球前两名，如果做不到，要么和世界前两名合作，要么干脆并购那个细分领域中的老大。关于思科的并购策略，我们会在下面一节中详细介绍。

钱伯斯被认为是信息时代的管理大师，他的很多做法被 IT 公司普遍采用，比如将工业时代的层级森严（Rigid Hierarchy）树状组织结构，变成网状（Network）结构，这样至少会在公司内带来三个好处：

1. 上下级和不同部门之间沟通的路径较短；
2. 部门壁垒低，便于合作；
3. 组织架构灵活，便于随时终止市场前景不好的旧项目和开展有潜力的新项目。

关于树状和网状这两种企业结构的特点和差异，我们会在后面介绍。总之，进入后信息时代以后，管理的灵活性是企业活力的保障，而钱伯斯在这方面的尝试后来也成为商学院的经典案例。

从 1995 年一直到 2000 年，思科在钱伯斯的领导下，无论是在产品研发还是在营销上，一直保持着惊人的发展速度。虽然每个季度华尔街都会略微调高一点对思科盈利的预期，但是思科居然做到了在连续十几个季度里均超出华尔街的预期。从诞生到成为全球市值最高的公司，微软用了 25 年，而思科只用了 16 年。可以说，没有钱伯斯，就没有思科的高速发展。

至于在公司成长大了之后，如何保持公司的创造力，钱伯斯更有他与众不同的、让公司能够持续发展的绝招。

3　持续发展的绝招

思科上市后,两个创始人马上成了亿万富翁。思科今天(2019年2月6日)的股价,是上市时的700倍左右。思科的早期员工,只要在理财上不是太冒险,比如在互联网泡沫时代没买很多网络垃圾股(当时叫网络概念股),就也成了千万或百万富翁。这些人在成为富翁之后很多会选择离开公司去创业,或者干脆退休。事实上,思科的两个创始人就选择了这条路,离开了公司。

一家成功企业的早期员工是非常宝贵的财富。他们一般是一些非常爱冒险的人,否则就不会选择加入新开办的、甚至是还没拉到投资的小公司,他们的技术和能力非常强,常常可以独当一面,因为早期的公司要求员工什么都得能干。同时,他们对新技术非常敏感,否则就不可能在众多新兴公司里挑中那些日后成功的公司。但是,这样的人也有弱点。他们虽然善于开创,但不善于或不愿意守成,而守成对于大公司的发展至关重要。他们做事快,但不够精细,因为在公司很小时,抢时间比什么都重要。一般在公司发展到一定阶段时,他们会和新的管理层发生冲突——新的主管会觉得他们不好管。这就如同打江山的人未必能治理江山,这些员工很可能自己出去开公司。而即使留在公司,这些早期员工都已腰缠万贯,原先的动力也大打折扣。因此,如何留住早期员工,并且调动他们的积极性,便成了每一个上市科技公司的难题。

另外,一家公司大到一定程度后,每个人的贡献就不容易体现出来,大锅饭现象几乎是全世界的通病。一些员工即使有很好的想法,也懒得费工夫去推动它,因为自己多花几倍的时间和精力最多能多得百分之几的奖金。偶尔出来一两个人试图推动一下,又会发现在大公司里阻力很大。因此,有些员工一旦有了好的想法,宁可自己出去创业,也不愿贡献给所在的公司。这两个问题在硅谷普遍存在,而思科则是将这些问题解决得最好的公司。

思科的办法很像大航海时代西班牙国王和葡萄牙国王对待探险者的做法。那时，包括哥伦布和麦哲伦在内的很多航海家都得到了王室的资助。这些冒险者很多是亡命之徒，其航海的目的并不是为了名垂青史，而是为了实实在在的利益。他们和王室达成协议，一旦发现新的岛屿和陆地，则以西班牙或葡萄牙王室的名义宣布这些土地归国王所有，同时国王封这些发现者为那个岛屿或土地的总督，并授予他们征税的权力。这样一来，西班牙和葡萄牙王国的疆土就得以扩大。

为了让思科能够不断发展新业务，思科的 CEO 钱伯斯采用了一种宽容内部创业的政策。具体的做法是，如果公司里有人愿意自己创业，公司又看好他们做的东西，就让他们留在公司内部创业而不要到外面去折腾，而思科会作为投资者而不再是管理者来对待这些创业者。一旦这些小公司成功了，思科有权优先收购，思科的地盘就得到扩大。而这些独立的小公司的创办者和员工，又可以得到很高的回报。这样本来想离开思科出去创业的人也就不用麻烦了，接着上自己的班，只是名义上换了一家公司。当然，如果这些小公司没办好关门了，那么思科除了赔上一些风险投资，也没有额外的负担。这种做法不仅调动了各种员工，尤其是早期员工的积极性，也避免这些员工将来成为竞争对手，或者加入对手的阵营。思科的这种做法后来被 Google 学到了。今天 Google 的 X-labs 等带有内部孵化性质的部门，就是学习思科管理方法的产物。

思科自己公布的从 1993 年起的收购超过百起，这还没有包括很多小的收购。以 1999 年思科以 70 亿美元的天价收购 Cerent 公司为例，后者本身就是由思科前副总裁巴德尔（Ajaib Bhadare）创办的，从事互联网数据传输设备制造，并且在早期得到思科 1300 万美元的投资。Cerent 的技术和产品显然是思科想要的。事实上，从思科分出来的这些小公司比其他的创业公司更容易被思科收购。因为，一方面这些创始人最清楚思科想要什么技术和产品，也最了解思科本身的产品，以便为思科量身定做。另一方面，他们容易得到风险投资的支持，因为风投公司能看得到它们投的公司将来的出路在哪里——卖回给思科。所以，在硅谷一些想通过新兴公司上市或出售发财的人，当看不准哪个公司有发财相时，简单的办法就是加入那些思科人，尤其是思科高管和技术骨干开的小公司。这一招在千禧年的前几年颇为灵验，当然这些弄潮儿也得有真本领，能让人家看得上。

在思科，人们经常会遇见自己"二进宫"甚或"三进宫"的同事。一个员工因为转到思科支持的小公司，从名义上讲暂时不算思科员工了，但是随着思科收购那家小公司，这位员工再次"加入"思科。他出去转了几年，回到原来的位置，却已腰缠万贯。

当然，思科的这种做法在调动员工积极性的同时，也保证了它能不断获得最新的技术，提高竞争的技术门槛，从而将低端竞争对手挡在市场之外。如果说微软是赤裸裸地直接垄断市场，那么思科则是通过技术间接垄断了互联网设备的市场。在一般人的印象中，硬件制造商的利润不会太高（20%左右），但是思科却能在很长的时间里做到高达65%的毛利率，不仅在整个IT领域大公司里排第二位（仅次于微软80%的毛利率），而且远远高于一般人想象的高利润的石油工业（35%）。这几年，由于受到华为的冲击，思科的毛利率有所下降，但依然能维持在60%的高水平，这简直是一个奇迹。（相比之下，华为的毛利率只有40%左右。）这种高利润只有处于垄断地位的公司才能获得。

思科这种鼓励一定程度的叛逆的做法，既有它宽容和大度的一面，这来自于它的基因，同时也是因为它对自己的产品和市场有信心。

思科自身的创建就是用到了两个创始人的职务发明。斯坦福大学当时虽然很想独占"多协议路由器"的发明，但是最终还是很开明地和两个发明人共享了这项技术，支持他们夫妻二人拿了职务发明创办公司，斯坦福大学自己换得一些思科的股票。思科上市后，波萨卡和勒纳向斯坦福捐了很多钱，他们和斯坦福通过思科实现了双赢。波萨卡和勒纳把这种对叛逆的宽容基因带到了公司，而后来的钱伯斯也是一位具有胸怀和远见卓识的CEO，他将这种做法变成了思科的传统。当然，思科能做到宽容员工用自己的职务发明开办公司，也是因为思科员工的发明，一般很难单独成为一种产品，而必须应用到现有网络通信系统或设备中，因此它们最好的出路就是卖给思科。所以，思科倒是不怕这些小公司将来翻了天。不仅思科如此，华为一些离职的高管，从过去的 CTO 李一男到海思早期的负责人，均离职创业，试图和前东家竞争，却都无法成功，原因也相似。

托尔斯泰讲，幸福的家庭都是相似的，不幸的家庭各有各的不幸。在信息产业中，这句话要反过来讲，成功的公司各有各的绝招，失败的公司倒是有不少共同之处。思科这种成功的做法，一般的公司是抄不来的。

4　竞争者

如果说微软善于变市场优势为技术优势，思科则是反过来，它通过自己的研发和收购，变技术优势为市场优势。虽然华尔街也曾经把阿尔卡特-朗讯和加拿大的北电[2]算作思科的竞争者，但其实这两个以程控交换机见长的公司和思科并不完全处在同一个领域，基本上威胁不到思科，而且思科一家的市值超过其他传统通信设备公司的总和。

思科在其核心业务上真正的竞争对手只有一假一真两个。让我们先来看看假的——Juniper Networks。这家公司曾经是思科的影子公司，相当于 AMD 对英特尔的地位。Juniper 的产品定位在高端，而不像思科小到 IP 电话机，大到高端路由器都做。虽然 Juniper 是在产品上和思科最相似的公司，但是长期以来它的营业额只有思科的 8% 左右，2014 年两家的营业额分别为 46 亿和 496 亿美元，这还是在 Juniper 并购了与其规模相当的防火墙厂商 NetScreen 公司之后。Juniper 市值 120 亿美元，仅为思科市值的 1/12，后者为 1500 亿美元。何况思科账上有 350 亿美元的现金，无需交换股票，用

2　2009 年 1 月 14 日，北电网络以及旗下子公司同时在美国和加拿大申请破产保护。北电 2008 年第三季营收锐减 14%，亏损达 34 亿美元，2009 年 1 月 13 日纽约证券交易所（NYSE）收盘价已跌至 0.32 美元。

现金就足以买下 Juniper 很多次了。思科留着这个竞争对手，主要是出于反垄断的考虑。因为有了 Juniper，思科省了很多反垄断法带来的麻烦。而且，美国很多政府部门和大公司在采购时要求必须从两个以上的厂家中挑选，因此，思科为了做生意也必须允许 Juniper 的存在。虽然 Juniper 宣称自己存在的理由是技术好，但是，它这些年的增长并不比思科更快，思科也没有太把它当回事，当然更深层的原因是思科必须放它一马，以免政府找麻烦。

思科真正的对手是中国的华为公司。作为中国民族工业的代表，华为在中国几乎家喻户晓，虽然大部分人并不关心它做的路由器产品。作为一家民营企业，华为虽然得到了政府的一些支持，但是，它能够发展成全世界最大的电信设备企业，在于一开始就有一个高起点，并得益于员工的勤劳和私营企业的高效率。

华为公司成立于 1987 年，只比思科晚不到 4 年。上个世纪九十年代，当原邮电部（今天工信部的一部分）下面的一些研究所还在和 AT&T 等跨国公司谈二流技术的转让和合作时，华为的创始人任正非就直接定位于当时国际上最先进的技术，并且在 1994 年就开发出了当时具有国际先进水平的 C&C08 程控交换机。在经历过一番努力获得邮电部的认可之后，华为的产品开始在中国市场上逐渐站住了脚。

1998 年，华为迈出了后来成为国际化大企业的关键一步，任正非决定从 IBM 请来大批顾问，将公司打造成符合信息时代做事规范的国际化企业。当时很多华为的高管对 IBM 开出的高价目瞪口呆，怀疑那些钱花的值不值，但是任正非力排众议，接受了 IBM 的报价，然后开始了一场长达数年的全面学习 IBM 管理的变革运动。和一般中国企业聘请一些外国成功企业或者咨询公司为自己把脉、找问题、给出解决方案改进管理不同的是，华为在这个改造期间，很多部门是由 IBM 的顾问直接担任负责人，华为的干部则给他们担任助手，向前者学习。

通过这样手把手的传授，华为最终在管理水平，特别是在研发管理上，达到了世界一流水平。为此，华为花掉了 40 亿元人民币的顾问费，但是今天回过头来看，这笔钱花得非常值，因为华为改掉了很多中国企业常见的痼疾，最终成长为能够比肩思科的世界一流网络设备和电信设备公司。相比华为，国内很多大公司也聘请过外国管理顾问帮助改进管理和研发，但是由于缺乏长时间的深度接触，很多深层次的问题根本无法发现。一些问题即使发现并找到了解决办法，也会由于外来的顾问并不担任公司行政职务，因此那些问题也得不到解决。最后，这种改造就变成了走过场。

IBM 替华为把脉找到的问题，其实是很多中国企业的通病，比如它给华为诊断出的 10 大问题的前 6 个是这样的：

1. 缺乏准确、前瞻的客户需求关注，反复做无用功，浪费资源，造成高成本；
2. 没有跨部门的结构化流程，各部门都有自己的流程，但部门流程之间是靠人工衔接，运作过程被割裂；
3. 组织上存在本位主义，部门墙高耸，各自为政，造成内耗；
4. 专业技能不足，作业不规范；
5. 依赖个人英雄，而且这些英雄难以复制；
6. 项目计划无效且实施混乱，无变更控制，版本泛滥。

如果大家对照一下自己所在的企业，就会发现这些问题或多或少地存在，在美国一些老牌企业中，也存在这些问题。这不是哪个创始人能力的问题，也不是哪家企业是否有开放心态的问题，而是农耕文明和早期工业文明固有的问题，关于这一点，我们在后面介绍信息时代的管理时还会讲到。这些问题，如果没有外来的职业经理人直接担任行政职务刻意解决，内部的管理者没有能力，甚至也没有意愿去解决，因为没有人天生愿意做自己革自己命的事情。

华为最值得庆幸的是有任正非这样一位既有远见卓识又能付诸行动的 CEO。从这件事我们可以再次看到，好的 CEO 对大企业来讲是多么的重要。和中国绝大部分企业家所不同的是，任正非绝不是一个满足于"窝里横"的人——他愿意按照国际规则做事情，然后在国际上打败任何竞争对手。相比之下，中国很多明星科技企业即便在国内已经占有了一大半的市场份额，在国际上的市场占有率却近乎为零，因此它们即便收入不低，市值更高，也无法给同行业的跨国公司造成任何威胁。一些中国企业觉得按照国际惯例竞争自己吃亏了，因此一定要强调中国市场的特殊性，这就如同不愿意下国际象棋，一定要下中国象棋一样。其实，中国人不比任何国家的人笨，而且更加勤劳，如果真的接受了国际上的规则，假以时日，也能在国际竞争中获胜，这就如同中国的一群孩子接受了国际象棋的规则后，很快就在男女国际象棋比赛上获得了世界冠军一样。任正非和华为通过自己的成功，向所有中国企业家证明，按照国际惯例和规范做事情，中国企业也可以和任何外国明星公司竞争。

2008 年，我在"Google 黑板报"上介绍思科公司时就预言华为的前途不可限量，将超越思科。当时华为的收入仅为思科的零头，和 Juniper Network 差不多。现在十多年过去了，预言变成了现实。相比思科，华为的优势除了研发效率更高、发展速度更快之外，还有一个地域优势，那就是"中国制造"的优势。我们在以后会专门讨论"中国制造"对世界产业格局的影响。简单来说，一个原本只能在北美和欧洲生产的产品，经过一段时间就可以过渡到日本和韩国，进而落脚于中国（甚至一些东南亚国家）。欧美公司能赚钱的时间只有从美国到中国这一段时间——过去这段时间可以长达数十年，现在只有几年。一旦一种产品可以由中国制造，那么它的利润空间就会小到让欧美公司退出市场。现在，思科和华为的竞争已经被笼罩在这种阴影之下，思科其实是没有胜算的。即使思科能够开发出更新、性能更卓越的产品，但是在整个行业的利润空间被华为压窄了之后，扣除研发、市场和管理等费用，它将无法从利润中投入更多的资金进行新的研发，这就是思科今天的困境。事实上，思科这些年来（2012—2018）的研发费用不仅没有增加，还在缓慢下降，而华为由于成本较低，依然能够保证研发投入的增加，因此，华为超越思科就成了必然。2011 年，我们在本书的第一版中预测，根据华为和思科当时的发展速度，五年内华为可望超过思科，果然到了 2015 年底华为便实现了这一超越，成为全球最大的电信和网络设备公司。

华为的成功，既是中国人在 IT 产业上的成功，也是中国企业按照国际惯例和规则做事的成功。早期的华为主要是根据已有的通信标准开发电信设备。尽管标准可能是别人制定的，华为认定只要产品性能做得好，价格便宜，就能赢得市场。华为没有像很多中国 IT 企业那样寻求政府的保护和特殊的照顾，而是按照别人定好的游戏规则，练好技术，一点点地占领了全世界的市场。在中期，华为开始参与通信标准的制定，而它提交标准争取同行企业认可的过程，也是老老实实按照行业惯例来的。2015 年，华为在与英特尔公司竞争窄带物联网（NB-IoT）的标准时，并没有动用任何国家的力量，而是单纯通过技术方案的对比，同世界上主要的电信企业和半导体企业一家家地谈，并且在双方支持度相当的情况下，最后说服了在半导体行业具有影响力的美满电子公司投下了关键的支持票，这使得华为的 NB-IoT 标准成为了全世界的行业标准。

2005 年，任正非作为一个创造者和巨人（Builder and Titan）被《时代周刊》评为世界上 100 个最有影响力的人物。他不仅是唯一作为创造者和巨人上榜的中国人，也是全世界除美国人以外仅有的几个被给予如此高评价的人。

从思科的竞争对手再讲回到思科自身，虽然它在全球市场的占有率被华为挤压，但是感谢互联网特别是移动互联网的不断发展，它的业绩长期以来一直维持在高水平，这便是处在浪潮之巅的好处。只要思科不做蠢事，今后的几年里它依然可以乘着互联网的发展浪潮继续往前走，但是如果有一个问题不解决，它的路就会渐走渐窄，那么这个问题又是什么呢？那便是诺威格博士所描绘的宿命。

5 诺威格定律的宿命

Google 研究院前院长、著名的人工智能专家彼得·诺威格博士说，当一家公司的市场占有率超过 50% 以后，就不要再指望在市场占有率上翻番了。这句话在信息产业界广为流传，道理也很简单，但是常常被一些公司领导者忽视。在互联网泡沫时代，太阳公司占据了绝大部分工作站市场，市值一度超过一千亿美元。但是，它还在盲目扩大，试图在工作站和服务器上进一步开拓市场，结果，一旦经济进入低谷，工作站和服务器市场迅速收缩，即使它占到 100% 的市场份额也无济于事。事实上，太阳公司的市值在互联网泡沫破碎后，一下就蒸发了 90% 多。

思科公司从 2003 年美国走出因互联网泡沫导致的经济危机后，就一直面临着类似的问题。在很长的时间里，它占据了世界网络设备市场的一大半，即使它把全球市场都占掉，也很难使公司再成长一倍。今天，思科和华为两家平分了全球市场。由于反摩尔定律的作用，这两家企业即便能多卖了一些设备，收入也不会成比例地提升，因为价格在不断下降。因此，除非它们能开拓出新的市场，否则会成为下一个朗讯或北方电讯（简称北电）。要摆脱诺威格定律的宿命，就必须找到和原有市场等规模，甚至是更大规模的新市场。如果仅仅找到一个很小的新兴市场，是远远不够的。

思科的舵手钱伯斯很早就未雨绸缪了。思科是最早大力投入 VoIP（Voice over IP），即用互联网打电话业务的公司，它收购了这个领域颇有名气的 Linksys 公司，并且通过 VoIP 电话进入了固定电话设备市场。思科还为这种基于 IP 的电话注册了 Iphone 商标（大写的 I，小写的 p），并且是在苹果之前。因此，苹果出了 iPhone 后，在名称上和思科的产生了冲突和法律纠纷。最终，苹果从思科手里买下了 iPhone 的名称，当然这是题外话了。今天，美国的大部分电话公司，包括 AT&T 和 Verizon 都提供这种使用网线的电话服务。而在国内，包括腾讯在内的无数公司，内部用的都是思科的 VoIP 电话。同时，思科进军存储设备和服务业务，也收购了一些相应的公司，为它的 VoIP 战略做策应。随着基于互联网的 VoIP 电话的普及，网络路由器代替了原来程控交换机的地位，思科也代替了朗讯的地位。但是，正如我们前面所讲，不断缩小的语音通话市场远不足以让思科维持一个体面的增长。

在钱伯斯担任 CEO 的时代，他能够看到的就是利用互联网更多地取代过去各种网络所提供的业务，包括利用在线视频取代电视，利用云存储取代企业和个人的本地存储，等等。最终各种和工作、生活和娱乐相关的通信都将通过互联网合并到一处，而思科将为所有这些通信提供网络设备和存储设备。2007 年我在写本书第一版时描绘了一种家庭通过 X over IP 使用电话、电视和互联网的场景，这里面 X 可以包含任何东西。当时我不确定的是设备制造商、运营商和内容提供商谁将最终获利，十多年过去了，事实证明是运营商和 Google、Netflix 等提供内容服务的公司获利更多，而网络设备公司得到的实惠可以忽略不计。

相比思科，华为则幸运得多，魄力也大得多。华为的幸运之处在于，当它遇到诺威格宿命的瓶颈时，移动互联网正在快速兴起，而它的魄力则体现为居然敢于跨行业进军智能手机的市场。虽然在非 IT 人士看来，制造路由器等网络设备和制造手机都属于 IT 领域，应该相差不大，但是它们其实完全属于两个不同的领域。制造网络和通信设备，针对的是运营商的市场，工程师们就是按照通信协议做事情，可以说是有章可循，其核心竞争力在于谁做得快，谁的性能好，价格还够便宜。智能手机则属于互联网特征很强的消费电子产品，如果用户体验不好，性能再好，功能再多，价格再便宜，也未必能在市场上占有一席之地。华为的很多高管和我讲起他们当初的困境——按照做通信产品的思路做 IT 产品，做出来的东西完全没有人要，而从 IT 行业直接招来大量的工程师，又发现他们的工作习惯，甚至工作时间，都和做通信产品的工程师完全不同。华为最终经历了几年的阵痛，解决了这些问题，终于制造出可以比肩苹果和三星的智能手机，并且让手机成为公司主要的成长点。

对比华为和思科这两年的发展可以看出，华为已经走出了诺威格的宿命，而思科反倒还在探索之中。在过去的十多年里，思科走了类似 IBM 的发展道路，即不断淘汰利润不高的低端产品，将市场主动让给华为等"中国制造"的公司，并且保守地开拓新领域的成长点，这让它得以守住网络设备市场的半壁江山，没有成为另一个朗讯。不过，从思科近几年的表现来看，它将来会逐渐被华为拉开距离。

结束语

思科无疑是互联网高速发展的见证者。它对于互联网的重要性相当于 AT&T 对于电话的重要性：因为它为互联网提供了最重要的设备——路由器。所不同的是，AT&T 经过一百年才达到顶点，而思科走完类似的历程只经历了二十年。从这里可以看出，在二战之后，科技的发展呈加速态势。然而发展得太快的副作用是，思科也因此过早地进入了平稳而缓慢的发展期。

为了防止自身患上不思进取的大公司病，思科采用了内部创业的独特方法，并屡获成功。但是，这依然无法让思科摆脱中国制造的阴影，同时由于没能像华为那样找到市场规模不小于现有业务的成长点，它在全世界网络设备市场的影响力在不断萎缩。可以说，属于思科的黄金时代已经过去了。反观它的竞争对手中国的华为，不仅在通信领域不断获得成功，而且及时地通过进入智能手机领域，避免陷入增长的困境。华为不仅成为了中国第一家真正意义上的全球性 IT 公司，也成为了中国制造品质的象征。

思科大事记

1984　　思科公司成立。

1986　　思科推出第一款多协议路由器产品。

1990　　思科公司上市。

1995　　钱伯斯担任思科 CEO，开创了思科王国。

2000　　思科发展达到高潮，垄断了多协议路由器的世界市场；当年思科市值一度超过微软成为全球价值最高的公司，思科股票一天的交易额一度超过整个沪深股市。

2001　　随着互联网泡沫的破裂，思科业绩急速下滑，股价下跌 80% 以上，公司有史以来第一次裁员。

2003　　思科在 VoIP 等领域快速发展，公司重回上升轨迹，但是开始受到来自华为的挑战。

2011　　由于思科业绩长期停滞，外界要求钱伯斯辞职的声音越来越高。同年，思科开始大规模裁员。

2015　　开创思科王国的一代传奇 CEO 钱伯斯宣布辞去 CEO 的位置。同年，华为在销售额上超过思科，成为全球最大的电信设备公司。

扩展阅读

1. 《钱伯斯和思科之路》，John Waters, John, Chambers and The Cisco Way, Wiley, 2002.

第10章　英名不朽
杨致远、费罗和雅虎公司

一百年后，如果人们只记得两个对互联网贡献最大的人，那么这两个人很可能是杨致远（Jerry Yang）和戴维·费罗（David Filo），而不是今天名气更大的互联网企业家佩奇、布林、扎克伯格或马云。他们对世界的贡献远不止是创建了世界上最大的互联网门户网站雅虎公司，更重要的是制定下了互联网这个行业全世界至今遵守的游戏规则——开放、免费和盈利，并且发明了一种让用户和客户可以不是同一人的新型商业模式。正是因为他们的贡献，我们得以从互联网上免费得到各种信息，并通过互联网传递信息，分享信息，我们的生活因此得以改变。虽然今天雅虎已经不再是一家独立运营的公司了，但是人们会把他们俩和爱迪生、贝尔及福特相提并论。

1　当世福特

是谁发明了现代内燃机汽车，这个问题的答案至今有争议。因为，德国的戴姆勒和本茨率先发明了使用内燃机的汽车，不过是三个轮子的。二十几年后，美国的福特发明了T型车，即现代汽车的雏形，因此有些人认为福特是汽车的始祖。在这个问题上，美国人和德国人都倾向于维护自己的祖先。公平地讲，本茨发明汽车早于福特，但是真正开创汽车产业并让汽车进入千家万户的是福特。本茨和戴姆勒，以及德国另一个汽车业先驱迈巴赫（Maybach）是为富人制造汽车的。现在已隶属戴姆勒–奔驰公司的迈巴赫更是比劳斯莱斯还贵。英国的汽车业先驱罗尔斯和罗伊斯（Rolls and Royce，即劳斯莱斯的两个创始人）则把汽车做成奢侈品。与欧洲同行不同，福特通过改进奥斯（Olds）[1]的生产线，将高性能汽车的价格降到了300美元以下。到了20世纪20年代，500美元一辆的福特汽车已经进入到美国的千家万户了，这创造了当时的"柯立芝[2]繁荣"。如果不是福特做到了让汽车成为老百姓买得起的商品，汽车产业的发展可能会滞后很多年。因此，把福特当作汽车产业的第一人一点也不过分。

一个产业早期领导者选定的商业模式对这个产业的作用几乎是决定性的。雅虎不是第一家从事互联网服务的门户网站，美国在线的网络业务在雅虎开始以前就有了，和雅虎类似的Excite比它稍早一些，Lycos和Infoseek与它同时出现。但是，雅虎是确定互联网行业商业模式的公司，并且是主流免费门户网站的真正代表。如果不是雅虎，互联网很可能像汽车一样在相当长时间里只是有钱人的奢侈品。

互联网早在雅虎出现以前就存在了10年，它最初是由美国自然科学基金会出钱，为美国大学的教授和在校学生提供的特权。互联网上免费的内容少得可怜而且杂乱无章，而访问一些联网数据库的费用则高得惊人，而且要按每次搜索计费。在中国，教授和研究生们在查询国外论文以前，要专门学习如何选择关键词、作者名、领域名称，以便用最短的联网时间、最少的搜索次数找到自己想要的东西。随着通信事业的发展，互联网向公众开放成为不可阻挡的潮流。虽然以前在校的学生和教授上网是免费的，但是美国自然科学基金会和各国政府不可能替所有的使用者买单。而且一项事业要飞速发展不可能光靠政府投资，得靠全社会的力量。因此，当互联网开始面向公众时，用什么商业模式维持互联网运营的费用就决定了互联网的发展方向。

当雅虎还在斯坦福大学的实验室里时，美国在线已经开始发展付费拨号用户

---

1 早期汽车生产线的发明人，奥斯汽车公司的创始人，后来奥斯公司成为了通用汽车公司的子公司。
2 1920年代担任美国总统，他当政期间美国显示出极度繁荣的景象，而拥有一辆汽车是当时中产阶级家庭的标志。

了，它像收电话费一样，每月20美元外加一些莫名其妙的费用，比如不打招呼就从你的信用卡上划走50美元，然后给你寄一本没用的书。即使如此，美国在线在互联网初期阶段依然发展得很快，它至今还有几千万用户。在中国，我的同学龚海峰等人办起了一个中国版的美国在线——东方网景。按这种模式发展下去，互联网很难得到迅速普及。有线电视比互联网早发展几十年，但到了2010年全世界只有4亿有线电视用户，不到当时互联网用户的$1/4^3$。在随后的几年里，运营商靠着将互联网接入、手机计划和有线电视捆绑推广，才使得有线电视的用户在2013年底达到8亿多，同年互联网用户为27亿，前者基本上还是后者的1/4。因此，如果互联网采用美国在线的商业模式发展，即使经过多年的发展到今天，它至多不过是家庭的第二种电话或者另一个有线电视网，很难带来以后的商业革命。应该说，美国在线的这种商业模式和思维方式不是孤立的，至今，世界各国的电信运营商，比如美国的AT&T和Verizon还企图像控制电话网一样控制互联网。很幸运的是，有了后来的雅虎，美国在线那种像发展有线电视一样发展互联网的做法就没有了市场。雅虎及其追随者们，不仅把互联网办成了开放、免费和营利的，而且刺激了电子商务的诞生，从而使得互联网的用户和为它买单的客户不需要是同一个人。这种今天被中国人称为"羊毛出在猪身上"的商业模式始于杨致远和费罗等人在雅虎的尝试。

为什么雅虎能够把互联网办成开放和免费的呢？因为它的创始人杨致远和费罗一开始搞互联网就不是为了营利，而美国在线进军互联网时明确表明要挣钱。作为斯坦福大学电机工程系博士生的杨致远和费罗本来不是学习网络的，但他们和另一个同学搞起雅虎完全是出于对互联网非比寻常的兴趣。1994年，3个人趁教授去学术休假一年的机会，悄悄放下手上的研究工作，开始为互联网做一个分类整理和查询网站的软件，这就是后来雅虎的技术基础。这个工具放在斯坦福大学校园网上免费使用，互联网用户发现通过雅虎可以找到自己想要的网站或有用的信息。这样，大家上网时会先访问雅虎，再从雅虎进入别的网站。门户网站的概念从此就诞生了，雅虎的流量像火箭

3　2010年年底全球互联网用户数为19亿，参见http://www.internetworldstats.com/stats.htm。

一样上窜。网景公司发现这个现象以后，便来找雅虎合作，网景公司在自己的浏览器上加了一个连到雅虎的图标，这样，雅虎的流量增长得就更快了。很快，斯坦福大学的服务器和网络就处理不了日益增长的流量了。只好请杨致远和费罗等人把雅虎搬走，这时，网景公司送了雅虎一台服务器，雅虎公司就正式成立了，这是 1995 年的事。另外说句题外话，当时和杨致远、费罗一起做雅虎的第三人，这时拿不定主意，也许是他觉得他们三个人趁老板不在私自搞起雅虎已经有点不太合适，再退学去办公司就更不合适了，于是选择了留在学校。如果将世界上最郁闷的人排个队，他一定名列前茅。正如我们在前言中所说，一个人一辈子赶上一次大潮就足以告慰平生了，但是他却在机会面前失之交臂。

有了独立的公司，经费就成了一个问题。杨致远找到了红杉资本，就是投资思科的那家风险投资公司，并成功融资 200 万美元。几年后，红杉资本又成功地投资 Google。和美国在线不同，雅虎所有的服务都是免费的，它在网络泡沫破碎以前，甚至在美国主要的都市提供免费的拨号上网服务。雅虎为全球用户提供免费的电子邮件服务，虽然它后来的 CEO 塞缪尔曾经试图对邮箱收费，但是因为雅虎的用户已经习惯了免费，这件事只好作罢。同样，雅虎的搜索引擎（采用 Inktomi 的技术）和网站目录向全世界开放，无条件地为全世界的网页建立索引。而此时，美国在线却采用了电话公司注册索引词的方式来查找公司。（有些读者也许并不熟悉美国的电话号码注册方法，即一个公司为了方便消费者记住自己的电话，常常用公司的名称做电话号码，比如 AT&T 的服务电话是 1-800-CALL-ATT，用户可以通过电话键盘上的字母对应出数字，即 1-800-2255-288。一个公司要取得这个与公司名相同的号码，必须向电话公司购买。）过去使用美国在线的用户不仅必须记住公司的网址，还得记住它们在美国在线的注册词，直到美国在线 2002 年采用 Google 的搜索引擎为止。如果我们将互联网产业和个人电脑产业做一个对比，那么美国在线相当于封闭的苹果，而雅虎相当于微软，电话公司则相当于个人电脑硬件厂商。美国在线同时扮演个人电脑制造商和操作系统制造商两个角色，因为在它看来，门户网站要挣钱就必须收取上网费，如同软件必须通过硬件挣钱一样。而雅虎只是把互联网的门户做好，上网费交给电话和宽带公司去挣。在 Google 成为主流搜索引擎以前的很长时间里，大量的用户通过雅虎这个门户访问互联网，门户网站在某种程度上起到了操作系统的作用。事实证明雅虎是对的，由于反摩尔定律的作用和竞争的影响，上网费这笔钱是越挣越少，就如同个人电脑厂商的利润越来越薄一样，而门户网站（后来过渡到搜索引擎）的钱却越挣越多。

采用这种开放和免费的商业模式，雅虎的流量呈几何级数增长，两百万美元很快就花完了。雅虎再次从日本最大的风险投资机构软银（SoftBank）融资，软银开始只占了雅虎股份的 5%，但在雅虎快上市时，发现这家公司前途无量，强行将股份占到了近 30%[4]，并且在雅虎上市后，它没有抛售而是增持雅虎的股票，一度占了雅虎近 40% 的股份，成为雅虎第一大股东。顺便提一句，软银也是中国阿里巴巴公司的投资人，并且一度占了该公司 75% 的股份，至今仍是该公司的第一大股东。1996 年，成立仅一年的雅虎在纳斯达克挂牌上市，当天股价从 13 美元暴涨到 33 美元。各大媒体争先报道了雅虎上市的盛况，雅虎一下成了互联网的第一品牌，而杨致远和费罗也双双进入亿万富翁的行列。

雅虎的做法为全球互联网公司树立了榜样。Excite、Lycos 和 Infoseek 等公司纷纷效仿雅虎的做法，一年中，各种门户网站相继出现，两年后，中国的三大门户网站搜狐、新浪和网易也成立了。而同时，采用美国在线商业模式的东方网景开始亏损并被出售。1994—2000 年，可以说是互联网的大航海时代。各类网站相继出现，从政府部门、学校、公司到个人都在自建网站，原来通过各种报纸传递的信息，通过网页以更快的速度传播开来。互联网上的内容呈几何级数增加，人类真正进入了信息爆炸的时代。作为大航海时代首先发现新大陆的雅虎，在这次革命中功不可没。首先它定下了互联网这个行业的游戏规则——开放、免费和盈利（这一点我们下面要专门讲），制止了美国在线和同类公司试图把互联网办成另一个电话网的企图，这种模式刺激

---

[4] 雅虎的上市报告 S1，www.sec.gov。

了电子商务的出现。其次，如之前介绍微软时所提到的，雅虎成功地阻击了微软垄断互联网的企图，使得互联网大大小小的公司可以不依靠其他 IT 公司而独立生存和发展。

2　流量、流量、流量

在 2000 年，如果要问"什么对互联网公司最为重要"，百分之百（而不是百分之九十九）的人都会回答"流量"（Traffic）。如果再问什么是第二、第三重要的，得到的回答是一样的，还是"流量"。直到今天，对这个问题，很多人的回答依然如此。2000 年，所有的网站都在关心每天吸引多少人来访问，在这个网站上总共花了多少时间，而不是每天挣了多少钱。现在我们知道，这显然是对流量的误解。追求流量应该是互联网公司营利的手段，而不是目的。但是，当时全世界对互联网的理解都是如此。为什么当时的互联网公司只注重流量呢？这得从雅虎的商业模式及其早期的成功说起。

虽然杨致远和费罗在斯坦福创办雅虎时没有过多考虑如何挣钱，而是把精力放在了怎么办好雅虎上，但是当雅虎成为一个独立的公司时，杨致远就不能不考虑如何挣钱的问题了。这不仅仅关系到雅虎能否发展下去，更关系到整个互联网免费的午餐是否行得通，因为最终必须有人为互联网的运营和发展买单。前面提到，这笔钱不外乎有三种来源，第一是靠政府，其实就是靠税收。这样做看上去是可以免费，但是实际上不管是否上网，每个纳税人都要掏腰包，而且掏的钱可能还不少；况且政府机构办事一般都要比私营公司成本高、效率低。第二是靠每一个上网的人，按时间计费，这实际上就是美国在线的做法，它把互联网变成了另一个电话网。第三个办法就是把互联网自身从最初的非盈利性质变成为盈利的，刺激电子商务的发展，从电子商务和广告中挣钱来维护和运营互联网，从而做到用户上网免费，这就是互联网泡沫破碎前人们所说的"互联网的免费午餐"。现在证明了，第三条道是能走通的，虽然在 2000 年后互联网遇到一些短期困难时，全世界都在怀疑它能否真的做到免费。

杨致远是一位技术和商业兼修的人才，他很快想到了通过为大公司做广告挣钱的好办法。美国 2014 年整个广告市场的规模大约是每年 1800 亿美元，也就是说花在每个美国人身上的广告费高达 600 美元之多。Google 前 CEO 施密特在 2011 年 2 月曾经大胆地预测，2020 年全世界互联网展示广告（Display Ads）的市场规模将达到 2000 亿美元[5]，而雅虎的主要收入恰恰来自展示广告，因此，只要服务做得好，发展前景非常可观。在美国，一个商家吸引一个新客户的成本高达 10 美元左右。传统的广告业是按每一千次展示收钱的。比如在报纸上做一版广告，每一千次收费 500 美元；报纸的发行量为 100 万份，那么广告公司就得付给报纸 50 万美元。在电视、杂志上做广告也是如此。在美国，报纸的订费只占报社收入的小头，广告费是大头，有些报纸甚至是免费的。杨致远完完全全照搬了报纸等传统媒体广告的商业模式，即免费提供服务，然后用广告费养活自己并发展。在报业，发行量最重要，换到互联网行业，就变成了网站的流量。在互联网发展的初期，网站流量严重不足，即使今天，雅虎首页的广告版块也供不应求。因此，把流量做上去成了雅虎的首要目的。要想提高网站流量，关键是要有好的内容，能吸引用户。雅虎在很长时间里就是这样做的，一心一意要把自己办成互联网上最好的媒体，外界也一直以一个媒体公司看待雅虎，这显然是一条正确的道路。随着流量的增长，雅虎的营业额也以前所未有的速度增长。从 1996 年到 2006 年，雅虎的营业额增长了 260 倍，从 2000 多万美元增长到 60 多亿美元，如图 10.1 所示。而同期，IBM 和微软的营业额分别增长了 20% 和 10 倍。这也就是为什么直到 2006 年，华尔街一直追捧雅虎的原因。在 2006 年之后，世界互联网增长的火车头变成了 Google，雅虎的重要性不再有当年那么明显了。2008 年，雅虎的营业额达到历史的最高点，2009 年之后，它开始走下坡路了，营业额和利润一直没有再回到那时的水平。

当然，要想超过华尔街的预期，雅虎就必须以更快的速度提高流量，单靠自身发展是做不到的，于是开始收购流量大的公司。雅虎的收购是换股票。比如 1999 年，雅虎收购 GeoCities 时，以收购时雅虎股票的价格计算，收购

---

[5] 今天更准确的估计将达到 2200 亿美元，这还不包括 1100 亿美元的搜索广告和 360 亿美元的视频展示广告。

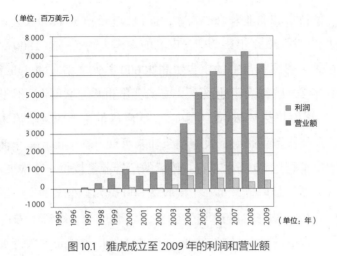

图 10.1 雅虎成立至 2009 年的利润和营业额

价格是 36 亿美元（后来雅虎股票跌了点，实际交割时少了一点点）。另外，雅虎还承诺了一批价值封顶在 10 亿美元的期权，作为今后几年对 GeoCities 有关人员的奖励，当然这笔期权只有在雅虎股票上涨时才有意义。后来由于雅虎的股价大跌，这 10 亿美元的期权最后是打了水漂。

所有互联网公司都看到了流量的重要性，并且很快都复制了雅虎的商业模式。但是，这些二三流的互联网公司却没有一个能像雅虎那样盈利。当时大家还没有意识到"不是所有的流量都是平等的"。2000 年以前，电子商务真正的销售额并不高，能拿出的广告费少得可怜。因此，互联网的广告费只能来自世界 500 强大公司的"品牌"广告费。在广告业，做品牌广告有个不成文的约定，非常讲究门当户对，即拥有一流品牌的公司必须在第一流的媒体上做广告，即使一个二流媒体有着同样的受众群，一流公司也不会在上面做广告，因为那会影响自己的品牌。所以，那些一流品牌永远不会在二三流网站上做广告。这种结果导致 2000 年以前除了雅虎外，几乎没有什么公司挣到了品牌广告费。至今，像宝洁公司虽然每年花 70 多亿美元做品牌广告，但是从未在二流网站上花过一分钱。

本来，办公司是为了盈利。松下幸之助说过，一个产品如果不能盈利，就是对人类的犯罪，因为它浪费了人力和物力，它们原本可以用在更有意义的事情上。在上一次互联网泡沫的疯狂年代，松下这种睿智而朴素的观点被看成是过时的了。无数风险投资的钱投到新兴的互联网公司中，不管这些公司有没有前途。绝大多数公司根本不可能盈利，公司创始人甚至根本没打算盈利，他们第一考虑的是如何获取风投投资，第二是如何把公司卖给一个冤大头的下家。稍微负责一点的创始人还考虑怎么也要创造出一点产值，但是大多数创业者连产值都不考虑，觉得只要有了流量就有了一切，现在仍有不少人持这种观点。网络泡沫破碎后，葛优主演了一部电影《大腕》，有几个片段反映了当时这种误解和狂热。影片中一位搞网站的人疯了以后还和别人吹只要流量上去了，网站就值个几百万元。对流量的片面追求，导致了各个网站不重视内容，互联网上的垃圾网页迅速泛滥。在整个互联网广告的总收入没有大幅提高的情况下，流量的增加只能导致每一千次浏览能挣的钱越来越少。各个网站在亏损后，不是去提高内容的质量，而是更疯狂地插入广告，并且发明了弹出式广告，试图从不大的在线广告市场中分到相对大的一份，这样就陷入了一种恶性循环。个别冷静的投资大师包括巴菲特发现这种趋势越来越背离了经济学的原理，但是他们的声音在互联网泡沫的喧嚣声中轻微得听不到。一些所谓的经济学家和投机者鼓吹所谓的网络时代新经济，为这种反常现象寻找理论基础。雅虎开始的发展还很理性，但是到了 2000 年前后，雅虎也加入到疯狂者的行列。我们没有看到 2000 年以前雅虎在技术上有什么投入，有什么创新，倒是看到很多疯狂的收购。1999 年，雅虎以 50 亿美元的高价买下了现达拉斯小牛队老板马克·库班（Mark Cuban）的 Broadcast.com 公司。该公司之后每年只为雅虎创造出 2000 万美元的产值，更不用说是利润了。即使其利润率为 100%，雅虎也要等 250 年后才能收回成本。这些现在看来是再荒唐不过的事，当时大家却都觉得很正常。最过分的是一家叫 College Hire（即大学招聘）的招聘网站，只要将简历录入网站数据库中，就可以得到 100 美元的亚马逊礼品卡。雅虎对网络泡沫的形成起到了推波助澜的作用。虽然它自己没有直接烧投资者的钱，但是无数小网络公司都是靠烧钱在维持的，这如同抱薪救火，薪不尽火不灭。到 2000 年美国大选后，终于没有新的投资进来了，互联网泡沫应声而灭。雅虎虽和这些烧钱的公司不同，但是也受到巨大的冲击，它的营业额有史以来第一次下降，市值蒸发了 90%。

雅虎一开始就很重视互联网公司的盈利问题，它通过增加流量提高营业额的做法也是对的。但是，人们对整个互联网的狂热不是雅虎所能控制的。大量片面追求流量的公司的出现，使得流量变得很不值钱，而且差点毁了整个互联网开放和免费的模式。好在雅虎的基础很好，它度过了艰难的 2001 年，第二年就开始复苏了。

3 其兴也勃，其亡也忽

在雅虎的复苏过程中，两个人起了关键的作用，新任 CEO 特里·塞缪尔（Terry Semel）和首席财务官苏珊·德克尔（Sue Decker）。德克尔女士年纪不大，在华尔街却已颇有名气，算得上是一位控制预算的专家。2001 年，雅虎出现了亏损。这一年，百分之九十几的互联网公司都维持不下去了。雅虎如果不能很快扭亏为盈，前景也很渺茫。德克尔用一种简单而有效的方法使雅虎度过了难关。她对公司所有项目按照投入产出比排一个序，责令那些亏损的项目按期扭亏为盈。在这期间，公司对那些项目不再投入，这实际上就是让那些项目死掉。期限一到，德克尔就毫不犹豫地裁撤那些项目。雅虎的在线支付、竞拍、购物等项目就是那时裁撤的。德克尔的这种休克疗法马上控制住了公司的预算，完成了节流。接下来开源的任务就交给了新任 CEO 塞缪尔。

塞缪尔原来是时代华纳公司下属的华纳兄弟电影公司两个共同 CEO 之一，从资历上看，他对技术并不擅长，可能不足以胜任互联网领袖雅虎公司 CEO 的职务，后来的事实证明了这一点。但是，雅虎的董事会看中他在传统媒体公司的经验，高价聘请他来主持雅虎的工作。在很长时间里，雅虎一直视自己为传媒公司，而不是简单的互联网公司（在美国称为 DotCom 公司）。总的来讲，塞缪尔的思维基本上停留在传统传媒行业。他刚到雅虎时，对互联网公司如何增加收入没有明确的方向，只是按照传统传媒公司所有服务都收费的做法，开始对雅虎的各项服务设计收费方法，比如 100MB 的收费电子邮箱。即使在雅虎已经盈利不错的 2003 年，他还试图向被雅虎索引的网站收费。幸好他这种破坏杨致远和费罗让网络开放和免费的初衷的想法最终没有实施。这时，塞缪尔抓住了一个偶然的机会，为雅虎开辟了新财源。

当时维持不下去的 GoTo 公司变身成了 Overture，想出了一种在搜索结果中竞价排名的方法。Overture 自己不提供搜索服务，就找到了雅虎。塞缪尔正不知道怎么从搜索的流量中挣钱，就抱着试一试的心理答应了 Overture。很快，搜索竞价排名给雅虎带来了巨大的财富，精明的塞缪尔已经暗暗决定买下 Overture。但是，雅虎当时只有 80 亿美元的市值，而 Overture 的市值高达 30 亿美元，两家公司合并后，后者要占到近 1/3 的股权，塞缪尔觉得太贵了。两家公司断断续续谈了很久没有结果。但是，塞缪尔已经决定进军搜索市场，他当机立断抢在微软明白过来以前，以极低的价钱买下了被 Google 打得奄奄一息，但是仍然有完整的搜索引擎并为 MSN 服务的 Inktomi 公司。微软的傲慢令自己丧失了进军互联网的良机。雅虎购买 Inktomi 时还有一个小插曲。据雅虎的员工讲，2002 年的一天，雅虎的员工突然听到窗外一阵喧嚣，大家挤到窗口一看，来了一辆大卡车，上面立了一个大牌子，印着大大的"Google"。当时雅虎和 Google 还是合作伙伴，雅虎的员工都莫名其妙 Google 来捣什么乱，仔细再一看在 Google 底下有 Inktomi 几个很小的字，还有一句大意是"让我们回来"的话。原来是 Inktomi 的人来向雅虎传递一个在 Google 高压下希望投到雅虎怀抱的信息。不久，雅虎收购了 Inktomi。此时，Overture 收购老牌搜索引擎 AltaVista，雄心勃勃地做起了搜索，但是，在 Google 几次重击下，Overture 的市场份额迅速缩减，股价一落千丈。塞缪尔这时出手，以很低的价格顺利买下了 Overture，从此完成了雅虎独立于 Google 进军搜索市场的布局。2002—2003 年，是互联网产业大洗牌的年代，雅虎用十几亿美元收购了除 Google 和 Ask Jeeves 以外所有的搜索引擎和拥有数十万广告商的 Overture。应该讲，塞缪尔的商业收购是非常成功的。塞缪尔在扩展雅虎新的市场，使雅虎扭亏为盈方面功不可没。依靠搜索广告的收入，到 2005 年，雅虎的业绩达到顶峰，而塞缪尔也成为当时美国收入最高的 CEO。

水满则溢，月盈则亏。一家公司的发展有波峰和谷底，本来是一件很正常的事。但是，雅虎在 2004—2005 年的波峰上待了不到两个季度就跌入了谷底，作为 CEO 的塞缪尔当对此负主要责任。雅虎的收入主要靠传统的品牌广告和在线搜索广告。前者是媒体品牌的竞争，不仅是 Google，任何网站都无法在这方面和雅虎竞争；后者是技术的竞争，是 Google 的强项。塞缪尔看到搜索广告的前景后，决定在搜索技术上和新起的 Google 一拼，意欲夺回搜索之王的地位。这种错误的扩张将刚刚复苏的雅虎推到了不必要的危机中。和所有人一样，塞缪尔知道雅虎的搜索和收购的 Overture 广告系统都比不上 Google 的同类产品，因此迅速扩充工程部门追赶 Google，他甚至建立起以研究为主的雅虎研究院，并请来很多专家。虽然工程师们夜以继日地工作，可新的广告系统始终出不来。塞缪尔先后换了三个工程副总裁，最终只搞出来一个令人大失所望的 Panama 广告系统。而在雅虎有优势的品牌广告方面，塞缪尔基本上无所作为。他的盲目扩张，挤压了雅虎的利润空间，并把雅虎变成了一个既不是技术公司又不是媒体公司的"四不像"怪物。

本来，如果塞缪尔这时候能知其雄守其雌，也不至于让雅虎的业绩持续下滑。他在遇到阻力后，不但没有停止无谓的扩张，而是文过饰非，忽悠投资者，犯下了致命的错误，最终断送了自己的职业生涯，也让华尔街抛弃了雅虎。早在 2004 年，雅虎的盈利增长已经达不到华尔街的预期。它靠大量抛售 Google 股票创造了虚高的盈利，这虽然骗不了华尔街的职业投资者，但是骗得了广大的散户。这样，2005 年雅虎基本上维持了股价。从 2006 年初开始，雅虎抛完了 Google 的股票，业绩下滑，已经不及华尔街的预期了，如果此时塞缪尔承认雅虎的困难和问题，并且将精力花在雅虎在行的品牌广告上，虽然暂时会有些困难，但是可以保证雅虎长期稳定的发展。可是，塞缪尔每个季度在没有达到华尔街预期的财报出来后，总厚着脸皮讲"我们这个季度又很成功"，然后吹嘘他精心打造的 Panama 广告系统，仿佛这个系统一旦推出，雅虎就能从 Google 手里夺回搜索广告市场，投资者只好一次次相信他。雅虎的股票连着几个季度总是先跌后涨。跌是因为它没达到华尔街预期，涨是因为塞缪尔用虚无缥缈的 Panama 给投资者打气。表 10.1 显示了雅虎 2005—2007 年近 6 个季度财报公布后的股价走向。

表 10.1　雅虎股票 2005—2007 年近 6 个季度的走向

	10 天内下滑幅度	10 天后回涨幅度
07Q1	−15%	13%
06Q4	−7%	11%
06Q3	−7%	19%
06Q2	−22%	18%
06Q1	0%	7%
05Q4	−20%	0%

等到 Panama 延期两个季度终于推出后，雅虎的广告收益根本没有质的提高，塞缪尔又表示该系统需要有一些时间才能见效，一个季度后，雅虎又一次不及华尔街预期，塞缪尔再次表示要半年以上的运行时间才能看出效果，这时，傻子也能看出其中的问题了。被塞缪尔忽悠了两年的投资者终于忍无可忍，把他轰下台了。颇具讽刺意味的是，在 2003—2006 年期间，塞缪尔个人从雅虎股票上赚了 4.5 亿美元[6]。2007 年他离职时，还从雅虎拿到了大约价值 3.5 亿美元期权作为奖金。而让 Google 业绩增长上百倍的前 CEO 施密特，在 Google 长期只拿一美元工资，即使在他离职时，也不过拿了一亿美元的股票。

塞缪尔走了，留下一个千疮百孔的雅虎。他的继任者、原首席财务官苏珊·德克尔虽然是一位财务高手，但是她对互联网行业的认识实在难以恭维。她留给所有投资者的一个笑柄是创下了出售 Google 股票的最低价。作为 Google 的投资者，雅虎拥有相当多的 Google 原始股，包括 Google 上市

6　参见：http://en.wikipedia.org/wiki/Terry_Semel。

前又给了雅虎270万股[7]。德克尔居然以低于Google上市价（85美元[8]）的价钱82.62美元在Google上市前私下卖给了投资公司。这个低价始终没有人能接近过。这件事本身不仅说明德克尔对互联网市场毫无感觉，而且作为公司第一把手，她的大局观也很差。出身华尔街的德克尔应该深知投资公司为降低风险而常用的对冲手段。具体到Google的股票，雅虎的做法应当是持有，因为如果Google失败，股票跌到零，雅虎在整个互联网就没有了对手，损失掉Google的股票则是无关大局的局部损失，但赢得的是整个互联网。反过来，如果Google股价倍增，说明相对来讲雅虎业绩在下降，这时再卖掉Google的股票可以成倍套现，再回来和Google竞争（如果雅虎一直持有到2006年底，Google的股票价值超过40亿美元，这笔钱比雅虎从成立到那时的运营利润总和还多50%）。雅虎交到德克尔手里，自然是前景堪忧。我们前面提到的IT行业浪尖上的公司，除了后来分崩离析的AT&T，每家都有最优秀的领导人，比如IBM的郭士纳，微软的盖茨和鲍尔默，英特尔的格鲁夫和思科的钱伯斯。但是，雅虎接替塞缪尔的新掌门人却是这样一位领袖。果然，德克尔的位子还没有坐热就被失去耐心的董事会赶下台，这中间还惹出了一桩轰轰烈烈的微软收购案。我们会在后面讲到。

4　既生瑜，何生亮

如果没有Google，几乎可以肯定雅虎今天依然雄霸互联网，即使在搜索领域，它可能也是王者。很遗憾的是，雅虎有点生不逢时，正当它走出互联网泡沫崩溃带来的阴影开始回升时，却遇到了当今IT界最强悍的对手Google。曾几何时，雅虎已经称霸互联网并成功地抗击了微软的进攻，Google还只是一家几个人的小公司。但是，公司的大小不能完全保证今后竞争的结果，而公司的基因起的作用更多。

雅虎和前面介绍的从AT&T到思科等所有公司都不同，那些公司无一不是

7　Google的上市报告S1，参见www.sec.gov。
8　Google的股票在上市后有过一次1:2的拆股，因此85美元的股价大约相当于今天每一股43美元。

业界技术上的领袖，而雅虎从来不是。我们至今不知道雅虎有哪一项重要的发明。雅虎自诞生起就一直提供网页搜索服务，但是直到 2003 年收购了 Inktomi，雅虎自己不曾做过搜索，虽然它的搜索服务很多人在使用。在雅虎搜索的背后先是 Inktomi 的搜索引擎，2000—2004 年改成了 Google 的。雅虎崇尚传统媒体的那种手工编辑工作而不是用计算机自动处理信息。早在 1999 年，我就和雅虎的人探讨过用计算机对文本进行自动分类来建立雅虎的目录系统，但是得到的答复是雅虎试过一些自动的方法，发现总有一些网页分错，于是坚持对成千上万的网站进行手工分类。这和技术公司的思路完全不同，一家技术公司，无论是过去的 AT&T，还是现在的 Google 都会尽可能地采用技术而不是人工来解决问题，当然所有的技术都有一定局限性和不足，一家崇尚技术的公司的态度是解决这些问题而不是倒退回手工操作。在将搜索业务卖给微软之前，雅虎一直手工调整搜索结果，和 Google 完全用计算机排名不同。

塞缪尔看到了雅虎在技术上的缺陷，试图把它重塑造成一个技术公司，但是这又谈何容易。让雅虎和当时最有活力的技术公司 Google 拼技术更是勉为其难。Google 对技术的重视是有目共睹的。作为美国工程院院士的拉里·佩奇和埃里克·施密特，以及 Google 另一个创始人布林本身就是技术专家。在 Google，工程师的地位非常高，写程序的最高级别工程师可以享受全球副总裁的待遇，这一点不仅在雅虎办不到，可能世界上也没有几个公司能做到。世界上没有一家公司不强调对技术的重视，但是，有的公司是挂在嘴边，只有少数的公司落在实处，Google 显然是后者。一个技术人员是否愿意为自己的公司尽全力，很大程度上取决于他是否得到了重视。重视一方面体现在收入上，另一方面体现在他在公司有多少发言权。当然一家公司总的发言权是个常数，技术部门的发言权大了，有的部门就必然没有什么发言权了。在很多传统的公司，包括雅虎，市场部门、产品部门的发言权相对较大，而工程部门的发言权较小，但是 Google 刚好相反。为了提高工程师们的工作效率，Google 在很多小事上想得很周到，比如 Google 的每个工程师可以得到两个崭新的 24 英寸液晶显示器和一台高性能主机，外加一台最新的笔记本电脑。而我的一个朋友 2006 年加入雅虎时，领到的却是一个屏幕闪动不停的老式显示器，工作效率一下就低了很多。我们在前面介绍微软和英特尔时，看到了转商业优势为技术优势的例子，而 Google 战胜雅虎则是将技术优势转为商业优势的范例。

本来，雅虎有自己的强项，比如拥有世界上最大的用户群，内容做得很好，可以说是互联网传媒方面的《纽约时报》和《华尔街日报》。由于有了这两点，很多世界 500 强的大公司愿意在雅虎网页上投放品牌广告。这点优势是包括 Google 在内的任何网站都无法相比的。我们在前面提到，广告业有个不成文的规矩，一流的品牌一定要在对应的媒体上做广告。比如可口可乐永远要找最好的媒体做广告，以表明自己是饮料业第一品牌。而 Google 的优势是在搜索结果中做广告，这是针对中小商家的，和雅虎最初的市场没有冲突。本来，雅虎的市场比 Google 大得多，因为品牌广告在广告业中占主导地位，像宝洁和强生这样的公司，一年要花近百亿美元打造各种产品的品牌。比如宝洁创出了上百个名牌，包括我们熟知的海飞丝、潘婷、汰渍、吉列、玉兰油、佳洁士牙膏和 Oral-B 牙刷，等等，还包括我们以为是独立品牌其实属于宝洁的产品，比如鳄鱼（LACOSTE）、Hugo Boss 和 ESCADA 等。宝洁等公司创出这些牌子固然不易，维护这些品牌则靠的是不断在一流媒体上花钱做广告。因此，品牌广告这份蛋糕本来就足够雅虎吃的了，它完全可以避开 Google，甚至和 Google 结盟共同开拓互联网市场。但是塞缪尔没有选择把蛋糕做大，而是挑起了不必要的、毫无获胜希望的竞争，使雅虎后来想回到基本盘都不很容易。

两个公司在技术上的竞争，除了人的竞争，就是执行力的竞争。Google 宽松的工作环境很对技术人员的胃口，在人才的争夺战上拥有其他公司无法企及的优势，而且它的效率比同类公司要高。大公司提高效率不仅仅是提供一些免费午餐这么简单，首先要能打破山头，打破部门界限，协调合作。Google 一方面是全球单位面积博士最集中的地方，相对雅虎，人才优势非常明显，另一方面在将研究结果转化成产品上，也被认为是全球效率最高的，因为它

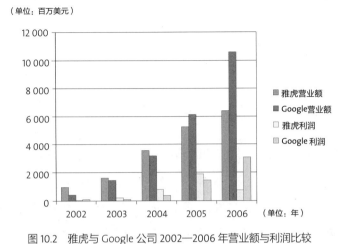

图 10.2　雅虎与 Google 公司 2002—2006 年营业额与利润比较

的科研和开发部门本身就是合一的。雅虎花很大力气打造了研究部门，但是采用了过去贝尔实验室那种科研和开发分家的做法。科研人员有时甚至无法从产品部门拿到真实的数据做实验。

雅虎的领军人物杨致远无疑是一位互联网领域的奇才，从某种程度上讲，他开创了整个互联网产业。但是佩奇和布林无论是在商业上还是在技术上都堪称天才，在短短几年内让 Google 后来居上成为互联网之王。图 10.2 是从 2000 年起两家公司的业绩比较。Google 的营业额和利润原来只是雅虎的零头，但是它以前所未有的速度增长，到 2006 年已经把雅虎远远甩在了后面。IT 领域是一个赢者通吃的世界，2007 年两个公司的差距继续拉大，在此之后两家公司渐行渐远。到了 2014 年，Google 公司的利润已经高达 142 亿美元，而雅虎只有区区 2.4 亿美元。再往后，它们就不属于同一个数量级的企业了，也就不用对比了。

5　红巨星

下面的文字是我在 2006 年为 Google 黑板报写博客时的草稿，时过境迁，很多预言的事情已经发生，很多意想不到的结果也已经发生，如果我今天写，读者是无法了解当时人们对雅虎的看法的，因此我完整地保留了当时的草稿。这不是为了表明当初我的估计多么准确，而是要说明如果一种规律预示的事情要发生，它是不以人的意志为转移、一定会发生的。

雅虎的前景如何呢？我常常把现在的雅虎比喻成红巨星。

天文物理中描述了一种称为红巨星的天体，它是暮年的恒星。它有两个特点，第一，体积大，比原来的体积大几万亿倍，当太阳变成红巨星时，它的直径将延伸到地球和火星之间。当然，恒星的质量没有增加，因此密度非常低。第二，它的温度比以前低了很多，呈暗红色，因此称作红巨星。红巨星密度太低，它的引力场已经不能吸引自身全部的物质，每时每刻它都有很多物质抛撒到宇宙中。

红巨星不只存在于宇宙中，在工业中也有。在硅谷流传着这样一个笑话，一个跨国公司的 CEO 在年终总结成绩时讲，近几年来我们公司总的才智（Talent）翻了一番，员工人数增加了十几倍。毫无疑问，这个公司可以称为红巨星了。年底，雅虎高管布莱德·加林霍斯（Brad Garlinghouse）发表了关于雅虎的所谓"花生酱宣言"。他指出——

雅虎摊子铺得太大。每个人都想做一切事情并扮演所有角色。每个项目蜻蜓点水，资源薄薄地摊了一大片，就像抹花生酱。公司内部各自为政，很少为一个清晰明了的战略进行合作，而是为所有权、策略和战术争论不休。

整个组织内存在大量的资源浪费。我们现在处在一个极其官僚的组织架构内，虽然它在创立时是出于好意。对于许许多多员工而言，都可以找到一个在职责上高度雷同或重叠的同事。

缺少决策能力，因为没有清晰的权力划分，决策要么无法制定，要么错失良机。因为没有明晰而专注的眼光，没有将权力划分清楚，我们没有制定决策的宏观视角。

这个"花生酱宣言"其实已经向大家表明雅虎现在已经进入红巨星阶段，即一个光和热消耗得差不多的暮年阶段。整个媒体对"花生酱宣言"的态度几乎是一边倒地叫好。塞缪尔领导下的雅虎的发言人往自己脸上贴金，说这代表了公司开放的文化，而回避了问题所在。

仔细看看雅虎的产品线就会发现，除了不太挣钱的雅虎电子邮件在用户数量上是世界第一位外，其他的服务全部是老二和老三：搜索第二，IM 第三，找工作第二，旅游订票第三，等等。每一个项目都要花掉很多的人力和资源。它让我们想起上个世纪 80 年代业务分散的摩托罗拉，而它的命运也很可能和摩托罗拉相同。雅虎的高层实际上拒绝了加林霍斯关于缩短战线、大幅裁员的建议。CEO 塞缪尔直到被赶下台的一个月前，还在用毫无希望的 Panama 误导投资者，但终究没有逃脱辞职的命运。

雅虎接替塞缪尔的名义上是创始人杨致远，实际工作应该是由首席财务官德克尔主持的。我们前面提到，德克尔能缩减开支，在短期内提高雅虎的利润，但是她对互联网技术其实一窍不通，很难想象她能领导雅虎迎接新的互联网革命。何况现在随着互联网 2.0 的兴起，雅虎要对付的对手已经远不止 Google 一家。几家新兴的互联网 2.0 公司如 Facebook 和 MySpace 也在侵蚀雅虎的地盘。雅虎现在就像一个进入了暮年的红巨星，它的光和热越来越弱，而且还在不断失去物质。

现在雅虎剩下的机会并不多了，它的创始人杨致远和费罗只控制着公司不到 10% 的股份，而它最大的两家股东是投资公司美盛基金公司（Legg Mason）和资本研究与管理公司（Capital Research and Management Company），各占 8.7% 和 7.6% 左右，其余大部分控制在华尔街手里，如果雅虎业绩进一步下滑，华尔街很可能要求出售雅虎以收回投资。对华尔街来讲，并不在乎谁是互联网的主宰，利润才是第一位的。事实上，微软已经和雅虎洽谈过收购问题了。

但是，如果雅虎换一种思维方式，回到它传统的传媒领域，在技术上和 Google 合作，则很可能作为一个强势的媒体公司屹立在互联网界。事实上，如果雅虎裁撤掉整个搜索引擎和搜索广告部门（可能占雅虎人数的 1/4 和设备的一半），回到 4 年前，由 Google 提供这两项服务，雅虎从广告分成中得到的收入远比自己做获得的收入还多（今年二季度，Google 从自己网站上得到的搜索广告收入为 25 亿美元，雅虎的搜索量按 ACNielsen 和 comScore 的估计大约是 Google 的 1/3 到一半，但是其搜索广告收入不到 Google 的 1/5）。这样，雅虎不仅可以大幅增加收入，还可以削减近一半的开销，从此转危为安。今天，互联网广告只占整个广告业收入的不到 10%，增长的空间很大，并且正在高速发展，这个市场完全可以容纳雅虎和 Google 两家公司。但是，如果雅虎一直和 Google 斗下去，并且不断被华尔街左右着，那么也许 5 年后，作为一个独立公司的雅虎会不复存在。虽然这听起来有点危言耸听，但的确很可能发生。更可能的是，雅虎作为一个互联网媒体公司而不是技术公司回到它原来的核心领域。

我在 2006 年给出的上述预言 5 年后就成为了现实。

本来，一家企业从盛到衰是历史的必然，但是像雅虎这样在短时间内呈断崖式下跌的情况并不多见。这里面有很多的原因。首先，在那五年中，很多人当时都能看到的问题，连一个都未得到根本的解决，而且在很多方面情况变得更糟了。于是，在本世纪的第二个十年，雅虎不仅远远落后于 Google，而且又先后被腾讯、亚马逊、阿里巴巴、Facebook、eBay 和百度超越。第二，微软曾经试图收购它，而且付诸了行动。不过在这次收购行动被 Google 搅局后，雅虎居然失去了独立性，在技术上产生了对更大公司的依赖，也就是从那时开始，它就算不上一家科技公司了。第三，更不幸的是，折腾了一番的雅虎想退回到互联网媒体公司也没有可能了，因为互联网媒体的形态改变了，基于移动互联网和社交网络的新闻形式取代了过去的门户网站。最后，雅虎所剩的最大价值是手头上控制的阿里巴巴和雅虎日本[9]的股票。那么为什么这个当年最大的互联网公司没有倒在互联网泡沫崩溃的 2000 年，反而在全球互联网快速发展的今天迅速衰败了呢？让我们看看雅虎在那快速下滑的 5 年里所走过的艰难历程。

---

9 雅虎日本（Yahoo Japan）是一家雅虎参股的独立公司，并不能算是雅虎控股的子公司。

6 自废武功

2006年，在和Google的互联网争霸中，雅虎虽已露出了败相，但是百足之虫，死而不僵，至少表面上雅虎依然很光鲜。从公司规模上看，它当时还是世界上人数最多的独立互联网公司——它还在招人，一方面是为了补充早已看出问题而离职的工程师，另一方面是把全部核心业务交给副总裁陆奇——一位世界著名的IT猛将，希望能缩小和Google的差距。从商业上看，它还有一些可圈可点之处。雅虎通过入股阿里巴巴成功地踏上了中国发展的快车。2006年，雅虎以10亿美元现金加上已经毫无意义的雅虎中国，从阿里巴巴最大的股东，也是雅虎的投资人软银集团手中换到了阿里巴巴40%的股份和35%的投票权。从所有权上讲，雅虎成为了中国这家快速发展的电子商务公司的最大股东。我想，精明过人的阿里巴巴CEO马云先生今天一定很后悔（事实上他已流露出这种后悔之意），因为阿里巴巴集团2012年试图从雅虎手里赎回这些股份时，双方谈判商定的价格是140亿美元。阿里巴巴以70亿美元的价格赎回了雅虎所占股份的一半，另一半雅虎继续持有。我在本书第一版中提到雅虎这笔投资五年至少有十倍的回报，现在事实证明确实如此。

但是，和Google的竞争不是靠一两次成功的投资，或者一两个有执行力的领导就能获胜的。Google毕竟有更多更好的执行官和主管，更重要的是，Google有着非常健康向上的工程师文化，从来不缺乏创造力。无论是雅虎创始人杨致远还是董事会主席德克尔，甚至是它的竞争对手微软都非常清楚这一点。杨致远和德克尔上台时承诺了一个百日维新计划，但是当一百天很快过去后，雅虎没有再提这件事，实际上公司内外都知道，它的症结根本不可能在百日内有个解决办法。

就像AT&T那样，一个公司从巅峰下滑，速度常常快得惊人。雅虎的业绩很难再维系华尔街的预期，核心员工开始离职，微软看到了这一点，2008年初正式抛给了雅虎一个并购的报价，比当时雅虎的市值高出了30%。这使杨致远陷入了两难，卖吧，实在不甘心，自己一辈子的心血就付之东流了，而且是卖给一个自己长期的手下败将；不卖吧，他和费罗对公司已经没有太多的控制权，也实在没有扭转颓势的好方法。而雅虎的大多数员工，包括许多执行官和高管私下都巴望着这笔交易能做成，他们已经对雅虎不死不活还经常裁人的状况感到厌倦了，希望能傍上微软这棵大树，从此过几年安稳日子。

华尔街普遍不看好这次并购，除了一些投机的私募基金。微软宣布这个消息的当天，自己的股票暴跌，虽然雅虎的股票上涨了不少，但是两家的市值总和还是缩减了上百亿美元。这里面从投资角度的细节分析我们留到以后的章节再讲。华尔街是有道理的，世界上两个较弱的公司合并后，往往离第一名差距更大了，因为较弱的公司通常是问题有点多，合并后各自有一大堆毛病的公司很难整合到一起。后来在股东大会投票决定是否支持杨致远时，雅虎2006年最大的股东美盛基金公司坚决地站在了卖方一边，而那个基金的经理比尔·米勒（Bill Miller）[10]是华尔街最富盛名、业绩最好的基金经理。他的看法，代表了华尔街的主流看法。

杨致远和费罗是非常不愿意卖掉雅虎的，因为微软内部争斗激烈的文化和崇尚自由的硅谷文化格格不入。但是这两位创始人需要得到多数投资人的支持才能保持雅虎的独立性，而做到这一点很简单，只要在提高收入同时减少人员即可。正如我们在前一节介绍的那样，只要它用Google的广告系统替代掉自己的就能提高收入，而且不需要太多工程师了。精明的Google果然向雅虎抛出这个设想，没有其他选择的雅虎董事会接受了这个方案。现在，不论雅虎和微软并购是否成功，Google都是唯一的赢家了。

有了Google做后盾，雅虎向微软提出了一个巨额的加价，微软的CEO鲍

10　比尔·米勒是美国近二十年来最富传奇色彩的投资人之一，他是美盛公司Capital Management Value Trust基金的经理。这只基金是唯一一只十几年来每年回报都高于标准普尔500指数的基金，也是世界上总体回报最高、规模最大的基金之一。很多基金公司按照比尔·米勒的配比购买自己基金的成份股。

尔默断然回绝了雅虎，毕竟吃下上万人的雅虎，鲍尔默也没有把握是否能消化好。现在雅虎必须回到 Google 的怀抱统一广告平台了。但是，由于美国反垄断法的严格限制，使得这次合作很难获得批准，Google 最终知难而退，雅虎两头落空。

这次微软强行收购把本来还能维持几年三方博弈的美国互联网格局迅速变成了 Google 和微软的单挑，而作为老二的雅虎实际上已经出局了。毫无疑问雅虎是这次事件最大的输家。在这以后，包括陆奇在内的雅虎第二批聪明的员工也逐渐离开了公司。

而另外还有一大批输家，就是以卡尔·伊坎（Carl Icahn）为首的一些私募基金和对冲基金。当时他们大量购进雅虎的股票，具有强烈的赌博色彩[11]，他们赌这次并购一定能成功。可惜他们不了解杨致远对雅虎的感情，也不了解它的对手 Google 和微软的底，最终闹出了炒股炒成股东的笑话。愤怒的伊坎等人要求在股东大会上罢免杨致远和雅虎的董事会主要成员，但是由于有华尔街著名投资人比尔·米勒等人的公开支持，杨致远等人平安过关。然而作为交换条件，伊坎等人也顺带进入了雅虎的董事会。

雅虎的董事会就这样成了一个大杂烩。大家关心的主要问题已经不是如何发展，而是如何把投资挣回来，或者少损失一点。可以肯定一些投机者的投资肯定是拿不回来了，能少损失一点是一点。在这样一种思想的指导下，雅虎的董事会选定了一个资历比德克尔更浅，对互联网更不了解的女 CEO 卡罗尔·巴茨（Carol Bartz）。卡罗尔上台后做的事其实就是想办法把雅虎拆了卖，尽可能让投资人少损失些钱。

雅虎的第一干将陆奇在卡罗尔上任前就跳到了微软，成为微软在线部门的总裁。不久，微软再次找到雅虎，希望雅虎自废武功，放弃掉当年以 Inktomi

---

11 对冲基金有一大类称为事件驱动的基金（Event Driven），就是赌一些公司的并购和拆分。

为核心的自主搜索引擎，而采用微软新的搜索引擎 Bing。虽然雅虎内部评测表明自家搜索引擎至少在当时还略强于 Bing，但是卡罗尔以省钱为理由，答应自断左手，将搜索引擎切换到 Bing。当然，微软为了和 Google 竞争，再次提出雅虎将经营了多年的搜索广告系统和微软不成形的广告系统合并。卡罗尔再次自断右手，连搜索广告也放弃了。

搜索广告系统不同于其他产品，产生的价值并不能立竿见影，而需要经过几个季度、几年的运营和优化才能做到收益的最大化。Bing 的搜索广告系统好坏姑且不说，至少没有大规模运营过，因此雅虎将搜索广告切换过去后收入反而不如以前。

到此为止，互联网 1.0 的代表雅虎经过自废武功和瞎折腾，已经完全没有了竞争力，关于它要被收购的传闻也是一直不断。在投资人看来，雅虎的唯一价值就是它拥有两家亚洲顶级互联网公司——日本雅虎和电子商务公司阿里巴巴的大量股份。具有讽刺意味的是，雅虎当年的手下败将美国在线，老老实实傍着 Google，靠着 Google 每年的分成，至今不但没有死，而且成了最有可能收购雅虎的公司。2010 年 10 月，当美国在线要收购雅虎的传闻一出，雅虎的股价当天上涨了 10%。

2011 年 9 月，雅虎 CEO 卡罗尔·巴茨宣布辞职。当天，接受《新京报》采访时，我提出了下面的观点。

> 巴茨上台时我就不看好，不仅因为她对互联网这个行业是外行，更重要的是她手里基本上无牌可打，又做了些自废武功的事情，下台是可以预见到的事。不过有两点深层原因各个媒体没有关注到：第一，巴茨上台后自废武功是有原因的。从 2007 年起，雅虎的优秀工程师开始流失，一流的人才那时候已经离开雅虎。二流工程师在微软和雅虎合并失败后基本上也离开了。到 2009 年，不少工程师去了微软，还在雅虎工作的每个工程师几乎都是去 Google 和微软面试两三次而未被录取的。我在 Google 面试的很多雅虎工程师，很多都是第二、第三遍面试，越往后水平越差。因此，巴茨上台时手上的工程师基本上

是三流的了。同样，其他方面的头等聪明人、二等聪明人（用阎锡山的说法）全跑光了，剩下的至多能算三等聪明人。第二，董事会任命巴茨的时候，本来就没指望她在产品上有什么作为，而希望她做好资本运作，最终替雅虎或者找个好东家，或者把不可流通的资产较好地变现。股东们（比如投机大王伊坎）希望能够少损失一点钱，如果不能赚钱的话。对于阿里巴巴这件事处理不当，应该也是导致她下台的原因之一。不管什么原因，结果是雅虎的损失非常大，对支付宝的股份按照原来法律上的 43% 左右降到了 15% 左右，甚至未来可能更少，巴茨有很大的责任。媒体对她非常不客气，采用了被解雇（Fired）、被驱除（Ousted）等字眼，这是过去很少用到的。一般一个公司 CEO 离职，媒体只是说离职（Resign）、下台（Step down）等字眼，留点情面。而这次对巴茨是一点情面也没有。

到目前为止，我们看到的大多是技术革命的浪潮帮助公司起步和发展。但是它也有很残酷的另一面：一个公司一旦没有踏上新的浪潮，就会快速被时代抛弃。

7　淘尽风流人物

2012 年新年刚过，雅虎的创始人杨致远就宣布辞去雅虎所有职务，并且没有讲明去向，已经很长时间不是 IT 领域关注焦点的雅虎再次成为科技媒体和 IT 行业的关注焦点。

消息出来的当天，腾讯科技请我上微博做了一次微访谈。大家关心的话题概括起来是这样一些。首先，他为什么要辞职，辞职后对雅虎有什么影响。第二，对杨致远的功过（如果有过的话）如何评价。第三，雅虎今后何去何从。

首先，作为创始人，杨致远为什么要离开自己一手创办的公司？这一点对于中国人来说是很难理解的，因为在东方人看来，自己的公司就像自己的孩子，不到山穷水尽的地步，不可能割舍。而雅虎还远远没有到这一步。杨致远从感情上对雅虎还是很难割舍的，否则几年前他就会同意将雅虎卖给微软。

但是在美国，创始人对公司的感情未必有那么深。一些职业创始人一生可能办了很多公司，每一个公司从一创办时目标就是给卖掉，成为他们将知识和见识变成资本的一些工具。这些公司一旦被收购，或者挂牌上市，创始人套现后会尽快退出，开始人生新的一章。当然，也有人是打算将公司办成百年老店，比如乔布斯办苹果、盖茨办微软。即使如此，创始人常常会在公司发展到一定阶段后退居二线，将公司交给职业经理人来管理。比如微软、思科、英特尔都是如此，虽然创始人还在世，却已经不管事了，这些创始人基本上是割舍得下的。杨致远自己也几次试图退居二线，但是雅虎并没有找到一个合适的职业经理人将它引向健康稳步发展的道路，以至于杨致远自己不得不几次回到一线。作为一个上市公司，业绩不好，公司的第一把手或者主要负责人要担当责任，这在美国是天经地义的事情，即使这个负责人能力很强，没有大的错误。总体来讲，美国公司股东（股民）的容忍度要比中国公司差很多。一旦他们的投资不断亏损，他们就会要求公司的董事会另找贤人来管理，甚至要求撤换整个董事会。再有，雅虎成了一个烂摊子，如果公司还有一大群有影响力的老人在，没有人愿意来当这个新的 CEO。通常，这种业绩不好的公司主要负责人辞职后，投资人多少又有了点希望，反映在股市上就是公司的股价上扬。所以杨致远辞职的当天，雅虎股价在盘后一度上涨了 5%。但是大家对雅虎的前景不明，因此第二天没有能维持这个涨幅。

离开雅虎对杨致远而言，或许是个解脱。今天，在 1980 年之前出生的人当初了解互联网都是从雅虎开始的，杨致远执掌（有时是在二线）雅虎 17 年，经历了互联网的蓬勃发展和两次经济危机，击败了 IT 界的常胜军微软，却输给了三个厉害的小字辈人物（佩奇、布林和扎克伯格）。应该讲他的身心已经非常疲惫了，他自己也从精力无限的博士生步入中年。我想，当杨致远宣布完自己的决定时，虽然有些遗憾，但是一定有一种解脱感。

接下来，就涉及杨致远的功过。对于这个事件，中国大部分媒体都将杨致远当作悲情人物来看待，还有各种各样对他"失败"原因的分析。最多的是试图分析他是否性格上有软弱的地方。单从雅虎和 Google 的竞争来看，杨致远似乎是个悲剧人物，何况他确实不是一个强人。但是，如果把雅虎公司和杨致远放在大的历史背景下看，就不能得到这个结论了。首先，杨致远和雅虎都不能算失败。正如我们在前面几节中介绍的，杨致远和费罗当年确立了雅虎的商业模式。这个模式至今仍是互联网的主要商业模式。他们推进了互联网用户免费享用其内容和服务，造福了广大的网民。这是巨大的成功。就如拿破仑所讲，他在奥斯特里茨[12]的胜利虽然会过去，但是他（制定）的拿破仑法典[13]将不朽。从某种程度上讲，杨致远和费罗就是互联网法典的制定者，而他们击退微软的胜利，也堪称是互联网历史上的奥斯特里茨。

至于杨致远为人性格相对软弱，是否为雅虎走下坡路的原因，这一点不太好说，毕竟不能以成败论英雄。换一个强势的 CEO 在杨致远的位置上，也未必就能把雅虎办得更好。如果说雅虎有哪些可以做得更好的地方，确实有很多。首先在战略布局上，杨致远显然没有 Google 的两个创始人有远见。Google 花了不算多的钱收购的一些公司和技术，今天都成为了全世界用户最喜欢的产品，包括 Google Earth 的前身 Keyhole、手机操作系统 Android、视频网站 YouTube、在线广告网站双击公司（DoubleClick）。而雅虎除了在搜索和搜索广告上的收购尚可圈点外，实在找不出什么亮点。其次，在技术和产品上，雅虎缺乏清晰的战略，基本上是面面俱到，却没有一项做得很精。雅虎有很多全球排第二、第三的产品和服务。但是在互联网领域乃至整个 IT 领域，常常是赢者通吃的格局。10 个第二名未必抵得上一个第一名。雅虎第二、第三名的产品常常是用户的备选产品，时间一长，这个公司也就被人渐渐遗忘了。

在杨致远离职之后，人们猜想出雅虎以后发展的三个可能性。

12　奥斯特里茨战役，又称三皇会战，（法国皇帝）拿破仑在奥斯特里茨村以少胜多，击败俄皇亚历山大一世和奥皇弗朗茨二世率领的俄奥联军。此次战役是拿破仑军事生涯中最漂亮的一仗，常为后人称道。

13　拿破仑亲自参与逐条讨论而制定的民法典和刑法典，至今仍是法国法律的主要依据和大陆体系的基础。

第一，重塑辉煌。

这种可能性虽然被提了出来，但是当时大家就认为概率微乎其微。雅虎既然这么多年都没有找到出路，那么多 CEO 上台时都信誓旦旦地要重塑雅虎的辉煌，绝大部分人不相信哪个能人接管了雅虎能够成功。更何况当时能够看到的转型之路，比如社交网络、移动互联网、视频服务，已经基本被 Facebook 和 Google 堵死。尽管如此，雅虎董事会在 2012 年 7 月依然任命原 Google 主管产品的副总裁玛丽莎·梅耶尔（Marissa Mayer）为新的 CEO，做最后的一搏。对于梅耶尔，华尔街对她显示出了足够的耐心，也给予了她足够的时间。但是 Google 内部了解梅耶尔的人都知道，她在 Google 的职级和资历，远不像外界想象得那么资深，实际上她很少参与 Google 重大的决策，因此靠她扭转雅虎颓势完全不可能。最终，她在拿走了 2.4 亿美元的工资和奖金后，把雅虎送到了历史的终点。

第二，被并购掉，然后收购方会拆分雅虎，溶解到新公司的业务中。

这在后来真的变成了雅虎最终的结局。2017 年，美国最大的电信运营商 Verizon 仅仅以 48 亿美元的低价格收购了雅虎。当时雅虎所持有的阿里巴巴和雅虎日本的股份已经被拆分到了一家新的控股公司，因此这次并购只是雅虎的现有业务。Verizon 之所以愿意收购每况愈下的雅虎，一方面是因为它的一些业务，比如雅虎邮箱（Yahoo! Mail），还是有价值的，另一方面是因为它这么多年了积累了上亿的用户。但是并购之后，绝大部分业务都被关掉了。其实，当时如果由一家中国公司并购雅虎，价格会好得多，但是出于信息安全的考虑，美国政府不大会允许外国公司收购雅虎。

第三，被私有化。

虽然这和被卖掉差不多，但毕竟能够保留雅虎的独立性。或许通过大胆的改革能够让业绩开始回升，然后再重新上市。这个方案被不少私募基金考虑过，但是最终大家在考察雅虎之后，对它臃肿的机构、人浮于事的做事态度、缺乏明确目标的领导层完全没有信心，最后都放弃了。

至于雅虎所持有的阿里巴巴和雅虎日本的股票，则被剥离出来放到了一家新成立的控股公司 Altaba 中，在 2019 年 4 月该公司决定出售阿里巴巴股票结算前，它的市值大约是 420 亿美元。至于为什么它叫这么一个古怪的名字，很多媒体讲这是"阿里他爸"的意思，因为雅虎作为一个输家也只能讨点嘴上便宜。不过它的真实含义是"阿里巴巴和其他的替代品"（Alternative and Alibaba），也就是说你买了 Altaba 的股票，等于持有了阿里巴巴和日本雅虎等投资。

在雅虎被收购之前，它的市值在很长时间里甚至不如手头上的现金加上雅虎日本和阿里巴巴的资产多。为什么会出现这样荒唐的现象呢？我们用一个比喻就能说明了。如果有一个盲人，拥有一辆价值百万的好车，他的财产是多少，似乎应该不小于一百万。但是他却坚持自己开车，这一百万很快就会报销掉，这时不会有人给他估价百万的。当时的雅虎，五年里七换 CEO（图 10.3），

图 10.3　雅虎从 2007—2012 年五年间经历的 7 任 CEO
（塞缪尔、杨致远、卡茨、莫尔斯、汤普森、莱文森和梅耶尔）

缺少一个明眼的舵手，导致它的价值不断萎缩，股票体现的是未来（而不是当前）的价值，投资人认为雅虎如果自主经营下去，未来的价值将比今天还低。

互联网行业的很多老兵最早接触互联网都是从雅虎开始的，他们无一不对雅虎的结局感到惋惜。可是，科技革命的浪潮就是这样，不断造就，也不断淘汰风流人物。

结束语

一个公司从诞生到衰亡是一个不可避免的过程，就和人的生命由生到死一样。美国财富 500 强的公司平均年龄只有 38 岁，可见要办一个百年老店有多难。在技术快速发展的今天，这件事情变得更加困难。从宏观上讲，每一家公司都有它的历史使命，当这个使命完成后，它就可以退出历史舞台了。从某种程度上讲雅虎对于互联网的使命已经基本完成。

雅虎在 2009—2012 三年内换了五位 CEO，这是它从一流互联网公司变成今天二流公司的转折点。虽然最后一任 CEO 梅耶尔尽了最大的努力扭转颓势，但是个人的力量终究改变不了行业大势，这家曾经被看成是互联网标志的跨国企业终于在 2017 年划上了句号。事实上，不仅是雅虎，中国那一代的门户网站公司也都进入了老年期。

尽管雅虎最终结局并不美妙，但是杨致远和费罗作为互联网领域的开拓者，永载史册。

雅虎大事记

1995　　雅虎成立。

1996　　成立仅一年的雅虎上市，创下了新公司上市最短时间的奇迹。

1998	成为世界最大的互联网公司,并且长期压制住了美国在线和微软的 MSN。
2000	采用 Google 的搜索引擎。
2001	由于互联网泡沫,雅虎股价达到创纪录的每股 400 美元的天价(考虑到后来的两次 2:1 拆股,相当于今天的每股 100 美元),但是以后不再有机会接近这个价位。
2002	收购搜索引擎 Inktomi,并于第二年和 Google 分道扬镳。
2003	收购搜索广告公司 Overture 和 Google 开始了白热化的竞争。
2005	投资中国电子商务公司阿里巴巴,成为雅虎最成功的投资。
2006	被 Google 超越,退居互联网行业第二名,从此一蹶不振。
2008	微软出价 446 亿美元收购雅虎公司,但是由于雅虎内部以创始人杨致远为首的股东强烈反对,收购未能达成。
2012	创始人杨致远宣布辞去雅虎的一切职务,同年 CEO 斯科特·汤普森因为学位作假而离职,这样雅虎 5 年换了七个 CEO。7 月,前 Google 副总裁玛丽莎·梅耶尔出任雅虎 CEO。
2017	雅虎的业务部门被出售给 Verizon,所持有的阿里巴巴等投资股份放到了独立的 Altaba 公司中。

参考文献

1. 参见:The Internet, a historical encyclopedia, by Hilary W. Poole, Laura Lambert, Chris Woodford, Christos J. P. Moschovitis。
2. 雅虎历史:http://docs.yahoo.com/info/misc/history.html。

第 11 章　硅谷的见证人
惠普公司

2002 年 3 月的一天，一支豪华的车队浩浩荡荡来到当时世界第二大个人电脑制造商康柏公司的总部。卡莉·菲奥莉娜（Carly S. Fiorina）——当年惠普（Hewlett-Packard）公司高调的 CEO，像女皇一样，在一群大大小小官员众星捧月下，走进康柏公司总部，接收她在一片反对声中并购来的康柏公司。这一天，是菲奥莉娜一生中荣耀到极点的一天。据康柏员工回忆，菲奥莉娜当时态度高傲，不可一世，完全是一个胜利者受降的姿态。

短短 3 年后，菲奥莉娜黯然离开惠普。她一系列错误的决定和平庸的管理才能将硅谷历史上的第一个巨星惠普推到了悬崖边。好在一年后，惠普在新任 CEO 马克·赫德（Mark Hurd）的领导下，从戴尔公司手中重新夺回世界个人电脑厂商的头把交椅，但是这时惠普已经由一个高科技公司变成了一个以家电为主的消费电子产品公司了。2015 年 11 月，市场份额不断萎缩的惠普公司拆成两家独立的公司，以个人电脑、打印机为主营业务的惠普公司（HP Inc.），以及以企业级 IT 服务为主的惠普企业（HP Enterprise）公司，当然这是后话了。

虽然惠普从来没有领导过哪次技术革命的浪潮，但是作为硅谷最早的公司，惠普见证了硅谷发展的全过程，从无到有，从硬件到软件。惠普的历史从某种程度上讲就是硅谷历史的缩影。

1 硅谷之星

没有任何公司比惠普更能代表硅谷的神话了。1934年，斯坦福的两个毕业生休利特（Hewlett）和帕卡特（Packard）躺在斯坦福的草坪上憧憬着大萧条（Great Depression）过后的美景。两个人打算办一家电子公司，至于这家公司的名字应该叫Hewlett-Packard还是该叫Packard-Hewlett，两个人决定抛硬币看运气，最后结果是休利特赢了，于是便有了HP这个名字。但是，直到1939年这家公司才正式成立，诞生在车库里（图11.1），创办资金只有区区538美元[1]，公司的主要业务是生产振荡器（Oscillators）等电子仪器。历经第二次世界大战，惠普得到了发展。

图11.1　惠普公司诞生的车库

二战后斯坦福大学遇到财政困难，斯坦福占地33平方公里[2]，相当于十多个颐和园大小，而学校真正用到的土地可能连1/10都不到，至今斯坦福闲置的土地仍然占校园面积的一大半。但是根据斯坦福夫妇的遗嘱，大学的土地是不能出售的，因此，斯坦福无法直接从闲置的土地上挣钱。后来有一个叫特曼（Frederick Terman）的教授（也是休利特和帕卡特的老师）想了个办法，

1　http://en.wikipedia.org/wiki/HewlettPackard#cite_note7
2　约合8 000多英亩。

他仔细研究了斯坦福的遗嘱，发现并未禁止大学出租土地。于是，斯坦福大学就拿出 3 平方千米的一片土地（大约相当于今天清华大学的面积），租给周边公司，办起了斯坦福工业园（Stanford Industrial Park）[3]，这便是硅谷的前身。

惠普公司当时是进驻工业园的第一批公司之一，它不仅见证了硅谷发展的全过程，也成为了硅谷神话的典型代表。从上个世纪 50 年代硅谷诞生，到上个世纪 90 年代前期，惠普的业务稳步发展并进入高峰，从示波器、信号发生器等各种电子仪器到昂贵的医疗仪器（如核磁共振机等），惠普不仅占有很大的市场份额，而且是质量和技术的卓越代表。在硅谷，惠普和斯坦福互相提携，堪称厂校合作的典范。惠普从斯坦福获得了无数优秀毕业生，同时在财政上给予斯坦福极大的支持。在很长时间里，惠普公司及其两个创始人一直是斯坦福最大的捐助者，包括帕卡特夫妇捐给斯坦福电子工程系的系馆，以及一所儿童医院。

20 世纪 60 年代，惠普从仪器制造进入小型计算机领域，80 年代它进入激光打印机和喷墨打印机行业。值得一提的是，惠普还是喷墨打印机的发明者。上个世纪 90 年代，惠普又进入了个人电脑市场。可以讲，在整整 50 年的时间里，惠普的发展都一帆风顺。如果在 20 世纪 90 年代初问硅谷哪家公司最有名，10 个人中有 10 个会回答是惠普。当时，惠普是很多斯坦福学生毕业后首选的公司。顺带提一句，惠普是最早进入中国计算机市场的公司之一。当时小平同志询问到访的基辛格怎样能买到美国的电脑，基辛格指着旁边担任美国国防部副部长的帕卡特说，他的公司就生产电脑，于是惠普就进入了中国。

然而，到了 20 世纪 90 年代后期，惠普经历了不太成功的转型，这个曾经辉煌的硅谷巨星渐渐黯淡下来了。今天，在斯坦福孕育出的众多公司中，大家很难将惠普与思科、英特尔和 Google 排在一起。而那次很有争议的转型，

---

[3] 20 世纪 70 年代更名为 Stanford Research Park，斯坦福研究园。

主角便是本章一开头讲到的菲奥莉娜。当然，这件事要从惠普当时遇到的困境说起。

2 生死抉择

惠普衰落的原因大致有两个，领导者的错误和"日本/中国制造"的冲击。进入20世纪90年代，个人电脑在美国开始普及，整个市场增长很快。惠普靠着原有小型机的客户和市场经验，很容易就进入了个人电脑市场。由于它的传统用户是中小公司和学校，惠普没有花太大力气就打开了大学、研究所和中小公司的个人电脑市场。惠普实际上已经悄悄地从仪器制造向计算机工业转型了，并于1989年和1995年先后收购了两家计算机公司阿波罗和Convex，当然只是为了要两者的市场，然后将这两家公司原有客户的设备换成惠普的小型机和工作站。到20世纪90年代中期，惠普成为集科学仪器、医疗仪器和计算机产品于一身的巨无霸型公司，并且随着美国经济的快速发展而达到顶峰。那时，惠普是全世界仅次于IBM的第二大计算机和仪器制造商，它的产品线甚至比IBM还长，小到计算器、万用表之类的产品，大到最复杂的民用医疗仪器核磁共振机。计算机本来只是惠普长长的产品线上的一种产品，只是到了20世纪90年代由于计算机工业的发展，计算机部门包括其外设的营业额超过了整个惠普的一半，才格外引人注意。

但是，正是由于产品线太长，惠普内部非常混乱，进一步发展的包袱很重。而且，惠普很多产品之间毫不相干，无法形成优势互补。为了今后的发展，惠普必须在产品上进行调整。在上个世纪90年代，公司调整和重组最简单、经济上最合算的做法就是剥离一些部门并单独上市。惠普选择了这种做法。接下来的问题就是卖哪个部门。

一般来讲，公司会卖掉利润率低、对自己没什么用、前景不好的部门，并买进对公司长远发展有帮助的公司，比如郭士纳领导下的IBM就是这样。但是，惠普在其发展史上最大的一次拆分和一次并购，却是反其道而行之，因此科技界和华尔街对此至今仍有争议。而这两次交易都和惠普前 CEO 卡莉·菲奥莉娜有关。事后诸葛亮的人对她领导公司的能力很是怀疑。实际上，第一次公司重组，即将赖以起家的仪器部门（即现在的安捷伦公司）剥离上市，并不是菲奥莉娜决定的，因为董事会在她来惠普以前就做了决定。不过是菲奥莉娜实施的，于是很多人把这笔账也记到了她的头上。第二次是和江河日下而且亏损的康柏公司合并，这件事是菲奥莉娜在包括休利特家族和帕卡特家族在内的诸多反对声中促成的。我个人认为第一次剥离安捷伦现在看来并没有错，因为事实证明安捷伦发展得不好，但是和康柏合并必要性不大。

让我们回到 1999 年，看一看决定惠普命运的拆分和并购。1999 年，惠普的产品线分成三个方向：传统的科学仪器，比如万用表、示波器；医疗仪器，比如核磁共振机；计算机及外设。我们不妨看一看表 11.1 中惠普 2001 年在这三个领域的前景。

表 11.1　2001 年惠普产品线在各领域中的前景

	科学仪器	医疗仪器	计算机及外设
市场规模	小	大	大
发展速度	慢	中等	快
利润率	中等	高	低
竞争程度	一般	一般	激烈
主要对手	日本公司（松下、欧姆龙、夏普等）	通用电气、西门子、飞利浦	IBM、戴尔、康柏、太阳、佳能、爱普生
商业门槛	中等	高	低
惠普竞争力	较强	较强	一般

在科学仪器领域，惠普有技术上的优势，它的竞争对手主要是日本公司，后者追赶得很快，而且日本的产品在价格上有优势。这个领域发展平稳，利润率稳定，但是市场规模不大，卖掉它顺理成章。医疗仪器这个行业利润丰厚，门槛很高，新的公司很难进入，竞争不是很激烈，惠普在全世界真正的对手只有通用电气一家。（在核磁共振设备领域，德国和日本的公司很长时

期里在品质上都比美国公司要差一些。直到近几年德国西门子公司赶上 GE，才打破了美国人在高端核磁共振设备上的垄断。）但是医疗仪器领域成长不是很快，尤其是新的技术和设备都要经过 FDA 认证才能生产销售，研发周期极长。从情理上讲，惠普应该保留这个利润丰厚的部门，因为历来公司都是剥离利润低的部门而保留利润高的。但是，GE 可不是一般的对手，上百年来，它是世界上少有的常青树，而它的核磁共振机是惠普永远无法超越的。因此，惠普把医疗仪器部门分出去的决定也许算不上糟糕。事实证明，今天的安捷伦确实无法赶超 GE 的医疗仪器部门。

最后，让我们看看惠普在计算机领域的状况。惠普从 20 世纪 70 年代起，就成功地进入了计算机市场。这个行业在过去的 20 多年里成长很快，但竞争激烈，利润率低。在计算机领域，惠普有很多竞争对手，从早期的 IBM、DEC 到后来的太阳和戴尔。这个领域的技术和商业门槛并不高，很容易有新的公司挤进来。比如苹果和戴尔很快就从无到有，在计算机硬件领域占了很大的地盘。显然，惠普是在赌计算机工业的发展速度，用发展速度来弥补利润率上的损失。但是，惠普公司也许忽略了反摩尔定律的作用，一家计算机硬件公司的发展必须具备超过摩尔定律规定的速度才有意义，否则利润将一天天萎缩。因此，这种赌博的效果至今仍有争议。

惠普赌的另一个拳头产品是打印机。惠普决定采用吉列的商业模式——通过廉价的刀架挣高价刀片的钱，它打算廉价卖打印机，然后高价卖墨盒。惠普的市场战略家们当然仔细算过这笔账，但是他们低估了日本制造的效应。至今，惠普在打印机市场上一直受爱普生和佳能的威胁，而在高端市场上则受到老牌复印机公司施乐的挤压。

应该讲，1999 年的惠普体量虽大，但是竞争力并不强，这有点像中国战国时期的楚国。惠普要想做强，就必须决定加强哪些业务，同时放弃掉另外一些业务。医疗仪器部门虽然利润率高，但是在 GE 的打压下发展前景有限。在经过了长期酝酿之后，惠普才决定将科学仪器和医疗仪器部门都分离出去，成立一家新的公司——安捷伦，然后新的惠普聚焦于计算机行业。这次的抉择是福是祸，至今说不清楚，事实上无论是华尔街还是客户对此也不关心——前者关心的是他们的投资，后者大不了将来去买惠普竞争对手的产品。

当然，这么大的公司重组，要有一个有经验的人来执行，惠普公司董事会看中了菲奥莉娜分拆和并购公司的经验，破例选择了她出任硅谷最老的惠普公司的 CEO，负责实施安捷伦的上市事宜。

3 是非 CEO

很多人认为卡莉·菲奥莉娜是惠普历史上最差的 CEO。这一点我不敢肯定，但是，毫无疑问，菲奥莉娜是惠普历史上最有争议、也是爱出风头的 CEO。作为一位职业女性，在 5 年内拆掉了世界上两个最大的科技公司（AT&T 和惠普），又主持了两次巨大的商业合并（朗讯和飞利浦的合资，惠普和康柏的并购），菲奥莉娜的功过已经是任何职业经理人很难相比的。因此，菲奥莉娜无疑是媒体关注的对象，当然她自己也喜欢在媒体上抛头露面。

菲奥莉娜从 AT&T 最底层做起，仅仅 15 年就成为 AT&T 的高级副总裁，应该是有过人之处的。也许当年惠普就是看中这一点才请她来当 CEO 的，但事实证明，菲奥莉娜的过人之处也许是善于表现，让外界和上司注意到她。1995 年，她成为 AT&T 的执行副总裁并主管了 AT&T 和朗讯分家事宜。分家后，她成为了朗讯的第二把手。接下来，她主持了朗讯和飞利浦的合资公司，这家双方投资 60 亿美元的合资公司连个响都没有听见就失败了。1998 年，菲奥莉娜被《财富》杂志评为全世界商业界最有权力的女性。第二年，当惠普要找个人来拆分仪器部门时，自然而然地想到了她。有 60 多年历史的惠普迎来了首位女性 CEO。

1999 年 6 月菲奥莉娜一上任，就将仪器部门剥离上市，从此，世界上多出了一个安捷伦公司。那正是美国股市最疯狂的年代，安捷伦的股价从最初的每股 19—22 美元，提升到 26—28 美元，并最终在上市前的一瞬间定在 30 美元，融资近 20 亿美元。11 月 17 日，安捷伦在纽约股票交易所挂牌上市，当天就疯涨了 40%，市值达 200 亿美元（超过 2012 年 6 月底的 137 亿美元），其中八成以上的股票掌握在惠普手里。不可思议的是，惠普的股票当天也狂涨了 13%。这种现象在投资大师巴菲特看来是很荒唐的，安捷伦疯涨，说明惠普卖赔了，惠普应该跌才是。但是，在那个股市疯狂的年代，这种不理性的事情总是发生。到此为止，菲奥莉娜的工作一切正常。

惠普从安捷伦的上市得到了一笔可观的现金，帮助惠普渡过了几年后的难关。现在，菲奥莉娜必须拿出真本事把瘦身了的惠普搞好。很遗憾，在她的领导下，惠普的核心业务是王小二过年，一年不如一年。它的工作站业务远远落后于太阳公司，后来干脆退出了竞争。在个人电脑领域，它与领先的戴尔差距越来越大，而且毫无扭转迹象。在打印机业务上，它卖打印机挣墨盒钱的如意算盘根本打不响（我们在后面还要分析其原因）。在打印机市场上，惠普虽然是世界上最大的公司，但是市场份额却不断被日本公司佳能和爱普生蚕食。

要夺回市场份额，最根本的办法是改造自身，提高竞争力，IBM 的郭士纳和英特尔的格鲁夫，包括惠普后来的 CEO 赫德就是这么做的。但是，这需要有真本事。而最简单、最快的方法是买市场，即收购一家公司。菲奥莉娜是公司并购的行家里手，她看中了当时还占个人电脑市场份额第二但已江河日下的康柏公司。菲奥莉娜的提议遭到了包括惠普两个创始人家族在内的股东们的反对。不少股东担心本来已经盈利不佳的惠普，再背上一个亏损的康柏，最终将拖垮惠普。当时戴尔占美国个人电脑市场的 31%，而康柏加惠普占 37%。菲奥莉娜的如意算盘是通过合并打造全球最大的个人电脑公司，形成对戴尔的优势。其实，惠普在和戴尔的竞争中处于劣势的根本原因在于，惠普的资金周转不够快。戴尔的资金一年大约可以周转两次以上，而惠普只有一次。也就是说，即使戴尔的利润率只有惠普的一半，在初始资金相同的情况下，它也能获得和惠普相同的利润。这样，戴尔的 PC 降价空间就很大，很容易占领市场。显然收购康柏并不能解决这个问题。

菲奥莉娜的并购方案在董事会里遭到了 H 和 P 这两个家族第二代的一致反对。为了通过方案，就需要得到全体股东大会的同意了。菲奥莉娜做了很多工作动员中小股东投票，促使这项提议通过，最后股东们以 51% 对 48% 批准了收购康柏的决定。在这 51% 的赞同票中，有相当比例是菲奥莉娜拉来的票。2001 年，这桩惠普历史上最大的 250 亿美元的收购交易终于完成。由于华尔街对此普遍不看好，新惠普在交易完成的当天股票下挫近 20%。几天后"9·11"恐怖袭击发生，美国经济形势急转直下。新惠普的生意一落千丈。2002 年，惠普出现十几年来的首次巨额亏损。

并购康柏后，惠普并没有得到想象中的康柏加惠普的市场份额，在市场份额最低的 2002—2003 年，它只勉强维持了康柏原有的份额。在商业史上，类似的事情时常发生，两个在竞争中处于劣势的公司合并后，不但没有得到累加的市场份额，而且只达到两者合并前较少的那份。原因很简单，在竞争中处于劣势的公司必定有经营管理上的问题。如果这些问题得不到解决，合并后问题会翻倍，在竞争中劣势更大，从而进一步丢掉市场份额。这就好比几块煤放在一起就是一堆煤，并不会成为闪亮的钻石，虽然它们的成分都是碳。菲奥莉娜领导下的惠普公司本来就问题多多，再加上一个问题更多的康柏，成堆的问题早已超出了她的能力所能处理的范围。本来，菲奥莉娜应该集中精力解决内部的问题，如果她有能力解决这些问题的话。但是，好大喜功的她选择了一条急功近利的道路，一下子带着惠普走进了死胡同。菲奥莉娜在她的自传中为这次合并进行了长篇辩解，并且攻击休利特家族和帕卡特家族，还怪罪媒体。但是民众并没有买她的账，事实上愤怒的投资者在合并后的几天里就把她告上了法庭。

在接下来菲奥莉娜执掌惠普的几年间，惠普从一家科技公司变成了一家电器公司。它原本是和通用电气、IBM 及太阳这样的高利润科技公司竞争，现在它蜕变为和戴尔、索尼、佳能和爱普生一类的低利润普通电器公司竞争。在菲奥莉娜的任期中，她个人频频在各种媒体中亮相（当然，她解释为媒体找她），但是惠普这个硅谷最有历史的公司却渐渐被人遗忘。它在个人电脑领域输给了戴尔，在数码相机上输给了佳能、尼康和索尼，在打印机上输给了爱普生和佳能，可以说是一败涂地。

图 11.2　菲奥莉娜从惠普 CEO 位置上退下来后，热衷于政治，2015 年宣布竞选美国总统

4　亚洲的冲击

菲奥莉娜当时的另一个如意算盘，是指望卖打印机后一劳永逸地挣墨盒钱。这个策略也没有行得通，其中除了技术和商业的因素，还有更深层的原因，就是来自亚洲制造的冲击。现在，中国制造似乎成了一个时髦的词，因为中国为世界生产从玩具、服装到家电等各种消费品，甚至包括 Burberry 和 Armani 在内的奢侈品。虽然一开始中国只是进行外包加工（比如富士康公司今天依然如此），但是很快亚洲自己的品牌就开始取代欧美公司的了，比如丰田、本田替代通用汽车和福特，联想替代 IBM，以及华为和小米取代摩托罗拉和诺基亚，等等。很不幸，惠普也是亚洲制造的牺牲者。

二战后的信息技术大多起源于美国，而硅谷更是世界创新的中心。尽管 2000 年硅谷受到互联网泡沫破灭的打击最大，但是，它依然是信息技术和（以基因泰克为代表的）生物技术创新的中心。和二战以前不同，每一项起源于欧美的新技术，用不了多久就会被日本人，后来还有韩国人和中国人掌握。于是，一种技术出来后，欧美公司在没有亚洲竞争对手时，可以打一个时间差，挣一段时间的高额利润。以前，这个时间差有几十年，现在已经缩短到几年，甚至更短。比如，50 多年前日本的日立和松下等公司造出可以媲美惠普的示波器花了十几年的时间，而到了上个世纪八九十年代，佳能仿制出惠普的喷墨打印机几乎没有花多少时间。这样一来，惠普等公司就不得不和亚洲公司平起平坐地竞争了。

在 20 世纪 90 年代末，随着数码相机的普及，高质量喷墨打印机的市场迅速增长，但是由于有佳能和爱普生等日本公司加入竞争，喷墨打印机的利润被大大压缩。一台高质量的彩色喷墨打印机本身的价格不过 100 美元上下。在美国零售市场，我甚至见过爱普生牌 30 美元的彩色喷墨打印机。因此，靠卖打印机显然挣不了几个钱。惠普最初将打印机墨盒的价钱定得很高，一套墨盒大约是打印机价钱的一半。这便是吉列通过剃须刀刀架挣刀片钱的做法。但是，惠普的墨盒和吉列的刀片有个很大的区别。剃须刀的刀片是一分价钱一分货，吉列的刀片比低价低质量的确实好不少，而且剃须刀片是一种特殊的商品，马虎不得，用一片劣质刀片刮破脸可不是件好玩的事。因此，消费者会首选吉列刀片。打印机墨盒则不同，惠普的原装墨盒本身就是由中国的 OEM 厂生产的，和兼容的墨盒在使用上没有什么差别，价格却高出了 5—10 倍，因此很多人不去买惠普的原装墨盒，而使用兼容的。后来惠普禁止兼容墨盒的售卖，但是佳能和爱普生没有禁止，于是人们干脆连惠普的打印机也不买了。在喷墨打印机刚出来时，惠普是统治这个市场的，而现在，虽然它还是这个领域最大的厂商，但是全球市场份额只剩下 20% 左右了。

亚洲制造的影响不仅在于限制了利润率，而且还在于亚洲公司参与制定商业模式和游戏规则。如果没有佳能和爱普生等来自亚洲的竞争者，惠普或许还有可能采用吉列的商业模式一劳永逸地挣钱。现在，它不仅要和日本公司面对面地竞争，去挣打印机本身那点蝇头小利，而且一劳永逸挣墨盒钱的财路也被断了。为了抵消亚洲制造的冲击，欧美公司十分鼓励和支持代加工，即 OEM 式的亚洲制造，这样可以降低它们的成本，但是会千方百计阻挠亚洲公司打自己的品牌，因为这样会对它们产生威胁。换言之，美国公司很喜欢 OEM 大王郭台铭，不太喜欢松下幸之助和华为的任正非。

从2003年、2004年起，整个硅谷开始复苏，很多公司回到并超过2000年的水平。但是，惠普一点儿也没有好转的迹象。华尔街不断看空惠普的股票，忍无可忍的股东们终于在2005年决定赶走毫无建树的菲奥莉娜。根据美国公司金色降落伞[4]的惯例，惠普提供给她超过两千万美元丰厚的退休金[5]，然后由她自己提出辞职，这样大家面子上都好看。菲奥莉娜临走还从惠普拿走了上千万美元的现金和股票。但是，股东们还是宁可花钱请她走。菲奥莉娜离职的当天，惠普的股票大涨6.9%。这是一次惨痛的教训，一家公司挑错了掌舵人，要替换掉他（她）的成本也是很高的。

5 中兴与衰落

惠普很幸运地找到了新的舵手马克·赫德。他上任前，大家对他能否扭转惠普这个老、大、难的公司也心里没底。也难怪，上个世纪90年代以前，惠普的利润很高，节奏慢一些也没关系，惠普的很多老员工已经习惯了不紧不慢的做事方式。这当然不是惠普特有的问题，很多老牌IT公司都有这种通病。这个样子显然很难在竞争激烈的个人电脑市场上生存。在产品上，惠普当时相比竞争对手也毫无优势。赫德可以讲是困难重重。但是两年后，事实证明，作风直截了当的赫德正是医治惠普的良医。和很多喜欢做表面文章的CEO不同，赫德很少花时间做那些漂漂亮亮的投影胶片，而是直接在白板上写写画画。赫德很少讲大道理，从来是用数字说话。他做一小时报告，常常要引用几十个数字，平均一分钟一个。

赫德一上任就对惠普进行了大刀阔斧的改革，他首先裁撤了水平很高但是对惠普用处不大的研究部门。惠普研究院历史久远，除了惠普自己早期的各个研究所，还包括从康柏继承下来的原来DEC的研究院。后者曾经是美国仅次于IBM研究院的计算机研究院。惠普研究院拥有图灵奖得主在内的许多

---

[4] 许多跨国公司在并购或者重大调整时，怕一些执行官们赖着不走，最终影响股东的利益，因此给予他们一定的补偿，让他们离职，这就是所谓的金色降落伞。

[5] "HP To Pay Fiorina $21 Million Severance Package" ECommerce Times. February 14, 2005.

著名科学家。但是，既然惠普已经成了一个电器公司，那么养这么多科学家的必要性就不大了，因此赫德果断地裁撤了该部门。同时，赫德对其他部门也进行了相应的瘦身，惠普一共裁员一万五千人。为了减少动荡，赫德基本维持了公司 2004 年的架构，即分成技术服务（TSG）、个人电脑（PSG）和打印设备（ISG）三个主要部门（当然还有一些小的独立部门）。也许是因为裁员较多，并且对留下的员工要求过严，赫德在惠普内部的形象不如他在外界好。

赫德做的第二件事是从戴尔手中夺回 PC 市场份额。赫德强化了和戴尔直销模式相反的代销方法。以前，戴尔靠直销大大降低了流通渠道的成本，使戴尔 PC 成为美国最廉价的品牌机。戴尔的直销方式至今被认为是它成功的经验。惠普并购康柏后，很长时间里试图模仿戴尔的模式[6]，但是做得不成功，反而有点邯郸学步的味道。赫德知道别人成功的经验对自己未必合适，因此选择了适合自己的代销模式。以前，计算机类的电子产品主要是由美国电路城公司（Circuit City，已经在 2008—2009 年的金融危机中倒闭）和百思买（Best Buy）这样的电器连锁店代销。这些店会提供大电器的售后服务，而一般的百货店并不会。可是，现在的 PC 基本上是开箱即用，报废之前不会坏，不需要什么售后服务。惠普后来加强了和美国最大的零售商沃尔玛及最大的会员店 Costco 的合作，将惠普的 PC 直接放到这两家店的货架上。赫德的另一招就是简化惠普采购的供应链，从几百条逐渐减少到几十条[7]。这和赫德降低成本的总体经营思想是一致的。于是，在短短几个季度内，惠普的 PC 市场占有率就超过戴尔，排名全球第一。

惠普的另一大业务是打印机。赫德上台后，丰富了打印机产品线。顺应数码照片的普及，惠普干脆推出了很多用来打印照片的专用彩色喷墨打印机。这种打印机只有一本 32 开的字典大小，不需要连接计算机，就可以从照相机或内存卡上直接打印 4×6 英寸的高分辨率、高质量照片，非常方便。这些

---

6 后面的章节有专门的介绍。

7 托马斯·弗里德曼，《世界是平的：21 世纪简史》。

打印机销路很好。同时，惠普针对专业打印社，推出了多种宽幅高分辨率打印机。经过努力，惠普基本上扭转了打印机市场份额下滑的颓势。

赫德做的第三件事就是恢复惠普作为技术公司的形象。他学习郭士纳时的IBM，突出技术服务的重要性。经过几年的努力，惠普在IT服务业的形象不断提升。在他2010年下台前，惠普的服务收入占到了公司总收入的40%。所有这些举措，使得惠普的营业额从他上任的第三年2007年起超过了IBM，成为全球营业额最高的IT公司；同时，惠普的利润也大大提高。赫德在任的5年间，惠普的股价翻了一番多，而IBM同期几乎没怎么涨。

前面提到，惠普的衰退有两个原因，一是领导人能力的问题，二是它身处的电器行业受到亚洲制造的冲击。在菲奥莉娜期间，惠普已经彻底从一家科技公司变成了世界上最大的电器公司之一，它在计算机服务领域（高利润）的增长远没有它在制造业（低利润）增长快。本来，惠普的领导人的问题已经解决了，5年的业绩证明赫德显然是一位优秀的领导。如果给赫德更多的时间，惠普完全有可能重新走上稳步发展的正轨，赫德甚至可能成为郭士纳式的传奇人物。遗憾的是2010年，惠普的功臣赫德因为一起因性骚扰而引发的问题被迫离职[8]，惠普再次陷入领导人的危机。

惠普在后赫德时代业绩明显停滞，继而下滑。赫德的继任者李艾科（Léo Apotheker）掌管惠普近一年，惠普的营业额几乎没有增长，而利润却下滑了16%，而且前景看不到光明。惠普的股价从赫德事件前的每股54美元一度跌至2011年10月的23美元最低点。由于惠普业绩糟糕，李艾科只当了10个月的CEO（2010年11月到2011年9月）就下台了，成为惠普历史上最短命的CEO。

赫德出事时，正赶上我在修改本书的第二版，那时我和很多人一样，多少还

8　2010年，马克·赫德因对秘书茱迪·费舍尔的性骚扰而接受调查。调查的结果是性骚扰的指控不成立，但是调查中发现赫德给费舍尔报销了两万多美元不该报销的费用。赫德因此以品行问题而被迫辞职。

寄希望于董事会能够找到一位像赫德那样的优秀 CEO，尽管大家都知道这个希望很渺茫。现在 9 年过去了，惠普公司显然没有找到另一个赫德。虽然惠普请来了硅谷成功的职业经理人、eBay 前 CEO 梅格·惠特曼（Meg Whitman）担任 CEO 来挽救公司，但她的能力显然无法扭转惠普的颓势。到了 2015 年，惠普公司干脆一分为二，分为主营计算机、办公设备和电子产品的惠普公司，和聚焦在企业级软件与服务市场的惠普企业公司这两家独立的上市公司。但是，惠普公司存在的一些症结显然不会因为被拆分了就能自动得到解决。

先说说继承了惠普名称的第一家公司，即生产电脑和办公设备的惠普公司。它最大的不幸在于所处的行业发展缓慢且竞争激烈。计算机制造业受反摩尔定律的制约，利润越来越薄，同时又受到亚洲，这里主要是指日本、中国和韩国公司的冲击，日子不大好过。对于投资者来讲，这并不是件好事。毕竟现在计算机和电器制造业的利润不仅低，而且极不稳定。图 11.3 所示的是 2006—2015 年间，DJUSCE 是美国消费类电子指数（包括索尼、松下、三洋等日本知名电器公司和美国的一些电器公司等）与大盘走势的对比，从图中可以看出，家电行业的股票（深色）不仅回报不如大盘（浅色），而且忽上忽下像坐过山车一样，这是投资者最不喜欢的。

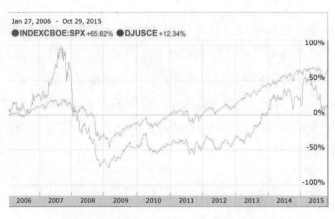

图 11.3　美国消费类电子指数与大盘走势对比

2008 年金融危机后，这个家电行业股票基金在构成上有了根本的变化，数据不再可比，因此我们代之以经营情况比较好的联想公司（股票代号 0992）、宏基公司（2353.TW）和东芝公司（股票代号 TOSYY）。图 11.4 所示的是 2007—2015 年，这三家公司与明晟全球指数（MSCI ACWI）的对比[9]。从图 11.4 中可以看出，除了联想公司得益于中国高速增长的经济环境，表现略高于全球股市平均水平之外，另外那两家知名公司表现要比全球平均水平差得多。相比美国股指标普 500 指数，即使联想也要差很多。另外，这三家蓝筹股大公司的股价，可以用飘忽不定来形容，这也是投资人所不喜欢的。

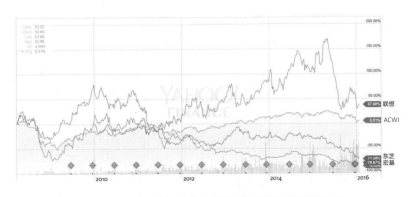

图 11.4　联想、宏基、东芝公司股票与明晟全球指数的对比

惠普一旦被打上了消费电子公司的标记，对于向往创新的工程师和科学家来说，惠普就不再是他们工作的首选了，这对惠普的长期发展不利。在菲奥莉娜担任 CEO 期间，惠普高级人才大量流失，其中包括后来成为 Google 工程领域第一把手的阿兰·尤斯塔斯（Alan Eustace）、云计算主要贡献者之一的桑杰·戈马瓦特（Sanjay Ghemawat）。受到安迪－比尔定律的影响，在微软推出 Windows Vista 和 Windows 7 后的几年里，为了运行这两个非常耗资源的 Windows，大家不得不更新自己的计算机，加上赫德的卓越领导，惠普当时的业绩还不错。但是惠普的市场份额，尤其是海外市场的份额不断遭到亚

9　联想在中国香港上市，东芝主要在日本上市，同时与这两个不同的市场比较不方便。

洲制造（宏碁和联想）的蚕食。赫德深知这一点，因此一直致力于惠普的转型，以便逐渐摆脱与亚洲家电企业在低利润行业竞争的被动局面。如今，惠普的企业级软件和服务业务被分离出去，惠普面对亚洲公司的竞争，毫无胜算可言。

再说说第二家公司惠普企业。它作为2015年新成立的公司，则完全没有一个新公司的样子，暮气沉沉。在后赫德时代，它的业务部门的执行力大不如前，这在行业变化非常快速的IT领域是绝对不可能成功的。应该说，惠普企业处在一个好的行业里，不必为反摩尔定律的副作用发愁，同时它也处在一个好的时间点，因为在金融危机之后，全世界企业级的软件和服务都从过去购买服务器安装软件，往云计算和SaaS服务上转型。这原本是惠普企业这样的新公司追赶IBM和甲骨文等老一代企业级软件公司的好机会。但是，没有好的CEO的惠普企业，动作居然比IBM和甲骨文还慢，因此追赶领头羊的机会渺茫。另一方面它也受到互联网基因较强的新一代软件企业Salesforce等公司的蚕食，日子也不比兄弟公司好过。

2018年，这两家企业加起来营业额不到900亿美元，比赫德离开惠普的2010年下滑了30%（当年的营业额为1260亿美元），而利润的下滑更明显。对比之后，更显得赫德当时业绩斐然，不知今天的惠普人是否后悔赶走了这位将惠普带出泥潭的CEO。

结束语

在历史上惠普虽然是一家大公司，但是它从来没有领导过哪次技术浪潮，它（包括惠普和惠普企业）开创出一个新行业的可能性不大。（惠普不同于苹果，后者从来就有创新的基因，从而完成了从个人电脑到iPod、到iPhone，然后到iPad的过渡，前者则很难转型。）它是硅谷以半导体和计算机硬件为核心的时代的代表，而今天的硅谷，半导体已经变得越来越不重要了。惠普以及惠普企业已经不能代表今天硅谷的潮流了，它们可能将是黯淡了的巨星（图11.5）。

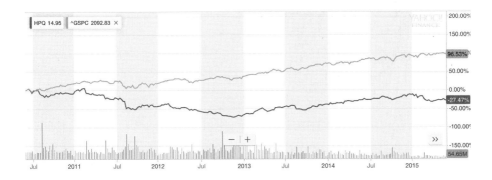

图 11.5　后赫德时代（从 2010 年他离职到 2015 年惠普被拆分），
惠普的股价（下方深色线）大幅度下滑，而同期美国股市（上方浅色线）表现良好

惠普大事记

1939	惠普公司成立。
1957	惠普公司上市。
1966	惠普进入计算机市场，成为 IBM 以外的 7 家小计算机公司之一。
1984	惠普进入打印机市场。
1999	卡莉·菲奥莉娜成为惠普历史上第一位女性 CEO；同年，制造仪器的部门剥离上市，成为独立的安捷伦公司。
2002	在卡莉·菲奥莉娜的努力下，惠普董事会以 51% 对 48% 通过决议，收购了常年亏损的康柏公司，成为史上最有争议的收购案。
2005	卡莉·菲奥莉娜因业绩不佳离职，马克·赫德接掌惠普，开创了惠普的五年高速发展期。2008 年，惠普超过 IBM 成为全球营业额最高的 IT 公司。
2010	马克·赫德因性骚扰案引发的滥用公款事件而离职。
2011	硅谷著名的女企业家惠特曼成为了惠普历史上第二位女性 CEO，经过四年的努力，惠特曼稳定住了惠普的颓势，但是这家硅谷最老的 IT 公司前景依然不美妙。
2015	惠普公司将企业级的软件和 IT 服务业务拆分成惠普企业，单独上市。

参考文献

1. 卡莉·菲奥莉娜 . 勇敢抉择：卡莉·菲奥莉娜自传 . 蒋旭烽，译 . 中信出版社，2007.
2. Actress Behind HP CEO Harassment Complaint Steps Forward, by Ryan Singel, Wired, August 9, 2010，参见：http://www.wired.com/epicenter/tag/jodie-fisher/。

第 12 章 没落的贵族

摩托罗拉公司

美国过去未曾有过贵族，今后也不会有。无论是巨富盖茨，或者是年轻美貌、聪明而富有的伊万卡·特朗普（Ivanka Trump）都不是任何意义上的贵族。实际上，"贵族"在整个西方就是一个没落的词，虽然在东方一些人或许还沉迷在贵族梦中。但是，贵族在历史上实实在在地出现过，如果说公司之中也有所谓的贵族，那么摩托罗拉无疑可以算是一个。

曾几何时，摩托罗拉就是无线通信的代名词，也是技术和品质的化身。甚至就在上个世纪 90 年代初，摩托罗拉还在嘲笑日本品质的代表索尼，认为后者的质量只配做体育用品。然而今天，摩托罗拉却只能让人想到老旧和落伍，就像一个戴着假发拿着手杖的昔日贵族，怎么也已无法融入时尚的潮流。

1 二战名牌

图 12.1 所示的图片是从美国军方网站上找到的，大部分读者应该是第一次见到这张照片。但是，大家对它一定似曾相识，因为这是美军在各种媒体，尤其是在电影中，通信兵最经典的形象。这位战士身上背的是摩托罗拉的 SCR-300 背负式跳频步话机。它是一个可调谐的高频调频通信设备，重 16 千克，有效通信距离 12.9 千米左右。二战期间，摩托罗拉的品牌随着美军传播到全世界。

图 12.1　摩托罗拉 SCR-300 背负式跳频步话机

图 12.2　摩托罗拉的"手提式"对讲机 SCR-536

摩托罗拉公司原名高尔文制造公司（Galvin Manufacturing Corporation），创立于 1928 年，以创始人之一的保罗·高尔文的名字命名。它最早是生产汽车收音机的，摩托罗拉则是这种收音机的品牌。Motorola 一词的前 5 个字母 Motor 表示汽车，ola 是美国很多商品名常用的后缀，比如可口可乐（Coca Cola）。二战前，美国军方已经认识到无线电通信的重要性，开始研制便携式无线通信工具，并研制出一款步话机（Walkie Talkie）SCR-194，1938—1939 年开始装备，二战期间广为使用。摩托罗拉的一些工程师参与了这项研究。1940 年，摩托罗拉接到军方合同，开始研制步话机 SCR-300，它既是一个无线电接收机，也是发射机，支持双向通信，这让战场上的指挥和通讯变得实时有效。1942 年，SCR-300 最终通过了用户验收。1942 年，摩托罗拉公司再接再厉，研制出"手提式"对讲机（Handy Talkie）SCR-536，见图 12.2。

这个超级"大哥大"重 4 千克，在开阔地带通信范围为 1.5 千米，在树林中只有 300 米。即使如此，那时美军的通信装备也高出其他国家的军队一大截。从这一系列军用设备可以看出，摩托罗拉在无线电通信方面的实力很强，拥有全球领先的调频技术和天线技术。同时，作为美国军方和政府部门的供应商，摩托罗拉产品的稳定性和鲁棒性都很好。这从某种程度上讲是摩托罗拉产品的基因。至今，很多摩托罗拉的产品仍然如此。我经常看到这类报道，在荒郊野外出了一起车祸，大家都拿出手机呼救，最后只有摩托罗拉的手机能打出去。但是，很多事情是双刃剑，过分注重技术和品质，使得摩托罗拉在商业上的灵活性远不如诺基亚和三星等竞争对手。

二战后，摩托罗拉作为品牌名气越来越大，人们一说起无线通信就会首先想到摩托罗拉。直到上个世纪 90 年代初，摩托罗拉一直垄断这个市场，从 BP 机、对讲机到早期的大哥大手机，当时在中国的城市里人手一个 BP 机，而一万多块钱一个被戏称为猪蹄子的手机更成为了很多人身份的象征。由于摩托罗拉这个品牌太出名，人们甚至忘了它公司的名称——高尔文制造公司，于是，1947 年公司干脆改名为摩托罗拉。这种事情在大公司里并不少见，本世纪初，松下公司也把它的名字从创始人松下幸之助的名字 Matsushita 改为了品牌的名字 Panasonic。

2 黄金时代

从二战后到 20 世纪 90 年代初，可以讲是摩托罗拉红火的年代。摩托罗拉在模拟无线通信方面拥有其他公司无法相比的技术优势，并且创造出多项世界第一。美国通信界对通信有一种通用的分类方法，即分为：有线单向（如闭路电视）、有线双向（如电话）、无线单向（如收音机）和无线双向（如手机电话和 Wi-Fi）4 种。长期以来，直到十几年前，AT&T 一直是有线通信之王，RCA（Radio Corporation of America，美国无线电公司）是无线单向通信的老大，而摩托罗拉是不折不扣的无线双向通信的霸主。我们从前一节可以看到，摩托罗拉的核心业务都和双向的无线通信有关。

1946 年，摩托罗拉发明了汽车电话。看过亨弗莱·鲍嘉和奥黛丽·赫本主演的电影《龙凤配》(*Sabrina*) 的读者可能对这种产品会有印象，影片中身为大公司董事长的莱纳斯（Linus）从纽约长岛家中出发，一上汽车便通过汽车电话向远在曼哈顿的公司同事下达指示。很遗憾的是，汽车电话一直都是富人的奢侈品，它还没开始普及，就被手机代替了。12 年后，摩托罗拉发明了基于汽车的对讲机，它在美国被警察、出租车公司和各种运输公司广泛使用，直到20世纪90年代末被手机取代（除了警察还在用）。在2000年以前各国的警匪片中，我们经常看到此产品。

1963年，对摩托罗拉来讲是一个值得纪念的年份。这一年，摩托罗拉发明了世界上第一个长方形的彩电显像管，如图12.3所示，而且它迅速成为了行业标准。在此之前，RCA的彩电荧幕是圆形的。

1967年，摩托罗拉生产出美国第一台全晶体管彩色电视机——以前的彩电或多或少还有些电子管。这件事对摩托罗拉影响很大，以前摩托罗拉虽然在技术上领先于世界，但是产品除了汽车里的收音机，都不是民用的。彩色显像管的发明，标志着摩托罗拉有能力进入民用市场，并且将业务的重点转向民用。但遗憾的是，摩托罗拉在家电市场初期的尝试不是很成功，到1974年，它不得不将彩电业务卖给了日本的松下公司。今天，很少有人知道摩托罗拉对彩电工业的贡献。

图12.3　摩托罗拉的长方形彩色显像管

在上个世纪六七十年代，摩托罗拉完全经得起在彩电上的失败，因为它领先于世界的技术太多了。在美国的阿波罗登月计划中，无线通信设备和很多电子设备就采用了摩托罗拉的产品，摩托罗拉公司有数百名工程师直接参加了阿波罗11号（第一次载人登月的飞船）的工作。到上个世纪80年代，摩托罗拉进入蓬勃发展的10年，它的业务也由无线通信扩展到计算机的半导体芯片。1979年，摩托罗拉成功推出68000通用微处理器，它因设计的集成度为68000个晶体管而得名（虽然实际集成度为70000个）。它的地址总线宽度为奇特的24位，可以管理16MB内存，因而成为所有小型机和工作站的首选芯片。而同期英特尔的处理器其实比它落后半代，后者16位的地址宽度只能管理64KB内存。

20世纪80年代，随着数字信号处理技术的发展，出现了对专用数字信号处理芯片（DSP）的需求，该类产品也应运而生。德州仪器（Texas Instruments，世界最大的半导体公司之一）、AT&T和摩托罗拉在20世纪80年代初先后推出了TMS、DSP和M56K三大系列产品，这个市场发展得如此之快，给摩托罗拉带来了一个新的金矿。今天，DSP依然是手机（和平板电脑等移动终端）处理器芯片的核心部分，而手机处理器芯片[1]是全世界销量最大、最赚钱的半导体芯片（因为每个手机和平板电脑中都必须有一颗这样的芯）。

当然，摩托罗拉对世界最大的贡献是它在20世纪80年代初发明的民用蜂窝式移动电话，也就是早期说的大哥大，现在说的手机。大家公认摩托罗拉是当今手机通信的发明公司，虽然AT&T声称它的无绳电话比摩托罗拉的手机早，但是大家知道无绳电话和手机是两回事。由于AT&T扎根于有线通信，不自觉地会抵触无线通信。移动电话刚起步时，AT&T预计2000年全球手机用户不超过100万（后来2000年时的实际数目比这个数字大了100倍），所以，AT&T自然不会把重点放在移动通信上。而摩托罗拉正相反，它在有线通信上不可能有作为，就自然而然地押宝在移动通信上，领导和推动了移动通信的潮流。

到20世纪90年代初，摩托罗拉在移动通信、数字信号处理和计算机处理器三个领域都是世界上技术最强的"选手"。更难能可贵的是，它的产品声誉极好。我最早接触摩托罗拉的产品是在20世纪80年代末，一些海关的朋友向我介绍他们的摩托罗拉对讲机。那些对讲机可以在钢铁包围的大货轮货舱里和岸上的同事通话，这是任何其他同类产品都做不到的。摩托罗拉还未出售手机业务时，高端安卓手机采用高质量的金属外壳，而不是像其他厂商那样用便宜的塑料外壳。1990年，摩托罗拉的营业额超过100亿美元，在IT公司中仅次于IBM和AT&T。如果摩托罗拉能通吃三大市场，它无疑将是当今全球最大的IT公司。即使它能垄断其中一个，也会是一个巨无霸的公

1　今天大部分手机芯片都是基于ARM的。

司。很遗憾，它一个也没做好，这个通信革命的领导者被自己掀起的技术浪潮淘汰了。原因何在？

3　基因决定定律

作为移动通信的领导者，摩托罗拉自然地垄断了第一代移动通信市场。第一代移动通信是基于模拟信号的，天线技术和模拟信号处理技术的水平决定了产品的好坏，而产品的外观式样十分次要。在技术方面，没有公司能挑战摩托罗拉。因此，摩托罗拉的手机虽然卖得贵（那时在中国一部好手机要两万元），它仍然占领了全球70%的市场。其他公司要想和摩托罗拉竞争，只能寄希望于下一代手机。

在第二代移动通信刚开始时，欧洲联合起来了。以往欧盟各国只能算是松散的联盟，在技术上很难单独和美国抗衡，即使搞出一个不同于美国的行业标准，也很难在世界上占主导地位，比如彩电的PAL制式。近30年来，欧洲脱离美国单独行事的意识越来越强，同时吸取了各自为战的失败教训，明显加强了内部的合作，终于在第二代移动通信上超越了美国。

1982年欧洲邮电管理委员会（Confederation of European Posts and Telecommunications，CEPT）提出了数字移动通信的标准Group Special Mobile，GSM。后来这个标准流行于世，欧洲又把它改为Global System for Mobile Communications，因此，很多人以讹传讹误以为GSM是后者的缩写。1989年，该标准被提交到欧洲电信标准局，第二年便成为欧洲，乃至后来成为世界的第二代移动通信标准。GSM的技术核心是时分多址技术（TDMA），即将每个无线频率按时间均匀地分给8个（或16个）手机用户，每个用户交替占用1/8的信道时间（人们通话时，语音之间的间隙时间其实很长，只要语音编码做得合理，就可以几个用户共用一个信道）。GSM实现简单，在成为欧洲标准的第二年，即1991年，就由爱立信和一家芬兰公司架设了第一个GSM的移动通信网。两年后，包括中国在内的四十几个国家采用 GSM 标准。到 2008 年 3G 手机全面普及之前，GSM 占世界手机用户的 80%，据称达 20 亿用户[2]。

在欧洲人行动的同时，美国人并没有闲着，他们似乎比欧洲人更努力。整个欧洲只搞出了一个标准，而只有欧洲人口 1/3 的美国居然搞出了三个数字通信的标准，其中两个和 GSM 一样是基于 TDMA 的标准，而第三个是很先进的码分多址 CDMA 标准。结果就不用说了，美国注定在第二代移动通信标准上要失败。

美国在标准之争上的失败间接影响到摩托罗拉手机的竞争力。当然，在标准上失败并不意味着摩托罗拉在手机市场上会失败，就像不拥有任何标准的三星公司照样在全球手机市场上抢到一席之地。摩托罗拉失去手机市场统治地位的原因还必须从自身找起。这里面既有无法抗拒的命运的捉弄，也有人为的因素。

2006 年，我和李开复博士等人多次谈论科技公司的兴衰。我们一致认为一家公司的基因常常决定它今后的命运，比如 IBM 很难成为一个个人电脑公司。摩托罗拉也是一样，它的基因决定了它在数字移动通信中很难维持它原来在模拟手机上的市场占有率。摩托罗拉并不是没有看出数字手机将来必会代替模拟手机，而是很不情愿看到这件事发生。作为第一代移动通信的最大受益者，摩托罗拉想尽可能地延长模拟手机的生命期，推迟数字手机的普及，因为它总不希望自己掘自己的墓。如果过早地放弃模拟手机，就等于放弃已经开采出来的金矿，而自降身价和诺基亚等公司一同从零开始。尤其在刚开始时，数字手机的语音质量还远不如摩托罗拉砖头大小的大哥大，这就更使得摩托罗拉高估了模拟手机的生命期。和所有大公司一样，在摩托罗拉也是最挣钱的部门嗓门最大，开发数字手机的部门当然不容易盖过正在挣钱的模拟手机部门，因此，摩托罗拉虽然在数字手机研发上并不落后，但是进展缓慢。等到众多竞争对手推出各种各样小巧的数字手机时，摩托罗拉才发现自己已经慢了半拍。

2　这个用户规模一直维持到 2010 年，尽管那时智能手机已经开始爆炸式增长。

当然，以摩托罗拉的技术和市场优势，赶上这半步照说应该不难，但是，摩托罗拉的另一基因使得它很难适应新的市场竞争。在模拟通信设备市场上，技术占有至关重要的位置，其他方面，比如方便性、外观都不重要，而且模拟电子技术很大程度上靠积累，后进入市场的公司很难用一两年时间赶上。玩过音响的发烧友知道，音响的数字设备，比如播放机，各个牌子的差异不是很大，而模拟部分比如喇叭，不同厂家的差异却有天壤之别。日本的索尼和先锋这些生产普及型产品的音响公司，至今做不出美国 Harman Kardon 和 INFINITY 那种高质量的喇叭。在摩托罗拉内部，很长时间里技术决定论一直占主导。在数字电子技术占统治地位的今天，各个厂家之间在技术上的差异其实很小，这一点点差别远远不足以让用户选择或不选择某个品牌的产品。相反，功能、可操作性、外观等非技术因素反而比技术更重要。在这些方面，摩托罗拉远非诺基亚和亚洲公司的对手。我的一些在摩托罗拉工作的朋友常常很看不上诺基亚和三星等公司的做法——换了换机壳或颜色就算是一款新手机，但是，用户还真的很买后者这种做法的账。

公平地讲，即使在第二代移动通信时代（以下简称为 2G 时代），摩托罗拉的手机仍然是同类手机中信号最好、质量最可靠的。在 2G 时代，虽然手机有简单数据通信功能，比如收发短信，但是大部分用户，包括我本人只用手机打电话，单纯从通话质量来讲，在用过多种品牌的手机后，还是得承认摩托罗拉的话音质量最好。但是，在亚洲，数字手机从一开始就不只是为了打电话，它还是个人通信的平台，是生活的一部分，甚至有人在上面镶上钻石作为身份的象征（这有点像 200 多年前欧洲人的手杖，其实不是为了支撑身体）。在满足后者需求上，诺基亚和以三星为首的亚洲公司做得更好。

如果说基因决定论多少有些宿命论倾向，那么人为的因素也加速了摩托罗拉的衰落。我们在介绍英特尔一章中讲过，在科技工业发展最快的上个世纪八九十年代，摩托罗拉的第三代家族领导人高尔文三世没有能力在这个大时代中纵横捭阖，开拓疆土。摩托罗拉本来在手机、计算机处理器和数字处理器（DSP）三个领域均处于领先地位，前景不可限量。但是高尔文三世实在没有能力将三大部门的十几万人管理好，他虽然没有犯什么大的错误，但是也非常平庸。也许，在 50 年前，一个只需守成的年代，他可以坐稳他的位置，但是在上个世纪末那个英雄辈出、拒绝平庸的年代，盖茨、乔布斯、郭士纳、格罗夫、钱伯斯和通用电气的杰克·韦尔奇（Jack Welch）等人都在同场角逐，任何公司都是逆水行舟，不进则退。除了高尔文，摩托罗拉的整个管理层也有责任，他们低估了摩尔定律的作用。虽然数字手机在一开始还比不上模拟手机，但这并不能说明它要很长时间才能威胁到模拟手机的地位。事实上，由于半导体技术按指数级的速度发展，手机数字化比摩托罗拉高管们想象的时间表来得早得多，使得摩托罗拉几十年来积累的模拟技术变得无足轻重，市场优势顿失。

本来，摩托罗拉是最有资格领导移动通信大潮的，很遗憾，它只踏上了一个浪尖就被木材加工厂出身的诺基亚超过了。

4 铱星计划

世界科技史上最了不起的、最可惜的、或许也是最失败的项目，就是摩托罗拉牵头的"铱星计划"。

为了夺得对世界移动通信市场的主动权，并实现在世界任何地方使用无线手机通信，以摩托罗拉为首的一些公司在美国政府的帮助下，于 1987 年提出打造新一代卫星移动通信系统。我们知道，当今的移动通信最终要通过通信卫星来传输信息，为了保证在任何时候卫星都能够收发信号，卫星必须保持和地球的相对位置不变，同步通信卫星必须发送到赤道上空 35800 千米高的圆形轨道上。同时在地面建立很多卫星基站来联络手机和卫星。如果一个地方没有基站，比如在撒哈拉沙漠里，那么手机就没有信号，无法使用。铱星计划和传统的同步通信卫星系统不同，新的设计是由 77 颗低轨道卫星组成一个覆盖全球的卫星系统。每颗卫星比同步通信卫星小得多，重量在 600—700 千克左右，每颗卫星有 3000 多个信道，可以和手机直接通信（当然还要互相通信）。因此，它可以保证在地球上的任何地点都能实现移动通信。由于金属元素铱有 77 个电子，这项计划就被称为"铱星计划"，虽然后来卫星的总数降到了 66 个。

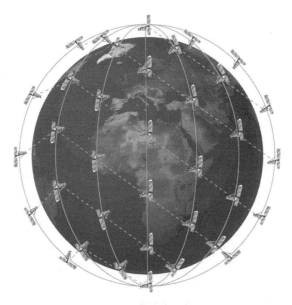

图 12.4　铱星计划示意图

这是一项非常宏伟而超前的计划，它最大的技术特点是通过卫星与卫星之间的传输来实现全球通信，相当于把地面蜂窝移动系统搬到了天上。从技术上讲，铱星系统采用星际链路，相当了不起。在极地，66 颗卫星要汇成一个点，又要避免碰撞，难度很高。从管理上讲，它又是一个完整的独立网，呼叫、计费等管理是独立于各个国家通信网的（这种独立计费模式后来给它的运营带来很大麻烦）。低轨道卫星与同步轨道卫星通信系统相比较有两大优势：第一，因为轨道低，只有几百千米，信息损耗小，这样才可能实现手机到卫星的直接通信。我们平常使用的手机都不可能和 35800 千米以外的同步卫星直接通信；第二，由于不需要专门的地面基站，因此可以在地球上的任何地点进行通信。1991 年摩托罗拉公司联合了好几家投资公司，正式启动了"铱星计划"。1996 年，第一颗铱星上天；1998 年，整个系统顺利投入商业运营。美国历史上最懂科技的副总统戈尔第一个使用铱星系统进行了通话。此前，铱星公司已经上市了，铱星公司的股票在短短一年内大涨了 4 倍。铱星系统被美国《大众科学》杂志评为年度全球最佳产品之一。铱星计划开辟了个人卫星通信的新时代。

从技术角度看，铱星移动通信系统是非常成功的。这是真正的科技精品。我常常想，我们这些被称为高科技公司的互联网公司做出来的东西和铱星系统相比，简直就像是玩具。铱星系统在研发中，有许多重大的技术发明。应该说整个铱星计划从确立、运筹到实施都是非常成功的。但是，在商业上，从投资的角度讲，它却是彻头彻尾的失败。这个项目投资高达五六十亿美元，每年的维护费又是几亿美元。除了摩托罗拉等公司提供的投资和发行股票筹集的资金外，铱星公司还举债 30 亿美元，每月光是利息就达几千万美元。为了支付高额的费用，铱星系统用的手机定价高达 5000 美元，每分钟的通话费为 3 美元。如此一来，铱星公司的用户群就大大减少。直到 2006 年，它才拥有 20 万用户，还不及 2007 年苹果 iPhone 上市一个月发展的用户多。

铱星系统投入商业运行不到一年，1999 年 8 月 13 日铱星公司就向纽约联邦法院提出了破产保护。半年后的 2000 年 3 月 18 日，铱星公司正式宣告破产。铱星成了美丽的流星。66 颗卫星在天上自己飞了几年，终于在 2001 年被一家私募基金公司（Private Equity）以 2500 万美元的低价买下，不到铱星整个投资——60 亿美元的 1%。作为一个与摩托罗拉无关的私营公司，铱星公司居然起死回生，2007 年实现近 3 亿美元的营业额和 500 万美元的利润[3]，2011 年的净利润为 3970 万美元，营收为 3.843 亿美元。同年，铱星公司还计划和 SpaceX 公司合作，在 2015—2017 年发射新一代被称为铱星 NEXT 的卫星系统，但是直到今天也只发射了 7 颗新的卫星。在未来的几年里，或许铱星公司的新卫星上天，该公司的服务质量还将会大幅提升。

摩托罗拉的铱星计划是通信史上的一颗流星，一个美丽的故事。摩托罗拉公司很聪明地利用其技术优势吸引了全世界的眼球。该计划一出炉就引起世人

---

[3] 这里的利润是按美国会计结算方式计算出来的，盈利并不代表现金流是正数。

的广泛瞩目，也赢得了风险投资家的青睐。摩托罗拉为此自己拿出了 10 亿美元，同时钓鱼似地从投资公司拿到近 50 亿美元，从而大大降低了自己的风险。但是，在商业运作上，摩托罗拉做得很不成功。首先，市场分析现在看来就有问题，成本过高导致用户数量不可能达到盈利所必需的规模，而成本过高又是技术选择的失误造成的。摩托罗拉长期以来都是一个了不起的技术公司，它长于技术，但是过分相信技术的作用。铱星计划在技术上是无与伦比的，但是，过度超前于市场的技术不仅导致成本过高，而且维护费用巨大。另外，引入风投本身的弊端在项目后期凸显出来，那就是投资者为了收回投资，过早地将铱星系统投入商用，当时这个系统通话的可靠性和清晰度很差，数据传输速率也只有 2.4kbit/s，除了打电话什么也做不了，这使得潜在的用户大失所望。总的来说，就是铱星计划太超前了，它开业的前两个季度，在全球只有一万个用户，而当初的市场分析曾乐观地预计，仅在中国用户数量就能达到这个数的十倍。在后期商业运作上，铱星公司问题很多，最终导致银行停止贷款，部分股东撤回投资，并遭受在股市上停盘的致命打击。

5 全线溃败

铱星计划对摩托罗拉的打击远不止 10 亿美元。在摩托罗拉启动铱星计划时，GSM 还没有在世界上占统治地位，美国和包括中国在内的很多国家还吃不准技术上更好的 CDMA 是否会很快替代掉 GSM。但是，摩托罗拉将精力分散到了铱星计划上，不仅失去了和诺基亚竞争的最佳时机，还被三星、LG 等当时兴起的电子公司抢走了部分市场。

当然，仅仅这一次失败，甚至在整个手机领域的失败还不至于把世界第一的无线通信公司搞垮。但是，摩托罗拉几乎同时在所有的战线上全面溃败，便一下跌入了谷底。

在计算机处理器业务上，摩托罗拉经过多年的努力，最终还是败给了英特尔。摩托罗拉和英特尔之争在前面已经提到，这里就不再赘述了。值得强调的是，从一开始直到几年前摩托罗拉把半导体业务卖掉，它在处理器技术和产品性能上从来就没有输给过英特尔，但是在商业竞争中，光有技术显然是不够的。

在数字信号处理器上，摩托罗拉最终没有竞争过老对手德州仪器公司。如果说中央处理器（CPU）是计算机的大脑，数字信号处理器则是我们今天手机、数字电视等产品的大脑。它在国民经济和人们生活中的重要性可想而知。

谈到数字信号处理器，业界的人都会首先想到德州仪器公司。德州仪器公司历史和摩托罗拉差不多长，经历也类似，从给军方提供无线电产品起家。20世纪80年代初，继AT&T之后，德州仪器和摩托罗拉几乎同时推出了自己的DSP：TMS320系列和56K系列。德州仪器的第一代TMS320C2X是16位定点处理器，在精度上略显不足，而且所有的浮点计算要由编程人员改为定点实现，使用也不是很方便。摩托罗拉的56K系列一开始就是24位，精度对于当时的应用绰绰有余，应该讲性能在德州仪器产品之上。但是，学过计算机编程的人可能都知道，这种不伦不类的24位处理方式使用起来会很别扭。很快，德州仪器推出了32位的TMS320C3X系列DSP，虽然价钱较摩托罗拉的DSP贵，但是在32位处理器上开发产品容易，因此大家还是喜欢用德州仪器的DSP。由于摩尔定律的作用，摩托罗拉56K在价格上的优势越来越不明显，而它在开发成本上的劣势渐渐显示出来。在DSP上，摩托罗拉与德州仪器的差距一天天拉大。我至今搞不懂为什么摩托罗拉要做上不着天、下不着地的24位DSP。也许是它考虑到客户购买的成本，但却忽视了客户使用的方便性。说得重一点，摩托罗拉低估了摩尔定律的作用，过分看重制造成本而忽视了开发成本：前者随着时间的推移而降低，后者则随时间推移而增加，因此它的产品从发展的角度来看略逊于德州仪器。另外提一句，摩托罗拉的中央处理器68000系列中早期的产品也是这种不伦不类的24位总线。

随着半导体集成度的提高，德州仪器等公司将手机外围电路的芯片和DSP

集成在一起，现在的手机主要芯片只剩下一个。德州仪器很像计算机领域的英特尔公司，它自己不做手机，而是向许许多多手机厂商提供核心芯片，它通过其领先的 DSP 技术，牢牢占据了世界 2G 高端手机市场的半壁江山。摩托罗拉的战线则拉得很长，从手机芯片到手机整机一条龙。如果内部合作得好，这种做法成本固然低。但是，高尔文不是通用电气的韦尔奇，没有能力整合这么大的公司，其芯片部门和整机部门像两个单独的公司，没有足够的沟通，反而使得产品开发周期变长。摩托罗拉和德州仪器在手机芯片上的差距是渐渐拉开的，就如同它和英特尔在处理器上的竞争是慢慢失败的一样。但是，这种差距达到一定程度后，就不可能逆转了。随着 3G 手机开始普及，高通公司利用它在 CDMA 上垄断性的专利，一跃成为 3G 手机芯片最大的提供商。到 2004 年，高尔文下台时，其半导体部门被迫分离出去单独上市[4]，就是现在的飞思卡尔（Freescale）。后来飞思卡尔在德州仪器和高通公司的双重挤压下，业绩依然不佳，只好被私募基金收购，这当然是后话了。

摩托罗拉长期以来形成了高工资、高福利的大锅饭机制，员工干好干坏差别不大。摩托罗拉的本意是想避免员工之间不必要的攀比，每个人都有一个宽松自在的环境安心工作。这是四五十年前大公司吸引人才的方式，欧洲公司至今还采用这种办法，但是这不太适合喜欢冒险的美国人。上个世纪八九十年代以来，美国的科技公司为了调动知识型员工的积极性，很多都采用股票期权制。（我们以后再仔细介绍。）而摩托罗拉公司迟迟没有采用这种福利制度，直到今天，摩托罗拉公司给员工的期权依然数量很少。这不能不说是受摩托罗拉的传统管理方式所限。因此，很多人把摩托罗拉看成一家可以去养老而不是创业的公司。

摩托罗拉的另一个问题是管理混乱，内斗多。虽然这是上市大公司的通病，但摩托罗拉在同行业公司中的问题更严重些。大公司在竞争中，不需要做到十全十美，只要比对手好一点点就行了，而摩托罗拉却恰恰比英特尔和德州仪器差了一点。时间一长，就露出了败相。

4　2003 年宣布剥离飞思卡尔，第二年 7 月，飞思卡尔上市。

6　回天乏力

2001年美国网络泡沫破裂，以科技股为主的 NASDAQ 崩盘，这对本来已经开始走下坡路的摩托罗拉更是雪上加霜，它的股票从 2000 年的 50 多美元（2000 年摩托罗拉有一次 1：2 的分股，分股前的股价超过 100 美元）跌到 2003 年的不足 8 美元。2003 年 9 月，摩托罗拉董事会宣布寻找新的 CEO，这意味着已经要求创始人保罗·高尔文（Paul Galvin）的孙子克里斯托弗·高尔文（Christopher Galvin）离开摩托罗拉董事长的职位。2004 年 1 月，克里斯托弗·高尔文最终被迫退休，摩托罗拉从此结束了家族企业的历史。直到 2011 年年初摩托罗拉一分为二时，它的股价也一直停留在 8 美元左右。

像惠普那样换一个 CEO 就能翻盘的事不是总能发生的。高尔文的继任者爱德华·詹德（Edward Zander）可没有惠普新 CEO 赫德的本事和运气，虽然他上任时提出夺回手机占有率的口号。和跨国公司大多数临危受命的继任者一样，詹德上台后进行了公司重组，大规模裁员，公司的利润保住了，股价也上来了。同时，他把半导体部门分出去上市，专注于手机业务。但是，在管理公司方面，他并没有显示出过人的本领，办事效率依然不高，内斗明显，产品开发速度居然赶不上后来居上的三星公司。三星每几个月就能推出一款手机，而摩托罗拉半年都不能定义清楚一款新的手机。不仅如此，摩托罗拉每成功上市一款手机，就有更多款的手机半途而废。因此，摩托罗拉手机的开发成本极高。

摩托罗拉看不起三星和诺基亚不重视核心技术、只在外形和功能上搞花架子的做法。摩托罗拉一直认为技术和质量是产品的关键，因此我说它是 IT 业的一个贵族。这当然没有错，但是这远远不够。今天，至少在手机行业，各家公司产品在硬件技术上差不到哪里去，设计一款手机的硬件和当年在中关村攒一台 PC 一样容易。现在的手机里面没有几个芯片，而且核心的只有一个，只要找高通等公司买就行了（这也是为什么中国一度有无数手机品牌的原因）。因此，手机的质量都不是决定市场的唯一因素。另一方面，今天所有手机的质量比 20 年前都有很大的提高，今天质量差的手机也比 20 年前质量好的手机质量更好，也就是说，今天质量差的手机也凑合着能用。要想在今天的手机市场上（尤其是在亚洲）站稳脚，功能、外观的设计和质量及技术含量同样重要，商业和市场的开拓更是不可偏废，在这些方面，摩托罗拉和后进入手机市场的公司几乎处在同一个起跑线上。

摩托罗拉很早就看到统一手机操作系统平台的重要性。10 多年前，摩托罗拉和所有手机厂家的每一款手机都有自己独特的硬件和软件，开发工作有很多重复，手机应用程序之间也互不兼容。摩托罗拉试图打造一个通用的操作系统，作为它今后手机开发的统一平台。这个想法本来不错，但是摩托罗拉选错了平台，选中了 Java。它从太阳公司请来了一位主管 Java 开发的副总裁主管手机通用操作系统的开发，并雇佣了大量 Java 工程师来开发这个平台。但是，Java 有一个无法克服的先天不足，就是速度太慢。2004 年，该平台原型开发出来时，公司发现其速度只有实时速度的几分之一，即使硬件速度按照摩尔定律预测的速度增长，这个操作系统在几年内也无法实现实时。因此，摩托罗拉不得不放弃该平台。此后，摩托罗拉又试图开发基于 Linux 的通用平台，但是由于内耗，进展也不顺利。而此时，安迪·鲁宾（Andy Rubin）的小团队已经在 Linux 手机平台上取得了巨大的突破，这个团队不久便被 Google 收购，成为今天全世界开源手机平台安卓（Android）的原型。摩托罗拉则执行力不足，最终失去了统一手机操作系统平台的最佳机会。

摩托罗拉做手机 30 多年，至今没有一款手机能称得上酷的，即使是在后来作为 Google 或者联想的子公司期间，也没有做到。詹德在这方面也没有苹果公司乔布斯的天赋。苹果公司虽然是最晚进入手机市场的，却做出了当今最好的手机。在开拓市场方面，詹德能想出的提高市场占有率唯一有效的手段就是打价格战。一时间，这个饮鸩止渴的办法确实提高了摩托罗拉的市场占有率。但是，由于摩托罗拉手机的利润本身就比诺基亚薄，降价空间有限。两年后，当摩托罗拉再无利润可降时，内部的低效率、管理混乱的问题还没来得及解决，摩托罗拉的市场占有率便已经开始慢慢地下滑。据《华尔街日报》报道，2006年摩托罗拉居然想出出售最重要的手机部门的馊主意。但是，居然没有公司愿意接手，可见摩托罗拉手机部门内部问题之严重。2008年，当了四年CEO的詹德就不得不离职了。

摩托罗拉没有惠普的运气，它在很长时间里一直都没有找到一位合适的领导人，最后由负责市场的格雷格·布朗（Greg Brown）和从竞争对手高通公司挖来的负责技术的桑杰·嘉哈（Sanjay Jha）共同执掌世界上最老的移动通信公司。然而，新任CEO在很长时间里也一直没有找到拯救摩托罗拉的灵丹妙药。

摩托罗拉接下来又把中国当作它的救星。摩托罗拉20世纪80年代在中国的投资就非常成功，其中国公司是摩托罗拉海外最大、营业额最高的分公司，而且是促成摩托罗拉和中国政府及工业界全面合作的桥梁。据《华尔街日报》报道，就在摩托罗拉试图出售手机部门的最艰难时段，摩托罗拉和几家中国公司签下了扩大合作的协议，希望生产和市场或许会有转机。但是，这些合作最终并没有改变摩托罗拉在技术和市场上的困境。

经历了十几年的挫折，摩托罗拉早已经没有了四处出击、一定要领导技术革命的霸气，而是安于在新的一次技术大潮中当一个成功的参与者。有了这样一个好的心态，摩托罗拉反而有抓住机会的可能了。2007年苹果的iPhone智能手机上市，一下子就风靡世界。这看似对摩托罗拉又一次打击的事件，反而让对技术敏感的共同CEO嘉哈看到了一丝希望。2007年，Google倡导了以开放通用的手机操作系统安卓为核心的安卓联盟，这个联盟最终包括了世界上主要的运营商、手机制造商、芯片制造商和很多小的应用软件开发者。除诺基亚[5]、黑莓、微软和苹果各自为战以外，几乎所有和手机产业相关的主要公司都加入了这个联盟。嘉哈不仅全力支持这个联盟，而且把他自己和整个摩托罗拉的未来全部赌在安卓上。嘉哈停掉了摩托罗拉所有非智能手

5　2011年2月，诺基亚因为自己的Symbian操作系统市场份额落后于Android，不得不放弃Symbian，决定和微软组成联盟，采用微软的Windows Phone 7手机操作系统。

机的研发，只开发安卓的智能手机，而且同时开发 20 多款。同时嘉哈把自己的命运也和 Android 联系在一起。据美联社报道，他和摩托罗拉董事会签了一份生死状，只要能将摩托罗拉的股价由每股 3.3 美元提升两倍到 9.82 美元，他将获得一千多万股价格在 3.3 美元的期权，以及超过六百万股的股票（零成本），这部分已经超过一亿美元，这还不包括他每年丰厚的现金奖金。如果做不到这一点，他除了不算太高的工资和一点儿象征性的奖金，什么都得不到。

靠着在安卓手机上的先发优势，摩托罗拉过了两年好日子。由于不需要自己设计芯片，采用高通或博通的就好，也不需要开发操作系统，这样手机开发的周期大大缩短，成本大大降低。2009 年，摩托罗拉的第一款 Android 手机上市，虽然市场评价和销售一般，但是接下来的 Droid 手机大受市场好评，并且在 2009 年年底的销售旺季很快卖出了一百万台。虽然这个数量在今天看起来非常小，但是在当时所有的安卓手机中算是最畅销的了，而且和苹果的 iPhone 第一年的销量在同一个数量级上。2010 年，摩托罗拉居然成为了全球业绩最好的手机公司之一，让它的老对手诺基亚黯然失色。嘉哈赌对了，摩托罗拉也算是起死回生了，但是摩托罗拉的业绩依然没有让嘉哈拿到那份巨额期权奖金[6]，这倒不是因为嘉哈在战略上犯了什么错误，而是因为在智能手机时代，老一代手机厂商的行业经验全部过时了。除了后来下了大决心学习苹果的三星公司外，所有 2G 时代的手机厂商可以说是全军覆没，摩托罗拉也很难独善其身。

2011 年年初，有近 80 年历史的摩托罗拉拆分为两个独立的上市公司，一个经营它的手机业务和个人家庭电视机顶盒（Set-top box），由嘉哈负责；另一个经营企业级通信产品和其他的业务，由布朗负责。后者在 IT 行业没有任何影响力，我们只需要关注前者，即摩托罗拉移动（接下来仍简称摩托罗拉）就可以了。

---

[6] Motorola Co-CEOs Jha, Brown take no bonus in 2008, by Jordan Robertson, AP Technology Writer, 参见：http://www.itworld.com/node/63643。

下面是 2011 年我在本书第一版中对摩托罗拉前景的预测：

> 嘉哈领导的新摩托罗拉（移动公司）能否像赫德领导的惠普那样得到中兴呢？我不怀疑嘉哈能把摩托罗拉的业绩提升并且让股价高涨，但是要达到赫德的成就比较困难，虽然它在手机市场所处的位置和惠普当年在 PC 市场所处的位置非常相似。在计算机领域，赫德领导下的惠普有向 IT 服务转变的可能性，而在手机市场这个可能性很小，因为摩托罗拉从来没有过无线增值服务的经验。整个安卓联盟，真正的主导者是 Google，它相当于过去的微软；联盟中最大的得益者可能是芯片制造商高通，它相当于过去的英特尔。

现在我们知道嘉哈确实没能像赫德那样，让摩托罗拉走入中兴。摩托罗拉虽然在安卓手机上起步较早，但是很快被韩国的三星公司后来居上超过，再次陷入尴尬的局面。但是，有时候世界上的事情是人算不如天算。当安卓手机在全球以不可阻挡的气势抢夺市场的时候，苹果和微软联手挑起了和安卓联盟之间的手机专利之战。2011 年，微软和苹果（联合其他一些公司）以 45 亿美元的高价收购了宣布破产的加拿大北电公司（Nortel）的移动通信专利，试图通过打专利侵权官司阻挡 Google 和安卓联盟的其他公司进入智能手机领域。Google 当然不会坐以待毙，出了一个奇招——以 120 亿美元收购摩托罗拉移动，2011 年 8 月双方就并购达成了协议。考虑到摩托罗拉账上还有 30 亿美元的现金，Google 其实是以 90 亿美元左右买下摩托罗拉的全部专利，外加手机和电视机顶盒的业务。作为最早的移动通信厂商，摩托罗拉拥有该行业最多且有用的专利。Google 在获得这些专利后，就可以反制苹果公司了。后来借助这些专利，安卓的一些厂商已经开始在法庭上反击苹果，并且在一些国家赢了官司。最终，苹果想制止 Google 进入手机操作系统市场的企图没有达成。

客观地讲，这次并购对业绩不稳定的摩托罗拉和急需专利的 Google 都是不错的交易，但是华尔街对 Google 能否消化有两万人、内部矛盾重重的摩托罗拉显然抱有怀疑。果然，消息传出后，Google 的股价大跌了 10% 以上。但是，对于 Google 来讲，抢占智能手机产业和移动互联网的制高点是战略需要，不能以钱来衡量。Google 通过这次并购，不仅获得了摩托罗拉在手机和移动通信领域上万项重要的已被批准的专利和数千项正在申请的专利，还可以深入了解整个手机产业的细节，改进它的安卓操作系统。对摩托罗拉公司及其投资人来讲，好处也很明显，就不必说了。这次并购，对于员工则是几家欢喜几家愁，我们后面再讲。

这笔并购交易经过各国政府马拉松式的反垄断审核，终于得到各方面的批准，于 2012 年完成。虽然并入 Google 后，摩托罗拉还是单独运营，但是作为一个独立公司的摩托罗拉移动公司就不复存在了。

在接下来的几年里，Google 陆续出售与手机业务无关的摩托罗拉资产，比如房产和机顶盒部门，并不断裁撤摩托罗拉的员工。对于那些本来就想离开这家貌似庞大却暮气沉沉的公司的员工来讲，他们从 Google 获得了高额补偿，遂了自己的心愿，在美国的大部分摩托罗拉员工都是怀着各种各样的心情离开的。但是对于摩托罗拉在中国的数千名员工来讲，他们丢掉了高薪、高福利而且相对轻松的工作，因此再多的补偿对于他们来讲都意义不大。在中国的外企，尤其是欧美公司工作时间较长的员工，已经难以适应本土公司那种福利待遇相对低、劳动强度大的工作，因此很多摩托罗拉的员工在被裁员之后，选择了进入另一家著名外企诺基亚，遗憾的是，几年后他们将面临又一次裁员。

2014 年，在拥有了足够多的移动通信专利并且对整个手机行业有了足够的了解之后，Google 将摩托罗拉再次出售给中国的 IT 明星企业联想公司，作价只剩下 29 亿美元，与当初 Google 120 亿美元的收购价相去甚远。这里面的差价，除了当初从摩托罗拉获得的现金、已经出售的资产和税务优惠所得外，主要反映在 Google 拿走的七千多项重要专利上。至此，摩托罗拉这个曾经作为高科技代表的企业从美国公司的名单上消失了。

结束语

摩托罗拉作为世界无线（移动）通信的先驱和领导者，可以说它开创了整个产业。遗憾的是，它只领导了移动通信的第一波浪潮，就被对手赶上并超过。此后，由于技术路线错误，执行力不足，失去了利用技术优势夺回市场的可能性。摩托罗拉曾经横跨通信和计算机两大领域，甚至很有同时成为计算机和通信业霸主的可能。退一步讲，只要它在计算机中央处理器（CPU）、通信的数字处理器（DSP）或手机等任何一个领域站稳脚，就能顺着计算机革命或通信革命的大潮前进，立于不败之地。但是，摩托罗拉的领导人无力驾驭这样一个庞大的公司，反而使公司没有专攻的方向，在各条战线上同时失利。

摩托罗拉和 AT&T 衰落的原因正好相反。AT&T 是因为缺少一个能控股的股东，没有人觉得公司是自己的，并不考虑长远利益，于是董事会的短视和贪婪断送了它。而摩托罗拉相反，一直由高尔文家族控制，高尔文三世很想把它办成百年老店，当然不会出现 AT&T 拆了卖的败家子行为，但是他心有余而力不足，没有能力迎接信息革命的挑战。最终，摩托罗拉这个贵族式的公司不可避免地没落了。如果当初摩托罗拉的领袖是盖茨或通用电气的韦尔奇，它也许就不会是今天这个结局了。我在前面多次强调公司领导人对公司发展的重要性，摩托罗拉的兴衰就是一个很好的例子。

君子之泽，五世而斩。对一个贵族式的公司也是如此。虽然摩托罗拉衰落了，但是它几十年来一直造福于我们这个世界。没有它，我们也许要晚用几年手机，没有它和英特尔的竞争，我们的计算机也许没有今天这么快。

很多年后，人们回忆今天的嘉哈时只有一个评价——他是摩托罗拉移动最后一任 CEO。

摩托罗拉大事记

1928　摩托罗拉公司成立。

1940　摩托罗拉推出步话机。

1942　摩托罗拉推出手提式对讲机。

1946　推出汽车电话。

1964　推出方形彩电显像管。

1967　发明全晶体管彩电。

1974　将彩电业务卖给日本的松下公司。

1979　推出 68000 处理器，它是苹果公司麦金托什电脑的 CPU。

1983　推出世界上第一台商用移动电话。

1991　推出世界上第一台 GSM 数字移动电话；同年启动"铱星计划"。

1998　由于在数字移动电话发展上的犹豫，摩托罗拉在移动电话上被诺基亚超越。

1999　铱星计划破产。

2003　剥离半导体部门，并在第二年上市，即飞思卡尔（Freescale）公司。

2004　克里斯托弗·高尔文辞去 CEO 一职，摩托罗拉长达 76 年的家族管理结束。

2007　摩托罗拉加入 Google 的 Android 联盟，并逐渐停止了所有非智能手机的业务，专注于 Android 智能手机，手机业务开始回升。

2011　摩托罗拉一分为二，分成了摩托罗拉移动和摩托罗拉解决方案两个独立上市的公司。同年，Google 宣布收购摩托罗拉移动，并且通过了各国政府的反垄断审核，于 2012 年完成收购。

2014　Google 将其分公司摩托罗拉出售给联想，至此曾经被看作是美国高科技骄子的摩托罗拉公司被移出了美国公司的名单。

参考文献

1. 摩托罗拉历史参见：http://www.motorolasolutions.com/US-EN/About/Company+Overview/History。
2. Harry Mark Petrakis. The Founder's Touch: The Life of Paul Galvin of Motorola. Motorola University Press, 1965.

第13章　硅谷奇迹探秘

1828年、1835年和1842年，在美国加州圣地亚哥、旧金山和洛杉矶先后发现了金矿，从此开始了美国西部的淘金热。1849年，加州的黄金产量超过美国自1792年立国[1]到1847年黄金产量的总和（37吨）。19世纪的高峰期，加州的黄金产量为每年76吨[2]。要知道，全世界有史以来的黄金总量不过十几万吨[3]，旧金山也因此而得名。但是，从对世界经济的影响和对人类进步的贡献来看，加州的淘金热远比不上二战后在旧金山湾区掀起的科技淘金浪潮。只是，这一次浪潮的核心元素不再是地球上储量稀少的金子，而是储量第二大的元素，即土壤、沙子和玻璃的主要成分——硅。它是半导体工业的核心元素。旧金山湾区从领导世界半导体工业开始，扩大到了整个科技工业。从此，这里有了一个新的名称——硅谷。

从狭义上讲，硅谷是以旧金山湾区圣塔克拉拉县[4]为中心，从旧金山市以南一直到包括圣荷西市在内的地区。从广义上讲，硅谷包括旧金山市本身和旧金山湾东岸奥克兰市在内更广阔的地区，也称为大硅谷地区。2017年，包括旧金山市和奥克兰市在内的大硅谷地区，虽然人口只占美国的2%左右，

1　华盛顿就任总统的那一年。

2　Whaples, Robert. "California Gold Rush". EH.Net Encyclopedia, March 16, 2008. 参见：http://eh.net/encyclopedia/article/whaples.goldrush。

3　World Gold Council 参见：http://www.gold.org/investment/why_how_and_where/faqs/#q023。

4　在美国，县(County)是比市更高一级的行政单位，因此有时也被称作郡。

GDP 却占了整个美国的 5%[5]。如果作为一个独立的国家，它的 GDP 会在全世界排到第 19 名。更重要的是，纳斯达克前 100 的公司，硅谷拥有 40 家，包括 IT 行业领域的领军公司惠普、英特尔、苹果、甲骨文、太阳、思科、雅虎、Google（以及它的母公司 Alphabet 旗下的诸多公司）、Facebook、优步、Airbnb、Snapchat 和 Twitter，以及生物领域的基因泰克（Genentech）和电动汽车公司特斯拉（Tesla）。世界上最大的风险投资公司 KPCB、红杉资本和很多大的投资公司也在硅谷。硅谷还拥有世界上顶级专业数量排前两名的大学：斯坦福大学和伯克利加州大学（University of California at Berkeley，简称 UC Berkeley 或 Cal）。

从对世界的影响力来讲，随处可见、并不值钱的沙子经过了工程师们的手，就变成了比黄金更有价值的财富。旧金山地区过去在黄金产量的高峰年份，黄金产量不过占到美国 GDP 的 1.8%，而且那种发展还是不可持续的。相比之下，在过去的 60 多年里，硅谷从类似蛮荒之地发展起来，实现了可持续性增长，并且在历次产业转型中都没有落伍，还在不断引领世界科技产业的潮流，实属奇迹。

因此，硅谷成为了一个神秘而令人向往的地方。最近几年，每年都有大批国内企业家来硅谷朝圣，就连我每年都要接待好几批。他们来到硅谷的目的，就是想搞清楚硅谷的成功之谜。许多媒体对硅谷的报道大多停留在浅层，有些甚至是误解，导致很多企业家按照媒体的报道学习硅谷的经验之后，不仅对事业没有帮助，有时还把情况弄得更糟。因此，我每次在给这些企业家介绍硅谷经验之前，都需要做正本清源的工作。

1　宛若似真的理由

对于硅谷成功的原因，不同的人看法各异，常见的说法不下 10 种。这一方

---

[5] Silicon Valley weighs in on elections，January 9，2014，参见：http://abclocal.go.com/kgo/story?section=news/politics&id=5881467。

面是因为硅谷成功的要素很多，不同的人会从不同的视角来看待硅谷的成功。另一方面是因为大家都喜欢往好的方面说，把一些很重要的、拿不上台面的真相隐藏起来。因此，在分析硅谷创造奇迹最根本的原因之前，我们先剖析一下媒体上常见的一些对硅谷的解读。

1.1 气候说

很多人，包括 Google 的前 CEO 施密特博士，都把硅谷的成功归功于它独特而舒适的气候。施密特甚至认为气候是硅谷成功的唯一原因，并且在《纽约时报》上撰文论证。

硅谷地区的气候确实好。那里属于地中海式气候，它不像大部分陆地地区那样一年有四季，这里只有两季——旱季和雨季。从每年的 10 月开始，到第二年的 4 月，会断断续续下半年雨，但是晴天依然能占到全年大约三分之二的时间。而从 4 月到 10 月，这里通常滴雨不下，每天都阳光明媚。旧金山湾区全年的气温基本维持在 15—28℃，可以说是四季如春，是世界上最宜居的地方之一。具有这种地中海式气候的地区只能在大洋东岸，纬度 30—40 度之间，全球只有五个面积不大的地区[6]具有这种气候，它们总共只占地球陆地面积的 2% 而已。

硅谷舒适宜人的气候，确实容易吸引人才留在那里。上个世纪 90 年代卡内基－梅隆大学想邀请伯克利著名的计算机科学家帕特森教授出任计算机学院院长，帕特森以匹兹堡气候太差拒绝了。在过去的十几年里，我经常接待来自美国东部的教授们。如果是在冬天，他们常常一下飞机，心情马上变得比上飞机时好很多，虽然两边纬度差不多，气温却可以相差 20 摄氏度左右，而且即使是在冬天，旧金山湾区通常也是阳光明媚。一些风险投资人认为，在令人舒心的气候中，无论是创业还是做项目，成功率都会比较高。他

---

6 即地中海地区、澳大利亚的西部和南部的部分地区、南非的西部、智利中部部分地区以及从加州旧金山到圣地亚哥沿海地带。

们还非常认真地做过量化对比，发现硅谷地区的投资成功率最高，而高纬度的西雅图地区的投资成功率最低，于是他们将这个原因归结于西雅图每年平均 250 天的阴雨天气。此外，医学研究表明，寒冷多雨雪的天气确实让人容易忧虑，而世界上那些大的咖啡连锁店，比如星巴克和西雅图最佳咖啡（Seattle's Best Coffee），很多都源于西雅图地区，而在全世界范围内，北欧是人均消耗咖啡最多的地区，虽然那里并不产咖啡。生活在高寒地带的人不得不靠咖啡驱除忧虑。

但是，好的气候和硅谷的成功未必能构成因果关系。在欧洲，典型的地中海式气候出现在地中海沿岸的国家和地区，包括希腊、意大利、西班牙、葡萄牙和法国的南部，而这些国家和地区恰恰是欧元区中经济和社会发展落后的地区，倒是地处高寒区的德国、荷兰和北欧四国，以及终年阴雨绵绵的英国，经济发展得不错。这种现象在欧洲已经存在有几百年了。正因如此，支持气候决定论的法国启蒙学者孟德斯鸠给出的结论和硅谷气候说正好相反，他在认同"气候王国才是一切王国的第一位"的同时，认为气候寒冷的温带地区（在欧洲是英法德等地区）人们为了生存，相对勤劳，最后形成"强盛与自由之民族"，而在温暖的南部地区（地中海沿岸），因为气候条件太好，人反而容易懒惰，他以此来解释西北欧发展比南欧快。

相同的原因如果得出两个截然相反的结论，那就说明不是原因。硅谷的成功即使和气候有关，也不是决定性因素。

1.2 斯坦福之说

不少人，特别是来自斯坦福的人，会将硅谷的奇迹归功于这里有斯坦福大学，因为它源源不断地向硅谷输送新技术和优秀人才，甚至直接孕育出引领后一代技术浪潮的新公司。如果你去斯坦福进行官方访问，接待你的人不会介绍斯坦福有众多诺贝尔奖获得者，不会介绍斯坦福那些改变世界的发明，也不会介绍他们有着数以百计的奥运会冠军，更不会介绍他们强大的师资队伍、充足的经费、宽阔的办公面积，而是会介绍斯坦福孕育出来的公司。在斯坦福看来，这是它区别于其他世界一流大学最本质的地方。另一方面，每当十年一次的硅谷衰退论破产时，人们总会说，"产业可以外移，人才可以离开，但是斯坦福不会走，它会为硅谷补充人才和技术，因此硅谷依然会繁荣。"

不过，斯坦福大学的成功和硅谷的成功虽然有相关性，但不是因果关系。如果一定要找出它们之间的因果关系，反倒是硅谷的成功带来了斯坦福的成功，因为在硅谷诞生前的 60 多年里，斯坦福只能算是美国的一所二流大学，在硅谷繁荣之后，世界一流的学者和有志的年轻人才来到斯坦福大学。至于斯坦福后来对硅谷的贡献，当然很重要，这一点我们在后面介绍斯坦福的时候还会讲到。但是，并非存在一所世界一流大学，就一定能带来该地区科技产业的繁荣。反过来，科技产业的繁荣，也未必出现在世界一流大学的边上。关于这一点，全世界存在很多反例。

美国科研水平最高的地区还不是硅谷，而是波士顿周边地区，那里有著名的哈佛大学和麻省理工学院，在校大学生人数占了人口的 5% 以上，每十万个居民就有一位诺贝尔奖获得者。但是，波士顿地区近三十年来，都没有诞生出世界级的大公司，而且初创公司从数量到水平，与硅谷地区相差甚远。在硅谷之外创业最活跃的地区是以色列的特拉维夫，那里可没有什么世界一流大学。在中国情况也是类似。深圳是最近二十年科技产业发展最快的地区，那里同样没有什么一流大学，而深圳边上的香港，也是同样的移民城市，倒是中国好大学密度最高的地区，反而没有拿得出的科技成就。

1.3 重视知识产权说

很多人又说，硅谷成功是因为那里重视知识产权。其实在整个美国，对知识产权的重视程度都差不多，硅谷并没有特殊性。如果以专利的数量来看待对知识产权的重视程度，硅谷的公司在美国公司，乃至全世界的公司中，都算不上出色。下表是最近几年世界各个机构所获得的美国专利数量[7]。从表中可以看出，IBM 是绝对的第一名，比第二名的数量高出一倍还多。硅谷公司除了 Google 这些年来排名稳步上升外，其他的都表现一般，而在人们印象中创新力不错的苹果公司从来就没有进过前十。至于 Facebook 则在百名开外，而大家普遍认为很有创新力的特斯拉，则在千名开外。

表 13.1　世界各机构（公司、大学和研究所）获得美国专利的数量

2012	2013	2014	2015	2016	2017
IBM	IBM	IBM	IBM	IBM	IBM
三星	三星	三星	三星	三星	三星
索尼	佳能	佳能	佳能	佳能	英特尔
佳能	索尼	索尼	高通	英特尔	佳能
松下	微软	微软	Google	Google	Google
日立	LG	东芝	东芝	高通	GE
微软	东芝	高通	索尼	GE	高通
LG	松下	Google	LG	LG	LG
东芝	日立	松下	英特尔	微软	微软
GE	Google	GE	微软	台积电	台积电

从上面的专利数量可以看出，一个企业并不因为重视知识产权就必然具有创新力，而要是像很多媒体那样直接用专利数量来衡量创新力，更是理解岔了。

1.4　风险投资说

我上大学的时候，读过一些介绍硅谷的书籍和文章，都会提到风险投资。当时我觉得这太不可思议了，居然有投资人白给年轻人钱去创业。在我过去的

---

[7]　之所以选择以美国的专利数量来衡量，是因为美国的专利是审核最严格、含金量最高的。而世界上很多工业化国家的专利水平较低，没有太多意义。

理解中，风险投资是造就硅谷的重要原因，今天很多人依然持有这个想法。从过去到今天，人们羡慕硅谷，想到硅谷去的一个重要原因就是硅谷有风险投资。关于风险投资对硅谷的作用，我们在后面会专门介绍，简单地讲它是创业的催化剂。但是，认为有了风险投资就能复制硅谷的成功，那就太天真了。最近几年，中国很多地方政府一方面自己出资做风险投资，另一方面利用各种优惠政策吸引基金，但是却没有哪个城市成功地复制了硅谷。相反，倒是特拉维夫没有多少风险投资，也能诞生不少独角兽公司[8]。

十多年前（2007年）我在Google黑板报上介绍硅谷的风险投资时，国内还没有多少很像样的风险投资基金。当时，我和很多IT行业的老兵一样，觉得只要中国有了足够多的风险投资，必定能够涌现大量原创性的发明创造。而今，中国一线城市一年的风险投资金额早已超过了硅谷，对于创业者来说创业门槛比十多年前低了很多。但是，虽然出现了不少优秀的创业公司，可人们更多看到的，却是资本的泡沫和烧钱，并非更多新技术的涌现。

综上所述，不难看到，学习硅谷的经验，只流于表面，学一些皮毛，对实际工作不会有什么帮助。那么硅谷成功的奥秘到底是什么呢？除了我们前面讲到的叛逆精神，我们不妨换几个角度来看一看硅谷。

2 成王败寇

媒体上经常会有这样的报道，提到硅谷地区很多收入不低的人买不起房子，甚至租不起房子，不得不离开硅谷，因此硅谷将要衰落了。最近一次比较有影响力的报道是著名的《经济学人》杂志在2018年的一篇封面文章，其内容我们会在后面讲到，文章的核心是从竞争环境和生活等几个方面讲述在硅谷创业之艰辛。但是，无论媒体如何唱衰，硅谷却不曾衰落，这是事实。如果理论和事实相违背，则不是事实出了错，而是理论出了问题。硅谷并不是一个可以照顾创业者的大孵化器，而是一个成王败寇的地方。

---

[8] 估值超过10亿美元的未上市公司。

没有人能够否认硅谷在科技领域的成功，而且很多成功都是在瞬间完成的，并且是由年轻人创造出的奇迹。诺伊斯发明集成电路时是 32 岁（1959 年），乔布斯发明实用个人电脑时是 21 岁（1976 年），比尔·杰伊（Bill Joy）发明 BSD 操作系统时是 23 岁，塔克（Charles P. Thacker）设计出世界第一个图形界面的操作系统施乐 Alto 时是 29 岁（1972），他的同事梅特卡夫（Robert Metcalfe）发明以太网时只有 27 岁，这样的例子还能举出很多。即使是在学术界，教授往往也是在他们很年轻时做出重大发明的。凯茨发明磁盘阵列是 39 岁，亨尼西（John Henessey，斯坦福前校长，RISC 处理器架构的发明人之一）和帕特森完善 RISC 理论时分别是 29 岁和 31 岁左右，查菲发明实用化的 ADSL 时刚刚 30 出头。此外，硅谷还发明了网络浏览器（Web Browser）、关系型数据库、Java 程序设计语言、云计算的系统架构（GFS、MapReduce 和 Hadoop）、量产的电动力跑车，等等。

当然，上述发明创造也造就了无数百万富翁甚至亿万富翁。发明家和创业者常常在一代人的时间里，拥有了超过欧美一些名门望族世代积累的财富。在 2018 年的美国福布斯富豪榜上，前 10 位中有 4 位来自硅谷。很多人津津乐道好莱坞比佛利山庄的豪宅，其实它们的价格与硅谷的阿瑟顿市（Atherton）的豪宅相比，是小巫见大巫，那里住着很多纳斯达克 100 强公司的创始人和 CEO。而硅谷中心地区帕洛阿尔托老区（Old Town）则是美国单位面积房价最贵的地区，很多人愿意出高价住在那里，可以和乔布斯家，或者佩奇、扎克伯格等人做邻居。

中国在大力提倡"双创"时，很多年轻人都做过这样的发财梦：

从大学辍学（最好还是两三个要好的同学一同辍学），跑到车库里吃着外卖，发明一个什么东西，或者想出一个什么概念，运气特别好，马上就有风险投资人看重自己，随手给了自己几百万美元，于是自己身价就变成上千万甚至上亿了。两年后，他们创办的这个叫 burnmoney.com，或者 fakeconcept.ai[9]

9　翻译成中文是"烧钱"和"假的概念"的意思。

的公司就上市了，创始人跑到纽约或深圳去敲钟，股市为之欣喜若狂。接下来，也不管公司有没有盈利，当天就把它的股价炒高三倍，于是这几个创始人一夜之间成了亿万富翁，跟着他们喝汤的员工们也个个成为百万富翁。接下来，他们在世界各地开始购买豪宅，开上了跑车，在码头还有游艇。每个人又给母校盖了栋大楼，或者命名了一家医院。再给英国王室或西班牙王室捐点钱，参加一下王室成员的活动。甚至找个明星谈一次恋爱。

这类事情时不时地在硅谷上演，只不过发生的概率比中六合彩大奖高不了多少，但绝对比被汽车撞死的概率小很多（事实上，2017年美国有3.3万人死于交通事故）。在硅谷，能赶上上述这些机会的人，被称作是中了"硅谷六合彩"（Silicon Valley Lottery）的幸运儿。中国有句老话说胜者王侯，败者为寇，中了"硅谷六合彩"的人就属于一步登天的"王侯"。虽然这种好事发生的可能性很小，但是榜样的力量是无穷的，这种故事的新闻效应很大。媒体和华尔街一向乐于塑造出一个个传奇人物和公司。上个世纪80年代年轻人的偶像是乔布斯，90年代是网景的吉姆·克拉克与雅虎的杨致远和费罗，21世纪初是Google的佩奇和布林，接下来是特斯拉公司的马斯克和Facebook的扎克伯格。这些成功人士的传奇，点燃了年轻人心中创业的梦想，就如同好莱坞的明星带给无数少男少女明星梦一样。2015年我同NetScreen[10]和北极光的创始人邓锋在"书香北京"[11]做节目，介绍我当时的新书《硅谷之谜》，主持人问邓锋对他影响最大的一本书是什么，他说是几十年前介绍硅谷的《硅谷之火》一书，当年他就是读了那本书，然后怀着创业成功的憧憬，来到硅谷。

邓锋的这种行为，正是风险投资资本家们和华尔街所希望看到的。只有越来越多的人加入到创业的游戏，投资者才能有好的项目投资。今天，像邓锋这样向往着创业成功又无所畏惧的年轻人在硅谷到处都是，他们朝气蓬勃，聪明肯干。作为一个投资人，我每周都会认真地倾听他们创业的计划。坦率地

---

10 曾经是世界上最大的信息安全设备公司。
11 北京电视台的读书节目。

讲，对这些沉溺于创业梦想的人，我泼凉水的时候多于鼓励的时候。虽然我知道他们更需要鼓励，但是在硅谷这个环境中，他们已经得到了无数的鼓励，反倒是把创业的困难估计得足一些，考虑事情周全一些，将来才能避免犯明显的错误。如果我对他们说一些客套而言不由衷的赞扬，可能会让他们更加飘飘然，那样他们的创业就很容易迅速失败，不仅血本无归，而且还会失去赖以生存的条件。毕竟，硅谷的竞争太残酷了，成功的几率太低了。失败并不可怕，可怕的是轻易地失败，并且在一次次失败后形成习惯性失败。

再创业的成功率大约有多高呢？硅谷风险投资行业每年都会给出当年的投资统计数据。在过去的20多年里，在大部分年份中，从天使投资到后期投资都算在内，每年大约有4000多起投资。当然，绝大多数公司只能拿到第一笔投资，然后就关门了，因此每年获得投资的新公司，大约是3000—4000家。2000年互联网泡沫时和2017年投资高潮时，会稍微多一些，但那种情况不可持续。那么，每年能有多少公司上市呢？一般不超过30家。也就是说，即便成功地融到钱，最后能够上市的也不到1%左右，何况更多的公司还融不到钱。即使是在网络泡沫高峰、创业和上市最容易的2000年，这个比例也不过是2%—3%而已。当然，除了上市，还有可能被收购，硅谷每年大约有800—1000起并购，绝大部分是对初创公司的并购，这看起来比例不低，但是，大多数并购对于创业者来讲，不过是拿回那几年创业未拿到的工资，发不了财。在硅谷能够享受良好居住环境，安排孩子进入好的公立学校的家庭其实非常少。前面提到的阿瑟顿市，只有2000户左右的人家，加上和它房价相当的晓峰（Hillsborough）、伍德赛德（Woodside）、洛斯阿拉图斯山（Los Altos Hills），总共不过1万户人家，如果再加上价位略低的帕洛阿尔托、萨拉托加（Saratoga）和洛斯阿拉图（Los Altos）等地，一共不过4万户人家，占不到硅谷地区家庭数量的5%，绝大多数人的生活质量远不如其他地区。媒体通常只关注成功者，人们向来只记得住英雄的名字。《经济学人》的那篇报道只是关注了一下失败者，一下子便让很多人大跌眼镜，其实硅谷创业从来就是那么艰难，而绝大多数创业公司都夭折了，那些创业者自然也就默默无闻。2001年互联网泡沫破碎以后，以及2008年金融危机之后，我在 Google 面试过很多创业者，其中不乏很聪明、专业知识扎实又很有干劲的人，但这些优点远远不能保证他们能成为成功的企业家。一个创业者要想成功，必须同时具备很多因素。

首先，创始团队很重要。任何梦想家都不足以成事，因为所有的成功者都是实干家。看过《三国演义》的人都知道，书中有两类聪明人，一类是曹操、刘备那样的领袖人物；另一类是出点子的谋臣，像郭嘉、诸葛亮。办公司需要的是前一种人。创业者还必须精力过人，熬得住连续几年每天在简陋窄小的办公环境里[12]工作 16—20 小时的苦日子。他们又必须是多面手，在创业初期亲自干所有的脏活累活。著名的语音技术公司 Nuance 的共同创始人迈克·科恩（Mike Cohen）博士跟我讲，创业是一件极麻烦的事，创办一家公司的初期，小到安装传真机这种杂事都得自己干。蔡康永说过："如果羡慕成功者的富贵，请别一味模仿他们富贵后的事，那些名牌表呀包呀酒呀车呀，都是他们富贵后的事，硬撑着模仿了，也只能图个穷开心而已。要模仿，就模仿他们富贵前的事，他们那些鹰般的探查、蛇般的专注、蚁般的搜括、蛹般的耐心，全是些风吹日晒、灰头土脸的事啊。"他的这段话可谓是肺腑之言。

成功的创业者还必须有一个小而精的好团队，团队成员之间不计较个人得失，能同甘共苦，否则成则争功，败则互相推诿，肯定成不了气候。在技术上，他们必须有自己的金刚钻，他们的技术必须是不容易被别人学会和模仿的。如果看到雅虎挣钱，就去搞网站，那基本上难逃失败的命运。

但是，光有好的团队和技术还远远不够，创业者还要有商业头脑，而且必须找到一个能盈利的商业模式（Business Model）。如今，国内的一些创业者以为只要赶上风口，猪也能飞，可是你在自然界看到过哪只猪被风吹得飞了起来？更何况就算用钱铺路把猪推上了天，资金链一断，猪跌下来照样会摔得很惨。但凡好的公司都在商业模式上有可圈可点的地方。eBay、Google 和

---

[12] 过去一些创业者会选择在廉租房、车库或者公寓的客厅里办公，今天很多年轻人干脆到咖啡厅和其他有免费 Wi-Fi 上网的公共场所。

Facebook 的成功，很重要地在于它们很早就找到了好的商业模式，并开始盈利。但是，找到一个好的商业模式有时比发明一项技术更难，即使最有经验的风险投资专家在这上面也经常栽跟头。成功投资 Google、太阳和 eBay 等公司的风投之王约翰·杜尔（John Doerr，凯鹏华盈的主席）也在毫无市场前景、很酷的产品 Segway 上浪费了几千万美元（我在后面的章节中会说明为什么 Segway 没有出路）。我一直不看好大多数 P2P 公司、O2O、区块链公司的原因之一，就是它们根本没有能够盈利的商业模式。

有绝活，有商业头脑，还只是创业成功的必要条件，并非充分条件。绝大多数创业成功的人，最后成功之处和一开始的想法都有很大的差异。比如 Google 一开始是希望企业级用户在使用搜索时付费，阿里巴巴最初是做 B2B 的生意，腾讯早期是靠短信挣钱。这些和它们今天的主营业务都没有什么关联，正在创业的中小公司要不断适应环境，纠正错误。创办一家公司并不难，把它从小做到大，并且做到盈利就不容易。在这个过程中有很多路要走，不免会遇到各种数不清的岔路，任何一次错误的选择，都可能使原本看上去不错的公司运营不下去而关门大吉，因为处于创业阶段的小公司对抗行业里的大公司是不容有任何闪失的。而要做到这些，就要依靠判断力和执行力。不幸的是，判断力和执行力很大程度上来自于经验和见识，并非一般的培训就能提高的。为了保证一个起步良好的公司能够成功，一般风险投资家在投资的同时，还要为公司寻找一位专业的 CEO，就是这个目的。

真正具备这些条件已经很不容易了。而一个初创公司的成功，很大程度上还要看外部环境好不好，配套条件是否具备。起步太早，条件不具备，事情自然做不成；而行动得太晚，市场已经太拥挤了，机会也就丧失了。爱迪生和福特在一个世纪之前就合作开发了电动车的原型，但是以当时的配套技术根本不可能造出电动车，于是这件事就没有下文了。但是，如果等到今天所有人都看出电动汽车是未来方向了，再来造电动汽车，也几乎可以肯定难以成功。2000 年硅谷成功融资的小公司，几乎无一例外都破产了，因为它们赶上了随后的互联网泡沫破碎。

最后，也是最重要的，创业者必须有好运气。这也是 NetScreen 的共同创始人邓锋和柯严告诉我的，创业成功的关键是要有运气。

一个初创公司，经过多年的努力，解决了上述所有问题，非常幸运地成功上市了，也未见得能发财。在 2000 年互联网泡沫时期，股票能大涨的只有 2%—3%，这些年因为上市困难一点，大约有 5% 的公司在上市后几年内股票大涨，其余公司股市表现平平，甚至不如发行价（即中国常说的原始股价）。远的不说，2011—2012 年上市的一些明星公司，包括 Facebook、著名社区游戏公司 Zynga 和最早的团购公司 Groupon，上市后不久股价就很快跌掉大半，见表 13.2。它们之中只有 Facebook 后来创了股价的新高，其余公司则再也没有回到 IPO 时的高度。到今天，依然破发（中国股民对跌破发行价的称谓）的著名企业还有推特、Snapchat 等，甚至还包括中国主权基金投资支持的著名私募基金（Private Equity）黑石公司。此外，即便公司创始人能挣到一些钱，很多早期员工其实也发不了大财，普通员工只是挣一份辛苦钱而已。

表 13.2　Facebook、Zynga 和 Groupon 上市后的股价变化

公司	上市时间	上市当天股价中间价	2012 年 8 月 16 日收盘价
Facebook	2012 年 5 月 18 日	$41.5	$19.87
Zynga	2011 年 12 月 16 日	$10.25	$3.00
Groupon	2011 年 11 月 4 日	$13.47	$5.00

而很多在美国上市的中国公司，很长时间里股价都不到上市时的一半，包括 2005 年上市的中国明星半导体公司中星微电子，在相当长的时间里，它的市值还没有账上的现金多；而中国另一家明星半导体公司展讯也一度跌了 90% 以上。由于它们都接受了很多来自政府的投资，又不能轻易私有化，便只能年年亏损硬撑着，直到撑不住等人来接盘为止。另一家 2013 年上市的中国跨境电商公司，上市至今股价跌掉了 90% 多，市值只有区区 4000 多万美元，其中账面上还有 3000 万美元现金，也就是说，公司本身价值只有 1000 万美元，还不如中国许多只有两三人的创业团队估值高。有人觉得美国股市低估

了这些中概公司的价值，其实，高度市场化的美国才真实反映了这些公司的实际情况。

创业的过程本身异乎寻常地艰辛，即使最后成功了，回首起来也是险情不断。YouTube 的两位创始人讲，他们在前一家公司挣到了不小的一笔钱，就创办了自己的公司。很快，两人上百万美元的积蓄就烧光了，他们艰难到需要用信用卡购买设备，每个月勉强还出信用卡的利息。他们的运气很好，这时得到了红杉资本几千万美元的投资，但是，仅仅过了一年，又烧得差不多了。好在当时 Google 和微软不惜成本地相互竞争，使他们渔翁得利，以一个很好的价钱（十几亿美元）被其中一家收购。可是后来回想起，成败就在一线之间。

既然在硅谷成功不易，那么大量的失败者怎么办？通常只有三个出路，找工作或离开硅谷，当然有些没有输光本钱的还可以重新再来。但是，对于那些失败的公司和个人，大家并不关心，甚至没人知道它们和他们存在过。即使很多曾经辉煌过的公司，像网景公司、SGI 公司、太阳公司，也会很快被人遗忘。当人们羡慕苹果、Google、英特尔和思科的成功，津津乐道讲述它们的传奇故事时，也应该清楚那是以无数失败者做分母为代价的。

唐代诗人曹松有句中国人人皆知的诗——"凭君莫话封侯事，一将功成万骨枯。"这用来形容硅谷成功的公司，也非常恰当。因为那些光鲜亮丽的公司的背后是无数工程师、产品经理和行政人员付出的血和汗。

3 嗜血的地方

读者也许会觉得我用的标题过于夸张恐怖，但事实的确如此。

在硅谷，首先是工作时间超长。我第一次去硅谷的 IBM Almaden 研究中心时，接待我的一位科学家在陪我吃完晚饭八点多以后，又回到实验室干活去了。在那之前,我刚访问过 IBM 在纽约的沃森实验室,记得那里晚上是没有人上班的。于是我颇为惊讶地问他,今天是不是有什么重要的事情必须完成。他告诉我,他几乎天天如此。虽然同样是 IBM 的雇员,在加州一个人的实际工作量,顶得上美国东部两个人的工作量。后来我才知道,加州那些小公司的员工比 IBM 雇员的工作时间还要长,负荷还要重。我的同学兼同事,一位曾经在华盛顿州雷德蒙德市微软总部和硅谷 Google 总部都工作过的语音科学家讲,他在 Google 每周的工作时间是在微软时的两倍。

美国的公司从理论上讲不鼓励加班,从法律上讲也不能要求正式雇员加班。对于按小时付薪水的合同工,加班要给加班费。但是,正式员工要是自愿加班,是没有加班费的。我不能确定全美国 IT 行业的员工每周的平均工作时间,也许是 40 小时左右吧,因为法律规定如此。在美国东部和南部,IT 行业从业者的工作时间很少超过这个数字。但是在加州,绝大部分科技公司的员工每周工作时间都远不止 40 小时。即使是在我们前几章提到过的一些大跨国公司,很多人经常周末要去加班。在小公司里,尤其是还没有上市的小公司,大家每周工作七八十小时甚至 100 小时是很平常的事。中国一些创业公司的上班时间是所谓的"996",即每天从早上九点到晚上九点上班,每周六天,这就被认为是工作强度大了,但是这样一周其实也不过 70 小时左右。日本人号称工作时间长,但和硅谷的上班族比只是小巫见大巫。更何况在日本,许多人是没事做耗着不回家,而硅谷大家是有干不完的活。虽然硅谷工程师的薪水比美国同行要多 20% 左右,其实每小时实际收入要低得多。更何况,一天只有 24 小时,工作时间太长,可以自由支配的时间就少了,生活质量就下降了。我在微博里曾经给大家描述过我在 Google 早期的工作方式:

> 我一般会在吃完晚饭后把代码修改的清单(Change List)发给克雷格[13] 做代码审核,他一般晚上 10 点左右会回复我,给出修改意见,详细到某一行了一个空格。我改好后会在凌晨零点前再次发送给他,凌晨 2 点左右我们俩就所有的细节达成一致并且修改完毕,我会提交代码。一般我直接回去睡觉,而克雷格会干得更晚些。

---

[13] 克雷格·西尔弗斯坦,Google 第一个雇员,见本书有关 Google 的第 18 章。

从这个角度讲，硅谷不是生活的乐土。这倒不是雇主不想对员工更好些，事实上加州的法律比其他州更倾向于保护雇员的利益，但是公司之间的竞争更激烈。所有人，上至公司高管，下至普通员工，在这样的紧张环境下都不得不加班加点地工作。

当然，如果只是工作时间长一些，还可以忍受。硅谷失业的压力要比美国其他地区大得多。到了经济不好的年头，这里的失业率会率先攀升上去。记得网络泡沫破碎后的两年，在硅谷中心的圣塔克拉拉县（惠普、Google、英特尔、苹果、雅虎、eBay、微软、太阳等公司都在该县），失业率高达7%，远高于全国5%的平均水平，这还只是有资格领救济的美国公民和永久居民（即拿绿卡的），并不包括很多持有H1B工作签证的人。很多人一年以上找不到工作，被迫离开硅谷，有的去了美国东部，很多移民只能回国寻找机会。中国海归的高潮就是从那时开始的。很多人为了不荒废自己的技术，宁可不要工资工作（在硅谷，招人的公司发现一个申请者半年以上没有工作，就会很不愿意雇佣这些人，因为公司会觉得这个申请者要么技术已经荒废，要么自身条件不强，否则为什么半年还找不到工作）。我的一个朋友在2002年创立了一个小公司，打出招人的广告，讲明是没有工资的（当然，用了一个好听的说法叫"合伙创业"，可以得到一些可能有价值也可能一文不值的股票）。短短几天里竟然收到上百份简历，其中很多是水平超出要求的工程师。即使有工作的人，也会担心什么时候裁员裁到自己头上。很多时候，不是个人能力问题，而是整个部门被裁掉甚至整家公司关门。覆巢之下无完卵。

在美国东部主要城市，娱乐、文化生活丰富，而硅谷基本上就是文化的沙漠。硅谷人最常去的解压度假场所就只有附近的塔霍湖（Lake Tahoe）滑雪场、里诺（Reno）和拉斯维加斯的赌馆。

由于生活所迫，硅谷的人在外人眼里都相对急功近利和唯利是图。在硅谷，不提供股票期权的公司，几乎找不到技术人员。按规定，一个雇员工作满一年就能按期权价格买下股票（这个过程叫行权，Exercise），因此形成了这样一种风气：在某公司工作满一年，拿到股票期权立刻走人，再到第二家、第三家公司。如果说风险投资是通过分散投资来降低成本，那么很多硅谷雇员则是分散他们的生命来期望有朝一日在一家公司能中上硅谷彩券。在硅谷，一两年换一份工作也很正常，员工也就没有忠诚度可言。这不是个人的问题和错误，而是生活压力使然。

硅谷就是这样一个"嗜血"的地方。坦率地讲，硅谷的生活质量达不到美国的平均水平。但是，几十年来无数的年轻人把硅谷当作开拓自己事业的首选地，这里有更多机会和梦想。

4 机会均等

硅谷能成为科技之都，而且长盛不衰，必有它的高明之处。其中最关键的一条是保证机会均等。任何人、任何国家和制度都无法保证我们的社会绝对公平（事实上也没有必要追求绝对公平），但是，一个好的制度要保证每个人有均等的机会。

硅谷是一个到处可见权威的地方。这里不仅有像约翰·亨尼西那样的科技界泰斗、拉里·埃里森和埃里克·施密特那样出类拔萃的工业界领袖，还有被称为风投之王的约翰·杜尔和迈克尔·莫里茨[14]（Michael Moritz，红杉资本的合伙人）。这里集中了近百名诺贝尔奖、图灵奖和香农奖得主。各国科学院和工程院院士多如牛毛。如果你开车在路上抛锚了，停下来帮助你的好心人可能就是一个大人物。Google过去主管工程的第一副总裁阿兰·尤斯塔斯就在路边帮助过他人。

但是，硅谷却从不迷信权威。任何人要想在这里获得成功，都得真刀真枪拿出真本事干出个样子。在美国很多地方，尤其是传统产业中，普遍看重甚至过于看重个人的经历而不是做事情的本领。比如一个毕业生要想到位于美国

[14] 以成功投资Google、雅虎、PayPal、苹果、思科和YouTube而著名。

东部的IBM沃森实验室或以前的贝尔实验室搞研究，必须出身于有些名望的实验室，有导师和教授们的推荐（在日本公司更是如此）。大公司雇用一个主管或资深职务的员工，首先要看简历上的经历和头衔。这种做法当然有合理的一面，但是即使再真实的简历，也不免有夸大其辞的部分，更何况简历上的经历只能证明一个人以前做过什么，而不是今后能做什么。在硅谷谋职，简历固然重要，但是个人的本事（包括和人打交道的软技能）才是各家公司真正看中的。由于每家公司产品的压力很大，同行业公司之间的淘汰率很高，硅谷的公司需要的不是指手画脚的权威，而是脚踏实地做事的实干家。硅谷几十年发展经验证明，那些初出茅庐但踏实能干的年轻人，可能比一个经验丰富但已眼高手低的权威对公司更有用。我们在本章一开始介绍的那些诞生于硅谷地区、改变世界的重大发明，大都是40岁以下的年轻人完成的。很多人向我抱怨过Google在招人时忽视以前的工作经历。其实，这是一个误解。和大部分的硅谷公司一样，Google更相信自己通过面试得到的判断，而不是简历和推荐信，因此招人时总喜欢考一考。不管面试者名气多大，水平多高，过不了考试也是白搭。我有个在美国顶级的计算机系当教授的同学，先推荐了他的一个学生来Google应聘，结果录用了。后来他自己来，Google要考他学生做过的类似题目，他反而没有通过，虽然我们很为他感到可惜，但是也没有办法。这位教授很不服气，对我讲，我的学生远不如我，你们却要了，我发表过那么多论文，拿到过那么多经费你们却不要，说明你们的眼光有问题。我承认他讲的很有道理，但是，不能为一个人坏了规矩。从Google和eBay及无数硅谷公司成功的经验看，这种不迷信权威、公平对待每一个人的做法总体上是对的。它确实有时候会让公司和一位称职的权威失之交臂，但是硅谷的公司也因此能吸收到更多新鲜血液，充满活力。

不仅公司不迷信权威，硅谷的个人也是如此。一个年轻的工程师，很少会因为IBM或斯坦福的专家说了该怎么做就循规蹈矩，而是会不断挑战传统，寻找新的办法。在公司内部，职位高的人不能以权压人，而必须以理服人。在Google、苹果这类公司当老板并不容易，因为一旦知识老化或业绩不佳，就不得不离开。在硅谷各公司内部，虽然也有职级之分，但是等级不像传统企业那么明显。更重要的是，公司内部的升迁和毕业学校、学历、工龄长短的关系并不大。因此，硅谷常常有一个怪现象——你的下属可能会在一两年后成为你的老板。后来担任过微软高级副总裁的陆奇，在雅虎就经常被提拔成为他老板的老板。我在 Google 的同事科恩是 Naunce 的创始人，小王在 Naunce 时是他手下职级不算高的工程师，两个人先后到了 Google，小王因为在云计算方面贡献巨大，仅仅三四年职级就超过了科恩。这种不拘一格用人才的做法使得硅谷公司在全世界更有竞争力。

对创业这件事，创业者的资历固然重要，但就重要性而言远排不进前几位。名气大、职位高的创业者虽然经验丰富，人脉广，但是如果闯劲远不如初出茅庐的牛犊那么足，成功率可能反而低。在风险投资人看来，一个人的经历和身上的光环只能代表过去，而过多财富和曾经有过的地位有时反而会成为创业的负担。事实上，除了甲骨文和英特尔是 IT 老兵创办的，硅谷大部分著名的公司，如思科、苹果、雅虎、Google、Facebook 和优步，包括中国人创办的 NetScreen 和 WebEx，都是由原来默默无闻的年轻人办成的。

自古英雄出少年，这是风险投资家们普遍承认的事实。我在正式做风险投资之前，向红杉资本等很多风险投资机构内的老兵们了解他们投资的一些原则，其中有一条就是创业者一定要有饥渴感。这一点很容易理解，很难想象一个腰缠万贯的富翁会比一个急于脱离贫困现状的年轻人更有欲望把公司办好。前者办公司常常是为人生锦上添花，而后者则是破釜沉舟，没有退路的。这就是乔布斯勉励年轻人要保持饥渴感（Stay Hungry, Stay Foolish）的原因。因此，资深创业者和年轻人在创业上各有优势，但是硅谷会给予他们均等的机会。这也是很多人虽然知道在硅谷工作艰苦，却愿意留下的原因——可以获得其他论资排辈的地方所不能给予的机会。

机会均等的另一方面表现在行行出状元。160 多年前旧金山是淘金者的天下，一位叫李维·斯特劳斯（Levi Strauss）的德国人也从纽约跑到这里来淘金。

来了以后他发现淘金的人已经过剩了，于是他捡起了他原来布料商和裁缝的老本行，用做帐篷的帆布为淘金者制作结实的工作服，这就是现在世界上最有名的 Levi's 牛仔裤。100 多年过去了，当年淘金者的踪迹已经找不到了，而 Levi's 牛仔裤今天仍然风靡全球。

今天，大家进入 IT 行业挖金矿时，也和老一辈开拓者一样，真正靠当工程师发财的人只占大约 1/4 左右，剩下的机会留给了各行各业的从业者。在硅谷这一片年轻的土地上，只要肯干，大家都有成功的机会。

硅谷地区公司众多，而且每天都有新公司诞生，现有的公司被并购，老的公司关门，因此对法务的需求就特别强。在硅谷的中心城市帕罗阿图，人口只有 6 万人，从业的律师却有 3000 人左右，美国很多著名的律师事务所在那里都有分支机构，比如比尔·盖茨父亲的 KL Gates 律师事务所。众多初创公司可能开业不久就关门了，可是那些律师事务所则总是有生意做。

在硅谷"淘金"，总会不断产生科技新贵，于是就出现了替他们打理财务的生意，今天硅谷地区就成为投资银行最集中的地区之一。除了我们以后要专门提到的风险投资，这里的个人财产管理（Private Wealth Management）和家族办公室（Family Office）业务也很发达。比如著名的投资银行高盛公司，有超过 10% 的个人财产管理经理人都在硅谷，使其在硅谷的分部成为全球仅次于其纽约总部的第二大分公司。由于硅谷房价很高，房屋交易金额大，而且硅谷人口流动性大，房屋交易数量多，因而造就出一大批房地产中介商，其中干得出色的，收入比一个上市公司的老总要多得多。据著名房地产中介商比尔·戈曼（Bill Gorman）介绍，他十几年里一共交易了价值 10 亿美元的房产。按照美国标准的 3% 的佣金计算，他的累计收入高达 3000 万美元，超过很多上市公司的老总。有趣的是，很多金融和房地产业从业者是 IT 出身的工程师。他们发现硅谷的 IT 行业已经人满为患，改行去从事其他工作，反而比原来当工程师甚至公司主管要成功得多。

即便不在金融和房地产这类高利润的行业工作，只要努力，一样能事业成功。我们不妨看看这样两个例子。我的一位朋友刚刚装修完新家，替他装地板的是一位华裔老板。这位老板没读过大学，中学毕业就给别人打工当学徒，但是他很爱钻研，又非常勤快，很快就成为装地板的行家里手。几年后自己出来单干，开始接一些小活儿。他要价不高，活儿又做得不错，很快活就多得做不过来了，于是他雇了一些工人，业务便发展起来了。他通过高薪（和IT从业人员差不多）招技术熟练的地板工，所以一直质量很好。慢慢地，开始接到大公司的合同，事业发展很快。即使在现在美国房地产不景气，很多装修公司没有生意，他手上的合同仍然多得做不过来。第二个例子是我家园丁，一位墨西哥移民，一开始只是一个人给人除草收拾院子。由于他为人热情，乐于助人（比如经常用自己的卡车替主顾运送大件商品），又守信用，他的雇主们就把他推荐给朋友用。很快他就忙得接不了新的主顾了，于是请胞弟过来帮忙，两个人除了替人除草收拾院子，便开始做一些简单的房屋修缮和庭院规划（Landscaping）工作。渐渐地，他就积累起一些财富，雇了一些帮手，开了一个庭院规划的小公司。在房价很高的硅谷，也买上了房子，实现了他的美国梦。

相反，如果一个人不能脚踏实地做点实实在在的事情，即便名气再大，才高八斗，在硅谷也很难混下去。大多数时候，硅谷公司需要的是有真才实干的人，而不太看重那些不能带来实际效益的名气。2000年，由于互联网泡沫导致硅谷过度繁荣，几乎所有的公司都招不到人，那时找工作很大程度上仅凭一张嘴。很多频繁跳槽而不脚踏实地做事的人跳来跳去跳到一个主管的位置。2001年以后，用人不当的公司很多倒闭或被迫大量裁员，真正的高手，或者还待在原来的公司，或者被别的公司录用，或者转到了学术界。而一大群各个级别的混混都到了"人才市场"上待价而沽。这些人中很多原本是技术精英和管理人才，但是一旦养尊处优时间长了，名不副实了，便很难再在硅谷生存。偶尔会有一两个小公司到那里去找人做事，常常一下子围上一大堆人。如果问他们会做什么，大部分人的回答都差不多，"如果你给我一个团队，我一定能替你管好。"这里面虽然不乏真正的管理者，但是很多都是眼高手低。招人的公司显然不傻，它们需要的是干活的人，而不是给人养老。

相比世界其他地方，硅谷不仅机会多，而且相对来讲最均等的。尽管这里工作压力大，竞争激烈，对失败者很残酷，但还是不断有人愿意来。近年来（2014—2018），硅谷地区每年大约有 5000 人净流出到美国各州，但是却又从世界各国各地区净流入 1.7 万—1.8 万人，而且大部分是年轻的专业人士。因此，只看到很多人在硅谷地区待不下去而搬到美国其他地区，就得出硅谷竞争力在下降的结论，显然是片面的，硅谷的机制依然在吸引全世界的英才前来这里。

5 硅含量降低

硅谷因半导体而得名，但是今天这里硅的含量并不高，因为这里半导体以外的产业远比半导体产业规模大得多。

硅谷地区硅含量最高的年代是上个世纪 60 年代。继仙童之后，旧金山湾区的半导体公司可谓是遍地开花，除了在行业内鼎鼎大名的国家半导体、英特尔、AMD、Maxim 等公司，还有无数不知名的中小半导体企业。半导体产业的繁荣导致了硅谷地区生活成本的剧增，当时仙童公司的诺伊斯出于竞争的考虑，将部分半导体集成电路的生产线转移到了香港。事实上，香港是全世界继美国之后第二个能够制造集成电路的地区。此后，硅谷地区一方面有新的半导体公司诞生，现有的公司有的还在扩大规模，但是同时半导体工业也在向外转移，它只是在维持一个动态的平衡。

到了上个世纪 70 年代，计算机系统和软件产业的发展让硅谷地区半导体产业的重要性开始下降。从那时到上个世纪 90 年代之前，硅谷著名的大公司有：惠普、英特尔、太阳、SGI、IBM（Almaden 实验室）、甲骨文、苹果、3Com、希捷（Seagate）、AMD、国家半导体（National Semiconductor）、思科和基因泰克，等等。虽然其中大部分都是所谓的硬件公司，硅的含量依然很高，但是单纯的半导体公司比例不到一半了。这表明硅谷实际上已经完成了第一次产业转型和升级。

90年代以后，虽然硅谷的半导体业还在发展，新的半导体公司还在诞生，比如著名的英伟达公司就诞生于那个时代。但是，半导体在硅谷经济中的比重已经大大下降了。在2001年新世纪开始的时候，硅谷最大的公司是思科、惠普、英特尔、基因泰克、eBay、雅虎、甲骨文、Google、IBM和苹果。其中Google、雅虎和eBay是互联网公司，IBM将存储设备部门卖给了日立公司后，和甲骨文一样都是软件和服务，而基因泰克干脆就不是IT科技公司，而是世界上最大的生物制药公司。这些公司的硅含量近乎为零。即使是英特尔，也已经将其工厂迁到美国其他州及海外了，它甚至逐步将低端研发部门迁到费用低廉的亚利桑那和俄勒冈。虽然在新世纪里，半导体在全世界经济中所占的分量仍然在增加，但是硅谷却被人们称为是遗存工业（Legacy Industry）。今天，硅谷最知名的产业是互联网和通信，离半导体更远了，在不知不觉中又完成了一次产业的升级转型。

造成硅谷半导体业衰退的直接原因有两个，首先是反摩尔定律的效应。由于半导体的价格每18个月降一半，一家公司研制出一款新的芯片以后，它不能指望像制药公司那样随着销量的上升而利润不断增加，过不了多久，这款芯片的利润就薄得必须将其淘汰了。整个半导体工业天天都在为利润率发愁。从这个角度来讲，半导体工业很难在费用高昂的硅谷长期发展。我们前面提到，硅谷是一个拒绝平庸的地方，当一个行业的利润率无法维持硅谷高昂的费用时，它就必须搬出硅谷。相比之下，软件产业则不受反摩尔定律的影响，可以维持很高的利润率，因此得以在硅谷快速发展。

其次是"亚洲制造"效应，由于硅谷靠半导体和计算机硬件起飞，在上个世纪70年代它便聚集了很多半导体和计算机硬件的专家和工程师。同时，也促进了斯坦福大学和伯克利加大电机工程系的发展。这些人，包括从仙童离开的，也包括斯坦福和伯克利的教授和学生，开始了第二轮的半导体公司和计算机硬件公司的创业。其中的代表者包括设计和制造 RISC 处理器的 MIPS 公司、太阳公司和 SGI 公司，以及后来的思科、英伟达、美满电子（Marvell）和 Atheros。和上一代半导体公司大多是由美国人所创办的不同，新一代半导体和计算机硬件公司，很多都是由亚裔创办，或由亚裔担任高管。其中英伟达、美满电子和 Atheros 都是由华裔学者和企业家创办的。第二代半导体和计算机公司从一诞生开始，就没打算自己从事半导体和硬件制造，他们制作设计，然后拿到日本和中国台湾地区（后来是中国大陆）去生产。再到后来，很多低端的设计工作也放到亚洲去完成了，硅谷的硅含量自然就越来越低了。

世界上很多城市会因为一个产业而兴起，比如德国的鲁尔兴起于采煤和炼钢、美国的匹兹堡和底特律分别靠钢铁业和汽车业发达，但是，随着这些工业的饱和和衰落，相应的城市也渐渐衰落了。硅谷兴起于半导体工业，因此很多以老眼光看待硅谷的人总是觉得当半导体工业不断从硅谷外移之后，它早晚有一天会步匹兹堡和底特律的后尘。可是，50 多年过去了，产业的变革不仅没有让硅谷衰退，反而让它变得更加繁荣、更有竞争力了。

讲述完硅谷的这些与众不同之处，我们可以总结一下它不断繁荣的秘诀了。

6　真正的奥秘

如果说硅并不是硅谷真正的特征，那么什么才是呢？很多人觉得是创新，但创新是结果不是原因，因为没有哪个地区不想创新，但是要做到创新并不容易。我们在第 3 章讲到，硅谷的诞生很大程度上是因为有仙童公司，它既是叛逆的结果，也在鼓励着新的叛逆。事实上，叛逆是硅谷最明显的特征，它成为一种文化植根于硅谷的基因。硅谷通过对传统的不断颠覆，维持着它的活力。但是，硅谷的叛逆者们所做的是有节制的颠覆行为，他们更多地显示出建设而不是破坏的特点。

6.1 会建设的颠覆者

在介绍硅谷的叛逆者之前,我们先来看几张照片(图 13.1—图 13.3),这些形象非常相像吧!第一张是伯克利的嬉皮士,第二张是甲壳虫乐队,第三张是乔布斯。除了打扮相似之外,他们有什么共同之处?有的,首先就是反传统,叛逆。

上个世纪 60 年代的嬉皮士运动诞生在加州,这不是偶然的。那里远离美国的政治和金融中心,不易受到传统思想的约束,具有叛逆思想的年轻人来到这里,容易得到宽容。嬉皮士们在生活上非常懒惰,但是思想却特别活跃。他们反对那种传统的、浮华的生活方式,特别是小说《了不起的盖茨比》中所描绘的纽约老家族的生活方式,而要追求简约朴素的生活。如果拿《乔布斯传》里的乔布斯和那些嬉皮士们对照一下,就会发现乔布斯内心就是一个嬉皮士。嬉皮士们不满于现状,又要表现自己,却常常不知道如何表现,于是会做出一些过激的行为,但通常只是破坏,而不是建设。不过,他们中的一些年轻人,通过艺术或技术的方式找到了影响世界的途径。前者的代表是 60 年代著名的甲壳虫乐队(Beatles,也称为披头士),其中的灵魂人物是列侬;后者的代表就是乔布斯。事实上,列侬对乔布斯的思想有很大影响。

今天,在硅谷有这种打扮的人不多了,但在灵魂深处接受同样思想的人还有很多。看看在电视节目中的马斯克、不断捐款试图让大麻合法化的肖恩·派克(Sean Parker,Facebook 第一任总裁,扎克伯格的创业导师),其本质与伯克利的嬉皮士没有差别。从某种程度上讲,正是这些人才让硅谷在科技上不断地颠覆现有的行业秩序。而这些人与上个世纪 60 年代失去人生目标的嬉皮士相比,最大的不同在于他们不仅思想上活跃,而且都是行动派。早期的诺伊斯、摩尔和埃里森,后来的杨致远、马斯克等人都是行业的颠覆者。大家稍感陌生一点的派克更是如此,他通过提供免费的音乐下载,向所有唱片公司宣战,当然唱片公司没有放过他,通过打官司将他的 Napster 网站告倒了,但是唱片产业也被他摧毁了,现在变成了付费下载和在线收听。类似

图 13.1　伯克利的嬉皮士们

图 13.2　甲壳虫乐队的歌手们

图 13.3　年轻时的乔布斯

的还有优步的创始人卡兰尼克（Travis Kalanick），关于他我们会在后面关于汽车革命的一章里面介绍。如何看待这些叛逆者的成功与失败呢？区别就在于叛逆者是否善于建立一个新秩序。乔布斯、杨致远和马斯克等人都做到了，因此成功了。派克善于破坏却不善于建设，所以失败了。

我的朋友、《硅谷百年史》的作者斯加鲁菲有一个有趣的观点，他认为，科技实际上只是乔布斯那样的有着嬉皮士思想的颠覆者用来改变世界的工具而已。这个说法有一些道理。事实上，硅谷的创新者常常不是唯技术论者，他们是拿来主义者，很多原创性的发明并不产生于硅谷，但是那些技术都在硅谷得以发扬光大，改变了世界。我们在后面会对比斯坦福大学和麻省理工学院，后者是真正原创技术的发源地，但是常常只开花，不结果。而斯坦福从教授到学生则要实际得多，如果他们发现哪个技术能够变成商品，便会自己拿着技术去办公司，而不是像麻省理工学院那样，将技术授权给大公司使用。

在硅谷，只会破坏的叛逆者，就是我们前面说的成王败寇、优胜劣汰中被淘汰的那些人，他们是没有前途的。相反，循规蹈矩的利己主义者也没有前途，因为一份稳定的收入不足以在硅谷过上很好的生活。和那些试图改变世界的叛逆者相对应的是所谓的"精致的利己主义者"，希拉里·克林顿就是这类人的代表。根据这位前第一夫人口述的《希拉里传》里的描述，60 年代，希拉里的父母开车送她到卫斯理上学，走错了路开到了哈佛广场，她的父母看到一群嬉皮士，给吓坏了，心想大学生们怎么都这个样子。好在开到卫斯理后，见不到一个嬉皮士，都是一些乖乖女，她父母这才放心了。最终，希拉里当然也就成为了一个精致的利己主义者。在 2016 年美国总统大选中，希拉里其实既不代表左派，也不代表右派，她代表的是所谓的建制派（Establishment），即既得利益者。在任何国度，我们都不用指望这些人有什么创新。

乔布斯死了，派克重新成为了浪子，但是，在硅谷，会建设的叛逆者仍在不断涌现，并且支撑着硅谷的精神。如果用一句话来说明斯坦福和伯克利的差别，那就是——斯坦福是在产品上支持着硅谷的迭代，而伯克利是在精神上维持着硅谷不断创新。要理解硅谷，不能光看它的大公司、风险投资和孵化器，那些是结果和手段，更要看它能够通过叛逆实现新秩序的文化。

6.2 对叛逆和失败的宽容

在任何国家，产生叛逆者不是难事，能够宽容他们，并且引导他们成为建设者，才是关键。在硅谷地区，对叛逆者的宽容是全方位的，从民间到企业，再到公权力。

曾经诞生了 IBM 的上纽约（Up New York）地区（即对纽约北部的俗称）、诞生了 AT&T 的新泽西，今天依然是美国科技人才最集中的地区，并且在不断地推出伟大的发明，比如从地沟油里提炼航空燃油的技术（2008 年）、肿瘤细胞蛋白质染色技术（2009 年）、新一代 500GB 容量的 DVD 光盘、量子计算机（2012），等等。但是，在过去的半个世纪里，那里的产业并未发生太大的变化，一方面 IBM 和 AT&T 这些大公司渐渐老化衰落，而新的公司却又诞生不了，究其原因，很大程度上是该地区缺乏硅谷的叛逆精神以及对叛逆的宽容。类似地，我们在前面讲到的西雅图地区的风险投资回报率很低，也是这个原因。

在美国，各个科技公司的员工都需要与公司签署竞业禁止协议，以免员工拿了公司的成果为个人牟利，或跳槽到其他公司为他人所用。这类规定在纽约、新泽西和西雅图地区都执行得非常好，比如在 IBM 或 AT&T 公司，员工在任何时间任何地点做的任何事情，甚至想到的任何主意都属于公司。为了说明这一点，来举个例子。我在 AT&T 公司实习时，老同事给我讲了这样一个故事："如果你被 AT&T 雇用了，某一天你正在夏威夷度假（不是工作时间），躺在沙滩上想到一个制造炸鸡炉子的主意。对不起，这个点子属于 AT&T。" 针对这种情况，一个普通员工通常会怎样应对呢？首先，与他工作无关，尤其是和他升迁无关的事情他就懒得多去想，更不要说动手去做了。这么一来，久而久之，员工的创造性就被压抑了。在这种环境下，大学毕业的年轻人刚进入公司时还意气奋发，慢慢便变成了朝九晚五按时点卯的老油条。尽管有些人出于对业务的兴趣会持续努力，可能会离开公司另谋高就，或者自己创业。但是，这在那些地区也做不成，因为有竞业禁止协议的限制。我们在前面讲到，西雅图地区的风险投资回报很低，与这关系很大。在竞业禁止这一点上，西雅图和美国传统的工业区没有差别。2005年微软状告李开复跳槽 Google 一案，就是这种竞业禁止的典型案例。

在世界上很多地区，一旦出现一个大公司，它常常会成为当地的大雇主和纳税大户。但是，出于对自己利益的保护，大公司往往也会阻止当地再出现类似的竞争对手。过去，竞业禁止协议确实可以保护当地的商业，但是在需要创新的时候，它常常就成为了创新的障碍。

那么，硅谷地区对竞业禁止是什么态度呢？在加州，法律上也有类似的规定，但是它很难变成员工跳槽和创业的障碍，因为在加州还有另一项规定，那就是当一个人必须使用某一项技能才能生存时，就必须允许他使用。比如，约翰是图像处理专家，他被 Google 雇用时签署了不做竞业的协议，而且约翰在 Google 一直从事图像处理方面的工作。后来雅虎公司出高薪挖约翰做同样的事情，约翰本人也愿意跳槽过去。虽然根据当初他与 Google 签署的竞业禁止协议，他不应该去 Google 的竞争对手那里从事相同或相似的工作，但是只要他能够证明除了做图像处理，他不会做其他的专业工作，那么即便官司打到法庭上，法庭也会判决允许约翰继续利用图像处理的特长养家糊口。当然，正因为知道结果肯定会是这样的，Google 自然也就不会与约翰对簿公堂。

说到这里，读者朋友可能会问，那这样一来各个公司和员工签署的竞业禁止协议岂不成了一纸空文？这只说对了一半。首先，正如我们刚才所说的，这份协议的限制作用的确很小，不过员工们在跳槽或创业时还是需要遵守几个注意事项，以免惹上官司。

首先，在面试以及去新的雇主那里工作时，跳槽者不能明确讲述自己过去所做工作的细节，除非原雇主公开披露了这些细节（比如发表论文或变成了开源软件），当然他在今后的工作中可以使用先前掌握的任何技巧。正因如此，懂行的面试官在面试时从来不会向应聘者打探上一份工作的技术细节，以免惹麻烦。

其次，跳槽者在新雇主那里不得继续使用原公司的程序、数据、设计图纸等知识产权。在国内我见过一些员工离职时悄悄拷贝走自己写的程序和文档。2018—2019年，苹果起诉了两名跳槽到竞争对手的工程师，原因就是这两个人带走了苹果的程序和电路设计资料。当然，如果一个员工到了新公司是把过去使用的方法重新实现了一遍（比如重新写程序或重新设计半导体芯片），那就没有人管得着了。2004年Google聘用了南加州大学ISI实验室的研究员弗朗兹·奥科（Franz Och），让他负责机器翻译项目。奥科把自己在南加州大学写的程序用Google的风格重新写了一遍，这些重新写的代码就成为了Google合法的知识产权。

在硅谷，只要注意这两点，竞业禁止就对个人没有约束。

加州的公权力甚至鼓励员工跳槽和公司挖角。2010年，美国司法部和加州起诉苹果、英特尔、Google和Adobe四家公司，理由是它们可能有君子协定，因为它们相互不挖角，彼此之间员工相互跳槽的情况很少。当然这些公司也不会有文字规定或谈论这些事情的邮件，这只能是私下里口头的君子协定。司法部和加州政府实际上是根据大数据统计作出的判断，这四家公司一开始当然不会承认。于是双方在北加州对簿公堂（硅谷所在地属于北加州）。虽然政府一方并没有铁证在手，但是在鼓励竞争的硅谷地区，官司却对四家公司不利。于是四家公司寻求和解，最后以赔偿3.24亿美元为代价达成协议。但是，北加州法庭的法官觉得处罚得还不够狠，改判为罚款4.15亿美元。这些钱除了 25% 付给了双方的律师，剩下来的作为补偿分给了四家公司的员工，因为法官认为不挖角破坏了竞争，而受到损失的一方是员工。

由此可见，要维持一个地区的发展，当地政府不仅可以扶持一些公司，也可以限制大公司。这种逆向思维是硅谷之外的地区很少有的。

6.3 多元文化

只要在硅谷地区生活一段时间，就能体会到这里的多元文化。1996 年，我初到美国时，第一站是旧金山湾区，我在那里生活了两周，感觉仿佛还在亚洲，抬眼望去到处是黑头发黄皮肤的亚裔，而且在当地能够让中国人继续享受到很多国内的生活习惯，比如有很多中餐馆和亚洲食品店。当我继续往前旅行，来到美国东部时，才真正体会到自己来到了另一个国度，必须开始过美国人的生活了。不仅是中国人，在硅谷地区生活的很多移民或多或少都会有类似的感受。

硅谷地区的这种特性首先是由人口结构决定的。历史上，这里曾经是西班牙人的殖民地，主要居民来自墨西哥，后来在淘金热中涌入了从东部来的大量的美国白人，随后在修建西部和泛太平洋铁路期间，爱尔兰人、意大利人和中国人移民到此。硅谷诞生之后，大量来自亚洲和欧洲的移民成为新移民的主体。在过去的 70 年里，硅谷地区最大的城市圣荷西市的人口从 10 万增长了 10 倍，超过了 100 万。这主要是新移民涌入的结果。今天，虽然亚裔仅占美国人口的 4% 左右，但却占到了硅谷地区的 25%。而在苹果总部所在的库帕蒂诺市，亚裔更是占到总人口的 2/3 左右。

世界各地移民的到来，首先给硅谷地区带来了多元的文化。而多元文化不仅让硅谷公司可以吸取各种文化的精华，设计出技术精品，而且让硅谷公司的产品能够成为全球化的产品。事实上，在硅谷哪怕是一个十几个人的小公司，它所设计的产品也是针对全球市场的，而不仅仅是为了美国市场。我们在第 2 章"蓝色巨人"表 2.2 中给出了美国主要科技公司海外营收的占比，这些公司要么总部在硅谷，要么有很大部分的研发团队在硅谷地区。相比之下，除了华为和联想，绝大多数中国高科技企业在海外的收入近乎为零。

我们在后面的第 20 章中介绍了社交媒体公司 WhatsApp，它的产品相当于国际版的微信。当这家公司还只有十来个工程师的时候，就支持了 20 多种语言，一半多用户来自海外。在 Facebook 以近 200 亿美元的高价收购它之前，腾讯也和 WhatsApp 谈了收购的可能性，因为腾讯在海外完全无法和这家小公司竞争。在腾讯看来，其产品还有很多颇为基础的功能都没有做，却优先发展全球市场，未免与腾讯的文化格格不入。在腾讯内部，公司最高领导常常亲自试用微信产品，一旦发现什么细小的问题，都会在第一时间通知项目组，即使是在凌晨也不例外。而中国大部分公司的中层干部和员工，对领导意图的反应速度就不必多说了，因此那些来自上层的工作指令总是排在最高的优先级。当时微信有几百名工程师，但产品国际化的工作相比之下则很难得到开发人员的重视。时间一长，这个很有前途的即时通讯产品就被过度优化成只适合中国人使用的特定产品了。比如微信直到 2015 年之前的各版本，删除单独一条聊天记录的功能并不显眼，一般用户找不到，这或许跟国内用户很少使用这个功能有关，而在世界其他地区这个功能却很重要。WhatsApp 的这一删除功能，其实是照着 Google Gmail 的使用习惯设计的，因为全世界的用户都被 Google 训练成像那样去使用删除键了。由于众所周知的原因，Gmail 在中国没多少人使用，主要由中国人构成的微信团队完全不知道中国以外的互联网用户的这一习惯。如果微信当年是一个国际化团队，也就不需要等到 2015 年才做出符合全球用户习惯的删除键。今天，虽然微信在这个功能上与国际接轨了，但产品总体来讲依然是照顾中国用户的习惯。

在硅谷的很多公司，明确规定产品和服务要在世界各国同步推出，而不是仅仅照顾美国。在 Google，任何产品和服务在推出英语版本的 6 个月内，必须开发出支持主要亚洲语言和欧洲语言的国际版。当然，有人可能会问，6

个月做不出来怎么办？答案很简单：推迟英语版的面世时间，抓紧时间先开发国际版。相比之下，很少有中国企业这样做事情。

在英语里有两个很有意思的单词缩写，一个是 i18n，另一个是 l10n，它们分别代表 internationalization 和 localization，这两个词写起来太长，因此产品经理们偷懒，取 internationalization 的第一个字母 i 和最后一个字母 n，中间用 18 表示在 i 和 n 之间还有 18 个字母，用 i18n 代表国际化。类似地，创造出 l10n 代表本地化。国际化和本地化的差别很大，中国很多企业往往会混淆这两个概念。不同国家、不同文化的人有着不同的习惯，适合一个地区的产品未必适合其他地区，因此，在很多人的理解中做全球化的市场就是用不同的产品（设计或方法）满足不同人群的不同需求，这其实是本地化，不是国际化。这两种不同的思路在开拓全球市场时，做法完全不同。

以本地化的方式进入全球市场，在开发产品时是有明确的地区定位的。中国的大部分公司会先想到中国市场，然后是东南亚等新兴而未饱和的市场，最后才是竞争激烈的欧美市场。这种做法看似稳妥，但是从一个市场进入另一个市场时要进行产品的本地化，每进入一个新市场，就几乎要重新来一遍。更糟糕的是，针对一个市场的改进通常不能直接推广到其他市场，因为在开发本地化产品时，所有的设计相对都是独立的。具体到与 IT 有关的产品和服务，不同国家和地区使用的软件代码库常常是不同的。这种做法，一开始看似省时间，但是进入海外市场非常困难。

全球化的做法则不同，为了赢得市场，一款产品要充分考虑到全球用户各种可能的需求，并尽可能一次性满足。根据我们在 Google 的经验，这么做一开始的工作量可能要增加两三倍，但是从一个市场进入另一个市场的成本就会变得非常低。

做一个让全世界不同国家、不同文化的人都喜欢的产品并不容易，产品的多元文化属性这时就会变得特别突出。我在《文明之光》中讲述了为什么全世界都喜欢青花瓷，因为它就是一个多元文化的产物。类似地，今天的 iPhone 也是如此。虽然每一个 iPhone 背后都写着加州设计，但是它实际上也是多种文化融合的产物。它的设计者（最后拍板的）乔布斯在产品设计的理念上吸收了东方文化，尤其是禅宗文化的精髓。据乔布斯的朋友、著名建筑师林璎[15]在回忆中讲，乔布斯很好地将日本文化中那种"少即是多"的思想贯穿到了 iPhone（和很多苹果产品）的设计中。乔布斯还结识了著名建筑师贝聿铭和日本著名的服装设计师三宅一生等人，从他们的作品中吸收到各种文化的精髓。我们可以看到，在 iPhone 中，没有复杂而花里胡哨的按键和复杂的功能，这样，不需要看使用手册，任何人都能很快学会使用 iPhone。具体到 iPhone 的工业设计，其主要人员来自德国，因此它也吸收了德国工业设计的精华。今天华为的高端手机在全世界也很受欢迎，从本质上讲也是多元文化的产物，这些手机是日本、芬兰、德国、俄罗斯和中国多国开发团队共同开发的成果，这还不包括里面使用的处理器技术很大一部分来自美国。

硅谷地区虽然从主权上讲是美国的领土，不过把它看成是全世界在太平洋东岸的一个缩影，或许会更加准确一些。从当年淘金、修铁路到今天建设硅谷，大量外来的优秀移民，其实是在不断地给这个地区输送新鲜血液。相比当地的居民，移民常常更富于冒险精神，否则他们也不会远渡重洋来到这里。因此，红杉资本才会有一个不成文的规定，就是要求投资对象，即初创公司的创始团队中，至少有一个人是第一代移民，以此保证这个公司具有足够的冒险精神和竞争力。

从前面的介绍可以看出，硅谷其实是铁打的营盘，流水的兵，不仅人员在不断流动，而且产业也在不断变化，那么它有没有不变的地方呢？有的，这就是我们接下来要讲的内容了。

15　林徽因的侄女，美国华盛顿越南战争纪念碑的设计者。

7 亘古而常青

冯骥才的小说《神鞭》（刊于《小说家》1984 年第 3 期），现在可能已经没有多少人记得了。小说讲述了一个发生在清朝末年的故事。主人公傻二从小练就了神奇的辫子功夫，在冷兵器时代他罕有敌手。后来他参加了义和团，在与拿着洋枪洋炮的八国联军和假洋鬼子的对抗中一败涂地。劫后余生的傻二剪掉了辫子，练就了百步穿杨的神枪法，并用他的枪惩戒了汉奸。他对别人讲："辫子没有了，神留下。"硅谷也是一样，或者说半导体并不是硅谷真正的本质。硅谷的灵魂是创新。硅没有了，创新的灵魂留下了，它保证了硅谷的繁荣和发展。

我很喜欢德国诗人席勒讲过的一句话：亘古而常青的昨天永远是过去，也永远会再来。用这句话来描述硅谷，再合适不过了。当仙童和英特尔的神话已成为过眼云烟时，在硅谷开创半导体公司的热浪仍然随着惯性持续了很长一段时间，硅谷并没有试图再创造新的仙童或英特尔那样的半导体公司，而是往前去开发新的金矿——软件业了。

从上个世纪 70 年代开始，当独立的软件业在计算机产业中脱颖而出时，以甲骨文为代表的硅谷软件公司没有错过那次机会，它们采用了新的商业模式，不仅在与 IBM 等东部软件公司的竞争中站住了脚，而且实现了超越。

和软件产业同时崛起的还有基于基因技术的生物产业。创办一家生物公司常常要比创办一般的 IT 公司更难，这主要是因为美国食品与药品管理局（U.S. Food and Drug Administration，FDA）的限制，使得一项生物科技的发明很难在短时间即几年内变成产品和利润。所以，创办生物公司投入大，周期长。但是，在冒险家乐园的硅谷，仍然有很多人坚韧不拔地在生物科技领域艰苦创业，其中不乏成功者。最典型的就是基因泰克公司[16]。该公司成

16　全称是基因工程科技公司。

立于 1976 年，早期依托于旧金山加大医学院，利用基因技术制造出药用胰岛素，拯救了上千万糖尿病患者的性命。此后，它专门研究和生产 Avastin、Rituxan 等抗癌药品。今天，基因泰克已经是世界上最大的生物药品公司，有一万多名员工，包括无数杰出的科学家，在被瑞士罗氏公司收购之前，基因泰克的市值高达 800 亿美元[17]，并多次当选全美最佳雇主。

基因泰克的成功经验很值得大书特书，虽然我没有把它单独成章，但是这家明星企业值得在这里谈一谈，以便大家了解硅谷的灵魂所在。

在介绍基因泰克之前，有必要先介绍一下美国医药市场的简单情况，以便更好地理解基因泰克公司的商业模式和经营方式。在美国，除了像西洋参和卵磷脂那样的保健品外，药品分为两类，一类是处方药，比如抗生素；另一类是非处方药，比如治感冒的泰诺。前者利润当然远远高于后者，而其中又以有专利的新药最挣钱。比如基因泰克一共只有十种药品在市场上销售，其中销售额最低的每年也有几亿美元，最高的 Avastin 年销售额近 30 亿美元。美国专利法对新药有 20 年的专利保护期，但是这 20 年并非是从新药上市后开始算起，而是从它完成研制、申请了主要专利的时间开始算起。在研制完成到上市，中间要进行各种动物实验的临床试验，一般需要十年左右的时间，留给研制新药的厂家最赚钱的时间通常不到十年。任何一种特效药，不论过去多么挣钱，一旦过了专利期，其他厂家有能力仿制时，它的利润就一落千丈了。而新药的研制投入又非常巨大，据斯坦福大学医学院院长米诺博士介绍，今天一款新药的科研投入大约是 20 亿美元，但是其生产的成本可以忽略不计（甚至盗版的成本都很低），在这一点上制药业很像软件业（实际上，世界上药品的盗版甚至比软件盗版更严重）。因此，虽然药品市场没有反摩尔定律限制药品利润，但是专利法起到了同样的作用，它既在专利有效期内保护发明，又防止个人和公司长期垄断发明，迫使医药公司只有发明了新药才能挣得到钱。如果一家公司旧的支柱药品专利到期了，而新的专利药品还

17　2009 年，罗氏收购基因泰克的价格为 1060 亿美元，由于罗氏先前已收购该公司 56% 的股份，因此它实际上支付了 468 亿美元获得了余下 44% 股份。

没有跟上来，这家公司的业绩就会一落千丈。2008 年，默克公司（Merck，在美国和加拿大之外的地区，又称 MSD，即默沙东）就因为旧的处方药专利到期，新药的研发没有跟上，股价急剧下跌。可以说，制药公司的竞争实质上是创新和科研效率的竞争。

照理讲，制药业是一个规模非常大的行业，应该有很多新的公司冒出来才对。但是，美国食品与药品管理局（FDA）人为造成了这个行业极高的门槛。根据 FDA 的规定，所有处方药和用于临床的医疗仪器，甚至是治疗方法的临床试验，都必须得到 FDA 的许可，更不用说在市场上销售了。而这些许可证是极难拿到的，要进行无数对比试验，并且要尽可能了解和降低所有可能的副作用。FDA 的初衷很好，毕竟人命关天不能不仔细（历史上，磺胺类消炎药刚进入美国时，因为把关不严，造成了大量患者死亡），但是这也使得小公司几乎无法进入处方新药的市场，它们通常会在适当的时候将公司卖给大药厂。另一方面，传统的大型制药公司，诸如辉瑞（Pfizer）和默克（Merck），自身研发新药的能力常常变得很弱，它们的研究部门很像 30 多年前的贝尔实验室，一个科学家进去一干就是一辈子。但是，由于这些公司有着高额的垄断利润，并且受到 FDA 变相的保护，它们在制药业的统治地位是很难被撼动的。

而以创新著称的硅谷却敢于挑战传统。基因泰克公司的崛起，打破了传统制药业平静的水面，创造了一个神话。相比有 170 余年历史的辉瑞制药（成立于 1849 年，它的伟哥闻名于世）和一百多年历史的默克，只有 30 多年历史的基因泰克只能算是小孙子，但是却一直能以每年百分之二三十的速度发展，而辉瑞制药等公司的业绩基本上停滞不前，营业额时高时低。

基因泰克成功的关键在于创新和专注。和生产上百种药品和保健品的辉瑞公司不同，基因泰克专注于研制和生产少数抗癌特效药，并保证每一种药品的年销售额均在亿元以上。为了防止专利到期致使利润锐减，基因泰克将销售额的 20%（2008 年是 23 亿美元，此后它被罗氏制药收购，不再向美国证监会报告财务情况）投入到新药研制上。因此，它的研发产品线上总是保持着足够数量的新药。在2009年它被罗氏收购之前，它有14种药和治疗方法已经进入了上市前的最后阶段，有15种药和治疗方法进入了研制的第二阶段，13种处于初期阶段。可能有人会觉得十几种药品数量也不算多，要知道人类至今一共才发明了5000种被批准使用的药品。基因泰克这样的布局，让它的产品线上会源源不断地推出新药，替代专利到期的旧药，成为新的增长点。

创新必须依靠技术实力。和Google一样，基因泰克也是世界上单位办公面积博士密度最高的公司之一。在被罗氏收购之前，它的7名董事中有5名博士，9名执行官中也有6名博士。基因泰克的科学家在同行中是佼佼者，在公司内部地位也很高。在我读过的上百个大公司年度报告中，基因泰克是唯一介绍其所有资深科学家（Staff Scientists）的公司。

当然，技术只是保证公司成功的诸多必要条件之一，但远不充分。像辉瑞这样传统的制药公司，虽然赚钱很多（它一度在全世界10个最挣钱的药品中占了4席），每年用于新药的研发经费更高（2008年，辉瑞的研发投入达80亿美元，是基因泰克的近4倍），但是由于体制的问题，它自身的研发效率却是主要医药公司中最低的，只能靠购买小公司获得新药，这样就导致新药的成本上升，开发周期加长。辉瑞等公司的问题在于，虽然它们有优秀的科学家，但是因为缺乏股权激励，整个企业人浮于事。而身处硅谷的基因泰克则不同，它完全按照IT公司的模式经营，一方面通过股权激励调动员工的积极性，另一方面不得不面对硅谷地区生活压力，倒逼公司创造出更高的业绩。

基因泰克只是硅谷生物科技成就的一个亮点。今天的硅谷是世界上新兴生物公司最集中的地方。这里拥有两所美国排名前十的医学院——旧金山加大医学院和斯坦福医学院，以及全世界最好的化学系——伯克利加大化学系。再加上充足的风投资金，都为创办生物和医药公司创造了条件。当然，硅谷人的创业热情和全新的分配制度才是起了决定性作用的因素，否则哈佛大学和约翰·霍普金斯大学周围应该有很多生物公司才对。

当计算机软件和生物制药的浪潮方兴未艾之时，互联网又在硅谷兴起了。我们已经介绍了和互联网有关的思科和雅虎，后面还会介绍 Google 和 eBay，有关互联网的发展这里就不再赘述。值得一提的是，以 Google 和雅虎代表的互联网公司，颠覆了以微软为代表的软件公司向每一个终端用户（End User）收钱的商业模式。而通过在线广告的收入保证终端用户可以免费享受以前的付费服务。在整个互联网行业里，除了亚马逊，美国主要的互联网公司都在硅谷，包括当今世界上营业额和利润最高的互联网公司 Google。

在硅谷，不论是投资者还是创业者，都已经习惯了这种快速的产业变迁，人们不断在寻找着下一个苹果、思科、Google 或 Facebook，而不是固守现有产业。硅谷的成功，其实是信息时代对工业时代的颠覆，这种颠覆是全方位的，从企业制度、资金来源、利润分配，到人与人的关系，当然，这一切的变化都是围绕创新这个亘古不变的主题展开的，这也正是保障硅谷的创造力长盛不衰的原因。

结束语

今天，旧金山附近恐怕已经找不到一块金矿石了，"旧金山"这个名字只能代表它过去的历史。不仅如此，硅谷的含硅量也在不断下降，也许有一天，硅谷也将成为一个历史性的名称，那时大家会想起半导体工业曾经在这里很繁荣。但是它绝不会像底特律和匹兹堡那样从此衰落下去，而仍然会是世界科技之都，因为硅没有了，而创新留下来了。2008 年的金融危机对硅谷的影响微乎其微，因为硅谷的经济主要是靠科技进步而非泡沫驱动的。今后，硅谷的竞争仍然会很激烈，不断会有旧的公司消亡，旧的产业衰退，又不断会有新的公司创立和成长，新的产业诞生和繁荣。硅谷过去是、今天是、明天还会是年轻人梦开始的地方。

硅谷大事记

1951	斯坦福大学把闲置土地租给惠普、柯达等公司，硅谷的前身斯坦福工业园开始建立[18]。
1957	"八叛徒"在硅谷创立仙童半导体公司，硅谷从此得名，半导体产业在硅谷兴起。
1969	硅谷的 SRI 研究中心成为早期互联网雏形的四个节点之一。
1972	风险投资公司 KPCB 在沙丘路成立，风险投资公司从此在硅谷快速发展。
1995	互联网泡沫在硅谷兴起。
2001	互联网泡沫破碎，成千上万的硅谷公司破产，硅谷进入发展低谷。
2003	特斯拉公司在硅谷成立，次年马斯克投资这家公司并担任 CEO，2010 年该公司上市。
2004	随着 Google 的上市，硅谷再度繁荣，直到今天。
2008	硅谷在世界金融危机中几乎未受影响，Facebook 和 Twitter 等公司带动硅谷进一步往互联网和软件转型。
2012	著名的互联网 2.0 公司 Facebook 上市。
2015	基于移动互联网的打车公司优步（不包含其中国业务）在最新一轮融资中估值 625 亿美元，不仅成为全球最值钱的（有估值的）未上市科技公司，而且成为美国所有和交通相关的行业中价值最高的公司。
2019	5月，优步在纳斯达克上市，首日破发，市值为 700 亿美元左右。

附录　硅谷著名公司

Adobe	博通（Broadcom）	英特尔	Salesforce
AMD	思科	Intuit	闪迪
安捷伦	eBay	Juniper Networks	赛门铁克
Airbnb	Facebook	国家半导体	特斯拉
AMD	基因泰克	英伟达	推特
苹果	Google	奈飞	雅虎
应用材料	惠普	甲骨文	优步

18　详见斯坦福大学关于斯坦福工业园的页面：http://lbre.stanford.edu/realestate/research_park。

第 14 章　短暂的春秋
与机会失之交臂的公司

奥地利著名传记作家茨威格在他的《人类的群星闪耀时》一书中写道——

一个真正的具有世界历史意义的时刻、一个人类群星闪耀的时刻出现以前，必然会有漫长的岁月无谓地流逝而去，在这种关键的时刻，那些平时慢慢悠悠顺序发生和并列发生的事，都压缩在这样一个决定一切的短暂时刻表现出来。这一时刻对世世代代作出不可改变的决定，它决定着一个人的生死、一个民族的存亡甚至整个人类的命运。

在命运降临的伟大瞬间，市民的一切美德：小心、顺从、勤勉、谨慎，都无济于事，它始终只要求天才人物，并且将他造就成不朽的形象。命运鄙视地把畏首畏尾的人拒之门外。命运——这世上的另一位神，只愿意用热烈的双臂把勇敢者高高举起，送上英雄们的天堂。[1]

20 世纪八九十年代是科技工业史上群星闪耀的时代。在以前 AT&T 和 IBM 的时代需要半个世纪才能发生的事，可能在这 10 年里一下子就发生并结束了。在这个大时代里，很多公司原本有可能成为信息工业的王者，却最终与机会失之交臂。这些公司，不论当初多么辉煌，当它开始走下坡路时，被人遗忘的速度比它衰落的速度更快。今天，我们不妨回过头来看一看这些失

1　节选自《人类的群星闪耀时》，舒昌善译，三联出版社出版。

落或已经消失的争霸者，毕竟它们曾经在信息产业叱咤风云过。这里，我们将介绍太阳公司、Novell 公司、网景公司和 RealNetworks 公司。其中关于太阳公司的篇幅最长，毕竟相对而言它的影响力最大。网景公司的知名度曾经也很大，不过它和微软的浏览器之争的历史已广为人知，我们只是简要回顾一下这段历史，重点探讨一下它是否存在胜出微软的可能。Novell 公司和 RealNetworks 公司的名气要小些，但是它们的的确确有过成为 IT 行业巨头的可能性和机遇，只是因为某些原因和命运女神失之交臂。

1 太阳公司

1.1 昔日的辉煌

从斯坦福大学孵化出的高科技公司首推太阳公司，它也是最早进入中国市场并直接与中国政府开展技术合作的计算机公司。在 2000 年的高峰期，太阳公司在全球拥有 5 万名雇员，市值超过 2000 亿美元，是 2009 年 4 月被甲骨文收购时 56 亿美元（74 亿美元刨去太阳公司账上 18 亿美元的现金）的 30 多倍。虽然在今天很多人看来，2000 亿美元的市值相比苹果曾经突破万亿美元的市值算不上什么，但是要知道当年（2009 年）科技公司中市值第二的 Google 此前的最高点是 1700 亿美元，排名第三的 IBM 之前市值的顶峰是 1600 亿美元。太阳公司被收购时除了现金，还有大量的资产，它的办公面积超过 50 个足球场（45 万平方米），并且还有十几个足球场大小的办公楼正在建设中。在历史上，太阳公司不仅打败了包括 IBM 在内的全部工作站（Workstation）和小型机（Mini Computer）公司，而且凭借其 Solaris（一种 UNIX）和风靡世界的 Java 程序语言，成为在操作系统上最有可能挑战微软的公司，也算是不乏技术。在人才上，太阳公司不仅为 Google 培养了 CEO 埃里克·施密特和首任工程部副总裁韦恩·罗森（Wayne Rosen），并且在一定程度上奠定了后来 Google 工程部门的基础。此外，太阳公司的很多老员工是硅谷新一代公司的创始人，因此也不缺少创新力和冒险精神。

但是，就是这样一家曾经辉煌的公司，巅峰过后就迅速萎缩，不仅退出了IT领域霸主之争，而且销售额急剧下滑，人去楼空，估值断崖式下跌，可谓是"落难凤凰不如鸡"。太阳公司从1982年成立到2000年达到顶峰用了近20年时间，而走下坡路只用了一年，此后几年则是勉强续命维生，等待买主。太阳公司的教训足以令经营者引以为戒。

太阳公司名称的由来很多人可能不知道，它其实是斯坦福大学校园网（Stanford University Network）的首字母缩写。当安迪·贝托谢姆（我们以后介绍Google时还会提到他）还是斯坦福大学研究生时，他设计出了一种"三个百万"的小型图形计算机，称作图形工作站（Graphic Workstation）。这"三个百万"是指每秒一百万次的运算速度（现在PC的万分之一）、一百万字节的内存（今天PC的千分之一）和一百万像素的图形显示器（比今天任何PC和智能手机都要低得多）。但是，这在当时算是非常先进的。贝托谢姆采用了摩托罗拉68000处理器，并用了一种当时很先进的内存管理芯片来支持虚拟内存。和普通个人电脑不同，网络功能必不可少。贝托谢姆开发出原型机Sun-1后，便于1982年和斯科特·麦克尼利（Scott McNealy）等斯坦福毕业生从学校出来创办了太阳公司。麦克尼利担任了公司的CEO，直到2006年退休。太阳公司创立半年后便开始盈利，据我所知，它应该是最快实现盈利的科技公司。1986年，太阳公司在纳斯达克挂牌上市，当时的股票代号是SUNW，即太阳工作站的缩写，而不是后来的JAVA。

太阳工作站早期采用摩托罗拉公司的中央处理器。1985年，太阳公司研制出自己的SPARC精简指令（RISC）处理器，将工作站性能提高了一大截，并且保证了工作站在跟DEC和惠普小型机的竞争中最终胜出。在上个世纪90年代前很长的时间里，太阳公司的竞争对手是小型机公司和SGI等图形工作站公司，虽然在具体的商业竞争中，太阳和DEC等公司互有胜负，但是太阳总的来讲是无往不利。太阳公司的胜利，实际上是基于UNIX服务器和工作站的系统对传统集中式中小型机（以DEC、惠普为代表）和终端系统的胜利。前者淘汰后者是计算机和网络技术发展的必然趋势。

但是，太阳公司远没有当年 AT&T 和 IBM 那样的好运气，后者一个主流产品可以销售十几年。而太阳公司崛起于信息革命的大时代，一切技术革命的周期都被大大地缩短了。上个世纪 90 年代以来随着个人电脑的发展，基于 PC 的网络系统占领了中小企业很大的市场。虽然早在上个世纪 80 年代，3Com 和 Novell 就在推广基于 PC 的以太网系统，但是它们的业务和太阳没有太大的重复，并没有威胁到太阳公司的发展。到上个世纪 90 年代后期，情况发生了根本性的变化。在硬件上，高端 PC 在计算速度上已经不逊于低端工作站，但价钱便宜了很多。在软件上，微软公司推出 Windows NT 后，有了企业级的网络操作系统解决方案。这样，高端 PC 取代低端工作站和小型机进入企业级市场的时机就成熟了，企业级网络霸主的争夺战就在微软和太阳之间展开。

当时太阳公司的位置很像个人电脑争霸战中的苹果公司。它有自己成套的硬件和操作系统，但是缺乏应用软件。太阳公司的 StarOffice 恐怕除了它自己再没有其他像样的公司在使用。而微软只做软件，而且只做操作系统（Windows NT）、数据库（SQL Server）和办公软件（Office）等少数关键软件。这三种软件是一个企业的计算机系统必不可少的。

对微软而言，这次争霸要比它和苹果的竞争轻松得多，首先，1995 年的微软已经不是上个世纪 80 年代初的小公司了，它当时已经成为历史上罕有的高增长、高利润的公司。有了钱，一个有雄心的企业家就能找到自己想要的人。比如盖茨甚至为了照顾那些不愿意搬家的数据库专家，在他们居住的城市设立研发办公室。这是微软早期在和苹果竞争时根本做不到的；其次，微软已经在个人电脑领域形成了垄断，并且它很善于将垄断的优势扩展到其他领域——非计算机专业的用户接受微软的 Windows NT 操作系统比接受太阳的 Solaris 要容易得多，因为大家都在自己家的 PC 上使用和 NT 没有什么区别的 Windows 3.1 和 Windows 95；第三，在应用软件开发上，微软更多地依靠第三方，而太阳和苹果一样，经常不得不自己开发（苹果公司也曾面临同样的问题）。我们知道，一种操作系统能否得到推广，关键看有多少应用软件可用。微软 Windows NT 上的应用软件比太阳 Solaris 上的多得多。最后，也是最关键的，就是人的因素。我们不能不承认，微软的管理团队是当时世界上 IT 领域最好的，比尔·盖茨当年也是最棒的业界领袖。

反观太阳公司，它的操作系统 Solaris 在技术上比 Windows NT 有明显的优势。这些技术细节要用很大篇幅才能讲清楚，这里暂时略过。事实证明，包括 Solaris 在内的各种 UNIX 操作系统比 Windows NT 能更好地利用计算机资源，尤其是当计算机系统庞大、用户数量剧增时。1997 年，微软收购 Hotmail 后，花了很大力气想把后者的电子邮件服务系统从它原有的两种 UNIX（FreeBSD 和 Solaris）操作系统移植到 Windows NT 下，居然没有成功，因为 Windows NT 管理这么多服务器和用户并不方便。但是，这件事微软又必须做，否则它无法说服企业级客户购买自己的操作系统。于是，微软花了更大的力气，终于把 Hotmail 移植到 NT 后来的版本 Windows 2000 上，但据说其中某些功能仍由 UNIX 完成。太阳公司的 Solaris 是所有 UNIX 商业版本中最可靠最完善的。太阳和微软之争，其实就是企业级操作系统之争。对太阳来讲，取胜的关键在于能否将自身在 UNIX 上的技术优势转化为市场优势。

麦克尼利领导的太阳公司在很长时间里甚至没有看出决战操作系统的重要性，这样太阳公司和微软的竞赛还没有开始就先输了第一回合。这倒不是麦克尼利无能，而是麦克尼利等人的"思维"锁定在卖硬件上了。虽然太阳公司的工作站当年每台要上万美元、服务器要 10 万美元，但是比 DEC 的小型机和 IBM 的大型机便宜多了。在上个世纪 90 年代末随着互联网的兴起，太阳公司的服务器和工作站销路太好太挣钱了。虽然太阳公司的中小企业市场份额不断被微软－英特尔联盟侵蚀，但是它也在不断占领原来 DEC 和惠普小型机的市场并有足够的处女地可以开发。因此，它的整体业务还在不断扩大。这很像 16 世纪的西班牙王国，虽然它的无敌舰队已经被英国人打败了，并失去了海上霸主的地位，但是由于世界上可殖民的处女地仍然很多，继续支撑着这个海上老二繁荣了两个世纪，直到 19 世纪全世界再无殖民地可开拓时,西班牙早期埋下的危机才显现出来。当然,衰落要比繁荣来得快,在很短时间内,西班牙便从欧洲的富国沦为穷国。太阳公司也是如此。从 1986—2001 年,太阳公司的营业额从 2.1 亿美元增至 183 亿美元,平均每年增长率高达 36%,能连续 15 年保持这么高速的发展,只有微软、英特尔和思科做过。在这种情形下,很少能有人冷静地看到高速发展背后的危机。太阳公司当时不自觉地满足于捏 SGI、DEC 和惠普这些软柿子,并沉溺于硬件市场上的胜利,忽视了来自微软的威胁。当 2000 年互联网泡沫破碎时,它以服务器和工作站为主的硬件业务便急转直下。2002 财政年度(到 2002 年 6 月),它的营业额就比前一年跌掉了三成,并且从前一年盈利 9 亿美元转为亏损 5 亿美元。由于太阳公司找不到稳定的利润来源和新的增长点,从此太阳公司便江河日下,一下从硅谷最值钱的公司沦为人均市值最低的公司。

1.2 错失良机

在太阳公司,至少有两个人从中吸取了教训,就是后来成为 Google CEO 的施密特和太阳最后一任 CEO 乔纳森·施瓦茨(Jonathan Schwartz)。施密特当时是太阳公司主管软件的副总裁,他从太阳失败的教训中总结出了反摩尔定律,我们已经介绍过。施密特认识到依靠硬件实现的利润是不断下降的,而 IT 服务业的利润则是恒定的(并随着通货膨胀而略有增加)。如果说施密特是理论家,施瓦茨则是实践家,后者着手太阳公司从硬件制造商到 IT 服务商的转型。遗憾的是,当时麦克尼利领导的太阳公司没有看到、也很难看到这一点。

事实证明,微软虽然是 IT 史上最可怕的对手,但是并非无懈可击。历史上甲骨文、Intuit(TurboTax)、Adobe 和雅虎,以及今天的 Google 都在各自领域打败了微软。微软虽然有世界上最好的计算机科学家和软件工程师,但是,它的产品在技术上很少领先于竞争对手,它更多的是靠商业优势取胜。上述公司看到了它们和微软竞争的关键所在,利用技术优势固守自己的领域，不给微软可乘之机，并最终胜出。上个世纪90年代，UNIX相比Windows NT在中小企业的业务上占优势。各种版本的UNIX，包括开源的Linux都有自己稳定的客户。

太阳应该做的第一件事便是利用它在UNIX上的主导地位，或者联合，或者兼并其他UNIX服务器厂商共同对付微软并稳守中大型企业市场。它至少可以在操作系统上和微软分庭抗礼。至今，Windows的服务器在很多业务上还无法取代UNIX的位置。但是太阳公司当年带头在UNIX阵营里搞窝里斗，根本没有把精力转到和微软的竞争上。

太阳公司该做的第二件事就是改变商业模式，开源Solaris，从卖操作系统变成提供服务。要知道，一份Solaris操作系统不过两三百美元，而IT领域一小时的服务就能收这么多钱。但是，太阳公司以硬件业务（而不是服务业务）为主的商业模式使得它不可能开源Solaris，因为它的营收主要来自于硬件（鉴于此，苹果也不可能开源iPhone的iOS操作系统）。我在前面的章节中经常提到基因决定的理论，有些读者认为我是宿命论者。但事实证明绝大部分公司，包括很多伟大的公司都很难逃脱这个宿命（也有一些例外的，以后我们会介绍这些例外的公司，比如通用电气公司和3M公司）。而相反，以服务为主的IBM公司反倒比较早地加入了开源Linux的行列。2000年以后，高端PC已经具备了工作站的计算速度，价钱又便宜很多，IBM靠开源Linux服务器从对太阳公司的价格劣势变成了价格优势。等到2004年，太阳公司明白了这个道理才将Solaris开源，而此时IBM已抢占先机，成为UNIX市场最大的服务商。

麦克尼利非常重视研发，太阳公司先后开发出SPARC系列处理器和工作站、Solaris操作系统，这些产品为太阳公司带来了可观的利润。但是太阳公司最有意义的发明Java程序设计语言，却一直未给公司带来什么经济效益。太阳公司第三个遗憾之处就是没有能将Java间接地转化成利润。

让我们来简要地回顾一下 Java 诞生的背景。上个世纪 90 年代以前，世界上的计算机要么不联网，要么在企业内部联网，可以被公众共享的内容和资源很有限。每个单位内部的计算机系统只要自己统一就好了。随着互联网的蓬勃发展，不同计算机之间共享信息和资源的需求就产生了。这时，需要一种跨不同硬件和不同操作系统的新型平台（Platform），在这个平台上实现人机交流。1995 年 5 月太阳公司发明了 Java 高级程序语言，由于它不需要与硬件相关的编译器，正好适合这个需求。（大多数高级语言的程序在运行前需要根据不同的计算机进行编译，然后才能运行。Java 程序不需要编译，而是在运行时边解释边运行[2]。这样 Java 程序就不受计算平台限制，在互联网兴起后，特别适合在互联网上编程。）可以说 Java 诞生的时机非常好，它给太阳公司提供了一个取代操作系统公司（主要是微软）主导计算机领域的可能性。图 14.1 表示在网络时代以前，操作系统公司如何通过操作系统来统一不同的硬件，控制用户。这时计算机工业的皇冠属于操作系统公司。

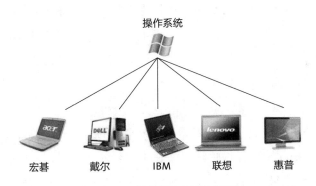

图 14.1　PC 时代的统治者是操作系统

而图 14.2 所示的则是是在互联网时代通过跨操作系统的平台控制用户的新构想。这时，控制跨操作系统平台的公司有可能成为新的王者。

---

[2] Java 程序可以直接通过解释的方式执行，也可以先编译成字节码（Byte Code），然后在 Java 虚拟机 JVM 上解释运行。注意，这里从源代码到字节码的"编译"和传统的计算机科学讲的编译不同，其产生的字节码的运行要依靠 Java 虚拟机。而传统计算机科学中讲的编译后得到的二进制代码是可以直接运行的。

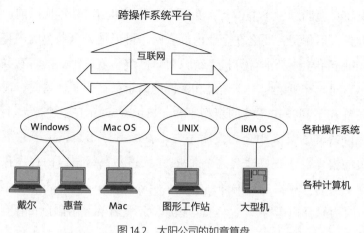

图 14.2 太阳公司的如意算盘

麦克尼利看到了这一点。在 Java 推出以后，太阳公司便赔钱做了大力推广，仅三个月后，网景公司就决定采用 Java。由于 Java 是新一代面向对象的程序设计语言，并且拥有诸多优点，比如不受操作系统限制、对网络功能有很强的支持、可以在本地计算机上运行远程程序等，加上对终端用户是免费的，Java 一下就推广开了。很快甲骨文、Borland、SGI、Adobe、IBM、AT&T 和英特尔等公司也加入 Java 阵营。

但是，太阳公司通过 Java 实现跨操作系统平台的梦想却始终没有实现。用华尔街的话讲，Java 是赔钱赚吆喝。赚到吆喝后怎么挣钱，太阳公司至今不知道。我接触过太阳公司的很多人，他们大多抱怨 Java 这种免费的东西无法挣钱。我觉得主要还是看人，我一直认为，这恰恰反映了太阳公司领导层没有达到 IT 史上的一流水平。Java 是否免费不是关键，我和太阳的员工讲，如果 Java 这样的好东西到了比尔·盖茨手里，一定能玩出无数的花样，一定能把一个公司盘活。他们听了以后都同意这个看法。

事实上，微软很眼馋 Java 这个宝贝，1996 年它不得不向太阳公司购买 Java 的授权（License）。太阳公司当初的想法是通过微软推广 Java，合同也是这样签的。但是，微软有自己的算盘，它并没有依照合同向用户提供用 Java 开发的产品，而是通过太阳的技术，搞自己的类似产品。更有甚者，根据后来法庭的判定，微软误导 Java 开发者、阻碍他们开发兼容太阳公司 Java 技术的产品，以达到打压 Java 的目的。为了满足在互联网上建立网站和开发应用程序的需求，太阳搞出了相应的基于 Java 的 JSP 开发环境，微软则针锋相对，以自家 Visual Basic 为基础推出了 ASP 技术。鉴于微软利用其操作系统领域的垄断地位打压自己，太阳公司不得不于 1997 年 10 月向美国加州地方法院起诉微软，指控后者违反了两家公司就 Java 技术所签订的合同，并要求微软公司停止侵犯 Java 兼容标准。这场官司后来升级，又和微软的反垄断官司扯到一起。2001 年，太阳公司打赢了这场旷日持久的官司，获得微软公司高达 10 亿美元的赔偿。但是，微软的 ASP 已经获得了更大的市场占有率。

虽然 ASP 和 JSP 的授权费本身对双方的直接收入并不重要，但对计算机服务器市场格局的影响却很大。在上个世纪 90 年代末，全世界计算机服务器市场以前所未有的速度发展。这一方面是受美国和中国经济发展的带动（在过去的近 20 年里，这两个国家贡献了全球 GDP 净增值的一半），另一方面，是靠全世界互联网的兴起。几乎每一个公司都有自己的网站，都必须购买运行网站的服务器，或者租用专业数据中心的服务器。不论是自购服务器，还是租用数据中心，都会刺激服务器市场的迅速发展。2005 年以前，全世界网站对外的接口基本上不是 ASP 就是 JSP[3]，前者主要运行在微软的操作系统上，使用戴尔和惠普等 PC 厂商的服务器；后者对应的操作系统主要是 UNIX，使用的服务器则是太阳、SGI 和 IBM 等工作站和服务器厂商的产品。2000 年以前，整个服务器市场不仅发展快，而且似乎看不到饱和的迹象，甚至发生过 IBM 购买太阳公司服务器的荒唐事。由于两种服务器市场都得到快速发展，太阳公司的业绩与 ASP 和 JSP 之争无关。但是 2000 年后，网络泡沫破碎，绝大多数不盈利的 ".com 公司" 都关门了，存活下来的公司也急刹车似地停止了采购。服务器市场突然低迷，成了一个零和的游戏。Windows 的服务器多卖一些，太阳公司的硬件产品销路就不畅。这样，太阳

3　近年来，PHP 抢占了很多网站对外接口的市场份额。2018 年，PHP 占 82% 的市场份额。

公司在短短一年间便从巅峰跌到谷底。图 14.3 是太阳公司股票在 2000 年前后的走势。

图 14.3　太阳公司的股票走势（数据来源：Google Finance）

太阳公司与微软公司的操作系统和互联网平台之争失败的后果至此才显现出来。更可怕的是，即使在 UNIX 服务器市场，以 IBM 为首的基于开源 Linux 的廉价服务器也超过了太阳公司的 Solaris 服务器。太阳公司前门拒狼，后门驱虎，苦不堪言。2003 年，Windows 服务器的市场占有率和 UNIX 服务器基本上平分秋色（当然，销售额还是后者大一些）。这一年，太阳公司亏损高达 34 亿美元，人们甚至怀疑它是否还能作为一个独立的公司生存下去。太阳公司终于意识到通过开源提高 Solaris 服务器市场占有率的重要性，但是为时已晚。2006 年，在太阳公司工作了 20 多年的创始人、硬件出身的麦克尼利辞去 CEO 一职，由软件出身的施瓦茨接任。施瓦茨进行大幅裁员，并且卖掉了不少房地产，终于将太阳公司扭亏为盈。同时他将太阳公司从硬件制造商转变成软件开发商和服务商。太阳公司的服务业收入从 2001 年的 16% 上升到 2007 年的 37%。施瓦茨是太阳公司开源的倡导者，在他担任二把手 COO 时就开源了 Solaris。这些举措使得太阳公司市场占有率有所回升，同时 IT 服务给太阳公司带来了强劲的现金流。太阳公司生存是没有问题了，但已沦为一个二流公司，永远地失去了与微软和 IBM 分庭抗礼的机会。

1.3 历史的回放

太阳和微软之争已经成为历史，其中的经验教训却值得科技公司总结。太阳公司首先输在人上（或者说人才体制上）。麦克尼利有心打造一个跨平台系统控制企业级网络，但是太阳公司从上到下的执行力不足以完成这一历史使命。麦克尼利绝不是庸才，但也不是天才。在他领导下的太阳公司效率之低在硅谷公司中是出了名的。太阳公司不缺乏英才，但是它平庸而大锅饭式的管理实际上是在进行劣胜优汰。太阳公司很多人离开后都比在太阳干得出色得多，其中包括 Google 的 CEO 施密特和 Juniper Networks 的共同创始人比约恩·林瑟斯（Bjorn Liencres），以及 Google 早期很多资深的工程师。在太阳公司担任过副总裁的 Google 前第一副总裁韦恩·罗森讲，在人才竞争中最厉害的一招是从对手那里挖到优秀人才，而同时必须让它留下平均水平以下的人。不幸的是太阳公司自己替对手做到了这一点。太阳公司的很多人居然以加入微软为荣，这足以说明了太阳公司在管理上的问题。当大量杰出人才离开，同时公司业绩大幅下滑时，麦克尼利没有果断地大量裁员。他总给自己一个借口，我们好不容易招到这么多人（在网络泡沫时代，找工程师是很难的），如果现在裁掉冗员，万一市场好起来，我到哪里去招人。事实上，麦克尼利担心的"万一"永远没有出现。虽然后来随着美国经济的复苏，太阳公司的业务有所好转，但是之后再未回到它 2001 财政年度（2000 年 7 月到 2001 年 6 月）的水平（183 亿美元的营业额）。而且，世界对信息科技行业的需求发生了变化，麦克尼利储备的那些人才（很多是硬件和系统的人才）的知识结构已经过时了。

太阳公司犯下的第二个致命错误就是没有将太阳与微软的操作系统之争和互联网开发工具之争放在和惠普、DEC 等服务器公司的市场争夺之上。这导致了我们前面提到的严重后果。在太阳公司 2001 年向美国证监会提交的财报中，在投资风险因素一章中把 IBM、惠普和康柏作为头号竞争者，写在第一段，而把微软放在次要的地位写在第二段。而且只是把它和微软的竞争作为工作站和 PC 市场简单的竞争来对待。原文如下——

Our competitors are some of the largest, most successful companies in the world. They include International Business Machines Corporation (IBM), Hewlett-Packard Company (HP), Compaq Computer Corporation (Compaq), and EMC Corporation (EMC).

We also compete with systems manufacturers and resellers of systems based on microprocessors from Intel Corporation (Intel) and the Windows family of operating systems software from Microsoft Corporation (Microsoft). These competitors include Dell Computer Corporation (Dell), HP, and Compaq, in addition…

2005 年，太阳对微软有了新的认识，把它放在了和 IBM 等服务器公司同一段里，但是仍然把系统制造商 IBM 和惠普写在第一句话中，把微软写在第二句话中。施瓦茨上任的第二年，太阳公司终于意识到微软的威胁，把微软写到了和 IBM 公司同一句话中。并且接下来，它首先提到了微软的操作系统和 Linux 操作系统，然后才提到计算机服务商。它提到 IBM 和惠普时，不再把它们作为计算机制造商而是作为服务商的竞争对手。原文如下——

Our competitors are some of the largest, most successful companies in the world. They include IBM, Dell, HP, EMC, Fujitsu, HDS, the Fujitsu-Siemens joint venture, Microsoft and Intel. We compete with (i) systems manufacturers and resellers of systems based on microprocessors from Intel, the Windows family of operating systems software from Microsoft and the Linux family of operating systems software from Red Hat and others, as well as (ii) companies that focus on providing support and maintenance services for computer systems and storage products.

但是，也就是在这一年，Windows 服务器的销售额终于超过了 UNIX 服务器的销售额（177 亿美元对 175 亿美元），而且这种销售额对比至今没有逆转。

如果太阳公司能够早几年意识到操作系统、互联网开发工具和 IT 服务业的重要性，今天的计算机工业界可能就是微软、IBM 和太阳三足鼎立的局面。

20世纪80年代，UNIX操作系统在企业级用户中的优势如此巨大，连微软都不得不开发了一个UNIX版本（16位PC上的Xenix）。当UNIX的工作站公司和相关的软硬件公司如雨后春笋一样在全世界出现时，它们需要一个领袖来领导和微软的竞争，而太阳公司是最佳选择。太阳公司的正确做法应该是联合、兼并和扶助大大小小的UNIX软硬件公司，同时开源Solaris，而不是打压其他UNIX公司。也许Google从太阳的失败中吸取了教训，和以往大多数网站都希望其他网站关门自己独大不同，Google一直在帮助其他网站共同发展，分享利润，它的同盟军包括AOL、Ask Jeeves在内的上百万个网站和网上销售商，这样它在和微软的竞争中至今仍处于不败之地，因为后者不是简简单单地与Google竞争，而是与半个互联网行业在竞争。如果太阳公司能做好UNIX软硬件公司的领袖，那么今天的企业级计算机市场很可能就是太阳的天下了。

如果说不得不和微软竞争是太阳公司的不幸，但是后者并非没有过机会。遗憾的是，太阳没有抓住转瞬即逝的机会，终于功败垂成。

这正应了茨威格的话，"在命运降临的伟大瞬间，市民的一切美德——小心、顺从、勤勉、谨慎，都无济于事，它始终只要求天才人物，并且将他造就成不朽的形象。命运鄙视地把畏首畏尾的人拒之门外。命运——这世上的另一位神，只愿意用热烈的双臂把勇敢者高高举起，送上英雄们的天堂"。

1.4 拉里·埃里森的诊断

在2008年，金融危机对于亏损频仍的太阳公司更是雪上加霜。到2009年，由于业绩不佳，它的市值比2007年又下跌了一半，终于跌到了对它觊觎已久的甲骨文公司可以收购它的价格。包括太阳公司创始人麦克尼利在内的董事会批准了甲骨文公司的收购提议，经过美国政府，尤其是欧盟马拉松式的反垄断审核，两家公司的并购最终得以批准。欧盟本来一直担心这次并购会对甲骨文在欧洲的主要对手德国SAP公司不利。但又担心太阳公司一旦倒闭，欧洲会有大量人失业，最终还是批准了。这次并购只花了 74 亿美元，只有太阳公司市值高峰时的 3%，而且全部是现金交易，说明甲骨文公司不愿意为此稀释自己的股票。

在 PC 时代，唯一能和微软的盖茨一争高下的就是甲骨文的埃里森了。埃里森在收购太阳公司前放话，他只要一年时间就能让太阳公司扭亏为盈，而且创造出上亿美元的利润。在收购完成后，埃里森给太阳公司进行了号脉诊断。

埃里森讲，太阳公司有很好的技术，很好的工程师，但是他们的管理极其糟糕（Astonishingly bad managers），而且做出了许多错误的决定，所以才让我们以很便宜的价钱收购成功（埃里森的原话是"made some very bad decisions that damaged their business and allowed us to buy them for a bargain price"[4]）。埃里森认为太阳失败的原因有下面几点。

第一，不关心盈利。销售人员的指标是销售额，而不是利润。销售人员的提成也跟销售额而非利润挂钩。这样，几乎所有的销售人员不是尽可能高价卖出公司的产品，而是尽可能让公司多让利来取悦客户，达成交易。这样虽然看上去每个销售人员都达到了预期，但是卖得越多公司亏得越多。有些时候，销售人员每签一份合同，太阳公司就亏一百万美元。这看上去是一种很荒唐的指导思想，但是在 1990 年以后的很多跨国公司，包括摩托罗拉、诺基亚和宏碁，都曾经在这种荒唐的指导思想下经营。很多新兴的小公司更是以烧钱为乐，而美其名曰先占市场再盈利，最后的结果是永远不能盈利，直到关门或倒闭。

第二，管理者心不在焉。太阳公司第二任，也是最后一任 CEO 施瓦茨热衷于写博客，阐述自己的经营思想和太阳的战略，这在 IT 界是出了名的。埃

4　Larry Ellison on Sun Ex-CEO 参见：http://en.wikiquote.org/wiki/Larry_Ellison。

里森批评他不务正业,"再好的博客都代替不了好的处理器,再好的博客都代替不了好的软件,无论多少博客都代替不了销售。"(Really great blogs do not take the place of great microprocessors. Great blogs do not replace great software. Lots and lots of blogs do not replace lots and lots of sales.)

第三,简单地迎合客户。每当销售人员和客户打交道时,客户总会提出一些需求。这些需求有些是合理的,但是大部分并不合理。遇到这种情况,太阳公司的销售人员总是一味向客户承诺,下一个版本一定会满足客户提出的需求。这种销售策略有两个致命的问题,首先是客户可能倾向于等一段时间购买下一个版本,而不是马上签约。其次,这些需求很多可能是不合理的,剩下的又有很多做不到,因此下一个版本还是不能满足用户提出的需求,这样用户就有受骗的感觉,或是认为太阳公司技术不行。虽然销售人员的初衷是尊重客户,但是最终反而让客户失望。和太阳公司的做法相反,甲骨文公司从来是有什么卖什么,不允许销售人员对用户作任何类似的承诺,以免让用户对以后的版本心存不必要的幻想。

第四,停止那些毫无前途的项目。太阳公司有一个处理器项目开发了很长时间,一直进展缓慢。我们知道,如果一个处理器的开发进度不能赶上摩尔定律要求的速度,等开发出来就不会有市场了。太阳公司的那个处理器项目就是如此。埃里森讲,这个处理器如此之慢,如此耗电,以至于要用一个30厘米(12英寸)的风扇来散热降温,这种没有前途的项目要及早停止。

最后,埃里森认为,太阳公司在甲骨文的领导下,将创造出比它历史上任何时期都更大的成就。埃里森的豪言壮语不是毫无根据的大话,作为世界上最大的数据库公司,甲骨文每年都要为客户配很多服务器,原本需要从惠普购进,现在可以直接采用太阳公司的产品了。让埃里森更加庆幸的是,对手惠普公司居然把能干的CEO赫德开除了,甲骨文毫不犹豫地在第一时间将赫德揽入麾下。作为深知惠普底细和战略的赫德,成为了甲骨文公司和惠普竞争中的王牌。

被合并后的太阳公司，砍掉了很多琐碎低效的项目，在甲骨文的羽翼下不仅生存下来，甚至还能开始挑战 IBM 和惠普公司了。甲骨文和太阳公司的共同王牌是，它们能将服务器硬件和数据库软件的整体性能优化得非常好。以前硬件厂商（比如服务器公司）和软件厂商（比如数据库公司）虽然都在努力改进自己产品的性能，但是局部的优化拼凑到一起，整体上未必能取得最佳效果。在此之前只有 IBM 同时拥有软硬件两部分，甲骨文在竞争中多少吃点亏。因此，拥有自己的硬件是甲骨文长期的梦想。现在，它可以全面发挥软硬件上的优势，跟 IBM 一争高下。基于太阳服务器优化的甲骨文系统很快就面世了，甲骨文在广告里宣传其产品的性能是 IBM 同类产品的六倍。到 2011 年，甲骨文在服务器系统和数据库软件上的市场份额都有稳定的增长。但是无论如何，太阳公司已经不是当年那个叱咤风云的公司了。

太阳公司大事记

1982　太阳公司成立。

1986　太阳公司上市。

1995　太阳公司推出著名的 Java 程序语言。

2001　"9·11" 事件以前，太阳公司市值超过 1000 亿美元；此后，随着互联网泡沫的破碎，它的市值在一个月内跌幅超过 90%。

2004　太阳公司和微软在旷日持久的 Java 官司中和解，后者向前者支付高达 10 亿美元的补偿费[5]。

2006　共同创始人麦克尼利辞去 CEO 一职，施瓦茨担任 CEO 后尝试将太阳公司从设备公司向软件服务型公司转型，但未获成功。

2010　太阳公司被甲骨文公司收购。

2　Novell 公司

今天的年轻人可能很多都没有听说过 Novell 公司，但是它曾经和太阳公司一

---

[5] Microsoft Corporation, Sun Microsystems, Inc.（April 2, 2004）."Microsoft and Sun Microsystems Enter Broad Cooperation Agreement; Settle Outstanding Litiga-tion".

样，一度有希望在操作系统方面和微软抗衡，但是终因时运不济，败在了微软手下。

2.1 局域网领域的"微软"

要谈 Novell 公司，不可避免地要先介绍 3Com 公司。

在微机出现的前几年，用户大多是孤立用户——彼此的计算机互不通信。微机一般只是为了满足个人娱乐（比如游戏）、学习、文字处理、日常管理和简单的工业控制等需求。在金融企业中（比如银行）使用的联网的计算机系统几乎无一例外是由中央主机（Mainframe）加外围终端构成的——所有计算都是由中央主机完成，而外围终端不过是输入和显示设备。中央主机采用分时的操作系统，同时为众多终端用户服务。在上个世纪 80 年代初期以前，没有人打算用微机取代大型计算机系统。

但是，就在 1979 年，发生了一件当时没有引起人们关注，但对今后计算机发展有深远影响的事。那一年，施乐公司举世闻名的帕洛阿尔托实验室里几位发明了以太网（Ethernet）的科学家创办了 3Com 公司，开发出以太网的适配器（Adaptor），俗称网卡。虽然 3Com 最早是为 IBM 和 DEC 等公司的大小型中央主机设计网络适配器的，但是，随着微机的普及，3Com 公司很快就将生意扩展到微机领域。

到了上个世纪 80 年代中期，IBM-PC/AT 及其兼容机在很多任务中已经能取代原 DEC 的 PDP 和 VAX 等小型机，而且微机的性价比要高一个数量级以上。如果能将微机联网，共享数据和硬件资源，它们就可以取代小型机系统。遗憾的是，微机最初设计时根本没有考虑资源共享，网络功能为零。3Com 公司的以太网服务器和适配器弥补了微机的这个不足，解决了微机的联网问题。以前的 VAX 或惠普小型机系统采用如图 14.4 所示的架构。

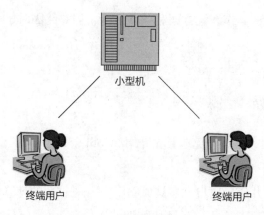

图 14.4　小型机系统架构

资源和数据是集中管理的，所有的计算、存储和打印由小型机完成。它的好处在于信息是共享的，但是成本非常高，一个几十人的小型企业，基本上用不起 VAX 小型机加终端的计算机系统。我记得在上个世纪 80 年代中期，一个 20—40 个用户的 VAX 系统需要花费近 200 万人民币。除了硬件的投入，小型机系统还需要专门的机房和管理人员，这些管理人员必须经过硬件公司的培训。虽然小型机速度不慢，但是它的计算速度摊到每个用户上并不快。小型机是整个系统的中心，它一出问题，整个系统都无法工作。微机联网后，在很多时候可以代替小型机，它的架构如图 14.5 所示。

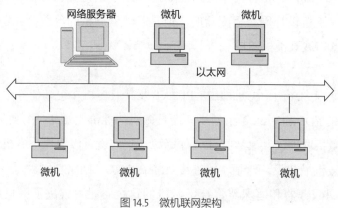

图 14.5　微机联网架构

在这样一个被称为微机局域网（PC LAN）的系统中，有一台网络服务器，它通常是一台高性能的微机,当然也可以是小型机和工作站,主要用来管理网络和存储共享的数据,并作为桥梁在微机之间交换数据。计算基本上是在微机上完成,部分不便共享的文件也可以保存在本地微机上。由于每台微机都可以独立运作,网络服务器即使出了问题,微机也可以单机工作。虽然每台微机不如小型机快,但几十台微机总的计算能力超过小型机。而且,能够完成同样功能的系统,微机局域网相比之下要便宜得多,在上个世纪 80 年代中期,这样一个管理 40 台微机的系统硬件投入只需六七十万元人民币。而且,微机系统不需要专门的管理员,运营成本也低。总的来说,相比小型机,这种基于微机局域网的计算机系统,在大多数应用中优点多于缺点。所以,从上个世纪 80 年代中期起,微机局域网代替小型机系统成为不可逆转的趋势(这也是 DEC 后来被康柏收购的原因)。

3Com 公司虽然搞出了微机局域网,但是该公司目标不明确,从网络适配器、网络服务器到网络操作系统,什么都做。这也许是因为它创立于上个世纪 80 年代初,那时 IT 行业最挣钱的还是硬件,所以 3Com 公司实际上是以硬件为主,软件为辅。即使它在网络上失败以后,它仍然习惯性地以硬件为主,买下了生产掌上个人助理系统 Palm Pilot 的母公司 U.S. Robotics。由于以太网的标准是公开的,它的适配器没有什么高技术,谁都可以做。而以太网的网络服务器实际上就是一个高端 PC,任何 PC 厂商都可以做,因此,在 3Com 公司出现后,各种兼容的网卡和网络服务器就出现了,这个时候微机局域网市场像微机市场一样混乱而且竞争激烈。其实,微机局域网中最关键的技术是网络操作系统。在这个方面也需要一个类似微软的公司来统一,Novell 公司便应运而生了。

Novell 公司也是诞生于 1979 年,但它成为网络公司并且改名为 Novell 是 1983 年的事,这时,3Com 已经是局域网方面的大哥大了。Novell 公司进入网络领域后目标一直很明确——专攻操作系统。如果说 3Com 在微机局域网领域的地位有点像苹果在个人电脑领域中的地位,那么可以把 Novell 对应于微软。

Novell 公司搞了一个叫 NOS（Network Operating System）的操作系统，对应于微软的 DOS。它采用和微软 MS-DOS 同源的 DR-DOS，因此它的网络操作系统实际上可以完全独立于微软的操作系统运行，同时又和微软的 DOS 兼容。虽然 Novell 后来买了一家网卡公司也做点硬件，但精力一直放在网络操作系统上。随着 Novell 的网络操作系统在微机局域网上越来越流行，它处在了一个和微软同样有利的位置：不管用户使用哪种品牌的 PC 和网络硬件，都可以使用 Novell 的操作系统。Novell 网络操作系统不仅安装十分容易，而且搭建一个局域网也简单到非专业人员看看说明书就可以搞定。一个没学过计算机的人看着别人干两次就会了。读者如果曾在上个世纪 90 年代初在中关村转过一两圈，就能记起当时任何一家两三人的小公司都会在自己的业务上写上"网络安装"等字样。很快，Novell 的操作系统在局域网上就像 DOS 在 PC 上一样普及。从上个世纪 80 年代到 90 年代初期，Novell 公司成长得一帆风顺，很快超过了 3Com 公司，到 1990 年，它几乎垄断了整个微机局域网操作系统的市场，营业额接近微软（9 亿美元对微软的 11 亿美元）[6]。因为微机联网已经成为了一种趋势，而且微机的局域网比基于 UNIX 服务器、工作站和 TCP/IP 协议的网络在中小企业中更有前途，Novell 公司很有可能成为另一个微软——它可能垄断企业级的操作系统。在接下来的 5 年中，Novell 仍然靠着浪潮的惯性，以每年 20% 的速度增长到 1995 年。那一年 Novell 的营业额超过 20 亿美元，相当于微软同年 40% 的水平。现在回过头来看，Novell 这 5 年的业务虽然不断增长，但是，它的进步还是远远落后于微软。

2.2 操作系统之败

显然，微软不可能看着 Novell 做大，但是，直到 1994 年以前，它们的竞争并不引人注意。由于微软当时的核心业务还是以个人电脑的操作系统和办公软件为主，它和 Novell 的业务不太重合，两者之间的共同利益甚至大于矛盾。在当时，一家企业在安装网络时有两个主要选择，基于各种版本

---

6 Novell 和微软的财报参见：www.sec.gov。

的 UNIX 和 TCP/IP 协议的局域网，或者基于 Novell 的 NOS 的局域网。前者在用户看来是 UNIX，后者是 DOS。虽然 Novell 采用的是 DR-DOS，但是用户使用起来和微软的 MS-DOS 一模一样，对程序开发者来讲也是一样。Novell 无疑是在帮助微软和 UNIX 争夺企业级的市场。当时，微软在网络操作系统上毫无可圈点之处，它甚至临时选择了 IBM 的 OS/2 LAN Server 来抵消 Novell 在网络上的优势，但是 OS/2 LAN Server 从来就没有成为过一种主流的网络操作系统。

1993 年和 1994 年，正如日中天的 Novell 进行了两次对公司业务颇有影响的并购。第一次是从 AT&T 购买了 UNIX 的版权，显示 Novell 进军 UNIX 企业市场的决心，从那以后，Novell 的网络操作系统有了服务于 UNIX 工作站的版本。但是，Novell 没有直接推广 UNIX，说明 Novell 的技术路线方向明确，并没有像一些失败的公司那样左右摇摆；第二件事是收购被微软打垮的字处理软件 WordPerfect，以及 Borland 公司的一个制表软件，表明了 Novell 进军办公软件市场的决心。后一次收购后来一直有争议，很多人认为 Novell 不务正业（网络操作系统），胡乱扩张，导致它在网络操作系统上失去了对微软的优势。我个人倒觉得 Novell 的做法并没有大错。当年，Novell 在微机局域网操作系统市场上已经占了百分之七十几的份额，按照诺威格宿命的观点，Novell 不可能再让市场占有率翻番了，必须开拓新的增长点。从企业级操作系统进入企业级办公软件是一件很自然的事。事实上，微软的 Office 办公软件从企业中挣的钱一直比从个人用户身上挣的钱多，这证明 Novell 的切入点是对的。今天的 Google 也是由在线服务进而进入在线办公软件市场的。只是，当微软有了字处理软件 Word 和制表软件 Excel 以后，市场上很难再容纳第二家办公软件。不仅是 Novell，太阳公司和 IBM 都试图进入企业的办公软件市场，但都被微软挡在了门外。

从 1995 年起，微软和 Novell 之争起了质的变化。微软一年前推出的 Windows NT 对 Novell 的影响开始显现出来了。用户已经从 DOS 转向了 Windows，Novell 的操作系统相对微软的 Windows NT 几乎没有优势可言。

很难想象一个局域网会在其网络服务器上安装 Novell 的操作系统，同时在联网的微机上使用 Windows。显然从服务器到微机一律采用微软的 Windows 是更好的办法，这时胜利的天平开始向微软倾斜，并成为不可逆转的趋势。

1995 年以后，Novell 仍然不断在提升自己的产品，并且在技术上做得很好。它的网络操作系统支持所有主要的计算机（运行 Windows 的 PC、UNIX 工作站和苹果的电脑，以及 IBM 的大型机），为采用多个厂家计算机的复杂的网络系统提供了高性能的统一平台。Novell 的操作系统既可以用专用服务器，也可以用任何一种 PC 作为服务器，而且它支持无盘工作站（和微机），适合经费不宽裕的学校教学实验室和小企业。但是，这些特色都无法抵消微软在微机操作系统上的优势。事实上，没有多少企业需要将五花八门的计算机连起来，因为大部分企业在建立自己的网络时都会有一个规划。随着硬件价格逐步降低，无盘工作站渐渐变得无人问津。微软只是老老实实地将微机联好，这就解决了百分之八九十的问题，微软吃住了这百分之八九十的市场，就能统治企业级网络操作系统了。

与其他和微软竞争的失败者相比，Novell 在和微软的竞争中几乎没犯什么错误。如果说它有什么不足的话，可能是在执行力上比盖茨领导的微软有差距。但是，胜利者只能有一个，只要微软垄断微机操作系统，Novell 在操作系统上便注定要输给微软。Novell 无疑知道微软的垄断是阻碍它发展的根本原因，因此在 2000 年美国司法部对微软反垄断的官司中，它是最重要的证人。2000 年初审判决将微软一拆为二，Novell 原本可以喘口气，但是，2001 布什上台后为微软翻了案，Novell 从此掉进了万劫不复的深渊。虽然后来 Novell 把 Linux 介绍给了 NetWare 用户，并把 NetWare 与 Linux 结合起来，总算活了下来，但是已经在网络市场上降到二流的地位。2010 年在本书第一版中，我们估计 "NetWare 从企业的视野中消失，只是时间的问题"。果不其然，在金融危机中 Novell 公司倍受打击，于 2011 年 4 月被 Attachmate 公司收购。之后，Attachmate 公司又卖掉了 Novell 的一些资产（主要是专利），并且大量裁撤了 Novell 的员工。独立的 Novell 就此消失了。

3　网景公司

在科技工业史乃至整个工业史上，能超过微软的发展速度并盖过其风头的公司屈指可数。能否超越微软，哪怕在一段时间内标志性地超越微软，也就成了伟大公司的试金石。网景公司是少数曾经盖过微软风头的公司之一。

3.1　昙花一现

网景和微软的网络浏览器（Web Browser）之争已经成为 IT 史上最为人们津津乐道的话题，我们只在这里简要地提一两句，不作详述。

20 世纪 90 年代，互联网开始兴起。安德森和克拉克为了方便大家浏览互联网，开发了图形界面的网络浏览器。1994 年他们成立了网景公司（Netscape），并且成功推出了软件产品"网景浏览器"。很快，这个软件就大受欢迎，不到一年就卖出几百万份。第二年，也就是 1995 年，成立仅一年的网景公司就挂牌上市了，在华尔街的追捧下，网景的股票当天从 28 美元涨到 75 美元，之后一直上涨，速度超过了早期的微软。虽然网景公司已经被炒得很红火，盖茨还是根本没有注意到网络浏览器的重要性，尽管他的顾问们一再提醒他。也许，盖茨最初只是把浏览器当成了一种一般的应用软件，这样的话微软当然不用太在意。相反，华尔街倒是对微软在互联网领域犹豫不前表示不满。同年 11 月，高盛公司将微软的股票评估从买入下调到持有，微软的股价应声而落。

当同事们再次展示 Netscape 浏览器时，盖茨意识到了它的重要性。因为，在互联网时代，浏览器是人们通向互联网的入口。要是不能控制浏览器，微软的操作系统控制用户的作用就会减弱。微软必须夺回这个入口，否则将来在互联网上就会受制于人。微软对战略对手的做法一般不外乎三招：合作、收购和使出杀手锏。对于网景，微软也是先礼后兵，先谈合作与收购。网景这时面对两难的问题，答应微软，从此就受制于人，不答应微软，就可能像莲花公司和 WordPerfect 一样面临灭顶之灾。最后,网景拒绝和微软合作,决定凭借自己在技术和市场上的优势,和微软正面竞争。

1995 年底,微软正式向网景公司宣战。我们在前面介绍微软时已经介绍了这段历史,这里就不再重复了。开始,由于微软在技术上差距太大,它的浏览器 IE 1.0 和 2.0 在市场上对网景的威胁还不是太明显。但是微软依托 Windows 平台,使得 IE 的增长率实际上已经超过 Netscape 了。

1997 年是个转折年。那年 10 月,微软发布了性能稳定的 IE 4.0。不知是为了重视硅谷的用户和人才,还是为了向网景示威,发布会在远离微软总部的硅谷重镇旧金山举行。当天夜里,微软的员工还跑到网景公司偷营劫寨,将一块大大的 IE 标志放到了网景公司总部楼前的草坪上。这种恶作剧一般是十几二十岁的工科大学生玩的把戏,比如 MIT 的学生曾经在哈佛和耶鲁的橄榄球赛场中爆出 MIT 的标志,康奈尔的学生曾经在万圣节把一个几十斤重的大南瓜插到了学校塔楼的尖顶上。一个大公司的员工玩这种恶作剧的还很少,难怪网景公司的发言人也给逗乐了。

推出 IE 4.0 之后,微软的浏览器就非常接近当时 Netscape 浏览器的水平了,在一些性能上甚至各有千秋。这时和 Windows 捆绑的作用突然显现出来,用户不再下载即使是免费的 Netscape 了。网景就被垄断了操作系统的微软用这种非技术、非正常竞争的手段打败。失去市场的网景唯一能做的就是上法庭告微软的垄断行为。

网景对微软的官司旷日持久。虽然法庭在 2000 年做出了有利于网景公司的裁决,但是在此之前它已经经营不下去了,并且被美国在线收购。

多年后,佩奇在总结网景的教训时,为网景找到了一个可以在微软垄断的压力下生存的办法,虽然是马后炮,不过应该是有效的。

3.2 佩奇的解决办法

在 Google 上市以后，华尔街一度担心 Google 是否会重蹈网景公司的覆辙，最终被微软靠捆绑手段击败。Google 的共同创始人拉里·佩奇在一次会议上谈到了这个问题，他的观点颇有新意而又切实可行。

佩奇的原话我已经记不清了，大意是讲，几乎所有人都认为网景公司在微软捆绑推广自己的浏览器 IE 后，注定难逃破产的厄运。当然，微软这种非常规的竞争方法很厉害，但是，网景公司自身也有问题，否则它有可能在微软的压力下生存并发展。网景公司在其浏览器广为用户使用时，没有居安思危，它没有注意去控制互联网的内容，这样一来它失去了保护自己和反击微软的可能性。本来它最有可能成为雅虎。

这里我根据自己的理解，解释一下佩奇的话。

第一，网景没有居安思危。让我们先回到1995年。当微软开始开发浏览器时，网景公司并没有意识到这对自己会产生颠覆性的威胁。这也难怪，因为以往微软击败 WordPerfect 和莲花公司时，只是利用了自己拥有 Windows 的优势，而没有赤裸裸地在商业竞争中采用免费的倾销方式。网景当时在技术上明显领先于微软，因为微软早期的 IE 1.0 和 2.0 简直就像是大学生做的课程设计，缺陷无数，经常崩溃或者因占用资源太多导致死机，兼容性差，还有很多安全性漏洞。即使是在微软抢走了大部分浏览器市场的头几年里，网景的浏览器仍然比微软的好一些。网景公司当时利润率很高，它认为即使将来打价格战，自己也不见得输（它没想到微软把售价压到零）。

事实证明，网景在技术上的优势是根本靠不住的。我们在前面的章节中已经多次介绍了技术领先的产品在商业上失败的例子。网景公司可能没有想到，用户对于网络浏览器根本没有忠诚度可言——对大多数用户来讲，只要给他一个免费的、预装的浏览器，就够用了。在这种情况下用户的流失，要比在一般商业竞争中快得多。1997 年，当微软员工将 IE 的标志放到网景公司门前时，网景公司员工马上回敬了微软，把它换成了自己的标志，并且写上网景 72、微软 18，表示两个公司当时的市场份额。

但是，网景这个四倍于微软的市场占有率如此不可靠，以至于仅仅一年半以后，就被微软赶超。网景与微软浏览器市场份额的消涨如图 14.6 所示。

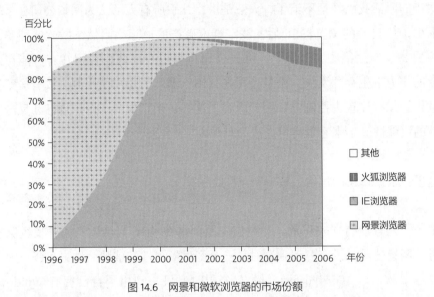

图 14.6　网景和微软浏览器的市场份额

第二，网景公司的商业模式还停留在卖软件上。这是微软成功的商业模式，但是其他公司不能直接套用。事实上，当 Windows 95 出来以后，就再也没有出现任何一个世界级的 PC 软件公司。现在 PC 世界里仅存活下来的几个世界级的软件公司赛门铁克、Adobe 和 Intuit 不仅都成立于上个世纪 80 年代（1982 年、1982 年和 1983 年），并且在 Windows 95 推出之前完成了 IPO（1989 年、1986 年和 1993 年）。在微软垄断了 PC 操作系统以后，就再也没有像样的软件公司上市并生存下来。原因很简单，如果在 PC 领域还存在全球性的机遇，那么微软一定不会放过并且将挤垮全部的主要竞争者（Meaningful Players）。网景公司要想逃脱这一厄运，就必须改变商业模式。在 1995 年，没有哪家公司比网景更有希望成为今天的雅虎。

回顾 1995 年，全世界互联网的内容虽然并不多，但是居然没有一个公司将互联网上杂乱无章的内容组织起来。雅虎仅靠人工就能组织和索引互联网的内容运作，可见当时互联网之小，组织互联网内容之容易。当网景公司搞出 Netscape 浏览器时，杨致远和费罗还在学习 HTTP 协议。即使最初网景看不到索引和组织互联网内容的重要性，但是到 1994 年底，当雅虎的访问量首次达到一百万次时，网景也应该意识到这一点了。如果那时候网景公司走门户网站之路，没有人能阻挡它成为后来的雅虎。也许是浏览器卖得太好了，网景没有采取任何行动。在雅虎公司成立后，网景公司多多少少看到了雅虎的价值，便为雅虎提供了服务器，却没有出高价收购（或者自己搞一个）。网景公司甚至没有意识到当初其浏览器默认启动页面的价值，轻易就把它给了雅虎，以至于用户一开机就知道雅虎，从而养大了后者。假如时光倒流，不知网景的巴克斯代尔是否会将公司打造成门户网站，但是，如果让今天的佩奇接手当年的网景，他一定会的。

第三，和微软这样实力雄厚、雄心勃勃而执行力奇高的公司竞争，必须有办法顶得住微软的轮番进攻，并且有二次、三次的反击能力。 除了上面提到的抢先控制互联网的内容外，另一个主要的方法就是联合 PC 制造厂商预装 Netscape 浏览器。这一商业手段的可行性后来已经被 Google 和雅虎证明了。2006 年，微软在新的 IE 中将 MSN 的搜索设定为默认搜索引擎，试图再次利用捆绑的优势挤垮雅虎和 Google。但是，雅虎和 Google 防到了微软这招，分别在世界前两大 PC 厂商惠普和戴尔的电脑出厂前预装了搜索工具条，在一定程度上抵消了微软捆绑搜索的影响。上个世纪 90 年代，在 PC 中预装软件的成本比现在还低很多，而网景的浏览器当年是最受欢迎的 PC 软件之一，因此网景公司应该不难说服 PC 厂商付费预装自己的浏览器。

第四，网景公司虽然在抓用户，抓的却是买网景公司软件的用户而不是真正使用互联网的用户。 当时正处在互联网发展的初期，一个免费的邮箱对互联网用户有很大吸引力。Hotmail 就是靠这一点，便取得了当时互联网全部流量的一半，这是 Hotmail 的创始人、我的合伙人杰克·史密斯亲口对我讲的。

1997 年，微软以 4 亿美元收购 Hotmail 时，它已经拥有近千万的用户，是当年最大的互联网用户群。如果网景公司能先下手为强，收购 Hotmail，它在日后和微软竞争的力量对比上就会发生质的变化。

作为网民上网必不可少的浏览器的发明者，网景公司本来可以成为互联网的领头羊，就像 2000 年的雅虎和今天的 Google。再不济也可以像 Adobe 和赛门铁克等公司那样成为某个领域的主要厂商（Major Player）。但是，网景公司只辉煌了短短的几年便从人们的视线中消失了。网景公司的衰亡固然是微软垄断造成的，但是，它也有摆脱厄运的机会，只是自己没有把握好。

网景公司后来被美国在线收购，在互联网上几乎没有了任何影响力。但是它成为了 Google 的老师，而它的这个学生没有重蹈覆辙。2008 年 9 月，Google 发布 Chrome 浏览器，重新点燃了浏览器之战，并且不断蚕食微软 IE 的市场。到 2011 年 3 月，Chrome 获得了 11% 的全球市场份额，而从 Mozilla 发展起来的火狐浏览器（Firefox），当时占了全球三成的市场。同期，微软 IE 的市场份额从垄断时的九成，跌至不到五成，虽然当时微软的 IE 依然在努力维持市场份额，但是大家都看出来 IE 的颓势已经显现了。果不其然，仅仅一年之后（2012 年），Google 的 Chrome 浏览器市场份额不断增加，微软的 IE 市场份额不断萎缩，此消彼长，Chrome 的市场份额超过了 IE。到了 2018 年，前者独霸了全球的浏览器市场（62% 左右）而后者被挤出了前三名（只有 2% 的市场份额）。这么看来，网景公司也算是薪尽火传了。

4　RealNetworks

当苹果公司的 iPod 以高科技精品的面孔上市，并风靡全球时，便有行家指出 iPod 其实并不是什么高科技新品，而是一个翻版的 MP3 播放器。MP3 音乐和播放器大家都很熟悉，它们在 iPod 上市前好几年就有了，而且最初搞 MP3 音乐的公司也不是苹果。

MP3是当今在互联网上传播音乐最通用的媒体格式。它的历史十分"悠久"，可以追溯到1979年AT&T贝尔实验室搞的一些语音压缩算法。到了1991年，德国弗劳恩霍夫（Fraunhofer）应用研究所和AT&T贝尔实验室基于上述研究成果，提出了一种对高保真激光唱盘质量的音乐进行有损压缩的音频压缩标准MPEG-1 Audio Layer Ⅲ，简称MP3。采用MP3数据格式的音乐质量比激光唱盘的质量要差一些，不过数据文件要小一个数量级。在互联网兴起以前，这种音频压缩方法并未得到广泛应用。1995年，弗劳恩霍夫基于MP3格式推出了在Windows操作系统下运行的世界上第一个MP3播放器软件WinPlay3。互联网兴起后，大家发现音乐经过压缩，在互联网上传播成为可能。在MP3以后，又出现了各种各样的音频文件压缩方法。

1995年，微软的一位高管罗伯·格拉泽（Rob Glaser）离开微软，创办了RealNetworks公司。它一方面开发适用于互联网的通用音频和视频播放器，另一方面为媒体公司如NBC提供将节目放到互联网上的服务。该公司的播放器是跨平台的，支持所有现有的音频和视频压缩格式，支持边下载边播放（而不是下载完了再播放），并根据网络传输速度的快慢调整音频和视频质量（网络传输速度越快，质量越高）。

RealNetworks早期非常成功，创办的当年就推出了播放器RealPlayer 1.0，并且在互联网上转播了NBA的篮球比赛。在接下来的两年里，RealNetworks每半年就推出一些新产品和服务。但是，到了20世纪90年代末，随着微软在播放器市场上地位的加强，RealNetworks的发展越来越受到制约。和微软的IE一样，其媒体播放器Windows Media Player也是随Windows操作系统免费提供的。很快，微软的Media Player就超过了RealPlayer，一举夺得市场占有率第一，这里面盗版的Windows也为微软抢夺播放器的市场份额做出了"巨大的贡献"。有了免费的播放器，很少有人会花40美元下载一个功能差不多的RealPlayer了（RealNetworks通常让用户免费下载它的旧版播放器，但又功能不全，它最新的播放器在美国始终要价39.99美元，直到后来它将商业模式改成从付费内容的流媒体收费为止）。当然，由于专利的限制，有些格式的媒体不能用微软的 Media Player 播放，必须用 RealPlayer 付费版播放，但是，如果哪家媒体公司选择了这种格式，观众和听众数必然少而又少，久而久之，这种不能通用的媒体格式便自然而然地趋于淘汰。到 2000 年，网络上绝大多数媒体都采用微软播放器可以播放的格式。这样一来，微软利用免费捆绑的 Media Player，又控制了广大用户计算机上的播放器，进而渐渐控制了互联网上的媒体文件格式。

微软从 1998 年起在播放器上挑战 RealNetworks，到 2000 年前后便夺取相当于 RealPlayer 一半的市场份额（ACNielsen 和 comScore 等第三方市场研究公司发布的播放器市场的占有率数据大相径庭，这里只能给出一个大致估计），到了 2002 年，两家公司在这个市场上已平分秋色了。两年后，RealPlayer 的占有率不到微软 Media Player 的一半，以后逐年减少。到 2009 年 RealPlayer 的占有率已不到播放器市场的 20%，如图 14.7 所示。再往后，由于它的用户基数越来越少，视频内容制作商甚至懒得提供 RealPlayer 格式的新内容了。这样，RealNetworks 就完成了它的历史使命。

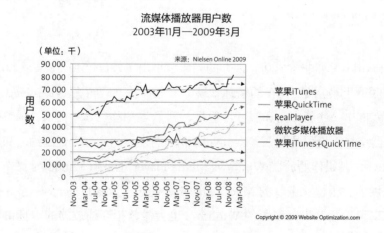

图 14.7　媒体播放器市场份额演变

RealNetworks 源于微软又被微软打败。虽然它的境遇和网景公司有些相似，但是，两家公司失败的原因却不尽相同。网景公司是被动地死守浏览器市场,但是在微软捆绑的打击下节节败退,最后无险可守,从人们的视线中消失了。RealNetworks 也许因为是微软自己人办的公司,谙熟微软的竞争之道,所以一开始就不断在找退路,它在做播放器的同时,提供了多项基于互联网的广播和电视服务。RealNetworks 通过向互联网用户收订阅费(Subscription Fee)挣钱,同时在广播和电视中插播一些广告。除此之外,它还有音乐付费收听和视频付费收看等。比如在网上听歌每月 13 美元,网上玩游戏每月 10 美元。由于 RealNetworks 比较早进入服务市场,同时服务市场又一直是微软的弱项,它在失去了播放器软件市场后,终于守住了网络音频和视频服务的市场。服务收入在 RealNetworks 营业额中的份额,最初是空白,但是逐年增加,2007 年达到了 83%,如图 14.8 所示。

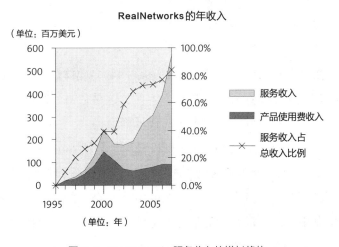

图 14.8　RealNetworks 服务收入的增长趋势

靠着付费服务的收入,RealNetworks 挺过了从 2000 年到 2002 年互联网最艰难的时期,得以生存下来。但是 RealNetworks 的营业额始终没有回到 2000 年的水平,华尔街也很不看好它。它的股价从 2000 年初的 90 多美元降到 2001 年 3 美元的最低点,之后一度恢复到 30 美元以上,但随后几年一直维持在 10 美元以下。此后,随着移动互联网的兴起,RealNetworks 基于 PC 的生存环境不在了,便从此淡出了人们的视野。不过,在互联网历史上,RealNetworks 的贡献不可磨灭。它使得音乐在互联网上广泛传播(当然这里面 Napster 的贡献也很大）。在网络泡沫破碎前（2000 年），音乐占整个互联网流量的第二位。

其实，RealNetworks 有一个更好的办法来抵御微软的竞争，那就是走后来苹果 iPod 的道路，推出自己的便携式媒体播放器，这样它就有希望赶上移动互联网的大潮，重现辉煌。也许是因为 RealNetworks 源于微软，故而不自觉地采用了卖软件的商业模式，而没有想到做一个类似 iPod 的消费电子产品。也许是因为在 Napster 输了和唱片公司的官司后，RealNetworks 看不到网上音乐市场的前景，便把精力集中在将新闻等电视节目搬到网络上，这其实是一次没有意义的转型。美国广大观众至今仍然习惯于在大屏幕电视上看新闻，而不是到计算机的小屏幕上看豆腐块大的视频。至于听歌，大家后来是的习惯是在 iPod、iPad 和手机上听，而这些都与 RealNetworks 无关。

总的来讲，RealNetworks 属于上一代的互联网和多媒体公司。RealNetworks 能够在和微软竞争中幸存下来，非常不容易，这是它谙习微软竞争之道的结果。但是，它一直没有找到超越那个时代的商业模式，这同样也是它深受微软影响的结果。其实，RealNetworks 曾有希望成为 YouTube 或者奈飞那样的公司，但是在 RealNetworks 诞生的年代，网速过慢，想打造 YouTube 那样的在线服务完全是天方夜谭，因此 YouTube 和奈飞的商业模式从来就没有存在于它的基因中。当后来大的环境变化后，RealNetworks 也就失去了存在的根基。而作为一个纯软件公司，它也不具备苹果做硬件设备的基因，因此本来它最有资格成为早期便携式媒体播放器的霸主，也和那次机会失之交臂了。这在表面上看是二流公司和苹果、Google（YouTube 的母公司）那样的一流公司之间的差距，但更多地则是基因使然。

结束语

从太阳公司到 RealNetworks，都在短短的几年到十几年时间里走过了从无到有、从小到大，再到顶点的过程，然后便迅速地衰落。虽然它们最终是败在了微软的手下，但是它们的衰退很大程度上都是自身原因造成的（Novell自身的原因少一些）。如果它们能找到真正适合自己发展的方向，就能在与微软的竞争中立于不败之地，甚至竞争成败的本身都变得不很重要，因为它们毕竟曾经有机会开拓微软所不涉及的领域。如果把这些公司放在更长的历史阶段来看，它们则都有存在的意义，因为它们在特定的历史阶段代表了科技产业发展的方向。太阳公司不但代表了网络时代计算机系统方面的成就，而且提供了互联网时代大家可以一起工作的一个软件平台 JAVA。Novell 公司则是局域网时代的技术代表，它的网络操作系统在一定意义上是今天云计算操作系统的前身。网景公司提供了用户可以方便上网的工具，而 RealNetworks 则是后来在线媒体播放器的前身。它们在 IT 产业的特定时间点都有它们存在和发展的必然性。然而，IT 产业是快速变化的、竞争激烈的，因此它们都成了和微软竞争的牺牲品。另一方面，它们也是自身无法适应快速变化的失败者。

历史不会简单地重复，失败可以成为成功之母，从它们身上吸取了教训的新一代企业，在避免了它们的失误之后，成为它们所开创产业的受益者。太阳公司的操作系统和今天 Google、亚马逊甚至微软云计算的内核非常相似，甚至它的 RISC 处理器设计，也为今天数据中心使用的低功耗芯片提供了经验。Novell 的网络操作系统在功能上和后来亚马逊的云计算是重叠的。RealNetworks 失败了，但是 YouTube 和奈飞却成功了。网景公司消失了，Google 的 Chrome 却战胜了 IE。后者对前者的超越，是 IT 产业不断进步的原因。在赞扬今天那些成功的企业给我们带来高技术的产品和服务时，我们也应该感谢这些只有短暂光辉的公司。

参考文献

1. 以太网的历史参见：http://inventors.about.com/library/weekly/aa111598.htm
2. Netscape's Barksdale: Microsoft's worst enemy, by Joshua Quittner, Time Magazine, Nov 2, 1998，参见：http://www.time.com/time/magazine/article/0,9171,989488,00.html

第 15 章　幕后的英雄
风险投资

任何一家公司的创办都离不开资金。传统上创业资金的合法来源只有两种渠道：第一种是靠积累（比如继承遗产或是自己多年的积蓄），第二种是靠借贷（比如从家人、亲戚和朋友那里凑钱，或者从银行抵押贷款）。如果要求创业者将全部积蓄倾囊而出进行创业，很多人可能会知难而退，更何况最喜欢创业的年轻人恰恰是积蓄最少的群体。从银行贷款必须要有财产可抵押，对于有房子的人来讲最值钱的就是房子，但是房子一旦抵押出去很可能赎不回来，自己便无家可归了，何况也不是人人都有房子可抵押。因此，年轻人要通过这两种传统途径获得创业资金很不容易。这样，资金就成了创业的瓶颈。在很多国家，包括几乎整个欧洲，很少能看到新的公司兴起，原因就是没有人愿意提供创业的资金。

美国是一个富于冒险精神的年轻的国度。二战后，尤其是上个世纪 60 年代以后，一些愿意以高风险换取高回报的投资人发明了一种非常规的投资方式——风险投资（Venture Capital Investment，简称 VC），在中国又简称风投。风险投资和以往需要有抵押的贷款有着本质的不同。风险投资无需抵押，也不需要偿还。如果投资成功，风投资本家将获得几倍、几十倍，甚至上百倍的回报，如果投资失败，钱就打水漂了。对创业者来讲，利用风险投资创业，即使失败也不会背上债务。这样就使得年轻人创业成为可能。几十年来，这种投资方式总的来讲非常成功，硅谷在创造科技公司神话的同时，也创造出另一个神话——投资的神话。

1 风投的起源

哲学家黑格尔讲:"凡是现实的都是合理的;凡是合理的都是现实的。"(All that is real is rational, and all that is rational is real.)这句话在恩格斯的《反杜林论》中成为最有进步意义的话。任何事情都有它发生、存在和发展的理由,当然如果这个理由不成立了,它终究就会消亡。风投在上个世纪 60 年代后(而不是二战以前)的美国(而非其他国家)蓬勃兴起有其社会基础。

第二次世界大战后,美国取代英国主导了世界的金融业,在二战后的较长时间里,美国是资本的净输出国,可投资的资本比其他国家多得多。传统的投资方法是将资本投入股市(Public Equity),或者购买债券(Bonds,比如国债)。前者一百多年来的回报率平均每年为 7% 左右,后者就更低了(美国国债的回报率是 5% 左右[1])。要想获得更大的投资收益,过去的办法是只有投入到未上市流通的企业中去(Private Equity)。由于吃过 1929—1933 年经济大萧条的亏,美国政府在很长时间里严格限制银行的各种炒作行为。直到上个世纪 70 年代,闲余资本还只能进行投资,很难用于金融炒作。我们今天看到的许多纯金融的一些游戏,比如对冲基金(Hedge Funds),那都是上个世纪 80 年代以后的事了。

对私有企业的投资大致有两种。一种是收购长期盈利看好但暂时遇到困难的企业,比如投资大师巴菲特就经常这么做,他很成功的案例是在美国大保险公司 Geico(原名政府雇员保险公司,Government Employee Insurance Company)快要破产时,以超低价全面收购了该公司,并将其扭亏为盈,从而获得了几十倍的收益。一些基金专门做这样的投资,它们通常被称为私募基金(Private Equity Funds)。另一种是投资一个初创小公司,将它做大上市或被其他公司收购。后者就是风险投资的对象。

和抵押贷款不同,风险投资是无抵押的,一旦投资失败就血本无归。因此,

---

1 2008 年金融危机后,优质债券的回报率降至 3% 左右。

风投资本家必须有办法确认接受投资的人是老老实实用这笔钱创业的实业家，而不是卷了钱就跑的骗子（事实上，风险投资钱被骗的事件还时有发生）。第二次世界大战开始后，经过罗斯福和杜鲁门两任总统的努力，美国建立起了完善的社会保险制度（Social Security System）和信用制度（Credit System），使得信用（Credit）成为美国社会的基础。每个人（和每家公司）的信用记录都可以通过其社会保险号查到。美国社会对一个人最初的假定都是清白和诚实的（Innocent and Honest），但是只要发现某个人有一次不诚实的行为，这个人的信用就完蛋了——再不会有任何银行借给他钱，而他的话也永远不能成为法庭上的证据。也就是说，一个人在诚信上犯了错误，改了也不是好人。全美国有了这样的信用基础，银行就敢在没有抵押的情况下把钱借出去，投资人也敢把钱交给一无所有的创业者去创业。不仅如此，只要创业者是真正的人才，严格按合同去执行，尽了最大努力，即使失败了，风投公司以后还会愿意给他投资。美国人不怕失败，也宽容失败者。大家普遍相信失败是成功之母，这一点在其他国家很难做到（当然，如果创业者是以创业为名骗取投资，他今后的路便全被堵死了）。美国工业化时间长，商业发达，与商业有关的法律健全，也容易保护风险投资。

相比其他发达国家，美国是一个年轻的移民国家，很多美国人是第一代移民，爱冒险，而且想象力丰富，乐于通过创业来提升自己的社会和经济地位。美国的大学总体水平世界领先，并且在理论研究和应用研究方面平衡得比较好，容易做出能够产业化的发明创造。这两条加在一起，使得风险投资人比较容易发掘到好的投资项目和人才。上述这一切原因凑到一起，就形成了风险投资出现和发展的环境。

高回报的投资一定伴随着高风险，但反过来高风险常常并不能带来高回报。任何一种长期赚大钱的金融投资必须有它内在的动力做保证。股市长期来讲总是呈上涨趋势的，因为全世界经济在发展。风险投资也是一样，它内在的推动力就是科技的不断发展进步。由于新的行业会不断取代老的行业在世界经济中的地位，专门投资新兴行业和技术的风险投资从长期来讲回报必定高于股市。风险投资看上去风险大，但并不是赌博，它和私募基金都是迄今为止收益最高的投资方式（平均年回报率大致在 15%—20% 左右）。正是鉴于其高回报，不断有个人和机构（Institute）愿意将越来越多的资金投入风险投资基金，比如斯坦福大学和哈佛大学将退休基金的很大一部分放到风投公司凯鹏华盈（KPCB）[2]。近 30 年来，风投基金越滚越大，从早期的一年几万美元，到过去 20 年每年在 400 亿美元左右[3]。风险投资甚至不分国界，如果世界其他国家有更好的投资项目，美国风险投资基金也会跨境投资，其中相当大一部分投在了中国和印度，少部分投在了以色列（欧洲的风投至今仍然很少）。

从财务和税务上讲，风险投资和传统的私募基金（以下简称私募基金）类似，但是它们的投资对象和方式完全不同。私募的投资对象大多是拥有大量不动产和很强现金流（Cash Flow）的传统上市企业，这些企业所在的市场被看好，但是这些企业因为管理问题，不能盈利。私募基金收购这些企业，首先让它下市，然后采用换管理层、大量裁员、出售不动产等方式，几年内将它扭亏为盈。这时，或者让它再上市，比如高盛收购汉堡王（Burger King）后再次上市；或者将它出售，比如 Hellman & Friedman 基金收购双击广告公司（DoubleClick），重组后卖给 Google。运作私募基金要求能够准确估价一个问题重重的公司，具有高超的谈判技巧和资金运作本领，但是最关键的是要能摆平劳工问题，其中最重要的是蓝领的工人和工会（因为私募基金一旦收购一家公司，第一件事就是卖掉不良资产和大规模裁员）。从这个角度上讲，私募基金是在和魔鬼打交道，但它们是更厉害的魔鬼。

风险投资则相反，他们是在和世界上最聪明的人打交道，同时他们又是更聪明的人。风险投资的关键是准确评估一项技术，并预见未来科技的发展趋势。所以有人讲，风险投资是世界上最好的行业。

要了解风投首先要了解它的结构和运作方式，然后了解风投的决策。

2　四位创始合伙人：Kleiner、Perkins、Caufield 和 Byers 名字的缩写。
3　风险投资每年的金额变化较大。在 2000 年互联网泡沫时期达到高峰，超过了 1000 亿美元，在随后十多年处于低谷，每年不到 400 亿美元，在 2017 年全世界创业高峰期，达到 700 亿美元左右。（数据来源：普华永道）

2 风投的结构

风险投资基金（Venture Capital Funds）主要有两个来源：机构（Institute）和非常富有的个人。比如哈佛大学和斯坦福大学的基金会就属于前者。当然，为了让投资者放心，风险投资公司自己也会出资一起投资。

风险投资基金一般是由风险投资公司出面，邀集包括自己在内的不超过499位投资者（和投资法人），组成一个有限责任公司（Limited Liability Company，LLC）。为了避税，在美国融资的基金一般注册在特拉华州，在其他国家或地区融资的基金注册在开曼群岛（Cayman Islands）或巴哈马（Bahamas）等无企业税的国家和地区（如果读者创业时遇到一个注册在加州或纽约的美国基金，那一定是遇到骗子了）。为什么不能超过499人呢？因为根据美国法律规定，一旦一家公司的股东超过500人并具备一定规模，就必须像上市公司那样公布财务和经营情况。而风险投资公司不希望外界了解自己投资的去处和资金的运作，以及在所投资公司所占的股份等细节，一般选择不公开财务和经营情况，因此股东不能超过500人。每一轮基金融资开始时，风投公司要到特拉华等地注册相应的有限责任公司，在注册文件中约定最高的融资金额、投资的去处和目的。风险投资公司会定一个最低投资额，作为每个投资人参与这一期投资的条件。比如红杉资本一期融资常常超过10亿美元，它会要求每个投资人至少投入200万美元。显然，这只有机构和非常富有的个人才拿得出。

风险投资公司每融资一次便成立一家有限责任公司，它的寿命从资金到位（Close Fund）开始到所有投资项目要么收回投资，要么关门结束，一般历时10年左右，前几年是投入，后几年是收回投资。一家风险投资公司通常定期融资，成立一期期的风险基金，基金为全体投资人共同拥有。风险投资公司扮演总合伙人（General Partner）的角色，国内有些地方将它翻译成普通合伙人，这是字面翻译，含义不准确，这里面的 General 和总经理 General Manager 里面的 General 是一个含义。其他投资者称为有限合伙人（Limited

Partner），也就是人们有时讲的出资人。总合伙人除了拿出一定资金外，同时管理这一轮风险基金。有限合伙人参与分享投资回报，但是不参与基金的决策和管理。这种所有权和管理权的分离，可以保证总合伙人能够独立进行投资，不受外界干扰。为了监督总合伙人的商业操作和财务，风投基金要聘请独立的财务审计顾问和总律师（Attorney in General），这两者不参与决策，但是他们有责任监控风险。风险投资比炒股风险更高，一旦出错，基本上是血本无归。为了减少和避免错误的决策，同时替有限合伙人监督总合伙人的投资和资本运作，一家风投基金需要有一个董事会（Board of Directors）或顾问委员会（Board of Advisors）。这些董事和顾问要么是商业界和科技界的精英，要么是其他风险投资公司的投资人。他们会参与每次投资的决策，但是决定由总合伙人来做。

风险投资到了中国之后，出现了少许变化。首先很少有上百个有限合伙人参与基金的情况，即使基金的规模很大，常常也是由几个大的有限合伙人出资，甚至会出现一两个投资人提供绝大部分资金的情况。遇到最后一种情况，这样的投资人甚至会要求同时担任总合伙人，参与投资分成，这基本上是中国特色。另外，中国很多小的基金规模极小，投资决策就是一两个总合伙人拍板，并没有严格遵守程序，行为极不规范。

风险投资基金的总合伙人的法人代表和基金经理们一般都很懂技术，很多人都是技术精英出身，他们自己还成功创办过科技公司。比如被称为世界风投之王的约翰·杜尔（John Doerr）原来是英特尔公司的工程师。中国由海归创办的最大的三家风投公司北极光（Northern Light）、华山资本（West Summit）和赛伯乐（Cybernaut）的创始人以前都是非常成功的企业家。比如创办北极光创投的邓锋和柯严博士，原来是全球最大的网络防火墙公司 NetScreen[4] 的创始人，同时是网络安全领域的专家。华山资本的共同创始人陈大同是著名的 OmniVision 和展讯两家上市公司的创始人，另一名共同创始人杨镭也曾担任在纳斯达克上市的首家中国无线娱乐公司掌上灵通的 CEO。赛伯乐的创始

---

4 2004 年被 Juniper Networks 以 40 亿美元收购。

人朱敏博士是全球最大的电话电视会议技术和服务公司 WebEx[5] 的创始人。为了跟进最新技术，风险投资公司会招很多技术精英，同时还会请外面的技术顾问，比如斯坦福大学的教授，一起来帮助评估每一项投资。最近几年（2015年之后），由于出现了投资泡沫，很多新的小基金总合伙人完全没有行业经验，一些人只工作过一两年，甚至有的刚离开学校，就负责投资了，这样的基金风险极高，而且鲜有成功的，以至于很多人把风险投资和骗子划上了等号。在接下来介绍风险投资时，就不把这种基金算成是正规的基金了。

风险投资基金一旦进入被投的公司后，就变成了该公司的股东。如果该公司关门了，相对于公司创始人和一般员工，风投基金可以优先变卖公司资产收回部分投资。但是，这时能拿回的钱通常比零多不了多少。如果投资的公司上市或被收购，那么合伙人或者直接以现金的方式收回投资，或者获得可流通的股票，这两种方式各有利弊。前者一般针对较小的基金和较少的投资，总合伙人会在被投资的公司上市或被收购后的某一个时间点（一般是在锁定期（Lock-up Period）以后）卖掉该基金持有的全部股票，将收入分给各个合伙人。这样的基金管理成本较低。但是，如果基金所占股份较大，比如风险投资在很多半导体公司中常常占到股份的一半以上，这种做法就行不通了。因为上市后一下子卖掉其拥有的全部股票，该公司的股价会一落千丈。这时，风险投资的总合伙人必须将股票直接分给每个合伙人，由每个合伙人自己定夺如何卖掉股票，从而避免股票被同时抛售的可能性。虽然这么做基金管理的成本（主要是财务上的成本）增加了不少，但是大的风投公司必须这么做，比如凯鹏华盈和红杉资本各自拥有几十亿美元 Google 股票，如果这些股票在 Google 上市 180 天后一下子涌到股市上，就会造成 Google 股价大跌，于是两家风投将股票分给了有限合伙人，由他们自行处理。事实上大部分合伙人都没有抛售，结果 Google 的股价在 180 天后不跌反涨。

为了降低风险，一轮风投基金必须投十几到几十家公司。当然，为了投十家公司，基金经理可能需要考察几百家公司，这笔运作费用不是小数目，必

5　1996 年成立，2007 年被思科以 32 亿美元收购。

须由有限合伙人出资,一般占整个基金的 2%。风投公司总合伙人还要从有限合伙人赚到的钱中提取一部分利润,一般是基本利润(比如 8%)以上部分的 20%。比如某个风投基金平均每年赚了 20% 的利润,总合伙人将提取 $(20\%-8\%)\times 20\%=2.4\%$,外加 2% 的管理费,共 4.4%,而有限合伙人得到的回报为 15.6%,只相当于总回报的 3/4。如果风险投资的回报很高,比如超过了三倍,总合伙人提取的利润比例还会增加。由此可见,风投公司的收费其实非常高昂。

管理风投基金的风投公司本身也是一个美国的有限责任公司(Limited Liability Company,LLC),最高管理者就是风投公司的合伙人(Partners),不会有什么 CEO、总裁之类的头衔(有这些头衔的风投公司一定是冒牌货)和职务。合伙人有两个特征,首先合伙人之间彼此是平等的,其次他们在公司内部地位很高,而且常常还在科技界呼风唤雨,比如 KPCB 的合伙人约翰·杜尔就是 Google、太阳、亚马逊等多家上市公司和更多未上市公司的董事。

在风投刚刚进入中国时,发生过这样一件趣事。在一次风险投资研讨会上,来了很多公司的 CEO、总裁等"贵宾",礼仪小姐一看这些人的职务,便把他们请到前排入座。后来来了一位客人,礼仪小姐一看是什么合伙人,便将他安排到一个不起眼的角落里就座。这位合伙人没说什么就在后排坐下了。结果那些 CEO 和总裁看他坐到了最后,谁都不敢往前面坐了,因为这些 CEO 和总裁所在的公司都是他投资的,而他们的职位也是他任命的。由此可见风投合伙人在业界的影响力。

大的风险投资公司每一轮融资的资金都很多,比如硅谷的红杉资本和 NEA 一轮基金动辄十几亿美元,如果每家公司只投资一两百万美元,一来没有这么多公司可投,二来即使有,总合伙人要在几年里审查几千几万家公司,显然也不现实,因此它们每一笔投资都不能太小;而另一方面,新成立的公司本身都很小,尤其是初期,它们只需要融资几十万甚至几万美元就可以了,大的风险投资公司就不会参与。对于这些公司的投资,就由一类特殊的风险投资商——天使投资人来完成。

天使投资（Angel Investment）本质上是早期风险投资。天使投资人，简称天使，常常是这样一些有钱人：他们很多人以前创办过成功的公司，对技术很敏锐，又不愿意再辛辛苦苦创业了，希望出钱让别人干。在硅谷这样的人很多，他们的想法就是"不愿当总（经理），只肯当董（事）"。

一些天使投资人会选择独立寻找项目进行投资，但是更多的情况是几个人凑到一起组成一个有限责任公司（LLC）或有限伙伴关系（Limited Partnership，LP），通常称作天使投资社（Angel Firm）来共同投资。天使投资社的经营管理方法千差万别，有的是大家把钱凑在一起，共同投资；有的是每个人各自选项目进行投资，同时介绍给社里，社里会加倍投入（Match）该天使投资人所投的金额。约翰·杜尔和迈克尔·莫里茨投资 Google 时就是采用这种策略，他们两人都自掏腰包拿出一些钱投给 Google，同时他们所在的凯鹏华盈和红杉资本拿出同样（可能更多）的钱也投给了 Google。当然，有些天使投资社管理更灵活，某个天使投资人投资一家公司后，其他合伙人可以选择跟进（Follow），也可以不跟进（Pass），没有什么义务，大家坐到一起只是为了讨论一下问题而已，共同使用一个律师和会计。

了解了风险投资的管理结构，接下来让我们看看天使投资人和风险投资公司是如何投资的。

3　风投的过程

风险投资的过程，其实就是一家科技公司创办的过程。这个过程在中美两国是有差异的，由于风险投资起源于美国，我们这里以美国的投资过程为准。在美国，一家新兴科技公司（Startups）的创办过程通常是这样的：来自思科公司的工程师山姆和 IBM 公司的工程师强尼发明了一种无线通信的技术，当然这种技术和他们所在公司的核心业务无关，两人觉得这种技术很有商业前景，就写了个专利草案，又花5000美元找了个专利律师，向美国专利局递交了专利申请（关键之一，知识产权很重要）。两个人将业余时间全泡在山姆家的车库里，用模拟软件MATLAB进行模拟，证明这种技术可以将无线通信速度提高50倍（关键之二，有无数量级的提高是衡量一项新技术是革命性的还是革新性的关键）。两个人设想了好几种应用，比如代替现有的计算机Wi-Fi，或者用到手机上，于是在原有的专利上又添加了两个补充性专利。接着，强尼和山姆拿着投影胶片、实验结果和专利申请材料到处找投资者，在碰壁七八次以后，找到了山姆原来的老板，思科早期雇员亚平。亚平从思科发了财后不再当技术主管了，和几个志同道合的有钱人一起在做天使投资人。亚平和不下百十来个创业者谈过投资，对新技术眼光颇为敏锐，发现山姆和强尼的技术很有独到之处，但是因为山姆和强尼讲不清楚这种技术的具体商业前景在哪里，建议他们找一个精通商业的人制定一个商业计划（关键之三，商业计划很重要）。

强尼找到做市场和销售的朋友迪克，并向迪克大致介绍了自己的发明，希望迪克加盟共同开发市场。迪克觉得和这两个人谈得来，愿意共同创业。这时出现了第一次股权分配问题。

到目前为止，所有的工作都是山姆和强尼做的，两个人各占未来公司50%的股权和投票权。迪克加盟后，三个人商定，如果迪克制定出一份商业计划书，他将获得20%的股权，山姆和强尼将减持为各占40%。经过调查，迪克发现山姆和强尼的发明在高清晰度家庭娱乐中心的前景十分可观，于是制定了可行的商业计划书，并得到了20%的股权。三个人到目前为止对今后公司的所有权见表15.1。

表15.1 三位合伙人对公司所有权比例

合伙人	股权
山姆	40%
强尼	40%
迪克	20%

三个人再次找到亚平，亚平请他的朋友、斯坦福大学电机工程系的查理曼教授作了评估，证实了山姆等人的技术非常先进且有相当的复杂度，而且有专利保护，不易抄袭模仿。亚平觉得可以投资了，他和他的天使投资团认为山姆、强尼和迪克的工作到目前为止值（未融资前）150万美元，而三个创业者觉得他们的工作值250万美元，最后商定为200万美元。（对公司的估价方法有按融资前估价，即Pre-Money，以及融资后估价，即Post-Money两种。从本质上讲，这两种方法是一样的，我们这里的估计都以Pre-Money来计算。）亚平及其投资团投入50万美元，占20%的股份。同时，亚平提出下列要求：

- 亚平要成为董事会成员；
- 山姆、强尼和迪克三人必须从原公司辞职，全职为新公司工作，并且在没有新的投资进来以前，三个人的工资不得高于每月4000美元；
- 山姆等三人的股票必须按月在今后的4年里逐步（Vested）获得，而不是在公司成立时立即获得。这样有人中途离开就只能得到一部分股票；
- 如有任何新的融资行为，必须通知亚平的天使投资团。

现在山姆等人就必须正式成立公司了。为便于将来融资和开展业务，他们在特拉华州注册了赛通科技有限公司。山姆任董事会主席，迪克和亚平任董事。山姆任总裁，强尼任主管技术的副总裁兼首席技术官，迪克任主管市场和营销的副总裁。三个人均为共同创始人。公司注册股票1500万股，内部核算价格每股0.2美元。

在亚平投资后（的那一瞬间），该公司的内部估值已经从200万美元增加到250万美元，以每股0.2美元计算，所有股东的股票为1250万股（250万美元÷0.2美元/股=1250万股）。那么为什么会多出来250万股，它们并没有相应的资金或技术做抵押，这些股票的存在实际上稀释（Dilute）了所有股东的股权。为什么公司要印这些空头钞票呢？因为公司必须留出它们以应对下面的用途：

- 由于山姆等人的工资很低，他们将按各自贡献，拿到一部分股票作为补偿；
- 公司正式成立后需要雇人，需要给员工发股票期权；
- 公司还未招揽一些重要的成员，包括 CEO，他们将获得相当数量的股票。

现在，该公司各位股东股权如表 15.2 所示。

表 15.2 第一轮融资后公司股东股权比例及价值（股权比例四舍五入到整数百分比）

股东	股数/万	股权比例	价值/万美元
山姆	400	27%	80
强尼	400	27%	80
迪克	200	13%	40
亚平的天使投资团	250	17%	50
未分配	250	17%	0

接下来，山姆等人辞去原来的工作，全职创业。公司很成功，半年后做出了产品的原型（Prototype）。但是，50 万美元投资已经花完了，公司也发展到 20 多人。250 万股票也用去了 150 万股。这时，他们必须再融资。由于该公司前景可观，终于得到了一家风投如红杉资本的青睐。红杉资本为该公司作价 1500 万美元，这时，该公司的股票每股值 1 美元了，比亚平投资时涨了四倍。红杉同意投资 500 万美元，占 25% 股份，这样总股数增加到 2000 万股。同时，红杉资本将委派一人到该公司董事会任职。山姆等人还答应，由红杉资本帮助寻找一位职业经理人任公司的正式 CEO。双方还商定，融资后再稀释 5%，即 100 万股，为以后的员工发期权。现在该公司股权如表 15.3 所示。

表15.3 第二轮融资后公司的股权比例及价值

股东	股数/万	股权比例	价值/万美元
山姆	415	20%	415
强尼	410	20%	410
迪克	210	10%	210
亚平	250	12%	250
其他员工	115	5%	115
红杉资本	500	24%	500
未分配	200	9%	0

读者也许已经注意到，红杉资本现在已经成了最大的股东。

两年后，该公司的样品研制成功，并获得东芝公司的订单，同时请到了前博通公司的COO比尔出任CEO。比尔进入了董事会，并以每股3美元的价钱获得100万股的期权。当然新来的员工也用去一些未分配的股票。这时该公司的股价其实比红杉资本投资时，已经涨了两倍。比尔到任后，公司进一步发展，但仍没有盈利。于是，董事会决定再一次融资，由红杉资本领头协同另两家风投投资1500万美元。公司在投资前作价一亿五百万美元，即每股5美元。现在，该公司股权变为表15.4所示。

表15.4 第三轮融资后公司的股权比例及价值

股东	股数/万	股权比例	价值/万美元
山姆	415	17%	2 075
强尼	410	16%	2 050
迪克	210	9%	1 050
亚平	250	11%	1 250
其他员工	155	6%	775
红杉资本	650	27%	3 250
比尔	100	4%	500
其他风投	150	6%	750
未分配	60	3%	0

这时，投资者的股份已占到 44%，和创始人相当，即拥有了一半左右的控制权。又过了两年，该公司开始盈利，并在某家投资银行比如高盛的帮助下增发 600 万股，在纳斯达克上市，上市时原始股定价每股 25 美元。这样，一个科技公司在 VC 的帮助下便创办成功了。上市后，该公司总市值大约七亿五千万美元。该公司股权分配如表 15.5 所示。

表 15.5　第四轮融资后公司的股权比例及价值

股东	股数 / 万	股权比例	价值 / 万美元
山姆	415	14%	10 375
强尼	410	14%	10 250
迪克	210	7%	5 250
亚平	250	8%	6 250
其他员工	195	6%	4 875
红杉资本	650	22%	16 250
比尔	100	3%	2 500
其他风投	150	5%	3 750
高盛和股民	600	20%	15 000
未分配	20	1%	500

这时，创始人山姆等人成了充满传奇色彩的亿万富翁，其员工共持有价值近 5000 万美元的股票，不少也成了百万富翁。但是，山姆等全体公司员工只持有 44% 的股份，公司所有权的大部分从创始人和员工手里转移到投资者手中。一般来讲，创始人在公司上市时还能握有 10% 的股份已经很不错了。

作为最早的投资者，亚平的天使投资团收益最高，高达 124 倍。红杉资本的第一轮获利 24 倍，第二轮和其他两家风投均获利 4 倍。显然，越早投资一个有希望的公司获利越大，当然，失败的可能性也越大。一般大的风投基金都会按一定比例投入到不同发展阶段的公司，这样既保证基本的回报，也保证有得到几十倍回报的机会。

我不厌其烦地计算每一个阶段创始人和投资人的股权和价值，是想让那些想求助于风险投资创业的人有一些实际的数量概念。我遇到了许多创业者，他们在接触投资人时几乎毫无融资的经验，有些漫天要价，有些把自己贬得一钱不值。我们从这个例子中可以看到，风险投资必须是渐进的，在每一个阶段需要多少钱，投入多少钱，这样对投资者和创业者都有好处。对投资者来讲，不可能一开始就把今后 5 年的开销全包了，这样风险太大。对创业者来讲，公司初期股价都不会太高，过早大量融资会将自己的股权稀释得过低，不但在经济上不划算，还可能失去对公司的控制，甚至创业创到一半就被投资者赶走。在上面的例子中，天使投资人和风投一共投入 2050 万美元，在上市前占有 43% 的股份，三个创始人和其他员工占 57%。如果在最初公司估价只有 200 万美元时就融资 2000 多万美元，到上市前，投资方将占股份的 80% 以上，而创始人和员工占不到 20%。

以上是一个简化得不能再简化的投资过程，任何一个成功的投资都要复杂得多。比如，通常天使投资人可能是几家而不是一家，很多人都会要求进入董事会，以致等到风险投资公司真正投资时，董事会已经变得臃肿不堪。在这种情况下，风投公司通常会以当时的合理股价（Fair Market Value）从天使投资人手中买回股权，并把他们统统从董事会中请出去。否则每次开董事会坐着一屋子大大小小的股东，大家七嘴八舌，还怎么讨论问题。大部分天使投资人也愿意兑现他们的投资收益，以降低投资风险。

上面这个例子是一种非常理想的情况，该公司的发展一帆风顺，每一轮估价都比前一轮高，实际情况可能并非如此。不少公司在某一轮风投资金用完之际，业绩上并没有太大的起色，下一轮融资时估价还会下降。我的一个朋友曾经在这样一家半导体公司工作，他们花掉近亿美元的投资，公司仍旧未能盈利，这样必须继续融资，新的风投公司给的估价只有前一次估价的 1/30，但是创始人和以前的投资人不得不接受这个估价，不然公司关门，那样他们的投资一分钱也拿不回来。

4 决策和估价

我们在上一节中举了一个风投投资的例子，其中我们忽略了两个关键问题：风险投资公司如何决定是否投资一家公司（或者一个产业），以及如何决定一个小公司的价值。这两个问题要回答清楚需要专门写一本书，因为每一次投资的情况都不相同，前一次投资的案例通常不能用到下一次。这里只简单介绍一些投资和估价的原则。

从前面的例子可以看出，风投常常是分阶段的，可以有天使投资阶段、第一轮和后一轮（或者后几轮）。天使投资阶段的不确定性最大，甚至无章可循，很多成功的天使投资回想起来都不知道是如何成功的。一开始投资 Google 的一些天使投资人，包括政治家亨利·基辛格、演员和加州州长施瓦辛格，以及篮球明星奥尼尔[6]，都搞不清楚 Google 是干什么的。NetScreen 的共同创始人柯严和我讲过他们是如何融到第一笔资金的。谢青、邓锋和他三人在创办 NetScreen 公司时，开始融资并不顺利，后来他们阴错阳差地从一个台湾的天使投资人那里拿到 50 万美元。这个投资人根本就不是 IT 领域的，也搞不懂他们要干什么，最后请了一位相面先生给他们三个人看了看相，看这三个人身材高大，面相也不错，于是那位投资人就投资了。当 NetScreen 公司以几十亿美元的高价被收购时，这位天使投资人也许应该感谢那位相面先生，为她带来了上百倍的投资收益。关于天使投资的特点，下一节再详细介绍。

正是因为这种不确定性，很多大的风险投资公司都选择跳过这一轮。一些更加保守的风投基金只参与最后一轮的投资，比如我在 2008 年和几位投资人一同成立中国世纪基金[7]时，就恪守只投最后一轮的原则，明确规定下面几种情况下不投资：

---

6 《纽约时报》2004 年 4 月 25 日：http://www.nytimes.com/2004/04/25/us/google-goes-public-search-for-rich-get-richer.html。

7 该基金已于 2015 年全部退出，为投资人带来了三倍左右的回报。

- 不盈利的不投；
- 增长不稳定的不投；
- 公司达不到一定规模的不投。

后来创办丰元资本时，我们规定下面三种项目不投：

- 投资周期过长的，比如生物制药不投；
- 美国的旧式工业（Legacy Industry），比如半导体不投；
- 需要靠政府补贴的，比如新能源不投。

有些风投基金在投资时规定更严格，比如只投 12—24 个月内有上市计划的公司。当然，到了快上市的时候，常常是融资的公司挑选风投了，而不是谁想投资就能投进去的。这时候，能投进去的基金要么是在 IT 界路子很广的公司，要么是很有名的公司，以至于新兴公司上市时要借助它们的名头。通常，当股民们看到某家将要上市的公司是凯鹏华盈或红杉资本投资的，他们会积极认购该公司上市发行（IPO）的股票。

比较复杂的是中间的情况。下面来看两个我遇到的真实例子，读者就会对风投的决策过程和评估股价方法有所了解。

某名牌大学的一位学生开发了一种手机软件，非常有用，他在网上让人免费下载试用，然后在试用期满后向愿意继续使用的用户收一些钱，几年下来他也挣了十来万美元。他想成立一家公司把这个软件做大做好。他找到一家风投，正巧这个风投基金的总合伙人是我的朋友，就拉我一起和这位创业者面谈。我们仔细听了他的介绍并且看了他的软件。投资人认可他是个有能力的年轻人，软件也不错，但是不投资。投资人给他算了一笔账。这种手机软件要想推广，必须在手机出厂时预装，一般来讲，虽然这种软件的零售价可以高达 10 美元以上，但是手机厂商出的预装费不会超过一毛钱，假定为 0.08 美元。通常一个领域在稳定的竞争期会有三个竞争者，不妨假设这个创业者能跻身于三强并排到老二。在软件业中，一般前三名的市场份额是60%、20%和10%（剩下10%给其他的竞争者），那么在非常理想的情况下，这位创业者可以拿到全世界20%的手机市场的预装权。我们不妨假设全世界手机一年销售10亿部，他可以拿到两亿部的预装权，即一年2000万美元的营业额。读者可能会觉得2000万美元不是小数，但在风投眼里却不算什么，在美国一个工程师一年的开销就要20万美元。世界上有四五个国家近十个主要手机厂商，要想拿下这20%的市场需要一家一家谈。手机的软件不像个人电脑的软件，有了漏洞（Bug）在网上发布一个补丁自动就补上了，手机软件出了问题有时要将手机回收，因此手机厂商测试时间很长，拿下一个手机合同一般要18个月，可见这款软件的销售成本非常高。我们不妨假设这个小公司的纯利润率有15%（已经不低了），那么它一年的利润是240万美元，虽然读者觉得一年挣几百万美元已经不错了，但是因为这个生意不可能成长很快（取决于手机市场的成长），在股市上市盈率（P/E值）平均也就是20倍，那么这家公司的市值最多不超过5000万美元。一个价值不超过1亿美元的公司是在美国是无法上市的，因此这家公司还未创办，就注定无法上市了。这位同学失败的原因不在技术上，不在他个人的能力，而是题目没有选好。风投喜欢的是所谓的10亿美元的生意（Billion Dollar Business）。最后，我做风投的朋友建议这位同学找找天使投资人，因为这样一件事做好了还是有利可图的，也许会有天使投资人喜欢投资。

风投是高风险的，自然要追求高回报。每当创业者向我介绍他们的发明时，我问的第一个问题就是："你怎么保证把一块钱变成五十块？"虽然风险投资最终的回报远没有几十倍，但是，投资者每一次投资都会把回报率定在几十倍以上（上面那个手机软件显然达不到）。因此，我这第一句话通常就难倒了一多半创业者。大部分人听到这句话的反应是："要这么高的回报？是不是太贪了？两年有个三五倍就不错了吧？"一般传统的投资几年有个三五倍的回报确实已经很不错了，但是风投失败的可能性太大，它必须把回报率定得非常高才能收回整体投资。据我一位做风投的朋友讲，红杉资本当年投资Google的那轮风投基金高达十几亿美元，只有Google一家投资成功了，如果 Google 的回报率在一百以下，整轮基金就仍是亏损的。从另一方面看，对风投来讲，几十倍的投资回报是完全可及的。上个世纪 50 年代早期风投 AR&DC 投资数字设备公司（DEC），回报是 5000 倍（7 万美元到 3 亿 5500 万美元）[8]，凯鹏华盈和红杉资本投资 Google 是 500 倍（1000 万美元到 50 亿美元），而 Google 的第一个天使投资人安迪·贝托谢姆的回报超过万倍（10 万美元到 2012 年 4 月的 20 亿美元[9]）。

要做到高回报，首先必须选对题目。一个好的创业题目最要紧的是具有新颖性，通常是别人没想到的，而不是别人已经做成功的。很多创业者喜欢模仿，虽然这样也有成功的可能，却不可能为风投挣到几十上百倍的投资回报。比如上个世纪 90 年代中国出现了很多做 DVD 机的厂家，早期的几家挣到了钱，后面的几百家都没挣到什么钱；其次，创业的题目不能和主流公司的主要业务撞车。上个世纪 90 年代时，风投公司对软件公司的创业者问的第一个问题是："你要做的事情，微软有没有可能做？"这是一个无法回答的问题。如果回答"可能"，那么风投基金的总合伙人接下来就会说，"既然微软会做，你们就不必做了"。如果回答是"不会"，那么总合伙人又会说，"既然微软不做，看来没必要做，你们做它干什么"。2000 年后，风投公司还是向软件和互联网的创业者问这个问题，只是微软变成了 Google。这个例子说明，如果创业的项目与微软和 Google 这类公司的业务有可能撞车，那么失败的可能性极大。

除此之外，一个好的题目还必须具备以下几个条件。

1. 这个项目一旦做成，要有现成的市场，而且容易横向扩展（Leverage）。

这里面要说几句"现成市场"的重要性，因为一个新兴公司不可能等好几年

---

[8] Evaluating the performance of venture capital investments by W. Keith Schilit, Business Horizon, Sep-Oct, 1994. http://findarticles.com/p/articles/mi_m1038/is_n5_v37/ai_15859254/。

[9] 贝托谢姆有大约 360 万股 Google 的股票，在 IPO 时占 Google 公司 1.4% 的股权。如果贝托谢姆的 Google 股票持有到 2016 年初，其价值超过 40 亿美元，但是在此之前他卖掉了相当多的 Google 股票。

时间，等市场培育成熟才开始销售。事实上有很多失败的例子是技术、产品都很好，但市场条件不成熟。比如当年甲骨文搞的网络 PC，从创意到产品都不错，但是当时既没有普及高速上网，更没有强大的数据中心，最终失败了。直到 10 多年后，Google 提出"云计算"的概念并建立了全球相联的超级数据中心，甲骨文创始人拉里·埃里森的这个梦想才可能成为现实。但是，没有一个小公司等得起 10 年。

横向扩展是指产品一旦做出来，很容易低成本地复制并扩展到相关领域。微软的技术就很好横向扩展，一个软件做成了，想复制多少份就复制多少份。太阳能光电转换的硅片就无法横向扩展，因为它要用到制造半导体芯片的设备，成本很高。目前太阳能硅片是利用半导体制造的剩余产能生产的，而这剩余产能的规模是不可能无限制扩大的。

2. 今后的商业发展在较长时间内会以几何级数增长。

我们前面介绍的手机软件的项目就不具备这个特点，因为它的增长被手机的增长限制死了。

3. 必须具有革命性。

我通常把科技进步和新的商业模式分成进化（Evolution）和革命（Revolution）两种，虽然两者的英文单词只差一个字母，意义可差远了。创业必须有革命性的技术或商业模式。

现在，让我们看一个好的例子——PayPal，它具备上述好题目所必需的条件。首先，它的市场非常大。世界上每年的商业交易额在数十万亿美元，其中现金交易占了将近一半，信用卡占 1/4；其次，它的市场条件成熟了。随着网上交易的发展，现金和支票交易显然不现实，只能使用信用卡，其交易方式如图 15.1 所示。

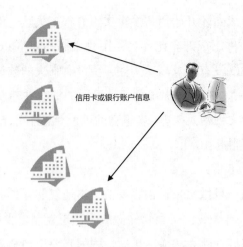

图 15.1 一般信用卡交易方式

而信用卡在网上使用经常发生被盗事件（比如商家是钓鱼的奸商，一旦获得买家信用卡信息，就会滥用其信用卡），安全性有问题。因此，需要一种方便的网上支付方式。

PayPal 的想法很好，由它来统一管理所有人的信用卡或银行账号，商家不能直接得到买家的账号信息。交易时，商家将交易的内容告知 PayPal，并通过 PayPal 向买家要钱，买家确认后，授权 PayPal 将货款交给商家，商家无法得知买家信用卡和银行账户信息。而且，PayPal 要求商家和买家提供并确认真实的地址和身份，尽量避免欺诈行为。对于 500 美元以下的交易，PayPal 为付款方提供保险，如果付款方被骗，PayPal 将偿还付款方损失，由它去追款。PayPal 的商业模式如图 15.2 所示。

这种付款方式要安全得多，好处显而易见，在网上购物的发展起来后，便具备了推广条件，不需要培养市场。而每年十几万亿美元的交易，对 PayPal 来说几乎是无穷大的发展空间。尽管 2009 年 PayPal 已经有 700 亿美元左右的交易额[10]，但是现在仍以 20% 以上的高速度发展，和 10 万亿美元的市场相比，发展空间依然很大。所以 PayPal 这个题目是一个可以在很长时间内高速发

---

10 2010 eBay 10-K：www.sec.gov。

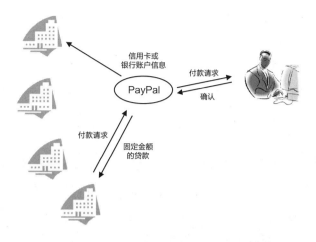

图 15.2　PayPal 信用卡交易方式

展的生意。PayPal 在技术上虽然没有什么独到之处，商业模式却是革命性的。和 PayPal 类似的，还有中国阿里巴巴公司的支付宝。

风投公司一旦确定什么生意、什么公司可以投资，接下来的问题就是如何估价一家投资对象了。和投资股市不同，风险投资的对象大多没有利润，甚至没有营业额可言，其估价不能按照传统的市盈率（P/E 值）或折扣现金流（Discounted Cash Flow）来衡量，关键是看该公司未来几年的发展前景以及目前为止该公司发展到哪一步了。和投资股市另一个不同之处在于，新创公司因为没有什么业绩可以衡量，创始人和早期员工的素质就变得很关键。一般来讲，一些高资质（High Profile）的创始人，比如思科公司的资深雇员和斯坦福的教授创办的公司容易获得较高的估价。

将资金投入一个新创公司后，风险投资公司的投资任务还远没有完成，从某种角度上讲，这才刚刚开始。

5　风险投资就是投人

威廉·德雷帕（William Draper）是世界上第一批专职风险投资人，他一生并没有投出太多的本垒打，即回报在 50 倍以上的明星公司，却被后辈尊为风险投资的教父之一，原因在于他确立了很多风险投资的铁律，其中最重要的一条就是——风险投资就是投人。而对于天使投资来讲，"创始人靠谱"几乎是决定投资与否的唯一标准，因为创业公司的其他方面在那么早的阶段还很难衡量。

按照德雷帕的理论，一个创业公司的创始人本身远比他们所要做的项目重要。为什么这么说呢？因为一流的人有可能把二流的项目做成一流，而二流的人即使有幸遇到一流的项目，也一定会把它做成二流甚至三流的。因此，很多风险投资公司在做决策时，先要考察（或者调查）创始人是否靠谱，然后听他们讲要做的项目。除了上述这条根本性的原因之外，我们还可以从以下四个方面来了解投资人的重要性。

首先，一家创业公司最后失败是常态，成功都是特例。在 2005—2014 年的十年时间里，硅谷地区有案可查的获得投资的公司每年大约有 4000 家，而上市的公司每年只有 100 家左右，只占到创业公司的 2%—3% 左右。并购的案例每年大约 1000 例，但并不是所有的并购都能带来投资回报[11]，即使把所有并购都算成有投资回报，投资成功的比例依然只有 1/4 左右。那些成功上市或者被并购的公司，无一例外都要走过一条漫长的道路，即使在外界看来一帆风顺，但是内部人都深知道路之崎岖。在这艰辛而漫长的成功道路上，创始人或者高层管理团队需要做出很多次的抉择，任何一次错误的抉择都会导致失败的结果。在每一次抉择时，创始人的见识、领导力和判断力（还有运气）就显得特别重要。如果一个创始人能够在前后四五次甚至更多的抉择时都选择正确，必定有过人之处。因此，投资人最重要的是找到那些能在关键时刻引导公司沿着正确方向前进的人。如果创始人不具备这样的素质，对于那些好项目，后期的风险投资人可能会要求更换 CEO 后再投资，而天使投资人则宁可不投。

11　被并购未必能保证投资有回报，因为有时被并购的价格太低，以至于投资依然是亏损的。

其次，对于天使投资基金来讲，它们所投的项目因为太早期，既没有利润，也没有收入，甚至没有几个用户，坦率地讲再有经验的投资人在这个阶段也很难看准项目本身能否成功，撞大运的成分居多。如果创始人的专业素养和能力都比较高，他们找的项目可能就比较靠谱。反之，如果创始人本身水平较差，他们能够找到好项目的可能性就非常低。风险投资本身是一件不确定的事情，其回报好坏其实就是比成功率，投资给相对更优秀的人，成功率必然高。

第三，大部分创业成功的公司，最后做成功的事情和他们最初找天使投资想做的事情通常不是一回事，在这个过程中，这些公司的主营方向可能已经改变了好几次。Google 公司最初想通过做企业级的搜索服务挣钱，做的一直非常辛苦却未能盈利，最后找到了在线广告的途径才成为今天世界最大的互联网公司。Facebook 最早是想通过发展名牌大学用户走高端路线，因而发展缓慢，后来改成了走草根路线并打造开放平台才做到了指数级增长。至于为什么这种不断的变化是创业公司成功的常态，其实原因也很简单，毕竟 IT 领域的技术和市场变化都太快，以至于难以在一开始就把今后几年要做的事情完全规划好，大部分成功的公司不是规划得更好或者项目更好，而是更能适应变化。当然，迎接变化和挑战主要靠公司的创始人。

最后，也是最重要的，诚信是成功的关键，这对于创始人如此，对于风险投资更是如此。对风险投资人来讲，最重要的是投资给那些恪守合同，把投资人的利益和自身利益一同考虑的创始人，而不是想尽办法坑骗投资人资金的投机者。在投资人看来，创始人的"德行"比能力来得更重要，比他们所要做的事情就更为重要了。为了确保投资人的利益，风险投资基金常常要对创始人和创始团队进行细致的背景调查，以免投资被骗，这在天使投资阶段更是如此。不过即便如此，风险投资被骗的情况还是时有发生。

在天使投资阶段，项目的不确定性太大，唯一确定的就是创始人本身了。因此，对于天使投资来讲，投资其实就是对一个创始人的选择。一些天使投资人看好了某些创业者，随便他们做什么项目，只要不是太离谱的项目，都会投资。

6 风投的角色

对风险投资家来讲，最理想的情况是能当一个甩手掌柜：把钱投到一家公司，不闻不问，几年后拿回几十倍的利润。对于天使投资和早期投资，这种情况确实发生过，比如有家南非的投资机构 Naspers，到中国后两眼一抹黑不知道该投谁，于是就找到了一家美国的咨询公司做顾问。这家咨询公司里有一位二十多岁来自美国加州的小伙子大卫·沃勒斯坦（David Wallerstein）建议 Naspers 投资腾讯，因为它每天的流量很大。Naspers 听从沃勒斯坦的建议投资腾讯后，沃勒斯坦本人却跑回了美国，后来干脆加入了腾讯[12]。Naspers 找不到沃勒斯坦，公司里也没有能讲中文可以跟腾讯公司沟通的人，便任由腾讯自己折腾。等腾讯上市时，这笔投资已经挣了几十倍的利润。今天 Naspers 依然占腾讯 31% 的股份（2019 年初），投资回报超过 3000 倍，当然这也和腾讯恪守诚信，从不随意稀释投资人的股份，也不悄悄转移资产有关。对于绝大多数规模比较大的风险投资，这种情况反而很少发生。大多数创业者的经验总有局限性，尤其是 IT 行业的创始人大多技术出身，没有商业经验和"门路"（在美国，门路和在中国一样重要）。风投公司就必须帮助那些创始人把自己投资的公司办好。毕竟，他们已经在一条船上了。

风投公司介入一个新兴公司后的第一个角色就是做顾问。这个顾问不仅需要在大方向，比如商业上给予建议，而且还要在很多小的方面帮助创始人少走弯路。我在第 13 章"硅谷奇迹探秘"中提到，创办一个小公司会遇到形形色色的问题，而创始人常常缺乏处理这些问题的经验，这时风投公司（坐在被投公司董事会席上的那个人）就必须帮忙了。我的一位朋友原来是苹果公司副总裁、乔布斯的朋友，现在是活跃的投资人，他给我讲了下面一个故事。

---

12 后来担任了腾讯主管投资的高级执行副总裁。

留心各大公司图标（Logo）的读者也许会注意到，几乎所有大公司的标志和名称字体都是采用单色的设计，尤其是 20 多年前。至今很少有公司像 Google 那样使用明暗分明的彩色标志。我的这位朋友告诉我，这主要有两个原因：首先，彩色印刷比单色（和套色，比如普通黑字套蓝色）印刷要贵得多，公司初创，必须本着能省一点是一点的原则，如果一家公司所有的文件和名片都采用彩色印刷，办公成本将增加；第二，也是更重要的，所有的传真机和绝大部分复印件都是黑白的，印有彩色标志的公司传真不仅不可能像原来彩色的那样好看，而且有些颜色可能还印不清楚。这样不仅让商业伙伴分辨不清，还不容易给客户留下深刻印象。他告诉我，很多年轻的创始人喜欢为自己公司设计漂亮的彩色标志，实际宣传效果并不好。

当然，上面只是一个小的例子。风投介入一个新兴公司后，可以帮助创业者少走很多弯路，总的来讲好的风投是创业者的好伙伴。

当然，风投不可能替公司管理日常事务。这就有必要替公司找一个职业经理人来做 CEO（当然，如果风投公司觉得某个创始人有希望成为 CEO，一般会同意创始人兼 CEO 的职位）。每个风投基金投资的公司都有十几到几十家，要找到几十个 CEO 也并非易事。因此，有影响的老牌风投公司实际上手里总攥着一把 CEO 候选人。这些人要么是有经验的职业经理人，要么是该风投公司以前投资过的公司创始人和执行官。风险投资家给有能力的创始人投资的一个重要原因就是锁定和他的长期关系。如果后者创业成功固然好，万一失败了，风投资本家在合适的时候会把他派到自己投资的公司，掌管该公司日常事务。一个风投公司要想成功，光有资金、有眼光还很不够，还要储备许多能代表自己管理公司的人才。这也是著名风险投资公司比小投资公司容易成功的原因之一，前者手中攥着更多更好的管理人才。

风投公司首先会帮助被投资的公司开展业务。自己开公司的人都知道，一个默默无闻的小公司向大客户推销产品时，可能摸不对门路。这时，"联系"广泛的风投公司会帮自己投资的小公司牵线搭桥。越是大的风险投资公司越容易做到这一点。风投公司还会为小公司请来非常成功的销售人才，这些人靠无名小公司创始人的面子是请不来的。风投广泛的关系网对小公司更大的帮助是，它们还会帮助小公司找到买主（下家）。这对于那些不可能上市的公司尤其重要。比如，KPCB 早期成功投资太阳公司后，就一直在太阳公司的董事会里，利用这个便利，KPCB 将后来投的很多小公司卖给了太阳，这些小公司对太阳是否有用就不得而知了，但是，投资者的钱是收回来了，创业者的努力也得到了客观的回报。在这一类未上市公司的收购案中，最著名的当属 Google 收购 YouTube 一事。两家公司都是由红杉资本投资，著名投资人莫里茨同时担任两家公司的董事。YouTube 能成功地卖给 Google，红杉资本作用不小。风投行业经过几十年的发展，就形成了一种马太效应。越是成功的风投公司，投资公司成功上市的越多，它们以后投资的公司相对越容易上市，再不济也容易被收购。因此，大多数想去小公司发财的人，选择公司很重要的一个原则就是看它幕后风投公司的知名度。Google 很早就已经是求职者眼中的热门公司了，固然有它许多成功之处和吸引人的办法，以及创始人的魅力，但是还有非常重要的一条在于它是第一家 KPCB 和红杉资本在同一轮一起投资的公司，在此以前，这两家风投从不同时投一家公司。

风投是新兴公司的朋友和帮手，因为它们和创始人的基本利益是一致的。但是通常也有利益冲突的时候。任何一家公司的创办都不是一帆风顺的，当一个被投公司前景不妙时，如果投资者处于控股地位，可能会选择马上关闭或贱卖该公司，以免血本无归。这样，创始人就白忙了一场，一定会倾向于继续挺下去，这时就看谁控制的股权，更准确地讲是投票权（Voting Power）多了。当一家公司盈利有了起色时，风投会倾向于立即上市收回投资，而一些创始人则希望将公司做得更大后再上市。投资人和创始人闹得不欢而散的情况也时常发生，投资人甚至会威胁赶走创始人。

创业者和投资者的关系对于成功的创业至关重要。首先，创始人总是在前台扮演着主角，风投在幕后是辅助者。如果投资者站到了前台，要么说明创始人太无能，要么说明投资人手伸得太长，不管是哪一种情况，公司都办不好;其次,创业者和投资者的关系是长期的,甚至是一辈子的。对投资者来讲,投资的另一个目的是发现并招揽人才。对投资人来讲,创业者能一次成功当然是最好的,但是,非常有能力的创始人也会因为时运不济而失败,这时投资者如果认定创始人是个人才,将来还会投资他的其他项目,或者将他派到新的公司去掌舵。因此,对创业者来讲,虽然风险投资的钱不需要偿还,但是,拿了投资者的钱就必须使出吃奶的力气把公司做好,以获得投资者的青睐。一些短视的创业者把风投公司当作一次性免费提款机,只拿钱而不承担应尽的义务,实际上等于断了自己的后路。和很多行业不同,不同风投公司的投资家一般会经常互通消息,一个人一旦在风投圈子里失去了信用,基本上一辈子就不再可能获得风投资金再创业了。

7 著名的风投

就像华尔街已经等同于美国金融业一样,在创业者眼里"沙丘路"(Sand Hill Road)便是风险投资公司的代名词。沙丘路位于硅谷北部的门罗帕克(Menlo Park),斯坦福大学向北一个高速路的出口处(图15.3)。

图 15.3 著名的沙丘路

沙丘路只有两三公里长,却聚集了十几家大型风险投资公司。在纳斯达克上市的科技公司至少有一半是由这条街上的风险投资公司投资的。其中最著名的包括红杉资本(Sequoia Capital)、凯鹏华盈(Kleiner, Perkins, Caufield & Byers,简称 KPCB 或 KP)、NEA(New Enterprise Associates,新企业联合公司)、Mayfield,等等。NEA 虽然诞生于美国"古城"巴尔的摩,但经营活动主要在硅谷,它投资了约 500 家公司,其中三分之一上市,三分之一被收购，投资成功率远远高于同行。它同时是中国的北极光创投的后备公司（Backing Company）。Mayfield 是最早的风险投资公司之一，它的传奇之处在于成功投资了世界上最大的两家生物公司：基因泰克（Genentech）和安进（Amgen），这两家公司占全球生物公司总市值的一半左右。除此之外，它还成功投资了康柏、3Com、SGI 和 SanDisk 等科技公司。而所有风投公司中，最值得大书特书的便是红杉资本和凯鹏华盈了。

7.1 红杉资本

Sequoia 是加州的一种红杉树，它是地球上最大的（可能也是最长寿的）生物。这种红杉树可以高达 100 米，直径 8 米，寿命长达 2000 多年。1972 年，投资家唐·瓦伦丁（Don Valentine）在硅谷创立了一家风险投资公司，以加州特有的红杉树命名，即 Sequoia Capital。该公司进入中国后，取名红杉资本。

红杉资本是迄今为止最大、最成功的风险投资公司。它投资成功的公司占整个纳斯达克上市公司市值的 1/10 以上，包括苹果、Google、思科、甲骨文、雅虎、网景（1999 年被美国在线收购）和 YouTube（Google 旗下，未上市）等 IT 巨头和知名公司。它在美国、中国、印度和以色列有大约 50 名合伙人，包括公司的创始人瓦伦丁和因为成功投资 Google 而被评为最成功投资人的迈克尔·莫里茨（Michael Moritz）。

红杉资本的投资对象覆盖各个发展阶段的未上市公司，从开创期到即将上市的公司。红杉资本内部将这些公司按发展阶段分成三类。

1. 种子孵化阶段（Seed Stage）的公司。 这种公司通常只有几个创始人和一些发明，要做的东西还没有做出来，有时公司还没有成立，处于天使投资人投资的阶段。红杉资本投资思科时，思科就处于这个阶段，产品还没搞出来。

2. 早期阶段（Early Stage）的公司。 这种公司通常已经证明了自己的概念和技术，并做出了产品，但是在商业上还没有成功。当初它投资 Google 时，Google 就处于这个阶段。当时 Google.com 已经有不少流量了，但是还没有挣钱。

3. 发展阶段（Growth Stage）的公司。 这时公司已经有了营业额，甚至有了利润，但是，为了发展，还需要更多的资金。这个阶段的投资属于锦上添花，而非雪中送炭。

红杉资本在每个阶段的投资额差一个数量级，分别为 10 万—100 万美元、100 万—1000 万美元和 1000 万—5000 万美元。

相比其他风投公司，红杉资本更喜欢投快速发展的公司（而不是快速盈利的），尽管风险较大。苹果、Google、雅虎等公司都具备这个特点。那么如何判定一家公司有无发展潜力呢？据我了解，红杉资本大致有两个标准。

第一，被投公司的技术必须有跳变（用红杉资本自己的话讲叫做 Sudden Change），就是我常说的质变或革命。 当然，如何判断一项技术是真的革命性进步还只是一般的革新，需要有专业人士帮助把关。红杉资本名气大，联系广，很容易找到很好的专家。

第二，被投公司最好处在一个别人没有尝试过的行业，即是第一个吃螃蟹的人。 比如在苹果以前，个人电脑行业一片空白；在雅虎以前，互联网还没有门户网站。这样的投资方式风险很大，因为还没有人证明新的领域有商业潜力，当然做成了回报也高。这种投资要求总合伙人的眼光要很准。相对来讲，红杉资本的合伙人经历的事情较多，眼光是不错的。

对于想找投资的新创业公司，红杉资本有一些基本要求。

- 公司的业务几句话就能讲清楚。红杉资本的投资人会给你一张名片，看你能不能在名片背面空白处写清楚。显然，连创始人自己也说不清楚的业务将来也很难向别人推销。
- 就像我前面讲的那样，如果该公司的生意不是10亿美元以上的生意，创业者就不用上门了。
- 公司的项目（发明、产品）带给客户的好处必须一目了然。
- 要有绝活，也即核心竞争力。
- 公司的业务是花小钱就能做成大生意的。比如说当初投资思科，是因为它不必雇多少人就能搞定路由器的设计。要让红杉资本投资一家钢铁厂，它是绝对不干的。

对于创始人，红杉资本也有一些基本要求。

1. **思路开阔，脑瓜灵活，能证明自己比对手强。**
2. **公司和创始人的基因要好。** 当然这里不是指生物基因。红杉资本认为，一家公司的基因在成立的三个月中形成，优秀的创始人才能吸引优秀的团队，优秀的团队才能奠定好的公司基础。
3. **动作快，只有这样才有可能打败现有的大公司。** 刚刚创办的小公司和跨国公司竞争无异于婴儿和巨人交战，要想赢必须快速灵活。

有志创业的读者可从红杉资本的网站（http://www.bei.sequoiacap.cn/zh/contact.html）找到相应的联系方式。

在联系红杉资本之前，创业者要准备好一份材料，包括：

- 公司目的（一句话讲清楚）；
- 要解决的问题和解决办法，尤其要说清楚该方法对用户有什么好处；
- 要分析为什么现在创业，即证明市场已经成熟；
- 市场规模，再强调一遍，没有10亿美元市场的公司不要找红杉；

- 对手分析，必须知己知彼；
- 产品及开发计划；
- 商业模式，至关重要；
- 创始人及团队介绍，如果创始人背景不够强，可以拉上一些名人做董事；
- 最后，也是最重要的——想要多少钱，为什么，怎么花。

7.2 凯鹏华盈（KPCB）

在风投行业，能与红杉资本分庭抗礼的只有同是在1972年成立的KPCB了。KPCB取自四个创始人Kleiner、Perkins、Caufield和Byers名字的首字母。虽然它在中国不是很有名，投资也不算很成功，但是在硅谷它甚至有超过红杉资本之势。

凯鹏华盈成功投资了太阳公司、美国在线、康柏电脑、基因泰克、Google、eBay、亚马逊（Amazon）和网景等著名公司。它投资的科技公司占纳斯达克前100家的1/10。KPCB投资效率之高让人瞠目结舌。它最成功的投资包括：

- 1999年，以每股约0.5美元向Google投资1 250万美元，回报近千倍；
- 1994年，投资网景400万美元获得其25%的股权，回报250倍（以网景公司卖给美国在线的价钱计算）；
- 1997年，向Cerent投资800万美元，仅两年后当思科收购Cerent时这笔投资获利20亿美元，也即250倍，这可能也是它收回大规模投资最快的一次；
- 1996年，向Amazon投资800万美元，获得12%的股权，回报达两三百倍。

它早期成功的投资，包括对太阳公司和康柏电脑等公司的投资回报率均不低于上述案例，只是美国证监会没有提供在线的记录，无法计算那些投资的准确回报。从这些成功投资的案例可以看出，风投公司追求 50 倍的回报完全是可以做到的。

凯鹏华盈的另一个特点就是合伙人知名度极高，人脉极广，除了活跃的投资人约翰·杜尔和布鲁克·拜尔斯（Brook Byers，KPCB 中的 B），还包括美国前副总统戈尔、前国务卿鲍威尔和太阳公司的共同创始人比尔·乔伊等人。凯鹏华盈利用其在政府和工业界的影响，培养新的产业。比如鉴于戈尔同时担任了苹果公司的董事，凯鹏华盈专门设立了一项培育 iPhone 软件开发公司的基金，规模为一亿美元。考虑到今后全球对绿色能源的需求，凯鹏华盈又支持戈尔担任主席的投资绿色能源的基金，并集资 4 亿美元成立专门的基金。凯鹏华盈通过这种方式，在美国政府制定能源政策时施加影响。

除了绿色能源外，凯鹏华盈主要的投资集中在 IT 和生命科学领域。在 IT 领域，凯鹏华盈将重点放在以下 6 个方向：

- 通信；
- 消费者产品（比如网络社区）；
- 企业级产品（比如企业数据管理）；
- 信息安全；
- 半导体；
- 无线通信。

想创业的读者可以从中找找好的创业题目。

凯鹏华盈并非世界上规模最大的风险投资基金，却是长期以来做得最成功的。据凯鹏华盈的一位合伙人讲，他们通常将每一轮基金的规模控制在 8 亿—10 亿美元，在杜尔等人看来，风险投资是投未来的新技术，规模不会太大，并不需要太多的钱。基金的规模太大，除了投资时大手大脚，没有更多的好处。从上个世纪 70 年代该基金成立至今（2015 年），它一共融资大约 20 轮，筹措的资金不到 200 亿美元，但是它返还给投资人的钱却高达 8000 亿左右，也就是说，每一轮基金的平均回报为 40 倍。在风险投资上，一两次做到高回报并不难，难的是 40 多年几代投资人一直能维持这样稳定的回报。至于凯鹏华盈的投资秘诀是什么，除了遵守纪律，就是只投资那些可能改变世界的项目。关于这一点，我在得到专栏《谷歌方法论》中有详细论述，这里就不再赘述了。

虽然凯鹏华盈在硅谷名气很大，但它依然保留着"礼贤下士"的好传统。凯鹏华盈的合伙人，包括杜尔，经常去斯坦福大学的"投资角"参加研讨会。杜尔对年轻的创业者保证，他一定会读这些创业者写给他的创业计划书和 E-mail，尽管可能没有时间一一回复。凯鹏华盈对创业者的要求和红杉资本差不多，要找凯鹏华盈的准备工作也和找红杉资本相似，这里不再重复。

最后补充一点，除了红杉资本和凯鹏华盈，日本的软银集团（SoftBank）是亚洲最著名的风投公司，它成功地投资了雅虎和阿里巴巴，并且控股日本雅虎。IDG 资本虽然在美国没有太大的名气，但是它最早进入中国市场，在中国反而比红杉资本和凯鹏华盈成功。另外，俄罗斯的 DST 近几年在世界上也非常活跃，它最著名的投资是在 2010 年投资了 Facebook 公司。

7.3 创新工场

在世界著名的风险投资公司中，李开复领导的创新工场是无论如何排不进前列的。它起步晚，融资规模也较小，而且投资或孵化的公司至今也没有一家上市。但是它很有特色，在中国特定的环境下创造了相当正向的社会效益，因此我将它列入本书。

中国一般的读者对创新工场的了解恐怕远比前面提到的凯鹏华盈和红杉资本要多得多。（因此它的细节和故事这里也就不多讲了。）这很大程度上要归功于李开复的个人魅力。与中国其他风险投资或者天使投资大多是仿照美国同行的做法不同，创新工场在美国没有可对比的对象，可以讲完全具有中国特色。

中国大学生（包括研究生）毕业创业的欲望和行动远不如美国的大学生。这里面原因很多，比如中国大学生的社会成熟度和自立能力远不如美国的同龄人，从小应试教育导致创造力和想象力贫乏，等等。但是还有两条原因与社会因素有关。首先，中国鲜有天使投资人。中国的风险投资大多注重短期效益，显然做上市前最后一两轮投资比从第一轮就开始投要见效快很多，甚至很多风险投资最后蜕变成私募基金，并没有扶植刚刚起步的新技术。另一方面，中国富有的个人或家庭，虽然在投资房地产和消费上早就超过了美国的富豪，但是很少有人会去做天使投资人。这样一来，刚毕业的大学生想创业，很难得到风险投资或者天使投资的帮助。第二，在中国注册一个公司比在美国麻烦得多，即使注册下来，伺候众多婆婆（各级主管）也要消耗巨大的精力，刚刚创业的年轻人被迫"不务正业"，要花很大精力搞定这些业务以外的事情。虽然也有像浦东软件园和苏州科技园那样主动帮助创业者排忧解难的政府部门，但是在全国大部分城市，相关部门不太会关注暂时看不到GDP的创业小公司。这样，大部分大学生也就"知难而退"，毕业后进入收入稳定的大公司打工。

创新工场的作用在于它在力所能及的范围内帮助年轻人解决了这两个问题。首先，它愿意帮助有想法的年轻人开展自己的项目（第一步还谈不上成立公司），并为这些团队提供场地和基本工资。第二，它会提供法务、财务等创业相关服务，帮助创业团队解决了和政府部门打交道的难题，使年轻人可以专注于他们的创业。这两点大大降低了年轻人创业的门槛。

当然，年轻人获得这些好处的同时也要付出代价。首先是经济上的代价，即创新工场要占这些项目（未来可能是公司）相当比例的股权。我们前面讲过，资本越早进入创业阶段，股权占比越大。从资本进入时间来讲，没有比创新工场的模式更早的了。如果统计一下创新工场剥离的那些融到风险投资资本的小公司，大家会发现创新工场早期提供的那些服务其实是相当昂贵的。这个结果带来的负面效应是，创始团队在今后的公司中可能没有太多股份了，因此创业的动力远没有那些在居民楼里租两个单元房创业的人高。我看了一家从创新工场剥离出来的颇为有名的公司，据说大部分员工晚上九十点钟也就回家了，和Google或者Facebook早期夜以继日地创业简直没法比。其次，经济上的代价一定会带来主导权的代价，很多创业公司经过一两轮融资后创始人就已经丧失了对公司的控制权，而从创新工场分出来的公司更是如此。

由于赶上了2011年中国的风险投资和私募基金的热潮，创新工场到目前融资很顺利，并且成功地将一些项目剥离出去，变成独立的公司，而且这些公司的估价并不低。但是毕竟它运作的时间太短，还没有一家孵化的公司上市，从投资收益的角度看还远没有成功。按照创新公司正常的淘汰率计算，这些被孵化的公司很多不会很成功，因此到创新工场试水的年轻人第一次创业的努力很可能是以失败告终。即便如此，创新工场的社会效益并不会因此而降低。

创新工场的社会效益体现在这样几方面。首先，它培养了一大批勇于创业的年轻人，虽然他们第一次创业极可能失败，但获得了第一手的创业经验，将来自己第二次、第三次创业（或许不再需要创新工场）获得成功的可能性会大大增加。同时客观上会鼓励更多大学生加入到创业大军中。第二，创新工场的出现，或许是因为李开复个人的魅力和社会活动本领，使得中国整个投资领域，甚至整个社会开始关注天使投资。有了全社会的关注和更多资本的引入，中国的天使投资和年轻人的创造力将以非常快的速度发展，这对整个中国的科技进步有非常大的好处。

创新工场是在中国特定商业环境和投资环境下产生的特殊的天使投资方式，就连李开复自己都讲，如果他在美国做天使投资一定不会采用这种方式。但是在中国现阶段，创新工场可以讲是具有中国特色的孵化器，它帮助很多年轻人圆了创业梦。

7.4 Y 孵化器（Y Combinator）

很难讲 Y 孵化器属于孵化器还是天使投资，从名称来看它属于孵化器，但是它挣钱又是靠其天使基金，因此我们不妨把它看成是一个特殊的结合体。

Y 孵化器由硅谷的创业教父、畅销书《黑客与画家》的作者保罗·格雷厄姆（Paul Graham）创办。格雷厄姆本人是艺术和技术结合的代表人物。他早年在著名的罗德岛设计学院（RISD）学习艺术，该校是北美最好的独立艺术院校[13]，同时在康奈尔大学学习文科并获得文学学士学位，然后他改学理工科并获得了计算机科学的博士学位。格雷厄姆认为科技的发明创造和艺术创作有着相同之处，并且致力于发现富有创造性的年轻人。格雷厄姆做孵化器，或者说做孵化—投资混合体的方式和之前的投资人都不同，他不看重场地等物质条件，而强调人的潜能和经验在创业成功中的重要性。在格雷厄姆看来，找到有潜能的年轻人是成功的第一步，不过这些年轻人未必有经验，因此投资人能够给他们的最大帮助就是提供这种经验。当然，格雷厄姆知道自己的经验有限，便设法聚集了一批有经验的人来帮助他辅导创业的年轻人。

Y 孵化器虽然号称孵化器，却没有什么场地，仅有的一点点场地大部分还是小会议室。在那里，Y 孵化器对所投公司创始人进行全方位的培训，这种培训包括两方面的内容，一方面是基础的商业知识和技术发展特点，和一般商学院的课程所不同的是，Y 孵化器的课程理论性不强，但比较实用。通过这种培训，将创始人从具有某方面特长的人培养成能够经营管理公司的全才。

当然，这样的培训其他机构也能做，Y 孵化器的独特价值在于它能够为创业者提供特殊的经验和价值。Y 孵化器聚集了硅谷很多过去的成功创业者、法

13　在美国艺术类大学专业排名中，只有耶鲁大学排在罗德岛设计学院之前，但它不是独立的艺术类大学。

务财务专家和企业资深人士。这些人会定期来到 Y 孵化器，对它旗下的小公司进行全方位的辅导。创业者可以预约这些人的时间，有具体问题可以找那些有经验的"前辈"当面请教。这样一来，Y 孵化器的投资成功率比其他的早期风险投资要高不少。从 2005 年成立到 2014 年，它的总回报率大约是 14—30 倍左右[14]，即使按照 14 倍的下限计算，Y 孵化器的投资回报也比整个风险投资行业平均水平高很多。在 Y 孵化器投资的公司里，最著名的是网上房屋租赁公司 Airbnb 和云存储公司 Dropbox。

在 Y 孵化器的背后是一些大公司的高管和成功企业家，他们在帮助 Y 孵化器投资的那些公司时，获得 Y 孵化器给予的报酬，这些报酬当然出自 Y 孵化器的投资回报。因此，这些成功人士非常有意愿帮助 Y 孵化器旗下的小公司成长。他们深知自己的公司或者硅谷需要什么技术，并将这些想法不自觉地传递给那些小公司的创始人。这样就让 Y 孵化器下面的很多小公司有更明确的方向，以便于被大公司收购。我们常常看到这样一些新闻：Facebook 花高价收购了一些似乎不很知名的小公司，外界常常对这类收购感到很奇怪。其实这些被收购公司的一些投资人和顾问都是 Facebook 的高管。今天，在硅谷这类间接参与投资的专业人士很多，这些人是连接创业者和潜在收购者的桥梁。

当 Y 孵化器、创业者和来自大公司的创业导师都得到好处时，大家可能还会问，那些专业人士所在的公司得到了什么好处。它们当然有好处，因为通过这种方式，它们建立了监控硅谷地区技术和产品动态的雷达网。在硅谷，很多大公司进入新领域靠的是收购小公司，而不是内部开发。这样虽然看上去花的钱比较多，但是却能省时间，在市场上抢占有利位置。Google 几项成功的新业务，如 Google 地图、YouTube 和安卓都是靠收购开展起来的，Facebook 的图片分享和处理服务 Instagram 和移动互联网即时通信 WhatsApp 也是高价收购来的。

14　这些公司都未上市，而且大多数尚未被收购，因此其估值有较大的不确定性。

Y 孵化器的投资方式给硅谷的一些富有的成功人士开拓了投资的新思路，他们很多人通过自愿组合，结成天使投资团体，在给创业者提供资金的同时，更多地给创业者以辅导。在世界各地，资金相对容易获得，而有经验的专业人士数量则有限，今天常常是投资人的智力、经验和人脉，而不是资金，决定了一个小公司的成败。Y 孵化器的成功之处在于，它最有效地调动了硅谷地区的智力和经验。

2018 年，前微软高级副总裁陆奇加入了 Y 孵化器，主管其中国业务，IT 行业很多人对于这家颇具传奇色彩的孵化器在中国如何发展充满了好奇，而这要看陆奇如何打造中国的团队了。

结束语

虽然风险投资的目的是追求高利润，但这些高利润是它们应得的报酬。我对风险投资家的敬意远远高于对华尔街的，因为风险投资对社会有很大的正面影响，而华尔街经常会起负面作用（2008 年美国的金融危机和油价暴涨暴跌很大程度上是由华尔街造成的）。风险投资通常是为创业者雪中送炭，不管创业成功与否，它们都在促进技术的进步和产业结构的更新。而华尔街许多时候只是将一个口袋里的钱放进另一个口袋里，并从中攫取巨额财富。

风险投资者是创业者幕后的帮手，但是他们无法代替创业者到前台去经营。创业的关键还在创业者自己。

第 16 章　信息产业的规律性

我们在前面介绍了信息产业的生态链。这一章是它的姊妹篇,我们将介绍信息产业的其他一些规律。其实很多观点我在前面的章节中已有提及,这里再系统地介绍一下,以便读者更好地了解整个信息科技产业演变的内在原因。

1　70-20-10 律

在介绍风险投资的一章中,我们介绍了一个科技公司如何从无到有诞生。而在这一章我们介绍当一个科技公司成熟后的变迁过程。

原苹果公司 CEO 斯卡利(就是那位把乔布斯从苹果赶走的 CEO)在失败地离开苹果后,写了一本书《奥德赛:从百事可乐到苹果》总结了他在苹果的经验教训。在书中,他发表了许多关于商业竞争的观点。斯卡利用自然界的竞争做比喻来描述商业的竞争,尽量两者大不相同,却让不熟悉商业的人更容易理解。虽然我不太同意他将社会现象和自然现象等同起来,但是非常赞同他的一个观点,我就把它进一步扩展成 70-20-10 律。

让我们顺着斯卡利的思路,看看信息科技领域和自然界的一些共性。当其中某个领域发展成熟后(而不是群雄争霸时期),一般在全球容不下三个以上的主要竞争者。这个行业一定有一个老大,斯卡利把它比喻成一个猴王,它是这个行业的主导者。毫无疑问，它虽然想顺顺当当地统领整个行业，就像猴王想让猴子们永远臣服一样，但是，它一定会遇到一两个主要的挑战者，也就是老二（也许还有老三）。其余是一大群小商家，就像一大群普通猴子。老大是这个领域的主导者，不仅占据着超过一半，通常是百分之六七十的市场，并且制定了这个领域的游戏规则。老二有自己稳定的百分之二三十的市场份额，有时也会挑战老大并给老大一些颜色看看，总的来讲是受老大欺负的时间多。剩下的一群小猴子数量虽然多，却只能占到10%甚至更少的市场，基本上唯老大马首是瞻。老大总是密切注视着老二，并时不时地打压它，以防它做大。老大和老二通常都不会太在意剩下的小企业，这样就让这一群小企业有挣一些小钱的机会。这里面的百分比数字70、20和10是我加的，因为信息产业大公司之间的市场份额大抵如此。

在我们熟知的个人电脑领域，微软无疑是老大，苹果是老二（当然，现在的苹果和斯卡利时代不同了，它已经不完全是计算机公司了）。微软控制着PC的操作系统，于是几乎所有的软硬件开发商都必须跟在微软的后面开发应用产品，因此微软的地位就相当于猴王。苹果有时能够挑战一下微软，将市场占有率提高一两个百分点，但是，总的来讲它在个人电脑领域一直备受微软的打压。剩下的公司，不仅很难挑战微软的霸主地位，和苹果也差得很远，要么替微软赚吆喝，比如大大小小的PC公司；要么就避开微软闷头挣自己的小钱，比如应用软件开发商Adobe、Intuit和赛门铁克等，日子也过得下去。

但是到了消费电子领域，苹果从2000年后就成为了老大，以音乐播放器为例，苹果的iPod占了全球大部分市场和几乎所有的利润，虽然微软、闪迪（SanDisk）和新加坡的创新（Creative）也有自己的播放器，但是它们的份额只是苹果的零头，最终它们要么退出了这个市场（比如闪迪和创新），要么还在为不断萎缩的市场份额苦苦挣扎（比如微软）。几年后，亚马逊仗着自己对媒体内容更有控制力，也通过它的Kindle阅读器和手机进入数字音乐市场，但是命运和前面那些不成功的参与者一样，被苹果打压，苦苦生存。在数字音乐播放器这个产业里，所有的配套产品，比如喇叭、音响和充电器，都要首先考虑采用苹果的接口。

在个人电脑处理器领域英特尔是老大，以前的老二摩托罗拉已经被英特尔逐出了处理器行业，现在由 AMD 坐第二把交椅。虽然 AMD 偶尔能从英特尔手里抢一些市场份额，但是基本上是在英特尔的阴影下发展，它的产品必须和英特尔的兼容。这是华尔街对 AMD 总体并不看好的主要原因。在这个领域，一家公司必须有足够的销量才能立住脚，因此现在连第三家做处理器的公司都没有了，一群小的半导体公司都在围着英特尔转，做个人电脑里各种各样的其他芯片。在这个领域，英特尔是游戏规则的制定者，任何一家公司都无法抛开英特尔自己另搞一套，否则便是自取灭亡。

在其他领域，情况也相似。在全球网络设备市场，华为是老大，思科是老二，Juniper Networks[1] 是老三；在互联网领域，Google 是老大，过去雅虎是老二，现在 Facebook 是老二；在 IT 服务领域，IBM 是老大，甲骨文和惠普企业是老二老三；在中国以外的电商行业，亚马逊是老大，eBay 是老二，而在中国阿里巴巴是老大，京东是老二。虽然每个领域的领头羊所占的市场份额不尽相同，但是时常都比其他所有公司的总和还多，更关键的是，老大独自决定着行业的游戏规则。

当一个市场还处在群雄争霸的时期时，一家商业模式适合这个市场，并且在技术、管理和市场上综合占优势的公司，无疑最有可能成为最终竞争的胜利者，并成为行业的领头羊。这个新诞生的"猴王"，同时也会成为这个市场规则的制定者和解释者，这时，市场就不可逆转地向着有利于这个主导者的方向发展。其他公司即使在技术、管理或其他方面有一点优势，也不足以抵消主导者在规则制定和解释方面的优势。靠着制定和解释规则，在很短的时间里，这个王者就占领了这个领域在全世界的大部分市场。

---

[1] Juniper 原意是美国加州的一种松树。

让我们通过微软和苹果的例子，来了解一下制定规则的作用。在个人电脑时代，当微软占领了 95% 的 PC 操作系统市场份额后，软件开发商如果专门开发苹果软件，会意味着什么呢？这就意味着设计和生产一种只能在 5% 的公路上跑的汽车。2008 年夏天我和加州大学圣地亚哥分校一位研究计算机安全的教授讨论信息安全的问题。我们在谈到以往基于 UNIX 内核的操作系统，比如苹果的 iOS，通常比微软的安全时，他向我介绍，当时微软 Vista 之后的操作系统其实已经比苹果的操作系统和 Linux 安全得多（我多少有点惊讶）。但是，微软的 Vista 仍然比苹果的操作系统更容易受到攻击，因为后者的数量（或者说市场占有率）太小，以至于制造计算机病毒和间谍软件（Spyware）的人"懒得"去攻击苹果的计算机。这对苹果公司和苹果的用户是一条悲哀的好消息，它说明微软在操作系统上的统治地位多么强，就连病毒制造者都中意于造微软的毒。事实上，苹果在早期一直标榜自己的产品在技术和性能上比微软的强，现在连它自己都不觉得这是卖点了，于是便另辟蹊径地追求酷了。

当整个行业都开始遵守微软制定的规则时，全社会就出现了各种各样靠微软吃饭的人。有编写、翻译、出版和销售 Windows 编程书的人（只要到各个书店科技图书的柜台前看一看有多少这类的书就有体会了），还有从事各种微软软件培训或微软证书考试复习的"专家"（只要在媒体上看看有多少这种广告就行了）。大家还能举出很多类似的例子。改变 PC 行业的规则意味着这些从业人员的失业，他们就会首先跳出来反对新的规则并且力挺微软。这样，微软在 PC 领域的王者地位就变得几乎无法撼动了，至少不是在技术上能撼动的。同样的道理，Google 也养活了无数做网站优化的人——这些人把各种网站优化成最适合 Google 的排名。如果一夜之间出来一个新的搜索引擎要挑战 Google，不论它是否比 Google 好，这些人马上会出来反对。即使像华为和思科公司那种不直接和终端用户打交道的公司，对社会的影响也远不止是卖一些网络路由器那么简单。在思科如日中天、它的证书成为求职的敲门砖时，整个行业的从业人员不可避免地必须掌握其相关技术，你可以想象撼动思科会有多难。今天华为在一定程度上取代了思科的位置，虽然很多国家试图阻止华为的5G产品进入它们的电信领域，但是在它们的电信行业中几乎行不通，因为整个行业负担不起重新学习的成本。甲骨文的情况也类似，虽然它的服务非常昂贵，但是地位稳如泰山。

在移动互联网时代，虽然看上去有很多公司参与，有很多竞争者，但是起主导作用的企业非常少。从3G移动通信开始普及以来，主导通信技术的公司并不是iPhone制造商苹果公司，更不是小米这样的手机厂商，而是曝光率并不高的高通公司（Qualcomm）。可以毫不夸张地讲，高通公司是3G通信技术和无线通信的规则制定者。虽然第三代无线通信的技术CDMA早在越南战争时期就为美军使用，并且全世界掌握该技术的人非常多，但是将CDMA用于手机通信的最早解决方案（CDMA2000）是由高通公司提出的。CDMA2000很快便成为了国际标准。高通公司通过专利保护几乎堵死了任何绕过其专利的解决方案，进而达到了主导3G手机市场的目的。高通公司做事一向很霸道，专利费极其昂贵，它向每一部手机收取4—8美元，超过一部手机中的所有芯片能带来的利润。这就逼着日本、欧洲和中国不得不自己搞一套CDMA标准WCDMA（日本和欧洲）和TD-SCDMA（中国）（后来美国又加进了一个WiMax，这样全球共4个标准，但是现在大部分人认为WiMax属于第四代的4G标准）。这些后来的标准虽然在技术上超过了高通公司的CDMA2000解决方案，但是，整个3G市场仍然被高通抢了先机。一方面，由于欧洲不愿意放弃第二代GSM标准，使得高通的CDMA2000在很长的时间里以两倍于WCDMA的速度发展，直到2009年WCDMA才赶上来。另一方面，高通公司在WCDMA中抢占了专利总数的大约30%，而且是最关键的专利（具体数字不是很准确，大致在这个范围）。欧洲以诺基亚公司为首的工业界也拥有大量WCDMA的专利，它们联合了高通公司的竞争对手博通公司（Broadcom）试图挑战高通的权威。高通公司采用擒贼先擒王的办法先制住诺基亚，和后者打了很多年专利官司。最后，高通公司威胁不再做WCDMA的芯片，这样它将以WCDMA专利的净拥有者身份阻止诺基亚进入3G市场。这是一个两败俱伤的做法，但是高通公司输得起，因为它已经拥有了3G很大的市场，而诺基亚既不能绕过高通公司的专利进入 3G 市场，也不能从此放弃 3G 这个新兴的市场，它根本输不起。结果诺基亚不得不低头，2008 年 7 月 24 日，两家公司达成和解[2]，高通公司下调了专利费。即使下调后，诺基亚仍要向高通公司支付巨额的专利费（细节没有公布，据估计诺基亚在今后 15 年内，每部手机仍将付给高通几美元），高通公司从此将在 WCDMA 市场上唱主角。当天原本是高通公司公布业绩的日子，高通公司临时通知媒体业绩公布时间将推迟几小时，敏感的华尔街已经觉察到高通公司很可能搞定了诺基亚，股价在盘后大幅上涨。果然，几个小时后高通公司公布业绩时宣布了这个好消息，股价猛涨了近 20%。而它的竞争对手博通公司的股价则一落千丈，标志着整个行业挑战高通的失败。也就是在 3G 时代，高通一度超越英特尔，成为全球市值最大的半导体公司。

虽然在欧洲、日本和中国，各自的手机厂家和运营商占有地利，但是其 3G 无线通信最终是在高通公司的阴影下运作，因为后者的标准已经成为行业普遍遵守的规则。中国政府在 3G 时代用数千亿元人民币扶植出的自己的标准，也没有能够主导中国市场。因此，欧洲、中国和日本都迅速从 3G 时代过渡到了 4G 时代，因为在 4G 时代并非高通一家独大。不过，即便是在 4G 时代，高通的影响力依然不可小觑。2018 年底，高通在中国状告苹果公司成功，让法院做出了禁售 iPhone 7 的判决。

虽然微软在个人电脑操作系统市场的优势和高通在 3G 市场的垄断是极端的例子，但是，即使在一般情况下，在一个成熟的市场上占有主导地位的公司仍然能独占 60%—70% 的市场。在处理器市场上，2018 年，英特尔的销售额为 628 亿美元，而第二名 AMD 仅有 65 亿美元，仅为前者的 1/10 左右。在互联网行业，2017 年 Google 一家的收入为 1100 亿美元，不仅占了全世界互联网广告市场的一大半，而且即使把整个互联网产业作为一个整体来衡量，它的占比也高得惊人，第二名 Facebook 只有 400 多亿美元，不到它的一半。另外，在互联网的垂直领域，Facebook 在社交网络，腾讯在中国的社交网

---

2 In Settlement, Nokia Will Pay Royalties to Qualcomm，New York Times, July 24, 2008, http://www.nytimes.com/2008/07/24te-chnology/24qualco-mm.html.

络、阿里巴巴在中国的电商、亚马逊在中国以外的电商，都占了超过 2/3 的市场份额。到了智能手机时代，Google 几乎再造了当年微软的奇迹，它的安卓控制了全球八成左右的智能手机操作系统。

IT 领域的这种特有现象，在传统工业却很难看到。在石油领域，尽管埃克森美孚（Exxon Mobil）在很多年份每年都有高达 4000 多亿美元的营业额和同样高的市值，它在世界石油市场却连 10% 的份额也占不到。不仅在全球范围内英荷壳牌石油公司（Shell）、英国石油（BP）、中石油可以与之分庭抗礼，即使在美国本土，它在竞争上与雪佛龙（Chevron）相比，也没有明显的优势。在汽车工业中，无论是昔日的霸主通用汽车，还是现在全球最大的汽车公司丰田，近 30 年来也从来没有占有过世界市场的 20%。在金融、医疗药品、零售业等诸多领域也是如此。因此，在这些领域并不存在着一个主导公司，可以说每家公司各有千秋。

为什么信息产业领域的公司比传统工业的公司更容易形成主导优势呢？这里面有两个关键的原因。首先是不同的成本在这两种工业中所占比例相差太大。传统行业研发成本低，但各种制造成本和销售成本是非常高的。研发成本可以通过规模经济来抵消，而制造成本则不能。传统工业扩大一千倍生意，通常意味着同时增加几百倍的成本。以石油工业为例，最主要的成本是获得油田的成本。由于地缘政治的影响，美国的埃克森美孚公司获得俄罗斯油田开采权的成本要比中国的石油公司，甚至比英国石油公司和英荷壳牌（Shell）高得多。因此，埃克森美孚到一定规模后进一步扩展的成本就非常高。在汽车工业中，制造成本（还不包括研制、市场和销售）超过汽车售价的一大半，即使销售额增加了一倍，也提高不了多少利润率。总的来讲，一个汽车公司要扩大一倍营业额，基本上意味着公司规模要扩大一倍，工厂规模和人员数量要增加一倍。这时公司就不可能像它规模小的时候那样效率高，利润率甚至可能下降。因此到一定规模后它的扩张也会慢下来。

科技领域则大不相同，制造成本只占营业额的很小一部分，而研发成本占大多数。对微软和甲骨文来讲，制作一份软件拷贝的成本和一百万份没有什么区别。2008—2010 年，这两家软件公司的毛利润率一直高达 70%—80% 以上。即使是以硬件销售为主的思科和英特尔，长期以来，毛利润率也分别超过 50% 和 60%，见表 16.1。

表 16.1 微软、甲骨文、思科、英特尔 2006—2014 年和 2018 年的毛利率
（数据来源：www.sec.gov，其中甲骨文 2011 年因整合了太阳公司的硬件部门，微软 2014 年之后整合了诺基亚硬件部门，相应年份的利润率均有所下降。但甲骨文的利润率 2012 年便开始明显回升。）

公司	微软	甲骨文	思科	英特尔
2006	83%	52%	65%	51%
2007	79%	50%	63%	52%
2008	81%	76%	64%	55%
2009	79%	75%	64%	55%
2010	81%	73%	65%	65%
2011	78%	63%	61%	63%
2012	76%	78%	61%	62%
2013	74%	80%	61%	60%
2014	69%	81%	59%	64%
2018	61%	80%	61%	62%

而在传统行业的通用汽车公司，2007 年的毛利润率不到 10%，就连效益最好的丰田公司也不过 15% 左右，而新一代汽车公司特斯拉不过 20% 多一点。单看毛利率，科技公司的利润率可以用"惊人的暴利"来形容。但是，科技公司的产品研发成本摊到每个产品上并不低。如果能扩大一倍的市场，就能将这部分主要的成本降一半。这时候一个科技公司并不需要更多的雇员，效率依然保持不变，总的利润率就上去了。

虽然生物制药公司和信息科技公司一样有着低制造成本的特点，但是世界上没有一种万灵药包治百病，甚至对于同一种病，也不是一种药就能治愈所有病患，因此就有很多大的生物制药公司并存。每家公司专门研制针对不同疾病的药物，上述主导的现象在生物制药领域并不存在。

其次，信息产品生态链各环节之间的耦合性非常强。个人用户一旦使用装有 Windows 系统的计算机，就会在上面安装各种软件。即使一个竞争对手推出了好用 10 倍的计算机，用户也很难转而采用新的计算机。一个大公司或政府部门，一旦选择了微软的操作系统，就很难放弃。一旦一个操作系统开始在市场上领先它的竞争对手，在整个生态链中它的下家就会越来越多，在其操作系统上可用的软件就越来越多，使得其他孤军奋战的竞争者很难取胜。这样，主导的科技公司就会很快占领全球市场。在传统工业的生态链中，这种耦合关系非常弱。一个汽车公司这一次选择了米其林（Michelin）的轮胎，下次完全可以选择固特异（Goodyear）的。而对于客户也是一样，某运输公司这次买了一批福特的汽车，下次如果通用的好，它可以马上换成通用的。

再次，不同用户对传统商品（比如汽车）的品味不同，对性能的要求也不同，因此很难做到赢者通吃。一百多年前，亨利·福特试图用一种汽车（T型车）统一市场，事实证明这是行不通的。即使是日用品，也有人喜欢强生（Johnson & Johnson）的，有人喜欢宝洁（P&G）的，因为它们不太可比。因此，一些行业中的落后者，通过产品的差异化，多多少少能获得一些市场份额。对于科技产品，虽然不同公司的同类产品可能有所不同，但是，这些区别不足以左右主流用户的选择。对于主流用户来讲，科技产品的性能指标是硬性的，好就是好，不好就是不好。基本的功能、合理的价钱和良好的服务是他们选择一种科技产品的原则。没有多少人在意思科的路由器和华为的哪个外观更好看，也没有多少人清楚微软的制表软件和莲花公司的有多大区别。这使得科技公司很容易做到强者越来越强，直到赢者通吃。

信息科技公司通常用很短的时间就达到了传统公司用半个世纪才能达到的市场规模。英特尔和微软从上市起用了 10 年的时间确立了它们在个人电脑领域的霸主地位，并达到百亿美元产值，而思科上市后只用了 5 年左右的时间就主导了网络硬件的市场，并达到百亿美元产值。Google 更是在上市的第二年就超过了雅虎，一跃成为互联网的老大，第三个年头就进入了百亿美元俱乐部，到了 2015 年，它成为美国历史上第七家市值达到 5000 亿美元的公司[3]。

虽然理论上讲，取得市场主导地位的公司可以通过恶意竞争和收购几乎百分之百地占领一个市场，但是当它占到 60%—80% 的市场时，它的扩张基本上也就到头了。这里面固然有作为第二名（和第三名）的公司在某个局部领域（Niche Market）做得比主导公司好的原因，比如苹果的图形界面和动画制作软件对艺术家来讲远比微软的同类产品好，更主要的是各大科技公司自觉遵守的风险控制原则和美国联邦政府对商业垄断行为的严格限制。

作为一种技术产品下家的公司，比如惠普和戴尔是英特尔的下家，为了保证自己的长期货源不会被一家公司所垄断，通常会按一定比例同时采购两个上家的产品，即使一个上家给出的条件比另一个好。因此，我们看到惠普、戴尔和联想等公司的计算机产品既有用英特尔的 CPU，也有用 AMD 的。有些时候，一种产品无法同时选用两家公司的器件，比如苹果的 iPhone 每一代只能有一种处理器芯片。这时，公司就会在这一代产品中选某个供货商的，下一代选其竞争对手的。大部分公司和政府部门在大宗采购的选型中，常常是这一次选择公司甲的（比如思科的），下次选择公司乙的（比如 Juniper Networks 的）。

当一家主导公司非常强势，上述方法也无法阻止其垄断的形成时，竞争对手就只好求助于美国的司法部和欧盟的反托拉斯委员会出面解决问题了。聪明的主导者会让出一些市场给第二三名，以免惹上反垄断的麻烦。通常 70% 是一个魔法数字。一个主导者愿意强调自己是行业的领导者，给投资者和用户信心，但是永远会否认自己有垄断地位，以免给自己找麻烦。它们在提交到证监会和其他政府部门的官方文件中甚至会列举一些小到不能再小的竞争对手，表明自己在公平竞争。比如微软在 2008 年财政年度的年报中，居然把

---

[3] 之前的六家分别是 GE、微软、英特尔、思科、埃克森美孚和苹果，除了苹果之外，剩下的五家在 5000 亿美元市值上持续的时间都不长。

盈利只有它 1/200 的 Earthlink 公司（估计 99% 的中国读者都没听说过这家小公司）列为它的竞争对手，写入它给证监会的文件中[4]。这种做法其实是 IT 行业不成文的约定，我们不妨把它称之为"既要会做事，也要会做人"。

2018 年，加拿大因某种原因逮捕了华为的 CFO 孟晚舟，这里面当然有很多政治的因素。但是，为什么一向对中国非常友好，甚至对上个世纪 60 年代经济困难时的中国提供粮食援助的加拿大，要对中国下狠手，而且在逮捕孟晚舟之后加拿大民众一边倒地支持司法部门的行为呢？这里面其实有一个大家都不愿意说的原因，就是很多人对华为的不满，因为作为加拿大科技行业标杆的北电公司就死在华为手上。加拿大不同于美国，IT 企业很少，北电是加拿大唯一一家大型 IT 跨国企业。这件事虽然发生在十几年前，但是梁子是结下了。微软和 Google 都有不少来自北电的员工，和他们聊起来，无一例外对华为没有好感。后来，华为在对待爱立信和诺基亚等欧洲电信企业时，不再像早期那么彪悍了，这才让那些老牌电信企业得以生存至今。如此，华为已经从单纯做事变成了也要做人的企业。

这样，在多方面扶植下，尤其是在 IT 业界人为的帮助下，扶植出一个能稍微制约主导公司的老二（或者还有老三），它甚至可能占到 20%—30% 的市场。再剩下的一点市场就给众多小公司去瓜分了。

读者们也许已经在思考：当一家主导公司一直占领某个市场 70% 的份额，并且对第二名保持一定优势时，它岂不是将这个市场变成了它的万世基业了吗？实际情况显然并非如此，随着产业的变革，一家主导公司不可能靠吃老本而成为百年老店。在道琼斯工业指数中最早的 30 家公司，现在已经一家不剩了。在科技领域，一些内在的规律加速了它的新陈代谢。

4　2008 微软年报 10-K，www.sec.gov。

2 诺威格定律

Google 研究院主任、美国计算机协会（ACM）资深会员（Fellow，中文有些地方翻译成会士）、人工智能专家彼得·诺威格博士（Peter Norvig）认为，一家公司的市场占有率超过 50% 后，就无法再翻番了。这几乎是任何人都懂的大白话，却道出了许多跨国公司兴衰的根源。

和人一样，一家公司也有它成长的青少年期、稳定的中年期和衰退的老年期。当一家公司刚刚兴起时，它很有朝气，又有领先的技术，市场占有率却很小。整个世界对它来讲几乎是空间无限大，它只要干好自己的事，就能不断占领市场，以几何级数成长，根本不用担心成长的空间问题。用辛弃疾的话讲，就是"少年不识愁滋味"。但是，当它占领了大部分市场时，它的成长就受制于整个行业的发展了。而华尔街依然期望这个新兴公司不断创造奇迹。这时候，该公司就必须寻找新的增长点，公司就不得不天天为营收忙碌，才能不断超越华尔街的预期（如果达不到预期会怎么样，我们以后会谈到它的严重后果）。和传统工业不一样，一家科技公司非常容易早熟，可能用不了几年就成长到了饱和状态。

让我们通过 Google 的例子来看一看科技公司达到饱和状态有多快。在山景城（Mountain View）Google 总部 42 号大楼 2 楼的墙上有一张一米高、几米宽的大图，它是参观 Google 必看的一景。图上画的是从 1999 年到 2004 年 Google 上市时为止 Google 搜索流量的增长。那是一条非常漂亮的以几何级数增长的曲线。图上横坐标是时间，纵坐标是搜索量。从 1999—2000 年，搜索量增加了 10 倍，曲线的顶部就要突破整张图的高度了，曲线的比例不得不缩成原来的 1/10。但是，很快，几个月翻一番的增长速度又使得曲线的比例又缩减 1/10，如此几次，直到 2004 年 Google 上市后不能再公开流量为止。

Google 刚成立时每天只有几万次的搜索量，这个数量即使涨一万倍也不会对市场有很大影响。拉里·佩奇亲口对我们讲，他最初的梦想不过是把

Google 办成一个盈利上亿美元的公司。但是，Google 的发展比佩奇自己梦想的还要快得多。果然 Google 成立后没有多长时间，搜索量就涨了上百倍，达到百万。时任 Google 主管工程的副总裁乌尔斯·霍尔茨（Urs Hölzle）还专门发了封电子邮件庆贺。当时 Google 只有个位数的服务器，霍尔茨亲自监管这些服务器。没过两年，Google 的搜索量又增长了百倍，Google 自己也长成了一个婴儿巨人（Baby Giant）。到 2002 年，它不仅成为世界上最流行的搜索引擎，而且同时为世界上最大的两个门户网站雅虎和美国在线提供搜索服务，估计占到了全球搜索流量的一半。在 1998 年到 2002 年这 4 年间，Google 的增长主要靠抢占市场份额而获得。但在 Google 和美国在线签下搜索合作的合同后，全世界几乎没剩下多少市场份额可以抢占了。这时，新加入 Google 不久的诺威格指出了上述朴素而又经典的定律。幸运的是，Google 的管理层未雨绸缪，已经看到了危机。他们从基于搜索的广告扩展到与内容相关的网络广告（AdSense for Content）就是从那时开始的。从 2007 年起，后者的营业额已经占到的 Google 整个营业额的 1/3。

到 2008 年，成立刚 10 年的 Google，在全球搜索市场的占有率早已经超过了 50%（根据 comScore、ACNielsen 和 Hitwise 等第三方公司提供的数据）。2010 年，它的营业额更是第二名雅虎的 4 倍多。Google 从搜索业务带来的营业额增长，很大程度上已经受制于整个互联网上商业的增长。Google 的增长率也由早年的每年翻番到最近几年（2006 年）的 70%、50% 和 30%，最后稳定在 20%—30%。因此，这个时候像 Google 这种公司发展的关键是寻找新的增长点。

对于一个在全球某个领域占主导地位的公司来讲，如果不能较早地预见到市场的饱和性（或者回避这个问题）是很危险的。当年朗讯公司已经占了美国程控交换机市场的大半江山，它依然梦想着在这个已经开始萎缩的市场上做到快速成长。这当然是不可能的，朗讯公司采用回避问题的方式，自己创造出一个实际上并不存在的虚拟市场：它将设备卖给根本还不上钱的公司。从短期效果看，朗讯公司对外公布的营业额上去了，虽然一大笔钱还只是以应收款项出现在它的财务报表上,实际并没有进账。但是当 2000 年后这些钱真的收不回来的时候,朗讯公司就彻底垮掉了(同样的错误非科技公司也会犯,以原世界第一大银行花旗银行为首的金融公司为了达到高速成长的目的,贷款给根本无法还贷的客户,导致几千亿美元的贷款成了坏账,不得不报亏损)。

诺威格定律决定了在一个市场占有主导地位的公司必须不断开拓新的财源,才能做到长盛不衰。到目前为止,开拓新的财源的有效途径只有两条,而胡乱的尝试倒有无数多种。切实可行的途径包括"横向扩展"(Leverage)现有业务和转型。Google 从基于搜索的 AdWords 广告扩展到基于内容的 AdSense 广告,微软从操作系统 Windows 扩展到应用软件 Office 都属于成功的扩展。而 GE 从电器公司到传媒和金融公司则是成功的转型。扩展适用于在自己特定领域的业务趋向于饱和而更大的相关领域还有很大扩展空间时,比如搜索广告趋于饱和,而整个互联网广告市场的潜力依然很大时,才有扩展的可能。后者适合于整个大的行业发展饱和,已无扩展的空间时。

扩展是一家公司把它现有的技术和商业优势用到相关的市场上去。我们不妨再以 Google 为例,看看一家成功的公司如何通过扩展的策略来摆脱诺威格定律的宿命。Google 在广告业的技术优势是它的广告系统投放准确率高而且高度自动化,商业优势在于它是全世界最大的广告商网络之一。关注 Google 动态的读者可能已经注意到,Google 于 2006 年 11 月收购视频网站 YouTube,2008 年 3 月收购可用于 YouTube 广告的双击公司。2007 年,Google 牵头成立了基于开源 Linux 的安卓(Android)联盟。所有人都看出这是 Google 将业务从互联网扩展到手机的信号。当时有些只盯着一两个季度财报的华尔街评论认为 Google 在那几年没有专注自身核心业务,过于注重扩张。但是,如今六七年过去了,Google 之所以能够依然保持最大的、最强的互联网公司的称号,恰恰靠的是那几年的快速扩张。仔细分析当时 Google 的各种扩展行动就能发现,实际上它的商业模式依然围着互联网广告业务进行,而且从技术上讲,无论是 YouTube 上的视频广告,还是手机上相应的广告，都还只是 Google 现有技术在相近领域的推广。Google 的广告投放技术既然能用于互联网，改造后就有可能用于传统媒体。Google 已经有了众多的广告商，他们以前通过 Google 在互联网上做广告，以后也有可能通过 Google 在传统媒体和新的工具（比如手机）上做广告。显然，Google 的所作所为并没有超出原有的广告业务。它并没有致力于成为苹果那样开发消费电子产品的公司或经营 NBC 那样的传统媒体。扩展的前提是相近领域有可扩展的空间，Google 的情况正好符合这个前提，故而采取扩展的策略。

在工业史上，这种成功的扩展事例非常之多，比如微软从个人电脑的操作系统扩展到应用软件，惠普从小型机扩展到 PC，迪士尼从少儿动画片扩展到传统影视和娱乐，等等。扩展可以最大限度地利用公司原有的经验和优势，从而在新的领域很快地站住脚。但是，当一个行业已经进入老年期，无从扩展时，这个领域领头的公司要想继续发展，甚至只是生存，就不得不考虑转型了。

转型做起来要比扩展难得多。在工业史上，转型失败的例子比成功的多很多。首先，转型的大方向就不容易找。其次，即使转型时找准了方向，在执行过程中失败的可能性仍然很大。在失败的例子中，最经典的莫过于美国通用汽车公司向电子和航空领域的转型。

大家都知道通用汽车公司是美国最大的汽车公司，占有美国一半以上的汽车市场，并且在半个多世纪里一直是世界上销售额最大的公司，直到近三十年开始走下坡路为止。但是，可能很少有人知道通用汽车公司在电子和航天领域一度有过比较成功的经历，并且一度是全球卫星制造业的领头羊，因为通用汽车的这些部门今天已经不存在了。很多美国读者可能家里使用的是 DirectTV 的卫星电视服务，这是美国乃至全球最大的卫星电视网。而 DirectTV 过去不过是通用汽车休斯电子公司下面的一个部门而已。

进入上个世纪 80 年代以后，美国的汽车工业几乎毫无发展可言。不用说高速成长，就连维持现有的利润都成为奢望。1985 年，还没有江河日下的通用汽车迈出了正确的一步，以 50 亿美元成功收购休斯航空公司（Hughes Aircraft），并与旗下德尔克电子公司（Delco Electronics）合并成休斯电子公司。休斯电子公司很快成为了全世界卫星制造和卫星通信的龙头老大。年长的读者也许记得 1990 年中国长征运载火箭的第一次商业发射就是为休斯公司发射亚洲一号通信卫星。之后，中国长征运载火箭多次将休斯公司为世界各国制造的卫星发射升空。从上个世纪 90 年代起，休斯公司一直是通信卫星制造的全球主导公司之一。1994 年，休斯电子公司推出了卫星电视服务 DirectTV，并在合并了泛美卫星的电视服务后，成为全球最大的卫星电视服务商。同时，休斯公司还是美国四大雷达制造商之一（其余三家是洛克希德－马丁（Lookheed Martin）、雷神（Raytheon）和诺斯洛普－格鲁门（Northrop Grumman）），经常拿到美国政府和军方的大额订单。除此以外，休斯公司还是世界上最大的企业级卫星通信服务业务的提供商，它的客户包括沃尔玛等众多跨国公司，这些公司为了实现全球各部门之间的通信，采用休斯公司基于卫星通信的服务。值得注意的是，当通用汽车公司自己的业务陷入困境时，休斯电子的业务却蒸蒸日上。

上个世纪 90 年代以后，美国汽车制造业受到日本公司（主要是丰田和本田）强有力的冲击，江河日下。这本来正好是通用汽车公司出售汽车品牌（比如当年凯迪拉克还是很值钱的品牌），转型到电子和航天领域的好时候，但是，通用汽车却做出了相反的决定，不断出售赚钱的电子部门，用获得的现金来补贴它毫无翻身希望的汽车制造，这无异于杀鸡取卵。1997 年，通用汽车将休斯公司的国防工业部门，包括飞机和雷达技术部门卖给了军火商雷神公司，2000 年，又将卫星制造业务卖给了波音公司，从此，我们就再也没有听说长征火箭发射休斯卫星的新闻了。2003 年，通用汽车将休斯剩余的部门，包括最大的业务 DirectTV 卫星电视卖给了默多克的新闻集团（News Corp），作价仅 200 亿美元。至此，通用汽车彻底退出世界卫星和通信技术领域。

新闻集团收购休斯公司后，只留下了 DirectTV 卫星电视服务，陆续卖掉了其他一些小的电子部门，包括为企业提供卫星通信服务的休斯网络系统。然后将 DirectTV 重新上市，现在仅这一部分市值就高达 470 多亿美元[5]，而且盈利可观。而通用公司自己，经过了几次输血，仍然半死不活，2008 年金融危机前市值只有不到 60 亿美元（2008 年第二季度亏损了 150 亿美元），仅相当于它之前的子公司休斯电子一个部门 DirectTV 同期价值的 1/5。通用汽车失败的根源在于它根深蒂固的思维方式：它一直认定自己是一家汽车公司，一定要以汽车业务为主。这好比在围棋盘上，通用汽车有一条经营了很长时间却已经没有气的大龙，和一片布局完美可扩展空间的大实空，通用汽车总是舍不得牺牲掉经营多年的大龙而错误地放弃前景看好的实空，最后结果只能是满盘皆输。2009 年，通用公司终于因经营不善宣布破产，由美国政府变相接管。虽然后来通过出售不良资产（部分资产卖给了中国），以及将债务转换成所有权，免除了大部分债务，2011 年又重新上市并且开始盈利，但是，大家依旧不太看好它的前景，因为这个行业的大趋势是从欧美向亚洲转移，而且在未来以特斯拉等公司为代表的新一代汽车必定取代以通用汽车为代表的传统内燃机汽车。

成功的转型是失之东隅，收之桑榆，比如通用电气就经常干这种事。韦尔奇在担任通用电气 CEO 后，将做不到行业前二的业务全部裁掉或卖掉，同时收购许多市场更广阔的新兴业务。在韦尔奇领导通用电气的 20 年里，通用电气做了若干次乾坤大挪移。在这种乾坤大挪移的过程中，一家公司的根子，或者说基因需要改变。而改变公司的基因和改变人的基因一样困难。下一节会介绍基因决定定律，我们可以看到一家公司的基因几乎决定了它转型的失败是必然的，成功反而是偶然的。当然，这些奇迹却又总是时不时地发生。

一家公司开拓新财源失败的尝试多如牛毛，我们也就不一一列举了。最常见也是最糟糕的情况是，一家公司找不到新的市场，只着眼于现有市场，而且总觉得别的公司盘子里的蛋糕比自己的大，以自己的劣势去争夺别人的盘中之餐。就好比国际象棋冠军卡斯帕罗夫想在高尔夫球场上战胜老虎伍兹一样，成功的可能性微乎其微。由于精力分散，这些公司有时反而可能丢掉了

---

5 以 2016 年 1 月股价为准。

自己的优势。一旦经济大环境不好，公司的扩展会全部失败，甚至丢掉了自己的基本盘，最终破产。

每当我们回过头来评价一家公司的兴衰时，往往并不难找到原因。但是，作为决策当事人，在当时的环境中往往很难做出完全正确的判断。即使看清了方向，也常常难以执行自己的意图。为什么一家公司的转型就那么难呢？

3　基因决定定律

对上述问题最好的答案就是四个字——"基因使然"。在前面的章节提到基因对一家公司发展的决定作用时，有些读者觉得我是在宣扬宿命论。遗憾的是，现实很残酷。你可以不相信基因决定论，但是最终无法摆脱它的影响。所幸的是，自从我在 2008 年 Google 黑板报上提出基因决定论后，IT 行业大部分管理人员对此非常认可，并且用它作为理解 IT 行业变迁的一把钥匙。

基因决定论的提出，最初是我和李开复以及许多优秀的管理者一道探讨公司兴衰的结论。我们和所有的 IT 从业人员一样，非常好奇为什么一家公司进入成熟期以后，便很难在新的领域获得成功。最后我的结论是，一家在某一领域特别成功的大公司一定已经被优化得非常适应这个市场，它的企业文化、做事方式、商业模式、市场定位等已经甚至过分适应传统的市场。这些使得该公司获得成功的内在因素会渐渐地深深植入该公司，可以说成了这家公司的基因。当这家公司在海外发展分公司时，它首先会将这些基因带到新的地方，克隆出一个新的公司。微软在中国的分公司一定还是微软的风格，中国的 Google 一定继承了 Google 的文化。同时，它们又都像美国公司，而不是日本公司。类似地，当这家公司开拓新领域时，它也会按照自己的基因克隆新的部门。遗憾的是，适应现有市场的基因未必适合新的市场。

当一家公司还没有占到市场的 50%，并且仍在高速发展时，它不会涉及转型的问题。一个非常成功的跨国企业需要转型，都是在它发展得非常成熟以后，就好比人到了中年。这时，一家公司和一个人一样，改变起来是非常困难的。一家公司涉足一个陌生的领域，就好比一个养尊处优、年届不惑的人重新走入课堂，跟一群20岁的年轻人一起从头开始读书，学习起来比没有负担的年轻人要难得多。更何况，年轻的公司没有退路只有向前进，而成熟的公司总有它传统的业务可以依赖，一旦遇到问题就可能退缩。

我们在第2章"蓝色巨人——IBM公司"中提出，以大型机、系统和服务为核心的IBM公司很难在PC市场上成功。IBM继苹果之后推出PC，当年就卖出10万台，销售额达到一亿多美元，并实现盈利。这在商业史上是空前的成功。但是，这一亿多美元还抵不上IBM接几个花旗银行计算机系统的合同。IBM的商业模式是将长期的服务捆绑到系统销售中，至今依然如此。应该讲，IBM的商业模式是一个很好的模式。但是，习惯于这种一劳永逸的商业模式和市场的IBM，很难习惯像推销家电那样辛辛苦苦地推销个人电脑。在IBM公司内部，负责大型计算机业务和银行软件业务的部门销售额和盈利几乎在所有年头都占IBM的主要部分，这些部门在公司内部的发言权要比个人电脑部门大得多。不要以为成功的跨国公司内部是铁板一块，大家都是为了公司的利益，实际上大公司内部各部门也为市场为利益争得你死我活。如果IBM将重点转移到个人电脑上，首先在公司内部就通不过。在对外竞争上，IBM早期主要的竞争对手康柏没有退路可言，只好全力以赴去拼搏。而IBM在个人电脑市场上每遇到一点挫折就退回来一点，发展顺利时就往前多前进一点，如此反反复复。好在IBM的个人电脑业务与其核心业务并不冲突，它的个人电脑部门才得以一直存在了20多年，直到最后卖给联想。在这之后，IBM干脆把自己基于x86处理器的服务器业务也卖给了联想。

一旦新业务和公司的传统业务冲突，一些公司甚至会牺牲新业务。我的一位邻居原来是贝尔实验室的资深科学家，他给我讲过在贝尔实验室发生的一件荒唐事。几十年前，贝尔实验室的一个小组研制出一种传真技术，比当时世界上最快的传真机速度还快10倍，但是这个项目居然被停掉了。原因是

AT&T 认为它会降低固话业务收入。显然这个小部门的主管在 AT&T 里的发言权无法和电话服务部门的人相比。今天，美国整个传真机市场由日本公司垄断。这个例子当然是比较极端的情况，但是，这一类事情当年在 AT&T 内部确实非常多。即使今天，类似情况在其他公司依然屡见不鲜。

很多读者问我为什么微软的 MSN 部门十几年了还不能盈利，而雅虎和 Google 都没用几年就开始盈利，而且发展得比 MSN 好。这其中的根本原因是微软的商业模式是以出售客户端软件为主，不适合互联网那种以广告收入来提供免费服务的商业模式。和 IBM 的情况不同，免费的服务和微软的商业模式相冲突，可以想象，如果微软免费提供 Office 软件，业绩马上就会一落千丈。不但其盈利的 Office 部门不会愿意，就连华尔街也不会答应。（我们在以后的章节会介绍华尔街对上市公司业务的间接却巨大的影响。作为投资者，华尔街最希望看到的是 IBM 安心做它的系统和服务，微软老老实实卖 PC 软件，Google 和雅虎来负责互联网。全世界这些领域的商业规模基本上是个常数，互相争来争去只会让各家利润变薄，股价下跌。）在微软内部，相比操作系统部门和办公软件部门，MSN 部门的发言权要小得多。为了解决这个问题，微软 2006 年将 MSN 划归最有权威的操作系统部门，但是随着这两个部门的最高执行官凯文·约翰逊（Kevin Johnson）跳槽到 Juniper Networks 当 CEO，很难想象 MSN 新的掌舵人在微软内部的发言权能超过其操作系统和 Office 部门的领导。2012 年年初，我到邻近西雅图的贝尔维（Bellevue）微软在线部门的总部，与该部门总裁陆奇商谈微软在线部门和腾讯合作的可能性。我们谈得很好，从广告的合作，谈到工程上的互相支持，然后再到浏览器和手机操作系统上的合作。当时我们二人达成很多合作意向，但是最终落实的只有微软的必应（Bing）搜索采用腾讯的广告一项[6]。其他合作涉及到微软在线部门以外的部门，比如微软 IE 浏览器属于操作系统部门，手机操作系统也是另外的部门，等等，而这些完全不在陆奇的控制范围内。在微软内部，显然并非所有部门都全力支持在线业务。因此，微软在线想和 Google 竞争就相当困难。

6　当然，随着我和陆奇都不再负责相应的业务，这种合作很快便终止了。

类似地，Google 的基因是存储和处理信息，而不是通信，只要是与信息处理相关的领域，它都做得特别好，比如搜索、视频 YouTube 和在线广告，而在需要通信的领域，比如社交网络就做得不好。相反，Facebook 和腾讯从本质上讲是产品驱动的通信公司，它们在社交网络和通信产品上非常在行，但是在信息处理和电子商务等很多领域的努力都以失败告终。这并非因为这些公司投入不足，也不是员工不够努力，而是因为它们的基因不对。

同一个市场在不同的公司眼里是完全不同的。个人电脑在苹果公司的眼里和在微软的眼里完全不同。严格地讲，苹果其实不能算是一个计算机公司，而是一个注重创新的消费电子公司。在苹果公司看来，计算机不过是新的电子产品的一种，当然苹果要把它做得越新、越酷，才越好。在这个前提下，苹果公司会为工程师创造一个宽松的环境来鼓励创新，其产品经理重视产品的品位。这些都是苹果基因中好的部分。当然，任何事情都是两面的，过于宽松的环境可能造成许多无谓的探索，做了很多对用户没有帮助的事。只注重产品的时尚，可能会忽略用户的基本需求。一个典型的例子就是苹果的一键鼠标，虽然很酷，但是毕竟没有微软的两键/三键鼠标好用。上个世纪 80 年代，当麦金托什已经做得非常好，比运行微软 DOS 的 IBM-PC 整整领先一代时，乔布斯领导下的苹果仍然还在想方设法地堆砌功能，结果当初世界上最好的个人电脑麦金托什被搞得越来越封闭，在和微软的竞争中差点死掉。而盖茨对 PC 的理解和苹果完全不同，在他看来计算机是一种改变人们生活的工具，并且把"让计算机进入每一个家庭"作为自己的使命，所以微软关心的是如何让产品改变人们的生活。对微软来讲，功能比时尚更重要，因此它开发 Windows 采用严格的自顶向下的过程。一个大的团队负责一组菜单里的功能，里面每一个小的团队负责其中一项功能。在这种严格的分工下，人的创新就容易受到限制，却保证了产品朴实无华，能按时开发出来，并满足用户的需求。

一家公司的产品和服务可能随着市场的变化不断改变，但是公司的基因却很难改变。也许会有读者认为苹果从个人电脑到 iPod，再到 iPhone 和 iPad，已经成功地转型了，苹果的基因变了。从表面上看确实如此，苹果公司变化很多。但是它内在的东西一点也没有变。虽然从个人电脑到 iPod，再到 iPhone，面临的是完全不同的市场，但是苹果的商业模式一点都没有改变。作为一个富于创新的消费电子公司，和其他同类公司一样，硬件和软件必须作为整体一起出售，不能拆开卖，软件的价值必须通过硬件的销售而实现。所以虽然苹果十几年前吃过自我封闭的亏，但是十几年后当苹果推出 iPod 时，它还是相对封闭的产品，必须用苹果 iTunes 软件才能将音乐和视频从 PC 导入 iPod 中。之后，苹果又推出了大受欢迎的智能手机 iPhone，仍然是一个封闭的系统。有读者问我，既然 iPhone 操作系统的核心也是基于开源 UNIX 的，为什么它不搞一个开放系统的手机联盟。原因很简单，这不是苹果的商业模式。苹果的基因决定它必须通过硬件挣软件的钱。创新是苹果最关键的基因，否则它存在的意义就不大了。至于在什么地方创新，苹果并不关心。只要在个人电脑上还有创新的余地，它就不会放弃这个市场。它从 1998 年推出的 iMac 桌面一体机，到 2008 年推出的 MacBook Air 超薄笔记本，2010 年推出 iPad，无一不是让人耳目一新的产品。因此，苹果还是苹果，它不因为做了 iPod 就变成了索尼，做了手机就变成了诺基亚。

2008 年，随着基于 Google 安卓开源操作系统的智能手机越来越接近问世，全球最大的手机厂商诺基亚宣布它可能会开放其智能手机的操作系统塞班（Symbian）。我当时就说诺基亚这件事做不成，或者说做不彻底。它会开放一些源代码，目的是让别人为它开发软件，而不是帮助别人做兼容诺基亚的手机。因为选择后面这条路，就断了诺基亚自己的财路。诺基亚和微软不同，后者当时本身不做手机硬件，靠单纯卖手机操作系统挣钱，世界上采用它的操作系统的手机厂商越多越好。诺基亚在手机领域相当于 20 多年前苹果在个人电脑领域，归根结底还是要靠手机本身挣钱，其他牌子的手机卖多了，它自己的就卖少了。这也是诺基亚作为手机厂商的基因使然。Google 则不同，它从来没有想去挣硬件的钱，而只是希望人们通过硬件来使用它的搜索。因此，它希望采用安卓手机操作系统的制造商越多越好。由于诺基亚和 Google 的基因不同，商业模式不同，在手机领域的做法就会不同，当然最后的结果也不同。但是，我没有料到，塞班的市场丢得如此之快，以至于到 2010 年第四季度，安卓操作系统后来居上超过塞班，成为全球市场占有率第一的手机操作系统，逼得诺基亚不得不放弃塞班[7]。在此之后，安卓在智能手机市场取得了当年微软 Windows 在个人电脑领域那样的统治地位。

在 IT 领域内部转基因尚且如此之难，从非 IT 领域进入 IT 领域就更是难上加难。我们现在很好理解为什么通用汽车公司始终摆脱不掉"发展汽车工业"这一固定的思维模式了。虽然在上世纪 80 年代通用汽车进入电子和通信领域后已经有了一个很好的布局，却不可避免地陷入自己给自己套的紧箍咒，无法自拔。

一家公司的基因并不像人类的基因那样（在显微镜下）看得见摸得着。它是一家公司在市场竞争中进化出来并且适应该市场的企业文化（做事方式）、管理方法、产品市场定位、商业模式和营销方式，等等。一家公司在早期，一切还是张白纸的时候，基因还有改变的可能。红杉资本认为一家公司的基因在创办的三个月内就定型了，这也许有些夸张，但是一家成型的公司改变基因的可能性确实很小。越是以前成功的公司，越容易相信自己固有的基因是最优秀的。

公司基因的决定作用如此之大，使得很多跨国公司都无法通过改变基因来逃脱诺威格定律的宿命。这其实对整个工业界，乃至我们这个世界是一件好事。就像自然界的任何事物都是从生到死不断发展的一样，一家公司、一个产业也应该如此。人类的文明和技术是不断进步的，旧的不去，新的不来，只有清除掉阻碍我们进步的那些庞大的恐龙，人类才有新的发展空间。从这个角度讲，一家昔日跨国公司的衰亡，也许是它为我们这个社会做的最后一次贡献。

7　Smartphone：http://en.wikipedia.org/wiki/Smartphone.

当然，世界之大，必然会出现一些成功改良自身基因，并成功转型的公司。我们在后面的章节中会介绍诺基亚如何从一个木工厂变为全球最大的手机厂商，通用电气如何从一个电子公司变成一个包括银行业在内的跨行业商业巨头，以及 3M 公司如何成为综合领域的常青树。

结束语

在新的信息技术产业刚刚形成时，总会有多个可以互相抗衡的竞争者。但是，一旦有一家主导公司出现，它就可能成为该行业游戏规则的制定者，继而在商业上拥有不可估量的优势，并迅速占领全球市场。在信息产业，这个过程通常比我们想象的快得多。但是，一旦一家公司占有全球一大半的市场，它就不得不寻找新的增长点。而这时的跨国公司已经不是当年那个朝气蓬勃的公司了，固有的基因令它转型十分艰难，若能幸运地成功转型，它将再次获得新生，否则就会被技术革命的浪潮淘汰。

科学技术无疑是我们这个时代推动社会前进的主要动力。一次次技术革命的浪潮造就出浪尖上的成功者，淘汰掉赶不上大潮的失败者。当一些人还在为那些曾经伟大的公司的消亡感到可惜的时候，我想说的是，任何过气公司退出历史舞台，是它们对世界做的最后一次贡献，唯有如此，才会有更多的资源分配给新的公司、新的行业。

第17章　硅谷的摇篮
斯坦福大学

硅谷的兴起和发展在很大程度上是靠斯坦福大学多方位的支持。IT领域的很多大公司都是由斯坦福大学的学生和教授创办的，包括惠普、思科、雅虎、Google、英特尔、太阳公司、制造处理器和工作站的MIPS和SGI公司、世界最大的GPU公司NVIDIA、世界最大的视频电话会议公司WebEx、最新潮的社交网络Snapchat等，另外在非科技领域还有著名的耐克（Nike）公司。此外，微软前CEO史蒂夫·鲍尔默和董事会共同主席吉姆·阿尔钦也在斯坦福读过书[1]。斯坦福在商业界和科技界创下的这种奇迹是世界上其他任何一流大学都不能比的。为什么斯坦福大学能创造这样的奇迹呢？这要从它的发展、它的文化说起。

1　传奇大学

关于斯坦福大学的各种传奇故事在互联网上广为流传，有些是真的，有些是杜撰的。其中流毒最深远的讹传是这样的：

> 有两个"乡巴佬"夫妇，找到哈佛大学，提出为哈佛捐一栋大楼。哈佛大学的校长很傲慢地说，捐一栋楼要一百万，然后三句两句便把这对老夫妇打发走了。这对老夫妇一边走一边唠叨，才一百万，才一百万。他们有一个亿要捐，于是干脆自己捐了一所大学，

---

[1] 鲍尔默1980年就读于斯坦福大学商学院，但是中途辍学加入微软，阿尔钦毕业于斯坦福大学。

就是今天的斯坦福大学。

这个讹传被翻译成各种文字，广为流传，以至于斯坦福大学不得不在官方网站上辟谣。其实，这个讹传漏洞很多。首先，了解斯坦福大学历史的人都知道老利兰·斯坦福（Leland Stanford Sr.）可不是一般的人，绝不是什么乡巴佬。他不仅是加州的铁路大王，还担任过加州州长、美国联邦参议员，属于精英阶层（Elite Class），他甚至还是林肯总统在美国西部重要的政治盟友。我们在后面还会介绍到他的夫人也是一位了不起的女性。第二，在19世纪，一亿美元是一个天文数字，100万美元也是一大笔财富。美国以前最大的银行花旗银行到20世纪30年代，存款才达到几千万美元。截至斯坦福大学创办的20年前，美国有史以来最大的一笔捐赠不过700万美元，用于创建约翰·霍普金斯大学和霍普金斯医学院。在老斯坦福的捐款中，现金只有1000多万美元，这已经是当时美国最大的捐款了。老斯坦福的捐赠中最值钱的是33平方公里（8000多英亩）的土地。当年加州属于"蛮夷之地"，土地值不了多少钱，但是今天斯坦福所处的帕洛阿尔托市是世界上土地最贵的地方之一，这些土地的地价涨了不止万倍，因此斯坦福也成为了今天实际资产最多的大学。第三，哈佛大学和美国所有的大学对捐助者从来都是非常殷勤的。坦率地讲，它们比中国的大学要殷勤得多，不会怠慢任何慈善家。这是美国大学能得到巨额捐助的重要原因之一。至于为什么会出现并流传前面那么荒唐的谎言，原因有三。首先，可能是哈佛大学当年校长艾略特的儿子杜撰了这个谎言，这是目前通行的解释。其次，这个谎言多少符合一些逻辑并且容易给人以传奇的感觉。最后，不得不说世界上有不少人缺乏常识和思考，并且热衷于传播谣言。

关于斯坦福大学，真实的故事是这样的：老利兰·斯坦福夫妇把他们唯一的孩子小利兰·斯坦福（Leland Stanford Jr.）送到欧洲旅行，为日后在那里读书做准备，结果他们的孩子不幸在欧洲去世。斯坦福夫妇很伤心，后来决定用全部的财富（大约几千万美元，相当于今天的10亿美元）为全加州的孩子（而不是传说中的全美国或全世界的孩子）做点事情，他们曾经考虑过

图17.1 斯坦福大学纪念教堂前的走廊上,为每届学生安放了一个永久性的纪念铜牌

各种慈善的形式,比如创办一些医院,等等,最后在一些美国东部大学校长,包括哈佛大学校长艾略特的建议下,决定建立一所大学,纪念他们自己的孩子。这所大学被命名为小利兰·斯坦福大学(Leland Stanford Junior University),简称斯坦福大学。

1885年斯坦福大学注册成立,两年后举行了奠基仪式,1891年开始正式招收学生。当时一共有约500名学生(包括很多插班生),只有15名教授,其中一半来自康奈尔大学。在这首批学生中,产生了一位后来美国的总统胡佛(Herbert Clark Hoover,就是那位被评为最差的、把美国带进1929—1933年大萧条的总统。但是斯坦福仍然很为他感到自豪,并建立了著名的胡佛研究中心)。虽然斯坦福是一所私立大学,但早期不收学费,直到20世纪30年代经济大萧条时期学校财政上难以维持为止。

斯坦福大学的创办过程非常不顺利。斯坦福开课的两年后,老斯坦福便与世长辞了,整个大学的经营和管理重担就落到了他的遗孀简·斯坦福的身上。

当时美国经济情况不好，斯坦福夫妇的财产被冻结了。（我估计要么当时美国财产法关于信托财产方面的法律不健全，要么斯坦福夫妇没有把他们的财产转到自己生前信托（Living Trust）下面。这种情况在现在的美国不会发生。）校长乔丹（David Starr Jordan）和学校其他顾问建议简·斯坦福关掉斯坦福大学，至少等危机过去再说。这时，简·斯坦福才想到她丈夫生前买了一笔人寿保险，她可以从中每年获得一万美元的年金。这一万美元大抵相当于她以前贵族式生活的开销。简·斯坦福立即开始省吃俭用，将家中的管家和仆人由原来的 17 人减至 3 人，每年的开销减少到 350 美元，相当于一个普通大学教授一家的生活费。她将剩余的近万元全部交给了校长乔丹，用于维持学校的运转。从斯坦福夫人身上我们看到一位真正慈善家的美德。慈善不是在富有以后拿出自己的闲钱来沽名钓誉，更不是以此来为自己做软广告，慈善是在自己哪怕也很困难的时候都在帮助社会的一种善行。

然而，靠斯坦福夫人的年金补贴，学校毕竟不能长期维持下去。于是她亲自到首都华盛顿，向当时的美国总统克里夫兰寻求帮助。最终，美国最高法院解冻了斯坦福夫妇在他们铁路公司的资产。斯坦福夫人当即卖掉这些资产，将全部的 1100 万美元交给了学校的董事会。斯坦福大学早期最艰难的 6 年终于熬过去了。乔丹校长赞扬道："这一时期，整个学校的命运完全靠一个善良妇女的爱心来维系。"今天，不仅是几十万斯坦福校友，我们所有人都应该感谢斯坦福夫人。她用她的爱心，靠她坚韧不拔的毅力开创出一所改变世界的大学。

关于斯坦福大学的第二个讹传是说斯坦福原来被称作西部的哈佛，后来办得超过了哈佛，结果现在哈佛被称为东部的斯坦福。且不说斯坦福大学有没有全面超过哈佛，作为全球第一知名大学的哈佛大学再不济也不会称自己为东部的斯坦福。同样，心比天高的斯坦福大学根本不以成为什么西部的哈佛而自豪。事实上，斯坦福大学公共关系负责人在接待清华大学代表团时自豪地讲，斯坦福大学等于哈佛大学加麻省理工学院（MIT）。虽然这种说法有些狂傲，但是确实有一定道理。

第一，斯坦福大学在专业设置上覆盖了哈佛大学和麻省理工学院的合集。在美国大学里有个普遍的看法（也许是偏见）——"哈佛的人能写不能算，麻省的人能算不能写"，反映出哈佛侧重文科而麻省侧重理工科（实际上哈佛有世界上最好的数学和物理学专业），而斯坦福大学人文理工兼修。在美国，一所大学的综合排名其实没什么意义，关键看专业的好坏。美国最热门的专业首推医学，然后是法律、工程和商业。一个学校的历史专业或政治学专业再好，在社会上也没有什么影响。斯坦福大学是美国唯一一所在这四大热门专业领域都名列前茅的学校。它的商学院和哈佛商学院长期以来并列美国第一，它的法学院仅次于耶鲁大学排在第二，它的工学院仅次于麻省理工排名第二，斯坦福医学院在美国排名前三。和斯坦福相比，美国其他大学都显得有些"缺胳膊少腿"：哈佛大学和耶鲁大学的工科很弱，普林斯顿大学和麻省理工学院没有医学院和法学院。

第二，在办学理念上，斯坦福大学集哈佛大学和麻省理工学院之长于一身。斯坦福大学既强调素质教育，又强调专业教育。事实证明，全面发展有助于斯坦福大学培养出全才，而全才是作为业界领袖的必要条件。我们在后面的章节中还要详述这一点。

斯坦福大学的校园被认为是美国三所最美的校园之一（图 17.2），另外两所是康奈尔大学和普林斯顿大学。斯坦福人从不掩饰对自己学校的自豪感，甚至从教授到学生经常拿其他名校开玩笑。下面是斯坦福大学电机工程系教授出的一道真实考试题。"某家公司希望设计一种符合 A、B、C 和 D 等条件的数字滤波器，他们找到了麻省理工学院，麻省理工学院的教授说不会，你能帮助他们设计这样的滤波器吗？"我想麻省理工学院的人看了这道考题一定不会舒服。斯坦福人骄傲自有他们的本钱，除了出了众多的实业家，孵化了很多跨国公司，斯坦福大学的学术水平更是闻名于世。到 2011 年，它有 17 位在职的诺贝尔奖获得者（其中一半是经济学奖）和几十位获得诺贝尔奖的毕业生。除此之外，它还有 7 位获得数学领域最高的终身成就奖（沃尔夫奖）的得主（数学领域的最高奖当属菲尔兹奖，但是它只授予 40 岁以下的学者，

图 17.2　斯坦福大学美丽的校园

而沃尔夫奖一般授予成就卓著的数学泰斗），4 位新闻最高奖普利策奖得主，有 150 多位美国科学院院士，94 位美国工程院院士和 263 位美国文理学院院士[2]。它的毕业生中不乏在全世界各行各业中执牛耳者。

在美国众多大学中，建校 100 多年的斯坦福大学历史谈不上悠久。且不说和有将近 400 年历史的哈佛大学比，就是和它的邻居加州大学伯克利分校比，斯坦福大学起步也算很晚的。在斯坦福大学诞生后的头 50 年里，它根本排不进美国一流大学的行列，更不要说和哈佛大学竞争了。到二战后，斯坦福大学已经入不敷出，出现了严重的财政危机。美国的私立大学完全靠自己筹款，政府并不提供一分钱，再好的私立大学如果经营不善，都可能面临办不下去的危险。著名的麻省理工学院在历史上就出现过非常严重的财政危机，最后是靠它无数事业有成而又关心母校的校友捐助渡过了难关。斯坦福大学当时还没有这么多富有的校友可以依靠，它最大的一笔财富就是斯坦福夫妇留下的 33 平方公里（8000 多英亩）的土地，这超过了澳门的面积，而大学的中心校园占地不到其十分之一（斯坦福大学至今荒地依然多于已使用的土地）。第二次世界大战后，美国的电子工业发展很快，与亚洲的联系比二战

---

[2] 很多教授同时拥有几个院士头衔。

图 17.3　1953 年硅谷的第一栋房子

前紧密了很多，加州新兴的电子工业和航空工业成为了加州的经济支柱。很多公司有意从斯坦福大学购买土地，但是斯坦福夫妇的遗嘱规定学校永远不得出售土地。这样，斯坦福大学眼睁睁地看着这些地荒着而无法发挥作用帮助学校渡过难关。

帮助斯坦福大学解决这个问题的是它的一位教授弗雷德里克·特曼（Frederick Terman）。特曼是非常著名的电机工程科学家，担任过斯坦福工学院的院长和教务长，还培养出休利特和帕卡特等优秀弟子，但是他的这些成就大家都记不住了，大家后来只知道他是"硅谷之父"。特曼仔细研究了斯坦福夫妇的遗嘱，发现并未限制大学出租土地，于是他兴奋地声称找到了解决问题的秘密武器——建立斯坦福科技园，科技园向外面的公司出租土地99年。在这 99 年里租用土地的公司拥有全部使用权，可以按自己的意愿建造自己的公司。消息一传出，马上有很多公司表示有兴趣，并很快和学校签署了租约。1953 年，第一批公司，包括大名鼎鼎的柯达公司、通用电气、肖克利半导体实验室（Shockley Semiconductor Laboratory，后来诞生出集成电路的先驱仙童公司）、洛克希德公司（美国最大的军火商）和惠普公司进驻了斯坦福科技园，图 17.3 所示的是硅谷的第一栋房子。对斯坦福而言，这件事的影响非常深远，它不仅解决了斯坦福的财政问题，并且成为斯坦福跨入世界一流大学的契机。对社会而言，它促成了硅谷的形成。

2 硅谷支柱

美国和其他国家先后出现过很多技术公司聚集地。但是一旦某个或某一批大的公司开始走下坡路，当地的科技发展就开始渐渐落伍。早期的科技公司，比如 AT&T 和 IBM 集中在纽约附近，但是在这两家公司之后，不再有这个量级的公司出现。波士顿附近，尤其是 128 号公路两旁曾经有过一些像 DEC 那样的大公司和不少颇具发展潜力的公司，但是随着老的公司衰退，新的公司始终不能形成规模。这个地区就很难对世界信息产业产生大的影响。硅谷能够半个世纪长盛不衰，一是得益于亚太经济的发展，二是靠斯坦福等大学不断向硅谷注入新的技术和人才。

很多人奇怪拥有哈佛大学和麻省理工学院的波士顿为什么只能诞生一些小公司，而出不了大的跨国公司。一个重要原因是斯坦福大学的办学方法和美国东部的名校有很大的不同。斯坦福不是简单地把哈佛大学和麻省理工学院的专业叠加，从波士顿搬到了加州，而是根据加州的情况办了一所全新的学校。只要既在斯坦福大学，也在美国东部哈佛大学、普林斯顿大学等名校待过一段时间，就能强烈地体会到它们之间的巨大差异。

在众多差异中，最重要的是开放性。我这里讲的开放性不是指校门 24 小时开放任人进出，这个要求太低了。美国所有大学，包括西点陆军学院和安纳波利斯（Annapolis）的海军学院都没有围墙，所有参观者可以自由进出。我这里讲的开放性是指一所大学在各方面，从教学到科研、到生活都融入了当地的社区。不论是生活在田园乡村中的普林斯顿大学和康奈尔大学，还是大都市里的哈佛大学和哥伦比亚大学，你都能明显感觉到是置身于象牙塔中。在校学生不需要任何交通工具，因为他们大部分时间和中国大学围墙里的学生一样，过着三点一线的生活。而这些大学里的教授，则是传道、授业、解惑，加上做自己的研究。但是，生活在斯坦福大学，从教授到学生都很难有置身于象牙塔的感觉。

斯坦福大学的这种开放性首先是由生存的需要决定的。斯坦福大学在地域上远离美国的政治中心，导致了它从政府获得的研究经费占整个学校经费的比例远远落后于东部的著名大学。以工学院为例，斯坦福大学和麻省理工学院规模相当，但是前者获得的政府经费只有后者的一半左右。如果读者仔细研究一下美国顶尖大学的地理位置和政府经费的关系就会发现，大学来自联邦政府的研究经费与它到华盛顿特区的距离成反比。政府资助的研究经费对很多教授来讲并不是很容易申请的。首先要写很长的申请报告，然后通过一轮一轮的评审。在评审过程中，要花很多精力去和经费的主管人员及同行评审人做公关。在美国申请经费，人际关系很重要。一些教授经常请主管经费的自然科学基金会（NSF）、DARPA（Defense Advanced Research Projects Agency）[3]和国防部（DOD）的主管们参观实验室和参加自己的学术报告会。而这些政府官员们要到斯坦福大学听一次报告并非易事。这样，这些离政府部门近的大学自然就"近水楼台先得月"。斯坦福大学远在加州，当然就很吃亏。因此，斯坦福大学一些已经提上终身教职并且不缺经费的教授到后来甚至懒得写申请了。

作为大学教授，能从政府拿到大笔研究经费当然是可喜可贺的事。和从工业界拿经费相比，拿政府的经费有很多好处。首先，美国政府的资助一般来讲更充足，在这一点上各国政府都一样，无需额外说明。从美国政府拿科研经费，除非像研制哈勃空间望远镜这类特殊的项目，很少需要做具体的系统，只需要进行方法研究，最后交一份研究报告就可以了。在这一点上美国政府和中国政府有很大的不同，拿美国政府的研究经费容易交差得多。比如搞语音识别研究，在中国拿了"863"计划的大额经费要做识别系统，而在

---

[3] 在中国流传着一种阴谋论，说在20世纪80年代美国总统里根提出一个根本都没打算搞的星球大战计划，从而把前苏联拖入一场毫无必要的军备竞赛。事实上，里根政府确实致力于在太空军备竞赛中压倒前苏联，并且为此制定了先进国防研究计划，其负责机构就是DARPA。今天，反倒是苏联在从上个世纪80年代起的太空军备竞赛中没有什么像样的科研成果，而DARPA不仅成功项目不断，而且延续至今。

美国只需要用计算机实现自己的算法，证明其有效即可。很少有教授会像李开复博士那样真正开发一套语音识别系统（美国从来没有中国那样的科研鉴定会）。NSF 和 DARPA 等政府的科研主管机构这样做是很有道理的，教授们因此省去了很多做演示系统的时间和精力，得以将精力完全集中于研究本身。这是美国能够在科技上长期领先于世界，并且几乎每年都有人获得诺贝尔奖的原因之一。毫无疑问，很多大学教授乐于接受这样的项目，既能专注做学问、多发表论文，又可以有稳定的经济来源（美国大学教授暑假三个月的工资要从自己的科研经费中出）。一些成名已久影响力很大的教授，更是可以轻而易举地拿到长期大额的政府合同，比如我在《数学之美》一书中介绍的著名语音识别和自然语言处理专家贾里尼克教授便是如此，他的经费常常是系里其他教授经费的总和。久而久之，他们和政府机构之间互相产生了极大的依赖，自己把自己关在象牙塔里。

但是，凡事有一利就可能有一弊。美国政府的 NSF 和 DARPA 等科研经费一般资助的都是工业界不愿意支持的基础研究项目，比如基础科学、生命科学和材料科学的许多项目。这些研究课题在短期内不可能产生任何商业价值，有些可能永远没有商业价值，由政府出钱来资助这些项目对于国家的长远发展是非常必要的。一旦某个项目具备商业价值，并且可以由公司资助时，政府会渐渐减少并最终停止对这些课题的资助，因为政府（纳税人的代表）认为没有必要和工业界做重复的事，更没有必要和工业界竞争。在这一点上，美国政府与中国政府、日本政府有很大的不同。比如说美国政府几乎没有资助过搜索技术研究，因为它是一项已经开始盈利的技术。2008 年我接待了一个中国政府代表团参观 Google，在最后的提问环节，一位官员问美国是否对 Google 这样的高科技公司在政策和资金上给予扶持和照顾，在场的 Google 副总裁黄安娜觉得很奇怪，她认为 Google 作为一家盈利丰厚的公司，既不应该也没有必要从政府得到特殊的关照。政府需要帮助的是那些不容易盈利的小公司，比如太阳能公司。

即使是在工程领域，政府资助的研究项目也常常是非常尖端的，而且可能的应用面非常窄，有时发表的论文都没有几个人真正愿意读，更不用说有商业价值了。贾里尼克教授讽刺这种现象是"除了论文的评审者，没有人会去读这些论文"。美国对政府研究经费管理很严，严厉禁止拿一个项目的经费去资助自己的其他研究项目，即使经费有结余，教授们也不可能用它来研究有实际应用意义的课题。于是，拿了足够多政府经费的教授通常也就不去研究应用课题了，更不要说自己去开办公司了。久而久之，在美国东部的著名大学里就营造了一种清高的风气，大家比谁获得的政府经费多，谁的研究论文出得多，谁的研究成果理论水平高。教授们的做事方式又直接影响了他们的学生。这些学校的博士生们在学校时做实验、写论文，毕业以后接着当教授，或者去大公司的实验室做研究员。麻省理工学院和斯坦福大学拥有美国最好的电机工程系和计算机系，但是麻省理工博士毕业生留校的比例比斯坦福高得多。从做学问的角度讲这完全是对的，但是这种研究对创业帮助不大。

斯坦福大学远离联邦政府，从政府得到的经费比东部的名校少，这也不足为奇。但是，斯坦福大学守着硅谷，从工业界拿的钱比任何一个同样规模的东部大学不知多多少倍。从公司拿钱一般来讲不会有政府那么多，而且还要做很多具体的事。有些公司支持的研究项目甚至无法发表高质量的论文，所以美国东部名校很多资金充足的教授不屑于和工业界打交道。

但是，从工业界拿钱的好处也很多。最显而易见的好处就是无论是教授还是他们的学生都可以通过接工业界的项目锻炼解决实际问题的本领，凡是和导师一起接过公司项目的读者都会有所体会。这样，用工业界的资金，斯坦福大学就培养和锻炼了很多技术上的全才，他们从设计并实现一种产品到项目管理都得到了锻炼。但如果只有这一点好处，不过是把原来可能当教授的年轻人培养成了高级工程师和技术主管，而不是工业界领袖和创业者。其实，与工业界保持联系，并为工业界做研究，对于创业来讲，最大的好处在于能够看清产业发展的方向并找到新的机会。这个潜在的好处对于年轻的学生，甚至比对于资深的教授们更明显，因为年轻人更愿意尝试。美国虽然在从科学技术向产品转化方面做得比其他国家好一点，但是仍然明显存在工业界和学术界相脱节的现象，这不仅表现在大学研究的课题脱离实际，也表现在工业界遇到问题时找不到解决途径，而能够紧密联系这两头的斯坦福大学的师生常常就起到了重要的桥梁作用。在斯坦福大学这种例子很多，比如像思科公司早期路由器的开发，它本身是一个工程性强但学术性弱的题目，麻省理工学院一般是不会碰这种题目的。但是，一般的网络设备制造公司因为局限于现有产品，也不会动脑筋去发明一个通用的路由器，这样波萨卡和勒纳的机会就来了，他们发明了一种通用的路由器，继而创办了思科公司。再比如DSL 的发明和应用也是一个很好的例子。虽然贝尔实验室早就发明了用于DSL 的编码方法，但大家不过是发表几篇论文制定一些标准而已。而同时工业界生产调制解调器的厂家还在为将传输率从 14.4kbit/s 提高到 28.8kbit/s 费脑筋，做不到质的提高。在贝尔实验室工作过的约翰·查菲，当时还是斯坦福大学的年轻助教，他看到并抓住了这个机会。后来成为美国最年轻的工程院院士的查菲，当时已经是信道编码的世界级专家，他比工业界的任何研究员都有更高的理论水平，同时他一直接受工业界的研究经费，比绝大多数教授更会做实际的东西。在理论上，查菲完善了 DSL 的编码方法，并且把它变成了一种国际标准，同时带着他的学生办起了 Amati 公司，真正实现了 DSL 取代拨号上网这一划时代的变革。

在斯坦福大学，这类例子非常多。大学对教授办公司非常理解和支持。只要一位教授能完成教学任务，并且发表足够多像样的论文，斯坦福并不限制其到外面的公司兼职，甚至可以在一段时间里完全离开学校创办公司，或者在公司里担任要职。斯坦福大学第四任校长（2000—2016 年）约翰·亨尼西（John Leroy Hennessy）就是最好的例子。上个世纪 80 年代，他在发明了精简指令集（RISC）处理器 MIPS 后，便与人合伙创办了 MIPS 公司。在以后的多年里，他将主要精力集中在办公司（公司名称就叫 MIPS，成立于 1984 年），而不是在斯坦福大学教学和搞研究。5 年后，MIPS 公司在纳斯达克上市，1998 年又卖给了它最大的客户 SGI 公司。这时亨尼西才从工业界抽身出来，回到斯坦福大学担任了工学院院长。经过这一番闯荡，亨尼西成为了难得的管理人才。2000 年，他开始担任斯坦福大学校长，直到 2016 年 8 月底辞去校长一职，由生物学家马克·泰西－拉维尼 Marc Tessier-Lavigne 继任校长。现在，亨尼西仍是 Google 和思科的董事，并且在 2011 年 Atheros[4] 公司被高通公司收购以前还担任过前者的董事。

开放校园的真正含义在于像斯坦福大学那样，让大学融入社会。开放是斯坦福大学的"本"，而厂校结合是它的"用"。后者保证了大学开放校园的具体实施。

北美很多好的工科大学，比如美国的麻省理工学院、加州大学伯克利分校和加拿大的滑铁卢大学都强调厂校结合。为了让学生获得工业界的知识，麻省理工学院与 AT&T 等大公司建立了共同培养学生的计划，进入该计划的学生要在 AT&T 工作一年（四个暑假），作为回报，AT&T 公司支付该学生的学费。美国不少大学有这种类似于奖学金的计划。对于进入这些培养计划的学生而言，这当然是两全其美的好事，既解决了昂贵的学费问题[5]，又从工业界获得了很好的经验，将来无论是进入工业界，还是继续攻读研究生都大有好处。但是，这种松散的结合对大学和公司的直接帮助都不是很大。对学校来讲，主要的好处不过是大公司替它资助了一些学生，承担了一部分职业教育的义务，但是学生们在公司做的题目和学校通常毫无关系，这种合作对于学校的科研帮助非常有限。对于公司来讲，倒是有了从名牌学校优先选择优秀学生的有利条件，这些学生工作后上手也会比同龄人快些。但是，这些学生，大部分是本科生，毕业以后并不一定会去资助自己的公司工作。在实习期间，他们也根本不可能为公司带来什么新的思想和技术。

斯坦福和硅谷的厂校结合要超出麻省理工学院等大学许多。斯坦福在技术和人才培养上都给予了硅谷公司直接的帮助。在技术上的帮助体现在大量优秀的教授直接到硅谷的公司任职和研究这些公司的科研项目，我们在前面已经介绍过了。在人才培养的帮助上，则首先体现在大学一直在为硅谷各家公司

4　也是一家源自斯坦福大学的公司，由电机工程系教授孟怀萦（Teresa H. Meng）创办。
5　美国私立大学学费是中等收入家庭无法承受的。

的技术和管理人才进行继续教育。硅谷公司多数的工程师并没有硕士学位，不少人在工作中发现自己的专业水平需要提升，斯坦福大学为这些人提供了非常便利的进修计划，他们可以每学期在大学里修一两门研究生的课程，这样三到五年就能拿到一个硕士学位，有的人甚至一边在公司全职上班，同时利用业余时间在斯坦福读博士。虽然有时候一个博士学位要读十年八年，但毕竟这也是在全职工作条件下获得博士学位的好办法。当然，如果有人不想拿学位只想听一两门课也是可以的。硅谷的公司深知职业培训的重要，一般都会在时间和经济上鼓励员工追求更高的学位。为了方便硅谷员工修课，斯坦福大学有很好的远程教育网络。学生不必到课堂上听课，可以在家里的电视机前上课。斯坦福几乎所有的课程都通过有线电视向校园和硅谷实时转播，在校学生也没有必要到教室去。很多人一学期未踏进教室一步，照样学得很好。万一上课时间和上班有冲突，在职学生可以在课后到图书馆借出课程的录像补习。我不知道世界上还有没有其他大学为周边公司的员工提供了如此方便的职业教育机会。

在斯坦福大学读在职博士的硅谷员工通常比刚刚本科毕业的学生更容易找到有意义的研究课题，一方面他们有工业界的经历，知道哪些课题今后对自己帮助大；另一方面，他们有一定的经济基础，不需要靠教授的助学金生活，他们更看重教授的研究方向和水平而非研究经费（对于没钱的刚毕业的学生，常常要为了争取奖学金而牺牲自己的兴趣）。世界各国的博士生都面临同样一个问题，花了四五年甚至更长时间研究的课题毕业以后可能没什么用处，因为博士生不一定能自由选择课题，也未必非常了解学校以外的社会。那些在硅谷工作过的博士生一般就没有这些问题。因此，斯坦福大学在高级人才的培养上效果非常好。

斯坦福大学也为硅谷和工业界培养了很多管理人才。在美国，拥有8名诺贝尔奖获得者的斯坦福商学院与哈佛商学院齐名。硅谷很多优秀的年轻人工作一段时间后会到那里去充电。为了方便日理万机的公司负责人也能到商学院进修MBA课程，除了一般的MBA课程外，斯坦福还提供了专为公司执行官们开设的 EMBA 课程。

当然，从斯坦福拿任何一个学位都不是一件容易的事。美国有句话："哈佛难进，麻省难出。"而斯坦福大学则是既难进又难出，它对学生一贯采用严进严出的做法。有人认为只要给斯坦福大学捐一大笔钱就能"混"进学校，这个想法完全错误。因为斯坦福大学并不缺钱，更不会为了钱砸自己的牌子（哈佛等大学同样杜绝这种达不到要求的学生入学）。根据斯坦福大学官方网站[6]公布的数据，其本科生的四年毕业率只有 75% 左右，即使到第六年，毕业率也只有 95%[7]。也就是说，有 1/4 的学生四年内完成不了本科学位，有 5% 的斯坦福本科生最后拿不到学位，淘汰率比中国最好的大学不知道要高多少。斯坦福大学博士生的淘汰率就更高了，很多人读了几年因为无法通过博士资格考试（Qualification Exam）不得不拿个硕士学位走人。以斯坦福大学电机工程系为例，每年大约有一半的学生要被资格考试刷掉，当然每个人有两次机会。

除了为硅谷提供技术支持和培养人才外，斯坦福大学在帮助硅谷转型方面贡献很大。上个世纪 80 年代以前，硅谷的支柱产业是半导体。上个世纪 80 年代以来，由斯坦福大学孕育出的思科公司、太阳公司和 SGI 公司（即太阳公司在上个世纪 90 年代的主要竞争者），推动了整个硅谷从半导体到硬件系统的转型。上个世纪 90 年代末，诞生于斯坦福大学的雅虎和 Google，以及无数小的互联网公司掀起了互联网的热潮，实现了硅谷的又一次转型。今天，斯坦福大学在能源、材料等方面的一些新技术正在帮助建立太阳能等新型可再生能源产业，这个产业的规模可能比互联网更大，而它在医学研究上很多早期阶段的努力，比如在癌症治疗和抗衰老方面的研究，在更基础的生命机理方面的研究，也正在慢慢转换成可以实用且能改变人类生活的技术。

一方面斯坦福大学带动了地域经济，另一方面它又是硅谷崛起最大的受益

6　http://ucomm.stanford.edu/cds/

7　这个数据每年会有小幅度变化。

者。硅谷的公司为斯坦福大学提供了巨额的研究经费和捐赠。在历史上，惠普、思科、Google 和太阳等公司都是斯坦福的赞助者。仅共同创办惠普公司的休利特家族（严格来说是休利特基金会）2001 年就向斯坦福大学捐赠了 4 亿美元，这是世界上迄今为止教育机构收到的最大一笔捐赠。2005 年，斯坦福收到的捐赠首次超过了哈佛大学，完全是托 Google 创始人和员工的福。斯坦福受益于硅谷的地方远不止在财政方面。由于硅谷的发展，斯坦福大学的毕业生就业率是全美国最高的，很多优秀学生正是冲着找工作方便这一点才选择斯坦福大学的。守着硅谷自然有得天独厚的创业和与工业界合作的机会，这又成为一些优秀教授选择斯坦福大学的原因。正是靠着硅谷的兴起，斯坦福大学才从二战后的一所地区性大学一跃成为美国一流大学，继而又成为全球顶尖的大学之一。

政府资助的研究课题不仅偏向于理论研究，而且也未必有很大的研究前景。大学教授看上去自由自在，可以研究自己感兴趣的课题，不像公司员工被绑在上司安排的任务上，但是没有经费是万万不能的。因此，大学教授天天围着经费转，政府有什么任务他们就不得不申请什么课题。几年前在欧洲举行的一次学术研讨会上，各国专家就这个领域今后的研究方向争论不休，贾里尼克教授听得不耐烦了，讲道："你们在这里吵来吵去白浪费时间，还不是政府给你什么钱，你就做什么课题。"这是一个大家不愿意承认的事实，但也道出了实情。在 2000 年后的一段时间里，计算机科学在美国进入低潮，很多计算机科学家都转行去搞生物统计和生物信息处理了。但是现在，大量学习生物统计的博士生毕业了，而学术和工业界对生物统计的需求并未增加多少，很多博士将在很长时间里找不到工作。这是政府计划很难避免的情况。

3　纽曼加洪堡

加州大学伯克利分校的校长曾经在毕业典礼上开过这么一个玩笑："诸位，你们知道以前我们伯克利的毕业生是如何称呼斯坦福毕业生的吗？我的上司（My Boss）！"他的意思是在公司里当老板的常常是斯坦福的人，干活的是伯克利的人。接着他又说:"这种现象直到出了埃里克·施密特(Google 前 CEO)才终止。"当然,大家都知道施密特是个特例,而他前半句话讲的却是普遍的现象。为什么斯坦福大学能培养出这么多优秀毕业生,尤其是工业界的领袖呢?这一方面是因为斯坦福大学守着硅谷,有着得天独厚的优越条件,另一方面和它的教育方式有关。

斯坦福和美国东部的著名大学有很大的不同,这不仅体现在研究上,也体现在本科和研究生教育上。美国东部的名校比较传统,用中国唐代韩愈的话讲,它们的任务就是传道、授业和解惑。它们对教授和学生要求都比较严,加上教授们专注于教学,因此教学水平非常高。比如在麻省理工学院,本科生的基础课微积分从来都是由最好的数学教授讲授的,这一点在斯坦福大学就做不到。因此,很多学生和家长都知道在东部名校更能"学"到知识,而斯坦福大学更倾向于让教授和学生自由发展。它对教授和学生都是外松内紧,自由度大得多,对于有的学生来讲可能是如鱼得水,对于没有动力的学生可能就荒废了时日。单从知识的传播来看,斯坦福大学还是赶不上东部名校。很多斯坦福大学的教授都承认这一点,甚至认为相比邻校加州大学伯克利分校也有一定差距。

这种差异的形成有传统和地域上的诸多原因。美国东部的著名大学,以常青藤的哈佛、耶鲁和普林斯顿等大学为代表,沿袭并长期以来执行欧洲尤其是英国早期(不是现代)传统的"高等、教育"的原则。所谓高等,是指大学为社会培养高素质、有文化和有教养的(本科)人才,实际上是私人贵族教育的社会化。这些大学本质上不是职业教育的机构,而是培养绅士的地方。这与中国孔子时期的教育理念有不谋而合之处——教育的目的不是传授实用技能和进行职业训练,而是教授礼仪、修养和德行。直到 19 世纪末,哈佛等大学的教育仍以拉丁文为主,有一点像中国古代强调"六艺"。到了 19 世纪,由于英国牛津运动的出现和德国洪堡体系的诞生,欧洲的大学水平有了质的飞跃。而在美国的大学里学不到什么有用的东西,很多青年人不得不到欧洲求学。所幸,就在斯坦福大学诞生之际,欧洲这两项变革已经完成,大学教育的观念在美国开始改变。

说起现代高等教育，一定要提到两个人，普鲁士德国的外交家和教育家威廉·冯·洪堡（Wilhelm von Humboldt）及英国的牧师和教育家约翰·纽曼（John Henry Newman）。

洪堡是普鲁士德国的外交家，却建立了完善的、服务于工业社会的普鲁士教育体系。德国有一所以他的名字命名的大学。在这个体系中，职业教育、技能教育成为大学的中心任务，这样大学生在学校学到的就是真正有用的知识，一走出校园就能马上为社会服务。洪堡体系的另一个特点就是强调研究对于大学的重要性，它将大学从一个教育机构变成了一个教育和研究的综合机构。在强权的普鲁士，一种体制很容易被自上而下地推广。普鲁士得益于洪堡的高等教育体系，很快从欧洲一个农业国实现了工业化，并且一跃成为19世纪欧洲最强国。德国的高等教育至今基本沿用200多年前洪堡制定的体制，保证了它在全世界工业界和商业界的领先地位。洪堡体系后来对美国、俄国和中国等许多国家的高等教育产生了深远的影响。新中国成立后马上搞了将理工专业分离的院校调整，将清华大学、北京大学等原来的综合性大学拆成文理型大学、工科大学、政法学院和医学院等，完全是按照洪堡的体制来的。遗憾的是又没有学到家，"忘了"在大学里建立研究生院，以至于研究生教育至今落后。

美国著名教育家丹尼尔·吉尔曼（Daniel Gilman）等人借鉴了洪堡体系的长处，将美国的很多大学从近代的私塾转变成高等职业教育和研究的机构。吉尔曼生长在美国东部，却在美国西海岸担任了加州大学伯克利分校短时间的校长。在加州的短暂时光让吉尔曼看到了大学开展职业教育的重要性。由于加州政府试图把伯克利办成一所农业大学，吉尔曼的理想遂难以实现。这时正好约翰·霍普金斯大学刚成立，并聘请他来担任第一任校长，吉尔曼实现自己理想的舞台便顺顺当当地出现了。吉尔曼不负众望，按照德国职业教育的模式，在约翰·霍普金斯大学建立起美国第一所研究生院，并把该校办成了美国第一所研究型大学。在长达25年的约翰·霍普金斯大学校长生涯中，吉尔曼不仅把该校办成了一流的大学，而且在美国普及了研究型大学的概念。几年后，他的同学安德鲁·怀特（Andrew White）也把康奈尔大学从一所小小的乡村学院办成了一所世界一流的研究型大学。后来，吉尔曼又担任了卡内基学院的校长，奠定了今天卡内基-梅隆大学在工科界一流的地位。

斯坦福大学诞生的契机很好，当时正是美国大学向研究型大学转型的时期。利兰·斯坦福为了给斯坦福大学找一位好的校长，遍访美国东部名校。他在康奈尔大学见到了校长安德鲁·怀特，怀特曾经随吉尔曼一同到欧洲考察高等教育，他办学的原则和吉尔曼很相近。作为铁路大王和政治家出身的老斯坦福，非常认可吉尔曼和怀特的办学理念，因此两人谈得非常投机，于是斯坦福希望怀特能接受斯坦福大学校长一职。怀特因故不能接受邀请，但向斯坦福推荐了自己年轻的学生、印第安纳大学的校长戴维·乔丹，即后来斯坦福大学的第一任校长。乔丹领导下的斯坦福大学，从一开始就避免了哈佛大学和耶鲁大学走过的弯路，直接成了研究型大学。

斯坦福大学一直有重视研究、重视博士生教育的传统。这不仅仅表现在科学和工程学上，而且在经济学和社会科学等学科也是如此。斯坦福大学的胡佛研究中心是美国著名的国际关系和政策研究中心，曾任美国国务卿的赖斯原来就是那里的学者。斯坦福大学在上个世纪初成立了斯坦福研究所（Stanford Research Institute），后来从斯坦福大学分离出去，即现在的 SRI International，是美国著名的信息科技和国防科技研究中心。

凡事有利必有弊，教授的时间是有限的，搞研究或者办公司的时间多了，在本科生教学上投入的时间自然就少了。这就是斯坦福大学本科教学水平赶不上普林斯顿大学，甚至比不上加州大学伯克利分校的原因。但是即便如此，我个人仍然认为一个本科生在斯坦福比他在普林斯顿或加州大学伯克利分校能学到更多的东西。这里面就涉及对大学办学理念的理解了。

我不是大学教育研究的专家，我的看法可能有些片面之处。对于大学的理念，我个人非常赞同英国牛津的主教、牛津运动（Oxford Movement）的发起人约翰·纽曼的观点。纽曼有点像围棋里的求道派，在他看来，大学是传播"大行之道"（Universal Knowledge）而不是雕虫小技的地方。纽曼在他的著名演讲"大学的理念"（Ideas of University）中讲道：

> "先生们，如果让我必须在那种由老师管着、修足学分就能毕业的大学和那种没有教授和考试，让年轻人在一起共同生活、互相学习三四年的大学中选择一种，我将毫不犹豫地选择后者……为什么呢？我是这样想的：当许多聪明、求知欲强、富有同情心而又目光敏锐的年轻人聚到一起时，即使没有人教，他们也能互相学习。他们互相交流，了解到新的思想和看法，看到新鲜事物并且掌握独到的行为判断力。"

今天，包括牛津大学和剑桥大学在内的英国一些大学依然遵循纽曼的这种理念。牛津大学和剑桥大学的每个学院（College），比如剑桥大学著名的三一学院（出过著名科学家牛顿）和国王学院，其实都是由不同学科的学生和单身教授吃住在一起的生活小区，而不是我们常说的工学院、文学院等专业学院。目的是为了让大学生们在生活中互相学习。在美国，很多研究型大学在强调职业培训的同时，依然遵循这个大学的理念。以职业教育而著名的哈佛商学院（HBS）其实把纽曼的这一理念发展到了极致。在这所全球最难进的商学院里，从来没有考试。同学们互相学习获得的知识不比从教授那里得到的少。大家生活在一起，平时同吃同住，放假由学校组织到世界各地一起玩，那里的学生大多都是已经小有成就而又雄心勃勃的年轻人。他们在宽松的环境下，可以自由地获取专业技能和社会知识，尤其是和人打交道的经验。可以毫不夸张地讲，在哈佛商学院里不能和同学们玩到一起，就白交学费了。斯坦福大学在这方面当然没有哈佛商学院那么夸张，但是它给了本科生一个类似的内紧外松、自由发展的环境。

纽曼的教育方法要求受教育者有很高的自觉性。俗话说近朱者赤，近墨者黑。如果一所大学大部分学生都是问题学生，而学校又不加管束，这所大学一定办得一团糟。因此很多州立大学，生源参差不齐，很难实施纽曼的这个理念。和哈佛商学院一样，斯坦福大学的入学门槛很高，每年的招生人数只有加州大学伯克利分校的 1/5，来到这里的学生都是希望自己今后事业上有所成就的，他们对知识的渴望和学习的主动性是不用担心的。斯坦福大学的大部分本科生学习能力很强，能很快掌握专业知识，这样就有时间和精力去学习立足于社会的基本知识和本领，也就是纽曼所说的"大行之道"（Universal Knowledge）。

纽曼教育理念成功的第二个关键因素是大学学生和文化的多样性。一所大学要想让学生掌握大行之道，必须让他们有这方面的内容可以学习，也必须让他们互相之间有取长补短的可能性。大家可能有这样的体会，学习计算机的同学聚在一起常常谈论一些和计算机或科技有关的话题，学习金融的在一起常常谈论对经济的看法。如果一所大学都是由同一类年轻人构成，他们取长补短的结果不过是补充了专业知识，而不是大行之道。麻省理工学院、加州理工学院和卡内基-梅隆大学等优秀大学虽然在工程上不比斯坦福大学差，但是无论是专业、课程和生源都太单一。进入麻省理工学院的高中毕业生目标很明确，就是为了学习理工。这些年轻人在一起不断交流，彼此在技术上越来越精深，内境愈宽，外延愈窄。在互联网刚兴起时，我和麻省理工学院的一些博士生谈论过各种浏览器的好坏，他们不和你谈微软的 IE 或 Mozilla 的火狐，而是谈 UNIX 用户更常用的字处理器 Emacs 下一个浏览网页的小众功能，这个东西不仅不好用，而且在全世界用它的网民连万分之一都不到。他们和你谈的是技术上谁实现得好。这些人以后可能是很好的科学家和工程师，但很难成为创业者。2016 年 AlphaGo 战胜李世石之后，人工智能在美国大学里很热门，我接触到的斯坦福的学生大多想利用人工智能赶快做点什么事情，而麻省理工学院的学生则在挑 AlphaGo 相比人的不足之处——耗电量太高，训练量太大。这些本身并没有错，做学术研究是很好的课题，但是对于创业者来讲，需要的是尽快使用成功的技术，而不是给它们挑刺。

斯坦福大学则不同，它的学生来源非常多样化、多元化，从文理、工程、医科、商业到法律什么都有。很多人到了斯坦福并不把自己限定在一个专业上。可以想象，一个计算机博士在和一个住院医生谈论浏览器时，就必须用最通俗的语言进行交流，而不是对各种技术评头论足。同时，他可以了解到一位医生对浏览器的需求，比如易用性、安全性，等等。斯坦福大学的学生来自于世界很多国家和地区。虽然美国大学的研究生院中一半是外国人，但是很多大学的本科生都是美国人、本州人，甚至本地人。不难想象从小在同一个地区长大的孩子说来说去就那么点儿话题，不接触各种各样的人就无法想象天地之大、世界之多样。

斯坦福大学的很多学生不仅在学业上出类拔萃，而且有各种各样的特长。我的一位朋友在高盛做投资，是非常成功的投资人，他也是斯坦福大学的毕业生，年轻时还是 ATP 职业网球选手，一度排在世界二十几名。比如在体育方面，斯坦福大学出了很多奥运会冠军和世界冠军。斯坦福大学的游泳队曾经是半支美国奥运游泳队，出过获得四枚奥运会金牌的埃文斯等一大批泳坛名将。从 1912 年起，斯坦福大学在历届奥运会上至少获得一枚金牌，最多的一次多达 17 枚。在 2008 年北京奥运会上，斯坦福大学的学生获得 25 枚奖牌，其中 8 枚金牌。如果作为一个独立的国家，排在法国之前，列第十位。在 2012 年的伦敦奥运会上，斯坦福的成绩进到了第八名，共获得 12 枚金牌，在 2016 年的里约热内卢奥运会上，他们的成绩进步到第六名，再获 14 枚金牌（其中一枚是代表希腊出战获得的）。斯坦福大学还出过网球巨星约翰·麦肯罗和高尔夫球巨星老虎伍兹。斯坦福大学的橄榄球队和篮球队都是美国一流的。这些运动员并非只是靠体育成绩受照顾进的斯坦福大学，他们大都在学业上同样优秀。这些奥运会冠军就和大家住在同一栋楼里，一起上课。

斯坦福大学没有音乐学院，只有一个不大的音乐系，著名钢琴家斯坦恩（Issac Stern）（生前）和大提琴家马友友却经常到斯坦福演出。斯坦福大学有全世界最多的罗丹雕塑收藏，包括他最著名的作品《思想者》。（罗丹的每一件雕塑作品一般都有不止一件但不到十件真品，原始的模具在这几个真品浇注完毕后毁掉。他的《思想者》在法国和美国有几件真品，相互之间没有区别。)此外,斯坦福还收藏了从东晋到明清的瓷器。对年轻的学生最有益的校园环境,就是那种最贴近今后真实生活的社会环境。在斯坦福大学,人员的构成和真正的社会并无太大差异,每一个年轻人周围又是各个行业的佼佼者,在这种环境中互相学习几年,外延就变得宽阔起来。对于大部分学生来讲,在斯坦福大学的岁月里学到的社会知识比课堂知识对自己的一生更有帮助。拉里·佩奇在 Google 成功后回到斯坦福大学介绍他成功的经验时强调的一点是,创业者要成为全才(他的原话是:Be an expert in all aspects.)。从培养全才的角度来看,斯坦福大学无出其右。

其他大学有心学习斯坦福大学的经验,却难成功。且不说众多州立大学因为学生水平参差不齐,很难和斯坦福大学相比,就是其他名牌私立学校由于种种原因,也很难像斯坦福大学那样兼得纽曼教育和洪堡教育之长处。麻省理工学院和加州理工学院太单一,学生过早地开始了职业训练,多多少少便有了"呆气"。即使是哈佛和耶鲁等综合性大学也很难创造斯坦福大学的奇迹,由于历史原因它们在工科职业教育上非常弱。哈佛大学一直想弥补工科方面不足的缺陷,利用自身的名气聘请了很多著名教授,但是仍然只建立起一个象牙塔式的小规模、没有什么影响的工程院。它一度试图合并麻省理工学院,但是没有成功,因为后者不愿意。

4 硅谷孵化器

硅谷为斯坦福人提供了经费和实实在在的课题,让学生们容易找到合适的创业题目,加上宽松的环境为教授和学生的创业行动大开绿灯,良好的教育使得很年轻的学生也可以应对未来的各种挑战。真可谓万事俱备,只欠东风了。这东风就是学校最后扶持一把。我看过一则关于肯尼迪总统和美国导弹之父西奥多·冯·卡门(Theodore von Kármán,钱学森的导师)的故事。1963 年,冯·卡门被授予美国第一个国家科学奖,这是在美国人心目中比诺贝尔奖更高的荣誉,每次由美国总统授予。当冯·卡门在肯尼迪总统的陪同下走下白宫的楼梯时,这位 81 岁高龄的科学家一个趔趄差点摔倒,肯尼迪总统立刻上前搀扶。这时，冯·卡门说了一句意味深长的话："年轻人，当一个人往下走的时候是不需要扶的，当他往上走时恰恰需要你扶他一把。"

在扶持学生创业方面，斯坦福大学无疑做得非常好。它对创业的教授和学生直接的帮助就是在他们和工业界之间搭建桥梁。斯坦福大学有一个办公室，专门帮助想创业的在校学生与在硅谷成功的校友，或者和斯坦福大学有来往的企业家、投资家建立联系，寻找投资。

Google 的佩奇和布林就是通过这种方式找到第一笔投资的。1998 年，在开发 Google 搜索引擎没多久，这两个创始人很快就用光了手头不多的现金和信用卡能透支的全部额度。他们自己也曾努力寻找过天使投资，但当时只是两名普普通通的博士生，在硅谷多如牛毛的创业者中并不引人注意，所以开始找钱并不顺利。这时他们通过学校这个帮助学生创业的办公室，联系上了太阳公司的创始人安迪·贝托谢姆。贝托谢姆虽然是计算机技术出身，但是对搜索引擎技术并不熟悉，之前也没有用过 Google 的搜索。因为是母校介绍的，贝托谢姆还是在百忙中约见了这两个只有二十五六岁的小伙子。据佩奇讲，贝托谢姆很忙，跟他们约在上班前于公司见面，他和布林带着服务器到了安迪的办公室，贝托谢姆当场搜索了一些东西，非常满意，当即开出了十万美元的支票给了他们。这就是 Google 作为一家公司的开始。虽然这笔钱没多久就用完了，但是这笔钱的广告效应远远不止这十万美元。之后有些投资者听说太阳公司的创始人、工业界的领袖给 Google 投资了，也就相信了 Google 的水平。在 Google 最早的投资人中，包括篮球明星奥尼尔、身为电影明星和后来的加州州长的施瓦辛格等根本不懂技术的天使投资人。这些人是通过一个天使投资团，跟着贝托谢姆糊里糊涂地发了一笔财。

可以想象，如果佩奇和布林不是斯坦福大学的研究生，他们很难有机会直接向一位工业界领袖推销自己的发明。大家可以试想一下，在中国清华或北京大学的一位普通研究生有没有可能通过学校直接见到华为的创始人任正非。斯坦福大学能做到这件事，正是它了不起的地方。

虽然所有大学基本上都设有联系校友的机构，可是很多都形同虚设。但是美国很多著名大学，包括斯坦福大学的这种机构是实实在在地经常和校友，尤其是事业有成的校友联系。它们会有专人定期拜访各地杰出校友并通报学校的情况，既分享学校的发展成就，也通报学校遇到的困难。遇到后一种情况，很多有钱的校友会倾囊相助，而斯坦福大学对慷慨的捐赠者给予衷心的感激和很高的敬意。在斯坦福大学，可以看到很多由校友捐助的大楼，比如帕卡特（惠普创始人）楼、杨致远楼，等等。正是由于联系紧密，校友们才会在离开学校后不断帮学校的忙，帮着师弟师妹们创业。

斯坦福大学有一个非常闻名的风险投资论坛——斯坦福企业家之角（Stanford Entrepreneurship Corner）。光看名字有点像中国的英语角，但实际上它是由工业界和著名大学教授轮流主讲的论坛。经常来这里的人包括很多著名的风险投资家，比如 KPCB 的约翰·杜尔；工业界的领袖，比如 Google 前 CEO 施密特和创始人佩奇、Facebook 的创始人扎克伯格，以及哈佛商学院和斯坦福商学院的许多著名教授。这样，斯坦福大学的师生就有机会接触到世界级的投资人和工业界领袖，从而有机会找到投资渠道，更可以从著名投资人和工业界领袖那里得到创业上的指导，大幅提升创业的境界。

美国每所大学都或多或少有些毕业生能成功创办各种小公司，但是能将小公司办成主导一个行业的跨国公司的则是凤毛麟角。而在信息产业的主导公司中，由斯坦福大学校友创办的公司可能占到一小半。妨碍一个创业者成为业界领袖的原因很多，其中有两条值得特别注意。第一是好高骛远。关于这一条在前面已经多次提及，这里就不再赘述了。第二就是小富即安。很多人办公司都本着捞一把的想法，而不是做一番事业，这些人归根结底是创业的境界不够高。而这种境界是不可能从课堂上学到的，只有经常和世界级的人物在一起切磋，一个人的境界才能有质的提高，他才能站在巨人的肩上。在世界上至今找不到第二所大学能够像斯坦福大学那样让普通学生有机会不断接触到工业界和商业界的领袖。

斯坦福大学鼓励创业的另一项具体措施是对利用职务发明创业的宽容。之前介绍思科公司时提到，思科创始人的发明完全是与工作相关的职务发明，而在很多大学和实验室，专利的所有者即雇主严禁个人利用职务发明来创办公司。斯坦福大学在这方面相对比较开明，只要大家坦诚地协商好将来利益的分配，它甚至鼓励学生和教授利用职务之便创业，但斯坦福大学要的股权一般都少得可怜。我们前面提到的亨尼西创办的 MIPS 公司，包括 Google 公司都用了斯坦福大学的技术，而斯坦福只占了一点股份[8]。就如同低税率可以刺激经济一样，从长远来讲斯坦福这种少占股份的做法是双赢的，一方面可以鼓励创业，另一方面，作为对母校的感激，几乎所有创业成功的人都非常慷慨地给予了斯坦福大学巨额的捐助。

为了方便外国学生创业，斯坦福大学甚至在法律允许的前提下设法维持他们在美国的合法身份。根据美国移民法律，外国学生在完成学业后，将不再拥有学生身份（F1 签证）。如果不能获得工作签证（H1），那么这些学生最多只能以实习的身份（Practical Training）在美国再待上一年。而获得工作签证的前提是被一个雇主（比如公司或者大学）以足够高的薪水雇佣。这样外国学生一毕业直接创业就会面临身份问题，而身份问题不解决，投资人也不敢投资。对此，美国大部分大学的态度是，"你毕了业，我就管不了你了，身份问题自己去解决。"而斯坦福大学则可以通过延长毕业时间帮助外国学生维持合法的身份，当然这是打移民法的擦边球。据斯坦福大学校友，在美国和中国成功创办多家公司的金学诚博士介绍，他在斯坦福完成博士论文后想自己创业，但是苦于一旦毕业就没有了合法身份，于是找学校求助。学校同意他推迟递交论文的时间[9]，斯坦福大学告诉他，在他提交论文之前，他每学期只要修一学分的课程即可。由于为了创业没有时间上课，学校建议他修一门高尔夫球的体育课，权且算是锻炼，不会成为额外负担，于是他打了四年高尔夫球。金博士有一次在向中国政府官员介绍硅谷成功经验时提到：

---

[8] 斯坦福大学仅占 Google IPO 时 0.7% 的股份。

[9] 在美国大部分大学，提交论文正式版本是在博士答辩之后，因为博士候选人（Ph.D. Candidates）在通过答辩后，还需按照答辩委员会的意见仔细修改论文，然后才能正式提交。毕业时间以提交论文时间为准。一些博士答辩时间和提交论文时间可能相差数月（例如笔者本人），或数年之久（如果需要补充实验数据）。

"正因如此,斯坦福校友事业有成后,都不好意思不给学校捐点钱。"学校帮助自己学生成功,然后学生再回报母校,这样就形成了良性循环。

除了为创业者提供便利的创业条件,斯坦福大学对创业者第二大的帮助就是营造了创业的气氛和传统。很多大学都试图效仿斯坦福大学鼓励学生创业,然后从成功的创业中获得长期回报,但是在整体上却没有营造出创业的气氛。麻省理工学院一直以培养工业界领袖为己任,并且成功地培养了大量的工业界主管,但是自己办公司的学生远不如斯坦福大学的多。不少风险投资家也一直在麻省理工学院校园里转悠,希望能找到好的项目投资,但是效果一般。加州理工学院有一系列专门培养工业界领袖的必修课程,但是大部分毕业生反而进了学术界。这些名牌大学缺乏创业的氛围。哈佛商学院要求每个人都要提出和制订创业计划,并且给予前几名的学生创业经费,虽也扶植出了一些小公司,但是它们都没有成为一个行业的领头羊,更没有开创新的行业。所以,这么多年来不论是像麻省理工学院这样著名的工科大学,还是像哈佛商学院等著名的商学院,都没能重现斯坦福大学的奇迹。

创业的氛围非常重要。在一所有创业氛围的大学里,创业是一种主动自发的行为,创业者出于对一项技术及其商业应用的极大兴趣,将它的实现作为自己的理想,这种动力对于创业的成功不可或缺。反之,如果光靠别人来推动创业,是鲜有成功的。只有主动的创业,创业者才能从亲身实践中找到好的创业题目,并为之奋斗。反之,即使有了好的题目,也会半途而废。我参加过某所著名工科大学在硅谷为风险投资家举行的项目介绍会,该校为了鼓励学生创业,规定学生以小组为单位必须完成一项发明和设计才能毕业,在介绍会上他们拿出了一些很好、很有新意的发明。但是这些发明大多数是学生们作为完成教授任务或拿学位的要求而做的,根本就没有想过将这些发明产品化而挣钱。因此,他们在选题时很多题目虽然好却只能将技术卖掉,根本无法开办公司。即使有一些好的选题,因为和自己今后的事业无关,学生们也根本没有仔细考虑商业化的许多繁杂的具体问题,因此面对风险投资家的提问茫然无所知。由于缺乏创业的热情,几乎所有的学生一旦完成学位的要求离开了学校，所做的工作就半途而废了。第二年，新的学生重复学长们做的无用功。当然，这种训练对学生的能力有很大提高，但是对创业的作用微乎其微。

在人们想象中，商学院的学生就应该热衷于创业，其实不然。虽然很多商学院为学生营造了各种创业条件，但是他们创业成功的案例还不如学习工程的学生多。我参加过风险投资对一所著名商学院的一些学生创业项目的评估。也许是学习商业的原因，他们提出的题目都很大，但是很多要么是夸张，要么是没有实际内容。其中一个项目类似于网上建立一个社区，自己设计贺卡、T恤衫、纪念品和邮票[10]并且通过社区进行交流。这家公司的盈利模式就是从相互有偿的授权（License）中分得一块利润。这个题目不能说没有用，而且提出者也一定做了不少研究。但是，这里面我看不到任何的技术和商业特点能够阻止别人进入该领域竞争，更何况其市场规模比他们估算的小很多。第二个项目很有代表性，项目本身大得难以置信，叫做互联网3.0。问及是否清楚互联网2.0的定义，他们不置可否。又问他们这互联网3.0能带给用户什么好处，他们也不置可否。最后问他们为什么要选择这个题目，他们认为，第一，在当前的互联网领域，雅虎和Google等公司已经处在主导地位，很难撼动，只有提出一种超前的概念才能打败这些公司。第二，这个题目足够大，风险投资也许会有兴趣。我们再问他们此前做了多少研究，发现他们确确实实做了很多研究，看了很多参考资料，图书馆里的、互联网上的，但是他们的项目无异于闭门造车。第三个有代表性的项目就是把各种美国已有技术和商业模式搬到中国和印度去，提出者以中国和印度学生居多。比如前几年有人把eBay搬到中国搞了易趣很成功，他们提出把YouTube搬到中国和印度去（当时中国还没有那么多的视频网站）。这些项目有些后来还真得到了资助，但是这种模仿和改造的项目最终并没有成功，因为你能模仿，别人也能模仿，没有什么门槛。最有意思的是一个中东来的学生想来想去还是倒卖石油来钱最快，连他的同学也笑了，说除了你，我们可没有这种机会。读者可能已经看出这里面的问题，这些都是学生们为了完成学业，

10　在美国允许使用自己设计的邮票。

挖空心思想出来的项目，与太阳的工作站、思科的路由器、雅虎的网站和Google的搜索引擎这些源于创业者科研实践的项目完全不同。

环境是可以影响人的。在斯坦福大学这样创业成风的环境中，一个计算机系或者电子工程系的博士生不想自己创业有时可能都会不好意思，而创业失败也没有什么可自卑的。佩奇原来所在的计算机系数据库实验室，前前后后出了无数开公司的学生，以后的博士生一进去就耳濡目染办公司的事情。而在绝大多数大学里，包括麻省理工学院并不是这样，导师希望学生只专注学术，而博士生则是以进入学术界为荣。比如我以前所在的约翰·霍普金斯语言和语音处理中心（CLSP），在我之前所有的博士生毕业后全部去了大学和大公司的实验室（比如IBM、AT&T和微软的实验室），没有真正到工业界工作的，更不用讲创办公司了。当时我到Google工作，在所有师兄弟中纯属异类。但是，自从我到了Google，后来的人发现这条路也很不错，以后所有的博士毕业生都会来Google面试，每年都有人来Google，就连以前在大学和大公司实验室的师兄们也有跳槽过来的，这就是风气的作用。另一方面，人也会选择环境。很多学生挑学校时也是看中了斯坦福大学守着硅谷将来能创业这一点。

虽然不是每一个斯坦福人都能创业，也不是每一个人都能成为领导者，但是他们中间很多人可以成为很好的合作者和追随者。佩奇有一次在斯坦福大学的创业论坛上讲，创业的关键之一是找到志同道合的人。在斯坦福大学找到一起创业的追随者相对容易。首先，进入斯坦福大学的学生大多愿意到刚成立的小公司工作，而很多东部名牌大学的毕业生并不愿意。其次，由于斯坦福大学的这种内紧外松的环境，学生们交际的圈子相对较广，容易打造一个可以互补的创业团队（Founding team）。而在完全追求学分的大学里，每个人能深入了解的大多是自己的同班同学，或者同实验室的同事，但朋友之间的互补性不强。

世界各地每时每刻都会诞生新的技术、新的商业模式，但是将它们最终变成产品，变成一个新的行业需要一个像斯坦福大学这样的孵化器。韩愈讲，千里马常有而伯乐不常有，于是便见不到千里马。同样，发明创造世界各国都有，而斯坦福大学只有一个，因此，硅谷的奇迹就难得一见了。

结束语

世界很多国家都在学硅谷的经验，办起了自己的科技园。尽管有些地区自称是"××的硅谷"，并且带动了地区性信息产业的发展，提供了不少就业机会，但是并没有孕育出像思科、雅虎和 Google 这样具有开创性的世界级公司。这里面的原因有很多，其中之一是缺乏一个像斯坦福大学这样的新公司乃至新产业的孵化器。关于斯坦福大学更多的介绍，读者朋友可以阅读拙作《大学之路》。

斯坦福大学大事记

1885	斯坦福大学成立。
1893	老利兰·斯坦福去世，斯坦福大学资金被冻结。
1899	斯坦福夫人简·斯坦福经过六年的努力终于使得资金解冻，斯坦福大学度过早期财政危机。
1929	斯坦福大学毕业生胡佛成为美国总统，由于在他任期内美国（和世界）经历了前所未有的大萧条，他被认为是美国最差的总统之一。
1951	特曼提出通过出租土地集资办学的办法，硅谷诞生。
1952	斯坦福大学获得第一个诺贝尔奖，到 2018 年，斯坦福的教授一共获得了 31 个诺贝尔奖。
1965	计算机系成立，此后该系毕业生在硅谷创立了很多成功的公司。
1970	斯坦福成立了技术授权办公室（OTL），推进技术转让和实用化过程，并帮助教授和学生创办公司。
1973	斯坦福完全取消了在招生上有关男女比例的限制。
2012	斯坦福在北京大学建立了一个教育和研究中心。不过 2017 年斯坦福暂停了与北京大学合作的"海外本科学习计划"。

浪潮之巅

第四版·下册

On Top of Tides

吴军 著

人民邮电出版社

北京

目 录

439　第 18 章　挑战者——Google 公司

Google 是个奇怪的地方。也许是因为 Google 的年轻人太多，他们不懂得传统也不拘泥传统，只要认准了对公司对社会有用，就大胆去干了。

1　最轰动的 IPO
2　早期岁月
3　商业模式
4　个人英雄主义和群众路线
5　绝代双骄
6　感谢上帝，今天是星期五（TGIF）
7　不作恶
8　不败的神话
9　秘密军团
10　云计算和数据中心
11　新气象
12　移动互联网时代
13　进攻，永远是最好的防守
14　佩奇新政
15　未雨绸缪
16　成败萧何

510　第 19 章　科技公司的吹鼓手——投资银行

华尔街的贪婪既会捧起，也会扼杀一个科技新星。

1　美国的金融体系

2　著名的投资公司

3　公司的上市过程

4　双刃之剑

5　左右并购

540　第 20 章　社交网络和 Facebook

大部分社交网络的兴起，源于人类最基本的生理需求。

1　通信的动物

2　社交网络 1.0

3　Facebook

4　改变生活和大脑

578　第 21 章　成功的转基因——诺基亚、3M、GE 公司

科学技术是最革命、发展最快的生产力，一家科技公司要想在几次技术革命大潮中都能立于浪潮之巅，极不容易。

1　20 世纪末的手机之王——诺基亚公司

2　道琼斯指数中的常青树——3M 公司

3　曾经的最大企业联合体

612　第 22 章　生产关系的革命

信息时代生产关系的本质，是建立在契约基础之上的平等关系。

1　股权结构和期权制度的本质

2　工程师文化

3　扁平式管理

4　轻资产公司

642　**第 23 章　印钞机 —— 最佳的商业模式**

所有成功的大公司都有好的商业模式，很多大公司的兴起，不是靠技术的革新，而是靠商业模式的转变。

1　Google 的广告系统

2　eBay 和亚马逊的电商平台

3　戴尔的虚拟工厂

4　腾讯的浮存资金

665　**第 24 章　互联网 2.0**

互联网 2.0 最重要的是提供了开放的平台，让用户能在平台上开发自己的应用程序，并提供给其他用户使用。

1　互联网前传

2　2.0 时代的特征

3　互联网 2.0 公司

4　新商业模式的天花板

691　**第 25 章　金融风暴的冲击**

虽然全世界在 2008 年的最后一个季度里陷入了严重的衰退，同时人们的恐惧心理加重了这场危机，虽然在更长一些时间里我们仍将处于衰退，但是，明天仍然会好起来。今后的 44 年里我们的经济、我们的社会都将获得长足的发展，就如同过去的 44 年一样。

—— 沃伦·巴菲特

1　危机的成因

2　瑞雪兆丰年：优胜劣汰

3　随处可见的商机

4　欧债危机之后

5　格局的变迁

6　G2 时代

732　第 26 章　云计算

云计算保证用户可以随时随地访问和处理信息，并且可以非常方便地与人共享信息。它的好处是让全社会的计算资源得到最有效的利用。

1　云计算的起源

2　云计算的本质

3　云计算的核心技术

4　新的 IT 产业链

5　软件就是服务

6　中国市场的机会

759　第 27 章　汽车革命

汽车革命源于危机，而危机本身又是机会，善于解决问题的人把握住了未来。

1　便利性的代价

2　电动汽车革命

3　使用比拥有更重要

4　无人驾驶将到来

796 **第 28 章　工业革命和颠覆式创新的范式**

现有产业 + 新技术 = 新产业

1　技术革命的共性
2　颠覆式创新
3　工业革命的范式
4　第四次工业革命

827 **第 29 章　信息时代的科学基础**

不确定性是我们这个世界固有的特征，信息时代和机械时代的区别在于，前者有了信息这个工具来把握不确定世界的规律。

1　从机械论到"三论"
2　方法论的革命
3　信息时代思维指南
4　企业制度背后的科学原理
5　大数据和互联网思维的本质

875 **第 30 章　下一个 Google**

虽然我们不知道下一个 Google 在哪里，但是可以肯定它不在搜索领域。这就如同几年前我们寻找的"下一个微软"不会是一家软件公司，而最终是一家互联网公司一样。

1　伟大公司的特质
2　岁岁年年人不同
3　未来新产业
4　关注中国

913 **后记**

918 **索引**

第 18 章　挑战者

Google 公司

长期以来，硅谷的公司在和微软的竞争中一直处于下风。不但在市场上被微软挤垮，在人才的竞争中处于下风，而且在官司上也打不赢。从苹果、太阳、Novell 到网景公司，一个个被微软后来居上，两三个回合就被打败，从此没有能够全方位成功挑战微软的公司了。号称世界创新之都、有几十万 IT 从业人员的硅谷一直梦想着有一家公司能够在和微软的正面竞争中赢一次。这个梦想终于由一个历史很短却有着惊人发展潜力的婴儿巨人（Baby Giant）Google 公司实现了。

Google 公司从一开始就以一个挑战者的身份出现在人们的视野中。它不仅在技术和商业上挑战比自己更大更强的公司，而且在理念上挑战传统。到 2018 年底它（的母公司 Alphabet）已经是一个员工数量超过 10 万的跨国公司了[1]，而且还在不断挑战自己的极限，创造奇迹。Google 的故事完全可以写成厚厚的一本书，已经有人写了，以后还会有人再写。遗憾的是，大多数书无非是对一个成功者的吹嘘和对 Google 所谓奢侈生活的描述，很少提及 Google 成功的真正原因。对于公众都熟知的事实我在这里就不赘述了。在这一章里，我想用 16 个瞬间，也是 16 个不为人知或被公众忽视的侧面，来描述一下这个传奇的公司。通过这些侧面应该很容易了解 Google 成功的原因。当然，我所描述的 Google 是 2016 年之前那家充满活力的公司，而非今天比较平庸的这家大公司。

1　另外收购的摩托罗拉移动公司有两万多人，因单独运营，未算在其中。

在我看来，2016 年之后的 Google，失败的教训比成功的经验多。

1 最轰动的 IPO

2004 年 4 月 28 日，这一年的第一百天，所有 Google 人都知道今天将要发生什么事。上午十点，大家收到了电子邮件，要大家去主饭厅——查理饭厅等待重要消息的宣布。平时开会通常迟到几分钟的 Google 人这天早早地便聚在了饭厅里，能容纳 600 人就坐的饭厅挤了上千人。十点半，Google 的三巨头，共同创始人拉里·佩奇和谢尔盖·布林及首席执行官埃里克·施密特，来到讲台上（图 18.1）。布林宣布，我们刚刚（向证监会）提交了上市报告（S-1），同时提交了年度的财务报告（10-K），会场上掌声雷动，成百上千的 Google 人几年的辛苦努力终于将获得回报了。布林等大家安静下来接着宣布，我们将融资 2 718 281 828 美元，这是数学上自然对数底数 e 的前十位。这么大的融资额使得 Google 的初次公开募股（IPO）成为历史上最大的 IPO 之一，会场再次沸腾了。接下来，由 Google 的营销副总裁奥米德·科德斯坦尼（Omid Kordestani，也是加入 Google 的第 12 名员工）最后一次站在沙袋上向大家宣布了最新的营收报告。根据 Google 的传统，科德斯坦尼总是站在一个大沙袋上向大家宣布财务消息。Google 当季度的营业额同比增长了 200%。今后 Google 将是上市公司，不能再像以前那样对内公布营收情况了，因此，科德斯坦尼宣布这是最后一次。与此同时，外界第一次了解到 Google 保密了 6 年的财务情况和市场规模。

在 Google 对内宣布上市消息的同时，外界得到了同样的消息。《华尔街日报》《布隆伯格新闻》、路透社等全球主要财经媒体和 CNN、《纽约时报》等主流媒体已经报道了这则新闻。以当时世界上最大的投资银行摩根士丹利和欧洲最大的投资银行苏黎世信贷第一波士顿领衔，高盛、花旗财团等十几家世界最大的投资银行参加的 Google 上市行动正式拉开序幕，整个华尔街和广大投资者都兴奋了起来。由于下载和阅读 Google 上市文件的人数太多，美国证监会的网站一度因负载过大而宕机。

图 18.1　被称为 Google 三驾马车的佩奇（右）、布林（中）和施密特（左）

Google 上市无疑是历史上最轰动也是最令华尔街兴奋的一次融资行动。但是可能很多人并不知道，Google 其实是被美国《公司法》逼得不得不上市的。作为一家非上市公司，在经营上有很多方便之处，外界没有人知道 Google 的任何商业细节，也没有人能干涉 Google 的决策，这样 Google 在商业竞争中能够出奇制胜（事实上如果雷曼兄弟公司不是上市公司，它可以避免破产的厄运）。对于大多数公司来讲，通过上市融资，公司可以获得充足的发展资金，投资人的投资也能得到回报。作为一家非常成功的新兴公司，Google 不存在第一个问题。Google 在 2001 年成立刚满三年时就开始盈利了，而同期包括雅虎在内的几乎所有互联网公司都在亏损（当时只有 eBay 是一个例外）。从 2001 年下半年起，Google 的利润和现金流以极快的速度增长，远远比开销增长快。从这个角度讲 Google 不急于上市。当然，另一方面，风险投资公司和天使投资人希望通过上市收回投资。好在 Google 的董事会非常明智地看到，越晚上市，盘子做得越大收益越高，因此尽可能地拖后上市时间，事实证明这个决策非常正确。从 2002 年开始，Google 发展很快，人数也增加了很多，到 2003 年总人数超过了 500 人。根据美国现行证券法规定，当一家公司的股东超过 500 名并且资产超过一定规模后，即使它不上市也必须在第二年的 100 天内公布财务状况。Google 大部分员工都有股份，因此，熟悉金融的人可以准确预测 Google 申请的上市时间是 2004 年 4 月 28 日（同样的道理，Facebook 坚持到 2012 年才上市）。

实际上早在 2003 年，华尔街就已经炒作起来了。世界上所有著名的投资银行，如摩根士丹利、高盛、苏黎世信贷等，早就开始和 Google 接触，希望成为 Google 上市的承销商。2003 年美国股市步入低谷，投资银行需要一些特殊的输血才能刺激已经低迷两年的股市，明星公司 Google 的上市将变成整个股市的兴奋剂。Google 两个刚满 30 岁的创始人佩奇和布林在老练的华尔街银行家面前表现得异常冷静和精明。他们很清楚自己和华尔街手中的牌。Google 没有急于答应任何一家著名的投资银行表达的承销上市的意愿，而是有耐心地和多家投行保持接触，不得罪任何一家，同时将承销商的佣金压到了最低点。根据惯例，上市承销商将收取融资额的 7% 作为佣金，但是，Google 最终付出的比这个比例要低得多。虽然双方都没有公布 Google 的佣金，但是在几个月后第二轮融资时，美林证券公司离开了承销商的行列，并透露出原因：Google 付的佣金太低了。从另一个角度讲，这件事足以显示出 Google 在生意场上的精明程度。

为了最大限度地保证自己和投资者的利益，并且保证公司在上市后不受华尔街控制（我们在前一章介绍过华尔街是如何控制上市公司的），Google 在 IPO 时做了三件惊人的事。

第一件事就是采用拍卖的方式决定 IPO 的股价。为了回报广大股民对 Google 的支持，并保证中小投资者的利益，Google 最终说服了华尔街投资银行采用竞标的方式认购 Google 的原始股。在以往的上市行动中，原始股的价格由要上市的公司和承销商谈判商定，一般来讲，价钱都低于实际价值（只有黑石公司上市时除外），而承销商和它们的大客户则赚差价，这样当然就损害了要上市公司的利益和中小投资者的利益。比如，百度公司上市时的定价只有区区 27 美元，是上市第一天收盘价的 1/4。不仅如此，承销商还会控制原始股的配给，除非是它非常重要的大客户，一般人根本拿不到什么认购权，这样就无法保证中小投资者的利益。Google 的做法保证了自己和中小投资者的利益，当然华尔街就要少挣一点。这一点，后者也心知肚明，明面上不好讲，背地里并没有配合 Google。因此，居然出现了 Google 首次募资原始股认购不满的情况。Google 公司当机立断，在上市的前一天调低了一些原始股价格，同时大幅降低了融资的金额，从原来的 27 亿美元降到 17 亿美元，避免了以过低的价钱大量稀释自己的股份。

Google 上市的第二个特点就是将一次融资拆成三次。一个公司融资上市，当然希望融资越多越好，但是这样要大量稀释自己的股票，公司和现有的股东未必能得到最大利润。显然 Google 第一次没有充分融资。在首次融资一年后的 2005 年 9 月，Google 进行了第二轮融资，以 295 美元的价格再次融资 42 亿美元。这次融资虽然金额大，但是由于 Google 的股价比 IPO 时涨了三倍，只增发了很少的股票，最大限度地保证了自己和投资人的利益。到这时，大家不得不佩服 Google 的高明。Google 的上市融资行动至此仍然没有结束。当时大家都奇怪著名的高盛公司没有参与第二轮融资，而自从 Google 上市，高盛一直是在为 Google 高调捧场的。半年后，谜底揭晓了。2006 年 5 月，美国的标准普尔指数将 Google 纳入其中。从金额上讲，标准普尔 500 指数是美国和世界上的基金中，作为参考依据最多的指数，Google 被纳入其中后，很多基金将自动按照标准普尔 500 指数指示的比例购入 Google 的股票。根据以往其他股票被列入该指数的历史表现，股价会上涨 10%—20% 左右。通常炒家们在得到这个消息后会打个时间差从中套利（在对冲基金中专门有一种投机这种交易的基金，称为事件驱动基金）。Google 则早已计划并且准备好了，利用这次有利时机进行第三轮融资。因此，标准普尔宣布这一消息后，Google 马上宣布第三轮融资 20 亿美元，这次由高盛公司独家承销。Google 在两年多时间里，三轮融资共 80 亿美元，而且只稀释了不到 10% 的股份，成为有史以来最为成功的上市行动。有了这些现金，Google 就有足够的财力打造超级数据中心，在与微软和雅虎的竞争中占到有利地位。和巴菲特一样，Google 的前任 CEO 施密特是一个非常"爱财"的管理者，他永远将现金储备作为他关心的头等大事。在 2008 年他接受了媒体记者的一次采访。当记者问到 Google 有上百亿美元的现金，能否给股东发一点红利时，施密特开玩笑说，我更喜欢看着这些钱在公司的银行账户上。和很多成功的职业经理人一样，施密特是一个非常稳健的管理者，他在做任何事时都会保证在最坏情况下 Google 能挺过多道难关。

Google 上市时做的第三件非同寻常的事就是学习巴菲特的伯克希尔－哈撒韦公司，将 Google 的股票分成了投票权完全不同的两种。佩奇、布林和施密特等人追求长期利益而不是只顾眼前利益，在这一点上他们和巴菲特非常一致。当然，华尔街对于任何上市公司都会指手画脚，要求它们达到每个季度的营收预期。当基金经理们在一个上市公司中占的发言权很大时，他们甚至会要求撤换整个董事会由他们直接管理。2008 年闹得沸沸扬扬的卡尔·伊坎威胁撤换雅虎董事会一事，就是投资人过度干涉上市公司经营的典型例子。正是因为这个原因，Google 迟迟不愿意上市。Google 的创始人仔细研究过巴菲特的成功经验，发现其中成功的一条就是公司内部的人要有绝对的发言权（投票权）。巴菲特的做法是发行 A 和 B 两种面值不同的股票，A 股的面值是 B 股的 30 倍，投票权却是 B 股的 200 倍。B 股永远不能转成 A 股，但是反过来 A 股可以在任何时间转成 B 股。当然，巴菲特和芒格等其他伯克希尔－哈撒韦的大股东及大投资人拥有的是 A 股。由于 A 股的股价每股高达十几万美元，不仅散户无法购买，动态管理的基金经理也无法购买[2]。这样就保证了巴菲特和芒格对公司的绝对控制。Google 也做了类似规定：2002 年以前发行的股票（B 股）每股拥有 10 个投票权，而以后的称为 A 股（包括所有公开交易的），一股只给一个投票权。B 股（大多数掌握在创始人和高管手里）不能流通，只有换成 A 股才能出售，而 A 股则永远不能转换回 B 股。其结果是不管一个投资人从市场上购买多少 Google 的股票，只要 Google 创始人持有 10% 的股票就可以拥有绝对多数的投票权。这样，华尔街就很难直接干涉 Google 的发展。后来，百度和京东也从 Google 身上借鉴了双层股权结构的做法。

---

2 动态管理的基金一般为每个大客户建立一个专门的账户，平均每个账户金额在两三百万美元左右。为了降低风险，每个账户一般要买几十种股票，经常调整，像伯克希尔－哈撒韦 A 股这样的股票即使买一两股，权重也过大。

从 Google 的上市过程中可以看到，这家公司眼光长远，且精明到了骨子里。

2 早期岁月

要介绍 Google，必须提及它的伙伴和对手雅虎公司。尽管后来雅虎的风头早已让 Google 盖过了，但我一直认为对互联网整个产业贡献最大的是雅虎公司及其两个创始人杨致远和费罗。一个产业早期领导者选定的商业模式对这项产业的影响几乎是决定性的。如果不是雅虎，互联网很可能像汽车一样在相当长时间里只能是有钱人的奢侈品。

其实雅虎也不是第一家从事互联网服务的门户网站，在雅虎公司成立以前，美国在线已经开始为普通用户提供互联网接入业务。但是它的商业模式很像传统的电话公司：它卖给每个想上网的用户一个调制解调器（后来的个人电脑都自带这个功能，就不需另配这个外接设备了），然后利用电话线拨号上网。它的费用也和电话公司一样，每月 20 美元，从用户那里收钱。但是雅虎的思路完全不同，它并不关心用户是如何上网的，而是关心用户上网后去哪里。为了让越来越多的人能上网访问雅虎，它尽可能从商家而非用户那里挣钱来维持公司的运营，它甚至提供一些免费的接入号码。同样，中国版雅虎 —— 搜狐、新浪和网易也用相同的方法主导了中国的互联网。雅虎及其追随者们，就这样培养出一个很大的市场，而且刺激了电子商务的诞生。

杨致远的远见卓识不仅表现在看清了互联网产业正确的发展方向并沿着这个方向去执行，而且从一开始就看到了整理互联网内容的重要性。早期的雅虎是从为互联网的网站建目录（Directory）起家的。当时全世界互联网搜索的技术储备几乎是零，传统的文献检索技术（以康奈尔大学萨尔顿教授为首）完全是针对图书馆的文献和档案设计的，直接搬到互联网上效果并不好。杨致远和费罗都不是信息处理的专家，也没有时间研究这个问题，也就根本没考虑采用自动的办法整合和检索互联网，而是采用了最快的办法 —— 手工创建目录。由于当时网上的内容极少，杨致远和费罗用手工很快就建立起了覆盖互联网大部分内容的目录。但是这种做法后来为雅虎的发展带来了一种不好的传统，即更相信人工而不是自动的方法。后来，互联网的内容多了，无法手工建索引和目录了，于是雅虎便采用了 Inktomi 的搜索引擎。

受当时计算机容量和速度的限制，早期的搜索引擎都存在一个共同的问题：收录的网页太少，而且只能对网页中常见内容相关的实际用词进行索引。对于虚词，比如英语中的 to、be 和 not 等是不做索引的。那时，用户难以找到很相关的信息。为了查找一点信息，常常要换好几个搜索引擎。后来数字设备公司（DEC）为了展示其 64 位处理器 Alpha 的超强计算能力，开发了 AltaVista 搜索引擎，只用一台 DEC Alpha 服务器，却收录了比以往引擎都多的网页，而且对里面的每个词都进行了索引。AltaVista 一个最经典的搜索查询就是莎士比亚的名句"是生存还是毁灭（to be or not to be）"，里面 6 个词全部是虚词，以前任何搜索引擎都无法对它进行查找，而 AltaVista 可以。于是，AltaVista 一夜之间成为了全世界最流行的搜索引擎。AltaVista 虽然能让用户搜索到大量结果，但大部分结果却与查询不太相关，有时找想看的网页需要翻好几页。

当上个世纪 90 年代末的互联网大潮席卷硅谷时，还在学校攻读博士学位的拉里·佩奇和谢尔盖·布林也觉得该干点儿什么。在信息检索的学术界有两个衡量搜索质量好坏的客观标准，即查全率（Recall）和查准率（Precision）。相比早期的搜索引擎，AltaVista 解决了覆盖率（查全率）的问题，但在查准率上还没有什么突破，佩奇和布林决定在这方面做点研究。

当时整个学术界和工业界对搜索查准率的研究仍然局限于萨尔顿确定的、针对图书馆文献检索的关键词加权平均的框架。虽然一些学者看到了互联网网页之间的相互联系，但是由于习惯性思维的限制，无非是把这种联系作为一个新的信号，对已有的方法修修补补，效果并不好。佩奇和布林本来不是研究文献检索的，并没有那些条条框框，而是从一个全新的角度看待互联网及其搜索问题。我们问佩奇是如何想到 PageRank 算法的。他说："当时我们觉得整个互联网就像一张庞大的图（Graph），每个网站就像一个节点，而每个网页的链接就像一个弧。我想，互联网可以用一个图或矩阵描述，我也许可以用这个发现做篇博士论文。"就这样，他和布林发明了 PageRank 算法。当然，这里面还有很多实际问题待解决，好在布林和佩奇都是实实在在做事的人，他们不满足于从理论上证明 PageRank 算法的正确性，于是自己搭建一个搜索引擎 Google 来证明 PageRank 的实用性。Google 基本上解决了搜索查准率的问题。虽然今天的 Google 和其他搜索引擎与当初的 Google 相比已有了长足的进步，但是这种进步基本上属于量变。迄今为止搜索引擎领域的质变只有 Google 取代 AltaVista 那一次。

Google 一词源于一个非常大的数字 Googol，即 10 的 100 次方。实际上宇宙中没有任何事物能有这么大，甚至宇宙中全部的基本粒子数目也没有这么多。佩奇和布林取这个名字，无非是想表示他们的搜索引擎很大。佩奇和布林很快就搭建起搜索引擎，系里计算中心分配给他们的磁盘空间没过多久就装不下他们下载的网页了，于是他俩不得不自掏腰包买了一些硬盘。由于 PageRank 的作用和他俩在工程实现上的精雕细琢，Google 搜索引擎居然比当时的 AltaVista 和 Inktomi 等商业搜索引擎还准确，他们在斯坦福的一些同学和朋友就开始使用 Google 搜索网页了。靠着同学和朋友们的互相推荐，Google 的搜索量达到了每天 5000 次。1997 年 9 月，佩奇和布林注册了域名 google.com。这时，佩奇和布林用光了信用卡上的透支额度，两人不得不为 Google 找出路。他们接触了一些投资人，一开始并没有找到投资，直到 1998 年夏天，佩奇和布林通过斯坦福大学那个帮助学生创业的办公室，联系到了斯坦福的校友、太阳公司创始人安迪·贝托谢姆。

贝托谢姆当年还在一线工作，非常繁忙，他对佩奇和布林讲，他只有早上上班前有点时间。佩奇和布林当然不会放过任何一个机会，于是一大早就扛着自己攒的服务器来到了贝托谢姆的办公室，并向这位工业界大名鼎鼎的人物演示了自己的搜索引擎。在 Google 以前，包括 AltaVista 在内的搜索，一般 10 条结果只有两三条是相关的，剩下的七八条都是无关的，而 Google 则做到了七八条是相关的，这是一个质的飞跃。关于创业和技术进步，我的看法是，只有质的飞跃才能造就新的主导者，取代原有公司，Google 的技术在当时符合这个条件。贝托谢姆对演示的结果非常满意，他甚至没有考虑这个搜索引擎怎么挣钱就给"Google 公司"开出了一张 10 万美元的支票，交给佩奇和布林。

佩奇和布林当然兴奋得不得了，但是他们马上就发现自己无法兑现这张大额支票，因为他们虽然注册了 google.com 的域名，而 Google 公司并不存在。于是他们在斯坦福的帮助下注册了 Google 公司，斯坦福大学因为提供了部分用于 PageRank 的专利，也就成了 Google 的股东[3]。为了办公司，佩奇和布林不得不"暂时离开"学校。严格意义上讲，他们当时并不是退学，而是可以在任何时候再回到学校继续读博士。

佩奇和布林离开学校的同时，还带出了他们的一位博士生同学（当然也是暂时离开）克雷格·西尔弗斯坦（Craig Silverstein）[4]。西尔弗斯坦堪称计算机奇才，他几乎凭一己之力写出了 Google 搜索引擎的第一个商业版本。苏联著名物理学家、诺贝尔奖获得者列夫·朗道（Lev Landau）将世界上的物理学家从 1 级到 5 级分为 5 个层次，每个层次的贡献差一个数量级（朗道很谦虚，他把自己排在 2.5 级，得了诺贝尔奖后，才把自己升到 1.5 级）。如果我们也这样对计算机工程师进行分级，那么西尔弗斯坦无疑是在 1 级，我自己大概是 2.5 级[5]。在 Google 早期，佩奇和布林忙于找投资，几乎不再有时间搞开发，整个开发的任务就压到了西尔弗斯坦一个人身上。他原来是研究信息编码的博士生，但无论是系统设计还是编程能力都极强。更难得的是，和一般早期公司那些能很快地写很多粗糙程序的工程师不同，西尔弗斯坦的程序总是采用最优的实现方式，读起来完全像是在欣赏一件艺术品。在 Google，研究和开发从来是不分离的，作为 Google 搜索引擎早期几乎唯一的工程师，他要"懂得"

---

[3] 在 Google 上市时，斯坦福大学拥有 Google 0.7% 的股票，约 180 万股。

[4] 功成名就的西尔弗斯坦于 2012 年 2 月离开 Google，去为一家非营利机构写程序。

[5] 关于工程师的 5 个等级的详细介绍，可参见本书第 22 章"生产关系的革命"。

一个搜索引擎里面全部的原理，至今世界上能做到这一切的人也不多。当时 Google 既没有很多的钱，也还看不到今天的成就，西尔弗斯坦选择加盟，完全是因为和佩奇、布林两个人志同道合，并且坚信 Google 能成功。西尔弗斯坦不仅开发出第一个商业版本的 Google 搜索引擎，而且制定了 Google 至今仍被遵守的程序设计规范和流程。事实证明，即使在已经有近万名工程师的今天，西尔弗斯坦的规范和流程依然适用而且非常有效。

贝托谢姆给的 10 万美元很快就花光了，佩奇和布林又找到了 100 万美元左右的投资。有了钱，Google 当然要找其他工程师了。据佩奇讲，当时他们 3 个刚从学校出来，也没有招人的经验，大家在一张乒乓球桌前坐成一排，就开始面试了，因为不知道该问什么问题，提问也很随意。但是，他们坚持宁缺毋滥，每招一个人必须所有人一致同意才行，所以早期进 Google 非常难。直到 2002 年，Google 招收的每一个工程师还必须通过两位创始人或 4 名 Google Fellow 其中一位的面试，最后经两位创始人同意才行。

一年后的 1999 年，正是互联网最热的年头，Google 借着互联网的东风，顺利地从两家最大的风险投资公司 KPCB 和红杉资本那里获得两千多万美元的投资。同时，Google 通过为企业提供内部的搜索服务开始有了营业额。2000 年，Google 取代了 Inktomi 为雅虎网站提供搜索服务。我第一次听说 Google 就是在得知这个消息的时候。2001 年，互联网泡沫破灭，无数上市的互联网公司关门大吉，而 Google 居然在这一年里开始盈利，不能不说是个奇迹。

互联网上流传着早期 Google 的很多故事，真实和虚构的都有，还有一些半真半假，让不知情者难以分辨。其中一个普遍的误解就是雅虎想收购 Google，Google 开了个当时雅虎认为的高价，后者没接受，于是错过了收购 Google 的机会。这个故事的真实之处在于雅虎确实有收购 Google 的意向，而 Google 开出当时认为是天价的原因是它的两个创始人根本不想出售公司。佩奇和布林是心比天高的人，根本不是那种赚一笔快钱就跑的人能够理解的，用中国的古话讲就是"燕雀安知鸿鹄之志"。其实，最早想收购 Google 的公司根本不是雅虎，而是亚马逊。在 20 世纪 90 年代末，由于美国信息行业工程师奇缺，很多公司不得不通过收购一个小公司，遣散非技术人员的方式来得到工程师。亚马逊专门有一位工程副总裁负责此事。他有一次到了硅谷考察公司，回去对同事讲："我见到了一家公司，做的东西真好，他们才只有 4 个人，居然要开价 10 亿美元。唉，他们做的东西真好！"4 个人开这么高的天价实际上就是婉拒收购，这位副总裁也明白，虽然遗憾，但是也只好作罢了。言者无意，听者有心。他手下的一位中国工程师听到这个消息，马上试了试 Google 的搜索，发现比 AltaVista 和雅虎的好得多，于是他当机立断加盟了 Google，成为 Google 第一位华裔员工（Google 的第一位中国员工并不是 Google 中国和媒体搞错了的那位女生）。

如果不了解佩奇和布林的雄心和胸怀，就不可能懂得 Google 为什么能成功。我常常想，凡做大事的人，必须有做大事的气度和胸怀。佩奇和布林就是这样气度恢弘的人。在和 Google 的竞争中，很多公司总是非常被动，这与它们因两位 Google 创始人年纪轻而低估了他们的雄心和能力不无关系。

3　商业模式

有人说 Google 之所以成功是看到 Overture（它的前身是 GoTo，后来被雅虎收购了）做搜索广告成功跟着学，才歪打正着地找到了最赚钱的商业模式。这种看法只看到了非常表面的现象，而且对 Google 的创始人和历史非常不了解。试想世界历史上可曾有过一个歪打正着建立起来的稳固的帝国，工业史上可曾有过歪打正着建立起的跨国公司。后人写历史时为了吸引读者，经常故意夸大偶然事件的作用。

我接触到的想创业的朋友，绝大多数对 Google 都有一个误解。当他们讲不出一个令人信服的商业模式时，总爱以 Google 举例子。"Google 一开始也不知道怎么挣钱，后来搜索广告做成功了，才找到商业模式。"我不能说这个观点是完全错误的，但是它非常片面，说明讲这话的人不了解 Google 的创始人。

我总是对别人讲，比尔·盖茨是我们信息时代的拿破仑。如果要问我谁是盖茨的继承人，我认为不是微软的鲍尔默或其他人，而是 Google 的佩奇和布林。盖茨对于 PC 工业的理解非常精准。在这个领域中，最成功的主导公司将是能帮助世界上每一个人（无论男女老少学历高低）使用计算机的公司。盖茨从一开始，虽然还不知道通过 Windows 和 Office 挣钱，但已经明确这个理想了。为了做到这一点，他的微软必须首先让计算机便宜下来，而且变得好用。盖茨做到了这两点，于是就成了 PC 领域之王。我们用这个标准来衡量一下 PC 工业的其他公司，有几个会有这么远大的理想，有几个真正在坚持做这两点？绝大多数人只是在赚钱。佩奇和布林也一样，在 Google 还没有挣钱甚至还没有成立时，两个人就体会到在互联网时代，让所有人（也是不论男女老少）很容易免费上网并方便地找到自己想要的东西的公司，必将成为互联网时代之王（注意这里面的两个关键：免费和方便）。佩奇很早（在 Google 还远没有盈利时）就说过，做到这一点的公司完全可以值一万亿美元。和微软一样，Google 的产品必须是面向大众的，并且是便于使用的。这也就是为什么 Google 的网站那么简洁的原因。

有了正确的方向，挣钱只是早晚的事。在个人电脑的早期时代（DOS 时代），盖茨的微软在商业上还很小，还看不出是 PC 工业的王者，但是既然它已经控制了操作系统，即使没有开发出 Windows 也会搞出一种类似的产品称霸 PC 领域。Google 也是同样，它早期就得以普及，通过广告挣钱也就是时间的问题。所以，Google 发展到今天，必然性比偶然因素重要得多。

佩奇是一位极具商业眼光，并且能够透过现象看本质的奇才。在 Google 刚成立不久，公司请了美国第二大卫星电视网 EchoStar（Dish Network 卫视的提供商）的老板来公司做报告（Google 经常请一些各行各业的精英，甚至包括太极拳高手，来公司做报告，不管他们做的事是否和 Google 有关）。当时在互联网泡沫破灭后，互联网公司基本上死光了，其他的公司都在萎缩，而 EchoStar 的事业居然蒸蒸日上。当时 EchoStar 市值是一百多亿美元，比（缩水后的）雅虎可大得多。听完 EchoStar 的报告，佩奇下来讲，你们看到了吗？EchoStar 的东西其实都不是自己的：它不会做卫星，因为它们是买来的或租来的；它自己不制作电视节目，而是从媒体公司授权获得的；它也不做卫星接收器（圆形的锅）和电视机顶盒，前者是从中国买的，后者是从摩托罗拉定制的。它做的事就是把电视节目送到终端用户家里。但是，就是这么一条，它就值上百亿美元。我不知道 EchoStar 的想法和佩奇是不谋而合，还是佩奇从 EchoStar 那里受到了启发。佩奇知道，只要把互联网的内容送到千家万户就行了，至于互联网的内容是谁的并不重要。世界上有上千万的网站（不包括垃圾网站）和上百亿的网页，绝大多数网站对于网民来讲很难找到，因此它们欢迎 Google 这样的搜索引擎来索引自己的网页，这样它们和搜索引擎才能做到双赢。今天 Google 的服务已经超越互联网索引的内容，但是 Google 所有的服务至今仍遵循这个原则，这是 Google 商业模式的核心。比如，Google 新闻实际上不是它自己的，而是它索引别人的新闻，方便大家查询。Google 最神奇的 Google Earth 也是从第三方手里买来的数据，Google 做了一个易用的软件而已。

Google 服务的另一个特点就是直接面对最终用户，在这一点上佩奇和布林的想法和投资大师巴菲特不谋而合。巴菲特有一个最简单有效的选择股票的办法，就是到大小百货店、加油站和食品店看一看老百姓都在买什么，这比听华尔街分析师瞎掰似乎要准确得多。巴菲特因此而选择了可口可乐、宝洁、强生、百威啤酒、沃尔玛和卡夫食品等公司投资，都获得了极高的回报。在巴菲特看来，广大消费者才是一切商业的衣食父母。佩奇和布林也深深体会到，广大最终用户（网民和广告主）才是为 Google 带来生意的人，因此，Google 的产品一直是针对广大用户并满足他们最基本的需求，既不像 IBM 那样针对企业，也不像苹果那样针对精英。这样的商业策略，好处是不受经济周期的影响，不论经济形势好与坏，大家都要上网，就如同要购买日用消费品一样，这就在很大程度上降低了 Google 的商业风险。这就是 Google 前

CEO 施密特说 Google 有很好的能力抵抗经济衰退的原因。

在大的经营方向确定下来后，Google 需要找到具体挣钱的商业模式。在经过一段时间的摸索后，搜索广告渐渐进入了佩奇的视野。在 Google 以前，Overture 已经开始尝试按网站付费多寡对搜索结果进行排名，并且获得了相当的成功。Google 一直强调网页排名的公正性，直接采用 Overture 的做法从长远来看可能会影响 Google 的声誉，于是大家找出了一个变通的办法，就是网页排名本身完全保持客观性，而在网页的其他地方嵌入付费广告。这就是 Google AdWords 的由来。对 Google AdWords 贡献最大的两个人是佩奇和当时的产品经理萨拉·卡曼杰（Salar Kamanger）。佩奇亲自领导了 AdWords 的开发工作，而萨拉具体主管了这个产品的开发。萨拉在当时极其简陋的条件下，克服了很多困难，硬着头皮把这件事情做成了。在 AdWords 的开发过程中，Google 的团队展现出惊人的执行力，一共十几个人在很短的时间里，就把整个 AdWords 系统搞得停停当当，这件事情雅虎和微软花了十几倍的人力、几倍的时间也没有搞好。在 Google 的早期，公司里总是有一种豪情，相信自己一个人能当十个人使，并且屡屡证明确实如此。

Google 在商业上成功的另一个原因就是将中间环节减至最少。Google 认为，中间环节除了截留利润不会带来任何好处，因此，Google 在中国以外的全球市场[6]，向来只做直销，没有什么广告代理商。这一点，与戴尔电脑和 GEICO 保险公司的直销模型非常相似。在 Google 之后，苹果也取消了大部分的代理商，改由门市店和网站直销为主。

Google 在早期并没有刻意追求营业额和利润，而是想方设法扩大用户群。除了在技术上要比对手做得好以外，还将自己的网页做得特别干净，这样在到处是铺天盖地的横幅广告和弹出式广告的互联网上，显得非常超凡脱俗，便

6　Google 在中国的情况有些特殊。由于国外的互联网在中国是以合资的形式运营的，因此人们通常所说的"谷歌"（谷歌信息技术有限公司的简称），是由 Google 爱尔兰控股公司在中国建立的合资子公司。它运营的模式和 Google 在全世界不太一样，在广告销售上有自己的代理商。因此，Google 不等同于谷歌。

吸引了很多用户。当用户规模很大时，在 Google 上随便放点什么广告，都会有很好的效果，因此，广告主都爱来 Google。Google 虽然广告投放数量不多，但是收费却比传统的互联网广告贵 10 倍。这才保证了 Google 的高收入、高增长。

4　个人英雄主义和群众路线

是英雄创造历史还是奴隶创造历史，这个被争论了 2000 年的话题到了 19 世纪终于有了结论。现在，我们拿这个问题随便问一位受过良好中学教育的人，他都会按照老师教的说法回答是奴隶（或是人民群众），而不是英雄创造历史。但是，在现实生活中，很多人潜意识里并不这么认为。近二十年来，媒体时常公布中国上市公司收入最高的 CEO 名单。每当大众对一些老总每年拿过半亿的收入议论纷纷时，这些总裁总是理直气壮地为自己辩护，认为要不是因为他有三头六臂，哪有这公司的今天。在美国也是如此，雅虎前 CEO 塞缪尔尽管把公司搞得一团糟，却每年毫不脸红地拿上亿美元的收入。

中国上个世纪 60 年代鼓励"螺丝钉精神"，中心思想是每一个人的贡献是有限的，因此大家要绝对服从组织，对岗位不挑剔，踏实工作，默默奉献。它曾经影响了几代人，但是这种观点在强调个人价值的今天却不大管用了。然而这种个人服从大局的组织原则却又是任何一个集体取胜的关键，于是今天被冠予了一个好听的名称——"团队精神"。

Google 一直宣传团队精神，但是 Google 从不虚伪，并不要求个人无条件服从团队，因此在 Google 内部换来换去很常见。而早期的 Google 则更赞赏个人英雄主义，而且往往发扬个人英雄主义。

早期 Google 一共没有几个人，到 1999 年拿了凯鹏华盈和红杉资本几千万投资时，也不过区区一二十位工程师，所以 Google 强调的一直是以一当百。如果一个求职者不能做到这一点，Google 就不会要。在软件开发上，早期的 Google 不相信软件工程里提出的什么将一个大任务细化后让初级程序员也能写程序这种普遍认同的观念。Google 相信的是一个头等软件工程师能干 10 个二等工程师的活，一个二等工程师能干 10 个三等工程师的活。如果是三等工程师，Google 根本就不要。除了前面提到的西尔弗斯坦，早期 Google 的员工个个都是人物。比如来自中国、在美国拿到计算机科学博士学位的工程师朱会灿，进入 Google 半年，一个人就推出了 Google 的图片搜索。这不光包括研究算法写程序，还包括架设和管理服务器等杂活。同样的工作今天即使在 Google，也需要 20 个人忙一年。Google 今天云计算基础的 GFS 和 MapReduce 技术，从设计到实现一共就三四个人，干了两年。而同样的事情微软公司投入了上百人做了五年左右的时间。我到 Google 的第一天，当时主管工程唯一的副总裁韦恩·罗森给我打了个比方，介绍 Google 是如何"培训"新员工的："我们教你游泳的方法是，第一天就把你扔进游泳池，说，去游吧，你就会游了。"这就要求每个人都得是游泳的天才[7]。

早期 Google 的方方面面都是如此。当 Google 有了一个小小的工程师队伍时，就需要一个管理者。佩奇和布林找到了他们在斯坦福的学长，圣巴巴拉加州大学（UC Santa Barbara）的教授、面向对象设计的专家乌尔斯·霍尔斯（Urs Hölzle）来主管工程。霍尔斯当年正在斯坦福做学术休假，考虑到这样可以解决两地分居的问题，他便答应了。霍尔斯一来，便带来了他的学生和该校其他的教授，将 Google 工程师的队伍扩大了一倍。霍尔斯精力过人，他一到 Google 就管起了一大堆的事。他马上将 Google 搜索推向非英语用户。这件事只用了一两个工程师就完成了。因为缺人手，霍尔斯自己当系统管理员，直到 Google 有了 400 人时，每个工程师工作的账户还是由霍尔斯兼管。

出生在德国的霍尔斯对工作的质量要求极高，他发现当一个网站服务器数量多到一定程度后，永远有一些服务器会处于宕机状态，虽然可以将用户请求转到别的服务器上，但如果衔接得不好，用户体验就不好。而服务器之间、数据中心之间的服务请求如何转移，里面大有学问。以前的互联网公司不

---

7 当然，当 Google 发展到上万人以后，不可能每个新员工都是奇才了，因此新员工培训的周期就变得很长了。

管多么大，都没有重视这个问题，因为工程师们觉得这不是一个技术活。霍尔斯让他的一个学生来解决这个问题，要求做到从监控到流量的转移完全自动化。他的那个学生开始也觉得这个工作太没有技术含量不愿意做，霍尔斯指出这不仅很有意义，而且很有研究价值，这个问题一旦解决，就说明可以用廉价、质量稍差的服务器（比如 PC）提供出和那些昂贵的高稳定性的服务器（比如 IBM 和太阳公司制造的大型服务器）同样可靠的服务。霍尔斯最终说服了他的这位学生接受这项工作，后者不负众望解决了问题。霍尔斯和他的学生解决的这个看似细小而又没有技术含量的问题，实际上恰恰是其他公司难以提供和 Google 同样稳定的服务的原因。更重要的是，它使得 Google 可以使用最廉价的服务器，运营成本比行业的其他公司低很多。霍尔斯后来是主管 Google 的基础架构（包括全球网络架构、超级数据中心和云计算）、企业级服务和研究院的高级副总裁。Google 著名的工程师迪恩和戈马瓦特在很长时间里都是他的下属，并在他支持下开发出第一个版本的云计算工具。

霍尔斯具有极强的总结和概括能力。2012 年我从腾讯回到美国，最初和我接洽的就是霍尔斯，我和他谈了一个小时，讲自己回到 Google 后想做的事情。他说他需要同佩奇和（主管 Google + 的高级副总裁）冈多特拉谈，两天后正好他们要开会，当然可能他只有一分钟讲我的事情，为了确认他对我的想法理解无误，他用 30 秒钟概括了我的想法。我听了他简明扼要的几句话后，很为他的总结和概括能力折服，因为即使我自己也难以概括得那么好。

不仅在工程上如此，在其他部门的 Google 早期员工也个个是精兵强将。在还没什么名气时，Google 遇到的一个很大的问题就是大客户很少选择 Google 的产品。这是所有新兴小公司都会遇到的问题，当它们把很好的产品展示给大客户时，大客户出于谨慎，总是希望小公司能证明它们的产品在同样规模的客户中成功使用过。这就陷入了一个鸡生蛋、蛋生鸡的悖论中，很多小公司永远迈不出这一步。Google 很幸运地请到了原来网景公司的销售副总裁科德斯坦尼来主管当时不到 10 个人的 Google 的销售业务。出生在伊朗的犹太裔科德斯坦尼是难得的销售天才，他在网景公司时不到一年就将该公司的销售额提高了两三个数量级。他来到 Google 后马上就创造了奇迹，成功拿下雅虎的搜索服务合同，当时 Google 成立刚一年多，从此 Google 名声大震。继雅虎以后，科德斯坦尼率领只有几个人的销售团队又一举拿下了美国在线的搜索和广告业务，并确立了 Google 在搜索市场的主导地位。科德斯坦尼为人坦诚，很让商业伙伴信赖，但他的绝活却是虎口拔牙。2003 年，雅虎选择了 Google 的竞争对手 Overture 作为搜索广告供应商，一般来讲它的日本分公司日本雅虎很自然地会和总公司保持一致。但是，科德斯坦尼居然拿下了一半日本雅虎的生意，这简直可以说是个奇迹。这一方面是靠科德斯坦尼个人高超的销售和谈判技巧，另一方面得益于工程部门密切的合作和高效率。外界对于 Google 的成功一般归结于领先的技术，这的确是主要原因。但是 Google 的营销能力也是同行业中数一数二的。如果说科德斯坦尼有什么销售的秘诀，那主要是他的亲和力和真诚，他总是让买方觉得放心。

Google 非技术部门的另一位传奇人物是首席律师戴维·德拉蒙德（David Drummond）。德拉蒙德通晓财务和多国法律，而且是非常老道的谈判高手。德拉蒙德保证了 Google 在所有的合同中几乎从来没有吃过亏。直到 Google 上市前，几乎所有的合同都需要德拉蒙德最后敲定。在签署大合同前，德拉蒙德都会重新谈判一次所有的细节，将 Google 的利益最大化。Google 的利润率很高，在一定程度上是因为有德拉蒙德这样的人为公司节省了大的开支。德拉蒙德是 Google 上市谈判的两个负责人之一（另一位是 CFO），面对华尔街生意场上的老油条们，德拉蒙德居然将那些投资银行的承销上市利润压到了最低，而一些大银行竟同意免费为 Google 服务。

Google 早期的员工都是各自领域的佼佼者，每一个人的故事都能写一本书。正是靠着这一个个精英，Google 才能创造历史。Google 的创始人和执行官们并不同意三个臭皮匠能凑成一个诸葛亮的说法，在他们看来，再多的臭皮匠也起不了诸葛亮的作用。Google 前工程副总裁罗森毫不讳言地宣称，我们只需要天才。而能够找到各个部门这么多的天才，虽然 Google 在吸引人才方面有成功的地方，但也有很大的"幸运"因素。由于 Google 很明智地没有在互联网泡沫高峰期疯狂地扩展，而是实实在在地、低调地做好自己的搜索引擎，早期烧钱的速度非常之慢。2000 年，Google 没有急着上市，避免了绝大多数互联网公司大起大落并且最终关门的厄运，同时最早期的优秀人才没有拿了钱就走掉，因此 Google 的骨干完好无损。当绝大多数互联网公司都关门时，拥有足够资金的 Google 不仅逃过一劫，而且一下子成为了全世界优秀人才的避风港。这些人至今仍是 Google 的中坚力量。

Google 以善待人才出名，对于每一个有缘加入 Google 的人，Google 的创始人和执行官们都给予由衷的欢迎和充分的信任，并且让每一个人都成为 Google 的拥有者。施密特说得很好，Google 不是我的公司，不是拉里和谢尔盖的公司，是我们每一个人的公司。而每一个人也实实在在地把自己当成公司的主人，而不是雇员。在这个基础上，Google 实行了一种自下而上的群众路线。大多数公司都是由执行官们制定战略规划，然后下到各级管理层，主管们负责执行，而下面每个员工则完成分配给自己的任务。在这种管理前提下，一个部门的主管有着很大的人事权力，包括人员的录用和提升。Google 和大多数公司自上而下的管理方式截然不同，它将日常运作改成自下而上的。它鼓励每一个员工开动脑筋，提出自己能够发展公司的想法。事实上这是一道 Google 的面试题，"你认为如何可以改进 Google"，或者，"你来了以后将如何使我们变得更好"。这样，每个人都主动地开始工作，并提出自己的想法。当然，一个公司需要有一个统一的目标，不能任何人想干什么就干什么，于是，自下而上的想法就要汇集到管理层讨论，有些获得支持并得到实施，有些不切实际的就予以搁置。这样的群众路线保证了每个员工能最大限度地为公司出力。这时管理层的工作就相对简单了，因此 Google 公司的结构非常平——每个人隔不了几层就能够见着 CEO 了。同时，主管们的权力也受到下属的制约，他们可以否决录用某个不合格的人，却无权录用自己认为合格而同事们不喜欢的人，同时，他们可以决定不提升某个下属，但是不可能提升某个和自己关系好而同事们不看好的人。

Google 的这种管理模式要求每一个人都有很高的水平、很高的自觉性和很高的热情。因此 Google 必须严格挑选每一位员工，而不能鱼龙混杂地先招进来一大堆人，然后让主管们去发挥自己的"管理艺术"。在 Google，每一个主管都有几十个直接下属，如果录用了两个经常惹麻烦的下属，或者一些能力较差的人，他们的管理艺术再好，也难以有时间将这个团队管好。Google 鼓励每一个人成为英雄，它希望每一个人都做出对公司有很大正面影响的贡献，而不只是"没有功劳也有苦劳"的工作，并且它给予成为英雄的人很高的奖赏。

为了吸引优秀的人才，Google 可谓是竭尽全力。2002 年底加盟 Google 的罗伯特·派克（Rob Pike）是世界著名的计算机科学家和工程师，他是贝尔实验室 UNIX 之后的操作系统 Plan 9 的主要开发者，以及第一个开发出基于 UNIX 的视窗系统的工程师。为了吸引他的加盟，Google 不仅给他个人一个很具吸引力的薪酬福利包，而且给了他的小孩不少股票期权，"以便他将来不会为大学学费发愁"。派克加入 Google 后，改进和统一了整个公司的日志系统，并且发明了日志查询语言 Sawzall，它被称为 Google 云计算日志工具 Dremel 的前身。后来，他和汤普森（UNIX 的发明人之一）一起发明了 GO 程序语言。

每一个成功的公司都有很好的管理经验，这些经验只能参考不能照搬，Google 的也是一样。对于大多数公司来讲，照搬这种管理方式一定会乱了套。

5 绝代双骄

要想让 Google 早期这些背景和能力俱佳的员工都能在收入不高、前景不很确定的情况下团结一致，把 Google 从无到有办起来，可不是一件容易的事。这里面创始人佩奇和布林的领袖魅力起了非常重要的作用。

在 Google 工作过的员工，不论是主管还是门卫，只要是和这两位创始人有过直接接触的人，都会对他们赞不绝口。Google 门卫对布林和佩奇的评价是"世界上最好的老板"，"没有一点架子"，"又能干，为人又好"。公司外面的人即使和两位创始人只有短暂的接触，也会立马喜欢上他们。

一个周末，我回公司做点儿小事，我太太随我一同去，在食品间遇到一位穿着很朴素的圆领 T 恤衫、像是大学刚毕业的小伙子。我和他寒暄了两句，便介绍我太太和他认识，让我太太大吃一惊的是，这位看上去就像一个普通大学生的年轻人，就是 Google 公司的创始人布林。布林很随和，也颇为健谈，我太太和他虽然是初次见面，却没有什么陌生感，两个人谈得很融洽。当我太太提起他和拉里创办 Google 改变了全世界人们使用互联网的习惯时，布林谦虚地说，拉里和我只是开了个头，他指着我说，工作都是他们做的。后来大家谈到了中国的互联网，布林讲他学了点中文，只是太忙了，花的时间不够。

一批参观过 Google 的中国官员向我讲述了他们在 Google 的"奇遇"。那天他们参观结束后要在 Google 大楼前合影留念，大家刚排好位置，这时从大楼旁边的沙滩排球场上跑来一个刚打完球的小伙子，穿着一身运动装。Google 的 CEO 施密特看见他就把他请到前排的中间。这一群气宇轩昂的官员很纳闷，怎么跑来了一个"楞头青"，还往中间站。当施密特向大家介绍这位就是 Google 的创始人布林时，大家都大跌眼镜。

在很长时间里，佩奇和布林都跟大家一同吃晚饭。在饭桌上，大家都是平等的同事，会谈各自的生活。佩奇非常喜欢研究各种公司，从他愿意学习的大跨国公司到 Google 也许会感兴趣的几个人的小公司。偶尔佩奇会拿着一沓子他正在研究的公司的资料，和大家聊他的研究心得。

当然，光靠友好和善不足以办好公司。佩奇和布林虽然年轻，却处处表现出知人善任的用人艺术，对技术发展准确的判断和独到的商业眼光。佩奇和布林遇到的第一件麻烦事就是如何动员那些资深的"干将"加入 Google。Google 的第一任工程副总裁罗森和我讲了他进 Google 的经历。罗森原来是苹果公司的副总裁，开发了麦金托什的前身，后来在太阳公司当主管硬件的副总裁，和主管软件的施密特是太阳 CEO 麦克尼利的左右手。之后他自己的公司被收购，暂时处于赋闲状态，佩奇和布林马上找上他来主管 Google 的工程部。Google 两位创始人及主要负责人与罗森会谈后对他都非常满意。但是这时罗森向佩奇提出了几个问题，并直言如果佩奇不能给他满意的答案，他不会加盟 Google。佩奇给他看了一条曲线和一些东西（很抱歉在这里我必须保留细节），佩奇向他证明了 Google 的生意将长期近乎指数增长。罗森看过后非常惊讶，他后来讲，我当时就感觉，只要能做好，Google 的生意就像印钞机一样，可以无止尽地发展，他马上就决定加盟 Google。

Google 成功的直接原因是通过关键词广告打开了互联网的广告市场，而策划和实施这个项目的便是佩奇。佩奇在整个关键词广告系统的开发过程中体现出超人的远见和管理能力，很让投资人佩服。很多人认为 Google 的成功是凑巧"蒙对了"搜索广告的业务，由此盈利并快速成长，这种说法多少有些机会论。《华尔街日报》的一篇文章则认为因果关系应该反过来，是 Google 将搜索广告业务变成了金矿。

微软的成功很大程度上得益于盖茨对于个人电脑发展方向的把握，并引导整个行业往有利于自己的方向发展。而在互联网时代，佩奇和布林对于互联网的发展方向把握得比其他公司的领袖更准确。更重要的是他们将用户使用互联网的习惯从浏览转向了搜索，在这新的游戏规则下面，Google 抢到了和以前门户网站竞争的制高点。他们确定了 Google 产品设计的指导思想必须突出搜索，淡化浏览。要是强调了浏览，必然把用户推到门户网站去。后来雅虎与微软 MSN 和 Google 拼搜索，实际上是"着了 Google 的道儿"，因为一旦拼起搜索，就必须遵守 Google 制定的游戏规则。现在，搜索对于网民越来越重要，这和佩奇和布林看似不经意实际上是刻意改变网民上网的习惯有关。当搜索变得越来越重要后，搜索广告也就越来越值钱，这就是在

2007 年 Google 以不足雅虎的浏览量，却产生了雅虎两倍的利润的原因。

2003 年 Google 正式的 CEO 施密特上任后，布林和佩奇不再需要操心公司运营的许多具体事务，他们俩便抽出时间更多地思考公司发展的大方向。至今他们大的决策都比较成功。2005 年，除了 Google、雅虎和微软三家大的搜索引擎外，还有两个搜索量不容忽视的公司美国在线和 Ask Jeeves。微软想通过赔钱赚吆喝的办法从 Google 手中抢走美国在线，但是 Google 在最后一刻以注资美国在线 10 亿美元的方式击退微软，这是需要准确的判断和魄力的。这样，便拖延了微软进入搜索广告的时间。接着，Google 抢先微软收购 YouTube，并且拿下 MySpace 的广告经营权。至此，Google 将微软和雅虎以外全球所有大流量的网站的搜索广告全抢到手里，并且在互联网 2.0 上完成了非常漂亮的布局，在 5 个互联网 2.0 的主要公司 MySpace、YouTube、Facebook、Orkut 和 Blogger 中，Google 拥有三家——YouTube、Orkut 和 Blogger，同时有一家合作伙伴 MySpace。要不是因为 Facebook 开价太高，Google 也打算注资了。也许是吃了没有投资 Facebook 的亏，当 Twitter 开始风靡美国时，Google 马上和它达成合作。作为 Google 最大的股东和决策者，佩奇和布林处处显示出超人的商业头脑和准确把握新技术的能力。正因如此，佩奇和布林在 Google 高管和老员工中的威信一直极高。

6 感谢上帝，今天是星期五（TGIF）

Google 的一项很有特点的活动叫作 TGIF，它是英语 Thanks God, it's Friday 首字母的缩写，翻译成中文是"感谢上帝，今天是星期五"。世界各国不论是学生还是职场人士大概到了星期五的下午都特别高兴，因为忙碌了一周终于可以喘口气，休息或娱乐。在美国，很多大学星期五下午都有学生们自己办的幸福时光聚会（Happy Hour），大家在一起聊聊天，吃点儿玉米片、薯片和比萨饼，有时还会喝点儿酒。美国还有一家颇有名头的连锁饭馆，就叫 TGIFriday，里面的烤嫩猪排（Baby Ribs）很不错。Google 公司保留了很多大学的习惯，包括每周五下午固定的幸福时光，Google 就称之为 TGIF。

活动一般是下午 4:30 正式开始，佩奇、布林和施密特都会尽量到场。TGIF 总是在公司能找到的最大的房间或大厅举行，到后来已经没有一个大厅能够容纳所有的员工了，只好分为主会场和分会场。在活动开始以前，大约四点钟，公司会先提供一些精致的茶点和饮料。茶点除了点心，还有熏制三文鱼和寿司卷等荤菜，Google 周五晚上不开饭，没有成家的员工就靠这些茶点吃个半饱，回去后也就不再吃晚饭了。由于美国公司上班时包括午餐均不能饮酒精饮料，周五下午的 TGIF 是唯一在公司能饮酒的时间。公司会提供加州的红葡萄酒和白葡萄酒，以及各种啤酒。我到公司半年时间里，就把在美国能买到的全世界各种啤酒，包括一些中国的啤酒品尝了一遍。在这半小时里，忙碌了一周的同事们会举着酒杯谈天论地。

活动的第一项总是介绍这一周新加入的员工。早期会仔细介绍每一个人，每个新员工也有机会介绍自己。后来公司大了，只能读一下每个新员工的名字，同时在投影机上显示一些他们的简历，不过创始人还是会和每个新员工握手表示欢迎。再后来，每周来的新员工已经多到无法一一报名了，只好宣布一下世界各地每个 Google 办公室新人的数量。

TGIF 的第二项就是由工程部宣布过去一周的成果，当公司比较小的时候，还有时间仔细介绍每一项工作，尤其要感谢在其中做出贡献的每一个人。这样每一个人的工作都可以得到认可，创始人和主管们也可以了解每个人的工作。后来公司大了，只好列举一下主要的成果了。接下来，工程部要宣布这一周单元测试（Unit Test）竞赛获胜的工程师，他将获得一个证书和一百美元的奖金。Google 为了保证工程师们所写程序的质量，鼓励大家多写测试代码。

等工程部的事情介绍完毕，其他部门会一一介绍自己部门的成就。其中最令人兴奋的就是由市场和营销的副总裁科德斯坦尼介绍市场开拓和销售业绩。根据 Google 的传统，科德斯坦尼会站到一个大沙袋上来宣布好消息。他不仅会介绍在过去的一周里签下的大合同，包括合同的一些细节，而且会介绍公司的营业额和现金数量。这些对于任何公司来讲都是绝对的商业机密，是不应该和所有员工分享的。但是，佩奇和布林开了个先例。2001年，施密特加入Google当CEO时，对这种做法感到不可思议而且害怕，因为似乎无法保证Google的机密不会因此泄露出去。施密特一开始不赞成这种做法。后来他发现了这里面的妙处，便转为支持。在Google上市之前，员工的工资都不高，而手里的股票又无法兑现，这样难以维持队伍的稳定。Google经常宣布营业额等信息，让所有的员工看到公司的发展前景，施密特发现这样可以让员工干劲十足。当时Google发展得非常快，几乎用不了几个月营业额就能翻番。同时，创始人将这些信息拿出来和大家分享，也表明了和大家共同创业的宗旨。在Google上市前很长的时间里，科德斯坦尼的信息一直是大家的精神支柱。Google员工了不起的地方在于当公司已经有上千人的时候，居然所有的人都能守口如瓶，没有让外界了解公司的营业额。当然，在Google上市以后，Google再也不能这样介绍和商业机密有关的信息了。

TGIF是Google文化的最大特色之一，它很大程度上源于佩奇和布林与大家同甘共苦的理念。尤其是在早期，它让每一个员工看到了公司的希望。TGIF结束后，一些单身的员工会一起去看电影，这活动原本是梅丽莎·梅耶尔（Marissa Mayer）和几个早期工程师一周唯一的消遣方式。后来施密特当CEO后，梅耶尔说服了施密特由公司出钱，从此这成为了公司的一项活动和员工的福利。当然不再是每个周末都有电影看，而是在大片公演的首映场次，由公司包下AMC电影院全部的放映厅。根据惯例，每个员工可以带一名"自己最重要的人"[8]（Significant Other）一起去。

早期的Google像一个大家庭，大家虽然工作很辛苦，收入不高，但是过得很开心。

7 不作恶

有些时候，和没有情怀的人谈情怀，简直就是鸡同鸭讲。对于"不作恶"

---

[8] 在美国这个词一般是指配偶或确定关系的男女朋友，同学和一般的朋友不在其列。

（Don't be evil）这条 Google 不成文的口号和行为准则，很多人是持怀疑和嘲讽的态度，而不是敬佩，但是"不作恶"确实是 Google 所倡导和坚持的，也是它能够成功的重要原因。在物欲横流的今天和尔虞我诈的商业竞争中，能提倡不作恶并且一直做到这一点，非常难能可贵。

很多人可能不知道"不作恶"并不是佩奇和布林提出来的，而是两位早期的员工保罗·布克海特（Paul Buchheit）和阿米特·帕特尔（Amit Patel）最先提出的。布克海特是 Google 的 Gmail 的发明人，现已离开 Google，成为独立天使投资人。帕特尔是一位数学家，是 Google Trend 的发明人，也是面试我的几个人之一。我到了 Google 后发现帕特尔居然和 CEO 施密特坐在一间办公室里。作为普通工程师，帕特尔的工作和 CEO 没有直接关系。后来才知道这是帕特尔自己要求的，而施密特就答应了他。当然这是题外话了。

什么是不作恶，用中国的古话讲就是要做正人君子。当然，不作恶反映在商业上，就是要公平地和对手竞争，而不采用非正常的手段。2002 年，微软 MSN 除外的主要门户网站都采用了 Google 的搜索引擎，只有微软还在采用长期亏本、摇摇欲坠的 Inktomi 公司的服务。当时 Inktomi 的市值只剩下一亿美元，比巅峰时掉了 99%，很多业界的人都认为这时 Google 如果买下 Inktomi 并关闭其服务，便可以轻而易举地垄断整个搜索业务，但是 Google 没有这么做。身在硅谷的 Google 深知很多硅谷公司深受垄断导致的恶意竞争之苦，整个硅谷当时对蓬勃发展的 Google 寄予厚望，希望通过和 Google 的合作来反抗垄断。如果 Google 采用这种虽然合法但却是恶意的收购手段来清除对手，将令整个硅谷失望。所以，Google 宁可让雅虎将 Inktomi 买走并成为自己在搜索领域的对手，也没有做损人利己的事。Google 的这种君子之风，日后得到了巨大的回报。几乎硅谷所有的公司都将 Google 视为一个可以信赖的朋友。当 Google 推出自己的软件下载包（官方称呼是 Google 软件精选）时，Google 找到很多软件公司，希望它们将自己的软件通过 Google 免费提供给用户，包括 Adobe、赛门铁克等多家知名的软件公司都非常配合，并答应了 Google 的要求。即使是 Google 主要的竞争对手雅虎，在遇到困难时，也会向 Google 求救。这样 Google 在整个 IT 领域，除了一家公司以外，没有任何大公司与它为敌；而它的那个对手，在整个 IT 领域，几乎没有一个大公司朋友。

不作恶，还表现在做事的客观和公正上。这首先反映在 Google 对待搜索结果的排名上。搜索结果的排名关键取决于两个因素，网页和查询的相关性及网页本身的质量。Google 有很多科学家和工程师研究"相关性"问题，而佩奇和布林发明的网页排名（PageRank）算法是解决后一个问题的。当然，算法总免不了存在这样或那样的缺陷，Google 的网页排名也不是十全十美的。针对这种情况，最简单的办法就是通过手工把明显的错误改过来。很多搜索引擎就是这么做的，但是 Google 没有。Google 的创始人佩奇和布林知道，一旦开了手工调整搜索结果的先例，以后就难免不依照个人的好恶对网页进行主观的排名。从长期来看，这样将使搜索引擎失去公正性，并失去用户的信赖。因此，Google 宁可让有些查询给出不是很相关的搜索结果，也拒绝人为调整。为了做到尽可能保证大多数查询结果能让用户满意，Google 长期在研究和工程上投入大量的人力和财力，不断改进搜索排名算法。

当 Google 的搜索引擎变得非常流行后，很多公司找到 Google，愿意出钱将自己的搜索排名在 Google 的结果中往前靠，但是 Google 坚持搜索排名不出售的政策。如果想通过 Google 的流量来做广告，Google 是非常欢迎的，但是，Google 会在页面中注明哪些是广告商的链接，哪些是搜索结果。很多人和公司认为 Google 的这种做法实在有些傻气，在他们看来，Google 将一些愿意出钱的商家的排名往前提，能多一份收入，商家们也高兴，岂不是两全其美？然而，Google 的创始人不这么认为，他们说："我们的用户在做决定时相信我们提供的信息，是因为我们的搜索结果是我们用已知最好的算法产生的，它们公正而且客观，并且没有受到金钱的影响。我们在搜索结果旁边也显示广告，但是我们总是尽量要让广告和查询相关，并明示这些是广告。就如同在严肃的报纸上，文章的内容是不受任何广告商影响的。我们的信条是让每一个人能够访问最好的信息，而不只是付费广告商提供的信息。"Google 的这种做法在短期失去了一些来得很容易的钱，但是却使它在网络搜索中的市场份额不断地增长。

在物欲横流的今天，为什么 Google 能够洁身自好？因为它的创始人、执行官和大部分员工都懂得，要想长期发展，就必须在整个业界、在大众中树立良好的形象并赢得大家的信赖。Google 的创始人非常佩服巴菲特追求长期发展的眼光，并且在 Google 日常工作中运用了巴菲特的很多做法。巴菲特在经营伯克希尔-哈撒韦公司时，选定了一家银行的总裁查理·芒格（Charlie Munger）作为自己的合作伙伴。巴菲特有一次公开讲述了他选择芒格的主要原因。那时芒格为很多有钱人打理财务，在一次金融风暴中，全世界所有投资人都蒙受了很大的损失。一些心慌意乱的投资人通知芒格，希望把自己的投资撤出来。虽然芒格和大家讲，根据他的经验和判断，损失是暂时的并且很快就能弥补回来，但是很多人因为害怕今后损失更多，还是宁可损失一些投资也撤资了。果然，过了不多久股市的大牛市就来了。没有撤资的人不仅弥补了损失还赚了不少钱，撤资人的损失当然就永远不可能回来了。但是，芒格依然补偿了那些撤资人的损失！这种风格在尔虞我诈的华尔街简直是异类。巴菲特就是通过这件事觉得芒格是个完全可以信赖的人并选中了他。这两位投资大师在以后的几十年合作得亲密无间，共同创造了伯克希尔-哈撒韦每股 12 万美元天价的神话。Google 在其成长的过程中也遇到了类似的情况。在 Google 早期，它为了谋求雅虎的支持，同意让雅虎在一定时间内以很低的价钱购买自己的股票，这个价钱现在看来近乎是白给。但是，互联网泡沫破碎后，雅虎并不看好 Google，放弃了低价购买 Google 股票。等到 Google 快上市时，雅虎发现如果当初购买 Google 的那些股票，自己将多出上亿美元的投资收入，于是找到 Google，希望还能以当初的价钱收购 Google 的股份。从法律上讲，Google 没有这个义务把雅虎放弃掉的股份还给雅虎，但是，Google 在和雅虎谈判后，还是给了雅虎不少补偿。

Google 不作恶的做法，其实是它长期发展的重要保障。

8　不败的神话

2000 年,创办不到两年、员工不足百人的 Google 一举击败了当时市值高达百亿美元的第一大搜索引擎公司 Inktomi,成为雅虎的搜索服务商,从此开始了 Google 核心业务在商业上不败的神话。在 Google 以前,除了 AltaVista 外,几乎所有大网站,包括雅虎和 MSN 的搜索都采用 Inktomi 的引擎。在竞标雅虎的搜索合同中,起了决定作用的当然首先是 Google 明显优于 Inktomi 的搜索技术,然后是几个关键人物——雅虎的两位创始人杨致远和费罗,Google 的创始人佩奇和布林,以及 Google 主管营销的副总裁科德斯坦尼,他们都是斯坦福计算机系的校友。对 Google 来讲,和雅虎合作的广告效益远远高于经济上的收益,很多人,包括我本人就是这么知道 Google 的。Google 从来不在媒体上替自己做广告,但是,和雅虎的合同就是一个大广告。

2001 年,Google 的几位工程师,在创始人佩奇直接领导下,继 Overture 之后,推出基于搜索的广告系统——AdWords。在 2000 年互联网泡沫时代,各个网站为了生存,在自己的网页中加入许多与内容无关并且非常烦人的图形广告和弹出式广告。而这些广告,不管是否有用,都很少有人点击,广告费花得很冤枉。久而久之,这种干扰读者的广告渐渐显露出弊端。首先这些广告没有针对性,点击量很少,偶然有几次点击还可能是读者不小心点的,这样的点击很少能带来真正的生意,于是广告主愿意出的钱越来越少。到互联网泡沫崩溃时,这种横幅图片广告和弹出式广告的收益只有每千次几十美分。而放置大量广告的网站,不仅乱七八糟的广告恼人,而且速度慢,从长期来讲会失去顾客。因此,很多商家出高价想把自己的横幅图片广告放到 Google 的网页上去,但 Google 始终坚持不做横幅广告。而 Google 推出的 AdWords 广告,放在搜索结果的右边,占的版面不大,不干扰用户阅读正文内容。很多人使用 Google 多年,甚至没有注意到 Google 在搜索结果旁边投放的广告。Google 这种干净整洁的页面很受欢迎,因此 Google 的用户数量稳定增长。Google 投放的广告和用户要搜索的主题相关,因此点击率非常高，而且从广告点击到在线购买的转换率也非常高，一下子赢得了互联网商家的青睐，这些广告主愿意出 10 倍于横幅广告的价钱在 Google 买关键词广告。因此 Google 的营业额每个季度呈指数增长，从此开始盈利，并且现金流入首次超过了支出。

由于 Overture 早于 Google 推出搜索广告系统，它在和 Google 的竞争中已经占了天时。到 2001 年底，Overture 的广告系统覆盖了除 Google 以外所有大的网站，Overture 的市值相当于当时雅虎的一半。Google 则依靠技术实力，后发制人。科德斯坦尼找到当年收购了自己担任要职的网景公司的美国在线，推广 Google 的搜索引擎和 AdWords 服务。在科德斯坦尼的团队里，销售人员很少，反倒有不少帮忙的 Google 工程师。科德斯坦尼完全依靠自己的推销能力和背后的技术，最终说服了美国在线试用 Google 的关键词广告技术。美国在线很快就尝到了甜头，因而加入 Google 的广告联盟，并采用 Google 的搜索引擎。这一消息传出的当天，Overture 的股价暴跌 40%。而 Google 一举夺得了全球 2/3 的搜索量。

此时的 Overture 仍然比 Google 拥有更多的收入和利润，并控制着雅虎和微软的搜索广告服务。但是，Google 以闪电般的速度不断打出重拳。几个月后，Google 再次从 Overture 手中抢到 Ask Jeeves 的关键词广告业务，Overture 的股价再次下跌 1/4。在这中间，Google 还夺下了诸如《纽约时报》网站等著名在线媒体的搜索广告业务，它超过当初搜索广告业龙头老大 Overture 只是时间问题。果然到了第二年，即 2003 年，Google 便超过了 Overture，抢得了搜索广告市场的头把交椅。这时，雅虎注意到当年的小兄弟 Google 已经不是吴下阿蒙了，开始在技术和市场上同雅虎展开了直接的竞争。

网络泡沫的破碎帮助雅虎清除了它昔日的主要竞争对手 Excite、Infoseek 和 Lycos 等公司。2003 年，美国经济走出低谷，雅虎等为数不多的网络泡沫后的幸存者迅速占领了那些倒闭关门的网络公司留下的市场。这一年，雅虎的业绩和股价都比前一年涨了很多倍，但是为了保持高速发展，就必须有新的成长点。雅虎通过和Overture合作，看到了搜索广告的潜力，它很早就有意收购Overture，但是由于Overture当时的市值（30多亿美元）近乎雅虎（80多亿美元）的一半，雅虎没有财力收购它，于是决心打造自己的搜索引擎和搜索广告系统。并不以技术擅长为特点的雅虎在战术上做得非常漂亮，它抢先于微软收购了当时第二大搜索引擎公司Inktomi。2003年夏天，Overture收购了AltaVista，准备自己打造搜索引擎。由于AltaVista的技术过时，系统长期没有更新，用户数不断下降，Overture又不得不收购另一家搜索引擎公司Fast。这家公司虽然不大，但它的技术很有新意。只是Overture还没来得及将两个搜索引擎整合到自己的系统中，就败给了Google。此时雅虎的市值已经超过200亿美元，塞缪尔手头稍微宽松了些便再次出手，以16亿美元的不错价钱抢在微软前面收购了Overture。从此，雅虎有了和Google竞争必需的搜索引擎和广告系统。在低价收购Inktomi和Overture等一系列公司的整个过程中，雅虎抢在了老对手微软的前面，以最短的时间打造了自己的搜索引擎和广告系统。在此后的相当长时间里，微软作为Inktomi和Overture的使用者，一直在向自己的对手雅虎交钱。

Google当时只提供了网页搜索这一项服务，而雅虎的服务则是无所不有，再加上雅虎比Google拥有更雄厚的财力，当时很多人虽然认为Google是一家不错的公司，但并不觉得Google能取代雅虎成为最大的互联网公司。不仅如此，由于雅虎当时和Google签订的搜索服务合同还没有到期，Google依然为它提供服务，雅虎在一年的时间里，可以得到全部的Google搜索结果，而Google却看不到雅虎的搜索结果。也就是说，雅虎在暗处，而Google在明处。一般在这种情况下，处在Google这样劣势的公司几乎没有胜利的可能。我当时在Google的搜索质量部门，该部门负责搜索结果的排名。在2003年夏天，我们谈论的都是如何应对来自雅虎包括潜在对手微软的挑战。布林有一阵子经常参加我们的例会，可见公司对搜索质量的重视。我们当时并没有太多地考虑对手可能怎么做，而是认为只要我们自己前进得够快，甩开所有的对手就安全了。在这一思想指导下，我们不断改进搜索排名，在雅虎和Google搜索服务合同到期以前，已经把雅虎搜索甩在了后面。这一年，虽然 Google 的营业额依然落后于雅虎，但 Google 的搜索广告收入不仅领先于雅虎，而且每次搜索平均带来的收入要高得多。这就是日后华尔街为什么建议雅虎干脆"自废武功"，裁掉搜索和广告部门，直接用 Google 的服务分成算了。但直到三年后雅虎才明白这个道理，最终找到 Google 在搜索广告方面进行合作。

至此，Google 和雅虎争夺互联网第一的战争其实胜负已决，虽然表面上看雅虎的营业额略高些，但是它相对 Google 的劣势越来越明显。Google 靠着每个季度两位百分数的成长，业绩年年翻番，上市后不到一年就超过了增长缓慢的雅虎。很明显，Google 是赢在技术上。本来，雅虎和 Google 各有千秋。Google 擅长技术，和雅虎相比，Google 在每个位置上，从主管、技术带头人到工程师，都比雅虎同样位置上的人高一个档次。但是雅虎拥有作为媒体公司长期的优势和健全的品牌广告销售网，Google 在这方面却是空白，这也是 Google 后来不得不收购双击公司的原因。如果雅虎能扬长避短，放弃和 Google 在技术上的竞争，而把竞争引向非技术领域——内容，说不定能和 Google 平分秋色。遗憾的是，雅虎用自己的短处去比别人的长处，就不得不接受 Google 制定的游戏规则——技术决定成败。在这种情况下的竞争结果其实已经没有悬念了。

在 2004 年时，恐怕没有人会预料到雅虎败得如此之快。华尔街显然就没有预料到，反而总是给雅虎的股票更高的估价；雅虎自己也没有意识到，它沿着错误的路线走了很久，而 Google 可能也没有想到自己就这么轻而易举地赢了这场本该很激烈的竞争。但是，Google 面临的竞争并没有因此而结束，一个更强大的对手在等着它了。这个对手就是让 IT 领域所有公司都敬畏的微软。

我们在前面一章提到，当一家公司主导了整个市场时，它就必须寻找新的成长点了。微软在 Windows 和 Office 上占领市场以后就处在这种状态。微软的第一个成长点找在了游戏上，它靠倾销的方式很快让它的游戏机 Xbox 占得了一席之地，但是，盈利却遥遥无期。2003 年以后，微软渐渐看到了互联网搜索业务的重要，并宣布进入该市场。这对于快速发展的 Google 无疑是一个坏消息。从历史上看，当一家公司的核心业务受到微软严重挑战时，它的厄运就开始了。苹果、网景、太阳、Novell 和 RealNetworks 等公司无不如此。微软不仅有全世界最优秀的人才和技术，最快的执行力，而且它更善于利用其操作系统所处的垄断地位，通过非技术手段战胜对手。Google 能否避免重蹈覆辙，引起了大家的关注，更引起大家的怀疑。Google 在上市前后，股价并没有被整个华尔街一致看好，就是因为大家担心有朝一日 Google 也会被微软挤垮。

有了苹果和网景等公司的前车之鉴，Google 及早地做好了迎战微软的准备。第一，根据 Google 一贯"快速向前跑，不要看两边"的风格，它的核心技术和运营部门要赶在微软还没有推出搜索引擎和搜索广告系统以前就拉开与微软的差距，抢占制高点。除了把技术做得更好外，Google 很有先见地第一个打造自己的超级数据中心。在上市后的前几个季度里，Google 将大量现金投到数据中心的建设上。华尔街很多投资人并不理解，觉得 Google 在瞎花钱，事实证明 Google 的做法是对的，它抢到了和微软竞争的制高点。

第二，和微软竞争人才。Google 懂得商业竞争的胜败最终是由人来决定的，尤其是在其他条件相同的情况下。Google 早期因为资金短缺，只能维持在山景城的一个研发中心。2001 年 AT&T 实验室和贝尔实验室大量裁员，Google 为未来吸引英才，在资金并不宽裕的情况下开设了纽约研发中心，而且把办公地点定在最热闹的时代广场。有人建议 Google 在科技人才集中的西雅图地区开设研发中心，Google 当时为了避免和微软直接竞争，没有这么做。但是到了 2004 年，与微软的竞争已经不可避免时，Google 毫不犹豫地把研发中心开到了邻近微软的柯克兰（Kirkland）。柯克兰研发中心开张的当天，就吸引了大批的微软员工到场了解到 Google 工作的可能性。从 2004 年起，Google 引进了大量的计算机领域泰斗级人才，包括互联网之父温顿·瑟夫（Vinton Cerf）、Google 中国区总裁李开复、UNIX 的发明人汤普森、手机操作系统安卓（Android）的发明人安迪·鲁宾，等等。

第三，未雨绸缪，联合其他公司来抵消微软在操作系统中捆绑搜索对 Google 带来的不利影响。众所周知，微软在竞争中通常是后发制人，靠捆绑的手段先后赢了莲花公司、WordPerfect 和网景公司。可以想象微软在搜索竞争中最厉害的一招将是在它的浏览器上捆绑 MSN 搜索（后来更名为 Live，现在又改为必应 Bing）。Google 吸取了网景公司的教训，在微软的搜索引擎还没有做出来以前，就和当时全球第二大 PC 厂商戴尔签署了预装 Google 搜索工具条（Toolbar）的协议，以防止微软捆绑搜索工具带来的灭顶之灾。同时，雅虎也和惠普达成了同样的协议，惠普和戴尔占全球 PC 市场的一半，这样微软在浏览器上捆绑搜索的作用就被大大地减弱了。同时，Google 和苹果及 Mozilla 达成互惠协议，在这两家的 Safari 和火狐浏览器上将 Google 设置成首选的搜索引擎。这些措施消除了 Google 的市场份额像网景公司那样在短时间里急速下滑的可能性。Google 自己没有什么客户端软件产品，于是联合了 Adobe、赛门铁克和 Mozilla 等将它们的客户端产品打包放到 Google 上让用户免费下载。用户在下载这些应用软件时，也就顺带将 Google 设置成了首选的搜索引擎。

Google 通过在工程和市场上的努力，再加上自己比微软更适应互联网的商业模式，牢牢地把握了已有的市场份额，而且还在逐年增加。经过两年，Google 终于让投资者相信它不仅不会重蹈网景公司失败的覆辙，而且可以在搜索领域战胜微软。

当然，微软在互联网策略上的失误也在一定程度上帮了 Google 的忙。即使当 Google 在互联网领域已经崛起后，微软在较长时间里也没有看出搜索引擎和搜索广告的重要性。其实，微软早在 1995 年就成立了互联网部门 MSN，并从 1996 年开始大力扶持 MSN，从而跟雅虎竞争。但是，MSN 一直处于下风，而且年年亏损。在微软内部，MSN 的地位也较低，人员配备相比其他部门也较弱。因此，在 2000 年以前，MSN 对于利润丰厚的微软来讲一直是鸡肋。2000—2002 年，由于互联网泡沫的崩溃，提供了大量免费服务的互联网全行业都在赔钱，就连互联网的老大雅虎也不例外。这时整个

IT 行业几乎没有人相信提供免费服务的互联网能维持下去。MSN 一度希望走美国在线通过收取上网费的方式来维持。在这种情况下，微软不可能制订什么发展互联网的长远计划。正是因为它在互联网泡沫时代吃过亏，微软在互联网的发展上行动迟缓，而让雅虎抢先收购了 Inktomi 和 Overture，从而失去了发展搜索业务的最佳时机。如果在 2002—2003 年，微软收购了这两家公司，至少它的 MSN 有机会压倒雅虎，成为互联网领域的老二。

10 多年来，Google 一直在其核心业务上谱写着不败的神话。虽然 Google 一度在新业务上的扩展困难重重，比如在网上支付方面它的 Checkout 远远落后于 eBay 的 PayPal，它的 Gtalk（IM，即时通讯）大大落后于 MSN Messenger，它在社交平台上远远落后于 Facebook。值得欣慰的是，它的开放式手机操作系统安卓非常成功，不仅主导了移动互联网时代的手机操作系统，而且因为手机应用程序（App）商店的出现，使得更多的软件开发者在手机上而不是 Facebook 上开发软件，从而在根本上消除了 Facebook 对它根基的威胁。另外，它的 YouTube 深受网民的欢迎，而且已经开始盈利。今天，从互联网上的数据流量来讲，YouTube 和奈飞是全球最大的两个网站。接下来，Google 是否有新的战略延续它的神话，我们在后面还会讨论。

9 秘密军团

很多人，从研究商业的学者到投资人，到政府科技工业部门的主管，都在探讨 Google 成功的奥秘。这里面的原因当然很多，在互联网上也有各种各样合理的见解，但其中很重要的一条，按照《纽约时报》2004 年的讲法就是，它有一个神秘军团——由博士组成的军团。

《纽约时报》注意到[9]，2004 年有 3 万多员工的微软创新居然比不过不到两千人的 Google。《纽约时报》认为微软的差距在于它的开发模式没有 Google

---

9 2004 年 6 月 6 日，《纽约时报》：What Is Google's Secret Weapon? An Army of Ph.D.'s，http://www.nytimes.com/2004/06/06/business/news-and-analysis-digital-domain-what-is-google-s-secret-weapon-an-army-of-phd-s.html。

的效率高。当时微软3万多员工中专职从事研究的有700多名研究员，基本上都是博士，遗憾的是这700多人的研究和微软的开发相脱节。Google则是研究和开发不分家，Google基本上没有研究部门，所有开发人员遇到实际问题需要研究时，因为没有可以指望的研究做后盾，只好自己做研究（实际上Google有一个很小的研究部门，但是所有的研究员都在第一线搞开发）。这样，Google几乎每个工程师不仅要会写程序做具体的事，还必须会做研究。这样对于每一个工程师的要求就特别高，唯一的解决办法是尽可能地招动手能力强的博士。这样，Google就成了全球单位办公面积博士最集中的地方。

Google不仅喜欢招博士（和通过博士资格考试但尚未毕业的博士生），而且偏爱名牌大学和考试成绩优异的。很多工作过几年的求职者非常困惑，为什么Google还问他们要成绩单。而确确实实有不少不错的候选人因为平均分不够被Google刷掉。Google认为成绩单能说明两点，首先一个人如果能在大学里一直学得很好说明他（她）有责任心，至少先把自己主要的事情做好了；第二，成绩好的学生比成绩差的学生总体来讲更聪明。

当然，一个人过去的成绩不代表今后的成功。也许是出于这一点的考虑，微软招收博士的比例比Google少得多。微软的人力资源主管克里斯滕·罗比（Kristen Roby）对《纽约时报》记者承认了这一点，他同时解释道："我们更看重一个人的潜力。"但是，潜力这东西看不见摸不着，更不是用几道智力竞赛题就能度量的。因此，Google非常看重一个毕业生是否在各方面准备好了。它不仅要求求职的学生在学业上准备好，而且有管理自己的自觉性。在Google看来，一个理想的员工是你交代给他一件事，不用操心，他就给你完成了。更理想的员工是你都不用交代他任何事，他每个季度自动给你完成很多有益的工作。斯坦福大学计算机系教授拉吉夫·莫托瓦尼（Rajeev Motwani）是很多Google工程师的老师，他是Google人才战略的支持者。他解释Google的人才战略时说，好的博士不仅有创造力，而且有最高的自觉性。硕士同样的聪明，但是主动性要差一些。硕士能把你领到别人到过的地方，而博士可以把你带到以前无人去过的地方。Google 对一些很聪明但是稍有欠缺（尤其在是主动性方面有欠缺）的学生建议在学校里再历练一段时间，等"准备好了"再来试试，很多人就是这样第二次来 Google 求职时被录用的。

怎么判断一个候选人，特别是拥有博士学位的候选人聪明与否呢？Google 从硅谷老一辈传奇人物肖克利那里学来了一些怪招。当年肖克利通过测智商，把招聘广告写得像谜题一样，来吸引和过滤求职者。Google 虽然没有测智商，但是在面试的时候也爱出智力题。顺便说一句，微软也曾经通过给应聘者出智力题来过滤出高智商的员工。当然，这两家公司现在迫于所谓政治正确的压力，面试不再出智力题了，因为这样会降低某些族裔候选人的通过率。除了考智力题，Google 还曾经在公司附近的 101 号高速公路旁打了一个大幅招聘广告，那是一道谜题，解决这个难题的人，输入答案，会自动连接到 Google 的招聘网页中（图 18.2），这样 Google 就过滤出一批聪明人。我刚到 Google 工作时，非常惊讶这么一个小公司能够聚集那么多美国顶尖计算机系的博士毕业生。要找到并留住大量既肯动脑又肯动手的博士是很不容易的。因此，Google 尽可能给大家创造出宽松的工作环境并提供各种各样的福利，就是为了吸引并留住这些聪明人。

图 18.2　Google 在 101 高速公路上的招聘广告牌

世界一流的博士是招进来了，很多读者可能会问：Google是否有这么多"高水平的"事情要他们做？这其实是所有公司不愿意大量招收博士的原因。很多人认为如果一件事一个本科生能够胜任，就不需要让一个硕士生去做，因为这是一种无谓的浪费。Google是一家思维方式与众不同的公司，它认为，杀鸡一定要用牛刀。一个本科生能完成的事，如果我能找到一个硕士生来做，那么一定比同类公司做得好！在Google实际上是贯彻一种"瑞士制造"的指导思想，Google把这称为"Google的品质"。

很多人讲"日本制造"是品质的象征，它的汽车就是比美国车毛病少很多。比日本制造品质更好的是"德国制造"。我个人深有体会，以前到商店里买一些电钻头、电锯条等易耗品，日本制造的比美国公司在第三世界生产的要好很多。以钻头为例，钻一个孔不仅可以节省一半的时间，而且寿命长一倍以上。后来发现德国的钻头比日本的还好，最后我发现瑞士的钻头最好用。虽然瑞士的钻头比第三世界生产的要贵一倍，但是，工作效率要高十倍，寿命要长十倍，实在是一项合算的投资。这样我才懂得为什么最好的牙医设备全是瑞士制造的。我此后花时间研究了一下"瑞士制造"，发现虽然瑞士这个小国的产品不多，但是只要它做就是精品。手表和瑞士军刀就不要说了，就连我们日常用的双肩背的书包（强调功能性的，不是时尚的），以及旅行箱，最好的都是瑞士制造。瑞士制造的成本可能只比其他国家贵一倍，但是销售价格可以贵十倍、百倍。一块百达翡丽（Patek Philippe）的手表可是日本精工表价格的三四百倍、东南亚制造的手表价格的上万倍（在真正有身份的富豪看来，百达翡丽的手表和劳力士相比，就如同贵族和土财主）。

做同样的东西，即使功能相同，做得好不好价值可以有天壤之别。Google在规模还很小时，就在打造瑞士制造那样的品质。Google在工程上，严格要求每一个细节，比如，一段代码如果多了一个空格或一行超过80个字符，都不允许提交。而一个程序里的变量名起得不好就更不能通过评审了。学过编程的人都知道这些小问题并不影响程序运行。Google这么要求大家，一方面是为了让枯燥的程序易于读懂，更重要的是从点点滴滴培养大家的质量意识。在算法的优化上要求就更严格了。在这种要求下开发出来的软件，才会像百达翡丽手表那样值钱。比如，若在算法上能节省 1% 的时间，Google 也会要求去实现的，毕竟这就意味着可以节省 1% 的服务器，一年或许就能省下几十万美元甚至更多。要保证品质，最好的办法就是"杀鸡用牛刀"。Google 虽然要为这些"超合格"的员工多付一些工资，但是却因此打造了"瑞士制造"的品质，在商业竞争中占了很大的优势。有时，Google 的这种"浪费"到了让人吃惊的地步。我到 Google 时，我们的前台接待员是一位斯坦福大学的毕业生。她果然体现出超出所有接待员的能力，她不仅仅是接接电话，让来访者登个记，而且还把公司所有外事接待（包括接待克林顿）、办公用品采购及小宗邮件发货安排得井井有条。Google 也许付给她的工资超出一般前台的一倍，但是她却完成了四五个人的工作。

也许是尝到了"杀鸡用牛刀"的甜头，Google 不仅工程师偏向于用博士，连产品经理也用斯坦福大学的博士。包括哈佛大学在内的很多名牌大学的 MBA 到 Google 面试产品经理不成，搞不清楚这些职位都被哪些大学的 MBA 抢走了，后来他们发现，Google 更喜欢找一些计算机专业的博士而不是名牌商学院的 MBA 来当产品经理。Google 这么做的原因主要有两点，首先，让一个工科博士来做产品经理很容易和工程师沟通；其次，Google 非常相信工程师们的创造力，也相信这些工程出身的产品经理有着同样的创造力。

要找到并留住大量肯动脑又肯动手的博士，并且让大家安于从事看似普通的事并不容易，这是 Google 尽量创造最好的工作环境，提供尽可能多的福利和自由的工作时间的结果。

迄今为止，Google 在招人和用人上都非常成功，但是也带来一些隐患。主要反映在并不是所有能人来到 Google 后都能发挥最大的作用，造成了人才的浪费。同时，为了满足这么多聪明人做自己愿意做的事这一承诺，搞出了很多意义不大的小项目。很多媒体和投资人对 Google 的这种问题提出了善意的批评，担心 Google 重蹈当年苹果的覆辙。但是要兼顾调动员工积极性、鼓励创造性并集中精力在核心业务和重大项目上，对任何公司来讲都不是件容易的事。

10 云计算和数据中心

Google 是最早提出云计算概念的公司，这并不是要炒作概念，而是在此之前已经在工程上做了大量准备，而且它的产品就是这么设计的。几年后，云计算成了科技界很热门的一个词。至于什么是云计算，它有什么好处，将引起什么样的产业变革，我们会在以后的章节专门讨论。这里让我们关注一下云计算是如何从 Google 诞生的。

云计算在 Google 的历史和 Google 本身一样长。佩奇和布林还在斯坦福大学时，就提出并实现了一种被称为"大文件"（Big File）的新型文件系统。这个技术就是后来 Google 云计算技术中很重要的 GFS 文件系统的雏形。佩奇和布林发现将下载的网页存成单独文件或数据库文件都不方便使用，就设计了大文件这种针对搜索业务的大型文件系统。后来在逐渐壮大后，Google 趁着惠普实验室（HP Labs）分崩离析之际，吸引了两个关键工程师加盟，他们就是云计算之父，并且因为云计算而当选美国工程院院士的杰夫·迪恩（Jeff Dean）博士和桑杰·戈马瓦特（Sanjay Ghemawat）博士。

如果说西尔弗斯坦是为 Google 雪中送炭的人，因为他能快速实现一个完整系统，那么迪恩和戈马瓦特则是为 Google 锦上添花的人，因为他们完成了 Google 走向大公司的工程设计。他们二人和佩奇那种"想大事，干大事"的性格很相投，因此他们在 Google 工程师非常紧缺、大家加班加点应付产品开发都忙不过来的时候，潜下心来一心一意开发了一个为了以后 10 倍业务量时能够方便扩展同时能够节省运维人员的公共平台。这个平台就是 Google 云计算的雏形。

Google 最初开发云计算平台只是为了能把大量廉价的服务器集成起来，完成超级计算机的计算和存储功能。由于成本低廉，这些自行打造的服务器可靠性非常差，性能和 IBM 或太阳公司的大型机相差甚远，所以迪恩和戈马瓦特等人在架构设计时就把容错性和并发处理能力考虑得非常周全。因此，以后大家使用这个系统就非常方便。

从一开始，Google 业务的增长量就非常快，但是起初 Google 并未打算建立自己的数据中心。2003 年以前，互联网泡沫破碎以后留下的基础架构和数据中心足够 Google 用。在 2000 年前后，由于对互联网发展过度乐观，美国超前建造了大量互联网基础设施，包括铺设的光缆和数据中心。在 2001 年以后，绝大多数互联网公司关门了，建造和拥有这些基础设施的公司根本无法盈利，能挣点钱，少损失一点是他们最大的愿望。在这种环境下，Google 无需担心自己业务增量的问题，反正没人用的光缆（暗光缆）和数据中心有的是。但是，到了 2003 年，美国经济开始反弹，雅虎、美国在线和微软这些第一代互联网公司的业务不仅开始恢复，而且很快超过了 2000 年以前的水平，加上 Google 自己的业务快速发展，用不了一两年，这些基础设施资源就会饱和。由于 2000 年"被蛇咬"怕了，没有什么公司愿意再投资建互联网基础设施了。这类基础设施建设的事情就落到了这些大互联网公司自己身上。Google 后来发展比较顺利的一个原因是，它比其他公司更早地看到互联网基础设施的重要性。这里面的一个关键人物是前面提到的副总裁霍尔斯。

从 2003 年起，大学教授出身的霍尔斯全心全意地投入到公司的业务运营管理和基础架构的建设中。他的贡献有三个方面：第一，在全球通过租用和收购已铺设的光缆，以及铺设新光缆，保证了 Google 业务发展后网速不成为瓶颈；第二，抢在很多公司以前在全球布局，占据了建设数据中心的最佳点，表 18.1 是 Google 负责数据中心的副总裁卡瓦（Joe Kava）在 2017 年 Google IO 大会上向大家展示的当时全球数据中心的分布图和洲际主干网络；第三，设计了节能高效的服务器机柜，大大降低了运营成本。这里面任何一件事做起来都非常难。就以建设全球的光缆网络为例,这是一个非常庞大的系统工程,从某种程度上讲复杂程度超过建造一座水坝或一艘航空母舰。要从亚洲建一条海底电缆到美国,需要和很多国家的电信部门打交道,而要把这些国家主管电信的主管叫到一张桌子上开会,本身就很不容易。霍尔斯等人最终把这些事情办到了。

表 18.1　Google 在全球主要的数据中心(Google Cloud Platform)[10]

地区	位置
美洲地区	美国南卡罗莱纳州伯克利县 美国爱荷华州康瑟尔布拉夫斯 美国佐治亚州道格拉斯县 美国亚拉巴马州杰克逊县 美国北卡罗莱纳州勒努瓦 美国俄克拉荷马州梅斯县 美国田纳西州蒙哥马利县 美国俄勒冈州达尔斯 智利基利库拉
亚洲地区	中国台湾彰化县 新加坡
欧洲地区	爱尔兰都柏林 荷兰埃姆斯港 芬兰哈米纳 比利时圣吉斯兰 爱尔兰都柏林

经过几年在工程和运营上的努力,到 2006 年,Google 的云计算平台基本完成,所有的业务,尤其是由用户产生数据的业务,比如邮件、博客、Orkut 等都搬到了云计算上面。在 Google 内部,产品团队的工程师开发产品时,已经不关心实际用了多少物理上的服务器,这些服务器在哪里,互相是如何连接的。他们只要提出自己需要多少计算资源,包括 CPU 资源和存储资源就好,填好配置文件,剩下的事只需交给云计算平台。对于用户来讲也是

10　参考来源:美国市场研究机构 Synergy Research Group 发布了 2018 年一季度全球公有云厂商排名。https://www.sohu.com/a/237776446_807020

如此，他们不知道自己的内容存放在哪里，整个 Google 就是一台超级计算机。很多人都关心 Google 到底有多少台服务器，这个具体的数字，估计霍尔斯自己都说不清楚，毕竟 Google 每天都有新服务器上架。但是，如果把 Google 看作一个独立的服务器制造商，它应该仅次于 IBM 和惠普，全球排名第三。

很长时间以来，微软是 Google 最主要的竞争对手，于是 Google 提出了云计算的概念，希望今后整个产业界将越来越多的服务从 PC 客户端搬到网上，减少用户对微软的依赖。Google 开始并没有想到云计算的威力那么大，以至于最终可能颠覆 IT 的产业结构。它开始只是想提供一种服务，让网民们在互联网云中任何时间、任何地点都能快速和安全地访问、处理、存储和共享信息。现在，存储、处理和共享信息都做得很好了，但是还必须解决安全问题和快速方便访问的问题。

早在 Gmail 推出之前，Google 就成立了一个 Google 账户管理部门，负责网络安全性问题。和以往处理网络安全的做法不同，Google 更多地依靠云计算的工具实时监控每个账户的异常动态，保障网络安全。设计和实现底层关键技术的是两个人，包括一位不愿透露姓名的华裔科学家兼资深工程师。

最后，剩下的问题就是如何让用户快速接入互联网。Google 在这方面做了两个布局。

首先，积极推动无线互联网的发展，包括它的安卓战略，采用无线频道的拍卖等。另外是通过立法保障网络的中性化（Network Neutrality）。这个概念解释起来比较繁琐，简单地讲就是对所有用户和内容供应商提供同等的服务和收费，以防止运营商在"最后一公里"向用户和内容提供商（尤其是和自己竞争的内容提供商）过度收费。事实上，在美国至今网络基本是中立的，也就是说运营商（包括 AT&T、Verizon 和 Comcast 等）基本没有对竞争对手额外收费。但是，在很多国家，包括中国，网络不是中性的，运营商要比内容提供商（包括中国三大门户网站，以及百度、腾讯和阿里巴巴等公司）强势得多。这些内容提供商既不能为终端用户提供联网服务，也不能自己铺设光纤。随着互联网公司的盈利不断增加，而运营商收益增长缓慢，美国的一些运营商试图对内容运营商多收费。这样，在美国商业界就形成了两大阵营，一方是以 AT&T、Verizon 和 Comcast 为首的运营商阵营，另一方是以 Google、微软、雅虎和亚马逊为首的互联网阵营。双方把官司打到国会，最后在 Google 和微软等公司的努力下，借着 AT&T 欲收购另一家电信公司的契机，基本上从立法上将互联网中性化确立下来。

其次，Google 大力推进城市免费 Wi-Fi 业务，并且在一些城市（加州的山景城、旧金山）和机场（西雅图机场）提供免费的 Wi-Fi 接入业务，Google 甚至设想在空中投放大量气球，以提供能够覆盖全球的免费 Wi-Fi 服务。

这样，Google 云计算的准备工作已经全部完成，它便提出了云计算的概念。至于云计算的细节，我们在后面的章节有专门的描述。这里需要强调的是，云计算的产业链一旦形成，对信息产业的影响将是颠覆性的。每一次重大的技术变革都预示着产业格局的演变，也会促成主流企业的重新洗牌。Google 正在以此为契机，寄望于在下一次产业变革中领跑。

11 新气象

Google 成立 10 多年来招聘了三万多名员工，但是一共只举行了两次公司范围的欢迎会。第一次是欢迎 CEO 埃里克·施密特博士到任，第二次是欢迎 Google 中国的总裁（也是 Google 全球副总裁）李开复博士。这两个人都给 Google 带来了新气象。

Google 从红杉资本和 KPCB 拿到风险投资后，就着手寻找 CEO。Google 的两个创始人佩奇和布林及几名高管不知面谈了多少候选人，始终找不到合适的。这一方面是因为佩奇和布林要求很高，另一方面是因为 Google 是一个

"另类公司"，很多传统的职业经理人很难接受 Google 的文化。直到 2001 年夏天，Google 才找到 CEO 施密特。Google 和施密特双方都非常满意对方，对于佩奇和布林而言，施密特有很强的计算机专业技术背景，这样他们三个人很容易有共同语言，这一点至关重要。已经和 Google 打了两年交道的风险投资家们深知 Google 的文化特点，他们委婉地提醒施密特："Google 现在情况不错，千万不要过分管束它，把它搞糟了。"

施密特加入 Google 时，Google 只有不到 300 人，说大不大，说小不小，但是却已经极有个性。施密特发现佩奇和布林的很多理念和做法与自己有很大差异。他后来讲，就拿 TGIF 来说吧，他非常惊讶公司将机密的营收情况和其他商业细节拿出来和全体员工分享。公司员工已有近 300 人了，难保这些信息不会泄露给对 Google 广泛关注的媒体。实际上，在星期五下午，经常发现有记者在公司外面透过窗缝向里张望。但是，施密特没有阻止两个创始人继续和大家共享各种机密，他很快发现，全体员工每当看到听到公司的进步时，士气大振。当时正是美国 IT 产业最艰难的时期，大部分科技公司的员工都人心惶惶，硅谷朋友们谈论的都是裁员和找工作，而 Google 员工却士气高涨。

不仅是在 TGIF 的问题上，在 Google 很多开发和经营问题上，施密特都是多看少说。几个月后，施密特很好地掌握了 Google 的全部情况，他开始致力于将 Google 打造成一家具有新兴公司活力的大型跨国公司。施密特引进了规范化的管理，建立了 Google 总监一级的管理层，并且请来包括美国前副总统戈尔在内的管理专家对 Google 的管理团队进行培训。这些举措为 Google 以后几年飞速发展做好了管理上的准备。

在 Google 的发展战略上，施密特非常强调国际化的重要性。施密特要求 Google 的每个产品都必须支持各种语言，并且在全球主要国家，包括中国，开设办事处和分公司。今天，Google 来自海外的收入已经超过了美国本土的收入，施密特功不可没。

施密特高瞻远瞩，利用他在美国政坛上的影响力，为 Google 在很多政策上赢得了优势。Google 在华盛顿开设了办公室，作为与美国议会和政府沟通的桥梁。在美国很多科技产业政策的制定上，Google 多次在国会阐明自己的观点，比如在互联网中立化、开放电视频道缝隙的频带资源和反垄断的方面，Google 都是 IT 工业的领头公司。施密特到来以后，Google 不再仅仅是一个开发很酷产品的小公司，而是一个像模像样的全球公司了。

施密特非常重视中国的用户和市场，在一次会议上，施密特讲，我们现在进入中国的意义和当年尼克松总统的破冰之旅一样重大。在施密特的亲自指挥下，Google 成立了一个专门开发中日韩产品的小组，为正式进入中国市场做准备。准确地讲，施密特是名副其实的"Google 中国之父"。在 2006 年 Google 进入中国之后，扩张过快，在招了一些没有经过 Google 文化熏陶的人后，严重稀释了 Google 低调、踏实的文化。其中一些人不免言过其实，某人仅仅想出了"谷歌"这个名字，就自称"谷歌之父"了，当然他很快就不在这家公司工作了。还有一些总监，利用 Google 山景城总部的主管们不懂中文这一点，对外自称中国研究院副院长，其实 Google 从来没有过"中国研究院"这个部门，这些事情后来让 Google 总部非常反感，大大损坏了 Google 中国的形象。当然这是题外话了。

2005 年，经过一年的准备，Google 进入中国市场的条件已经成熟。可以说是万事俱备，只欠东风。而这东风就是一个在中国的领头人。和往常寻找高管一样，Google 为了找到在中国的总裁，从很早开始就面试了大量的候选人，包括很多在 IT 行业非常成功和知名的人士。但是，很长时间里一直没找到令所有执行官一致满意的人选。其中有一位人选得到了我们绝大多数人的认可，但是科德斯坦尼认为他没有市场经验，作为工程负责人当然合格，但是如果作为大中华区总裁还有所欠缺，于是只好作罢。直到 2005 年夏天，Google 找到了李开复博士，所有的高管一致认为，这就是公司要找的人。

李开复是 Google 继韦恩·罗森之后第一位直接按副总裁级别聘任的工程主

管——那时的副总裁非常少，不像现在多得数不过来了，此前其他副总裁都是给予工程总监头衔，一两年后才提升的。李开复到 Google 上任的当天，大家都非常高兴，工程和研究的高级副总裁阿兰·尤斯塔斯更是兴奋不已，在公司为李开复举行了盛大的欢迎会。这是 Google 第二次开全公司的欢迎会，上一次是欢迎施密特。在欢迎会开始前半个小时，大厅里就聚满了人，等着一睹李开复的风采。下午四点钟，李开复在尤斯塔斯的陪同下来和大家见面。在尤斯塔斯简单介绍了李开复后，李开复向大家讲述了他到 Google 的兴奋心情和他即将开始的中国之旅，并且和大家广泛交谈。两天后，李开复便踏上了他的中国之路。

Google 对李开复十分信任，并对他的中国发展战略予以充分的支持。虽然不能讲 Google 在中国业务上对李开复言听计从，但是确实非常尊重后者的方针和各项建议。早在 Google 尚未联系到李开复时，Google 就有在中国开设研发中心的打算，但是一直没有确定选址北京还是上海。李开复到公司后，告诉公司的高管们作为研发，北京的环境要好得多，于是公司立即拍板将总部设在北京。Google 原本打算按照在美国和其他国家的录用方式招收工程师，但是，当李开复介绍了中国技术市场和大学的情况时，公司立即同意他的中国人才战略。

在李开复的亲自领导和参与下，Google 中国在成立后的半年内就网罗到上百名中国各大学最优秀的毕业生。这些即将走出学校的年轻人，选择 Google 的原因一方面是靠 Google 的名气，另一半是靠李开复的个人魅力。李开复可以说是至今唯一一个和中国大学生贴近的跨国公司的执行官。几乎所有的跨国公司高管，在中国普通大学生眼里，不过是报纸和回忆录中的符号，他们的生活和中国大学生的生活没有任何交集。而李开复则不同，他和大学生的关系是亦师亦友，他的经历和言行激励了一代年轻学生。

有了这 100 多人，Google 在中国的业务很快就开展起来了。当然，由于 Google 过去远离中国用户，要想改变几年来积累起来的落后状态却不是一朝一夕能办到的。在李开复上任的第一年，Google 在中国的市场占有率还按照惯性有所下滑，很多人都极不看好 Google 在中国的前景。好在 Google 有足够的耐心和充分的心理准备，它让李开复和他的团队在中国无需考虑营收而是专注于工程。李开复不负众望，打开了 Google 在中国的业务，改善了 Google 和中国政府及民众的关系。果然，从第二年起，Google 在中国就站住了脚，市场份额也开始逐渐回升。其实，很多跨国公司在中国前几年的业务进展都不顺利，就连著名的可口可乐，也是在中国亏损多年后才开始盈利的。但是，今天它成为了在中国最大的软饮料公司之一。

下面是我在 2008 年初稿中写的一段话：

> Google 深知拥有世界最多网民的中国在它的全球战略中的地位。而李开复在 Google 中国的作用又是无人可以替代的。中国清末的探花郎、后任军机大臣的潘祖荫在评论左宗棠时讲，中国不可一日无湖南，湖南不可一日无左宗棠。这句话对李开复和 Google 中国的关系也同样适用。

在 2008 年版的这一节到此就结束了，也是一个蛮好的结局。但是很遗憾"Google 中国不可无李开复"不幸成为了事实。2008 年是 Google 中国最成功的一年，在那一年里，依靠改进用户体验和购买流量，Google 在中国首次从百度手中抢得了一些市场份额。2008 年奥运会在北京召开，中国政府的开放程度在奥运会之前也达到了空前的水平。但是，奥运会后，随着金融危机的出现，外国公司在中国的日子普遍不好过，至于是经济还是其他原因暂且不论。Google 中国的问题也来了，和所有美国公司一样，Google 开始缩减开支，包括在中国购买流量的投入。随着自由派总统奥巴马的当选和任职，美国和中国的蜜月期终于过去了。自由派人士占主导的 Google 总部一直难以接受中国的互联网管制方式，这中间的矛盾全压在李开复身上。终于有一天，他不堪重负，选择了离开。

缺少了李开复这个润滑剂，Google 和中国政府的关系变得很难调和，最终导致了 2010 年初 Google 退出中国。有很多朋友和媒体问我 Google 退出中国的背后原因，很遗憾现在依然不到披露的时候。

12　移动互联网时代

虽然在中国市场上 Google 表现不佳，但是在全球市场上它依然保持不败。这一次它的对手是它的老朋友苹果公司。中国人总爱引用 19 世纪英国首相帕默斯顿（Henry John Temple, 3rd Viscount Palmerston，过去通常翻译成巴麦尊）的话，"没有永远的盟友，也没有永远的敌人，只有永远的利益。"（We have no eternal allies, and we have no perpetual enemies. Our interests are eternal and perpetual, and those interests it is our duty to follow.）但是大家的引用都不全，甚至有些断章取义，因为都忽视了最重要的最后一句话"而谋求那些利益是我们的职责所在。"这是帕默斯顿 1848 年在英国国会演讲中说的，他的话原意并没有任何错误，既然为选民所选，就要为国民谋利益，不在乎过去是敌人还是盟友。

这句话非常准确地描述了 Google 和苹果的关系。2005 年，苹果和 Google 在产品上是完全互补的，它们在各自的领域有共同的敌人——微软。而两家都比微软弱，无论是市值、销售额还是利润，两家的总和都不如微软。那时两家公司的关系好到可以说是"穿一条裤子都嫌肥"。两家公司互相推荐对方的产品，并且有默契互不挖墙角（这件事后来引发了美国司法部和加州状告两家公司在行业里从事非正当竞争的官司）。在董事会中，两家公司更是有许多共同的董事，包括 Google 的 CEO 施密特和亚瑟·利文森（基因泰克公司的 CEO）。而苹果公司的董事、前副总统戈尔，是施密特长期的私人朋友。正是因为关系如此紧密，美国政府的一些人（或许是在某些公司的支持下）甚至一度要调查这两家公司是否有合伙搞垄断的嫌疑。

几年后，尤其是当苹果进入智能手机领域后，情况就不一样了，因为 Google 也盯上了手机操作系统这个领域。在苹果的董事会上，施密特常常不得不回避一些讨论。但是碍于大家都是朋友，在面子上还没有扯破。然而随着两家公司在手机上的冲突不断增加，而且两家公司现在都不再惧怕微软，两个好盟友终于分道扬镳了。虽然私下里施密特和乔布斯依然是朋友，戈尔依然是他们共同的朋友，但是由于为各自"谋求那些利益的职责所在"，他们在生意场上不得不成为对手。总的来讲，受过良好教育的佩奇和施密特是非常体面的绅士，他们在公共场合总是通过对乔布斯的夸奖来显示自己的大度；而历来我行我素、连苹果共同创始人沃兹尼亚克都能骗的乔布斯则从不掩饰自己要把对手置于死地的决心。

为什么这两家公司如此剑拔弩张，非要分个高下呢？因为几年后整个 IT 行业的格局将从 WinTel 格局转向以 3G 移动互联网和云计算为核心的新时代，在手机操作系统上的竞争是这个时代的焦点。我们可以把它看成是当年麦金托什和视窗之争的延续，只是微软的位置这次由 Google 替代了。

苹果和上次一样，率先拔得头筹，2007 年苹果的 iPhone 上市，一举成功。与此同时，Google 在 2005 年收购安德鲁·鲁宾（Andrew Rubin）的 Linux 手机操作系统公司安卓，也正式开始进入手机操作系统市场。安卓（Android）英语的意思是"安迪[11] 的小东西"。到了 2007 年夏天，Google 已经做出了安卓手机样机的第一款，但是当鲁宾和他的同事看到苹果的 iPhone 时，发现安卓的样机和苹果手机的差距太大，决定推倒重来。否定自己多年的工作，要有非常大的勇气，但是，这是通向成功之路。

2007 年底，Google 联合全球几十家移动运营商、手机制造商和芯片制造商成立了安卓联盟。Google 和苹果的手机世纪大战正式拉开序幕。苹果的 iPhone 大家都很熟悉了，它今天可能依然是世界上最好、销量最大的智能手机，我们就不再赘述。2008 年，Google 第一款手机 G1 由台湾手机厂商 HTC 制造，大家褒贬不一。赞扬它的大多集中在它的技术指标上，批评它的是拿它和苹果的 iPhone 比较，认为设计上太"土"。的确，和苹果的

11　安迪（Andy）是安德鲁（Andrew）的昵称。

iPhone 比，Google 的 G1 实在太丑了，虽然后者在功能上和技术指标上不逊于前者，甚至更好。在将技术和艺术结合这一点上，过去的 30 年世界上没有人可以和乔布斯相比，那么 Google 的安卓手机如何去和苹果竞争呢？它靠的是和苹果完全不同的商业模式。

今天的苹果和 20 年前的苹果有着同样的基因，它仍试图通过硬件实现软件的价值，把一条产业链从头吃到尾，这种做法是排他的，因此，它不论做到多么好，总是"竖着"吃 5% 的小众市场（Niche Market），它的产品慢慢变成了消费电子产品中的时尚品牌，就如同香奈儿在化妆品、LV 在手袋中的位置。Google 则学习当年微软的做法，横着吃整个市场。它只关心最重要的操作系统部分，而把上下游全部交出去。比微软更绝的是，Google 的操作系统是免费的。

我们不妨看看在安卓联盟中主要的公司。首先是四家最重要的处理器厂商高通（Qualcomm）、博通（Broadcom）、Marvell 和德州仪器。这四家几乎垄断了当时 3G 手机的处理器市场。接下来全球主要手机厂家摩托罗拉、三星、LG、索尼爱立信和中国台湾的 HTC，可以说除了诺基亚，大家都到齐了。诺基亚虽然有和安卓类似的塞班（Symbian）操作系统，但是由于利益的直接冲突，其他手机厂商只可能采用安卓，不可能采用诺基亚的塞班。接下来是一大堆无线运营商，这里就不列举了。从这个名单及后来的操作看，Google 把整个手机和 3G 移动通信产业链通过安卓串了起来。和当年微软一样，得到整个行业支持的 Google 一旦发力，就不是哪一家公司可以抗衡的了。

半年后的第二代安卓手机和苹果同时期的 iPhone 相比依然有很大差距，不过一年后以摩托罗拉 Droid 为代表的第三代安卓手机已经可以和苹果一争高低了。Droid 在两个月里就卖出了 100 万部。这还仅仅是一个开始，因为在摩托罗拉的研发线上还有 20 多款安卓手机准备上市，而索尼爱立信的研发线上也有类似多的产品，加上在安卓手机生产中拔得头筹的 HTC，不难看出安卓手机从数量上超过苹果只是时间的问题。我当时做的最乐观的估计是

2010年底，但是后来这个进程大大加快了。到2010年第二季度，安卓手机的出货量就超过了iPhone。据Google的CEO施密特讲，在2010年8月，安卓手机的出货量已经到了每天20万部的惊人数字。四个月后，这个数字变成了每天30万部。从此以后，安卓操作系统成为全球市场份额唯一上升的智能手机操作系统，其他操作系统，包括苹果iPhone，份额都在下降。到2010年第四季度，安卓的全球市场份额终于超过了诺基亚的塞班，不仅成为全球第一大手机操作系统，而且逼得诺基亚放弃掉自己的塞班，转向与微软合作。但是最终，两家在市场上落后的公司合在一起，依然难以做出吸引用户的手机产品，最终诺基亚不得不将手机部门卖给微软，以减少亏损。

虽然早期安卓手机的产品体验比不上iPhone，因为过去全世界还没有第二个人在产品设计的境界上超过乔布斯。但是，这并不妨碍Google在手机操作系统上最终获得成功，因为首先它有强大的同盟军，比如华为的安卓手机在很多地方已经超越苹果，其次，Google的技术并不落后甚至领先于苹果。

在安卓联盟齐心协力和苹果、诺基亚争夺市场的时候，Google居然做了一款自己的手机Nexus One，这显然和安卓联盟中的分工是矛盾的。为什么Google要插这么一杠子呢？它是否真的要和苹果正面竞争呢？其实并不是这样，谁要是这么想，说明对Google的佩奇和布林太不了解。手机行业本身利润率不高，这种行业是他们二人不愿涉足的，而作为"反摩尔定律"的提出者，施密特对硬件制造一点兴趣都没有。那么是什么原因促使Google自己做了一款手机呢？Google的真正目的是通过这款手机了解手机设计和制造的整个流程。Google对前几款安卓手机都不是很满意，做出一款技术上达到极致的标杆性产品，今后在和每个手机厂商谈判时就会更有话语权。同时，Google也有了很多第一手的经验，可以优化Android本身，并提供更好的云计算服务。在Nexus One之后，Google会隔三差五地推出一些手机产品，比如今天的Pixel系列，以便体会如何将软件和硬件结合。HTC、摩托罗拉、LG和华为都代工过其中一款或几款手机。

最后，还有最关键的一点，就是免费的安卓如何挣钱。赔本赚吆喝的事情是不可能持久的。Google 的挣钱之道其实很简单：首先还是依靠广告，为此 Google 收购了无线广告公司 AdMob，并且将它有机地整合到自己的广告系统中。在移动互联网时代，Google 并没有因为用户习惯的改变而流失广告收入，而和它同时代的雅虎、微软 MSN 以及百度受到用户迁移的影响就非常大了。其次 Google 通过 App 商店 Google Play 获得那些收费应用程序和音视频内容的分成，虽然每一笔收入不多，总量却很可观，不仅完全可以支付安卓开发的费用，而且还盘活了长期找不到业务增长点的 Google 支付服务。

13 进攻，永远是最好的防守

20 世纪最优秀的军事家之一，曼施坦因（Erich von Manstein，德国二战时的元帅。他虽然是纳粹德国的元帅，但是并没有加入纳粹党，仗打得还算干净，没有滥杀无辜，因此二战后从监狱里放出来后，又担任了联邦德国和北约的军事顾问）认为，当进攻的一方如果能快速推进并把对手打得措手不及时，它不需要防御自己的侧翼。这被认为是闪电战的精髓。在这个思想的指导下，曼施坦因制定了 6 个月灭亡法国的曼施坦因计划，并由古德里安（Heinz Guderian）顺利实施。

在商业竞争中，进攻常常也是最好的防守。Google 从小到大一直贯彻这个原则。Google 在规模很小时，遭受很多比自己大的公司的围攻，死守是没有出路的。因此它把自己放在一个挑战者的位置，不断挑战对手，也挑战自己。在商业竞争中，Google 常常是两眼盯着前方向前冲，而不左顾右盼它的对手。

Google 早期的服务以搜索为主，搜索引擎对于用户来讲不具有粘性。虽然 Google 在技术上和市场占有率上有优势，但是根据以前网景公司的教训，这种优势可能一夜间消失殆尽。Google 当然担心比自己大得多的雅虎和微软蚕食自己的市场，但是，Google 不是通过防范对手的办法来保护自己，而是主动将战线推到对方的领域。毫无疑问电子邮件服务是最容易拴住用户的。在 2003 年雅虎收购了好几个搜索引擎和广告公司后，它和 Google 分道扬镳只是时间问题了。Google 在 2004 年愚人节那天推出了电子邮件服务。Google 的杀手锏是容量高达 1GB 的邮箱，这是当时雅虎和微软 Hotmail 邮箱容量的 200 倍左右。这一举措，颠覆了雅虎和微软电子邮件的商业模式。在互联网络泡沫破碎后，广大网民已经开始接受"大容量电子邮箱要收费"这一观念，付钱给雅虎和微软以获得大邮箱（雅虎当时是 250MB，每年 20 美元左右）的用户数量增加很快。Google 给每个 Gmail 用户 1GB 的免费邮箱，使得整个互联网的电子邮件再也不可能直接收钱了。当时雅虎和微软各自有几亿电子邮件用户，为每人提供 1GB 的空间对它们而言是个很大的负担，但是为了和 Google 竞争，它们不得不遵循 Google 制定的游戏规则。而 Google 刚刚开始电子邮件业务，乐于用 1GB 的空间换一个忠诚的用户。几年下来，Google 的 Gmail 已经成为全球第三大电子邮件用户群，并且发展速度比雅虎和微软更快，同时拴住了很多用户。

除了搜索和电子邮件，地图、图片和财经是传统互联网流量最大的三项服务。在 Google 推出 Gmail 的同一年，又推出了地图（Google Maps 和 Google Earth）和图片服务（Google Picasa）。这两个领域以前都是雅虎的强项。显然，Google 如果跟在雅虎后面追赶，很难超越对手，它必须给用户一个全新的体验。Google 购买了卫星照片，将传统的电子地图和卫星照片结合在一起，为用户提供地球上每个地点真实的、三维的俯视图。用惯了雅虎或美国在线那种只有街区位置的二维地图的人，看到 Google 这种生动的详细到每栋房子的地球真实缩影时，无不感到耳目一新。就如同一个老到的游戏玩家，忽然发现一款玩了多年的游戏原来还可以有很多没玩过的新玩法。毫不夸张地讲，Google 地图比以往的雅虎和美国在线的同类产品有质的飞跃。Google 的在线图片管理软件 Picasa 后来居上，同样获得成功。当然，Google 的财经服务（Google Finance）长期落后于雅虎，Google 的高层对此不很满意，干脆把这个项目下放到了印度去做。Google 这个决定出于两点考虑，首先是不愿意轻易放弃，其次是降低成本。到了 2012 年 Google 财经的好运气来了，雅虎新上任的 CEO 对雅虎财经改版失败，使得原有的很多信息再也找不到了，结果"帮助"了 Google 在各项服务上也超过了雅虎。

当微软宣布进入搜索领域后，给 Google 带来了巨大的压力。Google 有了前一次同雅虎竞争的经验，不管微软用什么办法，自己采用一门心思往前冲的策略，先拉开和微软搜索的差距，然后将战火烧到对方的阵营。除了搜索工具条，Google 最先推出的客户端软件当属本机搜索服务（Desktop Search），它运行在个人电脑上，自动索引文件，可以根据关键词查找机器上的文档。以前，计算机用户发现，在互联网上用搜索引擎查找文件，居然比在自己的电脑上查找文件更快，原因是电脑上的文件未作索引。作为控制个人电脑操作系统尤其是其中文件系统的微软，无疑应该在开发本机搜索软件上有优势。但是，微软在这方面迟迟没有什么进展，倒不是因为微软没有意识到它的重要性，而是这种在本地 PC 上运行的搜索引擎太耗费资源（大约一半的 CPU 资源和一半的硬盘空间），对于不经常做本地搜索的用户得不偿失。Google 不管微软是怎么想的，自己便开发起来，并且很快推出了免费的产品，虽然 Google 的本机搜索引擎也同样存在上述问题，但是却显示出它在开发客户端软件上可以和微软一比。这是 Google 涉足微软领域的第一次尝试，虽然它的效果一般，因为它无法发挥 Google 在服务器和互联网上的优势，但是 Google 很高兴发现用户对搜自己计算机上的内容其实并不感兴趣。

接下来 Google 推出了类似于微软 Office 的办公软件，包括字处理和电子表格等，Google 把它们统称 Docs10。Google 的办公软件和微软的 Office 有很大不同，首先，它是免费的；其次，它是运行在数据中心的服务器上而不是个人计算机上。Google 这一次充分利用了自己在云计算技术方面的优势。此刻，微软陷入了两难。如果将自己的办公软件 Office 免费搬上网，微软将失去巨大的收入，Office 的收入占微软收入的 1/3 左右；如果不提供免费的网络版，则看着 Google 蚕食自己的市场。Google 有很大的互联网广告收入来支持免费软件的开销，而微软却很难采用 Google 的商业模式，因为它不像 Google

有自己的广告源，它的 MSN 的在线广告长期靠雅虎和双击公司提供。起初，和微软功能完备的 Office 比，Google 的这个 Docs 只能算是玩具，但就是这个玩具在 Google 的不断优化下，加上强大的网络功能，很多中小企业使用起来居然不比微软的 Office 逊色。由于它分享文档的能力是 Office 无法相比的，因此成为美国中学生一起做大作业、写报告的统一工具。经过三年的努力，Google Docs 终于到了可以挑战微软 Office 的程度，当然，这不是在收入上，而是市场份额上。以前，美国企业不得不每年按照微软的要求交 Office 的使用费，现在它们有了第二选择，纷纷要求微软降价一半，否则就不续约。伴随着市场占有率的上升就是商业上的成功。到 2009 年，全球已经有超过一千万大小商家，从在道琼斯指数中的跨国公司，到几个人的牙医诊所，在使用 Google Docs，同时该业务收入也以每年几倍的增长速度高速成长。在微软尚未渗入 Google 的领域前，Google 通过进攻已打到了微软的后院。现在微软 Office 已提供在线版本，这多少和来自 Google 的压力有关。

但是微软在互联网上的追求非常执着，经过对雅虎的失败，对 Google 初期的失败，它依然矢志不渝。众所周知，要想在互联网上有发展，首先要有广告源，其次要有"值钱的"流量。Google 和雅虎这两个条件都具备，而微软的 MSN 不具备，因此微软只有赔钱从 Google 手中抢大的网站。双方第一回合的争夺战是美国在线，后者本来是 Google 的同盟军。当它和 Google 的搜索和广告合作到期后，微软试图给予美国在线更优惠的条件达成两家的合作，但是 Google 很快以参股的形式锁定了美国在线。几年后，Google 承认它给美国在线的定价有点高了。但是，在当时的情况下把微软阻止在搜索市场以外就是胜利。2005 年后，互联网 2.0 的概念被炒得火热，同时涌现出三个流量增长极快的互联网 2.0 公司，MySpace、YouTube 和 Facebook。Google 用类似于争得美国在线合作的方法，很快搞定了 MySpace，然后以 16 亿美元的价钱收购了 YouTube。再加上 Google 已拥有的 Blogger 和 Orkut 两家大流量的网站，至此，Google 在互联网 2.0 的早期布局非常圆满。虽然 5 年后 Google 唯一没有搞定的 Facebook 成了它最有威胁的对手，但是 Google 最终靠着移动互联网时代及早布局，顶住了 Facebook 的挑战。今天

Facebook 虽然在市值上和 Google 处在同一个数量级上，并且很会炒作，但是在真金白银的收入上和对 IT 行业的影响力上，依然不能和 Google 相比。要说到 Google 最强的竞争对手，恐怕依然是苹果和微软，它们有着更多的利润，更多的现金储备，而且更重要的是，它们长期以来一直向行业证明它们不是那些光会炒作概念的公司，而是实实在在的做事者。

为了防止微软利用操作系统和桌面软件产品垄断性的优势蚕食自己的核心业务，Google 先发制人的做法完全堵死了微软进入互联网搜索业务可能的入口。随后 Google 以 30 亿美元的高价收购了除它自己和雅虎以外唯一的一家大型互联网广告公司——双击，从而堵死了微软的互联网广告源。虽然微软后来以 60 亿美元的高价收购了一家传统的广告公司，但是对它在互联网广告上没有起到什么帮助，这也是它在 2008 年年初试图收购雅虎的原因。

Google 在和比自己体量大很多的微软的竞争中，一直采用攻势，它的市场份额才得以越来越稳固。2008 年 9 月，Google 推出了 Chrome 浏览器，虽然它并没有比微软的 IE 多出什么东西，但是它再次成为人们关注的焦点，因为浏览器是互联网时代最重要的客户端软件。当年，微软就是不遗余力地打压网景公司获得浏览器的控制权的。Google 此举无疑是"摸了老虎屁股"，表明了它挑战微软的决心。坦白讲，Google 的 Chrome 1.0 除了比微软的 IE 速度快以外，并没有给用户带来太多的新东西，功能还比 IE 的少。但是，Google 推出这种简单的浏览器自有其深意，我们不能按一般的客户端软件来评估 Chrome，它是为了配合 Google 云计算而设计的。在 Google 的战略里，以后复杂的功能将通过云计算完成。Chrome 操作简单，速度快，而且便于搜索，正是要把用户往自己擅长的服务器端软件引导。如果它把所有功能都做在客户端，则正中了微软的下怀。Google 从来不是一个追求短期利益的公司，而是有长远的布局和耐心的。虽然 Chrome 1.0 不是微软 IE 的对手，但是 Google 不断推出 2.0、3.0 直到 7.0，节奏比微软更快，两年多时间市场份额从 0 达到了 15%，而同时，微软 IE 的份额从 90% 左右降到了 50%

以下[12]。此后，Google 的 Chrome 浏览器在全球的市场份额不断上升，微软同类产品的份额不断下降，到了 2014 年，Chrome 占了全球一半左右的浏览器市场份额，而 IE 则跌至 20% 以下。

Google 在智能手机上的攻势前面已经专门讲到，这里就不再重复了。

当然，Google 也有不少失败的和尚未成功的"进攻"，比如在企业级云计算的努力，在社交平台上的努力，以及它的网上付费系统和在报纸、收音机等媒体上发布广告的尝试。这里面最失败的莫过于和亚马逊在云计算企业级服务上的失利了。但是，Google 是一个从不怕失败的公司。2011 年 1 月 20 日，Google 公司在公布季度财报时宣布，共同创始人拉里·佩奇将从这年 4 月起接替施密特担任 Google 的 CEO，开始了新的一轮进攻。

14　佩奇新政

Google 在业绩还不错的时候换帅，显然是希望公司更具活力，以应对和 Facebook 日益激烈的竞争。施密特在掌管 Google 的十年时间里，将它从两百多人的小公司扩张成三万多人的跨国公司，同时 Google 的收入也增长了数百倍，应该讲是一个不错的 CEO。但是，在施密特执政后期，Google 滋生了大公司病，很多部门人浮于事，效率低下。虽然公司在 2007 年将项目合并到十多个重点领域（Focus Areas），但是，以后重点领域的数量不断增加，到施密特离任时，已经扩张到近百个，战略重点非常不明确，导致无法集中力量和 Facebook 在社交网络上竞争。同时，很多元老和骨干因为不愿意混事而离职。在这个大环境下，Google 由年轻的创始人佩奇接替施密特担任 CEO 一职。

其实早在施密特担任 Google CEO 以前，佩奇就是临时的 CEO，当时佩奇还年轻，需要请施密特来运作公司，并给自己当导师。但是他的最终目的是自己担任 CEO，这在 Google 早期员工中并不是什么秘密。因此，佩奇的上任

12　参见：http://en.wikipedia.org/wiki/Usage_share_of_web_browsers。

大家并不奇怪，虽然华尔街对他充满了不信任。

佩奇做事非常果断，有时也许是过于果断。在施密特到任以前，佩奇有一天觉得 Google 中层领导（总监们）好像起不到什么作用，干脆把他们全部免职，改任产品经理。这一下子，Google 的工作效率是提高了不少，但是问题也产生了——所有一百多名工程师都汇报给副总裁韦恩·罗森。罗森的压力可想而知。

佩奇重新担任 CEO 后，一些高管恐怕是心有余悸，怕他再来 10 年前那一套。比以前成熟稳重了的佩奇（而且蓄起了胡子）当然不会做得那么绝，但是也够绝的。对于那些积重难返的问题，佩奇让那些副总裁们坐到现场的格子工位上办公，马上解决问题。这样，在短期内，佩奇大致理清楚了问题所在。接下来他就开始了第二步，重构组织架构。佩奇将所有项目划分到六个产品中心，相当于其他公司的事业部（Business Unit），然后提拔起几个年轻人，比如安卓手机操作系统的安迪·鲁宾，对一些在公司年头较长但作用不大的副总裁，或劝退，或缩减权力。

佩奇的目的显然是要增加公司的活力，但是，有了活力必须有明确的开拓方向，佩奇挑选了 Google 已经非常落后的社交网络作为突破。在佩奇看来，和 Facebook 的竞争是输不起的，为了保证公司上下全力支持社交网络的项目，佩奇将所有员工的部分奖金和公司在社交网络的成败挂钩。这一招颇为有效，Google 在多次失败后，终于做出了用户还算认可的社交产品 Google+。Google+ 上线 9 个月，获得了 5000 万左右的活跃用户，到 2012 年 9 月，其用户数已达四亿之多，大大超过了原定到 2012 年底两亿用户的目标。虽然和 Facebook 的八亿用户还是差距很大，但是从发展速度上已经可以和 Facebook 相比了。另外，Google 大力投入研发，据称要花几年时间完全重塑一个崭新的 Google。在 2012 年 Google I/O 大会上，Google 宣布了一些很有新意的产品，包括 7 英寸的安卓平板电脑和集手机、电脑和摄像机为一体的 Google 眼镜，后者被业界和用户认为是继苹果产品之后最酷的电子产品。

佩奇上任后遇到的另一个大麻烦就是与苹果和微软在智能手机上的官司。微软的态度基本上是"你做可以，但是要向我交专利费"，而苹果则干脆想通过法律手段（而非市场手段）把安卓扼杀掉。为了一劳永逸地解决这场专利的纠纷，佩奇走出了一步让大家都想不到的棋——收购摩托罗拉。这里面的利弊得失我们在摩托罗拉一章中已经介绍，就不再赘述了。但是要强调的是，从这件事可以看出佩奇这个人做事情的决心。

佩奇上任后，在管理上最大的失误恐怕是没能很好地控制公司人数的膨胀，使得公司的人数增长远远高于业绩增长。Google 虽然利润很高，但是直接和间接产生这些利润的人数量并不多，大部分人做的工作依然无法衡量其作用和效果。这让外界对佩奇掌管大局的能力表示怀疑，导致 Google 的股价一直不振。事实上，Google 员工的平均素质在下降，新员工因为没有多少股权，对 Google 很难有"自己的公司"的认同感。而老员工很多已经富得流油，干劲大不如从前。最近的两年，很多员工中午快 11 点才到公司上班，晚上 6 点多吃完晚饭马上就离开了，周末一栋大楼里没有几个加班的。这和十年前每天晚上灯火通明，周末大楼外排满了加班员工的车完全不同了。所有人都知道，如果佩奇不能解决这些问题，Google 的大公司病比施密特时代不会有明显的改观。为此，Google 不仅对考核机制做了相应调整，同时还设立了一些高风险富有挑战性的创新项目，以调动各级员工的工作热情。经过四年的努力，佩奇掌管的 Google 在原有基础上更上一层楼，它的主营业务除了云计算企业级的服务输给了亚马逊外，其他业务都做到了行业第一。2015 年第三季度财报发布后，Google 股价大涨，其市值首次突破 5000 亿美元，这样在美国，第一次同时出现了两家市值超过 5000 亿美元的公司（另一家是苹果公司）。

2016 年，Google 的人工智能围棋程序 AlphaGo 在和围棋世界冠军李世石的对弈中以 4∶1 获胜，这不仅标志着人工智能在人类最引以自豪的围棋领域超越了人类，也随即带起了全球人工智能热。2018 年 Google 的市值达到了 8000 亿美元，并且一度成为全球市值最高的公司。这些结果表明，佩奇虽然年纪不大，却是一位称职的 CEO。

15 未雨绸缪

2015 年 10 月，Google 宣布了一个让人感觉匪夷所思的消息，它将自己这个非常响亮的公司名称 Google 改为 Alphabet，即字母表的意思，同时将现有的业务一分为二，将原有的主要业务，主要是搜索、广告、视频 YouTube 和安卓等，交给皮柴（Sundar Pichai）负责，它们合在一起沿用 Google 这个名称，然后将正在开展的新业务，包括 Google 风险投资、Google 资本、X 实验室、Google 医疗 Calico、无人驾驶汽车 Waymo、Google 家庭（原先的名称是 Nest，后改名为 Google Home）和 Google 光纤 Fiber 等独立出来，由佩奇直接负责。Alphabet 实际上是一个虚拟的控股公司（图 18.3）。需要指出的是 Google 的股权结构并没有因此而改变。

很多人会感到奇怪，一个公司发展得好好的，为什么要拆分，为什么要搞这么奇怪的管理结构，为什么要起"字母表"这样一个怪名字。事实上，无论是 IT 领域还是投资领域，大家对 Alphabet 这个名字并不习惯，还是称呼它为 Google。当然，这个改变绝不是 Google 或者佩奇心血来潮，更不是要玩什么股权游戏，而是佩奇等人酝酿了很久深思熟虑后的决定。这里面的原因非常多，我们就从最重要的两个原因——公司未来长远的发展和反垄断风险，来解析佩奇的想法。

早在 2011 年，佩奇重新担任 Google CEO 之后不久，他就对 Google 的长远发展做了这样一次讲话。

首先，他必须要承认诺威格的宿命说法，即当一个公司占有 50% 以上的市场份额后，就不要再想着市场份额翻番的事情了。在 Google 发展的早期甚至

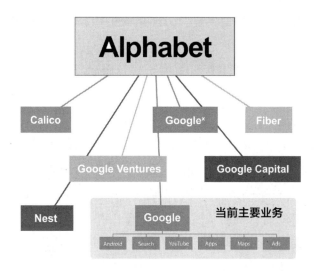

图 18.3 2015 年底 Google 母公司 Alphabet 的业务结构

是中期，广告业务增长迅速，它没有这个担忧。即使在它占到在线广告市场份额一半时，与整个广告业相比，在线广告的规模还不大，因此还有发展空间。但是到了 2016 年，美国在线广告的收入将首次超过电视广告，以后再想快速增长就不可能了，因为整体广告市场的规模取决于 GDP，这样用不了多少年，Google 就会遇到发展的瓶颈。因此，对 Google 来讲唯一的出路只有利用自己的技术优势和资金，尽快发展新的业务。

但是，发展新的业务常常又受到另一个 IT 规律的限制，那就是基因决定论。Google 在社交网络上一直没有做出世界上最好的产品，主要原因就是它原先信息处理的基因太强大，从而无法植入通信的基因。最后，在开发 Google +这款社交网络产品时，佩奇几乎将它作为单独的公司来运营，员工的福利和工作方式与先前的部门都不同。虽然这款产品没有比 Facebook 的社交网络做得更好，但还是赢得了一些用户，更重要的是遏制了 Facebook 疯狂扩张的势头，为 Google 赢得了从互联网 2.0 时代向移动互联网时代过渡的时间。

佩奇其实非常清楚要改变 Google 的基因有多难，事实上他也没有打算改变，毕竟 Google 现在的基因还不错，它依然占据互联网领域最好的位置，而未来更大的市场现在还看不清楚，至少 Facebook 的市场没有 Google 大。Google 最终其实放弃了在社交网络上进一步的尝试，将 Google+ 这款产品列入维持状态，这后来当然导致了主管 Google+ 的副总裁冈多特拉（Vic Gundotra）的离职。

那么佩奇是如何避免基因决定论日后对 Google 带来的负面影响呢？他从安卓部门成功的经验看到了希望。佩奇发现这个部门是从外面收购的，并未太受到 Google 文化的影响，其创始人安迪·鲁宾在里面植入了一种和 Google 基因并不冲突却略有区别的基因。安卓的基因和 Google 的一致性在于它们都强调工程师文化，而区别在于，它在管理上倾向于结果导向而不是 Google 的过程导向，这使得安卓能够很快在市场份额上赶超苹果。但是，将安卓部门的经验推广到 Google 显然不合适，事实上在 Google 内很多人不赞同推广这种做法。因此，佩奇觉得在一个大公司内部有必要保持某些部门相对的独立性。在 2011 年，佩奇将 Google 改组成若干产品领域（Product Areas），每一个相对独立，这些产品领域不同于很多公司的事业部，因为在财务上不需要自负盈亏。

佩奇的设想是这些产品领域，尤其是新的产品领域，将来都能成为一个个新的 Google。他在一次内部大会上讲，过去任何公司都会死亡，就如同生物会死亡一样，但是有一种生物不会死，就是一种海蜇。这种海蜇在正常情况下和其他生物没有什么不同，都会生老病死，但是如果刻意用针去刺激它，它会长出新的细胞，然后当母体死亡时，新的细胞会发育成完整的海蜇。佩奇希望 Google 能不断创造新的产品部门，这些小的部门就如同那只海蜇新发育起来的细胞，它们最终能够脱离母体而生存长大。佩奇希望通过这种方式，既逃脱诺威格的宿命论，又避免基因决定的宿命。因此，他利用公司的财力资源和智力资源，不断尝试新的领域内的创新，为此 Google 成立了 Google 风投、X 实验室等独立的部门，这件事情在一开始是交给布林负责，而他则负责公司日常的管理。

在完成了 Google 未来架构的改造后，佩奇将原本直接汇报给他的那些产品领域的高级副总裁们大部分转给向皮柴汇报。佩奇很早就开始培养皮柴，由于皮柴在主管浏览器 Chrome 项目时显示出很强的产品和市场能力，佩奇在鲁宾离开安卓部门后，将这个重要的部门也交给他负责。一年之后，佩奇将皮柴提拔到类似首席运营官（COO）的职位上，虽然 Google 内部并没有这个称呼。接下来，佩奇将公司改名为 Alphabet，将过去的业务打包沿用 Google 的名称，然后交给皮柴，其实也是顺理成章的事情，因为那些高级副总裁们已经向皮柴汇报了一年多了。

当然，很多人可能会问，为什么佩奇把成熟业务交给皮柴负责，而他自己却挑了那些难做的新业务？我们知道，通常一个公司的创始人为了尝试新业务，常常会找一个该领域的专家来开展，这和 Google 的做法正好相反。但是，佩奇深知公司基因决定论的影响力，如果他自己坚守现有业务，让新人尝试新业务，那么那些新业务最后一定发展成 IBM 的个人电脑部门或者微软的在线部门，在行业中没有竞争力。为了避免重复 IBM 和微软失败的老路，佩奇才把已经成熟的果实交给他人看管，自己负责起最需要支持和资源的新业务。

Google 拆分业务的第二个考虑是防范美国和世界各国政府对它的反垄断诉讼。随着 Google 把搜索和在线广告变成互联网上最重要的业务，并且随着 Google 占有的市场份额远远超过竞争对手的总和之后，美国政府对它的反垄断诉讼将会是难以避免的事情。佩奇和布林从来都是未雨绸缪，由于看到 IBM 和微软被美国司法部以反垄断为由起诉的教训，早在 2008 年，Google 就聘请了曾经代表美国司法部状告微软垄断官司的前司法部高级官员为法务副总裁，负责沟通和政府的关系，并且处理美国政府和欧盟对 Google 的反垄断调查。由于 Google 和各国政府的反垄断诉求采用了柔性的合作策略，因此从 2008 年开始虽然包括美国在内的不少国家政府都对 Google 进行了反垄断调查，并且对 Google 进行了数额不小的罚款，但是 Google 都没有留给美国政府启动反垄断诉讼司法程序的理由。

尽管 Google 尽力避免和推迟未来可能的反垄断官司，几乎所有人还是认为这件事迟早会发生。当然，Google 有可能像微软或者 IBM 那样最终避免被拆分的厄运，但是即使像它们那样艰难地赢得官司，被限制在市场上自由扩张，也将失去很多机会。直到今天，很多人依然认定微软从 2000 年之后在技术创新和推出新产品上缺乏可圈可点之处，就是因为 2000 年那场官司伤了元气。既然一些事情无法避免，不如早做打算，Google 的这次业务拆分也是为了防范将来可能的反垄断诉讼。

在业务拆分之后，控股公司 Alphabet 的组织架构变得有点像通用电气 GE 公司，它下面的各项业务相对独立。如果运气好，Google 能够避免被美国政府拆分，而它的新业务能够长大成为一个又一个 Google，那么新的 Alphabet 公司未来或许能成为世界上市值最大的公司。如果运气不好，Google 被美国政府拆分，那么它的新业务在这之前有足够的时间成长，将来即使独立，也能成为行业的领头羊。当然大家可能会问如果新业务都失败了怎么办？那么 Google 被拆分的可能性就很小，Google 还是今天的 Google。

16　成败萧何

Google 的很多特点，追根溯源都可以归结为工程师文化。佩奇在 Google 上市后不久就对全体员工讲，Google 会永远保持工程师文化，工程师在公司里会永远处于金字塔的顶端。可以说，坚持工程师文化是 Google 的成功之道，但是正如世界上不存在只有正面没有反面的纸一样，也不可能存在只有优点没有缺点的企业文化。Google 的工程师文化在让它不断走向胜利时，也导致了它的不少失败。而这其中最大的失败就是和亚马逊的云计算之争。

最初提出云计算概念的，是 Google、亚马逊和 IBM 三家公司。从技术上讲，Google 领先于亚马逊，但是 Google 在云计算的业务上步伐一直落后于亚马逊。这里面有商业模式本身的原因，也有企业文化的因素。

简单地讲，Google、微软以及中国的华为这类公司以工程师文化为主，因为盖茨、佩奇和布林以及任正非，他们都是工程师出身，会注重技术上的研发投入，热衷于做出技术好的产品，但有些时候，产品体验却做得不算好。苹果、Facebook 和腾讯等公司则是以产品经理为主的企业文化，工程师围着产品经理转。它们的产品用户体验流畅，至于背后的技术好不好，就看工程师的自觉性以及公司领导对质量要求有多高了。乔布斯在的时候，苹果的产品以质量好著称；乔布斯不在了，虽然产品设计得不错，但是小毛病不断。这两类公司有时候都会有一个短板，那就是商业推广上赶不上单纯靠商业起家的公司，比如亚马逊和阿里巴巴这类公司，它们的企业文化是销售文化。当然，阿里巴巴的人可能觉得自己也有工程师文化，但是，一个企业不可能有两种文化，这就如同脚踩两只船的人一定会掉到水里一样。除了阿里巴巴，世界上还没有哪家大的互联网公司要公布双 11、黑色星期五（美国感恩节后的周五）或网购周一（Cyber Monday，美国感恩节后的周一）销售额，虽然每家电商公司那几天都处在全年销售额最高峰。这个细节足以说明阿里巴巴对销售额的看重。亚马逊的情况也类似。

不同的企业文化决定了他们的竞争优势或劣势，如果技术处于同等水平上，那么无论是工程师文化还是产品经理文化的企业，都难以和销售驱动的企业竞争。因此，以技术为导向的企业需要建立足够高的技术壁垒，以产品为导向的企业需要不断在产品创新上拉开与竞争对手的距离。对 Google 来讲，不幸的是，它和亚马逊基本上处于同一技术水平，那一点点技术差异不足以带来商业上的优势，而一直习惯于在微薄利润下生存的亚马逊，更有能力在云计算这种微利行业中生存。

世界上再优秀的企业，都很难兼顾这样的三方利益，即员工利益、消费者利益，以及投资人利益。这就如同不可能既让马儿跑，又让马儿不吃草，还让马儿不掉膘一样。如果一个行业发展得很快，这个蛋糕还比较容易分。但是，对于 Google 或亚马逊这种遭遇了诺威格宿命的大企业，不可能总让业绩翻番，这就必须在员工、消费者和投资人之间做一个选择了。

很多公司选择了首先维护员工的利益，比如著名的星巴克公司就选择了员工优先，这和公司老板舒尔茨小时候的经历有关。舒尔茨的父亲过去在一家企业工作时因为脚伤无法上班，那家企业对员工极糟糕，让舒尔茨父亲没有收入，还得不到救治，舒尔茨从此下定决心，如果将来办公司，就一定要做到员工优先，他后来就是这么做的，在星巴克哪怕临时工都有医疗保险。舒尔茨时常来中国，每次和员工开会就是讲讲心灵鸡汤故事，鼓励一下大家，从来不骂下属。然而，舒尔茨对顾客可不算好，首先星巴克大部分的咖啡品质并不好，是靠香精糊弄大家；其次，舒尔茨公开讲不欢迎特朗普的支持者来喝咖啡，而后者也不示弱，说要天天带着咖啡去星巴克蹭免费的糖和牛奶。和顾客关系搞到这个地步，在全世界都罕见，但是这并没有妨碍星巴克成为好公司。而 Google、腾讯和基因泰克等公司恰好也是这一类员工利益优先的公司。顺便说一句，Google 已经很多年被评为美国最佳雇主，之前基因泰克是曾经的美国最佳雇主。

当然，也有公司选择顾客优先，比如亚马逊、阿里巴巴、运通卡，等等。亚马逊对员工非常抠门，我在 Google 的一个同事来自亚马逊，现在是搜索部门的一个副总裁，来 Google 时是我面试的。等他到 Google 上班后我问他对亚马逊的印象，他只说了一个词：Frugile，即节省的意思。当然他比较体面，不说原雇主的坏话，但他要表达的是亚马逊抠门。我的很多朋友在亚马逊工作，抱怨福利很差，特别是医疗保险不行，但是大家看在公司股票疯涨的份上，就不那么在意福利了。不过，亚马逊对顾客，无论是商业伙伴还是个人，态度都很好，它的很多工作就是为了方便顾客。类似地，阿里巴巴在顾客利益和员工利益出现矛盾时，就只好牺牲员工利益了。但是，无论如何，它们都是好公司，只不过是另一类好公司。

当然，还有专门对投资人好的公司，这些我们就不多讲了，巴菲特投资的公司都属于这一类。

虽然从长远来讲平衡这三方面的利益很重要，但是没有哪个公司能够脚踩三只船而不落水，要想兼顾三方，结果就是三方都服务不好，因此，坚守自己价值观的企业通常会保证一方的利益。当然，在短期商业竞争中，无疑是客户优先的公司更有优势。公平地讲，过分强调工程师文化，甚至有点把工程师捧上天的 Google，在满足企业级客户需求方面，明显做得不如亚马逊好。著名的大数据医疗公司"人类长寿公司（Human Longevity）"有大量的云计算任务，它过去的首席科学家是来自 Google 的人工智能专家、机器翻译的负责人奥科博士。照理说，人类长寿公司应该优先考虑使用 Google 的云计算才对，但是奥科博士告诉我，亚马逊提供了更好的服务和价格，而且配合他们的工作，于是他们自然就选用亚马逊的服务。硅谷另一家大数据医疗领域的明星公司圣杯公司（Grail）[13]，创始人胡贝尔（Jeff Huber）是 Google 过去主管广告的高级副总裁，工程副总裁科斯是 Google 主管全球架构的副总裁之一，主管机器学习的两位负责人也来自 Google。照理说这家公司总该用 Google 的云服务了吧！不，它依然使用了亚马逊的 AWS 云服务，因为亚马逊为他们公司专门配备了一个 20 人的工程团队，帮助解决与计算相关的所有问题。连 Google 自己的员工创办的公司都不使用 Google 的云计算服务，说明 Google 的云计算相比亚马逊有了大问题。

当然，Google 也意识到了这个问题，于是佩奇请来善于做企业级市场的 VMware 创始人格林女士（Diane Greene）出任主管云计算的高级副总裁。VMware 的特点和亚马逊很相似，它们都属于市场驱动的公司。格林女士掌管 Google 云计算后，确实大幅提高了 Google 云计算的市场占有率，但是她很快遇到了瓶颈，因为她那些快速占领市场的手段用尽之后，还是无法调动工程师团队按照她的意愿开发新的服务和改进现有服务。我在与过去 Google 的同事以及 Google 现任高管的接触中了解到，大家对她的评价完全是负面的。客观来讲，这些评价不是很公平，但是，有着销售驱动基因的格林无法融入 Google 的工程师文化，显然是事实。格林为了确保她的想法能够得到实施，找来她一位"闺蜜"、一位颇有名气的技术专家在云计算部门担任要职，结果她们一同被大家诟病，最终格林女士离开了 Google，而她

---

[13] 关于圣杯公司的细节，大家可以参阅拙作《态度》一书。

的那位朋友也随即离开。虽然不能确定是不是给格林更多的时间，她就一定能扭转 Google 云计算的被动局面，但是对她本人的不接受，确实是 Google 工程师文化的一个弊端。

除了格林，以产品为导向的冈多特拉，以及其他一些外来的高管都难以在 Google 生存，这显示出 Google 固步自封的一面。正是因为过度强调工程的基因和工程师文化，Google 很多原本很有前途的项目，包括 Google 眼镜和人工智能，都是只开花不结果。可以说，Google 依靠纯正的工程师文化和技术基因起家，并且在竞争中长期无往不利，但是也因为这个基因太强大，令 Google 缺乏灵活性，缺乏在新领域的适应性。或许 Google 在拆分成数家独立的公司后，在某些新的公司里能够孕育出新的企业文化。

结束语

Google 的前 CEO 施密特在会见中国的政府官员时总是讲，Google 是个奇怪的地方。也许是因为 Google 的年轻人太多，他们不大懂得传统也不拘泥传统，只要认准了对公司对社会有用，就大胆去干。庆幸的是，以施密特为首的 Google 的执行官们非常开明，任由年轻人自由发展，才有了无数的创新。Google 中国的前总裁李开复总是讲，Google 是一家令他震撼的公司。其实，Google 只是硅谷生产关系和文化的浓缩，Google 的所有现象，在硅谷其他公司或斯坦福大学，都能找到类似的痕迹。

Google 大事记

1998	Google 成立。
1999	美国最大的两家风险投资公司 KPCB 和红杉资本同时投资 Google，这是这两家公司第一次同时投资一家初创公司。
2000	雅虎采用 Google 的搜索引擎。
2001	Google 推出搜索广告系统 AdWords，并于当年第 4 季度实现盈利；同年，埃里克·施密特成为 Google 的正式 CEO。

2002　美国在线采用 Google 的搜索引擎和广告系统，Google 占到全球搜索流量的 70%。

2003　Google 第二个广告产品 AdSense 上线。

2004　Google 采用竞拍的方式上市；同年 Google 的革命性产品 Gmail 和 Google Earth 上线。

2005　Google 中国公司成立。

2006　Google 在线支付产品 Checkout 上线，效果极差，成为 Google 第一款失败的主要产品；同年 Google 收购 YouTube。

2007　安卓联盟成立。

2008　第一款基于安卓的手机由 HTC 推出，但是销量一般；同年 Google 推出 Chrome 浏览器。

2009　受金融危机的影响，Google 第一次裁员，但是很快回到增长的轨迹；同年随着摩托罗拉 Droid 手机的上市，安卓手机操作系统获得巨大的成功。

2010　Google 的手机操作系统安卓市场占有量超过苹果的 iPhone，浏览器 Chrome 也从微软手中夺得 15% 的市场份额，但它在社交网络上一直不敌 Facebook。

2011　共同创始人佩奇接替施密特成为 Google 新 CEO，同年 Google 推出 Google+ 社交网络服务。

2012　Google 收购摩托罗拉移动公司，2014 年又将它出售给联想公司。

2014　Google 将名称改为 Alphabet，Google 成为它旗下的一家控股公司。

第 19 章　科技公司的吹鼓手
投资银行

在科技公司背后，存在着左右它们发展，影响其商业行为的金融力量。对于尚未上市的公司来讲，这种金融的力量主要来自于风险投资；而对于上市公司来讲，这股力量则以投资公司或投资银行为代表。若没有投资银行，科技公司很难在金融市场上融资，开展并购和分拆。我最初动笔写这一章是在 2007 年，当时上一次大的金融危机还没有发生。等到 2008 年底我准备在谷歌黑板报上发表本文初稿时，金融行业已经发生了巨变，随后各种危机一个接着一个，世界金融市场的格局已经变得面目全非。在我动笔之初，美国被称作"投资银行"（Investment Bank）的投资公司[1]主要有五家，即摩根士丹利（Morgan Stanley）、高盛（Goldman Sachs）、美林（Merrill Lynch）、雷曼兄弟（Lehman Brothers）和贝尔斯登（Bear Stearns）。等我完成本书第一版时，只剩下高盛和摩根士丹利两家独立的投资银行了。在金融危机之后，投资银行数量减少，影响力也有所减弱。也正是在那之后，科技公司自身的金融力量得到了巨大的增强。不过，即便如此，以投资银行为代表的华尔街对世界经济和生活的重要性依然不可小视，而且比绝大多数人所理解的要大得多。在中国，情况也类似。

---

[1] 媒体常常将投资银行和投资公司的称呼混用。但是直到 2008 年金融危机之前，高盛等投资公司都不是银行，准确的叫法是投资公司。比较准确的原文说法是 Investment Banking Firm，即投资银行业企业。2008 年金融危机之后仅存的主要投资公司高盛和摩根士丹利被美国政府勒令改为银行，以便接受更多的监管。因此，从 2008 年之后它们才是真正意义上的投资银行。我们在本书中并不刻意强调这两个词的区别，认为它们是同义词。

金融资本除了力量大之外，另一个特点则是贪婪。像高盛和摩根士丹利这样的公司，它们是微软、Google 和雅虎这些公司上市时的承销商（Underwriter），之后的股票持有者。如果遇到拆分和并购，它们还会是资本运作游戏中的主角。我把投资银行比作"吹鼓手"，是因为它们可以通过吹捧一些科技公司，制造泡沫，这样有利于新产业的繁荣。"吹鼓手"显然不能算是褒义词，对科技公司从捧杀到打压，变化只在一念之间。他们中间甚至有一些腐蚀者，目的就是加速过气企业的衰亡。

风险投资和投资银行虽然同样握有资本，但是对企业来讲性质完全不同。前者几乎全是正向的作用，是企业可以依赖的朋友。后者则是一把双刃剑，用好了会锦上添花，用不好则会玩火自焚，正所谓是，成也萧何，败也萧何。这一点，每一个 IT 行业里的决策者都必须很清楚。

接下来，我们就从美国的金融体系入手，看看投资银行的作用。

1 美国的金融体系

要了解美国，尤其是美国社会，必须了解它的金融体系。虽然美国的国父们（华盛顿、杰弗逊、亚当斯和富兰克林等人）几乎没有一个是银行家出身，并且他们即使能预见银行资本家给国家带来的伤害，也无力阻止这种事情的发生。他们一方面制定了至今看来都还非常完善的政治体系，却不知晓金融体系应该如何建立。在华盛顿内阁中，真正懂金融的是美国第一任财政部长亚历山大·汉密尔顿（Alexander Hamilton），他奠定了美国的财政体系。这位英年早逝的财政部长认识到将财政权收归国有的重要性，在他主导下，美国建立了由财政部统管的金融制度，以及早期的中央银行（美国第一银行）和国有造币局。但是，美国作为一个地方自治、各州有很大独立性的国家，大部分人（以杰弗逊为代表的共和民主党）并不认同汉密尔顿大政府的理念，反对联邦政府掌管财权。于是，汉密尔顿创立的美国第一银行（后来改名为美国第二银行）最终破产，他缔造的美国造币局也成为一个不属于政府的独立机构（直到一百年后才又被财政部收回）。在直到 20 世纪初的很长时间里，美国没有中央银行！而在这一百多年里，美国的私有银行得到了长足的发展，奠定了今天美国银行业的基础。了解到美国金融系统的这个特点，才能从根本上了解和理解那个与我们差异极大的国度。我们经常看到媒体上讲美国没钱了，负债累累，那是指政府，并非指私有银行和企业。事实上，从建国开始，美国政府就没有什么钱。很多事情，与其跟美国政府商量，不如找大公司和银行。

谈到私有银行，这里还必须澄清一些在中国广泛流传的误解和谬误。这些误解从某种程度上让中国投资人在美国的投资蒙受了巨额损失，因为他们完全没有看清对手是谁。在所有的误解中最为荒谬的说法就是，罗斯柴尔德（Rothschild）家族控制美联储、控制世界，也是世界上最富有的神秘家族。

罗斯柴尔德（Rothschild）家族原本是德国的犹太人，根据德语的发音，Rothschild 应该翻译成罗特希尔德（在德语中 th 发 t 的音，sch 在一起发 sh 的音，这个词的正确读音应该是 ro-t-sh-ild）。鉴于罗斯柴尔德这个名字在中国知识界已经流行开来，我们只能将错就错。罗斯柴尔德家族曾经是世界上最富有的家族，他们靠拿破仑战争发了国难财，他们的直系子侄曾一度在德国、意大利、法国和美国都有不小的生意，罗斯柴尔德的后人也参加了由美国金融大亨 J. P. 摩根发起的联邦储备银行的筹备工作，但是所做的工作远远无法和摩根相比。今天，这个家族对世界的影响几乎微乎其微。

按照中国某位阴谋论作家的观点，以两百年前这个家族的财富作为原始资本，以每年 6% 的速度递增，现在该家族应该有几万亿美元。至于为什么没有人看见这几万亿美元，是因为这个家族神秘而不公开其财务。这个解释显然与常识不符。几万亿美元是什么概念？是整个中国，占全球 1/5 人口的经济体，在当时的经济规模。要知道现在世界上的有钱人，没有一个会把钱锁在保险柜里，他们的钱一定要投入到经济活动中。这么大一笔钱在世界上是不可能藏得住的。按那位作者简单的逻辑，中国春秋时代的陶朱公只要为后代留下一两银子，现在也应该变为 10 的 60 次方两银子，而全世界今天总的财富只有 10 的 14 次方两银子，也就是说陶朱公后人的财富是全世界财富的几百万亿亿亿亿亿倍。既然陶朱公后人的财富不能按指数递增，凭空假定罗斯柴尔德家族的财富连续一两百年以几何级数递增也很荒唐。事实永远是对的，既然人们看不到这个家族了，只能说明这个家族衰落了，而大家应该做的是吸取它衰落的教训，而不是杜撰一本书。

为了证实这一点并弄清楚他们衰落的原因，我专门请教了高盛公司和花旗银行的投资专家，虽然他们听说过这个名字，却很少有人能知道为什么这个家族衰微了，在他们眼里这个家族现在这点钱根本不算钱。后来高盛的朋友又帮我在公司里广为咨询，终于弄清楚其中的真相。

罗斯柴尔德家族的财富在 19 世纪中后叶达到高峰，但是犯了几次致命的错误，又遇到几次灭顶之灾，之后便一蹶不振。该家族犯的第一个错误就是低估了美国的发展。19 世纪后半叶，美国因为种族矛盾尖锐，后来又爆发了内战，罗斯柴尔德家族不看好美国，撤走了在美国的大部分业务，失去了追随美国发展的大好时机（我常常和别人讲，错过现在中国发展的快车，就像 150 年前错过美国发展一样可惜）。第一次世界大战期间，该家族在欧洲的业务遭受重大打击。一战后，很多欧洲国家不得不将博物馆的珍藏卖给美国人。虽然说瘦死的骆驼比马大，罗斯柴尔德家族在一战后有短暂的喘息并得以部分恢复，但是接下来希特勒迫害犹太人，该家族再次遭到灭顶之灾。几年后，纳粹势力被清除，但是苏联在东欧实现了社会主义，把罗斯柴尔德家族在东欧（主要是民主德国）仅存的资产全部收归国有。该家族留在英法等国的部分资产也大幅缩水。上个世纪 60 年代以来，已经沦为二流投资公司的罗斯柴尔德家族再次犯了致命的错误。欧美的大银行，包括瑞士的瑞士联合银行（UBS，有时简称为瑞银）、苏黎世信贷、德意志银行、美国的摩根士丹利、高盛等公司都纷纷上市，融得大量的发展资金。而罗斯柴尔德家族仍然停留在 19 世纪家庭作坊式的经营方式上。高盛公司的两位银行家告诉我，这个家族的经营活动其实并不神秘，他们和高盛一样，现在也在欧洲为别人管钱（Private Wealth Management），一年的利润在最好的年头也不过一亿美元左右，不到高盛的1/100。在华尔街看来，它现在只能算三流的投资公司，生意在欧洲。而在美国一般的有钱人中，大多数人听说这个名字反而是因为在中国称为拉菲（Lafite-Rothschild Bordeaux）和木桐（Mouton Rothschild Bordeaux）的两种波尔多红葡萄酒，这两个是世界上最好、最贵的葡萄酒品牌，每瓶大约一两千美元[2]。该酒庄在19世纪被罗斯柴尔德家族买下。中国的相关政府部门和金融界要是信了罗斯柴尔德家族依然控制着世界的这种阴谋论，是非常危险的。因为在和美国财阀们打交道时，如果不知道真正的对手是谁，最后可能死都不知道死在谁的手里。这就如同一支上了战场的军队，用猛烈的炮火去攻击根本不存在的幽灵部队，最后被一旁真正的对手消灭得干干净净。而在我结识新朋友时，这件事也就成为了试金石和过滤器，凡是不经思考相信这类阴谋论的人，我从不结交，因为他们将来带来的麻烦可能无穷无尽。

言归正传，由于美国银行业的基础是私有银行，因此抵抗金融危机的能力就很有限。1907年出现了一次金融大恐慌，股市瞬间腰斩，美国的银行业几乎崩溃。当时，著名银行家J. P. 摩根动用他个人的钱，并说服了纽约其他银行家都拿出钱来，一同拯救股市和金融市场。随着大量资金的注入，三周后美国的金融秩序得到了恢复。从这件事中各个银行家都认识到美国需要一个中央银行，以便在出现金融危机时能给市场注入流动性。于是，由J. P. 摩根牵头，在总统威尔逊的支持下，美国建立了联邦储备银行系统（Federal Reserve System），简称美联储。美联储包括七家地区性的联邦储备银行，并且是以私有公司性质注册的政府部门，它的主席由美国总统任命。它这种半官半商的两重性日后引发了极大的争议，至今仍是一些"阴谋论"者攻击的对象。其实，虽然它的很多董事是私有银行的高管，但是并不能因此就认定它是个像一些阴谋论中宣扬的私人公司，正如不能因为财政部长保尔森原来是高盛的CEO，切尼曾经是世界上最大采油公司哈里伯顿（Halliburton）的

---

[2] 视年份而定，2012年之前由于中国的销量较大，这两种酒的价格非常昂贵，2012年至今，由于中国的需求量下降，其价格大幅度回落。

CEO 就否定他们是合格的政府官员。美联储虽然名字叫储备银行,但是它并没有什么储备,和各国的央行一样,它的职责基本上是发行美元和制定利率。而美国整个经济活动,包括科技公司的商业活动依然靠私有银行来维持运转。

美国的金融公司五花八门,非常之多。2008 年,美国证监会为了救股市,列出的股票不能做空的上市金融公司居然高达 800 家之多,而美国的银行更是多达 8000 家,平均一万多个家庭就有一家银行。这些公司大致可以分成几类。

1. 商业银行(Commercial Bank),这是老百姓最熟悉的传统银行,中国包括四大商业银行在内的几乎所有的银行都属于这一类。在美国,著名的商业银行有花旗银行、富国银行(Wells Fargo Bank)、摩根大通银行(J. P. Morgan Chase Bank,以前叫大通曼哈顿银行)和美国银行(Bank of America),它们都是或曾经是道琼斯 30 家工业指数中的公司。从 20 世纪 30 年代大萧条开始,到里根上台以前,商业银行只能发放商业贷款和房屋贷款,不能买卖股票。但是近 30 年来,美国政府放宽了银行业的限制,很多商业银行同时又是投资公司,比如美洲银行旗下的美林证券,以及花旗过去的花旗美邦(Smith Barney)³ 都是很大的投资公司。摩根大通银行则身兼商业银行和投资银行二职。大银行中只有巴菲特控股的富国银行安分守己,因此在上次金融风暴中它损失最小,并随后成为了美国最大的商业银行。

2. 投资公司,虽然在过去中国的媒体又称它们为投资银行或投行,但是直到 2008 年 10 月,它们都不是真正意义上的银行,因为既不能接收存款,也不能向联邦储备银行借钱。它们主要替客户买卖有价证券、期货、不动产和任何有价值的商品。因此,在英语里它们过去确切的叫法是投资银行业企业(Investment Banking Firm)。不买卖股票的人对这一类公司就不大熟悉

3　2008—2009 年金融危机后,花旗集团通过合资的方式将其所有权逐渐卖给了摩根士丹利,称为摩根士丹利美邦(Morgan Stanley Smith Barney),单独运营,今天是摩根士丹利的一部分。

了。这些公司中最著名的是高盛和摩根士丹利，本来还有美林证券和雷曼兄弟等几家，但如前所述，它们全都关门了。这些公司是股市上翻云覆雨的主力军，俗称庄家，对科技公司的兴衰影响最大，它们不仅抬高或打压科技公司的股价，而且可以左右科技公司的并购和分拆的成败。比如前面提到的 AT&T 分拆案、惠普和康柏的并购案，以及没有做成的微软和雅虎的并购等，背后都有投资公司插手。除了美国有投资银行外，欧洲和日本等也有大的投资银行，比如苏黎世信贷第一波士顿银行（Credit Suisse First Boston，CSFB）和瑞士联合银行（Union Bank of Swiss，UBS，它是商业银行和投资银行一体）。2008 年 10 月后，美国将这些投资公司的性质由原来的公司转变成真正的银行，这样美联储才能合法地出手相助。

此外，巴菲特的旗舰公司伯克希尔－哈撒韦是一个影响力极大但非常特殊的投资公司。它不仅通过大幅度参股的形式控制着富国银行、运通公司（世界第三大信用卡品牌）等一批金融公司，还运营和控制着很多优质的传统型企业。不过，巴菲特从不投资快速增长的科技公司，因此伯克希尔－哈撒韦对科技发展影响甚微。

3. 共同基金公司（Mutual Fund），这类公司特别多。大的如富达基金（Fidelity）和先锋基金（Vanguard），掌控着美国所有的退休账户（401K[4]）和全球大量财富。到 2018 年，富达基金所管理的各种资产，包括不动产，总计将近 7 万亿美元。而小的共同基金可能只有几十人，只管理几亿美元。总的来讲，共同基金的目的是为了投资而不是炒作。但是它们常常是一些科技公司投票权最多的股东，盈利好就追捧它，遇到困难时便给它施压，要求它裁员或减少开支，因此对科技公司的发展也有不可忽视的影响。

4. 对冲基金（Hedge Fund），包括著名的文艺复兴技术公司（Renaissance Technologies），以及索罗斯和罗杰斯的量子基金（Quantum Funds）。由于

---

[4] 401K 是美国国税局退休账户的税务代号。

美国严格限制共同基金公司做空股票和期货，很多华尔街的大鳄觉得这些规定限制了自己炒作的才华，于是办起不是出于投资目的而是专门靠炒作挣钱的对冲基金。虽然对冲基金规模较小，全球只有一万五千亿美元的规模，但是由于它们可以卖空[5]股票、期货和货币，并且可以通过借贷用自己码金（Margin）几倍甚至几十倍地买多和卖空一支证券或商品期货，力量不可低估。索罗斯等人的量子基金在1998年几乎要了东南亚国家的命，虽然索罗斯本人将责任推得一干二净。文艺复兴技术公司是全球投资回报率最高的公司，平均年收益超过30%，高于巴菲特的旗舰公司伯克希尔－哈撒韦。在全球股市暴跌的2008年，它更是逆势而上，当年盈利80%。金融危机时，为了防止对冲基金恶意卖空，美国证监会不得不要求对于敏感的金融股，必须"借到"实际的股票才可以做空，俗称限空令。

5. 私募基金和风险投资基金。如之前介绍的，风险投资基金从管理和股权性质上讲是一种特殊的私募基金。不过相对全球经济的体量，风险投资基金的规模非常小，在美国从2000年互联网泡沫之后一直徘徊在每年200亿—400亿美元左右，直到2015年后，才重新突破400亿美元的规模，相比富达基金管理的7万亿美元资产，可以忽略不计。因此，风险投资对金融危机的影响不大。另一类私募基金的体量则大得多，它们通过收购公司（包括上市公司）、资产重组、重新上市（或者出售）等方式，赚取较高的利润。相比风险投资，这些基金每一笔交易的金额都非常高，动辄数十亿甚至上百亿美元，对美国经济的影响不容小觑。不过他们一般不炒作股票、债券等金融产品，因此通常既不是金融危机的始作俑者，也不是受害者。在私募基金中，比较有代表性的包括中国政府参股的黑石集团（Blackstone Group）和KKR等。

---

[5] 所谓卖空（Short Sale），是指交易的一方在没有股票或者证券的情况下，从其他证券商或持有者手里借出股票或证券先行抛出，然后再试图低价购入该股票或证券，还给出借方，后面这个过程称为cover。但是，一些投机者会在没有借到该股票和证券的情况下，自己直接抛售，打压价格，然后cover获利。这种情况称为裸空（Naked Short）。由于没有真正借到股票，因此抛售量可以是一个公司实际股票数量的数倍，在这种情况下，会导致该公司股票的暴跌。很多国家不允许裸空，以防止股市过度震荡。个别国家，包括中国，甚至不允许卖空操作。在美国，一般的共同基金是不允许进行卖空操作的，但是允许对冲基金卖空任何股票或证券和货币。

6. 资产管理公司，比如著名的贝莱德（BlackRock）资产管理公司，管理的家族和机构资产高达四万亿美元。它们的主要工作包括资产配置，比如将一部分钱交给高盛等投资机构或者风险投资公司去管理，当然它们自己也做一些私募基金的事情。不过，它们并不做很多活跃的短线交易，其投资行为对股市的影响是通过高盛等公司间接体现出来的。

这些大的银行和投资公司，每一个都可以用富可敌国来形容。除了前面说的贝莱德资产管理公司管理着高达四万亿美元的资产，花旗银行在金融危机前的 2007 年，峰值资产高达两万两千亿美元，投资公司高盛控制的财富高达 1.4 万亿美元（2017 年）。2018 年，富达基金和先锋基金控制的财富分别高达 6.8 万亿美元和 4.2 万亿美元。

2　著名的投资公司

2.1　高盛集团

在 2000 年微软公司达到顶峰时，没有人能为它找出一个像样的竞争对手。当时有记者问比尔·盖茨，你认为微软现在的主要竞争对手是谁，盖茨答道，是高盛公司，即今天的高盛集团。微软和高盛处在不同的行业，根本谈不上竞争，因此记者对盖茨的回答感到很困惑。其实，盖茨指的是人才的竞争，当时只有高盛可以在吸引人才上和微软公司一争，并妨碍微软公司录用一些优秀人才。

华尔街传统的大投资银行有高盛、摩根士丹利和美林三家。我个人认为，美林的水平和前两者差出至少一个数量级。拿互联网公司做对比，这三家投资银行大致相当于 Google、雅虎和美国在线。而高盛在全世界投资银行中可以说无出其右。美林在 2008—2009 年的金融危机中未能生存下来，被美国银行收购，本文就不做介绍了。

高盛创立于 1869 年，创始人马库斯·戈德曼（Marcus Goldman）是德裔犹太人，它最早的生意是替那些实业家卖公司发行的短期债券（Commercial Paper，注意，这里 Paper 的含义是债券而不是纸张）。你可以想象当年戈德曼穿着西装革履，提着个密码箱，装满类似于国库券的债券，在纽约曼哈顿挨个公司上门推销债券的情形。在推销债券的过程中，他认识了很多生意人，戈德曼公司于 1896 年进入了纽约证交所替人交易股票，这时他的女婿塞缪尔·萨克斯（Samuel Sachs）加入了他的生意，于是公司改名为高盛（Goldman Sachs），就是他们各自姓氏的组合。顺便提一句，萨克斯的女儿，也就是戈德曼的外孙女于新中国一成立就一直在中国工作，和李敦白、马海德和爱泼斯坦等人一样，是中国人民的老朋友。

高盛公司的主要业务是替别人做交易和承销（Underwriter）公司的上市。它早年做的大生意包括承销著名的希尔斯（Sears）百货店上市。20 世纪 30 年代经济大萧条以后，高盛公司逐步从做交易（低端金融服务）变成替大公司和富人管理财富和投资，并由此从一般的证券交易商发展成为华尔街主要的投资公司。在此之后，高盛公司主持过福特汽车公司的上市（1956 年）、美国铁路系统破产。从 20 世纪 70 年代起，高盛公司从美国走向世界，并且主导了上个世纪 80 年代西欧的私有化和 90 年代苏联及东欧的私有化。

高盛公司主要的业务有三部分，即事件驱动的业务（Event Driven Business），包括公司的上市、合并和拆分，财产管理（Wealth Management）和各种各样的基金，包括对冲基金和私募基金。

高盛公司是全球最大的上市承销商，在全球有史以来规模最大的十次上市行动中，高盛有七次担任主承销商（Leading Underwriter）的角色，表 19.1 列出了世界前十大上市融资行动。

表 19.1 世界上以融资规模统计的十大 IPO（数据来源：www.sec.gov）

公司	融资金额（亿美元）	时间	主承销商
阿里巴巴	250	2014	苏黎世信贷、德意志银行、高盛、JP 摩根、摩根士丹利和花旗银行
中国农业银行	221	2010	高盛、德意志银行
中国工商银行	219	2006	苏黎世信贷、德意志银行、高盛
AIG 集团	205	2010	德意志银行、高盛、摩根士丹利、花旗银行
Visa 信用卡	197	2007	J. P. 摩根、高盛
通用汽车	182	2010	美洲银行、花旗银行、J. P. 摩根、摩根士丹利
日本电信 Docomo	181	1998	高盛
意大利国家电力公司	166	1999	美林
Facebook	160	2012	摩根士丹利
德国通信	157	1996	高盛

如果不考虑国有资产市场化的上市行动，那么最大的 10 次私营公司上市是阿里巴巴、Visa 信用卡、Facebook、AT&T 移动、卡夫食品、Google[6]、黑石（Blackstone）、UPS、CIT 集团和康菲石油。其中高盛作为领投承销商的占了一半。

除此之外，高盛公司还领投承销了微软、雅虎等高科技公司，以及中国著名的腾讯和百度公司的上市行动。通过在上市时认购各大公司的原始股，高盛公司成了很多科技公司的大股东。一般来讲，上市承销商可以获得融资金额 7% 左右的佣金[7]和一些期权[8]，基本上是个无本高收入的生意。

---

6 前后分成了三次。

7 这是行业的标准，但是具体每一笔上市承销合同佣金的比例不同，一般比较强势的上市公司，比如 Google 和 Facebook 就会压低承销商的佣金比例，而比较弱势的，只好由承销商来定这个比例了。

8 股票期权，英语里称为 stock option，是一种契约式的金融衍生物。拥有期权的一方可以在规定的时间里按照期权规定的价钱（称为 Strike Price）买卖期权对应的股票。当投资银行拥有某上市公司股票期权时，它可以在将来（一般是 10 年内）以较低的上市价钱购买该公司的股票。

高盛公司是全世界少数几个不接受散户资金的投资银行，它的雇员人数不多，管理的资产金额却高得惊人。高盛公司的客户包括大公司和富有家庭。它替 40% 的全球福布斯首富家庭管理着财产，这些家庭一般很少会因为经济不景气而撤资，因此高盛公司的收入很稳定，它是躲过这次金融危机为数不多的投资银行之一。这些富人非常聪明，又很难"伺候"，高盛公司必须尽可能地将服务做得完美。高盛公司用人的原则和 Google 一样，是宁缺勿滥，因为它招的每一个人都承担着很大的责任。以管理个人财产的经理人为例，平均一个人要管理 10 亿美元的财富。正是因为高盛公司人才济济，盖茨才将其视作微软公司的竞争对手。高盛公司的面试题很有意思，没有太多金融方面的问题，倒是有很多智力题，很像微软公司的面试题。

由于高盛公司的客户除了大公司，就是大公司的执行官或大股东，它和这些大公司有着千丝万缕的联系，这是它能抢到很多大公司上市、并购和拆分生意的原因之一。1999 年以前的高盛公司一直把客户利益放在首位，在华尔街名声非常好，很多大公司和个人几十年甚至几代人都将财产交给高盛打理。就连中国政府也聘请高盛做财务顾问。

1999 年，在美国上市成风的高潮，作为私营公司经营长达百年的高盛公司自己也上市了。（历史证明，当一些根本不需要资金、长期私有的大公司也通过上市捞一笔钱时，股市就到了那几年的顶部。2007 年，一向精明的私募基金黑石集团上市，也正好是在股市的顶部。）高盛公司上市后，性质有了很大的变化，在此之前，它考虑的首要问题是替自己的客户挣钱，在上市以后，自身也必须达到并超过华尔街的预期，因此它将自己挣钱放到了首要地位。这些年，它也像华尔街其他投资公司和银行那样，搞出了大量五花八门的金融衍生物，给自己和客户都带来了很大的损失。但是，高盛公司靠着它高水平的研究部门，比其他投资银行更早地嗅到了问题，同时又有严格的风险控制，在 2007 年底以 10% 左右的损失几乎抛空了全部不良债券，而这些债券金融危机时可能要损失 90% 左右，高盛公司因此逃过一劫。据说 2011 年反映华尔街的电影《利益风暴》（*Margin Call*，又译成《追缴保证金》）就是以这件事为背景拍摄的。当美国的雷曼、美林和AIG出问题时，高盛公司可以很自豪地向客户宣布它不拥有这些公司的任何坏账。

鉴于高盛公司长期良好的投资记录，全世界很多投资者都唯高盛马首是瞻，这使得它在金融领域可以呼风唤雨。虽然高盛公司的市值到2008年10月只有400亿美元，相当于微软或IBM的零头，可自由支配的资金却高达5000亿美元，加上它大量的追随者，即使是在科技领域，它的作用也远非微软、IBM和Google可比。我们不妨看两个例子，来了解一下它的作用。

2007年初，当原油价格还只有每桶100美元时，高盛公司宣称原油价格将达到每桶200美元，人为制造危机。虽然当时世界市场上原油供过于求，但原油价钱还是在一个多月里上升到150美元。一些国家开始恐慌，在140美元左右大量购入战略储备。这时高盛又将油价向下打压，原油价格急转直下，很多炒作石油的对冲基金破产。俄罗斯作为世界最大的石油出口国之一，是油价上涨的受益者，在油价下跌时，它为了维护自己的经济利益，在格鲁吉亚制造紧张局势，威胁到石油管道的安全，同时石油输出国组织（欧佩克）试图通过减产来稳定油价，但是都无济于事。即使IKE飓风毁坏了美国得克萨斯大量的炼油设备，导致一些油田减产，油价还是涨不起来，原因只有一个，以高盛为首的投资公司要打压油价。原油价格从每桶100美元到150美元的高点，再回到100美元，只用了3个月时间。在2007年以前，高盛用低利率吸引了一些俄罗斯资源公司借贷，到2007年底，油价跌到每桶60美元以下，俄罗斯的石油收入便不能维持它预算的平衡了，那些资源公司的股票价值便跌到了警戒线以下，高盛根据合约立即清盘收走了那些公司的股权。

每一次各种危机中，基本上都能看到高盛的影子。炒完石油，高盛公司接下来发表研究报告，声称世界上大米在今后的若干年将供不应求。本来，大米和石油不同，是可再生的资源，而且是可替代的食品，有史以来世界上虽然战火不断，自然灾难不断，还没有人担心大米会成为什么稀奇货，但是高盛等炒家在 2008 年还真在东南亚制造出人为的米荒。它们的研究报告表明菲律宾等亚洲国家因为经济结构不合理（确实如此），会出现粮荒。而亚洲人食用大米较多，于是就会演变成米荒。在国际炒家的推动下，米价一下上涨了 30%，这样，在本来不缺米的大米出口国诸如越南和泰国，人们便开始储存大米，这些国家就开始限制大米出口。这下子菲律宾等国还真出现了米荒，米价飞涨。甚至有很多人从太平洋彼岸的美国零售市场上购买大米，运回亚洲，导致美国最大的连锁会员制仓储量贩店好市多（Costco）在加州的分店纷纷无米可供（因为加州亚裔移民较多）。当然，很快事实表明这份报告描述的米荒是子虚乌有。2008 年的米价和 2007 年的油价一样，来了次过山车似的起伏，让以高盛为首的炒家们着实赚了一把。为什么选择炒作大米而不是小麦，因为亚洲人以大米为食，欧美人主要以小麦为食，而相比欧美人，亚洲人爱赌博、爱炒作、爱跟风。

2008 年贝尔斯登破产后，高盛公司开始唱空它的老对头雷曼兄弟公司[9]。虽然雷曼的问题大家早已经知道，但是高盛的报告一出来，雷曼的股票还是狂跌，这样就逼着后者不得不寻求买家。其实华尔街大部分公司心知肚明，高盛想要雷曼死，雷曼就活不成，因此美国这么多家银行包括政府都对雷曼见死不救。境况不佳的美林明白得快，匆匆将自己卖给美国银行，算是攀上了高枝，暂时逃过一劫。当 9 月 14 日星期天解决了雷曼和美林后，9 月 18 日星期四，7000 亿美元救助银行业的计划便由财政部长、高盛上一任 CEO 保尔森交到了国会。据保尔森透露，这个计划已经在他的口袋里装了很久，因为"怕"通不过，才没有拿出来。在美国总统大选进入白热化之际，两党的议员们最后都不得不支持这个计划，而高盛和摩根士丹利这两家华尔街仅存的硕果无疑是该计划最大的受益者。有人觉得雷曼和美林只要再坚持 5 天就可以逃过一劫，其实，只要这两家公司一天不死，这个计划可能就不会从保尔森的口袋里拿出来。

9　2008 年 9 月 11 日，高盛下调雷曼兄弟公司的股价预期，从每股 22 美元骤然调低至 7 美元。

之后，高盛公司一次大的炒作是 2009 年底的迪拜债权危机。细节就不再赘述了，结果是，在那次危机中，高盛让它在欧洲的主要竞争对手损失巨大。

高盛也被认为是欧洲主权债务危机主要的始作俑者。高盛部分高管也是希腊、意大利和爱尔兰等政府的顾问，包括欧洲央行行长德拉吉（Mario Draghi）在内的很多欧洲政府和银行的负责人都曾经在高盛任职[10]。从1998—2009 十年左右的时间里，作为希腊政府的顾问，高盛等公司有意为希腊等国政府掩盖其国债的规模和风险，使得希腊等国不停地举债，而高盛则从中获得了巨额的手续费。

在科技公司中，大家最害怕的莫过于微软。而微软至今也不过挤垮了一家几千人的网景公司，打压了太阳公司和苹果公司。而高盛在 2008—2009 年里，先是在石油上整垮了一批石油大鳄，继而连俄罗斯这个联合国常任理事国都受到了打压，接着又在金融危机中整垮了它一百年来的两个竞争对手雷曼和美林（所以，当我向高盛的经理们讨教罗斯柴尔德家族的问题时，他们觉得这个管理着几十亿美元、每年只有区区一亿美元利润的明日黄花，根本不能和他们这个操纵着世界金融秩序的投资银行相比）。

2.2 摩根士丹利

在所有投行当中，唯一能和高盛有一比的就是摩根士丹利。早在十几年前摩根士丹利的规模和影响力都远在高盛之上，只是在这几年被高盛超过。

摩根士丹利和美国的大银行 J. P. 摩根银行原本是一家，都是由美国大金融家 J. P. 摩根创立的。1929—1933 年经济危机后，美国政府禁止银行买卖股票搞投资，这样 J. P. 摩根银行的投资部门就必须分出去。1935 年，J. P. 摩根的儿子亨利·摩根（Henry Morgan）和高管哈罗德·斯坦利（Harold Stanley）

10　德拉吉 2005 年以前是高盛的执行董事兼副总裁。

带领一部分 J. P. 摩根银行的人，成立了摩根士丹利公司。

摩根士丹利脱胎于美国最大的银行 J. P. 摩根银行，起点比高盛高，一开始就非常成功。即使在美国经济低迷的 20 世纪 30 年代，都一直健康快速地发展。它成立的当年，就拿下 24% 的股票承销发行（public offer）的市场。在二战后，它更是在大宗上市、收购和破产交易中起着举足轻重的作用。它承销了 IBM 股票的上市、AT&T 和通用汽车公司债券的发行，甚至联合国债券的发行。

从第二次世界大战后到上个世纪末的整整半个世纪，是摩根士丹利的黄金时期。在这 50 多年里，整个华尔街的金融公司无出其右。上个世纪 60 年代，它将生意扩展到欧洲。70 年代，它强化了运作公司收购和合并的部门。这时的摩根士丹利涉足的商业领域大致有三块：公司的并购、拆分和上市，机构和个人财产的管理，以及诸如股票、债券和私募资金等资产的管理，分别由三个部门负责。

公司的上市、收购和拆分业务是摩根士丹利的特长。摩根士丹利是世界上最大的上市承销商之一。从前面的描述中可以看到，它承销了很多大型的上市行动，包括很轰动的 Facebook、Google 上市和 2007 年最大的黑石集团上市。此外，它还是苹果公司的上市承销商。负责公司上市、收购和拆分的部门是摩根士丹利最赚钱的也是最有价值的部门。为了赚钱，摩根士丹利自然希望科技公司上市越多越好，互相兼并、分家越频繁越好。

为机构和个人理财是摩根士丹利较新的业务。在上个世纪 70 年代以前，股票的交易费非常高，也是证券公司的主要收入来源。但是随着计算机网络的发展，交易成本大幅下降，也催生了很多廉价交易商（broker），比如史考特证券（Scottrade）、E-trade 等。摩根士丹利这样的公司当然不会和这些廉价交易商拼价格，于是转而为机构和个人打理财务。

第三个部门业务非常广，主要为全球很多机构甚至政府部门提供股票、债券、私募基金等服务，有些是摩根士丹利自己的产品（比如它们代售的债券），有些是代理其他公司的产品，而摩根士丹利只是起桥梁的作用，一些机构甚至政府部门也将退休金和捐赠交给摩根士丹利管理。在 2008 年金融危机前，摩根士丹利在资金管理上过于大胆，这个部门亏损严重，成了摩根士丹利的一个包袱。

值得一提的是，摩根士丹利是金融业中计算机化的先驱。早在 1962 年，它就通过计算机来分析股市，并且建立了很多量化的金融分析模型（Quantitative Financial Analysis Model），获得了很大的成功。由于摩根士丹利在金融界的影响力，其他金融公司也纷纷效仿，从此开创了用数学模型分析市场的新领域。这对上个世纪 80 年代后对冲基金的兴起起了先导作用。

直到 20 世纪 90 年代前，摩根士丹利一直扮演着投资银行老大的角色。但是，到了 90 年代后期，美国经济高速发展，很多大公司都迅速扩大规模，摩根士丹利也不例外，先后买下了两家投资银行和信用卡公司 Discover。由于过度扩张，新并购的公司使摩根士丹利这块金字招牌开始贬值，它的总体服务质量也大打折扣。2007 年，它不得不将 Discover 信用卡业务分出去，重新专注于它传统的投资业务。

尽管摩根士丹利在这次金融危机中受到重创，不过也算是"失之东隅，收之桑榆"。首先它在股市的最低点收得了花旗下属的美邦（Smith Barney）公司 51% 的股权，并且在随后逐步收购了这个部门全部的股份。这样，它就成为了全球操盘手最多的证券商。第二，由于它是全世界最有资产管理经验和水平的投资银行，因此美国财政部特别聘请摩根士丹利为顾问，以协助解决房地美（Freddie Mac，即联邦住宅贷款抵押公司）和房利美（Fannie Mae，即联邦国民抵押贷款协会）的房屋贷款问题。

2012 年初，摩根士丹利打败了老对手高盛，成为 Facebook 公司 IPO 的主承销商，另外它也是颇为有名的 Groupon 和 Zynga 公司上市的承销商[11]，说明了它在投资领域的地位和实力。

3　公司的上市过程

一家科技公司的成功从根本上讲要看它是否代表了技术发展的潮流，要看它的运营等自身的因素。但是，华尔街对它的影响也是不容低估的。当一家科技公司开始准备上市时，投资者对它的影响就从风投基金过渡给华尔街了。

风投公司要收回投资，科技公司的创始人和早期员工要得到创业的回报，只有两条路可走，第一是被收购，比如 YouTube 被 Google 收购，Skype 被 eBay 收购。这种做法来钱快，操作简单，但是收益相对低一些。走这条路的公司往往有很好的技术，或者拥有很多用户，但又难以盈利，YouTube 和 Skype 都属于这一种。第二是将自己的一部分股票拿到交易市场上公开出售（Initial Public Offer，IPO），俗称上市。多数盈利良好的公司基本上都走了这条路，上市不仅可以让投资人获得回报，还可以为企业的发展筹措资金。

科技公司的经营业务是科技产品和服务，而不是证券，不能自己到证券交易所去兜售自己的股票，必须交给承销商比如高盛和摩根士丹利这样的公司来做。承销商以上市价从被承销的公司收购一定数量的股票，并且以同样的价格分配给它们的客户。承销商从上市中可以得到两笔收入，第一笔是佣金，通常是包销股票总金额即融资额的 7%；第二笔是后续以上市价继续购买该公司一定股份的权利（大致等同于期权）。当然，这第二笔钱只有当上市公司股价上涨时才有意义。我们以百度公司为例，简单介绍一下科技公司上市的基本过程。

在上市前，百度需要找一家承销商，一般会跟多家承销商洽谈，找到一家自己中意的。而在谈判中，关键要确定三件事。

11　我原本以为高盛公司已经注资 Facebook，如果不出意外应该拿下其 IPO 的合同，但是我错了。

第一，在上市时百度公司总的市值值多少钱。上市之前百度是私有的公司，它的股票没有在市场上交易过，因此，没有人知道这家公司到底该值多少钱。百度当然希望自己作价越高越好，而承销商则希望作价适中。作价太高，它们就无法保证百度的股票会被全部认购，而且它们大量以上市价核算的百度股票期权获利甚微。作价太低，它们将拿不到什么佣金。佣金是承销商旱涝保收的钱，而它们得到的期权却未必能够最终变成利润，比如黑石集团上市时的期权基本上如同废纸。那么对百度作价高的公司是不是就一定好呢？这并不一定，因为承销商的影响力对上市的成功至关重要。最后，百度选择了由高盛（亚洲）和苏黎世信贷第一波士顿作为领投承销商，Piper Jaffray 公司参与承销。事实证明这个选择非常明智，很好地平衡了公司估价和承销商影响力，并且保证了百度股价的平稳。Piper Jaffray 规模很小，作用可以忽略。选择高盛和苏黎世信贷的最大好处是，这两家投资银行不仅没有散户，连小的机构都没有。这样，就不可能有任何散户和小的机构可以按上市价拿到百度的股票，所以中小投资者要想购买百度的股票，只能从高盛和苏黎世信贷的大客户手上买。而众所周知，大客户一般比小客户更倾向于长期投资而不是短线炒股套利。因此百度上市后，市场上几乎不可能有股票流通，在相当长时间里，股价肯定看涨。根据美国证监会的规定，公司内部的股票必须在 180 天后才能到市场上交易（相当于中国的大小非解禁）。凡是做过股票的人都有这个经验，一旦公司内部股票解禁，股价都会暴跌，这种事情一旦发生，不管上市公司在上市的头几个月股票被炒得多高，等到创始人和员工可以卖出时就贬得一钱不值了。百度找高盛和苏黎世信贷承销上市，就避免了这个问题，因为在前 180 天里，市场上几乎没有可流通的股票，广大的散户都得等到 180 天后，才能从创始人、投资者和员工手里大量购入。相反，如果百度找到美林等二流承销商，虽然作价可以高一点，佣金可以低一点，但是由于美林等公司的客户常常是众多的散户，这些散户稍微有利可图就会抛售百度的股票，对稳定百度的股价反而不利。不然，等到 180 天后李彦宏等人被允许出售股票时，股价就会跳水了。

和百度相反，中石油在香港的上市堪称败笔。首先它作为全球最大的融资行动之一,却选择了一家二流承销商瑞士联合银行和不入流的中信。瑞士联合银行虽然是瑞士最大的商业银行,但是其投资银行的水准却跟高盛和摩根士丹利等相差甚远,甚至不如它的同胞公司苏黎世信贷。这两家承销商为中石油作出了天价的融资股价,以至于长期持有它的巴菲特马上套现。两家的客户中有很多中小投资者(包括机构),当他们幸运地分得一些中石油的股票后,在上市的当天就抛售给了更小的散户。虽然中石油在上市的当天创下全球市值最高的纪录,但是不到半年就跌破了发行价。等到中石油自己手上的股票解禁时,已经卖不出多少钱了。

第二,上市公司融资多少。一个待上市公司的基本价值确定后,就要和承销商协商融资的额度。一般来讲,只要能卖出去,承销商倾向于多融资,这样它可以多拿佣金,而且可以打压上市价。而对于待上市公司来讲,融资太多会过度稀释股权,使得公司的总市值变小,融资不足则无法保证今后发展的资金需要。具体到百度,当时高盛等承销商按照 300 到 400 的市盈率,为它估价在 6 到 7 亿美元之间。后来由于网络搜索在 2005 年非常热门,百度首发(IPO)股票认购量超过发行量的 10 倍,高盛等承销商同意将百度的市值提高到了 8.6 亿美元。当时百度有 2800 万股,这些股票属于投资人、创始人和员工,统称为原有股东。假如公司想融资两亿美元,那么原有股东的股值就只剩下 $8.6-2=6.6$(亿美元),每股的价钱在 23 美元左右。如果百度只融资 2000 万美元,原有股东的股票还可以值 $8.6-0.2=8.4$(亿美元),那么每股值 30 美元左右。在前一种情况下,企业获得充足的发展资金,但是原有股东的利益损失很大。在后一种情况下,原有股东过于吝啬,使得公司错失很好的融资机会。最后,百度做了个折中,它在上市时将增发 400 万股,融资 1.1 亿美元,每股定价 27 美元。

融资过多和过少都是有危害的。融资过度,则原有股东的利益被压缩,而且短时间内流入市场的股票太多,股价很难稳定。融资过少,危害也很明显,很多公司就是因为融资不足而在经济进入低谷时缺少资金摆脱困境而关门。2000 年有两家规模和水平相当的语音识别公司在美国上市,第一家 Nuance

融资近 2 亿美元，基本保证了它安全度过 2001—2003 年网络泡沫破碎后的艰难时期，第二家 SpeechWorks 融资不到 1 亿美元，到 2002 年就已现金不足，难以为继，当年就被低价收购。可以说，融资的成败决定了企业的命运。一般来讲，融资的比例应当是公司市值的 10%—25%。

第三，第一个和第二个问题确定后，剩下的就是一些细节问题了，主要是百度付给承销商的佣金和今后的期权。一般来讲，著名的承销商要的条件也高。华尔街一般承销上市的佣金是融资额的 7%，但是如果遇上像 Google 和 Facebook 这样强势的客户，佣金比例远远低于 7%，事实上 Facebook 的佣金只有区区 1.1%。早期的投资银行基本上是靠佣金挣钱。后来，投资银行越来越多地在上市行动中要求获得一些股票期权，以锁定上市公司今后股票上涨带来的利润。当然，如果上市公司的股票不上涨，这些期权就是废纸。为了保证那些期权将来不是废纸，承销商会尽可能地把上市价钱定得低一些，这是华尔街不成文的行规。中国有些企业家看到自己公司上市后股价上涨，就抱怨承销商定价低了，其实是不懂华尔街的行规。有些几乎不盈利，甚至是亏损的公司，之所以能在纳斯达克上市，全靠投资银行这个吹鼓手，得罪了投资银行，对上市公司自身基本上没有好处。

一家科技公司不仅要找一个能在这三个方面给予自己最有利条件的承销商，还要找好上市的时机。百度的上市时间选择得很好，它处于 2003—2007 年美国新一轮牛市的中间，而且是在 Google 上市一年后。2004—2005 年，Google 的股价暴涨，因此作为同类公司的百度在估价上占了很大的便宜，它的估价从最初申请上市时的 300 倍市盈率，在一个月里开始发售股票时，提高到 500 倍。这样百度实际融资 1.1 亿美元，比预想的多融资了 4000 万美元。同时，拥有百度 1/4 股权的创始人李彦宏一夜之间身价超过了 2 亿美元。高盛等承销商瓜分了大约 700 万美元的佣金，同时获得了 40 万股百度的期权。以百度当天的收盘价 90 美元左右计算，这笔期权价值 2500 万美元[12]。这次上市可以说是皆大欢喜。

12　当然如果以 2016 年百度的股价计算，这笔期权价值超过 3 亿美元。

投资银行帮助IT公司上市，如果后者在经营和财务上有问题，前者多少要承担一些法律风险。因此，对于潜在问题较大的公司，投资银行收取的佣金一点都不能少，甚至会拒绝为其承销上市，否则得不偿失。2010年到2011年，国内不少中国概念股在美国纳斯达克上市，因为在经营和财务上有问题，很多都被股东告到法庭，一些甚至被摘牌，而承销上市的投资银行常常也会被列入被告。2010年一家中国的电子商务公司上市后，其CEO公开抱怨承销商估值低了，暗示从他的公司挣钱多了，这是不懂行规的典型表现，因为投资银行通过承销上市融资来挣钱，是天经地义的事情。事实证明，承销商定的股价不是低了，而是过高。这位CEO的行为，对其他即将上市的公司造成了非常负面的影响。2011年后，华尔街对中国概念股在美国上市明显不如2010年热心，和这些负面影响都有关系。

4 双刃之剑

承销上市只是投资银行和基金公司对科技公司影响的开始。在上市以后，如果一家科技公司得到了华尔街投资银行和基金经理们的青睐，它的发展无疑会顺利得多，反之则艰难得多。

投资银行和基金公司对科技公司最大的支持就是直接买进该公司的股票。2004年Google公司上市后，立即得到华尔街的追捧。全球最大的基金公司富达基金，回报率最高的美盛（Legg Mason）价值信托基金（Value Trust）和最著名的对冲基金文艺复兴技术公司都大量购入Google的股票，使得Google的股价在两个多月里翻了一番。富达基金一度持有Google大约10%的流通股份。

华尔街对科技公司的追捧还可以通过提高对科技公司的评级等无需成本的手段进行。由于很多投资人无法看清一家公司未来三五年里的发展前景，需要参考金融研究部门的研究报告和股票评级作出投资决定。如果一家著名的投资银行认定某家科技公司今后几年会有超出预期的发展，那么该公司的股票就看涨。2004 年底，美国证监会在 Google 上市的 3 个月后解禁了一批创始人和员工持有的股份，Google 股票的流通量几乎翻了一番，股价相应下调了 15%。这时，高盛公司发表研究报告，力挺 Google，并上调了 Google 的股价预期。在报告发表后的几小时内，Google 的股价暴涨 10%，顺利化解了因内部股解禁而带来的卖压（Sale Pressure）。借助股价的大幅上扬，Google 在上市后短时间内吸引了大量的英才，迅速推出多种服务，并一跃超过雅虎成为第一大互联网公司。像 Google 这样华尔街眼里的明星公司有很多，包括微软公司、苹果公司、设计和制造黑莓手机的 RIM 公司，以及十多年前的雅虎公司等。百度公司在纳斯达克之所以能有 100 倍的市盈率，也全靠投资银行托盘。

华尔街会为每个科技公司定下营业额和盈利的预期。如果一个科技公司能够在连续多个季度里超出盈利预期，华尔街就会拼命提升该公司的股价。由于科技公司员工的期权占员工收入的比例非常大，因此一家科技公司的股价能否稳定增长决定了该公司员工的收入和士气高低。在 2000 年互联网络泡沫时代，新兴的雅虎公司之所以能够阻击微软等 IT 巨人的进攻，很大程度上靠的是华尔街帮它维持了高股价。

华尔街自然不是雷锋，它推高一家公司股票，并非出于帮助那家公司的动机，而是为了自己的利益。因此，它不会因为喜欢哪家公司就扶持它，而是要看哪家公司在特定阶段更能给它带来利益。就说微软吧，在鲍尔默担任 CEO 的十多年间，其股价一直不振，因为鲍尔默十年如一日地卖软件，实在没有什么吸引人的新意，华尔街看不上它。其实，客观地讲，那十多年里微软的利润一直很高，但是华尔街给它的市盈率不到 20，这在软件公司里是很低的，因为无法讲故事，吸引不了中小投资人参与炒作微软的股票。2014 年新的 CEO 纳德拉上台以后，将原来的 Office 从卖软件改成卖"云服务"，这就有故事讲了，微软的市盈率被提升到 30 以上，甚至一度高达 50。于是，这些年微软业绩提升并不大，股价倒大涨了 200%，这便是华尔街的作用。

当一家公司不再有故事可讲时，华尔街就不搭理它了。而当它盈利不及预期时，就可能被华尔街狠狠地打压。本来，在股价上打压那些经营不善，或者把投资人的钱变相收入囊中的上市公司是应有的惩戒行为。但是，华尔街常常过度利用这种手段，以谋取私利。于是，达到华尔街预期，成了大多数上市公司唯一的目标。这样一来，大多数科技公司不得不制定很多短期目标以满足近期的盈利，这样很可能会影响它们的长期发展。在许多外人看来，很多科技公司的短视行为显而易见，很不明智，但是这些上市公司也有苦衷，很多是迫于华尔街的压力不得不如此。有些公司明明已经达不到华尔街的预期，只能靠合法的作假来饮鸩止渴。我们在前面"帝国的余晖"一章中提到，朗讯公司为了达到华尔街的预期，不得不贷款给没有偿还能力的公司来购买自家产品，以提高营业额。虽然在几个季度里它的业绩表面上看比较漂亮，但是一旦这些借贷的公司倒闭，朗讯公司的货款就永远要不回来了，继而出现巨额亏损。在 2004—2005 年里，雅虎公司为了粉饰财务报表，低价售出它所持有的全部 Google 股份，并计入其利润。但是，当再也没有 Google 股票可出售时，它的利润便迅速下降，公司败相显露，股价下跌。在这种情况下，公司人心涣散，核心员工离职的速度比公司衰退的速度更快。

对于那些价值不大的科技公司，一旦它们未能达到预期，华尔街则会毫不留情地打压到底，以起到杀鸡儆猴的作用。美国的一个财经电视频道介绍了这样一个故事。在美国有一家颇有名气的网上售货公司叫 Overstock，一年的营业额大约是 8 亿美元。它于 2002 年在纳斯达克上市，在 2005 年的第二季度，它的盈利比华尔街预期的每股少了一两个美分，但是谁也没有料到这小小的一两美分使得 Overstock 几乎遭遇灭顶之灾。一般纳斯达克公司是在收盘后公布业绩，业绩一出来，华尔街马上调低对它的评级。第二天，Overstock 的股价狂泻不止，在短短的几天里，跌幅在 50% 以上。它的 CEO 帕特里克·拜恩（Patrick Bryne）在气愤之余发狠心要调查清楚此事。他经过调查发现，Overstock 公司的股票被恶意卖空，卖空的股票数量是 Overstock 实际股票数量的十几倍。根据美国证监会的规定，抵押一定现金"借"股票卖空是允许的，但是卖出的股票一定要在三天内提供给该股票的买家。既然被卖空的股票是实际股票数量的十几倍，那么肯定有人借不到股票，也就无法按期交割。事实上，华尔街的那些卖空者根本就没打算按时交割，一些人一周后还无法交割，更有甚者到了第二年还无法交割，最终这些交易只能作废，当然华尔街也不用承担任何责任。但是，Overstock 公司的股价因为这种十几倍的卖空而一落千丈，公司也几乎关门。华尔街没有付出任何成本，就通过卖空一家科技公司的股票挣得暴利。在这一事件中，华尔街的评级公司对 Overstock 打压在先，对冲基金恶意抛售在后，配合得天衣无缝。读者不难看出，像 Overstock 这样的中小公司，命运在很大程度上被华尔街攥着。可以讲，华尔街是通过 Overstock 杀鸡儆猴，对盈利不能达到预期的公司予以惩戒。在这种情况下，没有哪个上市的科技公司敢牺牲几个季度的盈利来换取长期发展。Overstock 的 CEO 拜恩气愤之余，把收集到的所有材料和他在各个电视财经频道上的访谈都放到了公司网站上[13]。拜恩本人也因为长期和华尔街裸空的基金们斗争而出名。

为了不断达到华尔街的盈利预期，几乎所有市场占有率超过一半的大跨国公司都不得不努力寻找新的增长点。这实际上是软件业务做得相当好的微软公司一定要进入互联网市场的根本原因。在寻找新的增长点时，很多大的跨国公司不可避免地盲目扩张，最后因为投资和消耗太大而转盛为衰。这种例子实在太多，这里就不一一列举了。

那么一家上市的科技公司只要盈利，是不是就可以忽视华尔街对自己股票的打压而专注于长期发展呢？事实上是不可能的，因为无论是科技公司还是个人都不是处在真空中。要想不受华尔街的影响，唯一的办法就是不上市。这就是 Google 和 Facebook 在盈利很久以后迟迟不肯上市的原因。一些很有潜力的上市公司因为某种原因，受到华尔街长期打压，这时，私募基金会出资收购该公司流通的全部股份，将它变成私有公司，经过包装后重新上市，这时新的公司常常就会从华尔街的弃儿变为宠儿。著名的计算机硬盘公司希捷科技（Seagate）就经历过这一过程。2018 年，烦透了华尔街不断质疑的马

13　http://www.overstock.com/naked-short-selling.html

斯克向媒体透露特斯拉公司有可能考虑私有化。虽然后来证明他是信口开河，但客观地讲，如果有合适的人愿意接盘，这对于盈利情况并不好的特斯拉公司来讲，是一个不错的选择。

5　左右并购

除了从科技公司上市和炒作科技公司股票上挣钱外，华尔街另一大赚钱的手段就是操作公司的并购和拆分。当两家公司合并或一家收购另一家时，需要把两家公司的股票合并成一种。和上市一样，这件事不能由科技公司自己完成，而由投资银行作为承销商代理完成。当然，投资银行可以获得可观的佣金，甚至合并后的新公司的期权。拆分也是如此，每拆掉一家公司，其中的一些部门要么上市，要么和其他公司合并。投资银行也能坐收佣金。因此，华尔街希望科技公司之间经常地并购和拆分。在 AT&T、惠普及后来朗讯的拆分事件中，还有惠普和康柏的并购中，华尔街都赚足了钞票。

当然，华尔街也不是一味鼓励科技公司三天两头地兼并和拆分，它们要根据自己最大的利益来做决定。由于华尔街的投资银行和基金公司在已经上市多年的科技公司中占很大的股权和投票权，它们有能力决定一次收购和拆分是否进行。我们回顾一下 2008 年闹得沸沸扬扬的微软收购雅虎事件，来看一看华尔街在微软、雅虎和 Google 的三角关系中起的微妙的作用。

2008 年 2 月 1 日，微软公司在美国股市开盘前突然宣布以每股 31 美元的价格收购雅虎公司。而在 1 月 31 日，雅虎的股票以每股 19.18 美元收盘，这意味着微软的出价比雅虎市值高出 60%。微软的这一举动，一是为了打动雅虎的董事会接受收购的条件，二是为了当雅虎的董事会回绝这个开价后可以打动急于套现的雅虎股东们通过表决而接受这一方案。公平地讲，微软的这个开价很有吸引力。一些投资人估计这桩买卖一定能做成，还没等雅虎做任何答复，就将其股价抬到了每股 28 美元，一些投机者甚至在每股 27 美元的较高价位大量收购雅虎的股份。

一直力保雅虎独立的创始人杨致远和费罗当然不愿意看到自己辛辛苦苦创办的、全球流量最大的网络公司被收购。但是他们两个人在雅虎的股权和投票权不及10%，光靠他们的决心，无法击退微软的恶意收购，更何况一些投机者已经购得雅虎百分之十几的股权。后者只有在雅虎出售后才能盈利。杨致远给微软还了一个很高的报价，每股不低于41美元，后来降到了37美元。微软没有接受这个还价，这意味着雅虎的股价将回到每股19美元左右。这样，以高价收购雅虎股份的投机者伊坎等人将蒙受数亿美元的损失，因此他们威胁雅虎的董事会接受微软报价，否则便通过股东大会推翻现董事会。当然，最后的结果是微软不提高报价，而伊坎的阴谋也没有得逞。7月，这场闹剧收场，雅虎公司士气大跌，微软公司的MSN部门也很受伤害，而一直以静制动的Google无疑是最大的赢家。难道这是老天特别眷顾Google？

背后的内幕当然不是这样。读者也许注意到这里面有两个让人疑惑的问题，首先，为什么只占雅虎股权不到10%的杨致远和费罗能击退更大的股东伊坎等人的攻击，难道真是因为杨致远在全体雅虎股东中威望崇高，大家唯他的马首是瞻？其次，为什么微软不愿意将收购价钱提高到每股37美元。从31美元到37美元，相当于微软将雅虎的收购价从430亿美元提高到500亿美元，难道当时拥有两百多亿美元现金，市值达3000亿美元的微软会在乎这"区区"70亿美元？要知道微软每年的现金流高达170亿美元。另一方面，微软在互联网上已经浪费了超过百亿美元。要解开这两个让人疑惑的问题，钥匙只有一把，就是华尔街。

我们先来看一看2008年1月31日和2月1日微软和雅虎两家公司的股票情况，见表19.2。

表19.2 微软和雅虎两家公司的股票情况（单位：美元）

	雅虎股价	雅虎市值	微软股价	微软市值	总市值
2008/1/31	19.18	266亿	32.6	2980亿	3246亿
2008/2/1	28.38	393亿	30.45	2780亿	3173亿
变化	+48%	+127亿	-6.6%	-200亿	-77亿

从表 19.2 中可以看出，当微软收购雅虎的消息发布后，雅虎的股价上涨了 48%，市值增加了 127 亿美元，微软的股价却下跌了 6.6%。微软当时的市值是雅虎的十多倍，虽然下跌 6.6% 幅度看似不大，微软的总市值却缩水了 200 亿美元。雅虎和微软的总市值相加，仍然减少了 77 亿美元。如果这笔交易按照微软最初的价钱做成，那么雅虎的股价还会有所提升，而微软的股价还要再缩水一些，估计两家市值总和要再减少 100 亿美元左右。由于华尔街很多投资公司和基金都同时持有这两家公司的股份，每家公司和基金都会算一笔账，在这个潜在的交易中，自己所持股份的价值是增长还是减少。除了那些大量持有雅虎而很少持有微软的基金，雅虎的股东们未必会赞同这个合并。正是算准了这一点，雅虎的董事会才不怕伊坎等人试图推翻董事会的企图，坚持回绝微软的开价。对于微软的股东来讲，每股 31 美元的开价已经让他们的股票价值缩水，他们绝对不能同意雅虎提出的每股 37 美元的高价。如果微软的 CEO 鲍尔默真的答应了雅虎的还价，会有不少微软的股东继续抛售其股票，这样对微软的发展未必有利。所以，鲍尔默才坚持不加价。

也许有些读者还是有疑问，为什么微软提出收购雅虎后，自己股价会大跌。难道这不是微软强化它在互联网领域地位的"好棋"吗？微软股价之所以下跌，是因为华尔街不看好微软收购雅虎以后的前景。事实上华尔街对微软在 MSN 上长期赔钱一直不满。华尔街更希望看到的是微软能集中精力于计算机软件业，保持高利润，而不是不断用从软件上挣的钱去补贴 MSN 这个无底洞。单纯从投资的角度讲，华尔街希望微软和 Google 各自分好工，前者专心做好操作系统而后者负责互联网广告业。这样，两家的利润率都会很高，它们这些投资者挣钱自然就多。反之，如果这两个 IT 巨头都入侵对方的领域，它们竞争的结果必定使得双方的利润都受到打压。显然如果这次并购成功，那么新的微软必将和 Google 针锋相对地竞争。考虑到它和雅虎在对 Google 竞争的弱势地位，以及微软整合雅虎的难度，微软必须在合并后大量投入才能进行有意义的竞争，这样微软的利润会下降，这是华尔街非常不愿意看到的。更何况，Google 绝大部分流通的股票都在华尔街大的投资公司和基金中，而不是个人投资者手中，因此华尔街要保证它们对 Google 的投资回报，也不希望微软不计后果地盲目收购[14]。事实上，微软的 CEO 鲍尔默事后也承认，没有收购雅虎是对的。

每一家科技公司的背后常常隐藏着一些华尔街的庄家。我们在前面讲过，公司的并购要由投资银行帮助进行。而实施并购方案的投资银行，常常就是这些公司的庄家。微软收购雅虎一事是通过摩根士丹利和雷曼兄弟公司作为中间人来协商的，因此它们分别是微软和雅虎的庄家。Google 为了对抗微软，提出和雅虎结盟，运作此事的是高盛和雷曼，因此高盛是 Google 的庄家。作为庄家，就要维护自己长期吹捧的科技公司的利益，在这桩并购案中，成与不成，和谁并购不和谁并购，有时是背后庄家角力的结果。显然，微软给雅虎每股 31 美元的开价显然是和摩根士丹利商量过的，而后者恐怕不能接受雅虎 37 美元的开价，因为这样它手上的微软股票会缩水太多。

基于上述复杂的原因，微软收购雅虎一事难以成功。虽然伊坎这些投机者对雅虎威逼利诱，其实是色厉内荏，因为在那些投资银行眼里，伊坎等人不过是大散户而已。

若是华尔街看好的收购消息一传出，出资收购的一方股价会猛涨。金融危机时闹得沸沸扬扬的花旗集团和富国银行竞购美联银行（Wachovia）一案就充分说明了这一点。不论哪家银行收购成功，它都会在今后扩展业务中处于有利地位。当花旗银行胜出的消息开始传出，股价在几天内上涨了 20%。可是花旗银行还没有高兴几天，美联银行又决定和富国银行合并，结果花旗银行的股价又跌回原形，而富国银行的股价一天上涨了 10% 以上。这就说明华尔街非常看好这宗收购案的前景，毕竟少了一家大银行美联银行，银行业今后的竞争会缓和一些，这对各方都有利。

科技公司和投资银行的相互依存关系还体现在其他很多地方，限于篇幅，这里就不一一介绍了。

14　在金融危机爆发后，雅虎的新董事会担心公司不能挺过这次危机，请走了杨致远，开始积极寻找被收购的可能性，这已经是后话了。

结束语

在整个经济活动中，金融业起着血液的作用。健康的金融环境和秩序有助于科技公司成长。但是，由于金融业和巨大的利益联系在一起，因此贪婪、投机甚至非法的欺骗行为是金融业永远也摆脱不了的阴影。一位银行家曾经说过，虽然我们的社会和商业跟一个世纪前相比有了本质的不同，但是华尔街和一个世纪前并没有什么两样，今后依然如此，因为这是人类贪婪的本性决定的。

在这样一种前提下，一家科技公司如何才能和华尔街合作得很好，让那些投资银行和基金公司成为自己的吹鼓手而不是杀手，便是一种艺术了。事实上，在美国一家上市公司的首席财务官的首要任务并不是替公司管账，而是和华尔街沟通。他应该能用财务的语言，向华尔街厘清所在公司的长远规划，让华尔街树立对公司的信心。

从好的一方面理解，华尔街对上市的科技公司追捧也好、打压也好，从客观上推进了科技行业的优胜劣汰。一家真正管理得好并且有竞争力的公司，应该抵御得住多次金融危机或投机者的恶意打压。它既要有长远的发展规划，又要能在短期内让投资人有信心，同时能很好地和华尔街沟通。另一方面，一家科技公司又不能刻意迎合华尔街的短期期望，否则它的发展会很被动。这样的公司一旦有一两个季度不及预期，就会被华尔街抛弃，结果适得其反。

参考文献

1. David Wessel. 我们相信美联储（*In Fed We Trust: Ben Bernanke's War on the Great Panic*）.Crown Business，2009.
2. 威廉 D. 科汉 . 高盛如何统治世界 . 李建军，汪川，廖淑萍，译 . 机械工业出版社，2012.
3. 吴军 . 文明之光（第三册）. 人民邮电出版社，2015.

第 20 章 社交网络和 Facebook

今天，绝大部分人的生活都离不开手机。华大基因的 CEO 尹烨先生有一次和我一同作为某个论坛的主讲嘉宾，他很痛心地指出，今天的人已经被手机绑架了，因为大家平均每 6 分半钟就要低头查一下微信，以至于无法集中精力深入思考。6 分半钟，这个数字实在有点惊人，为了确认他讲得没有错，我专门了解了一下信息的来源，发现这个信息是准确的。而实际情况可能比这还严重，因为这是 2013 年底的数据，在过去的五年里我们对手机的依赖有增无减。需要说明的是，这仅仅统计了查看微信这一类短消息的次数，也就是说，统计的只是使用手机的社交网络功能，并不包括打电话、发邮件和购物等其他行为。这些统计数据说明，人天生是通信的动物，而社交网络是今天人与人之间最重要的通信手段。

1 通信的动物

人类对通信的依赖是植入我们的基因的。

在很长的时间里，人类认为自己比别的物种更复杂、更聪明，所以主宰了世界。这其实是一个以自我为中心、颇为自恋的想法，因为无论是从染色体的数量、基因碱基对的数量，还是从基因的复杂程度上看，人类都不是最多最高的，甚至老鼠的基因数量都比人多。过去我们认为人类是最聪明的，因此在竞争中胜出了。但事实上人类的近亲、曾经统治欧洲地区的尼安德特人脑容量比现代智人还大，没有任何证据表明他们的智力不如我们人类的祖先，可是他们却在生存竞争中被我们的祖先淘汰了，这又是为什么呢？虽然学者们对此意见依然有分歧，但是一个共识是，我们的祖先具有更强的语言能力，能够更有效地传递信息，因此在族群争斗时能够聚集更多的人。今天我们每一个人能够同时沟通的伙伴人数在150人左右，而尼安德特人只能做到同时沟通十几个人。

人类第二个独特的功能是能够使用符号进行交流，有些符号后来变成了语言，而动物虽然可以通过声音、触觉、气味等与同类交流和分享信息，但是无法像人类那样利用符号保存信息。动物们在遇到危险时如果没有实时地通知伙伴，伙伴就无法得知这一信息，以至陷入危险和麻烦，但是人类可以非实时地传递信息（这在通信中也被称为异步的信息传递），接收信息的人可以在事后看到信息，然后做出合适的反应。今天的电话是一种实时的信息传递，而邮件则是非实时的，社交网络在某种程度上兼有二者的特点。

人类之间相互的通信使得上一代能够将生活的经验和所学的知识传递给后代。在此之前，动物只能通过遗传把信息一代代地传递下去。当一种蜥蜴吃掉了有毒的蝴蝶而死去，它的基因传承也就从此中断，而另一只不爱吃这种有毒蝴蝶的蜥蜴，基因就传递了下去。经过很多代，蜥蜴便进化成能够远离危险毒蝴蝶的物种，但是这种信息传递的效率非常低下。人类在能够进行语音通信之后，信息传递的效率高了很多。一群人中，只要有一个被毒蛇咬过，远离危险毒蛇的信息就会在人群中扩散，并不需要有额外的伤害为代价。今天绝大部分人会远离蛇类，并非曾经被蛇咬过，而是接受了他人通过某种方式传递过来的信息而已。

随着人类的发展，社会组织越变越复杂，不同的人并非像蚂蚁或蜜蜂那样都做一件简单的事情，而是有着复杂的社会分工，人们花在通信上的时间越来越多，通信的手段和效率都必须同步提高才能适应社会的发展。到了工业革命之后，通信技术的进步不仅提升了效率，而且一直是科技产业发展的动力。

19 世纪 30 年代，莫尔斯等人发明了电报，大大缩短了人与人之间的距离。1886 年，美国实业家塞勒斯·菲尔德经过 13 年的努力，终于完成了跨大西洋电报光缆的铺设，将欧洲和美洲通过电缆连为了一体。不过，电报在从出现到消亡的一百多年里，并没有成为民用的实时通信工具，这不仅是因为价格昂贵，更因为它本身无法安装到每个家庭。19 世纪 80 年代，在社交网络出现之前，贝尔等人发明了电话，解决了人与人之间即时传递信息的问题，因此电话在西方主要工业国迅速得到了普及。

中国的固定电话发展比较滞后，在很长时间里电话特别是长途电话都是用于办公，但是在美国，从上个世纪 20 年代开始，电话就普遍被用于社交，这个趋势一直持续到本世纪初。上个世纪末我到美国读书，惊讶于美国的高中生每天要花三四个小时打电话和同学朋友聊天，当时虽然有电子邮件，但是那并不适合实时通信，因此年轻人一回家就抱着电话，甚至我那些在大学里功课负担很重的同学们，一次打一两个小时电话也是常事。今天，当很多人抱怨孩子们每天都泡在手机上，并且憧憬着上一代没有这些科技产品干扰的好时光时，他们其实不知道这仅仅是因为自己年轻的时候没有机会抱着电话一天讲几个小时而已。事实上，自从人类进入了工业社会，每天花在各种通信上的时间就远比睡觉以外的任何事情所花的时间都多，超过吃饭、出行等很多日常活动的时间。在工作中，一小半时间也都是花在不同形式的通信上了，比如讨论问题、答复邮件、开会，等等。当然，在各种目的的通信中，社交一直是人们之间通信量最大的一种，因此，随着互联网的普及和网络技术的发展，基于互联网的大社交网络便呼之欲出了。

2　社交网络 1.0

上个世纪末互联网刚兴起时，早期的互联网用户大多使用邮件进行通信，但它不是严格意义上的即时通信，虽然邮件本身的传递速度非常快，但是收发邮件的人并不会实时查看和回复。1996 年以色列公司 Mirabilis 推出了一款叫作 ICQ 的即时通信软件，两年后就被当时的互联网巨头美国在线收购，成为该公司重要的社交产品，并且获得了巨大的成功。不久之后，雅虎和微软也分别推出了自己的即时通信服务。1999 年，腾讯推出了 QQ，这后来成为了全世界最大的即时通信平台，并且成为了后来腾讯公司腾飞的基石。

这些即时通信产品只能发送简短的消息，功能并不强，但是因为可以有一个小的客户端挂在自己的电脑上提示上网的人，很容易让双方或多方形成即时互动，于是它们成为朋友们之间，特别是年轻用户之间使用频率极高的沟通工具。不过，虽然这些即时通信工具有很强的社交功能，它们还都不能称之为社交网络，因为它们不具备后来社交网络的以下四个特性：

1. 用户创造自己的用户资料（profile）；
2. 用户可以创造内容，并保留一些通信的记录；
3. 允许大众通过某种权限浏览和访问特定用户发布的信息；
4. 用户可以通过某种方式寻找到新的社交对象。

这四个特征，无疑将通信从亲朋好友之间简单的沟通，扩展到大范围的社交活动，而且它们是在互联网出现之前其他技术手段完全做不到的。在过去的两个世纪里，城市的富有阶层和中产阶级逐渐建立起自己的社交圈子，但是所有的活动都需要面对面进行；而更早以前，人们很少有大范围的社交活动，人和人彼此的来往都是基于亲戚、邻里和同僚（同事）这三层关系。互联网的出现，有可能将过去需要面对面才能进行的社交，至少是其中一部分，搬到网络上。

在 2000 年第一次互联网泡沫破碎之前，全世界有成千上万的互联网公司，但是没有一家像样的社交网络公司，直到 2002 年 Friendster 诞生。

Friendster 是为数不多的由加拿大人创建的全球性互联网公司。虽然它最初提出了互联网朋友圈的概念，但是社交意味并不强，它更多地是希望大家在互联网上分享一些内容，特别是需要付费的内容。Friendster 这个词源于两个词，第一个是 Friend，朋友的意思，它的含义非常明确，表明了该公司服务的性质。第二个是 Napster，它是硅谷老兵肖恩·帕克（Sean Packer）创立的音乐共享网站。这个网站的流量一度排到世界第三位，仅次于美国在线和雅虎，因为帕克把所有的正版音乐放到了互联网上让人下载。当然，几年后全世界的唱片公司一同把 Napster 告倒，让它停止了业务。但是，来自加拿大的程序员阿布拉姆斯（Jonathan Abrams）被帕克共享内容的情怀感动，在 2002 年创建了这个基于朋友圈的社交网络。这项服务一上线，就受到了年轻人的欢迎。几个月后，它就有了三百万用户，这些用户都不是花钱买的，是自然增长得到的。2003 年，Friendster 获得了凯鹏华盈的投资，甚至随后 Google 一度考虑收购它，但被它拒绝。在上一次互联网泡沫破碎后，Friendster 是为数不多的互联网新星，它和它的创始人也先后上了《时代周刊》《名利场》《新闻周刊》和《娱乐周刊》等美国一线杂志的封面。

Friendster 对社交网络最大的贡献在于确立了社交网络的上述四个原则。

用户的资料其实在一些需要登录的网站上已经有了，比如雅虎的个人网页服务、微软的 Live 空间（Live Space），但是那些大多不是用户主动对自己的画像，而是一些半公开、半隐秘的信息，比如电话和联系地址。我曾经利用这样的信息找到了我过去多年的朋友，但是如果我不认识那个人，我肯定无法在雅虎或 MSN 找到他做朋友。在 Friendster 上，用户第一次给自己画像，告诉想交朋友的人他是谁。

虽然在 Friendster 之前，用户已经开始创造内容了，比如在 Blogger 上写博客，或者在 BBS 上用一个笔名专门发表文章，上传音频和视频。但是，用户在不同的网站以不同的身份出现，大家无法把网上某一个人和他创造的内容联系起来，而 Friendster 做到了这一点，虽然它最初的目的并非让用户创造内容，而只是让大家在朋友圈中分享那些原本在网上能够找到的、后来被电影和唱片公司禁止的版权内容。

Friendster 最初的目的在很大程度上是想在 Napster 被禁之后，能让大家在朋友圈中继续分享那些有价值的内容。但是，很快这种分享功能就被以交友，特别是男女之间谈对象为目的的交友活动淹没了。对于严肃交友的人来讲，Friendster 能够保留通信和交流记录的功能远比过去的即时通信工具有用得多。Friendster 在创造朋友圈的同时，也就赋予了所谓的朋友一些访问私信信息的权限，这是后来社交网络所必需具备的基本功能。

作为早期社交网络的网站，Friendster 有非常多的不足之处，比如它所提供的用户画像功能有一个大问题，就是个人提供的那些信息很多是虚假的，网络背后的人和屏幕上看到的人常常不是一回事，这随之产生了很多欺骗行为，后来使得 Friendster 无法吸引有价值的用户，也无法实现盈利。此外，它对于用户权限的管理非常不严格，以至于经常发生信息泄露，给用户造成很大的损失。

Friendster 的成功很快引来了众多的竞争对手，它们一个比一个厉害。先是 MySpace，2004 年就超过了 Friendster，然后是 Google 旗下的 Orkut，接下来是 Facebook。虽然 Friendster 的注册用户数量又继续增长了几年，在 2008 年金融危机之前超过一个亿，但是大部分用户来自 Facebook 和 Orkut 渗透率不高的东南亚国家。在 2009 年之后 Friendster 的业务呈断崖式下跌，到了 2010 年用户数量掉到了几百万，最后由一家亚洲公司收购，转型为社交游戏公司。随后，Friendster 又支撑了几年后，在 2018 年彻底关闭了。

作为社交网络的探索者，Friendster 留给了行业从业者三条宝贵的经验和三个惨痛的教训。这三条经验是：

1. 交友是人的本能，特别是青年男女；
2. 创造自己的用户资料，发布内容，提供基本通信的手段是社交网络所必须具备的基本功能；

3. 权限的管理和部分权限的分享，能让社交网络做到很多其他互联网服务做不到的事情。比如共享一些信息和服务。

当然，另一方面，Friendster 在短短几年内由盛到衰，后来遇到了很强的竞争对手，更在于它自身就存在着先天不足，表现为：

1. 用户信息虚假，网络平台缺乏可信度，上面的内容商业价值低。Google 曾经试图帮助它从广告上挣钱，但它的页面价值极低；由于用户的真实世界和虚拟世界相脱节，因此这一类社交网络用户的商业价值也不高；

2. 交友工具稀少，用户流失率高，虽然它峰值期间自称有超过一个亿的注册用户，但大部分都是"僵尸"用户。今天回过头来看，它不过是一个互联网 1.0 时期的网站，所有的开发工作都要靠网站自身完成，进步速度很慢；

3. 一直没有找到合适的盈利模式。

此外，Friendster 在信息安全上做得一塌糊涂。一个用户只要经常上 Friendster，不经意间就会泄露一大堆个人隐私。直到今天，这依然是社交网络尚未解决的问题。

Friendster 的这些教训，让后来的 Facebook、领英（LinkedIn）和推特（Twitter）等公司避免了重蹈覆辙，但是和 Friendster 类似的社交网络最终还是沿着它失败的老路走了下去，逃脱不了命运的安排。在 Friendster 之后，很快出现了类似的但功能更强大的 MySpace 和 Orkut 等社交网络，和 Friendster 相比，它们采用了更好的技术，提供了更多的功能，特别是有了更强的用户画像和发布内容的平台。但是，Friendster 遇到的问题，它们也没有很好地解决，特别是无法解决用户信息不真实的问题，所以，大家虽然玩得起劲，但是这些更像是虚拟世界的社交网络，一直无法深入影响到人的真实世界，因此它们创造不出太多的真实世界的价值。MySpace 和 Orkut 最终被 Facebook 终结，这其实反映出两个不同时代竞争的结果，旧时代的企业很难和新时代的企业竞争。

Orkut 作为 Google 旗下的社交网络，最初只是工程师奥克特（Orkut）个人在工作之余凭兴趣做的项目，它最初采用受邀加入的方式制造出一种神秘感，以此作为噱头吸引用户。这个策略非常成功，加上 Orkut 的很多功能非常炫酷，它一度成为全球流量最大的网站之一，并且在前五名的位置维持了好几年，直到上一次金融危机的出现。但是，Orkut 有两个先天不足之处，首先它从一开始就"不小心地"在巴西火了起来，以至于一大半的内容都是葡萄牙语的，而它的第二大用户群体则是印度人，美国的流量排在第三位，但只有前两名的零头。由于社交网络很讲究圈子效应，因此无论 Google 后来采用何种手段，都无法提升美国和欧洲用户的比例。其次，可能是更关键的一个原因，就是 Google 自身没有做通信产品的基因，事实上它后来做的几款通信产品表现也都不好，这一点我们在下一节再作详细介绍。

2003 年 5 月，硅谷的一群老兵，主要是曾经在 PayPal 工作过的一些员工，发布了一款给专业人士交友的社交网络领英（LinkedIn）。LinkedIn 可以说是第一款将虚拟世界和真实世界相结合的社交网络。与过去的互联网产品单纯追求用户数量不同，领英把目标锁定在了公司白领阶层。这种商业策略带来一大好处，就是它一直发展得很稳健，而且克服了 Friendster 这种公司只能看热闹不能挣钱的不足，容易找到合适的商业模式，最终它成为了全球最成功的人力资源网站。但是，凡事有一利就有一弊，领英走高端人群的做法导致其发展速度非常缓慢，它花了一年多时间才获得 100 万用户。相比之下，Friendster 只花了两个月就获得同样数量的用户，而 MySpace 只花了一个月，后来移动互联网上的社交网络起步速度更快。

从 2004 年开始，社交网络便成为互联网用户使用互联网的一种趋势，在这样的大背景下，社交网路的"王者"Facebook 诞生了。

3 Facebook

Facebook 的故事已经被拍成电影《社交网络》(*Social Network*),也就是说它成了社交网络的代名词。不过在中国,至今有不少看过这部电影的观众觉得这部情节相当真实的电影是虚构的,因为中国人很少使用这个网站的服务,它甚至没有一个官方的中文名称。稍微了解一点 Facebook 公司的人,会觉得它是一家不错的互联网公司,一家互联网 2.0 公司的代表(关于这一点我们在后面介绍互联网 2.0 时再详细介绍),经常上媒体的头条,大概也就仅此而已。然而,作为全世界社交网络代表的 Facebook 远没有这么简单,这家公司从诞生开始就充满了诸多玄机。

3.1 走出 EDU

当 Friendster 上线并获得成功时,扎克伯格还只是哈佛大学一年级的学生,不过他是一个计算机天才。当时基于互联网的社交网络概念刚刚兴起,哈佛大学高年级的学生温克夫斯双胞胎兄弟(Cameron and Tyler Winklevoss)决定做一款专门供大学生们社交使用的社交网络。但是,这兄弟俩都算不上是学霸,而且坦率地说他们对做具体的开发工作没有兴趣,他们的兴趣是划船,将来好参加奥运会。于是,这兄弟二人就找了位同学帮他们开发这网站,可这位同学也不看好这件事,毕业后就跑去 Google 上班了。接下来,他们又找了一位华裔同学(Victor Gao)当程序员,自己天天训练划船。这位华裔同学同样不看好这件事,因此只愿意拿钱干活,不愿意加入创始团队,而且在干了一个暑假拿了 400 美元之后就退出了。兄弟俩于是就找到在哈佛编程小有名气的扎克伯格,让他当程序员,做一个叫做"哈佛联系"的网站(HarvardConnection.com)。为了说服扎克伯格,兄弟俩对他说,只要把哈佛的金字招牌打出来,这个网站一定火。这兄弟二人说得没错,因为在波士顿地区,有很多女孩想去哈佛钓金龟婿。扎克伯格被说动后就去干活儿了,而这两位兄弟又去训练划船了,以便能够被选入美国队参加奥运会。皇天不负有心人,这兄弟俩后来不仅进了美国奥运代表队,而且在 2008 年北京奥运会上获得划船项目第六名，办公司的事情显然不处于他俩的高优先级位置。

扎克伯格之前因为在哈佛做过一个名叫 FaceMash（脸谱调情）的网站，上面放了哈佛九个宿舍的同学的照片，让同学们从中评选"辣妹"。这个网站很快聚集了人气，获得了几百个访问者和上万次浏览点击，但是因为侵犯他人的肖像权，被很快勒令下线了。这件事反映出扎克伯格和 Facebook 基因中的三个特点：

1. 天生具有产品意识和快速开发的能力；
2. 把握住年轻人对异性渴望的特点；
3. 完全没有版权意识和对个人隐私的重视。

这三个基因在 Facebook 后来的发展中不断地显现出来。

到了 2004 年初，扎克伯格自己上线了一个名为 The Facebook 的社交网站，给哈佛的本科学生使用——必须拥有哈佛本科（Harvard College）的邮箱才能注册。这个网站与之前所有社交网络不同之处在于，由于限定在哈佛本科生中，电子邮箱的地址是学生在哈佛唯一的地址，对应的姓名和相关信息也是真实的，它就将互联网上的脸谱和生活中的人准确地对应起来了。在此之前，虽然已经有了不少社交网站，但是哈佛这种名校的学生懒得去那种到处充满虚假信息的地方，领英虽然高大上，但是不便于大学生们交际。因此，当 The Facebook 一上线，一个月就有一半的哈佛本科学生注册了。当然，温克夫斯兄弟看到这个网站后在第一时间，具体讲是 The Facebook 上线的六天后，就对扎克伯格提起了侵权诉讼。关于这场官司，我们后面再说。The Facebook 一下子来了这么多的用户，扎克伯格一个人就忙不过来了，于是在哈佛找了几个小伙伴帮忙，其中一位巴西富商的儿子沙弗利（Eduardo Saverin）负责网站的商业运营，他掏了 1.5 万美元购买服务器，并且成为后来公司的共同创始人，拥有公司 30% 的股权。有了一个创业团队后，The

Facebook 开始向外拓展，它首先向美国东北部大学以及斯坦福等少数西部大学开放了访问权限。几乎是每到一个新的大学，就会有很多学生注册使用这个为大学生们量身定做的社交网站。

在电影《社交网络》里，The Facebook 早期的成功被描绘成完全靠的是使用了哈佛这个金字招牌。事实上，和扎克伯格争 Facebook 最初想法发明权的温克夫斯兄弟也这么看，但实际情况远不是那么简单。The Facebook 早期的成功，主要在于扎克伯格无意中找到了一条遴选优质用户的方法，并且为他们提供了最需要的服务。

LinkedIn 和 The Facebook 这些第二代社交网络都吸取了第一代社交网络虚假信息多、用户层次较低的教训，采用了不同的发展用户的途径。具体到 The Facebook，它起初只对在校大学生和教职人员开放（当然后者不是它的发展对象），要求有一个 .edu 的邮箱才能注册登录，而大多数人一旦离开学校便不再拥有这样的账号。Facebook 根据大学和科系（这通过学生们的邮箱地址很容易办到）把用户分成组，一个人可以得到同一个学校同学的各种真实资料，包括年龄、性别、地址和电话。这些信息今天看来是非常敏感的，而且要保护得非常好，但是最初在一个很大的圈子内是完全公开的。我通过 Facebook 和我过去同一个实验室的师兄弟姐妹都联系上了，而通过其他网站，这件事几乎办不到。当然，不同学校的大学生是无法查到对方资料的。

由于每个用户的邮件、电话甚至住址都能查到，便为大学生们谈恋爱提供了巨大的方便。不少本科生对我讲，他们去"早期"的 Facebook 的原因是需要真实的爱情。事实上，扎克伯格自己就是这么找到太太的。Facebook 早期只对大学开放，省去了非常大的信息安全方面的麻烦，学生们邮箱的域名无形中筑起了一道虚拟的围墙，这给予了大学生们足够的安全感，愿意通过 Facebook 进行交往。而找到可靠的异性伙伴，是他们最实在的刚需。

在 Facebook 成立早期，扎克伯格等人考虑的是如何按部就班地一所大学一所大学地发展，而出身于富商家庭的共同创始人沙弗利则试图通过在网站上卖广告来挣钱。根据扎克伯格和朋友的聊天记录，他当时觉得自己不懂得如何做生意，只是想集中精力把产品做酷，而在他看来沙弗利知道做生意的所有事情，于是生意上的事情和公司业务的发展都交给了后者。如果按照这两个年轻人的想法办公司，Facebook 就算办成了，也不知道要走多少弯路。其实当时留给 Facebook 的时间并不多，因为等到 2008 年移动互联网兴起，Facebook 那种基于个人电脑的社交网络就不再炫酷了，在此之前的四年里它要形成足够大的体量，并且转型为互联网 2.0 的平台，然后通过盈利收购移动互联网公司，这一切并非易事。如果一步走错，花上半年甚至一年来纠错，即使能纠正过来，时机也已经失去。

帮助 Facebook 走上正轨的是硅谷的老兵、Napster 的创始人肖恩·帕克（Sean Parker），可以说帕克把 Facebook 和扎克伯格本人的境界都提高了一个层级。帕克知道 Facebook 很偶然——他和斯坦福大学的一位女生发生了一夜情后，对方第二天一起床就先去上 Facebook，这引发了帕克的好奇，因为帕克曾担任过 Friendster 的顾问，对社交网络非常有兴趣。在看了 Facebook 的服务后，帕克觉得这个网站前途无量，于是直接跑到波士顿找到扎克伯格，替他出谋划策。

见到扎克伯格后，帕克询问了扎克伯格的打算，后者告诉他打算一所大学一所大学地拓展，同时通过广告获得收入，正在拓展更多的大学。帕克纠正了他这种小家子气的想法，告诉他，必须马上占领美国和欧洲所有的大学，至于钱，卖广告的那点收入来得太慢，根本无法适应公司快速发展的需要，他们应该去硅谷，从风险投资人那里获得资金，把精力放在业务发展而不是挣小钱上。扎克伯格听从了帕克的建议，2004 年暑假带着团队到了硅谷的中心帕洛阿尔托，帕克成为了公司总裁。不过，共同创始人沙弗利没有跟着去，他暑假跑到纽约等地去为公司销售广告了，事实证明沙弗利这个人在生意上是不懂装懂，而且在哈佛善于吹牛皮。没有跟着扎克伯格去硅谷，可能是沙弗利一生犯的最大错误。

3.2 到硅谷去

除了把公司搬到硅谷去，帕克给扎克伯格的另一个具体却十分重要的建议，是将公司的名称从 The Facebook 改为 Facebook。不要小看删除 The 这一个没有太多含义的英文单词的意义，在英语里要确定一类东西中某一个特定对象，比如指定某一张桌子（Table）的时候，需要用 The 这个定冠词，用来说明是具体的这一张而不是随便某一张。但是，对于独一无二的专有名词，比如哈佛大学、福特汽车公司，则不需要用 The。Facebook 这个词在英语中的含义是指大学印发的关于学校学术和生活介绍的出版物，旨在帮助学生们更好地相互了解，因此每一所大学都有自己的 Facebook，它们可以被认为是印在纸上的社交网络。The Facebook 无非是指众多 Facebook 中特定的这一个，即那个社交网络的网站。帕克在公司名称中删掉了 The，让 Facebook 成为了一个专有名词，特指这家公司，传达给所有互联网用户一个信息——大学生们的社交网络就等于 Facebook 这家公司。当然，它相应的网址 thefacebook.com 也被定向到今天的 facebook.com。

有了帕克的帮助，又到了硅谷的创业环境中，Facebook 的发展就和以前大不相同了。仅仅一个月后，他们就找到了风险投资。PayPal 的创始人彼得·蒂尔成为这家只有几个人的小公司的第一个投资人，他投资了 50 万美元，获得了 9% 的股份，后来他在几次融资中追加了投资，以 1270 万美元的投资获得了超过 10% 的股份，如果他把 Facebook 的股票留到今天，可以获得 4000 倍的回报。一些愿意冒险的年轻人也加入了他们，让这家小公司发展迅速并充满了活力。但是，对于那个远在纽约，现在对公司没有半点用处，甚至还在添乱的共同创始人沙弗利怎么安排，就让扎克伯格伤脑筋了。作为共同创始人，沙弗利不仅拥有 30% 的股份，而且名义上还把持着公司的商业运行。让扎克伯格和帕克很不满意的是，沙弗利卖掉一些广告位后就开始在 Facebook 上放广告，更有甚者，其中还包括沙弗利自己投资的一个找工作的网站的广告。

在这种情况下，扎克伯格觉得有必要和沙弗利见面谈一谈，于是请他来一趟加州。当时无论是扎克伯格自己，还是 Facebook 公司，都没有钱给沙弗利买飞机票，于是扎克伯格提出用自己的里程给沙弗利兑一张票，但是沙弗利拒绝了。在这种情况下，扎克伯格决定下狠手让沙弗利出局，但是 20 岁刚出头的他并不知道该怎么做。帕克对扎克伯格讲，投资人蒂尔有办法。而蒂尔说，办法是向红杉资本的合伙人莫里茨学的，这个办法有点"肮脏"，因此蒂尔并不愿意把它的发明权安到自己头上。

在蒂尔和帕克建议下，扎克伯格先是通过改变公司的注册地，削减了沙弗利的股权比例和潜在的利益。在搬到硅谷之前，扎克伯格和沙弗利在佛罗里达州注册了一个叫做 The Facebook 的小公司，这应该是沙弗利的主意，因为当时扎克伯格对商业一窍不通，这方面的事情就安排沙弗利做了，而后者也是半吊子水平，才会把一个科技公司注册在那里，而不是像绝大多数科技公司那样注册在对保护商业最有利的特拉华州。风险投资人通常会在第一轮投资时，要求公司注册到特拉华州，以适应公司的长期发展，因此扎克伯格就以这个理由在特拉华成立了一家新公司，由它收购了原来佛罗里达公司的全部股份。这家新公司给了沙弗利高达 24% 的股权，相比在一线干活的扎克伯格所占的 40% 的股权，这个比例是极高的。各个天使投资人、帕克以及创始团队的员工，分享了大部分余下的股权，此外，还为未来的员工预留了一部分股权。至此，沙弗利的股权还没有被稀释，虽然他的占比从开始的 30% 下降到了 24%，但是考虑到投资占股，以及新人占股的因素，这一等比例下降是合理的，而且扎克伯格的占股比例下降更多，从 65% 下降到了 40%。但是，在这次股权变更中，扎克伯格等人留了一手，就是要求沙弗利放弃对 Facebook 知识产权的拥有权，并且把投票权转给扎克伯格，也就是说扎克伯格牺牲一部分股权换回了沙弗利的管理权。说实话，当时的 Facebook 也没有多少知识产权，即使是股价也值不了几个钱，而一家作价已经几百万的公司的股份才是主要的。沙弗利当时远在纽约，既然已经没有控股权，投票权意义不大，因此沙弗利就签署了这个协议。但是，沙弗利没想到的是，这其实是扎克伯格等人为他设的陷阱。

接下来，掌握了投票权的扎克伯格就大量增发股票，他本人和创业团队，以及帕克和蒂尔在增发后，都基本上维持了原来的比例，而沙弗利的股份则被稀释到了 6% 左右，基本上相当于被赶出了公司。扎克伯格当然知道这么做会引起法律纠纷，但是他对此事先已经有所准备。根据《商业内幕》杂志（Business Insider）的报道，在此之前，扎克伯格一位匿名的朋友或者同事提醒他，这样做一定会引起法律纠纷，扎克伯格说，他必须这么做，否则会被沙弗利掣肘。由于沙弗利并不在公司，因此等到他得知股权变更消息时，已经是几个月后 Facebook 进行新的一轮融资之际。愤怒的沙弗利给公司发去了律师函，而扎克伯格在收到律师函之后，立即开除了沙弗利，紧接着双方开始了法律诉讼，沙弗利一度找到温克夫斯兄弟，希望和他们俩一起对付扎克伯格。不过，Facebook 和沙弗利最终还是达成了和解，公司允许沙弗利使用共同创始人的头衔，而沙弗利承诺不再对公司发布意见。

没有了沙弗利的掣肘，扎克伯格和他的创始团队在硅谷发展得非常快。当 Facebook 第一拨用户从大学毕业后，Facebook 便逐渐从一个校园项目转型为一家真正面向全社会的互联网公司，在这个过程中，帕克起到了关键性的作用，除了作为公司的首席运营官管理日常事务，他还负责开发了 Facebook 的图片共享功能，这在当时成为了 Facebook 上的一个杀手锏。此外，帕克还确定了后来 Facebook 非常干净的用户界面，而不像其他社交网络那样搞的花里胡哨，使得它在高端用户中受到欢迎。

但是，随着业务的发展，公司管理权的问题再次出现。面对帕克这样一个有经验的硅谷老板，投资人和扎克伯格心态非常矛盾。一方面，帕克的经验对成立只有一年的公司来说非常重要，扎克伯格也把帕克看成是精神导师，并且在公司邮件中明确表示是后者将 Facebook 缔造成真正的互联网公司，另一方面大家最终要决定由谁来领导公司。有过创办盗版公司经历、还对毒品感兴趣的帕克的外界形象实在不算好。接下来就发生了一件颇为诡异的事情，让帕克不得不离开 Facebook。

2005年8月，在帕克和朋友的一次私人聚会上，警察拿着搜查证、带着专门寻找毒品的猎犬跑来搜查毒品，因为有人举报他们收藏和吸食毒品。警察最终搜到了可卡因、大麻等毒品并带走了帕克，在场还有一位年龄不满21岁的女生，这让问题变得更加严重。为什么警察会去私宅搜查，至今没有披露。由于在美国不相干的他人的举报是不能作为上门搜查毒品的理由的，因此，大家私下里都认为是有内部人告了密，给警察提供了帕克等人拥有毒品的证据。这件丑闻爆出后，投资人公开表示要求帕克辞职，扎克伯格的态度有些暧昧，他一开始认为这不是件大事，但是很快就接受了投资人的建议。大家给出的理由是，当时 Facebook 的用户都是大学生，总裁有吸毒丑闻对公司形象不利。最后，由蒂尔出面以维护公司形象为由劝说帕克离开了 Facebook。此后，扎克伯格完全掌控了公司的经营。

2006年，为了在更大的用户群体中发展用户，Facebook 开放了对所有互联网用户的注册，此前所有的用户都需要有一个 EDU 的邮箱才能注册。这一举措让 Facebook 的用户数量突破了千万，此后它的性质也由原来以交友为主的网站，变成了一个虚拟的社会。到了 2007 年，微软公司为了在互联网上对抗 Google，给 Facebook 投资 2.4 亿美元，换取了其 1.6% 的股权，这不仅标志着这家当时员工只有一百人，用户数量只有 4000 万的网站，估值已高达 150 亿美元，也意味着有了微软等公司的巨额投资后，Facebook 完成了从一家单纯的社交媒体网站到互联网 2.0 平台的华丽转身。

从波士顿地区搬到硅谷，对 Facebook 的成功至关重要。在硅谷，它获得了当地天使投资人和风险投资基金巨大的投资，包括蒂尔、红杉资本以及俄罗斯的 DST 基金都是它坚定的投资者。同时，也正是因为在硅谷，它才得以从 Google 等公司挖到了大量的一流人才，使它成为一个境界高远的公司。反观国内很多企业，为了一点优惠条件，跑到三线城市去办公司，从此眼界和资源都受到限制，最终难成大事。看一看中国有多少上规模的互联网公司起源于三线城市，就会懂得这个道理。扎克伯格能够听从帕克的建议，可谓从善如流，这是他获得成功的关键。至于他和沙弗利、帕克等人的恩怨，我们在这一章的最后再做评述。

3.3 超越社交网络

几乎所有公司的创始人和管理者都明白，公司要想发展，就要提供给用户所需要的产品或服务。他们总是挖空心思研究用户到底需要什么，如果猜对了，就有可能获得成功，否则一定是失败。Facebook 完全不同，它只是为大众提供一个平台。用帕克的话讲，Facebook 其实不必知道用户想在 Facebook 上做什么，只需要让用户感到酷。至于在这个平台上用户需要什么，他们可以自己去开发。这样，Facebook 就不用承担任何产品决策错误的风险，而是只需要一门心思专注于把这个平台做酷、做好。到了 2010 年，为 Facebook 提供服务的各种软件技术人员已多达上百万，他们在短短几年里，为 Facebook 提供了 55 万种[1]大大小小的服务，使得 Facebook 成为世界上人数最多、成长最快的虚拟世界，而这个虚拟世界又和互联网用户的真实世界相对应。随着云计算的兴起，在互联网上使用软件逐渐成为一种趋势，用软盘和光盘安装软件或者下载安装软件逐渐成为了过去时。在这样的背景下，谁拥有了一个可以给大家发布软件的平台，谁就拥有了 IT 时代的主导权。关于这一点我们在接下来介绍互联网 2.0 时，还会进行详细分析。

相比之前的社交网络，Facebook 了不起的地方在于超越了社交本身，把它变成像操作系统一样大家都离不开的 IT 平台。那么为什么是 Facebook 而不是之前的社交网络做到了这一点呢？简单地讲，它具有两个其他社交网站不具备的优势。

首先，Facebook 早期的核心用户群体是大学生，特别是一群对技术敏感的大学生，虽然他们来到这个网站的目的是交友，但是他们有兴趣分享自己创造的内容，包括自己开发的小程序。相比之下，无论是互联网 1.0 时代的

---

[1] 截至 2010 年的数目。

Friendster，还是互联网2.0时代的MySpace和Orkut，用户的层次都太低端，不可能开发和分享应用程序。事实上，在Facebook平台上开发程序的大部分人都是大学生，此外就是创业公司的人。

其次，Facebook早期为了共享信息，允许朋友之间共享账号，甚至共享密码，这引发了巨大的信息安全隐患，但是另一方面，也让Facebook因此开发出一套为第三方服务提供登录的技术。在互联网上，账户管理并非易事，它需要很强的信息安全水平，否则账户很容易被攻破，一般小公司没有这种技术能力，无法自己管理那么多用户账户。现在，Facebook提供了一种简单而相对安全的登录和账户管理方法给那些小网站使用，于是诸多小网站便开始通过Facebook的账户为用户提供服务，比如Zynga这样的游戏公司。这种方式后来被很多大公司包括很多电商接受，它们也将用户登录交给Facebook管理。而在之后，腾讯、新浪等公司也学习了这种做法。今天，通过微信、微博或者QQ登录，最初的思想都来源于Facebook。

掌握了用户的登录权限，就掌握了大量的用户，而且能了解他们在网上的行为，这是Google、雅虎和微软等各大互联网公司都害怕的事情。Google在Facebook诞生早期还觉得它的用户都是大学生，等他们毕业后就会离开Facebook。但是，由于Facebook用户一旦使用它作为进入各种需登录网站的入口，对它的依赖就非常强，他们虽然毕业了，依然在使用Facebook，因此，Google在意识到这一点之后，就开始发展Orkut之外的社交网络，以免用户都被Facebook抢走。

从2009年起，Google开始把Facebook作为最危险的竞争对手对待，并且试图在对方的地盘上竞争。事实证明，Google不仅在对人与人通信的理解上不如对方，而且在法律的边界打擦边球的勇气也远不如对方，直到2012年，Google在这方面的努力都是失败的。在此期间，Google推出过一款非常成功的基于移动互联网的社交工具Google Buzz，它不仅无缝对接Google自己的常用服务，包括Gmail、YouTube和地图等，而且还把当时最流行的第三方社交工具，比如分享图片和视频的 Flickr、分享消息的推特，等等，都集成进去了。它也像 Facebook 一样可以通过 Google 的账号登录那些服务，而且它是一款移动终端优先的社交工具，这个理念在当时领先于 Facebook。但是，Google Buzz 只存活了一年多就下架了，因为它带来了太多对个人隐私的担忧。事实上，这些担忧，比如使用者的位置、一部分社会关系网络，和今天移动互联网泄露出的个人隐私（包括出卖给第三方）相比，不值一提。Google 对外界的评论总是过于介意，而它在成立 10 年之后，更是聚集了越来越多站在道义制高点的批评者，而不是愿意承担责任的实干家。Google 每上线一个服务，都要事先考虑社会上各种潜在的负面意见，以至于大部分和社交网络相关的项目都胎死腹中。而 Facebook 则更具有锐气，它会直接拿市场来检验自己的产品，反馈好就保留，不好就终止。在这样的大环境下，Google 很快终止了 Buzz 服务，而后来 Facebook 的移动版本则包含了几乎 Buzz 中所有受欢迎的功能。

到 2011 年，拉里·佩奇终于意识到以 Google 的基因和文化，是无法开发出受欢迎的社交网络产品的，于是力排众议，支持来自微软的维克·冈多特拉（Vic Gundotra）另起炉灶，用比 Facebook 更极端的方式向 Facebook 开战。根据我和冈多特拉的几次接触，有两点非常深刻的体会。首先是他的执行力和为达目的不择手段的工作热情非常难能可贵，其次他的工作作风和 Google 的文化格格不入。2012 年我准备离开腾讯回美国时，冈多特拉和尤斯塔斯都向我伸出了橄榄枝，但是在和他们交流了几次后，我在佩服冈多特拉之余，还是觉得他太不 Google 了，于是决定回到尤斯塔斯的麾下。冈多特拉的优点让他在短时间里能开发出 Google+ 这一款还算有意义的社交产品，但他的做事风格让他与其他高管格格不入，并于 2014 年离开了 Google。

Google+ 是 Google 在社交网络上应对 Facebook 的最后一次努力，这一次依然以失败告终，虽然败相不算太难看，因为它在大约一年多的时间里遏制住了 Facebook 不可阻挡的发展势头。这一年多的时间非常宝贵，让 Google 得以建立起基于安卓手机操作系统的应用软件生态链，从而抵消了 Facebook

作为唯一的互联网软件平台的可能性。今天，Google 安卓 APP 商店中的应用程序要比 Facebook 上的多得多，两家公司终于可以在各自的市场上挣自己的钱了。

成功遏制了 Facebook 发展势头的另一家互联网公司是亚马逊，它通过自己的云计算平台给企业级用户提供第三方软件服务。我们在后面介绍云计算时会专门讲到，进入到本世纪第二个十年之后，通过云计算提供企业级的软件和服务成为一种不可阻挡的趋势，而世界软件和 IT 服务市场的规模今天依然比互联网大很多。因此，亚马逊在抢到了这一块市场之后，实际上就抢到了最值钱的用户。相比 Facebook 以量取胜，亚马逊是以质取胜。概括来讲，在个人电脑时代，微软的操作系统几乎是唯一能够发布软件的平台，因此它统治整个 IT 行业长达十多年。在此之后，互联网时代出现了三个可以发布软件的平台，即以 Google 和苹果为代表的移动互联网平台，以 Facebook 社交网络为代表的互联网 2.0 平台，以及以亚马逊云计算为代表的企业级平台。这四家公司和上一代霸主微软一道，构成了统治今天 IT 行业的五个巨头，在很长的时间里，它们都将是全世界市值最高的五家公司。

上述公司能够占领行业制高点，而又很难侵入对方的地盘，很大程度上是由它们的基因决定的。

Facebook 和 Google 之争，从本质上反映出两种整合信息方式的区别。Google 是一家信息处理公司，擅长用算法处理信息，这让它在搜索以及后来人工智能领域执牛耳。Facebook 是一家通信公司，善于理解人们沟通中的需求，因此它实际上是靠人的关系整理信息。Facebook 里的点赞功能（Like）和跟随功能，实际上是用户意见的反映，以及用户对那些他们认为可信赖的人的追随。信息既可以通过算法选取，通过算法过滤，也可以通过用户投票选取，通过那些我们信得过的人推荐而过滤。很多时候算法不能解决的问题，社交网络的作用就体现出来了。

亚马逊和 Facebook 之争，从本质上讲，反映出的是两种商业模式的区别，即优先企业级客户和优先个人用户。按照中国 IT 行业的俗语，就是 2B 和 2C 之争。亚马逊从一开始就为商机提供服务，有所谓 2B 的基因，而 Facebook 一开始就为个人服务，有 2C 的基因。最终大家找到了各自的边界。近年来虽然这些公司之间的竞争依然存在，但基本上都是在自己的地盘上发展。

3.4　充满争议的公司

相比 Facebook，美国主要的互联网公司都算得上是好孩子，Facebook 则是永远要搞出一些新闻。十多年来，扎克伯格和温克夫斯兄弟、沙弗利、帕克、蒂尔等人的关系，和投资人的关系，和中国政府的关系，一直是人们乐于谈论的话题。这些看似八卦的话题的背后，折射出创业和企业管理的很多经验教训。

首先，到底是谁发明了 Facebook，或者具体地说，是谁想出了使用哈佛金字招牌做社交网络的点子。

温克夫斯兄弟认为是他们的想法，他们只是雇扎克伯格写程序，因此 Facebook 的知识产权归他们，扎克伯格对此当然并不认可。其实，这个点子本身虽然可以说是 Facebook 成功的第一步，但是远非文艺作品渲染的那么重要。能想到这个点子的人多的是，但是能很好地将它实现，并且做出受欢迎产品的人却很少。在创业过程中，很多人想到一个点子，指望别人将它们做出来，自己坐收渔利，而结果却是谁付出了努力，最终谁就会收获相应的利益。温克夫斯兄弟心思在划船上，而扎克伯格的心思在做社交网络上，不同的关注、不同的付出，得到了不同的结果。如果把 Facebook 交由温克夫斯兄弟运营，今天几乎不会有人知道它。可以说，没有温克夫斯兄弟照样会有 Facebook，但是没有扎克伯格就没有 Facebook。

第二，扎克伯格是否该使用手段开除沙弗利。

从结果上看，扎克伯格的做法显然让 Facebook 免去了很多不必要的矛盾，只是他的手段不那么光明正大，以至于至今让业界诟病，成为创始人内斗的例子。不过，如果换一个角度思考这个问题，扎克伯格倒不像电影《社交网络》里描写的那么不堪，开除沙弗利其实是对他所做出的事情及时止损。回到扎克伯格的学生时代来看，当初他只是一个会写程序的书虫，这种人在英语里叫做 Nerd，就是书呆子。根据《商业周刊》等很多媒体披露出来的聊天记录，扎克伯格和朋友讲他对商业一无所知，而沙弗利懂得商业上的所有事情。当时沙弗利是哈佛本科生的学生创业协会会长，在同学们中这位来自巴西的富二代可是一位"会做生意的人"，同学们传说他在巴西的股市上挣到过钱，而且还和当地的黑手党有交情。当丝毫不会做生意的扎克伯格遇到这位有着"会做生意"光环的同学时，不但让他当了共同创始人，而且给了对方 30% 的股份，几乎是自己（65%）的一半。

不过，当帕克这位真神出现后，沙弗利皇帝的新装就被戳破了。特别是当扎克伯格到了加州硅谷，见到蒂尔这些真正的企业家后，对于过去自己没有经验犯下的错误一定是后悔不已。留着这样一位想法和大家（扎克伯格、帕克和蒂尔）都不一致，而且手握巨大股份的人在公司里，必将损害公司的利益。事后证明，沙弗利即便在有了钱后，也不过是做一个富家翁而已，甚至为了少交所得税，放弃美国籍，把自己圈在新加坡这个弹丸之地。如果让他掌握 Facebook 的商业，公司前景堪忧。扎克伯格的过人之处在于他当时刚刚 20 岁出头，就能采用铁腕手段对自己因年轻所犯的错误止损，显示出与年龄不相称的魄力。事实证明，这件事对 Facebook 公司的发展有利。

第三，是否该迫使帕克出局。

作为硅谷的老兵和成功的创业者，帕克的见识和能力都是一流的，也正是他把扎克伯格带到了一个全新的高度。如果扎克伯格和沙弗利一起混，

Facebook 最多不过是诸多社交网络中的一个，而不会成为社交网络的代名词。这正如帕克给公司的名字做的那一处小改动，去掉了 The，改动虽然小，但是内涵就完全不一样了。

但是，帕克个性过强，不是能够久居人下的人物，最终会和扎克伯格产生权力之争，这时所有人就需要站队了。在一些公司，比如特斯拉公司，是投资人和职业经理人取代了创始人，因此退回到 2005 年，由帕克掌管公司的可能性不能说没有。令人吃惊的是，几乎没有人站在帕克一边，这可能是因为大家并不觉得他是一个好的 CEO 人选。CEO 从某种角度上讲是政治家，他们自身的行为代表了公司。有吸食大麻历史而且后来不断捐款致力于大麻合法化的帕克，是一个争议过大的人物。至于这里面扎克伯格是什么态度，他从来没有透露过。虽然电影《社交网络》中暗示这是他的阴谋，但是并没有证据。应该说，当帕克把扎克伯格引向正轨后，他的使命就完成了。美中不足的是，Facebook 解决这件事的方式让大家对它和扎克伯格有很多负面看法。

第四，蒂尔和扎克伯格本人的结局也总是媒体谈论的话题。

Facebook 最初的投资人蒂尔在帮助公司引入一轮轮投资方面贡献甚大，但是奉行保守主义的蒂尔作为这家极为激进的公司的董事会成员，一直是受攻击的对象。自从他公开支持特朗普，便受到 Facebook 其他董事希望他辞职的压力。扎克伯格从来没有公开表达过他对于蒂尔的看法。但硅谷的科技界普遍认为在压力之下，蒂尔辞去董事一职是早晚的事情。从 Facebook 前面做过的事情来看，它并非一家宽容的公司。当然，相比对公司内部的人，Facebook 在对外的竞争中更加不宽容。

扎克伯格是一个城府极深的少年老成之士，外界时常低估了他成熟的程度。扎克伯格一直树立自己作为自由派和进步派（Progressive）的形象，但是没有人知道他的真实想法。他在 2016 年美国总统大选中公开支持希拉里，并且 Facebook 被认为有意识地在社交媒体上将民意往希拉里一边引导。但是，在大选前最后两天，Facebook 突然释放出对特朗普支持的民意，让媒体怀疑是因为它通过大数据事先猜出了特朗普可能获胜而为将来留有余地。

扎克伯格在媒体上为自己画的脸谱和他在商业中的行为完全是两回事。在中国很多科技界粉丝的眼里，能说两句中国话，不断向中国示好的扎克伯格似乎会为了生意遵从中国的商业习惯。但事实上，扎克伯格误读了中国，中国 IT 产业也误读了他，以至于 Facebook 进入中国的努力在 2018 年 7 月 25 日一夜之间来了个大逆转，导致公司的股票暴跌 20%，创造了中石油之后，公司股价一日缩水的最高世界纪录。这件事发生的当天，Facebook 的很多投资人便要求扎克伯格辞职。扎克伯格可能没有想到，他在 Facebook 上注入的不宽容文化，最后可能会应验到他自己身上。

不仅围绕着扎克伯格本人有着无数的争议，对这家公司的争议也是不断出现。除了早期不断爆出不重视保护用户隐私和采用不光彩手段与对手竞争外，它受到业界和媒体普遍批评的有两件事——2012 年的 IPO 和 2018 年出售个人隐私事件。

如果说 2004 年 Google 的 IPO 是一个给所有人带来好处的事情，那么 2012 年 Facebook 的 IPO 则给很多人带来了灾难。

Facebook 上市的过程颇有戏剧性。从时间上来讲，它找到了一个极佳的时间点，因为 2012 年前的一次金融危机已经结束，美国股市的表现非常好。因此，在上市前的最后时刻，Facebook 与其上市承销商摩根士丹利不断鼓吹互联网 2.0 的泡沫，使得全世界对它的期望不断提高。Facebook 也将原来的融资额从 100 亿美元左右提高到 160 亿美元，对公司的估值从 770 亿—960 亿美元提高到 1040 亿美元。Facebook 的 IPO 规模仅次于之前 VISA 信用卡公司和之后阿里巴巴公司的上市，成为有史以来第三大 IPO。

Facebook 于 2012 年 5 月 18 日正式上市，上市后因为交易量过高，使得很多交易无法交割。大小投资人的热情一度将估值从 IPO 的每股 38 美元推高 18%，达到 45 美元。但是，很快大家的热情就消退了，Facebook 的股价当天就开始下跌，几次逼近发行价。靠着有大的投资银行在托盘[2]，它才勉强维持在 38 美元以上，没有破发，当天的最低价是 38.01 美元。

然而，依靠大机构托盘终究不会持久，Facebook 的股价从上市的第二天开始破发，一度下跌 29%，到达 26.81 美元左右的低点，但是，这仅仅是 Facebook 股价噩梦的开始。在接下来的几个月里，它因为增发股票太多和营收不佳双重原因，股价一路走低。和大部分公司将内部股票的解禁期定在 180 天不同，Facebook 定在 90 天。这样，在 8 月 16 日，大量内部股票开始流入市场，Facebook 的股价迅速跌到 19 美元（即发行价的一半）以下。这使得花旗银行等一些机构不仅没有从 IPO 中挣到钱，还因为替它托盘而亏损数千万美元[3]。

雅虎财经的评论员认为，这是有史以来最糟糕的大型 IPO[4]。摩根士丹利美邦的一位理财顾问在和我聊天时流露出对 Facebook 的不满——"他们不但把桌子上的钱拿光了，而且还把大家口袋里的钱掏走了"。所谓把桌子上的钱拿光了，是指 IPO 原本应该是上市公司和投资银行一起分钱，但是 Facebook 给的手续费太低，投资银行没挣到什么钱。所谓把大家口袋里的钱还掏走了，是指投资银行和基金在开始几天为了给 Facebook 托盘，最后损失很大。当然，如果这些基金有足够的资金维持 Facebook 的头寸，持有到今天依然能够大赚特赚。但是对于承销商来讲，它们从来只挣短期的钱，因此而亏损的承销商对 Facebook 极为不满。

---

2 每当它的交易价格接近 38 美元的发行价时，就有上千万股的买单在 38 美元出现。
3 http://blogs.bar-rons.com/stocks-towatchtoday/2012/05/25/citi-may-have-lost-20m-to-facebook-ipo-glitches/.
4 http://finance.yahoo.com/blogs/breakout/facebook-worst-ipo-ever-144321373.html/.

图 20.1　Facebook 的股价上市后一路走低

Facebook 的股价在 IPO 时从上市前的估值不断高升，到上市后一路下跌（图 20.1），主要有这样一些原因。首先，上市之前很多券商期望值过高，指望 Facebook 能够像 2000 年第一次互联网泡沫时的上市公司那样把整个互联网行业的股票炒起来，因此上市时 Facebook 的市盈率（P/E 值）高达 77—96 倍。但是，投资界经历了 2001 年互联网泡沫的破灭和 2008 年的金融危机后，已经比较冷静了，Facebook 的行业影响力没有想象的那么大，因此承销商期待的奇迹没有发生。第二，蒂尔这样的早期投资人一开始就大量抛售股票，他在 2012 年卖掉了手上大部分 Facebook 股票，换得了大约 10 亿美元（如果他持有到 2018 年 8 月，那一批股票大约能值 400 亿美元），帕克等人和占股最多的投资机构 DST 也是如此。因此，市场预期早期员工会在上市 180 天解禁后大量抛售股票，而这件事也确实发生了。

Facebook 的股价最后的走势果然如华尔街所预期的那样，在 180 天解禁后跌到了最低点，这时各个基金从 Facebook 的风险投资人和员工手里低价、大量地买到了所期待的股票，而 Google、微软和亚马逊等公司的不少员工出于对冲自己财富的目的，也在广泛购买它的股票。这时 Facebook 的股价开始筑底，然后随着它的业务稳定增长，尤其是在并购了不少移动互联网公司后找到了一些新的广告成长点，股价开始逐步攀升，但是后来的利润与早期投资人以及很多参与 Facebook IPO 的承销商已经无关了。华尔街在评述 Facebook IPO 时，认为这家公司过于贪婪。

从 2013 年之后，Facebook 发展稳健，虽然不断创造出头条新闻，但是大多是商业并购和商业摩擦，并非爆炸性的。可是到了 2018 年，Facebook 被爆出了出售大量用户数据的丑闻。举报人发现，Facebook 将超过 5000 万人的用户数据出售给数据分析公司剑桥分析，后者试图通过分析这些数据左右美国和墨西哥等国的选举。丑闻爆出后社会一片哗然，扎克伯格在这件事情上倒是非常诚实，不仅承认了错误，登报道歉，而且承认他们实际出售了 8700 万人的数据，比爆出来的还要多。当然，扎克伯格也被要求到国会举行的听证会上去接受讯问，虽然当时 Facebook 的股票一度下跌 5%，但是扎克伯格面对一大群并不太懂技术的议员们，并没有费什么力气就解答了对方抛过来的一大堆不专业的问题，从而化解了危机。随后，Facebook 股价复位。不过，这场危机让很多人对社交网络开始产生了疑问：当一家公司能够拥有几乎所有人的数据时[5]，它是否会形成一种独裁和强权。历史学家赫拉利在他的新书《今日简史》中特别把这件事列为当今 21 个待解决的大问题之一。

从扎克伯格和周围人的关系上，可以看出公司的发展和业务的发展，都受到了一种非个人意志能左右的冥冥之中力量的控制。温克夫斯兄弟注定成就不了社交网络，沙弗利和帕克注定要出局，蒂尔和扎克伯格注定要受到来自内部的挑战，都是这种冥冥的力量在决定。作为一家以盈利为目的公司，为了自身利益牺牲投资人的利益和用户的利益似乎也无可厚非，但是这样一来，Facebook 在业界的口碑终究赶不上英特尔、思科和 Google 等公司。

3.5 新一代的并购机器

我们在第 8 章介绍甲骨文时讲到，甲骨文在过去的 20 年里，业务增长主要

---

[5] 到 2018 年第一季度，Facebook 上的注册用户为 22 亿。

靠并购，因此它是一个实打实的并购机器。类似地，杰克·韦尔奇在担任 GE CEO 时也完成了许许多多的并购和分离，通过这种方式，他创造出 GE 十多年持续高速增长的神话。然而，并非所有的公司都能够通过并购扩展业务，很多企业并购了新的业务之后，不仅做不到 1+1 > 2，甚至是 1+1 < 1，因为并购产生了新的问题，带来的好处远没有产生的问题多。历史上不擅长并购的典型企业有很多，包括微软，因为它们不善于消化吸收被并购的实体，因此一些企业宁可采取内部开发的方式，而不用时间成本最低的并购方式。不过，在信息时代，Facebook 算是非常擅长并购的公司，它在 2012 年 IPO 之后，很多业务的增长都是通过并购完成的。

Facebook 的第一宗大型并购案是 2012 年上市之前花 10 亿美元收购了照片分享公司 Instagram。该公司当时只有 13 名员工，主要产品就是一款基于 Facebook 平台的应用软件，当时它拥有 3000 万用户，但是没有一分钱收入。就在 Facebook 宣布收购这家小公司之前一个月，Instagram 刚刚结束了一轮融资，估价是 5 亿美元。也就是说，仅仅过去一个月，Facebook 就出了 100% 的溢价进行收购。

为什么 Facebook 愿意花如此大的价钱收购这样一家不仅没什么收入，而且没几个员工的小公司呢？因为 Instagram 的产品可以增强它的核心竞争力，也就是在社交网络上扩大内容分享的方式。回顾一下社交网络兴起的历史，最早的社交网站 Friendster 的一个核心设想就是在朋友之间进行各种分享，而 Facebook 早期很重要的用途也是如此，当然，大部分是文字内容。虽然当时的 Facebook 也能分享图片和短视频，但那只是图片和视频原文件的直接分享，无法针对互联网用户进行简单的编辑和美化。今天，很多女生用手机拍照，在分享之前都要先进行美化，我们已经把这个流程当作必需的，但是当时互联网上的图片分享缺乏这种功能，Instagram 是这方面的先驱。此外，Instagram 当时刚刚上线苹果手机的 APP，安卓手机的 APP 也在发布进程中。出于将分享的内容从文字往富媒体扩展的需要，也为了防止 Google 等公司抢先收购这家小公司，Facebook 果断下手，以极高的溢价收购了它。

一位曾经参与 Instagram B 轮融资的投资人对我讲，他听到这个消息简直惊讶不已，刚刚和该公司签了投资协议，他的投资随即就翻了一番，这是他做投资十多年来第一遭遇到这样的事。

Facebook 在收购 Instagram 后，不仅赢得了大量个人用户和流量，而且很多商家利用这个工具开始做广告，使得它开始产生收入。今天 Instagram 本身就有 8 亿用户，其用户的活跃度要高于 Facebook 本身，大约 80% 都是活跃用户。此外，用户在 Instagram 上开发了很多照片的过滤器，使它变成了一个大家可以挣钱的平台。2017 年，Instagram 为 Facebook 带来了 36.4 亿美元的收入，据估计 2018 年几乎可以再翻将近一番，达到 68 亿美元，这一增长速度也远高于 Facebook 本身。

如果说以 10 亿美元并购一家小公司足以让 IT 行业对 Facebook 的并购魄力刮目相看，那么两年之后近 200 亿美元的高价并购 WhatsApp[6]，就更让 IT 行业说不出话来了，因为仅仅一个月前，WhatsApp 刚刚以 15 亿美元的估值进行了一轮融资，一个月后的收购价格就涨了 10 多倍，这在 IT 产业的历史上是闻所未闻的。因此，很多人当时都觉得 Facebook 买 WhatsApp 是买亏了，要知道这家小公司当时不足百人，只有 100 万美元的营业额。

那么 WhatsApp 是做什么的呢？简单地讲，它就是国际版的微信，微信大部分功能它都有，但不同的是，它是一款真正国际化的产品，支持世界上几十种主要的语言，而微信至今依然是一款中文产品，虽然你可以在微信中使用英文。事实上在 2013 年，也就是 Facebook 并购 WhatsApp 的前一年，腾讯专门到硅谷接触了这家小公司，提出以 10 亿美元的价格收购，后者几乎没有深谈就拒绝了。一年之后，Facebook 开出了腾讯当初出价的近 20 倍，不给 WhatsApp 思考的余地，迅速形成并购。对此，整个 IT 行业都觉得 Facebook 在乱花钱，吃亏了。当时，一些美国媒体采访我，询问我的看法，我当时提出了这样两个看法。

6　算上后来给 WhatsApp 员工的期权，收购价格其实超过了 200 亿美元。

1. 如果 Facebook 开一半的价格，或许也能完成并购，但是，也可能夜长梦多，其他公司可能会回来竞标。一次把价格开够，不让对方思考，马上答应，或许是一个不错的策略。

2. 在 Facebook 宣布这桩收购案时（2014 年 2 月），腾讯的市值在 1300 亿美元左右，当时如果没有微信，腾讯的市值恐怕要下跌一半，如果这么算，当时用户数量比微信还多的 WhatsApp 价值抵得上 200 亿美元。当时 Facebook 的市值是 1700 亿美元左右，它的出价占到自己市值的 1/8 左右，应该也是能承受的。

当然，这里的关键在于 WhatsApp 对 Facebook 是否有用，用处有多大。如果有用，而且有大用，那么多 100 亿少 100 亿美元其实不重要。

在 2013 年初，Facebook 的发展其实遇到了一个瓶颈。之前的几年，它依靠互联网 2.0 的平台效应，吸引了众多用户，也吸引了众多软件开发者。但是，进入到 21 世纪的第二个十年，移动互联网兴起并且开始抢占原有互联网的市场，任何不能在移动互联网时代有所建树的互联网巨头，都在走下坡路，最典型的就是雅虎和百度。在这个转型的时代，Google 和苹果依靠它们的手机操作系统以及相应的 APP 商店，逐渐取代了 Facebook 作为一个软件发布平台的作用，抢占了先机。有的企业则利用这一转型时期实现了飞跃，比如腾讯。但是直到 2014 年，Facebook 对已经到来的变局都还没有找到很好的应对策略。同为社交网络，它曾经在理念和产品上远远领先腾讯，但是到了移动互联网时代，它的那些社交工具相比腾讯的微信却显得老旧而麻烦，对年轻人完全没有吸引力。而这时，恰巧有了 WhatsApp 这种类似于微信的社交工具，因此 Facebook 花大价钱收购它也在情理之中。

虽然微信和 WhatsApp 这类社交工具直接产生收入的手段并不多，但是却能吸引大量的用户。从 2014 年开始，Facebook 的用户逐渐完成了向移动设备的迁移，并且通过 WhatsApp 这款具有新意的手机社交工具，吸引了年轻的用户加入到Facebook的网络中。到了2018年第一季度，Facebook 90%的收入都来自移动设备。也就是说，通过收购WhatsApp，Facebook完成了从PC互联网到移动互联网的转型。这样看来，当初它花200亿美元收购WhatsApp并不贵。今天WhatsApp上有12亿活跃用户，领先于微信，是世界上最大的移动社交网络。

当然，Facebook的并购也有败走麦城的时候。2014年，Facebook花了20亿美元收购了虚拟现实（VR）公司Oculus，引发了全世界的VR热。但是，由于VR技术尚有很多不成熟的地方，特别是与它配套的技术存在很大的缺陷，因此它被IT行业热炒了两年后，终于证明是一次泡沫。虽然Facebook依然在VR领域不断进行投入，但是行业对这次收购普遍不看好。

总的来讲，Facebook通过收购强化了自己的竞争优势，扩大了市场，完成了公司转型，非常成功。由于它几次并购出手豪绰，因此成为很多小公司寻求并购的对象，也成为投资人追求的目标。2016年我的基金投资和孵化了开发自然语言处理技术的Ozle公司，在2017年底被Facebook收购，整个并购过程相当干脆迅速，从创业者到投资人对此都很满意。今天作为一个大公司，Facebook能够在并购上做到这么高效，实属不易。

如果要总结Facebook在并购中成功的经验，最重要的莫过于寻找基因和自身匹配的公司，而不是简单扩大市场的公司。如果我们对比一下Facebook并购Instagram及Google并购图片管理和处理公司Picassa，就能清晰地看到基因的作用。虽然Instagram和Picassa都有图片管理、处理和发布的功能，但是，前者重在共享，以及吸引用户一起参与提供编辑修改图片的工具；后者重在图片的管理，特别是个人电脑上和个人账号下的管理。在编辑图片方面，Picassa提供了一个类似Photoshop的工具，这个工具自动化水平很高，功能较强，但是用户只能使用它，不能改变它。换句话说，Instagram具有通信基因，而Picassa具有信息整合处理的基因。它们与相应的母公司Facebook和Google都很匹配，因此这两桩并购都很成功。为了体会基因的作用，我们不妨再看一个例子，联想并购 IBM 的 PC 部门非常成功，因为两者都是计算机的基因。但同样是联想，并购摩托罗拉移动就很不成功，因为前者是计算机的基因，后者是通信的基因，完全是两回事。我和这两家公司内部一个高层人士聊过这个问题，他们说，联想在与摩托罗拉移动那些在通信行业中工作了几十年、在世界通信领域极有发言权的专家们的沟通中完全不知道如何融入。外行指挥内行固然不行，任由那些在商业上并不成功的专家继续沿着老路走也不行，如果一定将那些拥有行业经验的人放着不用，并购本身就没有意义了。这便是基因不同的公司之间并购的尴尬局面。

应该说，在并购方面，Facebook 给 IT 行业做出了一些好的案例，对其他公司都有借鉴意义。

4 改变生活和大脑

曾几何时，Facebook 是年轻人的活动场所，主要用户是高中生和大学生，大学毕业 5 年以上的很少使用它。2007 年，拉里·佩奇说，我这个年龄的人，已经不需要使用 Facebook 了，那一年他才 35 岁。但是，今天在年轻人眼里，Facebook 已经是老人家的网站了。我的两个女儿相差 7 岁，大女儿读大学，同学之间依然使用 Facebook 进行社交和发布消息，而小女儿在高中，她以及周围的同学根本就不使用 Facebook，即便有账号，也从来不登录。那么年轻人使用什么呢？除了被 Facebook 收购的 Instagram 和 WhatsApp，更多的是 Snapchat，以及其他轻量级、更炫酷的社交网络。

Snapchat 诞生于正值移动互联网蓬勃发展的 2011 年。那一年，WhatsApp 已经蓬勃发展并迅速攫取移动用户，Facebook 在准备上市，Google 在发力通过 Google+ 搅局，而风光一阵的领英和推特已经进入了发展的迷茫期。在大洋彼岸，微博已经开始降温，微信已经出现，看似社交网络市场基本上已经定格了，但就在这时杀入了 Snapchat 这一匹黑马。

Snapchat 是做什么的？它的功能其实和微信有点像，朋友之间可以聊天并分享图片和极短视频（不超过 10 秒）这样一些富媒体内容。如果仅仅是做这样一件事，就和之前介绍的 WhatsApp 或 Instagram 的功能重复了，更何况一开始它还没有图片编辑功能，富媒体内容的分享很粗糙。在硅谷的环境里，抄袭别人想法的公司不仅难以生存，而且会被大家看不起，很难得到发展。因此，Snapchat 必定有它特别的地方。实际上，它有三个革命性的发明创造是之前各种社交网络都没有的，它们也是 Snapchat 吸引 15—20 岁年轻人的地方。

首先，Snapchat 的聊天也好，内容分享也好，是阅后即焚（Burn after reading），不留记录的。这种做法对于那些要进行严肃社交，比如在大学里找男女朋友的人来讲，其实很不方便，因为你会希望保留一些社交的内容，让社交网络成为记录你生活的工具。但是，对于高中生（甚至初中生）来讲，这种阅后即焚、不留记录的方式有极大的好处，因为学生们可以不受家长和老师控制，也可以彼此不为说过的话做过的事情负责任。我们都有这样一个体会，孩子在学校里做错事了，老师会让当事人还原当时的场景，以便判断是非曲直，而作为当事人的学生会试图耍赖，推卸掉全部责任。如果使用微信这样的社交工具，老师让你把手机打开，你过去做的违反学校规定的事情就可能都暴露了。实际上，当今一些国家的海关还会用中国旅客的微信来判断留学生和旅行者是否做了非法生意，或者有非法打工行为。而 Snapchat 这种不保留记录的做法，让老师和家长抓不到证据，学生们特别喜欢。

其次，Snapchat 的内容分享是过时不候的，也就是说，消息或图片发出去后，你如果不马上看，很快就没了。这种做法，看似有很大风险，因为它可能使得交流中断，社交质量下降，但从另一方面来讲，如果对方知道你发给他的消息任何时候都找得到，他就未必会马上看，或者即使看了也不马上答复，这就使得即时通信失去了即时的意义。如果对方知道不马上看就看不到了，可能会每过几分钟看一眼手机屏幕，反而使得社交热度维持在很高的水平，人们如今每隔 6 分半钟低一次头，Snapchat 这类社交网络可谓"功不可没"。当然，要想在Snapchat上维持社交的热度还要有一个前提，就是你发的消息也好，图片也好，需要让对方感兴趣。如果对方觉得你太无聊，社交就失败了。事实上，Snapchat这种社交工具，对于会聊天的年轻人，或者善于观察生活中有趣现象的人，特别有效果。这些都适合上班族。

上述两个特点加在一起，可以让年轻人自由地发自己的隐私图片和短视频，既不会受到第三方监控，也不给对方留把柄，同时Snapchat还不用负责任，因为它不保存历史记录。虽然Snapchat从来没有教用户这么做，但年轻用户们最喜欢这个功能。年轻人在热恋中，好的时候自己什么都愿意给对方，可有时冷下来就会后悔，遇到不够体面的人，还会被对方拿住把柄。Snapchat的好处是避免了这种不必要的麻烦。可以说，Snapchat充分理解了年轻人社交的需求和习惯，这和它的创始人非常年轻有关。在创办Snapchat时，斯匹格是20岁，墨菲是22岁。

最后，Snapchat是从一开始就比较自然地引入本地社交和个人生活概念的社交产品，从而将线上社交和线下生活非常好地结合在了一起。虽然腾讯的微信、Facebook和Google都更早地而且大量地使用了本地信息，但是毕竟那些公司在诞生时本地的功能还并不重要。本地信息是它们后来加入到产品中的。Facebook一开始起源于校园，本身具有本地社交的特点，但是并没有使用定位信息。早期的互联网公司在使用本地信息时，都难免遇到便利性和隐私的矛盾，以至于稍微有一点隐私意识的人，都不会轻易在本地寻找陌生人社交。Snapchat是一个过后不认账，没有太多隐私负担的公司，因此它的本地过滤（Geofilter）功能做得非常有特色。比如说，大家都在上海外滩附近，朋友圈里可以把现在各自从不同视角看到的人和事分享出来，在网络上还原出当时的场景。它的个人生活功能，可以将自己的生活片断串起来，像讲故事那样分享给朋友。当然，选择哪些片断用户自己有主意，你可以把它看成是微信朋友圈的变种。此外，Snapchat还有类似微信红包的功能，叫作Snap现金（Snapcash）。

相比过去的社交网络，Snapchat 可以说是为年轻人量身打造的，因此它在很短的时间（从上线到 2018 年）内就获得了 12 亿的活跃用户。不过，这个基于年轻人的社交网络有一个很大的弱点，就是用户相对低端，而且消费能力有限，因此直到今天，Snapchat 还没有找到一个独特而有效的商业模式。

在移动互联网时代，全世界功能最强的社交网络，当属腾讯公司的微信了。除了直接写长篇博客，前面我们提到的社交网络的几乎所有功能，微信都具备了。如果不是因为腾讯是一家中国公司，不懂得如何做国际化产品，今天世界上最大的社交网络就不会是 Facebook，而是腾讯了。

至于为什么支持多种语言的微信没有成为全球性产品，这就和腾讯不了解中国之外用户的特点有关了。中国绝大部分为个人使用的互联网 IT 产品做得都过重，恨不能一个产品中包含所有的东西，即使是网站也都慢得不得了——并非因为网速带宽不够，而是因为上面有太多没用的东西。相比之下，无论是 WhatsApp、Instagram 还是 Snapchat，都做得非常轻巧，没有广告、游戏、漂流瓶这些和社交不直接相关的东西。WhatsApp 甚至没有红包、朋友圈和附近的人，它就是把过去打电话社交的功能做到了智能手机上而已。由于体量轻，WhatsApp 等社交工具使用起来要流畅得多，而且省电得多。另外，WhatsApp 和 Snapchat 等工具完全是端到端的加密通信，服务器上不保存和处理聊天数据，从保护隐私的角度来讲海外用户更为放心。也就是说，这种"少就是多"的设计理念其实是将全世界各种与种族文化相关的因素全部滤除了，只保留了人最基本的社交需求。

今天的社交网络虽然形态各异，但都抓住了人是社交动物这个最基本的特点。不同的社交网络会针对不同的人群、不同的文化做相应的调整，以增加用户的依赖性。比如中国用户习惯于一个功能齐全的社交工具，而出于全球化要求则需要轻量级简单易用的产品。正是因为这个原因，今天世界上才会有多种社交产品存在。图 20.2 给出了今天全球主要社交网络产品的用户数量，可以看出长尾效应非常明显（虽然收入集中在 Facebook 和腾讯两家）。

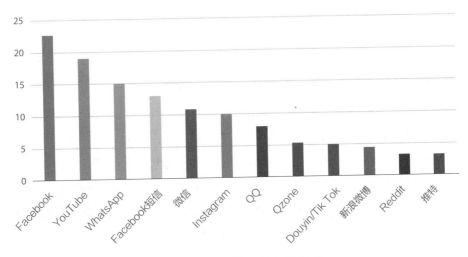

图 20.2　全球主要社交网络产品用户数

但是，成功的社交网络都很好地利用了人的这样四个基本的需求，并且为此提供了很好的服务：

其一，利用年轻人对异性的渴望；

其二，信息共享的需求，并且为了方便信息共享而提供部分账户共享功能；

其三，在线的脸谱和真实生活中的人之间的对应；

其四，建立某种意义上的朋友圈。

相反，花了很大努力却失败的社交产品，常常在上述某一个方面没有做好。至于能玩游戏、能进行支付，则属于锦上添花。

社交网络对人的影响是巨大的，它已经完全改变了我们生活和工作的习惯，这一点无需多言，我们都深有体会。过去我们梦想着智能手机出现后能够更好地利用碎片时间，但事实却是，我们只剩下碎片时间了，过去那种完整的能够深刻思考的时间不复存在。当这样的习惯持续一段时间之后，我们的大脑也就随之改变。2010 年，美国作家尼古拉斯·卡尔（Nicholas G. Carr）在后来被提名普利策奖的畅销书《浅薄：互联网如何毒化了我们的大脑》中介绍了美国医学院对互联网影响人类大脑发育和结构的一些成果。研究表明，长期使用互联网后，负责浅层思考的脑沟变深了，意味着相应能力的增强；而负责深度思考的脑沟变浅了，意味着深度思考能力的丧失。当然，这些研究是在 2007 年左右完成的，当时社交网络的使用频率远没有今天高，不过相应的研究一直在进行中。到了 2016 年，特别针对社交网络对人脑的影响又有了一些新的研究结果，结论基本上和之前的研究相一致。研究表明，经常使用社交网络的人，关注其他人的能力增加了，而阅读能力减弱了。虽然教授们并不愿意用变好或变坏来总结这种变化，但是社交网络影响我们大脑的发育，进而影响我们的行为和做事方法是不争的事实，今天我们很容易受到社交网络上内容和情绪的影响，就是其中的一种表现。

关于社交网络，还需要更正一个今天绝大部分人都会有的误解，那就是所谓的梅特卡夫定律（Metcalfe's Law），即网络价值和用户数量的平方成正比。这个定律是 1980 年提出来的，提出者梅特卡夫是当时计算机网络公司 3Com 的创始人。而当他提出这个定律的时候，计算机的网络规模只是几百台甚至更少的计算机，他没有见过几十亿人连接到一个网络上的情况。当网络中节点的数目巨量增加时，这个定律其实就不适用了，无论是对计算机还是对人都是如此。这就如同在低速环境中总结出来的牛顿力学定律，到了高速世界就不再适用一样。因此，梅特卡夫定律在如今用户规模上亿的社交网络上是不适用的，因为人能够维持的社会关系只有 150 人左右[7]，这是由我们的基因决定的。一个社交网络即使再大，我们能够经常影响的人，和能够影响我们的人，通常还是只有几十人。今天你不论加了多少人的微信，通常也只会关注个位数的人的朋友圈，经常和几十个人通信而已。从各个网络公司实际的市值来讲，虽然 Facebook 的活跃用户是腾讯的三倍，但是二者的价值相差不大。推特公司的活跃用户数只有 Snapchat 的 1/3 不到，但是价值却

---

7 这个数字被称为邓巴数，由英国人类学家邓巴提出。

更大，因为后者的用户过于低端。因此，社交网络的规模固然重要，但是它的用户质量以及提供的服务有效性更为重要。

结束语

1967年，美国社会心理学家米尔格伦（Stanley Milgram）提出过一个"六度分离"理论——"你和任何一个陌生人之间所间隔的人不会超过五个，也就是说，最多通过五个人你就能够认识任何一个陌生人。"这在当时只存在于理论上，因为无法大规模地验证。2016年，麻省理工学院的媒体实验室做了两次试验，在社交媒体上发布一个陌生人的照片，让大家帮助找出来，结果第一次在48小时内大家就找到了他确切的所在地，第二次花了不到24小时。也就是说，有了社交网络之后，全世界的每一个人真的就被这张无形的网紧密地联系在一起了。

第 21 章　成功的转基因
诺基亚、3M、GE 公司

我们在介绍基因决定定律时说过，一家公司的基因往往决定了它的命运，而转基因对于大多数公司而言近乎不可能。即便是那些超级明星公司，包括 Google 和微软，稍微改变一下基因也是千难万难。比如 Google 就没有做通信公司的基因，因此它做不了社交网络的事情，而微软的基因是软件公司，做不好互联网的事情。但是，凡事总有例外，总有一些了不起的公司成功地从一个衰退的行业转到高速发展的新行业。这样，公司之间就有了伟大和平庸的差别。本章将介绍三个转基因成功的例子。

1　20 世纪末的手机之王 —— 诺基亚公司

诺基亚是本书中介绍的唯一一家欧洲公司。我很少介绍欧洲公司，倒不是因为它们不好或不重要，只是它们在近百年科技发展中不具有太多的代表性，它们习惯于在一个产品上精耕细作几十年甚至上百年，这和信息时代追求不断变化的特点相悖。而诺基亚则不同，自从数字手机问世后，它就一举超越了无线通信的老大摩托罗拉，成为世界手机制造商之王，这种在短时间里的迅速崛起，是信息时代新企业发展的特点。虽说今天诺基亚手机业务已被收购，但是它曾经以全球 40% 多的市场份额，将竞争对手们远远抛在后面。曾几何时，诺基亚的名字及其广告充斥世界每一个角落，在从上个世纪 90 年代中期到 2010 年之间的十多年里，它一直占据着全球手机市场占有率的头把交椅，这个纪录至今未被三星或者苹果打破。

1.1 木工厂逆袭移动通信产业

很多人可能想不到,一度成为欧洲高科技象征的诺基亚,居然源于100多年前芬兰的一家木工厂。

诺基亚作为一家公司,历史远比AT&T和IBM长,但是作为一家科技公司,它的历史和英特尔差不多,只有三四十年。1865年,诺基亚诞生于芬兰美丽的坦默科斯基(Tammerkoski)运河畔。1868年,公司又在Nokianvirta河畔成立了第二家工厂,这可能是公司名称诺基亚(Nokia)的由来。公司的业务是木材加工和造纸(造纸要用到木材)。到了20世纪初,它和一家芬兰塑料厂(Finland Plastic Works)合并。木材和塑料唯一的共同之处就是:二者都算是"材料"。在当时,塑料可是高科技产品,它在很多地方取代了木材。从木材到塑料的进步,就好比从马车到汽车一样。但是,作为一家传统工业公司,诺基亚业绩平平。

由于诺基亚能生产电线的绝缘材料,1922年它"很自然"地通过收购一家制造电话线和电话的工厂进入了电线和电话机市场。这时,诺基亚和"电"总算沾上了点边,但是仍然没有多少技术含量,有点像中国珠江三角洲众多的电器加工厂。在接下来的20年里,诺基亚除了传统的造纸,还做过轮胎、胶鞋等。二战后诺基亚的业务曾经包括个人计算机、收音机、发电机、电视机、电子元器件等五花八门的产品,但是诺基亚在商业上依然业绩平平。这时诺基亚的商业模式,用现在中国的一句俗话讲就是——找不着北。

但是,诺基亚一直在不断寻找大的发展方向。在它的众多尝试中,有一项日后非常重要,就是它从上个世纪60年代起为商业和军方用户制造对讲机。一开始,诺基亚与另一家公司同时开发对讲机,后来它收购了那家小公司。经过若干年的各种尝试,诺基亚积累了一些以后做手机用得到的技术,包括超高频(VHF)发射和接收技术,电子元器件制造的经验。到了上个世纪80年代,它终于可以制造汽车电话了(这比摩托罗拉晚了几十年)。1982年,诺基亚研制出一种可以移动的电话（这种可以移动的电话不仅和我们今天的手机是两回事，和最早砖头大小的大哥大也根本不同。它实际上需要装在汽车里，或者背在背上，重达 10 千克）。但是，它不同于以前摩托罗拉的对讲机，因为对讲机是无法和公用电话网相连的，而诺基亚的这种电话可以和公共电话网相联，与固定的座机通话。同一年，诺基亚推出了 DX 200 数字交换机，销售颇为成功。但是，诺基亚并没有因此而专注于通信领域，而是不断地在不同领域盲目扩张。到 20 世纪 80 年代末，诺基亚因为业务太分散，出现了严重的亏损。

直到 1992 年，新任总裁约玛·奥利拉（Jorma Ollila）上台后，才将移动通信作为诺基亚的核心业务。这一决定使得诺基亚由一家普通的电子公司成长为全球移动通信的领导者。除了正确的决定外，诺基亚成功的关键还有三点：第一，抓住了移动通信从模拟到数字化的契机；第二，政府的大力扶植；第三，推翻了在模拟时代摩托罗拉制定的商业竞争规则。

基于模拟电路和信号处理的第一代移动通信技术和标准完全被美国的摩托罗拉公司垄断。上个世纪 70 年代以后，随着数字信号处理技术和半导体技术的发展，基于数字电路和信号处理技术的第二代移动通信的发展趋势渐渐浮出了水面。为了在第二代移动通信中能够赶上和超过美国，早在 1982 年，欧洲邮电管理委员会（European Conference of Postal and Telecommunications Administrations）就着手制订新一代的移动通信标准 Groupe Special Mobile，简称 GSM。GSM 最初在欧洲有十几个国家参加，包括芬兰。诺基亚抓住了 GSM 启动的契机。第一个投入商业运行的 GSM 移动通信电话网络就是由一家芬兰公司运营的，其系统架构的主要技术支持公司是瑞典著名的爱立信公司，而手机的提供商则是诺基亚。

诺基亚后来的命运很大程度上取决于 GSM 的前途。在 20 世纪 80 年代，全世界移动通信开始从模拟时代迈入数字时代。在模拟时代，摩托罗拉统治着整个行业。但到了数字时代，由于摩托罗拉行动太慢，退回到和大家在同一条起跑线上，这个产业出现了群雄并起的局面。移动通信之争，首先表现在其标准之争上。欧洲经过协商，将标准统一在基于时分多址（TDMA）的GSM上，而美国却提出了好几个主要的标准，包括基于时分多址的iDEN（主要支持者是摩托罗拉）、D-AMPS（主要支持者有AT&T）和码分多址（CDMA）的CDMA-ONE（主要支持者是高通公司），非常混乱。由于GSM得到了整个欧洲各国政府和工业界的支持，同时在芬兰及欧洲其他国家运营获得了成功，在包括中国在内的大多数国家选型时，这个标准打败了美国的标准。后来就连美国的一些运营商也被迫放弃了本国的标准，转而采用了欧洲的GSM标准。因此，在手机市场的竞争还没有完全进入高潮时，欧洲的公司就抢得先机。

诺基亚是GSM标准的最大受益者，它不仅在第二代手机的竞争开始时和摩托罗拉站在了同一条起跑线上，而且因为没有摩托罗拉第一代模拟手机的负担，轻装上阵，很快就成为全球领跑者。1994年，中国邮电部的部长吴基传用诺基亚移动电话，在诺基亚提供的移动通信网络上打通了中国历史上第一个GSM电话（图21.1）。这标志着诺基亚顺利进入了全球最大的移动通信市场。在手机行业获得成功后，诺基亚从此专注于移动通信业务，用他们自己的话讲，就是专心、专注和专业。估计到现在，我们已经找不到诺基亚出品的胶鞋和个人计算机了。

在诺基亚和欧美大公司的竞争中，芬兰政府给予了诺基亚极大的支持。2010年，国内一家电视台在采访我时问到，我在《浪潮之巅》中很少提到政府的作用，到底美国政府有没有给IBM、微软和Google这些超级IT公司提供政策和资金支持呢？一些来硅谷访问的中国政府官员也问过我同样的问题。其实美国政府很少帮助企业，尤其不会帮助已经成功的企业。但是，欧洲一些政府则不同，它们会比美国政府更直接地参与到经济活动中。银行也更积极地给大企业贷款。芬兰政府对诺基亚的支持就是一个很好的例子。但是，这种支持却并不是像中国政府那样给予特殊的优惠政策，而是一种看似无形却又非常有效的支持。

图 21.1 1994 年时任中国邮电部长吴基传用诺基亚 2110 打通了中国历史上第一个 GSM 电话

首先，芬兰政府给诺基亚提供了人才上的支持。芬兰在欧洲近乎于一个社会主义国家，它为民众提供从小学到大学全部的免费教育。这就为诺基亚提供了人才保障。同时，作为一个小国，芬兰政府知道它不可能在世界经济的方方面面都领先，因此全国只专注几个产业，当然，移动通信是一个。而在芬兰的大学和研究所里，也就很少看到跟芬兰产业结构不太相关的专业。

第二，让诺基亚等公司的老板们加入国家科技经济决策的圈子。芬兰成立了国家科技政策委员会，包括政府总理、有关的部长和诺基亚等几个大公司的老板。这个委员会负责制定国家的科技发展方向，毫无疑问，诺基亚是其最大的受益者。在委员会下设有投资部门，相当于美国的风险投资，为科技公司提供资金。当然，国家科技政策委员会不干预公司的发展，只是提供外部帮助，同时促进科技商品化。

**第三，芬兰政府积极地为诺基亚开拓海外市场，这有点像中国政府帮助高铁

走向世界。一方面，芬兰政府为芬兰企业进入国际市场做好后勤。它在几十个国家开办了各种形式的贸易中心，在市场信息收集、市场研究和开拓方面为诺基亚等芬兰企业建立了一整套快速高效的服务机制，使芬兰企业特别是诺基亚得以把握机遇，进入国际市场，并迅速成长起来。另一方面，芬兰积极参与全球经济一体化，并在国际上参与商业竞争规则的制定。芬兰是第一个加入欧元区的北欧国家，并成为欧洲一体化和全球化的最大受益者之一。

诺基亚在手机市场上胜出摩托罗拉和近邻爱立信等公司的一个重要原因是，它颠覆了摩托罗拉在模拟移动通信时代制定的游戏规则，并主导了2G手机时代的游戏规则。在模拟时代，话音质量是手机好坏几乎唯一的标准，而摩托罗拉无疑在此方面占有优势。那时候，手机功能的多少并不重要，甚至使用的方便性也不如语音质量重要，因为话音质量不够好时，功能再多手机也无法使用。而到了数字手机时代，不同手机的话音质量相差不像以前那么大，这时手机的功能就变得非常重要了，再到后来手机的外观都变得重要起来。摩托罗拉由于思维的定势，在早期开发数字手机时，仍然以话音质量为核心，功能和外观设计与同行相比常常慢一个节拍。而诺基亚很早就开始强调手机的功能、易用和外观。诺基亚的手机在功能上从不落后于任何竞争对手。更可贵的是，它的手机还以操作方便而著称，当用户买了一部新款诺基亚手机时，往往不需要读说明书就可以使用。诺基亚最早将手机"碍事"的天线装到手机机壳内，这样虽然牺牲了一些话音质量，但是手机更便于携带。这样的设计，以前是不可能在技术决定论占主导的摩托罗拉通过的。但是，事实证明，这种设计更受消费者欢迎。当然，摩托罗拉后来也采用了这种设计。

当然，这些特点竞争对手很容易学会。诺基亚为了在竞争中立于不败之地，一直保持着产品开发的快速和灵活性。新款诺基亚手机推出的速度非常快，有时候换一个外壳就是一款新手机。诺基亚的这种做法摩托罗拉从来看不上，却获得了很好的营销效果。诺基亚手机的种类非常多，是为不同用户群分别设计的，相当人性化，比如营销人员、大学生和家庭主妇常用的功能是不同的。营销人员会要求电子邮件功能强大，大学生会喜欢拍照和短信功能，家庭主妇会以打电话为主，等等。诺基亚为不同人群量身定制手机，使得它的产品能获得各类消费者的青睐。

当手机市场的竞争从信号处理技术的竞争变为了产品功能、方便性、新颖性及外观的竞争时，摩托罗拉等公司积累了几十年的经验就变得过时了，因而也就不那么重要了。诺基亚在不到 10 年内快速超越移动通信领域其他所有对手，成为这个行业的主导者。

诺基亚由一个地区性的木工厂发展为全球最大的手机厂商，原因可以简单概括为"长期探索、抓住机遇、制定规则"这几个关键词。

1.2 落伍于 3G 时代

虽然我们这一整节的主要目的是介绍一种成功转型的例子。但遗憾的是，现实世界中的传奇并不像童话里那样，有一个非常圆满的结局，然后直到永远。诺基亚毫无疑问赶上了数字手机的大潮，但在智能手机这一次革命中正在失去市场。2010 年第 4 季度是诺基亚的一个转折点，其智能手机操作系统塞班（Symbian）的市场占有率第一次被起步很晚但发展迅猛的安卓超过，随后它就很快从用户的视野中消失了。

这不是因为诺基亚的技术不好，它的塞班操作系统依然和 Google 的安卓、苹果的 iOS 处在同一水平，而且在市场占有率上一度领先于安卓和 iPhone，具有先发优势。它落伍的原因是 3G 之后，移动通信产业的竞争格局和商业模式改变了。从竞争对手上讲，诺基亚的对手从美国的老贵族企业摩托罗拉和韩国的新锐三星，变成了全球最强大的两个对手：苹果和 Google，前者是 IT 精品的代表，后者是技术的楷模。任何企业和这两家公司竞争，都没有胜算。从商业模式上讲，诺基亚的商业模式属于第二代移动通信（2G）时代，每一家手机厂商都是自成一体的生态环境。但是，到了 3G 和随后的 4G 时代，就形成了以 Google 的安卓为中心，由处理器厂商、外设厂商、手机厂商和运营商共同参与的联盟，打造统一的生态环境这样一种新的格局。这时的诺基亚，可不是和某一家手机厂商竞争，而是和几乎整个产业在竞争，这就更无胜算了。诺基亚曾经一厢情愿地希望其他手机厂商采用它的塞班操作系统，这样它就能占据 Google 后来的地位，但这无异于天方夜谭，因为那些不掌握操作系统的公司，宁可采用不做手机，没有利益冲突的 Google 的操作系统，也不会使用直接竞争对手诺基亚的。当然，诺基亚有一个同盟军微软，而微软自身在移动通信方面也没有一个明确的战略，它先是推自己的操作系统，然后是扶持诺基亚。微软这么做的目的，就是和苹果、Google 对着干，完全没有明确的目标。事实证明，这个同盟军没有帮上诺基亚什么忙。

事情过去多年之后，当我们再回过头来审视诺基亚走过的道路，就会发现它并没有太多的失误，而是被命运带到了现在这个地步。作为一家长期制造手机的公司，诺基亚比老对手摩托罗拉、三星等智能手机领域的同行更早地意识到智能手机的重要性，也先于苹果推出了智能手机，同样它也很早就意识到操作系统的重要性，并通过收购塞班比 Google 更早地推出操作系统。在早期的智能手机市场上，它一度占据全球 70% 的市场，而紧随其后的既不是苹果也不是 Google，而是竞争力平平的黑莓。甚至在 2011 年初本书第一版定稿时，诺基亚还有全球智能手机三成的市场份额。可以说，诺基亚在智能手机上获得过领跑权。但是，当属于它的浪潮过去之后，它再怎么努力，也难以回到浪潮之巅了。如果说诺基亚能做些什么让自己的手机产业免于灭顶之灾，那就是学习三星，成为一家安卓手机公司，这样它不会维持原有的市场份额，但还能占据一席之地。

令人遗憾的是，2011 年初，诺基亚再次做出了一个重大但是完全错误的决定，在放弃塞班操作系统的同时，转向微软的 Windows Phone 7。当一条快沉的船绑上另一条同样快沉的船，其命运可想而知。2011 年我在出版本书第一版时，就预言它们的合作长久不了，最终是两者一同退出市场。几年后，我的预言得到了应验。这倒不是我先知先觉，而是当时业界对此持同样的看法。美国 MarketWatch 股评家约翰·德沃夏克（John Dvorak）是这样评论 Windows Phone 7 的：

> 在我看来，Windows Phone 7 就是个不折不扣的落后者，而营销的表现甚至比其本身还要糟糕。如果愿意的话，霍尼韦尔国际公司（Honeywell International Inc.，HON）都可以在智能手机市场上做出比微软更迅速的行动。

事实上，微软也知道自己的操作系统现在几乎没有多少人感兴趣，而且也很难指望会有多少人感兴趣。微软的广告中展示着人们对于自己的非微软手机是如何着迷，然后就后者的全神贯注大开其玩笑。细细品味，这种酸溜溜的口吻其实是在告诉世人："是的，我们的手机没有那么有趣。"他们的广告确实很搞笑，但最搞笑的一点还是在于，这简直就是一份失败的自供状。广告背后与其说是一份推销计划，还不如说是反推销。到底是谁为微软选择的这种口径？德沃夏克甚至认为诺基亚新上任的 CEO 埃洛普离开微软来到诺基亚的原因，恰恰是看到了微软的危局，才到诺基亚试试运气。

诺基亚的这个决定可能最终导致它在智能手机之争中输掉全部家当。2012 年 6 月，诺基亚宣布裁员 1 万人，这个在第二代数字通信中执牛耳的公司，到了智能手机时代，便退出历史舞台了。2014 年 4 月微软出资 79 亿美元收购了诺基亚的手机和移动产品部门，但是微软也是回天无力，15 个月后，微软宣布该部门累计亏损 76 亿美元[1]，并且不会有恢复盈利的可能，因此在财务上永久性地勾销了这笔损失（Write-down）。2019 年初，微软宣布放弃它的移动操作系统，让用户自行往安卓或 iPhone 迁移。

诺基亚曾经靠几次成功的转基因起家。但是，作为一家通信公司，诺基亚不懂得从 2G 到 3G 的变化不是简简单单的通信设备更新和网速的提高，而是将移动电话过去的电话功能从主要功能降到可有可无的次要地位，将手机从

---

[1] http://www.computerworld.com/article/2945371/smartphones/microsoft-writes-off-76b-admits-failure-of-nokia-acquisition.html

通话和短信设备，变成移动的终端。为了适应这个变化，它必须再一次转基因。有趣的是，诺基亚不仅没有意识到这一点，而且当 2007 年苹果推出第一代 iPhone 时，它还嘲笑苹果将那些和通信毫无关系的功能做到手机里不会有人喜欢，但是它没有想到的是，用户需要的还就是那些过去没用的功能，放弃的恰恰是过去最有用的通话功能。

虽然诺基亚的手机产业最终垮掉了，但是它从一个木工厂到高科技公司的华丽转型，值得企业家们研究借鉴。此外，它的电信设备部门依然存在，而且在华为放弃了过度打压所有竞争对手的策略后，依然生存的不错，只是不复往日荣光了。

诺基亚大事记

1865	诺基亚公司成立，但是主营业务是木材造纸。
1898	诺基亚前身之一的橡胶厂成立，与木工厂合并，诺基亚第一次成功转型。
1912	诺基亚前身之一的电缆厂成立，10 年后并入诺基亚，第二次成功转型。
1962	诺基亚进入电子领域。
1970	诺基亚进入通信领域。
1982	诺基亚的合资公司推出汽车电话，很快诺基亚全资拥有了这家子公司。
1987	诺基亚推出移动电话（手机）。
1989	诺基亚推出 GSM 的移动电话，两年后开始提供 GSM 移动通信服务。
1998	诺基亚超过摩托罗拉成为全球最大的手机制造商。
2007	诺基亚占全球手机市场的 40%，达到顶峰。[2]
2008	诺基亚收购 Symbian 手机操作系统，它一度成为全球最大的智能手机操作系统。
2010	由于 Android 的崛起，Symbian 的市场份额不断下滑，这一年第四季度，Symbian 的市场占有率被 Android 超过。
2011	诺基亚决定放弃 Symbian，转向微软的 Windows Phone 7，但是市场占有率继续不断下滑。
2012	诺基亚因为业绩不佳，裁员一万人，成为历史上最大的一次裁员。
2013	微软宣布以 79 亿美元的价格收购诺基亚的手机部门，并于 2014 年 4 月完成收购，2015 年 7 月，微软宣布这项并购亏损 76 亿美元。
2019	微软宣布放弃它的手机操作系统。

---

2 参见扩展阅读。

扩展阅读

1. Nokia's 25 percent profit jump falls short of expectations.

2. Associated Press.USA Today. 2008-04-17.

3. http://www.usatoday.com/money/economy/2008-04-17-173945271_x.htm.

2　道琼斯指数中的常青树——3M 公司

世界上影响力最大的股票指数道琼斯，只覆盖了 30 家公司。但这 30 家公司是美国经济中最具代表性、长期发展稳定并且关乎到美国经济命脉的大公司。道琼斯不断淘汰过时的公司，然后吸收新鲜血液，思科、英特尔和微软就是近十几年来被加入进去的[3]。而许多曾经辉煌的公司，比如美国钢铁和合并前的 AT&T 就被剔除了。由于美国和世界产业的变迁，能几十年一直留在道琼斯指数中的公司寥寥无几，3M 公司便是这些凤毛麟角中的一个。到 2018 年，3M 在全球有 93000 多名雇员，实现产值 320 亿美元，纯利润 54 亿美元。

每个人了解 3M 的途径各不相同。很多人通过思高（Scotch）胶带了解 3M 公司，而早期的 PC 用户是因为它的软盘，家庭主妇们可能是通过它的洗碗布知道 3M 的，而消费类电子产品的各种从业者可能知道它是今天世界最大的液晶生产厂商之一。另外还有很多搞工程的人也直接或间接地与 3M 打过交道。没有人能完全说清楚 3M 公司是做什么的。有些读者可能会奇怪这个产品种类五花八门的公司和《浪潮之巅》有什么关系。本书介绍 3M 公司是因为它是全球公认的最具创新能力的公司，也是少数能在产业不断变迁的世界经济发展中不断成长的常青树。

3M 公司过去的全称为明尼苏达矿业和制造公司（Minnesota Mining and Manufacturing Company），首字母缩写是三个 M，人们习惯地称它 3M。到后来 3M 众所周知，而已经很少有人知道它最初的名字了，所以从 2002 年起，它干脆改名为 3M 公司。

3　微软和英特尔是 1999 年被选入道琼斯工业平均指数成分股的，而思科是 2009 年金融危机后才被加入的。

3M 公司于 1902 年诞生于明尼苏达的苏必利尔湖畔，最初是从事采矿业的，大家从它的名字就可以看出。为了和同行竞争，3M 公司的老板鼓励工人们发明创造新产品，并成立了研发部门，而那些新产品不断取代现有产品，成为公司新的核心业务，使得公司不断成功转型。3M 公司至今最富传奇的故事就是思高胶带的发明。

发明胶带的是 3M 的一个小人物——理查德·德鲁（Richard Gurley Drew）。1923 年的一天，技术员德鲁到一家汽车喷漆厂去办事。当时美国流行双色汽车，但是喷漆很麻烦。当时的工艺很落后，汽车厂的工人先在车上喷上一种漆，然后用胶将旧报纸糊到车上，挡住不需要喷漆的地方，再喷上第二种漆。用胶水糊报纸的方法很难控制质量，胶涂少了粘不住报纸，第二种漆喷不整齐；胶水用多了，不仅擦不干净，还会破坏车身的美观。德鲁无意间听到工人们的抱怨，有心发明一种既能牢牢贴在两种颜色接头处，又很容易撕掉的胶带。

德鲁回公司后私下里就研究起胶带来了，老板看到他"不务正业"也没说什么，由着他按自己的想法去做。很快，德鲁就发明了一种不干胶带，取名为 Scotch，原意是恶搞他的苏格兰（Scotland）老板，想不到这种胶带和它的名字从此在全世界流行。以后，胶带成了 3M 公司的主要业务，并且研制出各种各样适用于不同场合的胶带。不要小看了这些小小的胶带，它的市场直到 2000 年以前，比整个半导体行业的市场还大，而 3M 一度占据全球四成胶带市场。不仅如此，胶带的学问也很多。3M 的胶带家族有光学透明双面胶带、光学透明胶、导电胶带、导热胶带、绝缘胶带、屏蔽胶带、高温胶带、热熔胶带、遮光胶带、黑白双面胶带和警示胶带等上百种，其中有一些我们既说不上名字又想象不到其用途。我自己就有过一次和特殊胶带打交道的奇遇。那次我乘坐的飞机从芝加哥到西雅图，登机后等了很久还不起飞。机长告诉大家，机翼上有一扇砖块大小的门关不上。当时正值午夜，找不到机械师能在短时间内修好，所有的乘客都很着急。最后，航空公司决定用一种"高速胶带"粘住这扇关不严的门，然后把我们送上了天。一路上，我提心吊胆，不时通过飞机的舷窗看着那块由胶带打的补丁，生怕它被风吹下来。令人欣慰的是，飞机以每小时 900 公里的速度飞行了三个多小时，那块胶带居然没有被强风吹开。从那时起，我才渐渐懂得小小的胶带里大有学问。

截至 2011 年，3M 公司发明了 6 万多种大大小小的产品[4]。虽然 3M 公司随后没有更新近年来发明的总数，但是该公司的创新力一直延续至今，在 2015 年，它获得了第 10 万个专利。今天，全世界有一半的人每天直接或间接地接触 3M 的产品。该公司营业额中有 1/3 来自于近 5 年的发明，其中相当大的一部分是员工利用工作时间从事非工作性质的研究搞出来的。3M 允许员工用 15% 的时间干任何自己喜欢做的事，后来这种做法被 Google 学去了，变成了 Google 的"20% 项目"。2008 年，在最具有创新力的公司里，3M 的排名竟超过 Google 和苹果这些以创新而闻名的公司。创新力是 3M 公司近百年来长盛不衰，并且成功地从矿业公司转变为电子和日用品公司的根本原因。由于公司的每个员工头脑里总是有创新这根弦，3M 公司总是能随着时间、科技的发展和产业的变革搞出一些有用的小发明。而这些看上去不大的发明却能开拓出一个不小的市场。

上个世纪 80 年代，随着个人计算机的普及，软盘用量大增，到 20 世纪 90 年代中期的高峰期，全球软盘的市场规模达 30 亿—40 亿美元。在上个世纪八九十年代开始使用计算机的读者一定还记得 3M 的软盘，它被公认为是最好的软盘，当然价格也是最贵的。我自己了解 3M 便是从 3M 软盘开始的。3M 一直占领全球 1/6 的软盘市场，市场份额在所有软盘厂家中最高。软盘是 IBM 发明的，IBM 之后世界各地出现了不下上百家软盘厂家，因为软盘算不上什么太高科技的产品。3M 之所以后发制人，成为这个行业老大，除了它的产品质量一直稳定外，主要是靠一项发明专利——软盘中特殊的防霉套。拆解过软盘的读者知道，打开软盘的塑料外壳后，可以看到在磁碟和外壳之间有一层白色的布状保护膜，那就是软盘的防霉套，作用是防止软盘长霉菌，同时保证磁碟在转动时不会被塑料外壳划坏。几乎所有的软盘生产厂

---

[4] 3M 仅在 2010 年就推出了 1300 件新产品，其创造力仅次于 Google 和苹果。

家都知道软盘中磁碟是核心，它的质量最重要，因此像样品牌的软盘磁碟本身都没有问题。而这小小的防霉套的质量就千差万别了，一些廉价的软盘厂商为了降低成本，采用很便宜的纸套子，这些软盘在磁碟还有很长寿命时就被劣质外套划坏了。3M 靠这么一项小发明，便产生了每年几亿美元的营业额。当然，在个人计算机蓬勃发展时，3M 成立了很大的存储设备部门，除了软盘外，还生产磁带、光盘和读写设备。

当然，IT 行业更新很快，一个市场可能存在不了几年，同时又不断会有新的市场出现。大部分公司会随着一个产品市场的衰退而消失。比如我们现在已经看不到广泛使用了 20 年的计算机软盘、用了 30 年的录像带和录音带，以及有上百年历史的摄影胶卷。很多专门经营这些产品的公司包括著名的柯达公司，或者已经关门，或者已黄鹤杳然下。一家公司必须不断推出新产品，才能替补老产品不断萎缩的市场。同时，新的市场又催生新的公司。3M 总是有无数的发明作为技术储备，当新的市场兴起时，它都能搭上新兴市场的快车。我们在前面的基因决定定律中讲到，在一个大公司内部，现有部门的主管因为给公司带来了利润会有很大的发言权，会自觉或不自觉地阻挠新产品部门的发展。为了顺利转型，公司在开发新产品的同时，必须痛下决心把旧的产品部门分离出去。因此，当软盘、磁带和其他计算机存储设备成为发展慢、利润低的产品时，3M 会果断地将这些部门分离出去单独上市，比如现在的 Imation 公司。

在软盘和计算机存储设备之后，3M 成长最快的产品是液晶显示器产品。当然，液晶产品和存储设备是两回事，液晶产品的发明并不是由开发计算机软盘的工程师利用 15% 的时间做的，而是由 3M 原有的材料和化学部门的一些科学家工程师完成的。

液晶是一种同时拥有固态晶体和液体双重特性的物质，"液晶"二字得名于此，它可以流动，又有晶体的光学性质。液晶对电磁场很敏感，在电磁场作用下，它的分子排列会发生变化，这样就可以通过控制光的偏振方向来决定光的亮度，并且根据这个原理制成显示薄膜。液晶材料在 100 多年前就由奥地利科学家发明，但是 80 多年后才被日本精工爱普生公司用于制作显示设备。3M 不是液晶显示薄膜的发明者，甚至不是它早期的生产厂商，但是 3M 却后来居上，成为当今世界上主要的液晶显示薄膜生产厂商。2006 年以来它 40% 的年收入和 1/3 的年利润来自于液晶产品。而这一业绩也是靠一项关键性的发明 —— 增光膜（Brightness Enhancement Film，BEF）获得的。

液晶薄膜作为显示器，最大的问题是亮度不足，而 3M 公司的增光膜技术可以将液晶薄膜的透光率提高一倍，因此采用 3M 公司 LCD 生产的显示器和电视机亮度高，色彩鲜艳，而且省电。此后，3M 又发明了十几种和 LCD 有关的产品，在 LCD 市场占有很高份额。从 2007 年起，3M 公司的 LCD 年销售额超过 100 亿美元。

在 2008 年金融危机之后，3M 的主营业务除了传统的个人消费品和医疗用品外，重点集中在电子和能源产品（电子产品和能源产品的材料和元器件）、工业品（比如过滤器、净化器等），以及安全和图形显示产品上（显示设备和各种安防设备）。到 2014 年其营业额连续 7 年增长，其股价几乎翻了一番，而同期道琼斯指数只增长了 37% 左右（图 21.2）。

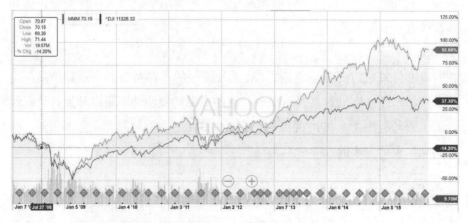

图 21.2 3M 股价（上）和道琼斯指数（下）对比

一家公司成功一段时间不难，难的是能百年来长盛不衰。在2008年的金融危机中，3M是少数业绩几乎没受到影响的跨国公司，足以说明它的稳健。今天，3M的创新依然在继续，这些创新使得它在新材料、新能源、新一代机电产品等诸多领域都领先于世界。比如它发明了最新的纳米材料，用这种材料制成的自行车车架，只有667克（半千克多一点）；它的新型太阳能薄膜，光电转换效率非常高而成本却很低，可以为非洲等基础设施落后的地区解决照明问题。3M作为一棵百年常青树，有很多成功的经验值得大家借鉴。3M也是商学院教程中研究得最多的公司之一。我个人认为它能不断转型的原因最关键的有三条：两条容易看到的，和一条不易察觉到的。

第一条经验大多数学习管理的人都清楚，就是坚持以创新为公司的灵魂。3M公司一直强调要有1/3的营业额必须来自近几年的创新，这样它才能在科技不断发展的今天立于不败之地。为了鼓励创新，公司不仅留给员工15%的工作时间用于创新，而且对于员工的工作安排和计划弹性非常大，这样才能让员工放手去干。3M公司甚至希望各级主管容忍和宽容下属提出的但自己并不赞同的项目，以免扼杀可能成功的发明。主管对员工放手的管理方式，使得3M的发明创造多种多样，很多看似毫无关联。因此有人称之为"离散式的发明创造"。对3M来讲，发明什么并不重要，重要的是发明本身。

第二条也不难看到，却不容易做到。3M公司会适时强制淘汰一些看似还在赚钱但是前景不是很好的产品。当计算机存储设备和产品还能赚钱时，3M公司果断卖掉了该业务。在很多经营者眼里，开拓新的业务没必要放弃旧的业务，何况旧的业务还在赚钱。但是，正如我们在前面基因决定定律中指出的，旧的业务部门一直在为公司赚钱，因此这些部门的主管在公司里发言权很大，很可能为了部门利益，妨碍公司转型。有长远发展眼光的公司一定会将发展前景不是很美妙但还值钱的部门卖掉。

第三条是很多人忽视的，就是3M的发明和产品都是针对广大用户的，而且是消费类的。相比面向企业的产品，这些产品的营业额相对稳定，这一点非常重要。我们在前面提到过，当一家公司转型时，遇到的最大问题就是邯郸学步。旧的行业江河日下，收入在减少，而在新的行业则要从头开始，失去了原有的优势，短时间挣不到利润。这样，整家公司效益下滑，很容易被华尔街投资者看衰。但 3M 公司因为产品数量多，其中大多数产品销量和利润稳定，为 3M 提供了足够的财力，保证它的新产品上市并占领市场。很多公司，尤其是专营企业产品和服务的公司，很难做到这一点。除了像 IBM 那样为企业提供 IT 服务的公司，通常企业级产品和服务受经济大环境的影响太大，收入相对不如消费产品来得稳定。

这三条经验保证了 3M 公司百年来不断创新，长盛不衰。这些经验早已写入教科书，但是，真正能做到的公司并不多，这才显示出 3M 的不凡之处。

3M 公司大事记

1902	3M 公司成立，主营采矿机械。
1921	发明防水砂纸，并且在市场上获得巨大成功。
1925	德鲁发明胶带，至今仍是 3M 主要产品之一。
1945	1945 年后，3M 工厂扩展到全美国。
1950	1950 年后，3M 成为全球性公司。
1969	发明自动可编程交通红绿灯系统，被广泛使用，直到 2007 年停产。
1970	1970—1980 年，进入录音录像设备市场及数字存储市场，直到 1996 年将这部分业务单独上市。
1993	3M 光学部门发明液晶增光膜，至今仍被广泛使用。其后，3M 发明了几十种液晶和等离子体产品。
2007	3M 进入可再生能源市场。

3　曾经的最大企业联合体

了解 GE 公司历史的人都知道这家充满传奇色彩的公司是由著名发明家爱迪生创立的，是将电最早介绍和普及到世界上的公司。它现在的英文名字是 General Electric，简称 GE，100 多年前它进入中国时，根据字面意思及其经营的产品，GE 被翻译成通用电气公司。也许是因为爱迪生发明电灯的故事家喻户晓，今天 GE 在大部分人印象中仍然是生产电灯、电冰箱等家用电器的公司。但实际上，GE 早就跟"电气"没有多大关系了，如果还按通用电气的字面意思来理解今天的 GE 公司，显得有些以偏概全。GE 这类公司在企业界有一个专有名词 Conglomerate，即联合体的意思，除了 GE 外，算得上是联合体的公司还包括韩国的三星公司、巴菲特控股的伯克希尔－哈撒韦等。不过，在所有联合体中，只有 GE 能够在一个多世纪里长生不衰，因此它被认为是迄今为止最成功的联合体。到 2007 年年底，GE 的规模和营业额达到了巅峰，它包括 6 大部门，每个部门独立来看，在各自的领域都是佼佼者。在 2008 年金融危机前 GE 巅峰时期，这 6 个部门按 2007 年的纯利润排序如下：

- 全球基建架构部门（Global Infrastructure），108 亿美元；
- GE（企业）金融（GE Finance），60 亿美元；
- GE（个人）金融（GE Money），43 亿美元；
- 电视新闻网 NBC 和环球电影公司（Universal）[5]，31 亿美元；
- 医疗保健部门（Health Care），31 亿美元；
- 工业部门（Industrial），17 亿美元。

其中只有利润最少的工业部门的一个子部门电器（appliance）是唯一和 GE 名称直接相关，利润倒数第二的医疗保健部门因为制造医疗仪器，和通用电气的名称勉强能拉上些关系，其余跟电气已毫无关系。今天，虽然 GE 在金融危机中受到重创，影响力不如从前，但它依然是全球发展最稳健、也是最快速的大公司。那么 GE 是怎么从一个电气公司发展成全球巨无霸的联合体的呢？让我们先回顾一下 GE 的发展史。

3.1　百年扩张，从有线电到无线电

美国著名发明家爱迪生发明电灯以后，于 1890 年创立了爱迪生通用电气公

---

[5]　2011 年 1 月，GE 将 NBC Universal 51% 的股份卖给了有线电视提供商 Comcast 公司。

司（Edison General Electric Company）。该公司不仅生产电灯泡，而且经营从发电到铺设电线，再到安装电灯的一条龙服务。当时的民众不认同电的好处，对电普遍存在畏惧心理，经常破坏电路。为了普及电的应用，爱迪生不得不派人在电线经过的地方巡逻。经过爱迪生的努力，电得以在美国首先普及。因此，GE 对于美国整体超越英国成为世界第一强国，功不可没。1892 年，在金融家 J. P. 摩根的帮助下，爱迪生通用电气和另外两家公司合并，改名为通用电气。1896 年，道琼斯指数出现，GE 是道琼斯指数最早包含的 12 家公司之一（1914 年道琼斯指数成分股发展到 20 家，1928 年发展到现在的 30 家），其他 11 家大部分或已破产或被收购，剩下的规模已经萎缩得非常小了[6]。

本来最早起步的 GE 在发电和电力供应等工业领域并没什么对手，但是由于爱迪生后期在直流输电和交流输电的问题上犯了错误，他错误地坚持直流输电比交流输电好，结果让首先进行交流输电的西屋电气公司占领了很大的市场（交流输电容易变压，在输电过程中能量损耗小）。失去电力供应市场统治地位的 GE 开始拓展新的业务。这种扩张 100 多年以来从不间断，一直持续到今天。

GE 的第一次扩张是从有线（动力）电到无线电收音机。第一次世界大战后，欧洲被打得千疮百孔。美国军方（海军）发现无线电很有用，便鼓励 GE 买下了无线电发明人马可尼（意大利人）的无线电公司，GE 把它变成了一个独立上市的子公司 RCA（Radio Corporation of America，美国无线电公司）。我们从 GE 经营广播可以看到它今天经营电视网和影视公司的影子。同时，我们可以看到 GE 的经营模式，即保持子公司的相对独立。

RCA 在 20 世纪美国历史上可是一个了不起的公司，与 GE 一道制定了我们今天采用的很多标准，比如各种电缆、信号线、电源插座的接口、收音机和音箱喇叭的电压电阻标准，等等。更重要的是，它的 RCA 实验室一度与贝

6　数据来源：http://www.dowjones.com。

尔实验室齐名，有很多大发明，包括很多种电子管、早期的一些雷达和真正实用的电视显像管（CRT）、最早的彩电（但不是我们今天看到的方形的，而是圆形屏幕的），等等。直到上个世纪70年代，RCA几乎是全世界唯一能生产彩电所有部件的公司。

说到RCA的彩电，它还牵扯到一件中国文革时期有名的政治事件——蜗牛事件。文革后期的1972年，中国开始考虑上彩电项目。国务院派人到世界各地考察，发现日本需要好几家公司才能把彩电显像管的玻璃壳、荧光粉等部件凑齐，但是到了美国，RCA一家就能全部搞定。在当时国务院总理周恩来的亲自过问下，中国和RCA达成了引进彩电显像管生产线的协议。谁知天真的美国人（RCA玻璃供应商康宁公司的人）为了表示友好，送给了中国代表团一些漂亮的玻璃蜗牛纪念品。后来被"四人帮"说这是讽刺中国为"蜗牛"，并以此攻击周恩来总理，制造了"蜗牛事件"，引进彩电生产线一事也就泡汤了。这件事对中国影响非常大，后来从第三方引进彩电生产线多花了一倍的价钱不算，还让全中国的人晚了好几年才看上彩电。最糟糕的是，中国从此放弃了美国的NTSC彩电制式，采用了欧洲的PAL制，以至于计算机显示器和彩电的制式不兼容。现在，中国不得不每年多花很多钱来生产全制式的彩电。讲了这么长的故事，只是为了说明GE的RCA曾经是一个了不起的公司。

自从有了RCA，GE就有了发电（供电）和家用电器两大业务，它们分别是今天GE全球架构和GE工业两个部门的雏形。GE的发电从传统的火力发电扩展到建立核电站，继而又扩展到和整个能源和工业工程相关的行业，包括海上钻井采油，建立大型的工业设备和工程。而GE的家电部门，不仅发展成品类齐全的各种电器，包括洗衣机、电冰箱、微波炉、电视机等，而且扩展到飞机发动机等工业设备。今天，GE是全球飞机发动机的主要生产商，它的发动机用于波音747/767、空中客车很多系列，以及美国第四代主力战斗机F35。在这个大部门里，家电的地位越来越不重要，因此，这个部门的名称都改成了GE工业。

由于收音机和无线广播需要制作节目，因此 GE、RCA 和老对手西屋电气于 1926 年共同创办了（美国）全国广播公司 NBC。很快，GE 的 RCA 和 NBC 就控制了整个美国的无线电广播市场。虽然在反垄断的约束下，NBC 不得不分出一半成立了一家新的广播公司 —— 美国广播公司 ABC（现在是迪士尼的子公司），但它至今依然是美国最大的广播电视网。通过 NBC，GE 不仅赚足了电视广告的钱，而且在娱乐业占了一席之地，后来又收购了环球电影公司，进入了电影行业。

GE 的这几次扩张都比较成功。主要原因有两点，首先这些扩张都是在已有业务的基础上自然而然展开的，整个转变过程比较自然。其次，GE 进入的都是一些全新的或刚刚起步的领域。在 20 世纪初，无线电收音机还属于高科技领域，而广播市场也才刚刚起步。二战后，电视机尤其是彩电则是当时的高科技产品，而电视网络在美国的发展也是方兴未艾。GE 很少进入一个已经成熟而且竞争对手很多的市场。作为全球最大的公司，GE 的创新已经不能仅仅是一两个产品的创新，而必须每次创出一个新的行业。从发电和电灯，到无线电和收音机，再到电视网和彩电，每一次 GE 都创出了一个新的行业。

当然，GE 的扩张也有不少失败的，但是它能很聪明地及时将不可能成功的业务终止掉，不至于陷得太深。GE "著名" 的失败例子包括在第二次世界大战以后进入计算机领域。20 世纪 50 年代以来，美国很多公司都力争在新兴的计算机工业中占有一席之地。GE 靠着 RCA 强大的研究中心，也挤进了计算机领域。在上个世纪 60 年代，美国计算机工业界的格局是一大七小，大的是 IBM，GE 是七个小的之一。在计算机界，人们将这一大七小戏称为白雪公主（IBM）和七个小矮人。GE 当然不愿意做小矮人，上个世纪 80 年代它看到和 IBM 竞争无望，便将计算机部门卖给了霍尼韦尔公司（20 世纪 80 年代在清华和北大计算中心用过计算机的读者应该用过霍尼韦尔的计算机）。

从上个世纪 70 年代起，一项新的医疗成像技术核磁共振（MRI）在临床诊断上显示出广阔的应用前景，GE 便抢先投入巨资开发核磁共振机，并且在这方面获得了成功。GE 后来又收购了一家技术领先的核磁共振公司，加强了它在这方面的领先地位。大医院放射科的专家都知道，GE 的核磁共振机才是真正高端的设备，而西门子和安捷伦（原来的惠普）相比就要低一个档次，而日本品牌可能又要再低一个档次。如今 GE 的医疗仪器部门已经发展成它的六大部门之一。

3.2　从实体经济到金融

GE 最近的扩张是进入银行和金融领域。在金融风暴前，银行和金融部门对 GE 的重要性甚至超过其他部门。银行和金融业务看上去和 GE 原有的实体工业无关，GE 此前在金融业也没有什么经验，这样的扩张一般来讲是非常忌讳的。但是，GE 这种非常规的扩张在它的特殊情况下却是合理而有根据的。

图 21.3　GE Monogram 品牌被看成是品质的象征

GE 的家电产品大多数是同类产品中高端的，比如在档次上，GE 的 Monogram 系列冰箱仅仅比奢侈品牌 Sub-Zero 低一点点（图 21.3）。它价格昂贵，是同样大小的日本和韩国高端冰箱的两倍以上。即使是它的 Profile 系列电冰箱也是中高档产品。这么贵的冰箱，很多家庭需要分期付款才能购买。因此，GE 为了促销就借钱给信誉好的家庭，而借贷的利率常常高达 15% 到 20% 左右，可以算是高利贷了。而美国很多家庭只要每月付得出月供，常常不去仔细算利息，这就让 GE 赚走了很多钱。这样一个冰箱卖下来，GE 从贷款中得到的利润比冰箱本身的利润还要高。GE 发现这种办法很好，就向美国政府要求开一家银行，就是现在 GE 的商业银行（GE Money Bank）。GE 和美国政府的关系很好（以后还会讲到），因此，美国政府就同意了（后来，世界最大的百货店沃尔玛和世界最大的建材店家得宝也想这么做，美国政府就没有同意，当然这是题外话了）。有了自己的银行，GE 可以用来提供贷款的现金就一下子多了起来，它便与电路城公司（即 Circuit City，2008 年底申请破产）和百思买等商量，为这些电器商店出售的所有大件商品提供贷款。这些电器商店一看这样既可以提高销售额，又不用承担风险，于是就都答应了。这样，GE 就发行了电路城、百思买等联名信用卡。由于 GE 做事谨慎，不胡乱贷款，贷出去的钱（在 2008 年金融风暴以前）很少遇到赖账的。随着 GE 金融业务的发展，它将信用卡业务扩展到了各种各样的商家，包括品牌服装店 Gap、安·泰勒（Ann Taylor）等、杰西潘尼百货店（JC Penney）、高端家具店伊森·艾伦（Ethan Allen）和汤美思（Thomasville）等。到现在，在美国除了万事达、维萨、运通和发现（Discover）四种通用的信用卡，其他各个连锁店发行的五花八门的信用卡背后的银行只有一个，便是 GE。同样的道理，GE 在全球承接各种工程时，对于一下子拿不出全部合同费用的大公司和政府，它也会提供商业贷款，这便产生了 GE 的商业贷款部门。到 2007 年，GE 的金融和银行业务带来的利润已经占到 GE 利润的四成。

当然，随着 GE 不断开拓出新的业务，它也必须将过时的业务淘汰掉。长期以来，GE 不断卖掉那些效益不好或前景不看好的部门。2000 年以来它先后卖掉了塑料、高端材料、财产和风险保险、再保险及欧洲的医疗保险等部门，收回了上百亿美元的现金。这些部门有些在亏损，有些虽仍盈利，但是 GE 不看好它们的前景（比如塑料部门），便在它们还值钱的时候出手卖掉。

GE 从家电和其他实体经济进入金融领域的过程看上去很自然，至今也很成功。但是为什么其他公司不能模仿呢？事实上，很多公司都试图模仿，但是都不成功，GE 是至今唯一开办银行的大型实体公司。这里面原因有很多。首先，实体公司办银行要得到政府的批准和支持。在美国办银行本不是一件难事，任何有良好信用记录的人只要有几百万美元的抵押金就可以申请开办银行，这也是美国有 8000 多家大大小小银行的原因。但是，对于大实体公司，尤其是大到主导了一个行业的公司（比如沃尔玛），美国政府反而对它们办银行非常小心。一方面是为了防止工业资本和金融资本结合造成垄断，另一方面是为了防止产生不良的金融资本影响经济。GE 和政府的关系很好，它在某种程度上支撑着美国的基础建设、航空工业和国防工业，这些远不是沃尔玛和家得宝公司可比的。相比之下，沃尔玛虽然是美国最大的私营雇主和全球最大的连锁店，但是由于为富不仁，在民众和政府眼里形象都很差，办银行这件大事很难获得广泛支持。而家得宝公司虽然热衷于公益和慈善事业，但是毕竟财力不足，也无法提供大量商业信贷。

GE 能够办银行的第二个原因是它的信用记录和还贷能力非常好，让所有人放心。到 2007 年底金融危机前，GE 一直是美国（可能也是全球）仅有的五家信用评级为 AAA 的公司。其中有三家是债券保险公司，金融危机一开始这三家就因为给次贷担保损失巨大，已经无法维持 AAA 的评级了，另外一家是巴菲特的伯克希尔－哈撒韦公司。AAA 信用是什么概念呢？这是美国州政府信用的最高级和美国、英国两国国债的评级。美国最大的几家商业银行，包括花旗银行和美国银行等，即使在金融危机前信用评价也不过是 A+ 到 AA，金融危机后一度被降级成 BAA。而中国的几大国有银行的评级长期在 BAA 左右，后来才达到 A。GE 的信用是它上百年积累的结果，而一家历史很短的公司（包括思科和 Google 这样有几百亿现金而无债务的公司）很难有这样好的信贷评级。虽然 GE 和伯克希尔－哈撒韦的信用在 2009 年 3 月被降级成 AA+，导致金融危机前世界上全部五家 AAA 的公司都未能维持这个评级，不过 GE 的信用度仍好过美国大部分州政府和欧盟大部分国家政府的信用度，比如加州政府的信用度只有 A+。（微软、思科和 Google 公司在金融危机后加入了评级，分别被评为 AAA、AA 和 AA。因此，微软是直到 2012 年世界上唯一一家评级在 AAA 的公司。）信用记录好的最大用途在于贷款的成本比竞争对手可以低很多。评级 AA 的公司贷款的利率可能只有 BAA 公司的一半。

GE 从事金融业务是一把双刃剑，在经济形势好的时候，它无疑将提升 GE

的实体业务，但是在遇到金融危机客户还不出钱时，那些借出去的钱便都变成了坏账，不仅在金融业务上产生亏空，而且拖累了它的实体业务。因此，在金融危机之后，GE 缩减了金融部门，并采取更稳健的投资策略。

3.3 领袖的重要性

即使不断在淘汰旧的、过时的部门，GE 的部门相比任何一家公司还是多多了，把这样一个联合体整合好，难度非常大。郭士纳把庞大的 IBM 帝国比喻成大象，而 GE 的业务种类比 IBM 又多了很多，把它比作恐龙恐怕也不为过。我们在前面的章节中讲到了，很多公司扩张到一定规模时，管理就开始失控，最后丢掉了核心业务，并且开始江河日下了，有些甚至被华尔街拆了卖掉。GE 之所以能够发展到今天的规模，要归功于它在全球所有公司中数一数二的管理水平。

GE 历来出"将相之才"，它的一个部门主管到了很多公司都能独当一面，它的 CEO 则更是难得的管理奇才。在 GE 历代 CEO 中，杰克·韦尔奇（Jack Welch）最为突出，我想用"国士无双"来形容韦尔奇也不为过。韦尔奇从 1981 年开始执掌 GE，到 2000 年退休。在这 20 年中，近 1000 次的企业并购和部门拆分，把 GE 从全球排行十几名的公司，发展成全球最盈利、市值最高的公司。1981 年，GE 的营业额为 250 亿美元，2000 年达到 1300 亿美元，纯利润超过 100 亿美元。GE 的市值从 1981 年的 140 亿美元到 2000 年夏天达到 5000 亿美元，并维持到当年的年底[7]。在韦尔奇担任 CEO 的 20 年里，GE 每年给股东带来的投资回报超过 20%，接近伯克希尔－哈撒韦的水平。到韦尔奇退休时，GE 一共有 9 个单独的部门，如果作为独立的公司，每个都有资格入选财富 500 强。

和很多跨国公司空降的 CEO 不同，韦尔奇是在 GE 土生土长的，他全部的

---

[7] 截止到 2012 年 6 月全世界除 GE 外，只有微软、思科、英特尔、埃克森美孚、中石油和苹果的市值达到过这个水平，除了苹果的市值在 2012 年 6 月依然维持在这个水平上，其余公司都没有能维持很长的时间，有些只是昙花一现。

职业生涯都在 GE 度过。1960 年，25 岁的韦尔奇从伊利诺伊大学获得博士学位后，就进入 GE 从事技术工作。11 年后，他成为 GE 最年轻的部门总经理，又过了 10 年，他成为 GE 历史上最年轻的 CEO，那一年他刚过 45 岁。在 GE 工作了 20 年后，韦尔奇对 GE 这个百年老店的优势和问题看得一清二楚。和很多历史悠久的跨国公司一样，GE 在管理上官僚作风严重，在业务上保守，在分配上实行平均主义。在整个 20 世纪 70 年代，GE 没有什么发展，人数却年年增加。到 20 世纪 80 年代初，GE 的员工数达 41 万之多，但是它只在传统的供电、发动机和照明领域还保持着原有的优势，其他部门则业绩平平。

韦尔奇上任后和美国总统奥巴马提出的口号相同，就是变革（很巧的是，奥巴马担任总统时的年龄和韦尔奇当年差不多，但是他可没有韦尔奇幸运）。首先，在人事上，他裁减了一半高管，同时裁掉了 10% 表现最差的经理。GE 以前级别森严，上下级沟通渠道不畅，韦尔奇为了改变这种风气，有时很不"职业"地越级了解情况或传递自己的想法。韦尔奇后来在回忆录中认为，他这种不守规矩的做法是他给 GE 带来的最大价值。像 GE 这样"传统"的公司，以前除了高管们，普通员工是没有股票期权的，韦尔奇改变了这个规矩，将期权的范围扩大到 1/3 的员工。在接下来的 5 年里，韦尔奇裁掉了 8 万名雇员，并且通过出售一些部门又减少了 3 万名雇员。到 1985 年，GE 只剩下 30 万人，而韦尔奇同时也得到了"中子弹杰克"的恶名。

在 GE 的业务发展方向上，韦尔奇做了重大的调整，他大刀阔斧地出售了很多部门，并开展大量的并购。其中最著名的并购是通过将 RCA 私有化而收购美国最大的广播电视网 NBC。我们在前面讲到，RCA 是 GE 的一个子公司，但是后来按照政府反垄断的要求，成为一个单独的上市公司，很多股票在其他股东手里，RCA 同时拥有 NBC 的一大部分股份。1986 年，GE 回收了 RCA 手里的全部股份，从而将 NBC 变成全资子公司，并且在电视和娱乐业占领了制高点。RCA 除了 NBC 的电视网外，还有很大的电视机等家电业务，但是韦尔奇根本不看好它那曾经辉煌的家电业务，转手卖给了法国的汤普森（Tompson）公司，同时换来了汤普森的医疗仪器业务。在这两次重组中，GE 甩掉了低利润、竞争激烈的彩电业务，获得了两个高利润而且有前景的电视网和医疗仪器业务。这两个部门现在都是 GE 的支柱部门，而并购了 RCA 家电业务的汤普森果然每况愈下，后来不得不将该业务卖给中国的 TCL 公司。

在 GE 的 CEO 生涯中，韦尔奇的另一个大手笔就是大力推动金融资本与制造业相结合，将原来 GE 很小的消费产品贷款部门，扩展成 GE 的商业银行（GE Money Bank）和提供制造业的贷款、保险和金融咨询业务的 GE 金融部门。同时韦尔奇通过合作和收购，在不到十年里，将 GE 的金融业务扩展到全世界。今天，GE 商业银行在全球五十几个国家设有分支机构。今天的 GE 基本上保留了韦尔奇留下的布局，经过业务重组，GE 成为最具有活力的公司之一。可以毫不夸张地讲，韦尔奇是让恐龙跳舞的人。

韦尔奇不仅留给了 GE 一笔丰厚的财富，包括在全球庞大的资产、价值几百亿美元的 GE 品牌（2011 年 GE 的品牌价值为 428 亿美元）和管理之道[8]，而且培养出众多工业界领袖。GE 的每个部门都堪比一家财富 500 强的公司，并且很多部门之间并没有太大的联系，比如 GE 工业部门和它的 NBC 就没有什么关联，因此，GE 为每个部门设立了一个独立的 CEO（相当于政府的省长）。韦尔奇从这些人里面提拔和培养接班人，其中最著名的是三个候选接班人杰夫·伊梅尔特（Jeff Immelt）、吉姆·麦克纳尼（Jim McNerney）和鲍勃·纳德利（Bob Nardelli）。韦尔奇在任的最后几年里，非常注意培养和考验他们三个人。但是，GE 只能有一个 CEO，最终伊梅尔特在竞争中胜出了。麦克纳尼随后去了 3M 公司担任 CEO，几年后他担任了波音公司的 CEO，扭转了波音对空中客车的颓势。另一位候选人纳德利离开 GE 后担任了美国最大的建材公司家得宝的 CEO，五年里将家得宝的营业额和利润翻了一番，但是因为他没有能提升家得宝的股价，被赶出了公司，后来纳德利

---

[8] GE 在纽约州克劳顿市（Crotonville）的管理学院（GE Management and Development Institute）堪称工业界的哈佛商学院。

是克莱斯勒公司的 CEO，直到 2009 年该公司被卖给意大利的菲亚特公司。伊梅尔特经营 GE 的策略用中国的老话讲就是"萧规曹随"。他完全沿袭了韦尔奇的经营策略。也许是自觉没有韦尔奇那样统帅超级大公司的能力，伊梅尔特进一步合并 GE 的部门，现在便剩下了前面提到的 6 大部门。

韦尔奇退休后，他的一举一动仍然引人注目，他多次前往中国和国内的企业家聚会。同时，他成立了一个培养高管的杰克·韦尔奇管理学院（Jack Welch Management Institute），给各个公司的高管进行培训。他写的《杰克·韦尔奇自传》和《赢》两本书均成为全球畅销图书。这两本书的中文版从各大图书城到地铁和路边的小书摊都有出售。

有人认为韦尔奇不过是运气好，因为上个世纪 80 年代美国总统里根上台后，美国的经济高速发展了六七年，而同时上台的韦尔奇不过是沾了里根的光。到上个世纪 90 年代，由于苏联和东欧解体及中国的开放，带来了全球基础设施建设的高潮，GE 又沾了光。但是真实的情况是，如果 GE 在 20 世纪 80 年代没有韦尔奇，它很可能像 AT&T 那样，让华尔街拆了卖掉，而华尔街会美其名曰单独上市。好一些的情况是，GE 像德国西门子或荷兰飞利浦那样，虽然没有解体，但也发展不大。因此，没有韦尔奇就没有 GE 的今天。韦尔奇接手时，GE 有很多的资产却不能盈利。这种公司，最容易被投资者（或叫投机者）拆了卖，因为它有很多固定资产，只要将它亏损的业务全关闭后，便能卖出好价钱（而微软和 Google 这种固定资产不多的公司，拆了卖不出什么好价钱，投机者不感兴趣）。实际上，华尔街一直在研究将 GE 的工业部门卖掉的可能。韦尔奇不是 AT&T 那些短视的股东，他要建立一个全球最大的经济联合体。他知道与其让华尔街对 GE 动刀子，不如自己做手术。像 GE 这么大的公司，不是一两个大发明就可以让它转基因、转型的，它要想成功转型，必须发现并培养出一个新的行业。因此，韦尔奇不断地淘汰前景不好的商业部门，融入新兴的产业部门，经过 20 年时间，终于成功地将 GE 从传统的工业公司打造成集高科技、高附加值服务、金融和娱乐于一体的航空母舰。

3.4 艰难的自我更新

后韦尔奇时代的 GE，每年仍在持续高速发展，而且发展速度是美国 GDP 增长速度的三倍。从 2003 年到 2008 年金融危机前，GE 仍保持每年 14% 的营业额增长和 16% 的盈利增长，这在大公司中很少见（见图 21.4）。

图 21.4　金融危机之前 GE 的营业额统计

作为一家年收入近 1500 亿美元[9]的巨型公司，GE 已经无法维持韦尔奇时代的发展速度了，它的市值多年都没有得到太大的提升。2008—2009 年，拥有一家商业银行的 GE 也无法在这次金融危机中独善其身。到 2009 年 3 月，GE 的市值已经比一年半前缩水了 80%。但是，由于 GE 有很好的管理经营和健全的体制，并且各个领域都在同行业中有最强的竞争力，即使今天为它带来一些问题的 GE 金融部门，在整个金融领域中也是问题最少的。因此，包括巴菲特在内的长线投资家仍然看好 GE，并大量注资 GE。到 2010 年，GE 各个部门全部恢复到金融危机以前的水平，有些业务达到了历史最高水平，同时股价回到峰值的一半。

在从 2010 年开始接下来的 5 年里，GE 进入了新的一次转基因。在一般人印象中，这些巨无霸公司转身很难、很慢，事实也确实如此，不过 GE 还是下了决心转型。在 2008—2009 年的金融危机之后，GE 对自身业务做了重大

9　以 2014 年年收入为准。

的调整。我们在前面提到金融危机前 GE 有六大部门，即基础建设、商业金融、个人金融、保健、影视新闻（NBC Universal）和工业部门，在金融危机之后 GE 的产业结构有了很大的变化。

首先，GE 在 2013 年卖掉了依然盈利但是也不断受到互联网新媒体挑战的影视新闻业务，其次它将在金融危机中遭受重创的两个独立的金融业务合并，成立了新的金融部门 GE Capital。为了适应当下和今后 20 年全球新的经济发展趋势，主要是全球对环境的重视、对能源的重视，以及美国可能将要开展的对基础设施的全面升级[10]，新技术革命可能带来的对全球企业级 IT 服务的颠覆，GE 对未来的产业做了重新布局，成立了与新能源以及环保有关的能源和水资源部门（GE Power & Water，包括风能发电）、针对页岩油气开发的石油和天然气部门（GE Oil & Gas），以及与基础设施建设及交通有关的 GE 交通部门（GE Transportation），同时它将原来的工业部门一分为二，变成以生产发动机为主的航空部门（GE Aviation）以及生产传统家电、新型家电和企业级设备的家庭和商业解决方案部门（GE Home & Business Solution），当然保健部门原封不动保留了下来。在随后的两年里，GE 仍在不断优化部门结构，并且出售了家电业务，以适应新形势的需要。

像 GE 这样的大公司，进行如此大规模的产业结构调整是需要付出巨大代价的。第一个代价就是营业额和利润停滞不前甚至下降。按照 GE 预先的设想，在调整和转型完成之后，产业结构更能适应未来经济发展的需求，业绩会在很长时间里不断提升，但是这个难度显然超出了它当初的估计，因此从 2016 年开始，GE 陷入了三十年来的低谷。虽然 GE 这些年来一直维持着千亿美元的销售额，但是利润率不断下降。这一方面是因为美国企业，特别是和制造业相关的企业整体竞争力在下降，另一方面是因为 GE 一直未能走出转型期。华尔街对 GE 的耐心在 2016 年已经丧失殆尽，因此从那时起，它的股价一路下跌。2018 年中，GE 由于利润下降，股价下跌，终于被道琼斯指数

10　美国目前使用的基础设施，包括交通、水电气的供应和污水排放等，都是在半个多世纪前建设的，在接下来的 10—20 年中，将面临全面的升级。

除名了，至此道琼斯最初的所有成分股公司都被踢出这个美国历史最为悠久的工业企业股票指数。

不过，如果说 GE 已经是昔日黄花为时尚早。它的一些业务是关乎到国计民生的，在很长时间里不仅不会消失，而且还在发展，比如和能源相关的很多业务，包括核电站、发电机、高压电技术、油气田设备、风力发电设备，以及为能源部门提供咨询服务，这些业务都不会像 IT 行业的很多产业那样迅速消失。在 GE 所有的业务中，最有竞争力的当属航空发动机了。GE 是世界上仅有的三家大型民用喷气式飞机发动机制造商（另两家是美国的普惠和英国的罗尔斯－罗伊斯）。此外，它在医疗仪器行业以及各种大型复杂动力设备领域，依然是全球最具竞争力的企业之一。

公平地讲，GE 目前转型的思路是清晰的，那就是回归制造业。只要对比一下今天 GE 的八大部门和金融危机前的六大部门，就能看出两个明显的变化：实体经济成分加重，面向未来的布局。GE 的这个战略一方面便于它发挥自身优势，另一方面也显然符合美国的利益，应该讲是明智的。如果这件事是发生在 30 年前，那么 GE 完成这样转型成功率是很高的，因为历史上 GE 虽然庞大，但是从来不缺乏创新力，而且它的创新不是停留在一两项技术和一两种产品上，而是整个行业的创新。在过去历次技术革命中，GE 都没有落伍，这简直是个奇迹。但是放到今天，GE 再一次完成转基因的难度则要大得多，因为一方面中国的崛起使得 GE 在工业制造上的很多优势在逐渐丧失，而美国也已经无法提供大量高素质的产业工人来振兴其制造业了。

GE 作为全球业务最广、人数最多、产值最高的公司之一，能够下如此大的决心自我更新，可以说是具有非凡的眼光、胆识和魄力。或许十年后，我们会发现 GE 在那些新的业务中又成为了全球的佼佼者，这要感谢它在今天甚至更早几年的布局。但也有另一种可能，就是整个美国的衰退让 GE 覆巢之下没有完卵。我们这本书从当年"Google 黑板报"的博客算起已经有十多年的时间了，大家对"浪潮之巅"这个概念已经普遍接受了。在这十多年里，其实我还在想另一个维度的"浪潮之巅",就是浪潮在空间的位置,显然它现在正在从西方往东方转移,地处东方的公司天然地处在这一波浪潮之巅,但是 GE 却身处西方。因此,如果它这次转基因失败,更多的原因恐怕来自它所处的国家大环境。

在本书的第一版出版之后,很多公司的负责人询问我,自己的公司如何才能像 3M 或 GE 那样通过不断地转基因,进入新的领域,从而做到长盛不衰。遗憾的是,我也没有很好的答案,毕竟世界上转基因成功的案例少,不成功的情况是常态。吴晓波先生在《大败局》一书中描述的诸多失败的例子,究其原因除了创始人自我膨胀不按规律办事外,转基因不成功是一个主要的原因。吸取他们的教训,无疑可以减少重蹈覆辙的可能性。在过去几年里,我接触和看到了一些中国公司转基因不成功的案例,除了全世界公司都有的原因外,还特别有如下两点。

第一,公司负责人对自己的成功经验过于自负,尤其是在过去获得过成功的公司里。这种现象在跨国公司中也有,但是在中国更加明显。在过去的 40 多年里,中国每年 GDP 的增长平均都有 7%—10%,IT 领域的增长更快。而一个成功的公司一定会发展得比行业平均速度要快,几年下来,业务一定是十倍、百倍地增长。这里面固然有公司领导人英明的地方,却更有宏观经济红利的因素。但是,大部分公司的领导人容易把成功全部归结到自身能力上,这就如同基金经理永远把投资回报归结于自己的能力而不是大盘增长和运气上一样[11]。事实上,一个公司的业务从几百万元发展到几亿元,大多数时候公司领导人的能力并没有增加一百倍。《大败局》一书中提到的很多公司创始人都有这个特点——业务能力没有随着业务提升多少。当他们进入一个新的领域时,常常习惯于把过往成功的经验简单套用到新的业务上。且不说他们过去的成功运气成分占了大多数,即使在过去的业务中主要是靠自己出色的能力并且积累了丰富的经验,这些经验拿到新领域中,大多不能照搬

---

11 麦基尔在他的《漫步华尔街》一书中分析了,几乎所有基金经理的成功都源于大盘的增长和运气,与其投资能力无关,有兴趣的读者可以读这本书。

照用。因此，虽然这些公司的负责人都很聪明，在理性上是愿意接受新东西的，但是在内心却是抵触的，这是人性使然。

第二，一个成熟的公司多多少少存在着部门壁垒，在这个方面中国公司比跨国公司要严重得多。事实上，几乎所有的公司中层甚至高层主管自己的利益与公司的利益常常是冲突而非一致的。一个 30 人部门的主管要想提升或加薪，最好的办法是将自己的部门扩大到 100 人甚至更多，即使自己部门的业务对公司没有太大帮助，或者这种扩充会损害到兄弟部门的业务和公司的利益。在很多大公司这种现象就非常普遍。这也是人性的弱点，我们无法否认，也无法靠"教育"来克服。在多数跨国公司里，大家承认并正视这种现象的存在，力争在制度上杜绝这种将局部利益凌驾于公司利益之上的做法。在中国的公司里，一般不肯正视这种现象的存在，而领导层常常为了维护表面一团和气而默认这种（有损公司长远利益的）行为，这就造成了严重的抢地盘现象，并且构成部门之间的壁垒，那么整个公司就会对新业务支持乏力，转基因自然不可能，即使公司的最高领导有这个远见。

相比这些平庸的公司，庞然大物的 GE 依然在努力转基因，非常值得钦佩，它不愧为一家伟大的公司。

GE 公司大事记

1890	GE 公司成立。
1896	GE 公司上市，是道琼斯指数包含的第一批公司之一。
1913	发明 X 光管。
1917	发明电冰箱。
1919	GE 成立无线电业务的子公司 RCA，业务第一次成功扩张。
1926	GE 成立合资传媒公司 NBC，在很长时间里 NBC 是美国最大的新闻网。
1927	推出商用电视。
1930	发明洗衣机。
1932	进入金融市场，成立 GE 信贷；同年，公司获得第一个诺贝尔奖。

1938	发明日光灯。
1940	建立起全国电视网。
1941	推出喷气式发动机。
1954	推出洗碗机。
1957	建立全球第一个商用核电站。
1962	发明半导体激光器。
1981	韦尔奇担任 CEO 开创 GE 20 年高速发展；发明商用光纤材料。
1983	推出核磁共振机 MRI。
1992	制造火星探测器。
2001	韦尔奇退休，GE 进入平稳发展阶段。
2008	遭受金融危机打击，但是很快恢复元气和增长。
2018	GE 被踢除出道琼斯工业指数。

结束语

科学技术是最具革命性、发展最快的生产力，一家科技公司要想在几次技术革命大潮中都能够立于浪潮之巅，是一件极不容易的事，关键在于企业能否不断成功转型。受企业基因的影响，大部分企业做不到这一点，因此就有了新公司的兴起和老牌企业的衰退。一个跨国公司能像诺基亚那样做到一次成功转型已属不易，像 3M 和 GE 那样一百年来长盛不衰则更是凤毛麟角。3M 是靠硬性的制度维持其创新，而 GE 是靠自身不断地淘汰现有的产业，同时开创新的产业。它们的成功经验已经成为了商学院教科书中的案例。有企业管理兴趣的读者不妨读一读《一个世纪的发明——3M 的故事》(*A Century of Innovation The 3M Story*，3M 公司提供免费电子版[12]，可惜只有英文版)以及韦尔奇的两本书《杰克·韦尔奇自传》和《赢》。

---

12 http://solutions.3m.com/wps/portal/3M/en_WW/History/3M/Company/century-innovation/

第 22 章　生产关系的革命

第二次世界大战之后，特别是上个世纪 70 年代之后，全世界产业的重心开始从传统工业向信息工业转变。在 2008—2009 年的金融危机之后，这一转变得以彻底完成。2001 年，全世界市值最大的五家企业分别是 GE、微软、埃克森－美孚、花旗银行和沃尔玛，其中只有微软一家是纯 IT 公司。到了 2018 年初，市值最大的五家企业变成了苹果、Alphabet（Google 的母公司）、微软、亚马逊和中国的腾讯（2019 年初这个位置被 Facebook 取代），是清一色的 IT 公司。这个现象并非巧合，如果你把世界大公司的名单往下延展，前十、前二十的大公司，依然会被 IT 公司主导。由于 IT 公司占了上市公司市值太高的比例，2018 年标准普尔 500 指数不得不将 Alphabet 和 Facebook 划分到通信公司，将亚马逊和 eBay 划分到零售公司，以维持股市不同板块间的基本平衡。

是什么造成了这样的结果？无疑，以信息革命为中心的科技进步当然是直接原因。但是，在过去的半个多世纪里，信息技术的进步对产业的带动是全方位的，不仅仅集中在 IT 行业。而即使在 IT 行业里，也有一些产业发展相对缓慢，比如电信行业。还有一些国家和地区的 IT 行业发展缓慢，比如日本和欧洲，而在工业时代，这些产业和地区曾经是世界上最有竞争力的。事实上，在过去的 20 多年里，全球进步最快的公司都集中在美国的西海岸和中国的东部，因此在它们中间必定存在一种共性的优势，使得它们在竞争中无往而不利。这种优势便来自生产关系的革命。

1　股权结构和期权制度的本质

在生产关系中有三个至关重要的因素，即所有权、经营过程中人与人的关系，以及利益的分配制度。在信息时代，特殊的股权结构和期权制度使得公司的所有权和分配制度比工业时代要合理得多。在这一点上，工业时代的公司和信息时代的公司根本无法竞争。

在工业时代，资方（包括股东和高级管理人员）是公司的主人，他们不仅拥有公司的资产和生产资料，而且在经营活动中说一不二。很多工业企业的创始人是优秀的发明家或企业家，他们依靠自己各方面的过人之处，会缔造出伟大的公司，比如卡内基、洛克菲勒、福特、爱迪生（GE 公司前身爱迪生电气公司的创始人）、贝尔、西门子、克虏伯、本田宗一郎、盛田昭夫（索尼公司的创始人），都是如此。在白手起家那一代的他们，无论在技术上还是在管理上都是同时代的佼佼者，而在对内的管理上又常常是"暴君"（爱迪生、福特和本田宗一郎都是如此）或被送上神坛，但无论是哪种身份，他们都说一不二。如果他们犯了错误，是没有人能够纠正他们的。所幸的是，那些成功公司的企业家都具有超凡的能力，获得了商业上的成功，所以我们今天能够知道他们，他们也就自然而然拿走了经营活动的主要利润。而那些能力有限的"暴君"们则早就被淘汰了，以至于我们对其闻所未闻。

在工业时代，资本的重要性特别明显，谁掌握了资本，谁就掌握了公司的经营权。19 世纪末美国开始反垄断之前，金融资本渗透到工商业的各个领域，它们通过建立信托控制公司乃至整个产业，因此，那个时代下在社会经济活动中唱主角的，是各个行业的垄断寡头。此后，虽然美国的反垄断和进步运动让金融寡头退出了历史舞台，但是企业的生产关系并没有因此而发生改变，简言之，依然是企业主拥有企业的全部，且说一不二。

1957 年，肖克利来到旧金山湾区创办肖克利半导体公司。他一方面聪明绝顶，见识过人，另一方面则是一个十足的"暴君"，看问题带有很多主观偏见。有一次，办公室里丢失了一件小的办公用具，肖克利竟然为此要求员工们接受测谎实验。这种荒唐透顶的做法对于诺伊斯等知识型员工来说，简直是侮辱。倒不是因为肖克利本人有什么品性问题，事实上人们后来对乔布斯的非议甚至要超过他，而是因为那一代的企业家大多把企业当作了自己的私产。

到了菲尔柴尔德资助诺伊斯等人创办仙童公司的时候，他对公司的占有欲比肖克利好不了多少，因此当仙童公司盈利后不久，他便收回了全部的股权。这直接导致了仙童公司的分家。

公司的所有权通常直接决定了公司的分配制度。在工业时代，企业利润的分配基本上是一个零和游戏，雇员们多拿一分，资本家就少一分，反之亦然。当企业经营情况较好时，开明的资本家会出让一部分利润给员工，以换取员工的积极性。不过，这种脉脉温情在经济出现危机时会瞬间消失。历史上，亨利·福特是提高工人工资和福利的倡导者，这一点经常被一些他的崇拜者津津乐道。但是，当经济危机来临时，他就马上显示出残酷镇压工人运动的另一面，而且培养了几个专门对付工人运动的打手（也称为福特三凶）。二战之后，左翼运动兴起，工会开始在劳资纠纷中占据上风，他们永远以罢工和打官司为要挟，不断要求企业增加工资和福利。对于工会会员来说，公司经营的好坏并不重要，他们更关心的是能不能涨点工资。如果他们觉得罢工和谈判比努力工作更能让自己涨工资，就会毫不犹豫地采用这种方法，这也是工会的武器。因此，美国一些工会比较强势的行业，总是走不出"破产保护 —— 违约 —— 清除不良资产和员工福利 —— 重新盈利 —— 过度福利 —— 破产保护"的怪圈。在美国的传统企业和欧洲的大部分企业中，这个问题至今都没有得到解决。日本企业没有那么大的劳资矛盾，但是企业和员工之间在利润分配上也跳不出零和游戏的圈子。

在工业时代，创始人、企业家以及投资人，他们通常代表着最新的技术和管理理念，他们的知识、经营经验和资本对于企业的成败至关重要，而工人通常只掌握着简单的技能，是可替代的劳动力。然而，到了信息时代，知识在经营活动中的重要性陡然提升，资本的重要性相对下降，资本方想要再通过资本拿走公司全部的所有权和经营权，就变得不合时宜了。肖克利半导体公司的八名主要雇员都是技术专家，其中六名是博士，在过去的企业中是不可能有这么高比例的知识型员工的。在公司里，诺伊斯和肖克利关于江崎晶体管的争议，属于两名世界级专家的学术争议或说技术争议。这种事情过去在爱迪生的公司、福特的公司也都发生过，而爱迪生和福特的处理方法则是简单压制甚至赶走威胁到自身权威的人。但是，这一套在肖克利手里就行不通了，不需要他的驱赶，诺伊斯等人自己就先走了。而由于他们的知识很值钱，洛克和菲尔柴尔德等人才会主动帮助他们。

在工业时代，生产成本是很高的，利润率相对偏低。谁更懂经营管理，更善于降低成本，提高利润率，谁就能在竞争中获胜。到了信息时代，半导体产品的成本是很低的，用诺伊斯的话讲，原材料都是些不值钱的沙子和金属，竞争将转向制造工艺，这时技术和知识的重要性才凸显出来。只有当创始人、金融家和主要员工共享公司的所有权时，才能让公司真正降低成本，提高利润。因此，从硅谷的半导体公司开始，像这样来分配公司所有权的股权结构就成为初创公司融资时的普遍策略。

在硅谷，一个发展顺利的公司从初创到上市，创始人和投资人股权的比例需要大致相当，如果一方股权太大，则会失去平衡。如果创始人的股权占比太高，将显示其融资不足，结果是其发展的速度会受到限制。我们在前面章节提到的70—20—10律中讲到，在信息时代，由于科技公司的制造成本在收入中占比很低，因此很容易形成赢者通吃的局面，发展不够快的公司则完全没有赢得市场大部分份额的可能性。此外，世界经济每隔8—10年会有一个下行的调整，如果一个初创公司没有一定量的资金储备，遇到经济周期下行阶段（也就是"寒冬"），常常无法坚持到下一个上行周期（即俗话说的难以过冬）。相反，如果创始人股权占比过低，投资人股权占比过高，则创始人的积极性常常难以被调动，如果遇到经济的下行周期，资本方会比较短视地贱卖公司以收回投资。除了投资人和创始人，员工特别是关键员工的利益也必须得到保障。通常，一个好的科技公司在公司上市前，员工的股权占比会在 10%—15% 之间。

如果仅仅有股权激励，它依然只是一个零和游戏，因为上述三方中一方的份额增加，另外两方必定减少，更重要的是当公司上市之后，公司便不能随意增股了，因为那样会稀释每一股股票的价值，让已有的股东利益受损。因此，为了保证三方能够形成合力，硅谷的公司普遍采用了增发期权（Option）的方式解决利益分配的问题。

期权不是股票，它是一种特殊的金融合约，是合约的一方在一定期限里给另一方按照某个价钱购买（Call）或出售（Put）股票的权利。比如，苹果公司的股票（代号 AAPL）在 2018 年 4 月 6 日的收盘价格是每股 168.38 美元，该公司或某家证券公司（Underwriter）给予期权的所有者在 1 年内任何时候，以这个价格（称为执行价格，Strike Price）买进苹果公司股票的权利，也就是买入期权（图 22.1）。如果在 1 年内股价从来没有超过 168.38 美元，期权的持有者不用做任何事情，既不赔钱也不赚钱。如果股价超过了 168.38 美元，那么不管股价涨到什么地步，期权的拥有者都有权以 168.38 美元的价格买入股票，从而赚取这个价格之上的溢价。因此，期权的持有者是稳赚不赔。而对于现有股票的持有者来讲，他也并没损失什么，因为如果股价不涨，期权

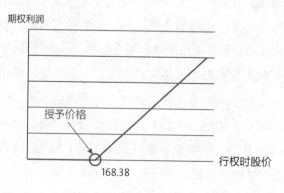

图 22.1　股价和期权利润的关系

就作废了。图 22.1 显示了股价和期权利润之间的关系，当股价达不到期权授予的价格时，期权的利润为零，当然握有期权的员工也不会损失什么。当股价超过期权授予的价格时，期权的收益和股价是 1∶1 的线性增长关系。

如果一个公司的业绩增长达不到市场预期，股价就不会有明显提升，甚至会下跌，这样的期权就不具有价值。期权的价值是靠公司里的所有人，从老板到员工集体的努力来实现的。期权要想不变成废纸，唯一的出路就是通过利润的提升，让市场肯定公司的表现，推动股价上涨。因此，期权所分配的其实不是存量利益，而是增量利益。一家公司里拥有期权的老板和员工，有足够的动力一起努力，把公司办得更好，让公司的股价提升。在这种情况下，公司的现有股东、老板（创始人和高管）以及员工，他们的利益就是一致的，而不再是零和游戏了。

期权的本质是两个契约。首先它是公司和现有股东（包括投资人和公司内的持股者）在监管部门的监督下所签署的一种契约。当被授予期权的老板和员工行使（Exercise）期权后，这家公司就要增加流通股，因此一个公司不能随意发放期权，否则股价一旦超过可以行权的执行价格，就再也涨不上去了，这样就损害了投资人的利益。一家在美国注册的公司能发放多少期权，需要董事会通过；如果是在美国上市的公司，还要得到美国证监会报备批准，同时还要按照期权的市场价格计入公司运营成本。因此，这种相互的认可就是一种契约。一家公司可以发行的期权数量（或者比例），由公司未来的业绩增长速度而定。业绩的增长必须超过期权增加的比例，这样市场就不会做出抛售股票的反应。当然，为了保持公司团队的稳定，并且让公司里的每个人都能把目标制订得长远，公司里期权的期限通常是十年。

其次是公司里所有人之间的一份契约。在获得董事会同意发行一批期权之后，每个人的分配比例，实际上是一个契约合同。一家公司可以被理解为在某个行业里已经打下一定基础的经营实体，它为公司里的所有人包括管理者和员工提供了一个发展的平台，而管理者和员工以前的经验和他们所拥有的资源（市场资源、技术专利等），以及今后对这个平台的贡献，占有这个平台未来一部分收益。每个人所占有的那一部分的收益大小，就是他们通过谈判获得的期权数量。

期权制度的直接作用是合理分配未来的财富，但它同时也改变了公司里人和人的关系，从过去工业时代那种雇佣关系，变成了一种基于契约的合作关系。过去，一个部门经理通过权力多拿走10万元的奖金，或者多给那些喜欢拍马屁的人1万元奖金，这些奖金马上就兑现了。但是，使用期权作为分配工具后，结果就不同了，如果部门经理给自己或亲信多发了期权，而把像诺伊斯和摩尔这样的能人排挤走了，他最后的收益将是零。

我在国内几所著名的商学院讲课时，很多企业家学员抱怨如今招人太难，留人更难。我进一步了解后发现，一个重要的原因是他们在信息时代依然采用工业时代的生产关系进行管理。在分配利益时，总认为这是企业对个人的恩赐。实际上，今天资本已经不再是稀缺资源了，人的才智更具有难以复制的稀缺性。一家信息时代的企业，应当是一个给每个员工发挥特长的平台，要"请"个人来做事情，要本着企业与个人合作的心态，做不到这一点，要想留住人确实不容易。

同样的道理，在信息时代聪明的员工懂得为自己寻找一个好的发展平台，并且摒除个人好恶和情绪积极地为那个平台工作。在硅谷的大部分公司里，工资只是相当于生活费，在硅谷这个消费水平非常高的地区只能保证简单的衣食住行；而对于成功人士和高收入人群来讲，期权才是他们获得财富的主要来源，而获得有价值期权的途径就是加入一家有发展前景的公司。事实上，在当下中国的北京、深圳和杭州那些房价极高的地区，很多生活优越的工薪阶层，他们主要的财富来源也是百度、腾讯和阿里巴巴这样的公司的期权，而他们看似不低的工资，累积100年也买不起当地一套好的住房。这从另一个角度也说明了从工业时代到信息时代分配制度的变迁。

综上所述，自信息革命发生以来，公司的所有制关系和分配制度必然会导致公司内部人和人之间关系的变化，其中最明显的特征有这样两个：

> 首先，从过去所谓的主管、领导、老板为核心的文化，变成了以专业人士为核心的文化，其代表就是很多 IT 企业中的"工程师文化"；

> 其次，上下级的关系由过去管理和被管理的关系，变成了契约合作关系，底层员工主动参与一部分管理，导致公司管理的扁平化。

2 工程师文化

工程师文化其实是欧美专业人士文化的一个缩影，而在信息时代它的重要性又得到了进一步的彰显，于是工程师文化就成为了硅谷企业新型生产关系的一个明显特征。

什么是工程师文化？我们不妨先看一看它在硅谷企业中的具体表现，然后再来总结它的定义。

工程师文化首先体现在这一群人的地位高。Google 是一个典型的具有工程师文化的公司，它的创始人佩奇在公司大会上明确地说，工程师在公司里的地位处于金字塔的顶尖，过去如此，未来也永远如此。在硅谷，佩奇的观点具有普遍性，工程师的社会地位确实很高，很受人尊敬。

当然，一种职业受人尊敬，人为地强调它的地位高是没有用的，必须要有一种机制保证他们的收入很高，这样最优秀的人才有动力从事相应的工作。图 22.2 给出了 2013 年硅谷和美国其他地区主要科技公司中软件工程师的基本工资数据，并对比了美国收入最高的两个职业（外科医生和公司高管）、名牌大学正教授、时任美国总统和时任加州州长的收入。需要指出的是，科技公司里的工程师除了基本工资，还有奖金和股票（或者期权的收入），根据公司情况和员工职级，这部分收入可能为基本工资的 10% 到数倍，像 Google 或 Facebook 这样的公司，奖金和股票的平均水平不低于基本工资的 60%，这些公司的工程师的年总收入超过政府高级官员的年总收入，与斯坦福、哈佛或麻省理工等名牌大学正教授的年总收入相当。

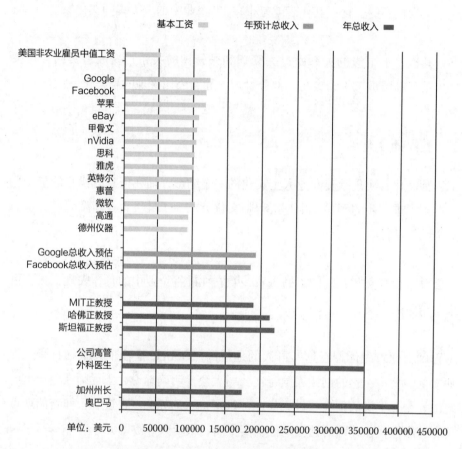

图 22.2　2013 年硅谷和美国主要 IT 公司软件工程师的基本收入与其他行业从业人员收入 [1] 的对比 [2]

除了收入较高，工程师的工作也比较稳定，公司裁员时最后才可能裁撤到工程师。另外，他们的工作时间比较灵活，每年的休假比较多，很多人愿意

[1] 在图中高管们常常有丰厚的奖金和股票或者期权收入，因此他们实际收入通常是基本工资的两到三倍。
[2] 数据来源：CareerCast.com，麻省理工学院网站 mit.edu，加州政府网站 ca.gov，Business Insider。以 2013 年数据为准。Google 和 Facebook 工程师总收入为预估。

做一辈子工程师，这使得美国公司里一线工程师的平均工龄比中国公司里同样职位的工程师要长很多，经验也自然更丰富。这一点在硅谷的公司里更加明显。

在硅谷的另一些公司，比如 Facebook 和苹果里，虽然看上去好的产品经理地位最高，其实他们大多是工程师出身。而在半导体公司，基本上只能让工程师们说了算，因为半导体相关的专业技术非专业人士看不懂，甚至半导体的销售常常也需要由主管工程的副总裁负责。当然，工程师文化对硅谷创新所起的作用远不止体现在工程师的地位高，一个公司要想通过简单地提高工程师的地位和收入就获得硅谷那样的成功，可能会失望，因为工程师文化其实反映的是硅谷公司在管理和做事方法论等方方面面的特点，而不仅仅是收入。这就涉及工程师文化的另外几个特点了，这里我们重点谈其中的两个。

先说说"动脑和动手"。

这五个字其实是被誉为美国工程师摇篮的麻省理工学院的校训[3]，它从一个侧面诠释了工程师文化。一个合格的工程师，必须能够自己动手解决问题，而不是让别人告诉他应该怎么做。大家可能听说过 DIY 这个词，它是 Do It Yourself 的缩写，这也是工程师的最基本要求。有些人觉得有个工科学位，在 IT 公司里能够写两行代码，名片上印着工程师的头衔，就算是一个工程师了，其实工程师远没有这么简单，或者说没那么容易当。一个合格的工程师，至少应该能够独立地实现一项工程目标，不论目标大小。在国内的很多公司里，很多程序员需要产品经理告诉他们做什么，这样的人被称为"码农"一点也不奇怪。我虽然并不喜欢这个对工程师带有调侃的贬义称谓，但是有时想想，很多自称为工程师，或被公司任命为工程师的人，确实用"码农"来称呼更合适一些，因为他们的确在从事不太费脑筋的工作。这些人和我要说的工程师的差别在于，前者缺乏后者那种发现问题并独立解决问题的

---

3 拉丁语：Mens et manus。

能力，主管很难放心地将一件工作交给前者后就不再管了。

宾夕法尼亚州立大学的教务长琼斯（Nicholas Jones）博士喜欢用"逢山开道，遇水搭桥"来形容工程师的特点。这里面有三层含义，首先，遇到问题后知道如何解决问题。其次，与科学家不同，工程师不关心那些理论的东西，不会在遇到问题时从研究理论做起，也不会站在那里等到某个理论问题解决了之后才开始动手，而是在理论问题还没有解决时，设法绕过去，搞定实际问题。以建设大桥为例，他们不是要架设最漂亮、最完美的大桥，而是要根据需求建造工期最短、成本最低同时安全完全有保障的大桥。若是军队要快速渡河，他们会建造一座可以只使用十天半个月的浮桥；若是建造一座跨海大桥，他们会运用现有的技术和材料，建造一座使用寿命百年以上的坚固桥梁。这是工程师的突出特点。

很多人在研究了硅谷的特点后发现，虽然硅谷地区做出了很多伟大的产品，但所用技术其实是其他地区的公司和大学里已有的技术，硅谷的工程师只是有创意地将这些技术拼装到一起而已。表 22.1 列举了那些在硅谷成名并且改变了世界的技术，但是它们最初都不是诞生在硅谷。

表 22.1　改变世界的技术和最初发明的地点

以为是来自硅谷的发明	实际发明地点
晶体管	贝尔实验室（新泽西）
计算机	宾夕法尼亚大学
机器人	英国
人工智能	美国东部大学（在达特茅斯提出，MIT 最初实现）
程序语言	英国
数据库	IBM 等
计算机游戏	MIT
游戏机	新罕布什尔

续表

以为是来自硅谷的发明	实际发明地点
互联网	美国政府 ARPA
PC	好利获得公司（即 Olivetti，意大利）
WWW	欧洲核子中心（CERN）
搜索引擎	欧洲核子中心以及美国加州以外几所大学
社交网络	纽约
智能手机	日本 Docomo（NTT 的移动子公司）
电子邮件	MIT
可穿戴式计算机	MIT
太空技术	德国、苏联、美国的得克萨斯和洛杉矶等地
电动汽车	早期版本：爱迪生 GE（纽约）；当代版原型：GM（底特律）
无人驾驶汽车	卡内基－梅隆大学
虚拟现实（VR）	MIT

这张表很好地反映了硅谷工程师的一个特点——他们不是科学家，没有做太多基础研究（至今麻省理工学院以及东部不少顶级大学对斯坦福大学的研究依然看不太上眼），但是他们对新技术有非常强的好奇心，而且有自己动手做小玩意的激情，于是他们把这些新技术应用到现有的产品中，或者自己拼拼凑凑，搞出一个从来没有人想到过的新玩意儿。这些自己动手做的小东西，很多可能失败了，不过大量的硅谷工程师每天都在不断地做各种各样的尝试，总能做出一些改变世界的产品来。

安卓操作系统发明人安迪·鲁宾（Andy Rubin）的工作就是典型的"自己动手用现有技术做小东西"的过程。Linux 操作系统早就有了，简单的手机操作系统也早就有了，但是将体量庞大、消耗资源多的 Linux 用在手机上，之前尚无太成功的先例。于是，鲁宾就把这些现有的技术搭起来，做了一个小玩具，他把这个小玩具称为安德鲁[4]的小东西，并且用自己名字（Andrew）的前几个字母 Andr 和小东西的词根 -oid 拼凑出一个新词 Android，即安卓的英文名称。

像鲁宾这样捣鼓小东西的人在硅谷比比皆是。需要指出的是，做这些事情通常不是老板下达的任务，而是出于自己的兴趣。正是发现工程师有着巨大的创造力，瓦伦丁才决定创办红杉资本来帮助他们。在瓦伦丁看来，只要给一些动手能力强的工程师注资，让他们全职地将自己 DIY 做出的小东西变成产品，就一定能改变世界。

既然是自己动手，那么自己就要有能力实现自己的想法，而不是命令别人替自己做事，这是硅谷工程师的特点。在硅谷你总是能看到一些世界科技行业的泰斗或巨头还在写程序。Google 的狄恩（Jeff Dean）博士和戈玛瓦特（Sanjay Ghemawat）是世界上最早发明云计算技术的工程师，也都是美国工程院院士，至今仍在自己写代码，而且每次有什么新的想法，都是自己先实现自己的"狗食"（Dogfood）[5]。Google 的汤普森是 UNIX 的发明人、图灵奖获得者，每天大部分时间依然花在写程序上。太阳工作站的发明人，该公司的创始人贝托谢姆，后来成为了天使投资人，又投资成立了上市公司 Arista，今天依然在写程序。和我一起做投资的朋友、Hotmail 的创始人史密斯（Jack Smith），在把 Hotmail 卖给微软之后，曾经担任过一家上市公司的 CEO，后来做投资，现在每当有什么好想法，依然会坐下来自己写程序实现它们。这些人可算是功成名就，要是放在中国，或许早就当官去了，至少也进入到"君子动口不动手"的状态，但是他们在硅谷依然在自己动手。虽然他们自己写的代码未必比别人好多少，但是这在硅谷营造了自己动手的工程师文化。《纽约时报》曾经对比过微软和 Google 在研发上的差别。在微软，那些负责发明创造的研究员是动口不动手的，有专门的研发工程师为他们实现自己的想法；而在 Google，没有人替你写程序，所有的想法都需要

4　英文名字 Andy 的正式称呼。

5　在美国的公司里，第一版还不很成熟的产品常常被自己戏称为"狗食"。

先由自己实现证明。这样一来，两个公司在开发上的效率就有了巨大差别。

硅谷工程师文化的第二个特点是不仅要会动手，更要会动脑。在很多公司，产品经理和工程师是两个独立的角色。在中国的一些互联网公司里，有着大量的产品经理，在个别项目上产品经理甚至比工程师还多。这样的搭配带来了两个方面的恶果，首先很多产品经理不得不去做那些本不该由他们来完成的细节设计，同时本该参与产品设计的工程师在设计上完全懒得动脑思考。另外，产品经理可能会因为缺乏对工程技术的了解而提出不合理的要求，而工程师也会因为缺乏对产品的全面了解，做的东西达不到产品经理预想的要求。在硅谷的公司里，产品经理和工程师的比例非常低，在 Google 这样的公司或者半导体公司里，这个比例可能是 1∶20，甚至比 1∶100 还低。在我第二次回到 Google 时，辛格（Amit Singhal）博士为了动员我加入他的部门，非常自豪地告诉我，他的部门有一大优势："在我管辖的部门里，产品经理和工程师的比例是 1∶200 多。"这个比例也许有些过低，却反映了硅谷以工程师为主导的特点。

有人或许会问，产品经理的比例如此之低，那么谁来设计产品。很简单，工程师会做很多在中国的企业看来应该由产品经理做的事情。讲到这里，就必须讲讲什么是优秀的工程师，什么是平庸的工程师了，他们之间是有着巨大差别的。工程师文化的一个特点就是承认这一差别，并且对不同水平的工程师区别对待。

能够比较清晰地解释工程师之间差别的工具，是苏联著名物理学家朗道（Lev Landau，1908—1968）提出来的朗道等级。朗道曾经根据物理学家的贡献把他们分成了五级，每一级之间的贡献相差一个数量级。按照朗道的划分，只有玻尔、狄拉克等少数物理学家属于第一级。其实对于工程师或者任何一种专业人员，也可以做同样的划分。如果我们按照朗道的方法把工程师分为五个等级（图 22.3），每一级的能力和贡献大致可以总结如下：

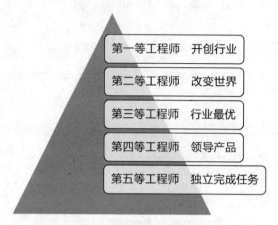

图 22.3　工程师的五个等级

第五等工程师，是我们在前面提到的能够独立设计和实现一项功能的人。这是对工程师的基本要求，如果一个人只是懂一点工程实现的手段，需要别人告诉他怎么做，那最多算是助理工程师或者技工，不在我们讨论的工程师之列。

第四等的工程师就需要有点产品头脑了，也就是说他们在做一件事之前，要知道所做出来的东西是否有用、易用，是否便于维护，是否性能稳定，等等。除了要具备产品设计方面的基本知识，还要具有一定的领导才能，能在整个产品的生命周期从头到尾将一个产品负责到底。这在很多硅谷的公司里，基本上是一个高级工程师所应有的基本素质。对大部分工程师来讲，这些素质不是一个工学院就能培养出来的，而是需要在工业界实际锻炼三四年甚至更长的时间。当然，个别天赋很好的年轻人在学校里就具备了这种素质，但这是可遇不可求的。

第三等的工程师，可以做出行业里最好的产品。他们与第四等工程师有着质的差别，这不仅反映在技术水平、对市场的了解、对用户心理的了解以及组织能力等诸方面，而且也反映在悟性的差异上。当然，这种悟性很多是后天培养出来的，但这就需要更长的时间了。有些人从工作一开始，可能需要十年八年，经过多次失败，不断总结，终于在某个时间点豁然开朗。而另一些人可能非常幸运，在一开始就有幸和最优秀的人一起工作，加上善于学习，五六年下来就能达到第三等的水平。在硅谷，有极少数工程师只花了五六年时间就达到了这个水平。但是，即使一个人再聪明，基础再好，也需要在工程上花足够的时间才能达到这个水平，一个年轻人工作了四五年就开始做行政管理工作，基本上就和这个水平无缘了。

第二等的工程师是那些可以给世界带来惊喜的人，比如实现第一台实用化个人电脑的沃兹尼亚克、DSL 之父约翰·查菲[6]、iPhone 和 Google Glass 的总设计师，以及前面提到的鲁宾、狄恩和戈玛瓦特等。他们与第三四五等工程师的差别在于其工作的原创性以及对世界的影响力。当然，他们的工作不是科学研究，这一点和科学家毕竟不同[7]。

第一等的工程师是开创一个全新行业的人，历史上有爱迪生、特斯拉、福特，二战后有保时捷（Ferdinand Porsche，1875—1951）博士、本田宗一郎（1906—1991）和硅谷的诺伊斯等人。这些工程师不仅在技术和产品等各个方向上与第二等的工程师有了质的差别，而且在经验和管理上也是好手，他们通常也是企业家，并通过自己的产品改变了世界。这一类人常常是可遇而不可求的，正如朗道列出的第一等物理学家只有个位数一样，第一等的工程师也是如此。朗道认为每一等物理学家之间的贡献相差十倍，而每一等工程师的差距也有这么大。当然，很多企业家都希望能遇到一些第二等甚至第一等的工程师，但是这需要一个由工程师构建的完整金字塔：要想出几个第一等的工程师，就需要有足够数量的第二等工程师作为基础；同样，产生第二等工程师要靠大量的第三等工程师作为基础。在一个产业里，不可能指望在一大堆第五等工程师的基础上，突然冒出一两个第一或等者第二等的工程师的。甚至有时，即使高薪聘请来一个第二等的工程师，如果没有第三、第四等的工程师与之配合，他也很难直接依靠第五等的工程师做出一流产品。

6　约翰·查菲是大学教授，也是优秀的工程师，事实上他是从工业界转到学术界的。
7　约翰·查菲是一名优秀的科学家，但是他对 DSL 的贡献在于工程，而非最早的科学研究上。

在硅谷，人们能够有幸接触到第二等工程师，这些人有时决定了一个公司的产品所能达到的高度。而在公司里，真正干活的主力是第三、第四等工程师，这一类人比较多。但在中国的一些 IT 企业里，大家喜欢当官，因此在第五等工程师之上，会出现断层，从而影响产品开发的质量和原创性。

硅谷工程师文化的第三个特点是全社会对工程师的认可。这种认可不仅包括对工程师的尊重，以及给予他们较高的社会地位，还包括允许不同等级的工程师在收入上有巨大差异。既然每一等工程师的贡献可以相差十倍，为什么他们的收入不能够相差十倍？当然很多人会反对这种收入差距过大的做法，比如欧洲的社会党人和美国的工会。但是客观规律不以人的意志为转移，如果拉大收入差距能够最大程度地发展生产力，而平均主义不能，那么采用前一种分配方式的地区无疑会获得更快的发展，硅谷就是这样的地区。

在硅谷的很多公司内部，不同层级、不同贡献的工程师之间，工资和奖金的差异其实不大，但是期权起到了调节他们收入的主要作用。这使得第二等工程师的收入真的可以比第三等工程师多出一个数量级，而第三等和第四等之间，收入可能也有数量级之差。很多企业请我推荐，想要招聘一些 Google 的工程师，而且张口就要最好的，但我明确表示那些最好的工程师所要的薪酬包大部分公司可能都付不起，因为在大部分企业的想象中，不同的工程师之间收入差距在两三倍就算是很多了，而在硅谷的明星企业，这种差距是数量级的。在金字塔尖的那些工程师的收入非常高，甚至高过高层管理人员，再加上社会对他们的认可，这些人转行政管理岗位的欲望并不强烈。在硅谷的公司里，工程师们有专门的上升通道，而硅谷的工程师文化也由此得以很好的维持。

介绍完工程师文化的主要特征，我们可以给出一个明确的定义了，到底什么是工程师文化？

简单地讲，工程师文化有两层含义，首先在于，它强调了一个机构或者一个社会以工程师为核心创造未来的价值。历史上，有过以土地的拥有者为核心、以资本的所有者为核心、以商人为核心构建价值体系，但是在以硅谷为代表的信息时代，需要以工程师为核心构建价值体系。接下来，既然工程师是创造价值的核心，那么他们必须具有主动性，不断承担越来越多的使命。由于人的能力有大有小，贡献会有巨大的差距，这样也会直接导致他们的收入有巨大差距。只有正视这种差距，接受这种差距，才是信息时代应该有的思维。

硅谷工程师文化的形成有欧美历史上的原因，也有硅谷本身的原因。从历史上讲，欧美国家在历史上很少有大一统的帝国，官员的重要性就要小得多，专业人士的地位相对比较高。世界上很多国家和地区对工程师远比中国尊重和重视，比如在法国要取得工程师的资格，难度很大，需要在大学先读预科，然后才能进入好的工学院获得工程学位，并成为大公司的工程师。相比之下，一些中国人的官瘾比较大，非常看重级别。有一次在一个活动中，一位中国来的总领事给我一张名片，上面写着"大使级"（总领事）这个形容词，言下之意他是副部级干部。不过，我在类似的活动中遇到过朱棣文和骆家辉等人，他们给我们的名片上可没有写过"部长级"教授或"部长级"大使之类的名称。这种现象并不少见，即使一些学者，给我的名片还一定要印上享受政府津贴或者千人计划等称谓。社会精英都是如此，在公司里谁要是没有一个行政级别，脸上都会觉得无光。

当然，硅谷工程师文化也有它本身的成因，主要是公司所有权和分配制度与其他地方有所不同。员工特别是核心员工和公司都是一种契约关系，因此行政职务和汇报关系就不是那么重要了，但是这一点在中国目前还做不到。我接触过很多中国的工程师，他们想当官也是可以理解的，因为作为一个工程师，他们完全感受不到自己能拥有公司的一部分，这和硅谷的工程师不同。因此，他们只有当了官，有了一批围着自己转的下属，才能感觉到自己对公司的影响力。硅谷工程师也看重一种级别，就是他在朗道等级上的位置，因为这直接影响到他承担的职责、收入以及在别人眼里的分量。

在美国东部以及欧洲大部分地区，工程师在收入上差异很小，这就无法激励他们往更高的层级努力。因此，在那里的公司中，第四等和第三等的工程师数量很多，但缺乏更高级别的工程师，因而很难做出改变世界的发明创造。这其实是欧洲很多国家创新力不足的原因，而那些国家的工程师若是到了硅谷，则能做出大得多的贡献，这充分说明新型生产关系的重要性。

在信息时代，很多专业机构内的文化和硅谷的工程师文化其实很相似，只是会计师、律师、医生这样的专业人士的作用代替了工程师。其本质还是一种基于契约的生产关系。

当每一个工程师都具有很高的自觉性时，管理也就变得容易了。公司为了提高效率，愿意将管理的层级扁平化。

3 扁平式管理

扁平式管理这个词大家并不陌生，它最明显的特征就是整个公司管理的汇报层级少，这一点对提高公司的管理效率和工作效率至关重要，这也是很多企业一直追求的目标。

曾经担任过 Google 工程总监的张智威博士，在上个世纪末任职于当时的世界第二大计算机公司数字设备公司（DEC）。他讲到这个曾经的科技明星企业到了后期官僚主义有多么严重。据他介绍，该公司曾经出现过上下九级只有一个单一汇报人的奇葩现象，即一个高级副总裁手下只有一个副总裁，后者手下只有一个资历更浅的副总裁，这位副总裁下面只有一位高级总监，以此类推，最后由一位一线经理指挥仅有的一个工程师。数字设备公司的例子虽然有些夸张，但这种现象在大企业中并不少见，从管理的顶级到最底层的员工，中间有七八级，是颇为普遍的现象。

这种多层管理层级通常是历史原因造成的，公司历史越悠久，一般这种现象越严重。它的危害其实很多管理者都很清楚，但就是解决不了这个问题，因为任何改变都要剥夺一些中高层管理者的利益。在美国一些传统的企业和中国的很多企业里，较高的层级成为很多人的荣誉甚至奋斗的目标，因此，公司的创始人或者 CEO 明知这种组织方式会导致低效率的管理，却无法将管理层级扁平化。

硅谷企业的管理层级相对较少，这里面有历史的成因，有出于管理效率的考虑，还有一个硅谷所特有的原因，即它那种新型的人与人之间的关系。我们不妨从这三个方面看看为什么硅谷企业能够做到管理的扁平化。

首先，来到硅谷的人目标都比较明确，就是寻求个人做事上的发展，而非在做官上的成功，整个社会没有太多的官本位文化。人们到硅谷住上一年半载，就会发现在这里，一个明星公司的普通员工，甚至比一个发展缓慢公司的副总裁更受人尊敬。比如这两个人同时离开公司去创业，前者通常更容易获得投资人的垂青，甚至两个人同时去购房，卖方的经纪人常常对前者会更感兴趣。一个明星公司的工牌，通常比一张头衔吓人的名片更有用。

其次，在同等收入规模的公司里，硅谷公司的规模相对较小，人数较少，整个公司的层级较少也很自然。加上硅谷公司的生命周期相对较短，很多公司在官僚体制还没有膨胀到很臃肿的程度，就已被收购或者关闭了。因此，大家在习惯上普遍不认同很深的管理层级。

最后，硅谷的公司管理层级较少的另一个重要原因是被激烈的竞争逼出来的。我们在前面讲过，硅谷虽有光鲜的一面，更有竞争非常激烈、淘汰率非常高的一面，那些管理层级较高的公司通常会因为执行力差而率先被淘汰，而采用扁平管理方式的公司最终能生存下来。在外界看来，剩下的都是管理扁平化的公司。久而久之，新公司在成立和发展的过程中，一般都要采用扁平化的管理方式。

汇报层级少仅仅是扁平式管理外在的、最明显的特征，但如果单纯减少公司的管理层级，不调整相应的管理办法，还是没有用的。

扁平式管理的另一个特征则体现在分权上。在一个现代企业中，每一级管理者甚至个人要拥有最终决策的权力，同时承担一定的责任。一件事情一个员工自己就能决定，就无需他的经理或总监来拍板。一个经理或总监能够决定的事情，就不需要副总裁或更高职级的人来给意见。在Google，一名资深的工程师或产品经理，即使不担任任何行政管理工作，也能决定数万美元的采购，而不必先请示任何人。Google的一个副总裁可以决定数百万美元的市场活动开销、上千万美元的大宗采购或者基础建设，并有权给予员工大笔的股票或者期权。只有分权，才能真正给公司带来效率。

扁平式管理的第三个重要特征体现在限制上级对下级的人事权。如果上级对下级拥有绝对的生杀予夺大权，那么他的下属就成了他的奴才，而不是公司的员工，而下属也会牺牲公司的利益以满足上级的意愿。这样的公司最终一定是山头林立，任人唯亲，上有政策下有对策，公司的战略意图和行政指令必定难以执行。在真正施行扁平式管理的公司里，上级对下级通常只有人事上的否决权，而没有决定权。也就是说，他可以否决提升那些他认为表现不好的员工，但无法提拔那些只是他个人喜欢的员工。在这种情况下，下属与其取悦于上级，不如把工作做好取悦于所有人。另外，上下级之间是契约关系，上级对下级的调动没有任何的限制权力，因此一个中层主管为了维持自己团队的稳定，就必须学会尊重下属，而不是把他们当作自己的奴才。只有这样，才能把工作中人和人之间的摩擦降低到最少。

扁平式管理说起来很简单，很多硅谷之外的公司也在努力将管理扁平化，但是似乎并没有因此而提高效率，那么这又是什么原因呢？简单地讲，就是那些公司在管理上其实是换汤不换药。

简单地把管理层级减少一两层不是难事，一个1万人左右的企业，如果每个管理者管 10 个人，从上到下五层也就够了，这已经比很多公司管理层级少了。但是，建立一个这样的管理层级并非扁平化管理的全部。一些公司的负责人确实将管理层级扁平化了，做了把普通员工到 CEO 之间的汇报关系从七层降低到五层这一类的表面文章，但本质上仍是换汤不换药。据我观察，在中国企业中，除了小米科技等极少数新一代的企业做到了扁平化管理，大部分公司内部管理并不是真正扁平的，不论那些企业里的汇报层级有多少。甚至很多企业的老板只是想学一些皮毛，做点表面文章，让员工感觉和大老板之间的距离近一点，舒服一点而已，他们从内心里并不打算真正这样去管理公司。

在国内不少大型互联网公司和其他科技公司中，半吊子的扁平式管理十分普遍，当然很多传统的企业连这也做不到。其根本原因在于，大环境的因素、官本位文化、人与人之间契约精神的缺失，造成了公司的管理依然非常传统——内部层级森严，部门间壁垒严重，上下级之间扁平式管理是有名无实。这主要体现在这样一些方面。

公开场合可以强调行政等级。比如在开大会时，会场的座位就分为了三六九等，参会级别最高的领导坐在主席台上，座位前还有个桌牌；第二等级别的领导坐在第一排，有桌子有茶水；第三等的领导坐在前面比较好的预留位子。其他员工在后面和旁边随便坐。再比如，各级人员的办公场所完全与职级挂钩，中层以上的干部享受独立办公室，高层干部拥有豪华办公室，有些公司的 CEO 或者创始人甚至一个人占几层楼，而员工则挤在小隔间里，甚至有些新来的员工要在过道里临时搭个办公桌办公。

这些一眼就能看到的差异向所有员工传递出的第一个信号，就是你们不平等，第二个信号就是你们需要在职级上往上爬，第三个信号是一旦职级比周围人高，一定要搞些特权显出自己的地位。

公司和员工之间缺少正常沟通的渠道，原本很多信息可以由公司直接传达给全体员工，却要通过上下级关系层层下达，这样无疑在向每一个人强调人和人之间是有层级差异的。

各种福利、津贴、差旅标准因为职级不同，差异巨大。这虽然不像第一种情况那样每天都在提醒大家层级的存在，但客观上促使大家将注意力集中在往上爬上，而不是做事情上。此外，高级管理层还享受很多对基层员工并不公开的待遇，但是人事部门和秘书们嘴其实又不严，这些待遇便成了公开的秘密。

上级对下级拥有过大的人事权，从招聘、考核评估到提升无不由上级说了算，导致下级过分看重直接领导的态度，而不是公司的利益。上级也会把下级员工看成自己的私产，并且为了提升自己在公司的地位，不断扩大自己下属的人数。同时，上级还对内部调动的下级进行打压，每次都将最差的考核评分给予那些希望流动的员工，令这些员工因业绩考核记录不良而难以得到提升。

分权不够，很多事情都需要层层审批，比如招聘一个大学刚毕业的学生，有时还需要副总裁面试，招聘一个总监，需要公司的 CEO 面试。再比如在财务上，一个年收入几百亿的公司，居然花费一百万元也需要 CEO 审批。

这类虚假的扁平式管理的特征还有很多，这里就不一一列举了。所有这些做法，无不在向各级员工传达着一个信息，那就是每一级之间都有一个鸿沟，每个员工自己会因为比下级高出一等而在下级面前感觉良好，同时每天工作中的很多事情又在时时刻刻提醒他和上级的不平等。这样，大家工作的目标就变成了当官往上爬。这也导致大量的年轻人在刚刚熟悉业务后，就不愿意从事一线的开发工作，而要削尖脑袋挤进领导岗位，在一线具体做产品的则永远是工作经验相对较少的新员工。在 IT 的很多行业里，如果没有经验丰富的老兵，是做不出来一流产品的。比如在半导体制造方面，不是花钱收购一条先进的生产线就能量产出半导体芯片的，需要有至少十年经验的资深工程师调试并掌握关键的生产部门，在一个人人都想当官，没人愿意成为专业人士的企业里，这件事就很难办到。

遗憾的是，市场并不因为大环境的因素和官本位文化就照顾那些壁垒森严的企业。因此，一些发展比较好的科技公司有扁平化管理的意愿，特别是在要和国际接轨、开拓海外市场的时候。但是，因为不理解信息时代新的生产关系，包括人和企业的关系，人和人的关系，以至于出现上述换汤不换药的现象。

那么扁平式管理的本质又是什么呢？简单地讲，就是用契约合作精神，代替工业时代很多传统企业中的那种隶属关系或者拥有的关系。

硅谷喜欢用"婚姻"这个词形容一个人加入一个公司的行为。既然是婚姻，除了相互的吸引和认可，重要的是一种契约，也就是说员工要履行他们对公司的责任和义务，公司则为他们的发展提供空间，并且根据这个人的表现（包括对公司的贡献），从公司的收益中得到应当属于自己的那一份。个人的收益并非像很多硅谷以外的公司那样，是以市场上劳动力的平均价格加上老板对他的满意程度给予的奖金而确定的，而是根据他个人对公司的贡献，按照事先定下的契约，从公司的利益中分到一部分。每个员工都很明确，他是被这个公司所雇用的，与公司有契约，而不是被哪个老板所雇用成为老板的人。在工作的过程中，上下级之间通常是用一种商量的而非命令的方式沟通。员工和他的主管上级之间没有这种隶属关系，因此员工的流动就得到了保障，只要一个新的项目需要人，他就可以离开现在的组织机构加入新的项目，而他的上司则无权干涉。在这种情况下，就不存在那种官大一级压死人的现象。

每个员工和公司都是一种契约关系，不论职级的高低，人与人之间相对都是平等的，而且几乎所有员工的福利都是相同的，并不存在太多对高层管理者的特殊照顾。以 Google 为例，很长的时间里，共同创始人布林一直和大家一样，出差坐飞机的经济舱，而各个级别的人出差时所住的酒店档次也是

图 22.4　扎克伯格没有固定的办公室，他办公的地方通常就是空闲的工位

相同的。当 Google 公司的经营稳定后，所有员工出差都能享受五星级酒店的待遇，那些职级较低的年轻员工也能感受到公司给了他们和老板们同样的关怀。

到硅谷参观的很多中国代表团，都想去看看各公司 CEO 的办公室，结果他们大失所望，因为在几乎所有的公司里，这些高管们的办公室都很寒酸，有些甚至还没有办公室。特斯拉公司的创始人马斯克就在公共办公区里划出一片相对较大的工位办公，用的都是美国最便宜的宜家家具。美满公司除了 CEO 有一间办公室，其他上至 CTO 和 CFO，下至普通员工，都坐在开放的办公区里。而 Facebook 的扎克伯格，甚至没有固定的办公室（图 22.4）。Google 的佩奇虽有自己的办公室，但是很多高级副总裁都在和别人共享一个简陋得不能再简陋的办公室。我每次和辛格博士开一对一的会议，都不得不到办公楼的园区里一边散步一边谈事情，因为他是和 4 位副总裁分享一个不大的办公室。办公条件上的这种设置，使得公司里的所有人都能真正感受到管理是扁平的。

硅谷公司里不同职级的人，比如存在汇报关系的上下级，他们在待遇上的区别主要在于基本工资，以及当初和公司谈好的股权。一个员工，如果经验比较丰富，资源比较多（比如手上掌握的技术、管理经验或者客户等），与公司签署契约时自然可以获得一个比新员工有利得多的劳动合同。事实上，在硅谷的公司里，一些重要的岗位，比如 CTO、CFO 等，其劳动合同并不是公司老板和他们直接谈的，而是通过一个第三方的咨询公司根据这些特殊员工之前掌握的资源，以及他们在未来可能为新公司带来的利益，三方协商而定的一个利益分配方案。当然，每个员工到了公司之后，由于实际表现不同，作用不同，他们和公司之间的契约其实也在调整。不过，不管怎么样，他们的收入和管理的人数都没有直接的关系。在 Google 和 Facebook 等公司内部，有一些只管几个人的资深员工，待遇和收入不亚于那些在汇报关系上层级非常高的管理者。在这样的环境下，员工们对一个比较好听的管理职务的需求就大大降低了，这样一来管理的层级才能做到较少。

虽然没有哪个公司的管理是十全十美的，但是扁平式管理的特色让硅谷的公司具备较强的执行力，在竞争激烈的市场中应变能力更强。

4 轻资产公司

在工业时代，谁掌握了包括土地和厂房在内的生产资料，谁就在经济活动中拥有发言权。于是，一个企业在扩张的过程中，总是大量添置固定资产，这种趋势在今天很多中国公司中依然能看到，比如找个名头向政府要一块地。此外，为了避免自己受到上下游企业在价格上的影响，一个企业喜欢建立起横跨很多行业的企业集团，比如日本的财团和德国的康采恩[8]。今天欧洲、日本和中国的很多著名企业，依然有这样的特点。比如日本的伊藤忠商社、川崎重工，德国的蒂森克虏伯、西门子和戴姆勒奔驰，以及中国的中信集团、保利集团、招商集团，等等。这些企业拥有庞大的资产，都是重资公司，毕竟资产的多少在工业时代代表了实力，但是这些财团如今的成长率和资本回报率都颇为有限。

8　德语 Kanzern 的音译，含义是多种企业集团。

表 22.2　2018 年初世界市值前十大公司的市值和资产比例（单位：亿美元，数据来源：www.sec.gov）

企业名称	市值（亿元）	现金（包括信用额度，扣除债务）	非现金资产	固定资产 / 市值
苹果公司	8513	2397	580	6.8%
Alphabet	7174	970	640	8.9%
微软公司	7027	440	525	7.5%
亚马逊公司	7006	-300	580	8.3%
腾讯	5079	NA	NA	NA
伯克希尔－哈撒韦	4920	1359	2152	43.7%
阿里巴巴	4709	NA	NA	NA
Facebook	4642	573	203	4.4%
摩根大通银行	3774	248	689	18.3%
强生公司	3438	-146	748	22.8%

今天，还是有不少企业追求工业时代那些代表着繁华的指标，比如资产。但是，在信息时代，真正有意义、反映企业发展速度和竞争力的，是无形资产，包括品牌、人才，以及企业在产业中所处的位置。我们不妨看一下今天（截止到 2018 年 6 月底）全世界市值最大的十家公司的资产和市值的情况（表22.2），可以看到。

1. 其中的七家（包括第一到第五名）是科技公司，占了大部分。在另外三家中，伯克希尔－哈撒韦公司是巴菲特的旗舰，是唯一一家跨行业的企业，这是由它投资和控股公司的性质决定的，它的主营业务是投资和保险。摩根大通银行是以零售业为主的商业银行，强生公司是日用品和药品制造公司，主营业务比较集中。这十家公司共同的特点是，在它们各自的行业里都扮演着领头羊的角色，具有很强的竞争力。

2. 上述公司的产品数量都不多。苹果作为世界上市值和利润最大的公司，产品线屈指可数，如果去掉对营收贡献很小的智能手表、电视机顶盒和音乐下载，它的产品线一只手就能数过来。强生公司虽然日用品和药品的种类很多，但它只关注日用和医疗这两个领域，并未涉足金融、房地产、零售、制造业等重资产行业。这说明在信息时代，特别是随着全球化将商业文明中的合作精神带到世界各个角落，分工合作比什么事情都自己做更有效率。那种什么事情都做，而且要做大做强、打造航空母舰的想法过时了。把一件事情做好做精，把一种产品卖到全世界，才是未来商业发展的趋势。

3. 这些公司中，绝大多数都是非现金资产相对较少，即所谓的轻资产公司。在科技公司里，非现金资产都不超过市值的 10%，Google 的母公司 Alphabet 和世界上最大的云计算服务公司亚马逊因为在全世界建设了很多基础架构，包括数据中心和跨洋光缆，比例接近 10%，其他的比例更低。摩根大通银行和强生公司固定资产和市值的比例在 20% 左右，也远远低于标准普尔 500 指数成份股公司 30% 的平均值。至于伯克希尔－哈撒韦，主要是因为有了 1300 多亿美元的铁路固定资产，以及为了保险业的需要有几百亿不动产的投资，扣除掉这些，该公司并没有太多固定资产。腾讯和阿里巴巴虽然没有提供相应的数据，但是考虑到它们在中国属于轻资产公司，我们可以得出这样的结论：全世界最值钱的公司并非拥有大量固定资产，而是在行业里最具有竞争力的领头羊。

4. 十大公司除了强生公司因为生产日用品需要大量的贷款，亚马逊公司一直在烧钱，以至于公司有负债，其余的都是手握大量现金的公司，特别是苹果公司。这说明它们有能力在不需要大量资产的情况下挣到很多钱。

从这些数据可以看出，在信息时代，固定资产在经济生活中的重要性在下降。那么生产关系中什么因素的重要性在上升呢？答案很简单：人才，他们的重要性可以从他们的收入中看出。在 Google，一个拥有博士学位的年轻工程师，工作几年后就能有 30 万—50 万美元的年收入，这超过了大部分上市公司高管的收入水平。Google 的主要竞争对手，比如 Facebook 和微软，提供的薪酬不在 Google 之下。而那些在新产品开发上有重大贡献的专业人士，收入水平则比这个平均值高出一两个数量级。比如 Google 在无人驾驶汽车项目上的主要开发者勒万多斯基（Anthony Levandowski）在短短的几年里从 Google 挣得了 1.2 亿美元的薪酬、奖金和股权激励 [9]，而 Google 无人驾驶的竞争对手优步公司以更高的薪酬福利将他揽到麾下，这件事甚至引发了两家公司之间的官司。而一些技术水平很高的小公司，一旦获得市场或者同行的认可，收购价格往往会高得出奇，会让里面每个员工在瞬间获得财富自由。Google 开发下围棋程序 AlphaGo 的团队，其前身是英国的 DeepMind 公司。Google 花了 4 亿英镑（相当于 5.25 亿美元）收购了这家只有十几个人、500 万美元资产的小公司，之后又每年花上亿美元养着这个并不怎么产生收入的团队。

轻资产公司大多拥有巨大的现金储备，在上表所列的公司中，即使现金储备净值为负数的亚马逊公司和强生公司，它们手头上的现金并不少，如果考虑到长期债务并不需要马上偿还，它们分别有 150 亿美元和 180 亿美元的现金随时可以使用。轻资产加上巨大的现金储备，使得这些公司非常容易适应行业的变化和产业的发展，轻松剥离过时的产业，很快进入新的行业。相反，那些重资产公司在行业变迁时，资产都成了负担，处理掉那些资产需要花费时间，如果不及时处理，直接进入新的领域，又没有那么多的流动资金。在处理旧资产，然后再配置新资产的漫长过程中，很多机会就这样失去了。在商业上，大家都懂得船小好调头的道理，而在信息时代，"船小"这个概念并不一定意味着公司规模小，实际上轻资产、多现金就是这个时代船小的体现。当然，有了现金之后，人才是盘活企业的根本。也就是说，在信息时代生产中各要素的重要性相比过去发生了重大改变。

---

[9] https://www.top500.org/news/ai-engineers-commanding-six-figure-salaries/

结束语

在信息时代，生产关系各个要素之间彼此的关系和地位相比工业时代有了很大变化。从整体上讲，和物质相关的因素的重要性在下降，和人相关的因素的重要性在提升。具体到人和人的关系，它逐渐从单纯的资方和劳方的雇佣关系、上下级的约束关系，变成为人和企业之间、上下级之间的契约关系。虽然人和人的绝对平等还是做不到，但是这种相对的公平促使企业内部的各种人都能为同一个目标努力。在利益分配上，信息时代的企业通过股权和期权激励，改变了原有利润分配的零和游戏，大家更多地是通过让企业超出市场的预期，而从资本市场获得激励。

今天，很多历史悠久的大型企业在和近年来崛起的新型企业竞争时，常常会感到力不从心。虽然前者通常有更多的资源积累、更多的资金和技术储备，但是因为生产关系落后，特别是分配制度不合理，无法调动人的积极性，也无法快速适应产业不断的变化。总之，生产关系的问题不解决，再多的努力也会显得徒劳。

第 23 章　印钞机

最佳的商业模式

人类社会进入文明时代后，商业总是伴随着生产力的进步而发展。挣钱原本不是人类活动的目的而是生存的手段，但是社会发展到今天，它似乎越来越成为很多个人和团体（比如公司）甚至学校活动的目的。尽管哲学家们可以不同意并高呼人们本末倒置，却制止不了这种趋势。因此，我们社会的科技和生产力发展就必须和商业联系起来。只有当一项技术、一种产品证明它在商业上是成功的，才能真正被我们这个社会接受。

在商业上，最重要的是商业模式，其重要性我们在前面的章节中多次提及。所有成功的大公司都有好的商业模式，很多大公司的兴起，不是靠技术的革新而是靠商业模式的转变。我们前面提到的诸多成功的 IT 业巨头，在商业模式上都有创新。

以 AT&T 为例，在 19 世纪末它就懂得只收服务费而不收高得吓人的安装费，这本身就是一项了不起的商业模式的革命。正是由于为用户免去了大部分安装费，电话才能在几十年里就普及到美国所有的家庭。中国电信不懂这个道理，一笔高额初装费的门槛拦住了大部分有心安装电话的人，直到 2000 年前后这个问题才得到基本解决。

英特尔的崛起固然主要得益于半导体技术进步的推动，但是在商业模式上它也有创新。在 IBM 主导计算机产业的时代，计算机的每一个部件都是自己开发的。IBM 如此，DEC 和惠普也是如此。假如 40 年前开发一款 CPU 需要 1000 万美元，这三家就要花掉 3000 万美元。这时英特尔站出来说，我花 1000 万美元开发芯片，然后按每家 500 万美元卖给你们，IBM、DEC 和惠普都觉得比自己开发要便宜，便接受了。而英特尔的处理器卖给三家后收入 1500 万美元，除去成本还盈利 500 万美元，于是便发展起来了。

通常，好的商业模式都非常简单，即使是外行也能一眼看清楚。AT&T 和英特尔在商业模式上的变革就是这么简简单单。相反，一种商业模式要是几个小时都说不清楚，要么根本不存在，要么是在骗人。巴菲特 2009 年讲了这样一件事，前两年一家金融公司向他推销金融衍生产品，他用了一整天，看了上百页的商业报告书（Prospectus），仍然搞不懂这个金融衍生产品是怎么运作和挣钱的，最后他得出结论：这里面一定有鬼。事实证明他是对的。红杉资本对于那些几分钟讲不清楚商业模式的创业者，都会婉言劝走。

微软和甲骨文的商业模式也是再简单不过了，只有三个字——"卖软件"。读者也许会问，难道以前软件不是卖的？的确，以前的软件还真不是卖的（当然，也不是盗版的）。在 IBM 时代，计算机公司软硬件都开发，软件的价值要通过硬件实现，没有单独的软件公司。IBM 是把软件的价钱摊到每年收的服务费中。这种服务费很像黑社会的保护费，需不需要服务都是要收的。甲骨文公司改变了这种收费方式，它向用户收取一次性费用，然后用户有事找它，没有事就不用再交服务费了，这样用户的成本就降低了，甲骨文的数据库就抢了 IBM 的市场。苹果公司也许是出现得太早，沿用了 IBM 那种软件价值通过硬件体现的商业模式，最终在个人电脑领域输给了卖软件的微软。

反过来要是公司没有好的商业模式，一定长久不了。互联网泡沫时代的诸多网络公司都是如此，虽然也开发了一些技术和应用，但是不知道自己怎么挣钱，因此兴起得快，衰亡得更快。这种情况后来在中国的团购热、O2O 热

（指 Online to Offline，线上到线下的商业）、P2P 热、金融科技热和人工智能热中都出现过，这导致了大量的投资失败。

在所有商业模式中，最理想的就是能像印钞机那样自动挣钱的模式。我们在这一章中介绍四个成功的模式：Google 的广告系统、eBay 的电子商务系统、戴尔的 PC 直销系统以及腾讯的虚拟物品和服务。

1　Google 的广告系统

很多人使用 Google 的产品和服务很多年，一直不清楚 Google 靠什么挣钱，因为 Google 的服务全部是免费的。答案是搜索广告以及与网页内容相关的广告（当然，Google 还有一些企业级产品，但是这些产品占营业额不到 5%）。很多人很怀疑 Google 靠搜索结果旁边这几个豆腐块大小的文字广告就能产生每年上百亿美元的销售额，于是认定 Google 一定是在财报上造了假。其实 Google 有没有在财报上造假很容易判断，如果 Google 没有足够的收入，如何能这么多年一直提供全球的免费服务（而像 YouTube 这样的视频服务是非常昂贵的），并且支付三万多名员工[1]的工资？其实，Google 能够每年创造上百亿美元的广告收入，原因在于它的广告系统比传统广告有效得多。

广告一直是传媒业的主要收入。一份上百版的《纽约时报》售价不到 1 美元，比印刷成本不知要低多少，更别提编辑和发行的费用了，其中的"亏损"全部要靠广告收入填补。实际上，广告的收入才是报纸营业额的大头，而区区 1 美元的售价，不过是为了确定其读者是一个真正读报的人，而不是把免费报纸拿回去当包装纸或邮件包裹的填充物。广播和电视业的收入更是依靠广告。杨致远当初为雅虎选定的商业模式便是传媒的模式，而不是电话公司的模式，这就注定了很多互联网公司的收入要依靠广告。

---

[1] Google 还在不断招人，这是 2012 年 Q1 的数据。

最初的传媒广告业运作过程大抵如下。一个媒体必须有一个广告部门，它其实是一个销售部门，负责把报纸（或网站）的版面和广播、电视的时间销售给打广告的客户。它的成本有三项。**第一，运营的费用**，比如报纸的纸张、印刷费和发行的成本；**第二，批发或零售的费用**，包括给广告批发商让利或支付广告销售人员的工资等；**第三，订单处理**，各种广告订单的管理和安排如何刊登或播放广告。这三项成本除了第一项外，其他主要都是人工的费用。这种商业模式效率较低，对于大的媒体而言，在劳动生产率不变的情况下，每增加一份收入，就要添加一些人工，因此成本降不下去，利润率不可能很高，市场扩张也不会很快。对于小的媒体来讲成本更高，它们不可能养活三个部门专门负责上述三件事，通常只能从广告批发商那里拿广告，没法做直销。而对于做广告的人来讲，这个模式使得在（全国性）大媒体上做广告的门槛很高，因此小商家无力在读者观众面很广的电视和报纸做广告，只能在当地小报和电台上做一些广告，业务也很难跨地区发展。

在互联网发展初期，以雅虎为代表的门户网站在运营上基本没有脱离传统广告业的运作方式。首先，它也有公司运营的基本费用，比如服务器和带宽的费用，对应于报纸的纸张成本和印刷费用。其次，它的广告营销部门完全和传统广告业一样，要么是靠自己拉广告，要么是委托广告批发商找广告（具体采用哪种方式要看是支付员工的工资高还是支付给中介的佣金高）。第三，在订单处理和投放上基本还是手工方式。虽然雅虎采用数据库管理所有广告，但是，广告如何投放，放在哪一类网页及网页的什么位置，都是半手工的操作。雅虎公司和微软的 MSN 在网络技术上很不错，运营效率可能也比传统报纸媒体高一些，但是在运作方式上其实还是传统传媒业的翻版。

Google 虽和雅虎同属一类互联网公司，广告模式却和雅虎有着本质区别。作为一家公司，Google 当然也有运营的基本开销，包括数据中心的开销和带宽的费用，这是谁也省不了的。但是，Google 在很大程度上省去了第二三项成本。这样，Google 不仅在关键词广告匹配的技术上领先于对手，更关键的是它的商业模式比包括雅虎和微软 MSN 在内的传统广告业领先了整整一代。这样,它在商业上实际是用"洋枪洋炮"对付雅虎和 MSN 的"大刀长矛"。

要搞清楚 Google 广告系统的本质,先要从双击公司(DoubleClick)的商业模式着手。双击公司诞生于互联网飞速发展的 20 世纪 90 年代末。各种中小互联网站都希望从在线广告中分一杯羹,以支付运营成本,但是这些小网站养不起太多的销售人员去拉广告。而另一头则出现了很多在线的商家需要做在线广告,但是这些小商家也没有精力一家家找网站去谈广告。因此,双击公司就代理了两头,为两边搭桥。一方面,它有很多销售人员去拉广告业务,另一方面它建立了一个自动向在线媒体(网站)投放广告的系统,也即在订单处理和投放上实现了自动化。它的订单处理和自动投放是这样实现的:当销售人员拉来广告后,双击公司将它们按几种模板做成几种显示方式的图形和动漫,比如横幅图形广告、弹出式图形广告和嵌入式音频视频广告等几种形式。每一种广告都存放在服务器的数据库中,并且可以通过一个 JavaScript 程序从它的服务器上获得。对于要放广告的网站(媒体),它只要在双击公司注册一个账号,并告诉双击公司它打算做哪种形式的广告,是横幅图形还是弹出式动漫等,双击公司就会提供一些特殊的链接(根据信息指纹自动产生的),然后该网站只要将这些链接插入自家网页即可,如图 23.1 所示。整个广告投放过程是自动的。

图 23.1 双击公司的广告模式

当读者浏览该网站的网页时,浏览器会向该网站发出获取网页的请求,该网站会返回包含双击公司链接的网页。在用户看到该网页内容之前,浏览器会先解释网页,得到双击公司的链接,并将广告请求发送给双击公司,双击公司会从数据库中"随机"提取广告,返回给用户。双击公司同时会根据请求中的信息指纹识别该广告请求来自哪家网站,以便统计该网站显示广告的次数。整个广告投放过程见图 23.2,它完全是自动的。

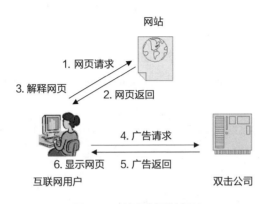

图 23.2　网站广告投放过程

在双击公司的广告商业模式中,它的订单处理和投放完全是自动的,比传统广告方式进了一步。但是,双击公司在广告投放过程中无法得知网站的内容和互联网用户的需求,因此,它的广告投放完全是随机的,广告效果非常不好。虽然双击公司试图通过互联网用户的个人信息定位读者群,却被一家保护用户隐私的机构告上了法庭,赔了上千万美元才得以和解,于是它便不再试图做任何针对特定用户的广告投放了。这个官司影响深远,它使得所有社交网站都无法利用用户信息做广告。

Google 的搜索广告在投放上和双击公司一样,完全是自动的。不仅如此,Google 的搜索广告会根据搜索的关键词来决定广告的内容,广告的针对性很强,效果比双击公司的随机广告好一个数量级。向网页投放广告时,虽然没有搜索关键词,但是 Google 从网页的内容中提取关键词,依然能够保证广告内容和网页内容相关。

与双击公司相比,Google 的另一大改进,在于打造了一个自动接纳广告的系统,从而基本上省去了广告销售这一成本。不管什么人想在 Google 上做广告，只要在 Google 的网站上填一张表，写几个自己感兴趣的关键词和广告的内容，再告诉 Google 每天愿意支付的广告费即可。为了方便做广告的商家了解广告的效果，Google 有一套自动模拟系统，告诉商家它的广告每天可以有多少人看，有多少人点击（商家可以推算出每次浏览或点击的广告费）。为了让商家对 Google 关键词广告的效果满意，Google 按广告点击量，而不是广告显示的次数收费。毫无疑问，广告主都喜欢这种收费方式，因此很多公司和个人就将广告从其他广告媒体转到 Google 上来了。

当然，这个自动的系统要想工作无误，还必须解决好很多工程上的问题，具体如下。

第一，广告设计不需要人工介入，因此 Google 的搜索广告全部是文字的。 虽然文字广告不如图形的生动，但是它使得网页干净，更受读者欢迎。

第二，对于同一个搜索所触发的不同广告，要解决排名的问题。 雅虎和百度基本上是按照付费高低排名，这样很多广告就和搜索的内容无关。雅虎的一位科学家 2006 年在斯坦福的一个学术会议上指出他们存在的这个问题。当人们在雅虎上搜索波音 747 时，eBay 的广告却放在了第一位，因为 eBay 买了很多广告词（包括 747），同时付费又高；而 Google 没有这样的问题。这个问题如果不能自动解决，就免不了要人工干预。

第三，要能识别恶意点击骗钱。

第四，要控制每个广告投放的节奏。 比如，某家公司愿意每天在 Google 上花 100 美元，对每次点击出价也较高，可能每天早上一个小时它的预算就花完了，之后十几个小时，这家公司的广告就见不到了，不是一大早上网的人就永远看不到这则广告。

第五，必须设法实现自动收费，并识别无效信用卡和银行账户。

第六，也是最重要的，这个系统必须能自动修复并容错。所有的数据必须保存很多份，当一台服务器宕机时，到达它的请求必须由其他同类服务器自动接过去。当整个数据中心出现故障后，到达这个数据中心的流量必须能在最短时间里自动转给附近的数据中心。

这一类的技术问题还很多，就不一一列举了。Google 的这种做法大大降低了全国性甚至全球性广告的门槛，深受中小企业欢迎。Google 的广告系统一推出，就有很多商家加盟。在此以前 Google 的搜索流量就很大，现在 Google 逐步建立了自己的广告商联盟，一台完美的印钞机就建成了。每天都有大量的中小企业和个人到 Google 的广告系统上去登记、填表并提供付款方式，当天他们的广告就会出现在 Google 上。另一头，每天有很多人会用 Google 搜索商业信息，他们总会有百分之几的时间点击广告，这样 Google 就会从广告主那里收取一定的广告费。这个系统完全是自动运行的，即使所有 Google 员工都回家睡觉了，只要系统不宕机，Google 就在不断地收钱。可以毫不夸张地讲，即使今天 Google 99% 的员工都外出度假一个月，Google 这个月的营业额也不会有太多的影响。

这台印钞机的另一个奇妙之处在于，它可以通过机器学习（Machine Learning）不断完善自己，"印出"越来越多的钞票。当广告主和搜索用户数目超过一个阈值后，它们点击搜索结果和广告的统计信息就可以用来改进搜索和广告的匹配，提高广告和搜索的内容相关度，点击率就会更高。这样广告的效果也会更好，广告主就越喜欢来做广告。

在这台印钞机里，运营的成本就是数据中心和带宽的费用，而间接的成本则是打造和改进这台印钞机的研发费用。在这台印钞机中，自动化程度必须达到一个阈值，它才能自动运转起来。而它的自动化程度越高，成本就越低。相比之下，微软长期没有自己的广告源，自然就打造不出这台印钞机。而雅虎长期对工程重视不足，它的广告系统自动化程度太低，没有达到成为印钞机的阈值，因此利润就上不去。

Google 的广告模式，将传统广告业中三大成本削减其二，大大降低了整体运营成本，也让中小企业和个人在全球性媒体上做广告成为可能。依靠这种革命性的商业模式，Google 在互联网广告业拔得头筹。

2　eBay 和亚马逊的电商平台

在美国经常有人在自家前院和车库卖旧货，称为 Yard Sale 和 Garage Sale。比如孩子大了，小时候的玩具不需要了，家长就让孩子在自家前院摆个摊子，卖上几毛或几块钱，挣点零花钱。有时赶上搬家，旧的家具用不着了，就在路口树个牌子，让邻居来捡点便宜货。在美国一些城市，还有被称为跳蚤市场（Flea Market）的旧货市场，有时还真能捡到些好东西。1995 年当互联网的热潮在全球兴起时，一位伊朗裔的美国工程师皮埃尔·奥米德亚（Pierre Omidyar）想出了一个奇怪的点子，将前院旧货和跳蚤市场搬上网，最初叫 Web Auction（网上拍卖），后来叫 eBay。据说当他去沙丘路找风投公司寻求投资时，别人问他要做什么，奥米德亚一句话就点明了自己的意图，他要做一个网上的跳蚤市场。不少风投公司的总合伙人听了哈哈大笑，说："我们是投高科技公司的，不是投跳蚤市场的。"不过，在互联网泡沫时期找钱总是很容易，何况把跳蚤市场搬上网绝对是一个前所未有的好点子。不到两年，奥米德亚就找到了几百万美元的投资，其中仅基准（Benchmark）风投公司就投入了 500 万美元，其他是小的天使投资。

eBay 的商业模式一清二楚，非常容易明白，而且在美国有很好的根基。在美国除了有自家前院的旧货处理和跳蚤市场，报纸上还有很多卖旧车、旧家具等二手大件的分类广告。现在 eBay 提供了一个旧货买卖双方沟通的平台，旧货卖方可以把自己的东西放到网上（称为 Listing）。比起花几十块钱在当地报纸上登分类广告，向 eBay 交一点点手续费，既便宜，又能接触到更大范围的买家，卖家都喜欢这种方式，于是很快就有大量的卖家将自家的旧货堆到 eBay 上出售。在另一头，eBay 采用拍卖的方式让买家竞价，并与卖家直接交易。这样，eBay 除了基本的运营费用，几乎没有其他成本了，可以坐收手续费。因此，在很长时间里，eBay 的毛利率高达 80% 以上。

eBay 的商业模式是一个完美的印钞机模式。但是，要让这台印钞机运转，eBay 必须解决两个问题，即信用问题和付款问题。在网上交易的双方并不是当面交易，一方甚至双方弄虚作假的情况很难避免。eBay 的解决办法是让买卖双方互相给对方评估打分，久而久之，每个 eBay 的用户都有一个评级和交易的记录，包括正面评价的次数和百分比及最近交易的细节。这样在 eBay 上交易就多少可以让人放心一点。接下来 eBay 必须解决网上付款的问题。以前的主要支付方式是现金、支票和信用卡，这三种方式对于 eBay 的交易双方都不合适。由于买卖双方无法见面，现金就无法使用了。而支票交易也很不方便，一方面卖家很怕收到假支票（100 元的账户里开出 1000 元的支票），另一方面买家也怕对方收了支票不发货，何况支票寄来寄去也要耽搁时间。信用卡本来是较好的在线支付方式，但是，个人和很多小商家并不支持信用卡付款。另一方面，顾客普遍不太放心将信用卡信息交给陌生的小商家。这样 eBay 就需要一种专门针对网上交易的支付方式，于是它花高价收购了 PayPal 公司，解决了这个问题。这样，eBay 的印钞机就打造完成了。

eBay "印出"的钞票数量取决于交易量和交易金额。显然，光靠卖点旧货无法维持持续指数增长，毕竟除了败家子，没有人会每天把自家的旧货拿到 eBay 上拍卖。eBay 不显山不露水地进行了一次商业模式的小转变，渐渐地从网上跳蚤市场转变成了网上自由市场。eBay 开始帮助电子商务的小商家通过 eBay 开设自己的商店，eBay 为它们提供了一个不需要花钱为自己的网站做广告就能接触到全球消费者的场所，而这些小商家将一部分销售所得作为提成交给 eBay。这种商业模式实际上是对传统的零售商业模式的一种颠覆。在传统的商业模式中，广告几乎是获得潜在消费者的唯一方式，因此广告的成本成为商业成本的一部分。而在 eBay 上开商店，则是将广告费转成了 eBay 的挂牌费（Listing Fee）和（很低的）销售提成。电子商务的小商家很容易算清这笔账，是自己打广告宣传自己的网站好还是通过 eBay 做生意好。eBay 很容易将收费控制得比传统的广告成本低，于是大量从事电子商务的公司和个人都到 eBay 上售卖东西。这时 eBay 卖的不再是跳蚤市场上的旧货了，而主要是全新的消费品。事实上，eBay 上的商品数量比世界上任何一家连锁百货店都多。访问过 eBay 的读者可能注意到了，有些 eBay 用户做了几万甚至几十万笔交易，这些用户当然不是个人，而是电子商务的零售和批发店。现在在 eBay 上出售的商品主要来自这些商家，而不是个人的旧货。当然，大量个人在 eBay 上的买卖活动为 eBay 贡献了足够的人气。eBay 从此搭上了电子商务的快车。

电子商务无疑是当今世界所有国家发展最快的商业领域。根据美国国家统计局最近对近十几年美国电子商务发展的统计表明，美国电子商务在整个零售商业中所占的比例一直呈直线上升，从 2003 年的 0.6%，上升到 2018 年底的 10%。图 23.3 显示出截至 2018 年美国电子商务在零售中的占比（上图是截至 2015 年的情况，下图是截至 2018 年的情况），可以看出它是在稳定上升的。即使是在经济衰退的 2008 年，电子商务的营业额也比上年同期增长了 20%，而商业零售的同期增长只有 1%。2018 年美国电子商务的销售金额达到了 5170 亿美元。在快速发展了十多年后，电子商务也不过占到了零售业的 10%[2]，因此它的前景依然被十分看好。eBay 从 1998 年上市到 2005 年，不仅营业额和利润一直好于华尔街的预期，也是唯一一家股票回报率一直超过大盘的公司。1998—2005 年，美国股市经历了大牛市到大熊市再回到牛市的过程，像思科和苹果这样的明星科技公司，在牛市中比大盘表现好，而在熊市中跌得比大盘还要快，而像伯克希尔－哈撒韦这样保守的公司，虽然在熊市中非常抗跌（实际上在 2001—2003 年美国股市下滑 1/3 时，它还在增长），但是在 1998—2000 年的牛市中它的表现并不好。eBay 是在那 7 年中唯一的一家表现一直良好的公司，这在很大程度上归因于它搭上了电子商务的快车，而在整个电子商务中，eBay 的商业模式又是最简单有效的。

2　这是按季节因素调整后的比例。如果不考虑到季节因素的调整，2014 年第 4 季度曾达到 7.6%。

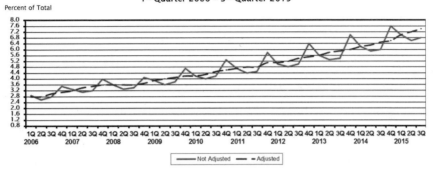

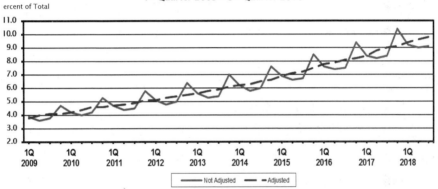

图 23.3　2006—2018 年，电子商务在美国零售业中的比例（数据来源：美国商务部）

eBay 面临的最大问题不是电子商务的饱和，因为直到今天，电子商务依然有很大的发展空间。相比美国，中国电子商务的发展势头更迅猛。截至 2017 年，中国电子商务的规模已经超过 7 万亿元人民币（大约 1 万亿美元，是美国的两倍左右），占到了社会零售总额的 20% 左右。如果美国在未来用十年的时间达到中国今天的交易额和渗透率，eBay 还有极大的发展空间。但事实上情况并没有那么好，因为 eBay 的商业模式面临着难以解决的假货和交易欺诈行为。

eBay 从诞生之初，就在不遗余力地和假货以及欺诈行为作斗争，但是至今未能彻底制止这种现象。先说说假货，一些不法商家利用 eBay 出售假冒名牌和盗版的书籍及音像制品，坑害了许多消费者，并且直接损害了eBay的信誉。这些不法商家不仅很难追踪，即使抓住，也赔不出多少钱，因此一些名牌厂家和消费者转而起诉eBay。2007年，英国泰晤士报报道，《哈利·波特》的作者状告eBay卖盗版书[3]，同年路易威登状告eBay销售假冒路易威登（LV）品牌的商品，向eBay索赔370万欧元，而此前著名首饰品牌蒂芙尼（Tiffany）也向法庭提起了类似的诉讼。当然，相比世界上其他电商网站而言，eBay的假货和盗版货比例是很低的，但是由于美国对出售假货的处罚相当严重，因此eBay为假货付出的成本极高。

假货之后的另一个问题是欺诈行为，一些欺诈团伙和个人，利用eBay交易反馈（评论）系统的漏洞，先以很便宜的价钱卖掉一些价值几块钱的小商品，获取很高的正面反馈比例，然后卖几百几千美元的大件商品，收了钱就逃之夭夭。更有甚者，这些人还会以别人的地址注册eBay的商店，当联邦调查局（FBI）按照eBay上的地址找到这些一头雾水的居民时，他们才发现自己的个人信息和家庭地址被犯罪团伙滥用了。这些问题严重影响了eBay及eBay上很多商家的声誉，很多顾客即使觉得eBay上的商品价格便宜，也不敢去买。虽然eBay采用了PayPal支付系统后，靠PayPal的地址确认方式杜绝了一些欺诈行为，但是，各种各样新的欺诈方式在eBay上仍然层出不穷。

eBay商业模式的根本缺陷在于，它无法控制买卖双方的资金流动，也就很难根治网上商业欺诈。从2005年以后，在eBay上买东西越来越不让人放心，eBay的成长便遇到了天花板。在接下来的几年里，除去在线支付部门PayPal，eBay的营业额增长只比通货膨胀率高一点。2008年金融危机之后，eBay的拍卖交易收入出现了历史上第一次下降，好在PayPal在线支付业务不断增长，eBay的业绩才不算太难看。图23.4显示了eBay在2005—2014年的十年中，在线拍卖和电商收入及PayPal收入的变化。可以看出它的增长动力更多地来自于PayPal，而非在线拍卖和电商等主营业务。

---

[3] http://www.timesonline.co.uk/tol/news/uk/article1437673.ece。

图 23.4　2005—2014 年 eBay 按业务收入增长的对比

2015 年 7 月，eBay 在一些大股东的压力之下，将 PayPal 拆分后单独上市，没有了 PayPal 的 eBay 发展更加乏力了。在此后的三年多时间里，专营在线支付的 PayPal 股价上涨了 150% 左右，而 eBay 本身上涨了不到 40%（图 23.5）。至于 eBay 的董事会要做出拆分 PayPal 的决定，我们回顾一下当年华尔街要拆分 AT&T，以及前面第 19 章"科技公司的吹鼓手"中的内容，就不难理解了。

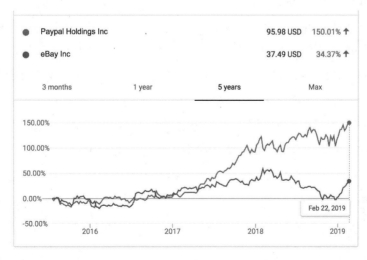

图 23.5　PayPal 单独上市之后，eBay 和 PayPal 股票的走势图

在电子商务领域挑战 eBay 的是亚马逊（Amazon），虽然它的商业模式一开始并没有 eBay 的有效，但是从长远来看更加稳健，因此最终超越了 eBay，成为美国最大的电子商务公司，也是全球市值最大的同类公司。

亚马逊始于在线书店，它在早期很难说是一家合格的技术公司。亚马逊的创始人杰夫·贝佐斯（Jeff Bezos）是纽约华尔街的一位分析师，而非 IT 行业人士。在亚马逊内部一直流传着这样一个关于贝佐斯创立公司的玩笑。据说在互联网刚开始起步的 1994 年，贝佐斯决定自己开一家网上售货公司。他知道硅谷有许多优秀的工程师，于是驾车横跨北美大陆，从大西洋边上的纽约一直开到美国西部太平洋海岸，快开到美国西岸时，贝佐斯走错了路，本来该南下到加州硅谷，却北上到了西雅图。后来他发现西雅图同样有大量优秀的工程师，就决定在那里发展，办起了亚马逊。但实际上，贝佐斯选择西雅图而非加州，主要是为了让加州顾客省去当时高达 8.25% 的销售税，以刺激亚马逊的销售。在美国，通过互联网从外州购物，可以免去本州的销售税[4]。加州的居民占美国人口的 1/10 强，占在线购买力的 1/5，出于这一点考虑，网上商店不宜建在加州。

亚马逊的电子商务早期以售书最为成功，原因是买书不像买衣服，不用"试"，而且很少随便退货，比较适合在网上销售。借着上个世纪末互联网高速发展的东风，亚马逊只用了 7 年时间就达到了美国最大的连锁书店巴诺书店（Barnes & Noble）花了 130 年才达到的营业额（2002 年亚马逊的营业额达到 39 亿美元，而同年巴诺书店为 37 亿美元）。即使在互联网泡沫破碎后的 2001 年，亚马逊不但没有关门，还首次实现盈利。当然，光靠在网上售书，亚马逊的发展用不了几年就会到头。但是，亚马逊将它的商业模式略作调整，一下便从世界上最大的在线书店发展成为美国的在线百货商店，获得了可持续发展的空间。

---

4 这个做法颇有争议，当时的总统克林顿决定暂时搁置这个问题，这在一定程度上刺激了电子商务的发展。2012 年，美国一些州因为赤字太高，开始向亚马逊等网上交易收税。

亚马逊的网站包括自己的网上商店和其他电子商务公司的网上零售店，就好比一个百货商厦中既有自己的柜台也有厂家直接负责的租赁柜台。和百货商厦不同的是，亚马逊租赁柜台的"营业面积"可以无限大。互联网上的各种大小商店既可以自己打广告做生意，也可以到亚马逊去租一个柜台，这就像一些厂家可以自己开销售门市部，也可以到商厦租赁柜台一样。当然，很多在线商店会选择同时保留这两种方式。和 eBay 不同的是，在亚马逊开"商店"所有的交易必须通过亚马逊完成。当一个顾客要到亚马逊上的某家商店，比如卖照相机的海滩相机（Beach Camera）购买东西，他看好货以后，将钱付给亚马逊，同时通知海滩相机店发货，海滩相机店只知道顾客的地址，对顾客的支付信息比如信用卡号等一无所知。当海滩相机店发货后，亚马逊将钱（扣除手续费后）付给海滩相机店。如果在亚马逊规定的时间内没有收到商品，顾客可以告诉亚马逊，亚马逊会退钱给顾客（当然，它也会从商家把钱要回来，如果要不回来则由亚马逊或保险公司承担损失）。亚马逊还规定了每种商品的最高邮费，避免了一些商家以低价吸引顾客，然后收取高额邮费的做法（在 eBay 上，有些商品标价一分钱，却要收取十几美元的邮费）。亚马逊为每一笔交易购买保险，这样一旦出现了有意的欺诈行为和无意的商品丢失，保险公司将支付亚马逊的损失。

从亚马逊买东西，顾客大可以放心，它会妥善保护顾客的信用卡信息，并且负责每一笔交易的顺利完成。近几年来，随着消费者越来越关注互联网上的信息安全，大家对 eBay 这种甩手掌柜的模式愈发缺乏信心，而对亚马逊这种集中式管理并且负责到底的模式越来越接受。从 2006 年起，亚马逊上的在线商店数量增长很快，交易量每年以百分之几十的速度增长。当然，为了防止其他在线书店与其核心业务竞争，亚马逊对于其他商家卖亚马逊没有的商品比如电器，收费非常低，而对于卖书和其他亚马逊主推的商品，收费非常高，以此来鼓励那些与亚马逊互补的商店。

亚马逊的在线商厦和在线交易的处理平台一旦建成，它也就成为了一台印钞机。只要不断有商家在亚马逊开店，只要不断有顾客到亚马逊找东西，它无需花任何人力，就可以自动挣到钱。而亚马逊要做的事就是管理好这个平台。亚马逊的印钞机比 eBay 好的地方是它能让消费者放心，因此从长期发展的角度来看，它的发展潜力无疑更大，这也是亚马逊赢得长跑的原因。至于以后亚马逊往云计算领域转型，那又是另一个故事了。

在中国，和 eBay 及亚马逊模式接近的是阿里巴巴，做的也是印钞机式的生意。阿里巴巴起家于 B2B 的业务，也就是商家们在它的网站上做批发生意，它赚取一个手续费。这看上去和后来的淘宝有相似之处，却不是印钞机式的商业模式，因为阿里巴巴的 B2B 是靠销售人员直销，不是自动完成生意，所以每多一份收入就要增加一个人。这有点像"劳动密集型"的商业模式，发展不可能很快。实际上，即便是在我写这本书第一版的 2010 年，阿里巴巴 B2B 部门也已经是整个集团子公司中业务发展最慢的一个了，它的股票在香港股市的表现也非常糟糕，不久就从香港股市上退市。

阿里巴巴真正的腾飞是靠做了后来 eBay 以及亚马逊所做的三件事，即像 eBay 那样提供一个小商家到终端消费者的电商平台淘宝、类似 PayPal 的在线支付平台支付宝，以及类似亚马逊的平台 —— 天猫商城。而阿里巴巴的幸运之处在于，中国巨大而零售税非常高的市场给它提供了一个巨大的电商发展空间，而缺乏信用系统又让支付宝有了用武之地。因此，阿里巴巴的营业额超过了亚马逊、eBay 和 PayPal 的总和，也就不奇怪了。当然，这背后马云个人的作用非常大，如果没有他，阿里巴巴也不可能把中国零售业和个人信用缺失等问题转变成机遇。

和亚马逊以及 eBay 所不同的是，阿里巴巴至今依然不能算是全球化的公司，这对它来讲既是好事，也是坏事。从好的方面看，它还有足够的发展空间，向海外发展；从坏的方面看，如果它做不到这一点，毕竟中国整个零售市场要比世界其他国家和地区的总和小很多，那么发展潜力就有限。相比中国那个年代成立的互联网公司，阿里巴巴做国际化的意愿还说得过去，不能算差，但是显然也没有找到好的方法。这些年里，大家能看到的就是它不断"烧钱"

推广支付宝，但公平地讲，除了从中国大陆出来的人，海外很少有人用它。

3 戴尔的虚拟工厂

传统的制造业需要通过产品设计、原料采购、仓储运输、加工制造、订单处理、批发经营和零售7个环节才能收回投资，获得利润（当然，产品需要市场推广和广告推销）。一个企业或投资人，需要先投入资金，然后经过这么一大圈才能挣到钱。所有的公司总是在尽可能降低各个环节的成本，以获得比同行更高的利润率。上个世纪60年代，日本人将工厂生产流水线的概念扩展到仓储运输和整个加工制造中，大大降低了制造业的成本。在很多日本工厂里，没有库存零件，当第一批零件用完时，第二批刚好送到，而第三批正在路上，第四批在上家的流水线上。同样，产品一下流水线，开往港口的汽车就已经准备装货了。这种高效率，使得"日本制造"打败了美国和欧洲制造，迅速占领了世界市场。为了进一步降低成本，欧美日的大公司开始在东南亚和中国建工厂，将加工制造这个环节的成本压到了最低。

其实，最聪明的办法是直接减少其中一个或几个环节，这样资金从投入到收回最快，利用率最高，这方面做得最好的是计算机制造商戴尔，它将上述7个环节减少到2个，从而打败各家兼容机厂商，成为世界上最大的计算机制造商之一。

戴尔公司以其创始人迈克尔·戴尔的名字命名。和盖茨、乔布斯一样，戴尔也没有读完大学。和中关村无数攒PC的人一样，戴尔1984年还在奥斯丁的德州大学读本科时就开始攒PC卖。一个暑假他挣了一辆宝马汽车，尝到甜头的戴尔干脆退学专职攒PC，成立了戴尔公司。相比当时的IBM或兼容机的龙头老大康柏，戴尔公司没有什么技术优势可言。在20世纪80年代PC起步时，比戴尔大的兼容机公司不计其数。但是戴尔在商业模式上改进了传统制造业从设计到销售的过程，使得戴尔计算机的价格比其竞争对手低得多，市场占有率渐渐成长起来，到2000年成为美国最大的PC制造商。

和很多制造业外包一样，戴尔为了降低成本干脆不设工厂，而由东南亚（主要是中国台湾）的 OEM 工厂加工。这样，它就不需要投入资金建设工厂并维持工厂的开销。接下来，戴尔干脆将产品设计也外包了。攒过 PC 的读者会知道，PC 的设计其实没有什么学问，和搭积木差不多。至于原料采购，戴尔每年和英特尔、AMD、希捷等几家主要的 PC 芯片和配件生产厂商谈好协议，由这些公司直接将货发给那些 OEM 厂，便省去了原料采购和一半的仓储运输环节（计算机成品从 OEM 厂到顾客的仓储运输现在尚未省去）。最后，戴尔在销售渠道上做文章，将批发和零售商的利润降到最低。

像计算机这样的产品，过去设计、制造和销售（包括市场推广）分别占售价的三成、三成和四成。也就是说，零售价 10000 元人民币的计算机，制造成本只有 3000 元，开发成本也大致这么多，而广告和批发零售的耗费和利润占掉了 4000 元。现在戴尔把开发和制造的成本压到了最低，然后开始打批发和零售商的主意了。戴尔一直坚持直销，它基本上不经过批发商，在很长时间里也很少通过零售商分销。戴尔有自己的销售人员，负责向企业级的大客户推销产品。而对于个人和小企业，戴尔以前只提供电话订购、邮购和网上订购等购买方式。近几年为了和惠普争夺市场份额，戴尔才通过沃尔玛和好市多等连锁店出售电脑。戴尔的直销方式很简单，它向顾客发放各种计算机配置的价格表，价格比其他品牌计算机的零售价会低很多。很多顾客会被它的价格吸引，打电话或上网选一个型号并把自己的付款方式提供给戴尔就行了，整个过程不超过 5 分钟。戴尔收到订单，直接通知它的 OEM 工厂。工厂每天按订单生产计算机，然后按照戴尔提供的地址发货。这些成品计算机根本不需要经过戴尔就送达顾客手中。这样戴尔将仓储运输的另一半也省掉了，因此戴尔根本不需要有仓库。像戴尔的这种直销方式不仅省去了批发和零售的成本，大大降低了产品的价格，而且在价格上非常透明，也省去了个人消费者讨价还价的麻烦。戴尔开发了一套在线的订购系统，一端顾客在上面填自己要买的计算机配置和个人信息，另一端自动通知工厂生产和发货，利润就自动流入戴尔公司了。这又是一个典型的印钞机式的商业模式。戴尔只需牢牢控制住订单处理和零售（主要是市场推广）这两个环节。

与戴尔同时开始制造兼容机的公司不计其数。中国的长城计算机公司几乎与戴尔同时诞生，但是却走了一条当时颇为自豪，但现在看是大弯路的所谓"技、工、贸"相结合的道路，现在即使在中国市场它也已不多见，更不用说在国际上竞争了。长城公司自己开发PC的全部软硬件，在广东自建工厂，采购元器件，并自建仓储，最后还发展了一大批批发和零售代理商。大家不难看到，长城公司处处走的是和戴尔公司相反的路线。当长城公司很自豪地拥有了这一切的时候，它的资金利用率已经比戴尔低了很多，而它的产品价格却高了很多。在全球化的今天，这种所谓技工贸结合的模式是无法和戴尔这种用钱直接生钱的印钞机模式相竞争的。

戴尔公司的过人之处不在于其技术和市场能力，而在于它将传统的制造业的7个环节简化到2个，这是了不起的商业革命。正是靠着这个革命性的商业模式，戴尔才能从众多兼容机厂商中脱颖而出，成为全球主流的计算机厂商。值得一提的是，在PC直销方面，戴尔是联想的老师。2005年，联想收购IBM的个人电脑部门后，请戴尔负责亚太业务的副总裁威廉·阿梅里奥（William Amelio）担任其全球CEO。在担任CEO期间，阿梅里奥仿造戴尔的做法为联想建立起全球直销的体系，使得联想可以依靠代理和直销两条腿走路。虽然阿梅里奥在金融危机中因为业绩不佳而于2009年辞职，但是他为联想留下了一大笔财富——一个完整的销售系统和一大批国际化的高管。这些是日后联想在全球PC市场份额不断增长的先决条件。从这个角度讲，戴尔的商业模式对联想的成功是有帮助的。

在戴尔之后，苹果也逐渐采用了这种虚拟工厂式的商业模式。虽然苹果依然有代理商以及合作的电信运营商，但是它的主要收入，特别是iPhone之外产品的收入，都来自于它的直销。此后，小米和华为等公司在进入智能手机领域时，也学习了戴尔的直销模式。不过比戴尔更进一步的是，小米利用了摩尔定律带来的时间差，将性能还不错的手机价格做得很低。小米在新手机开始预订时，给客户一个看似非常低，甚至低于成本价的价格，但是小米在向客户交付手机时，已经过去相当长时间了，由于摩尔定律的作用，这时元器件的价格实际上比用户订购时有明显下调。因此，小米得以通过巧妙地利用预订和交付时的时间价差来赚取利润。这不能不说比戴尔的做法又聪明了一些。

4 腾讯的浮存资金

2019 年，巴菲特在伯克希尔－哈撒韦给股东的信中介绍了他的公司投资上的一些技巧，其中一条就是持有大量的浮存资金。

这样在有合适的投资机会或遇到经济下行时，不会为现金发愁。那么，什么是浮存资金呢？简单地讲，就是顾客存在你那里的钱，虽然从理论上讲它属于顾客，早晚要直接还给顾客，或者通过提供商品和服务还给顾客，但是在那之前那些钱是一笔能够使用的流动资金。伯克希尔－哈撒韦有很大一部分保险业务，大量顾客的保费就是它的浮存资金。如果在保险期之内，只有少数顾客需要赔付，那么那些钱就落袋为安了；如果赔付太多，保险公司虽然以后会增加保费，但是短期内现金流会紧张。历史上，在几次大的天灾，比如 2005 年卡特里娜飓风之后，伯克希尔－哈撒韦的股票下跌了近 10%。

相比巴菲特的伯克希尔－哈撒韦，腾讯在向用户收取浮存资金方面做得更高效、更聪明——它直接发行 Q 币。说它更高效，是因为这在某种程度上是直接印钱，没有成本；说它更聪明，是因为通常印出去的钱总要通过某种形式让货币回笼，而腾讯不需要通过提供实物商品做这件事，而是通过它的虚拟世界里的虚拟产品（和服务）收回 Q 币。相比伯克希尔－哈撒韦将来有可能向保户支付真金白银，腾讯只要让用户买一些没有成本的游戏道具或社交网络的脸谱就可以了。因此，腾讯简直就是比 Google 和亚马逊更直接的印钞机了。

那么这么直接、简单的无本买卖，为什么其他公司做不了，只有腾讯能做呢？实际上，直到今天依然有人觉得自己能够学习腾讯，做这种无本万利的买卖，但事实证明那些网站、APP 或其他形式的在线服务，用不了几年烧掉了投资者的风险投资之后就都关门大吉了。这里面的原因其实也很简单，只是一些创业者和投资人利令智昏看不透而已。简单来说，采用腾讯这种直接卖 Q 币的商业模式，必须解决如下两个关键问题，而这对于绝大部分企业是根本做不到的。

首先，虚拟的商品和服务必须有使用价值。任何商品都有两个特性，就是它的使用价值和价值。虚拟商品并没有真实的价值，即便一些人觉得有，也只是炒作出来的而已，如果没有使用价值，虽然它们可以在短期内通过炒作"卖出去"（就如同 2018 年很多人炒作的空气币一样），但最终形成不了一个长期稳定的市场。而实际上，腾讯的很多虚拟商品，即便是游戏的道具，也是有用的，这一点很重要。从可以炫耀游戏的级别，到表现自我的个性化服装，这些东西让虚拟世界的玩家们满足了在现实世界得不到的许多快感。而能够不断设计出让大众（而不仅仅是少数所谓的脑残粉）都觉得"有用"的虚拟商品，门槛是极高的。虚拟商品虽然没有复制成本，但是好的虚拟商品，其开发成本并不低，只有当一个虚拟社区拥有大量的活跃用户时，才能摊薄开发成本，让它变成一个非常挣钱的生意。也就是说，只有大型社交网站才能采用这种方式盈利。在过去几年里，我接待了很多模仿腾讯商业模式的创业公司，无一不是很快就失败了，很多社交产品的用户人数不超过万人，这样的产品即使有存在的意义，也没有挣钱的可能，当然也就无法长期存在下去。

其次，虚拟社交网站中的用户不但是虚拟商品的消费者，还是它们的创造者。因此，承载虚拟社区的互联网公司，实际上要平衡好自己的平台和这些"创造者"之间的利益。今天的各种网红，其实就是虚拟世界的一类创造者。一家虚拟平台和诸多虚拟服务的提供者，一旦在利益分配上变成了零和游戏，衰退就难以避免。如果平台把利益都出让了，它自己会先死掉；如果反过来，平台把利益都占了，服务的提供者都生存不下去了，平台也会慢慢死掉。腾讯运营虚拟社区的艺术在于，它从来不让那些服务的提供者死掉，却也不让它们能够一本万利地生存下去，而是逼迫它们不断创造新的价值。相比之下，很多平台只知道用真金白银去补贴服务的提供者，甚至补贴用户，这就是一种零和游戏，在过去几年里这样死掉的公司数都数不清。

很多时候，模仿者总是看着别人挣钱容易，然后简单地模仿成功者的商业模式，而前人成功的经验，有时反而成了后人的陷阱。模仿腾讯这种看似来钱最直接的商业模式，更要特别地小心。

结束语

一家公司要想获得成功，好的商业模式是必不可少的，而最好的商业模式就是印钞机式的，它不需要多少人力，一旦运作起来就能源源不断地产生利润，持续发展。相反，下面这四种都算不上好的商业模式：第一种，每增加一份营收就必须多雇佣一个人；第二种，无法横向拓展（Leverage）的业务，例如从一个地区扩张到另一个地区需要做许多额外的工作；第三种，需要消耗过多的原料和成本；第四种，依赖于政府的政策。创业者选择创业题目时要特别注意商业模式。

第 24 章　互联网 2.0

IT 产业的发展似乎总是不断伴随着概念的炒作，特别是在互联网这个领域。2007 年夏天，沙丘路的一家风投公司找我帮忙评估一份互联网 3.0 的商业计划书。当时，互联网 2.0 是一个热门话题，很多人靠它来吸引投资人的注意力，这倒并不奇怪。但是，突然有人炒作比这更前卫的概念，风险投资的合伙人们也觉得自己拿不准了，才从外面请人来评估。听完两个创业者对他们所谓互联网 3.0 的介绍后，我问了几个问题，看看对方是否清楚互联网 2.0 的概念。经过交流和讨论，他们也觉得自己对互联网 2.0 的理解尚且模糊，谈论 3.0 更是为时尚早。事实证明他们所讲的所谓互联网 3.0 从来就没有得到哪怕是一丁点的发展。

像这样的概念炒作，过去有，今天有，将来还会有，而且还可能呈现出越炒越离谱的势态。虽然永远都会有少数人利用炒作概念从接盘侠身上赚到钱，但是炒作的结果更多的是各种形式的失败。投资人把钱搞丢了，创业者浪费了大好的青春不说，还学了一堆做事情的坏习惯，就连付钱的用户可能什么都没得到，预付款就拿不回来了。因此，当别人在炒作概念时，无论是投资人、从业者还是用户，能够保持清醒的头脑，做出正确的判断显得至关重要。当然，如果能够在人们炒作概念时自己冷静地看到现象背后的本质，在别人都赔钱的时候自己挣到钱，那就更值得称道了。在这一章，我们就以发生在 2007 年前后的互联网 2.0 泡沫作为案例，分析一下如何从中撇去泡沫，寻找出一个可能的新产业深层的逻辑，判断哪些概念有生命力，并且能够落地。

讲回到互联网2.0。为什么2007年需要这样一个概念呢？我们不妨看看当时的情景，那是上一次全球金融危机发生前的一年，这种时候通常是经济虚高的年代。它距离2000年的互联网泡沫已经过去7年了，一些人对之前惨痛的教训已经遗忘，而且投资人们也觉得该搞出一个新的概念，来延续已经高速发展了好几年的互联网的神话。于是，在这样的背景下，互联网2.0这个概念就正式登场了。一时间，从硅谷到北京，一下子涌现出无数所谓的互联网2.0公司。在2008年全球金融危机之前，它们获得了数十亿美元的风险投资，这在当时是很多钱，虽然和后来中国的电商泡沫、O2O泡沫以及P2P泡沫相比还只是小巫见大巫。当时，中国的一些投资机构生怕错过了这一波新的浪潮，跟风投资了一些真真假假的互联网2.0公司，它们美其名曰"占赛道"，"赛道"一词就是那时发明出来的。但是，很快到了2008年年底，数十亿美元风险投资随着金融危机的到来全打了水漂。虽然当时一些风险投资机构心疼他们的投资，但是他们随后就庆幸金融危机来得及时，挤掉了互联网2.0的泡沫，没有让他们投入更多的钱，避免了更大的损失。2010年金融危机过去之后，在美国除了Facebook、LinkedIn和Twitter外，那些形形色色的互联网2.0公司当初引人入胜的故事都没了下文。而在中国，更是没有诞生一家像样的互联网2.0公司。

然而，这件事并不能说互联网2.0本身错了，只是炒概念这种做法错了，给很多投资人带来了巨大的损失。互联网2.0最终实实在在落地了，它的代表就是Facebook、YouTube这样的公司。时过境迁，今天已经没有太多人谈论互联网2.0。不过，互联网2.0的概念已被很多互联网公司接受，融入了互联网生态系统中，它潜移默化地改变了已有的一些大的互联网企业，包括既受益于第一代互联网，同时又是互联网2.0公司YouTbue的母公司Google。相反，那些没有接受互联网2.0改造的企业，包括雅虎和中国的门户网站，反而被淘汰了。下面就让我们回顾一下互联网2.0这个互联网发展的重要阶段，以便更深刻地理解当下互联网产业的特点。当然，要讲清楚互联网 2.0，我们就必须从更早的互联网说起，看看互联网的演化过程和用户习惯的变化。

1 互联网前传

在前面不少章节中，我们多次谈到了互联网的诞生和发展，这里不再赘述。现在我们要看看互联网的变迁，从中一窥今后的发展趋势。

互联网的发展很大程度上带动了过去近 20 年世界经济的发展。图 24.1 展示了互联网发展和美国经济增长的关系。图中的横轴是年份，从 1990 年第 1 季度到 2012 年第 1 季度，纵轴是美国 GDP 每个季度的增长[1]，圆圈是互联网发展的大事记[2]。但凡互联网产业有长足进步时，美国的经济都是向上的。虽然它们之间并不是什么因果关系，但是可以看到互联网的发展和经济的发展是一致的。

上个世纪 80 年代末到 90 年代初，随着冷战的结束，美国和西方主要工业国的军事工业和航天工业遭受到灭顶之灾。在美国军工和航天最集中的洛杉矶附近的橙县（Orange County）竟然出现了县政府破产的情况。因为没有了工业就没有了税收，没有了税收，县政府财政就入不敷出，情况严重时只有破产。整个美国陷入了短暂的经济危机。但是另一方面，冷战结束后，全球化成为世界不可逆转的趋势，全世界对于开放的信息交流的需求大增，互联网因此得到了长足发展，并带动美国经济走出低谷。

中国的情况也类似。中国互联网的兴起受益于冷战后和平的世界环境，这使得大家有意愿自由地进行信息交流。而反过来，有了互联网，特别是有了基于互联网的商业之后，中国经济的发展就多了一个动力。每当实体经济发

---

1 在本书第一版中，采用了每个季度 GDP 的环比，更科学的比较应该是同比，因此在这一版中改成了同比。虽然 GDP 增幅的数值会有变化，但是峰值和低谷出现的位置是一致的。

2 美国 GDP 的数据截至 2012 年第 1 季度，Facebook 是第 2 季度上市的，因此在图中 GDP 曲线的最右端。

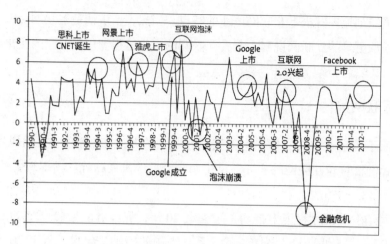

图 24.1 美国 GDP 增长与互联网的关系

展遇到阻力时，互联网的作用就变得尤其突出。我曾经问过清华大学的吴建平教授，早在 20 世纪 90 年代他领导建设中国第一个互联网（教育科研网）时，是否能想到互联网改变了中国绝大多数人的生活方式。他说，当时完全想象不到互联网能有这么大的作用，更想象不到它在商业上有如此大的前景，以至改变了世界经济的结构。当时他们只是出于建设世界一流大学，以及让知识阶层便于访问信息和进行交流的目的，向国家建议建设互联网。

互联网商业化历史上的第一件大事当属 1993 年思科公司的上市，思科算不上是互联网公司，但是它的业务和互联网的发展息息相关。当时互联网正从学术界向商业领域转移，对于网络设备的大量需求造就了思科的神话。在上个世纪 90 年代，思科是少有的增长超过微软的跨国公司。

如果说思科为互联网的全球普及准备好了硬件设备，那么网景公司则为互联网的用户开发了访问互联网的工具。在网景公司推出网景浏览器之前，上网操作是非常复杂的，只有相当熟悉计算机的人才能通过一些很难用的软件使用互联网。网景公司的浏览器使得任何会使用鼠标和键盘的人都能通过互联网浏览和传递信息。网景公司也因此在短时间内成为 IT 行业最热门的公司。这是 1995 年的事。

早期互联网上的内容非常少，大家使用互联网，主要目的是发电子邮件和上留言板 BBS。1997 年，已经将发展互联网业务上升到战略高度的微软以 4 亿美元左右的价钱买下了我的合伙人杰克·史密斯（Jack Smith）的免费电子邮件公司 Hotmail。据史密斯讲，当时 Hotmail 的流量超过整个互联网流量的一半。我半开玩笑地问他是否觉得卖亏了，因为按照 1999—2000 年的行情，它可以卖到 40 亿美元。史密斯说，他一直觉得卖给微软是个正确的决定，因为他自己不知道怎么从免费电子邮件中挣钱，虽然他知道免费电子邮件非常重要。事实上，微软收购了 Hotmail 后，电子邮件在互联网的流量渐渐下降，而且再也没有提升过。

在互联网发展中比微软更有眼光的是雅虎的创始人杨致远和费罗，他们了不起的地方在于当互联网上的内容还很少时，就注意到了互联网内容的重要性。一方面他们整理和索引互联网的内容，另一方面他们干脆自己把原本是离线的内容搬到网上，这样就开创了互联网门户网站。这个举措得到了全世界的认同。短短几年间，从美国到日本再到中国，门户网站之风席卷全球。到 2000 年世界上流量最大的网站全部是门户网站，在美国是雅虎、MSN 和 Excite 等，在中国则是新浪、搜狐和网易三大门户网站。

门户网站的特点是网站处于互动的主动一方，而用户处于被动的一方。门户网站提供上网方式（几年前雅虎、MSN 都还和电信公司一起提供 DSL 等用户上网的服务），提供内容，并且引导用户访问他们感兴趣的网站。最后一项服务很大程度上是依靠分类目录和搜索引擎来实现的。信息流单一地从门户网站和二级网站向用户推送，这和传统的媒体——报纸、广播和电视完全相同。用户唯一可以发言的地方是留言板 BBS。但是，BBS 很难完整记录一个人一贯的思想和观点。当然，有免费虚拟主机（Web Hosting）的用户，比如学校的学生可以自建网站，但是个人网站的内容大多是静态的，而且它们本身也是向其他读者推送信息。因此，很多人把雅虎看成一家传媒公司，而不是技术公司。它甚至一度想和传统的媒体公司迪士尼合并。而当时用户数量排第二的互联网公司美国在线，已经走出了这一步。2000 年，它和传统媒体公司时代华纳（Time Warner）公司合并，组成了当时世界上最大的传媒公司 AOL。后来改回时代华纳，因为作为传媒公司，时代华纳的名头更响。今天大家已经认识到这种并购没有什么意义，因此两家公司又重新分开[3]。由此可见，在上个世纪末，网民想通过互联网向公众提供信息的渠道依然很有限，而要想通过互联网为社会提供服务更是没有可能。

在互联网 1.0 时代，网民（包括个人和团体）想要拥有发言权，唯一的途径是自建网站，而有好的主意和技术并想通过互联网为社会提供任何服务，更是需要先办一个网站。2000 年前后，全世界各种网站雨后春笋般涌现出来。当然，为互联网公司提供收入基础的电子商务和在线广告是无法支持这么多网站盈利的，另一方面全世界的互联网用户也不需要这么多网站——很多网站其实门可罗雀。因此，一年后当风险投资的钱和通过上市融资得到的钱烧完了后，99% 的网站也就都关门大吉了。

从 2000 年底到 2002 年，互联网泡沫崩溃。但是这种崩溃所带来的损失只限于投资者和创业者，因为每一百家互联网公司只剩下不到一两家了。可对于用户来讲，其实并没有什么崩溃的感觉：该有的服务还是有，而且依然是免费的。虽然从业者认为互联网的免费午餐可能结束，并且一些网站考虑并尝试收费，但是很快所有的互联网公司又都回到了免费的轨道上。当时，整个产业界最大的受益者就是 Google。它在互联网泡沫时期保持了冷静，没有乱烧钱，于是在别人都纷纷倒下之后，它迅速成为了全世界最大的互联网公司。Google 也再次证明了利用广告的收入是可以维持互联网运营，并为上亿的用户提供免费服务的。从此，这个由雅虎创造、由 Google 确认的商业模式成为所有互联网公司都必须遵守的规则。互联网泡沫崩溃还有一点好处，就是清除了那些浪费资源、价值不大的中小网站，为互联网 2.0 的发展铺平了道路。

3　2009 年，AOL 脱离时代华纳，成为独立的公司。

2　2.0 时代的特征

互联网 2.0 很难像一个数学或物理学的概念那样有个明确的定义。当然，定义本身并不重要，即便有了明确的定义，很多不是互联网 2.0 的公司依然会宣称自己是，这就如同现在几乎所有的互联网公司都自称是大数据和人工智能公司一样。不过，互联网 2.0 有着和之前互联网 1.0 明显不同的特征。用这些特征作为准则，很容易判断一家互联网公司是在炒作概念，还是真正具备互联网 2.0 公司全部或部分特点。我们把这些特点总结如下。

首先，它必须有一个平台，可以接受并且管理用户提交的内容，而且这些内容是服务的主体。当然，这里面用户的内容不是指在 BBS 灌水，而是有价值的资讯、信息和基于各种媒体的娱乐内容。一个很好的例子是 YouTube，它提供了一个很方便的平台，让用户可以发布自己的视频录像。YouTube 有很好的工具可以组织和管理这些视频内容。虽然 10 多年前就有不少网站可以托管（Host）视频内容（类似今天百度云盘），但也只是为用户提供存储空间，而其他用户既不容易找到这些内容，也无法实时在线观看视频。视频的提供者通常要把链接地址发给朋友，而对此感兴趣的少数人，必须等到夜深人静网络"不太忙"时，下载或观看这些内容。因此，这些网站并不为广大的用户提供视频服务。从本质上讲，它们更像一个图书馆而不是电视台。YouTube 则不同，它在接受用户提交的内容时，也提供其他用户使用这些内容。用户甚至可以在 YouTube 上开设自己的频道，这样 YouTube 就完完全全扮演起电视台的角色了。90 多岁高龄的英国女王最喜欢 YouTube 的这项功能。在 YouTube 出现之前，即使是女王要想告诉公众什么事，无论是节日的问候还是她日常的生活，都得找 BBC 电视台，约好时间到她的王宫，制作好节目后，让她审核，然后再广播出去。也就是说，个人包括女王的声音，必须通过媒体才能传达给大众。哪天女王心血来潮，想谈谈她的起居，那是很难实现的。现在，女王自己在 YouTube 上开了频道，让王宫里的录像师把自己的日常生活告诉给民众。在她的频道上，经常讲的是王室如何做点心、如何种花这类琐事。

按照这个标准，百度云盘不是互联网 2.0 的平台，而抖音和快手则是。

其次，甚至比第一点更重要的是提供一个开放的平台，允许用户在平台上开发自己的应用程序，并且提供给其他用户使用。这也是 Facebook 最大的特点。在 Facebook 上有上百万的软件专业人员和爱好者，基于 Facebook 开发了成千上万的小软件。（在 Google 和 MySpace 的 Open Social 平台上，人们也曾经做类似的事情，只是影响力远没有 Facebook 大，后来 Google 干脆放弃，另起炉灶推出了 Google+，而 MySpace 更是一路下滑，最后在 2011 年被新闻集团卖掉。）有了 Facebook 这样的平台，想要开发网络应用的人，不必办一个网站或互联网公司，就可以实现自己的目的，并且通过 Facebook 的用户群将自己的服务和产品推广出去。

按照这个标准，腾讯的微信是互联网 2.0 的平台，因为用户可以在上面开发自己的小程序。

第三，交互性。早在 2000 年以前，就有人提出一种通过互联网实现"我可以进你的计算机，你可以看我家的电视"的交互通信和信息共享的境界。这是互联网 2.0 最应该具备的特征之一，但是由于技术上的难度和对网络安全的担心，这个特征至今还停留在非常态的层面上，比如在博客上留言和讨论，进入朋友的虚拟房间，甚至一个朋友的 Email 账户（这造成了很大的安全隐患，Facebook 也因此给用户带来很多安全隐患），但依然不是真正的资源共享。即便如此，这种交互性已使互联网上的社交越来越普及。不过今天随着大家对信息安全的担心和重视，这种共享越来越受到限制。只是在 2006—2008 年 Facebook 快速发展时期，这种交互共享非常时髦。

第四，非竞争性和自足性。互联网 2.0 公司是通过提供交互的网络技术和资源，将互联网用户联系起来，这些用户自己提供、拥有和享用各种服务和内容，是一种自足的生态环境。而互联网 2.0 的公司不应该过多主导内容和服务，不应该参与和用户的竞争。以 YouTube 为例，它托管的内容是用户（包括个人和专业的传媒公司）提供的，它自己并不制作和拥有内容，与其他提供内容的用户竞争。从这个角度看，它们更像电信公司，而不是传媒公司。

很多自称互联网 2.0 的公司并不具备这些特征。国内众多视频网站虽然很多貌似 YouTube，但主要内容是由网站自己提供（直接的或变相的），而非用户提供的。因此，这些网站像过去雅虎等公司一样，虽然给用户提供了一个发布内容的平台，但真正支撑网站流量的是靠它们自己提供的内容，说的更直接点，就是将电视台搬到了网上。以前雅虎新闻是将报纸搬到网上。世界上，真正具备 Facebook 那样可以让用户开发并提供服务的互联网公司其实非常少。而所有视频内容均来自于使用者而非网站本身的视频网站，也只有 YouTube 一家。按照这个要求，新浪视频、腾讯视频和爱奇艺都不是互联网 2.0 的平台，因为它们主导的内容在与用户上传的内容竞争，而提供音频服务的平台喜马拉雅[4]则是。当然，新浪微博也符合这项标准，而腾讯的 Qzone 则不太符合——它具有自足性，但是不具有非竞争性。

早期的互联网发展经过了五六年的群雄争霸，才形成以雅虎、MSN 等大型门户网站为主导的生态环境。而互联网 2.0 和早期互联网很大的不同之处，在于前者在极短时间（一年左右）里便主导了一个很大的领域或一大群用户。除在少数国家以外，YouTube 几乎主导了全球的在线视频业务，很多家用摄像机都有一个按键，可以直接将录制好的视频片段上传到 YouTube。Facebook 则主导了当时的大学生和 30 岁以下年轻人的网络交际。

3　互联网 2.0 公司

今天才开始使用互联网的人，可能不知道雅虎公司，因为它繁荣的时代已经过去了，但是它在互联网历史上很重要，通过对它的研究能够帮助我们了解这个行业发展的脉络。类似地，在互联网 2.0 发展过程中也有一些类似于雅虎的重要的互联网 2.0 企业，它们今天已经没有太大的影响力了，但是它们

---

[4]　虽然喜马拉雅也有少量的自制节目，但是总的来说占比极低，而且不和用户上传的节目相竞争。

在确立互联网 2.0 的运营模式过程中起到了很大的作用，了解它们的兴衰，对于理解互联网的发展和未来大有益处。因此，我们要介绍一些具有代表性的互联网 2.0 公司。

3.1　Blogger

最早称得上互联网 2.0 的公司是后来被 Google 收购的博客网站 Blogger，虽然这家公司的产品现在已经不太酷，而且有点过时了。

博客，即 blog，最早出现在 1998 年，实际上是让人在网上写日记，并且与友人分享。在互联网 1.0 时代，能够让互联网终端用户发言的地方只有留言板 BBS。但是，留言板是围绕主题而不是作者展开的，不适合专栏作家等专业人士使用。留言板的管理权属于版主。版主有权删除他认为不合适的言论，这让很多人，尤其是强调言论自由的人"很不爽"。博客是留言板的扩展，但已经完全超出了 BBS 的范畴。博客使得每一个人都可以在互联网上拥有一块自己的空间，在那里他是所有者和管理者。

这两点很重要，它保障了博客从早期只是一个写日记、写感想的地方，变成了为普罗大众所拥有的、不花钱办的报纸、杂志和出版社。几百年来，虽然言论自由一直得到民主国家的宪法保护，但是发表言论并不方便。传统的平面媒体，例如报纸，掌握在报社手里，任何人都可以投稿，但是报社有权选择刊登与否。由于记者、评论员和撰稿人都隶属于报社，报社是核心，皮之不存，毛将焉附。个人不是新闻的主体，即使总统的言论，也要通过报社、通过记者与读者见面。众所周知，办报纸的各种门槛是不低的，永远没有普及到个人的可能和必要。到了互联网时代，报纸被搬上了互联网，因此要想通过互联网发表言论，就必须办网站，这也就是到了 2000 年，各种明星人物包括演艺界的姜昆等都热衷于办网站的原因。不办网站就没有发言权。当然这也不是每个人都能做到的。

随着博客的出现，办报纸变得跟写日记或邮件一样容易。任何人都可以拥有并管理自己的出版空间 —— 博客，于是博客得以迅速普及。虽然早期人们只是在自己的博客上记录一些周围发生的事情，谈论自己的感想，但是很快它就成为个人向公众发表言论不可或缺的方式，或者说它是每个人自己办的报纸、杂志甚至是出版社。（当然，也可以是一群记者自由地将自己写的新闻、评论和博客组合成网络报纸的形式，比如《赫芬顿邮报》*The Huffington Post*。）[5] 不只是以前没有机会利用传统媒体发言的老百姓喜欢这种传媒方式，即便是那些被媒体追捧的"要人"，也发现这种方式比报纸要及时、方便和准确。

博客的及时性和方便性显而易见。一家公司的执行官要做一次新闻发布会，费时又费力，对于一些"小事"，他们不愿意轻易麻烦媒体。而博客则弥补了这个不足，他们可以及时地在博客上发表自己的动向和观点。博客最能准确地传播博主的言辞和观点。以往传统媒体的报道，经过记者和编辑一转手，有时和讲话人的原意难免出现偏差，很多误会就是这么产生的。博客既然是自己写的，无论对错，都是博主自己的言辞和观点。鉴于这些优点，博客得到了各个层次各种职业用户的喜爱，包括美国总统奥巴马和很多大公司的首席执行官都通过这种方式发表言论，作为对传统平面媒体的补充。在博客里，不仅作者可以自由发表言论，读者还可以和作者非常方便地互动交流，因此它的有效性大大超过了传统的印刷媒体。进入到21世纪之后，在美国，几乎所有的印刷媒体，包括那些有上百年历史的著名报纸和杂志，包括《华尔街日报》《纽约时报》和《时代周刊》等，读者数量都在下降，而博客的流量却几乎呈几何级数上升，就连很多大公司的CEO也开始通过博客宣传自己的产品，直到后来更方便的微博出现，取代了博客。2017年，美国出现了第一位Twitter总统特朗普，他总是绕过传统媒体，直接向民众传递消息。在中国，纸质媒体的黄金时代比美国多延续了10年，但是到了2008年金融危机之后，它也逐渐成为了夕阳产业。中国的文化圈和演艺界的人士，先是热衷于写微博，后来是用微信，目的都是为了直接面对读者和观众。

5　huffingtonpost.com

历史上最著名的博客公司当属 Google 旗下的 Blogger。Blogger 原本是一家小公司 Pyra Lab 在 1999 年推出的一个在线写作和编辑工具，这家公司也由此开始为博客作者提供在线的空间。虽然诞生于互联网泡沫时代，但是 Pyra Lab 并不是一个烧钱的公司，躲过了 2001 年互联网泡沫崩溃的一劫。其中很大的原因是创始人埃文·威廉姆斯（Evan Williams）和梅格·荷丽菡（Meg Hourihan）是两个实实在在办公司的人，其中前者我们在后面介绍 Twitter 时还会介绍。4 年后，Blogger 已经是博客界的魁首，当时团队也不过只有 10 个人。Blogger 只提供在线空间和写作工具，它并不拥有任何内容，也没有自己专门的写手，这和国内很多博客网站不同。Blogger 早期的一些高级服务是收费的，但基本功能是免费的，由此吸引了几百万人到网站上写博客，也吸引了不少读者。但是 Blogger 一直没有找到盈利的好办法，付费的高级用户非常少，不足以支撑整个公司，哪怕只有 10 个人。于是，它唯一的出路就是卖掉。2003 年，它终于找到了买主，当时的明星公司 Google。

Blogger 和 Google 合并后，靠着 Google 的财力，免费开放了全部服务。同时它得到 Google 在人力资源、设备资源和名气上的支持，业务一下子有了很大的发展，用户数量和读者数量有了上百倍的增长，成为全球主导的博客网站，并且靠着 Google 的"内容广告"，Blogger 开始有了收入来源。当然，Google 没有公布旗下各网站的盈利情况，无法断定 Blogger 是否盈利。不过，Blogger 的流量和访问人数相当大，按照 Alexa 的排名，这两项指标在 2010 年全球排第 8 名。虽然包括微软在内的很多门户网站现在都提供博客服务，但和 Blogger 相比，它们的用户量至少低一个数量级。

Blogger 的成功主要靠创始人、时机和运气。Pyra Lab 的 Blogger 诞生的时机不错，1999 年正是互联网公司最容易融资的年代。接下来靠运气，2003 年美国经济回暖时，已经没剩几家互联网公司了，Blogger 当时没有什么竞争对手。而 Google 要收购公司，在市面上也找不到几家像样的公司，于是 Blogger 借助 Google 的快车，一举成功。这是时势造英雄，几年前大家普遍认为 Blogger 的成功很大程度上靠时机和运气。但是，当 Blogger 的创造人埃文·威廉姆斯离开 Google，再次创业，2006 年又搞出了风靡世界的 Twitter[6] 时，大家回过头来看 Blogger 的创始人，才觉得他们在商业眼光、技术方案和时机把握上都是一流的。

3.2 维基百科

维基百科的英文名字 Wikipedia 由 Wiki 和 pedia 两个词组成。Wiki 是一种软件或者说一种技术，可供多个用户在浏览器中共同编辑和修改文档，尤其是有超链接（Hyperlink）的网页。很多公司内部也用它来编写文档。词尾 pedia 源于古希腊语的 paideia，意思是教育和文化。百科全书一词的英文为 encyclopedia，就是以 pedia 做词尾。两个词合在一起就是基于 Wiki 技术的百科全书。

百科全书几百年来是对学生和学者很有用的参考书，但是传统的百科全书在内容和出版发行上都有很大的局限性。首先，传统的百科全书出版周期很长，常常一出版就已经成为了历史参考书。以著名的《大英百科全书》为例，它由 100 多名专业编辑和 4000 多名专家组织编写，从 18 世纪至今不过出版了 15 版，最近一版出版于 1994 年。印刷成书的百科全书，容量（体积）巨大。最近的一版大英百科全书有 30 多本，每本都有 1000 页左右，光索引就有两本，因此价格也十分昂贵，个人一般都买不起。即使免费，恐怕也没多少人有那么大空间存放这几十本百科全书（每本比砖头还大）。相比当时全世界的信息量，早期传统的百科全书内容覆盖面非常充分，但是在信息爆炸的今天，它的条目数量比早期并没有增加多少，涵盖的内容也就不那么充分了。另一个不容忽视的问题是，百科全书的编辑选择的条目，通常是在学术上重要但不是普通人关心的，而普通人无法决定百科全书条目的选取。这些不足使得百科全书日益成为仅仅为学者准备的阳春白雪类的出版物，而背离了它作为公众参考书的初衷。据维基百科的资料：历经了 244 年的漫长岁月，《大英百科全书》2012 年 3 月 13 日宣布，库存纸本百科全书售罄后，将不再推出印刷版，内容全面数字化。

6　类似 Twitter 的产品在中国被称为微博。

出现 DVD 以后，微软公司和大英百科全书公司合作，试图推广光盘版的百科全书。DVD 版百科全书轻而易举地解决了体积问题，而且制作成本低，也不难解决价格问题。但是大英百科全书不肯降价，微软也不勉强，而是背地里打起自己的小算盘，推出免费的简易版。这样就彻底堵死了传统的百科全书大量销售计算机版的可能性。当然，即使大英百科全书能够以较低的价格推出 DVD 版，它内容的滞后性和条目数量不足的问题也还是得不到解决。总之，由于缺乏好的商业模式，传统的百科全书彻底失去了搭上信息革命快车的可能。

但是，百科全书在读者中的需求是客观存在的。2001 年，在互联网高潮衰退后，吉米·威尔士（Jimmy Wales）和拉里·桑格（Larry Sanger）利用前面提到的 Wiki 技术，推出了一个网站，让互联网用户自己编写百科全书，然后内容免费提供给网络用户。在这中间，维基百科只是为用户编写和共享内容提供了一个平台和一种自动链接相关内容的技术，而它自己不需要提供任何内容。一开始很多学者怀疑这种做法能否成功。这里面的关键在于是否会有很多专业人士无偿地为它编写条目。

事实证明威尔士和桑格的想法是可行的，专业人士和普通网民编写条目的兴致比预想的高得多。在短短 10 多年里，网民们为维基百科编写了近 503 万个条目的英语内容，其他语种内容的总和比英语要多很多[7]。而大英百科全书 200 多年来，也不过编写了 65000 条内容。维基百科的条目涵盖面比大英百科全书要广得多，内容也新得多。

虽然同是作为"参考书"，维基百科和大英百科在写作和编辑上有很大的不同，这倒不仅仅表现在前者是业余爱好者的免费工作而后者是专业人员和专业编辑的"专著"，还表现在它们选题和编写的方式完全不同。大英百科的选题完全是学术化的，每个条目必须在某个学科里"足够重要"才行。而一个条目是否重要，则又要专家开会讨论，主编审核而定。而维基百科可以由

---

[7] 维基百科各种语言条目的总和为两千多万条。

用户自己提出要编纂的条目，只要能引起足够多人的关心，自然有人将它们编写成章，否则就会被淘汰。在编写上，大英百科全书每个条目会有编辑主持，由专家创作，然后由其他专家审核，最后发表。每个编辑实际上是该条目的拥有者，出了问题他会负责，而大英百科全书出版社对全书负责。而基于 Wiki 技术的维基百科是由互联网用户共同创作的，任何条目都没有一个所谓的所有者，即使最初编写该条目的人，因其内容可由他人随意改写，也无法对此条目负责。而维基百科自身并不拥有任何内容，维基百科上的内容可以说是由全体网民共有。正是因为这种灵活性，维基百科才得以快速发展。

当然，至今仍有人对维基百科的权威性表示怀疑。这对于维基百科的确是个问题。虽然 90% 以上的条目内容相当准确，维基百科中确实有一些错误。因此，它的内容不能作为正式出版物的参考资料。不少中学教师不允许学生在做作业时，依照维基百科的内容来解题。维基百科解决此问题的办法基本上是靠大量读者的"举报"和主动修正。由于维基百科常见条目的阅读人数众多，一旦有一些错误，很快就会被发现和更正。有人做过大致的统计，发现维基百科一般条目出现的错误，大约在一两个小时内就被更正了。但是对于不常见的条目，这个办法效果不佳，毕竟这些条目的读者就很少。总的来讲，虽然维基百科存在准确性的问题，但是，对于普通人获取知识，它还是足够好了。为了解决准确性的问题，维基百科对主要的事实都给出原始的出处，以便读者能够延展阅读，自行判断真伪。

维基百科的另一个问题是它（对于敏感话题）内容的公正性。在早期，维基百科中有很多条目的内容带有偏见，比如在谈到印第安人历史时，把他们描述成落后不开化的民族，带有很强的偏见。当然这些内容已经被公正的学者更正了。但是，维基百科中的内容很容易被持不同观点者反复修改，用作论文和研究报告的参考资料也确实权威性不足。

维基百科免费、方便、覆盖面广、内容新，迅速成为普通网民查询和获取常识性知识的重要途径。它的流量增长迅速，今天已经成为全球十大网站之一。

在中国，维基百科网站的访问并不稳定，于是网民们建立了一个类似的网站——百度百科。在百度百科，百度公司虽然提供了网络服务，并且组织了不少编辑编写和校核内容，但是它并不拥有其中的内容，网民们可以参与编写百度百科的条目，并且修改内容。依靠大量网民的参与，百度百科只花了三年时间就完成了近千万中文条目的编写，到 2018 年，它的条目数量已经增加到 1500 万以上。相比之下中国最具权威性的"中国大百科全书"编写的速度就要慢得多了。30 多年前由 10000 多名专家包括 1000 多名院士组成的强大编辑团队，多年来不过编写出 60000 多条内容。虽然数量不能代表一部百科全书的质量，但是，从传播和普及知识的角度来看，维基百科和百度百科比传统的百科全书发挥的作用更大。

需要指出的是维基百科并未盈利，至今也不知道如何盈利。它基本上是靠赞助来维持运营。为什么盈利这件事这么重要呢？这一点我们在以后探讨互联网 2.0 的前景时就能看到了。

3.3　YouTube

很多人认为 YouTube 就是在网上看电视，而且其他国家很多 YouTube 的翻版也是这么做的，但是这种理解依然停留在互联网 1.0 上。YouTube 其实是把电视这种一对多的单向、广播式的媒体传播方式，变成了多对多的双向媒体传播。传统的观众只能收看视频节目，而有了 YouTube 后，他们同时成为了视频节目的提供者。简单地讲，YouTube 使得每个人都可以办自己的电视台。

YouTube 由在线支付网站 PayPal 的两个"退役老兵"查德·赫利（Chad Hurley）和陈士骏（Steve Chen）创办（早期还有第三个创始人，后来退出了）。他们俩用之前从 PayPal 挖到的第一桶金创办了一个新型的视频公司。这个视频公司和早期的 RealNetworks 等在线视频公司完全不同，后者在建起了视频网站后，就去和各家媒体谈播放节目的合作，成为传统视频媒体的网上载体。YouTube 则不是简单地将原有的电视节目搬到互联网上，它甚至没有找任何一家媒体谈合作，而是提供一个平台，让用户自己上传节目。这个想法是革命性的，当然想到这一点的不止 YouTube 一家，只是它成立的时机成熟，把这件事做成了。YouTube 很快得到了红杉资本的投资，这才敢靠"烧钱"维持快速增长的业务。但是，即便如此，它巨额的带宽费用很快就要耗尽红杉资本几千万美元的投资。好在这时 YouTube 已成为新型在线视频服务的第一大公司，引得包括 Google 和微软在内的几家大公司竞相收购。考虑到它在今后母公司的重要性和企业文化的相容性，YouTube 最终决定和 Google 联姻。

YouTube 加入 Google 后，业务发展更快，影响力更大。现在在美国，竞选各级政府公职的候选人，大多利用 YouTube 宣传自己。在欧洲，连最古老也是最保守的王室——英国王室也选择在 YouTube 上开设频道宣传自己。2008 年北京奥运会时，YouTube 成为国际奥委会除 NBC 以外唯一的全球视频传播商，以弥补 NBC（和它的合同电视台）覆盖面的不足。一家公司发展到这个时候，它的对手便几乎不可能超过它了。

和 Facebook 一样，YouTube 获得成功最关键的地方是自己不提供任何视频内容，这样就不会与视频提供者争利。同时，YouTube 将每个用户都变成了平等的内容提供商，这样就鼓励了全社会为它提供内容。当然这第二点会严重影响传统影视公司的利益，这些"职业队"几乎被降格到跟"山寨"个人用户平起平坐的地位。再加上 YouTube 的一些用户不断盗版他人的影视节目，因此影视公司和 YouTube 的官司不断。最终，YouTube（Google）开发了识别盗版影视节目的技术，将盗版影视节目可能带来的收益全部付给原创者，才渐渐平息了各种官司。

到 2018 年，YouTube 的广告营收达到了 150 亿美元，占 Google 收入的 10% 以上。

3.4 Twitter

2010 年，在互联网领域能够从 Facebook 抢些风头的可能就是 Twitter 了。

2006年，Blogger的创始人埃文·威廉姆斯和比兹·斯通（Biz Stone）离开Google后和杰克·多尔西（Jack Dorsey）、梅格·荷丽菡等人创立了Twitter公司。这些共同创始人来自互联网的两个领域，威廉姆斯和斯通代表的博客，以及多尔西代表的短信（SMS）。两股人凑在一起，花了两个星期开发了一款叫做twttr的产品（twttr或twitter上发送的消息叫tweet）。它是一种结合了群组短信和博客特点，由发送者（写手）向公众（公开）或好友（不公开）发表类似短信的消息。这个产品在中文里被翻译成"微博"。显然Twitter的产品一开始就继承了短信和博客两种基因。

写微博的人是发送者，而收听者被称为追随者（Follower，中国的微博将他们称为粉丝）。当然，追随者也可以用类似回帖的方式发表评论，这样就有了互动。Twitter有个很奇怪的规定，就是每条消息（tweet）不能超过140个字节。开始，大家都怀疑这个硬性的规定会大大限制微博的表现力。后来大家发现正是这种强制的规定，大幅降低了微博的门槛。渐渐地，这种不需要太费时间和脑力的即兴写作代替了原来比较正规、费时的博客，成为活跃度非常高的网络互动行为。

微博首先在美国流行开来，这和美国缺少一个类似QQ群的产品有非常大的关系。美国的短信业务非常不发达，IM也是集中在两个人或很少几个人之间点对点的通信。美国过去几乎没有群聊的习惯，即使在Facebook上也是如此。实际上，Twitter在某种程度上是补QQ群的课，所以普及得非常快。在它普及的过程中还发生了一桩政治事件，大大地提升了它的知名度。

2009年6月，伊朗举行总统的民主选举，参选的双方是经常和西方对抗的伊朗时任总统内贾德及倡导民主化改革的穆萨维。选举前的民调显示穆萨维明显领先于时任总统内贾德。但是选举结果大大出乎人们的意料，内贾德获得了6成以上的选票从而得以连任。穆萨维以及支持者认为政府在选票统计中作弊，不接受大选的结果。于是爆发了全国性骚乱。伊朗是一个新闻管制非常严厉的国家，立即封锁了所有的消息。但是，漏掉了当时还不是特别起眼的 Twitter 的服务，于是所有的消息通过微博"广播"和"转发"到世界各地。从此，Twitter 在记者（或者说媒体）中一下子传播开来。

接下来，伊朗政府开始封杀 Twitter 的服务，这让全世界开始关注到这样一家小公司和技术产品。Twitter 在伊朗大选危机中获得了第二次免费广告。有时候，好运气开始了，想停也停不下来。再接下来，美国总统奥巴马（也是一个科技迷），呼吁伊朗开放 Twitter 的服务，等于第三次为 Twitter 做了免费广告。以后，伊朗危机的来龙去脉和结果可能已经无人关心，甚至无人知晓了，但是 Twitter 和微博却已广为公众了解。

Twitter 虽然获得用户的速度奇快，用户的粘性和互动性也很好，但是商业模式实在不清晰，这最终严重阻碍了它的发展。

由于没有好的商业模式，Twitter 一直纠结于是否该卖给一家社区网络或互联网公司。据美国《商业周刊》报道，2009 年，Facebook 想以 5 亿美元的价格收购 Twitter[8]，Twitter 的几个创始人对 5 亿美元这个报价是接受的。但是当时 Facebook 没有什么现金，只能以换股票的方式收购。Twitter 和 Facebook 的分歧在于 Facebook 的股票本身值多少钱？Facebook 当时认为自己值 80 亿—90 亿美元，Twitter 并入 Facebook 后，应该占 Facebook 股份的 5% 以内。但是，Twitter 发现 Facebook 自己的员工内部交易股票是按照 Facebook 价值在 20 亿—40 亿美元之间进行的。因此，Twitter 认为它被并入 Facebook 后，应该占到 Facebook 股份的 20%，至少是 10%。双方的分歧如此巨大，谈判没有进行下去。实际上，如果 Twitter 当初以换股的形式并入 Facebook，它所持有的后者股票的价值并不会低于自身的市值。

2013 年 11 月，尚未盈利的 Twitter 在美国一轮牛市中得以上市，市值不到 200 亿美元，介乎华尔街对它最低和最高的估值之间。但是上市之后，它依然找不到合适的商业模式盈利，加上因移动互联网的快速兴起，新的基于移

8　http://www.businessweek.com/technology/content/mar2009/tc20090031_743025.htm．

动平台的社交网络挤压了 Twitter 的发展空间，因此它的股价也一直得不到提升，在大部分时间里，甚至低于 IPO 时的价格。截止到 2019 初，它的市值也仅有 230 亿美元。

说到 Twitter，不能不说说中国的新浪微博和腾讯微博。就像任何产品从美国到中国都不会原封不动地搬过来一样，微博到了中国便有了新的含义——新闻传播方式和追星的手段。

2006 年，博客作为传统新闻的补充，时效性和新颖性都很好，在中国着实流行了一阵子。人气最高的主要是一些文笔较好的公众人物的博客，比如徐静蕾、韩寒和李开复。正如我们在介绍博客时谈到的，它的出现让每一个人都可以成为一个独立发布消息的媒体。当然，对于大多数读者来讲，只会关注少数"名人"的博客。而一般人，即使建了博客，绝大多数内容也都是转载的。但是，即使是李开复这样高产的名人，估计是因为忙，到后来产量也大不如前了。对读者来讲，由于无法与博主即时互动，阅读的兴趣也就小了很多。

微博恰恰解决了这两个问题，由于门槛低，任何公众人物，不论文笔如何，时间多少，总能写一两句。我们很难想象，像刘翔和莫文蔚这样的名人能经常写出内容丰富的长篇博客，事实上他们也没有。但是，他们的微博倒是写得很频繁，而且读者众多。对于读者来讲，他们可以通过公众人物的微博第一时间了解一些新闻，同时，可以通过转播和回帖的方式参与互动。这种名人效应，是微博的中国特色，这和亚洲国家普遍的追星行为相符。相反，在美国，没有多少人因为扎克伯格少年得志，或者因安妮·海瑟薇（Anne Hathaway）貌美而关注他们，甚至没有多少人关注老虎伍兹的离婚事件——伍兹自己也不希望被关注，因此微博在美国很少作为新闻和追星的工具。

鉴于中国微博的作用远远大于其同类产品在美国的作用，新浪微博和腾讯微博都能够后来居上。今天，新浪微博上人气最高的博主有多达上亿关注者，这超过了绝大多数省级电视台的观众数量。在美国，微博虽然有一定的新闻发布作用，特别是特朗普上台之后，但至今仍是辅助手段。而在中国，微博改变了人们的生活方式，它成为亿万大众最快、最准确地获取信息的一个主要方式。由于微博的出现，很多原来关注不到的社会问题得到了关注，民众对社会的责任感明显提高。

3.5 微信

微信是今天中国手机和互联网用户再熟悉不过的即时通讯产品了。很多人从一早起床到晚上睡觉都泡在微信上。但是，和手机 QQ 不同，微信已经超出了一般即时通讯的范畴，准确地讲，它是移动互联网时代的一个互联网 2.0 平台，具有这种平台的全部特征。

首先，微信经过多年的演变，今天已经是一个彻头彻尾的平台了。在这个平台上，它可以接受并且管理用户提交的内容，这些内容可以是对大众公开的，也可以是小圈子里隐秘的，但是不论是哪一种，它都是由用户提供的，而不是提供微信服务的腾讯公司提供的。微信上的各种内容，包括文字的、图片的和视频的，构成了它服务的主体。

与互联网 2.0 网站不同的是，微信平台因为其移动性，便于将线上和线下内容结合在一起，并且具备一个过去互联网 2.0 所没有的附加功能，即作为支付的手段。

其次，微信与腾讯过去的各个平台都不同的一个重要特征是它的开放性和交互性。腾讯以往也推出了 Qzone 等很多平台，但通常做不到完全开放，并不符合互联网 2.0 的特点。但是，微信则不同，这个平台是完全开放的，通过开放应用软件的接口，允许任何人在这个平台上提供软件服务。也正是因为微信的开放性，它上面的各种应用软件越来越多，这有点像早期的 Facebook 了。

当然，有人可能会讲，腾讯的微博也是开放的，微信算不得腾讯第一款完全开放的产品。这种说法并没有错，但是，腾讯微博在交互性方面做得并不好，以至于用户的参与度非常低。缺乏了交互性的腾讯微博，实际上最终演变为个别大 V 或者意见领袖发表言论的地方，而大多数用户只是收听并不发言，甚至大部分粉丝都是僵尸粉丝，用户数量水分非常大。微信则完全不同，它最大的特点就在于其交互方便，正是因为有相互交流的需求，微信活跃用户的比例非常之高，这才维持了微信作为一个平台的价值。

最后，微信具有天然的自足性和非竞争性。由于微信本身只是个朋友之间的通信工具和信息发布平台，全部内容都来自用户，腾讯本身并不为用户提供内容。当然，那些原本只是在朋友之间传递的内容，也可以通过相互交叉的朋友关系传播给微信的所有用户。虽然微信中大部分的聊天内容都比较短，而且是私密的，但是同时也有很多个人和机构通过微信（比如微信公众号）发布信息或者有价值的内容，这使得微信可以取代微博或者博客成为获取信息的主要途径。因此，微信是一个典型的自己不拥有内容的内容共享平台。类似地，微信的用户也可以通过它来发布自己的产品和服务。不同于先前很多产品，腾讯并未在微信平台上刻意推送自家产品，或者给自家产品更多的资源，而是尽可能公允地让它发挥平台的效应。在微信发展的初期，并没有急于变现挣钱，这样发展的结果，使得上面的第三方服务非常之多。当然，最终腾讯通过微信支付，找到了一个好的商业模式。

值得指出的是，微信在全球范围内的竞争对手，如 WhatsApp 和 Snapchat，甚至抖音，都不是互联网 2.0 的平台，而只是即时通讯的工具而已。

3.6 Facebook

我们已经在第四版新增的"社交网络和 Facebook"一章介绍了这家公司，这里就不再赘述了。互联网 2.0 缺了 Facebook 就不完整了，因此我们还是要把它再列一遍。

4 新商业模式的天花板

一个新概念在诞生的初期，或多或少地会有些泡沫的成分。经过时间的检验，有些被证明纯粹是泡沫，比如美国的次贷，中国的P2P，而有些则是有技术和市场的支持，最终会变成一场革命，比如电子商务。互联网2.0属于后一种。虽然当年打着互联网2.0旗号起家的公司已经所剩无几了，有些还在苦苦维持，比如Twitter、LinkedIn和新浪微博，但是互联网2.0那种将平台和应用分离的理念，已经深入到整个互联网行业了。

历史上，类似于平台和应用分离的做法其实早在很多产业里尝试过，并且被证明是能够有效整合资源、调动从业者积极性的好办法，比如在传媒行业发展过程中出现的制播分离[9]。在上个世纪50年代之前，影视业的公司都是从制作到发行，最后到播放一口气做到底，而从业者也就被限制在影视公司中。此后，美国通过反垄断实现了制作、发行和播放的分离，而英国则是主动从更有效地整合资源出发，实现了制播分离。在上个世纪80年代之前，英国的电视产业基本上被BBC一家垄断，到了六七十年代，资源的使用效率极为低下，节目水平不高，深受观众诟病。在80年代之后，BBC转为以播放为主的转播渠道，以委托或购买的方式从外部获得节目，极大地促进了独立制片市场的繁荣。2003年，英国通过立法（《2003年通信法》），确立了制播分离的产业原则。在IT行业中，我们前面讲到的从IBM模式控制计算机产业，到后来由安迪－比尔定律主导产业发展，就是将硬件芯片、硬件系统、系统软件和应用软件分离，然后通过竞争进行更好的资源组合。互联网2.0的情况也是类似，你要说它本身有什么新的技术发明，其实很难找到，但它却是对互联网生态环境进行了一次优化，小型内容和服务提供者得以更好地利用互联网这个平台，发挥自己的特长。

在互联网1.0时代，像雅虎这样的超级门户网站，实际上扮演起了当年IBM的角色，它提供几乎所有上网必备的服务，从用户拨号上网（后来是DSL），

---

9 指内容的制作和播放分开。

到互联网的目录和查询，到电子邮件，再到即时留言和语音服务，同时它还是新闻、视频和其他内容的提供商，并且又是几乎所有重要商业活动的提供商，包括找工作、在线旅游业和网上购物、网上支付等各种活动。概括起来讲，它覆盖了整个互联网的产业链。互联网 2.0 公司的一个普遍特点就是专注于打造通用的平台，完整的服务则由社会上的开发力量和广大用户添砖加瓦，从维基百科到 Facebook 都是如此，它们相当于软件时代的甲骨文和微软。当年的甲骨文和微软在技术上并不比 IBM 更好，但是它们占据了软件时代的制高点。

这么一对比，就不难看出这些互联网 2.0 公司占据了互联网分工的制高点。但是这样一来，由于有了分工，它们也就不可能通吃互联网全部的利润了，因为一方面他们需要把相当多的利润分给上下游，主要是内容和服务的提供者，另一方面平台本身也面临着竞争。也就是说，资源调配的创新是会遇到商业模式的天花板的。

我们先来看看互联网 2.0 公司的盈利现状。

如果从 1999 年 Blogger 的出现算起，互联网 2.0 至今已有 20 年了，它们在商业上的表现远不是很多人所以为的只要拥有平台就能躺着挣钱。现在 Blogger、MySpace，以及中国的人人网等第一批互联网 2.0 企业都已成为过去时，只有维基百科因为运营成本不高，而且以一个非营利形式靠到处化缘为生，才生存至今。互联网 2.0 公司中真正运营情况较好的只有 YouTube、Facebook 和微信三家。YouTube 是在多年亏损和 Google 不断地输血扶植下，到了 2010 年才开始盈利的，这主要得益于 Google 全球最大的广告商联盟。Facebook 以互联网 2.0 起家，但后来变成了一个全方位的互联网公司。它原先的 Facebook.com 的业务到了移动互联网时期，就没有了增长，后来业务的增长主要是靠并购 Instgram、WhatsApp 等移动社交网络实现的。微信本身并不盈利，这和 YouTube、Facebook 完全不同，直到后来找到了微信支付这种盈利手段。

但是，另一方面，这些互联网 2.0 的平台倒是给不少中小型的制作内容和服务的企业，甚至是个人，提供了巨大的发展空间。2018 年，在 YouTube 上收入排在前十名的个人（都不是什么明星），收入均超过 1450 万美元，大约相当于 1 亿元人民币。在 Facebook 的 Instagram 上靠分享自己照片收入超过 50 万美元的模特也有数十位。不少年轻人依靠在世界各地旅游拍照片上传到 Pinterest 上挣钱养活自己，收入高的一个月能挣两万美元。在中国，最受欢迎的音频内容提供者从喜马拉雅上得到的分成一年也超过上千万元。这都是在互联网 1.0 时代完全不可能做到的事情。也就是说，即便互联网 2.0 公司在挣钱上可能比不上一个封闭的互联网公司，甚至没有挣到钱（比如喜马拉雅），但是它们确实有效地整合了互联网资源，给予了广大从业者以机会，将整个互联网变得更活跃，让整个产业更繁荣。

接下来我们来看看互联网 2.0 平台之间的相互竞争。

为什么互联网 2.0 这些年来不再热门了呢？很重要的一个原因，是它们并没有像当初投资人所想象的那样，逐渐占领互联网行业的制高点，形成微软操作系统那种垄断优势。这主要是因为互联网产业发展太快了，互联网 2.0 刚刚发展没有几年，移动互联网就来了，用户和应用软件开发商迅速从 PC 互联网转到了移动互联网上。移动互联网的应用软件商店（Apps Store）逐步取代了 Facebook 等互联网 2.0 公司作为平台的作用。今天，大部分中小软件开发商会首选在苹果应用商店或者安卓的类似平台上发布他们的产品，而不是发布到哪家互联网 2.0 的平台。如此一来，后者的平台优势就被抵消了。Google 在与 Facebook 的竞争中站稳了脚，不是靠它那个活跃度并不高的 Google+，而是移动互联网时代帮的忙。

在移动互联网时代，没有产生 Facebook 这种全方位的互联网 2.0 平台，但是却出现了很多专业的、垂直的平台，比如 Instagram、Pinterest、喜马拉雅和抖音，等等。整个互联网上的金矿总和是有限的，这些平台的专业性决定了它们谁也取代不了谁，于是只好每家少分一点利润了。在互联网发展的早期，是多种商业模式的互相竞争，最终以雅虎和 Google 为代表的广告、亚马逊为代表的电商，以及腾讯为代表的虚拟货币，逐渐胜出了，其他的一些模式则被淘汰了。到了互联网 2.0 和移动互联网时代，不管资源如何整合，如何调配，挣钱的方式并没有超越以往，而且用户能够直接和变相为互联网提供的总收入不可能无限制地增长。因此，互联网 2.0 的盈利本身受到了多方面的制约，远没有先前想象的发展空间大。

结束语

我们不妨从三个角度看待互联网 2.0。从技术上看，它没有任何创新，甚至也不需要太多的创新；从人们使用互联网的方式上看，它确实是一次革命；从商业模式上看，它是互联网生态链的一次优化，特别是给更多人提供了从互联网的看客变成服务提供者的机会。但是它必须和服务的提供者分利，而且彼此竞争激烈，因此并没有带来太多新的利润空间。但不管怎样，在互联网 2.0 时代之后，互联网上更合理、更优化的分工协作形成了。

互联网 2.0 大事记

1998	Blogger 成立，博客时代开始。
2001	维基百科成立，在线百科时代开始。
2003	Facebook 成立，社交网络时代开始。
2006	Twitter 诞生，微博时代开始。
2006	Google 收购 YouTube，中国视频网站雨后春笋般出现。
2009	Facebook 流量超过 Google，成为全球流量第一的网站；第二年，中国主要门户网站均推出微博服务。
2010	高盛投资 Facebook，估值 500 亿美元；同年有中国 Facebook 之称的腾讯市值达到 450 亿美元，成为全球仅次于 Google 和亚马逊的第三大互联网上市公司；同年 Google 旗下的 YouTube 实现盈利。
2012	Facebook 上市，市值估价高达 1040 亿美元。
2016	微软以 262 亿美元的高价收购了互联网 2.0 公司 LinkedIn。

第 25 章　金融风暴的冲击

科技像是我们这个社会的大脑，而金融则是血液。没有了科技，这个社会便会是混混沌沌的，就像中世纪的欧洲；而没有了金融，这个社会就停止了运转。2008年，我们都"有幸"亲历1929—1933年大萧条以来最严重的一次金融风暴。它源于美国，迅速席卷全球。或许有人会觉得自己既不从事金融行业，也没有大量借贷，可以对金融危机视而不见。但是，当这个社会的各个机体都缺血时，任何国家、任何个人都难逃厄运。金融危机已经在影响着我们每个人的生活质量，在侵蚀着我们每一个人的财富。

英国有一位和莎士比亚同时代的诗人约翰·多恩（John Donne）在他的《沉思录》第十七章（*Meditation XVII*）中说过这样一段很有名的话：

> 没有人是自成一体、
> 与世隔绝的孤岛，
> 每一个人都是广袤大陆的一部分。
> 如果海浪冲掉了一块岩石，
> 欧洲就减少。
> 如同一个海岬失掉一角，
> 如同你的朋友或者你自己的领地失掉一块。
> 每个人的死亡都是我的哀伤，

因为我是人类的一员。

所以，

不要问丧钟为谁而鸣，

它就为你而鸣！

多恩原诗如下：

No man is an island,

Entire of itself.

Each is a piece of the continent,

A part of the main.

If a clod be washed away by the sea,

Europe is the less.

As well as if a promontory were.

As well as if a manor of thine own.

Or of thine friend's were.

Each man's death diminishes me,

For I am involved in mankind.

Therefore, send not to know.

For whom the bell tolls,

It tolls for thee.

多恩是一位有点儿像李商隐那样略带伤感的诗人，并不是很有名，却因为著名作家海明威在其名著《丧钟为谁而鸣》的扉页引用了该诗而出名。

言归正传，金融危机将直接影响到科技行业。首先它让一批曾经无比辉煌的公司消失了。我在 2008 年金融危机前后谈到雅虎时预言它可能无法作为一个独立的公司存在下去，今天这句话应验了，但是我却不因为预测对了而感到高兴。雅虎的今天，很可能是许多公司的明天。这些年和雅虎一同消失的知名企业还包括摩托罗拉、加拿大北方电信、诺基亚手机（部门）、HTC 和太阳公司，等等。另一方面，金融危机后，又催生出一批新的明星公司，比如特斯拉、小米、华为手机（部门）、优步、滴滴，等等。这一章，就让我们来看看金融危机对科技产业的影响。

1 危机的成因

2008—2009 年金融危机的直接和浅层的原因是"次贷"（Subprime Loan）及与之相关的金融衍生物 CDS，而间接和深层的原因则是违反经济规律地只消费不创造，从而坐吃山空。让我们先来看看浅层的直接原因。

什么是次贷？要了解这个问题，先要从美国分期付款的买房制度谈起。对于大部分人来讲，房屋的价值远远超过一个家庭的年收入，要想买房子，必须从银行贷款。银行当然不能没有抵押就把钱借出去，它会要求购房者用房子做抵押。考虑到房价的波动，万一房子必须收回拍卖时可能卖不到当初的价钱，银行只同意提供小于房价的贷款金额，比如 80% 的房价。剩下 20% 必须由买主一次付清。当然，银行要严格审查贷款人的偿还能力，一般来讲，一个家庭能够借贷的额度不应超过其年收入的 4 倍。今天美国中等家庭的收入为每年 5 万多美元（远没有中国大部分人想象的多）[1]，能贷款的额度为 20 万美元。考虑到每个家庭可能还有信用卡和其他债务，因此银行愿意提供的房贷比上面这个数还小一些。目前美国独立房屋[2]的中间价在 20 万美元左右，有稳定收入的家庭还是买得起房子的。

美国人均收入基本上和 GDP 增长一致，因此购房者的偿还能力不会增长太快，房价也不会增长太快。除了成本和供求关系外，房价最大的决定因素就是利率。以 20 万美元的独立房屋为例，假如购房者首付 20%，还银行贷款

1　金融危机前，这个数字还不到 5 万美元，但是如果扣除通货膨胀的因素，美国中等家庭在金融危机前的 2007 年的收入要高于危机之后 2013 年的收入。

2　就是中国房市上所说的别墅型房屋，它和四邻是分开的，前后一般有院落或花园。

16 万美元。当贷款年利率为 8% 时，如果 30 年付清 16 万美元的贷款，每年需付 1.6 万美元，30 年下来，房主实际付了三倍的价钱，一倍是本金，两倍的利息是银行的收入，这时房贷的月供相当于房主收入的四成。而当利率降到零时，同样的贷款每年只要付 5000 多美元即可付清，这时候购房者觉得自己的收入可以买得起更好、更贵的房子，比较愿意为购房出高价，于是房价就被炒上去了。当然，这样有一个很大的危险，就是一旦利率上调，很多人会付不出月供，导致信贷危机。

以前在美国买房子需要首付 20%，同时要有很好的还贷信用记录，因此美国的房屋贷款制度几十年也没出过问题。即使遇到个别还不上贷款的情况，银行可以通过拍卖房产收回贷款，何况这种情况很少发生。当然，不是每个家庭都能付出房价的 20% 作为首付，因为美国人的储蓄率很低。而且也不是每个家庭都有很好的信用记录，因此，不是每个家庭都能拥有住房。由于供求平衡，美国房地产市场在 1995 年以前基本上是平稳上升，回报率不过每年 4% 左右，并不比股市更高。

上个世纪 90 年代，克林顿担任总统期间，为了让穷人也能拥有住房，美国发明了次级贷款。当购房者付不出首付时，银行就会以较高的利息向购房者提供首付的贷款，而前提是他们付得出两份月供。当然，次级贷款的利率较高，有的银行明知有风险也愿意做。这样，从克林顿任期开始，美国的房市开始过热。不过，克林顿时期美国经济增长很快，美国人收入稳定，因此很少有断供的情况发生。但是应该将克林顿看成是要为这次金融危机负责的第一人。

2001 年，美国互联网泡沫崩溃，经济出现了短暂的衰退。为了带动经济走出衰退，美国联邦储备局（简称美联储）主席格林斯潘通过 11 次降息，刺激投资和经济增长，很快将美国经济带出低谷。当人们为格林斯潘神奇的控制经济的能力叹服时，实际上他是用一个更大的房市泡沫解决了相对小得多的互联网泡沫的问题。

由于美联储将央行的贴现率从克林顿时期的 5.5% 下调到了 2004 年的 1.5%，银行的房屋 30 年定息贷款利率从 8% 下降到 6%，短期贷款利息下调得更多，这样，原来买 20 万美元一幢房子每月要付 1800 美元，现在要付的利息减少了，月供降为 1500 美元，购房者觉得自己买得起更贵的房子了。于是，没有房子的人开始买房子，有房子的人开始换更大的房子，一个房市泡沫就开始形成了。更糟糕的是，为了牟利，贷款经纪人和银行不仅贷出了大量的次贷，而且对原来初级贷款的把关也越来越松，以至于出现了以零首付给一些根本无偿还能力者贷款的现象。一些外国大银行，包括瑞士联合银行（UBS）和汇丰银行（HSBC）也开始在美国发放房屋贷款。由于它们进入美国市场较晚，为了争取客户，常常在放贷上更加大胆，进一步推动了房市的泡沫。在 2004—2006 年，如果有人想要购买房屋，就有贷款经纪人为他出示预先批准的证明，证明这个人能贷到款。当房屋成交后，贷款经纪人总能找到愿意贷款的银行为他贷款，因为总有银行觉得有实实在在的房屋作抵押，愿意冒这个风险。从 2001 年起，美国房市持续上涨了 6 年，加上 1995 年开始的上涨，美国的房价已经远远高过居民收入可以承受的水平。当然，最终有一天，会有人还不出钱，银行就会出现大量的烂账，房市泡沫会崩溃。格林斯潘非常清楚这种做法的危险性，他在任期的后期试图将这个泡沫及早捅破，但是他同时也很清楚美国人的消费方式才是根本问题。在任期内，他便时不时半认真半开玩笑地说他卸任后天要塌下来，结果被他不幸言中了。

次级贷款的问题 2007 年就已显现，但是大家并不担心，股市还到了历史的新高点。美国次贷不过 3000 亿美元左右，占房屋贷款的 5%，即使加上一些不良的初级贷款，不会超过一万亿美元。这一万亿美元看上去不少，但在美国经济总量中的比例很低，占银行资产的比例也很低。比如，仅花旗银行就有两万亿美元的资产，美国银行和摩根大通银行的资产与之不相上下。美国政府为 2008 年金融危机已经开出去不止这个数目的金额了。照说政府的钱足够补偿次级贷款的损失，不应该导致整个金融系统的瘫痪和经济危机。其实，真正要了银行命的还不是次贷本身，而是它的衍生物 Credit Default Swap（简称 CDS）。

CDS 本身很复杂，要彻底说清楚需要很长的篇幅。我们不妨看这样一个例子。银行 A 给信用不良和无偿还能力的人提供了 10 亿美元的房屋贷款（包括次贷和不良的初级贷款），如果每个房主都能还上贷款，银行 A 用 30 年可以收回 10 亿美元的本金，外加 10 亿美元的利息收入。现在，银行 A 为了防止贷款收不回来，向保险公司 B 投保 10 亿美元，保险费为 1 亿美元。保险公司 B 根据历史数据发现房屋贷款收不回来的情况（即房主违约）只占房贷的 2%，一般情况下，银行 A 的 10 亿美元房贷只会有 2000 万美元是收不回来的，于是 B 公司高高兴兴地为银行 A 做担保，这样它将白白赚到 8000 万美元（1 亿美元保费扣除 2000 万美元的赔偿），利润率高达 400%。当然，B 公司要承担 30 年的义务，这笔交易 30 年后才能真正知道挣了多少。现在，银行 C 看到公司 B 做了这样一笔无本买卖，非常眼红，就和 B 商量将这 10 亿美元的保险生意卖给自家，并愿意留给 B 公司 20% 的好处，即 2000 万美元。B 公司想，1 亿美元虽然多，但是要承担 30 年的保险义务，不如这不用承担义务的 2000 万美元来得踏实。于是 B 公司就以证券的形式，将为 A 银行作担保的业务，加价 2000 万美元卖给了 C。这时，B 公司其实只是过一道手，也就是说如果 A 银行的钱收不回来找到 B 公司时，B 公司可以找 C 公司要钱，自己稳赚 2000 万美元，于是就将这笔保险生意让给 C 公司。C 公司付给 B 公司 2000 万美元，将来估计还要赔给 A 银行 2000 万美元，成本是 4000 万美元，保费有 1 亿美元，利润有 6000 万美元，将获得 150% 的利润。在理想情况下 A、B、C 的收益（单位：百万美元）和经济关系如表 25.1 所示。

表 25.1 理想情况下三家公司的收益（百万美元）

公司	义务	支出	收入	利润
A	0	1100	2000	900
B	对 A 1000	0（赔偿金）	20	20
C	对 B 1000	20（赔偿金）+20（B 的利润）	100	60

这样大家都有钱赚，皆大欢喜。但是，在最坏情况下，A、B、C 的收益则如表 25.2 所示。

表 25.2 最坏情况下三家公司的收益（百万美元）

公司	义务	支出	收入	利润
A	0	1100	0	−1100
B	对 A 1000	1000（赔偿金）	20	−980
C	对 B 1000	1000（赔偿金）+20（B 的利润）	100	−920

D 公司这时又找到了 C 公司，愿意再多出 1000 万美元做这笔生意。这时 C 公司也成了过手的公司。接下来 E 公司从 D 公司接手这笔 CDS，又转手卖给了 F 公司。就这样，金融公司将这种担保业务打了包，以证券的形式在市场上交易，这就是 CDS。到最后，上述 F 公司可能又将 CDS 卖回给 A 银行。当没有人还不起房贷时，CDS 就是无本生意，可以炒得很高。而且各种形式的 CDS 越来越多，整个 CDS 市场越来越大，据说高达 50 万亿美元，已经超过了美国房市的总值。然而，一旦有大量房主还不上钱，问题就来了。

当经济增长放缓，房价开始下跌时，就开始有人付不出月供。于是 A 银行就找到 B 公司，B 公司找到 C 公司，最后找到 F 公司。F 公司是一个大保险公司，拐弯抹角地为很多 A 银行这样不遵守借贷规矩的银行做了担保，现在 F 公司发现，赖账（Default）的人数不是历史上的 2%，而是 10%，这样，它根本无法赔偿每一笔赖账，于是 F 公司要破产了。F 公司一旦破产，E 公司就必须自己为它的上家支付保险，它当然也支付不出来，也会破产。而 F 公司、E 公司等公司又特别大，很多银行的现金都买了它们发行的 CDS 证券，很多国家个人的退休保险也放在 F 公司，这样整个金融系统就崩溃了。

聪明的读者可能发现了上述现象中两个不合理的地方。首先，为什么 CDS 的市场会比房市还大？其次，证券市场应该有赔的必然就会有赚的，否则钱都到哪里去了？第一个问题的答案有两个方面，首先，CDS 的市场基本像中国过去的三角债，A 拥有 B 1 亿美元的 CDS 证券（即 B 欠 A 1 亿美元），B 拥有 C 1 亿美元的 CDS 证券，C 拥有 A 1 亿美元的 CDS 证券。看上去有

3亿美元的市场规模，当CDS变得一文不值时，看上去三家都有1亿美元的烂账，其实只要三家坐下来谈一谈，每家的烂账就少掉1亿美元。因此，CDS的市场规模有夸大的部分[3]。第二，CDS有一个漏洞，就是担保额可以超过房价，有不少人赌房市一定要垮，过度担保，然后裸空了CDS。这就像值10万元的房子担保了100万元的贷款一样。一般来讲这些做空CDS的不会赢，一百年可能赢一次。但是这种小概率事件还是有可能发生的，我们现在遇到的正是百年一遇的金融危机。

这次金融危机更深层的原因远比CDS可怕。光是CDS，政府可以通过注入资金解套（有点像中国政府解套三角债的办法），或者采用非常规手段，例如将全部CDS作废，改由联邦政府为所有的房贷担保，是可以解决问题的。但是，美国及西方所有发达国家的问题在于长期以来开支严重超出经济发展所能承受的水平。以美国为例，单是向退休人员发放社会保险（Social Security），就需要工资总额的7%左右（个人提供5%，公司提供2%），而医疗保险（包括联邦的Medicare，各州的Medicad和公司及个人支付的保险金）在2008年占GDP的14%左右[4]。这对个人、企业和政府都是难以承受的负担，而且造成了无钱投入再生产。问题最严重的美国汽车工业，由于联合汽车工会（UAW）的作用，美国三大汽车公司工会员工的工资比日德在美国汽车厂同类工种的工人要高30%—40%，达每年15万美元之巨。同时，一个在职的工会工人（共18万人），需要养活四倍的工会退休工人及其遗孀（共72万人）[5]。在GM产量最高的2007年，花在每辆车上的退休工人退休金和医疗保险高达5000美元，占GM汽车零售价的20%—25%左右。这样的福利其实是美国社会无法承担的。

GM的问题在美国具有普遍性，只是它的问题最突出。图25.1显示的是美国私人储蓄/债务占GDP的比例。

3　事实上，2009年当人们从恐慌中平静下来，发现CDS的市场规模并没有想象的那么大，金融市场也就开始趋于平稳了。

4　在2010年超过了15%。

5　http://mjperry.blogspot.com/2007/09/uaws-choking-health-care-obligations.html.

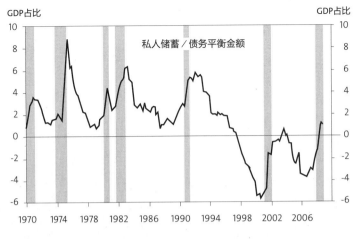

图 25.1 美国私人储蓄/债务占 GDP 的比例（数据来源：高盛）

图中横轴是年份，纵轴是私人（现金）储蓄占 GDP 的比例。我们从图中可以看出两点。第一，一般在经济好的时候，大家的钱就投入再生产（通过股市或其他方式），私人手上的现金就少了，经济不好时大家都撤资，私人手上的现金就多了。图中在 1975 年、1983 年和 1992 年有三个高点，分别是 1975 年经济危机、1982 年卡特到里根换届时期的衰退期，以及 1992 年老布什到克林顿换届的衰退期。那时大家把钱存起来不投资。第二，在克林顿上台以前，美国的个人是有盈余的，可是到了克林顿上台以后，私人的储蓄就是负数了。克林顿上台后情况好起来了，大家开始投资，盈余减少，经济过热，大家开始借钱投资和花钱，老百姓的存款首次出现负数，而且负的很多，一度借到 GDP 的 6% 左右，即 8000 亿美元。2000 年互联网泡沫破灭后，投资短暂减少。但是，接下来美国马上从互联网泡沫过渡到更大的房市泡沫，私人的存款还是负的。也就是说，从克林顿时代开始的美国所谓经济繁荣是建立在"寅吃卯粮"的基础上的，或者说是过度投资堆起来的，而不是靠提高竞争力带来的。

美国的债务在西方 7 国中相对还算少的，图 25.2 所示的是 2010—2012 三年间西方 7 国债务占 GDP 的比例。从图中可以看出，只有加拿大因为没有防务的负担（美国承担了它的防务），债务比美国低，剩下的都和美国相当，甚至高得多。

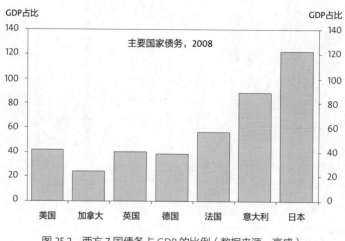

图 25.2 西方 7 国债务占 GDP 的比例（数据来源：高盛）

因此，这次金融危机虽然起源于美国，但是美国的问题在西方主要工业国家都存在，最终迅速演变为全球性的灾难。

金融危机的危害不仅仅在于我们大家的财富缩水，许多公司亏损甚至破产关门，更致命的是破坏了全球经济的循环系统，会导致全球经济瘫痪。由于除了做空以外，任何投资，包括房市、股市、私募基金、风险投资统统是赔钱的，使得资本的拥有者（不一定是资本家，每一个有存款的人都在此列）大量撤回投资，以现金的形式保留财富。这样，我们社会的再生产和发展就变得难以维持，这也就是所谓的流通不足。结果，不可能动员任何人投入自己的财富，只有各国政府拿出钱来（有财政盈余的拿出存款，没有财政盈余的政府，像美国政府靠借贷和印钞票），先恢复金融领域的流通性，保证再生产的进行，然后再想其他办法恢复经济。

恢复经济靠什么，短期靠基础建设，在创造工作机会上见效快，长期靠科技产业（IT）。因此每一次经济危机，就导致我们对科技的依赖越来越强。而所有的科技公司都必须经历这次金融危机的洗礼。

2　瑞雪兆丰年：优胜劣汰

金融危机是我们社会的冰河期。我们的地球在历史上经历过多次冰河期，每次都会有大量的物种灭绝，同时，又有大量的、更有生命力的新物种诞生。在 6500 万年前的大冰河期，覆盖全球的植被骤减，气候恶劣，主宰地球的恐龙随之消失。但是它们中间少数善于适应环境的，经过脱胎换骨变成了鸟类。恐龙的消失为哺乳动物的诞生留出了空间。研究生物的学者对我讲，早期的哺乳动物竞争力并不强，如果不是恐龙的消失，它们很难成为今天世界的主宰。人类的历史也是如此。我们其实并不是北京猿人的后裔，而是来自于东非。在 7 万年前的小冰河期，人类几乎绝种。但是，其中最"聪明"的一支在极其恶劣的环境中存活下来了，成为了现代人，而其他猿人则被淘汰了。金融危机对经济生活的影响是普遍的。无论是大的跨国公司还是小的新创公司，都必须经历危机的考验，历史的潮流将无情地淘汰落伍的公司，为新的公司腾出成长的空间。

一般人们会认为在金融危机中小公司不稳定，因而存活的几率小，而大公司毕竟家大业大能够坚持的时间要长一些。其实，大公司也自有其问题和难处。很多大跨国公司其实有点像《红楼梦》里的贾府，外面看上去还很光鲜，里面其实已经掏空了。一些在前一次或前几次技术革命中产生的大公司，包括美国三大汽车公司以及很多老牌电信公司和半导体公司，实际上已经跟不上今天技术革命的步伐了。这些公司技术落后，思想僵化，缺乏创新。在公司结构上，它们机构臃肿，人浮于事，总之，活生生地就是现代经济生活中的恐龙。它们有一个共同的特点就是债务都很高，很长时间都靠借债来维持运营。但是，百足之虫，死而不僵。如果没有经济环境的巨变，它们将长期不死不活地存在下去。这些公司的业务面广，在政治和经济中影响力非常大，它们会不惜牺牲社会效益拼命维持自己日益衰落的统治地位。以美国三大汽车公司为例，它们一个季度亏损的金额是它们市值的好几倍（通用汽车公司 2009 年 1 月的市值只有 16 亿美元，而它在 2008 年最后一个季度的亏损却高达 40 亿美元）。但是，由于这些公司影响力大，动不动以失业等作为理由，要挟政府予以财政帮助。在宏观经济平稳的时候，美国三大汽车公司很难破产。在科技工业领域也是如此，虽然这些恐龙级的公司盈利一直成问题，但多少有些家底，又和政府部门有很深的渊源，在商业竞争中，它们经常以大欺小，通过不正当竞争把新兴的小公司挤垮。在这种环境中，新兴的小公司要想取代原有的大公司是非常难的。

现在，金融危机来了，全球的经济危机来了，这些靠吃老本的公司在全社会都没有剩余的资金时，所有的问题都暴露了出来。金融危机首先将淘汰掉这些无法适应新环境的恐龙级的公司，因为这些长期靠新债还旧债过活的跨国公司，现在已无法贷到款，或者贷款的成本太高。在金融危机以前，像通用汽车这样信用不太好的跨国公司，贷款年利率为8%—10%，金融危机时一度涨到了20%。这些公司已经永远无法还清贷款了，只能宣布破产。

在科技类大跨国公司中，首先倒下的是加拿大的北电（Nortel）公司。北电和著名的 AT&T 公司同根同源，它最早叫"加拿大贝尔电话公司"（Bell Telephone Company of Canada），而 AT&T 公司的旧称是贝尔电话公司（Bell Telephone Company）。后来因为反垄断的原因，才不得不和美国的母公司分开，成为一个完全独立的加拿大公司。在二战后很长时间里，它是和 AT&T（朗讯）、西门子齐名的电信设备制造商，一度占世界电信市场近一成的份额。北电也是最早进入中国市场，并且在中国设有研发中心的西方科技公司，我本人在清华时还从北电拿了不少科研经费。2000 年前后，北电的发展达到顶峰，它和母公司加拿大贝尔公司占整个加拿大股市市值的一大半。也就是说，如果一个投资人购买加拿大的指数基金，他基本上只购买了两家公司。但是，北电虽然大，却不强。它在全球通信从语音通信向数据通信转变时，鲜有亮点。即使在 2007 年底全球经济到达最高点时，一季度的利润也不过 2000 万美元，利润率不到 1%。虽然业绩不佳，做了几十年大公司的北电行事却气派十足。2000 年，它疯狂扩充人员，曾经将硅谷地区一所三流大学一个年级的毕业生全部请去并录用，几个月后互联网泡沫崩溃，又不得不遣散这批尚未培训的新员工。2000 年以后，北电的债务越来越多，到后来就开始玩借新债还旧债的游戏。2008年第4季度，北电一个季度就亏损了34亿美元，而一批贷款又要偿还或付利息，它别无选择，到2009年1月，只有申请破产保护。

像北电这样的公司不在少数，随着经济危机的进一步加剧，有更多的跨国公司加入北电的行列，包括雅虎公司和诺基亚的手机部门。这种倒闭风潮虽然在短期内对经济和科技的负面影响很大，但是从长远看，淘汰掉不健康的公司未尝不是件好事。大量不健康的公司拉低了整个社会的投资效率，经济生活变得死气沉沉。这些公司的消失，为健康的公司腾出了宝贵的市场空间，健康而有活力的公司将成为未来直接的受益者。具体到电信业，像思科这样的公司无疑会直接受益于北电的破产。而像华为这样地区性的品牌，则得到了百年难求的跃居世界主流品牌的机遇。以前，在北美和欧洲市场上，虽然北电的产品性价比已经不太具有竞争力，但是它和很多国家的政府部门有着长期的关系，并且很多大客户已经"习惯"采用它们的产品，华为等后起之秀要想进入这些市场需要很长的时间和高昂的费用。现在，华为等公司打入这些国家市场的阻力要小很多（事实上华为在2009年和2010年这两年里，成功打入了北美以外的全球市场）。无论是思科这样健康的龙头老大，还是华为这样咄咄逼人的后起之秀，对全球电信市场带来的效益要远远超过北电这样日薄西山的公司。因此，从长远讲这是好事情。

金融危机使得以前一些不可能的兼并成为可能，并由此打造出一些竞争力更强的大型公司。我们前面在介绍微软和雅虎收购案中提到，在平常时期，前者收购雅虎并非易事，出价低了固然收购不成，出价过高对于微软和雅虎共同的投资者来讲也不是一桩合算的买卖，因此也不容易通过。除了价格因素外，政府和业界对于垄断的恐惧会让它们千方百计地阻止这样的收购。2009年底，金融危机之后情况就大不相同了，雅虎的股价比2008年微软提出收购建议时少了一半，虽然微软的股价也下跌了1/3，但是只要微软愿意，它还是能以相对较低的价格收购雅虎的。2008年金融危机前，雅虎的股东们虽然不看好雅虎本身的前景，但是，自信雅虎不和微软合并，出路也是很多的——至少有很多家公司，包括 Google、美国在线的母公司时代华纳、迪士尼和新闻集团（News Corp），都可能收购雅虎或与之结为战略伙伴。现在上述公司都在收缩战线，固守住自己的核心业务，无力帮助雅虎。只要微软愿意，它将很容易购得雅虎（当然，随着微软雇佣了雅虎搜索和广告业务的主要负责人，它对雅虎的兴趣也大不如以前）。而此时美国政府担心的是经济衰退和失业率，万一雅虎维持不下去，它不仅不会阻止收购，而且还会乐观其成。2009 年，IBM 和甲骨文公司提出收购昔日的明星公司太阳公司，这在金融危机以前是不可能的，毕竟太阳公司不会有运营不下去的担忧。但是这一次，太阳公司的董事会则倾向于被收购，因为该公司在经济危机中有关门的危险。因此，与 IBM 公司在价格上没有谈拢后，它马上找到了新买主甲骨文。在太阳公司急于出售的心态下，甲骨文"捡了个大便宜"[6]。甲骨文和太阳公司合并后，在全球企业数据库软件和服务的市场份额将超过一半，进一步强化了它的统治地位。2009 年以来，经营状况较好的思科、英特尔和博通等公司都在通过发行债券和公开募股的形式筹措收购资金，少则十几亿美元，多则几十亿美元。一旦经济出现复苏的迹象，它们就会用手上的现金购入新技术，并成为下一轮扩张的主角。

有收入、有利润的中小公司情况也和跨国公司类似，这里就不再赘述了。而那些还未盈利的新创公司除了受到宏观经济衰退的打击，还会遇到来自风险投资者人为的压力，它们会加速两极分化，情况好的小公司会很快得到认可而发展起来，前景不好的则会突然死亡。在正常的宏观经济环境中，风险投资倾向于广种薄收，它们投资的公司数量较多，投资强度不是很集中。同时，风险投资家一般不会干预他们投资的小公司的运营，只要那些新创公司能够运营下去，风险投资家会任由它们自由竞争、自然淘汰。但是，在经济危机时，风险投资家们不得不主动收缩战线，弃卒保车。他们通常的做法是迅速关闭成活可能性小的公司，把资金集中投给可以生存下去的公司，保住一些重点投资。在 2001—2003 年，风险投资公司强制关闭了很多仍有足够现金但短期无法盈利的小公司。而对于那些运营不错的公司，反而可能得到

---

[6] 甲骨文公司 CEO 埃里森的原话。

比宏观经济好的时期更多的资金,虽然它们的日子也颇为艰难,却无疑得到了一个非常好的发展机会。

首先,由于风险投资公司的重点扶植,这些公司在资金上比竞争对手更加充裕。其次,它们可以雇到以前根本请不来的优秀人才。Google 就是在 2001 年到 2003 年其他公司裁员时,打造出其工程部门的核心的。第三,经济衰退为生存下来的公司扫清了大部分竞争对手,创造了广阔的生存空间。在金融风暴前成功融资的 Facebook 显然是得益者。因为从 2008 年下半年到 2009 年底,基本上就没有哪家新公司在做社交网络了。

在上一次 2001—2003 年的经济衰退中,九成以上的互联网公司都关门了,同时由于寻找风险投资几乎是不可能的事,因此也没有新的公司诞生,这些真空的市场给 Google、Overture 和 PayPal 等运营不错的公司创造了绝佳的发展机会。在 2001 年以前,每争取一个互联网用户需要花几十美元(一家叫 College Hire 的在线求助网站为每份简历付 100 美元)。2001 年后,不仅是 Google,Overture 和 PayPal 也就花 0.01 美元广告费便占领了市场(当然 PayPal 还是给新用户 5 美元,但是比后来 Google Checkout 的 30 美元少多了)。从积极的角度看,相当于经济危机不仅为这些公司的存活提供了更好的环境,而且为它们提供了不需要做广告就能发展的少有良机。2004 年,Google 高调上市,成为互联网行业的龙头老大,而 Overture 和 PayPal 也被高价收购了。其中 PayPal 成为了全球在线支付的主导公司,至今依然以每年两位百分数的高速度发展着。

不仅是这些成了行业主导公司的企业得益于经济危机替它们扫清了发展道路上的障碍,无数存活下来的小公司在经济复苏后,也都得到了很好的回报。从 2004 年起,全球开始了新的一轮投资高潮。风险投资和私募基金经理们发现,市场上已经没有什么现成的公司可以投资了,而那些希望通过收购而快速发展的大公司也找不到太多收购对象了。因此,任何一家有些亮点的小公司都会成为很好的投资对象和收购对象。在 2000 年网络泡沫时代,在硅谷收购一家没有什么收入的小公司，成本大致相当于每个人 100 万美元。也就是说收购一家 100 人的只会烧钱不会挣钱的网站需要 1 亿美元。在互联网泡沫崩溃后，不仅那些不能挣钱的公司没有人要，有相当收入和市场份额的公司也便宜得很。雅虎 2003 年收购 Inktomi 时，后者有 200 多人（其中大部分是工程师），并且还在为微软提供搜索服务，有稳定的收入，价钱不过 1 亿美元左右，人均大约 40 万美元。可是到了 2004 年以后，公司的收购价大幅攀升。2005 年，eBay 以 26 亿美元的高价收购互联网电话公司 Skype，两年后 eBay 不得不承认在这笔收购中多支付了 14 亿美元[7]。2006 年底，Google 以 16.5 亿美元的高价收购了几乎没有收入的 YouTube。按照人头来算，人均已经超过 1000 万美元，是互联网泡沫时代的 10 倍。到了 2007 年，微软收购没有多少收入的在线广告公司 aQuantive，63 亿美元的出价更是高得离谱，五年后的 2012 年，微软不得不宣布这笔交易一文不值，损失了 63 亿美元[8]。不仅是 YouTube 这样的知名公司估价高得离谱，就连那些名气不大又没多少收入的二流新创公司，一个个在融资时动不动作价上亿美元（看看国内那些包括视频网站在内的所谓互联网 2.0 公司融资时的估值）。为什么会出现这种很不正常的情况呢？因为 2001 年到 2003 年的互联网寒流扫荡掉了 90% 以上的新创公司，当 2004 年经济复苏后，投资人可以选择的投资目标很少，这就让每一个有点模样的公司成为收购和投资交易中的香饽饽。

这一次始于金融危机的全球经济危机，无疑是考验所有新创公司在逆境中生存能力的时机。通常，一家新创公司的技术是决定其成败的主要因素。现在不同了，一个公司管理团队在低谷中求生存的本领变得相当关键了。最终生存下来的公司可能不是技术最好的，但一定是管理很不错的。我在"硅谷奇迹探秘"一章中提到一家新创公司最终成功的机会微乎其微。现在，任何新创公司只要在这次经济危机中存活下来，就有比平时大几倍甚至几十倍成功的机会。2008 年 10 月金融危机爆发时我正好在中国访问，一些朋友问我如

---

7 我在本书第一版中预言 Skpye 必将被单独上市或者出售，果然 2011 年微软从 eBay 手中收购了 Skype，eBay 最终在 Skype 上的投资基本上不赔不赚。

8 http://blogs.wsj.com/marketbeat/2012/07/03/for-microsoft-its-not-just-the-money-lost-its-the-time-too/.

何"过冬"。我的建议是，不求大的发展，但求生存，必须要保证12—18个月后还有资金，还活着。现在看来，能坚持一到两年的小公司，发展得都比金融危机前要好。

金融危机对创业者个人的影响无疑是巨大的。首先，创业者很难融到资。在资本主义时代历次经济危机中，穷人固然不敢乱花钱，富人也变得保守而不敢投资了，这是屡试不爽的规律。对于那些刚刚成立公司不久，正在寻求风险投资的创业者来讲，这无疑是灭顶之灾。很多创业者在经济高潮时看到其他人创业成功，自己也跃跃欲试，辞了职，干了几个月刚要开始融资时，很不巧遇到经济衰退，发现找不到愿意投资的个人和公司。这些小公司的员工自然要离开公司，创始人的日子就更难过了。他们回去找工作既不甘心，也未必找得到。社会和政府会同情他们，帮助他们解决生计问题，但是对他们的事业基本不会提供任何帮助。当整个经济有太多的问题等待着政府解决时，这些创业者是无法引起政府重视的。

其次，创业的设想（或题目和项目）可能需要推翻重来，因为这些题目大多是在上一次经济高潮时想出的，比如网络视频，既不符合经济危机时政府和社会救助经济的方向，更不代表下一次技术革命的方向，投资者根本不会投资。

但是从积极的方面考虑，正是在危机中提出的项目和创新，可能是将经济带出低谷的技术革命。接下来我们会详细论述。

3 随处可见的商机

台湾 OEM 大王、富士康的老板郭台铭先生在 2008 年金融风暴后讲，他原本已经在考虑退休了，现在遇到了百年难遇的金融危机，他决定不退休了，因为这是一个千载难逢的投资和发展的机遇。我很欣赏他这种积极的生活态度，也同意他那危机意味着转机的看法。在随后的 10 年里，他证实了自己所言非虚——在金融危机之前，世界上能够和富士康竞争的 OEM 企业很多，而且当时富士康制造的大多是低端电子产品，今天世界上没有哪家 OEM 企业再能够和富士康竞争了，而且它在制造全世界最高端的电子产品。如果没有金融危机，对富士康来讲这一天或许会到来，但是郭台铭先生是否能在有生之年等得到，就是问题了。

每一次经济危机就会导致一些产业的变迁和行业的内部调整。1975 年的石油危机，让美国人纷纷淘汰掉美国制造的大个头而费油的汽车，像凯迪拉克、水星（Mercury）和别克（Buick）等，转而购买日本小而省油的丰田和本田汽车。就是从那时起，日本汽车在世界上逐步取代了美国汽车的市场和地位。而在金融危机之后，电动汽车开始取代传统的内燃机汽车。特斯拉一跃成了美国市值最高的汽车公司。

在 IT 行业也是如此，微机时代最重要的三家公司微软、英特尔和苹果都是从那时诞生和起步的（英特尔虽然是在 1968 年成立的，但是它得以成名的 CPU 芯片 8000 系列是从 1974 年开始生产的，Intel 8086 于 1978 年推出）。在 1975 年以前，整个计算机行业基本上是由生产大型机的 IBM 和生产小型机的 DEC 垄断。所谓的小型机其实并不小，体积也有现在几个电冰箱那么大。那时计算机从硬件到服务都很贵，贵到一些公司不是购买而是租赁计算机。但是无论是 IBM 还是 DEC 的计算机，可靠性都非常好，两家公司的服务也很好。1975 年以前，西方经济从二战后在很长时间里没有遇到大的挫折，公司的利润总是飙涨，整个工业界以开源为主，很少注意节流。因此，只要 IBM 和 DEC 的客户，即大中型公司自己的利润有保障，它们不在乎花营业额的百分之几用在办公自动化上。那时，即使有微型计算机 PC，也无法打入企业级市场，因为改用当时技术还不成熟的 PC 风险很大。

1973—1975 年的经济危机造就了廉价 PC 发展的大环境。1975 年源于石油价格上涨的经济危机对于西方人心理的冲击是巨大的，人们至今记忆犹新。虽然以罗马俱乐部为代表的许多经济学界的人士在上个世纪 70 年代初就开始怀疑世界经济能否持续发展，并发表了后来备受关注的研究报告《增长的极限》，但是在危机没有到来之前，社会各界都不愿意承认危机的存在，学术界认为该报告是杞人忧天，普遍持批评的态度。1975 年后，当各家公司的发展速度和盈利真的受到重创后，才回过头来考虑节流的问题。罗马俱乐部在 1978 年又发表了研究报告《超越浪费的时代》，再次提醒全世界节流的重要性。而成本不断上升的整个工业界不得不考虑降低运营成本的问题（实际上全球化是从那个时代兴起的）。虽然罗马学派的观点和结论至今备受争议，但是很多人和企业都开始意识到他们的担忧并非杞人忧天。在企业发展中，这种担忧体现在成本的缩减。当然一些成本，比如原材料的成本，是不可能降低的，但是像企业信息化这样的成本是完全可以控制的。一些财力不很雄厚的中小企业，在信息化时，开始采用廉价的微机而不是 IBM 的大型机和 DEC 的小型机。当微机技术足够成熟后，大跨国公司也开始用微机逐步替代大型计算机系统。从上个世纪 80 年代起，大部分计算机市场和销售人员向客户推销产品时不断强调的观点就是：微机将逐步取代大型机和小型机。整个 20 世纪 80 年代计算机工业的历史就是微机腾飞，IBM 和 DEC 江河日下的历史。当然 IBM 经过脱胎换骨起死回生，而 DEC 等小型机公司几乎全部被淘汰（只留下惠普一家）。

到了 20 世纪 80 年代末 90 年代初，世界经济再度陷入停滞。日本这个以制造业和信息工业硬件为主的世界经济火车头，终于无力拖动世界经济的火车。但是，这次危机却导致了互联网的蓬勃发展，并开创了全球电子商务。这就是克林顿所说的新经济。关于这段历史我们在以前的章节中已经有了很多介绍，这里就不再重复了。

2008—2009 年的这次金融危机，其影响面之广、程度之深超过了 1929—1933 年大萧条以来的任何一次经济危机。全球的工业结构和布局已经发生大洗牌。而各国政府拯救经济力度之大也是有史以来前所未有的，这些将刺激新兴产业和公司的迅速崛起。中国政府在经济进入滑坡前就迅速推出 4 万亿人民币的经济刺激计划，而美国新任总统奥巴马上任不到一个月，就在权力互相制约的美国推出了近 8000 亿美元的资金刺激经济，并且投入大量资金收购各种坏账。2010 年美国央行再次投入 5000 亿美元资金刺激经济。这些巨额资金不仅会扭转货币流通性不足，并且逐渐形成了流通性过剩。在历史上，任何流通性过剩都会大大扩大经济规模，直到形成新的泡沫[9]。

而现在，全世界任何现存的行业无论怎么发展，都不足以弥补这些年来金融危机带来的损失，更不要说全球经济复苏了。中国在金融危机之后的几年里一度靠印钞票刺激经济，而美国的复苏是以国债翻番为代价的[10]。虽然这次金融危机的根源在于美国房市的崩溃——很多家庭无法偿还房贷了。但是任何救助房市本身的行动也不过是拖延问题，最多只能防止经济进一步的恶化。全球经济的复苏必须仰仗一场新的技术革命。所幸的是，今天中国的领导人已经意识到创新立国的重要性，而美国政界也开始反思单纯为了保证民众福利而吹起一个个大泡沫所带来的恶果。

1973—1975 年的经济危机导致了很多过度依赖自然资源的传统高能耗产业的衰退，还促成了以计算机和半导体为核心的高科技行业的兴起。从 20 世纪 70 年代开始，信息革命带动了全球经济 30 年的发展。现在，我们要想走出危机，要么重新提升现有产业，要么就创造出一个和信息产业规模相当，甚至更大的产业出来。无论是二者中的哪一种方式，都会创造出巨大的商机。关键问题是这个或这一批产业在哪里。

很多投资人和创业者已经开始赌博了。奥巴马政府已经投资扶植可再生的替代能源，尤其是太阳能和风能。这让人很容易猜想能源革命是今后十年甚至几十年的重点。事实上，投资家们已经开始投其所好，投资这些行业了。但是，近期内可替代能源不可能对全球经济有很大的提升，甚至不能有效减少温室气体的排放。太阳能和风能在全球能源消耗中占的比重太小，即使有十几倍的发展，也影响不了世界能源的格局。更重要的是，可再生能源因为成

9　2011 年中国的资本泡沫已经形成。

10　奥巴马在执政期间，将美国国债的上限从不到 10 万亿美元，增加到近 20 万亿美元，也就是说在他执政期间，所借的债务等于美国历史上所有其他总统累积的总和。

本太高，大量替代传统的石化燃料能源几乎不可能。目前，世界上效率最高的太阳能发电每度电的成本高达 25 美分，而煤和核能只有 5 美分。实际上，现在太阳能发电之所以能有一点市场，完全是靠各国各级政府的补贴和优惠政策。单纯从减少二氧化碳排放来讲，核能产生的温室气体比水能和太阳能更少，污染也更低（制造太阳能发电硅片本身就是一个高耗能和高污染的产业，而相比核电站，修建水电站需要更多高能耗和高污染的钢材、水泥）。因此，新能源只是在世界上掀起了一个小小的涟漪，但是当各国政府不再进行补贴时，它就淡出人们的视野了。

世界上大多数成功的投资和新产业的出现并不是靠政府的扶植，而是商业发展的自然结果。金融危机后，各国政府扶植的新能源至今没有什么值得圈点的地方，但是各国政府没有太多投入的两个领域却硕果累累。首先是互联网的社交平台，先是 Facebook 和微信，然后是 WhatsApp、Instagram、Snapchat，以及抖音，等等。这些平台的出现改变了互联网的格局。正如我在前面介绍互联网 2.0 时讲的，很多个人从业者利用这些社交平台获得了巨大的成功。而这在之前由各大门户网站控制互联网时是做不到的。

在金融危机后 IT 行业最成功的事情就是完成了从传统基于 PC 的互联网到移动互联网的转变，而控制了手机操作系统的苹果和 Google，取代了微软，成为了 IT 产业链中占主导地位的公司。受益于 Google 的安卓操作系统，三星、华为、小米、OPPO／vivo 这些新一代的手机厂商不仅取代了诺基亚、摩托罗拉、索尼爱立信和黑莓等传统手机厂商，而且挤压了 PC 制造商的生存空间，因为大家使用手机越来越多，使用 PC 越来越少。这也从根本上动摇了过去的 WinTel 体系。

为什么说金融危机帮助了 IT 产业完成了上述转变呢？因为在扭转全球经济衰退时，各国需要一个甚至几个非常大的产业来振兴经济，而电信产业则属于这样的产业。2016 年全世界电信产业（包括制造商和运营商）的产值高达 3.5 万亿美元，相比之下互联网产业才 3800 亿美元。但是电信产业的升级是一个投入巨大的基础设施建设，通常各国不愿意冒险进行这么大的投入。但是在遇到经济危机后，各国为了刺激经济，会下决心进行投资驱动的技术设施升级。全世界主要的 3G/4G 设施都是在金融危机之后建设的，虽然 3G 的技术在 2000 年前后已经成熟了。

当然，如果我们将眼光放得更宽、更远，就会发现上一次金融危机帮助了中国的进一步崛起。

4 欧债危机之后

在世界政治经济格局中，既有双赢的时候，也有此消彼长的时候，金融危机让命运女神开始青睐中国。

相比中国，美国是"老"的工业国家，而相对于美国，欧洲则是旧大陆，更老的工业化地区。正是因为背负了太多的传统的负担，欧洲解决问题和处理危机的能力恰恰是这几大经济体中最弱的。在 2010 年全球走出 2008 年金融危机时，欧洲却相继爆发了希腊、爱尔兰、西班牙和意大利等国主权债务危机，简称欧债危机。

欧债危机的根源和美国次贷危机不同。后者主要由美国的房地产泡沫和金融衍生品引起，一旦房地产市场触底并开始回暖，这个危机就慢慢过去了。当然泡沫被挤掉后，泡沫资产自然要有所损失，但是只要美国还有足够的竞争力和造血能力，就能慢慢走出危机。而欧债危机则不同，它是欧洲一些国家长期以来不思进取、寅吃卯粮的结果。

让我们看一看欧债危机的中心，一个经济规模不大的国家——希腊。这个国家是欧洲文明的发祥地，历史上古希腊的国民崇尚俭朴的生活并富有创造力。但是现在这个国家是什么样子：在金融危机之前的十多年里，希腊人过着一种令美国人都羡慕的舒适生活。希腊平均退休年龄为 53 岁，这不仅在欧洲，而且在全世界恐怕都是绝无仅有的。女性退休年龄更早，为50岁，而且如果从事"危险职业"，那么45岁就可以退休拿福利。什么职业在希腊是危险职业呢？这里面包括很多在中国看来非常轻松的职业，比如理发师（因为要染发，接触药水）。即使在工作，每年也有六周的休假。那么希腊是否真的富有到能为国民提供如此高的福利呢？媒体讽刺说，希腊人就像一个亿万富翁那样消费，但实际上他们的财富连百万都没有。自上个世纪80年代以来，希腊国民为了争取高福利，哪个政党承诺的福利高就选哪个政党上台。政客们为了上台开空头支票总是容易的，于是各个政党就承诺下不断提高的福利。但是，福利提高了，国家的GDP并没有什么增长。高福利还使得希腊的竞争力非常差，如果不用努力工作也能过好日子，谁还会努力工作呢？很快，希腊人仅靠自己国家的钱已经无法维系其舒适的生活，于是就开始不断借债。到2010年，希腊债务为GDP的143%，也就是说他们即使一年不吃不喝拼命干活也还不清债。然而，借的钱总是要还的，希腊人终于等到了清算的这一天。

由于希腊靠自己的能力已经几乎无法还清债务，只能求助于欧元区其他国家（主要是德国）。但是，让德国人拿钱给希腊人还债，即使政治家们想得通，国民也想不通。德国人一直以勤劳踏实著称，他们的退休年龄是67岁。但是，让一个67岁的德国人出钱养活一个45岁的希腊人，好像从天理上也说不过去，因此欧盟要求希腊必须降低福利，减少债务，才同意救助。但是，希腊国民在国家处于破产的危机时刻，表现出极差的素质和不负责任的态度；他们除了罢工，基本上没有做任何事。相比而言，韩国民众在1998年亚洲金融危机时，表现出的与国家共渡危难的决心和行动令全世界感动和佩服。韩国很多国民捐出金银（当时他们的货币已经不值钱了），帮助国家还债。正是因为希腊国民这样不负责任的态度，世界上很多国家和投资人不敢再借钱给希腊，因此它借钱的成本（付出的利息）非常之高。到2011年底，希腊国债的长期利率高达每年21%。

爱尔兰和南欧一些拉丁国家（意大利、葡萄牙和西班牙）的情况和希腊类似，虽然没有那么严重。如果不救助希腊等国，欧元区可能就要解体，这是德国和法国不愿意看到的。它们唯一能做的就是印欧元，稀释欧元区各国的资产，救助有困难的希腊、爱尔兰、葡萄牙（可能还有意大利和西班牙）。2010 年，欧元区筹集了 7500 亿欧元（除了国际货币基金组织给的一小部分钱外，大部分都是直接印的钱），并成立欧洲经济稳定委员会（European Financial Stability Facility，EFSF）来救助这些国家。这么多钱依然不够用，2011 年欧盟又印了 250 亿欧元。同时，欧盟和希腊国债的投资者们达成协议，将债主的债权减半（100 欧元的希腊国债按 50 欧元交易），也就是说谁在金融危机前投资了希腊的国债，他就已经亏损了一半。

希腊的经济规模在欧盟非常小，但是它的问题已经拖累了整个欧盟。让人们更担心的是，如果经济规模比希腊大得多的意大利和西班牙出了问题，是否会引发第二次全球性的金融危机。这个危险不能说不存在，但是，因为这样会拖累全世界依然脆弱的经济，国际货币基金组织和欧盟会全力救助这些危险的国家，以防危机继续恶化。不过，这样一来欧元区的国家要不断稀释自己的资产，导致欧元不断贬值。图 25.3 是美国中央情报局（CIA）公布的 2010 年欧元区各国的经济规模、债务总量和债务占 GDP 的比例。圆圈代表各国的经济规模，横坐标代表各国债务占 GDP 的比例。从图中可以看出，希腊、冰岛和意大利的债务都超过了自身的 GDP（而 2011 年爱尔兰的债务上升到 GDP 的 108%，加入了这些国家的行列），这是非常危险的。

欧债问题从金融危机开始就显现出来，至今没有得到很好的解决。很重要的原因是欧洲中央银行不是真正意义上的国家央行，每一次决策过程都十分漫长，因为需要得到欧元区各国的一致同意。这样就经常贻误合适的救助时机。在美国、英国和中国，由于央行能直接决定一切货币政策，这些国家在经济出现一点点滑坡时就能马上采取措施，刺激经济。但是欧元区却做不到这一点，它们早在 2008—2009 年就应该提高欧洲央行的信用额度，以便贷款给商业银行或者购买不良资产，但是由于各国意见不同，直到 2011 年年底才做出行动。这时，欧洲经济已经停滞不前两年了。

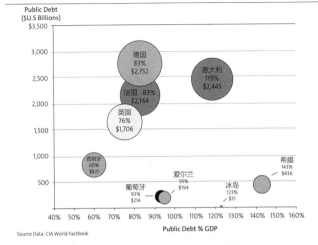

图 25.3　2010 年欧元区各国的经济规模、债务总量以及债务占 GDP 的比例
（数据来源：美国中央情报局世界年鉴）

从 2010 年起，欧盟是全球最不能让人放心的经济体，各国的债务危机一直像一个定时炸弹一样悬在欧盟这个全球最大的经济体上空。每过一段时间，这些危机就给世界经济带来一些不确定因素，也让欧盟的经济动荡一回。2012 年 5 月，法国社会党总统候选人奥朗德（Francois Hollande）在大选中战胜支持市场经济的前任总统萨科奇，使得法国乃至欧洲走出危机的路途变得遥遥无期。不断加深的社会矛盾导致了 2015 年的巴黎恐怖袭击事件和 2018 年全法国的黄背心示威活动。在过去几年里，欧洲在世界经济和政治上的影响力逐渐被削弱，人们甚至开始怀疑欧元区本身是否能够维持下去，特别是英国退出欧盟（又称脱欧，在 2016 年公投通过，原定是 2019 年 3 月 29 日完成）之后的今天。这些变化使得世界格局的变迁变得不可阻挡。

5　格局的变迁

无论是来自于自然界，还是来自于社会，一次大的危机或灾难必定带来整个社会的变革。这不仅包括国家和企业的崛起和消亡，也涉及人们的生活方式和价值观的改变。

变迁一,传统价值的回归。

曾几何时,无论在东方或西方,人们都遵守着一些朴素的行为准则,比如勤奋和勤俭。勤俭、量入而出并非上一代以前中国人的专利,它长期以来也是西方主流社会的核心价值观之一。美国早期的移民很多是清教徒,他们节俭、自律,同时富有社会责任感和同情心。只要读一读美国国父之一的本杰明·富兰克林(Benjamin Franklin)的自传就能体会这种价值观在西方根深蒂固的影响。在半个多世纪前,犹太富商们的生活和普通百姓并没有多少差异。

二战以后 70 多年的和平环境,保证了科技突飞猛进和工业化过程席卷全球。人类在这 70 多年里创造的财富超过了以往历史上的总和。现代工业高效的劳动生产率使得在全球范围内只需要很少的劳动力就能创造极丰富的、用不尽的物质财富。广东的 DVD 机生产能力可以满足全世界的需求,而浙江温州、义乌等地生产的小商品,诸如打火机、纽扣、袜子、扑克牌等,占全球的几分之一。和平的环境和生产力的飞速发展带来了两个全球性的巨变。首先,从事制造性生产(包括农业在内)的劳动力比例越来越少,多余的劳动力必须转移到非制造性的产业中,包括广义上的服务业、医疗保健、教育科研和政府机构,当然这些产业的生产总值在全球经济中所占的比重越来越大。这本身是一件好事,但它为各国带来了越来越大的失业压力。为此,全世界不得不创造出一些"虚拟"的经济行业,消化多余的劳动力。第二,经济发展的瓶颈从原来的生产量不足变成了消费量不足。经历过中国上个世纪70 年代的读者可能有过商品"供应不足"的体会,而在上个世纪 90 年代以后只有商品卖不掉的情况,没有买不着的时候。在全世界,目前经济的增长必须依靠消费带动。

第一个变化的直接结果就是资本从实体经济向虚拟经济转移。这种趋势首先始于银行业。在 1929—1933 年经济大萧条后,美国政府严格限制商业银行炒作和操纵证券市场,这才有商业银行 J.P. 摩根和投资银行摩根士丹利的分家。但是,当商业银行发现它们将钱投入实体经济,多年后才能收回贷款,回报远比到金融市场上去发售和操作金融衍生物来得少、来得慢时,便渐渐兼营起投资银行的业务,而投资银行(公司)不受美联储(FED)的约束,就开始采用杠杆,肆意放大投资额,有些投资公司的杠杆高达30倍。最后,很多账面上有现金的实体工业公司,也开始进入金融和证券市场。在中国股市疯涨的时候,即使是从事制造业的公司,它们发现如果将资金投入股市和房地产,回报比投入再生产要高,周期要短。但是,一旦进入股市低谷,这些投资就蒸发了,不仅投资公司和银行会因为资不抵债而倒闭,整个社会都会突然变得资金周转不灵(也即流动性不足)。全球经济便急速衰退。

第二个变化带来的结果是超前消费。美国从克林顿时代起,私人储蓄率净值就已经是负的了,也就是说,全社会债务比储蓄高。美国的银行为了刺激借贷,将原来严格而合理的借贷条件放宽,向很多没有偿还能力的家庭和个人大量借款。在美国房贷最宽松的2006年,居然有银行为一位85岁的老人提供了30年期的房贷。虽然我们不能因为年龄而歧视贷款者,但是银行应该想一想人的寿命超过115岁的可能性。很多家庭借了几辈子也还不完的债,依旧过得悠然自得。这次几乎要了美国金融业老命的次贷,其实就是给还不起债的人"发钱"过好日子的一种"金融创新"。在英国,金融危机开始的几年前出现了50年期的债券,这实际上是向今后两代人借款(爷爷借孙子的钱花)。这种超前消费的现象最终改变了日本和中国等亚洲国家的消费观。在日本,为了刺激房市,一些银行推出了父债子还的两代还清的房贷计划。在中国,年轻一代在借钱上胆子大到了让他们的父辈瞠目结舌的地步。

上述两种风气令整个社会变得非常浮躁和短视,很多良好的价值观被破坏了。在2000年互联网泡沫时代,虽然不乏像杨致远、佩奇和布林这样认真的创业者,但是大多数人都不是抱着凭发明技术挖掘新的商机和开创新产业的目的,而是想着如何捞一笔甚至骗一笔快钱。很多互联网公司做的事永远不可能盈利,甚至不会有营业额,但是它们先从风险投资公司骗得一笔投资,等到风险投资公司发现自己上当后,不得不和这些创业者一起将这些网络垃圾公司（当时有个好听的名字叫做网络概念公司）包装上市，再从下一级投资者中捞回成本。这些公司因为没有利润，甚至没有营业额，根本无法按照传统的市盈率（P/E）来估价，于是伙同华尔街发明了用股价/流量比来对这些网络垃圾估价。互联网泡沫破碎以后，这种风气并没有扭转。大量新的互联网公司，打着互联网 2.0 的旗号像雨后的野草般冒了出来，它们中绝大多数不仅不能挣钱，甚至不能为用户提供什么价值。至今，除了 Facebook，没有一家独立的互联网 2.0 公司明显盈利[11]，就说明这个领域从投资到创业整体失败了。

我们不难预见，随着经济危机的深入和人们越来越绝望，人们将开始捡起我们的祖先保持了几千年，但近年来被遗忘甚至被嘲笑的美德。松下公司的创始人松下幸之助先生曾经讲过，一个产品如果不能盈利就是一种犯罪，因为它浪费了原本可以用于其他产品的有限的资源和资金。这种经营的理念在前几年盛行烧钱的时候，被嘲笑成短视和唯利是图。很多做产品、办公司的人荒唐地认为一个产品或公司盈利与否不重要，只要有用户就行。他们美其名曰为客户着想，实际上是为了骗取投资或自己在公司内部的升迁。结果是浪费了大量的投资和时间。

美国在金融危机之后，金融行业和虚拟经济一直没有恢复，但是靠科技产业得到了长足的发展。这个社会在吃了一次苦头之后痛定思痛，更加关注实体经济了，从我们前面介绍的百年老店 GE 的再次转型，就可以看到这一点。虽然这条路并不平坦，但是美国一些有识的企业还是艰难地在往实体经济上回归。自 2016 年特朗普上台之后，要求制造业回归的呼声也日益高涨。

即使是在金融领域，投资者也变得非常谨慎，不再向无偿还能力的个人和公司贷款，也停止了对那些赔本赚吆喝的公司投资。今后那种仅仅靠一纸商业计划书，或者一个没有可行的商业模式的网站（样品）就能融资的情况会越来越少，并且会渐渐消失。当然，风险投资的资金总要有去处，风险投资家

---

11 比较好的 LinkedIn、人人网等公司基本上是不赔不赚，其余处境更加艰难。

们将格外青睐那些真正有技术含量的产品和服务。

令人遗憾的是，和全球谨慎的投资相反，中国各种概念的泡沫反而在金融危机后急剧扩大，投资变得更加随意而无章法。今天的老百姓在某种程度上，已经在为过去多年不合理的经济刺激买单。我在本书第三版出版时预言，"很多人将为2014—2015年疯狂的投资和股市最终买单"，一年后情况果然如此。但是，人们显然没有吸取教训，2017—2018年，那些原本收入不多的中产阶级再次为P2P的泡沫和虚拟货币的泡沫买单。每一次泡沫之后，被洗劫的永远是社会的中产阶级而不是富人，这就是人们常说的愚人税。

在金融危机中，不少高科技公司，例如苹果和Google，只有很少甚至是零的债务，并且一直拥有充足的现金流，它们不仅在这次经济危机中最容易存活下来，而且能在经济复苏时抢到最佳的起跑点，同时会在经济复苏后长时间强劲地扩张。苹果公司的市值也在金融危机后超过了微软，成为全球最值钱的科技公司，并且在2018年底市值一度超过万亿美元；而Google公司在2015年继苹果之后，成为2001年互联网泡沫之后全球第二家市值超过5000亿美元的公司。"现金为王"这句话一度被泡沫的鼓吹者们嘲笑，但是过去的两年事实证明，哪家公司现金储备多，在金融危机中就能赚到大便宜。J. P. 摩根、伯克希尔－哈撒韦和甲骨文公司就是靠手中充足的现金收购了很多便宜的资产和公司。这次危机后，几乎所有的公司都在降低债务，关注核心业务，提高利润和现金储备。全球经济总体会因此而变得更健康。

事实上，美国私营企业和个人（Private Sector）的净现金储备（现金扣除债务，不包含非现金资产）在金融危机后不断上升，2011年起突破了历史最高点，到2012年年中，达到2万亿美元。2018年，这个数字进一步上升到了3万亿美元。这一方面是因为美国经济复苏导致从2011年起公司利润大幅提高，并且创造了历史纪录，而另一方面是传统价值回归的结果——无论是公司还是个人在商业活动中都变得谨慎，而且开始存钱了。

变迁二，世界格局的变迁。

2008 年的金融危机正好赶上美国大选，不仅总统要重新选，整个众议院和 1/3 的参议院也都要重新选。金融危机无疑帮了民主党大忙。果然，民主党在 2008 年总统和两院选举中大获全胜。新的政府在政策和人选上，比已经向亚洲倾斜的布什政府更加向亚洲倾斜，包括 2010 年提出重返亚洲。在内阁和幕僚人选上，奥巴马选用了五名华裔精英，包括两个最关键的部长——商务部长骆家辉和能源部长朱棣文。以前不仅没有这么多华裔进入总统的决策圈子，就是把所有亚裔都算上，也没有一次五位亚裔担任要职的先例。在行动上，奥巴马总统也一反他的前任先欧洲后亚洲的次序。他会见的第一位国家政府首脑是日本首相，国务卿希拉里·克林顿（Hillary Clinton）访问的第一个地区是东亚四国。不仅如此，以自由派著称的希拉里·克林顿这次不谈政治，只谈共同对付金融危机的合作问题。这一切说明世界格局在悄悄改变。

为什么美国政府会迅速向亚洲倾斜呢？经济的原因是主要的。2009 年美国民主党政府上台后，国务卿希拉里先到亚洲四国，除了礼节性的访问，主要是替奥巴马推销美国国债来了。增发国债是奥巴马拯救经济计划经费的唯一来源。

在 2008 年小布什担任总统时，美国的经济刺激计划已经花掉大约 8000 亿美元，包括之前拯救银行的 7000 亿和给银行不良资产的担保。奥巴马上台后，又提出了各种经济刺激方案，大约需要 15000 亿美元。这些钱加起来近乎天文数字。奥巴马不是魔术师，更不是神仙，不会从空中抓钱，这笔钱一定要有来源。办法只有两个，其中一个极不负责任，第二个也不太负责任但是相对好很多。第一个办法是印钞票，这实际上是用前几代人和我们这代人前半辈子的积蓄来填补漏洞，是一种赤裸裸的掠夺行为，也极不负责任。另一个办法是举债，这实际上用我们的后半辈子和让子孙来承担还债的义务。由于资金缺口太大，奥巴马政府不得不双管齐下。而其中印钞票只能偶尔为之，举债则是美国政府每天都在做的事情。当然如果所有美国人都打算过几十年苦日子还清贷款，举债本身是一种负责任的做法。但是，美国人实际上根本就没有打算还本金，因此也不太负责任，但是比前一种好。由于亏空太大，最终美国政府是两个办法都用了，但是长远来讲还是倚重第二种，即举债。

既然举债就要有人出钱，而钱的来源无非是两个，美国（和世界）私人的钱，以及外国政府的钱。图 25.4 所示的是美国政府赤字（虚线）对应私人债权债务（黑实线）和外国人债权（灰实线）的关系（以占 GDP 的百分比为指标）。显然，美国政府的债务 = 私人债权 + 外国人债权。从图中可以看出，美国政府在大部分时间里都有赤字，而且从 2006 年起赤字猛增。在克林顿时代以前，主要是内债，因为美国个人有储蓄，而上个世纪 90 年代后，几乎全是外债，就连美国个人也从外国借钱花。只有 2008 年底到 2009 年初的半年时间里，美国人被房市和股市的崩盘吓坏了，把钱放到了国债上，同时其他国家也抛售了一些美国国债，使得内债的比例有所提高。现在为了拯救经济，美国的赤字可能要翻一倍，从 GDP 的 6% 上升到 GDP 的 10%（美国私人从股市撤出了相当于 GDP 4% 的投资，为了保持现有的经济规模，美国政府必须弥补这个不足）。美国必须从国外引进这些资金才能走出经济困境。

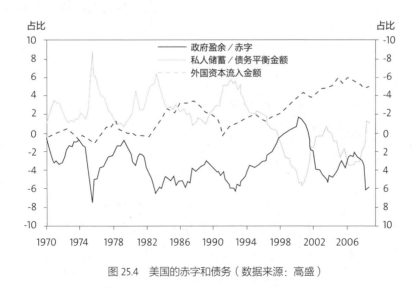

图 25.4　美国的赤字和债务（数据来源：高盛）

那么接下来的问题是中国和日本等贸易顺差国是否愿意继续持有美国的国债。答案是肯定的。这里面政治和经济的原因有很多，主要的原因有四种。第一，在全球经济动荡时，美元是最稳定的储蓄方式，而美国国债是所有美元储蓄中最安全的。在全球金融危机开始以后的一年里，美元对除人民币和日元以外的所有货币，已经升值了10%—25%，因为各国都在把钱换成美元。直到今天，美元依然是全世界最坚挺的主要货币。美国国债以美国的财产和国力担保，近百年来无论是在经济危机中还是在全球战争时期都是最安全的。需要指出的是，美国是世界主要经济体中发行货币最谨慎的国家，而不像很多人所以为的动不动乱印货币。第二，美国国债是不错的存钱方式，由于全球都在降息，任何储蓄型的投资回报都很低，导致美国国债的本金交易价猛涨[12]（10年期国债本金涨幅超过20%），中国政府前几年购买的美国国债在本金上已经挣了很多钱（在这一点上不要责怪中国政府不会投资）。第三，由于经济的全球化，中国、日本和德国三大出口国已经和美国绑到了一条船上。我们前面提到，近几十年，全球的经济靠消费驱动，中、日、德经济的复苏很大程度上要依靠美国的复苏，也因此不得不继续买美国国债。第四，中国和日本与美国的经济有很大的互补性，在经济上容易同舟共济。今天一些不负责任的极端人士，动不动扬言抛售美国国债打击美国，且不说这是一个自残行为，而且中国持有的美国国债只占总数的5%左右，抛售美国国债作用远不如很多人想象得大。

亚洲国家，特别是中国对美国和欧洲的投资不仅仅体现在购买国债上，也表现在逐渐开始购买美国和欧洲的资产上。从2014年到2015年，亚洲著名实业家李嘉诚父子大量购买欧洲的资产，引起了媒体和中国民众巨大的关注。其实在此之前，中国不少企业家已经开始在美国和欧洲购买公司、土地和其他资产。当亚洲国家拥有越来越多的美欧债券和资产时，它们将逐步取代两个世纪以来影响力最大的欧洲，在世界性事务上，有越来越多的发言权和主动性。很多激进的读者，包括很多经济学家认为中国和日本虽然在世界经济中的地位越来越高，但是在全球关系中的地位并没有很大的改进。这个现象

12　在债券市场上，利息下降会带动本金价格的上涨，期限越长的债券，上涨越明显。

其实是暂时的，一个国家整体的地位和作用需要慢慢提升，但是随着经济地位的改善，这最终是水到渠成的事。

我们不妨回顾一下欧洲 1500 年来的历史，便不难看出经济地位最终决定一切。欧洲在封建时代（罗马帝国灭亡到法国大革命之间），并没有一个强力的国王（即使是教皇的权威也经常受到挑战），这个欧洲实际是由一群封建领主控制，这些公爵、伯爵和骑士在他们的领地上有着至高无上的权力，他们有自己的城堡，借以控制着自己的领地。他们在自己的领地上颁布法律并征税。手工业者、商人和高利贷者在城堡附近居住，这样既可以应付领主的需要，也可以在危险的时刻有一个庇护所——城堡。城市在中世纪并不重要，虽然历史上，在古埃及、巴比伦、希腊和罗马，它们是国家的中心。

十字军东征不知不觉地改变了欧洲。人们从欧洲西部、北部的农村迁移到地中海沿岸。人们发现世界并非仅限于他们狭小的城堡和修道院之内，而是海阔天空。在地中海沿岸，城市重新发展起来了，出现了制造商和商人，他们通过手工业和商业，手里慢慢地积蓄起少量的钱财，此举最终改变了他们在中世纪社会的地位。

中世纪的领主是拥有田产的乡绅，同时是作战的骑士。十字军东征把古老农业社会的陈规打了个天翻地覆。这些骑士，在教皇的号召下，跋涉上几千公里的路程前往中东去作战。他们不得不支付自己的装备费用和路上的交通费、伙食费。这些城堡的主人，有财产但是没有现钱。因此伯爵们不得不从商人那里去借。像莎士比亚的名剧《威尼斯商人》中描写的夏洛克那样的放贷人，端坐在兑换柜台（banco，它就是银行 bank 一词的由来）后面，很乐意伯爵大人有求于他们，伯爵大人张口就要几百个金币，那可是放贷人一辈子的积蓄，后者为了保险起见，要求伯爵用庄园作抵押。这样，万一公爵大人在征讨奥斯曼人时有个三长两短，放贷人的钱才不至于打了水漂。借贷的双方最早都没有意识到这对借钱的人来说是一笔很危险的交易。最终，是夏洛克占有了庄园，而伯爵却破产了。

当然，伯爵大人的财产和权力并不是一次就失去的，商人们开始只是要求获得一些对领主来讲无关痛痒的权利，比如在领主的土地上打猎。领主们急需现金，想到只要答应商人们打猎就能获得几百个金币，便答应了。从伯爵大人接受这项交易的那天起，他们不知不觉签署了自己权力的死亡证书。他们的书记员拟好协议书，伯爵大人盖上自己的印章，因为中世纪的愚民政策已经让他们不会写自己的名字了。一切万事大吉，领主兼骑士们怀着满腔的激情去东方对付穆斯林了。两年后，他们回到城堡，已是一贫如洗了。而城里人正在他的领地上打猎，搅得他不得安宁。大为光火的伯爵吩咐管家把众人赶走，商人们很听话地走掉了。可当天晚上，商人的代表，一个面包商来到了城堡，彬彬有礼，先是祝贺大人平安归来，然后提醒伯爵大人是他亲自恩允他们打猎的。接着，面包商出示了那份有伯爵徽章的契约。伯爵大人不得不极力克制自己的冲天怒火，从此默许了商人们在自己领地的狩猎权。

半年后，伯爵大人想翻新他破旧的城堡了，于是他又想到了商人。这一次，商人们提出的条件是允许他们在伯爵领地的城镇成立自己的行会，管理商业而不受伯爵的干涉。这一回，伯爵大人很不情愿，可他确实需要那笔钱，又只好答应了。半年后，伯爵的城堡修缮完毕，可是他却不愿意履行诺言，因为他有自己的士兵，商人们对他无可奈何。

市民们除了谴责一下伯爵的背信弃义，便无能为力了。可当下一次公爵急需用钱为女儿办嫁妆的时候，他连一个子儿也借不到了。因为他已经被认为"信用不佳"。伯爵大人不得不忍气吞声，低下高贵的头颅，答应做出某些补偿。在伯爵大人拿到借款之前，市民们获得了他们梦想的权利。

在十字军东征之后的几个世纪里，这种情形在欧洲各国经常发生，而且越来越普遍。最初只是小封建主开始借债，后来连国王也是债台高筑了。为维持自己的排场，大小封建主，上至国王下至乡绅开销一直很大。法国到路易十五时期，国王的债务已经到了根本无法还清的地步。封建主们总是通过赋予公民特许权来交换他们急需的现金。城市不断壮大，并且吸引着附近乡村地区的劳动力，在经济上已经取代了城堡的中心位置。社会各阶层经济地位的变化最终导致了封建制度的崩溃。当然，这种权力由封建城堡向城市的转移是缓慢的、不情愿的，并且不时发生一些流血冲突——市民和手工业者被封建主逮捕和杀害，商人和银行家的钱永远追不回来了。但是，历史的趋势是城镇变得越来越富有和重要，封建领主却越来越穷并且要被历史抛弃。这种冲突的高潮就是1789年爆发的法国大革命，国王的债主们——第三阶层，这次是向当时的国王路易十六要求国家的管理权了。国王当然不答应，结果是他被送上了断头台。

温和一些的乡绅们也许可以避免路易十六的厄运，但是当年伯爵大人的后裔们，坐在自己年久失修的城堡里，看着外面城市一切欣欣向荣的景象，感叹着从他们祖先稀里糊涂地签署了第一张用自己封建特权交换财富的契约时，他们的厄运就已经注定了。城里人对乡绅们已是不屑一顾，尽情地享受得之不易的权利。这些是他们祖先经过十几代人的持续斗争才辛苦得来的。

上个世纪70年代因石油危机导致的经济危机，客观上促成了日本的崛起。而上个世纪90年代源于信息产业的新经济，帮助美国重新确立了在世界经济中的主导地位。几百年过去了，世界变了，但是经济和财富决定政治地位的规律依然没有改变，任何强权都拗不过它。许多经济学家认为，欧洲在这次金融危机中将是损失最惨重的，并且在很长时间里都不能恢复，亚洲在帮助全球走出经济危机中将发挥史无前例的主要作用。以往的西方7国集团（虽然在政治上俄罗斯也在其列一起称为G8，但是经济学家们更倾向于把俄罗斯放到新兴发展中国家的行列）主导全球经济的时代已经过去。这7个国家经济问题一个比一个严重，虽然大家都觉得美国是这次风暴的中心，但实际上美国的问题是最轻的。我们回顾一下图25.2，G7成员国政府债务占GDP的比例，其中只有加拿大因为没有国防开支，债务比美国轻。其余国家都处在和美国同样的水平甚至更严重。欧盟剩下的一些国家，比如葡萄牙、爱尔兰、希腊和西班牙[13]，问题要严重好几倍。靠这些问题比美国更严重

---

13 这四个国家的首字母缩写分别是P、I、G和S，合在一起是一个猪字pigs，这四个国家被金融界调侃成"笨猪四国"。

的国家来解决全球经济问题显然不现实。一些经济学家甚至提出G2的观点，也就是说，只要美国和中国能携起手来，共同对付金融危机，并且率先走出低谷，全球经济的复苏就指日可待。这种说法当然过于夸大美国和中国的作用，却有一定道理。我们在下一节详细分析这里面的原因。

6　G2时代

美国作为2008—2009年全球金融危机的中心，到头来反而是受到金融危机影响最轻的主要国家之一。从2009年开始，美国不仅做到了近10年的持续稳定发展，而且美国公司的收入和股市不断创出新高，失业率也从金融危机时的10%，下降到了3%左右，这在整个美国历史上都是最好的时期。2018年郭台铭宣布在美国投资建厂，半年后特朗普问他为什么进展缓慢，郭台铭讲，"总统先生，美国现在失业率太低，我们根本招不到工"。因此，可以说美国是金融危机之后全球最健康的经济体。

为什么会出现这种情况，或者说为什么美国有超强的自我修复能力，这是由美国的四个特点决定的。

首先，美国是一个年轻的、开放的移民国家。它自殖民时代起，一直保持着一种向上的朝气，并且通过引进有冒险精神的高素质移民维持着这种朝气。在美国最有活力的硅谷和纽约等地区，第一代移民占据了人口很高的比例，在硅谷甚至超过了一半。多元文化在美国土地上不断地碰撞和融合，在很大程度上是激发创造性的源泉，这使得它在科技领域能够不断地引领世界潮流。在这次金融危机之后美国能够在云计算、移动互联网、大数据、IT医疗和页岩油气等诸多方面继续领跑全球，显示出了极强的竞争力。

作为一个只有二百多年历史的国家，美国没有太多传统的约束，同时由于政教分离，政治和商业也不太受到宗教的影响，在历次变革中，显示出比较大的灵活性，只要有利于商业的事情，它常常就做了。在过去的两百多年里，它没有错过太多的发展机遇。每次遇到危机时，它比较容易淘汰掉过时的旧产业，把资源让给新的产业发展。

其次，美国是一个倡导自由市场经济和全球自由贸易的国家。在美国，企业而不是政府，才是社会活动中最重要的组成部分，而除了美国邮政、房地美（Freddie Mac）和房利美（Fannie Mae）之外，美国不存在大型国企，凡是和商业相关的活动都由私营企业运作完成，效率比较高，在全球的竞争力相对比较强。加上重视自由贸易的缘故，美国大部分大中型企业和一部分中小企业都是全球化的跨国企业，其中很多企业大部分营业额来自于海外，在营收上能够做到失之东隅，收之桑榆。因此，美国经济的抗冲击能力比大部分国家都强。

第三，美国的金融业非常发达，它有办法吸引来全球的资本，比如高盛和摩根士丹利等投资银行实际上是为全世界理财，而美国很多商业银行通过在海外开设分行和投资外国银行的方式，也在吸纳全世界的资本。美国的货币政策、金融政策和信用制度使得全社会的流动性非常好。美国的GDP大约是中国的1.5倍（2017），而M2的货币发行量大约只有中国的一半[14]，也就是说它能够以相对较少的货币供应创造较多的财富。扮演美国央行角色的美联储，经过了多次金融危机的洗礼，有非常丰富的应对经验和手段。在2008—2009年金融危机中，美联储的表现可圈可点，应该讲在各国央行中是应对最恰当的。相比之下欧洲央行因为需要欧元区各国同意才能发行欧元，很难在金融危机到来时快速应对，更何况欧元区各国所期盼的货币政策其实各不相同。

最后，美国虽然给人们的印象是高额的债务和赤字，但是美国经济的体量也非常大，美国拥有的财富非常多，因此债务还远没有到出现危机的程度。美国拥有广袤而富饶的国土，各种矿产资源储量丰富，自然环境优越。虽然它

14　截至2018年年底，美国M2货币发行量为14万亿美元，中国为28万亿美元（以1美元兑换6.7元人民币折算）。

很少开采自己的资源,但并不意味着它缺乏资源。美国的财富除了自然资源,还体现在藏于民间的巨额财富。虽然美国政府总是给人以入不敷出的感觉,而且也确实如此。但是,美国是一个藏富于民的国家,政府没有钱不等于美国没有钱,比如仅苹果、Google 和微软三家公司的现金储备就高达 6000 亿美元,超过世界上很多国家的现金储备。虽然美国人不太喜欢储蓄,但是中产阶级和富人阶层都有大量的股票和债券的投资,比如美国人其实是美国国债的最大购买者,拥有的美国国债比世界其他国家政府和个人拥有的总和还高。

当然,美国有美国的问题,最重要的还不是在经济领域,而是在政治上所谓的"政治正确"[15],这不仅将美国政府变得无所作为,而且养成了全社会不劳而获的风气。当然,在欧洲这个问题比在美国更加严重。一位斯坦福大学的学者私下里讲,西方社会(美国和欧洲)将面临的最大危机是自己丢失掉西方文明的成果。过去那些靠勤劳致富和市场经济树立起的价值观正在丧失。但总体来讲,美国还是世界上问题最少的发达国家。

至于为什么应该看好中国,原因更简单,因为中国人从上到下都有一种希望通过自身努力而改变自己的社会和经济状况的动力,并且付诸于行动。从 1979 年中国改革开放以来,一直奉行摸着石头过河的国策,这种看似没有太多政府指导的做法,恰恰最符合经济学上尊重客观规律的原则。中国在过去几十年里做的最了不起的一件事情,就是解放了生产力,而不是某一些具体的政府政策。由于解放了生产力,加上从上到下有勤劳致富的动力,才推进了整个社会经济水平的持续高速发展。这是中国经济发展的根本动力,只要这个动力还在,政府其实不用过度担心,中国宏观经济状况会保持良好,并且在全世界越来越有竞争力。

---

15 所谓"政治正确"是指在美国和欧洲一些国家不能谈论和种族、宗教等相关的问题,以至于在出现矛盾时过度照顾个别少数族裔、宗教团体和所谓的弱势群体,大量浪费社会资源,造成整个社会的低效率和税收上的入不敷出。

在过去几十年里，一直有经济学家，包括诺贝尔奖获得者唱空中国，但是每一次的预测都错了。原因是他们忽视了中国各阶层民众致富的欲望和行动力。中国的老百姓和大部分官员其实并不懂得太多高深的经济学原理，他们只知道行动。中国在过去和未来的成功，将再次向全世界阐释一个最最简单的常识性真理，那就是从长远看，财富是创造出来的，不是靠炒作和救济取得的。当然，在未来中国一定会出现一次经济危机，因为经济危机对于改善经济结构是必要的和不可避免的。那时候，一定会有很多著名经济学家跳出来讲他们预测对了一次，不过让一个不走的钟指示时间，一天也还能蒙对两次，这样长期唱衰后终于等到一次，说明不了任何问题。

虽然各国的经济政策会有所不同，有些可能相对高效，有些可能比较保守，但是从根本上讲，对经济起决定性作用的是经济规律，最好的机制则是市场机制，这是各国政策制定者其实都懂的道理。在此基础上，各国经济发展的好坏很大程度上取决于民众有多大意愿和行动创造财富，而不是享受福利。拿这个尺度衡量各国的经济，我们就会发现中国无疑将是世界上发展最快、最好的经济大国。

由于欧洲依然在债务的泥塘里挣扎，日本经济增长缓慢，印度经济体量尚小，只有依靠全球最大的、也是最健康的两个经济体——美国和中国，才能让世界真正回到稳健发展的道路上。因此，两国领导人有义务共同维护全球贸易的顺畅和世界经济的繁荣。

结束语

太史公在史记最后一篇传记《货殖列传》（在书中是倒数第二篇，但最后一篇其实不是传记而相当于序言，因此《货殖列传》被认为是实际上的最后一篇）中就提出，经济"六岁穰，六岁旱，十二岁一大饥"，不会永远处在低谷。2009年初，在全世界投资者都没有信心时，投资大师巴菲特发表了"2008年度给伯克希尔－哈撒韦股东的公开信"。在信中，巴菲特指出，"虽然美国和全世界在 2008 年最后一个季度陷入了严重的衰退，同时人们的恐惧心理加重了这场危机，虽然在今年—2009 年甚至更长一些时间里我们仍将处于衰退，但是，明天仍然会好起来。今后的 44 年里我们的经济、社会都将获得长足的发展，就如同过去的 44 年一样（巴菲特在 44 年前开始他的投资生涯）。虽然我们在过去的一个世纪里经历了两次世界大战和经济大萧条，但是，人类走过来了，而且在过去的 40 多年里，人类的生活质量大幅提高。如果我们把眼光放远些，就不难看出近 200 年来，经济繁荣的年份要比萧条的年份多得多。"有兴趣的读者可以读一读他的这封信[16]。美国和中国高强度的经济刺激计划，在一两个季度内就能看到效果，我在本书第一版中讲"最乐观的估计，经济危机 2010 年就能结束"。事实上，美国在 2010 年夏天正式宣布金融危机结束。接下来将是一场比上个世纪 90 年代更加振奋人心的技术革命浪潮。在 2009 年我第一次写这个章节时还看不出接下来技术革命的亮点，短短两年后，我们就看到智能手机在全球开始普及，还看到 Facebook 在 2012 年上市了，随之而来的很多新兴的小公司已经非常活跃了。从金融危机结束到 2012 年夏天的两年时间里，在硅谷仅开发基于云计算的企业级软件的早期小公司就诞生了 1000 家之多。而移动互联网的发展更是迅猛，Snapchat、WhatsApp 和 Instagram 等小公司的发展超过了当年的 Google 和 Facebook 同期的速度。在大洋彼岸的中国，电子商务蓬勃发展，阿里巴巴、京东等公司先后上市，带动了又一波中国公司在美国上市的高潮。更可喜的是，中国在金融危机后诞生的新一代企业，包括小米、OPPO / vivo、抖音、摩拜单车；在国际化方面的成效远比上一代的 IT 企业（阿里巴巴、腾讯和百度等）大得多，相信今后中国的企业能够成为世界经济发展的动力。

每当危机到来之际，我们与其抱怨，不如做好准备，拥抱明天。

16　www.hathaway.com.

金融危机大事记

2007	2007年11月，花旗银行CEO查尔斯·普林斯（Charles Prince）辞职，暗示华尔街已经发现很大的问题。
2008	2008年3月，贝尔斯登公司破产并被J.P.摩根银行收购，成为金融危机中倒下的第一张多米诺骨牌。

2008年9月，美国第四大投行雷曼兄弟公司破产，消息传出，全球股市遭到血洗。同月美国第三大投行美林证券被美国银行收购。全球股市暴跌30%。随后，美国最大的私营房贷公司Washington Mutual（简称WaMu）被美国政府接管，随后被J.P.摩根银行收购。世界最大的保险公司AIG也被美国政府接管（美国政府持有了AIG 80%的股权）。9月底，美国政府将仅存的两家主要投行高盛和摩根士丹利转成商业银行，处于联邦储备银行的监管下。同时，高盛的情况也不好，求助于巴菲特，后者所控制的伯克希尔－哈撒韦公司投资高盛50亿美元。

2008年10月，欧洲国家冰岛破产，股市关闭。同月，濒临破产的美国第五大银行美联银行（Wachovia）被第三大银行富国银行收购。同月，美国国会批准了7 000亿美元的不良资产救助计划。

2008年11月，中国股市崩盘，股市累计下挫70%以上。同月，中国政府宣布4万亿人民币的救市计划。伯克希尔－哈撒韦投资GE。同月，美国民主党总统候选人奥巴马在选举中大胜执政党共和党的候选人麦凯恩。随着选情的进展，世界股市反弹15%以上。

2008年12月，美联储将贴现率降到历史最低点零利率。

2009	2009年2月，美国新总统奥巴马宣布了一系列刺激经济的计划，并且加强对证券公司的监控。由于他的建议严重损害了华尔街的利益，全球股市再次暴跌30%，累计比2007年底下跌50%。

2009年3月，美国亏损最严重的花旗银行开始盈利，全球股市走出谷底，持续上涨10个月。股市从低点上扬70%左右。

2010	2010年2月，欧洲希腊等国爆发主权基金危机，欧盟开始救助计划。

2010年8月，金融危机正式结束。许多百年历史的投资银行、保险公司和商业银行因为投资过于激进而倒闭，或被并购。资金充裕的J.P.摩根银行、伯克希尔－哈撒韦及富国银行（被伯克希尔－哈撒韦控股）和高盛成为金融危机中的赢家。

2011	以希腊为中心的欧债危机延续，欧元区宣布希腊的国债贬值一半。
2012	法国社会党总统候选人奥朗德战胜时任总统萨科齐将出任下一任总统，全世界对欧洲经济复苏更加担心。
2015	希腊危机更加严重，以德国为首的欧盟不得不再次注资860亿欧元救助，前后三次救助共投入3190亿欧元。同年，美国准备开始加息，标志着美国经济已经健康稳定发展了多年。
2018	中美贸易摩擦爆发。
2019	英国正式启动退出欧盟。

第 26 章 云计算

2006 年，当 Google 等公司提出云计算的概念时，很多人认为这是新瓶装旧酒的炒作[1]。但是今天的科技界和 IT 界都已完全认同了这个概念，并且看到了云计算对今后经济和社会巨大的影响力。2018 年年底，利润并不高（仅有苹果的 1/5）的亚马逊一度成为全球市值最高的公司，而微软也曾经再度成为全球市值最大的公司，它们靠的都是云计算。那么，云计算到底是什么？它的关键技术是什么？它将如何影响今后的工业、经济和社会呢？

1 云计算的起源

云计算最早可以追溯到甲骨文公司的拉里·埃里森在上个世纪 90 年代初提出的概念 —— 网络电脑。作为世界第二大软件公司，埃里森的甲骨文一直在默默挑战着微软以客户端为核心的 PC 王国。和拥有客户端的微软不同，甲骨文拥有服务器端最重要的软件 —— 数据库。本来这两大软件公司的核心业务基本上是井水不犯河水，应该说相安无事。但是，由于诺威格定律的限制，这两家公司要想发展就必须侵入到对方的地盘去。微软推出了自己的数据库系统 —— SQL Server，并且占领了一些中小企业的市场。而甲骨文，对客户端可以说是一点儿控制权都没有。在微软的黄金时代里，世界上几乎没有一家公司能在客户端软件中打败微软，于是埃里森干脆放弃在客户端与微

---

[1] http://www.google.com/press/podium/ses2006.html

软的竞争，提出一种新的商业模式——网络电脑（Network Computer），试图干脆将用户对客户端的需求降到最少。这种对微软釜底抽薪的做法在战略上确实是一步好棋，埃里森又是 IT 行业仅次于盖茨的猛将，但是甲骨文这件事却没有做成功。根本原因是这个思路过于超前。让我们回顾一下当时的背景。

上个世纪 90 年代，随着互联网的兴起和快速普及，越来越多的用户应用来自互联网，而不是脱机的本地客户端，这是毫无疑问的发展趋势。既然对本地软件和服务需求会下降，对上网的需求会上升，而当时 PC 价格相对还是比较贵的，在美国大约 1500 美元一台，因此，埃里森提出一种只有简单计算功能（速度较慢，内存较小），没有硬盘，主要用于上网的台式 PC——网络电脑。它当时的售价只有 500 美元。这件事搁现在或有可能成功，因为今天 Google 基于克罗米（Chrome）操作系统的上网本（Chromebook）还不到 300 美元，而且从不感染病毒。它占据了美国中小学教育市场的 6 成，以及世界其他地区生产的一成。但是当时售价 500 美元的上网本是完全的失败。这里面的原因主要有四点。

第一，网络电脑实际上就是低端 PC，除了概念之外，没什么新东西。它之所以价钱便宜是因为缺斤短两。首先，它的 CPU 比当时热销的 PC 慢——由于摩尔定律的作用，只要采用 18 个月前的 CPU，就能节省一半的价钱。实际上，如果不运行微软和其他一些公司（比如 Adobe）那些非常"重"的客户端软件，PC 并不需要那么快的速度；本来埃里森就没有打算让大家用微软的软件，因此就没有用较快的 CPU；其次，内存小了一半，道理也是类似的，如果不用微软的 Office 和 Adobe 的 Photoshop，确实不需要那么大的内存。接下来，既然是上网为主，干脆连硬盘也省了。最后，也是埃里森最希望看到的，既然本地使用不多，主要是上网，干脆连操作系统 Windows 也省了。虽然埃里森一门心思地希望这价钱只有普通 PC 三分之一的网络电脑能为更多（经济不宽裕）的人接受，可是这个偷工减料的 PC 体验和真正的 PC 差距太大，它实在做不了什么事，因此销路很是不好。

第二，由于摩尔定律的作用，一般的 PC，包括外设，降价很快，以至于很快买得起 PC 的人越来越多，而网络电脑的价格优势就越来越不明显。

第三，当时用户上网的费用较高。以 DSL 宽带为例，最基本的费用也要每月 40 美元，两年下来几乎就是一台 PC。当时买 PC 却很少上网的大有人在。另外，当时也没有 Wi-Fi 无线上网功能，大家离开了办公室和家，基本上很难上网。而上不了网，网络电脑就毫无用处。

最后，也是最关键的，当时 PC 客户端的大部分软件在互联网上没有相应的服务，比如微软的 Office 和 Adobe 的 Photoshop。因此，即使上网，客户端的软件一样都不能少。

鉴于这四个原因，网络电脑当时根本没有成功的希望。而事实的发展也是如此，它还没有登场就谢幕了。

在甲骨文的网络电脑失败后，第一次互联网泡沫破灭了，大家对互联网的作用也产生了怀疑，一切基于客户端的想法又占了上风，因此很长时间里这种基于 Web 应用的概念没有人提了。

2002 年因互联网泡沫破碎带来的经济衰退结束后，以 Google 为代表的互联网公司迅速崛起，挑战微软商业模式的重任无疑也落在了 Google 头上。和以前仅仅提供简单的服务不同，Google 开始提供替代各种客户端应用和服务的在线服务。通过收购 Keyhole 公司，Google 把原来运行在客户端的 3D 地图服务搬到了互联网上，这就成为后来著名的 Google Earth。通过收购 Picasa，Google 将原来在客户端的图片处理（Photoshop 等）服务搬到了互联网上。通过 Google Docs，它将用户最常使用的 Office 功能搬到了互联网上。当然，它的 Google Account 关联的 Gmail 和 Calendar 完全可以取代微软的 Exchange 在客户端提供的各种功能。这下子，离开了微软的 Office、Adobe 的 Photoshop，用户还真可以完全依靠互联网提供的服务开展日常工作了。

2002 年以后，Wi-Fi 技术迅速普及。最早从办公室开始，然后到家庭，再到很多公共场所，人们上网已经非常方便。随时随地访问、处理和共享信息的需求就变得越来越重要了。云计算的概念也应运而生。Google、IBM 和亚马逊在 2005 年提出了云计算的概念，虽然当时这三家公司对云计算的理解完全不同。IBM 是为了卖设备，Google 是因为有大量用户，希望将用户的应用都搬到网上，而亚马逊则是希望向商家和网站出售计算能力。起初，外界对云计算还有不少质疑的声音，认为它是埃里森不成功的网络电脑的翻版，这种质疑声在微软和 Adobe 等软件公司中最为强烈。但是很快大家都体会到这种通过互联网共享服务的好处，连微软和 Adobe 也加入其中，这时全世界对云计算的质疑便渐渐烟消云散了。

2 云计算的本质

云计算是什么？最早提出云计算的三家公司因为它们的核心商业模式和利益不同而在看法上差异巨大。

我们先来看 IBM。在 PC 时代以前，计算机行业，尤其是 IBM，制造的都是（大型）主机分时系统。当时的主机（可以理解成服务器）非常昂贵，所有用户同时通过终端（可以理解成今天的 PC）分享主机的计算和存储。用户可以通过与主机相连的任意终端访问自己的信息，得到所需的服务，因为这些信息和服务都不在本地终端而在主机上。当然，在同一主机的这些终端用户很容易共享信息，只要他们的权限许可。但是，不同主机之间的通信功能很弱，不同主机的用户也几乎不会共享信息和服务。至于用户能得到什么服务则完全是被动的，因为软件和服务完全由计算机厂商（当时还没有独立的软件公司）提供。

1979 年 IBM 推出 IBM-PC，PC 时代正式开始，之前苹果的个人电脑只能算是一个序幕。这项革命性的发明反而差点要了 IBM 的命，因为在 PC 时代，计算机的用户从企业普及到个人，而个人使用计算机的方式将不再是通过终端共享价格昂贵的大型机资源，而是每个家庭各自拥有计算能力相对较弱但买得起的个人电脑。由于 PC 的性价比要比大型机好很多，它反过来侵蚀大型机的企业级市场。随着主导个人电脑的微软-英特尔体系（WinTel）的形成，IBM 退居二线。当然，此时大家使用不同的 PC，他们的数据和信息是很难共享的，软盘和后来的 U 盘成了大家传播信息的载体，同时也造成了病毒的泛滥。PC 时代的另一个问题是不同 PC 上有不同的软件，同一个软件也可能版本不同，使得大家在某一台计算机上做的工作，很难在另一台上继续进行。我本人就碰到过两次因为对方计算机上没有相应的软件或版本不对而引发的糗事。一次是在 IBM 做报告，我事先将自己用微软 PowerPoint 做的幻灯片传给 IBM 的同僚，遗憾的是因为他们是微软的竞争对手，一层楼里只有一两台计算机上装了 Office，于是浪费了不少时间在计算机之间将讲稿倒来倒去。另一次是在国外，由于 Office 的版本不对，我打不开自己的讲稿，只好用上备用的真正的胶片，在投影仪上放映。

随着互联网的出现，尤其是在宽带上网和搜索引擎普及以后，人们获取和交换信息变得方便许多。2000 年以后，随着运营几万台服务器的大型数据中心的出现，计算资源和能力才有了共享的可能，而这些大型数据中心之间采用高速光纤网络连接。这样全世界的计算能力就如同天上飘着的一朵朵云，它们之间通过互联网连接。人们可以通过互联网享用一个甚至是多个大型数据中心的计算和存储功能，而家里的 PC 则渐渐降级为不那么重要的终端。这样，在表面上似乎又回到了当年 IBM 大型机的分时共享模式，只是大型机被大型数据中心取代，大型机到终端的专线被互联网取代，而用户从大型企业普及到每一个人。被微软压制了多年的 IBM 当然希望通过这个转变重新谱写它的百年传奇。IBM 服务的对象依然是企业级用户，直到 2012 年，它的商业模式主要是卖云计算的服务器，这是 IBM 对云计算的理解。因此，到目前为止，它还没有像亚马逊那样提供对外服务的超级数据中心。但是 2012 年以来，它对云计算的认识也从卖机器上升到对外提供各种并行计算和存储服务。2014 年年初，IBM 宣布投资 12 亿美元扩建它在全球的云计算中心[2]，不过12亿美元对于建造云计算基础架构而言，算不上多大的投资。

作为一家互联网公司或更准确地说是电子商务公司，亚马逊对云计算的理解和IBM完全不同。亚马逊早期除了卖书以外，另一项主要业务就是通过它的开放市场，允许小商家在亚马逊上售卖商品。当然，不同的商家卖的东西不同，店铺的设计、交易的方式和提供的服务也不同，这些商家大多拥有单独的网站。对于中小商家，自己建立和维护这些网站从成本上讲是非常不合算的。于是，亚马逊开始给它们提供网站托管（Web Hosting）服务，建立了一些通用的交易平台，为这些商家托管其网上商店。为了满足众多商家的网站托管需求，亚马逊开始自建数据中心。这时，亚马逊发现，它不仅可以为商家提供网站托管服务，还可以为任何需要建立网站的公司提供。这样，任何想通过互联网提供服务（包括电子商务）的公司和个人都无需自建网站，而只要租用亚马逊的计算资源即可。这就是亚马逊理解的云计算，和IBM的理解完全不同，但并不矛盾。IBM可以作为它的服务器提供商，只要亚马逊觉得价钱合适。

Google是最早开发云计算技术的公司，初衷是为了其大计算量的搜索服务。但是随着自身业务的扩展以及与微软竞争的日益加剧，Google逐渐将原本运行在用户本地计算机上的各种应用软件搬到了服务器端。最早是日历（Calendar），这在微软则是其电子邮件组件Exchange的一部分。Google通过统一的账号系统（云计算的关键技术之一）将它的电子邮件（即Gmail）和日历打通，并通过简单的自然语言理解，从电子邮件中提取与约会相关的事项，并加到日历（Google Calendar）中。当然，所有这些信息都存在服务器端，跟用户终端无关，这样只要用户能上网登录，就能随时获取自己的日程表。不久，Google又推出了离线的电子邮件和日历服务，实际上就是微软Exchange的替代品。做到这一步，Google还只是在追赶微软上补了些课而已，看不出丝毫云计算的意思。但是，接下来Google做的几件事让人渐渐看清楚了它的云计算思路。

2　http://www-03.ibm.com/press/us/en/pressrelease/42956.wss

首先，Google 把本来运行在客户端的许多应用软件的主要功能，包括处理和分享图片的 Picasa，类似 Office 的字处理、表格处理和讲稿演示（Presentation）搬到了服务器端，或者说云端。虽然相比 PC 上演进了十几年的同类产品，这些应用仍非常初级，包括我本人开始都怀疑它们能否完全取代 PC 上的那些软件。但是，它的发展和普及速度却大大超出人们的预期，首先这些简单免费的替代品能完成这些复杂的同类产品 90% 以上的功能，基本上能满足 95% 的用户需求。实际上，不经训练的话，Photoshop 和 Office 的那些复杂功能连很多计算机专业人士都不会用。要知道买一套正版的 Photoshop 和 Office 是很贵的，对于个人用户，一套 Photoshop 的价格从 200 美元到上千美元，而一套 Office 的价格也在 100 美元到 300 美元，视功能而定。对于企业级用户，成本更高，每年都要收取使用费。其次，也是非常重要的，Google 的这些在线应用软件分享数据和信息的功能要比 PC 上的同类产品强得多。如果一个小组几个人一同起草一份文档，用 Google Docs 比用微软的 Office 要方便许多，虽然前者的排版不如后者漂亮。这个分享功能成了 Google 基于云端应用和服务的卖点。

在 Google Docs 问世前，如果一个人要和朋友或同事共享自己的文件或讲稿，要么作为附件用电子邮件发送给别人，要么复制到磁盘或 U 盘上，然后将物理的磁盘或 U 盘交给别人。如果他要将在办公室里没有写完的文档拿回家写，那么也要复制到某个载体上带回去。这么做既麻烦又不安全，但是还勉强可以工作。然而，要想在出差途中检查一下日历有无更新，或者同事是否对他的文档提出了修改意见，那一般只好等到了目的地，用自带的笔记本找到上网的地方才能工作，而使用别人的电脑并不安全。在 Google Docs 问世后，我们日常大部分办公的需求，从文档到日历，基本上都可以随时随地访问，而文档本身保存在服务器端，即使从公共计算机上访问也比较安全。正是这些便利弥补了 Google Docs 在功能上的不足。

与 IBM 和亚马逊都不同，Google 强调的是对用户的服务。虽然 Google 也生产服务器，而且产量不低（相当于全球第三大服务器厂商），但是它无意进入服务器的市场。Google 一度试图进入亚马逊的网站托管市场，推出 Google Site 这样的服务，但做得不成功，也就没有坚持。总的来讲，这三家各有各的特点和市场，基本上是互补而非竞争关系。把这三者的想法合起来，就可以得到云计算的本质了。

首先，云计算保证用户可以随时随地访问和处理信息，非常方便地与他人共享信息。 我们不妨对比一下上个世纪末和现在一位商务人士出差的场景。

1999 年，营销员比尔匆匆忙忙飞到外地签合同，此前他要提前三天做好各种准备，特别是打好几个小时的长途电话，确认合同的很多细节，以免到了目的地白跑一趟。然后，他要把自己的行程、酒店预订信息和租车信息打印出来，带在身上。考虑到上次做报告时 PPT 的版本不兼容，最后搞得很狼狈，他这次还带了专门的投影胶片以备不测。

到了机场，遇到航班晚点，他不得不通知对方延后第一个会议开始的时间，由于对方的时间是凌晨两点，他只好给对方的手机留言，但不知道对方能否及时处理。所幸的是，当他 5 个小时后下飞机时，对方改变了安排。不过，接下来的活动都要调整，相关各方无法自动获知他的航班晚点了，行程要重新安排，最后比尔不得不打电话一一通知，而有些会议间隔时间太短，无法赶上，比尔不得不取消一些活动。

到了 2010 年，情况就大不相同了。虽然比尔依然走得匆忙，和客户的会面都还没完全安排好，自己寄给客户的合同也没有得到反馈，客户答应在他到达目的地之前给他答复。不过大部分文件都在云端，他只需带一个平板电脑出行即可。比尔在飞机场等候转机，通过手机了解到客户已经确定了会面的时间地点，并且会看一看合同书有无反馈。由于飞机晚点，他直接在机场上网，修改了随后的一系列安排。而他的日历是与某些相关人士共享的，对方即刻就知道了他行程有变。

在飞机上，该航班通过卫星和 Wi-Fi 为乘客提供（收费的）上网服务，比尔得以在飞机上进一步安排好所有行程。他甚至和对方就销售协议彼此做了一些修改，使用在线的 Google Docs（或微软的 Office Online）双方可以实时看到对方的修改。等比尔到达目的地时，不仅行程已重新安排妥当，且由于已经跟客户预先交流过一些合同细节了，接下来合同的谈判就会顺利得多。后面要做报告也很简单，因为所有文件都存放在云端，不存在兼容性问题，只要客户给他提供一个投影仪就好。如果他要演示什么大系统（比如语音识别系统），并不需要带很多演示用的服务器，只需通过浏览器就可以调动在数据中心的多台服务器完成演示。

上面的故事，如今每天都在发生。仅仅过去了 10 年，人们的出行和工作方式就发生了很大的变化，这便是能够随时随地访问信息之后带来的便利。

第二，云计算保证用户可以使用云端的大量计算资源，包括 CPU 处理器和存储器（内存和磁盘），而无须自己购置设备。 打个比方，这就像我们不需要在自家院子里打井取水，不需要在厨房里用柴油机发电，而是享用水电公司提供的服务一样。它的好处是让全社会的计算资源得到最有效的利用，同时尽可能降低个人和公司使用计算资源的成本。以一个中型网站或电子商务公司为例，它需要几百台服务器和足够的带宽。以前，它需要自购服务器，租用数据中心，在服务器上安装操作系统和 Apache 之类的服务器软件，然后雇佣网络管理工程师和运维人员，才能为用户服务。这里面有十几个重要的决定要做，包括数据中心的选择、服务器的选型和布局、操作系统的选择、带宽的选择、容灾的处理，等等。为了保证服务的流畅，该公司服务器的峰值计算能力必须是其均值的 3—10 倍，加上容灾备份，服务器的使用率其实不高。因此，算下来这个公司的运营成本是很高的。实际上，目前中国的中小型互联网公司的平均运营成本比大公司（腾讯、阿里巴巴和百度等）高，中国的大公司比美国的 Google 和亚马逊高，很大程度上就是因为资源利用不充分。如果这些中小公司租用计算资源，那么平均运营成本就会低很多。而且这些提供云计算服务的专业公司的运维和信息安全的管理更容易做到高质和有效，对用户来讲，服务质量也能得到更好的保障。事实上，在美国，很多财富 500 强的公司，包括和亚马逊竞争的企业（比如美国第二大连锁店 Target），其网站和电子商务都是由亚马逊提供托管服务的。同时，很多跨国公司的电子邮件和文档系统都是由 Google 提供服务的。虽然在中国，大公司出于安全和稳定性的考虑，还没有使用阿里巴巴的云计算服务，但是大部分小型创业公司都不再自建后台服务系统，而是使用阿里云的服务。据大部分使用者介绍，虽然阿里云的服务还不太完善，但是成本要比他们自建服务器低很多，而且服务的可靠性和安全性也基本能够满足业务的要求。

对于个人或没有计算资源的单位来讲，云计算可以让他们完成以前根本完成不了的任务，一个很好的例子是图像处理。了解这个专业的人都知道，图像处理的计算量非常大。例如，公安局刑侦科得到一张嫌疑犯的照片，他们要通过计算机从上千万张图片中找到和嫌犯长相相似的人的档案。这一千万张照片，可能存在几十个城市的公安分局里。以前要完成这件事，先要把嫌犯的照片通知到各个公安分局，每个公安分局还要派专人去计算中心处理和匹配照片，这样的难度使得这项任务几乎不可能完成。（即使这些照片存在同一个计算机系统中，匹配一千万张照片也可能需要一个月甚至更长时间，因为图像处理很费时，而嫌犯可能已经逃脱。）现在有了云计算，这一千万张照片即使物理上分布在不同的计算中心，但是对于全国各公安分局来讲，感觉都像是在自己的机房里。同时，云计算的工具可以把计算工作并行地安排到互联网上闲置的服务器中，几分钟就可以完成任务。

云计算不仅可以用于 IT 领域和企业管理，还可用于和 IT 看似相关性不大的行业。2016 年成立的 Grail 公司是一家利用基因检测进行早期癌症筛查的公司，它的核心技术在于通过对基因变化的计算监控，跟踪被检测者的新陈代谢，特别是身体内基因的变化，其计算量大得惊人。Grail 公司在亚马逊云计算服务（Amazon Web Service，AWS）的帮助下，将计算成本降低了两个数量级，使得这项技术得以商业化。

3 云计算的核心技术

云计算要过技术、工程和法律等多道关卡，才能在社会上普及。我们先看看其中的关键技术，包括存储、资源管理和信息安全这几个大的领域。

先谈谈存储，它其实又包括海量数据的存储和结构化数据的存储。这两项技术在学术界研究了十多年后，最早由 Google 真正在工业界实现和应用，Google 的代号分别是 GFS 和 BigTable。

GFS 是 Google 文件系统（Google File System）的缩写，最早由 Google 的两个创始人佩奇和布林在斯坦福大学攻读博士时提出，在 Google 成立后，由 Google 的工程师们变成了产品。和以往操作系统中的文件系统不同，GFS 的目标是在多台机器上分布式存储海量数据，同时对用户来讲，所有的操作都和在一台计算机上操作文件一样简单。为了保证数据的可靠性，GFS 上的每份数据都有三个备份。GFS 上的一个文件有多大呢，它可以大到千万亿字节（PB），需要同时存储在前台服务器上，比如整个互联网网页的索引可以是一个文件。GFS 在从 2002 年到 2010 年的 9 年间支撑了 Google 的整体业务。其他互联网公司在 Google 之后也推出了自己的大型分布式文件系统。到了 2010 年以后，整个互联网的数据规模已经大到 GFS 也无法支持了。Google 于是推出了第二代云计算文件系统 CFS，规模是 GFS 的 1000 倍。

和以往的计算机文件系统不同的是，GFS 不是为随机读写设计的。很多仿制 Google 文件系统的公司都没有理解这一本质，包括一些中国很有名的公司。它们浪费了几百人年[3]的工作，试图去实现大型文件系统随机读写的效率，最后才发现是徒劳无功。

那么对于需要随机读写的应用怎么办呢？这些数据要放在内存中。考虑到在实际应用中大量的数据都是结构化的（类似于数据库系统的），针对这些应

---

3 "人年"是软件开发计算工作量的单位，一人年是指一个工程师从事一年开发的工作量。

用，Google 提出并实现了大型结构化数据的 BigTable 系统。

解决了海量数据的存储问题，那么如何把成千上万台服务器组织到一起来完成一项大任务呢？如何让使用者觉得远程使用云计算的资源就如同使用自家的计算机呢？为此，Google 开发了两个计算机任务和资源管理的工具。第一个工具是 MapReduce，它将一个巨型任务分解为无数小任务，分派到不同服务器中完成，然后再把每一台服务器上完成的小任务合并起来，最终完成整个大任务。MapReduce 的技术含量很高，它实现的好坏将直接影响到云计算的效率，而效率很容易差出一两倍。与 Google 的 MapReduce 类似，雅虎开发了一个名叫 Hadoop 的开源工具，有不少公司采用。但是由于 Hadoop 设计之初就有硬伤，主要是存储和运算功能没分清楚，它的扩展性和资源管理的灵活性也就大打折扣。

云计算资源管理的另一个重要工具是 Borg，作用是将整个云端（可以跨几个数据中心）的服务器资源作为整体进行管理，并根据用户的需求动态分配这些资源。比如，某个互联网公司的业务以前需要购买 125 台 4 核处理器、16GB 内存的服务器；现在它只要向云计算公司申请 500 个 CPU 的计算量和 2TB 的内存，至于用的是哪些服务器上的 CPU 和内存，用户不必关心，都是由 Borg 来分配。

上述技术因为其"高科技"特征已被业界关注了很长时间。但是，另一方面的技术常常因为看上去不是什么高科技，则屡屡为人们所忽视——信息安全技术。而事实上，信息安全技术是云计算能否普及的关键。

李开复博士举了个很好的例子来说明为什么从信息安全的角度看，云计算比现在的 WinTel 模式更好。现在使用计算机的模式相当于把钱存在家里，如果自己的计算机上有个防火墙，则相当于把钱存在自家保险柜里。但是，即使是保险柜，也不能保证 100% 不丢钱。购买诸如钻戒等贵重商品时，你就需要随身携带大量现金，这样其实很不安全。而云计算相当于把钱存到银行里，你可以随时随地到取款机上提现。而且只要带上信用卡或借记卡就可以在任何与银行联网的商家消费。事实上，信息存在个人电脑（或其他个人终端）上并不比存在服务器端更安全。几年前闹得沸沸扬扬的"艳照门"事件，恰恰是存在个人电脑上的信息泄露引起的。

在云计算的模式中，终端用户所需的应用程序和工具不需要存储和运行在本地个人电脑上，而是运行在互联网上大规模的服务器集群中。用户所处理的数据也不一定要存储在本地，而可以保存在联网的数据中心里。提供云计算服务的企业有专业的人员负责管理和维护这些数据中心的安全。这样，用户不用再担心数据丢失、病毒入侵等麻烦。

当然，要保证信息安全，还必须有配套的政策和法规。由于互联网上商机巨大，世界各国都出现了一些公司为了自身利益，通过技术的手段做危害用户信息安全和损害其他公司的事情。在任何国家，抢银行都是重罪，这在某种程度上保证了银行系统的正常运营。而现在，盗取信息，包括常见的盗号、网络欺诈、钓鱼等不法行为，几乎不会受到什么刑事处罚，这样必然会阻碍云计算的发展。2013 年，美国第二大连锁店百货店塔吉特（Target）计算机系统中的用户信用卡信息被盗，造成 1.48 亿美元的损失[4]。2014 年，索尼公司被黑客盗取了用户数据，直接经济损失也超过了一亿美元[5]。那些偷盗数据者，并没有受到惩罚。更有甚者，现在一些公司竟然打着信息安全的旗号破坏信息安全，甚至肆意修改用户个人电脑上安装的软件。和盗号与钓鱼不同，这些公司有很大的欺骗性，以至于会有成千上万的用户上当。其实，对云计算用户来讲，最安全的做法就是在客户端上除了浏览器，其他和上网有关的客户端软件尽量少装，即使是所谓的杀毒软件。

最后让我们从工程上看看云计算的关键之处。云计算本身是一个非常复杂的系统工程。它的普及首先离不开大型数据中心的建设和全球高速光纤主干网

---

4 http://time.com/3086359/target-data-breach-loss/

5 http://www.businessinsider.com/sonys-hacking-scandal-could-cost-the-company-100-million-2014-12

的铺设，这就好比电的普及离不开发电厂和输电网一样。在 Google，这些工程被称为全球基础架构，它本身也需要很多关键技术，包括一些看上去和 IT 无关的技术，比如制冷技术。全球基础架构设计和实施的好坏可能会导致运营成本上成倍的差别。

要做到在任何时间、任何地点都能访问互联网，互联网的入口是个问题。这和手机网络覆盖率或银行自动取款机数量是同一个道理。只有当用户可以随时随地取到钱，他才会从携带现金转为携带借记卡；只有当用户可以在城市的任何地点使用手机打电话，移动通信才会彻底取代市话业务；只有当用户可以在城市大多数地区都能很方便地访问网络，才会将自己的文档和日程表放在网上。这里面又包括法律上互联网的中立性，以及技术与工程上两方面的挑战。我们在介绍 Google 的第 18 章中已有述及，就不再赘述了。

值得补充的一点是，云计算的发展是全社会的事情，最终需要公开的接口标准和服务。就像操作系统是一个硬件制造商和软件开发商都遵守的平台一样，云计算也是一个这样的平台。云计算要想得到充分的发展和全世界计算机产业的认可，不是单凭任何一家公司的力量就能做到的。在全球信息化的今天，最好的发展模式莫过于构建开放的开发环境和工具（例如雅虎的 Hadoop 和 Google 的 Android）。云计算的服务提供商必须遵守统一、开放的标准，并为下家提供开放的服务，才能促成整个产业链的发展。在这一点上，中国的工信部（主要是软件司）的主管官员们非常有远见，一直致力于统一中国云计算的标准，增强中国云计算技术和标准在世界上的话语权。

4　新的 IT 产业链

云计算在全社会的普及将从根本上颠覆 IT 的产业链。到 2012 年，从营业额上看，IT 的产业链还是以 WinTel 为主线，以互联网为辅线。在 10 多年前，整个 IT 行业还没有一种力量能撼动微软和英特尔在 IT 领域的主导地位，最挣钱的业务被微软和英特尔靠垄断牢牢掌控，其他公司只能作为它们的下游，在竞争激烈的环境里勉强生存。对用户来讲，大家也没有选择。不采用英特尔的 CPU 和微软的操作系统（比如用苹果），几乎没有太多的应用软件可用，与其他人的计算机也无法兼容。随着云计算的出现，不需要外力作用，WinTel 体系就式微并走向解体了。

接下来，随着 WinTel 体系的日渐式微，一大批公司的核心业务将受到严重挑战。当然，首当其冲的是 PC 操作系统变得不再重要。在 WinTel 时代，大家的很多上机时间是在"单机"上，使用的也是客户端软件，因此操作系统的重要性无与伦比。任何一个应用软件开发商首先要考虑的是选择用户数最多的操作系统，否则它的应用软件没有人用。在云计算中，所有的应用都放在服务器端，终端的类型可以根据使用者的喜好选择，无需为兼容问题发愁。举例来说，在 PC、苹果 Mac、智能手机和平板电脑（如 iPad）上，Google 的 Gmail 和 Calendar 两项服务的体验都差不多。当然，与此同时，提供云计算服务的亚马逊就变得非常重要，这也是它能够在利润率极低的情况下依然被华尔街看好的原因。

没有了对操作系统的依赖，对英特尔 CPU 的依赖也就减少了。现在，一些可上网的终端，包括几乎所有的智能手机、平板电脑以及部分上网本并未使用英特尔的 CPU，而采用了基于 ARM 的 CPU。ARM 实际上是一个对外公开的设计，任何半导体公司都可以购买它的 CPU 设计制造自己的芯片。今天英特尔一方面要和高通等 ARM 处理器生产厂家竞争，另一方面要面临提供了更强计算能力 GPU 处理器的英伟达的挑战，它一家独大的时代一去不复返了。

再接下来，硬件厂商的产品线有了大幅的调整。概括来讲，就是越来越多的计算从客户端回到服务器端，因此个人电脑的更新速度放缓，而灵巧的移动设备的性能则在不断增强，各大公司也开始建造规模越来越大的数据中心。只要设计合理，超级数据中心可以做到在相同能耗下，计算能力比个人电脑高出好几倍，有利于环保。

于是，全球个人电脑的出货量在 2011 年达到销售顶峰之后，就开始不断下降（图 26.1），而笨重的台式机则早已淡出了普通消费者的视野。很多原先的 PC 公司，包括戴尔、惠普和联想等，都在开发和销售智能手机（基于安卓操作系统的）和平板电脑，但是由于基因的关系，它们鲜有成功，取而代之的，是新出现的智能手机厂商，包括小米、vivo／OPPO 和华为等。

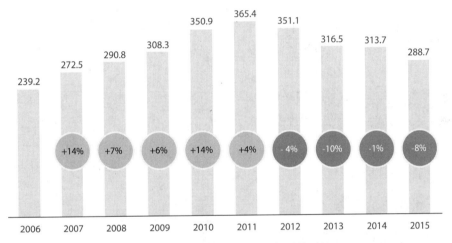

图 26.1　全球个人电脑的逐年出货量（单位：百万台，数据来源：statista.com）

随着计算终端市场的变迁，对应的外设市场也开始变化。新的终端便携性日显重要，一个很重、怕颠簸、耗电多的传统硬盘就显得不合适了。基于闪存的固态硬盘（Solid State Drive，SSD）得到广泛应用。我们可以大胆地假设，用不了几年，传统硬盘将像当年的软磁盘一样，从个人电脑中消失。那么生产固态硬盘的公司将飞速发展，而生产传统硬盘的公司将萎缩。

当然，随着云计算的普及，新的产业生态链将逐渐形成。原来开发个人电脑软件的公司和开发者，他们会将大部分功能从 PC 端转移到云端，在电脑或智能手机一端只留下简单的操作界面和网络通信功能。于是，体量很重的 PC 软件就被简化成了一个浏览器的插件，或智能手机上的 APP。这使得网络浏览器和手机 APP 商店变得十分重要，而提供云计算服务的公共平台则是新的软件产业的枢纽。

在所有云计算平台中，最成功的当属亚马逊 AWS。截止到 2018 年，大约有 70 多万个企业使用了它的服务，其中不乏财富 500 强企业，包括 Adobe、奈飞、道琼斯、辉瑞，等等。今天，有上万家大大小小的企业在 AWS 上开发应用程序，提供给上亿的用户使用。从产业生态链来看，它在一定程度上扮演了微软在 PC 时代的角色。当年的应用软件开发商（比如做财务软件的 Intuit、图像处理软件的 Adobe 和游戏开发商艺电（Electronic Arts））过去是微软的下游公司，现在成了 AWS 的下游。所不同的是，基于云计算的 IT 服务成本要低得多，因此它逐渐取代了传统的软件业。

从硬件到软件，云计算的兴起导致一个产业链的式微和另一个产业链的兴起。云计算产业链的市场规模有多大？如今已经在千亿美元以上了，而且有可能达到万亿美元。

5　软件就是服务

在美国、日本和欧盟大多数国家，企业级 IT 市场（包括企业级软件市场）的规模比个人用户市场要大得多。这一点和中国完全相反。在中国，最大的软件公司是腾讯和百度这样针对个人用户的公司，而不是金山和用友这些面向企业级市场的公司。而世界上营业额最高的软件公司，包括微软、IBM 和甲骨文，收入完全或绝大部分来自于企业级市场。以微软用户为例，一个企业如果用它的 Office 和电子邮件产品 Outlook，每台计算机每年可能要向微软缴纳从一百美元左右到三四百美元不等的使用费，不是一次性，而是每年如此！加上其他软件的使用费等，每个员工每年在软件上的花费很容易超过一千美元。2018 年，全世界企业级软件和 IT 服务市场规模超过了 7000 亿美元（数据来源：statista.com），仅 IBM、微软和甲骨文三家公司 2018 年的营业额总和就达到 2300 亿美元，可见企业级 IT 市场之大。

美国公司为什么愿意在 IT 方面花钱，因为它们要想在和同行的竞争中占据到更有利的位置，就需要提高效率，为用户提供更大的价值，而不是靠价格战。而在IT方面的投入是提高效率的捷径，而且对任何公司都适用。（虽然改善管理也能提高效率，但是大部分公司都做不到。）我们不妨看两个在IT方面投入获得效率提升的例子。

第一个例子是在计算机软件工程领域大家熟知的例子。上个世纪60年代初，美国航空公司（American Airlines）第一个采用了IBM开发的自动订票系统SABRE，将它们在世界范围内的机票代理商和旅行社连成一体。很快全行业都采用自动订票系统了，因为各家航空公司发现美国航空因此而效率大增，旅客人数有明显增长。第二个例子是我的一位朋友、一个企业级软件公司创始人的亲身经历。他的公司在规模很小时就将软件卖给了物流巨头联邦快递公司FedEx。为什么这个小公司能做到这一点呢？他告诉我这倒不是他们的市场能力强，而是因为很多美国公司愿意尝试这些新东西。具体到联邦快递这个例子，联邦快递一向在收费上明显高过竞争对手UPS，比如UPS运送一个包裹是5美元，联邦快递可能是7美元，但是后者承诺投递速度更快。怎么才能做到这一点呢？联邦快递的飞机不可能比其他快递公司的飞机飞得更快，它的汽车也不可能跑得更快，那么只能是把物流管理做得更好。因此，任何有助于提高效率的企业级软件它都愿意尝试，如果真的有效，它愿意付钱使用。像联邦快递这样的企业很多，就养活了美国不少企业级软件公司。听到这里，我跟他开玩笑说他的做法在中国一定行不通，因为中国同行之间的竞争不是像联邦快递和UPS那样，希望通过更好的服务来获得更大的市场份额，甚至提高价格，而是希望通过降低成本来打价格战。在中国，过去如果一家快递公司承诺每个包裹5元钱，那么它的竞争对手会想方设法将价格做到4.8元，它降低成本最简单直接的办法是改汽车送货为摩托车送货，甚至挤压快递小哥的薪酬福利。虽然近年来也做IT投入，但那是第二位，甚至第三、第四位的。这种现象过去在很多行业里都存在，因此在美国、日本和一些欧洲国家企业级IT市场大得惊人，而在中国却可以忽略不计。不过到了云计算时代，中国或许会有新的希望，因为盗版软件变得很困难，而中国廉价劳动力的红利也所剩不多了。

企业级市场如此之大，照理说总会有一些拥有新技术的公司想动这块大蛋糕。几十年下来，这个市场的变化比消费者市场要慢得多。在针对消费者的市场上，现有的公司哪怕再大，一旦有一个小的技术进步，就有可能动摇现有的统治地位，但是企业级软件和服务市场却一直被传统的 IT 企业，比如 IBM、微软、甲骨文和 SAP 把持着。为什么会造成这种现象呢？这里面最主要的原因有两个，数据的忠诚度（Data Loyalty）和销售成本。

数据的忠诚度很容易理解，当一个企业长期使用 IBM DB2 的数据库系统后，如果要让他们转到甲骨文上来，风险很大。因为这个转换过程一定会有很多磕磕碰碰，比如数据出错和丢失、系统的不稳定，等等，不到万不得已，任何公司的 IT 部门都不会愿意去冒这个险。因此，对于已经成熟的企业级软件市场，比如财务管理、人事管理和库存管理等，新的公司很难进入。而在两次技术革命之间的大部分时候，能给用户提供的新服务不是很多，因此市场处于一种饱和态。

销售成本是很多试图进入企业级软件市场的小公司经常忽略的。我在专职从事风险投资的这几年，接触了很多专注于企业级市场的 IT 公司，虽然一旦获得一家客户后，它们可以常年做生意，但是开始的销售成本是巨高的。在美国，除了诸如差旅费、营销费用等显性成本外，还有很多隐性成本。例如，公司里差不多每三个针对企业级市场的销售人员就有一个根本做不成什么单，这就是隐性成本。此外，第一次签成功一个企业级合同需要 3 到 6 个月时间，如果是财富 500 强的大客户，这个时间甚至超过一年，这是那些急于在市场上证明自己的初创公司等不起的。

由于这两个原因，再加上其他因素，在企业级市场上，初创公司颠覆老公司几乎不可能，除非赶上巨大的技术革命。而云计算对企业 IT 服务来讲，恰好是这样一次巨大的革命，这就给了新公司打破原有平衡的机会。

云计算首先是让服务成本极大地下降。以往像 IBM 这样的公司在为客户提供服务时，常常是硬件、软件连同服务（包括系统管理人员）一起打包出售，价格非常昂贵。而各个客户由于计算机资源不能共享，实际计算机系统（硬件部分）的利用率很难做得很高，而且这些硬件每过若干年就需要更新换代一次，这对一个企业来讲是不小的开销（或者说浪费）。在云计算出现后，由亚马逊等超级计算中心提供的硬件服务（计算、存储等）价格便宜得令人难以置信。一个相当于四核 CPU 的计算能力[6]加上足够大的内存和磁盘存储空间，一年的服务费仅 350 美元左右[7]。假定一个服务器有四个这样的 CPU，一个中小企业租用 100 台这样服务器，一年只需要 14 万美元。这大约只相当于在硅谷雇一个系统管理员的成本加上这些服务器的电费。也就是说，这个企业如果使用亚马逊的云服务，相当于只支付了系统管理员的成本和电费，而这些服务器本身没有花任何钱。

如果仅仅是成本下降，传统的 IT 服务公司或许还可以通过将一些工作外移到印度，加上摩尔定律带来的红利在较长时间内维持固有的优势，但是云计算让很多原来不能做的事情变成可以做了，这就把传统的 IT 软件和服务企业拉到与初创公司在同一个起跑点上。例如，云计算的出现使得大数据的收集以及高强度的信息处理变得非常容易。我们在前面提到的圣杯（Grail）公司，以及加州著名的大数据医疗公司人类长寿公司（Human Longevity），它们在处理基因数据时动辄需要使用上万台服务器，这就必须用到云计算。2016 年之后，中国的人脸识别技术得到了广泛应用，它背后需要强大的计算能力以及海量的数据，这些也只有云计算可以满足。像这样在云计算兴起之后开展起来的新型企业级服务还有很多，这都是以前的企业级软件即服务根本做不到的。

在所有提供云计算的公司中，最成功的当属亚马逊，而它的核心竞争力就是能够做到价格极为便宜。为什么亚马逊能做到这一点呢？除了这家公司一贯很擅长节约成本外，还有两个根本原因。第一是规模经济的效应。和 Google

---

6 亚马逊卖的是计算能力，而不是具体的 CPU。

7 为了跟亚马逊竞争，Google 和微软等公司经常搞促销活动，提供更便宜的服务。

一样，亚马逊的服务器采购量很大，而且都是自己设计，然后直接委托计算机厂商生产，成本低于任何计算机代理商进货价格。同时，由于对服务器资源采用自动化管理，系统管理员和服务器占总体成本的比例也非常低。第二是云计算本身的优势。为用户保留的服务器不可能永远是满负荷运行的，云计算中心的一台服务器可以提供给两个甚至更多企业复用，这样每个企业实际支付的费用就降低了。圣杯公司（它的 IT 团队完全来自 Google）开发了一项利用数据中心服务器的碎片时间进行计算的技术，使得原来根本无法利用的一两分钟间隔时间可以用来完成巨大的计算任务，这让它的计算成本降低了 90%。

当然，亚马逊提供的是基本的存储和计算功能，而不是各种专门领域，诸如人事、财务、物流和仓储等完整的企业级服务。只有当上述这些专业服务都搬到云计算平台以后，它们才能颠覆现有的企业级软件市场。显然，目前这些需求是有的，技术上也是完全做得到的，因此在硅谷便诞生了许许多多基于云计算的企业级软件公司。目前有些公司已经达到中等规模，即十几到几十亿美元的年收入，几十到上百亿美元的市值，比如专门从事大数据处理的 Splunk 公司（2019 年初其市值高达 180 亿美元）。相比 IBM、甲骨文等，这些公司还很小，但是它们代表了企业级软件的未来。

面对云计算产生的新挑战，IBM、微软和甲骨文等老一代的 IT 企业也在积极应战和主动转型。IBM 推出了基于云平台的计算和存储服务，如 Service for Hadoop 等，积极转变商业模式。IBM 以往就有租赁硬件设备的服务，因此从要求客户买硬件系统向要求客户购买 IBM 云计算平台上的服务转变，来得很自然。微软则将过去的数据库系统和办公软件 Office 搬到它的 Azure 云计算平台上，并且接纳第三方软件在它的平台上运行。而擅长通过并购进入新领域的甲骨文，则又是通过并购公司不断获得云计算领域的新业务，并且逐步将数据库从服务器往云计算上迁移。仅仅在 2011 年下半年到 2012 年年中，甲骨文就多次并购基于云计算的中小公司。其中包括 2012 年 7 月收购的网络虚拟化公司 Xsigo，这家公司的技术对打造云计算中心非常有用。

此前，甲骨文以 15 亿美元收购了基于云计算的客服管理公司 RightNow，以 19 亿美元收购了基于云计算的人力资源管理公司 Taleo，其他过亿的收购还有很多起。所有这些布局标志着甲骨文也在积极地转型。到了 2018 年第四季度，甲骨文与云计算相关的收入达到了创纪录的 68 亿美元。而我在本书第三版介绍到它当时（2015年第4季度，即甲骨文2016财政年度的第2季度）的云计算收入是近 5 亿美元。也就是说，这几年甲骨文已经逐步完成了从卖服务器和卖软件到提供云计算服务的转型。

基于云计算的企业级软件和服务提供了空前的商机，在短短十年里，已经诞生出很多优秀的公司。由于企业级软件和服务市场巨大，在这个领域依然有诞生大型跨国公司的可能性，此外，很多与企业级 IT 服务相关的云计算公司会成为 IBM 或甲骨文等企业级软件巨头并购的对象。对比 10 年前，这个领域已经发生了翻天覆地的变化。

6 中国市场的机会

中国的云计算产业经过了 2009—2013 年的泡沫阶段之后，慢慢步入了正轨。中国没有像当初工信部希望的那样在云计算时代引领世界潮流，但是却逐渐创造出一个企业级软件市场。

先说说中国的云计算泡沫。当云计算这个概念在美国出现后，云计算的兴起和取代 PC 时代的 WinTel 体系，是大家很容易看到的。因此，很快地中国就有人看到机会并开始炒作了，于是迅速成为泡沫。可悲的是，这一次泡沫也和之前历次泡沫一样，有着这样一些相似的特征。

1. 云计算定义不清或者说思路不清，炒作概念。世界著名经济学家、普林斯顿大学教授、《漫步华尔街》一书的作者麦基尔（Buron Malkiel）讲，当投机者需要一个概念来炒作资本市场时，永远会有这样的概念出现。20 世纪 60 年代，美国很多公司都改名为"电子公司"，虽然它们的核心业务和营收没有改变，但在资本市场（例如股市）上的估值却涨了几倍甚至十几倍。那时许多公司都采用电子 electronics 的后缀，将公司名改成什么 tronics，比如做床垫（Mattress）的公司叫做 Mattronics，做扳子钳子等工具（Hardware）的公司叫 Hardwatronics，做机械（Machine）的公司叫 Matronics 等。当然，借的东西总是要还的，1968 年电子公司的泡沫破灭，全球股市暴跌。

当然，人总是不长记性的，新成长起来的一代继续忽悠人和被忽悠，30多年后，所有的公司都跟互联网挂上钩，".com"公司在全球泛滥。类似地，所有公司都在自己前面加个 e，或者 net。比如在线股票交易的公司叫 ETrade，网上的银行叫 NetBank，一些风险投资人和我讲，你可以起个公司叫 eWujun，只要每天访问量到百万，就能值上千万美元。结果 2001 年全球科技股市崩盘，至今还未回到当年的水平。一些".com"公司创始人现在还欠着美国国税局和州政府的税。短短 10 年后，从 2011 年开始的云计算概念在中国开始泛滥。

虽然目前中国对云计算的解释五花八门，甚至有人只知道云计算这个名词便开始谈论云计算了。很多不是云计算的东西，早就有的东西也被归到这个范畴里。比如说远程办公，有了分布式数据库和局域网，一个公司（不论多大）内部的办公完全可以实现自动化。这在上个世纪 90 年代末就已实现，并且在美国各个大公司、大学和机构中就是这么工作的。2000 年以前，我在约翰·霍普金斯大学读书时，出差报账早就是网上提交，网上审批。但是这样简单的事情，只要有局域网和甲骨文数据库就可以做到的事情，现在被中国一家做云计算的公司称为云办公。这类例子数不胜数。腾讯前首席架构师朱会灿博士指出，数据中心和计算中心，早在互联网出现不久甚至更早在通信有了数据业务时就有的，现在在中国改名为云计算中心；网络硬盘，也是 2000 年前后就有的服务，现在改名叫云存储；SOAP[8] 接口现在叫做云服务；互联网的数据处理系统，现在称为云操作系统；带有互联网接口的电视机，现在叫云电视。

8　Simple Object Access Protocol，简单对象访问协议。

这个现象和上个世纪 60 年代把公司都改名成电子公司，90 年代到处是互联网公司一样，肤浅而浮躁。

2. 云计算变成了土地 GDP。 还有各地出现的打着云计算的旗号，圈地搞基建，包括建立云计算数据中心（盖楼、买机器），铺设光纤，等等。至于上面有什么服务，能做什么事情，暂时都没有考虑清楚。云计算的初衷是整合社会的计算资源，达到节省资源的效果。为了达到这个效果，每个云计算提供商要有相当的规模。现在很多外行，以及涉及自身利益揣着明白装糊涂的内行，以所谓私有云的名义，将本该合并的服务硬是划成了豆腐块。在美国科技界，大家的共识是云计算基础设施的提供商数量只能是个位数的。而在中国，这个道理讲不通，因为所有零敲碎打的公司和政府部门都以"你讲的那是公有云，我们也需要私有云"为借口划分地盘。岂不知，即使 Google 这家计算能力全球最大的公司，也不过是一块私有云而已，因为私有云并不意味着规模小。而在美国很多政府、公司和学校都放弃了自己的 IT 服务，使用 Google 的云服务，而不是自己搞云计算，比如洛杉矶市政府、规模很大的基因泰克公司、教职工和学生超过六万人的纽约大学[9]。在中国有些人也很清楚云计算不是谁都能搞的，但这是提升 GDP 和业绩的最好名头，一定要用一下。于是，云计算的泡沫就越吹越大了。

这种泡沫的恶果非常显著，它会导致资本的大量流失和人力物力资源的严重浪费。但是在这样低效率投资和严重浪费之后，也会留下很多今后用得上的基础架构，包括数据中心和全国性光纤网。当然，最初炒作概念（而又投入了资本）的弄潮儿可能大多血本无归，成为后面成功公司的铺路石。而少数在这个泡沫中保持清醒并且坚持在云计算基础技术和真正的应用上投入的公司，将成为笑到最后的胜利者。他们将以极低的代价享受泡沫时代过度投资带来的好处，成为新的 IT 业龙头。这就像美国 2000 年在互联网上过度建设后，建设这些数据中心基础架构的公司均告倒闭，后来这些资产大多被 Google 以极低的价钱收购和使用，客观上帮助了 Google 的崛起。

9　http://www.google.com/apps/intl/en/customers/index.html

2010 年我在本书第一版中曾经预测中国的云计算泡沫一定会破灭。我这样写道：

> 泡沫过去后会剩下什么东西？云计算的泡沫不是几百年前荷兰的郁金香泡沫和英国的南海泡沫，泡沫过去后，什么都没留下，而更像上个世纪 60 年代的电子公司泡沫和 2000 年前后的互联网泡沫，会留下很强的、引领 IT 产业新秩序的公司。比如，上个世纪 60 年代是电子时代，诞生了诸多著名的日本电器公司，包括索尼、东芝和松下等；而互联网泡沫后，留下了雅虎，出现了 Google、亚马逊和 Facebook 这样优秀的公司；云计算泡沫后，在众多倒闭公司的尸体上和极度浪费的基础建设上，会出现捡到大便宜的优秀云计算公司。
>
> 既然我们有历史的教训，为什么不能制止这种低效率的投资和必定会破灭的泡沫？很遗憾，我们不能对人类期望过高。在投资上，我们人类中的大多数基本上是贪婪而不长记性的，而这大多数人不理性的行为，恰恰造就了能清醒认识规律并且遵从规律的英雄。

到了 2013 年，我的预言不幸成真。大部分投资云计算的土地产业血本无归，个别换了大数据的牌子依然在招摇撞骗，但是境况也不佳。

但是，云计算毕竟是在美国已经证明了的技术革命，并非泡沫，因此大潮卷过，那些裸泳的人被淘汰后，总能留下一些金子，中国的云计算泡沫也是如此。

首先，做事相对扎实的一些云计算平台生存了下来，比如阿里云。我在 2013 年预测中国通过竞争剩下的云计算服务商不会超过十家，今天来看比我所说的更少，屈指可数。但是，剩下的这几家公司开始有了不错的生意。如今中国的创业公司不再有自己搭建服务器集群的了，大多使用阿里巴巴或腾讯提供的云计算服务。对绝大部分企业来讲，云计算不仅成本低，可靠性高，而且非常灵活，特别是当业务快速增长时，不用担心服务器、带宽和存储能力跟不上。

其次，也是更重要的，云计算在很大程度上能够解决过去软件盗版的问题，使得中国过去收不上软件费赚不到的钱，能够通过付费服务的方式收上来，这最终可能会在中国造就一个几千亿甚至上万亿元人民币的企业级软件市场。

过去，中国人愿意花钱购买看得见、摸得着的计算机硬件，但是一些人不愿意购买软件和其他知识产品，能盗版就盗版。这看似节省了成本，其实也毁掉了中国的软件产业。直到今天，中国依然没有一款世界级的软件，而中国所有上市的软件公司，包括金山、用友、东软等，市值加起来还不如美国中型软件公司 Adobe 的 1/3。如果 Adobe 在中国，它一定生存不下去，因为很少有人愿意花 400 美元买一份 PhotoShop。但是，云计算出现后，中国的企业级软件公司不需要再卖软件给客户了，它们可以将软件放在自己的云计算中心，以服务的形式供客户使用，也就是常说的"软件即服务"（Software as a Service，SasS）模式。有意思的是，中国大中小企业居然接受了这种收费方式。如果中国的企业级软件和服务的市场规模能够达到全世界平均水平，那么也将是一万亿元人民币的市场。

简言之，通过云计算，中国将获得一个新的 IT 行业的成长点。

结束语

如果说互联网 2.0 是一次对资源的优化，那么云计算则是彻头彻尾的革命，一次科技发展的大浪潮。曾几何时，几乎所有人都认为微软和英特尔的统治地位是不可动摇的，无论从技术上还是法律上。但是，随着云计算技术的兴起和普及，这个 WinTel 体系居然自己就摇摇欲坠了。云计算和 WinTel 体系的基因相差之大，使得传统的软硬件公司无法转基因，这就是技术浪潮。我们知道，如果一次浪潮还没有结束，任何人为的力量都很难和科技发展的浪潮相抗衡；而当一浪过去之后，任何外力也都很难维持它的高潮。今天云计算依然处在方兴未艾的阶段，特别是对中国的 IT 行业来讲，云计算提供了一个创造万亿元企业级软件和服务的机会。

当然，云计算在改进技术的同时，特别需要在立法和执法方面跟上技术的发展。目前，各种信息安全问题已经成为普及云计算的障碍，这是全社会必须面对且需要尽快解决的问题。

大事记

1996	埃里森等人提出网络电脑的概念，随后一些公司（包括苹果）推出网络电脑，但是在商业上不成功。
2002	Google 实现了超大规模的并行存储 GFS，这成为了后来的 Google 云存储。次年对外发布。
2003	Google 实现了大规模并行计算的工具 MapReduce，并且用于广告系统的优化。次年对外发布。
2006	施密特发明了云计算这个词，雅虎推出 Hadoop 云计算工具，亚马逊成立了云计算部门 AWS。
2008	Google 发布了它的云计算服务 Google 应用引擎，NASA 宣布了它的云计算服务 OpenNebula。同年 IBM 也推出了云计算服务。
2009	阿里巴巴公司成立了云计算部门阿里云。
2010	微软推出了两年前宣布的云计算平台 Azure。
2018	AWS 获得了 70 多万家企业级用户。

第 27 章　汽车革命

如果要问谁是 21 世纪最受追捧的发明家，在第一个十年里答案可能是乔布斯，而进入第二个十年，答案无疑是伊隆·马斯克。后者成功地推出了以特斯拉命名的全电动汽车，特斯拉不仅本身不产生任何形式的污染（有毒气体、噪音或二氧化碳），而且一次充电后能达到内燃机汽车的续航里程，并且达到跑车的加速性能。特斯拉自问世以来，就成为从好莱坞明星、硅谷创业公司老板，到世界各国中产阶级梦想的汽车。正是靠着从投资界到消费者的追捧，特斯拉这家一年生产不了多少辆汽车的公司，市值居然超过百年老店通用汽车和福特，成为美国市值最高的上市汽车公司（2019 年初，这三家公司的市值分别是 550 亿、480 亿和 330 亿美元）。

不过，如果要问美国估值最高的汽车公司是哪家，风生水起的特斯拉却还算不上，那是一家叫作 Waymo 的公司。Waymo 这个名字你可能都没有听说过，不过对它更常见的称呼——Google 无人驾驶汽车公司，你一定不陌生。实际上，Waymo 今天是 Google 母公司 Alphabet 公司旗下的一家一级子公司，独立于 Google。2017 年摩根士丹利等投资机构对它的估值已高达 700 亿美元，而当时它只在美国的凤凰城有少量汽车投入商业运营。

无独有偶，在中国估值最高的汽车公司不是占中国近 1/5 市场的上汽集团（2019 年初的市值为 2900 亿人民币），而是不生产一辆汽车甚至不曾盈利过的滴滴公司，它在 2018 年年底的估值约为 3400 亿元人民币（500 亿美元）。

为什么这三家汽车（或与汽车相关的）公司被大家一致看好呢？因为它们代表了正在进行的汽车革命的三个方向。汽车工业经过了一个多世纪的发展，已经到了必须革命的时候了。

1　便利性的代价

人类的历史很大程度上是一个不断迁徙的历史。轮子和车辆的出现，不仅让人们能够更省力、更便捷地到达远方，也改变了人们的生活方式。但是，由于成本的原因，普通人家拥有一辆车在很长时间里是不可能也不必要的事情。可是，到了 19 世纪末，内燃机的出现和第二次工业革命带来的财富使得自家拥有车辆变得可能。汽车的出现和普及催生了很多新的产业，比如道路和基础设施的建设，石油业、旅游业的兴旺，大型购物中心的建设，等等。同时，汽车的普及也改变了人们的生活方式，比如大量的中产阶级从城市搬到了市郊，享受更大的住宅和公共空间，并且在周末能够更好地享受休闲时光。以美国为例，由于 80% 的人口都住在距离水边（河湖海）80 千米（50 英里）的范围内，在上个世纪 20 年代汽车开始普及后，人们周末就开始到水边度假。在法国，为了配合大家开车出门找好餐馆吃饭，生产轮胎的米其林公司推出了著名的米其林餐厅评级指南，老饕们会为了吃一顿美食专门驱车上百千米。在中国，自驾游也是在汽车普及后才兴起的。

但是，随着全世界车辆的增加，它所带来的问题也逐渐显现，并且越来越严重，最大的三个问题是环境污染、交通拥堵浪费时间，以及大量的死亡事故。

先说说污染问题。在中国北方经历了雾霾的人对过多车辆造成的严重污染都深有体会。尽管汽车制造厂商常常喜欢为雾霾找其他理由，但是城市里燃烧各种石油燃料的车辆严重污染环境是不争的事实。根据美国环境保护署提供的数据，在 2016 年，美国有 28% 的温室气体和废气排放来自于交通，在所有污染源中名列第一[1]。在美国国内，并没有大型运输船只，火车也不使用化石燃料，主要交通污染来自私家车。

大量车辆带来的第二个污染是噪音污染，过去常常被人们所忽视。根据欧盟环保署2017年的报告显示，欧盟国家5亿人口当中超过1.2亿人常年生活在噪音过高（超过55分贝）的环境里，而噪音的来源主要是城市里的车辆[2]。根据世界卫生组织（WHO）的研究，长期置身于噪音之中会增加患中风、心脏病、忧郁症、失眠、糖尿病和高血压等一系列疾病的概率。

大量车辆带来的第二个问题是交通拥堵。当亨利·福特等人发明汽车时，他们的出发点是为大家节省出行的时间，这件事今天在城际之间做到了，但是在城市里的情况远没有想象的好。福特爱讲这样一件事，他问那些赶路的人需要什么，人们告诉他需要一辆更快的马车（Wagon），于是他给了人们更快的却不用马的马车——汽车。不过，在福特生活的年代，纽约市的车速是每小时8千米（5英里）。进入到21世纪，虽然满大街都是汽车，纽约的车速依然如此，还是时速8千米。

如今，在私家车普及的中国大中城市，每日通勤时间经常在两小时以上，而在人口密度低得多的美国，这一情况也好不了多少。根据统计局的调查，在人口超过百万的大城市里，大家每天平均通勤时间大约是60—70分钟。但是，手机APP显示的数据却表明大家低估了出行的时间，平均少算了1/4。交通拥堵不仅浪费时间，也进一步加剧已经很严重的污染。

汽车带来的第三个问题，是大量的交通事故和人员伤亡，这在很多人看来是最大的问题。根据美国运输统计局的数据（图27.1），美国道路交通的死亡人数每年高达4万左右，占到交通总死亡人数的90%以上，而且超过肝癌的死亡人数（2017年美国的肝癌死亡人数为30100人，数据来源：美国癌症

---

1 数据来源：美国环境保护署网站：https://www.epa.gov/ghgemissions/sources-greenhouse-gas-emissions。
2 数据来源：欧盟环境保护署网站：https://www.eea.europa.eu/highlights/road-traffic-remains-biggest-source。

图27.1 1960—2016年美国交通死亡人数（数据来源：美国运输统计局）

研究所）。虽然从上个世纪70年代开始，通过严格限制酒驾死亡人数有所减少，但是近十年来因为道路拥堵，死亡人数在逐年上升。如果按照人口比例计算，中国的交通事故死亡人数比例高于美国，与全世界整体水平持平。虽然在过去的几十年里，汽车的性能和安全性有不少改进，但是交通死亡人数并没有减少，因此，今天的一种观点认为，人即使再谨慎，也难免会遇到交通事故。要想让交通事故大幅下降，可能需要让机器取代人来开车，至少让智能机器辅助人来驾驶。

实际上，人类为汽车的便利性所付出的代价远不止上述三个，还有很多。比如繁忙的高速公路的噪音阻碍了包括昆虫在内的动物的活动，将原本属于同一个生态系统的动物隔绝开来，而若干年后，植物的生长也将受到影响，于是公路两边会形成两个不同的生态系统，这最终会影响到人类的生活。而上述三个突出问题的害处今天已经特别明显，到了非解决不可的地步，这就需要来一次汽车革命了。特斯拉和Waymo，Uber和滴滴恰好代表了正在进行的这场汽车革命的三个维度。

2 电动汽车革命

2.1 从高端做起——特斯拉公司发展的三部曲

电动汽车的历史甚至比内燃机汽车还要长,早在 19 世纪中期内燃机汽车诞生之前就有了"电动车",但是,随着以汽油为动力的内燃机汽车的出现和普及,早期速度慢、续航能力差的电动汽车很快就在人们的视野中消失了。但是,发明家们对电动汽车的热情并没有减退。1914 年,市场上传言大发明家爱迪生将和他的旧部、当时已是汽车大王的亨利·福特[3]一同推出一款电动汽车,而爱迪生不仅没有否认这个传闻,还向《纽约时报》证实了此事,并且《纽约时报》随后登出了一张电动汽车的照片(图 27.2)——那是由福特 T 型车改装的。遗憾的是,相比内燃机汽车,电动汽车的性价比太差,甚至无法达到城际交通对速度和续航能力最基本的要求,因此,爱迪生和福特一同发明的电动汽车从来就没有销售过。在随后的几十年里,汽车产业便把注意力都集中到了改进内燃机汽车上。即使在 1973 年世界石油危机之后,汽车行业所考虑的依然是通过减小汽车的自重和内燃机的排气量来降低油耗,而没有认认真真考虑过发展电动汽车代替内燃机汽车的可能性。

图 27.2 爱迪生发明的电动车

---

3 https://www.wired.com/2010/06/henry-ford-thomas-edison-ev/

到了上个世纪90年代，美国的汽车公司在和日本汽车公司的竞争中全面溃败，不得不另辟蹊径，尝试一些非常规的做法，以图夺回被日本人抢走的市场。1990年，美国的通用汽车公司在洛杉矶车展上展出了一款概念车Impact。这辆车外观并不吸引人，但是概念先进——它是完全电动的。然而，管理效率低下的通用汽车公司直到1996年才在市场上正式推出面向消费者的电动汽车EV1（图27.3）。该车只能坐两个人，而且由于采用了能量密度很低的铅酸电池，汽车的性能受到了很大的限制。电池本身的重量（522千克）让这辆不大的汽车的重量接近能坐5人的中型轿车的重量，而只有100千瓦的发动机却只能提供类似思域或捷达那种小型汽车的加速性能。至于续航能力，更是不敢恭维，充一次电只能跑100千米。虽然后来通用汽车公司将该车的电池升级为镍锰氢电池，但充电一次也不过能续航105—160千米，相比内燃机汽车一箱油能够跑500—650千米的续航能力，实在是微不足道。更要命的是，这样一款低性能的车，价位（当时通用汽车公司只提供三年的长租合同）却和一辆中档的宝马汽车（5系列）或奔驰汽车（E系列）差不多。因此，到1998年该车停产时，它一共只生产了1117辆，而真正被消费者认购的只有800辆，平均一年销售100辆左右。那些不在乎价钱长租EV1电动车的人，都是既喜欢尝试新科技又不缺钱的高端人群。电动汽车这一次失败之后，几年内都不再有人提这件事了，而日本的丰田和本田公司则开始大力发展可以节省30%燃油的混合动力汽车。

电动汽车的多次尝试都遭遇了失败，从根本上讲是无法解决电池能量密度低的问题。电动汽车的原理其实极为简单，制造成本远比内燃机汽车低得多，但即便是能量密度最高的锂电池，单位质量的电池提供的续航能力也只有汽油的1/8—1/10，而铅酸电池或者镍锰氢电池的能量密度还不到锂电池的一半。今天续航能力为480千米（300英里）的特斯拉电动汽车，其电池本身的重量就超过了半吨。由于电池能量密度低，为了达到足够的续航能力，就需要多装备电池，这样反而大大增加了汽车本身的重量，更不要说高昂的成本了。通用汽车公司按照现有的汽车市场的规则发展电动汽车，必然会陷入性能价格无法调和的死胡同。这说明汽车产业要想走出死胡同，需要行业之

图 27.3 通用汽车的 EV1

外的人来帮助，至少来搅局。

2003 年，改变汽车行业的两个搅局者终于出现了，这就是艾伯哈德（Martin Eberhard）和塔彭宁（Marc Tarpenning）。这两个人都不是汽车行业内部的人，而是有情怀、热衷于环保的超级跑车爱好者，他们经过长期研究，觉得当时的技术已经能够制作出一款电动超级跑车了，于是他们成立了名为特斯拉汽车的公司，专门开发电动跑车。由于是电动的，这款车能够在加速一瞬间就 100% 地利用其最大扭矩，实现快速加速。至于成本，则不是艾伯哈德和塔彭宁所要考虑的。

2004 年，艾伯哈德和塔彭宁向投资人介绍了他们的想法，并且让他们设计的原型车当场跑了 16 千米（10 英里），这马上引起了硅谷投资人和连续创业者伊隆·马斯克的兴趣。马斯克在 20 世纪末的互联网高潮中，通过将自己的在线支付公司 x.com 卖给 PayPal，赚到了第一桶金，随即他就开始搞起私人航天，并成立了 SpaceX 公司。马斯克后来说，他对新能源技术非常感兴趣。因此，当他看到特斯拉的原型车后，果断地投资了这家小公司并成为了最大的股东，然后他就名正言顺地担任了公司董事长，并获得了重大决策的最后决定权。今天，即便在美国，很多人也都以为马斯克是特斯拉的创始人，其实特斯拉公司和特斯拉汽车最初的想法，都源于艾伯哈德和塔彭宁这两个跑车爱好者。

图 27.4 特斯拉的 Roadster（图片来源：Amazon）

艾伯哈德和塔彭宁设计的第一款特斯拉电动汽车是 Roadster（图 27.4）。艾伯哈德和塔彭宁是很有眼光的跑车设计者，但并非能够从事产业经营的实业家，因此他们从一开始就没有把重点放在电动汽车的生产上，而是直接利用英国跑车公司莲花（Lotus）的汽车进行改装。在将原来汽车里的内燃机、传动系统和变速箱等一大堆部件拿掉后，艾伯哈德代之以大功率的电动机和大容量的锂电池。这样改装后的 Roadster，不仅外观、性能和原来的莲花跑车相当，而且售价也相同，都是 11 万美元一辆，这在美国大约是两辆宝马 X5 越野车或两辆 Z4 跑车，或一辆保时捷中档跑车的价格。

改装莲花跑车的想法非常巧妙。莲花跑车在各种超级跑车中属于入门级，它的特点是除了快，基本上什么都没有了。因此，大家对其驾驶体验的期望值不会像对其他更高端的超级跑车那么高。要让一款新车的驾驶体验达到法拉利或兰博基尼的水平，是完全不可能的，但是达到莲花的水平还是有可能的，事实上 Roadster 也确实做到了。另一方面，莲花跑车的价格足够高，以至于特斯拉公司能够从中挣到足够多的毛利（大约 20%，这在汽车行业已经相当高了）。可以说，选定莲花跑车作为对标和改装的目标是特斯拉公司成功的第一步。

由于超级跑车通常是有钱人家的第三辆甚至第四辆车，因此，Roadster 最初的客户群定位为追求时尚、喜欢标榜自己热爱环保的好莱坞明星们。于是，马斯克等人专门从北加州的硅谷地区跑到了南加州好莱坞边上的圣塔莫尼卡发布新车，当时加州州长施瓦辛格也跑去给特斯拉站台。特斯拉公司宣称他们未来的电动跑车可以做到在四秒以内从 0 加速到 60mph（每小时 60 英里，相当于 96.6 千米/小时），约为当时法拉利 575M 超级跑车的加速水平，而且充一次电能够跑 360 千米。好莱坞的明星们从不缺钱，只要新车性能好，够标新立异，他们就满意。于是，第一批少量的 Roadster 电动跑车一下子都预定出去了，而且大家都交了定金。诸多好莱坞明星，连同 Google 的创始人布林和佩奇等科技巨头，都成了 Roadster 的首批车主。

但是，真正要造好一款车远不像艾伯哈德和马斯克想得那么容易。他们原以为有莲花公司做车体，特斯拉公司只是把电动机和电池做好，换到原来的汽车上就可以了。很快，两年过去了，到了 2007 年该交付车子的时候，特斯拉根本没有造出来。布林和佩奇是马斯克的朋友，倒还好交代，那些好莱坞的明星们脾气本来就比较大，对从来没有汽车制造经验的马斯克能否造出车子，原本就将信将疑。当对方一而再再而三地拖延交付时，明星们都说马斯克是骗子，一些诉讼随之而来，特斯拉公司面临破产的危险。马斯克没有办法，只好硬着头皮去好莱坞登门道歉。当然，特斯拉公司总要找一个替罪羊，毫无企业经营经验的创始人艾伯哈德显然最合适，于是他不得不辞去 CEO 一职，最终马斯克便如愿得到了这个职位[4]。

接下来，马斯克的赌徒风格和政府公关能力第一次显示了出来，他先是裁掉了四分之一员工，拿出了自己账上最后的一大笔现金，把奔驰的 Smart 小车改成电动的了，用 10% 的股份换得了奔驰 5 亿美元的投资。然后，他又从美国能源部获得了近 5 亿美元的贷款。有了这 10 亿美元，特斯拉避免了破产，并且在第二年交付了少量的 Roadster 电动跑车，还获得了一些盈利。Roadster 在技术上的成功，至少证明了以电为动力制造跑车是可行的。

4　在艾伯哈德和马斯克中间有一位临时的 CEO，但是那人很快离开了公司。

如果事后总结一下特斯拉的成功经验，必须要说它为电动汽车找的市场切入点非常有新意，而且切实可行。特斯拉的这种做法和绝大多数进入新行业的后来者截然相反。通常，后来者在挤入已有市场时，会采取低价格策略，以农村包围城市的做法，先占据低端市场，再逐渐进入高端。实际上，日本的三大汽车公司（丰田、本田和尼桑）和韩国的汽车公司进入美国市场时，采用的就是这种策略。华为挤进通信设备市场时，也是这么做的。但是，特斯拉公司则是反其道而行之，它是从最高端的市场开始进入的。这种做法的好处是，不会陷入之前电动车为了控制成本而牺牲性能，性能不好又卖不出高价，又不得不进一步降低成本维持利润这样一种死循环。但是，它的汽车要想在高端市场被接受，需要两个条件，即：与超级跑车相匹配的性能，以及大家对品牌的认可，后者对于一个创业公司来说是非常难的。举个例子，直到今天，日本已经能生产出和德国、意大利同样性能的跑车，却得不到同样的市场认可。马斯克的过人之处在于，他能让最高端的人群认可他刚刚创建的品牌，当然他打了两张牌——环保和时尚。实际上，与其说马斯克是一个发明家，不如说他是一个品牌营销专家。

正当大家以为马斯克拿到了 10 亿美元投资和贷款，该专心制造 Roadster 跑车时，马斯克的赌徒作风却再一次显现，他决定设计和制造另一种新型电动汽车。这让业界对马斯克的做法产生了疑议，甚至有人觉得马斯克之所以这么做，是要在公司里去艾伯哈德化——Roadster 是艾伯哈德的产品，而不是他马斯克的。这种看法多少有点以小人之心度君子之腹。如果一定要说马斯克想摆脱谁的影响，那不是艾伯哈德的，而是莲花汽车的。

马斯克深知，仅靠卖少量的跑车形成不了一个产业，最多不过是缔造一家新的莲花公司或兰博基尼公司，不可能引发对汽车行业的革命。事实上，特斯拉公司的 Roadster 一共只卖出了 2000 辆，从卖跑车的角度来说算不上失败，从改变汽车产业来说却算不上成功。要想改变这个产业，最终要在大众市场上证明电动汽车更有竞争力。而在别人现有的汽车平台上电动化一辆汽车，远不如开发一个全新的、完全有控制力的汽车平台，实现他自己心目中汽车该有的各种功能。

要改变整个汽车产业显然不是一天能做到的。一方面需要研制出相对低成本的电动车,另一方面需要能够实现汽车生产的量产,同时还要不断培育市场,让大家接受电动汽车。马斯克在这些方面有一个全盘的计划,并且分了三步来走。这三步,总的来说都是从高到低切入市场。

在第一阶段,马斯克瞄准了运动型轿车的市场,对标的是保时捷的 Panamera 和玛莎拉蒂的 Quattroporte。这个市场也不是很大,保时捷每年在全球销售的 Panamera 不足三万辆(2015—2018 年间),而玛莎拉蒂 Quattroporte 的年销量不到 5000 辆。马斯克之所以选择这个高端的细分市场自有他的道理,因为这一用户群对价格依然不太敏感,更重要的是,在这个市场竞争,不需要太多地考虑产能问题,这有利于新电动汽车前几个版本的快速迭代。下面两张图分别是特斯拉的 Model S(图 27.5)和保时捷 Panamera 的外观图(图 27.6),可以发现,它们的外观颇为相似。

为了这个目标,马斯克请来了世界汽车行业的老兵弗朗茨·冯·霍兹豪森,设计了一种四门车 Model S。相比 Roadster,Model S 的续航能力进一步加强,一次充电可以行驶 480 千米,而乘客的人数也从两人增加到 5 人,这样它就可以从家庭的第三辆车变成第一辆车。很多人可能会问,第三辆车和第一辆车有什么区别,顾客交了钱买了车,开不开是他们自己的事情,对商家不都是一样的么?这对传统汽车行业可能确实如此,但是,对于要不断开发新型汽车的特斯拉公司来说,还真不一样。特斯拉的汽车只有不断在道路上跑,不断被使用,它才能获得数据,改进汽车,并且为将来研制新汽车打基础。

霍兹豪森有着丰富的造车经验,是大众、通用汽车和马自达多款汽车的设计师,他到任半年,就设计出了"Model S",但其基本配置的价格反而降到了 8 万美元左右,这就让特斯拉的电动车与同档次的内燃机汽车相比,很有竞争力。当然,在这款车上马斯克把自己的很多想法加了进去,将汽车从代步

图 27.5　特斯拉 Model S

图 27.6　Model S 很像保时捷的 Panamera

工具和体验速度的体育用品，变成了一个尝试各种最新信息技术的平台。这款车最特别之处是采用了一个超大的可触摸屏幕控制汽车的所有功能，取代了先前汽车上带有各种旋钮和按键的控制表盘。至于 Model S 的顾客，特斯拉公司把目标锁定在包括科技公司高管在内的高净值家庭。这也是一个很准确的定位，因为按照马斯克原先的设想，有了 Roadster 这个样板，有了那么多的明星站台，那些高端的职业人士——大公司的总监们，资深的律师，医生和会计师们，会对这样一款既环保又时尚的汽车感兴趣，会将他们家里的奔驰 S 或者宝马 7 轿车送进旧车行，换上特斯拉的电动车。为了鼓励大家来尝试新车，特斯拉还推出了非常诱人的长租计划——顾客以新车 45% 左右的价钱长租三年，而通常同类汽车三年长租计划要求顾客支付 60% 的价钱。

马斯克的设想非常好，但是现实却很严酷。2008 年夏天，特斯拉刚刚发布 Model S 原型车，随后就赶上了 2008 年的金融危机，不仅建厂的钱融不到，甚至公司也要运营不下去了。若是换了别人，也许就会考虑要么大量出让公司的股权换取投资，要么收缩战线，要么干脆卖掉公司。这时，马斯克的公关能力再次显现出来。当时的金融危机迫使丰田决定关闭它和通用汽车在硅谷弗里芒（Fremont）的工厂，因为硅谷地区的劳动力成本太高。丰田公司原本打算把厂房卖给思科公司做博物馆，但是这时马斯克利用汽车人对制造汽车的情怀说服了丰田，让后者将工厂卖给了特斯拉，换取了特斯拉 2.5% 的股份。

有了丰田的背书，特斯拉随即（2010 年）在纳斯达克上市，融得了生存所需要的资金。不过，马斯克不打算过多稀释股份，只通过上市融资了 2.26 亿美元。然后，在接手了丰田的工厂两年之后（2012 年），特斯拉第一批 Model S 终于交付了。可以说，马斯克第二次赌博又赌赢了。

在随后的几年里，特斯拉公司利用 Model S 这个平台不断尝试将最新的 IT 技术加入到电动汽车之中，特别是那些在内燃机汽车上很难实现的功能。这使得人们对电动汽车有了和对内燃机汽车不同的看法。从此，电动汽车不必再和内燃机汽车比拼价格和性能，因为那将是苹果和橘子的对比，没有什么意义。在这种情况下，特斯拉公司进入了它改造汽车产业的第二阶段——推出大众能够负担得起的电动汽车。

我们在前面说到，特斯拉 Model S 原有的市场规模其实也不是很大，因为在美国市场上轿车的中位价是 2.5 万美元，而 Model S 的中位价高达 8 万美元，它的客户群主要是高端职场人士。在美国最欢迎电动汽车的加州（既有大家环保意识强的因素，也有大气好适合电动汽车运行的因素），很多喜欢电动汽车的白领阶层也只能将"他们老板开的"Model S 作为梦想中的汽车。不少喜欢赶时髦的人只能退而求其次，购买尼桑公司的 Leaf 电动汽车。这款车的定位颇为尴尬，它的价格是相同性能汽车的两倍[5]，价格却接近豪华车。然而，充一次电只能行驶 110 千米（70 英里），因此只能作为平日里通勤的代步工具，而无法出远门。不过，得益于这些年特斯拉以及尼桑等汽车厂商对电动汽车的宣传，美国政府的一些补贴政策，以及有不少企业和机关部门提供免费充电，还是有人愿意多花点钱买电动汽车的，这就给特斯拉普及廉价电动车创造了条件。

2016 年，特斯拉宣布推出了低端电动车 Model 3。之所以选择 3 这个名字，是对标宝马 3 系列的性能和价格。Model 3 汽车比 Model S 体型略小，续航能力和 Model S 的基本型号（60 度电的型号）差不多，但是标价却从 7.5 万美元降到了 3.5 万美元。虽然 Model 3 并不具备原来 Model S 的基本功能，但是看似便宜一大半的价格还是让那些将电动车作为梦想汽车的人趋之若鹜[6]。因此，在特斯拉官网开放 Model 3 的预定之前，门店的预定就超过了 10 万辆。在此之前，Model S 5 年才卖出 10 万辆。当特斯拉的官网开放预订后，Model 3 在 6 个月内获得了 40 多万辆的订单，当然同时也收到了 5 亿美元的定金，为量产做好了资金准备。

然而，能制造汽车和能够大批量生产还是两回事，马斯克明显低估了后者的难度。特斯拉从接受订单到交付首批汽车，时间上一拖再拖。到了 2017 年年中能够开始交付汽车时，每月涌进来的订单比它能够生产的还要多，以至于公司一度压了 46 万辆车的订单。在接下来的近一年时间里，特斯拉公司的产能一直只能达到每周交付 1000 辆，按照这个速度，该公司即使不接新的订单，也需要花 9 年时间才能交付完所有 Model 3 的汽车。而此刻，屋漏

5　Leaf 上路的价钱在 3.1 万—4 万美元，类似性能丰田科罗拉和本田思域大约是 1.6 万—2 万美元。

6　Model 3 把 Model S 的一些标准配置，比如辅助驾驶，变成了加价的选项。因此如果 Model 3 上面配齐 Model S 的基本功能，税前价格在 4.8 万美元左右。

偏逢连夜雨，特斯拉第一批交付的 Model 3 汽车出现了不少质量问题，工厂不得不花大量时间修理旧车，而不是制造新车。与此同时，由于盲目扩张，特斯拉亏损严重。2018 年第一季度，亏损高达 8 亿美元，比前一年翻了一番，公司的现金流也出现了问题，账上现金即将告罄，以至于媒体又一次讨论特斯拉破产的时间点，以及苹果公司是否会收购它。

这一回，马斯克又采取了赌徒做法。2018 年 6 月，他宣布裁员 4000 人，这和硅谷地区其他公司一片繁荣，连人都雇不到形成鲜明对比。但是，马斯克并不打算收缩生产线，他在厂区修了一个大帐篷，在帐篷里临时搭建了一条生产线，用于生产 Model 3，终于将 Model 3 的产能提升到每周 3000 辆，后来又提升到 5000 辆。公司算是活了下来。搭帐篷造汽车毕竟不是长久之计，因为这是以牺牲产品质量和损害工人身体健康为代价的。特斯拉要想持续增加产能就得另想办法。这时马斯克就开始启动他扩张汽车王国的第三个阶段——在中国建厂。

2019 年 1 月 9 日，中国总理李克强新年伊始的首场外事活动安排，是会见美国企业家马斯克，地点是中南海。这是一次很不寻常的会见，因为在过去的十多年里，即便是美国顶级大公司的董事长到了中国，也极少有机会见到中国的国家领导人。更何况从影响力来说，马斯克在 IT 行业和企业界远不如亚马逊的贝佐斯、Google 的佩奇或 Facebook 的扎克伯格。中国领导人上一次单独会见美国知名企业家，要追溯到十多年前江泽民担任国家主席期间，那时刚刚开始对外的全面开放并尝试融入全球贸易体系。在李克强总理会见马斯克的两天前，特斯拉公司在上海的工厂刚刚举行了破土动工仪式，那是特斯拉在美国以外的第一座工厂。在业界看来，这是特斯拉解决产能问题的关键举措。而为了走好这步棋，马斯克早在 6 年前就开始布局了。

特斯拉汽车的毛利润率大约是 20%，这在汽车行业里是很高的。倘若特斯拉公司能够按时交付全部订单，公司不仅会盈利，而且还能更快地拿下电动汽车的市场份额。然而，扩大产能不是一件简单的事情，除了需要大量的资金外，还需要大量熟练的产业工人和有经验的底层管理者。此外，建造工厂本身就需要大量的时间。这一切，在美国很难办到。

首先说说人工。美国其实并不缺产业工人，但是享受惯了汽车工会福利的工人们难以雇佣，这些人不仅劳动效率低下，福利要求高，而且动不动就会以罢工为要挟，提出各种要求。特斯拉在接手了丰田的汽车工厂后，并没有雇佣原来的员工，以至于几乎每天都有汽车工会的人在特斯拉工厂门口举牌子抗议，但是马斯克对此从来不动恻隐之心，因为一旦稍作让步，后果就不堪设想。

再说说场地，虽然美国从不缺少土地，一些经济较为落后的州，比如内华达州和亚利桑那州也鼓励建厂，但是那些大片空地的周围完全没有建设工厂所需要的配套设施，虽然土地便宜甚至免费，而且还有当地政府给的补贴，但是在荒地上建厂解决产能问题，根本就是远水难解近渴，更何况美国无论什么项目，建设工期都很长。

第三，美国汽车制造的原材料成本，特别是电动汽车里最贵的电池制造成本，远比中国要高。与其从中国进口器件和电池到美国组装，再销往世界各地，不如干脆在中国直接生产汽车。

最后，也是最重要的，是在中国建厂根本不需要特斯拉自己出钱。2018 年，当马斯克宣布要在中国建厂时，媒体质询建厂所需的巨额资金从哪里来，马斯克回答，从中国贷款。实际上，特斯拉几乎一分钱都不用出。在美国建厂可没有人给他提供全部的资金，特斯拉要么得抵押资产贷款或发行债券，要么增发股票，而这两件事都在金融上有极大的风险，恐怕都难以获得股东的认同。反观在中国，无论是政府还是资本市场，对金融风险的容忍度都比美国高得多。这也是很多事在美国做不成而在中国能做成的原因。

但是，特斯拉在中国能争取到这么好的条件，却不是一瞬间做到的，而是马斯克长期铺垫准备的结果。

早在 2013 年特斯拉进入中国市场时，马斯克就表示要在中国建厂，而这是中国中央和地方政府高兴看到的。不过，马斯克极为精明，他用这件事作为筹码，让中国对特斯拉汽车进口采取特殊的税率政策。在美国和欧洲，特斯拉 Model S 汽车的售价（上路价）和保时捷的 Panamera 或玛莎拉蒂的 Quattroporte 是差不多的，而在中国前者的售价只有后者的一半左右。这中间巨大的差价，正是来自中国对进口的特斯拉给予的许多税收（购置税，增值税，豪华税）的减免。即便拿到了如此巨大的优惠，马斯克依然巧妙地利用地方政府都希望他将工厂建在本地为诱饵，争取了更多的优惠。

至此，马斯克领导的特斯拉从高端市场开始，逐渐往下渗透，分三步完成了他们在电动汽车领域的优先布局。在整个过程中，马斯克获得了别人无法复制的成功，而这里面的不可复制性，来自他善于引导舆论影响政府产业政策，以及准确把握潜在顾客心理的能力。马斯克成功地将自己塑造为"钢铁侠"的原型，实际上钢铁侠第一次出现在银幕上是 1963 年，那时候马斯克还没有出生呢。今天的电影《钢铁侠》第一部是由 1990 年的动画作品改编的，也和他没有什么关系，那时他还是一个学生。实际上，钢铁侠的原型是美国二战时期的发明家、飞行冒险家兼好莱坞黄金时期著名电影公司雷电华的老板霍华德·休斯。在美国，没有多少人觉得马斯克和钢铁侠有什么关系，但是在中国绝大多数马斯克的粉丝都对他就是钢铁侠深信不疑。此外，很多中国 IT 行业的人士认为马斯克是超级胶囊列车 Hyperloop 的创始人或 CEO，其实据这家公司的董事会主席格雷斯塔（Bibop Gresta）说，该公司和马斯克也没有多大关系，马斯克只是占了很少的股份而已。格雷斯塔访问过中国很多次，和中国一些地方政府的合作都是他主导的，但是中国 IT 界几乎没有人知道他，却把功劳都算在了马斯克头上。应该说，马斯克在中国的造神能力无人能及。

在影响产业政策方面，马斯克成功地说服了奥巴马政府和加州政府给予电动车的购买者多达 1 万美元的补贴，这还不算截止到 2018 年初美国政府给特斯拉公司的 35 亿美元税收补贴。虽然美国其他汽车公司因为生产环保的电动汽车和可充电的混合动力车也拿到了一些补贴，但是摊到每辆车上的补贴连特斯拉的零头都不到。特斯拉公司对政策更大的影响，是成功地游说了政府允许电动车在上班高峰期使用拼车车道，而这在过去只能由载有多名乘客的汽车行驶。利用快速的拼车车道，车主可以节省大约 1/3 甚至一半的通勤时间，这对于那些工作繁忙的高端人士非常有吸引力。

在吸引顾客方面，马斯克注重榜样的力量。他先争取到好莱坞明星、科技界大亨等顶级客户成为特斯拉的车主，通过他们给成功人士树立品牌榜样，再通过提供更实用一些的车型吸引这部分高端客户。此后，他再进一步提供相对低端的汽车给普通用户。每当特斯拉推出一款新车，就会有一群人感觉自己和老板或明星们一样，拥有了一辆与众不同的汽车。

从这些事情可以看出，马斯克不是一个普通的商人，他是一个改变世界的人。但是，马斯克和他的特斯拉公司能否笑到最后，现在还不好说，因为他的竞争对手正从四面八方涌来。

2.2 电动车的希望在中国

我们前面说，尽管特斯拉公司的电动汽车做得风生水起，但是笑到最后的未必是它，反而可能是几家中国公司。

特斯拉的成功除了前面说到的马斯克个人的因素之外，还有三个至关重要的优势。当这些优势不再被它独占，特别是当中国公司也同时具备了那些优势的时候，特斯拉公司的光环也就不存在了。我们不妨来看看特斯拉拥有哪些优势。

首先，是占了天时和地利上的优势。

特斯拉诞生于上一次互联网泡沫破碎之际，大家对新技术开始怀疑了。汽车厂家一直对电动车将信将疑，这给了特斯拉足够的发展时间。从 2003 年特斯拉公司诞生算起,到今天已经 16 年了,即使算到 Model 3 上市也有 14 年时间。在这 14 年间,各大汽车厂家居然没有在特斯拉的细分市场开发与它相竞争的产品。因此,特斯拉可以说占尽天时的便宜。直到 2017 年保时捷才发布全电动的跑车 Taycan,从发布的消息和测试的样车性能看,保时捷的这款车无论是外观、舒适性、性能,还是价格,都在特斯拉 Model S 之上。一年后,也就是 2018 年,奥迪发布了利用保时捷动力系统的高性能越野车 e-tron,奔驰也发布了性能类似的越野车。直到这时,特斯拉的竞争对手才刚刚出现。当然,这些公司要想形成产能,还需要几年时间,因此特斯拉在未来两三年里依然有一定的市场优势,但是它所占的先发优势不会再有了。

至于地利优势,特斯拉则更为明显。特斯拉汽车诞生于硅谷地区,这是一个没有汽车设计和制造的环境。因此,从一开始,它就更像是一家 IT 公司,而不是汽车公司。这个特点让它能够最大程度地加入最新的信息科技成就。当然,很多热爱汽车的人觉得特斯拉的汽车除了加速比较快,有辅助驾驶功能外,其他体验至多相当于一辆福特金牛座的汽车。要知道福特金牛座是体积大、小毛病多、缺乏性感的美国车的代表。很多时候,成就一件事很难兼顾好所有方面,人在资源有限的条件下总要排一个做事的优先级。如果特斯拉团队工作在大汽车公司的内部,他们在功能的取舍上便会与在硅谷完全不同。正是因为在硅谷不需要受传统汽车设计思想的制约,特斯拉才能在哪怕牺牲一些驾驶体验和某些安全性的前提下,优先突出它的 IT 技术优势,而这便成为了它的卖点。

可是,特斯拉的这种思维方式,也很快就被其他创业公司和大车厂学到了。从 2015 年之后各大汽车公司在拉斯维加斯消费电子展上展出的原型车来看,它们未来推出的汽车,其 IT 含量与比特斯拉相比,一点也不会少。

第二,特斯拉占据了电池技术的先发优势。

2014 年,马斯克宣布特斯拉将把它所有的专利拿出来给大家使用,当然他也同时试图游说华盛顿修改专利法，让其他公司也能将专利贡献出来。他的这个呼吁马上得到了媒体的一片好评。但是如果大家知道特斯拉有多少专利，恐怕就不会盲目叫好了。截止到当时（2014年），特斯拉有400多项（美国）专利，你可能觉得这不算少了，但是这些专利大部分是外观设计方面的，涉及到核心技术的只有100多项。100多项专利是什么概念呢？对于一个人来说算是非常多，对于特斯拉这么大的公司来说，少得可怜。我们来看几个数字就有大致的概念了：斯坦福大学的约翰·查菲教授一个人有近200项专利，都是发明专利；他的一个学生是世界某著名半导体公司的CTO，一个人拥有300多项专利。至于大发明家爱迪生，专利数就更多了，爱迪生仅美国专利就有1000多项。再看看美国每年获得专利最多的公司IBM，仅美国专利一年就有近万项被批准，它在世界其他国家获得的专利就更多了。因此，特斯拉宣布将自己的专利拿出来给大家用，就相当于一个兜里只有十块钱的人，宣布将自己的钱和别人分享，然后呼吁大家都把钱掏出来一样。

不过，在特斯拉的专利中，围绕电池管理的那些专利（和松下公司共同拥有）还是很重要的，这是它的核心竞争力。任何一种能在高速公路上跑的电动汽车都不是只有一个大电池，而是有一个由很多中小电池串联和并联起来形成的电池系统。由于每个电池单元无法做到完全一致，所以彼此的电压会有细微差别。大家不要小看这点细微差别，它将会导致并联的电池相互充放电，以至于电能根本没有用在汽车运行上，而是自己浪费掉了。因此，电动汽车的电池管理系统要控制每个电池单元的充放电，并且禁止两节有电压差的电池自己彼此充放电。整辆汽车还需要有一个集中管理电池的系统，决定在提供动力时由哪些电池放电工作，在充电时给哪些电池充电。要知道电动汽车的充电是随时进行的，并不一定要连在充电桩上，下坡时、刹车时，甚至脚稍微离开电门踏板一秒钟，它就会马上进入充电状态，将动能和势能转换为电能。

电池管理如果做得不好，不仅使用同样的电池充电一次后续航距离短，而且汽车性能上不去，该加速时加速不了，减速时充电效率不高。更糟糕的是，电池的寿命会大大缩短。应该说，今天在路上跑的各种电动汽车，其电池管理水平和特斯拉汽车比起来，相差甚远。即便是口碑很好，目前累计销量最大的尼桑 Leaf 汽车，8 年后电池的电量也只剩下最初的 2/3 左右，而特斯拉却能够保证维持在出厂时 90% 的水平。此外，特斯拉因为电池管理做得好，该加速时能调动更多的电池工作，该节能时能有效将不用的能量变回电能，同样的运行距离，电池充放电循环次数少，因此动力强，续航长，这些也是目前其他电动汽车没法比的。

最后，是它的辅助驾驶技术。

马斯克敢于成为第一个"吃螃蟹"的人，而且把特斯拉当作一个 IT 公司来经营（该公司的电脑工程师可能比汽车工程师还多），因此他在自动驾驶技术尚未成熟之际，就大胆地采用了无人驾驶技术，在汽车上提供了辅助驾驶功能（在高速公路上可以短暂地放开方向盘）。虽然奔驰公司、本田旗下的讴歌等其他公司也在一些高端汽车上提供了辅助驾驶功能，但是只限于它们极高端的车型，而且由于起步晚，收集的用户数据不多，自动化水平和特斯拉还是有差距的。虽然总有不专心的司机在使用特斯拉的辅助驾驶功能时出了一些交通事故，但是这个功能对行车安全确实有很大的帮助，几乎所有的特斯拉车主都喜欢这个功能。

由于特斯拉的上述三个优势还是很明显的，因此直到今天（2019 年初），它在全球还是非常有竞争力的。但是，在接下来的三到五年里，它的这些优势要么会消失，要么将变得无关紧要。显然，特斯拉已经无法再吃天时和地利的老本，如今，世界各大汽车公司已经在发力追赶，而新的电动汽车公司也都明确把自己定位成 IT 公司，而不是汽车公司。至于电池管理技术，这其实是 IT 技术，中国在过去的 20 年里证明了自己学习 IT 技术并在某些局部实现超越的能力是非常强的。中国的汽车公司，无论是现有的汽车公司（比如上汽集团），还是新成立的公司，在电池管理上赶上特斯拉的水平，只不过需要几年时间。至于辅助驾驶功能，特斯拉主要是占了起步早、胆子大（除了敢于使用外，还在于敢于收集所有的用户数据）的便宜，而它自身的技术并不领先。今天，在无人驾驶领域技术最领先的是 Waymo 公司，接下来是安波福（Aptiv，使用的是宝马汽车），还有美国通用汽车、福特、德国的大众、戴姆勒－奔驰和博世的合资公司、雷诺－日产、宝马－英特尔－菲亚特等一大群公司，特斯拉则排在第三梯队。因此，其他汽车公司只要愿意，在几年内都可以提供不错的辅助驾驶功能。

当特斯拉的这些优势不再时，为什么将会是中国的汽车产业引领未来的电动车产业，而不是现在的德国和日本的汽车公司呢？因为特斯拉已经将电动汽车从机械产品重新定义为电子产品了。在过去的 30 年里，中国做机械产品，特别是做精密耐用的机械产品，依然做不过德国和日本，在一些重型设备上甚至做不过美国。但是，在电子产品上中国几乎没有做不好的。虽然在很多人看来，中国的各种电动汽车和特斯拉相比，相去甚远，但是电动汽车要比内燃机汽车简单得多，中国企业很快就会实现赶超。要理解这一点，大家不妨回想一下 30 多年前的家电市场就可以了。当时中国那些可怜的家电产品，从品种、外观到性能和价格上，都远远无法同那些进口货相比，甚至很多人觉得中国的彩电永远赶不上索尼。但是，今天中国的家电产品已经主导了全球市场，日本已经退居其次了。在电动汽车市场，也会是这个情形。

中国电动汽车有望领军全球的第二个重要原因，是因为中国的环境问题严重，更需要用电动汽车解决污染问题，因此，国家产业政策会更加鼓励发展电动汽车，投资也会向这个领域倾斜。说到电动汽车能够在很大程度上解决环境污染问题，不少人对此有质疑，因为他们觉得发电本身也需要排放废气和温室气体。在一次关于新能源汽车的论坛上，就有记者向比亚迪负责人提出过这个质疑，那位不善于给外行讲清楚个中道理的负责人解释了半天也没说明白。后来证监会的一位官员打了一个有趣的比方，大家就都明白了。这位官员说，在污染和二氧化碳排放问题上，使用内燃机汽车好比随地大小便，使用电厂发电的电动车，好比大家去上厕所。虽然厕所的粪便也需要处理，但是总比随地大小便容易清理干净。他的比喻虽然有点粗俗，但是说清楚了使用电动车容易解决环保问题的原因。当然，如果我们还没有忘记中学的物理和化学知识，就很容易算清楚以目前中国发电所使用的石化燃料的占比，在使用电动车后大约能降低多少二氧化碳的排放。根据上汽集团负责人的估算，大约能减排一半的温室气体。这一比例与英国人的估算差不太多。当然，今天所有电动汽车所宣传的零排放，其实更多是为了广告效应，多少有点夸大其词。

电动汽车其实只是新能源汽车的一种，其他的新能源汽车，比如使用氢气作为燃料的氢能源汽车近年来也得到了发展。氢能源汽车的好处是换一个气罐只需要五分钟，而不是像电动车那样要充电好几个小时。目前这种氢能源汽车遇到的最大问题，是要采用昂贵的铂金作催化剂才能实现氢氧反应发电。虽然材料科学家在纳米催化剂方面有所突破，但是要变成产品取代铂金，还有待时日。

3　使用比拥有更重要

特斯拉公司存在的意义，远不止推出了几款高性能的电动汽车，而在于引发了一场汽车革命，让大家从能源的角度重新认识汽车这种交通工具。然而，汽车革命更是全方位的。如果我们愿意往更深处思考，不妨问一问我们自己，在人口密度很高的大城市里，我们是否真的需要拥有私家汽车，而且常常还是两辆。

通常，当一个国家刚刚进入小康社会时，家庭拥有自己的汽车便成为财富和成功的象征。但是，如果大家平心静气想一想，就会发现拥有汽车在经济上可能很不合算，而且带来的方便也远没有想象的多。根据驭势科技公司的创始人吴甘沙先生介绍，在北京自己开车出行的人，大约1/3时间都花在找停车位上，这从另一个角度说明了保有汽车的成本。然而，很多人依然觉得自己不买汽车不踏实，因为万一有急事要用车又叫不到车，就耽误事了。过去，临时打电话叫一辆出租车平均要等候15—30分钟，在交通高峰期还叫不到。要解决这个问题，只有增加出租车的数量，可是，如果出租车数量太多，一旦过了用车高峰期，很多司机就无事可做了。倘若能够动态调整出租车的数量，根据需求随时增加，在忙的时候让一些兼职司机加入进来接送乘客，平时去做别的事情，解决上述难题就会比较有效率。在智能手机和移动互联网普及之前，这件事很难做到。虽然在 2000 年前后互联网出现泡沫时，就有人想利用互联网匹配司机的资源和乘客的需求，但是因为无法定位、无法在户外方便叫车而没有实现。

2007 年之后，带有定位功能的苹果和安卓智能手机的出现，以及随后高速移动互联网的普及，使得解决上述烦恼成为可能。2009 年，美国的连续创业者卡兰尼克和加拿大投资人坎普成立了优步（Uber）公司，它通过手机的应用程序，特别是手机的定位功能，连接司机和乘客，提供"实时共乘"的出行服务（在中国大家称它为网约车服务）。一年后，即 2010 年，优步公司就在旧金山提供服务了。该公司本身没有一辆汽车，在打车交易过程中只扮演了一个连接者的角色。作为一个连接者，它需要把控住交易中某个绕不开的环节，那就是支付。乘客和司机之间不能发生直接的财务往来，而都要通过优步，这既保证了优步的利益，又让司机和乘客免去了很多纠纷。

卡兰尼克和坎普最初想把优步办成一家高大上的公司。他们想学习伦敦优雅的黑色计程车的风格，要求司机穿西装，开林肯、卡迪拉克、雷克萨斯或奔驰、宝马那样的高档汽车，提供优雅的服务。但事实上这件事根本没有做到，这其中的原因既包括优步从两个创始人那里得来的基因就有问题，也包括叫车服务这个市场本身也完全不是他们想象的那样。

我们先说说市场的情况。无论是美国、中国还是欧洲，最终证明利用手机 APP 打车的人更在乎的是价格，而不是服务质量。当然很多乘客都不同意这个说法，他们希望价格便宜而服务又好，但这根本做不到。如果告诉顾客只要多掏一倍的价钱，就能享受过去所谓的"黑车服务"，即那种豪华轿车提供的特殊服务，绝大部分顾客都会说，我还是省点钱用一般的服务吧，毕竟汽车只是一个代步工具，安全到达目的地就可以了。而提供服务的司机，也远不是卡兰尼克和坎普一开始设想的下了班后愿意挣点外快的公司员工，因为每小时20美元的净收入对他们来说毫无吸引力。只有那些没什么其他专业技能的蓝领工人和过去在麦当劳等企业拿最低工资的人，才有兴趣做优步司机。一边是用户不愿意多掏钱，另一边是司机素质得不到保障，这个市场也就高大上不起来。但是，卡兰尼克和坎普了不起的地方在于他们很快就看懂了这个市场，并且迅速做出调整，这就让优步的业务得以迅速发展起来。

再说说两位创始人给优步注入的基因——那是一种不看手段、只注重结果、野蛮生长的基因。在公司内部，只要业绩做得好，就能往上爬，一切恶行都可以掩盖过去。对外，只要能打击竞争对手，多签司机，多拉顾客，公司就会去做。这一方面让优步得以在全世界快速发展，另一方面也为后来它发生一系列与当地社区的冲突、法律诉讼和公司高层出现"地震"埋下了伏笔。就在优步于旧金山接单运营的四个月后，旧金山的城市运输管理局（MTA）和加州的公用事业委员会（Public Utilities Commission）就责令其停止运营。历史上，提供客运服务都需要城市运输管理局批准，并且每年缴纳许可证费用。优步的司机显然是在没有许可证、不缴纳费用的情况下，与花钱买了牌照的出租车司机抢生意。因此，城市运输管理局禁止优步司机似乎是合情合理的。不过，上述这两个没有多少权威的部门并非执法部门，无力阻止优步的发展。它们低估了技术对社会的变革作用，而既不掌握技术也不掌握数据的政府部门，根本没有能力监控优步提供的打车业务。优步公司看到禁令后，带着嘲笑的口吻直接将禁令丢进了历史的垃圾堆，然后继续扩大它的业务。最终双方彼此妥协让步，各大城市在收取优步的税费之后，默认了它的合法性。

当政府的管理部门无法为向它缴费的出租汽车司机提供保护时，这些司机们只能自己联合起来，用最原始的方法维护自己的利益，他们选择了殴打优步司机，但这丝毫没有减缓优步的发展速度，技术的进步是不会因个人或某个社会部门不喜欢就停止脚步的。由于优步解决了高峰期的出行问题，并且为一些低收入人群提供了不需要技能就可以挣外快的机会，因此这种基于移动互联网的叫车服务迅速得到了普及。到了 2017 年，人口只有 80 多万的旧金山市已经有 4.5 万名注册的优步司机，虽然他们并不是全职在拉客[7]，而持有牌照的出租车司机只有 2 千人左右。

2012 年 7 月，优步进入英国市场。为了吸引乘客，最初的优步车队都由奔驰、宝马和捷豹汽车组成。当时正值英国的"国家冰激淋月（National Ice Cream Month）"，优步在英国的 7 个城市推出了"优步冰激淋"——下载了优步 APP 的用户就可以通过优步订冰激淋的外卖。

2014 年 3 月，优步在上海召开官方发布会，宣布正式进入中国大陆市场，并且确定了 Uber 的中文名称优步。但是当时，中国另两家提供类似服务的打车服务公司滴滴出行和快的打车已经占据了大部分市场份额，并且得到了腾讯和阿里巴巴等公司的巨额资金支持。在激烈的竞争之下，整个中国打车市场已经变得无利可图。优步公司在调动全球盈利补贴中国市场两年后，终于撑不下去了，于 2016 年将中国业务卖给了由滴滴和快的合并组成的新滴滴公司。

说到手机定位预约打车，就必须说说滴滴公司，因为今天中国任何一个大中城市的出行已经离不开它了。滴滴到底为我们带来了什么，很多人首先会想到更加方便的出行，这是事实，但它和优步更深层的意义在于为整个汽车产业带来了革命，让人们重新体会到汽车的使用价值其实比停在车库里的车本身更重要。当我们想尽方法，试图通过提供更多的资源解决交通问题时，可能发现要做的是减法，而不是加法，减少车辆总数本身，比其他技术更有意义。

有人觉得汽车只要不上路，就不会对交通拥堵和污染造成影响，这种观点是孤立地看待问题。首先，汽车制造本身就是一个重污染产业。其次，即使不使用，汽车也会在城市里占用停车位甚至道路，这一方面会直接造成拥堵，

---

[7] 数据来源：《商业内幕》。https://www.businessinsider.com/uber-company-scandals-and-controversies-2017-11#october-2010-ubercab-receives-its-first-cease-and-desist-1.

另一方面会让土地资源有限的城市无法拿出更多的土地修建道路。此外，由于在大城市里找停车位是个难题，来回兜圈子找车位本身就会造成不少环境污染。为了说明这个问题，我们不妨先看看美国的情况。

在只有 3.2 亿人口的美国，有 2.7 亿辆机动车，也就是说，除了没有资格开车的未成年人之外，人均一辆车还多。这些车每天绝大部分时间都不是处于行驶状态。为了停放这些车，美国有 20 亿个车位。如果每个车位平均占地 15 平方米（10 平方米的停车位加上 5 平方米的过道），那么它们已经占用了 3 万平方千米的土地面积，大约是北京市的面积（1.7 万平方千米）的两倍，接近海南岛的面积。这些停车位大部分集中在城镇里，如果把这些车的数量减少一半，把相应的停车位置减少一半，可以节省 1.5 万平方千米的土地，相当于 50 万千米 30 米宽的公路（每边三车道，外加足够宽的隔离带和路肩），这个长度是美国州际高速公路加上中国国道总长度的三倍。

中国虽然汽车产业起步较晚，但是发展很快，今天已经是全世界最大的汽车市场和汽车保有量最多的国家。到了 2017 年，中国仅私家车就有 2.3 亿辆，还有 8000 万辆其他机动车。虽然中国没有像美国那样一辆车准备了 7 个车位，但是中国汽车的数量还在快速增长。从长远来看，要么占用很多城市的土地，提供车位放车，要么大家忍受停车难的问题。倘若不减少汽车数量，这个难题终归无解。优步和滴滴的出现，无意中给这个大问题找到了一种解决方法。当小区的街道两旁不再停满汽车，当大街的非机动车道不需要再将一半的道路用来停车时，当大家不再需要花 15—30 分钟寻找停车位，或者停到半千米以外的地方时，交通压力就得到了缓解。

优步和滴滴的出现，催生了一个新的产业。自从中国改革开放有了出租车之后，总共发放的出租车牌照只有 200 万左右，从业人员大约 260 万人。但是，自从出现了滴滴等网约车之后，在出行的高峰期，提供服务的司机比从前增加了一个数量级左右。滴滴公司在 2017 年底发布的就业报告称，从 2016 年 6 月到 2017 年 6 月一年的时间里，有超过两千万人通过滴滴平台获得过收入。

当然，这些人里面只有 1/7 是全职提供客运服务，其他人是在高峰期偶尔接单送客。这种方式既解决了打车难的问题，也让很多人打消了买车的念头。

网约车的出现还解决了一个社会问题，就是低收入人群如何打发工作之余的时间。过去，这部分人工作之余的时间大部分浪费掉了，甚至因为不知道该做什么有意义的事情，会造成一定的社会问题。网约车的出现，给这些富余的劳动力找到了一个挣钱的出路。虽然网约车可能带来了少量的犯罪，但是这与它对社会安定带来的好处来说，是相对轻微的。今天，随着社会智能化进程的深入，很多过去需要人工的工作正在被机器取代，未来如何解决低技能劳动力就业是一个大问题。滴滴这些公司的出现，其实为解决这一难题提供了一个启示，那就是使用技术手段重新规范和组织社会劳动力。

在网约车出现之前，没有运营许可证的所谓"黑车"一直存在，对此行政部门既无法完全禁止它们，也无法规范它们，它们带来的各种问题其实非常多，甚至给一些城市的形象带来极为负面的影响。网约车服务使用技术和资本的手段，解决了大部分问题，但是它也遗留下少量的漏洞，那些漏洞一旦被犯罪分子钻了空子，危害就很大，而且负面影响会被媒体放大。但是公平地说，网约车这类平台毕竟有管理，有技术监控手段，它上面的犯罪率要远比城市犯罪率低很多。以旧金山市为例，这个美国比较安全的城市每年各种犯罪率高达每十万人 6000 多件，相比之下，优步带来的麻烦则小得可以忽略。在中国，当滴滴因为几起命案被迫关闭顺风车服务后，消失了很长时间的黑车又一下子冒了出来，将造成更大的安全隐患。从长远来说，当技术开始引发产业和社会生活变革之后，经济的生态环境和人们的生活方式就发生了不可逆转的变化，即便强制禁止一种新技术产品，人们的生活也不会回到从前。因此，与其限制技术给社会带来的突变，不如对其加以引导、疏导和规范。

滴滴和优步被看成是移动互联网时代共享经济的代表，但是，除了网约车这个行业，其他模仿网约车模式试图共享资源的尝试几乎没有成功的。这里面最重要的原因在于，汽车和出行产业到了非改变不可的地步，而其他产业并不存在如此迫切需要解决的问题。

我在《见识》一书中曾提到，有前途有希望的商业模式是要让大家不断地花钱，把市场做得越来越大，而不是替大家省钱，让市场变得越来越小。共享汽车是否满足这个条件呢？从表面上看，生产的汽车变少了，市场变小了。但是，由于每辆汽车每千米所带来的价值实际上增加了，市场规模可能会变得更大。美国三大汽车公司每辆车的毛利润大约只有 5000 美元，一辆车平均行驶 10 万英里就报废了，每英里的利润只有 5 分钱。优步在美国市场的收费大约是每英里 2 美元，而车和油等费用每英里只有 40—50 美分，也就是说，单纯从利润上讲，折算到每辆车上的市场规模，抵得上过去 30 辆车。这也是为什么投资银行对优步、滴滴和 Waymo 估值极高的原因。

不过，无论是电动汽车，还是共享网约车，都不能降低交通事故率，特别是死亡事故率。解决这个问题就要靠汽车的智能化了。

4　无人驾驶将到来

2010 年，《纽约时报》刊登了一篇文章，介绍了 Google 正在研制的自动驾驶汽车：它们已经在各种道路上，从闹市区到高速公路，行驶了 23 万千米，没有出过一次事故[8]。在此之前，全世界的学术界已经花了几十年来研制自动驾驶汽车，但是做出来的各种原型和试验平台都只能算是玩具，离真正能上路还差得远呢。因此，这篇报道一出来，可谓是石破天惊，无人驾驶似乎是在一夜之间变成的现实，业界对此毫无准备，就连当时我们这些在 Google 上班的人，也觉得这件事情太离奇了。

我第一次看到科研人员进行无人驾驶试验，是在上个世纪 90 年代初的清华大学。当时每天上下班（学）的人或许还能记得在学校的主楼前一条几十米

8　有一次交通意外是被其他车辆撞了。

长的弧形马路上，时常有一辆自动驾驶的汽车在试开。在我的印象中，那辆车的时速只有一两千米，在无人干涉的情况下自动行驶的距离从来没有超过一百米，显然距离实用还太远。当然后来清华大学也放弃了这一尝试。

几年后我到了美国，了解到世界上一些大学和研究所在这个领域的进展，公平地说，比清华好不了多少，大部分课题组申请到一次科研经费，尝试几年后没有实质性突破，资助方也就不再给科研经费，这类科研几年后常常就无疾而终。当然，又会有新的研究人员通过提出新的方法拿到科研经费，但每一次都不会有什么实质性的突破。2004 年，美国国防部高级研究计划局（Defense Advanced Research Projects Agency，DARPA）组织了世界上第一届无人车挑战赛，设立了 100 万美元的奖金，奖励能在莫哈维沙漠中率先跑完 241 千米（150 英里）全程的参赛车队。不过，后来的结果表明根本不需要准备这么长的赛道，因为那一届最后跑得最远的无人车花了几小时才开出不到 13 千米（8 英里），然后就抛锚了。算下来，每小时的车速两三千米，和清华当年的样车相比，也没有什么实质性进步。至于其他参赛的汽车，不是提前抛锚了，就是撞坏了。

巧合地是，也就是在同一年，经济学家李文（Fran Levy）和默南（Richard Murnane）在他们的《劳工新种类》（New Division of Labor）一书中，将货车司机列为不容易受到技术进步威胁的工作。李文和默南在写书时并不知道 DARPA 拉力赛的结果，他们主要是根据当时对各个领域科技进步速度整体的判断给出的结论。至于为什么计算机（机器人）开车这件事很困难，作者是这样分析的：计算机善于执行事先制定好的规则，解决确定性问题，而驾驶汽车会遇到很大的不确定性，并非规则能够解决的，需要实时作出聪明的判断。这两位经济学家认为，处理不确定性问题的能力是人类特有的，机器暂时不会具有这种能力。孰料，就在 DARPA 挑战赛过去仅仅 6 年之后，Google 的无人驾驶汽车不仅上路了，而且表现得比人还好。

为什么 Google 能在如此短的时间里做到这一点呢？首先是因为它聘用了这

个领域世界上最好的专家，也就是几年前获得自动驾驶汽车拉力赛第一名的卡内基－梅隆大学的团队。然后，Google 的团队采用了当时最有效的信息采集技术，包括激光雷达（LiDAR）、高速摄像机、红外传感器等。当然，Google 和之前各大学及研究所最根本的区别在于，它采用了不同的研究方法——它把自动驾驶汽车这个看似是机器人的问题变成了一个大数据的问题。依靠大数据，无人驾驶汽车可以在全局和局部两个方面都做得比人好。

在全局方面，Google 自动驾驶汽车项目是其业已成熟的街景项目的延伸。在《纽约时报》对 Google 自动驾驶汽车的报道以及随后的各种报道中，忽视了一个非常重要的事实，即 Google 的无人驾驶汽车只能去 Google 之前"扫过街"的地方。在那些事先去过的地方，Google 都收集到了非常完备的信息，比如四周各种目标的形状大小、颜色，每条街道的宽窄、限速，不同时间的交通情况、人流密度，等等。Google 把这些信息都事先处理好，以备未来使用。在出发前，无人驾驶汽车就对行驶路线的全程有了全面的了解，并作出了全局最优规划；行驶过程中，它们对周围的环境也十分了解，可以迅速把这些数据调出来作为参考。而过去那些研究所研制的自动驾驶汽车使用了人类的思维方式，每到一处都要临时识别目标，遇到死胡同，需要转弯掉头再找其他道路。所搭载的计算机再快，也来不及进行太深入的计算，特别是遇到不常见的道路和交通情况，就无法进行准确判断了。此外，Google 的无人驾驶汽车装有高精度的 GPS 导航系统以及帮助校正 GPS 误差的陀螺仪，再加上 Google 拥有最好的全球地图数据和实时交通数据，这就相当于天上有一个预言家在俯视着大地，不断告诉那些无人驾驶汽车该如何行驶。而我们人类开车时，是不可能"灵魂出窍"，跑到天上预先告诉自己该如何开车的。

在每一个局部，Google 无人驾驶汽车拥有十多个各种各样的传感器，能够随时监控周围的各种情况，特别是能够比人提前预知可能发生的危险。那些传感器每秒钟几十次的各种扫描，而且是 360 度全方位的，这远远超过了人所能做到的"眼观六路耳听八方"。图 27.7 是 Google 无人驾驶汽车上的激光雷达对周围环境扫描的结果，从图中可以看出，无人驾驶汽车的"感官"

系统其实远超人类，人在开车时看不到的死角，它们能看到。至于如何在短时间内处理完如此大量的数据，Google 早期的无人驾驶汽车装有一大堆服务器，并且通过移动通信网络与 Google 的超级数据中心相连，这让它们的计算能力远远超过其他公司和大学里的那些无人驾驶汽车。当然，这样的配置不可能适合实用，在随后的实验车中，Google 先是采用了计算性能很高的 GPU，后来又采用了专为人工智能而设计的 TPU，将单位能耗的计算能力提高了上千倍。这样一来，无人驾驶汽车既不用携带服务器，也不需要联网到计算中心了。

图 27.7　Google 无人驾驶汽车各种传感器看到的路况

从 2010 年到 2016 年，Google 的无人驾驶汽车又在道路上安全行驶了两百多万英里。在 2016 年年初，它终于出了第一起负主动责任的交通事故。事故原因与其说是它的判断上出了问题，不如说是数据的缺失。出事的那辆汽车，在道路上检测到一个五千克大小、不到十厘米高的小沙袋。一般司机遇到这种情况就直接碾压过去了，但是 Google 自动驾驶汽车没见过这东西，试图换道绕过去，而那辆车并没有方向盘，乘客也无法人为控制方向，结果出了一次小事故。这件事说明，今天的无人驾驶汽车对数据的依赖性还是很大的。我询问过 Google 无人驾驶项目团队的一些员工，早在 2010 年，这项技术就已经比较成熟了，接下来的六年里，你们做了什么明显的改进？他们讲，如果说前六年是将可靠性从 0 做到 99%，第二个六年则是从 99% 提高到 99.99%。当然，无论是 99%，还是 99.99%，都是他们的比喻。至于无人驾驶汽车的可靠性需要达到多高大家才敢放心地让它们上路，人们永远不会有一致的看法，因为世界上没有 100% 安全的事情。

2016 年，Google 将无人驾驶汽车团队从公司剥离，让它成为控股的 Alphabet 母公司下与 Google 平行的子公司，并且取名 Waymo。此后，独立运营的 Waymo 公司在无人驾驶汽车的商业化道路上以更快的速度发展着。2018 年，在亚利桑那州有 600 辆无人驾驶的 Waymo 汽车投入了商业运营，有 2 万人尝试了它的服务。该公司于是向代工的克莱斯勒公司和捷豹公司又订购了 8 万多辆无人驾驶汽车，准备在 2019 年投入更大范围的运营。《今日美国报》为了了解 Waymo 无人驾驶汽车的运行情况，专门跟踪了它 274 千米，发现它行驶得极为安全平稳。

说到这里，大家可能会有一个疑问：无人驾驶离我们还有多远？在回答这个问题之前，我们首先需要准确定义一下什么是无人驾驶。

美国汽车工业界将汽车按照自动驾驶的程度分为 6 级，准则如下。

- 第 0 级，完全由人来驾驶的汽车，今天市场上 99% 以上的汽车都属于这一种。
- 第 1 级，具有能控制方向的辅助驾驶功能。比如今天的特斯拉汽车就属于这一类。你在驾驶这种汽车时，可以在高速公路上撒开一会儿方向盘，看五秒钟手机或者换一副墨镜。根据我驾驶特斯拉的经验，在交通不是很繁忙的高速公路上，手离开方向盘 10—20 秒钟不会有危险。
- 第 2 级，由人监控的自动驾驶汽车。这种汽车大部分时候已经是自动驾驶了，但是依然保留了人工干预的功能，百度路上实验的汽车属于这一种。事实上，这种车在高速公路的进出口、闹市区，还完全需要由人控制，否则既不安全，也对自己和他人不负责任。

- 第3级，限定条件的无人驾驶汽车。比如限定在高速公路上，但是不允许在闹市区自动行驶。或者在一个园区内使用，或者限定从住宅小区到地铁站专线运行。当然，限制也可以是在时间上，比如限制只能在晚上9点到第二天清晨6点上路。
- 第4级，高度自动的无人驾驶汽车。它可以没有路段的限制，但是会被要求在夜晚或者交通流量比较少的时间使用。
- 第5级，完全的无人驾驶。Google是直接朝着这个目标开发汽车产品的。

如果我们单纯地将无人驾驶汽车定义在第5级，那么它在全世界普及还需要较长的时间，虽然它在美国已经开始试运营了。但这也一定是我们有生之年可以看到的事情。如果我们认为像特斯拉这样具有辅助驾驶功能的汽车也在某种程度上符合无人驾驶的要求，那么这件事情今天已经发生了，而且5年之后这将是新款汽车很普通的功能，甚至我们可以大胆地预测5年后（2024年）会有大量具有2级自动驾驶功能的汽车上路，那时从北京城区到上海城区大约15个小时的车程，需要人控制的时间恐怕不会超过两个小时。那些汽车行驶的过程就有点像今天的飞机，从纽约到北京15个小时的飞行时间里，真正需要飞行员控制的时间就是起飞和降落那一个多小时。当然，有人可能会质疑这种带有自动驾驶功能的汽车依然离不开人。先不说开着私家车从北京到上海的情形，这项技术在大货车运输方面马上就能提高效率。目前，中国和美国的长途运输都需要两个司机轮流开，而长途运输中人工成本是大头，如果真能够做到90%的时间由计算机开车，将两个司机变成一个，这就相当于将劳动效率提高了一倍。也正是因为如此，在美国和中国都有一些研制无人驾驶汽车的公司在开发自动驾驶的卡车，而不是个人用车。在一些投资人看来，无人驾驶可能会在这个领域率先得到应用。

至于第3级和第4级的自动驾驶，则具有更大的意义。今天很多城里人不愿意坐公交,一个重要的原因就是最后一千米需要靠两条腿来解决。如果开设太多的摆渡车,成本又太高,因此专用线路的摆渡车就变得非常有意义。此外,在夜晚道路车辆较少的时候使用无人驾驶汽车,从各方面来说都比乘坐出租车安全——对乘客来说如此,对司机来说也是如此。

今天,虽然 Alphabet 旗下的 Waymo 公司依然在无人驾驶领域一枝独秀,但是一批车厂和新公司追赶的速度并不慢。2018 年,美国咨询公司 Navigant 对整个自动驾驶汽车技术市场进行了详细分析,他们发现世界上的主要汽车厂家不仅都开始了这些研究,而且进展比大家想象得要快。Navigant 的研究表明,Waymo 公司是自动驾驶技术的领导者,此外,独立运作的安波福(Aptiv,使用的是宝马的汽车)也已经具备了提供无人驾驶载客服务的水平。在 2019 年 1 月拉斯维加斯消费电子展(CES)期间,该公司已经提供了少量的无人驾驶汽车进行商业运营。在它们之后,现有的几家汽车公司,包括美国通用、福特、德国的大众、戴姆勒—奔驰和博世的合资公司、雷诺—日产联盟、宝马—英特尔—菲亚特(包括控股的美国克莱斯勒)联盟,已经具备了 4 级自动驾驶技术。注意,上面的排名是分先后的。其中特别值得一提的是美国通用汽车,它计划在 2019 年推出自动驾驶汽车,这只比 Waymo 晚了两年。而紧随其后的福特公司,也将于 2021 年推出没有方向盘和刹车[9]的自动驾驶汽车。

在上述公司之后,属于第二梯队的自动技术技术公司包括下面几家:沃尔沃(以及合作方 AutoLiv、爱立信、Zenuity,等等),法国的 PSA 汽车、捷豹路虎、丰田、现代,以及非汽车行业的 Navya 和百度(包括北汽),它们在未来有能力做出能上路的无人驾驶汽车,但目前还属于技术不成熟的公司。至于已经提供了辅助驾驶功能的特斯拉公司,则和起步较晚的 Uber、苹果和本田,排在了第三梯队。它们在开发自动驾驶技术,但是目前大家看不到它们的技术什么时候能够成熟。我们在前面说过特斯拉未来会逐渐丧失其技

---

9 福特官网:https://corporate.ford.com/articles/autonomous-technology/autonomous-2021.html

术优势，其中一个原因便是它在自动驾驶领域进展缓慢。

无人驾驶汽车的出现和普及，无疑将彻底颠覆汽车产业，汽车产业或许会从大件消费品的制造和销售，变成提供出行服务。这样一来，城市里的汽车数量会大幅度减少，拥堵问题会得到根本性解决。大家不妨设想这样一个场景，如果道路上都是无人驾驶汽车，那么绝大部分红绿灯就不再需要了，因为汽车之间的联网可以让它们很好地自动协调过马路。此外，如果每一辆汽车都是智能的，都知道周围汽车的目的地和行驶意图，那么去同一个地点的汽车可以采用车（比如 10 辆从北京中关村到首都机场的汽车）接龙的方式自动连接起来，这样除了第一辆车，后面汽车的风阻可以降低到忽略不计的水平，这可以大幅度降低能源的消耗。要知道汽车的能耗有 1/3 浪费在了风阻上。当然，从人道主义的角度看，相比节省劳动力、时间和能源，无人驾驶汽车对交通事故的减少可能是最有意义的。无人驾驶汽车的事故率比人开车要低得多，这一点已经在美国得到了证实。一些研究报告[10,11]表明，无人驾驶汽车也将大幅度减少道路死亡人数，这主要的原因是 90% 以上的道路死亡都是由司机的失误造成的。当然，由于目前无人驾驶汽车行驶的里程数有限，尚未获得可信度足够高的统计数据。不过有一点是可以肯定的，随着技术不断的进步，无人驾驶汽车的安全性会越来越高，而人驾驶汽车在过去半个多世纪里并没有什么进步，因此用不了多久，无人驾驶在安全性上就会远远把人甩在后面。

如果我们相信无人驾驶技术未来发展的前景广阔，那么正在引领这场革命的 Waymo 公司估值 700 亿美元，也就完全是合理的。

---

10 Anderson, James M., Nidhi Kalra, Karlyn D. Stanley, Paul Sorensen, Constantine Samaras, and Oluwatobi A. Oluwatola, Autonomous Vehicle Technology: A Guide for Policymakers, Santa Monica, Calif:RAND Corporation, RR-443-2-RC, 2016. 链接：http://www.rand.org/pubs/research_reports/RR443-2.html

11 Fagnant, Daniel J., and Kara Kockelman, "Preparing a Nation for Autonomous Vehicles: Opportunities, Barriers and Policy Recommendations," Transportation Research Part A: Policy and Practice, Vol. 77, July 2015, pp. 167—181。链接：http://dx.doi.org/10.1016/j.tra.2015.04.003

结束语

汽车革命源于汽车自身存在的诸多问题。汽车在给我们带来便利的同时，也带来了环境污染、拥堵和交通事故，这些成了它自身难以解决的问题。于是，围绕汽车产业的革命就变得迫在眉睫，而引发汽车革命的动力来自于产业外部，主要是 IT 产业。以特斯拉为代表的新能源汽车，以优步和滴滴为代表的共享汽车，以及以 Waymo 为代表的无人驾驶汽车和自动驾驶技术，从三个维度诠释了这场革命。

未来是慢慢到来的，它不会在一夜之间让我们感受到巨大的变化，但是过了几年之后我们会发现汽车产业和出行方式与今天相比，已经完全不同了。人们通常会对一两年内的技术进步做过高估计，但是却会低估 10 年间的技术发展。汽车革命正在进行。

第 28 章　工业革命和颠覆式创新的范式

2016 年，我出版的《智能时代》一书谈到了人工智能等新技术对未来产业的改变，结果很多读者只记住了一点：能从技术革命中直接受益的人很少，却对书中提到的其他观点没有太多反响。在更大范围内，今天的人们对技术的发展普遍有着一种十分矛盾的心态：一方面，他们都是技术进步的受益者；另一方面，却又总是担心技术进步会拿走他们的工作。应该说，这种担心并非杞人忧天，因为它一直都在发生。虽然经济学家们总是在讲新技术会带来新的工作机会，但是历史告诉人们，新的工作并不是为那些由于产业升级而被淘汰下来的员工准备的，更何况，知识密集型产业其实消化不了原先劳动密集型产业那么多的劳动力。

上个世纪 60 年代，美国最大、最挣钱的公司是通用汽车公司，这家公司当时仅在美国就拥有 70 多万名雇员。而今，美国（也是全世界）最挣钱的公司是苹果公司，它一年的营业收入超过美国 GDP 的 1%，市值超过美国 GDP 的 1/20。这么大的公司在全世界也不过拥有 12 万多名员工，而且这些员工与被汽车产业淘汰下来的员工几乎没有任何交集。从这个角度来看，大家的担心并非没有道理。

要消除对技术的恐惧，特别是对新技术井喷而带来的技术革命的恐惧，第一步需要了解技术革命的本质，然后每一个人才有可能针对自己的情况找到对策。所幸的是，人类到今天已经经历了三次完整的工业革命，目前正在经历第四次。我们还是能从过去的历史中总结出一些规律，作为我们未来的行动指南。

1 技术革命的共性

始于18世纪末的第一次工业革命（也称为英国工业革命），是人类历史上最伟大的事件。

在工业革命之前，无论是东方还是西方，人均GDP在长达2000年左右的时间里都没有什么本质的提高。根据英国著名学者安格斯·麦迪逊的研究，在公元元年，古罗马的人均GDP大约是600美元；到了工业革命之前，西欧的人均GDP只增长到800美元左右。在中国，情况类似，西汉末年人均GDP达到450美元左右，1800年后的康乾盛世时期也才达到600美元左右。虽然李稻葵等中国学者研究的结果表明两宋人均GDP比康乾盛世还高点（达到1000美元），但其实并没有本质的区别。即使到了改革开放前（1978年），以实际购买力计算，中国的人均GDP也不过800美元左右，如果按照当时官方的汇率计算则不到180美元，只有南撒哈拉非洲国家的1/3左右。但是，无论是西方还是东方，一旦发生了工业革命，人均GDP就突飞猛进地增加。在欧洲，200年间人均GDP增加了50倍左右，而在中国，短短的40年里就增加了10多倍。可以说，古今中外任何王侯将相的功绩和工业革命相比，都不值一提。

工业革命带来的另一个好处，是让人类平均寿命增加了一倍左右。图28.1展示了全球在过去的500年里平均寿命增长的情况，从图中可以看出，世界各个地区的平均寿命都是在当地工业化开始之后大幅增加的。

仅凭上述这两点，我们无论怎样高度评价工业革命都不为过。更让人兴奋的是，一旦进入工业时代，人类就以70—90年为一个周期，一次又一次地开

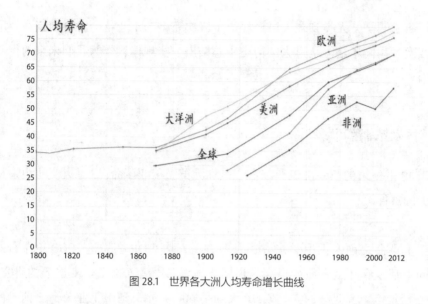

图 28.1 世界各大洲人均寿命增长曲线

启新的工业革命。

在第一次工业革命发生一百年之后,人类又经历了围绕电的应用、以美国和德国为核心地区的第二次工业革命,这是人类历史上迄今为止最显著的一次造富运动。我在本书前言提到了一本畅销书、著名作家马尔科姆·格拉德威尔写的《异类》,他在书中讲述了这样一个事实:如果统计一下人类历史上最富有的 75 人(包括成吉思汗、洛克菲勒、卡内基和盖茨等人),会发现一个不符合统计规律的现象,因为其中 1/5 的人出生在同一个国家,而且在十年之间(即 1830—1840 年的美国)。不符合统计规律的现象背后一定有原因,那就是很多人在自己年富力强的时候赶上了美国的工业革命。在促进财富增长上,第二次工业革命与第一次工业革命相比,毫不逊色。

格拉德威尔的 75 人名单里,数量第二大的富人群体是今天依然健在的科技精英们。原因很简单:上榜的盖茨等人赶上了第三次工业革命,也就是我们常说的信息革命。由于书中给出的富豪名单时间略早,当今中国富有的精英们并没有上榜。如果现在重新统计一个类似的榜单,中国的很多科技产业精英都会位列其中,这一切都要感谢信息革命。

和第一次工业革命的蒸汽机、第二次工业革命的电一样,信息革命有着自己标志性的技术和产品,其核心是电子计算机。电子计算机出现的时间是1946年,距离西门子发明发电机的时间正好相差了80年,距离瓦特发明万用蒸汽机(或者说改进蒸汽机)的时间正好是170年。计算机出现了70年之后,Google 的 AlphaGo 打败了人类围棋的世界冠军李世石,以人工智能技术为核心的第四次工业革命,即智能革命开始了。

从工业革命后的历史可以看出历次技术革命的如下三个共性。

首先,它们间隔的时间大约都是70—90年,如果把1687年牛顿的《自然哲学的数学原理》一书的出版看成是工业革命理论基础的完成,那么从1687年到1776年瓦特改进蒸汽机,也正好是90年左右。

其次,每一次技术革命都有一个核心的技术。

最后,每一次技术革命都带来了财富的剧增。前三次自不消说,新的一次技术革命虽然刚刚开始,但是对社会的影响已经开始显现。2018年苹果和亚马逊的市值都曾突破一万亿美元。几乎同时,贝佐斯取代了盖茨,成为新的世界首富,后者在此之前已经占据榜首长达20年。这些不经意的变化,反映出以数据、智能和连接所代表的新经济的力量。

当然,上述这些现象依然是浅层的、易见的,在它们的背后有更基本、更深刻的规律。比如,我们需要搞清楚每一次的技术革命带来了什么样的根本改变,又有哪些东西是不变的。了解了这一切,我们才能立于不败之地。接下来,对于发生根本性改变的东西,我们也希望知道哪些是变化快的,哪些是变化慢的,以便在努力适应变化的同时,能够营造出一个相对稳定的发展环境,让我们有足够的时间赚取前一次变化所带来的利润,并为下一次变化做好准备。

理解历次工业革命，乃至理解整个科技发展历史，两条最好的主线就是信息和能量。

第一次工业革命是动力的革命，机械动力（包括水能和通过蒸汽转化的热能）的使用，使得人类利用能量的水平达到了一个新的高度，生产力的水平有了很大的飞跃。当蒸汽机用于瓷器制造和纺织业之后，人类历史上第一次出现了商品供大于求的情况。与此同时，很多和机械相关的发明创造出现了，榨棉机、蒸汽船和火车的出现，改变了社会的格局和人们的生活习惯。

第二次工业革命在很大程度上也是动力的革命。电作为一种能源，无论是在生产中还是在生活中，都比蒸汽动力使用起来更方便、更高效，这让工业得以普及，同时人们的生活水平得到了迅速提高。到了上个世纪20年代，在美国，以高楼大厦为代表的新的大型城市不断出现，各种电器已经开始在家庭里普及，工业化国家催生了一大批中产阶级。

除了电的使用，第二次工业革命另一个巨大的成就是内燃机的发明和使用，这使得汽车得以普及，航空工业得以诞生。

信息革命的主线自然是信息，但是在它发展的过程中，包括核能、各种可再生能源在内的新能源均得到了长足发展。更重要的是，IT技术的发展使得能量的利用效率有了巨大的提升。我们都知道摩尔定律几乎贯穿了整个信息时代，它既可以被解读为半导体芯片（处理器、存储器等）性能的提高，也可以被看成是处理同样的业务所消耗能源的降低。2016年，Google打败李世石的AlphaGo智能围棋程序，运行起来需要1920个CPU和280个GPU，这些计算机加在一起，提供了每秒超过600万亿次的运算，至少相当于1200亿台ENIAC的计算能力。如果没有半导体工业的进步，依然采用ENIAC（功耗15万瓦）所使用的真空电子管实现上述服务器，即使能够实现，也需要1.8亿亿瓦的供电量才能让它维持运行，这是80万个三峡的装机容量！通过对比可以发现，在信息革命开始后的70年里，利用能量，人类把计算的效率提高了万亿倍。事实上，进入到 21 世纪之后，在计算机行业里，人们更多地是关心单位耗电量能提供的计算能力，而不是简单追求计算速度的提升。

当然，第一代 AlphaGo 的能耗依然在大约 60—70 千瓦左右，不过到了第二代 AlphaGo，也就是打败柯洁的 AlphaGo Master，所采用的 GPU 已经降到 64 个，而 CPU 的数量则可以忽略不计了，这台功能更强大的围棋程序和一年前的版本相比，其实能耗已经下降了一个数量级。这个下降速度远远高于摩尔定律给出的比率。也就是说，进入智能时代之后，人类可以更有效地利用能量完成脑力工作。

第二次世界大战不仅催生出了计算机，还催生出一种新的巨大能源的使用，那就是核能。迄今为止，从结果上来看，核能依然是最清洁、碳排放最低、最廉价的能源之一，关于这一点，大家可以阅读拙作《文明之光》（第二册第十五章"打开潘多拉的盒子——原子能的使用"）。当人类进入 21 世纪后，面对的最大挑战可能要算全球变暖导致的生态恶化，而解决这一问题的关键在于改变全世界的能源结构，采用低碳排放的新能源。因此，低碳、减排将伴随着未来的智能革命，成为科技进步和产业升级的中轴。

除了能量，信息也贯穿于历次工业革命。

1790 年，法国工程师查佩和他的弟兄们设计了一种信号机，通过高大的机械手臂的不同变化，将信号一站一站传送到遥远的地方，这种类似于古代烽火台式的接力系统，能在短短的几分钟内，将一条信息从法国的里尔传递到 200 千米以外的巴黎。到了 19 世纪初，当火车开始奔驰在欧洲大地上时，能有效传送信息的铁路信号灯随之出现。不久之后，英国发明家查尔斯·惠斯通和美国发明家摩尔斯几乎同时各自独立发明了电报。到了 1866 年，第二次工业革命前夕，美国实业家菲尔德（Cyrus West Field）成功铺设了跨越大西洋的电报电缆，将欧亚大陆和美洲大陆连成了一体。

在第二次工业革命之后，通信和信息技术在世界经济中的比重迅速上升，它们也改变着人们的生活方式。在第二次工业革命中，除了电灯之外，最让人兴奋的发明当属电话和无线电了。再往后，电视、雷达、远程无线通信相继出现。而到了信息时代，大部分重大的发明都和通信有关，包括计算机、半导体、卫星、互联网、移动通信、智能手机，等等。今天（2008—2017年），全世界通信产业的产值达到了4万亿美元，接近整个日本的GDP。这还不包括计算机和半导体产业的收入。

二战之后，信息革命的另一大成果是破解了人类自身，乃至生命本身的信息。上个世纪50年代初，英美两国的科学家沃森、克里克、富兰克林和威尔金森等人发现了DNA的双螺旋结构，从根本上破解了生命形成的信息。以基因技术为核心的生物技术，在信息革命的全过程中扮演了和IT技术几乎同等重要的角色。在未来的智能革命中，利用IT技术以及基因中的信息，改变人类生活特别是帮助人类救治疾病，延缓衰老，已是IT行业和生物医疗行业的共识。

把握了能量和信息这两把钥匙，我们就能洞察未来技术的发展和产业的变迁。

既然是技术革命，很多现有的技术必然会被淘汰，现有的产业和工作机会会消失，在很多人的印象中，IT行业是吃青春饭的，就是这个道理。同样，由于技术变化快，以至于一些企业不愿意投资开发新技术，宁可山寨别人的东西。然而，在历次工业革命中，总会有一些变化慢的要素，伴随着其他不断快速变化的事物。一个聪明的企业家，会一直把握住不变的要素，长期投资那些影响力长远的技术，同时通过收购获得必需但是经常变化的技术。

那么什么是不变的要素呢？首先是上面所说的信息和能量。把握住这两样不变的要素，就能利用新技术在商业竞争中立于不败之地。举例来说，淘宝的本质实际上就是卖场的信息化。今天在中国颇为流行的共享单车，其实本身的技术含量并不高，车还是原来的自行车，经营的方式与过去的租赁也没有太多的区别，但是将每一辆自行车信息化，能够通过手机和周围的自行车联系起来，这样一来就改变了中国人的生活方式。

近年来，人工智能是全世界关注的热门领域。而在人工智能中，以 Google 的 TPU 和英伟达的 Xavier 为代表的人工智能芯片又是其中大家关注的一个热点。TPU 和 Xavier 的本质，其实就是在同样的单位能耗下，提供更高的计算能力。今天，集成电路内部的能量密度已经远远高于核反应堆内的能量密度了，而且大部分能量消耗在发热而不是计算上。因此，在接下来的智能革命中，芯片的能耗便成为提供机器智能的一个瓶颈。因此，这也就成为了 Google 和英伟达公司创新的方向。

除了信息与能量，下面这几件事情是一直都没有改变的：

1. 对服务的需求；
2. 对高端人才的需求；
3. 对品质的需求；
4. 对新事物的好奇。

对于高端人才的需求自不用说，这一点我们在本章稍后还会讲到。对于品质的需求其实也是永恒的。几乎所有的人都会希望上好的学校，在好的医院看病，只要支付得起，都愿意使用高品质的商品。

说到服务，就不得不再次提到前面介绍过的"蓝色巨人"IBM。IBM 的核心商业模式是什么？很多人会想到办公设备（在它进入计算机领域之前）、计算机系统、软件和 IT 服务。其实 IBM 的基因是服务，只是在不同的年代社会上所需要的服务发生了变化，它便随之不断地转型，更换服务的内容。当 IBM 引领世界计算机产业时，它很大一部分收入就来自于服务。后来随着个人电脑逐步取代大型机，IT 服务在 IBM 的收入占比迅速提升。在 2002 年，IBM 收购普华永道（PWC）全部的咨询业务，成为全球最大的咨询公司。

今天，IBM 来自计算机系统的收入只占总收入的 10%，而咨询服务（两个部门）和 IT 服务各占了大约 44%，其余为金融服务。很多人觉得今天的 IBM 在 IT 领域已经沦为二流公司了，但是只要全世界的服务产业还在，它就永远有生意做。

随着技术的不断进步，人类对新事物的好奇是不断增加的。拉斯维加斯每年的消费电子展（CES）会吸引近 20 万名注册参观者，而且这一人数每年还在增加。拉斯维加斯几乎没有国际航班，到亚洲和欧洲都需要转机。很多人不辞辛苦，从亚洲和欧洲跨越大洋万里迢迢专程赶来，就是好奇每年都会有什么样的新 IT 产品出现。

在不断变化的事物中，有些事物变化比较快，有些则变化相对缓慢，弄清楚其中的规律，对把握未来非常重要。

在上个世纪 60 年代，在计算机学术界发生了两件影响力比较大的事情，即方便计算机在商业中应用的 COBOL 程序语言标准的确立，以及高德纳等人以计算复杂度为核心的算法原理的确立。今天，不仅没有人继续使用 COBOL 语言了，而且即使在图书馆里也很难找到当年占满书架的相关图书了。从 COBOL 开始，最流行的商用编程语言已经经历了四五代的变迁。然而，高德纳大部头的《计算机程序设计艺术》丛书不仅依然卖得很好，包括盖茨在内的商业巨子们依然对他推崇备至。事实上，只要读通了这套书，微软、Google 等公司的工作便随你挑选。当然，这套丛书体量太大，它的一个更新的精简版《算法导论》（成书于上个世纪 80 年代），则是求职上述公司的面试宝典。从这里可以看出，技术的呈现方式会变化得很快，而基础技术本身适用时间则是相当长的。

为了便于大家理解，我们不妨再看一个更具体的例子——计算机的存储。

计算机最初的存储靠的是卡片和纸带。它们的生命周期比想象得要长，一直使用到了上个世纪 80 年代。第二代则是磁存储，从上个世纪 50 年代一直使用至今。接下来是激光存储，大家过去在家看电影用的 DVD 就属于这一类。当下比较热门、用得比较多的则是固态物理（也就是半导体）存储，包括各种闪存卡和 SSD 硬盘。今天，人们已经开始研究利用生物材料比如 DNA 做存储的载体，并且在实验室里获得了成功。当然，每一代存储还可以往下细分，比如磁存储可以分为磁鼓、磁带、软磁盘、硬磁盘，等等。用不了多少年，存储的媒介都会发生更新和革命，一批曾经驰骋风云的公司就会消失，因为从纸质存储到磁存储没有什么必然联系，从磁存储再到激光存储，情况也相似。但是，与存储相关的很多基本技术，比如虚拟存储（虚拟化）、分层次的存储（Storage Hierarchy）、存储的编码（包括压缩编码、加密编码等）、存储的管理，包括目录、检索和随机访问等，不仅变化不大，而且继承性特别好。也就是说，这些领域的新技术几乎无法脱离原有技术而存在。

再往前看，汽车的内燃机在过去的一百年里有了不知多少代的改进，如今一辆汽缸容量不是很大的跑车，输出的功率是当初本茨和戴姆勒所发明汽车的几百倍，它们所用的技术和材料都发生了很大的变化。但是，相差百年的汽车内燃机，其工作原理依然是奥托循环，而燃烧的原理也大致相同。这就是快速变化和缓慢变化的区别。

理解了历次工业革命的核心线索，我们无论是作为企业还是个人，都应该很容易找到自己的位置、前进的方向和应该避免的陷阱了。

2　颠覆式创新

既然是工业革命，必然少不了对过去产业全面的颠覆。但是颠覆不是胡来，不是破坏，它有规律可循，符合规律的颠覆式创新才会最终产生改变世界的效果。为了说明这一点，我们不妨先来看几个历史上著名的颠覆式创新的例子。

在18世纪末工业革命之前，大帆船是当时的高科技产品，其制作采用了各种已知力学原理和工程经验，它们又大又快又可靠，成本还低。但是，大帆船也有一个缺点，就是难以逆风、逆流航行。因此，当年拿破仑的海军想从洋流的下游逆风进攻英国就变得几乎不可能了。恰好在这时，蒸汽船出现了，它的特点恰恰是容易做到逆风逆流航行。于是，发明蒸汽船的美国人富尔顿通过美国驻法国大使利文斯顿找到了拿破仑，希望对方采用他发明的蒸汽船。拿破仑让手下在塞纳河做了简单的试验，但这次试验，却暴露出早期蒸汽船的各种缺点——相比大帆船，它体积小，不可靠，成本还高，于是法国人就放弃了这种"新技术"。两年后的1805年，拿破仑的海军和西班牙海军组成的联合舰队，在特拉法尔加海战中被纳尔逊的舰队全歼，法国海军从此一蹶不振，拿破仑被迫放弃进攻英国本土的计划。到了1941年，美国总统罗斯福的顾问萨克斯用这个例子说服了罗斯福支持研制原子弹。萨克斯对罗斯福说，如果当年拿破仑采用了蒸汽船，或许19世纪欧洲的历史要重写。当然，拿破仑时期的蒸汽船对马上就要到来的大海战其实帮不上太多的忙，但是到了1830年前后，大帆船就被蒸汽船挤出了舞台，这却是不争的事实，而这距离蒸汽船的发明还不到半个世纪！

相比大帆船，蒸汽船有一个杀手功能，就是前面讲的便于逆风逆流航行。然而，仅凭这一个优势还不足以在竞争中取胜。蒸汽船的胜利更多地是受益于当时工业革命的大环境。当时，以机械发明为代表的工业革命，其任何一项技术进步（特别是蒸汽机和传动技术），都有可能帮助蒸汽船改进，但那些技术对改进大帆船的帮助却不大。因此，蒸汽船很快就全面超越了大帆船，并且逐渐淘汰了后者。

类似地，如果两个公司采用两个不同时代的技术，大公司即使体量大，也难以和技术先进的小公司竞争，当然前提是技术的差距得是洋枪洋炮对大刀长矛那么大。回顾一下Google的发展历史就能体会到这一点。1998年Google刚起步时，市场上已经有很多搜索引擎了，不过当时最好的搜索引擎AltaVista，其10条搜索结果只有两三条是相关的，其余都是无关的，因此大家在大部分时候都找不到所需要的信息。而 Google 发明了 PageRank 算法，一下子每 10 条搜索结果能有七八条都是相关的了，于是，搜索引擎才成为大家都愿意使用的技术。若是对比 AltaVista 和 Google 的搜索技术，会发现它们已经不处于同一个时代了，正如大刀长矛对洋枪洋炮。

类似地，第二次工业革命的代表性产品是电灯，而它的竞争对手煤油灯在此之前被认为是高科技产品。人类大规模使用煤油照明是 19 世纪中叶的事情，历史并不长。煤油灯出现之前，无论是取自动植物的灯油还是蜡烛都十分昂贵，因此，人们晚上使用灯烛并不普遍。煤油的出现，一度让人们觉得世界上再也没有比煤油灯更好的照明工具了。由于煤油灯亮度高，燃烧均匀，经久耐用，加上煤油价格低廉，当电灯刚出现时，确实难以和煤油灯竞争，因为当时发电和输电的成本很高，灯泡的寿命很短，加上时不时有因漏电导致死伤的事故发生，所以很多居民不仅抵制电灯，而且还破坏线路，以至于爱迪生不得不组织人员巡逻守护线路。

但是，电灯有它的杀手功能，那就是方便且没有油烟污染。当然，光靠这个优势还不足以和煤油灯竞争。在第二次工业革命中，各种与电相关的技术进步都在帮助电灯降低成本，同时提高用电的安全性，却对煤油灯没有任何帮助。到了 1893 年，在芝加哥世界博览会上，由西屋电气公司提供的照明系统将万盏华灯点亮，整个会场如同白昼一般，向全世界宣布了电时代的到来。

到了信息时代，这种颠覆式创新每过十年左右就会发生一次。

前面讲到，在上个世纪 60 年代，IBM 主导着全世界的计算机产业，它的收入比全世界其他计算机公司的收入总和还高得多。更重要的是，它制定了整个行业的规则——制造和出售昂贵的大型计算机系统，随后每年收取同样昂贵的服务费。当时，没有哪家公司能够挑战 IBM 的霸主地位，从 IBM 走出来的天才科学家、IBM S/360 的设计者阿姆达尔（Gene Amdahl）一度通过提供更快更便宜的大型计算机 Amdahl 470 获得了成功，但是 IBM 很快通过价格战打垮了他和他的公司。

但是，到了上个世纪 70 年代，计算机行业出现了一个谁都想不到的颠覆者，那就是我们前面在介绍微软时提到的 Altair 的微处理机（图 7.1），它的价格只有 IBM 大型机的千分之一。不过 Altair 又小又慢，很不好用，没有操作系统，还经常死机。Altair 唯一的优势就是价格便宜到了可以让小公司甚至个人买得起。为了让发烧友能够使用这种微处理机做点事情，盖茨为它开发了一款软件 BASIC。当时，IBM 并不觉得这一类小玩意和那个眼镜上总是灰尘的小伙子会影响他们的生意。

然而，摩尔定律帮助了盖茨和 Altair 这一类计算机。由于处理器的性能每 18 个月翻一番，同时其他半导体器件（包括存储器）也都在同步快速发展，个人电脑很快就取代大型计算机来从事复杂的工作了，但摩尔定律对 IBM 的大型机系统的帮助却不明显。《时代周刊》敏锐地看到了这一点，称盖茨是未来宇宙的主宰。不到 10 年工夫，盖茨的微软公司就开始威胁到 IBM，并且逐渐赶上和超越了蓝色巨人。

信息时代的颠覆式创新并没有到此结束。在个人电脑时代，也就是从上个世纪 80 年代初到上个世纪末长达 20 年的时间里，微软和英特尔逐渐建立了行业里的新霸权，以至于 WinTel 成了当时产业格局的代名词。这 20 年里，不乏试图挑战它们的公司，这些我们在前面讲过很多了。但是，那些公司无论是新的还是老的，都在扮演配角，因为真正掌控计算机产业生态链的只有微软和英特尔。对此，整个行业是绝望的，在微软和英特尔的黄金时代，没有哪个人或者哪个公司能够找到破局 WinTel 的方法。

不过，到了 1998 年，在硅谷诞生了一家并不起眼的搜索引擎公司 Google，它最初只提供一个功能——网页搜索，而且界面还做得很难看（图 28.2）。在 Google 之前，网页搜索早就存在了，但是所用的方法老旧。

图 28.2　Google 一开始非常难看的界面

Google 的杀手锏在于它充分利用了互联网上网页之间相互连接的信息，这是其 PageRank 算法的本质，而之前的搜索都是从网页本身和关键词的相关性出发，孤立地看待每一个网页。PageRank 只是从某种角度反映出 Google 做事的哲学，即充分利用网络效应。随着互联网越来越大，连接越来越强，Google 越来越受益于这种进步。相反，微软的业务基于 PC，互联网技术的进步对微软的帮助有限，这才让 Google 能够后来居上超越微软。特别是到了移动互联网时代，Google 的安卓手机操作系统也就完全取代了微软的 Windows，成为全世界使用率最高的操作系统。

类似地，规模只有几百人的 ARM 公司，利用智能手机的崛起，在移动终端上打败了英特尔公司。ARM 的技术相比前面介绍过的太阳等各家制造 RISC 芯片的公司的技术，没有本质差别。在个人电脑时代，处理器的耗电量相比速度是次要因素，但是在移动互联网时代，这就是各个设备厂商首先要考虑的因素了。因此，虽然英特尔传统的 CISC 技术本身不差，但是它无法受益于移动互联网的发展，而使用低功耗 RISC 技术的 ARM 却可以，这帮助它赢得了今天最大的处理器市场。同样，在手机整机厂商的竞争中，虽然苹果刚做手机时一年销量不过百万部，当时诺基亚却是几亿部，但是它们就如同蒸汽船 vs. 大帆船一样，不是同一个时代的产品。今天 IT 行业的进步，比如触屏技术、图像处理和图像识别技术、固态半导体存储器（SSD）技术，都能帮助苹果手机进步，而对诺基亚则帮不上什么忙，因此后者很快便被挤出了手机市场。

现在我们可以总结一下颠覆式创新的特点了。

首先要有一个杀手功能。蒸汽船的杀手锏是逆风逆流航行，微软是个人能够支付的电脑价格，Google 是互联网的连接效应，ARM 是低功耗，苹果是触屏、照相机等常用的非语音功能。没有杀手锏，什么都免谈。

其次，颠覆者的杀手功能必须容易得到当时相关技术的帮助，以至于进步飞快，而传统的产品难以受益于当时的技术进步，这一点是很多人所忽视的！蒸汽船受益于机械革命，微软受益于摩尔定律，Google 受益于互联网，ARM 受益于移动互联网，苹果则受益于信息时代的多种技术。在历届工业革命的过程中，永远不乏好的技术，但是孤立的技术进步并不能实现颠覆式的创新，任何成功的颠覆，都受益于那个时代其他技术的帮助。

再其次，正如同初生的婴儿都是不美的一样，颠覆式创新一开始一定有很多不完善的地方。蒸汽船不可靠，微软和 Google 功能弱，ARM 的处理器速度慢，苹果的手机价格昂贵。但是因为它具有一个或者多个杀手锏，当周边技术能够帮助它克服缺陷，并且不断放大杀手锏的威力时，颠覆过去占统治地位的产品和商业，就成为了必然。

颠覆式创新构成了历代工业革命的主旋律，它不是媒体上空洞的辞藻，不是随意、破坏性的试错，而是利用整个时代的技术进步一步步完成技术革命的过程。上述这三条规律概括了各个颠覆式创新的共性，可谓是它的范式。另一方面，在历次工业革命中，真正实现颠覆式创新的案例并不多，这才让它们显得格外耀眼，引人瞩目。还要特别指出的是，虽然一个时代的颠覆式创新最终能够完成，但是具体由谁来完成，其实运气成分很大。不过，对大多数人来讲，也不必因为好运没有降临到自己头上而懊恼，因为在每一次工业革命中都会有很多的机会。要想把握住这些机会，就需要了解工业革命的本质特征和范式。

3 工业革命的范式

历次工业革命的第一个特点，就是它们都是围绕着核心技术展开的。第一次工业革命的核心技术是蒸汽机，第二次工业革命是电，第三次的信息革命是计算机，接下来是智能化。发明和普及这些新技术的人无疑是每一场大戏的主角。在第一次工业革命中，改进蒸汽机的瓦特和他的合作伙伴博尔顿无疑是主角。到了第二次工业革命，主角换成了美国的爱迪生和特斯拉，德国的西门子、奥托等人。在信息革命中，出尽风头的除了发明家冯·诺依曼、肖克利、诺伊斯等人，还有企业家比尔·盖茨、乔布斯等。这些人身处变革的中心，自然是工业革命最大的受益者。

然而，历次工业革命作为能改变社会的大变革，其影响力的广度和深度自然不会局限在中心领域，也不会仅仅是在短时间内产生影响，而是会延伸到社会经济生活的方方面面，并持续很长时间。

在第一次工业革命中，当瓦特和博尔顿等人发明了万用蒸汽机之后，很多有上千年历史的古老行业，通过使用蒸汽机之后摇身一变，就成为了新的产业。

世界上首先全面采用蒸汽机进行生产的行业是瓷器制造行业。从中国人发明瓷器开始，这一行业已经有了近千年的历史，不过在近千年的时间里，瓷器一直供不应求。在瓦特和博尔顿发明万用蒸汽机之后，和他们俩同在"月光社"的朋友韦奇伍德开始采用蒸汽机生产瓷器，如此一来，一方面使得瓷器的产量剧增，让这种一度被誉为"白色黄金"的商品在全球范围内变得供大于求，另一方面也让瓷器的用途从盛器和装饰品扩展到各行各业。在英国巴拉斯顿（Barlaston）的韦奇伍德瓷器博物馆（图28.3）里，依然保留着韦奇

图 28.3　韦奇伍德瓷器博物馆中的蒸汽机

伍德公司早期使用蒸汽机制造瓷器的各种设计文档。韦奇伍德公司在它的历史回顾中写道，它不断将新技术用于瓷器制造。在韦奇伍德之后，很多欧洲的瓷器制造商开始采用蒸汽机代替手工，这样不仅制造出来的瓷器数量多，而且每一个批次的产品质量稳定，从此，世界瓷器制造的格局开始改变。欧洲从此占领了高端瓷器市场，亚洲沦为了廉价瓷器的生产地。此外，瓷器（等工业品）销售的商业模式也发生了变化，在伦敦出现了便于展示产品的精品店，它们是今天各种高端产品精品店的前身。

蒸汽机影响的行业远不止制瓷业。纺织业历史比瓷器还要长得多，几千年来这个行业一直是一家一户的小手工业。英国的纺织业在蒸汽机出来之前已经有了很大的发展，靠水能驱动的各种纺织机在 19 世纪之前是高科技产品，它们的生产效率比东方纯粹手工的纺织机要高很多。但是，在那个年代，英国的纺织品并没有多到要向全世界倾销。等到蒸汽机应用于纺织业后，情况就不同了，英国的纺织公司发现他们需要打开东方市场才能消化全部的产能。当最终那些洋布卖到中国和印度之后，当地几千年来传统的家庭纺织业在短短的一百年里就消失了。从此，全世界的纺织业被重新定义，各个迈向工业化的国家开始建纱厂、织布厂，一时间，纺织业成为了工业化过程中的全新产业。

运输业的历史几乎和人类的文明史一样长，可以追溯到美索不达米亚的苏美尔文明。在很长的时间里，陆地运输的速度受限于马匹奔跑的速度，运输量也不可能太高。因此，农副业产品总体来讲是在一定的地区范围内自给自足。但是，在工业革命开始后不久，英国和美国都出现了火车和铁路运输，无论是速度还是运力都达到了前所未有的水平，于是，气候寒冷的美国新英格兰地区（在美国的东北部）的农业就被南方的农业挤垮了，因为后者的气候无疑更适合农业生产，而铁路运输的速度和低成本能保证农产品运到美国东北部时，既新鲜，又廉价。

从运输的运力来看，水路运输在人类历史上的重要性远高于陆地运输。发生工业革命之后，由于英国和欧洲大量的工业品要销往世界各地，同时又出现了蒸汽船，推动了全世界的航运业的迅速发展，世界上城市和港口的大规模建设便源于那个时期。港口建设帮助英国把工业品卖往全世界，并开启了第一次全球化进程。

虽然在整个工业革命的过程中，英国只有少数几家企业制造蒸汽机，而整个机械制造行业的产值也非常有限，但是英国人使用蒸汽机改造了很多古老的产业，从经济上把当时世界上各个古老的文明都甩在了后面，因而改变了世界经济的格局。英国人的成功，可以用下面这个公式来概括：

现有产业 + 蒸汽机 = 新的产业

具体来说，像制瓷业、运输业、纺织业等产业虽然历史悠久，但是结合了蒸汽机之后，就以新的产业形式出现了。即使是更为古老的农业，当蒸汽机出现后，产业格局也发生了变化。在对现有产业进行改造的过程中，比核心受益者更大的一个受益群体是率先采用新技术的人，比如瓷器大王韦奇伍德等人。

到了第二次工业革命，电的应用改变了一切。电所带来的，不仅仅是一种能够取代蒸汽能量的新动力，而更是一种新的生产和生活方式，它通过改变现有产业，催生了很多看似全新的产业。

今天人们感受到的电对世界的影响，首先来自各种家用电器的发明，它们导致了新产业的出现。以电报和电话为核心的通信产业就是在那个时期奠定的基础，今天它也是全球最大的产业之一。其实在电报和电话出现之前，专门的信件和信息传送生意就已经存在了。当时在美国，用马传递信件和商业票据的小马快递已经建立起全国性的网络了。在欧洲，德国人路透用信鸽建立了跨海的信息传递系统。但是，电话和电报的出现改变了通信产业的形态，路透看到了电报的前景，主动放弃了信鸽通信，采用了电报技术，缔造出今天世界最知名的通信社——路透社。

留声机、电影和后来收音机的发明，催生了大众娱乐产业。在此之前，戏剧表演、音乐会这样的公众娱乐活动已经存在有上千年了，而电的出现改变了人们娱乐的方式。至于电动机（马达）、电炉和电动机床等电动生产工具的作用就更大了，它们让工厂的规模变得比较小，然后从大城市延伸到小城镇。

电同时也是化学工业的催化剂。在电出现之前，作为采煤炼焦的副产品，煤焦油等少量的化工产品已经开始制造了。19 世纪初，化学有了突飞猛进的发展，但是几乎所有化学方面取得的成就都还停留在实验阶段，人类大规模地生产化工产品是在电普及之后。从化肥到农药，从人造纤维到各种生活用品，从建筑和装修材料再到油漆涂料，可以说是电缔造了全世界产值高达 3 万亿美元的化学工业，今天我们使用的大部分化工产品，没有电就制造不出来。

电不仅改变了经济，还改变了人们的生活方式和社会结构。从宏观层面看，电的使用导致了城市化特别是人口高密度的大都市的出现，因为有了电梯之后就可以把楼房盖得更高，公共交通（有轨和无轨电车、地铁，等等）的出现可以将城市拓宽。西方各国的大都市都是在 19 世纪末 20 世纪初形成的。在电出现之前,世界上也有过人口达上百万的大都会,但那些城市都是平面铺开的,而今天的大都市则全是立体的。

电虽然是第二次工业革命的核心,但是在整个 19 世纪,美国主要的供电公司只有两家,即通用电气和西屋电气,而在当时的第二大工业国德国,发电的也只有西门子和德国电气总公司两家。这就如同在工业革命时期生产蒸汽机的工厂其实很少一样,但是得益于电的使用的公司却有千千万。如果我们深究一下今天各个产业的历史渊源就会发现,80%—90% 的行业在电出现之前就已经存在了,比如建筑、娱乐、交通运输、冶金、生活品制造、军工,包括肥料在内的农业生产资料、纺织、出版,等等。但是,使用了电以后,这些行业均发生了质的变化,并具备了今天的形态。因此,我们可以把第二次工业革命总结成这样一个范式:

现有产业 + 电 = 新的产业

再来看看第二次工业革命中的人们。受益于第二次工业革命的,不仅包括直接从事与电相关的发明创造的爱迪生、西门子和特斯拉等人,还包括使用电改变了原有产业的杜邦(化工大王),通过电缔造了现代通信业的贝尔,通过投资创立了通用电气公司的银行家 JP 摩根等人。这就如同韦奇伍德是第一次工业革命最大的受益者一样。

到了二战后的第三次工业革命时代,人们一方面创造出一大批与信息的产生、传输和处理有关的产业,比如电视和传媒、通信、卫星,以及和信号处理相关的产业,在军事雷达、地质上的遥感等,另一方面,原有的很多产业在使用了计算机之后,都发生了本质变化,形成全新的产业。在过去的半个世纪里,很难找出哪些产业没有受到计算机的影响。不妨考察两个看似与信息技术关系没那么密切的行业 —— 金融业和农业,来体会一下信息革命对全球经济和社会的影响。

农业是人类最古老的产业，看起来与计算机的关系不大。在人类几千年的历史长河里，农业的变化一直非常缓慢。但是，在过去的三十多年里，这种情况有了根本性的改变。今天的农民不再像他们的父辈和祖辈那样自己育种，而是从种子公司购买种子。而种子的培育，背后有着大量的信息技术支持。全球最大的种子供应商孟山都公司（Monsanto），也因此由一家化工企业变成了一家生物公司，2016 年孟山都年收入 143 亿美元，利润高达 82 亿美元。相比之下，美国每年的农业总收入才不过 1200 亿美元。如果对比一下农业的这种模式和 19 世纪末美国使用电力的模式就会发现，孟山都等公司在某种程度上起到了通用电气和西屋电气的作用，而农民们所扮演的角色其实相当于 19 世纪末每一个使用电力的公司。这些农民和农场主在有了孟山都之后，不再为种子发愁，就如同一个世纪前的工厂主在有了电力之后，不再为动力发愁一样。而在农产品市场上，采用传统农产品种子的农民们，很难和采用孟山都种子的农民竞争。当孟山都研究出新的种子之后，通常在 15 年之内，它们就占据了相应农产品的全球市场（图 28.4），于是，农业这个最古老的产业在计算机时代被彻底改变了。

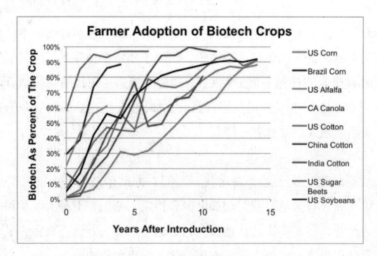

图 28.4　孟山都种子在全球主要市场占有率成长的时间

银行业也是一个非常古老的行业，在过去的几百年里并没有出现本质的变化。从欧洲文艺复兴前的美第奇家族，到 20 世纪由洛克菲勒支持的花旗银行，都是储户到银行用现金换取票据。银行的规模取决于其分支机构所能触及的地域有多广。在美第奇的年代，他们通过很多年的努力才从意大利扩展到欧洲大部分地区。历经第一次和第二次工业革命之后，这一现象并没有出现什么变化。花旗银行在成立100年后，才进入中国市场。另外，跨行存取也一直是不可能的，因此旅行时人们不得不随身携带现金或旅行支票。但是，到了上个世纪70年代，一种特殊的联网计算机出现了，从此改变了银行业延续了几百年的经营方式，这种机器就是自动柜员机（ATM）。打那以后，每隔十年，银行的经营模式大约都会有一次比较大的变化。今天，银行在很多人心目中只是一个虚拟的概念了，因为大部分人已经记不起上一次进银行营业厅是什么时候了。

与银行业相关的其他金融领域也是如此。比如说在1971年纳斯达克诞生之前，交易股票需要去交易所或打电话给中间商（Broker）才能进行，更重要的是，股民常常交易的是真正纸质的股票。在交易中，报价过程是类似几百年前拍卖式的讨价还价。直到2000年，美国纽约证券交易所（简称纽交所）的交易价格还遗留着拍卖报价的痕迹，即买卖双方在讨价还价时按照一美元、半美元、四分之一美元，直至十六分之一美元为基数进行。由于这种出价方式买卖价差巨大，因此，在那个年代（2000年之前），高盛和摩根士丹利等券商的主要收入来源于交易费，一笔交易的手续费都在100美元之上。

但是，计算机的应用彻底改变了这个行业。计算机网络的发展和ATM的使用，使得银行营业网点很容易部署到全世界。从上个世纪70年代开始，工业化国家陆续实现了不同地区之间的跨行存取，甚至跨国存取。顾客只要在一个稍具规模的银行开户，就可以在世界（非洲除外）大部分地区使用自己的存款。而银行则很容易通过计算机网络把业务拓展到全世界。中国的招商银行成立于1987年，仅仅过了十年，它就成为全国性的银行；又过了十年，招商银行已在世界除非洲之外的各大洲开办了分行或办事处，相比花旗等老一代银行，这样的发展速度是惊人的，这一切都是托信息革命的福。如今，人们已经无法想象全世界的银行如果彼此不相连，会是多么的不方便。可以说，有了计算机的银行业和过去几百年的银行业已经完全不同了。

类似地，证券交易也发生了根本性的变化。1971年美国全国证券交易商协会推出了自动报价系统，英文全称为 National Association of Securities Dealers Automated Quotations，简称 NASDAQ，即我们常说的纳斯达克。纳斯达克和纽交所不同，交易者不需要亲自去交易所，而是可以通过网络和电话进行交易，交易的报价方式也是我们今天熟知的精确到一分钱的方式。由于在纳斯达克上的交易完全是电子化的，纸质股票便被淘汰了。纳斯达克的报价方式显然比纽交所方便，于是在经历了两种报价方式共存之后，纽交所放弃了上百年的传统，开始向纳斯达克靠拢。纳斯达克的诞生使得一般的股民很容易通过折扣代理商（富达、先锋等证券商）自己交易股票，单笔交易的手续费只需5—10美元。这进一步改变了美国券商市场的格局，一方面让嘉信理财（Charles Schwab）这样的折扣代理商崛起，另一方面让高盛和摩根士丹利等高端代理商从股票交易转向理财业务。

自从1965年摩尔博士提出摩尔定律以来，计算机处理器和存储器的性能成指数上升，价格却在不断下降，计算机也因此得以应用到各行各业。于是，这些行业的生产方式和商业模式便被计算机彻底改变，以至于它们看上去像是全新的行业。比如互联网上的搜索广告和网络上的零售业，其实它们早就存在了。在过去的半个世纪里，摩尔定律是全球经济发展的引擎。中国经济的腾飞，说到底是赶上了信息革命，整个社会受益于摩尔定律。如果在更大的时间维度来看技术的影响力，就会发现世界上财富的增长要高于人口的增长，这才使得马尔萨斯的预言没有成真。当然，摩尔定律也渗透到了生活的方方面面，人们的生活，包括衣食住行，已经都离不开计算机了。

在这样一个各行各业乃至全社会都发生着巨大变化的技术革命时代，站在浪潮之巅的不仅有小沃森、诺伊斯、盖茨、乔布斯、施密特等直接从事计算机（包括软件和硬件）研究和制造的人士，还包括一大批使用计算机、半导体芯片以及信息技术改变了现有行业的人，比如马云、马斯克和赛蒙斯，同时也成就了 JP 摩根、克莱纳和瓦伦丁这样的投资人。总之，接受了下面这个规律的企业家，都站在了信息革命的浪潮之巅：

现有产业 + 摩尔定律 = 新的产业

这里要特别强调的是，在信息时代，并不需要每家公司都生产处理器，生产计算机，编写软件，绝大部分人只要知道如何使用它们来改造现有产业就可以了。

在这一节的最后，我们总结一下三次工业革命具有的共同特点。

首先，历次工业革命，必然会有一个核心的技术。第一次是蒸汽机，第二次是电，第三次是计算机和半导体。既然是能够改变世界的核心技术，它就一定不会是在一瞬间诞生的，因此每一次工业革命的科学基础都需要很长时间的准备，而且要在很多年以后才会变成生产力。关于这一点，我们在下一节中还会详述。

接下来，有核心技术就会有核心受益的人群。从 18—19 世纪的瓦特和博尔顿，到 19 世纪末的爱迪生和西门子，再到我们这个时代的 IT 精英们，都是其中的代表。

最后，也是最关键的，是每次重大技术革命所带来的辐射效应，它会不断改造旧产业，缔造新产业，我们把这样的规律总结成：

现有产业 + 新技术 = 新的产业

而处于核心的新技术，其实并不需要所有人都去做它。

当然，由于技术革命影响的范围巨大，因此，在其他领域善用新技术的人也就自然成了它们的巨大受益者。

4　第四次工业革命

人类的前三次技术革命每次都彻底改变了我们生活的世界。虽然每一次技术革命所解决的核心问题完全不同，但是它们都有着共同的规律，也就是前面所总结的范式。现在，我们正在经历第四次工业革命，也就是智能革命。

为什么智能革命始于当下？

先从时间上来看。上一次信息革命从 1946 年电子计算机的诞生开始，至今已经历了 70 多年。从历史上看，每次工业革命能够持续的时间大致只有这么长，因此，核心技术发展到一定程度后就会遇到瓶颈，需要采用新的技术带动人类往前走。回顾第一次工业革命，其实蒸汽机到了 19 世纪中期发展便已经很缓慢了，它有很多天生的不足，比如体积和重量大，使得它难以成为飞机和私人汽车的动力，因而也无法进一步带动工业发展。当时，从科学上也证明了它的效率不可能太高。因此，电机和内燃机取代了蒸汽机，成为新的动力来源。到了二战期间，大量信息的出现带来信息处理的压力，过去采用机械方式处理信息这条路行不通了，无论是楚泽的机械计算机还是 IBM 的制表机，或中国的算盘、西方的计算尺，都无法完成大量信息计算的任务，于是乎计算机应运而生了。

支撑信息产业长期高速发展的基础是摩尔定律，也就是半导体产业长达半个世纪的持续进步。不过，进入 21 世纪后，基于半导体材料的集成电路的性能已经接近物理的极限了。这一点大家其实都能体会到，对比一下个人电脑十几年前的进步速度和最近几年的情况，就能感觉到半导体性能的提升明显放缓了。也就是说，带动世界经济奔跑了半个世纪的火车头快要失去动力了。另一方面，全世界的信息量还在不断地高速增长，大约每三年翻一番。这么大量的数据，单靠增加计算机的数量是无法处理的，需要更智能的信息处理工具。在这样的时代背景下，人们需要通过机器智能自动解决很多信息处理的难题，同时需要与机器智能相匹配的新产品、新设备。

接下来，我们再从技术革命的理论基础来看今后的变局。任何一次工业革命都有相应的理论基础。第一次工业革命开始之前大约 100 年的时候，牛顿和波义耳等人奠定了经典物理学的理论基础，之后的工业革命实际上是把这些理论变成了现实。在第二次工业革命开始之前，麦克斯韦奠定了电磁学的理论基础，而卡诺、开尔文和奥托等人则奠定了热机的理论基础，继而电和内燃机的应用得以普及。在信息革命开始的一个世纪之前，英国数学家布尔提出了利用二进制解决各种运算的理论——布尔代数；到了二战前香农用开关电路实现了布尔代数，这便构成了半导体集成电路的基础；与香农同时代的图灵则提出了可计算性理论，从数学上奠定了计算机的理论基础。这才有了后来莫奇利、埃克特和冯·诺依曼等人发明的电子计算机。

今天，无论是下围棋的 AlphaGo，还是进行人脸识别的智能软件，其中机器学习的理论基础，早在上个世纪 70 年代就已奠定，并且在随后的 40 年中不断发展完善，已经在很多领域证明了它的有效性。同时，今天帮助计算机获得"智能"的方法论——数据驱动的方法，也是在那时提出来的。也就是说，今天人工智能的理论基础已经比较成熟了。这些理论可以保证处理器芯片在集成度以及功耗不需要进一步提升的前提下，就能几十倍地提高计算机解决问题的能力。此外，目前人类在量子计算领域已经取得了阶段性成就，从理论上讲，采用量子计算，原来一些串行计算的任务，比如计算机破解的密码问题可以采用并行处理，效率可以提升数十万倍甚至更多。也就是说，原来需要上万年才能破解的密码，采用量子计算，一天甚至一分钟内就能破解。在随后的几十年里，这些基础理论将体现在具体的智能产品中。

如果说蒸汽机的出现解放了人的双手，那么这一次则是解放了人的大脑，让我们的脑力不再需要做很多重复性的工作，而可以花更多的时间去做有创造力的事情。这原本应该是一件好事，但却也给很多人带来了对未来的忧虑。

其根本原因是，大部分人都只看到了历次工业革命在核心领域的好处，没有看到它能够将正面的影响力辐射到一个很大的范围内，我们只要记住下面这个范式，即：

现有产业 + 智能技术 = 新的产业

就可以在未来找到自己合适的位置。

很多人说，我不懂计算机，更不知道人工智能。其实，只要回顾一下在历次工业革命中大部分受益者并非来自核心技术领域，就知道这种担心其实是多余的。在瓦特时代，欧洲没有多少人懂得力学和热力学原理，但是从英国到西欧，很多人都受益于工业革命。在爱迪生时代，JP 摩根和杜邦都不懂电的原理，却都受益于电的使用。同样，今天我们所熟知的贝佐斯、马云和赛蒙斯等人都不会写程序，但是他们照样成为了最受益于信息时代的一群人。

每一次工业革命都会同时带来更精细的分工和更大范围的合作。因为有了分工和合作，劳动生产率才能几十倍上百倍地提升，机器的效率才能发挥出来。亚当·斯密在《国富论》中很清晰地阐述了这个道理。随着工业革命的深入，不同企业之间的合作愈加紧密。18 世纪末 19 世纪初的美国发明家惠特尼发明了标准零件，使得零件的生产和机械产品的生产可以分离。在信息革命早期，计算机从芯片到整机系统的制造都由计算机公司各自完成，彼此之间没有合作。但是，随着英特尔等专业半导体处理器公司的出现，计算机产业更多地从竞争走向合作。在信息时代，生产处理器芯片的主要企业是英特尔和 AMD，到了智能手机兴起之后，设计智能手机芯片的公司只有 ARM 一家。全世界大多数的计算机整机公司和手机公司并不自己设计和制造处理器芯片，但个人电脑的市场和智能手机市场却发展了起来。相反，如果在低水平上重复他人的工作，什么事情都想自己做，反而没有竞争力。

和前三次工业革命类似，在智能时代并不需要所有的企业都去开发智能技术——它们只要用好智能技术，把自己原有的产业做好就可以了。今天全世界有许多公司都在研制自动驾驶汽车，仅中国相关创业公司就不下百家，还不算现有的汽车厂。这些公司之中，最终会出现站在浪潮之巅的胜利者。虽然现在我们还不知道是哪一家（从目前情况来看，Google 母公司 Alphabet 公司旗下的 Waymo 脱颖而出的可能性比较大），但有一点是可以肯定的，那就是核心技术的竞争在自动驾驶本身，而不在大家都要使用的人工智能芯片（处理器），以及机器学习算法上。事实上今天绝大部分自动驾驶汽车都采用英伟达的人工智能芯片，以及通用的机器学习算法。如果这个领域里哪家公司将重心放到了研制处理器上，或者试图改进基础的机器学习算法，那就走错了路。

每一次技术革命，都涉及企业最有价值的核心资源，掌握了它们，即使在技术上有所欠缺，也能后来居上，在长跑中获胜。在第一次工业革命中，最重要的资源是煤和铁。历史上英国曾经是世界上最大的煤炭和钢铁生产国。在 19 世纪的普法战争中，最后双方停火的一个条件就是获胜的普鲁士将得到法国产煤产铁的萨尔萨斯和洛林。第二次工业革命的核心资源是石油，在此期间很多战争以及二战的许多战役都与争夺石油资源有关。第三次工业革命的核心资源是资本，硅谷的很多小公司之所以能迅速崛起，靠的是利用风险投资以及华尔街的追捧。像亚马逊这样长期没有利润，即使有利润也少得可怜的公司，能成为全球市值最高的公司，就是资本的力量在起作用。在中国前几年兴起的"双创"（创新与创业）热潮中，那些最终战胜上百个同业者生存下来的公司，未必拥有最好的技术和用户体验，更多是靠最强的资本支持。在接下来已经开始的智能革命中，核心资源变成了数据。今天全球市值前五名的公司，即苹果、亚马逊、Google、微软和 Facebook，是世界上掌握数据最多的公司。在中国，最耀眼的 IT 明星腾讯和阿里巴巴也是如此。

理解了核心技术和自己所在产业的关系，理解了智能时代最重要的资源是什么，如何在未来立于不败之地，方向就很清晰了。

2013 年，国内一则新闻被媒体热炒，即所谓"雷军和董明珠之争"。这一年的 12 月 12 日，中国经济年度人物奖获得者小米手机公司的创始人雷军先生和格力电器公司的 CEO 董明珠女士在全国电视观众面前打了一个价值 10 亿人民币的赌——前者表示当时年收入不足百亿的小米公司能够在五年内超过当时年收入已过千亿元人民币的格力电器公司。外人大多是抱着看热闹的心理，旁观这两位企业界名人貌似张狂的豪赌。从表面上看，这是两家企业负责人之间在相互赌气，雷军来自新兴行业，年龄上属晚辈，对家电行业的老前辈颇有不敬，后者自然要还以颜色。但是，在这场豪赌的背后，其实凸显出的是两种不同时代的企业，以及不同经营之道的冲突。

小米当时只是一家手机制造公司，主要收入来源就是它的手机销售，模式非常单一，销售额仅为格力的 1/4。从这一点上看，它和更早进入手机行业的联想等公司没有什么区别，在产品上，它也显然不如更晚进入手机市场的华为。与华为能自己生产手机处理器不同，小米主要的元器件完全要从高通和东芝等厂家购买。至于智能手机的核心——操作系统，小米用的是 Google 的安卓。按照一些人所谓的要掌握核心技术、不能受制于人的想法，这样的企业不过是一家没有核心技术的亚洲制造企业，未来最终免不了会陷入以打价格战为主的低层次竞争中。

相比小米，格力就硬气很多，它在空调等领域拥有自主知识产权的核心技术以及大量专利，而且当时在全球空调等家电领域不断扩大市场份额。在做事方法上，格力非常踏实，而且一直以重视技术和产品质量著称。因此，它在进入手机市场时，自然不会把那个靠拼拼凑凑"炒概念"的小米放在眼里。在争论小米和格力哪一家更有前途这个话题时，董明珠问了雷军一个问题，如果没有生产工厂，小米还能有销售吗？显然，在董明珠看来，一家没有实体制造，元器件都依赖采购的企业很难长期发展。因此，有深厚的技术沉淀的格力，是不可能被小米超越的。

很快 5 年过去了，虽然今天格力的销售额依然略高于小米，但是后者的销售额几年下来增长了一个数量级，而前者增长不到一倍，谁是真正的赢家大家自有公论。为什么中国技术最领先、管理最严格、最有核心竞争力的格力会输给"三无"（无核心技术、无生产线、无元器件制造）的小米呢？原因很简单，最主要的有两个。

首先，小米掌握了当下工业革命的范式，这就是：

现有产业 + 大数据 = 新的产业

小米从一开始就没有把自己定位为制造型企业，它卖手机并非满足于挣硬件的利润，而在于获得用户并妥善运营，从每一个用户身上获得长期的收益。如此一来，原本单纯靠销售手机获得微薄利润的手机产业，在小米手里就变成了一个聚集用户、长期赚取用户价值的新产业。因此，小米是否掌握核心技术（处理器芯片和操作系统），有没有生产线，其实并不重要。

相比之下，格力的境界还停留在过去的工业时代，从事的还是老产业。在它看来，有竞争力的企业就是要拥有所有的核心技术，这也就不难解释格力为什么宣布自己做芯片了。可以毫不客气地讲，格力完全走错了方向。今天，合作比掌握一些核心技术更重要，做好自己擅长的事情，而不是做自己不懂的事情，是企业成功的关键。

其次，小米认识到在未来最有价值的资源是数据，这一点它比国内所有手机厂商（包括华为）做得都好。靠着掌握了大量的用户数据，小米才做到了在智能家居方面让用户感觉很贴心。相比之下，格力则是一家捧着金饭碗在要饭的企业。格力通过空调、冰箱等产品，原本可以占领世界上很多家庭的 IT 入口，这其实是比黄金更宝贵的资源，但是它无视这些资源的重要性，白白丧失了很多机会，而把关注点放在了自己不擅长的事情上，比如手机和半导体。

从上述分析可以看出，未来并不可怕，机会远比困难要多得多，但是能否理解工业革命的本质，并灵活运用工业革命的范式，特别是利用智能技术这一工具改造自身所处的产业，是一个人、一家企业今后能否成功的关键。

结束语

我们这一章主要都在回顾过去，但回顾过去，目的是为了展望未来。在以往三次技术革命中显现出来的规律，今天在智能革命中已经开始发挥作用了。概括来讲，任何一次技术革命都有其核心技术和核心受益人群，都有早在几十年前就准备好的科学理论基础。另一方面，能够称得上是一次工业革命的变革，辐射力是相当强的，很多产业都会随之变化，这就是机会所在。因此，历次工业革命都会有一大批核心产业之外的受益群体，都会按照下面这个范式诞生出新的产业，即

现有产业 + 新技术 = 新的产业

过去如此，未来也是如此。

第 29 章 信息时代的科学基础

第二次世界大战是工业时代的一个分水岭。在此之前，世界上最重要的产业是机械和机电产业，而在此之后则是信息产业。虽然从经济上讲这两个时代是连续平滑过渡的，但是从管理和做事的方法上讲，它们完全不同，每一个时代都有着自己的科学基础和方法论。具体来讲，从工业革命之前一个世纪开始一直到二战之前，科学基础是以牛顿力学为代表的经典物理学，相应的方法论是机械论。到二战后的信息时代，方法论则是被称为"三论"的控制论、系统论和信息论。今天硅谷风险投资的策略，Google 和 Facebook 等公司的管理方式，其底层都有相同的方法论，那就是这"三论"。想要理解它们，不妨从机械论和"三论"的特点说起。

1 从机械论到"三论"

在西方的思想史上，牛顿是一个划时代的人物。在牛顿等人之前，人类对很多自然现象都无法解释，因而对它们充满了迷信和恐惧。物体为什么会落地，日月星辰为什么升起又落下，这些在今天看似不需要解释的现象，当时的人们却是难以认识的。直到 17 世纪末，牛顿和他同时代的伟大的科学家们，包括胡克、哈雷、波义耳、惠更斯等人，通过他们的科学成就告诉世人：世界万物是运动的，而且这些运动遵循着特定的规律，这些规律又是可以认识的。这不仅改变了人们对世界的认识，而且给人类带来了前所未有的自信。那一个时代，也因此被称为科学启蒙时代。此后，人类不再匍匐在大自然的脚下，对于无法解释的世界也不再只是归结于神鬼的力量，而是开始用理性的眼光看待一切已知和未知。与牛顿同时代的著名物理学家波义耳总结了那个时代的方法论，并冠名为机械论，因为在他和牛顿、哈雷等人看来，世界上的一切规律都像机械运动规律那样，是确定的、可预测的。

在科学启蒙时代出现了70年之后，英国发明家瓦特运用牛顿等人的物理学理论，主动改良蒸汽机。此前，人类重大的发明大抵都遵循这样一个过程：从劳动中获得经验，根据经验改进工具，发明创造，再根据发明创造提炼出技术，这个过程非常漫长，通常要走很多弯路才能找到真正解决问题的方法。就拿瓦特改进的蒸汽机来说，之前笨重而效率低下的纽科门蒸汽机已经使用了50年，期间很多能工巧匠都试图改进它，但全都不得要领。而瓦特的做法正好相反，他先前系统地学习了数学、力学、化学和热力学，做过很多机械方面的实验。当他决定改进蒸汽机后，他先是仔细计算过热能转化成机械能效率的问题，然后才着手改进蒸汽机。这其实就是自觉地应用了机械论的思想。

在瓦特之后的一个多世纪里，发明家们认为一切都是可以通过机械运动来实现的。从史蒂芬森的火车和富尔顿的蒸汽船，到瑞士准确计时的钟表和德国、奥地利优质的钢琴，最后到巴贝奇的计算机和二战时德国人发明的英格玛密码机，无不是采用机械思维解决现实难题的典型范例。

机械思维最大的特点是确定性和可预知性。牛顿等人用几个简单的公式就能讲清楚宇宙运行的规律，这种知识表达和传播的效率超出了之前的所有文明。不仅可以从现有的理论出发批量产生发明创造，生产工业品更是如此。1801年，美国著名发明家、轧棉机的发明人惠特尼发明了可替换式标准零件。一个世纪之后，美国汽车产业的先驱奥斯（Olds）发明了流水组装生产线，极大地提高了生产效率，并且将汽车的价格降到了1000美元以下。随后，福特进一步改进了流水生产线，当一个个标准化零件从流水生产线的一头送进去，平均几分钟后，就有一辆新车从生产线的另一头被造出来。这件事能办成，背后的依据则是确定性和可预测性——按照汽车流程设计的生产线，放进去零件，出来的一定是符合要求的汽车。

在工业时代，企业的管理哲学是与其生产过程的这种确定性相适应的，其核心是追求效率。对此，被誉为科学管理之父的美国经典管理学大师弗雷德里克·泰勒（Frederick Taylor，1856—1915）总结出了一整套适合工业社会的管理经验，并将它们写成《科学管理原理》一书。虽然今天和泰勒的时代已经相隔 100 多年，但是在很多企业中依然可以看到他的学说的痕迹。泰勒的管理学理论可以概括为以下四个方面。

1. 效率优先

提高效率，是泰勒管理学理论的核心。在泰勒看来，劳动生产率是区分文明国家和未进入文明社会国家的标准，因为生产效率的提升会将奢侈品变成必需品，让全社会都能享受文明的成果。工业革命之后，世界上一个个国家脱贫致富，靠的都是提高生产效率。比如 20 世纪七八十年代中国老百姓们对拥有自己的汽车连想都不敢想，但是在短短的 20 年后私家车不仅在社会上普及了，而且开始"泛滥"了。这一切改变，都拜生产效率提高之赐。

那么怎样才能够提高生产效率呢？泰勒最看重的是优化流程和标准化管理。

泰勒是从底层工人做起的，最能体会到每个工人的操作中有多少流程是可以优化的。在他的管理生涯中，他对生产的每一个步骤都不断地做试验，以找出每个工序的最优操作方式，并且教给工人们。这样一来，整个工厂的生产效率就可以大大提高了。泰勒提高生产效率的第二个法宝，是将一切都标准化，既包括部件的标准化，也包括管理流程的标准化，后者其实就是今天所说的 ISO 标准的理论基础。优化流程和将一切标准化，使得大规模流水生产线成为可能。当然，正如我们在前面指出的那样，泰勒的这种过程优化是有前提的，那就是复杂的产品一定可以分解为简单的部分，而且一切结果都是可预知的，这就如同哈雷将彗星的参数代入行星运动的方程，一定能预知它们返回的时间一样。但是，对于艺术品的创作，泰勒的方法不管用，因为艺术品很难拆解。我们后面还会看到，对于今天的很多 IT 产品和服务，泰勒的办法也不管用，因为它们的结果不可预期。

当企业按照泰勒指引的方向优化流程时，整个工厂就变成了一个大机器，而工人则变成了大机器上的一个零件。喜剧表演大师卓别林的电影《摩登时代》就生动地反映了在这个时代里"社会人"变成"机器人"的事实。在那样的工厂里，除了工厂主和主要的工程师之外，没有人知道产品生产过程的全貌，因为他们不需要知道，一切都是按照事先设定的流程进行的。因此，生产线上的工人和工业革命早期的工匠已经完全不同了。我们今天很多人都觉得中国的工人缺乏工匠精神，这并非工人们不努力，而是为了追求效率设计出的生产方式让他们无法成为工匠。事实上，不仅当代中国缺乏工匠，在深受泰勒管理思想影响的美国也缺乏工匠，因为大部分工人只需完成生产线上一个环节的简单工作。今天，或许只有在不以追求效率为目标的日本、德国和瑞士的一些小作坊，包括法国的奢侈品加工厂，才能找到做产品精益求精的工匠。此外，当标准化取代了个性化之后，效率得到了提升，生产出来的东西则是千篇一律。

如今，不仅工业企业中依然有泰勒管理的影子，在一些 IT 企业中也是如此。比如在软件工程中，传统方法是由个别架构师先做设计，然后一级级向下做详细设计，最后由程序员编写程序，还有专门的测试人员进行测试。除了那些做上层整体设计的（相当于过去生产线上的工程师）人对产品整体有一定的了解外，其他人只负责写功能定义得非常清晰的程序模块。因此，IT 行业把写这种程序模块的工程师称为"码农"，虽不大好听，却也是很形象的比喻。完善泰勒现代管理理论的另一位大师是甘特（Henry Laurence Gantt，1861—1919），他发明的甘特图原本用于管理工厂生产进度，经过调整和优化后，甘特图现在经常被用在软件工程中管理软件项目开发进度。

2. 同构的树状组织架构

泰勒管理方式的第二个特点,就是企业组织结构的设计,完全是为了适应这种自上而下将产品分解为大小任务的做法。具体来讲,就是企业组织采用十分严格的树状结构,且大小组织同构。比如一个汽车厂,它会按照产品分为几个分厂,比如整车厂、发动机厂、轮胎厂、传动设备厂,等等,每一个分厂里有若干生产线,每一条生产线都有工段,每一个工段都有小组。同一级不同的组织之间绝无交叉。图 29.1 是这种组织架构和相应的产品功能对应图。

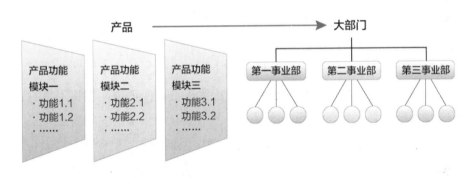

图 29.1　无交叉的组织架构与产品功能模块完全吻合

根据产品功能对行政组织进行严格划分的做法,在提高效率上有两个好处:其一是责权分明,也容易进行绩效考核。其二是容易培养出熟悉自身业务的管理人员。我们经常会看到工厂里有这样的晋升过程:小组长升工段长,工段长升分厂长,等到他们真的管理一个大工厂时,管理的方式其实和过去没有太多变化。

在一个产品形态稳定、行业变化慢的产业里,这样的组织架构能够让产品的研发和生产效率较高,然而弊端也很明显,特别是在市场变化快、产品预期不明确的形势下。比如在今天的后信息时代,这种较为固定、边界清晰的管理模式,完全无法适应生命周期很短、失败率高的 IT 行业。

3. 可预测性

机械思维的一个重要特点，是在发现了普遍规律后，只要将其应用到具体场景，便一定能够预知结果。比如，蒸汽机车烧掉若干吨煤，一定能够跑出100千米；工厂每一万元的产值耗电量是多少；普通民众每月的日用品消费是多少，等等。这和运用牛顿力学原理预测一千年后的日月星辰运动没有本质差别。正是充分利用了这种可预知性，丰田公司甚至可以做到组装厂没有库存，因为当生产线上的零部件快用完时，下一批零部件会及时运到。这样便大大降低了库存成本，也大大减少了汽车进出库的时间。当然，在工业时代过度的预测会有害无益。苏联在工业规划上不仅认定工厂内的所有生产计划都是可预知的，甚至试图预测市场。苏联政府拥有规模庞大的各级计划部门来做预测，但是效果明显不佳。

到了信息时代，预测的准确性和可能性大大降低，使得预测变得不再有意义。2010年腾讯公司最挣钱的产品是一款鼓励玩家偷菜的农场游戏，每天有几百万元的收入，但是过了不到一年，这款游戏的收入就陡降至每天几百元，公司内外没有人能预测出这个结果。即便是同一种产品，各种功能的使用频率，常常也不是设计者所能预测的。以手机为例，在过去的电信公司看来，手机主要就是用来通话的，因此它们试图通过提高话费来挣取更多的钱，这就如同石油公司通过控制油价最大化利润一样。但是，它们想不到的是，用户更多地使用了短信以及短信的替代服务，这在无意中便造就了腾讯这样的公司。

4. 人性化管理

虽然很多人都诟病泰勒将社会的人变成了机器的人，可这其实并不是他的本意。底层出身的泰勒深知工人们怠工的普遍原因，他知道只有劳资双方同时进行精神革命——资方善待工人，工人最大限度地发挥积极性，才能进一步提高效率；作为对工人努力的回报，雇主则必须对工人给予物质刺激，包括发放奖金和福利。因此，这种管理模式也被称为"积极性 + 刺激性"式的管理，俗称"胡萝卜 + 大棒"。

管理学界在说到泰勒的科学化管理时，会举出很多亨利·福特的例子，因为他是泰勒式管理的实践者。据说福特曾做过一个梦，梦见每一个自食其力的美国人都有一辆福特车，与家人一起在广袤土地上共享快乐时光。为了实现这个梦想，他支付给工人很高的工资，以便让他们买得起汽车。二战结束后，日本人把泰勒的这种人性化管理方式发挥到了极致。在很多日本企业里，员工一旦进入一家公司，基本上就是一直干到退休，公司会包管员工生活的方方面面。当然，作为对公司的回报，员工要努力工作，对公司保持忠诚。

泰勒的这种管理理念在 20 世纪初缓和劳资矛盾上起到了非常积极的作用。但是，泰勒并没有解决一个问题，那就是利润分配本身是一个零和游戏，资方拿的多了，劳方就拿的少，反之亦然。这就如同经典物理学中的能量守恒原理一样。经济形势好的时候，这个矛盾并不突出。美国应用泰勒管理最成功的年代是 20 世纪初，那个时代被称为"柯立芝繁荣"。日本采用这种管理方式最成功的是上个世纪 90 年代之前，那是工业时代最后的辉煌。但是，当经济陷入萧条时，劳资双方的零和游戏就变得火药味十足，就连一向善待劳工的福特都开始非常残酷地压榨工人。随着后来劳资双方的力量往劳工一方倾斜之后，企业因为利润难以得到保障，便陷入了"破产保护 —— 违约 —— 清除不良资产和员工福利 —— 重新盈利 —— 过度福利 —— 破产保护"的怪圈，在其中反复循环。这些企业今天被称为"僵尸企业"，在美国、日本和欧洲存在着大量类似的僵尸企业，其根源在于分配制度出了问题。

当历史进入到 1946 年时，时代变了。世界上第一台电子计算机诞生了，它标志着信息时代即将到来。既然时代不同了，就需要有不同的科学基础和方法论，以便支撑起新的管理方式和文化。凑巧的是，几乎就在电子计算机出现的同时，信息时代的方法论也产生了。

1948年对于世界来说，是一个寻常的年份，但就是在这一年，对现代科技和工业发展影响深远的一些学说——控制论、信息论和系统论，正式诞生了，它们造就了信息时代的方法论。这些学术成果其实早在二战期间就已产生并且得到了应用，只是因为战争的原因，美国才没有发布。到 1948 年，二战结束三年后，一切都可以公之于众了。

控制论的创始人是诺伯特·维纳（Norbert Wiener，1894—1964），他被誉为 20 世纪最多才多艺、学识渊博的天才。维纳在中国抗日战争开始之前曾经在清华大学做过一年的教授。他这段时间的工作十分轻松，有大把闲暇时间用来思考数学问题，并且开始在头脑里酝酿着一套全新的理论。后来，他把这段时光称为自己学术生涯里一个特定的里程碑，因为那是他从一位学富五车的科学天才，变成一位开创全新领域的大师的转折点，而他酝酿出的理论就是控制论。1948 年他出版了《控制论》一书。

也是在1948年，美国的另一位科学天才克劳德·香农（Claude Elwood Shannon，1916—2001）在《贝尔系统技术杂志》（Bell System Technical Journal）上连载发表了论文《通信的数学原理》（The mathematical theory of communication），从此通信进入了具有理论指导的时代。1937 年，香农完成了被誉为 20 世纪最重要的硕士学位论文——《继电器和开关电路的信号分析》（A Symbolic Analysis of Relay and Switching Circuits），奠定了今日数字电路的基础。二战期间，有大量的通信和信息处理工作，香农参与了为军方服务的工作，他的信息论其实是在那段时间里完成的，只是到了战后才发表了自己的研究成果。

维纳和香农当时可能并没有意识到，他们的理论后来不仅让人类完成了登月壮举，让全世界通过互联网的连接变成了地球村，而且缔造出了一种全新的世界观和经济发展模式，从此，人类步入一个新的时代——信息时代。

与控制论和信息论同期诞生的还有贝塔朗菲（Karl von Bertalanffy，1901—

1972）等人提出的系统论，系统论对后工业时代也产生了巨大的影响。二战期间，曼哈顿计划的负责人格罗夫斯和奥本海默在负责研制原子弹的过程中主动采用了系统论进行项目管理，大大缩短了原子弹的研究进程。这让当时连玻尔等科学家都觉得不可能完成的任务得以在短短的三年内完成。

今天，人们将系统论和控制论、信息论并称为"三论"。硅谷的各种管理特点，用牛顿力学和泰勒的现代科学管理思想是完全解释不通的，甚至是相违背的，但是若用三论的观点去分析就一目了然了。因此，破解硅谷地区和它的企业成功的奥秘，就需要用到控制论、信息论和系统论这些钥匙。接下来我们就来看看它们和信息时代管理特点之间的联系。

2　方法论的革命

为了方便大家了解控制论、信息论和系统论的概念，以及维纳和香农，本章末尾给出了一个附录，大致介绍了它们的核心内容。不熟悉三论的读者可以先阅读本章的附录，这里就不赘述了。在这一节里，我们来看看控制论、信息论和系统论给信息时代带来的做事方法的变化。

2.1　控制论的思维方式

我们不妨用两个具体的例子来说明控制论和机械思维在方法论上的差异。

第一个例子取材于《文明之光》第二册的第十六章"两个人的竞赛——苏美航天发展的历程"。1944 年，德国人将导弹之父冯·布劳恩（Von Braun，1912—1977）研制的 V-2 火箭发射到了伦敦的郊区，炸死炸伤了 20 多人。这种采用陀螺仪作为稳定系统的火箭，在发射前要根据设定的目标以及当时的风速等已知参数，算出发射的方位和角度。根据牛顿力学原理，如能准确考虑所有的因素（包括天气），火箭的落点应该是在目标附近，这种思路就是典型的机械思维方式。实际上，从 1944 年 9 月到战败，德国向英国发射了超过 3000 枚 V-2 火箭，虽然它们的目标都设定在伦敦塔桥，但是没有一枚射中的。那些火箭落点的误差非常大，而且基本呈随机分布（图 29.2）。这并非因为冯·布劳恩的设计有问题，也不是制作不够精密，更不是操作者不认真，而是影响火箭落点的因素太多，根本无法在一开始都考虑清楚。按照机械思维的做事方式来改进这件事，该怎么办呢？无非是一方面继续改进火箭的精度，另一方面考虑更多的因素，比如风向、空气的湿度，等等。但是，若按照这种方式去做，人类就不可能实现登月这样的目标，因为哪怕事先考虑得再周全，计算得再精确，还是会存在大量意想不到的因素，最终向月球发射的火箭恐怕会与预期落点偏差出十万八千里。

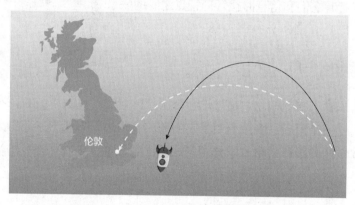

图 29.2　原本要发射到伦敦，结果落到海里

就在 V-2 火箭首发 25 年后，冯·布劳恩设计的土星五号火箭将阿波罗 11 号准确地送上了月球表面预定的登陆地点。土星五号的飞行距离是 V-2 的一千多倍，准确性却提高了两个数量级。这一前一后的差别在于冯·布劳恩等人改变了思维方式。在阿波罗计划中，控制论，或更具体地讲是基于维纳控制理论的卡尔曼滤波发挥了重大作用。阿波罗登月的过程控制是这样设计的：人们事先设定了一个阿波罗登月舱具体着陆的地点，并且火箭的轨迹也是朝着那个方向设定的，但是工程师们不再假定事先已经准确无误地考虑了全部的可能性，而是在火箭的实际飞行过程中，不断根据一组组允许有偏差的、火箭位置和速度的实际观察数值[1]，计算出飞行器当前应有的速度和方向。也

1　在控制中这些数值被看成是一种反馈。

就是说，在整个登月过程中，飞行器能够不断自行调整，这样才保证了它最终准确着陆（图29.3）。

图 29.3　阿波罗飞船登月的准确性来自于过程中的不断调整

对比 V-2 和土星五号，可以看出机械思维和控制论思维两种方法论的差异，前者是对未来做一种尽可能确定的预测，后者则是根据变化不断进行调整。

第二个例子发生在我身边。我过去在 Google 的一位同事，加入 Google 之前先后在 IBM 的沃森实验室和休斯卫星公司做研究，后来转到了雅虎和 Google。他在沃森实验室和休斯卫星公司做研发时，严格遵循软件工程的一整套流程，什么事情都要预先想到，争取一次做成功。如果一个环节没有想到，后果就是灾难性的。不仅如此，每完成一个步骤，在进入下一步之前，都要封存所有的工作（不再做任何修改）。他以这种方式工作了七八年，在他看来 IT 行当就应该如此。在 2000 年前后的互联网泡沫时期，他到了雅虎负责一个新产品的开发。他对互联网公司那种明天产品就要上线，今天还在修改设计的做法完全无法接受，因为在他看来，代码至少要在一个月前封存不动，最后一段时间只能做测试。但是，他在雅虎的同事都嘲笑他那种老祖母的开发方式，在他的同事看来，产品只有通过先上线，得到反馈，然后再修改，才能完善，那种一次性设计和开发一个完美产品的做法，对于需要不断迭代以改进产品与服务，从而赢得用户的互联网公司来说，根本行不通，因为考虑再周全的设计，在产品上线之后可能也很快变得过时了。久而久之，我的这位同事也接受了这种思想。这其实也反映了强调因果确定性的机械论和强调不断调整的控制论在互联网产品开发上的差异。今天的互联网公司，包括像特斯拉那样运用互联网思维造车的汽车公司，做事情的思维方式都是基于控制论的。

控制论的初衷是用于系统控制，但是今天它在企业管理上的应用比在电子工程和自动化上的应用更多。到书店中企业管理和自动控制相关的书架前转转，你会发现企业管理书架上讨论控制论的书比后者要多得多。硅谷公司的经营管理特点，符合控制论中根据反馈不断调整的思维方式。

2.2 信息论的思维方式

信息论本质上是关于通信的理论。人类进入文明社会，除了吃饭和睡觉，大部分时间都用于与通信相关的事情。我们在工作中讨论问题、开会、写邮件，平时和家人聊天，闲暇之余看书、读报、看电视、看电影……这些都是某种形式的通信，而通信所传输的则是某种信息。香农在科学上的突出贡献在于第一次采用量化的方式度量信息，并且用数学的方法将通信原理解释得一清二楚。当然，香农的贡献远不止是在科学上，他的信息论实际上也是一种全新的方法论。

与机械思维是建立在一种确定性的基础上截然不同的是，信息论完全是建立在不确定性的基础上。事实上，不确定性普遍客观存在于我们的生活中，只是我们过去没有能力应对许多不确定性而已。香农用了热力学中熵的概念来描述不确定性，在一个系统中，不确定性越多，熵就越大，而要想消除这种不确定性，就要引入信息。至于要引入多少信息，则要看系统中的不确定性有多大。这种思路很快就成为了信息时代做事的基本方法。我们不妨用互联网广告的例子来说明上述原理。

当我们对用户一无所知时，在网页上投放展示广告，点击率会非常低，每

1000 次展示也只能挣不到 0.5 美元的广告费，因为这等于是随机猜测用户的意愿，很不准确。如果我们有 10 万种广告，但只有 10 种与用户相关，那么猜中的可能性就是万分之一。用信息论的方法来度量，它的不确定性为 14 比特左右[2]。搜索广告因为有用户输入的关键词，准确率就会提升很多，至于提升了多少，则取决于关键词所提供的信息量。以汉字词为例，一次搜索输入了两个词，每个词平均两个汉字，大约能提供 10—12 比特的信息量，这样大部分不确定性就被消除了，假定还是从 10 万种广告中猜 10 个，此时猜中的可能性就是十几分之一到几分之一，而读者点击广告的可能性大增。在实际情况中，Google 搜索广告每千次展示所带来的收入超过 50 美元，比单纯展示广告高出两个数量级，这就说明了信息的作用。类似地，Facebook 通过挖掘注册用户的使用习惯，可获得 1—2 个比特的信息量，从而将广告匹配的难度降低约一半到 70%，这样它上面展示广告产生的广告费，就比其他网站高出一两倍。

从上面这个特定的例子可以看出，在信息时代，谁掌握了信息，谁就能够发大财，这就如同在工业时代，谁掌握了资本谁就能发大财一样。

除了提出信息的量化度量，香农还提出了两个关于信息处理和通信最基本的定律，即香农第一定律和香农第二定律。这两个定律对于信息时代所起的作用堪比牛顿力学定律之于工业时代，它们对信息时代方法论的作用，我们后面会讲。

2.3 系统论的思维方式

今天复杂产品和大系统的开发，都或多或少地要利用到系统论的原则，因为它们的复杂度比工业时代的产品要高出几个数量级。在工业时代，一辆汽车有大大小小 3 万多个零件，这和今天计算机处理器中有几十亿个晶体管，在数量上可是有天壤之别。更要命的是，汽车里每个零件的作用都能说得清，

2　关于信息论的基础知识，请读者参阅拙作《数学之美》。

而处理器中每个晶体管的作用单独拿出来说不清。因此，过去想让机械产品的性能达到最优，就得把每一个部分都做到最优，然后组装起来，整体必然达到最佳状态。这种思维方式符合逻辑，有道理，以至于今天不少企业依然将其奉为经典。不信的话，大家不妨看看，很多厂商是不是仍在不断宣传自家手机的配置（Specs）有多高，功能有多么全，因为按照机械思维，高指标、功能全就意味着是好手机。

但是系统论的观点却认为，整体的性能未必能通过局部性能的优化而实现。很多人喜欢使用苹果的 iPhone 手机，不是因为它的配置高，而是因为当初在将技术和艺术相结合上，没有人能在境界上超越乔布斯，以至于苹果手机整体的体验好。大家如果有兴趣，不妨留意一下 iPhone 的广告，就会发现它从不跟竞争对手比性能和配置，只是从整体上讲它有什么特点。事实上，苹果的每一款手机和个人电脑的各种绝对指标并不比竞争对手高，甚至还低不少，但是把给产品的整体用户体验做到了最优。一些人把其中的原因归结为其他厂家境界不够高。其实境界这东西是虚的，它的背后体现的是机械思维和系统论思维的差异。

在三论被提出来之前，一些人已经不自觉地运用这些思维方式在指导行动，但那都是出于自发的本能，并非自觉的行为。硅谷诞生于三论提出之后，硅谷的公司大多是 IT 公司，业务都是围绕着信息和通信，因此它们在做事方式上受机械思维影响较浅，直接有意识地采纳了三论作为方法论。这样一来，硅谷企业在与其他地区企业竞争时，方法论上就占了优势。

接下来，我们不妨看看三论的思想是如何体现在信息时代的日常工作中的。

3　信息时代思维指南

硅谷企业的很多行为实际上都是对现代工业企业制度的否定。比如那些大公司很少建立传统的研发实验室，企业很少对未来做预测。又比如硅谷的企业很少教育员工对企业的忠诚,甚至整个硅谷地区从公权力到基层社会会鼓励叛逆行为。如果单纯看硅谷公司做事情的方法,只能得到浅层面的理解,甚至会产生误读。如果简单地从表面理解学习它们的经验,不仅不利于事业发展,而且可能会落入陷阱。只有深刻理解以硅谷企业为代表的信息时代企业行事的理论基础和逻辑,才能得到硅谷方法论的精髓。接下来,我们就通过对比新旧时代的不同做事方法,剖析信息时代方法论的科学依据。

3.1 预测 vs. 反应

自古以来,人类都希望通过预测把握自己的命运。古希腊人在德尔斐请神谕,希望通过神灵预知他们未来的灾祸,在长达 1000 多年的时间里,德尔斐神谕乃是希腊人的精神支柱。在牛顿之后,人类不再需要神来预测未来,而是通过自己的努力揭示世界的规律,试图把握未来。但是,世界上有些事情是人类可以把控的,有些则很难。而勉为其难地试图把控那些不确定的事情,其实是弊大于利。

牛顿本人就深受其害,他在南海泡沫中损失了两万多英镑,这在当时可是一笔巨款——要知道十几年后耶鲁先生给一所大学捐了大约相当于 800 英镑的货物,那所大学就以他的名字命名为耶鲁大学了。牛顿将自己的损失归结为人性的不可预测,他的总结不无道理。然而,直到今天很多人依然不懂得这个道理,仍按照机械思维的方法,试图画几根直线去预测股市。实际上,进入 20 世纪后,几乎所有好的投资人都不再对资本市场做预测,而是不断根据市场变化做出反应并进行调整。巴菲特如此,索罗斯也是如此。2007 年索罗斯在 Google 和施密特进行了一次对话。一位 Google 员工问他:"我的父亲一直追随你炒股,却总是不断亏钱,这是为什么?"索罗斯的回答是:"因为我不断地犯错误,当然我改正得很快。"这就是变预测为反应,由机械思维转变为控制论思维的很好例证。

回到企业管理的话题,在大工业时代,一个公司的战略、一个产品的开发都是自上而下制订和组织的。一般来说，都是公司的几个负责人先有一个想法，然后层层落实，这其实是一种预测的思路。企业界的读者朋友不妨对照一下自己所在公司领导一年内的讲话，看看是否显示出这种"预测 + 层层落实"的机械思维。而硅谷的公司，尤其是互联网公司却不是这样做事的，它们依靠的是持续的反应，这就如同土星五号在飞行过程中要不断调整轨迹一样。不重视预测，而是重视反应，这背后有两个原因。一来无法预测准，于是干脆不再预测；二来是有能力做出快速反应，因此不担心意外情况发生。

无法预测准这一点容易理解，大家只要看看今天上市公司一年前给的财务预估和今天实际情况之间的偏差就可以了，一大半上市公司做的预估都不准确。这不是它们不想做准确，而是做不到。那么，做不到该怎么办呢？机械思维告诉我们应该改进方法，努力做出更准确的预测。但另一种思路却是增强调整的能力，快速反应即可。硅谷的公司采用的就是后一种方法。

在 Google 和 Facebook 内部，有大大小小无数的项目，在这些项目成功之前，各级主管很难预见什么项目能够成功，或什么不能。那么该如何决策呢？这些公司的做法很简单，管理者会根据自己的经验和项目进展情况对这些项目不断作出反应。比方说市场往某个方向偏移了，那么项目也要跟着做相应的调整；某些项目进展得顺利，并且显示出较好的市场前景，那么就对这些项目增加资源投入。反之，对那些进展缓慢市场反应冷淡的项目，就及时砍掉，如此而已。在硅谷的公司里，很少有那种下级在上级面前立个军令状，遇到困难表个决心，再要一次机会，或者搞一个大会战追赶进度这类场景，因为这么做不符合"反应"的原则。Google 和 Facebook 的大部分项目最终都被淘汰掉了，用户能够看到的产品其实是少数项目转化而来，这就是变预测为反应的结果。

硅谷的很多公司在招人时常常说这样一句话，就是"你来我们这里可以干你想干的事情"，很多人真的被这样的话打动了，加盟了那些公司。但是，他们马上就会发现，这句话背后还隐藏着两个意思，第一，虽然一开始你可以干你想干的事，但是公司可以随时根据你的进展和市场变化停掉你正在做的事情；第二，公司会把你作为资源投入到那些在竞争中更成功的项目中去。一些人到了硅谷两三年后，从踌躇满志变为心灰意冷，多少与此有关。可站在公司的角度来讲，它则是既给了每个人发挥自己的机会，又根据公司的利益作出了及时必要的反应。

思科、Google 等很多硅谷公司看待内部创业也是基于类似的思维方式。公司高层实际上很难预测出哪些地方可以作为未来的突破点，便任由基层员工根据自己的理解尝试各种创业主题。公司则根据每个项目的表现作出反应，或继续支持，或收购回来，或任其自生自灭。于是，那些有执行力的团队、有竞争力的产品便能脱颖而出，成为公司未来发展的支柱，而那些没有生命力的项目就消亡了。Google X Lab 借鉴了思科的很多做法，有很多项目里的员工，基本上是两到三年便更换一波，成功的项目很多都被转到了产品部门，比如 Google 大脑。失败的项目自行消失后，员工也就被释放了，他们大多数加入了其他项目组，少数离开了公司。

硅谷对那些表现不再卓越的公司和人的态度，其实也是硅谷在整体上对行业作出反应的结果，通过这种方式实现资源再分配，确保最好的行业、公司和个人获得最多的资源。但是，世界上的很多开发区却不是这样看问题的。一旦某个公司入驻，这些开发区就生怕它死掉，以免证明当初决策的错误，于是不断给那些半死不活的公司输血，好证明自己当初预测的正确性。这么做的背后就是机械思维的惯性在作怪。结果，一些公司反而吃准了这一点，一旦拿到当地政府扶植的基金，就靠在政府身上过日子。因此，这种开发区缺乏竞争力也就丝毫不奇怪了。

风险投资的实质也是变预测为反应，而且风险投资的决策过程也完全遵循信息论和控制论的指导思想。在信息论里，有一个最大熵原则，具体有两层含义：首先，在没有信息的情况下，不能对未来做任何主观的假设。Google 内部的产品原则——没有足够的数据不能下结论，就是源于此。其次，在获得了一些知识或信息的情况下，结论要与数据相符合，而不是迎合长官意志，这样才能做到风险最小，回报最大。好的风险投资人不做事先的假定，因为不知道未来的发展方向一定是什么样的，而是希望从创业者那里了解信息。在得到一些信息后，他们会及时作出适当的反应。为了降低投资风险，他们不会把鸡蛋放在一个篮子里。同时，一旦察觉到某种技术趋势，他们会让自己的一部分投资符合这种技术趋势。

在具体操作上，他们使用的是从香农第一定律出发得到的霍夫曼编码方法，即通过对好的项目不断追加投资，将最多的资源用于最有希望的项目。我们不妨通过一个具体的例子，看看这种方法是如何操作的。

假定风险投资人一共评估了 100 个创业项目，删掉不靠谱的，然后选择 20 个各方面都比较好的项目进行投资。投资之前他们并不在意这 20 个项目哪一个就比另一个好，因为他们无法预测。过了一段时间（比如在这些项目需要下一轮融资时），投资人会重新评估这些项目，根据创始团队的表现和项目的进展，对发展超出预期的项目加倍投资（专业术语叫做 Double Down），对表现一般的项目就顺其自然，对表现差的项目甚至会提前进行清盘，退出一部分投资。这样，到了第二轮，投资人可能又向其中的六到七个项目追加投资。类似地，投资人会根据项目的表现不断作出及时反应，在第三轮、第四轮，将更多的资金投入到表现最好的项目中。最终，他们会在成功的项目中占有尽可能多的股份，在失败的项目中则将损失控制到最小。在本章附录二中我们对上述情景做了量化分析，证明这种投资方式不仅回报高，而且相对风险较小。

当然，在信息时代能够淡化预测、实现快速反应，还有一个前提，那就是知识型工作者自身的自觉性。在大工业时代，这一点则做不到。现代管理学大师德鲁克在他的《卓有成效的管理者》(The Effective Executive) 一书中指出，每一个知识工作者本身就是一个自觉的自我管理者，对于他们不能也不需要采用过去那种简单的自上而下的人事管理方式，而要改成任务导向的契约式管理方式。他的这种思想被信息时代的很多管理者，包括比尔·盖茨、格鲁夫和 Google 前 CEO 施密特所推崇。在硅谷的 IT 公司，每一个工程师不仅在作息时间上相当自由，也是公司基层决策的参与者。他们的自觉性使得公司能够根据最新的变化做出快速反应。

3.2 拥有 vs. 连接

从农耕时代到工业时代，在人们的观念中，对实体财富的拥有、对生产资料的控制是继续创造财富最重要的手段。直到今天，很多人依然喜欢"拥有"实物所带来的快感，特别是生活在东亚地区的人。

20 世纪 80 年代，日本在经历了 20 多年的快速发展之后，财富剧增。于是，日本的富豪们开始大手笔在全世界购买各种资产，从曼哈顿的地产到印象派的绘画，尽情享受着拥有的快感。不过，这些资产并非创造财富的有效工具，十几年后他们又不得不原价甚至低价将其卖出。在过去的十几年里，随着中国经济迅速起飞，中国民众尤其是企业家的财富剧增，很多人都跑去美国投资，投资的对象依然以看得见摸得着的房地产和各种实物为主。很多人愿意花几千万美元甚至更多来买下自己一年只住一两周的豪宅，买下永远无法盈利的酒店、酒庄、高尔夫球场或写字楼，却不愿意拿出几十万美元投资到美国股市或风险投资基金中，因为后者看不见摸不着。

亚洲人喜欢投资不动产的背后有着更深层的原因。由于亚洲地区脱离农耕文明时代的时间还不长，虽然享受到了商业文明带来的财富增长，但是思维方式却不是一两代人就能够改变的。大部分亚洲人高估了固定资产的价值，而低估了人、新技术和先进的生产关系的作用。在中国开展"双创"之后，各地政府都希望从美国带回一些创业项目，以提升当地产业水平。各个城市和开发区的领导常常觉得给出的最大优惠就是一块土地。我身边很多回国发展的朋友讲，当地政府在了解他们的诉求时，最爱问的是"你们需要多少平米的办公楼，需要多少亩地。"事实上，这些想回国创业的海归，他们更多地是希望能解决人才落地的问题，以及对外便利交流的问题。2008—2009年美国金融危机之后，中国一些地方政府和创业园在硅谷地区购买了大量商业楼宇，改建成孵化器，希望以低价格吸引创业公司入驻。孰料10年过去了，这些楼宇至今还空着一大半。很多孵化器将房租降到每天每个工位5美元，即两杯星巴克咖啡的价格，依然吸引不到好的创业团队。与此同时，Google、苹果和亚马逊等公司在硅谷的办公楼则是人满为患，在外面租楼或买楼又办不到，说明硅谷地区的办公楼其实很紧俏。这些中资孵化器失败的原因，主要是农耕文明的思维习惯和硅谷商业的价值观是背道而驰的。

硅谷的公司在快速发展期都是采用租房的方式，而非买房和建房。这倒不是硅谷企业不懂得土地房屋的价值，而是相信把资金投给固定资产，不如投给自己的核心产业回报高。当一个企业开始大量买地建房时，说明它们已经找不到更好的投资方式了，这时企业就从青春期进入成熟期。这个阶段的企业市盈率通常都不会很高，因为华尔街会觉得它们后劲不足。

硅谷的公司不仅对这些不动产兴趣不大，对其他重资产的项目也不感兴趣。今天硅谷地区依然设计了全世界最多的半导体集成电路芯片，但是当地没有一条成规模的半导体生产线。世界上大部分集成电路芯片都是由中国台湾的公司制造的[3]。硅谷地区不是没有生产集成电路的技术，而是因为它投资太大，今天一条先进的半导体生产线需要上百亿美元的投资。这样重资产的项目一旦要转型，是非常困难的。硅谷地区更喜欢不断变化且容易采用新技术产生变革的产业。

在信息时代，比拥有更重要的是连接。

Google和Facebook自己并不制作内容，它们反而是世界上用户最多、市值最大的互联网公司，尤其是Google，它的利润超过中国上市的互联网公司利润的总和。优步公司不拥有一辆汽车，反而是世界上乘客最多的出租车公

---

3 台湾的台积电、UMC和PowerChip三家占了全世界半导体芯片生产的一半左右。

司，Airbnb 不拥有一间旅馆，反而能为世界上数量最多的旅客提供差旅住宿。在中国，最有影响力的电子商务和互联网公司是阿里巴巴，它既不制造产品，也不发行任何形式的虚拟货币，却是世界上最大的购物平台和支付平台。这些公司成功的原因是，它们拥有连接，既包括人与人的连接，也包括人与物的连接。过去那种需要拥有生产资料才能控制商业的思维方式已经过时。在后互联网时代，获得连接用户的带宽比拥有资产重要，因为谁拥有了通信的"带宽"，谁就拥有了生意。这和香农第二定律是相吻合的，即带宽决定信息的流通量，进而决定生意规模的大小。图 29.4 显示了 Airbnb 公司提供的可选房源数量，不到 10 年的时间，Airbnb 就将这一数量增长到 400 万，超过了全球房源最多的万豪、希尔顿、洲际、温德姆和锦江国际五大酒店集团的房源总和。

年份	房源数量（单位：千）
2011	50
2012	120
2013	350
2014	975
2015	1500
2016	2500
2017	4000

图 29.4　Airbnb 上提供的可选房屋数量（2011—2017）

在所有连接中，处于关键路径上绕不过去的那个节点最有价值。在个人电脑时代，整个 PC 产业链中绕不过去的两个环节是微软的操作系统和英特尔的处理器，这两家公司也就先后成为那个时代市值最高的公司（市值都曾超过 5000 亿美元）。在今天的移动互联网时代，关键节点并不掌握在一家手里，而是在几家 IT 巨头手里。微软依然牢牢把握着计算机的操作系统，但是 Google 掌握着这个时代最重要的安卓操作系统，而亚马逊的云计算平台起到了企业级云计算操作系统的作用。再加上自成一体的苹果，它们成为了今天全世界市值最大，而且在各自领域无人能够挑战的公司。

3.3 局部 vs. 整体

大工业时代的宿命，使一个地区的产业转型很难，以至于无法在下一次科技进步中继续引领潮流。这里面的原因主要有两个。

首先是地区对大公司的依赖。

在大工业时代，一个地区的发展常常仰赖一个核心产业，甚至是这个产业里的一两家大公司，很多小公司都围绕着一两家大公司运转，当这一两家公司过了气，整个地区也就衰落了。这似乎是大工业时代的宿命。以美国为例，匹兹堡的发展靠的是钢铁业，具体来说靠的是卡内基钢铁公司这一家公司；底特律靠的是三大汽车公司；新泽西靠的是基于电话的电信产业，而且基本上靠的是 AT&T 这一家公司（当然今天它派生出了很多公司）；而在纽约的北部（即上纽约地区），从 19 世纪末开始，当地经济基本上就靠 IBM 和 GE 这两家公司支撑。这些公司一方面像一把大伞保护着当地，并且为当地带来了迅速的繁荣，比如像地处美国内地的匹兹堡和底特律，当年之所以能够崛起，不能不感谢卡内基钢铁公司和三大汽车公司。再比如像通过微软一家公司带来繁荣的西雅图周边地区，但是这些公司规模都太大了，在它们的阴影下，不可能再成长出大树了。一旦大树倒掉，当地的经济便将受到重创。正因如此，当地各种利益集团都不敢让大树倒掉，只要能多支撑一天就要让它们继续维持着。但是，如果跳出这些地区，或者过了很多年回过头来看，就会发现这其实是优化了局部利益，而牺牲了一个地区整体发展和长远的利益。

其次，一个产业里最好的公司难以走出这个产业。

如果说大公司决定了一个地区的行业导向，使得政策向现有产业倾斜，导致一个地区无法实现转型，那么为什么这些大公司的内部转型也非常困难呢？大部分时候，不是这些公司不想转型——他们的高级管理层通常都很优秀，而是根本转不了，因为公司的基因和文化是公司成立之初确立的，受到当时产业环境的制约。当一个公司从小到大成长起来时，只有适应那个产业特点的（创始）人和公司才最终生存了下来，可以说那些公司的基因和企业文化的形成必然有其合理性。比如 IBM 早期向客户收取高额服务费的做法，我们今天看起来实在是太"心黑"，但是在上个世纪 60 年代，只有专家才会使用计算机，IBM 派人进驻客户，帮助客户使用计算机，是有利于计算机普及的。但是，当大公司的组织架构和管理风格不断优化到最适合现有业务时，它其实就很难再适应新的业务，这就是惯性原理在起作用。以微软为例，它的组织架构和 Office 软件的层次结构几乎完全吻合，以这种组织架构来开发互联网产品，自然会力不从心。

一个传统工业区、一个大公司，越是对现有企业、对现有业务进行局部优化，就越难以在较长时间和空间内做全局优化。从控制论的角度看，在当前利益基础上优化得越多，就越容易陷入"局部最大值"，也就是走入了一个进化的死胡同。

基于上述两个原因，很多地区在高速发展了一段时间后，便走到了尽头。

反观硅谷地区，虽然靠半导体起家，但是叛逆的作用使得那里再也没有出现过一家独大的公司。如果仙童公司诞生在 20 世纪初的纽约地区，它很可能是另一个 AT&T 或者 IBM。而在硅谷地区，它没有形成垄断，并且很快自己就消亡了。今天虽然苹果公司按照营业额和利润讲，是世界第一大公司，但是在硅谷依然有 Google 等公司可以制约它。在这些软件公司之外，还有思科、甲骨文、惠普和英特尔等硬件和系统公司平衡软件企业。可以说，硅谷对局部构成的约束，却带来了整个地区的繁荣。这样的结果，并不是仙童或后来的大公司预先设定的，而是自觉甚至不自觉应用信息论和系统论的必然结果。

怎么从科学的角度来理解叛逆的行为呢？我们不妨用图 29.5 来加以说明。在

图 29.5 中有两个高峰，前面一个矮一点，代表当前的产业，后面一个高一点，代表今后的产业。任何一家企业处在第一个山脚下，都要最优化它在产业中"爬山"的过程，这样最终会达到局部极大值，就是第一个峰值。但这是一个死胡同。叛逆的力量则会强行地把公司向下推，推到谷底才能让公司有机会走向下一个产业更大的极大值。当然，很多公司会拒绝这么做，最终就可能被新的公司取代，新的公司常常会比旧的公司走得更远。不断有新公司出现，才能让一个地区长期繁荣。这就是半导体行业从肖克利半导体公司到仙童公司，再到英特尔公司的历程。

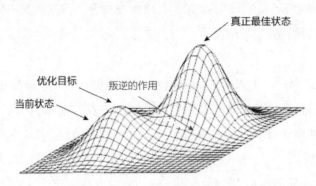

图 29.5　公司和地区自身的优化总是朝着局部最大值方向进行的

肖克利在创办他的半导体公司时，给公司确定的使命是把晶体管的价格降到每个一美分。这种想法很自然，因为在肖克利半导体公司成立时，全世界只有晶体管，没有集成电路。肖克利要想确保竞争优势，就是制作出更廉价的晶体管。但这就是沿着机械思维的惯性在往局部最高点爬山，即使他做到了这一点，也无非是爬到了半导体产业的一个小山头，就再也上不到更高点了。如果今天每个计算机的处理器都是用一个个晶体管搭建的，不考虑耗电量，一台 PC 或手机也要几千万美元。当然这样也就不会有个人电脑和手机了。好在肖克利公司出了"八叛徒"，成立了仙童公司，这就把晶体管的产业往下推，当然，在颠覆肖克利晶体管生意的同时，他们也发明了集成电路。集成电路相当于比晶体管更高的山头。

在上个世纪 60 年代，如果任由仙童公司发展并且不再出现"叛徒"，那么它可能会和德州仪器公司一起垄断半导体行业，就如同 50 年代发展起来的 IBM 长时间垄断了计算机行业一样，这样硅谷就有了一个 IBM 那样的大公司，但是恐怕就不会出现后来遍地开花的硅谷半导体公司。最后，从仙童公司派生出来的英特尔公司，再次带领半导体产业更上了一层楼。

信息论还从另一个角度解释了打破原有的平衡所带来的好处。我们知道，任何一个封闭的系统永远会朝着熵增加（也就是越来越无序）的方向发展，一定会越变越糟糕，而只有开放的系统会引入负熵，才有可能让系统通过与外界的交换变得更加有序，朝着好的方向发展。硅谷地区整个是一个开放的系统，它不断从世界各地引入新的人才，不断地丰富已经非常多元的文化，才能在整体上蒸蒸日上。由于企业间人员流动频繁，每一个企业也形成了开放的观点。相反，一个封闭的社会，不论一开始起点有多高，要是关起门来发展，最终那里的人会同质化，变得死气沉沉。一个企业，即便对员工再好，人员再稳定，如果没有外来新鲜血液注入，内部也激发不出创造的热情。

从工业时代到信息时代，通常只有牺牲掉局部，才能保全整体。世界上唯一不死的细胞是癌细胞，细胞永远不死，人的肌体就死了。一个部门若永远存活，企业就死了。一个企业若永远存活，地区就死了。硅谷正是因为没有形成统治性的企业，整个地区才富有活力。

4 企业制度背后的科学原理

硅谷的成功是基于对现代工业企业的否定，当然它也形成了适合信息时代企业发展的新的企业制度，而那些新的企业制度的背后，有其科学原理。

4.1 宽容失败的背后

在工业时代，一个大企业为了更好地预测未来的技术发展趋势，通常会创办自己的研究部门，像 AT&T 的贝尔实验室、GE 的 RCA 实验室和 IBM 的沃森实验室，等等。这些部门负责看清楚未来，而公司的业务部门则沿着规划好的方向继续发展。成立独立研究部门的好处有很多，比如研究部门的人不用太考虑商业上的成本，研究工作可以比较超前，一旦研究失败，不会影响到当前的业务。不过这样一来，即使有了研究成果，转换成改变世界的产品，也是千难万难，绝大部分研究成果最后就束之高阁了。今天，IBM 每年获得世界上最多的专利，但是你并没有觉得它在过去的二三十年里有什么了不起的大发明，因为那些发明没有产生效果。

到了信息时代，上述节奏已经赶不上技术的变化了。我们在前面提到，Google 的研发效率来源于研究者和开发者合二为一，它不经过对新技术的验证期，直接就在市场上开始尝试了。而 Facebook 在这方面更激进，它甚至将不成熟的，甚至明显荒诞的想法推向市场，然后通过市场的反应进行必要的筛选和剪枝。当然这样做失败率很高，而且一旦失败，损失很大。Google 尝试了报纸广告业务、很多版的社交软件、电视机顶盒、各种电器的智能面板、Google 眼镜等许多产品，都失败了，每次失败都损失巨大，但是它能够宽容失败，这才在安卓操作系统、Chrome 浏览器、人工智能和无人驾驶汽车上取得了成功。可以说，能否宽容失败，已成为新时代公司成败的关键。

硅谷能够宽容失败，这首先得益于美国这个国家比较宽容失败，当然硅谷在这方面又更进了一步。这里面有一个历史的因素，即 1948 年之前硅谷并没有像样的工业，很少受工业时代定势思维的影响。类似地，全世界在美国之后第二个宽容失败的国家是以色列，它在 1948 年才建国，不仅没有工业，甚至没有传统的包袱。无论是硅谷还是以色列，第一个重要的产业就是信息产业，于是便很自然地采用了三论的世界观和方法论来指导企业管理。如此一来，硅谷地区对失败的认识和对失败者的态度就跟其他地区完全不同了。

硅谷公司首先在宏观上认可失败是不可避免的，并且会把失败计入成本预算。硅谷从来没有出现过一个伟大的预言家告诉大家该怎么做事，大家都在摸着石头过河，也就是说，都是依靠反应而不是预测去行动。前面讲到，硅谷的企业和风险投资会把最好的资源分配给最有可能成功的事情，但是在看似不太可能做成的事情上，它也预留了一些资源，毕竟没有人事先知道结果。当然，在控制风险时，它们在一开始就把失败的成本考虑进去了，因此当失败真的发生时，也不会有人给失败者贴上标签。

宽容失败带来的一个问题是成本的上升。很多人抱怨苹果的手机卖得太贵，或者思科的路由器利润率定得太高。其实原因很简单，作为行业里最早吃螃蟹的人，它们不知经历了多少次失败才获得成功，由此要将失败的成本都摊到每一个成功的产品里去。通常，硅谷的半导体公司都会追求 30% 以上的毛利率，而其他公司（比如系统设备和软件公司）则把毛利率的目标定在 50% 左右。这样也就逼着硅谷的公司要做出技术领先、利润率高的产品。据美满公司前 CTO 吴子宁博士介绍，在硅谷的半导体行业，毛利率低于 20% 的事情是肯定不会去做的，而台湾的半导体公司甚至会考虑去做毛利率只有 5% 的事情，因为后者没有失败的成本，当然也就无法引领科技发展。

中国在经历了"双创"提法已深入人心的阶段之后，大家对投资的失败、创业的失败变得宽容了很多。但是，在绝大部分公司的内部，对失败依然不宽容。而越是不宽容失败的企业，也就越没有活力，而且还在不断失去过去的市场。在这样的企业中，一些国企最有代表性。在国企中，谁要是因为大胆做事损失掉一个亿，那可是一件不得了的事情，犯错者不仅要背上国有资产流失的责任，而且还可能被人背后猜疑是否有道德问题。其实，如今的一亿元人民币，对于商业来讲，金额并不算大，从购买力来说，也就是北京或上海的一两套顶级住房，和中国十万亿的 GDP 和上百万亿元人民币的发行量相比，只是九牛一毛。在 Google，程序中一个很小的 Bug 有时会造成几百万美元的损失，历史上最多的时候造成过几千万美元的损失，但是 Google 从来没有因此处罚过任何工程师。相比之下，中国的一些企业，特别是国企，里面的主管似乎都患上了失败恐惧症。世界上任何一种创新都有可能伴随着失败。宽容失败，从本质上讲，是对不确定性的认可。

4.2 期权背后的科学

硅谷企业的分配制度中很重要的一条，是给员工发放期权（Option）。注意，期权不是股票，它是一种特殊的金融合约，是合约的一方给另一方在一定期限里按照某个价钱购买（Call）或出售（Put）股票的权利。比如，阿里巴巴公司的股票（代号 BABA）在 2015 年 8 月 12 日的收盘价格是每股 75.12 美元，阿里巴巴或者某家证券公司（Underwriter）给予期权的所有者在 10 年内任何时候，以这个价格（称为 Strike Price）买进这家公司股票的权利，公司给员工的就是这种买入期权。如果在十年内的任何时候股价比当初上涨了，期权的所有者就获得了差距的利润。比如 2019 年 1 月 11 日，阿里巴巴股票的收盘价是 151.32 美元，期权的拥有者依然能够以 75.12 美元的价格买入股票，从而赚取大约一倍的溢价。如果 10 年内股价从来没有超过 75.12 美元，期权的持有者不用做任何事情，既不赔钱也不赚钱。图 29.6 显示了股价和期权利润之间的关系，当股价达不到期权授予的价格时，期权的利润为零，当然握有期权的员工也不会损失什么。当股价超过期权授予的价格时，期权的收益和股价呈线性增长关系。

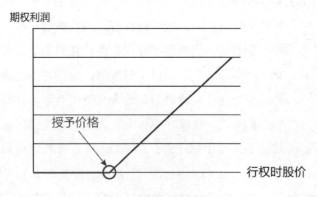

图 29.6　股价和期权利润的关系

当然，期权并不能随意发行。因为被授予期权的员工一旦行使（Exercise）期权后，这家公司的流通股就增加了，股价就会受到一定程度的影响，这样既损害了投资人的利益，也让期权变得一文不值。因此，一家企业能发放多少期权，其实要看业绩增长，期权增发的比例，不应超过利润增长的幅度，否则股价就会下跌。此外，2000年之后，美国证监会对期权发放有非常严格的限制，而且要求将期权像奖金一样计入成本。

期权制度的本质是从存量分配变为增量分配。期权要想不变成废纸，唯一的出路就是通过利润的提升，让市场肯定公司的表现，进而推动股价上涨。拥有期权的员工有足够的动力和老板一起，把公司办得更好。在这种情况下，员工和公司之间分配的是未来业绩的增量，而不是财富存量。劳资之间、上下级之间的那种相互对立的矛盾关系就变成了相互合作的契约关系。至于增量如何分配，就得看当初每个人和公司签的合同是什么样的。公司作为在某个行业里已经打下一定基础的实体，为员工提供了一个发展平台，这个平台相当于公司的投资资本，而员工以前的经验和他所拥有的资源（市场资源、技术专利等），相当于员工投资的资本。双方通过谈判，签订一份财富增量分配契约（劳动合同），从此就开始了合作，而不是先前那种雇佣的关系。我在各大商学院讲课时，很多企业家学员抱怨如今招人太难，留人更难。我认为在如今的后信息时代，一个企业"请"一个人来做事情，要本着企业与个人合作的心态，做不到这一点，要想留住人确实不容易。一些企业家，明明做的已经是新时代的生意，想法却还停留在旧时代，他们在给员工发放期权时，总认为这是企业对个人的恩赐。其实，期权只是一种财富增量分配的合约，本身不具有价值，它的价值是员工靠自己的努力实现的，并非企业从已有蛋糕中分给员工的。依靠期权制度来进行的财富分配，财富来自投资人，而非公司本身的利润，本质上是市场（投资人）对公司表现的一种反应，这和风险投资"加倍投入"的道理其实是一样的。投资人在一开始对各种技术和相应公司的前景所知甚少，因此他们并不需要做预测，时间一长，公司的好坏就看得很清楚了。对表现好的公司予以肯定，投资人会更多地买入这些公司的股票，这些公司的股价就会上涨，公司所有者和员工都会有巨大的经济收益，公司因此而稳定，有可能做得更好。而经营不善的公司，市场对它们的股票反应冷淡，员工的期权就成了废纸，公司可能最终解体或被并购。于是，通过期权制度，资本和资源就流向了表现好的公司。

期权是信息时代的分配制度，从公司内部看，是对增量的分成；从公司外部看，是投资人通过资本对新技术和新技术公司的投票。这种分配方式不仅将企业主、资本和劳动者的利益捆绑在一起形成了合力，而且资源的使用效率也得以最大化。

4.3　扁平式管理的本质

在一个公司里，要想合作顺畅，首先需要做到信息交流和沟通顺畅。比如上级的指令需要以最低成本下达，下面的反馈需要以最快速度上传，同事之间坦诚而高效地沟通，分属于不同部门的合作者需要最快捷地交换信息，这些都是保证合作持续稳步进行的基础。人与人之间的沟通，从本质上讲是一种通信，是信息的传递。根据香农第二定律，信息传递的速率受制于带宽，一个公司有什么样的组织结构和管理方式，就决定了这个组织结构中沟通的带宽。

图 29.7　硅谷某公司的全员大会，形式相当随意

在传统的层级分明的树状管理结构中，信息是一层层下达的，如果汇报关系有六级，很多信息便要经过五次才能传递给基层员工，而且在传递的过程中，一些中层主管们还会根据自己的理解或者从对自己有利的角度出发，曲解或者保留了公司最高层的本意。在硅谷的公司里，需要定期和不定期地召开全公司或整个部门的全员大会（图 29.7），这样就能以最低成本，快速且不失真地传递公司的精神。在硅谷以外的公司里，这种全员大会并不多，大部分时候都是公司的信息事先通知到管理层，再由管理层传达下去。

树状层级管理的另一个问题是，不同层级之间的员工在地位上有较大差异，上级对下级有很强的支配权甚至是生杀予夺的权力，上下级之间很难做到无保留的坦诚沟通。下级习惯报喜不报忧，中层习惯欺上瞒下，最高层习惯保持神秘感。经常会看到公司里有这样的现象，下级怕挨上级"骂"，便隐瞒一些问题，结果原本不大的问题最后变成大麻烦。在通信上，这种有意无意藏匿或者歪曲一些事实的行为，相当于在要传输的信号中加入了人为的噪音，它们不仅使得信息失真，而且为了消除噪声，就需要反复沟通确认，导致信息的传输速率大打折扣。

层级分明的树状管理结构的另一大问题，是部门之间沟通环节太多。每个部门都有着明确的边界，而且很多主管都把部门看作自己的私产，因此在两大部门内传递一个信息，有时需要层层上报，最后到两个部门的高层坐在一起商量出结果后，再层层下达。我在给国内一家大公司讲课时曾经讲过一个 IBM 的笑话——"把一个箱子从二楼搬到三楼需要多长时间？"答案是 4 个月。因为在管理规矩严格的 IBM，要搬这个箱子不能自己动手，必须由合同搬家公司来操作，而这件事又不能由员工直接找到搬家公司下任务单，因为搬家公司不会接受。总之，这个员工先要层层上报，得到有关部门批准后，再把指令下达给公司的物流管理部门，再由该部门通知搬家公司，最后搬家公司排出任务单，根据任务的优先级安排一个时间完成搬运工作。讲完这个笑话，下面的听众都哈哈大笑，但是他们可能并没有意识到，这种现象在他们身边比比皆是，只不过不是针对搬箱子的流程，而是部门间合作的流程。在这家公司里，一个部门想要采用另一个部门的研究成果，而提出需求的人无法直接找到对方具体做事情的人，因此他需要向自己的上级提出需求，他的上级，甚至是上级的上级，再找到对方平级的主管来表达这个意愿后，如果对方不反对，才会通知下面具体做事情的人将成果分享出去。一来二去的，时间就耽搁了。

真正的扁平式管理是什么样的呢？除了层级总数减少以外，树状结构还变成了格状甚至网状结构。在这种结构下，公司的不同组织之间存在着很多虚拟的通道，使得信息能够直接传递，不必经过很多节点和关键路径。上下级之间能够坦诚交流，大大减少了通信过程中的噪声，信息传递快。当然，这种相互信任的前提，是公司里不同层级的人之间没有太大地位上的差别。

有效的通信是需要有一个协议的，发送端和接收端在通信时都必须遵守协议，这样才能保证通信的正确性和系统之间的兼容性，否则就会出现错误。在公司内部进行沟通也需要协议，这个协议就是一种契约精神，公司和员工之间是靠这种契约维系的，上下级之间，同事之间，都是如此。

工业时代和后信息时代的公司，其内部沟通渠道之间的差异，有点像 20 世纪初的长途电话网络和今天的互联网之间的差别。前一种通信系统由很多信道串行而成，当跨越北美大陆的第一个长途电话从纽约打到旧金山时，中间经过了 10 多次转接才完成，在这个系列串行的路径上，每一段都是关键路径，中间任何一个环节出了问题，通信就中断了。而在后信息时代，扁平化管理的公司，其内部沟通渠道相当于互联网，一个信息从北京传到深圳，中间没有阻隔[4]，而且有多个渠道并行传递，不存在很多的关键节点和关键路径，沟通起来要顺畅得多。从本质上讲，扁平式管理的科学基础就是增加带宽，使沟通变得顺畅，合作变得容易（见图 29.8）。

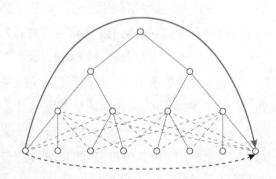

图 29.8　传统管理结构通常是严格树状的，不同部门之间的沟通渠道很长（实线）。硅谷 IT 公司在不同组织之间建立了网状联系（虚线），沟通要顺畅得多

扁平式管理的另一个特点是分权，这一方面减少了不必要的通信，另一方面可以将最宝贵的资源（公司金字塔顶端管理者的时间）用于最重要的工作，

4　中间虽然有路由器，但是在互联网的使用者看来它们是透明的。

将更容易获得的资源（中层主管的时间）用于相对次要一点的工作，这与霍夫曼编码原理相一致。

总之，扁平式管理拓展了公司内部的带宽，使得公司内部的合作更顺畅，才能做出最好的产品和服务。在大工业时代，效率来自于事先的规划和不断重复的操作；而在信息时代，效率来自于沟通的带宽，以及共同遵守的协议。

4.4 权威失灵的背后原因

2008 年金融危机之后，英国女王对一群经济学家讲，你们这么多经济学家，怎么没有一个人提前预见到金融危机，当时在场的经济学家都觉得很没面子。这倒不是经济学家们学识不够，而是因为今天要做预测实在太难了。从 2000 年开始，世界上一直有经济学家预言中国的经济要崩溃，这件事一直没有发生，即使未来发生一次，那种预测的准确性甚至比不走的钟还糟糕，因为不走的钟一天也能准上两次。

不仅经济学家无法预测未来，IT 产业的专家的预言也常常很不靠谱。2007 年，诺基亚时任 CEO 认为苹果的 iPhone 不会有多少人要，因为那些功能与电话无关，但是 iPhone 很快就开始风靡世界，而他却为自己的预言付出了惨痛的代价。2004 年，经济学家们预计驾驶汽车是计算机在短期内无法取代人的领域，按照当时的技术水平，确实很难想象这件事能在几十年内实现。然而，仅仅过了 6 年，2010 年《纽约时报》就报道 Google 的无人驾驶汽车已经在大街小巷和高速公路跑了十几万英里，而且没有出一次交通事故。

曾几何时，人们从不怀疑权威的正确性。但是今天，大家发现权威的远见性似乎比我们好不了多少，这是为什么呢？因为在信息时代，信息量太大，不确定性太多，以至于做出准确的预测变得几乎不可能。就说 2008—2009 年的那次金融危机吧，活着的经济学家基本上没有人经历过，没有人能相信它会来的那么凶猛。有人说经济学家们应该能从经济数据上看出端倪。但是，在美国各种经济数据有上万种，一个经济学家一辈子能研究清楚上百种就不错了。今天已经不是牛顿时代，用几个简单的公式就能把未来描述清楚。

权威不灵了的第二个原因，是世界发展太快，旧知识很快就过时了，这是在过去工业时代所没有的现象。在瓦特之前的时代，效率非常低的纽卡门蒸汽机使用了半个多世纪都没有什么改进；在爱迪生发明了高效率的白炽灯后的一百多年里，发光效率和灯泡寿命一直没有明显的改进；录音磁带从发明到基本退出舞台，经历了 80 年左右的时间，原理基本上没有变化。因此，在那个时代，专家经验的积累很有用。甚至在信息时代早期，一个专家依然可以靠一项专业特长工作一辈子。比如，2000 年前后的数据库技术，和 80 年代初甲骨文以及 IBM 研发的关系型数据库没有本质上的差别。而 1993 年微软推出的 Windows NT，其内核和 1969 年的 UNIX 没有本质的差别。在 1998 年 Google 成立之前，文献搜索技术基本上还是基于 70 年代初斯巴克—琼斯（Karen Spärck Jones）的 TF IDF 技术。但是，今天这种现象就很难持续了。靠人为积累起来的经验对今后工作的指导意义，远不如掌握更新的信息收集和处理技术来得有效。

正是基于上述原因，硅谷人不迷信权威。在信息时代，信息流通得非常快，与其让权威告诉你该怎么做，不如掌握最新技术后自己来分析信息。再加上今天的 IT 精英普遍基本训练水平很高，可以很快获得和掌握最新技术。主客观两方面因素加在一起，导致今天的硅谷人不喜欢崇拜权威。

当然，在美国不迷信权威还有另一个原因，那就是与美国的教育有关。在美国的学校里，学生们从小被告知问题的答案可以有很多种，不一定存在一个标准的答案，也不是对或者错的答案，而是把答案分为好的和不好的。年轻人不会因为某个结论是专家告知的就盲从，而是有自己的判断和主见。

总之，在今天这个时代，谁善于获取信息，有能力从信息中获得新知，谁就站在了时代的制高点。

4.5 从资源分配的有效性理解拒绝平庸

我们经常在媒体中看到有些专家学者发表这样的言论：某某地区生活成本太高，年轻人生活不下去，长此以往，该地区要衰退。在美国从上个世纪 60 年代开始，当仙童公司将它的生产线转移到香港时，就有了唱衰硅谷的说法，最近一次比较有影响的唱衰硅谷的言论是 2018 年《经济学人》上的一篇文章，里面讲了很多原因，诸如生活成本上升，大公司福利过高，等等，结论就是硅谷将荣光不再。但是，唱衰了半个多世纪还在唱衰，说明它没有衰落。这不是运气使然，而是背后有它长盛不衰的原动力，即拒绝平庸倒逼产生的进步。

图 29.9 是硅谷房价的变化和纳斯达克指数变化的对比。可以看出，在过去 30 多年里，硅谷房价（实线）不断攀升，从 1996 年到 2017 年增长了三倍左右，涨幅和持续的时间在美国都是绝无仅有。而在背后支持这一房价持续上涨的原因，主要是硅谷明星公司的财富以更快的速度积累所致。从图中可以看到，纳斯达克指数（虚线）在过去同一时期，增长了大约 6 倍多，远远高于硅谷房价的增长。在纳斯达克的成份股中，总部在硅谷的公司大约占了权重的一半，而其中的明星公司，包括苹果、Google、Facebook、英伟达和特斯拉等，其增长的幅度要远高于纳斯达克平均水平。我们前面说的硅谷公司股价上涨，员工将会受益，正是个人不断剧增的财富在支撑着硅谷的房价。一些媒体说硅谷房价的上涨超过了收入的增长，那是没有计入期权收益。在硅谷地区，同一类工作基本工资不会相差太大，但是每个人期权的收入很容易差出一两个数量级。期权收入高的买得起房子，这方面收入低甚至期权长期潜水的，几乎不可能在硅谷购房。

那么什么人能获得巨额的期权收益呢？主要是明星公司的骨干员工。期权收益的实质，是投资人对表现卓越的企业和个人的奖励，和长时间辛劳、平庸的表现无关。在很多地区、很多行业，一些平庸的企业可以通过压低自己的利润去占领市场，这样虽然挣得少一点，但总有口饭吃。这种做法在硅谷行

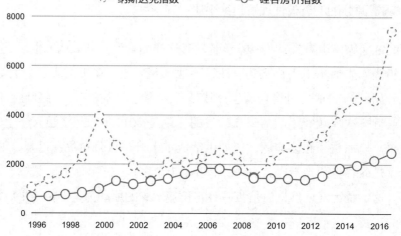

图29.9 硅谷房价增长和纳斯达克指数增长的对比（数据来源：Paragon Read Estate Group）

不通，因为这种企业和它的员工都无法在硅谷生存。一个企业也好，一个人也好，要想在硅谷立足，就需要拒绝平庸，追求卓越，而且有时只是做到行业领先还不够，还要和任何其他行业的公司比都不落后才行。

以 Google 公司为例，2008 年时，它在搜索、浏览器和云计算上跟微软有明显的竞争，和苹果相比也不落下风，比雅虎更是好到了天上。但是，这还远远不够，因为它的整体成长速度和提供的好工作机会输给了当时快速发展的 Facebook，虽然后者和它在业务上重合度并不高。这样，Google 的很多优秀员工就跑到 Facebook 去了，因为那样才可能买得起房子。Facebook 的第一位华裔副总裁当时就是因为这一很实际的原因离开 Google，到了对方公司。而他给周围很多工程师树立了榜样之后，他过去的同事也纷纷离开 Google，去了 Facebook。这类事情当时每个星期都在发生，这就倒逼了 Google 管理结构的调整和分权。此后，Google 在同 Facebook 的竞争中便不再落下风了，很多离开 Google 到 Facebook 的员工又回流到 Google 了，这又倒逼了 Facebook 的改革。

2014年之后，Google又面临着Uber和Airbnb等未上市的独角兽公司的挑战，不少高管离职加入那些公司。其中Uber公司对Google的威胁尤其大，它发展迅猛，司机人数几乎呈指数上涨（图29.10），而且业务领域与Google一些长期布局的领域，比如无人驾驶汽车，有较大的重叠。外部压力导致Google做出了第二次重大调整，它将已有的业务（搜索、广告、安卓和YouTube）和新业务分离。稍微成规模的新业务，比如智能家居Nest、无人驾驶Waymo，大数据医疗Calico等，以及创新实验室X Lab，都变成了独立的公司，以保证新业务不受现有业务的影响，能够走出温室，在行业里更具竞争性。

图 29.10　Uber司机在美国的增长速度，呈指数增长态势

在硅谷地区生存，无论是企业还是个人都必须追求卓越，拒绝平庸，否则就会被淘汰。当我们看到苹果手机、Google无人驾驶汽车、英特尔和英伟达处理器在世界上占据了领先地位时，可曾想到这也是被硅谷环境倒逼出来的结果。在这个现象的背后，其实是一个不断将资源从表现不好的公司手里拿走，再重新分配给那些更有发展潜力的新公司的过程。这在无形中是符合信息论的规律的。如果你把硅谷本身看成是一个最大的风险投资机构，它的这种结果和风险投资集中资源给最好的项目是类似的。只不过，风险投资的决策是由人决定的，而硅谷的资源分配是市场决定的。

5 大数据和互联网思维的本质

今天我们经常讲大数据思维和互联网思维,这并非炒作概念,而是有它们背后的科学道理的。

5.1 大数据思维的科学基础

大数据的科学基础就是信息论,大量强相关数据的涌现,改变了人们的思维方式和工作方法,这就是大数据思维。当然,这种改变最初是渐进的,到了互联网充分发展之后,量变就形成了质变。

电子计算机的诞生和"三论"的出现几乎是在同时。这并非巧合,因为它们都是人类遇到大量信息后,需要处理信息和利用信息的必然结果。在二战前和二战期间,全世界的信息量突然暴增,从信息种类和信息量来讲,都是过去不曾遇到过的,这些信息包括。

1. 各种无线电信号信息,里面既有通信信息,也有雷达主动探测收到的信息,它们直接导致了信息论的诞生。
2. 研制武器和使用武器过程中产生的大量数据,比如设计和控制火炮的各种数据,它直接导致了电子计算机的出现和控制论的诞生。
3. 核武器设计和工程实施过程中产生的海量数据,它们催生出计算机领域的冯·诺依曼系统结构和他设计的计算机 UNIVAC,同时还让系统论得到了普及。
4. 大量的军事和社会情报信息。二战期间图灵博士和香农博士的主要工作都和破译情报有关。此外,当时各国政府为了调集资源,统筹规划战争和生产,组成了空前庞大的政府机构,过去散落在民间、甚至完全丢弃掉的信息,都被收集了起来。

正是因为数据和信息量大大超出了人类大脑所能处理的极限,才诞生了电子计算机，从由人脑处理信息到由机器处理信息，是我们工作方法的一次飞跃。大量信息的出现，使得人类有可能利用信息，建立起概率模型（而不是过去那些确定性的方程），来消除过去消除不了的不确定性，控制系统的稳定性。这便是信息论和控制论的核心。

信息的利用让计算机显得聪明起来，并且最终在很多领域和人相当，甚至超越了人类的智能。上个世纪70—80年代，贾里尼克和彼得·布朗等人发现，只要利用好大量的数据，就能让计算机识别语音，翻译人的语言。到了互联网普及之后，出现了数据大爆炸，而且原来各个不同领域的数据可以关联起来，这就产生了我们所说的大数据。大数据加上摩尔定律，引发了今天人工智能的突破，也导致了大家思维方式的改变。在此之前，人类曾经试图让计算机模拟人的逻辑思维方式解决智能问题，但事实证明这完全是走错了路。今天，人们将一个又一个的智能问题，从下围棋到股票交易，从人的各种特征识别（比如人脸识别）到疾病诊断，从无人驾驶汽车到自动回答问题、自动书写摘要，都变成了不同的大数据问题，然后利用计算机一一解决。这便是大数据思维。关于这一点，我在拙作《智能时代》中，以及本书前面介绍无人驾驶汽车时，已经讲述过了，这里不再赘述。

大数据思维改变了传统的做事方法。Facebook敢于将不成熟的想法上线让大家使用，特斯拉公司敢于在汽车这种对安全性要求极高的产品中采用不成熟的技术，背后的原因均在于它们能够快速收集到数据，测试产品的好坏，然后在用户尚未受到很多负面影响之前，决定是保留还是关闭所提供的功能。这种做法看似冒险，但实际上大量的数据反馈比个别设计者的经验来得更为保险。

如果说在过去的半个多世纪里摩尔定律是世界科技和经济发展的最强动力，那么今后，将从摩尔时代转变为大数据时代，谁拥有了数据谁就是王者。为了适应这个变化，我们也需要摈弃过去那种依赖规则和普适的规律，强调因果关系的机械做事方式，变成利用信息解决不确定性的问题。

5.2 互联网思维的科学基础

互联网思维的科学基础其实是香农第二定律，该定律指出，任何时候信息传播的速率都不可能超过通信信道的能力，即带宽。这一点我们都有切身体会。中国刚有互联网时，大家通过电话线拨号上网，网速不超过 56kbit/s，因此只能收发邮件、浏览简单的网页。很快，大家开始采用 ADSL 上网了，带宽一下子提升了上百倍，达到几兆，这时浏览网页就顺畅了，但是看视频仍断断续续。再到后来，大家使用宽带上网，带宽又扩大了一个数量级，看视频就很流畅了，可如果你家里来了 10 个客人，都想用 Wi-Fi 发视频，还是有问题。等到光纤入户时，今天你能想到的应用都不会有网速障碍了。这就是带宽决定通信能力。

不仅在通信方面我们受制于香农第二定律，在商业上也是如此。

在农耕时代，做生意要靠口口相传，品牌的创造和生意的达成非常慢，因为商家和外界沟通的带宽太窄，而客户也只能了解周围的商业信息，大部分生意都是在本地做。工业革命之后，报纸广告的出现大大增加了商家对外沟通的带宽，而铁路网络和电话网络的出现则大大缩短了人与人之间的距离，这样一来，一些厂商得以将自己的产品卖到全世界，并且形成了全球性的品牌。

在第二次工业革命之后，特别是第一次世界大战之后，大众媒体出现了，这使得企业对外宣传和与顾客沟通的带宽不断增加，不仅商品能够在全世界销售，各种文化也得以在全球传播。在上海、天津、沈阳和北平，老百姓可以看到好莱坞的电影，知识阶层的家庭可以听到当时最好的钢琴家鲁宾斯坦演奏的肖邦的《波罗乃兹舞曲》和《练习曲》。而在浙江或湖北的乡村小镇，老百姓能欣赏到京剧大师梅兰芳演唱的《贵妃醉酒》。这就是传播带宽扩展后带来的好处。但是同时，地方戏的市场随之迅速萎缩，二三流的演员、歌手和表演者生计逐渐成了问题。

带宽的增加引发了赢者通吃的马太效应。当《泰坦尼克号》和《阿凡达》等好莱坞大影片上映后，它们在中国的票房收入则高过同时期任何一部本土的影片。事实上，《阿凡达》只有 27% 的票房收入来自美国，而海外则贡献了近 3/4 的收入（见图 29.11）。中国人对一些好莱坞明星的追捧甚至超过美国本土。今天，能否利用好带宽，已成为商业和文化产业成功至关重要的因素。

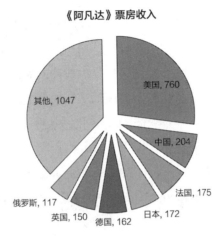

图 29.11　电影《阿凡达》在美国和世界其他地区票房收入对比

互联网思维的本质，就是尽可能地拓宽带宽，利用带宽，将自己的产品和服务推向每一个角落。在电视媒体时代，个人和小企业是很难支付得起带宽成本的，因此在全球流行的是大批量生产的标准化工业品，小众产品是很难生存的。互联网的出现一方面迅速地拓宽了生产者或者服务提供者和消费者之间的带宽，另一方面使得租用带宽推广的成本降低到个人和小企业能够接受的程度。搜索引擎、电子商务平台和社交网络，虽然从形式上讲完全不同，但是从连接小商家和全世界的互联网用户方面来看，效果是等价的。如果你有 100 美元的广告预算，在过去除了当地销量不大的报纸是没有人愿意给你做推广的。但是今天，你可以选择在 Google 上做搜索广告，或者在亚马逊 / eBay 上付费推广，或者交给 Facebook 在社交网络上传播信息（也是付费的），只要你的东西有人要，就能形成商业的正循环。而那些潜在的买家和付费享受服务的人，可能远在天涯海角。

今天全世界收入最高的七家互联网公司，即Google、Facebook、亚马逊、eBay、腾讯、阿里巴巴和百度，除了腾讯主要是靠游戏挣钱，其余的公司都是在替商家拓宽商业拓展的带宽，它们本身并不制造产品或付费内容。这也是它们对于世界的价值所在。100年前，杭州郊区的一个手工作坊，东西做得再好，要想把生意拓展到几百里外的上海，可能需要一代人的努力。今天，它在淘宝上可以迅速把产品销往全国各地，甚至远销海外。我们在前面讲到硅谷公司总是从一开始就设计服务于全球的产品，其背后的技术保证是，在信息时代通信带宽大大增加，使得它在全球拓展生意的成本大幅下降。当然另一方面，如果它不能迅速为全球设计产品，那么竞争对手就会利用现代传播的带宽（包括互联网）很快抵达在地理上处于远方的市场。这样一来，就给了那些专注于产品特性和差异化的从业者获得市场认可的机会。自从在淘宝上购物成为很多人的生活习惯后，大家发现世界上还有那么多以前不知道的好玩的产品。其实，那些产品并非你先前不知道，而是过去就不曾有过，因为即使做出来也卖不了多少，也就不会有人去做。马云说要让天下没有难做的生意，这件事能够做成的前提是，互联网轻易地拓展了商业的带宽，使得各地的物资信息能够以极低的成本传播。

如果说工业时代的大众媒体使得产品趋于同质化，那么互联网的出现则让产品和服务重新有了个性化的可能性，甚至广告也是针对个人定制的，因为计算机有足够的处理能力针对每个人的特点提供更有用的商业信息，而互联网的带宽有能力将大量不重复的内容分发出去。

互联网思维的另一个特点，就是我们前面说的连接比拥有更重要，或者说把控住带宽比拥有物质财富更重要。在工业时代，一个租车公司想要挣更多的钱，就需要拥有更多出租车，有更多的服务网点；连锁酒店则要通过并购拥有更多的客房；快餐店试图让更多的小店加盟。但是，到了互联网时代，商业模式发生了根本变化，能够以更低的成本，将商品和服务的提供者和用户连接起来并达成交易，变得最为重要。滴滴在众多网约车平台中胜出，并非它拥有汽车，而是它联系司机和乘客并达成服务更有效。类似地，仅仅靠推送个性化新闻和商业信息的今日头条，2018年9月估值750亿美元，超过老牌互联网企业百度的市值（590亿美元），这是因为它在传播信息方面更有效，更有用。这一切，其实都是在商业上诠释着香农第二定律。

互联网思维不仅针对商业，也针对个人，我们经常说人脉一词，其实人脉就是人与人交往的带宽。如果人脉不够，发出的信息和获得的信息都有限，传播信息，表达意图，寻求帮助的难度就大，做事情就困难重重。利用各种渠道拓展人际交往的带宽，利用这个优势做事情，就是互联网思维。

结束语

硅谷成功的经验对于中国各地方政府和企业的借鉴意义在于，它们提供了一种全新的思维方式来思考信息时代乃至后信息时代的信息产业和商业。机械思维虽不能说已完全过时，但是，仅仅依靠它远远不能适应今天快速变化的社会发展。我们必须承认各种不确定性，并且利用数据和信息消除它们。对于变化，我们不能过多相信过去经验得到的正统的预测结果，而是要主动地运用控制论的原理动态地调整我们的工作状态和目标。对于企业内部的合作和外部业务的拓展，我们需要尽可能地拓宽信道，以便于信息的流通，这样才能提高效率，降低成本。

附录一　三论概述

1　维纳和控制论

诺伯特·维纳被誉为20世纪的神童之一。1894年，维纳出生于一个俄裔犹太人的家庭，父亲是哈佛大学的教师。维纳从小智力超常，3岁可以读写，3年读完中学，12岁申请大学时，他父亲为了不显得张扬，也为了保护他，没有让他报考哈佛大学，而是选择了哈佛北边16千米（10英里）外的塔夫茨大学（Tufts University）。维纳15岁时获得数学学士学位，同年被哈佛研究生院录取，攻读动物学，但是一年后他又转入康奈尔大学攻读哲学，然后又转回到哈佛继续攻读哲学，18 岁就获得了哈佛大学的逻辑学博士学位。从维纳的求学经历来看，他在科学领域涉猎非常广泛。

在哈佛的最后一年，维纳到欧洲游学，他先在剑桥跟着逻辑大师罗素学习，后来又到了哥廷根大学跟随数学大师希尔伯特学习。回到美国后，维纳先在哈佛教授哲学，之后又在麻省理工学院教授数学，据说他的课讲得并不好。维纳一生的经历相当丰富，年轻时还做过报社记者，后来先后来到澳大利亚的墨尔本大学和中国的清华大学短期任教。在清华大学期间，他还指导过华罗庚等人的工作。后来在自述中，他将在清华任教的 1935 年作为开创控制论的起点。二战期间，维纳在研究火炮控制方面的工作，对通信理论和系统反馈产生了兴趣，这最终促成了控制论的诞生。

控制论的本质可以概括为下面三个要点。

首先，维纳突破了牛顿的绝对时间观。按照绝对时间观，时间是绝对恒定的物理量，比如昨天的一小时和今天的一小时是一样的，昨天出去玩了一小时没有做作业，今天多花一小时补上就可以了。维纳采用了法国哲学家伯格森的时间观，即 Duree 这样一个概念，译作中文时被称为"绵延"，意思是说，时间不是静态和片面的，事物发展的过程不能简单拆成一个个独立的因果关系。比如昨天浪费了一小时，今天多花了一小时做作业，就少了一小时休息，就可能造成第二天听课效果不好，因此浪费一小时和没有浪费一小时的人，其实已经不是同一个人了。如果我们把这种观点应用到企业管理上，那么工厂主强制员工在某一天加班一小时，未必能够多生产出通常一小时产生的产品，因为多加班一小时的员工们已经不是原本的员工了。

其次，任何系统（可以是我们人体系统、股市、商业环境、产业链，等等）在外界环境刺激（也称为输入）下必然做出反应（也称为输出），然后反过来影响系统本身。比如在资本市场上，购买一种股票，就会导致其股价被一定程度地抬高。正因如此，根据过去的经验或者任何已知的信号去操作当下的股市，都不可能达到预期，因为当你觉得便宜时下单购买，而这个行为本身抬高了股价，使你赚不到预想的收益。在维纳看来，任何系统，无论是机械系统、生命系统，乃至社会系统，撇开它们各自的形态，都存在这样的共性。

为了维持一个系统的稳定，或者为了对它进行优化，可以将它对刺激的反应反馈回系统中，这最终可以让系统产生一个自我调节的机制。比如上百层楼高的摩天大厦，在自然状态下会随风飘摆，顶层的位移会在一到两米之间，在大楼的顶上安装一个非常重的阻尼减振球，让它朝着与大楼摇摆相反的方向运动，大楼顶端漂移（输入）得越多，它往相反方向运动（输出）也越多，而这种反方向的运动反馈给大楼，最终会让大楼稳定。在管理上，一个组织为了保证计划的实现，就要不断地监控和调整计划，以防止偏差继续扩大。

2　香农和信息论

克劳德·香农和维纳一样，也是 20 世纪一位全才型科学家。他早在硕士期间就提出了利用布尔代数设计数字电路的原理，这成为后来计算机和其他数字电路设计的基础。香农因此在 24 岁时就获得了诺贝尔协会美国工程师奖，这是当时给美国工程师的最高奖。同年（1940 年），他被聘为普林斯顿高等研究院的研究员，成为冯·诺依曼和爱因斯坦的同事。二战期间，香农研究火炮的控制和密码学，在这个过程中他发现了后来成为信息论的基本概念和框架体系。香农是第一个认为密码学和通信都是数学问题的人，并且奠定了密码学和通信领域完备的数学基础。

1948 年，香农发表了他在二战前后对通信和密码学进行研究的成果，这就形成了日后的信息论。信息论是用于度量信息以及利用概率论阐述通信理论的新兴学科。在香农之前，没有人懂得如何量化地度量信息。香农借用热力学中熵的概念来描述信息世界的不确定性，并且将信息量和熵联系起来。香农指出，若要想消除系统内的不确定性，就要引入信息。

在信息论中，最重要的是香农的两个定律。香农第一定律又称香农信源编码定律，其意义在于可以将信号源内的符号（信息）变成任何通信的编码，而当这种编码尽量地服从等概率分布时，每个编码所携带的信息量达到最大，进而能提高整个通信系统的效率。

霍夫曼在香农第一定律指导下提出的霍夫曼编码，是一种常用的最优化编码，其本质反映了将最好的资源（最短的编码）给予最常见的情况。

香农第二定律定量地描述了一个信道中的极限信息传输率和该信道能力（带宽）的关系。在香农之前，人们不懂信道能力或者带宽的概念。比如在设置无线电台时，大家不知道为什么两个电台频率太接近了就要产生干扰，而是简单地以为是频率调制得不够精确。香农第二定律指出，当两个电台频率太接近时，其带宽就非常窄了，信道的容量非常低了，当它低过传输率时，就会出现信息的传输错误，其表现就是有干扰而听不清楚内容，此时将频率调得再准也没用。在香农提出他的第二定律之后，通信行业就有了理论基础。

值得一提的是，在信息论中有一个最大熵原理，大意是在对未知事件发生的概率分布进行预测时，我们的预测应当满足全部已知的条件，而对未知的情况不要做任何主观假设。我们平时常说的"不能把鸡蛋放在一个篮子里"就是这个道理。如欲了解最大熵原理的更多细节，可以参看拙作《数学之美》。

3 系统论

一般认为，1948年奥地利生物学家贝塔朗菲出版的《生命问题》一书，标志着系统论的问世。虽然系统论源于对生物系统的研究，但是它适用于各种组织和整个社会。贝塔朗菲和其他系统论的奠基人[5]主要的观点如下。

首先，一个有生命的系统和非生命的系统是不同的。前者是一个开放的系统，需要和外界进行物质、能量或者信息的交换。后者为了其稳定性，需要和外界隔绝，才能保持其独立性，比如一瓶纯净的氧气，盖子一旦打开，就和周围环境中的空气相混合，就不再是纯氧了。

其次，根据热力学第二定律，一个封闭系统总是朝着熵增加的方向变化的，即从有序变为无序，比如一杯冷水和一杯热水相混合，变成一杯温水，这是无序状态。用

5　布里渊、薛定谔和普利高津等人。

香农的理论来描述，也即一个封闭的系统的变化一定是不确定性不断增加。如果我们把一个公司或者一个组织看成是一个系统，如果它是一个封闭系统，一定是越变越糟糕。相反，对于一个开放的系统，因为可以和周围进行物质、能量和信息交换，有可能引入所谓的"负熵"，这样就会让这个系统变得更有序。最初薛定谔等人用负熵的概念来说明为什么生物能够进化（越变越有序），后来，管理学家们借用这个概念来说明一个公司或组织在外界环境的影响下，可以变得更好。中国的俗话"他山之石、可以攻玉"就是这个道理。这从某种角度解释了一个地区为什么近亲繁殖会道路越走越窄，而引入外来文化才有可能不断进步。

最后，对于一个有生命的系统，其功能并不等于每一个局部功能的总和，或者说将每一个局部研究清楚了，不等于整个系统研究清楚了。比如熟知人体每一个细胞的功能，并不等于研究清楚了整个人体的功能。这种理念和机械思维中的"整体总是能够分解成局部，局部可以再合成为整体"的思路完全不同。

附录二　采用霍夫曼编码原理进行投资的量化分析

为了简单起见，我们假定有64个初创公司，总共1760万美元的投资。

我们还假定每个公司最后若能上市，将获得50倍的回报；如果能进入到上市的前一轮，即使上不了市，也能够被收购，将获得5倍的回报；其他情况则得不到任何回报。假定公司第一轮的估值都是100万美元，第二轮250万美元，第三轮750万美元，上市时7500万美元[6]，每一轮融资是股份被稀释20%。根据硅谷地区小公司生存和上市的历史数据，获得天使投资后，最终上市的公司不到3%，被收购的不到10%，假定这64家公司有两家上市，6家被收购。

我们不妨对比一下三种投资方法的效果。

第一种，赌两家，将资本平均地分给这两家。这种方法完全靠运气，两家都赌对了（两

6　均为融资后的估值。

万分之一的概率），回报是 50 倍，赌对一家上市、一家被收购（概率是三百分之一左右），27.5 倍的回报，按照这个方法继续算下去，最后可以算出来，回报的期望值是投入的 1.9 倍。这个回报其实不算差，因为硅谷的风险投资平均回报率也就这么高，即投入一块钱，回报两块钱。

第二种，平均撒胡椒面给这 64 家，很容易算出来，最后回报和前一种方法一样，也是不到两倍。

第三种，第一轮每家公司投资 10 万美元，占 10%，这一轮共投入 640 万美元。假如有一半的公司生存下来进入到了第二轮，第二轮再给这些生存下来公司每家投资 20 万美元（即 Double Down），这一轮共投资 640 万美元，所占股份每家变成了 16%。第三轮有 8 家公司生存了下来，每家再投资 60 万美元，这一轮共投资 480 万美元，每家所占股份为 22.8%。等到这 8 家中，两家上市，其余被收购，那么共获得的回报是：

$$（7500 万 \times 2 + 750 万 \times 6）\times 22.8\% / 1760 万 = 2.5$$

即回报的期望值是投入的 2.5 倍。也就是说，这种根据表现作出反应的投资方法最为靠谱，这也是硅谷风险投资采用这种方法的重要原因。

参考文献

1. Jerry Sullivan，Coral Snodgrass. Tolerance of executive failure in American and Japanese organisations. Asia Pacific Journal of Management，1991，8 (1)：15-34.
2. 埃里克·布林约尔松，安德鲁·麦卡菲. 与机器赛跑. 闫佳，译. 电子工业出版社，2014.
3. 彼得·格鲁克. 卓有成效的管理者. 许是祥，译. 机械工业出版社，2005.
4. 埃里克·施密特，乔纳森·罗森伯格. 重新定义公司：Google 是如何运营的. 靳婷婷，陈序，何晔，译. 中信出版社，2015.
5. 科弗·托马斯. 信息论基础. 阮吉寿，张华，译. 机械工业出版社出版，2008.
6. 维纳. 控制论：或关于在动物和机器中控制和通信的科学. 郝季仁，译. 北京大学出版社，2007.
7. L·贝塔兰菲. 一般系统论. 秋同，袁嘉新，译. 社会科学文献出版社，1987.

第 30 章 下一个 Google

感谢读者终于读到了最后一章。至此，我们对现有公司和科技产业的历史已经介绍完毕。我们在本书中介绍的都是全球性的、影响世界的科技公司。在过去的 40 多年里，我们有幸看到这样的公司依然在不断地涌现。"寻找下一个苹果"，或者"寻找下一个 Google"，一直是创业者、投资人、科学家乃至求职者津津乐道的话题。几乎所有的创业者在寻求投资时，都声称自己的公司会成为下一个苹果或下一个 Google，但是这么多年来，我们只看到了一个英特尔、一个思科、一个苹果、一个微软、一个 Google 和一个 Facebook。在中国，情况也类似，IT 行业的从业者今天依然喜欢将 BAT 这个词挂在嘴边，来形容大的 IT 公司，其实它所代表的三家公司，即百度（B）、阿里巴巴（A）和腾讯（T）里面最年轻的百度也快 20 岁了（2000 年 1 月 1 日成立），而至今中国还没有哪家公司能全面超越其中的阿里巴巴和腾讯。这说明要成为下一个 Google，并不容易。

要想成为 Google 或苹果那样富有传奇色彩、改变行业格局的跨国公司，就需要先了解一下这些公司的共性。

1 伟大公司的特质

像仙童、英特尔、苹果、微软到思科和 Google 这样一些公司，我常常称之为伟大的公司，它们最突出的特质就是世界因之而不同。

凯鹏华盈的主席杜尔（John Doerr）是当今被公认的风投之王，他成功地投资了基因泰克、亚马逊、苹果和 Google 等公司，并且以不断发现这一类改变世界的伟大公司而著称。杜尔判断一家公司是否值得投资的原则和很多人不同，他不是以简单的挣钱为目的，而是看投资能否对世界产生重大影响。杜尔在考察创业项目时经常这样问创业者：假如我们认可了你的想法，按照你希望的金额给你投资，你能否告诉我两年后世界会有什么不同？如果一个创业者讲，我会比现有的人或现有的公司做得更好，杜尔是不认可的。想要做得更好，现有的公司自己改进提高就可以了，并不需要行业里再增加一个重复的竞争者。对全世界而不仅仅是对一个国家、一个地区产生巨大的正面影响，这是伟大公司最重要的特质。

前面提到的那些公司不仅都是全球性的跨国公司，在各自领域处于主导地位，而且在他们诞生之前和之后，相关的产业形态截然不同，甚至人们的生活也发生了巨大的变化。仙童公司自不消说，它是整个半导体产业之母。微软在很长时间里不仅是全球市值最大的科技公司，占据全球 PC 操作系统市场的九成以上，而且和英特尔一道定格了计算机的产业链，使得计算机便宜到每个家庭都用得起。英特尔近几年虽不如过去风光，但它依然占有全球计算机处理器市场的八成，历史贡献更是巨大，正是它的工程师通过努力，才让 IT 行业得以按照摩尔定律规定的速度呈指数增长。这三家公司在 IT 历史上的地位是其他公司无法取代的。在互联网时代，思科和 Google 其实分别代表了互联网领域的硬件和软件，而且它们在最辉煌的时候收入都超过了其竞争对手的总和。至于苹果公司、基因泰克、亚马逊、雅虎和摩托罗拉等公司，也都在科技史上留下了浓墨重彩的一笔，在产业发展过程中起到了不可替代的作用。

有人会说，地球上缺了谁，它会照样转。没有苹果公司，会有橘子公司；没有微软公司，会有"很软公司"。从宏观上讲这话没有错，但是缺了上述公司，我们的时代、我们的产业会体现出不同，我们的生活也会略有变化。微软和英特尔代表的 WinTel 商业模式，取代了过去 IBM 将整个产业从头做到尾的商业模式，更合理地调配了资源，这才让信息革命得以发生，否则可能会是一个漫长的信息技术渐进的过程，人们需要等待更长的时间才能享受技术进步的成就。苹果虽然没有和整个产业链形成紧耦合，但是在从2000年起的十年里（即所谓的i十年），它重新定义了消费电子产品和通信产品，否则我们可能还在为诺基亚和索尼的那些老旧的手机和电子产品欢呼呢。同样，正是因为有了雅虎和Google，才让互联网能够通过广告获得收入，为所有网民免费提供服务。

每一家伟大的公司都代表着或代表过一个时代，我们不能因为它们今天衰落了，就否认它们在历史上的作用。仙童、摩托罗拉、惠普和太阳公司，都曾经是伟大的公司。

伟大公司的第二个特质是能挣钱。

日本经营之神松下幸之助说过，一个产品如果不能盈利就是犯罪，因为宝贵的资源可以用到更有意义的地方去。同样地，一家企业（不包括慈善机构）如果最终不能盈利，也是一种犯罪，它要么做了很多没用的产品，要么做出一件同样的产品耗费了太多资源（包括人力、财力和物力）。前面提到的那些伟大的公司，都具有很强的盈利能力。微软和苹果自不消说，它们每年创造几百亿美元的净利润。这些钱也都没有浪费，而是以某种形式又投入到了世界经济的循环中。Google和Facebook虽然提供的是免费服务，每年的净利润也有好几百亿美元。这些企业还提供了大量的就业机会，并且通过和上下游企业的合作，让整个行业繁荣起来。

而那些炒作概念、不断烧钱的公司则不然，它们即便通过炒作可以风光一时，但很快光环便会迅速消失。2000年之前的很多互联网公司就是如此。那些公司鲜有利润，也没有很高的营业额，但是被炒作成"代表未来，代表趋势"。"未来"在没有到来时根本无法验证，但是圈走的钱却都是真金白银。那些呼吁大家为理想窒息的人，自己没有窒息，倒是让各级投资人窒息了。

当然，伟大公司的盈利必须建立在为社会提供了价值的基础之上，而不是靠政府的补贴扶植。世界上不乏一些资源公司，通过获得稀有资源（比如土地）或政府巨额补贴（比如在能源领域），看似创造了价值，而本质上不过是一种掠夺，将公共资源化为己有。

那么挣多少钱算是具有超强的盈利能力呢，我一般会以每年 70 亿美元的利润作为下限。也就是说，能够为全世界每个人提供一美元，这大约也是全世界 GDP 的万分之一。

最后，伟大的公司需要在财务上能够回报投资人。要做到这一点，它们不仅要能产生足够高的利润，而且还要善待投资人，因为投资人的钱也是一种社会资源，它也需要回报，以便能够在利滚利之后，为世界做更大的贡献。一家公司回报投资人的方式通常有两种：发股息（巴菲特很喜欢这种方式），或通过业绩提升股价，无论是哪一种，最后的结果会是达到一个很高的市值。我通常将 1000 亿美元的市值作为伟大公司的门槛。

要满足上述几个条件并不容易，而且即使一家公司满足了上述条件，也还要经得起时间的检验，以显示它不是昙花一现。在一个新兴的、商业潜力巨大的行业，通常会出现短期的泡沫，让一些从业的公司昙花一现，风光一时，但是当潮水退去后，大家发现它们其实是在裸泳。某家公司曾经是中国创业板市值最高的企业，但事实证明它就是一个庞氏骗局。历史上永远不乏这样的企业，从大航海时代的英国南海公司和法国密西西比公司，到本世纪初的美国安然公司，都是如此。一家伟大的公司，是因为服务于大众而成其为伟大，而非通过资本运作显得伟大。

所幸的是，科技产业总是在不断地发展，几十年来，伟大的公司还在不断涌现，这也就激发了人们力图成为下一个科技新贵的强烈愿望。人们也在通过创业和投资不断将这样的愿望付诸行动。

2 岁岁年年人不同

在历史上，对现有行业的颠覆常常来自于外部。18 世纪末，大帆船是海上航运的主力军，而处在早期阶段的蒸汽船既小又贵，还不可靠，但是整个机械工业的发展使得蒸汽船取得了惊人的进步，而对大帆船没有太多的帮助，最终，蒸汽船将大帆船踢出了历史的舞台。后来，汽车取代马车，电报取代小马快递，都具有这样的特点。今天，虽然我们不知道下一个 Google 在哪里，但是可以肯定它不在搜索领域，这就如同几年前我们寻找的下一个微软不会是一家软件公司，而最终是一家互联网公司一样。

现在我们不妨回顾一下互联网早期的历史。在 1990 年前后，个人计算机已经非常普及，但是作为 PC 操作系统提供商的微软公司，还是一个小公司，更没有成为 PC 软件业的垄断者。蓝色巨人 IBM 公司还试图主导 PC 市场，从技术和资本上看，它都超过微软。甚至当时的莲花公司，在营业额和人数上也超过微软。当时的操作系统之争还远没有结束。我们在前面介绍过，苹果的麦金托什 OS、Novell 的网络操作系统和太阳等公司的 UNIX 在技术上远远领先于微软，它们还在市场上和微软顶着头竞争。在那段时间之前和之后，诞生了大量大大小小主要面向 PC 的软件公司，包括著名的 Adobe 公司等。

到了微软 Windows 3.0 推出并且迅速占领市场后，微软的垄断地位已经形成，一半最挣钱的应用软件，包括字处理（原 WordPerfect 公司的拳头产品）、电子表格处理（莲花公司的产品）和浏览器（网景公司的产品），都成了微软的囊中之物。有幸活下来的像样的软件公司只有两家，做财务软件的 Intuit 和做 Photoshop 的 Adobe。不仅如此，从 Windows 3.0 垄断市场以后，再也没有几家像样的软件公司上市。Intuit 和 Adobe 都是以前就存在的公司。为什么呢？因为如果存在一个足够大的应用软件市场，微软就一定能依靠它的垄断地位、财力（甚至主要不是靠技术）抢得这个市场。因此，所有风险投资公司问软件公司创业者的第一句话就是"微软会不会做？"

难道聚全世界之力，还不能搞出一个更好的操作系统取代微软吗？事实上开始还有人做这种努力，但后来越来越少，因为大家发现微软的操作系统"足够好了"或者说"够用了"，而在用户中不存在代替它的必要性了。毫不夸张地讲，即使今天出现了一个比微软 Windows 好一倍的操作系统，用户也没有要换操作系统的欲望，因为微软的操作系统"够用了"。"够用了"这条很消极而枯燥的原则，让所有想通过做一个操作系统取代微软的努力都变得无效。

既然在操作系统和应用软件两方面的路子都给微软堵死了，那么"下一个微软"那么大的科技公司必然不会出现在微软所擅长的领域。事实上，更早以前并没有出现第二个 IBM，今天也没有出现第二个思科，道理相同。

现在我们不妨回过头来看看后来 Google 的地位，它和当年微软的情况出奇地相似。到了 2018 年，全世界互联网广告市场规模大约是 2700 亿美元，而 Google 一家占了近一半。如果加上 Google 的联盟者，则要超过一半。Google 一边连接着成百上千万的广告主及几乎同样数量的内容商，另一边连接着数十亿的网民。任何一家公司想要做广告，首先会想到 Google，而内容商也是如此，因为它们和 Google 联盟可以获得最充足的广告源。当然，大部分网民想找商业化的东西，也需要用到 Google，因为它的商业信息最多。现在，互联网广告市场每增加一份，Google 及其同盟者就拿走一半。如果有做广告的新渠道，Google 则最容易占领这个渠道，因为它有最多的广告主。虽然几年前手机和视频广告对 Google 而言是新领域，但是它分别通过安卓操作系统和 YouTube 网站，再次取得无人能挑战的地位。Google 对双击公司和 AdMob 这两家广告公司的收购凸显了这种战略布局。

那么是否有可能做一个比 Google 还好的搜索引擎及更有效的广告系统，逐渐把 Google 比下去呢？事实上微软和雅虎已经做了很久，至今没有成功。原因是 Google 的搜索引擎"够用了"，大家对新的搜索引擎欲望不强烈。通常，市场在接受一个新技术时，依据的是这项技术是否有必要，而非是否有可能。公平地讲，雅虎和微软的搜索引擎在质量上和 Google 相差无几，但是在市场上却只是 Google 的零头。这就是"够用了"的宿命决定的。

今天，虽然大家都知道 Google 远非一家搜索公司或在线广告公司，而是技术非常领先的科技产业龙头公司，但是依然有不少人幻想着拷贝 Google 的商业模式，再打造一个 Google，这必然是徒劳的。我经常讲，下一个 Google 一定不是一家靠广告挣钱的互联网公司，因为 Google 不仅已经做得足够好了，而且互联网广告产业也不足以再养活另一个 Google 了。也就是说，下一个 Google 的核心业务，一定和 Google 不交叉。类似地，在中国，很多人抱怨腾讯和阿里巴巴这两家公司对 IT 行业的垄断，但是下一个这么大体量的公司，不可能是与这两家公司的核心业务相重合的公司，因此对它们的抱怨其实毫无意义。如果你做的事情与它们无关，自然不用抱怨；如果有关，反正也成为不了伟大的公司。

3 未来新产业

经历过多次跌宕起伏的经济繁荣和危机的人，都会观察到这样一个现象：每一次经济危机过后，一些旧的行业会失去很多工作，而且这些工作永远不会再回来了。曾几何时，股票交易员被人们看成是最好的职业，但是在上一次金融危机已经过去十年后，今天这个行业的从业者数量依然没有达到金融危机前的水平。图 30.1 所示的是金融危机前后瑞士联合银行（UBS）交易大厅的照片，在大量的工作被计算机取代之后，曾经繁忙的交易大厅如今门庭冷落。

但另一方面，金融危机后美国的失业率却在不断下降，到 2019 年已经降到了 4%，这比金融危机之前还要低（5%）。这说明当旧的产业被淘汰时，新的产业也就诞生了。而"下一个 Google"这样的新星就可能诞生于那些新行业、新领域。今天正处在以摩尔定律为核心的传统 IT 产业向以数据为核心的智能产业转变的新旧交替的阶段，一些领域可能会孕育出新的伟大公司。我们不妨看一看那些正在兴起和可能兴起的，体量又足够大的领域，是否具备诞生一家千亿级市值伟大公司的可能性。

图 30.1　金融危机之前（上）和之后（下）瑞士联合银行的交易大厅

3.1　新能源

使用太阳能和其他可再生能源本是人类应该努力的方向。但是被以奥巴马为首的美国民主党人和一些华尔街的吹鼓手一炒作，说成是解决全球温室效应立竿见影的方案和未来能源的来源，这就是泡沫了。无论在中国还是在美国，上市的太阳能公司的股价都被炒得像 2000 年泡沫时代的互联网公司一样高。毫无疑问，一些太阳能公司一度成为了股市上的明星，但正如我们前面讲的，不能盈利，靠政府补贴的企业只能是昙花一现的幻象，不可能是改变产业的伟大公司。在美国那些充满泡沫的新能源公司中，最具讽刺意味的就是奥巴马最欣赏的 Solyndra 太阳能公司，它在获得了美国政府 5 亿美元的补贴后，很快（2011 年）便宣布破产，以至于美国联邦调查局不得不调查这个明显是错误的投资背后是否有猫腻[1]。事实上，奥巴马担任总统期间，高估了太阳能和风能这两种新能源对经济复苏的作用，投入大量资金后，没有产生什么效果。受美国另一位鼓吹新能源的政要戈尔的影响，凯鹏华盈在 10 多年前融了一轮投资新能源的基金，这不仅成为这家传奇风险投资基金回报最差的一支基金，而且耽误了该基金对社交网络和移动互联网技术的关注。在中国，众多光伏企业也比 Solyndra 好不到哪里去。

为什么在可预见的未来，太阳能和风能的利用那么难？简单来讲就是成本太高，影响力太低。

先说说成本，今天的太阳能发电成本已经降到了每度电 0.1 美元左右，看上去和美国的电费（也是 0.1 美元左右）差不多。但是，太阳能板发电的时候你可能不需要电，而在你需要用电时（晚上占大多数）它却不发电。电力公司于是低价收购电再高价卖出，因此，安装太阳能发电设备实际上是"赔本买卖"，全靠政府补贴。至于人们说它环保，那是因为西方国家自己不生产，将污染很重的生产设备和将来太阳能板的回收放在了中国。至于风能，情况要比太阳能好一些，但它的问题是有风的地方（比如中国的新疆）不缺电，而缺电的地方没有风（比如中国的沿海城市），电力输送成本并不低。此外，过于密集的风力发电机会改变局部的气候，这也是过去没有认真考虑到的负面因素。

1　http://articles.businessinsider.com/2011-09-08/politics/30127778_1_solyndra-green-jobs-program-energy-secretary.

有人可能认为，随着科技的发展，太阳能的发电效率会提高，也许能够盈利。但是，这个效率的提高可没有一个摩尔定律之类的规律来保证。事实上，基于硅片的太阳能发电的效率在过去 8 年里提高不过 30% 左右。此外，全世界硅片的价格也没有下降，也就是说光伏太阳能发电的成本继续下降的可能性有限。目前，唯一的希望是在储能方面能够有所突破，这样白天发的电可以在晚上使用，而这又依赖于电池技术的进步。从某种意义上讲，诞生一家市值千亿美元的电池公司，比诞生一家同一规模的太阳能公司或风力发电机公司可能性更大。

相比太阳能和风能，其实世界上还有很多可以利用的清洁能源，比如核能和页岩气，它们的发电成本更低（核电的成本每度只要 0.06 美元左右），我们会在后面介绍它们。这些能源其实也在和太阳能及风能竞争，而且优势更大。

接下来看看影响力。2018 年太阳能和风能发电的装机量占全世界发电能力的 7%（但是真实的发电量没有那么高），这一比例看似不低，但是大部分都安装在欧美发达国家，那些地方本来污染就不很严重，温室气体排放在全球的占比也不高。因此，大家感觉不到这些清洁能源给环境带来了多少好处。近年来，采用太阳能和风能最积极的德国，也放缓了继续安装新的光伏发电和风机的步伐。

相比太阳能和风能，核电站其实是更清洁、更便于利用的能源，而且几乎是取之不尽用之不竭。法国是全世界核能率最高，也是民用核技术最好的国家。核能几乎给法国提供了全部的电力，法国不仅自己用不完，而且还可以出口到周边国家，还能够用于电解水制造氢气——最清洁的燃料。如果全世界都来学习法国，全球温室气体排放问题就已经解决了。

当然，可能有些读者会为"放射性污染"担心，但是核电站真正造成的人员伤害并不多，甚至远不如每年采煤而伤亡的人数多[2]。另一方面，核物质在自

---

2 根据中国国家安全监督总局统计数据，2014 年煤矿事故死亡 931 人。美国每年煤矿死亡 30 人左右。

然界广泛存在，少量的放射性在我们周围随处都有，只是通常剂量微乎其微，不会伤害我们而已。核电站的核废料都是打深井掩埋，能够辐射到地表的，比天然存在的还要少。认为核电站会造成污染，首先是对核电的误解，其次是很多国家政府不愿意向公众公开核反应堆的真实情况，给人们带来不必要的恐慌。采用核电的另一个好处是，今天的核反应堆（已经是第四代了）使用的核燃料成本几乎为零。为什么呢？因为现在的核反应堆可以将核燃料中的80%—90%加以利用，而早期的只能利用5%，剩下的作为核废料深埋了。这些核废料都没有乱扔，而是做好标记并妥善保存的。现在只要把这些所谓的核废料取回来再利用，就可以满足今后全球60年的电力需求。这应该是解决世界能源问题并降低二氧化碳排放量最有效的办法。正是看到了核能的这种前景，日本著名的工业公司东芝收购了美国西屋电气的核能产业，试图打造一家世界级的核电公司。但是，由于之前（2011年3月）发生了日本福岛核电站泄漏事件，引发了不少国家的核恐慌，核能发展的路途变得曲折而漫长。不过从长远来讲，核电的前景相当广阔，当然受益的应该是当今一些大型工业公司，而非初创公司。

除了核能，页岩油（Shale oil）和页岩气（Shale gas）近年来也倍受关注。它不显山不露水地发展了几十年，突然一夜之间冒了出来，大家都称之为页岩油气的革命。

地球上的石油和天然气储量其实并不算太低，但是很多都难以开采（特别是天然气），因为它们分布在厚度较大、分布面广的页岩烃源岩地层中，被称为页岩油气（Shale oil and gas），其中以天然气为主。过去这些页岩油气开采起来技术难度大，成本高，并未受到重视。但是，从2000年到2014年，全球石油的价格一直维持在一个非常高的水平，使得开采页岩油气有利可图，美国和加拿大的很多小公司因此发明了各种开采页岩油气的新技术。经过多年努力，这项技术渐渐成熟，使得以合理的价格获得石油和天然气成为可能。根据目前世界上主要开采页岩油气公司的成本估算，只要原油价格维持在每桶50美元左右，页岩油气的开采就能盈利。正因如此，今天全世界石油的价格也很难像 2007—2008 年那样长期大幅度超过 50 美元 / 桶。

页岩油气是怎么一回事呢？我们先讲讲页岩油，它是渗透在岩石中的石油，但是用常规方法是吸不出来的。页岩油的开采方法是通过一系列化学反应，把渗在岩石中的石油"挤"出来[3]。页岩油的储量大约是我们现在用常规方法开采的石油储量的 3—4 倍，相当可观，开采技术也日渐成熟。

再讲讲页岩气，它在全球的储量非常丰富。截至 2013 年，探明储量为 456 万亿立方米，其中一半可以开采出来，相当于人均 3 万多立方米，一些专家估计页岩气的潜力大于常规天然气[4]。页岩气的另一个特点是分布非常广泛，不像石油分布那样集中，在整个美洲、中亚、前苏联地区、中国、中东到北非都有丰富的页岩气储量，其中中国储量最大。当页岩气开采技术成熟时，其实已经为全世界找到了一种价格合理、能够替代石油和煤，而且相对清洁的能源。2009 年，美国以 6240 亿立方米的天然气产量首次超过俄罗斯，成为世界第一大天然气生产国。再加上页岩油的开采和合成，美国能源消费长期依赖进口的局面将会发生逆转。

到了 2015 年 12 月，美国国会 20 年来首次批准出口石油[5]。此后，作为清洁能源的天然气成为美国主要的出口产品。到了 2018 年中美贸易战时，是否购买美国天然气成了中国贸易谈判的一个筹码。这主要是因为在发生了页岩油气革命之后，美国天然气的生产能力实在太强，几乎到了买多少有多少的地步。页岩油气的革命甚至改变了美国的中东政策，从过去在以色列和阿拉伯国家之间寻求平衡，慢慢转向更多地支持以色列。2017 年，美国政府终于兑现了它在 22 年前（1995 年）的承诺，将美国驻以色列大使馆搬到了主权仍有争议的耶路撒冷地区。这引发了很多阿拉伯国家的反对，但是美国敢这么

---

3 页岩油的提炼方法是通过加热分解含油的页岩，把在岩石中的有机物质转变为石油和天然气合成原料。然后通过加入氢并除去硫磺和氮等杂质，制成和原油相同的合成石油。

4 维基百科综合各种信息源估计目前探明储量为 187 万亿立方米，其中四分之一在俄罗斯。

5 http://www.reuters.com/article/usa-oilexports-kemp-idUSL8N14530J20151216

做，是因为不再担心阿拉伯国家在石油上卡脖子了。

页岩油气革命是一场实实在在的能源革命，但是在这个领域很难诞生一家千亿美元级别的公司，因为这场革命是由许许多多的小企业一同完成的。正如前面分析的那样，在这个行业无法像 IT 行业那样做到赢者通吃，因此也就无法在短期内形成主导整个行业发展的大公司。

3.2 生物和制药技术

人有生老病死，谁都无法回避。人一辈子总得看病吃药，甚至我们花在吃药上的钱比花在吃饭上的更多[6]（美国一个家庭的保健费用每年要花掉上万美元，而吃饭可花不了这么多，当然天天下馆子挥霍的除外）。即使花了这么多钱，我们依然对很多疾病束手无策。随着世界人口的增加，寿命的增长，人口老龄化及保健覆盖率的提高，全球对于医药的需求，甚至可以说是依赖性也越来越大。因此，诞生一两个革命性的生物制药和医疗用品（包括治疗方法和器械）公司是非常正常的。

30 多年前出现了基因泰克和安进（Amgen）两大生物公司，虽然规模上它们依然无法和传统的制药公司辉瑞和默克（Merck）相比，也没有能进入千亿美元俱乐部，但是它们在各自相当大的领域里，主导了全球的市场。这两家公司都是靠生物技术研制抗癌药物的，安进每年有 140 亿美元的营业额，是全球最大的制药公司辉瑞制药的 1/3，同时它的市值达到了 500 亿美元，超过辉瑞的 1/3。而基因泰克在被瑞士罗氏制药收购以前，比安进更大一些。

基因泰克和安进的抗癌药可以杀死 99%，甚至更多的癌细胞，可以延长人类的生命。但是，只要有一个癌细胞还活着，并产生了抗药性，它就可以按几何级数增长的速度繁衍并最终不可控制。基因泰克和安进的产品无法解决这

6　根据美国 Department of Health and Social Services 提供的数据，2010 年美国 GDP 中 15% 以上用于医疗和保健，到 2019 年这个比例会增加到 20% 以上。

一问题，因此未能更上一层楼，开创一个制药业全新的领域。但是，在今后的 10 年里，随着生物技术的发展，特别是干细胞技术的发展和潜在应用，很有可能出现比基因泰克和安进更成功的生物技术公司，毕竟人类的需求和市场是现成的。

阻碍生物技术从研究到临床应用的最大阻力反而来自医学界本身，包括现有的制药公司、医院，甚至包括美国食品与药物管理局（FDA）。在美国，医疗行业是一个非常具有保护性同时排外的行业，它的从业者，从制药公司到医院和医生的收入都非常高。虽然它们内部有竞争，但是对外它们非常注意保护既得利益。所以，不管是个人还是新的公司都很难进入这个行业。这其中，以 FDA 最甚，以至于很多现有的大公司也为之头疼。

在美国，凡是药品，不包括维生素等营养品，上市销售或用于临床试验，都要经过 FDA 的批准。这个过程不仅漫长，而且难度之大超乎外界的想象。FDA 审批制度和过程的本意是减少药物（和治疗方法）副作用带来的医疗事故。在 1959 年以前，美国的药品管理较松，什么药有效没效、有害无害都能上市。1959 年，鉴于美国药品疏于管理带来的很多医疗事故，凯弗尔（Carey Estes Kefauver）参议员提案扩大 FDA 的监管范围。美国国会于 1962 年通过了 Kefauver-Harris 修正案（Kefauver-Harris Amendment），规定所有上市的新药必须有"足够的证据"证明比现有的药物有效，同时是"安全的"。这一修正案授予 FDA 对所有制药公司的生杀大权。

Kefauver-Harris 修正案和 FDA 监管在提升美国药品安全性的同时，也大大限制了美国制药业的革新和发展。在一种新药（或治疗方法）发明出来并完成了大量动物实验后，发明者要向 FDA 申请进行临床试验，做完一期二期临床试验，才有机会在医院普遍试用，然后申请上市。每次申请都要提供大量数据，证明新药不仅比旧的有效，而且是安全的。但临床试验很难找到完全公平的对比条件（动物实验比较容易），要让 FDA 认可新药的功效非常困难。整个新药实验的周期，从临床试验到医院试用，非常漫长，需要几年甚至更长的时间。上个世纪70年代，14种最重要的新药中，有13种是在美国以外率先上市的，可见通过FDA的审批有多么艰难。但是，即使在其他国家，包括中国，批准一款新药上市的周期都不会太短。人类到目前为止发明了大约1万种药品（中医每次剂量不同的处方不算在内），通过主要国家批准上市的只有5000多种，剩下的一小半都还在走流程，药品的审批已经成为制药业和医疗行业发展的瓶颈。

到了20世纪80年代中期，由于FDA迟迟不肯批准一些抗艾滋病新药的使用，造成很多病人的死亡，美国国内对FDA的批评声日涨，甚至针对FDA爆发了大规模的抗议行动。迫于压力，FDA不得不加快那些用于"救命"的新药审批进程，同时允许病人有可能使用这些尚未上市的新药，即病人有权使用尚未被批准的新药。即使有了这些改革，鉴于FDA的审批制度，任何新的生物技术都无法在几年里投入临床应用，任何新兴的生物公司不可能复制Google的奇迹，在几年里一下成长起来。在中国，对新药的研发原本没有太多的约束，有希望吸引世界上生物科技的精英到中国创业。可是由于过去管理过松而导致医疗事故频频，现在在中国批准一款药品上市并不比美国更快。

阻碍生物技术应用的另一大障碍来自于伦理的考虑，其中和基因相关的技术在应用甚至研究中的阻力最大。2009年，思想开放并热衷新技术的奥巴马就任美国总统后，虽然开放了对以干细胞研究为中心的基因技术的研究，但是，在过去的10年里这方面的研究近乎停滞，很难在短期内看到革命性的突破。事实上，从我在写这本书第一版算起，已经过去了九年，全世界在干细胞研究上尚未有太多的进展，更何况即便这方面技术在研究上有所突破，在应用上还会受到社会伦理的挑战。

全社会对生物和医疗技术的需求是巨大的，2017年美国医疗保健花掉了GDP的17%。如果按这个增长速度继续花，那么到了2021年，这个比例就会上升到20%左右，这是美国国力无论如何都难以支撑的。美国债台高筑的第一大原因，就是医保费用的入不敷出。此外，在美国还有两件让社会割裂的事情都与此有关，其中一件是被称为奥巴马医保的全民健保计划，另一件则是到底有限的税收该用于为无收入和非法移民提供医保，还是用于基础设施建设和社会安全。

要解决上述问题，靠医疗系统本身是做不到的，需要从外界颠覆现有的系统。

3.3 大数据医疗和 IT 医疗

在过去的半个多世纪里，医疗技术和医药科学的发展远远滞后于 IT 技术的发展，并且很少受益于后者的技术进步。因此无论是医疗行业，还是 IT 行业，都在考虑如何利用 IT 技术帮助医疗行业进步，特别近十年来大数据技术和人工智能技术的发展，给予医疗这个市场巨大，历史悠久的行业带来了新的希望。

2013 年，Google 成立了一家全资的 IT 医疗子公司 Calico[7]，并且聘请了生物制药领域最有名望的领袖人物、基因泰克前 CEO、苹果董事会主席阿瑟·李文森（Arthur Levinson）博士担任这家新公司的 CEO。为什么互联网公司要进入医疗行业，为什么功成名就的李文森要到这家新公司创业呢？我们不妨听听李文森博士自己怎么讲。

李文森博士认为在过去的 20 年里，医学进步其实非常缓慢，只有 IT 技术结合生物制药技术，改善人类健康状况才有希望。李文森博士用他所熟悉的治疗癌症的例子来说明这个问题。他讲，虽然攻克癌症是人类的一个梦想，但是迄今为止没有一种特效的抗癌药能够治愈癌症。过去医学界还试图研制这样的抗癌药，但是今天，医学界认识到，由于癌细胞本身的基因会变异，因此并不存在这样一种万能药。基于这一共识，医学界改变了治疗癌症的思路，那就是针对特定患者（不断变化的癌细胞），研制特定的药物，从理论

---

[7] 今天 Calico 和 Google 一样是控股公司 Alphabet 旗下的独立公司。

上讲，只要研制的速度超过癌细胞变化的速度，癌症就可以治愈了。

按照传统的研究思路，科学家们应该先研究病理，找到解决方法（比如阻止具有某种基因的癌细胞蛋白质的合成），然后找到相应的药物，进行各种动物实验和临床试验。这是我们前面提到的强调因果关系的工作方法。但是，按照这个思路，为每一位癌症患者研制一种新药是很难办到的。且不说制药公司能否安排一个专门的团队为一个特定的患者服务，就算是能做到这一点，研制新药的成本也是患者无法负担的——平均一个人要 10 亿美元。事实上，不仅研制抗癌药成本高周期长，在美国，任何一种有效的处方药研制都是如此。10 年前，任何一种新药的研制就需要 10 年以上的时间，10 亿美元的成本。今天这个过程不仅没有缩短，而且还增加到了 20 年，而研制的成本也上升到 20 亿美元以上，今后时间和成本都还会增加。

针对这种困境，李文森等人想到了利用大数据来解决问题。他估计，采用大数据有望实现针对每一位癌症患者量身定制药物和治疗方法，而成本可以从每个人 10 亿美元降至人均 5000 美元左右。

大数据对医疗诊断的另一个主要的应用在于将人类的基因图谱和各种疾病联系起来，从而找到可能致病的基因，并且设法修复。如果这件事情能够完成，那么不仅有希望治愈很多过去因为基因缺陷引起的绝症（比如癌症、帕金森综合症等），甚至有可能逆转人类的衰老过程。李文森博士介绍，采用传统的医学研究的方式，要想找到导致老年痴呆的基因并且找到治疗方法，在他有生之年（1950 年出生）可能是看不到的，但是利用大数据，则有可能办到。这就是他为什么会在六十多岁的高龄重新开始创业的原因，而 Google 仅第一期就为这个项目投入了 10 亿美元，此后还不断地投入巨资用于研究。可以想象，未来在这个领域获得成功的公司，必然是一个改变世界的伟大公司。

在 Google 之外，人类长寿公司也在开展与 Calico 类似的研究。这家公司的创始人是基因测序领域的先驱、著名科学家温特（Craig Venter）博士，他说服了一些医疗机构，特别是加州大学圣地亚哥分校的医学院将病人真实（未屏蔽个人信息）的医疗数据拿出来，研究基因和疾病之间的联系，以便帮助进行个性化制药。该公司有很多重量级的客户，包括著名的基因泰克公司。据基因泰克的科学家讲，目前的各种抗癌药其实只对有某些基因特点的人非常有效，而要研制出对其他基因特点的人有效的药品，就需要分析和处理上千倍的个人基因信息，这在过去成本高得无法承受，因此他们和人类长寿公司的工程师们合作，通过大数据分析和人工智能学习，试图找到基因以及其他医疗数据和表征或者结果（Outcomes）之间的联系。这样一方面能够加快新药的研制速度，降低成本，另一方面可以根据患者特定的基因进行个性化制药。

在距离 Google 不远处，Google 的前高级副总裁胡贝尔（Jeff Huber）所创建的圣杯公司装配了全世界最多的基因测序仪器（按照测序的能力计算，而非简单的数量），正在紧锣密鼓地研究癌症的早期检测问题。圣杯公司源于全球最大的基因测序仪器公司 Illumina 的一个内部项目——通过检测人体血液中异常的基因，及早发现肿瘤。后来，在 Google、盖茨、贝佐斯和乔布斯遗孀的共同支持下，该项目独立成圣杯公司，由胡贝尔担任 CEO。圣杯公司检查癌症的方法是通过抽血进行基因检测，如果人体内出现了癌细胞，一些癌细胞的基因会体现在血液中，通过这种方法有望在癌症一出现时就发现。这种检测的成本比做全身高精度核磁共振（在中国目前是 10 万人民币以上）要低得多，Grail 希望能够降到 500 美元以下（4000 元人民币以下），这样就可以进行癌症普查，并且经常性地做检查。Grail 可以通过验血给出四个结论：

1. 是否有癌症；
2. 如果有，长在了哪里？因为不同癌症的癌细胞基因不同；
3. 如果有，发展的速度如何？一些癌症发展很慢，有些甚至会自愈，但是有些发展很快；

4. 如果有,它对放射性是否敏感,对某种药物是否敏感?这样就知道应该如何治疗了。

这种方法还可以对癌症的发展情况、治疗情况进行监控,因此被认为是颠覆当今医学的革命。圣杯公司的核心技术,简单地讲就是大数据+机器智能+基因测序和分析。在美国,员工只有几百人的圣杯公司已经成为下一代医疗的标杆企业。世界上很多著名的医院、药厂都已经或将要开始与它合作。在圣杯公司第二轮融资中,以强生制药、默尔克、施贵宝等为代表的大药厂占了大部分,以高盛和拜尔斯(Brook Byers,凯鹏华盈 KPCB 中的 B)为代表的投资银行和风险投资,以及以腾讯和香港陈氏兄弟为代表的亚洲资本,一同对它进行了投资。加上早期给它投资的 Illumina、Google、盖茨和贝佐斯,可以说它得到了全世界半个 IT 行业、半个医疗和医药行业以及半个投资领域的背书。出于对圣杯公司创始团队的信任,以及对它技术的看好,更重要的是对这项事业的支持,我的基金也对它进行了投资。关于胡贝尔和圣杯公司更多的细节,大家可以参见拙作《态度》。

大数据医疗近年来非常热门,有很多公司拿这个概念炒作,但真正做事的比较少,能有所作为的就更少。很多 IT 企业其实并不具备成为大数据医疗公司的可能性。我们在前面讲到,建立起基因、健康数据和(疾病)表征的对应是非常重要的,而这点大部分 IT 企业就做不到。找不到这种对应,即使发现一个人的某一段基因和其他人不一样,但对此会产生什么结果,大家并不知道。Calico 公司的创始团队除了 Google 的 IT 工程师,主要是以李文森为首的基因泰克的科学家,他们是生物系统(Biosystem)方面的专家,但是即便如此,也只能把握 IT 医疗研究的大方向,很多具体的研究工作都给了大学、医院和其他公司。此外,Calico 公司还与美国著名的斯坦福大学医学院以及杜克大学医学院在个人医疗数据方面展开了很深入的合作。即便有了这样的支持,李文森依然认为十年内未必能看到什么让人眼睛一亮的成就。类似地,圣杯公司虽然得到了那么多明星企业和投资人的支持,也没有计划在短时间里盈利。

大数据和 IT 医疗行业市场足够大，需求足够强，一定会诞生未来的苹果和 Google，但是这件事做起来难度也很大，需要有足够的耐心和踏踏实实做事情的精神。

3.4 新绿色农业

农业（指广义上的）是人类最古老的产业。过去的几百年里，农业从来就被认为是每况愈下，在国民经济中越来越不重要的行业。很难想象农业和高科技会有什么联系。但是在历史上农业确确实实促成了一个重要的工业领域的诞生——化工工业，并且这支撑着另一个领域——生物技术。

从人类出现到约 100 年前的漫长岁月里，人类始终没有能很好地解决温饱问题。全世界绝大多数人被拴在土地上和庄园里，辛苦一年勉强生产出全世界够吃的食品。每逢风调雨顺，政治清明，温饱就暂时不成问题，否则就会有相当大比例的人口处于饥馑的状态。这里面的原因主要有 4 条：缺乏机械，缺乏水电，缺乏肥料和农药，缺乏良种。100 多年来，尤其是 19 世纪 70 年代以来，在西方一些发达国家，这 4 个问题基本得到解决。西方工业直到二战前，基本上以机械工业为主导，在 19 世纪末农机开始在西方国家使用，并在 20 世纪初得到普及。有了机械和化石能源（石油、煤和天然气），世界上的农田基本建设在短短几十年间基本完成，基本上做到了旱涝保收。而 20 世纪初，化工工业得到了长足的发展，造就了道尔化学、杜邦化学公司这样当时的高科技公司。从社会影响力来看，当年的杜邦公司可一点不比今天的微软和苹果差。这些公司将农业转变为生产粮食的"工业"，以致一个农业工人就能完成过去十几个人的劳动量。第一次世界大战以后，随着对基因的了解和生物科技的发展，人类在短短的几十年里，培养出的"良种"超过了 20 世纪以前人类历史上的总和，解决了农业的单产问题，释放出大量的耕地提供给城市化发展。到 20 世纪末，全世界除了有战乱和独裁统治的地方，没有人们吃不饱的国家。

凡事都有好坏两方面，随着工业化向农业渗透，以及生物技术，主要是转基因技术在农业中的推广，一方面农业的收成成倍增加，而成本又降得非常低，使得全世界总体上由"不够吃"变成了"吃不完"。在西方的主要农业国，是在为生产的东西太多没人要而发愁，在法国甚至出现葡萄酒比矿泉水便宜的怪事。另一方面，全世界的人却"越吃越不健康"，除了农药和化肥等带来的污染，还有转基因食品对人身体带来的潜在威胁（这一点至今很难有结论）。因此，当全世界大多数国家个人收入有了大幅提高后，人们又开始从"吃得饱"转而追求"吃得健康"。

但是我们每人每年花在农产品上的钱并不少，或者说这个产业并不小。在农业上的一点突破，比如中国的杂交水稻，很容易拓展开，它的效益比 Google 不知道大多少。实际上，如果有一种商业模式让当年的袁隆平教授垄断了杂交水稻技术，他的公司也许会是今天世界上最大的公司。但是，农业的研究和制药业一样，周期很长。如有能在近几年内见效的技术，一定是很多年前就已经开始研究的。很遗憾，我不是农业专家，也没有跟踪过农业技术，不知道世界上哪些农业技术会像化肥或杂交水稻那样带来革命。但是，我相信一定存在这种技术，不远的将来就可能出现。这一次，它能让我们从"吃得饱"到"吃得健康"。而且，随着全社会对食品安全的担心，投资领域对"吃得健康"的项目会逐渐增加投入，最终会使这个行业产生质变，机会也就在其中。

3.5　电子商务

下面这一段内容是我 3 年前在本书第三版中写的，只字未改：

> 电子商务的历史比 Google 更长。可能有些读者会怀疑这个互联网上"古老"的行业是否还会有新的机会。但是，电子商务成长缓慢，实际上才刚刚起步，可以用"方兴未艾"来形容。过去 15 年，电子商务在美国零售业中占的比例呈直线上升，即使在经济不景气的 2008—2009 年也是如此，这个趋势至今没有减弱的迹象。到 2015 年第二季度，电子

商务在美国零售中占 7.4%，每年金额达到 5500 亿美元左右[8]，成长空间还非常大。中国电子商务的发展虽稍稍滞后于美国，但是增长速度快。在 2009 年时中国的电子商务还只占到零售的 2% 左右，绝对交易金额相当于美国 2000 年的水平，但是到了 2011 年底，中国电子商务已经占到零售的 4.3%，交易金额达到 1200 多亿美元[9]，相当于美国 2005—2006 年的水平，发展速度远远超出预期。到了 2015 年的上半年，电子商务占到零售市场的 11.4%，折算到全年，相当于每年 3.2 万亿元人民币[10]，和美国相当。全球电子商务依然在蓬勃发展，市场空间巨大，足以容纳一两个新的 Google。但是在美国电子商务已经走向成熟，这方面的大机会其实已经不存在了，原因有二。

首先，eBay 和亚马逊的两种商业模式都是成功的（详见前面介绍商业模式的一章），虽然它们各有千秋。在中国，人们喜欢使用商家对商家（B2B）、商家对个人（B2C）和个人对个人（C2C）的说法。套用这种说法，eBay 的模式基本上是 B2C 和 C2C 的结合，而亚马逊基本上是 B2C。在美国，商业的门槛非常低，个人和商家没有本质区别，人们更喜欢把它们按照分散和集中的管理办法来区分。事实证明，只要电子商务中的欺诈行为存在一天，亚马逊的集中管理就比 eBay 的分散式管理更能让消费者放心。由于亚马逊和 eBay 的存在，美国电子商务本身已经无法创造出 Google 那么大的新公司了。

众多的电子商务小商家，实际上要依靠 Google，或亚马逊和 eBay 存活，因为这三家是小商家网络访问流量的来源，它们的发展只会强化这三家公司的地位，就如同以客户端为核心的个人计算机软硬件的发展只能强化微软和英特尔的地位一样。

第二个原因是，在美国，像沃尔玛和家得宝这样的连锁店系统非常发达，几乎渗入到每一个社区，人们可以很方便地买到便宜的日用品。何况这些连锁店也逐渐将生意扩展到了互联网上。

而在中国和一些亚洲国家，电子商务的潜力却可能造就出阿里巴巴这样的大型新型公司。

8　美国国家统计局网站 http://www.census.gov/retail/index.html
9　2012 年 5 月中国商务部发布的 2010—2011 年度《中国电子商务发展报告》，http://www.aliresearch.com/?m-cms-q-view-id-72721.html。
10　中国电子商务研究中心发布的《2015 年（上）中国网络零售市场数据监测报告》。

这里面有很多美国不具备的条件。第一，由于这些国家电子商务占 GDP 的比例比美国低很多[11]，成长的空间大得多。第二，电子商务的产业链很多环节都不健全，比如支付和物流，这便有了更大的机会。第三，也是最重要的，美国在没有电子商务时，已经铺设了全国乃至全球的零售网。在美国，主要的零售店都是连锁的，几乎无所不在，无论你住在什么地方，都可以很方便地到附近的沃尔玛等连锁店买到所需的商品。在中国，零售网还未建立起来，电子商务便出现了，因此中国可能会跳过铺设全国零售网这个过程（毕竟在全国开 1000 家超市不仅成本高而且周期长），代之以电子商务。中国可能永远不会出现沃尔玛，但是会出现一个和沃尔玛一样大的电子商务公司。事实上，中国的京东商城就在朝着这个方向发展。

在这一节最后需要提醒的是，在中国的电子商务领域要防止泡沫，因为没有根基的泡沫不可能造就一个千亿美元的公司。2011 年可以说是中国电子商务的泡沫年，由于团购的效应，砸到电子商务（包括团购）中的风投资金不计其数，但是没有产生一个像阿里巴巴那样像样的公司。而世界上最早做团购的 Groupon 公司，增长已经迅速放缓。中国一些电子商务公司上市后因为业绩不佳而股票大幅缩水，而未上市的公司长期亏损，依然看不到盈利的希望。目前在中国，整个电商领域盈利较好的只有阿里巴巴一家，外加个别在细分领域精耕细作的小公司，其他公司要么是靠继续烧投资人的钱，要么找不到后续投资而关门大吉。就连目前炙手可热的京东商城，虽已上市，市值也不低，但是距离盈利还要走很长的路。相比之下，美国电子商务烧掉的风险投资要比中国少很多，目前这类公司大多数盈利情况良好，在这些方面，美国的很多经验值得中国借鉴。

如今，三年过去了，三年前我对电子商务未来的判断完全得到了印证。

- 首先，中国电子商务在快速发展，而且总量很快超过了美国；
- 其次，美国没有诞生新的大型电子商务公司；
- 最后，虽然 2016 年大家都觉得中国的电子商务格局已定，就是阿里巴巴和京东竞争，谁知还杀出了一个拼多多。今天拼多多的市值已经和京东相当了，这就是我所说的电子商务的机会所在。

11　2010 年，中美两国电子商务占 GDP 的比例分别是 1.5% 和 4% 左右。

倒不是我预测得准,而是因为一个产业发展的浪潮一旦启动,就会顺势而为很长时间,电子商务便是如此。因此,很多时候我们做事情站在浪潮之巅顺水推舟,要远比没有目标拼命划船合算得多。

3.6 移动互联网和 IoT(万物互联)

下面的内容是我在本书第三版中所写的,也是一字未改:

> 随着高速移动通信技术(3G 和 4G)的普及,苹果和 Google 这两家最有活力的技术公司进入无线通信市场,无线业务将迎来一场全面的革命。历史上,历次技术革命都会缔造出新的王者,这次也不会例外。
>
> 到目前为止,智能手机的格局完完全全重复了 30 多年前 PC 革命的模式。为了能更好地理解它,我们不妨简要回顾一下 30 多年前 PC 产业的格局。
>
> 苹果公司首先发明了个人电脑(大学没毕业的史蒂夫·乔布斯也因为"开创和发展个人电脑工业"入选美国工程院院士),并且最早推出了非常艺术的、具有图形界面的麦金托什计算机。在商业上,苹果是通吃从芯片(和摩托罗拉合作)和硬件设计,到操作系统,再到应用软件整个 PC 生态链的各个环节,尤其是软件价值通过硬件实现这个商业模式。这种做法的好处是肥水不流外人田,当然,坏处也非常明显,就是成本高、价格高,于是苹果的产品成为有钱人而不是大众的产品。因此,它的市场份额在经过了开始的领先期后,就稳定在一个 5% 左右的细分市场上。
>
> 而当时,另一种更成功的商业模式是所谓的 WinTel 体系,即微软的 Windows 操作系统加上英特尔的处理器,其他所有 PC 的软硬件厂商向 Windows 和 Intel 靠拢。这个模式创造出庞大的 PC 产业,包括巨大的销售额和大量的从业人员。但是在这个产业中,真正长期稳定挣到大钱的公司只有"2+2"一共 4 家。除了分别垄断操作系统和 CPU 芯片的微软和英特尔两家外,还有在众多 PC 厂商中经过生死搏斗打拼出来的两家最大的 PC 厂商惠普和戴尔。前者代表了老一代计算机公司转型到以 PC 为核心的公司成功的案例,而后

者代表了赶上 PC 时代的新贵。其余的公司，有些抓住时机红火一阵挣了点小钱，有些连这点小钱都没有挣到，还有一些时亏时盈，勉强维持局面而已。而这些被淘汰的公司中，不乏曾经大名鼎鼎者，比如网景、莲花、康柏、DEC、WordPerfect、Informix、Sybase、Gateway，等等。

现在，苹果还是当年的苹果，走的依然是当年的老路，它从头吃到尾。这样，它无法依靠整个产业链上下游的力量将自己的产品做成主流产品。这和乔布斯及苹果的基因是分不开的。因此，虽然苹果在一开始可以靠领先的产品获得较大的市场份额，但是当大量低端用户开始使用智能手机后，苹果的市场份额会下跌，它最终还是只能占到智能手机市场 5% 左右的份额。而在智能手机方面，类似 WinTel 的格局已经形成。Google 的 Android 取代了当年微软 Windows 的地位。在第一版中，我们是这样描述 Android 的前景的：

> 虽然它现在只占智能手机市场的 1/10 不到，但是前进的势头是包括苹果在内的任何公司都无法阻挡的。

2012 年安卓智能机果然占到了智能手机市场一半以上的份额。苹果公司再厉害，也斗不过有几十家跨国公司和运营商组成的安卓联盟。到了 2015 年，安卓占了全球智能手机操作系统近九成的市场份额。而在处理器方面，早期有高通和三星为首的两大三小（华为的海思、美满 Marvell 和博通）五家半导体公司，后来美满和博通基本退出了市场，中国的紫光（收购了展讯）加入了进来，这些公司用的都是英国 ARM 公司的设计[12]。因此几家 ARM 系列公司像当年像英特尔和 AMD 那样控制处理器芯片的格局已经形成。抛开操作系统和处理器，现在做一款智能手机就像当年攒一台 PC 一样容易，谁都能办到。而正是因为谁都能办到，所以在手机制造上挣钱是很难的事。当然手机制造还需要有惠普和戴尔这样的角色。在传统的手机生产商中，起步较晚、市场份额较低的三星公司，很快放弃了传统手机的业务，专注于安卓的智能手机，取得跳跃式发展，超过了摩托罗拉、诺基亚和苹果等公司，成为出货量最大的智能手机厂商。我本以为较早进入这个市场的摩托罗拉能够在安卓时代重现当年惠普公司一举拿下 PC 市场份额第一的奇迹，但是事实

12　苹果和高通在 ARM 提供的芯片 IP 上做了大量修改，而其他各家直接使用。

证明这次是一个亚洲公司——三星。在第一版完稿时，戴尔这个角色在手机领域尚未出现，虽然我们知道它应该是一个带有全新理念的新公司。我当时分析，"如果完全按照传统 PC 产业来分析，这是剩下的唯一出现 Google 这种公司的机会。"现在看来，中国的小米科技公司很有点像当年的戴尔，它按照运营互联网的思维方式做手机业务。虽然它还是一个很小的创投公司，但是在 2013 年小米智能手机出货量已经上千万部，这在中国乃至全世界智能手机市场都占了不算太小的份额。而这从无到有的过程也仅仅只有两年左右的时间。到了 2015 年第三季度，小米手机的出货量已经达到了 1800 万部，更重要的是，它在国内市场占有率还远没有排到第一位时，就积极开拓海外市场，这显示出中国新一代科技公司在国际化方面比阿里巴巴或者腾讯等上一代公司做得更好。到 2014 年底小米科技的估值高达 450 亿美元。和小米科技在手机量上不相上下的联想，整个集团公司的市值也不过 110 亿美元 [13]。众所周知，手机只是联想业务的一部分，还不是最赚钱的部分，为什么产品只有联想一个子集的小米能获得如此高的估值呢？著名投资人、DST 风险投资公司的创始人米尔纳（Yuri Milner）认为，小米不是像传统硬件厂商那样单纯靠销售硬件微薄的利润挣钱，而是通过互联网的新模式获取了硬件用户。今后，它很容易将各种其他硬件产品，比如电视机和平板电脑推销给它的互联网用户。米尔纳认为小米有希望成长为一家千亿美元的公司。如果三星最终成为手机时代的惠普，而小米能成为这个时代的戴尔，那么亚洲就将在这个时代的 IT 领域发挥前所未有的作用。本章第四节还会专门介绍亚洲的机会。

但是，话又说回来，智能手机这个市场虽然巨大，但是如果重复 PC 产业的老路，产生一个新的 Google 的机会并不多。最多能有一家新的戴尔，不可能人人都成为戴尔。

好在历史不是简单的重复。在智能手机时代，基于移动互联网的服务会比 PC 时代带来更大的商机。Google 公司就是基于这一点考虑，才敢于免费开放它的安卓操作系统。但是，移动互联网的增值服务远不是 Google 一家能吃下的。虽然目前在手机上最容易挣钱的应用还是搜索，而且手机搜索的商业转换率甚至好于传统互联网上的搜索，但是，从长远看，基于手机的支付和社区（包括游戏）的商业前景非常乐观，毕竟 Google 在这两个领域并不很领先。

---

[13] 以 2015 年 12 月联想的股价为准。

让我们先看看手机社区。在第一版中我预测短信市场会消失，替代产品会出现，当时我的看法如下：

> 短信曾经是亚洲手机市场的一个支柱，在中国更是一度占据了手机市场的半壁江山（这要感谢中国通信运营商高话费的商业政策，使得人们把移动电话中的电话功能降级到次要位置，取而代之的是较为便宜的短信）。但是，我们现在可以大胆地预测，随着手机社区的出现，短信这个业务有可能在中国和亚洲迅速萎缩，就如同 Facebook 出现后，它的用户写电子邮件的数量大幅减少一样。那么这部分市场有多大？可以说，当初的短信市场有多大它就有多大。在中国，短信创造出一个腾讯。那么手机社区至少还应该能创造出一个这么大的公司。

2012 年，在本书的第二版中，曾经有上亿用户的手机 QQ 基本上已经没有市场了，对于当时刚刚出现的米聊和微信产品，我是这样评价的：

> 事实上 2010 年底，小米科技公司推出了一款叫做"米聊"的智能手机通讯工具，支持多个手机平台，不限移动运营商，它通过 Wi-Fi 或者移动互联网，实现文字短信、语音对讲、图片和多媒体的传输等功能，同时具有社交网络和通讯双重功能，取得了相当的成功。当然，腾讯公司后来居上推出了类似产品微信最终垄断了这个市场。虽然米聊和微信还只是利用移动互联网特点在通信和社交网络上比较初级的尝试，但是向用户展示了移动互联网和移动终端在社交网络上的便利性和潜在的价值。

两年后我的预言再次得到证实。基于手机的社交得到了充分的发展，WhatsApp、腾讯的微信和 Snapchat 等都通过手机建立起巨大的用户群。到目前为止被 Facebook 以 190 亿美元收购的 WhatsApp 和腾讯的微信做得最好。遗憾的是，它们都不是独立的公司，也就失去了单独进入千亿美元俱乐部的可能性。在 2014 年 Facebook 高价收购 WhatsApp 时，很多人质疑这样高的价格是否合理，不过对比微信的价值就能发现其实 Facebook 买得还是很划算的。在腾讯 1800 亿美元左右的市值中，微信提供了超过一半的价值，没有微信，腾讯的价值连一半都到不了。这样算下来，微信本身值 900 亿美元左右，而 Facebook 收购比微信用户数更多的 WhatsApp 只花了不到 200 亿美元，还是很划算的。

在手机社交领域，目前最大的独立运营的公司要算青少年分享图片的Snapchat了，但是它的用户群过于年轻化，产品变现也比较困难，成为千亿美元公司的可能性很小。

我在2012年的本书第二版中还预测——

> 如果再往前看几年，最终能够取代Facebook的公司，应该是在移动互联网社区上——它会把以前互联网上的虚拟社区和现实生活的圈子有机地结合起来。

今天大量O2O公司的出现证明了用户在线上的活动可以和线下的生活结合起来，但是要做出千亿美元的公司，还需要一定的时间，从目前发展的速度看，或许在线房屋租赁平台Airbnb有这个可能，2015年7月它的估值已达250亿美元。

手机支付也将是一个了不起的行业。这里讲的支付不是过去那种给个手机号，发个短信的支付，而是利用智能手机的加密蓝牙和身份验证功能，取代信用卡在任何零售商店完成支付交易。电子支付无非是要确认个人身份。手机是个人身份最好的验证手段，它具有便携、通信方便的好处，并且可以根据安全需求加入多重保护，包括密码和生物特征（指纹、面孔和虹膜）。在商店里，手机支付可以简单到把手机往收银机上一放就能完成转账。

相比信用卡支付，手机支付更方便的地方在于，它可以进行个人之间的交易。信用卡支付需要一个接收信用卡的机器，这只有商家才有。而手机支付可以简单到只要两部具有蓝牙功能的手机即可。只要输入和确认交易的金额，两部手机互相一"碰"，交易就完成了。当然，出门坐地铁和打车也是同样简单，只要在地铁入口"碰"一下，或者在出租车司机的手机上"碰"一下即可。做到这一点，我们今后就不需要带什么现金了。这里面的难点不在手机上，实际上今天的智能手机已经能提供这项功能了，手机支付的关键在于建立起相应的商业网络和结算系统。

2012年夏天，星巴克公司宣布了一条消息，它今后的信用卡和记帐卡的交易将通过一家叫"Square"的小公司提供的电子支付服务进行，同时给这家小公司注资2500万美元。这家小公司给商家提供一个水果糖大小的装置，可以和付款者的手机相连进行付款。这样装有它 App 的手机就成了信用卡，同时这些手机之间可以互相付款结算。这家小公司成立于 2009 年，但是发展迅速，短短三年后，2012 年它的估值已经到了 10 亿美元。又过了三年，Square 作为第一家独立的移动支付公司上市了，到 2015 年底，这家依然亏损的公司市值已达 40 亿美元。虽然我们还不能断定它今后就是这个行业的老大，何况 40 亿美元的市值离我们千亿美元的门槛相去甚远，但是这个行业最终的老大一定会是一家有影响的跨国公司。

今天，几年又过去了，移动互联网产业格局的变化基本上如同我在几年前所说的那样。当然，我在几年前留下了一些未填上的空缺，今天已经有企业给补上了。比如谈到移动支付时，当时还看不到哪家企业会做得最好，今天从交易笔数上看，是腾讯的微信支付做得最好[14]。我还讲了在移动互联网时代一定会有类似戴尔的公司诞生，今天来看它就是小米。但是，在 PC 时代从小型机转型到 PC 成功的企业还有惠普，这个我没有提到，今天中国的华为和 vivo / OPPO 都颇具当年惠普的风采。这些都说明，尽管历史不会简单地重复，但是科技产业的发展是有章可循的。

当今的移动互联网应当算是第二代互联网，第一代是基于 PC 的，接下来的万物互联则是第三代互联网。我在"得到"的专栏《科技史纲 60 讲》以及新出版的《全球科技通史》一书中介绍了它的发展前景，这里就不赘述了。在万物互联这个领域，必将诞生新一代的 Google。今天全世界的电信产业（包括运营商和制造商）比互联网产业大一个数量级，一年的营业额高达 4 万亿美元。IoT（以及今天媒体上常说的 5G）时代到来后，按照最保守的估计，这个市场也会翻一番，这足够容纳不止一家千亿美元的公司。至于在 IoT 时代最重要的技术是什么，我认为应该是新一代的处理器和操作系统。这就如同在 WinTel 时代是微软的 Windows 和英特尔（Intel）的处理器，在移动互联网时代是 Google 的安卓操作系统以及 ARM 的处理器一样。

---

14 易观发布的 2018 年第三季度《中国第三方支付移动支付市场季度监测报告》显示，微信和支付宝的成交笔数分别为 4600 亿和 2000 亿左右。但是，从成交额上看支付宝市场份额为 54%，微信支付市场份额为 39%，前者依然是最大的交易平台。

3.7 线上到线下（O2O）的结合

线上到线下（Online 2 Offline），即中国现在经常讲的 O2O，也是一个非常有希望的领域。我在本书的第三版中只是写了下面短短的一段话：

> 我们在前面多次讲到，移动互联网的出现实现了真正意义上的人与人的联网，一定会带动原来看似和互联网关系不大的行业的彻底变革。从 2008 年起，一些 O2O 的公司在世界上兴起，并且做得风生水起。其中最著名的包括在网上租赁房屋的 Airbnb 公司、打车公司 Uber 以及中国同类的公司滴滴出行。这些公司代表了未来的发展趋势，前景非常光明。关于 O2O 本身，我在另一本书《见识》中已经有很多描述，这里我们就不重复相应的内容了。不过有一点值得强调，那就是在互联网特别是移动互联网高度发达的时代，连接比拥有更重要。Airbnb 不拥有任何一间房屋，它只是连接房东和租户的桥梁，但是它的生意比世界上任何酒店集团都大。类似地，Uber 和滴滴出行几乎未拥有任何出租车，但是因为它连接了司机和乘客，客流量超过任何一家出租车公司。通过互联网共享资源是未来社会的特点。

对于 O2O，在过去的一年里它显然没有之前热门了，有人可能会说"你预测错了，高估了它，它就是泡沫"。其实，绝大多数 O2O 企业死掉了，并非证明这件事本身不靠谱，而恰恰标志着中国的 O2O 在走向成熟。在前面的章节中我们多次讲到，任何一次技术革命都会产生很大的泡沫，绝大多数企业都会死掉，但是如果留存下一些好的改变了人们生活方式的企业，则说明它是技术革命，而不是单纯炒作概念的泡沫，中国的 O2O 也是如此。今天中国人或多或少地在生活中享受到了 O2O 的好处，从美团外卖到滴滴打车都是如此。这两家公司也成为了市值（估值）上百亿美元的大企业，可以说是从本书上一版（2016 年）至今发展起来的下一个 Google 的候选企业。

3.8 新的汽车产业

这一点本书"汽车革命"一章已有详细介绍，就不再赘述了。总结一下，新型汽车产业足够大，足够诞生千亿美元级的公司，特斯拉无疑是最佳的候选。不过，正如我们在 27 章中所讲到的，在电动汽车时代，中国有望出现全球性的汽车公司，就如同在移动互联网时代出现全球性的手机公司一样。

3.9 人工智能

自从 2016 年 Google 的 AlphaGo 战胜李世石，人工智能无论是在计算机科学领域还是在工业界，都是一个热门的话题。关于这一点，我在《智能时代》一书中已有详细的介绍，这里不再赘述。在这个领域诞生一家千亿美元级别的公司是完全有可能的，因为我们正在经历着一场智能革命，而在历次重大技术革命过程中都诞生出了伟大的公司。

在人工智能领域，美国不可能产生新的伟大公司，这主要是因为在美国引领这项技术发展的是 Google、微软和 IBM 这些大公司。但是在中国，诞生新的具有重大影响力的人工智能公司则有可能。这主要有两个原因。其一，中国目前大的科技公司在人工智能领域的水平，和 Google、微软、亚马逊等公司相差一个数量级，虽然一些媒体把中国的这些企业和美国的对标企业一同报道，但是它们在技术上不在同等水平，这就如同说中国的恒大、上港是（中国的）足球冠军，巴塞罗那和皇家马德里也是（西班牙和欧洲）足球冠军一样。两类冠军水平相差甚远。没有了现有企业的压制，新的企业就容易发展起来。其二，中国目前的商业环境比美国好，中国是全国上下一致要通过智能产业完成国内工业的升级换代，而美国左派技术精英在非法移民问题上操的心比在利用人工智能上更多，企业界很多人士则显示出虚伪行为，他们一方面积极拥抱新技术，一方面宣称美国的工业已经完蛋了，要想继续在技术上领先就需要到海外而不是留在美国发展。因此，美国的企业界在行动上并没有打算在美国本土大力发展人工智能。至于美国民众，大部分除了关注平等和人权问题，对新技术普遍漠不关心。在 2016 年 AlphaGo 和李世石对弈时，很多美国人都在睡大觉，或者在酒吧喝酒，观看实况转播的人不到百万，而在与这件事无关的中国，有 2.8 亿人口（几乎相当于美国的人口）

在看实况转播。从这件事就能看出两个国家对人工智能态度上的差异。

4 关注中国

我在本书的第三版中只是写道未来要关注亚太，并且写了下面短短的几段话：

从 2010 年到 2015 年，美国只造就了一家新的千亿美元的互联网公司 Facebook，而中国却产生了两家，腾讯和阿里巴巴。华为如果上市，市值应该能够超过千亿美元，这样中国就有三家科技企业进入千亿俱乐部。不过，华为已经营多年，且成名已久，故暂不在我们讨论之列。接下来我们还是关注一下互联网公司，如果不久的将来，全世界只剩下四大一小 5 家主要的主营业务在互联网或电子商务领域的公司，我一点也不会感到奇怪。这 5 家公司应该是：

- Google，它控制着全世界的信息源；
- 亚马逊，它是电子商务中的沃尔玛，同时是世界最大的云计算公司之一；
- Facebook，它控制着互联网的社区和云计算的平台；
- 阿里巴巴（加上已经分出去的支付宝），它拥有全球电子商务最完整的生态链和最大的营业额；
- 腾讯，它拥有全世界第二大的注册用户群，并控制着中国互联网和手机网的虚拟社区，但要走出国门依然很难，因此只能算半家公司。

这里面中国的公司占一大一小两家。有人可能会问为什么没有中国的百度，因为它只是一个区域性互联网公司。有人把它比作中国的 Google，这个比喻并不恰当。Google 更多地是一个科技公司，而百度仅仅是一个互联网公司，就如同当年风光一时的雅虎是个技术竞争力不很强的互联网公司一样。科技公司可以通过不断创新，开拓新的成长点，而靠运营壮大起来的互联网公司在主营业务成熟后，成长就会成为很大的问题。

接下来我预计阿里巴巴和腾讯有可能成为改变世界的伟大公司，对于它们，我给出的理由分别如下。

首先，对于阿里巴巴，我强调了它是一家商业驱动的公司，依靠非常好的商业模式，在科技领域经营得非常成功，这和戴尔、亚马逊都很相似。

阿里巴巴的业务目前主要有两块，电商业务淘宝（以及天猫等子品牌），和在线支付业务支付宝（隶属于蚂蚁金服），另外还有一个收入不是很高的阿里云，此前一度支撑了阿里巴巴发展的 B2B 业务几乎消失了。淘宝和天猫几乎是亚马逊和 eBay 的总和，它们占据了中国电子商务的半壁江山。支付宝虽然是 PayPal 的翻版，但是发展规模超过了它的前辈，从交易金额来看，它控制了中国在线支付的半壁江山。利用支付宝上巨额的浮存资金，阿里巴巴开始了小额贷款业务并且最终取得了银行的牌照。这件事在美国完全是不被允许的，因为金融和实体经济必须切割开，以形成一道防范金融危机的防火墙。中国在过去的 40 多年里没有经历过经济危机，没有吃过这方面的苦头，因此从上到下缺乏防范意识。当然这是题外话，不过作为不设防的结果，是让阿里巴巴已经完全占领了中国电子商务和在线支付市场的制高点，只要不犯大的错误，现在找不出一家公司可以挑战它的商业地位。只要政府不对它的发展进行任何限制，它一定会成为中国最大的企业。

其次，我强调了创始人马云个人的天赋和能力对阿里巴巴成功的贡献。在亚洲国家，这一点确实不容忽视。马云算得上是当今中国互联网行业最有头脑、远见和执行力的人。很多人，包括马云自己，都认为是阿里巴巴开创了中国的电子商务市场。从效果上看这一点并不错，但是有些因果倒置。事实上，是中国非常糟糕的批发和零售商业环境，要求必须出现一家阿里巴巴这样让商业变得容易的公司。

最后，中国恶劣的商业环境造就了阿里巴巴。如果你不和美国公司做生意，就不会了解中国的商业流通环境有多么恶劣。到过美国的人都会发现，同样中国制造的商品在美国的价格要比在中国便宜得多。在美国即使是像梅西（Macy's）这样的世界名牌百货店，里面名牌衣服的标价也大多是两位数（几十美元），而在中国即使是二流的商场，像样点的衣服价格也是三位数的。这不是因为美国的东西便宜,而是中国大多数商品的零售价太高。一位在中国做私募基金的朋友对我讲,中国一般男衬衫的毛利高达60%,我虽然无法直接验证,但是同样质量的男衬衫在中国的零售价确实是美国零售价的两倍。在以高物价著称的日本,即使是东京银座最高档的百货店松屋,大部分服装和奢侈品的价格也比中国同类商品的价格便宜。中国制造的东西在自家门口居然比远渡重洋之后要贵很多,这实在是有些荒谬,而导致这种荒谬现实的原因是中国的流通环节太多,服务也太恶劣。一个集装箱从广东运到北京的费用,远比它运到太平洋对岸的洛杉矶要高,因为中国的公路铁路收费太贵,而在美国从洛杉矶到旧金山五百公里的高速公路上不需要交过路费。一个中国的小商品制造商,宁可接受沃尔玛2%的微薄利润,也不愿以更高的价格卖给一家国内的批发商,因为沃尔玛从不拖欠货款,而卖给国内的批发商,收款总有问题,最后一笔货款常常还收不到。这种恶劣的商业环境导致中国流通渠道的成本大增。随着中国的发展和社会进步,这种阻碍商业发展的情况必须得到改变。

世界零售业过去的发展证明,当少数有信用的超级连锁公司能够控制主要的流通环节时,商品的流通成本就会大大下降,制造者和购买者都受益。换作20年前,中国很可能要走美国建立超级连锁店的做法,用几十年时间建立起自己的沃尔玛和建材城家得宝。但是,由于互联网和电子商务的出现,中国有可能跳过这一步,直接建立在线电子商城。阿里巴巴就是顺应了这个潮流,脱颖而出。

中国的电子商务比实体商务更难做——没有信用体系,真正意义上的信用卡没有普及,没有在线支付手段,没有物流保障。大部分试水电子商务的公司,包括著名的eBay公司,都无法逾越这些障碍,很多公司不得不知难而退,很多商家和投资人甚至认定中国的电子商务发展必须再等很长的时间。而阿里巴巴的过人之处就在于它以积极的态度,解决了大多数人认为无解的难题。没有信用系统,阿里巴巴就自己建了一个;没有支付手段,它就借此契机开发了支付宝,这不仅解决了在阿里巴巴上交易的支付问题,而且扩展到解决中国整个在线甚至离线支付的问题；中小商家管理混乱，阿里巴巴就为 B2B 部门开发了面向企业的应用软件；至于物流，它起初并没有进入这个高投资、低回报的部门，而是利用它巨大的交易量，通过与第三方的合作，在保障商家和用户的基础上，规范了整个物流行业的经营。目前阿里巴巴淘宝的交易额已经占到中国零售市场的 3% 左右，超过了很多中等省份。可以毫不夸张地讲，在全世界没有哪家公司，包括 eBay 和亚马逊，像阿里巴巴那样做到了控制住整个电子商务产业链中的所有关键环节。2012 年时我讲，阿里巴巴会在很短的时间里超过 eBay 和亚马逊的总和，成为全球仅次于 Google 的第二大互联网公司。今天它已经做到了这一点。对中国人来讲，比成为第二大互联网公司更重要的是，阿里巴巴改变了中国人的生活——它不仅方便了几亿人的购物，并且在中国第一次做到了为广大小商家提供了低利率的贷款，在此之前，小商家们获得银行贷款的可能性近乎为零。从这个角度来讲，阿里巴巴也堪称一家伟大的公司，虽然它至今还算不上是真正意义上的跨国公司。

我在本书前几版中还介绍了腾讯公司的潜力。曾几何时，大部分中国网民知道使用 QQ，然后又使用微信，腾讯靠这两款通信产品打出了名，也靠随之而来的游戏推广挣足了钱。从腾讯的基因讲，它有点像 Facebook，擅长做即时通讯和社交产品。虽然腾讯大多数产品都是免费的，但是过去它在 IT 行业的口碑并不太好，有些人认为它山寨之气太浓，其实这多少有点冤枉腾讯，因为腾讯不仅是中国互联网企业中专利最多的公司，而且它的几款主要产品，比如过去的 QQ 和今天的微信，都是原创的产品。

从 2016 年本书的第三版出版至今，腾讯公司最大的成就就是利用微信成功地进入了移动支付领域，并且在（移动）交易的数量上已经超过了支付宝。但是，作为中国收入最高、用户数最多的互联网公司之一，腾讯几次试图进入新的领域都失败了，这跟它缺乏对技术和产品进行长期投入的耐心有关。因此腾讯转而通过投资进入这些领域，比如重金投资京东公司和团购网站美团。虽然腾讯很早就开始了国际化，但是因为人才奇缺，进程非常缓慢，至今只能算一个具有地区影响力的公司，要想成为伟大的公司，还任重道远。

点评完国内上一代具有代表性的 IT 企业，我对中国新一代的企业抱有更多的希望，它们包括小米、今日头条、诸多的视频和图像识别公司，甚至包括抖音这样在很多人看来不是很高大上的公司。相比腾讯和阿里巴巴等上一代科技公司，这一批公司有三个地方做得更好。首先，它们都是国际化的公司。和占据完整个中国市场后才考虑国际化的上一代公司不同，它们一开始便放眼世界。其次，它们的股权结构更为合理，反映出信息时代人与人的关系以及利益分配的原则，同时它们更愿意对外开展合作，这让它们能够有更长远的发展可能。最后，它们业绩提升的速度超过了上一代公司。小米公司只用了几年时间就达到了中国老牌制造商格力的同等收入水平。至于抖音，短短两个月就获得了 10 亿海外用户，这是微信至今没有做到的。

当然，中国新一代公司和伟大的公司还有很大的距离。那么，怎样才能培育出更多伟大的公司呢？这需要在法律和商业道德、国际化和创新性上得到根本的提升。法律上的问题这里就不多讲了，实际上缺少对版权的保护，毁掉了整个中国的软件业。由于没有对奸商处以重刑的惩罚制度，中国至今很难有高质量的世界品牌。国际化的重要性不难理解，一家跨国公司肯定不能只为一个国家服务，而中国大部分优秀公司依然没有像盛田昭夫[15]或者本田宗一郎[16]那样能走出国门，将企业和产品推向全世界的领军人物。而在创新方面，亚太国家，尤其是中国，相比美国有明显的不足。除日本以外的亚洲国家经济的快速发展，至今主要靠勤劳而年轻的劳动大军，而不是靠创新力。而过去以仿制出名的日本，现在在创新上已经是世界一流。在过去的半个世纪里，日本人发明了高铁、卡式录音机和录音带、商业的五寸激光唱片（CD）、游戏机、蓝光 DVD、混合动力汽车等。进入 21 世纪后，在诺贝尔自然科学奖项中，日本以 18 年 18 人获奖仅次于美国，位居世界第二。

15　索尼公司共同创始人，人称索尼先生，在将索尼和日本制造推向全世界的过程中做出了巨大贡献。

16　本田汽车公司的创始人，成功地将本田汽车推向北美市场和欧洲市场，被美国机械协会认为是继亨利·福特后最优秀的汽车行业领袖。

中国目前IT领域的最大问题有两个。第一，几乎找不到有一万小时工作经验的工程师，因为一个年轻人毕业五六年后就开始从事管理工作，以至于一线研发的工程师永远是欠缺经验的。所以中国的产品和服务总是给人"便宜但低质"的印象，很难占领产业链的上游。第二，由于中国经济增长很快，市场很大，IT公司不需要把产品和服务做得很精，就能获得市场并快速增长，很多成功靠的是运气而非实力和水平。这些公司的领导人，在公司收入从一个亿增长到100亿时，能力显然没有增加一百倍，但是"谱"却随着收入的增加而增加。一旦到海外和跨国公司竞争，就时常碰壁了。真正成功的跨国公司在人员构成上，尤其是高层人士的构成上都是国际化的，多元文化的撞击不仅能创造出伟大的产品，而且会成为全球竞争力的保障。相比美国的大公司，中国优秀的公司在人员构成上还过于单一，要想彻底做到多元化，还有较长的路要走。

虽然很多人可能要挑战我的上述观点，觉得它们有些迂腐，觉得利用资本的力量和借鉴一些技术弯道超车会来得更快，不过很遗憾这就是事实。中国在四大发明之后，除了杂交水稻以及量子通信，对全球科学和技术革命性的贡献几乎为零。100多年前，美国取代英国成为世界第一强国的时候，依靠的不是任何资本泡沫，而是爱迪生和西屋（发明电和交流供电）、贝尔（发明电话）、福特（发明T型汽车）、怀特兄弟（发明飞机）等这样一大批在世界文明史上占有重要位置的发明家，以及洛克菲勒（石油）、卡内基（钢铁）、杜邦（化工）等搞实业的工业巨子。当然，爱迪生、西屋、贝尔和福特等人也是有史以来最有影响力的实业家。他们从事的都是前无古人的事业。科技的进步，不可能通过房地产泡沫或者股市泡沫来实现。

中国的现实问题是，人们似乎不需要靠科技的进步和实业就可以取得财富。看看中国富豪榜的构成，有几个是贝尔、福特这样的发明家，又有几个是洛克菲勒和卡内基这样的实业家。几乎所有富豪的财富，或者来自于股市，或者来自于房市。当人们不再把房市、股市作为最快的挣钱手段时，不再玩一轮轮融资吹泡泡的游戏时，就是中国可以诞生下一个Google的时候了。

从经济的发展来看，中国诞生许多世界品牌和跨国公司是历史的必然，这个任务将落到年轻人身上。但是，目前最大的障碍是全中国非常缺乏各种顶级的技术人员，因为几乎所有的年轻人做不了几年技术就去做管理了。这种社会风气不是短期可以扭转的。最快的解决方法就是从世界各地引进顶级技术和管理人才。有了人才，有了经济的发展，中国才有可能诞生下一个Google。

结束语

科技产业最让人振奋的是，有新一代技术的革命的同时伴随着新一代公司的诞生，这个时间可能会很长，但终究会到来。而代表新技术的公司有时是新生的，有时却是以前的公司进化而来的，不论是哪一种都足以振奋人心。寻找下一个这样的机会，永远是现代社会中所有活跃的人追求或谈论的主题。

扩展阅读

1. 路透社：http://www.reuters.com/article/2011/03/03/idUS3552594368201110303。
2. 吴军. 智能时代. 中信出版社，2016.
3. 吴军. 态度. 中信出版社，2018.

后记

很多人读了《浪潮之巅》后都问我:"作为一个计算机科学家,你为什么写了这么多书,而且涉猎如此广泛?"甚至有人以为我曾经是 Google 研究经济的科学家。

这本来不应该是一个问题,因为我们的教育原本就是应该培养具有多种特长的人才,而不仅仅是一个很窄的领域的专家,这一点我在拙作《大学之路》中反复强调了。但是,由于国内的教育实际上走的是专才教育的道路,能撰写论文之外其他专题书的人很少,大家才会有此疑问。

其实,大部分科学家并非如同宣传的那样,是戴着厚厚的眼镜,言语木讷,不食人间烟火的人。在真实的世界里,很多科学家,比如在《浪潮之巅》中提到的斯坦福大学前校长亨尼西院士、Google 董事会主席施密特(美国工程院院士)、太阳公司的创始人贝托谢姆、DSL 之父查菲院士、WebEx 的创始人朱敏,以及大家熟悉的李开复,这些科学家在商业上都非常敏锐(Business Savvy),而且取得过成功。另外,有一些科学家和工程师,他们在学科之外的领域也是出类拔萃的,比如图灵博士是世界级的长跑好手,曾经战胜过奥运会亚军,索尼公司前总裁大贺典雄既是一流的工程师,也是专业音乐人士,他定义了我们今天激光唱盘的格式。在中国提倡大众创业的今天,我们需要更多的通才,特别是企业家们需要了解技术,工程师们需要具备商业头脑。

当然，人的商业知识和眼光不是天生的，需要不断地、用心地学习。Google 早期的时候，创始人拉里·佩奇经常是一边和我们一起吃晚饭，一边研究着某个公司的财务报告，一边分享他的体会。Google 最早的许多员工同样对商业很感兴趣。当然，要系统了解商业，就需要有专业的老师。因此，我要感谢自己身边的很多专业人士，包括投资银行的基金经理，风险投资公司的投资家，跨国科技公司的执行官，以及很多成功企业的创始人，这些朋友都是我的老师。我用心去了解商业的规律，本意是为了投资；不仅仅是为了让我管理的基金投资有好的回报，更重要的是让我一生的时间投资有效。对我而言，时间才是最大的财富，我要把它投到最有意义、最有影响的地方去。经过我的学习、思考和实践，我认定这样一个规律：科技的发展不是均匀的，而是以浪潮的形式出现。对个人来讲，看清楚浪潮，赶上浪潮，便不枉此生。

读者们问我的第二个问题是，"你为什么要写《浪潮之巅》？"

我的初衷是为了让中国的读者了解美国，了解科技产业，而不是写一部 IT 史记。正如大部分美国人不了解中国一样，很多中国人也不了解美国。中国人对美国的了解很多来自于好莱坞的电影、麦当劳、名牌时装和化妆品；2008 年以后还包括了金融危机、债务、霸权，以及这两年的贸易战等很多负面因素。这些东西固然是美国生活的一部分，但是，也仅仅是一部分。科技公司、创新力及商业的公平性也是美国的一面，而且是更重要的一面。正巧 2007 年，Google 中国黑板报给我提供了这么一个版面，让我有机会向中国的读者介绍世界级的科技公司及它们的成长规律。

科技工业和传统工业不同，它的发展很快，能够赶上并抓住机会的是少数人，我们早年使用的很多科技产品，包括卡式录音机、录像机、胶卷照相机、针式打印机、计算机软盘、阴极射线管（CRT）显示器的电视机和显示器，现在已经消失了，而我们的子孙只有在博物馆里才能找到它们。当然，和它们相关的技术也就不再需要了，这让很多风光一时的公司落伍，很多专家被淘汰。中国有句古话"女怕嫁错郎，男怕入错行"，的确如此。我写这些内容的目的之一，是希望帮助更多的人看清科技工业的发展规律，抓住机遇。

科技工业的快速变化，使得我需要不断更新这本书的内容。而每次更新内容，又督促我认真地了解产业发展，学习新知识并总结各公司的经验，因此，写作和修订这本书也成为了我学习的过程。从 2014 年底开始，我辞去了 Google 的职务，专职做投资，主要目的就是便于把握 IT 行业的变化。今天，《浪潮之巅》已经出到第四版了，如果算上最初的黑板报，这应该是第五版了。在这一版的一些章节里，我有选择地保留了前面几版的内容，以便读者对照，看到科技工业的变化，也看到我思考问题的方法。

读者们经常问我的第三个问题是，"你的写作是跟谁学的，因为很多学文科的人，写出来的东西也不如你生动？"

谈到写作，我在这里要感谢两个人。第一个是我高中的语文老师余顺吾先生，他曾经是一位编辑。几乎所有的中学生，为了文章写得漂亮，常常苦思冥想编造动人的情节，寻找华丽的辞藻。我曾经也是这样的一个人，但是我的这位语文老师用了两年多的时间彻底改变了我写作的方法。他让我关注内容，用朴实的文风表达自己的体会。第二个人是我在美国的导师库坦普（Sanjeev Khudanpur）教授，他训练了我讲话和写作的逻辑性，比如怎么立论，并用论据支持论点。他是一位细节大师，要求我做到在公众场合讲话时，不多说哪怕是一句废话，也不落掉任何一句关键的话。其实，要想写得好，首先要说得清楚。然后，再用大家喜欢的语言，把要说的话描述出来，就形成了好的作品。

第四个经常被问到的问题是，"美国是否没落了，21 世纪是中国的世纪吗？"

这个问题很难回答。我个人的看法是美国依然会很强大，虽然它可能没有半个世纪前强大。从以下表中所列的改变世界的发明，我们可以看到，今天的美国依然是世界上最有科技竞争力的国家。其实即使在经济上，美国的问题也远没有大多数中国人想象的那么严重（比如，美元的发行量其实比人民币少很多，这个我会在今后的博客或书中讲到）。中国成为 G2 中另一极的希望很大，能不能成功，关键要看能否像日本那样有真正开放的心态，积极吸收世界各国文明的精髓。要想超越美国，路还很长，大家要有信心和耐心。中国的优势在于，时间在中国这一边，而需要警惕的是，因过于急于求成而将一手好牌打烂。

希望在一个世纪之后，后人再次填写这样一张表格时，在"国家"这一栏里大部分填的是中国。

2019 年 4 月于硅谷

附录　近 200 年主要的技术革命

发明	年代	主要贡献者	国家
电报	1830	莫尔斯	美国
电灯和电的普遍使用	1860	爱迪生和 GE 公司，西屋和西屋电气公司	美国
电话	1880	贝尔，沃森，AT&T 公司	美国
石油和化学工业	1870—1900	洛克菲勒，杜邦和他们的公司	美国
汽车	1900	奔驰，福特以及他们的公司	德国，美国
飞机	1900	怀特兄弟，波音公司	美国
无线电	1900	马可尼，GE 公司	意大利，美国
原子能	1940	费米，爱因斯坦，奥本海默，洛斯阿莫斯实验室，GE 公司，西屋电气	意大利，德国，美国
电子计算机	1940	图灵，冯诺依曼，莫奇利，埃克特，IBM 公司	英国、美国
半导体	1960	贝尔实验室，"八叛徒"	美国
个人电脑	1980	乔布斯，Intel 公司，IBM 公司，微软公司	美国
移动通信	1970	摩托罗拉公司	美国
互联网	1980—2000	NSF，雅虎公司，思科公司，Google 公司	美国
云计算	2000—2010	Google 公司，亚马逊公司，Facebook 公司	美国
人工神经网络和深度学习	1960—2016	斯坦福大学、加州理工、Google	美国

索 引

"863" 计划　417
3Com　169, 293, 315, 329, 331, 332, 374, 576
3M　318, 408, 578, 588–594, 604, 609, 611
68000 处理器　271, 314
68010　106
68020　107
8086　90, 104, 106, 110, 111, 119, 708

A

AdMob　492, 880
AdSense　397, 398, 509
AdWords　398, 453, 468, 469, 508
Alphabet　iii, 273, 439, 500, 502–504, 509, 612, 638, 639, 759, 791, 793, 823, 890
AMD　59, 91, 96, 98, 99, 110, 112–115, 192, 293, 311, 387, 390, 394, 660, 822, 899
Apache　740
Ask Jeeves　211, 325, 462, 469
AT&T 移动　10, 15, 520
阿尔卡特－朗讯　2, 13, 192
阿兰·尤斯塔斯　247, 288, 486
阿里巴巴　149, 172, 205, 220, 221, 224, 225, 228, 229, 231, 283, 367, 379, 387, 391, 483, 505, 506, 520, 563, 618, 638, 639, 658, 730, 740, 741, 756, 758, 784, 823, 847, 854, 868, 875, 881, 896, 897, 900, 906–910
埃克特－莫奇利公司　21
埃里克·施密特　98, 215, 288, 313, 425, 440, 483, 508, 874
埃文·威廉姆斯　676, 677, 682
爱迪生　82, 201, 283, 594–596, 613, 615, 623, 627, 763, 778, 807, 811, 815, 819, 822, 860, 911, 917
爱迪生通用电气公司　595
爱立信　77, 255, 395, 490, 580, 583, 711, 793
爱普生　236, 237, 239, 241, 242, 592
安迪－比尔定律　87, 92, 93, 95–97, 102, 103, 118, 129, 247, 687
安迪·贝托谢姆　ii, 314, 364, 432, 447
安迪·鲁宾　265, 472, 498, 501, 623
安捷伦公司　236, 239, 249
安纳波利斯（Annapolis）的海军学院　416
安卓（Android）　96, 97, 117, 178, 227, 265–267, 271, 398, 472, 489, 491, 587, 624, 745, 899

B

BBC　671, 687
BigTable　742, 743
Blogger　462, 495, 544, 674, 676, 677, 682, 688, 690
八叛徒　iii, 46, 48–51, 54–60, 311, 850, 917
巴菲特　13, 32, 79, 98, 136, 138, 144, 146, 179, 209, 239, 347, 443, 444, 452, 467, 506, 515–517, 529, 595, 601, 606, 638, 643, 662, 729–731, 841, 878
巴诺书店　656
百度　149, 172, 220, 442, 444, 483, 487, 492, 520,

527–530, 532, 569, 618, 648, 671, 672, 680, 730, 740, 748, 791, 793, 868, 869, 875, 906
百思买　244, 600
宝洁　136, 208, 216, 393, 452
保尔森　514, 523
保时捷　82, 627, 766, 769, 770, 775, 777
贝尔电话公司　2, 3, 15, 702
贝尔核心　3
贝尔实验室　2–10, 13–15, 17, 29, 31, 43, 45, 46, 50, 51, 100, 217, 289, 308, 341, 403, 420, 459, 472, 596, 622, 851, 917
贝尔斯登　36, 510, 523, 731
本杰明·富兰克林　716
本田宗一郎　613, 627, 910
比亚迪　780
宾夕法尼亚大学　21, 55, 622
波士顿　276, 416, 440, 516, 528, 548, 551, 555
勃朗宁自动步枪　19
博通公司　358, 389, 390
布隆伯格　79, 440
步话机　250, 251, 271

C

Calico　500, 863, 890, 891, 893
CDMA-ONE　581
CDMA2000　389
CLSP（约翰·霍普金斯语言和语音处理中心）　437
Comcast　482, 483, 595
comScore　220, 342, 397
查德·赫利　680
长城计算机公司　661

D

DARPA　417, 418, 788
DirectTV　399–401
Dish Network　147, 451
DR-DOS　134, 332, 333
达拉斯小牛队　209
大贺典雄　83–85, 913
戴尔　ii, 26, 32, 35, 69, 94, 95, 98, 99, 119, 133, 232, 236, 237, 239–241, 244, 321, 339, 394, 453, 473, 644, 659–662, 747, 898–900, 903, 907
戴姆勒　201, 637, 780, 793, 805
戴维·德拉蒙德　457
戴维·帕特森　110
道尔化学　894
道琼斯工业指数　5, 12, 395, 611
德国洪堡体系　425
德意志银行　513, 520
德州仪器　50, 52, 53, 59, 100, 109, 120, 254, 262, 263, 490, 851
迪士尼　67, 399, 598, 669, 704
蒂芙尼　654
蒂姆·库克　84, 86
电视机顶盒　267, 268, 452, 638, 852
调制解调器　89, 100, 420, 445
东方网景　100, 203, 205
杜邦化学　894
杜鲁门　19, 348

E

E-trade　525
ESCADA　216
俄勒冈州　114

F

Facebook　iii, 2, 43, 102, 153, 157, 159, 172, 219, 220, 228, 273, 277, 280, 283, 284, 290, 296, 303, 310, 311, 369, 379, 381, 383, 387, 390, 405, 433, 442, 462, 474, 495–498, 501, 505, 509, 520, 525–527, 530, 534, 540, 545–571, 573, 574, 576, 612, 620, 621, 636–639, 666, 667, 672, 673, 681–683, 685, 686, 688–690, 705, 711, 718, 730, 756, 773, 823, 827, 839, 842, 846, 852, 861, 862, 865, 867, 868, 875, 877, 901, 902, 906, 909, 917

范德比尔特　79

飞利浦　83, 149, 236, 238, 605

飞思卡尔　263, 271

菲尔兹奖　413

丰田　136, 178, 241, 391, 392, 400, 708, 764, 768, 771, 772, 774, 793, 832

弗雷德·安德森　73

弗雷德·贾里尼克　123

福特基金会　139

复杂指令集（CISC）　109–112, 809

富达基金　516–518, 531

富国银行　515, 516, 538, 731

富兰克林　511, 716, 802

富士通公司　177

G

Gateway　135, 158, 899

Google　i–iv, 2, 6, 7, 12, 13, 30, 38, 40, 43, 44, 61, 75, 76, 88–92, 96, 98, 99, 101, 102, 109, 115, 117, 140, 141, 144, 145, 147–151, 153–159, 162, 172, 173, 178, 179, 181, 183, 187, 190, 195, 197, 198, 204, 205, 207, 211–217, 219–224, 227, 228, 231, 234, 247, 265, 266, 268, 269, 271, 273, 274, 277, 278, 280, 282, 283, 285–290, 294, 300, 301, 303, 304, 309–311, 313, 314, 317, 322, 323, 325, 333, 337, 339, 340, 344, 345, 349, 352–354, 361, 363–365, 369, 371, 372, 374, 375, 377, 381, 383, 387, 388, 390, 391, 393, 395–399, 402, 404–406, 409, 418, 421, 423–425, 431–434, 436–445, 447–509, 511, 518, 520–522, 525, 527, 530–538, 544–548, 555, 557–559, 563, 565–567, 569–571, 573, 578, 581, 584, 585, 590, 601, 605, 608, 619, 620, 624, 625, 627, 628, 630, 632, 635–637, 639, 640, 644–650, 662, 666, 670, 672, 674, 676, 677, 681, 682, 688–690, 704–706, 711, 719, 728, 730, 732–735, 737–743, 745, 746, 751, 752, 755, 756, 758, 759, 767, 773, 787–792, 799, 800, 803, 804, 806–810, 823, 824, 827, 837, 839, 841–843, 845–847, 849, 852, 853, 859–863, 867, 868, 874–877, 879–881, 889–896, 898–900, 903–906, 909, 911–915, 917, 364

Groupon　284, 527, 897

高尔文（Galvin）兄弟　108
　保罗·高尔文　251, 264

高盛　ii, 10, 44, 132, 291, 335, 349, 359, 430, 440, 442, 443, 510, 511, 513, 514, 516, 518–530, 532, 538, 690, 699, 700, 721, 727, 731, 817, 818, 893

高通　38, 91, 96, 120, 263, 264, 266–268, 277, 389, 390, 421, 490, 581, 746, 824, 899

戈登·摩尔　45, 87, 103

格林斯潘　694, 695

格罗夫　258, 835

共同基金公司　516, 517

固态硬盘　747

关系型数据库　31, 161, 165–168, 171, 180, 181, 279, 860

郭台铭　242, 707, 708, 726

H

Hadoop 279, 743, 745, 752, 758

Harman Kardon 257

哈勃空间望远镜 417

哈佛大学 124, 276, 309, 349, 350, 409–414, 416, 424, 427, 431, 478, 548, 552, 869, 870

黑石公司 284, 442

Hellman & Friedman 基金 349

亨利·福特 393, 614, 761, 763, 833

亨利·基辛格 361

红巨星 217

红杉资本 ii, 57, 162, 181, 184, 186, 204, 273, 285, 288, 290, 305, 350, 352–354, 357–359, 362–364, 372–377, 379, 407, 449, 454, 483, 508, 553, 555, 624, 643, 681

宏碁 248, 326

花旗美邦 515

花旗银行 12, 36, 166, 398, 403, 410, 513, 515, 518, 520, 538, 564, 601, 612, 695, 731, 816, 817

花生酱宣言 218, 219

华尔街日报 25, 73, 216, 265, 266, 440, 461, 675

华山资本 351

华盛顿 137, 157, 272, 286, 305, 412, 417, 485, 511, 778

华为 13, 85, 91, 96, 97, 100, 101, 183, 191–200, 241, 242, 303, 305, 387–389, 393, 395, 432, 491, 504, 587, 661, 693, 703, 711, 747, 768, 824, 825, 899, 903, 906

怀特兄弟 911

辉瑞 308, 309, 748, 887

汇丰银行 695

I

IBM-PC 63, 329, 405, 735

IBM Almaden 实验室 28, 29, 32

IBM 沃森实验室 24, 31, 32, 40, 285, 289, 837, 851

Infoseek 202, 205, 469

iPad 61, 68, 77, 78, 81, 85, 86, 117, 152, 248, 344, 405, 406, 746

iPhone 61, 68, 75–79, 85, 86, 90, 93, 117, 152, 197, 248, 260, 266, 267, 305, 318, 378, 389, 390, 394, 405, 406, 489, 490, 491, 509, 584, 586, 587, 627, 661, 840, 859

iPod 61, 71–73, 75–78, 81, 83, 86, 152, 173, 248, 340, 344, 386, 405, 406

iTunes 71, 74–76, 406

J

JavaScript 646

Juniper Networks 192, 311, 323, 351, 387, 394, 404

基因决定定律 255, 401, 402, 578, 591, 593

基因泰克 241, 273, 294, 306–309, 311, 374, 377, 488, 506, 755, 876, 887, 888, 890, 892, 893

吉列 136, 216, 237, 242

吉姆·阿尔钦 126, 409

佳能 236, 237, 239, 241, 242, 277

家得宝公司 601

简·斯坦福 411, 412, 438

杰夫·贝佐斯 656

杰夫·迪恩 479

杰夫·伊梅尔特 604

杰克·韦尔奇 258, 567, 602, 605, 611

杰西潘尼百货店 600

金色降落伞 243

金斯堡协议 5

精简指令集 31, 109–111, 113, 116, 420

旧金山加大医学院 307, 309

K

Kefauver-Harris 修正案　888

开曼群岛　350

康柏　26, 64, 104, 113, 232, 236, 238–240, 243, 244, 249, 323, 331, 374, 377, 403, 516, 535, 659, 899

康奈尔大学　382, 411, 413, 416, 427, 445, 869

康宁公司　597

柯达公司　415, 591

可口可乐　66, 216, 251, 452, 487

克雷格·西尔弗斯坦　286, 448

克里斯托弗·高尔文　108, 264, 271

肯·汤普森　12

L

拉里·埃里森　159, 160, 288, 325, 365, 732

拉里·拉宾纳　11

拉里·佩奇　ii, 215, 337, 396, 431, 440, 446, 497, 558, 571, 914

莱昂纳多·波萨卡　183

老托马斯·沃森　17

雷曼兄弟公司　36, 57, 441, 523, 538, 731

李敦白　519

李开复　iv, 94, 256, 300, 379–381, 402, 418, 472, 483, 485–487, 508, 684, 743, 913

李维·斯特劳斯　290

李彦宏　528, 530

理查德·德鲁　589

联合汽车工会　698

联想公司　25, 33, 39, 247, 269, 509

莲花公司　126–129, 131, 132, 157, 176, 336, 337, 393, 473, 767, 768, 879

罗伯特·诺伊斯　44, 103

罗恩·韦恩　63

罗尔斯和罗伊斯　202

罗杰斯　516

罗马俱乐部　708, 709

罗斯福　18, 40, 41, 348, 806

骆家辉　629, 720

洛克菲勒　i, 79, 138, 139, 613, 798, 816, 911, 917

洛克希德－马丁　400

M

Mozilla　150, 340, 429, 473

MS-DOS　332, 333

MySpace　219, 462, 495, 545–547, 557, 672, 688

麻省理工学院　21, 43, 56, 276, 298, 412–414, 416, 417, 419–421, 425, 429, 431, 435, 437, 577, 620, 621, 623, 870

马可尼　596, 917

马克·安德森　131

马克·库班　209

马克·扎克伯格　157, 201, 226, 279, 280, 296, 433, 548–555, 560–563, 566, 636, 684, 773, 922

马云　201, 221, 658, 818, 822, 868, 907

迈巴赫　201

迈克·科恩　282

迈克尔·戴尔　ii, 659

迈克尔·莫里茨　288, 354, 374

迈克尔·穆勒　80

麦金托什计算机　128, 140, 898

梅丽莎·梅耶尔　464

梅毅强　4

美国计算机协会（ACM）　396

美国联邦通信委员会（FCC）　6

美国食品与药品管理局　306, 308

美国银行　512, 514, 515, 518, 523, 601, 695, 731

美国证监会　33, 69, 73, 308, 323, 378, 440, 515,

517, 528, 532, 533, 617, 855

美国中央情报局（CIA） 714

美国自然科学基金会 183, 202

美林 442, 510, 515, 516, 518, 520, 522–524, 528, 731

美满电子（Marvell） 94–96, 98, 99, 101, 196, 295

门罗帕克 373

摩尔定律 41, 52, 87–92, 95, 97–101, 103, 118, 119, 129, 197, 205, 237, 246, 248, 258, 262, 265, 294, 307, 317, 327, 491, 661, 733, 734, 751, 800, 801, 808, 810, 818–820, 865, 876, 881, 884

摩根斯坦利 8, 440, 510, 515, 520, 523–527, 529, 538, 563, 564, 759, 817, 818

摩托罗拉 76, 77, 98–100, 105–109, 111–113, 115, 117, 129, 172, 219, 241, 250–271, 314, 326, 387, 439, 452, 490, 491, 499, 509, 571, 578–581, 583–585, 587, 693, 711, 876–899, 917

默多克 147, 400

默克 308, 887

N

Napster 71, 296, 344, 544, 545, 551

NASDAQ 264, 818

Novell 124, 135, 140, 169, 313, 315, 328, 329, 331–345, 439, 472, 879

NVIDIA 409

诺基亚 2, 13, 76, 77, 96, 100, 109, 153, 158, 172, 241, 252, 256–258, 261, 264–267, 269, 271, 326, 389, 390, 392, 395, 406–408, 490, 491, 578–587, 611, 693, 703, 711, 809, 810, 859, 877, 899

诺斯洛普－格鲁门 400

O

Orkut 462, 481, 495, 545–547, 557

欧债危机 712, 731

P

PayPal 59, 288, 365–367, 474, 547, 552, 651, 654, 655, 658, 680, 705, 765, 907

帕特里克·拜恩 533

彭明盛 171

皮柴 500, 502, 503

Q

QQ 543, 557, 682, 685, 901, 909

Qzone 673, 685

卡夫食品 452, 520

卡莉·菲奥莉娜 9, 232, 236, 238, 249

卡罗尔·巴茨 223, 224

卡内基 i, 79, 274, 427, 429, 613, 623, 789, 798, 848, 911, 912

卡内基－梅隆大学 274, 427, 429, 623, 789

钱学森 431

强生 136, 216, 393, 452, 638–640, 746, 893, 894

乔纳森·施瓦茨 317

R

RCA 45, 83, 159, 252, 253, 596–598, 603, 604, 610, 851

任天堂 145, 155

任正非 193, 195, 196, 242, 432, 505

日立公司 33, 294

日本软银 205, 221, 379

瑞士罗氏制药 887

S

Segway（赛格威） 283

塞班 406, 407, 490, 491, 584, 585

塞缪尔·萨克斯 519

赛门铁克 311, 338, 340, 386, 465, 473

三星 77, 85, 91, 96, 100, 149, 198, 252, 256, 257, 261, 264, 267, 268, 277, 490, 578, 584, 585, 595, 711, 899, 900

桑杰·戈马瓦特 247, 479

桑杰·嘉哈 266

闪迪（SanDisk） 311, 386

盛田昭夫 79, 82–85, 613, 910

施乐 65, 66, 68, 126, 237, 279, 329

时代华纳 210, 670, 704

时分多址技术（TDMA） 255

史蒂夫·鲍尔默 126, 130, 141, 144, 153–155, 157, 158, 171, 173, 214, 222, 223, 409, 451, 532, 537, 538

史蒂夫·乔布斯 ii, 24, 44, 61–64, 66–73, 75, 76, 78–86, 122–124, 127, 130, 139, 152, 153, 155, 160–162, 164, 226, 258, 265, 279, 280, 290, 296–298, 305, 370, 385, 405, 489–491, 505, 614, 659, 759, 811, 818, 840, 892, 898, 899, 917

斯蒂芬·埃洛普 586

思科 i, 13, 38, 59, 91, 98, 101, 147, 159, 174, 182–200, 204, 214, 226, 234, 273, 285, 288, 290, 294, 295, 310, 311, 317, 352, 354, 355, 367, 374, 376, 377, 387, 388, 392–394, 409, 420, 421, 423, 424, 434, 437, 438, 566, 588, 601, 602, 652, 668, 703, 704, 771, 843, 849, 853, 875, 876, 880, 917

斯科特·麦克尼 133, 314

斯科特·汤普森 231

斯坦福 14, 43, 47, 50, 55, 65, 72, 86, 89, 100, 110, 182, 183, 191, 202–204, 206, 233, 234, 273, 275, 276, 279, 289, 294, 295, 298, 299, 307, 309, 311, 313, 314, 349, 350, 352, 356, 367, 373, 379, 409–417, 419–435, 437, 438, 447, 448, 455, 468, 475, 478, 479, 508, 550, 551, 620, 623, 648, 728, 742, 778, 893, 913, 917

老利兰·斯坦福 410, 438

简·斯坦福（斯坦福夫人） 412, 438

松下公司（Panasonic） 252, 253, 271, 718, 778

松下幸之助 208, 242, 252, 718, 877

搜狐 205, 445, 669

苏黎世信贷第一波士顿银行 516

苏珊·德克尔 210, 213

索罗斯 516, 517, 841

T

TCP/IP 协议 332, 333

TD-SCDMA 389

Twitter 273, 311, 462, 546, 666, 675–677, 681–684, 687, 690

汤姆·汉克斯 61

腾讯 iv, 80, 172, 197, 220, 225, 283, 303, 370, 390, 404, 405, 456, 483, 505, 506, 520, 543, 557, 558, 568, 569, 573, 574, 576, 612, 618, 638, 639, 644, 662–664, 672, 673, 684–686, 690, 730, 740, 748, 754, 756, 784, 823, 832, 868, 875, 881, 893, 900, 901, 903, 906, 909, 910

通用电气公司（GE） 45, 159, 186, 237, 277, 394, 398, 453, 504, 567, 578, 594–613, 623, 718, 731, 848, 851, 917

通用汽车公司 87, 202, 392, 399, 400, 407, 525, 701, 764, 796

U

UNIX 3, 12, 15, 140, 176, 313, 314, 316, 318, 321,

322, 324, 325, 332–334, 388, 406, 429, 459, 472, 624, 860, 879

V

Verizon　197, 203, 228, 231, 482, 483
VoIP　146–148, 197, 198, 200

W

WCDMA　389, 390
WebEx　290, 352, 409, 913
Wiki　677–679
网络电脑　732–735, 758
网络浏览器　131, 279, 335, 337, 747
网易　205, 445, 669
威廉·冯·洪堡　426
微软－英特尔体系　736
韦恩·罗森　313, 323, 455, 485, 498
温顿·瑟夫　472
蜗牛事件　597
吴建平　182, 668
伍德赛德　80, 82, 281

X

Xbox 360　147
西门子　236, 237, 599, 605, 613, 637, 702, 799, 811, 815, 819
西屋电气　596, 598, 807, 815, 816, 885, 917
仙童半导体公司　41, 113, 311
香农　2, 3, 6, 10, 11, 14, 288, 821, 834, 835, 838, 839, 844, 847, 856, 864, 866, 869, 871, 872, 873
小米科技　633, 900, 901
肖恩·帕克　544, 551
肖克利半导体　43, 46, 50, 415, 613, 615, 850

谢尔盖·布林　ii, 440, 446
新浪　205, 445, 557, 669, 673, 684, 687
新闻集团　400, 672, 704
休利特　233, 236, 240, 415, 424
休斯电子公司　399, 400
休斯航空公司　400

Y

雅虎　i, 36, 59, 70, 109, 134, 141–144, 149, 156–158, 172, 174, 183, 201–231, 273, 280, 282, 287, 288, 290, 294, 300, 310, 311, 317, 337–340, 374, 375, 379, 387, 393, 397, 404, 409, 423, 436–438, 441, 443–446, 449, 450, 452–454, 457, 461, 462, 465–471, 473, 474, 480, 483, 492–496, 508, 511, 516, 518, 520, 532, 533, 535–538, 543, 544, 557, 564, 569, 644–646, 648, 649, 666, 669, 670, 673, 687, 690, 692, 703, 704, 706, 743, 745, 756, 758, 837, 862, 876, 877, 880, 906, 917
　杨致远　142, 201, 203–207, 211, 217, 219, 221–223, 225–227, 229–231, 280, 296, 298, 339, 433, 445, 468, 536, 538, 644, 669, 717
亚马逊　40, 148, 149, 156, 209, 220, 310, 345, 353, 377, 386, 387, 391, 450, 483, 497, 499, 504–507, 559, 560, 565, 612, 638–640, 650, 656–658, 662, 690, 732, 735–741, 746, 748, 751, 752, 756, 758, 773, 799, 823, 846, 847, 867, 868, 876, 896, 905–907, 909, 917
亚瑟·利文森　488
伊利诺伊大学　51, 160, 603
以太网　65, 279, 315, 329, 331, 345
铱星计划　258–261, 271
英特尔　i, 18, 24, 25, 31, 37, 38, 42, 58, 59, 70, 87, 88, 90–99, 101–120, 172, 177, 192, 196, 214,

216, 226, 234, 239, 253, 257, 261–263, 268, 270, 273, 277, 285, 287, 290, 293, 294, 301, 306, 311, 316, 317, 320, 351, 387, 390, 392–394, 409, 566, 579, 588, 602, 642, 643, 660, 704, 708, 736, 745, 746, 757, 780, 793, 808, 809, 822, 847, 849–851, 863, 875, 876, 896, 898, 899, 903

约翰·多恩　691
约翰·多尔　283, 288, 351, 353, 354, 378, 433
约翰·亨尼西　110, 288, 420
约翰·莫奇利　20
约翰·钱伯斯　182
约翰·斯卡利　66
云计算　16, 35, 39, 40, 95, 118, 148, 156, 157, 176, 180, 181, 247, 248, 279, 290, 345, 365, 455, 456, 459, 479–483, 489, 491, 494, 496, 497, 499, 504, 505, 507, 508, 556, 559, 624, 639, 658, 726, 730, 732, 735–737, 739–758, 847, 862, 906, 917

Z

支付宝　225, 367, 658, 659, 903, 906, 907, 909
中国工商银行　520